谨以此书献给

所有为中国民法事业倾注心力、智慧和信念的人们！

中国社会科学院法学研究所
民法典研究丛书
MINFADIAN PINGZHU

民法典评注

合同编

通　则

1

朱广新　谢鸿飞　主编

中国法制出版社
CHINA LEGAL PUBLISHING HOUSE

合同编撰稿人

（以撰写法律条文的序号排序）

于　飞　中国政法大学民商经济法学院教授，撰写第463—468条

王文胜　湖南大学法学院副教授，撰写第469—487条

梅　伟　西南政法大学民商法学院副教授，撰写第488、489条及第495—501条

范雪飞　西南政法大学民商法学院教授，撰写第490—494条

耿　林　清华大学法学院副教授，撰写第502—508条

张定军　华中科技大学法学院副教授，撰写第509—521条

侯国跃　西南政法大学民商法学院教授，撰写第522—534条

丁宇翔　北京市第一中级人民法院民四庭负责人，撰写第535—542条

肖　俊　上海交通大学凯原法学院副教授，撰写第543—556条

刘承韪　中国政法大学比较法学研究院教授，撰写第557—567条

申海恩　中国政法大学民商经济法学院副教授，撰写第568—576条

朱广新　中国社会科学院法学研究所研究员，撰写第577—582条

郝丽燕　山东建筑大学法学院副教授，撰写583—594条

易　军　中国政法大学民商经济法学院教授，撰写第595—614条

武　腾　中央财经大学法学院副教授，撰写第615—624条

张长绵　华东政法大学法律学院讲师，撰写第625—647条

谢鸿飞　中国社会科学院法学研究所研究员，撰写第648—656条

宁红丽　对外经济贸易大学法学院教授，撰写第657—666条

胡旭东　四川省高级人民法院三级高级法官，撰写第667—680条

夏昊晗　中南财经政法大学法学院副教授，撰写第681—702条
张初霞　中国社会科学院大学法学院副教授，撰写第703—718条
雷秋玉　昆明理工大学法学院教授，撰写第719—734条
高圣平　中国人民大学法学院教授，撰写第735—760条
赵　磊　中国社会科学院法学研究所研究员，撰写第761—769条

张保红　广东外语外贸大学土地法制研究院教授，撰写第770—787条
冉克平　武汉大学法学院教授，撰写第788—808条
李　敏　中南林业科技大学副教授，撰写第809—824条
马金星　中国社会科学院国际法研究所助理研究员，撰写第825—842条
朱　涛　重庆大学法学院教授，撰写第843—861条
孙　莹　西南政法大学人工智能法学院副教授，撰写第862—877条
李欣倩　天津大学法学院讲师，撰写第878—887条

刘道远　海南大学法学院教授，撰写第888—903条
李建伟　中国政法大学民商经济法学院教授，撰写第904—918条
胡东海　中南财经政法大学法学院教授，撰写第919—936条
陈晓敏　中南财经政法大学法学院副教授，撰写第937—950条
夏小雄　中国社会科学院法学研究所副研究员，撰写第951—960条
姚　佳　中国社会科学院法学研究所编审，撰写第961—966条
徐强胜　中南财经政法大学法学院教授，撰写第967—978条
金可可　华东政法大学法律学院教授，撰写第979—988条

本编由朱广新负责统稿。

总 序

起始古远、绵续益盛的人类法制史延展至2020年时，《中华人民共和国民法典》喷薄而出，成为法史叙事的煌煌时空标识。从此，在世界民法典之林，中国民法典以其鲜明的中国特色、充沛的时代精神、科学的规范设计、严谨的结构体系、精准的话语表达，独树一帜、弘扬四域。民法典是中国特色社会主义法治体系的重点建构，其规范效能沛然厚重，实施效果卓然可期，已然功在当代，定然惠泽千秋。

民法典乃时代发展的产物，非在中国进入新时代而无以有中国民法典。在中外法制史上，任何一个可以标识历史进程的民法典都与其所在时代紧密关联，适应时代需要、反映时代精神、吸收时代精华、积聚时代经验，方得以成就集该时代特质之大观的民法典。法国民法典是如此，德国民法典也是如此，中国民法典更是如此。新中国成立以来，民法典立法屡启屡止，于1954年、1962年、1979年、2001年曾四次启动，但均未成案；民法典立法又屡止屡启，2014年党中央再次提出编纂民法典，其后历经六载，终至功成。中国民法典之路艰苦卓绝，反映出中国人民法治信仰蓄根长久、于今蓬勃，民法典追求坚韧不拔、非竟莫停。但说到底，中国民法典的出台是中国法治发展的必然结果，是人民追求法治之心与国家治理现代化之路相融契合的必然结果。

民法典乃集体智慧结晶，非有法治实践者及阐述者长期奉献无以有中国民法典。尤其是，民法典是几代民法学人心血所注、梦想所系。

中国社科院法学所老所长王家福先生被誉为“推动依法治国的理论创新者”而获党中央、国务院授予改革先锋称号，他生前多次表示，其最大心愿就是在有生之年看到中国民法典颁布。于今民法典终获颁布，足以尽纳几代民法典立法参与者的全力之功，足以告慰几代民法学人建构最好民法典的竟心之梦。当然，说到民法典是集体智慧结晶，这个“集体”庞然无限而超然民法学界内外，甚至含括所有于今日中国民法知识有效形成的中外古今人物，在一定意义上可以说，所有中国法治实践的参与者，所有中国法学知识的阐释者，都是民法知识积累与民法典规则形成的贡献者。当探究蕴含在中国民法典之中的观念、知识、经验的传承与借鉴时，这个“集体”更是只能以民族甚至人类命名之。所以，民法学界只是对民法典有更多的阐释机会与弘扬条件，这只是民法学界的责任而非权利。也正是这份身为民法学者的学术责任，使我们汇聚一起，殚精竭虑撰写《民法典评注》系列专著，以期向世人贡献更为系统、细致、周延而得体的民法知识，使中国民法典的确切含义与深刻底蕴更为精准地呈现于世人面前，更为有效地融入中国的民法实践。

民法典的实在意义并不限于彰显改革开放以来民事立法之蔚然大观，当然，以1260个条文、10万余言有机组成的文本也确属伟大的法律作品；民法典的实在意义根本上在于以此塑化社会成员的民法生活体验，以及在此生活体验中通过将民法典规范外现于行、内化于心来形塑国民精神。民法典以多重形式存在于世，有文本中的民法典、实践中的民法典、记忆中的民法典和信念中的民法典。民法典欲有效行于世，必须使民法典长存于心；而欲使民法典长存于心，必使人先明民法典其理。因为只有透彻明晰民法典之理，才能经明理致信之机制而有效遵行适用民法典。因此，所有参与《民法典评注》的撰写者无不惕惕自厉、孜孜以求：旁征博引，释条文法理力求通达本意；披卷择言，叙学术观点唯恐遗漏精华；谈史论今，析制度沿革之因果必然；述理示例，明规范适用之准绳尺度。《民法典评注》得以高端厚重的学术品格面世，不仅能助使读者对民法典理解得更为深刻、适用得更为精当，还能助使读者及其相关者在明晰法条、透彻法理的基础上信任民法典以至信仰民法典，更为重要以至久远的，是《民法典评注》在中国特色民法知识体系形成中必将起到的建构价值与示范作用。

在中国社会科学院法学所的同仁看来，组织撰写《民法典评注》不仅是一项学术实践，更是一个学术使命，是将法学所追求法治进步、法学繁荣的理念操守再行发扬光大的当然之为与必要之举。法学所建所以来尤其是改革开放以来，为我国民法事业做出诸多突出贡献。早在1979年8月，法学研究所邀请在京法律院系的学者召开了著名的“民法与经济法问题学术座谈会”，由此揭开长达7年之久的民法学与经济法学大论战的序幕，最终确立了民法在经济改革中的重要功能与法律体系中的当然地位。在1992年社会主义市场经济体制确立之时，王家福先生组织课题组率先提出《建立社会主义市场经济法律体系的理论思考和对策建议》，力主将民法作为建构社会主义市场经济法律体系的基本法律。为实现制定民法典的法治梦想，法学所的民法学人几十年来持续倾注心力、不断贡献智慧，其间代表作品、典型事例频现。例如，梁慧星先生长期投入并组织民法典立法研究，其作为课题组负责人组织撰写《中国民法典草案建议稿附理由》，煌煌系列大作将民法典知识基础予以体系化展现，对编纂民法典的论域及思路进行了理论铺垫与学术拓展。再如，在民法典编纂期间，孙宪忠研究员正值履职全国人大代表，其以学术素养与社会影响贡献于民法典的形成过程。中国社会科学院是中央指定的民法典编纂工作五个参加单位之一，为此成立了以时任副院长李培林学部委员为组长、我为副组长的项目工作组，具体参与立法工作职责由法学所承担。在整个民法典编纂过程中，法学所的民法学者有百余人次参加了全国人大常委会法工委组织的立法工作会议或相关活动，得以全程观察、深刻体悟、精准理解中国民法典的形成过程及制度精髓，因而有信心以其掌握的中国民法典的法治精神、价值取向、立法政策、规范内涵、适用要点乃至应用技巧对民法典予以系统阐释与清晰解说，使法学所在民法典形成过程中锤炼萃取的学术积累与知识结晶，得以在民法典实施机制中以学术方式再行弘扬。

《民法典评注》是民法领域迄今鲜见的宏大学术工程，是法学所的民法学者相携学界同道共同完成的厚重学术作品。其作者队伍由来自45家单位的80位学者、法官组成，法学所民法室主任谢鸿飞研究员力行组织协调、宣传鼓动职责，晓以意义、激以责任、诱以“红包”，促使作者依约完成撰写任务。为达致《民法典评注》之预定目标，撰写者们可谓呕心沥血、夙夜不懈，其间执笔之艰巨、究问之困苦、催稿之烦惧、书成之庆慰，非我以此短序所能言之。

《民法典评注》分15册图书出版。其中物权编4册，合同编6册，人格权编1册，婚姻家庭编1册，继承编1册，侵权责任编2册。各编主编为：物权编——孙宪忠和朱广新；合同编——谢鸿飞和朱广新；人格权编——陈甦和谢鸿飞；婚姻家庭编——薛宁兰和谢鸿飞；继承编——陈甦和谢鸿飞；侵权责任编——邹海林和朱广新。《民法典评注》总字数逾600万，平均每条撰写近6000字。此外《民法总则评注》已经先行出版，可与此15册图书构成完整的评注体系。为寻求阐释精准、论证得当、内容协调、体例统一，法学所民法室副主任朱广新研究员作为唯一的全书通读者，或将书稿字斟句酌、屡做删改，或与作者频繁沟通、协同观点，其尽心尽责尽力无以复加，可谓实现《民法典评注》品质优化的质检员。

《民法典评注》以融通学术性与实践性为创作取向，对民法典1260个法条逐一进行深入系统的规范解释，使读者既能从整体图景视域掌握民法典的法治精神，又能从细致入微视点理解民法典的规范含义；既能基于本书继续深化对民法典的创新研究，又能借助本书广泛普及对民法典的有效应用。《民法典评注》的撰写者立足于中国法治场景，建构体现中国法治意识的法律阐释时空坐标，切实契合中国法治发展实际情况，充分彰显中国法学话语表达特点，并吸收熔炼国际上一些有重要影响的法律评注模式。可以断言，《民法典评注》系列充分彰显了我国民法研究水平的突破性提升，以及撰写团队的深厚学术积累与卓越创新能力，是中国民法典编纂成功之后衍生的优质学术成果。

谨以此书献给所有为中国民法事业倾注心力、智慧和信念的人们！

2020年9月28日

凡　例

文献名称	本书指称
一、民法典草案	
《民法典各分编（草案）》（征求意见稿）（合同编）	《民法典合同编（草案）》（征求意见稿）
《民法典各分编（草案）》（合同编）	《民法典合同编（草案）》（一审稿）
《民法典合同编（草案）》（二次审议稿）	《民法典合同编（草案）》（二审稿）
《中华人民共和国民法典（草案）》	《民法典（草案）》
二、法律与行政法规	
《中华人民共和国民法典》	《民法典》①
三、司法解释	
《最高人民法院关于适用〈中华人民共和国保险法〉若干问题的解释（二）》	《保险法解释（二）》
《最高人民法院关于适用〈中华人民共和国担保法〉若干问题的解释》	《担保法解释》
《最高人民法院关于适用〈中华人民共和国公司法〉若干问题的规定（二）》	《公司法规定（二）》
《最高人民法院关于适用〈中华人民共和国公司法〉若干问题的规定（三）》	《公司法规定（三）》
《最高人民法院关于适用〈中华人民共和国合同法〉若干问题的解释（一）》	《合同法解释（一）》
《最高人民法院关于适用〈中华人民共和国合同法〉若干问题的解释（二）》	《合同法解释（二）》
《最高人民法院关于适用〈中华人民共和国婚姻法〉若干问题的解释（二）》	《婚姻法解释（二）》
《最高人民法院关于审理旅游纠纷案件适用法律若干问题的规定》	《旅游纠纷案件规定》

① 本书引用的冠以“中华人民共和国”的法律与行政法规，简称时省略“中华人民共和国”字样，法律与行政法规简称均循此规律，不再重复标注。

续表

文献名称	本书指称
《最高人民法院关于审理买卖合同纠纷案件适用法律问题的解释》	《买卖合同解释》
《最高人民法院关于贯彻执行〈中华人民共和国民法通则〉若干问题的意见（试行）》	《民法通则意见》
《最高人民法院关于审理民间借贷案件适用法律若干问题的规定》	《民间借贷案件规定》
《最高人民法院关于适用〈中华人民共和国民事诉讼法〉的解释》	《民事诉讼法解释》
《最高人民法院关于民事诉讼证据的若干规定》	《民事诉讼证据规定》
《最高人民法院关于审理人身损害赔偿案件适用法律若干问题的解释》	《人身损害赔偿解释》
《最高人民法院关于审理商品房买卖合同纠纷案件适用法律若干问题的解释》	《商品房买卖合同解释》
《最高人民法院关于审理外商投资企业纠纷案件若干问题的规定（一）》	《外商投资企业案件规定（一）》

目 录

CONTENTS

第一册

第一分编 通 则

第二册

第一分编 通 则

第一章

一般规定

第四百六十三条【调整对象】

本编调整因合同产生的民事关系。

历史由来

本条是新增条款，《合同法》并未规定合同法的调整对象。在《合同法》作为单行法时期，《合同法》第1条规定的是立法目的，即“为了保护合同当事人的合法权益，维护社会经济秩序，促进社会主义现代化建设，制定本法”。然而，《民法典》第1条作为整部法典的立法目的，已经包含“保护民事主体的合法权益”、“维护社会和经济秩序”、“适应中国特色社会主义发展要求”的内容；换言之，《合同法》第1条的内容已经被《民法典》第1条所吸收。故本编删去了立法目的条款，将第1条改为调整对象条款。

作此调整，主要是为了实现立法体例的统一，与总则编及其他各编保持形式上的协调一致。物权编第205条、人格权编第989条、婚姻家庭编第1040条、继承编第1119条、侵权责任编第1164条为各编的第1条，均规定了本编的调整对象，合同编的第1条也不例外。从形式上讲，各编于第1条规定调整对象，可以更好地帮助法律适用者判断其面临的案件应当由民法典哪一编规制。

在合同编起草之初，《民法典合同编（草案）》（征求意见稿）第1条并未规定合同法的调整对象，而仅是明确了合同的定义。此后，出于体例统一性的考虑，调整对象条款被加入其中，《民法典合同编（草案）》（一审稿）第254条规定：“本编调整民事主体之间产生的合同关系。”《民法典合同编（草案）》（二审稿）第254条规定：“本编调整因合同产生的民事关系。”

不过，虽然同为调整对象条款，一审稿和二审稿的表述仍存在差异。一审稿将合同法的调整对象落脚于“合同关系”，二审稿则落脚于“因合同产生的民事关系”，两者显有区别。比如，先合同义务、附随义务、后合同义务属于法定之债，并非“合同关系”，但其仍可属于因合同或因合同磋商行为而产生的民事关系。因此，二审稿调整对象的范围更大，为合同编适用提供了更广阔的解释空间，更显妥当。本条沿袭了二审稿的表述方式。

三 规范目的或功能

本条规定了合同编的调整对象。合同编的调整对象条款旨在解决合同编的适用范围问题。从理论上说，凡在该调整对象范围之内的，都应当适用合同编；不在调整范围之内的，应当适用其他编或其他法律。

本条规定："本编调整因合同产生的民事关系。"从文义上看，合同编仅调整合同之债，不调整非合同之债，如不当得利之债、侵权之债等。由此产生的疑问是：对于非合同之债如何调整？这一问题主要体现在是否设置债法总则的讨论中，关系到民法典编纂体例的编排。

多数学者认为应当设置债法总则编。①主要理由是：（1）债法总则的设立是民法法典化、体系化的标志之一；（2）债法总则中存在适用于各种类型之债的共同规则，这种提取公因式的方式能使民法典简约，避免许多不必要的重复规定。少数学者认为不应当设置债法总则编。②主要理由是：（1）在合同法已经包含债法总则内容且侵权责任法独立成编的基础上，没有必要设置债

---

① 参见梁慧星：《制定民法典的设想》，载《现代法学》2001年第2期；孙宪忠：《我国民法立法的体系化与科学化问题》，载《清华法学》2012年第6期；王利明：《民法典的时代特征和编纂步骤》，载《清华法学》2014年第6期；薛军：《中国民法典编纂：观念、愿景与思路》，载《中国法学》2015年第4期；黄茂荣：《民法典之债法的编纂》，载《环球法律评论》2018年第2期；柳经纬：《我国民法典应设立债法总则的几个问题》，载《中国法学》2007年第4期；黄家镇：《论民法典编纂中债法总则的存废——以德国潘德克顿法学的法源思想与体系构造方法为视角》，载《现代法学》2018年第6期；陈华彬：《中国制定民法典的若干问题》，载《法律科学》（西北政法学院学报）2003年第5期；杨代雄：《我国民法典中债权法的体系构造——以侵权行为法的定位与债权法总则的取舍为考察重点》，载《法学杂志》2007年第6期；郭明瑞：《关于编纂民法典须处理的几种关系的思考》，载《清华法学》2014年第6期；朱广新：《超越经验主义立法：编纂民法典》，载《中外法学》2014年第6期；李世刚：《中国债编体系构建中若干基础关系的协调——从法国重构债法体系的经验观察》，载《法学研究》2016年第5期；费安玲：《民法典的理性与债法总则》，载《经贸法律评论》2018年第1期。

② 参见魏振瀛：《论债与责任的融合与分离——兼论民法典体系之革新》，载《中国法学》1998年第1期；王胜明：《法治国家的必由之路——编纂〈中华人民共和国民法（草案）〉的几个问题》，载《政法论坛》（中国政法大学学报）2003年第1期；覃有土、麻昌华：《我国民法典中债法总则的存废》，载《法学》2003年第5期；许中缘：《合同的概念与我国债法总则的存废——兼论我国民法典的体系》，载《清华法学》2010年第1期。

法总则编；（2）合同法和债法总则的关系最为密切，将债法总则“嵌套”入合同法总则，这样一方面能够充分体现“合同中心主义”，[①]另一方面能够避免体系和规则的过大改变，还可以在大陆法系和英美法系之间取中间应场，以连接两者。

本次《民法典》编纂采纳了少数说，延续了合同法与侵权责任法的分立，没有设置债法总则编。可能的原因主要在于：“第一，我国改革开放以来的立法一直是合同法独立成法，并没有将合同法作为债法的一部分，这种模式已经为立法和司法普遍接受。此时重新编制债法，则必然耗费很多时间和精力，这样民法典编纂的任务就不可以顺利完成。第二，在以德国民法典为典型的债法立法模式中，债法的实际内容还是以合同法为主，不当得利之债、无因管理之债、侵权之债的内容其实只有一小块。”[②]考虑到立法任务的紧迫性，我们只能在有限的时间内作有限的调整，这也是在现实世界中相对妥当的立法选择。

在这种体例的安排下，对于非合同之债，本编专设“准合同”一章，对无因管理和不当得利作了规定。此外，本编第468条专门规定了非合同之债对合同编通则的适用。

立法者的思路是，非合同之债在无特别规定的情况下（如侵权之债在侵权责任编中找不到可适用的规定），应适用合同编通则的规定，也即以合同编通则来替代债法总则的功能。从合同编通则的章节安排来看，虽然第四章到第七章均以合同命名，其内容实际上包含大量债法总则的内容。在对法律关系的内容进行具体规定时，法律条文基本上大多使用“债权、债务”的概念，这样一种立法体例，事实上也涵盖了整体上的债权债务关系，满足了债法作用于现实社会的需要。[③]一言以蔽之，合同编的调整对象不仅包括合同之债，还包括非合同之债。

---

① 参见朱虎：《债法总则体系的基础反思与技术重整》，载《清华法学》2019年第3期。

② 参见孙宪忠：《当前我国民法典分则编纂的几点思考》，载《华东政法大学学报》2019年第5期。

③ 参见孙宪忠：《当前我国民法典分则编纂的几点思考》，载《华东政法大学学报》2019年第5期。

规范内容

本条在性质上属于不完全法条。根据本条规定，合同编调整因合同产生的民事关系，这主要包含两项规范内容："合同"与"民事关系"。

一、民事关系

"民事"的性质是民法所赋予的，因此，民事关系也被称为民事法律关系，二者是同一概念。[①]民事关系是指平等主体之间的人身关系和财产关系。这区别于公共行政组织在行使行政管理职能过程中与行政相对人、其他行政组织或者与行政组织所属公职人员之间产生的行政关系。值得注意的是，当行政主体从事民事法律行为时，应被视为民事关系，而非行政关系。

二、合　同

民法理论上的合同有广义和狭义之分：（1）广义的合同，指以发生私法效果为目的的一切合意，包括以发生物权变动为目的的物权合同（如设定抵押权的合同、移转所有权的合同）、以物权以外权利的变动为目的的准物权合同（如债权让与）、以发生债权债务为目的的债权合同、以发生身份关系的变动为目的的身份合同等。[②]（2）狭义的合同仅指债权合同，即以发生债的关系为目的的合意。[③]

在我国立法史上，对合同曾有经济合同与非经济合同、商事合同与民事合同、国内合同和涉外经济合同等不同区分。自《合同法》出台以来，不再于立法层面进行上述区分，对合同进行了统一规制。[④]本编延续了《合同法》的这一做法。

本条中的"合同"应作广义理解，理由在于：（1）根据本编第464条第1

---

① 参见佟柔：《中国民法学·民法总则》，中国人民公安大学出版社1990年版，第45页。

② 参见韩世远：《合同法总论》（第四版），法律出版社2018年版，第2页。

③ 参见王利明：《合同法研究》（第一卷）（第三版），中国人民大学出版社2015年版，第12页。

④ 参见崔建远：《合同法学》，法律出版社2014年版，第1页。

款对合同所作的定义，各类民事主体之间设立、变更、终止民事法律关系的协议均适用合同编，并不以债权合同为限。（2）由上文对本条调整对象的分析可知，合同编调整的不仅包括合同之债，还包括非合同之债，比如侵权之债、不当得利之债、无因管理之债等。合同编通则实际上发挥债法总则的作用。[①]而非合同之债无法被既有的合同概念所囊括，为使合同编通则替代债法总则，则需要对合同进行目的性扩张。

相反，若将合同概念作狭义理解，即仅指债权合同，则很多合同关系无法被合同编调整。比如，一些共同行为，如合伙合同、联营合同等；部分涉及人格权的许可使用合同，如肖像权、姓名权的许可使用合同；亲属法、继承法领域有关财产关系的协议，如分家析产协议、遗赠扶养协议、夫妻财产约定等。[②]除此以外，随着经济的发展，实践中可能还会出现其他新的合同类型。上述合同类型均属于民事主体之间发生的民事法律关系，应当受合同编调整。从这一意义上说，对合同编的合同作狭义理解并不适宜。

第四百六十四条【合同的定义】

合同是民事主体之间设立、变更、终止民事法律关系的协议。

婚姻、收养、监护等有关身份关系的协议，适用有关该身份关系的法律规定；没有规定的，可以根据其性质参照适用本编规定。

历史由来

本条第1款沿袭自《民法通则》第85条第1句、《合同法》第2条第1款，但在具体表述上区别有二：其一，用“民事主体”取代了“当事人”、“平等主体的自然人、法人、其他组织”；其二，用“民事法律关系”取代了“民事关系”、“民事权利义务关系”。

---

① 参见梁慧星：《论我国民法合同概念》，载《中国法学》1992年第1期；韩世远：《合同法总论》（第四版），法律出版社2018年版，第3页。

② 参见王利明：《合同法研究》（第一卷）（第三版），中国人民大学出版社2015年版，第13页。

本条第2款源于《合同法》第2条第2款，但又对其有所补充；补充的内容为本款后半句但书规定。根据这一规定，在涉及身份关系的协议且该身份关系的法律缺乏相应规定时，可以依其性质参照适用本编规定，为涉及身份关系协议的法律适用提供了方法论依据，填补了可能存在的法律漏洞。

由民法典编纂过程看，本条第2款的修改源自《民法典合同编（草案）》（征求意见稿）第1条第2款。这一修改为此后的草案所采纳，并最终成为本条第2款。

《民法典合同编（草案）》（二审稿）第255条第1款曾把本条第1款规定："本编所称合同是民事主体之间设立、变更、终止民事法律关系的协议。"《民法典（草案）》第464条第1款删除了"本编所称"这一用语。

规范目的或功能

本条的规范意旨是：明确合同定义，界定合同编的适用范围。

本条第1款界定了合同的主体、合同的内容及合同的性质。第2款是关于合同编适用范围的规定。从本条的规定来看，第1款中所称的民事法律关系，以财产关系为主要内容。涉及婚姻、收养、监护等身份关系的协议，适用其他相关的法律规定。《合同法》第2条没有将合同法的适用范围拓及身份关系协议，立法机关释义明确指出，"有关婚姻、收养、监护等身份关系的协议不适用合同法"。[①]在此情形下，实践中有法官对于《合同法》中的相关规定能否适用于身份关系中，立场保守。[②]如果严格依照《合同法》第2条的文义，在其他法律没有规定的情形下，可能出现法律漏洞。[③]

无论是财产关系的协议还是身份关系的协议，二者存在许多共同之处。

---

① 参见全国人民代表大会常务委员会法制工作委员会编：《中华人民共和国合同法释义》（第3版），法律出版社2013年版，第5页。

② 有法官明确指出，"考虑到婚姻关系的复杂性和特殊性，在法律没有进一步明确规定的情况下，直接援引关于赠与合同撤销权的规定适用于夫妻财产约定的所有情形，缺少足够的事实和法律依据"。参见山东省滨州市中级人民法院（2016）鲁16民终字第2125号民事判决书。

③ 参见王雷：《论身份关系协议对民法典合同编的参照适用》，载《法学家》2020年第1期。

考虑到婚姻、收养、监护等涉及身份关系的法律通常不会涉及协议的一般性规定，本条第2款新增但书条款规定：在相关身份关系法律没有规定的情形，可以根据其性质参照适用本编规定。据此，合同编的相关内容，可以依其性质，准用于身份关系协议。此举拓展了合同编的适用范围，避免其他身份关系在法律没有规定的时候出现法律漏洞。

规范内容

一、合同的定义（第1款）

本条第1款是关于合同定义的说明性规范，在性质上属于不完全法条。根据本款规定，判断合同的关键因素在于：民事主体、民事法律关系、协议。

（一）民事主体

合同的主体须发生在民事主体之间。《合同法》第2条第1款对此表述是“平等主体的自然人、法人、其他组织”。首先，本条删去了“平等”二字，理由有二：其一，总则编第2条规定“民法调整平等主体……”，合同编作为分则，无特别规定之时，自然具备被调整主体之平等性的民法整体特征；其二，总则编第4条明文规定了平等原则，“民事主体在民事活动中的法律地位一律平等”，故民事主体在合同相关活动中的法律地位当然平等。在总则编调整对象条款及平等原则条款的辐射之下，合同主体之平等性已是当然，无需再重复。其次，本条中“民事主体”的表述，较“自然人、法人、其他组织”的列举式表述范围更广，如国家作为民事主体时亦可包含在内，更符合民法典作为民事基本法的定位。最后，将主体范围限于民事主体，以表明私法与公法的区分，将行政合同等公法协议排除在合同定义之外。当然，政府机关也可作为民事主体参与民事法律关系，此时也可适用合同编的规定。在区分私法与公法调整范围时，不能简单以主体性质作为单一标准。[①]

---

① 参见余凌云：《行政协议的判断标准——以“亚鹏公司案”为分析样本的展开》，载《比较法研究》2019年第3期。

（二）民事法律关系

合同的内容指向的是民事法律关系。这一表述取代了《合同法》第2条第1款中的“民事权利义务关系”。民事法律关系即民事权利义务关系，二者在实质上并无不同。[①]明确合同的内容为民事法律关系，也能进一步确定私法与公法调整范围的区分，将非民事法律关系（如行政管理关系）排除在外。[②]

在《合同法》起草过程中，《合同法》的征求意见稿（1995年1月）、试拟稿（1997年5月）以及草案稿（1998年8月）均表述为“债权债务关系”，最终通过的《合同法》改为“民事权利义务关系”。据时任立法机关负责人介绍，这主要是为了便于理解，在全国人大法律委员会（现为宪法和法律委员会）的建议下作此修改，并不影响条文的实质内涵。[③]从体系上看，合同编属于债法的一部分（《民法通则》第85条关于合同的定义即在“债权”章节之下）。有学者主张，合同仅指债权协议。[④]但从字义上看，“民事权利义务关系”在范围上显然大于“债权债务关系”，这一变动使得合同的调整范围具有了超越债权债务关系的解释空间。[⑤]

民事法律关系的设立，是民事法律关系发生的主要表现形式。民事法律关系的变更，包括主体的变更与内容的变更（包含效力变更在内）。民事法律关系的终止，是民事法律关系消灭的表现形式。

（三）协　议

在现今汉语语境中，合同与契约同义，前者是我国现行法定表达方式，后者常见于学者论著。在较早时期，有学者尝试区分合同与契约，将合同理

---

① 参见梁慧星：《民法总论》（第五版），法律出版社2017年版，第58页。

② 参见全国人民代表大会常务委员会法制工作委员会编：《中华人民共和国合同法释义》（第3版），法律出版社2013年版，第5页。

③ 参见王胜明：《从合同法的草案到审议通过——〈中华人民共和国合同法〉介绍》，载全国人大常委会法制工作委员会民法室编著：《〈中华人民共和国合同法〉及其重要草稿介绍》，法律出版社2000年版，第224页。

④ 参见谢怀栻：《民法总则讲要》，北京大学出版社2007年版，第150页。

⑤ 参见朱庆育：《民法总论》（第二版），北京大学出版社2016年版，第145页。

解为谋求共同利益的“同方向平行的合意”，契约则理解为谋求不同利益的“两个交换的合意”。[①]此种见解日渐式微，已不为现今语境所接受。就现状而言，我国大陆地区以“合同”作为通行表达方式，台湾地区则多使用“契约”一词，二者在含义上并无差异。

依本条第1款，合同在性质上是一种协议。“协议”本非法律术语，以之作为合同定义的上位概念，是法律概念通俗化的结果。[②]本款强调合同作为协议的性质，旨在表明合同是经过民事主体协商之后达成的合意。[③]一项合意的达成，典型的须经要约与承诺的方式实现（《民法典》合同编第471条）。

立法者将协议作为合同的属概念。从字义范围上看，作为民事法律关系的协议，包括人身关系协议与财产关系协议。但从体系上看，依本条第2款，本编关于合同的规定，不能直接适用于身份关系协议。据此，本款所称协议，限于财产关系协议。

二、合同编的适用范围（第2款）

本条第2款是引用性法条，明确规定了合同编的适用范围。据此，对于婚姻、收养、监护等有关身份关系的协议，应适用相关特别法律规定（本条第2款前半句）；在缺乏特别法规定时，可以参照适用合同编的相关规定（本条第2款后半句）。

（一）特别法律的优先性

依法律效果所处法域，民事法律关系可分为财产关系与身份关系。由财产关系产生的是财产性法律效果，如所有权的取得与消灭、给付义务的产生与消灭等。身份关系的协议产生身份性法律效果，如婚姻中的夫妻关系、收养中的亲子关系、监护中的监护关系。[④]

本编关于合同的法律制度构建，以财产关系为原型，而身份关系具有浓

---

① 参见史尚宽：《民法总论》，中国政法大学出版社2000年版，第310—311页。

② 学者对此有过严厉批评，参见张俊浩主编：《民法学原理》（修订第三版）（上册），中国政法大学出版社2000年版，第237—238页。

③ 参见朱庆育：《民法总论》（第二版），北京大学出版社2016年版，第143页。

④ 参见史尚宽：《民法总论》，中国政法大学出版社2000年版，第319页。

厚的伦理色彩，与之存在明显差异。故此，本款前半句规定，身份关系法律有特别规定时，应排除本编规定，如婚姻关系的生效（《民法典》第1049条）、终止（《民法典》第1076条、第1079条、第1080条、第1081条、第1082条）及效力瑕疵事由（《民法典》第1051条、第1052条、第1053条），收养关系的成立（《民法典》第1093条以下）、效力（《民法典》第1111条、第1112条）及解除（《民法典》第1114条、第1115条、第1116条），监护的主体资质（《民法典》第27条、第28条）、监护的撤销（《民法典》第36条）及终止（《民法典》第39条）等规定。

（二）合同编的参照适用

在特别法律没有明确规定时，可以依其性质，参照适用合同编的相关规定，避免出现法律漏洞。

1.没有规定

在身份关系中参照适用合同编的前提是法律没有明确规定，也就是法学方法论上所说的“法律漏洞”。[①]法律漏洞的出现，有其现实必然性。一方面，立法者无法穷尽生活事实的认识，难以在法典中准确评估所有的利益状态，并有针对性地给出圆满的调整方案；另一方面，生活事实随时处在变化之中，法律评价的方法与标准也必须随之变动。

法律漏洞可以分为“公开的漏洞”与“隐藏的漏洞”，前者指法律应规定而未规定，后者指法律虽有规定，但过于泛化，必须在特定案件中排除该规定之适用，否则有违立法目的。[②]在法学方法论上，公开的漏洞填补通常是借助类推适用的方法实现，依据的是“同类事物应作同类处理”这一正义命令；隐藏的漏洞填补则通过目的性限缩的方法完成，依据的是“不同事物应作不同处理”。[③]二者都立足于“事物性质”这一价值基础。

从字义上看，本款的适用情形仅指向前一种情况，即法律应规定而未规

---

① 拉伦茨称之为“违反计划的不圆满性”。参见［德］卡尔·拉伦茨：《法学方法论》，陈爱娥译，商务印书馆2003年版，第251页。

② 参见［奥］恩斯特·A.克莱默：《法律方法论》，周万里译，法律出版社2019年版，第166页。

③ 参见［德］卡尔·拉伦茨：《法学方法论》，陈爱娥译，商务印书馆2003年版，第268页。

定。但有学者指出，即使特别法律另有规定，依然存在通过《合同法》的相关规定对之加以修正的空间。例如，《婚姻法解释（二）》第9条规定，当事人请求变更或撤销财产分割协议的，应当在“协议离婚后一年内”提出，而《合同法》第55条第1项（《民法总则》第152条第1款第1项）关于合同撤销的起算点是“知道或应当知道撤销事由之日起”，二者存在不一致，应该以《民法总则》的相关规定为准，对前者进行修正。①

2.依其性质

在涉及身份关系的协议中参照适用合同编，需要考虑到协议的性质。此处有两点需要强调：其一，本款中所称的性质，主要指是否具有财产性法律效果；其二，须存在经各方当事人合意达成的协议，针对该协议参照适用本编相关规定。

涉及身份关系的特别法律规定优先适用，其理论基础在于身份关系的伦理性。因此，若在涉及身份关系的协议中，具体内容在性质上不涉及伦理性的身份关系，且缺乏特别法律规定时，可以参照适用本编规定。此外，身份关系与财产关系并非截然区分，而是存在相互交叉的可能，身份关系可能产生财产性后果，此时也存在参照适用本编规定的空间。例如，婚姻关系中的夫妻共同财产协议及财产分割协议（《民法典》第1087条），这虽产生于婚姻这一伦理性的身份关系，但共同财产及财产分割的法律后果是财产性的。对于夫妻离婚时的财产分割协议，可以参照适用本编关于合同的一般规定，如合同的成立及生效、合同效力瑕疵、合同的履行、合同终止及违约责任等。实践中有法官明确指出：“婚姻中有关身份的协议具有特殊性，不适用《合同法》，但夫妻双方关于财产处理的约定以财产关系为内容，应属于《合同法》调整范围。”②

在涉及身份关系中义务违反的财产性后果方面，也处于“依其性质”范围之内。如夫妻间的扶养义务（《民法典》第1059条）、长辈对晚辈的抚养义务（《民法典》第1067条第1款、第1074条第1款）、晚辈对长辈的赡养义务（《民法典》第1067条第2款、第1074条第2款）、离婚中的损害赔偿责任（《民

① 参见王雷：《论身份关系协议对民法典合同编的参照适用》，载《法学家》2020年第1期。

② 参见吉林省长春市绿园区人民法院（2016）吉0106民初字第1977号民事判决书。

法典》第1091条）、彩礼返还义务（《婚姻法解释（二）》第10条）、遗产保管人的妥善保管义务（《民法典》第1151条）等。能否适用本款进行参照适用，关键在于当事人对此是否另有约定，如关于抚养义务或赡养义务的约定、继承人与遗产保管人之间的约定等。如果不存在相应的约定，则无法通过本款转介适用本编的规定。

继承关系与身份关系紧密相关，如法定继承人的范围及其顺位（《民法典》第1127条、第1128条、第1129条）直接来源于身份关系的紧密程度。因此，在传统上，继承也常被归入身份关系之列。但就法律效果而言，因继承而产生的均为财产性法律效果。民法典对法定继承顺序有明确规定，同时也规定了遗嘱继承（《民法典》第1133条），肯定了被继承人的意思自治。而在遗赠情形中（《民法典》第1158条），甚至不以身份关系为存在前提。由此可知，继承关系虽有伦理色彩，但本质上仍属于财产关系范畴。涉及继承关系中的协议，可以依照本款参照适用合同编的相关规定。①

反之，在涉及身份关系的伦理性时，即使特别法没有规定，也不得参照适用本编规定。例如，根据《民法典》第1049条第1句，结婚行为不得代理（须“男女双方亲自到婚姻登记机关申请结婚登记”），但并未规定是否可以附条件或附期限（《民法典》第158条、第160条）。由于涉及身份形成的伦理性，此处应作否定回答。收养关系、监护关系也是如此，不得代理、不得附条件或期限。此外，在身份关系的效力及效力瑕疵上，也不得适用本编的规则。

3.参照适用

“参照”在立法技术上属于“准用”，是一种法律明文规定的“授权式类推适用”。②通过类推方法填补法律漏洞，属于法官自由裁量的权限。立法者在此处将其明文规定，使法官在法律漏洞填补时受两方面限制：其一，在本款规定的情形下，法官必须在“准用”的明示下首先尝试用类推方法填补漏

① 参见广东省佛山市顺德区人民法院（2018）粤0606民初10042号民事判决书。也有法院在此类案情中，参照适用《物权法》相关规定，参见湖南省湘阴县人民法院（2019）湘0624民初字第1122号民事判决书。实践中，也有法院在涉及继承相关协议情形中，直接适用《合同法》的相关规定。参见浙江省天台县人民法院（2017）浙1023民初字第4247号民事判决书。

② 参见黄茂荣：《法学方法与现代民法》，中国政法大学出版社2001年版，第306页。

洞；其二，法官必须以立法指明的法律规范为基准进行类推。[①]

本款规范的是针对协议的参照适用，可能涉及的条文包括：（1）合同订立的相关条文，如要约（《民法典》第472—478条）、承诺（《民法典》第479—489条）等；（2）合同履行的相关条文，如履行的原则（《民法典》第509条）、合同内容的解释规则（《民法典》第510条、第511条）、合同内容的变更（情势变更，《民法典》第533条）等；（3）合同终止的条款，如终止事由（《民法典》第557条）、合同解除条款（《民法典》第562条、第563条）等；（4）违约责任条款（《民法典》第577条以下）等。此外，协议中涉及协议效力的规定（如《民法典》第146条及以下的无效及可撤销规定），虽然规定在民法典总则部分，但在满足本款规定的情形下，可以适用于涉及身份关系的协议之中。

典型情形如夫妻双方自愿达成的婚姻关系存续期间的财产协议，或离婚时关于财产分割的离婚协议，对于协议的订立、协议的效力瑕疵及其判断、协议的履行及违反协议的法律后果（损害赔偿及其归责要件）等，可参照适用前述规定。

实践中容易引起争议的是所谓忠诚协议的效力问题。根据本条第2款规定，忠诚协议适用合同编的前提应该是，协议内容涉及财产的分割或给予；若涉及身份关系（如子女的抚养、婚姻关系的终止等），则不存在参照适用空间。[②]

举证责任

本条第1款是对合同定义的描述，不涉及举证责任问题；仅第2款涉及举证责任的问题。

在适用第2款时，主张适用有关身份关系的法律规定的一方，应该就身份关系协议的存在承担举证责任；主张参照适用本编的一方，应该就其性质符

---

① 参见于飞：《合同法总则替代债法总则立法思路的问题及弥补——从“参照适用”的方法论性质切入》，载《苏州大学学报》（法学版）2018年第2期。

② 有观点认为，涉及身份关系的忠诚协议内容无效。参见梅夏英、叶雄彪：《婚姻忠诚协议问题研究》，载《法律适用》2020年第3期。

合本编规定的情形承担举证责任。反对参照适用本编规定的一方，应该就其性质不符合本编的规定，或者其他相关法律对此有明确规定，承担相应的举证责任。

法官在适用本条第2款时，在身份关系协议中适用本编规定的，应该负有额外的论证义务，充分说明该身份关系协议的性质符合本编的适用规定。

第四百六十五条【合同严守与合同的相对性】

依法成立的合同，受法律保护。

依法成立的合同，仅对当事人具有法律约束力，但是法律另有规定的除外。

历史由来

本条源自《民法总则》第119条、《合同法》第8条、《民法通则》第85条第2句。其中，第1款在表述上与《合同法》第8条第2款、《民法通则》第85条第2句完全相同，第2款在《合同法》第8条第1款、《民法总则》第119条的基础上有所删改，具体体现在：第一，新添“仅”字，以此强调合同约束力范围仅限于当事人；第二，新增但书规定“但是法律另有规定的除外”；第三，删去了《合同法》第8条第1款第2句“当事人应当按照约定履行自己的义务，不得擅自变更或者解除合同”。

由立法过程看，本条第1款首次出现于《民法典合同编（草案）》（一审稿）第256条第1款；本条第2款最早出现于《民法典合同编（草案）》（征求意见稿）第2条，不过，“征求意见稿”是这样规定的：“依法成立的合同，对当事人具有法律约束力；对第三人仅在法律有特别规定时具有法律约束力。”《民法典合同编（草案）》（一审稿）第256条将“征求意见稿”所作“对第三人仅在法律有特别规定时具有法律约束力”修改为“但是法律另有规定的除外”。《民法典合同编（草案）》（二审稿）则将《民法典合同编（草案）》（一审稿）第256条拆分为两款规定：“依法成立的合同，受法律保护。依法成立的合同，仅对当事人具有法律约束力，但是法律另有规定的除外。”《民法典（草案）》接受了这一规定。

规范目的或功能

本条第1款旨在明确依法成立的合同具有法律约束力，明确了合同必须严守。第2款将合同约束力限定在合同当事人之间，确立了合同相对性原则。同时，但书规定的加入表明，立法者也为这一原则的突破提供了法律上的空间，体现了一定的灵活性。

合同是当事人意思自治的主要工具，合同必须严守是意思自治的应有之义。本条第1款明确规定，依法成立的合同受法律保护，体现的是法律对当事人意思自治的保障。从社会经济实践的角度看，合同是开展经济活动的重要工具，明确法律对合同的保护，也是保障经济活动顺利开展、维护市场信用体系的必然要求。

合同效力的相对性限定了受合同约束的主体范围，体现的是合同作为债之关系的法律属性，并将合同之债与所有权、用益物权等其他对世性权利区别开来。明确合同之债的相对性，能够为合同之债的法律关系处理，尤其是相关法律的解释、法律漏洞的填补，提供必要的价值基准。同时，考虑到实践中可能的需要，但书规定的加入，一方面为合同相对性的突破提供了空间，另一方面也将其限定在“法律另有规定”的范围内，从反面印证了立法者对合同相对性的坚守。

规范内容

本条属于不完全法条，“受法律保护”“具有法律约束力”等表述，并非明确的法律效果。具体来说，第1款属于不完全法条中的宣示性法条，第2款属于说明性法条。

一、合同严守（第1款）

（一）依法成立的合同

合同成立，在民法上具有特定的含义。合同（法律行为）的成立，是相对于合同的生效而言的。从要件上看，合同成立包括一般要件与特别要件，前者包括当事人、标的、意思表示，后者如要式行为中的特定方式之履行、要物行为中物之交付；而合同的一般生效要件，包括当事人须有相应的行为能力、标的适法妥当、意思表示真实一致，特别生效要件主要在于死因行为、附条件或附期限的行为等情形。[①]

从本条的文义上看，受法律保护的合同指的是“依法成立的合同”，不以合同生效为必要。但立法者是否明确区分合同成立及生效，颇具疑问。在《民法典》制定以前，《民法通则》第55条规定：“民事法律行为应当具备下列条件：（一）行为人具有相应的民事行为能力；（二）意思表示真实；（三）不违反法律或者社会公共利益。”这一规定与《民法通则》第54条规定的“民事法律行为是合法行为”相呼应。依此见解，唯有符合生效要件者，方可归入民事法律行为之列，自然无区分法律行为成立与生效之必要。此外，依《民法典》第483条（《合同法》第25条）规定，承诺生效时合同成立。《民法典》第136条第1款、第502条第1款（《合同法》第44条第1款）也明确规定，若无法律特别规定，依法成立的合同（民事法律行为），自成立时生效。因此，从历史与体系的角度上看，立法者并未刻意区分合同的成立与生效，除非法律另有规定或当事人另有约定，合同自成立之时即生效。

（二）受法律保护

本款中的“受法律保护”，在性质上属于宣示性语句，并非明确的法律效果。

这一表述直接来源于《合同法》，按照《合同法》立法者的解释，“所谓受法律保护，就是说，如果一方当事人未取得对方当事人同意，擅自变更或解除合同，不履行合同义务或者履行合同义务不符合约定，从而使对方当事人的权益受到损害，受损害方向人民法院起诉要求维护自己的权益时，法院就要依法维护，对于擅自变更或者解除合同的一方当事人强制履行合同义务

---

① 参见梁慧星：《民法总论》（第五版），法律出版社2017年版，第173页；朱庆育：《民法总论》（第二版），北京大学出版社2016年版，第116—117页。

并承担违约责任”。[①]按照这一解释，本款中的“法律保护”，指的是违反合同义务的后果（违约责任）。据此可知，前述“依法成立的合同”，为立法者主观目的所指，乃“依法成立且生效的合同”。

立法者的这一认识，表明其无意对合同成立与生效的效果作出明确区分。这涉及对合同成立与生效区分意义的认识，民法学界对此问题也存在争议。[②]合同成立之后并非必然生效。合同何时生效，也是当事人意思自治应有之义。就此而言，虽然通常情况下，合同成立即生效，但在立法上不宜将成立等同于生效，尤其不宜将“受法律保护”限于“依法成立且生效”之合同，否则，对于成立但未生效之合同的保护将付之阙如。《民法典》第133条关于民事法律行为的定义，删去了“合法”论述，可以看出，立法者摒弃了将民事法律行为限定于“合法行为”，本条中受法律保护的合同不宜再限定为“成立且生效”，而宜回到“依法成立”的文义，肯定对成立但未生效合同的保护。[③]

这一认识，对于现行法而言并不陌生。在附停止条件的合同中，条件成就前合同处于成立但未生效状态。《民法典》第159条（《合同法》第45条第2款）规定：“附条件的民事法律行为，当事人为自己的利益不正当地阻止条件成就的，视为条件已成就；不正当地促成条件成就的，视为条件不成就。”据此，附条件的合同在条件成就前属于“成立但尚未生效的合同”，也受法律保护。当然，成立但未生效的合同毕竟不同于成立且生效的合同，其受法律保护的程度也各有差异。这涉及本条第2款中“法律约束力”含义的理解。

二、合同相对性及其突破（第2款）

本条第2款规定了合同对当事人的约束力、合同相对性及其突破。

① 参见全国人民代表大会常务委员会法制工作委员会编：《中华人民共和国合同法释义》（第3版），法律出版社2013年版，第12页。

② 参见朱庆育：《民法总论》（第二版），北京大学出版社2016年版，第117页。

③ 参见金可可：《〈民法总则〉与法律行为成立之一般形式拘束力》，载《中外法学》2017年第3期。

（一）法律约束力

本款并没有直接规定什么是合同的“法律约束力”。从本条来源上看，《合同法》第8条第1款第2句规定，“当事人应当按照约定履行自己的义务，不得擅自变更或者解除合同”。对此，有立法部门的同志在相关释义中明确指出，“所谓法律约束力，也就是说，当事人应当按照合同的约定履行自己的义务，非依法律规定或者取得对方同意，不得擅自变更或者解除合同。如果不履行合同义务或者履行合同义务不符合约定，就要承担违约责任”。[①]这种理解将法律约束力等同于“依约履行”与“违约责任”，立足于合同成立且生效的前提之下，实则指的是合同的效力。[②]

值得注意的是，立法部门的同志在解释《民法总则》第136条第2款中“成立即生效”规则时指出，这里既包括法律行为生效后的约束力，也涵盖成立后生效前的约束力（如附停止条件、以登记为特别生效要件的情形）。[③]因此，从体系上看，立法者并未否认合同成立后生效前的法律约束力。换言之，至少在《民法总则》第136条第2款的情形中，立法者意识到，合同的法律约束力并不以合同生效为前提。

在民法学说上，主流观点也认为应该区分合同的约束力与合同效力，前者指“合同不能任意撤销”，并不以合同生效为前提；后者指的是依约履行及相应的违约责任，须以合同生效为前提。[④]因此，若依《合同法》立法者主观意旨，将本条中的法律约束力理解为“当事人应当按照约定履行自己的

---

① 参见全国人民代表大会常务委员会法制工作委员会编：《中华人民共和国合同法释义》（第3版），法律出版社2013年版，第11—12页。

② 参见金可可：《〈民法总则〉与法律行为成立之一般形式拘束力》，载《中外法学》2017年第3期。

③ 参见李适时主编：《中华人民共和国民法总则释义》，法律出版社2017年版，第426—427页。

④ 参见王泽鉴：《债法原理》（第二版），北京大学出版社2013年版，第204页；王利明：《合同法研究》（第一卷）（第三版），中国人民大学出版社2015年版，第529页；韩世远：《合同法总论》（第四版），法律出版社2018年版，第196页；金可可：《〈民法总则〉与法律行为成立之一般形式拘束力》，载《中外法学》2017年第3期；孙文桢：《论合同效力类型体系的重构——认真对待合同的法律约束力》，载《苏州大学学报》（法学版）2015年第1期。

义务，不得擅自变更或者解除合同”，则本款中仅指向成立且生效之合同，失之偏颇。

与《合同法》第8条第1款相比，本款中删去了“当事人应当按照约定履行自己的义务，不得擅自变更或者解除合同”这一表述，立法者是否有意为之，明确认可了成立但未生效合同的约束力，尚未可知。就本款文义及体系解释而言，应作肯定回答。本款中的“法律约束力”不应局限在成立且生效合同之效力层面，应包括成立但未生效之合同情形。

成立且生效合同的法律约束力即合同效力，指的是各方当事人必须依约履行合同（《民法典》第509条），否则将承担违约的法律后果（《民法典》第577条以下）。

成立但未生效合同的法律约束力，应区分不同情形分别认定：（1）因行为能力或代理权而效力待定的情形，其约束力主要针对恶意相对人，其不得单方废止该效力待定合同（《民法典》第145条第2款、第171条第2款）。（2）附停止条件的合同，当事人不得恶意阻止条件成就或不成就，否则发生对其不利之后果（《民法典》第159条）。（3）附生效期限的合同，当事人在期限到来之前，不得任意废止。以审批或登记作为特别生效的合同，此时也具有“不得擅自解除或变更”之约束力，①且当事人负有相应行为之义务。②

（二）合同相对性及其突破

本条第2款修改了《民法总则》第119条的表述：其一，在“对当事人具有法律约束力”之前新增一个“仅”字；其二，增加但书“但是法律另有规定的除外”。这两处变动，确立了合同相对性及其例外。

---

① 参见李适时主编：《中华人民共和国民法总则释义》，法律出版社2017年版，第426—427页。

② 《合同法解释（二）》第8条规定：“依照法律、行政法规的规定经批准或者登记才能生效的合同成立后，有义务办理申请批准或者申请登记等手续的一方当事人未按照法律规定或者合同约定办理申请批准或者未申请登记的，属于合同法第四十二条第（三）项规定的‘其他违背诚实信用原则的行为’，人民法院可以根据案件的具体情况和相对人的请求，判决相对人自己办理有关手续；对方当事人对由此产生的费用和给相对人造成的实际损失，应当承担损害赔偿责任。”

1.合同相对性

从文义上看，立法者增添一个“仅”字难谓无心之举，以此突出合同法律约束力的相对性之意图显而易见。合同相对性，指的是合同关系存在于特定当事人之间，原则上仅对合同当事人发生效力，并不及于合同外的第三人。[①]合同相对性原则，在《民法典》中并非罕见，如《民法典》第593条规定，当事人一方因第三人原因造成违约的，应当依法向对方承担违约责任。《民法典》第716条规定，承租人经出租人同意将租赁物转租给第三人时，承租人与出租人之间的租赁合同继续有效，且第三人造成租赁物损失时，承租人应当承担赔偿后果。以上皆为合同相对性的适例。

债权的相对性与物权的对世性，构成了近代私法体系中债权与物权区分的基础，进而影响到整个民法典的编纂结构。[②]合同之债的相对性区别于物权的对世性及排他性，暗含了合同债权的平等性原则。此外，也为第三人侵害债权在侵权法上的保护提供了指引：既然合同效力仅指向特定相对人，不具有对抗第三人效力，第三人既不负债务，自无侵害可能。[③]因此，明确合同的相对性原理，其意义不仅在于确立合同的基本法律属性，也为具体法律规则的解释、法律漏洞的填补提供依据。

2.相对性的突破

合同相对性并不具有绝对性。一方面，法律基于特定情形考量，需要对合同相对性作出例外规定；另一方面，意思自治是合同的基本价值基准，基于当事人的意思需要，合同也可能对合同当事人以外的第三人产生效力。合同相对性的突破，是近代合同法发展的产物。合同相对性的突破，典型如下：（1）债权的物权化，如买卖不破租赁（《民法典》第726条）；（2）债权的保全，如债权人代位权（《民法典》第535条）、债权人撤销权（《民法典》第538条、第539条）；（3）涉他合同，包括向第三人履行的合同（《民法典》第522条）、由第三人履行的合同（《民法典》第523条）等。具体解释，留待相应条文中展开。

---

① 参见韩世远：《合同法总论》（第四版），法律出版社2018年版，第13页；朱广新：《合同法总则研究》（上册），中国人民大学出版社2018年版，第19页。

② 参见朱广新：《合同法总则研究》（上册），中国人民大学出版社2018年版，第19页。

③ 参见王泽鉴：《债法原理》（第二版），北京大学出版社2013年版，第60—61页。

第四百六十六条【合同解释】

当事人对合同条款的理解有争议的，应当依据本法第一百四十二条第一款的规定，确定争议条款的含义。

合同文本采用两种以上文字订立并约定具有同等效力的，对各文本使用的词句推定具有相同含义。各文本使用的词句不一致的，应当根据合同的相关条款、性质、目的以及诚信原则等予以解释。

历史由来

本条源自《合同法》第125条："当事人对合同条款的理解有争议的，应当按照合同所使用的词句、合同的有关条款、合同的目的、交易习惯以及诚实信用原则，确定该条款的真实意思。合同文本采用两种以上文字订立并约定具有同等效力的，对各文本使用的词句推定具有相同含义。各文本使用的词句不一致的，应当根据合同的目的予以解释。"在《民法典》编纂过程中，《民法典合同编（草案）》（征求意见稿）第3条规定："当事人对合同条款的理解有争议的，应当依照总则编第一百四十二条第一款的规定，确定争议条款的含义。合同文本采用两种以上文字订立并约定具有同等效力的，对各文本使用的词句推定具有相同含义。各文本使用的词句不一致的，应当根据合同的目的予以解释。"《民法典合同编（草案）》（二审稿）第257条在"征求意见稿"的基础上，将本条第2款修改为："各文本使用的词句不一致的，应当根据合同的性质、目的以及诚信原则等予以解释。"增设了"合同的性质"、"诚信原则"作为合同条款的解释标准。《民法典（草案）》第466条基本沿袭"二审稿"的表述，仅将本条第1款中的"依照总则"修改为"依据本法"，这一表述最终成为正式条文。

规范目的或功能

本条规定的是对合同条款发生争议或合同文本词句不一致时的解释问题。其规范目的在于通过明确合同解释的标准与方法，消除合同条款或语句中的歧义。

本条第1款规定的是对合同条款发生争议时的解决方法，也即意思表示的解释问题。合同条款是当事人意思的载体，当事人的真实意思必须通过语言、文字、行为等一定的外在表现形式体现出来，而这些外在表现形式，常常因表意人的表达能力或表达方式的不同而出现差异，产生与表意人的内心真实意思表示不一致的争议。在对合同条款含义产生争议时，需要根据《民法典》第142条第1款中意思表示解释的方法，确定相关条款的具体内容。

本条第2款规定的是不同文本之间存在不一致理解时，确定合同内容的方法与标准。因文本表述的差异导致对合同条款的不一致理解是实践中容易引起纠纷的合同争议情形，这在涉外合同纠纷中尤为典型。根据本款规定，在对不同合同文本的理解产生歧义时，应该结合合同性质、合同目的以及诚实信用原则等，明确相关条款的具体含义。

在学理上，合同解释有狭义与广义之分，前者指的是对合同中当事人表示行为的含义进行阐明，后者指的是对合同内容进行补充与修正。[①]本条规定的情形是对合同既有条款或文本的理解产生争议，属于狭义解释的范畴。

规范内容

本条在规范性质上属于不完全法条，并不包含明确的法律效果，而是对合同解释方法与依据的说明。本条包含两项内容：其一，对合同条款的理解发生争议时的解释规则（第1款）；其二，不同合同文本的语句不一致时合同的解释规则（第2款）。

一、合同条款理解有争议（第1款）

合同是有相对人的意思表示。当事人之间对于合同条款的理解产生不一致时，需要借助意思表示解释的方法消除争议，明确合同内容。本条第1款将合同条款的解释援引《民法典》第142条第1款，也即有相对人的意思表示解释规则。按照这一规定，在对合同条款的理解存在争议时，应该按照条款所使用的语句、相关条款、行为的性质和目的、交易习惯以及诚实信用的原则，确定争议条款的含义。

---

① 参见韩世远：《合同法总论》（第四版），法律出版社2018年版，第866页。

（一）对合同条款理解的争议

合同条款是合同内容的载体，既包括书面条款，也包括口头约定。二者在内容证明上有所差异，但在解释适用中并无二致。无论书面条款还是口头约定，均可适用本条第1款，援引《民法典》第142条第1款之解释方法。

对合同条款的理解产生争议，前提是存在确定的合同条款。如果对条款本身是否存在有争议，则属于合同条款的证明问题，不属于本条规范的情形，这在口头约定的情形中尤为常见。

（二）合同条款的解释方法

合同解释的目的，在于探究当事人的真实意思。根据本条第1款及《民法典》第142条第1款的规定，有相对人的意思表示解释，应该考虑的因素包括：语句、条款与行为的性质、目的、习惯及诚信原则。从学理上看，这主要对应的是文义解释、体系解释、历史解释（交易习惯）及目的解释等解释方法。[①]

1.各种合同解释方法

《民法典》第142条第1款中提及的“语句”，指的是合同的文义解释。文义是合同内容的载体，是确定当事人意思的重要参照，是合同解释的起点。由于当事人自身的能力以及语言文字本身固有的模糊性、多义性，往往导致不同的人对合同的文本得出不同的理解，由此往往可能导致纠纷的发生。[②]这一纠纷类型在实践中主要表现为：（1）合同中的用语不明，含混不清；（2）对合同的某些用语产生多种不同的理解。[③]因此，拘泥于合同语句，难以消弭合同条款的争议，无法明确合同条款的内容，必须进一步考虑其他的解释方法。

合同的体系解释，也称为整体解释，是把全部合同条款和构成部分看作一个统一的整体，从各个合同条款及构成部分的相互关联，阐明合同条款的

---

① 参见崔建远主编：《合同法》（第五版），法律出版社2010年版，第356页以下；韩世远：《合同法总论》（第四版），法律出版社2018年版，第872页以下。

② 参见江平主编：《中华人民共和国合同法精解》，中国政法大学出版社1999年版，第102页。

③ 参见王利明：《合同法研究》（第一卷）（第三版），中国人民大学出版社2015年版，第433页。

含义。[①]《民法典》第142条第1款中“相关条款”，指的就是合同的体系解释。从合同整体内容的角度，对有争议的合同内容进行解释，有助于消除文义的片面性，能够更全面地体现出当事人的真实意思。

合同的历史解释，指的是依当事人以往的交易过程与交易习惯，对合同条款的内容进行解释，以消除歧义。合同为当事人交易的过程，因而解释合同不能掐头去尾，而应斟酌签订合同时的事实和资料，如对磋商过程、来往文件和合同草案等加以解释。[②]交易习惯既可以是发生在当事人之间的特别交易习惯，也可能是行业惯例。在没有明确约定的情况下，应该遵从当事人之间的交易习惯优先于行业惯例，特别交易习惯优先于一般交易习惯的适用顺序。[③]在“南京甲超市有限公司诉南京乙超市有限公司等房屋租赁合同纠纷案”中，法官对合同争议内容“转租商铺商品销售收入不应视为乙超市商品销售收入并作为计租依据”进行确认时，考虑了双方合作的过程以及合同签订时的情况，即该案法官在利用本条已规定的解释方法时，还结合历史解释方法对于合同争议进行确定。[④]同样，在“上海某有限公司等诉丽江市某有限公司买卖合同纠纷案”中，对于争议内容“是否已经就30辆12米新能源公交车形成买卖合同关系”进行解释时，该案法官主要考察了当事人在订立合同过程中的相关事实，即对磋商过程和来往的文件都有充分的考察。最后，法官基本以历史解释原则为主确立了合同的真实含义。[⑤]

合同的目的解释，指的是解释合同时，如果合同所使用的文字或某个条款可能作两种解释时，应采取最适合于合同目的的解释。[⑥]当事人订立合同均为达到一定目的，合同条款及用语的使用，都是服务于这一目的的手段。因此，在确定合同用语的含义乃至整个合同内容时，应适合于该合同目的。[⑦]依

---

① 参见崔建远主编：《合同法》（第五版），法律出版社2010年版，第357页。

② 参见崔建远主编：《合同法》（第五版），法律出版社2010年版，第359页。

③ 参见韩世远：《合同法总论》（第四版），法律出版社2018年版，第876页。

④ 参见最高人民法院（2016）最高法民申字第3288号民事判决书。

⑤ 参见最高人民法院（2017）最高法民终字第956号民事判决书。

⑥ 参见梁慧星：《民法学说判例与立法研究》（第2册），国家行政学院出版社1999年版，第262页；转引自韩世远：《合同法总论》（第四版），法律出版社2018年版，第874页。

⑦ 参见崔建远：《合同解释论——规范、学说与案例的交互思考》，中国人民大学出版社2020年版，第206页。

据合同目的对合同条款进行解释，需要考虑合同的典型交易目的，即其所欲实现的法律效果。此外，在具体合同的解释中，还可能需要结合当事人的主观目的（动机）。但这通常需要满足一定的条件，如该主观目的必须是当事人双方在合同中通过合意而确定的目的，构成当事人双方共同目的，或者对方当事人知道或应当知道这一主观目的。[①]

“目的”一词，具有明显的主观色彩；但就目的解释而言，并非只按一方当事人期待实现的合同目的进行解释，而应按照与合同无利害关系的理性第三人通常理解的、当事人共同的合同目的进行解释，且目的解释不应导致对他人合法权益的侵犯或与法律法规相冲突。[②]依双方共同目的确立争议内容，其实质是对双方当事人合同目的所追求的利益进行客观、平等的考量，从而使解释结果符合一般理性人对于争议内容应有的利益期待。当然，根据合同约定的给付内容，合同目的所包含的利益期待既包括典型的经济利益，也可能包含非经济利益。[③]承认合同目的的多样性，体现的是对当事人意思自治的尊重，具有相当必要性。

合同目的的确定，尤其是客观目的在合同解释过程中的适用，必须考虑与合同相关的其他因素，合同性质即为其中重要内容之一。合同性质在合同解释中，也具有重要作用。合同性质不同于合同目的，合同性质的认定取决于合同给付义务的性质。[④]例如，有偿行为、无偿行为在作解释时就应结合其行为性质之不同作相应的区分。一般而言，无偿行为当事人的义务和责任，解释上应轻于有偿行为的当事人。有偿与无偿保管合同中保管人的责任，应作不同认定。[⑤]

2.诚信原则的适用

客观合同目的的确定，实质上是一种权利义务的规范化平衡。作为“帝王条款”，诚实信用原则是衡平当事人之间权利义务关系的重要原则及尺度，

---

① 参见梁慧星:《民法学说判例与立法研究》（第2册），国家行政学院出版社1999年版，第262页；转引自韩世远:《合同法总论》（第四版），法律出版社2018年版，第874页。

② 参见“枣庄矿业（集团）有限公司柴里煤矿与华夏银行股份有限公司青岛分行、青岛保税区华东国际贸易有限公司联营合同纠纷案”，载《中华人民共和国最高人民法院公报》2010年第6期。

③ 参见章杰超:《合同目的含义之解析》，载《政法论坛》2018年第3期。

④ 参见朱广新:《合同法总则》（第二版），中国人民大学出版社2012年版，第652页。

⑤ 参见李宇:《民法总则要义——规范释论与判解集注》，法律出版社2017年版，第487页。

是制约意思自治原则的基本原则之一。[①]具体到合同解释中，诚实信用原则可以发挥修正当事人主观意图的作用，对合同条款及用语的解释作出规范性修正。诚实信用原则要求法官在解释合同时，应本着诚实、信用、善良的精神，在平衡当事人各方利益的基础上，公平、合理地确立争议条款的含义。[②]诚信原则中关于诚实、善良的价值取向，要求法官对于合同争议条款作客观公平的意思确定。在合同解释的过程中以诚实信用原则作为依据之一，将商业道德和公共道德纳入在内，这体现合同法从形式正义转向兼顾实质正义。[③]诚实信用原则不仅是合同解释的依据，也在合同漏洞的填补中发挥重要作用。在合同解释与漏洞填补中，诚实信用原则要求的是，作为一个诚实守信的商人，将会如何理解合同条款（合同解释），或将会作出何种约定（漏洞填补）。在实践操作中，体现为法官在做合同解释时应考量以下因素：相对人合理之信赖利益、表意人在合同意思中的正当利益追求、合同交易中所体现出的共识性社会正直价值理念。[④]同时在实践中，法官不但要在适用其他解释方法时，关注诚实信用原则中所体现的价值要求，发挥其"价值衡平作用"，而且"最后所得解释结果均不得违反诚实信用原则。合同解释内容经解释仍不能与诚实信用原则相协调者，应无效"。[⑤]诚实信用原则从解释过程到解释结果所发挥的价值衡平功能，最终确立争议条款的具体含义，已有相关案例作为具体司法实践之参考。[⑥]

---

① 参见沈德咏主编：《〈中华人民共和国民法总则〉条文理解与适用》（下），人民法院出版社2017年版，第952页。

② 参见马俊驹、余延满：《民法原论》（第四版），法律出版社2010年版，第533页。

③ 参见胡基：《合同解释的理论和规则研究》，载梁慧星主编：《民商法论丛》（第8卷），法律出版社1997年版，第51页；转引自王利明：《合同法研究》（第一卷）（第三版），中国人民大学出版社2015年版，第448页。

④ 例如，英美法系的合同解释中要求法官在做合同解释时须考虑："当事人不能从自己的错误中获利，即合同解释应当坚持这样的态度，不允许合同一方当事人从自己的错误中获得利益。合同解释应当有利于无过错一方当事人；对消费者有利的原则，即如果对一书面条款有争议的话，对消费者最为有利的解释将被优先适用。"参见吴旭莉：《英美法系合同解释规则研究》，载《暨南学报》（哲学社会科学版）2008年第4期。

⑤ 参见韩世远：《合同法总论》（第四版），法律出版社2018年版，第876页。

⑥ 参见"深圳某电子有限公司等诉某投资有限公司中外合资经营企业合同纠纷再审案"，最高人民法院（2017）最高法民再字第370号民事判决书。

有学者也将“诚信解释”作为一种合同解释的方法。[①]诚实信用作为民法的基本原则，其适用范围统摄于整个民法领域。就合同解释而言，无论是依合同文义进行解释，抑或进行体系解释、历史解释，都应“依诚实信用方法为之”，在目的解释尤其是客观目的解释中，诚实信用原则的适用更为显著。《合同法》的相关释义中也指出，“诚实信用原则是合同法的基本原则之一……诚实信用原则要求实事求是地考虑各种因素，包括上述从有关条款、合同目的、交易习惯来认定争议条款或者发生歧义的语句的准确含义”。[②]因此，本条虽将诚实信用与其他解释方法并列表述，但不宜将其作为一项独立的解释方法，毋宁是作为一项基本原则与理念，在各个合同解释方法中，均应予以考虑。

3.不同解释方法的适用顺序

前述各项合同解释方法，并不具有并列关系。在不同解释方法下，可能得出不同的结果。合同解释的目的在于探寻当事人的真意，因此，依据合同目的解释得出的结果是决定合同条款内容的最终依据。文义解释、体系解释、习惯解释等方法，可以印证合同目的解释的结果，如果与目的解释不一致，则应该以后者为准。[③]

二、不同合同文本的理解（第2款）

合同订立可能采用不同的文字，这在涉外合同中尤为典型。本条第2款规定的是采用不同文字时，不同合同文本效力的认定及产生争议时的解释方法。

（一）两种以上文字的合同文本

本款适用的情形是“合同文本采用两种以上文字订立”，从字义上看，“文本”、“文字”的表述，表明该款仅限于书面合同的适用，口头约定不在此限。

---

① 参见韩世远：《合同法总论》（第四版），法律出版社2018年版，第876页。

② 参见全国人民代表大会常务委员会法制工作委员会编：《中华人民共和国合同法释义》（第3版），法律出版社2013年版，第217页。

③ 参见崔建远：《合同解释论——规范、学说与案例的交互思考》，中国人民大学出版社2020年版，第215—216页。

（二）各文本内容一致性推定

依本款第1句规定，当事人采用两种以上文字订立合同，并约定具有同等效力的，推定各文本使用的语句具有相同含义。本句适用时，应注意：

其一，在满足“两种以上文字”及“约定同等效力”的情形下，如果其中一份合同的语句并无歧义，而其他文本中适用的语句具有多重含义，应以符合无歧义文本的理解为准，此为“相同含义之推定”。

其二，如果当事人虽然采用两种以上文字订立合同，但明确约定何种文本具有解释上的优先性，则应依照当事人约定，确定各文本理解的顺序。

其三，如果当事人采用两种以上文字订立合同，但并未明确约定各文本之间的效力的，应区分情形进行认定：（1）若针对同一事项，各文本所使用语句的含义是明确、独立的，各文本签订时间有先后顺序，原则上以最后文本之语句内容为准；[①]（2）若各文本所使用语句含义并不明确，或虽然明确但系同一时间签订，则应根据本款第2句规定的解释方法进一步明确合同内容。

（三）文本不一致的解释

依本款第2句规定，不同合同文本的语句不一致，导致对合同内容的理解产生争议的，应当“根据合同的性质、目的以及诚信原则等予以解释”。

其中，依据合同的性质予以解释并非独立的合同解释方法，“合同性质、目的”均属于合同目的解释方法范畴。诚信原则并非独立的合同解释方法，而是各种合同解释方法中均应考虑的基本原则。

应说明的是，本款并未明确提及其他合同解释方法，但“等”字作为兜底规定的存在，为其他合同解释方法的适用提供了必要的依据。本款适用的情形是不同合同文本的语句存在不一致，故而文义解释应不包含在“等”字之内。体系解释及历史解释等，均可作为本款的解释方法。

---

① 关于先签合同与后续合同之间的关系及其解释问题，参见崔建远：《合同解释论——规范、学说与案例的交互思考》，中国人民大学出版社2020年版，第459页以下。

第四百六十七条【无名合同的法律适用】

本法或者其他法律没有明文规定的合同，适用本编通则的规定，并可以参照适用本编或者其他法律最相类似合同的规定。

在中华人民共和国境内履行的中外合资经营企业合同、中外合作经营企业合同、中外合作勘探开发自然资源合同，适用中华人民共和国法律。

历史由来

本条第1款来源于《合同法》第124条，在条文表述及体例编排上有所变化。在条文表述方面，有四处变化：一是由《合同法》规定的“本法分则”修改为“本法”；二是将“本法总则”修改为“本编通则”；三是将“参照本法分则”修改为“参照适用本编”；四是将“最相类似的规定”修改为“最相类似合同的规定”。在体例编排上，由《合同法》第八章“其他规定”改为现行《民法典》合同编第一章“一般规定”部分。从上述变化可以看出，前述修改仅仅是为了配合民法典编纂对规范用语的统一以及体例编排的需要，并未涉及规范意旨的变动。

本条第2款来自于《合同法》第126条第2款，是关于涉外合同法律适用的规定。在《民法典》编纂过程中，各阶段的草案文本都没有设立这一规定。2020年5月，在《民法典（草案）》提交全国人大会议审议时，根据一些代表的建议，全国人大宪法和法律委员会决定将《合同法》第126条第2款的规定吸收到《民法典》之中。

在立法过程中，《民法典合同编（草案）》（征求意见稿）第4条规定：“本编或者其他法律没有明文规定的合同，适用本编第一章至第八章的规定，并可以参照适用本编或者其他法律最相类似合同的规定。”《民法典合同编（草案）》（一审稿）第258条完全接受了“征求意见稿”的规定。《民法典合同编（草案）》（二审稿）第258条则将“本编”修改为“本法”，将“本编第一章至第八章”修改为“本编通则”，并增设“典型合同”这一语词。本条第1款沿袭“二审稿”的表述，其后再无变化。

规范目的或功能

一、规范适用

在学理上，本条第1款是关于无名合同（非典型合同）[①]如何适用的法律规定。[②]民事合同涉及面广泛，内容纷繁，而且随着经济文化和科学技术的发展，新型合同不断增多，法律上没有可能也没有必要把所有合同关系规定无遗。具体到合同编中，合同分则只能规定典型合同的基本法律问题。[③]还有一些合同类型，虽然没有被作为一种典型合同明确规定，但从法律实践的角度看，这些无名合同如何适用法律仍是十分重要的问题。由于合同编通则是所有合同适用的共性规定，因此无名合同可以适用合同编通则的规定。同时，有名合同虽然是对某种合同的专门性规定，但是无名合同在某些方面亦有可能与某一类有名合同存在共通之处。因此，亦存在参照适用这些有名合同规则的空间。

在无名合同的法律适用上，应遵循“从特别到一般”的原则。首先应依当事人约定来确定；若无约定，能参照适用合同法分则或其他法律上最相类似规定者，则应参照该类规定；如无类似规定可资参照时，才适用合同法总则的规定。[④]

以“估值调整协定（对赌协议）”的法律性质及适用为例。估值调整协议是私募股权投资活动发展到一定阶段的产物。作为一种舶来品，其在我国现行法律中并无直接对应的特定合同类型，属于一种非典型合同（无名合同）。投资实践中，估值调整协议或条款的表现形式多样，可以说，估值调整协议

---

① 如无例外，本书将无名合同与非典型合同作为同义词使用。参见崔建远：《合同法学》，法律出版社2014年版，第15页。

② 参见全国人民代表大会常务委员会法制工作委员会编：《中华人民共和国合同法释义》（第3版），法律出版社2013年版，第216页；江平主编：《中华人民共和国合同法精解》，中国政法大学出版社1999年版，第102页；王利明：《论债法总则与合同法总则的关系》，载《广东社会科学》2014年第5期。

③ 参见魏振瀛：《合同法是民事立法中的一部佳作》，载《中国法学》1999年第3期；朱广新：《合同法总则》（第二版），中国人民大学出版社2012年版，第20—21页。

④ 参见朱广新：《合同法总则》（第二版），中国人民大学出版社2012年版，第20—21页；易军：《买卖合同之规定准用于其他有偿合同》，载《法学研究》2016年第1期；耿林：《民法典的规范表达研究》，载《清华法学》2014年第6期。

是在股权转让等传统投资方式基础上发展衍生的变形，既有普通股权投资协议的特征，也有自己独特的“估值调整”的内容。从其非固定化的表现形式来看，其更多地呈现出非典型合同或复合型合同的特征。因此在效力认定上，多参照合同编通则部分的规定。[①]

又如，信托司法实务中经常出现的“股权收益权转让及回购协议的性质”之认定问题。对于符合信托公司“买入返售”的资金管理模式的情形，司法实务一般认定为营业信托合同，[②]但是对于不符合上述模式的认定，司法实务一般将其认定为无名合同，并类推适用《民间借贷规定》进行裁判。[③]

再如，对于司法实践中经常出现的保理合同纠纷，在民法典颁布之前，经常准用借款、委托、担保等相应的有名合同规定，同时也适用合同编通则部分的债权让与规则。[④]类似的情形还有很多，如“以物抵债协议”作为无名合同类推适用买卖合同的规定；[⑤]农村土地承包合同中关于转包的约定作

---

① 参见俞秋玮、夏青:《论股权投资估值调整协定的法律效力》，载《法律适用》2014年第6期。

② 参见最高人民法院（2016）最高法民终字第231号民事判决书；新疆维吾尔自治区高级人民法院（2017）新民初字第1号民事判决书；山东省济南市中级人民法院（2018）鲁01民初字第78号民事判决书。

③ 参见最高人民法院（2017）最高法民终字第907号民事判决书；重庆市高级人民法院（2015）渝高法民初字第00014号民事判决书；吉林省高级人民法院（2016）吉民初字第6号民事判决书；最高人民法院（2016）最高法民终字第215号民事判决书；最高人民法院（2017）最高法民终字第478号民事判决书。

④ 参见最高人民法院（2018）最高法民终字第31号民事判决书；最高人民法院（2014）民二终字第271号民事判决书；最高人民法院（2017）最高法民再字第164号民事判决书；新疆维吾尔自治区高级人民法院（2016）新民终字第257号民事判决书。另参见李宇:《保理合同立法论》，载《法学》2019年第12期。

⑤ 最高人民法院对于“以物抵债”经过了一个从实践性向诺成性的转变。在“成都市国土资源局某分局与招商百度（蛇口）某房地产开发有限责任公司、成都某实业开发有限责任公司、海南某科技实业开发总公司债权人代位权纠纷案”中，最高人民法院根据民法基本原理，在“裁判摘要”部分认定当事人之间的“以地抵债”属于实践性的代物清偿，参见最高人民法院（2011）民提字第210号民事判决书。但之后在“通州某集团有限公司与内蒙古某房地产有限责任公司建设工程施工合同纠纷案”中，则认定“以物抵债”为诺成合同，参见最高人民法院（2016）最高法民终字第484号民事判决书。这一观点也为2019年通过的《全国法院民商事审判工作会议纪要》（简称九民纪要）所认可。参见最高人民法院民事审判第二庭编著:《〈全国法院民商事审判工作会议纪要〉理解与适用》，人民法院出版社2019年版，第302页。

为无名合同类推适用租赁合同的规定；[1]彩票合同作为无名合同类推适用买卖合同的规定；[2]托管经营合同作为无名合同类推适用委托合同的规定；[3]广告发布合同作为无名合同类推适用承揽合同的规定；[4]“网红合同”作为无名合同类推适用劳务合同的规定；[5]信用卡合同作为无名合同类推借款合同的规定；[6]委托理财合同作为无名合同类推适用委托合同的规定；[7]质押监管协议兼具保管合同和委托合同的属性，可类推适用二者的规则；[8]诉讼代理合同作为无名合同类推适用委托合同的规定；[9]挂靠经营合同作为无名合同类推适用于委托合同的规定；[10]不良资产转让的案例中，当事人通过条款方式约定了《委托清收合同》和《资产转让合同》的依存关系作为合同联立型的无名合同，其中《委托清收合同》类推适用借款合同的规定；[11]理赔合同类推适用买卖合同的规定。[12]可以说，我国司法裁判中有这方面丰富的实践。

本条第2款，是基于现有国际关系情势的变化而规定的条款。该款属于准据法规定，并不具有实体法意义。鉴于当前国际贸易纠纷有愈演愈烈之势，依法保障我国企业的合法权益、维护我国的司法主权，具有迫切的现实需要。本款的规定，针对的是中华人民共和国领域内中外合资或合作的相关合同的法律适用问题，明确其适用中华人民共和国法律，为这类合同的适用提供了明确的准据法依据，保障了我国司法管辖权，有利于维护相关企业的合法权益。根据《合同法》立法机关的解释，第2款属于强制性规定，在中华人民共和国境内履行的相关涉外合同，必须适用中华人民共和国法律，当事人不能

① 参见朱广新：《土地承包权与经营权分离的政策意蕴与法制完善》，载《法学》2015年第11期。

② 参见浙江省高级人民法院（2006）浙民一终字第346号民事判决书。

③ 参见最高人民法院（2001）民二终字第72号民事判决书。

④ 参见北京市第一中级人民法院（2001）一中经终字第1194号民事判决书。

⑤ 参见黑龙江省齐齐哈尔市中级人民法院（2017）黑02民终字第553号民事判决书。

⑥ 参见广西壮族自治区南宁市中级人民法院（2011）南市民二终字第45号民事判决书。

⑦ 参见广东省广州市中级人民法院（2006）穗中法民一终字第3361号民事判决书。

⑧ 参见河南省高级人民法院（2016）豫05民终字第1284号民事判决书。

⑨ 参见上海市普陀区人民法院（2003）普民二（商）再初字第2号民事判决书。

⑩ 参见浙江省温州市中级人民法院（2017）浙03民终字第2709号民事判决书。

⑪ 参见最高人民法院（2019）最高法民终字第73号民事判决书。

⑫ 参见广东省中山市中级人民法院（2016）粤20民终字第1478号民事判决书。

选择其他国家或地区的法律。[①]

二、本条与合同解释的关系

在处理无名合同案件时，法院往往首先聚焦于合同的定性。定性之时，法院又可能忽略了某些新型商业合同的特性；而一旦将其定性为某种典型合同之后，即认为其可以当然适用该类典型合同下的所有规定。这种适用方法，忽略了无名合同背后的多重选择，以及法定体系外面的广阔世界。[②]

《民法典》合同编第466条是关于合同解释的规定。[③]本条在适用顺序上，应秉持合同解释优先原则。也就是说，在存在合同漏洞的时候，应该坚持合同解释优先，在解释之后仍旧存有漏洞的情况下，方有本条适用的空间。[④]

实践中，各级法院在裁判保理合同案件时，基本上采取同样的裁判思路，即在援引《合同法》第124条（即本条之内容）时，均有但书的要求。也就是说，在适用无名合同裁判时，均要求首先遵循契约自由原则，尊重当事人在合同中对双方的权利义务的明确约定。如果合同对相关内容没有约定或约定不明，或者合同约定的条款存在相互矛盾时，人民法院应当根据各种合同的具体类型、合同目的、交易惯例等因素进行解释，然后对所类推适用的有名合同中的相关规定加以调整，以衡平当事人之间的利益。[⑤]

---

① 参见全国人民代表大会常务委员会法制工作委员会编：《中华人民共和国合同法释义》（第3版），法律出版社2013年版，第218页。

② 参见王文宇：《契约定性、漏洞填补与任意规定——以一则工程契约终止的判决为例》，载《台大法学论丛》2009年第2期。

③ 关于合同解释，参见韩世远：《合同法总论》（第四版），法律出版社2018年版，第872页以下；谢鸿飞：《合同法学的新发展》，中国社会科学出版社2014年版，第60页以下。

④ 参见王文宇：《非典型（商业）契约的漏洞填补——论任意规定与补充解释的择用》，载《月旦法学杂志》2009年第1期。

⑤ 参见“珠海某银行股份有限公司与江西省某燃料有限公司、广州某煤炭销售有限公司保理合同纠纷再审案”，最高人民法院（2017）最高法民再字第164号民事判决书；“新疆某化学股份有限公司等诉上海浦东发展银行股份有限公司某分行等合同纠纷案”，新疆维吾尔自治区高级人民法院（2016）新民终字第257号民事判决书；“中央储备粮某直属库有限公司与吉林省前郭县某村镇银行股份有限公司等合同纠纷案”，吉林省高级人民法院（2018）吉民再字第111号民事判决书；“河南某建设集团有限公司、某商业保理有限公司合同纠纷案”，河南省郑州市中级人民法院（2019）豫01民终字第12602号民事判决书。

三、本条与合同编第646条的关系

《民法典》合同编第646条来源于《合同法》第174条。《民法典》合同编第646条的规范目的为“买卖合同之规定准用于其他有偿合同”。[①]第646条中的“其他有偿合同”是一个开放性的概念。除数量有限的有名有偿合同外，还包括不可胜数的无名有偿合同。对于无名有偿合同，优先适用第646条。而对于其他无名合同，则适用本条的规定，也即本条是关于无名合同法律适用的一般规则。因此本条和第646条是一般规定与特殊规定的关系，第646条系本条的特殊规定。[②]

例如，对于“分期付款股权买卖合同”，[③]其并不是合同法意义上的买卖合同，而是非典型合同，构成第646条所称的其他有偿合同，应参照买卖合同的有关规定。《买卖合同解释》第45条也规定，法律或者行政法规对债权转让、股权转让等权利转让合同没有规定的，参照适用买卖合同的有关规定。股权转让合同当然不能等同于买卖合同，但究其重要性质或特征，与买卖合同无疑具有高度的类似性，[④]因此，股权转让合同首先应该“参照”适用买卖合同中第634条以及《买卖合同解释》第38条的有关规定，在买卖合同不足以提供规范供给的情形下，股权转让合同也可以参照适用《民法典》合同编通则第563条关于合同解除的一般规定。[⑤]

---

① 参见易军：《买卖合同之规定准用于其他有偿合同》，载《法学研究》2016年第1期。

② 参见刘牲：《民事准用制度探析》，载《苏州大学学报》（哲学社会科学版）2016年第4期。

③ 关于“分期付款股权转让合同”的司法适用，主要是基于最高人民法院指导案例67号：“汤某龙诉周某海股权转让纠纷案”，针对此案例学界争议颇多，存在的观点各异。具体参见钱玉林：《分期付款股权转让合同的司法裁判——指导案例67号裁判规则质疑》，载《环球法律评论》2017年第4期；周江洪：《分期付款买卖合同的解除及其限制——“汤某龙诉周某海股权转让纠纷案”评释》，载《交大法学》2017年第4期。

④ 这从司法实务中所使用的语词可管窥一二，参见山东省济南市中级人民法院（2014）济商初字第228号民事判决书；江西省上饶市中级人民法院（2014）饶中民二终字第203号民事判决书；安徽省宣城市中级人民法院（2016）皖18民终字第1523号民事判决书；山东省高级人民法院（2013）鲁商终字第249号民事判决书。

⑤ 参见钱玉林：《分期付款股权转让合同的司法裁判——指导案例67号裁判规则质疑》，载《环球法律评论》2017年第4期。股权转让合同作为无名合同类推适用《商品房买卖合同解释》也遵循同样的道理，“王某碰等诉长春某房地产开发有限公司股权转让纠纷案”，最高人民法院（2016）最高法民申字第3544号民事裁定书。

规范内容

一、规范性质

本条是不完全法条，属于引用性法条，[①]是立法者明知的法律漏洞，[②]本质上是授权式类推适用，[③]核心是“参照适用”。[④]

（一）本条是不完全法条

本条属于不完全法条。它既无明确的作为案件适用的大前提的构成要件，也无明确的法律效果，根本无法独立地调整所有的无名合同，因此也就不能单独被援引作为裁判依据。欲发挥规范功能，必须将该条与被参照的合同编分则的最相类似的有名合同或者是通则部分密切结合，形成一个完整的规范。[⑤]

（二）本条是引用性法条

不完全法条包括说明性法条、限制性法条、参引性法条以及拟制性法条等。[⑥]引用性法条是指法律明文授权将法定案型之规定适用于另一相同或类似的案型之上。[⑦]引用性法条可分为直接适用型和参照适用型。直接适用型引用性法条调整如下情形：拟处理的构成要件事实与拟引用法条的抽象构成要件事实实际上是同一的，在规范评价上作同样对待。参照适用型引用性法条也

---

① 参见王雷：《论身份关系协议对民法典合同编的参照适用》，载《法学家》2020年第1期。

② 参见屈茂辉：《类推适用的私法价值与类推适用》，载《法学研究》2005年第1期。

③ 参见黄茂荣：《法学方法与现代民法》，中国政法大学出版社2001年版，第306页；于飞：《合同法总则替代债法总则立法思路的问题及弥补——从“参照适用”的方法论性质切入》，载《苏州大学学报》（法学版）2018年第2期。

④ 参见刘风景：《准用性法条设置的理据与方法》，载《法商研究》2015年第5期。

⑤ 参见湖南省永州市冷水滩区人民法院（2019）湘1103民初字第4210号民事判决书；河北省三河市人民法院（2018）冀1082民初字第7192号民事判决书。

⑥ 参见朱庆育：《民法总论》（第二版），北京大学出版社2016年版，第46页以下；黄茂荣：《法学方法与现代民法》，中国政法大学出版社2001年版，第132页以下。

⑦ 参见易军：《买卖合同之规定准用于其他有偿合同》，载《法学研究》2016年第1期。

被称为准用性法条，“准用是指法律明确规定某一法律规定可以参照适用于其他的情形。准用就是根据法律的规定（准用规定），对有关A的规定进行修正，适用于B”。[①]

《民法典》合同编第556条、第808条、第918条等均属于前一种类型。本条无疑属于后一种类型，属于参照适用型引用法条，这一点从本条所使用的“参照”一词也可看出。[②]

（三）本条属于法内漏洞

法律漏洞是指违反规范计划的不完整性状态。[③]由于该漏洞是立法明确承认并授权法官去填补的，故其为授权漏洞或法内漏洞。[④]本条显然是对有名合同以外的其他合同领域存在法律漏洞的明确肯认。因此，法官适用本条的裁判活动已超越法律解释的阶段，而进入了法律内的法的续造阶段。

（四）本条规定的是类推适用

在引用性法条是否属于类推这个问题上，学界存有不同意见。如有的观点认为，引用性法条与类推之间不应等量齐观，二者为不同事物；[⑤]但是，主流观点认为，虽然引用性法条与类推存有区别，但是二者本质上为同一事物。[⑥]具体来讲，“准用是法律明定之类推适用，而类推适用则是判例学说所创设之准用”。[⑦]

---

① 王利明：《法学方法论》，中国人民大学出版社2012年版，第502页。

② 参见屈茂辉：《类推适用的私法价值与类推适用》，载《法学研究》2005年第1期。

③ 参见［德］卡尔·拉伦茨：《法学方法论》，陈爱娥译，商务印书馆2003年版，第141页。

④ 关于法内漏洞的详细陈述，参见［瑞］恩斯特·A.克莱默：《法律方法论》，周万里译，法律出版社2019年版，第161页。

⑤ 参见王雷：《论身份关系协议对民法典合同编的参照适用》，载《法学家》2020年第1期。

⑥ 参见史尚宽：《民法总论》，中国政法大学出版社2000年版，第52页；易军：《买卖合同之规定准用于其他有偿合同》，载《法学研究》2016年第1期；屈茂辉：《类推适用的私法价值与司法适用》，载《法学研究》2005年第1期；郭富青：《论商法类推适用的依据、范围和正当性》，载《甘肃政法学院学报》2012年第5期；于飞：《合同法总则替代债法总则立法思路的问题及弥补——从“参照适用”的方法论性质切入》，载《苏州大学学报》（法学版）2018年第2期。

⑦ 参见王泽鉴：《民法学说与判例研究》（第六册），北京大学出版社2009年版，第133页。

如此一来，在方法论上有疑义便是，若无这种“授权式类推适用”，法官实际上仍得在个案中自行采用类推方法来填补漏洞，那么，这种“授权”之有无似乎无甚差别，则其意义究竟何在？其意义在于，如果没有这个立法上的授权，则法官可能采用多种不同的方法填补漏洞，未必一定采用类推；即使采用了类推，也有选择用于类推的具体基础规范之自由。而一旦有了立法上的这个“授权”，法官就受到了一个立法强制，该强制有两层含义：其一，法官必须在“准用”的明示下首先尝试用类推方法填补漏洞；其二，法官必须以立法指明的法律规范为基准进行类推。故这种“授权式类推适用”仍然有立法事先作出一定判断，从而合理限制法官自由裁量余地的意义。①

综上，本条的本质是类推适用，并且属于授权式类推适用。

二、本条第1款的解释适用

在对本条进行文义解释的时候，最为关键的就是正确认定“本法或者其他法律没有明文规定的合同”以及“参照适用”这两组概念。前者涉及如何认定“无名合同”的概念；后者涉及如何“类推”。

（一）没有明文规定的合同

非典型合同的性质认定及其法律适用，是合同编分则需要考量的重要问题。②有名合同与无名合同分类的根据是法律是否对合同的名称与规则作出明确规定。有名合同，又称典型合同，指在法律上已有明确的名称与规则的合同。《民法典》合同编第九章至第二十七章规定的买卖、赠与、借款、合伙等19类合同，以及《民法典》物权编、《海商法》、《保险法》、《信托法》、《劳动合同法》等法律规定的合同，皆为有名合同。无名合同，又称非典型合同，指法律上尚未确定具体名称与规则的合同。《民法典》合同编与其他法律、法规没有规定，而在现实生活中发生的形形色色的合同关系，均可归为无名合

① 参见于飞：《合同法总则替代债法总则立法思路的问题及弥补——从“参照适用”的方法论性质切入》，载《苏州大学学报》（法学版）2018年第2期。

② 参见宁红丽：《论合同类型的认定》，载《法商研究》2011年第6期。

同。[①]传统民法理论以及我国现有的合同法教材均将无名合同分为纯粹无名合同、合同联立（准混合合同）[②]和混合合同三类。[③]根据无名合同的具体情况不同，其法律适用也存在差别。

1.纯粹无名合同

纯粹无名合同，是指以法律全无规定的事项为内容，即其内容不符合任何有名合同规定的合同。其法律关系应依当事人约定、合同目的、诚信原则并斟酌交易惯例，适用合同编通则部分的相关规定。[④]

2.合同联立

合同联立，是指数个合同“不失其个性，而相结合”。依结合之方式，具体又可分为一方依存的结合、相互依存的结合和择一的联合。另外，合同联立与混合合同不同，存在数个而非一个合同关系。[⑤]此结合包括两种情况，一是单纯外观的结合，即数个独立的契约仅因缔结契约的行为（如订立一个书面合同）而结合，相互间不具有依存关系；二是具有一定依存关系的结合，

---

① 参见王利明：《论债法总则与合同法总则的关系》，载《广东社会科学》2014年第5期；朱广新：《合同法总论》（第二版），中国人民大学出版社2012年版，第20—21页；王洪亮：《债法总论》，北京大学出版社2016年版，第12页；韩世远：《合同法总论》（第四版），法律出版社2018年版，第70—71页；张民安：《债法总论》，中山大学出版社2004年版，第55页；黄茂荣：《买卖法》，中国政法大学出版社2002年版，第3页；郑玉波：《民法债编总论》（修订二版），中国政法大学出版社2004年版，第25页以下；邱聪智：《新订民法债编通则》（上），中国人民大学2003年版，第23页以下；王泽鉴：《债法原理》（一），中国政法大学出版社2001年版，第110页以下；林诚二：《民法债编总论——体系化解说》，中国政法大学出版社2003年版，第24页。

② 合同联立，也称之为准混合合同。“合同联立”是王泽鉴先生所使用的语词，而“准混合合同”是史尚宽先生所使用的语词，我国大陆地区的学者多沿袭上述两位学者，但是这仅仅是表述上的不同，核心含义同一。参见王泽鉴：《债法原理》（一），中国政法大学出版社2001年版，第111页以下；史尚宽：《债法总论》，中国政法大学出版社2000年版，第10页。

③ 参见陆青：《合同联立问题研究》，载《政治与法律》2014年第5期；宁红丽：《论合同类型的认定》，载《法商研究》2011年第6期；朱广新：《合同法总则》（第二版），中国人民大学出版社2012年版，第20—21页；王宏：《新合同法的效力范围》，载《河北法学》2001年第4期；王泽鉴：《债法原理》（一），中国政法大学出版社2001年版，第111页以下；史尚宽：《债法总论》，中国政法大学出版社2000年版，第10页。

④ 参见朱广新：《合同法总则》（第二版），中国人民大学出版社2012年版，第20—21页；王宏：《新合同法的效力范围》，载《河北法学》2001年第4期；王泽鉴：《债法原理》（一），中国政法大学出版社2001年版，第111页以下。

⑤ 参见史尚宽：《债法总论》，中国政法大学出版社2000年版，第10页。

即依当事人之意思，一个契约的效力依存于另一个契约的效力。[①]

对合同联立问题，《民法典》合同编并无明确规定。在司法实践中，2003年最高人民法院公布的《商品房买卖合同解释》第23条、第24条有所涉及。[②]这两项规定，通常被理解为在房屋按揭交易中，商品房买卖合同与针对该商品房的担保贷款合同存在合同联立关系，有学者由此得出该担保贷款合同可因买卖合同无效、被撤销和解除而解除的结论。[③]除了上述所列举的合同联立之外，在司法实务中还有许多新型的案例。如“产权式交易酒店”，就是数个独立的合同的相互联结，涉及买卖、租赁或委托、信托等多层复合法律关系，当事人双方旨在实现一个独立的（产权式酒店运作）交易目的。除去其中任何一个合同，产权式酒店交易的真实目的就无法实现。[④]

规范合同联立的法律后果并无统一的规则，须根据合同订立、无效、撤销、解除等不同情况，运用不同的法律规定；但确定合同联立状态对解释和适用这些规定会有所裨益。[⑤]联立合同中有名合同部分适用其相应的规定，无名合同部分适用合同编通则以及可以类推适用分则或其他法律最相类似的规定。[⑥]

---

① 参见王泽鉴：《债法原理》（一），中国政法大学出版社2001年版，第111页以下。

② 该解释第23条规定：“商品房买卖合同约定，买受人以担保贷款方式付款、因当事人一方原因未能订立商品房担保贷款合同并导致商品房买卖合同不能继续履行的，对方当事人可以请求解除合同和赔偿损失。因不可归责于当事人双方的事由未能订立商品房担保贷款合同并导致商品房买卖合同不能继续履行的，当事人可以请求解除合同，出卖人应当将收受的购房款本金及其利息或者定金返还买受人。”该解释第24条规定：“因商品房买卖合同被确认无效或者被撤销、解除，致使商品房担保贷款合同的目的无法实现，当事人请求解除商品房担保贷款合同的，应予支持。”

③ 参见迟颖：《关联合同中产生于买卖合同的抗辩权对贷款合同的适用性问题——从一则案例看德国消费信贷法抗辩权延伸制度》，载《法学论坛》2007年第5期。

④ 参见海南省海南中级人民法院（2006）海南民二终字第372号民事判决书；海南省海南中级人民法院（2007）海南民二终字第222号民事判决书；海南省海南中级人民法院（2007）海南民二终字第201号民事判决书；海南省三亚市中级人民法院（2007）三亚民一终字第67号民事判决书。

⑤ 参见陆青：《合同联立问题研究》，载《政治与法律》2014年第5期。

⑥ 参见朱广新：《合同法总则》（第二版），中国人民大学出版社2012年版，第20—21页；王宏：《新合同法的效力范围》，载《河北法学》2001年第4期；最高人民法院（2018）最高法民终31号民事判决书；新疆维吾尔自治区高级人民法院（2016）新民终257号民事判决书。

3.混合合同

混合合同，是指以一个有名合同的事项与另一个有名合同的事项为内容的合同。[①]具体可以分为四类：一是有名合同附其他种类的从给付；二是类型结合合同；三是双种有名合同；四是类型融合合同。[②]在混合合同的法律适用上，计有三种学说，主要是吸收说、结合说、类推适用说。[③]但是没有任何一种学说可以单独圆满地解决混合合同的法律适用。[④]学界主张将其分解开来类推适用典型合同的任意性规定，[⑤]实务界也多采取这种立场，如将信用卡合同定性为委托与消费借贷的混合合同，将旅游合同认定为运输、餐饮、观光、住宿等的混合合同等。[⑥]也就是说，组成该混合合同的各个有名合同均有具体规则，其整体的法律适用与一个纯有名合同基本相同。

例如，在“赖某望与于都县某置业有限责任公司等股权转让合同纠纷再审案”中，双方协议解除了合作开发房地产法律关系，就应返还的投资款新成立了民间借贷法律关系。案涉《协议书》性质为混合合同，即形式上是一个合同，但内容上可以区分为两个性质不同的合同：解除合同和借贷合同。在此情形下，应分别适用相应的合同法规范。[⑦]

（二）参照适用

如前所述，参照适用，在方法论上属于法律授权的类推适用。正如德国学者埃尔马·邦德（Elmar Bund）所言：“类推适用以一项调整与待决案件相似事实的既有规范为出发点，将其一般化，并假定规范的适用范围可

---

① 参见史尚宽：《债法总论》，中国政法大学出版社2000年版，第10页。

② 参见王泽鉴：《债法原理》（一），中国政法大学出版社2001年版，第113页以下。

③ 参见王利明：《合同法研究》（第一卷），中国人民大学出版社2002年版，第20—22页。

④ 参见王泽鉴：《债法原理》（一），中国政法大学出版社2001年版，第113页以下。

⑤ 参见王利明：《合同法研究》（第一卷）（第三版），中国人民大学出版社2015年版，第22页。

⑥ 参见宁红丽：《论合同类型的认定》，载《法商研究》2011年第6期。

⑦ 参见最高人民法院（2019）最高法民再字第108号民事判决书。类似案例还有最高人民法院（2017）最高法民终字第478号民事判决书；湖南省长沙市中级人民法院（2018）湘01民终字第7237号民事判决书；广东省云安县人民法院（2018）粤5303民初字第523号民事判决书。

以扩及待决案件，从而令待决案件涵摄于该规范之下。”[①]本条最为关键的工作是类似性的认定，而合同性质当属类似性判断中最重要的因素，比如判定某有偿合同是一时性合同还是继续性合同，是财产性合同还是劳务性合同，是移转财产所有权合同还是移转财产使用权合同，是诺成合同还是实践合同等。

在类似性的判断上，不应完全建立在常识的相似性之上，而更应当立足于法律的价值判断。[②]对此，应就准用者与被准用者的构成要件，依其规范功能及体系关联上的地位，互相比较观察，以认定在何种程度上，对被准用者赋予相当的法律效果。[③]拉伦茨认为，类推在思维层面须分三步：“必须先澄清：在法定规则中表现出来的评价之决定性观点何在；接着是积极地确定：在所有这些观点上，待判的案件事实与法律上已规定者均相一致；然后是消极地确定：两者间的不同之处不足以排斥此等法定评价。”[④]

例如，在“珠海某银行股份有限公司与江西省某燃料有限公司、广州某煤炭销售有限公司保理合同纠纷再审案”中，存在珠海某银行向江西某燃料公司的求偿权和向广州某公司追索权能否同时并存的问题。[⑤]根据大陆法系通

---

① 参见［德］埃尔马·邦德：《类推：当代德国法中的证立方法》，吴香香译，载《求是学刊》2010年第3期。

② 参见钱炜江：《论民事司法中的类推适用》，载《法制与社会发展》2016年第5期。

③ 参见王泽鉴：《民法学说与判例研究》（第七册），北京大学出版社2009年版，第208页以下。

④ 参见［德］卡尔·拉伦茨：《法学方法论》，陈爱娥译，商务印书馆2003年版，第258页。

⑤ 大陆法系的通说认为，间接给付，学说上又称为新债清偿、新债抵旧，或为清偿之给付。根据民法基本原理，间接给付作为债务清偿的方法之一，是指为清偿债务而以他种给付代替原定给付的清偿，并不具有消灭原有债务的效力，在新债务履行前，原债务并不消灭，只有当新债务履行且债权人的原债权因此得以实现后，原债务才同时消灭。从司法实践中的情况来看，对保理商有追索权的保理业务中，在债权未获清偿的情况下，保理商不仅有权请求基础合同的债务人向其清偿债务，同时有权向基础合同债权的让与人追索这一问题，并无分歧认识，但在原有债务和受让债权的数额不一致的情况下应当如何确定清偿义务范围和顺序，还没有先例判决可以遵循。案涉《国内保理业务合同》第40条约定：如发生买方/债务人明确表示或以自己行为表明将拒绝支付全部或部分的应收账款等情形的，珠海某银行有权立即向广州某公司追索尚未收回的应收账款，有权从广州某公司在珠海某银行开立的账户上扣收其应付给其银行的款项。参见“珠海某银行股份有限公司与江西省某燃料有限公司、广州某煤炭销售有限公司保理合同纠纷再审案”，最高人民法院（2017）最高法民再字第164号民事判决书。

说，有追索权的保理业务所包含的债权转让合同的法律性质并非纯正的债权让与，而应认定为是具有担保债务履行功能的间接给付契约。根据双方在《国内保理业务合同》中的约定和间接给付的法理，珠海某银行本应先向江西某燃料公司求偿，在未获清偿时，才能够向广州某公司主张权利，追索权的功能相当于广州某公司为江西某燃料公司的债务清偿能力提供了担保，在合同性质认定上，这一担保的功能与放弃先诉抗辩权的一般保证相当。应该类推适用《担保法》关于一般保证的法律规定，江西某燃料公司应当就其所负债务承担第一顺位的清偿责任，对其不能清偿的部分，由广州某公司承担补充赔偿责任。

三、第2款的解释适用

本条第2款是准据法的确定方法，主要包含两项基本内容：其一，合同履行地为中华人民共和国境内；其二，所涉合同为中外合资经营企业合同、中外合作经营企业合同、中外合作勘探开发自然资源合同。

（一）中华人民共和国境内履行

本款适用的前提之一是合同履行地在中华人民共和国境内。关于合同履行地的判断，依据《民法典》第510条、第511条第3项的规定。

（二）相关的涉外合同

本款适用的合同类型为三类涉外合同：中外合资经营企业合同、中外合作经营企业合同、中外合作勘探开发自然资源合同。

举证责任

根据本条第1款主张“适用本编通则的规定”，应该就相关合同为无名合同承担举证责任；主张“参照适用本编或者其他法律最相类似合同”的，应该就相关合同在性质上的类似性承担举证责任。

根据本条第2款主张适用我国国内法的，首先，需证明涉案合同性质为中外合资经营企业合同、中外合作经营企业合同、中外合作勘探开发自然资源合同；其次，需要就合同履行地在中华人民共和国境内承担举证责任。

第四百六十八条【非合同债权债务的法律适用】

非因合同产生的债权债务关系，适用有关该债权债务关系的法律规定；没有规定的，适用本编通则的有关规定，但是根据其性质不能适用的除外。

历史由来

本条是新创规定，《合同法》并无类似条文。这一条文的加入，与债法总则的缺失有直接关联。对于是否需要设立债法总则编，存在较大的争议。多数学者持肯定立场。但基于合同法与侵权责任法独立成编的事实，立法者出于便利考虑，并没有采纳这一意见，而是整合已有立法资源，以合同编通则来代替债法总则。如此一来，合同编通则将在事实上发挥债法总则的功能。由于债的发生原因很多，合同只是其中之一，从逻辑上讲，合同之外其他类型的债直接适用合同编通则存在障碍。本条即希望化解这种障碍，解决债法总则缺失导致的规范缺失问题，让合同编通则尽量替代债法总则的作用。[①]从而在没有债法总则的形式体例下，从内容上完善债法的实质内容，形成中国民法实质上的债法体系。

在立法过程中，随着立法者认识的深入，本条经历了非常大的变化。《民法典合同编（草案）》（征求意见稿）第5条规定："非因合同产生的债权债务，适用有关该债权债务关系的法律规定；没有规定的，可以根据其性质参照适用本编规定。"《民法典合同编（草案）》（一审稿）第259条规定："非因合同产生的债权债务关系，适用有关该债权债务关系的法律规定；没有规定的，适用本编第四章至第七章的有关规定，但是根据其性质不能适用的除外。"《民法典合同编（草案）》（二审稿）第259条修改为目前的表述形式，并最终保留下来。

---

① 参见朱广新：《超越经验主义立法：编纂民法典》，载《中外法学》2014年第6期。

规范目的或功能

本条意在使合同编通则发挥债法总则的功能，在不设立债法总则的情况下，解决非合同之债在债的效果上的法律适用问题。

债法总则作为整个债法领域的一般抽象，统摄整个债法，在债的履行、债的保全、债的变更和转让、债的消灭等方面，对于所有的债均可适用。[①]但由于我国没有债法总则这一编，只有合同编通则，从逻辑上讲，本编的相关规定只能适用于合同之债，无法适用于不当得利、无因管理、侵权行为等其他类型的债权。而如果规定非合同之债类推适用合同编通则的规定，则会导致法律适用的确定性大幅度下降。[②]因此，本条旨在缓和法律适用的矛盾，在没有债法总则的前提下，通过本条有效勾连合同编通则和其他分编，使合同编通则起到债法总则的作用。此种做法既维护了法典的精简，又有助于形成完整的债法体系，并满足司法实践中的裁判需求。

规范内容

一、本条的规范性质

本条为不完全法条，需要结合其他法律规范才能进行适用。为了让本条更好地适用，立法者不仅多次改变条文的表达，谋求用语精确；而且为了匹配本条的适用，在第四章至第七章的范围内，修改了条文的用语，将部分原本以合同规则方式表述的条文，修改为以债法方式表述。因此，本条必须结合这些相关条文的表述来理解。

---

① 参见王利明：《论债法总则与合同法总则的关系》，载《广东社会科学》2014年第5期。

② 参见王利明：《论债法总则与合同法总则的关系》，载《广东社会科学》2014年第5期；崔建远：《债法总则与中国民法典的制定——兼论赔礼道歉、恢复名誉、消除影响的定位》，载《清华大学学报》（哲学社会科学版）2003年第4期；杨立新：《论民法典中债法总则之存废》，载《清华法学》2014年第6期。

二、本条的解释适用

本条规定的是非合同之债的法律适用方法。在具体适用时，包含如下须考量之要素。

（一）非合同之债相关规范优先适用

本条适用对象是非因合同产生的债权债务关系，这主要包括合同编第三分编“准合同”中的无因管理、不当得利，以及侵权责任编中的损害赔偿之债等。按照本条规定，如果这些债权债务有相关规定的，应当首先依照相关规定，没有规定的，才需要适用本条。此种适用符合特别法优于一般法的规律。

（二）没有规定

债法总则的缺失，使得许多债之共同规则的设置面临体系上的难题。从法律适用的完整性上看，应该在不同的债之类型中分别予以规定。但如此一来，将出现大量内容重复的条文，浪费立法资源，并非明智之举。基于合同编通则代替债法总则的立法思路，这类共同规则被抽取到合同编通则中。

非因合同产生的债权债务关系，在缺乏相应规定时，才会适用本条。

（三）适用本编有关规定

依本条规定，非因合同产生的债权债务关系中缺乏相应规定时，应该适用本编的有关规定。这包含两方面的内容：其一，“适用”在法律方法上代表着法官多大程度上的义务，从而限制法官找法的自由裁量；其二，“有关规定”如何寻找，从而将债法总则的规定和合同法总则的规定有效区分开。

1.“适用”的法学方法论

适用，在法学方法论上属于法律拟制，如果没有例外理由，法官不得拒绝适用。这一解释可以获得立法者主观目的的直接支持。从条文表述的变化来看，《民法典合同编（草案）》（征求意见稿）中并没有直接规定为“适用”，而是使用了“参照适用”这一表述。在《民法典合同编（草案）》（征求意见稿）发布之后，学者大多认为，“参照适用”一词本质上为“授权式类推适用”，法官在遇到其他类型的债权债务时，是否适用合同编通则，需要首先确认相似性，然后进行类推。[①]这种法律技术的设置默认了两种条文本质上是不同的。[②]在具有明确债法规则的情况下，将本质相同的给付法律关系假定为不同的法律关系，进而采用不必要的灵活法律技术用语，不仅增加了法官适用法律的成本，而且赋予了法官过大的自由裁量权，不符合法律统一适用的要求。此后，立法机关在条文中将“参照适用”改为“适用”。这一变化表明，立法者改变了条文的假定，推定合同之债与非合同之债在债之效果问题上的本质是相同的，可以适用同等的法律评价。在缺少债法规范时，立法者并不希望法官在决定是否适用合同编通则时使用“类推”的技术，个案判断待决案件的相似性，进而决定是否适用合同编通则，而是希望原则上法官不需要判断相似性，直接适用相关债法规范。因此，这种字义上的变化意味着该条文已经从“法定准用”转变为“效果拟制”：法官在裁判有关法定之债案件时，如果没有其他具体规定，应当直接适用合同编通则，不得拒绝适用。

这种用语在《合同法》时代就已经存在。《合同法》第174条、第175条针对有关其他类型合同与买卖合同、以物易物合同与买卖合同之间的适用关系使用的就是“参照”一词，明确授予法官类推的权利；[③]而在第287条就建设工程施工合同规定，如果该部分没有规定的，“适用”承揽合同的有关规定，此处“适用”一词表明可以将该法律规范完全应用于拟规范的案型。[④]本次民法典草案中先后采用的用语与《合同法》中这两处的含义相同，可以作相同理解。

2.“有关规定”的确定

并非所有“本编规定”都可适用于非合同之债，而仅限于“有关规定”。

---

① 参见王利明：《论债法总则与合同法总则的关系》，载《广东社会科学》2014年第5期；李开国：《评〈民法草案〉的体系结构》，载《现代法学》2004年第4期；于飞：《合同法总则替代债法总则立法思路的问题及弥补——从“参照适用”的方法论性质切入》，载《苏州大学学报》（法学版）2018年第2期。

② 参见黄家镇：《论民法典编纂中债法总则的存废——以德国潘德克顿法学的法源思想与体系构造方法为视角》，载《现代法学》2018年第6期。

③ 参见易军：《买卖合同之规定准用于其他有偿合同》，载《法学研究》2016年第1期。

④ 参见刘甡：《民事准用制度探析》，载《苏州大学学报》（哲学社会科学版）2014年第4期。

这需要在合同编通则的规定中，有效区分债法总则的规定和合同法总则的规定。本条规定的“有关规定”，指的是原本属于债法总则的内容。

由于民法典中债法总则直接被合同编通则吸收，两部分规则在形式上合二为一，因此需要仔细甄别各个规范的性质，明辨其属于合同法规则还是债法规则，以便于法律适用。如前所述，为了匹配本条的适用，缓解法官的适用压力，立法者在一定程度上修改了本条的立法用语：将“合同”修改为“债”、“债权”、“债务”，一定程度上指示了条文的性质。①但立法用语并非绝对精确，联系本条后半句的除外条款，“有关规定”的最终确定还是要回到相关条文性质的辨认上。

这种用语的区别在《合同法》中就已经存在。《合同法》在第四章到第七章就大规模使用“债”、“债务”、“债权”等表述，以表示该条文在整个债法领域都可以适用。针对“债”、“债权人”、“债务人”这样的法律用语，法院存在不同的理解。多数观点认为，非因合同产生的债权债务可以直接适用合同法总则的此类规定。例如，有关合同的保全、抵销、抗辩等内容都采用了这个表达，司法实践中大多将这些条文当作债法总则的条文予以适用。在有关医生要求以医疗费用抵销损害赔偿请求权中，有法院认为：“沭阳某医院主张从其应付赔偿款中扣除垫付医疗费，实质上是行使合同法上的法定抵销权。”②在有关侵权之债的保全方面，在代位权场合，法院针对侵权之债直接适用了代位权：“债权人代位权制度虽然规定在《合同法》中，但是其构成要件仅需债权人与债务人之间存在合法的债权债务关系，并未明确仅适用于合同之债，而本案四原告对第三人享有经生效法律文书确定的到期债务，符合代位权的构成要件，故被告主张本案系侵权之债纠纷，不适用代位权制度的抗辩意见，本院不予采纳。”③法院也承认债权人撤销权在侵权之债中的适用：“结合本案可以看出，卿某建、陈某文因侵权行为而产生的侵权之债在卿某建行使撤销权时就已经有效成立。陈某文、沈某云处分财产的行为已经导致其财产减少，并严重影响到卿某建债权的实现，同时陈某文、沈某云与第三人

① 参见朱虎：《债法总则体系的基础反思与技术重整》，载《清华法学》2019年第3期。

② 参见江苏省宿迁市中级人民法院（2017）苏13民终字第3198号民事判决书。

③ 参见江西省玉山县人民法院（2016）赣1123民初字第2283号民事判决书。

之间是无偿转让财产，在主观上具有恶意。"[①]但也有少部分观点认为，仍然需要比照相似性，进行类推。如在侵权之债的相关裁判中，有法院指出："本案原告追索医疗费的情形，与合同法规定的代位权最相类似，可以参照合同法第七十三条。"[②]本条通过立法的方式明确打消了少数派观点的疑虑，使非合同之债适用合同编通则成为一般规定。

在此，首先需要分析的是立法者使用的文字表达。立法者使用的文本通常最能表达立法者的主观意思。[③]在《民法典》的文字表述中，为了进一步统一法律适用，《民法典合同编（草案）》（二审稿）甚至放弃了"适用本编第四章至第七章的有关规定"这样泛泛的表述，赋予法官更大的自由裁量空间；为了与本条相配合，在合同编第四章至第七章的条文里，把有关债的规范尽量统一修改为债的表述（债权、债务、债权人、债务人等），以此指示法官在遇到非因合同产生的债权债务时，可以径自适用这些规定，无需承担额外的论证义务。

在判断是否属于"有关规定"的问题上，须注意以下几点：

第一，合同是债的发生原因之一，不同债之类型，在债的发生事由及其构成上存在差异。因此，合同的成立与生效部分并不能适用于其他类型的债权债务。立法者意识到了这一点，在合同编通则中合同的成立（第469—501条）及合同的效力（第502—508条）两部分，并没有出现债权的表述，保留了合同法的表述，其他各编不需要适用合同编通则关于这些内容的规定。也就是说，这些规范不是"有关规定"，"根据其性质不能适用"。

第二，债发生后的效果层面具有较大的共同性，这也是债法总则的主要内容。本编合同的履行一章中开始大量出现债权的表述（第509条、第514—531条），合同的保全（第535—542条）、合同的变更与转让（第545—555条）、

---

① 参见湖南省永州市中级人民法院（2017）湘11民终字第2647号民事判决书。类似案例参见河南省许昌市中级人民法院（2017）豫10民终字第2822号民事判决书、河南省郑州市中级人民法院（2017）豫01民终字第8827号民事判决书、广东省中山市中级人民法院（2015）中法民二终字第257号民事判决书。

② 参见福建省福州市中级人民法院（2013）榕民终字第1563号民事判决书。

③ 参见［德］伯恩·魏德士：《法理学》，丁晓春、吴越译，法律出版社2005年版，第319页。

合同的权利义务终止（第557—561条、第568—576条）以及违约责任（第579—581条，第587条、第589条）等其他几章，也存在为数众多的“债权人”、“债务人”的用语。这些属于本条所称的“有关规定”。

第三，其他没有使用“债权债务”表述的条文，原则上只适用于合同法领域内。这些条文有：合同的履行中第510条、第512条、第513条、第532—534条，合同的变更与转让中第543条、第544条、第556条，合同的权利义务终止中第562—567条，违约责任中第577条、第578条、第582—586条、第588条、第590—594条等。此外，还有同时履行抗辩权（第525—527条）的规定，由于双务性和牵连性的限制，通常只能适用于双务合同，连合同法领域是否能够普遍适用都存在疑问，更不用说整个债法领域了。[①]这些条文原则上并不能根据本条的规定适用于非合同之债，法官如果想要在法定之债领域内适用这些条文，就必须进行法律论证，进行类推或者目的性扩张。

当然，法律用语本身并非总是非常精确的，上述的立法用语只是大概指出了条文适用的范围，并没有形成一个封闭的集合。事实上，立法用语并非始终精确无疑，单纯依靠立法者的文义表达并不能得出完全妥当的结果。在此，起决定性作用的仍然是规范目的。法官仍然需要探究规范目的来最终判断给定规范是债法规范还是合同法规范，进而决定其法律适用。整个识别规范的过程并不能离开法官的法律解释活动。

例如，一些没有使用债法术语而使用合同术语的条文，由于其本质上仍然属于债法规则，也有可能一般地适用于非合同之债，被认定为是“有关规定”。如第543条规定，当事人协商一致，可以变更合同。该条实际上能够适用于非合同之债，因合同以外其他原因产生的债权债务，也可以因为双方当事人的合意而被变更。[②]从性质上看，本条仍属债法规范，只不过使用了合

---

① 德国法一般性的抗辩权只有留置抗辩权，效力弱于同时履行抗辩权。参见［德］迪特尔·梅迪库斯：《德国债法总论》，杜景林、卢谌译，法律出版社2004年版，第172—173页。我国法上虽然存在扩张，将同时履行抗辩权适用于整个合同法领域，但是学说普遍认同牵连性的限制。参见韩世远：《合同法总论》（第四版），法律出版社2018年版，第385—387页；崔建远：《合同法》（第二版），北京大学出版社2013年版，第134—135页。

② 参见庄加园：《〈合同法〉第79条（债权让与）评注》，载《法学家》2017年第3期。

同法术语。因此，应当根据该条的性质，将其认定为“有关规定”。再如，第509条规定，当事人应当按照约定全面履行自己的义务。该条文明显也是一个债法规范。对债之履行的全面性要求不仅存在于合同之债上，也存在于非合同之债上。因此，该规范也是“有关规定”。

（四）根据其性质不能适用

本条但书规定，将本编规定适用于非合同之债时，需要考虑非合同之债的性质。基于法律性质的差异，即使非合同之债缺乏规定，也不能适用本编规定。这主要是为了避免意定之债和法定之债不合理的等量齐观。[①]根据其性质不能适用，主要针对上述已经通过法律目的识别出来的“有关规定”，虽然可以一般性地适用于整个债法领域，但例外情况下可能并不适用于某种债权债务，故需要排除适用。因此，后半句主要针对的是极为例外的情形。

例如，有关抵销的规定（第568条），原则上可以适用于整个债权领域，但是故意侵权导致的债务作为例外，不能进行主动抵销。[②]在《合同法》中，虽然没有本条的规定，但也有法官坚持这一裁判思路。法官认为，“按照合同性质不得抵销的情形有因故意侵权行为所产生的债务不得抵销。此种债务如允许抵销，意味着债务人可以任意侵犯债权人的人身和财产权利，显然有违公序良俗”。[③]

再如，债务虽然原则上允许承担，但是作为例外，往往认为与特定债务人有着密切的联系的债务不能移转。[④]那么，因侵权行为造成的恢复原状之债，特别是赔礼道歉、消除影响等人身性质的债务，就不能由他人代为履行。[⑤]此时，应当打破合同编通则的一般适用，根据其性质拒绝适用。

---

① 参见朱虎：《债法总则体系的基础反思与技术重整》，载《清华法学》2019年第3期。

② 参见韩世远：《合同法总论》（第四版），法律出版社2018年版，第705页。

③ 参见辽宁省葫芦岛市中级人民法院（2017）辽14执复1号执行裁定书。

④ 参见肖俊：《〈合同法〉第84条（债务承担规则）评注》，载《法学家》2018年第2期。

⑤ 参见柳经纬：《我国民法典应设立债法总则的几个问题》，载《中国法学》2007年第4期。

图示：依其性质不能适用本编规定的情形①

债的客体	不适用债法总则一般规定
特定物	继续履行规则（灭失）、债务承担、抵销（受限）、选择之债
权利移转	提存（不动产、股权）、交付物的质量标准、履行地规则、债务承担
金钱支付	部分履行、履行不能、不可抗力免责、金融政策特殊规定
提供劳务和服务	第三人代为履行和债务承担、债权转让（受限）、有些不存在迟延履行和不完全履行问题、提存、抵销
不作为	第三人代为履行和债务承担、迟延履行和不完全履行、提存、抵销、强制履行

举证责任

本条后半句在表述上采用了“但书”的方式，这在举证责任的分配上，会产生举证责任倒置的效果。具体来说，对于非因合同产生的债权债务关系，其他法律没有规定的，应该直接适用合同编的规定；主张因“性质不同”而不能适用合同编规定的，应该就该“性质不同”承担举证责任。

法官在适用本条时，不同情形下的论证义务也有所差别。在其他法律没有规定时，直接适用合同编的规定，是该条所确立的一项原则，法官无需负担额外的论证义务；若因具体债权债务的性质有所差异，而排除合同编的适用，属于本条的例外情形，法官应就性质差异的存在负有论证义务。

① 此表由陆青根据柳经纬：《当代中国债权立法问题研究》，北京大学出版社2009年版，第147—151页整理而成。参见陆青：《债法总则的功能演变——从共同规范到体系整合》，载《现代法学》2014年第4期。

第二章

合同的订立

第四百六十九条【合同的形式】

当事人订立合同，可以采用书面形式、口头形式或者其他形式。

书面形式是合同书、信件、电报、电传、传真等可以有形地表现所载内容的形式。

以电子数据交换、电子邮件等方式能够有形地表现所载内容，并可以随时调取查用的数据电文，视为书面形式。

历史由来

本条是整合、修改《合同法》第10条与第11条规定的结果。《合同法》第10条规定："当事人订立合同，有书面形式、口头形式和其他形式。法律、行政法规规定采用书面形式的，应当采用书面形式。当事人约定采用书面形式的，应当采用书面形式。"第11条规定："书面形式是指合同书、信件和数据电文（包括电报、电传、传真、电子数据交换和电子邮件）等可以有形地表现所载内容的形式。"《合同法》第10条第2款的规则，已在《民法典》总则编第135条作了规定，因此本条未再重复。

《合同法》第11条将数据电文直接界定为书面形式，与之不同，本条第3款将数据电文规定为"视为书面形式"，且增加了"可以随时调取查用"这一限定条件，这一变化最早出现在《民法典合同编（草案）》（一审稿）第260条之中。

在《民法典》编纂过程中，在对数据电文如何例示的问题上，曾有斟酌。《民法典合同编（草案）》（征求意见稿）第6条第3款曾列有"客户端"，《民法典合同编（草案）》（一审稿）第260条又回到《合同法》第11条的例示表述，只是增加"等"字以示不完全列举。另外，在《民法典（草案）》及之前的各草案文本中，均将"电报、电传、传真"归入数据电文，最终通过的《民法典》将"电报、电传、传真"从数据电文中移出，与合同书、信件并列规定为书面形式的具体形态。

规范目的或功能

本条规定了合同的形式。合同是民事法律行为的一种类型，是《民法典》

总则编第134条第1款所规定的双方或多方民事法律行为，即合同是基于双方或者多方的意思表示一致而设立的民事法律行为。《民法典》总则编第135条规定了民事法律行为的形式："民事法律行为可以采用书面形式、口头形式或者其他形式；法律、行政法规规定或者当事人约定采用特定形式的，应当采用特定形式。"对于合同的形式而言，既应适用本条的规定，也应适用《民法典》总则编第135条的规定。不过，本条与《民法典》总则编第135条的核心内容相同，均规定了"可以采用书面形式、口头形式或者其他形式"，即《民法典》总则编第135条已规定了民事法律行为的形式自由原则。本条第1款再次明确，在合同领域，同样贯彻形式自由原则，即原则上当事人可自由选择以何种形式订立合同。

对于民事法律行为的形式或合同的形式，虽然采形式自由原则，但是，法律、行政法规可能针对某些特殊类型的合同规定"应当采用书面形式"或应当采用其他某种特殊形式，当事人也可能事先约定双方将要订立的某个合同应当采用书面形式或其他某种特殊形式。本条第2款和第3款对合同的书面形式加以界定，以便在这些特殊场合准确判断当事人是否以书面形式订立了合同。

对于法律、行政法规有规定或当事人有约定，但当事人未采特定形式时的法律后果（民事法律行为不成立、无效，或其他后果），《民法典》总则编第135条未作直接规定，本条也未作直接规定。因而，本条第2款和第3款仅能用于判断当事人是否以书面形式订立了合同，至于当事人未以书面形式订立合同的后果，则需结合《民法典》第490条、第491条等条文进行法律解释。

规范内容

一、合同的形式

合同的形式，是当事人合意的表现形式，是合同内容的外部表现，是合同内容的载体。[①]

---

① 参见崔建远：《合同法》（第三版），北京大学出版社2016年版，第76页。

合同的形式与订立合同的方式不同，应当严格区分。①本条规定的是合同的形式（可以采用书面形式、口头形式或者其他形式）。《民法典》第471条规定的是订立合同的方式（可以采取要约、承诺方式或者其他方式）。订立合同的方式指向的是当事人订立合同的过程，是指当事人通过何种方式达成意思表示的一致。合同的形式，是指当事人达成一致的意思表示，通过何种载体表现于外部。

二、书面形式

《民法典》合同编中多处规定了合同“应当采用书面形式”，主要有：借款合同（自然人之间借款另有约定的除外，第668条第1款）、租赁期限6个月以上的租赁合同（第707条）、融资租赁合同（第736条第2款）、保理合同（第762条第2款）、建设工程合同（第789条）、委托监理合同（第796条）、技术开发合同（第851条第3款）、技术转让合同和技术许可合同（第863条第3款）、物业服务合同（第938条第3款）。在合同编之外，《民法典》物权编中规定了以下合同“应当采用书面形式”：建设用地使用权出让合同（第348条），建设用地使用权转让、互换、出资、赠与或者抵押的合同（第354条），居住权合同（第367条），地役权合同（第373条），抵押合同（第400条），质押合同（第427条）。在《民法典》之外，有的单行法也规定了某些特殊类型的合同“应当采用书面形式”，如劳动合同（《劳动合同法》第10条）、包价旅游合同（《旅游法》第58条）。

本条第2款为书面形式提供了法定解释：“书面形式是合同书、信件、电报、电传、传真等可以有形地表现所载内容的形式。”这与《合同法》第11条所提供的解释略有差异，第11条规定：“书面形式是指合同书、信件和数据电文（包括电报、电传、传真、电子数据交换和电子邮件）等可以有形地表现所载内容的形式。”

本条第2款与《合同法》第11条均规定，书面形式是“可以有形地表现所载内容的形式”。有学者认为，书面形式是指以文字表现内容。②还有学者

---

① 参见朱广新：《书面形式与合同的成立》，载《法学研究》2019年第2期。

② 参见韩世远：《合同法总论》（第四版），法律出版社2018年版，第110页；朱晓喆：《论民事法律行为的形式——〈民法总则〉第135条评释》，载《法治现代化研究》2018年第2期。

认为，书面形式是以纸张等有形载体（不限于纸张，但以纸张为主）承载文字信息符号（包括各语种文字、字母、数字、图形等文本符号）。[①]

本条第2款与《合同法》第11条对书面形式的例示性列举规定包括了合同书、信件等。对于数据电文，《合同法》第11条将之界定为书面形式，本条第3款则规定数据电文“视为书面形式”。《合同法》第11条将电报、电传、传真归入数据电文，本条则将这三种与合同书、信件一道直接归入书面形式。

（一）合同书

合同书是指记载有当事人达成合意的合同内容并被签名、盖章或按指印的文书。具体来说，符合以下三点要求的，为合同书：其一，须有由文字表现出的凭据，可以是手写的、打印的或印刷的；其二，文字凭据载有合同权利义务；其三，有当事人（或其代理人，下同）的签名、盖章或按指印。[②]

当事人或其代理人在文字凭据上签名、盖章或按指印，系表明该文字凭据所记载的合同权利义务内容符合签名人、盖章人或按指印人所作出的意思表示的内容。若无签名、盖章或按指印，则或为合同书的草稿，或为他人的杜撰，均不构成本条所称的合同书。《合同法》第32条仅规定双方当事人签字或者盖章。《合同法解释（二）》第5条补充规定，摁手印的，人民法院应当认定其具有与签字或者盖章同等的法律效力。《民法典》第490条吸纳了该司法解释条文的见解，规定了“签名、盖章或者按指印”。

合同书可由合同的各方当事人共同制作，也可由其中一方当事人单独制作并交由各方当事人共同签署。由一方当事人单独制作的合同书，可能涉及格式合同规制的问题。就此参见本书关于《民法典》第496—498条的评注。

只要是记载有当事人合意的合同内容并被签名、盖章或按指印的文书，

---

① 参见于海防：《论数据电文意思表示形式问题的体系化解决》，载《法学》2014年第11期。

② 参见韩世远：《合同法总论》（第四版），法律出版社2018年版，第111页；崔建远：《合同法》（第三版），北京大学出版社2016年版，第77页。

即属于合同书，不需要该文书被当事人冠以合同的名称。双方当事人的法定代表人、委托代理人等召开会议并形成一致意见，以“会议纪要”“座谈会纪要”“商务洽谈记录”等对所形成的一致意见加以记载，并由参加会议的法定代表人、委托代理人签名、盖章或按指印的，同样构成合同书。[①]

（二）信　件

信件，又称函件、信函、书信等。本条第2款与《合同法》第11条均将信件界定为合同书面形式的一种具体类型。此处所指信件仅限于承载了文字、数字或图像信息的纸张等有形载体，即传统的信件，不包括本条第3款所规定的电子邮件。

合同形式语境下的信件与合同书的区别在于，合同书是双方共同签署的文字凭据，信件则仅是一方当事人单方表达其与订立合同有关的意思表示（或要约邀请）并以合同对方当事人为收件人。因而，严格来说，信件仅是一种通信方式，《民法典》第482条（对应《合同法》第24条）规定的以信件方式作出要约即是在通信方式的角度使用“信件”一词。[②]由此可见，本条第2款所指的信件，与《民法典》第482条所指的信件不同。作为合同书面形式的信件，不能仅为合同一方当事人在缔约过程中向另一方当事人所发送的信件，而应包括合同双方当事人在缔约过程中分别向对方当事人所发送的信件。换言之，作为合同书面形式的信件，应至少包括两封信件，该两封信件分别由双方当事人各自向对方当事人所发送。只有双方当事人各自向对方当事人发送信件，两封信件均表达了寄信人与收信人订立合同的意思表示，且两封信

---

① 最高人民法院曾在裁判中明确表达这一观点：“本案中的座谈会纪要是一份书面文件，可以作为体现合同内容的书面形式，至于其名称是否称为‘合同’，对于该文件是否构成一份合同，并没有实质的决定意义。座谈会纪要虽然并未自称为合同，且通常只是记录会议或磋商谈判的过程和所达成的原则性意见，但如果其内容涉及当事人之间设立、变更或终止民事权利义务关系，是各方当事人的一致意思表示，该意思表示的内容具体明确，具有可执行性，当事人并无排除受其约束的意思，则具备了民事合同的要件，可以构成一份法律上认可的合同。”参见最高人民法院（2016）最高法民终470号民事判决书；最高人民法院（2005）民一终字第42号民事判决书；湖南省高级人民法院（2018）湘民终181号民事判决书；湖北省襄阳市中级人民法院（2018）鄂06民终1875号民事判决书。

② 参见朱广新：《书面形式与合同的成立》，载《法学研究》2019年第2期。

件中所记载的寄信人所要订立的合同权利义务的内容一致、表明双方对于订立合同达成意思表示一致，才说明双方当事人订立了合同。若仅有一方当事人向另一方当事人所发送的表达缔约意思的信件，通常不足以构成本条所称的以信件形式订立合同。在例外的情况下，若法律规定、[①]当事人约定或者按照当事人之间的交易习惯，受要约人可以以沉默的方式作出构成承诺的意思表示，则要约人单方以信件形式发出要约、对方以沉默的方式作出承诺，可以认定为双方之间以信件形式订立了书面形式的合同。

与合同书相似，信件也可以是手写的、打印的或印刷的，但信件通常须载明收信人（即寄信人所欲与之订立合同的对方当事人）的姓名或者名称；信件须由当事人签名、盖章或按指印，以表明信件的内容符合签名人、盖章人或按指印人所作出的意思表示的内容。此外，信件须由写信人寄出（发出），须到达收信人，就此适用有关意思表示的发出与到达的规则。

学说普遍认为，法律规定合同应采书面形式，最主要的功能有二，一为保存证据，二为警示当事人避免草率交易。[②]本条第2款与《合同法》第11条均将信件界定为合同书面形式的一种具体类型，表明《民法典》与《合同法》对书面形式的关注点主要在于其证据功能，对其警示功能关注不多，只要双方当事人在缔约过程中的往来信件表明双方已就合同主要内容达成了意思表示一致，即使双方当事人未签署正式的合同书，亦不影响合同的成立，更不影响合同的效力。这与比较法上明确规定不采法定特殊形式的法律行为无效的规则（如《德国民法典》第125条）完全不同。换言之，德国有关法定特殊形式的规则侧重于警示功能，我国则几近消解了特殊形式的警示功能，主要关注书面形式的证据保存功能，几乎将形式自由原则贯彻到底。为缓解此种

---

① 例如，根据《民法典》第685条第2款的规定，第三人单方以书面形式向债权人作出保证，债权人接收且未提出异议的，保证合同成立。在《民法典》之前，《担保法解释》第22条第1款就确立了类似规则："第三人单方以书面形式向债权人出具担保书，债权人接受且未提出异议的，保证合同成立。"

② 参见王利明：《合同法研究》（第一卷）（第三版），中国人民大学出版社2015年版，第479页；王轶：《民法原理与民法学方法》，法律出版社2009年版，第229—230页；韩世远：《合同法总论》（第四版），法律出版社2018年版，第109页；朱广新：《合同法总则研究》，中国人民大学出版社2018年版，第181页。

彻底形式自由带来的问题，《民法典》在第490条第1款规定："当事人采用合同书形式订立合同的，自当事人均签名、盖章或者按指印时合同成立。"在第491条第1款规定："当事人采用信件、数据电文等形式订立合同要求签订确认书的，签订确认书时合同成立。"由此，明确了当事人可通过约定来强化合同形式对于合同成立的意义。

（三）电报、电传、传真

电报是发送方以固定的编码方式（如摩尔斯编码）对文字或数字进行编码，再将编码以电信号进行传递，接收方接收到电信号之后再将编码转换为文字、数字的即时远距离信息传递方式。

电传，按照《现代汉语词典》的解释，"原指通过电传打字电报机发出电报。现多指用传真机或计算机传送（文字、图像等）"。①本条将电传与传真并列规定于第2款，将电子数据交换、电子邮件规定于第3款，因而，本条所称电传并非指"用传真机或计算机传送（文字、图像等）"，而是指"通过电传打字电报机发出电报"，其信息传递原理与电报相同，但能通过机器自动将敲击键盘所输入的字符转换为电信号，自动将接收的电信号打印出相应的字符。

传真是通过传真机对纸面上的文字、数字、图像进行光学扫描，再将扫描所获得的光学信号转换为电信号进行传递，接收方的传真机接收到电信号后自动将电信号编译还原为文字、数字、图像并打印到纸上。

简言之，电报、电传、传真是以电子生成、发送、接收信息的手段。本条中的电报、电传、传真，应是指以这些手段进行信息传递后在接收方所生成并在纸张上呈现出的结果。并且，电报、电传、传真都只能进行文字、数字等信息的传递，无法进行储存，在信息传递过程结束后，最终都会在纸张上呈现出所传递并经编译还原的文字、数字、图像等信息。或许正因如此，在民法典立法过程中，有学者主张，"只有电子数据交换与电子邮件才属于

---

① 参见中国社会科学院语言研究所词典编辑室：《现代汉语词典》（第7版），商务印书馆2016年版，第293页。

数据电文，其他三种实质上是以电子手段发送的文书”。[①]立法者最终采纳了这一观点。

电报、电传、传真与信件类似。因而，同样适用《民法典》第491条第1款的规定，即当事人可以要求签订确认书；若当事人要求签订确认书，则签订确认书时合同成立。

此外，电报、电传仅能编译还原文字、数字等信息，无法传递图像信息，因而，电报、电传应通过提供电报电传收发公共服务的机关（如邮政局）对电报、电传来源的记载识别发报人的身份。传真是通过光学扫描并经电信号传递后还原，传输并还原的是图像信息，因而，传真所形成的图像上应有发件人的签名、盖章或按指印，以表明传真所传递的内容符合签名人、盖章人或按指印人所作出的意思表示的内容。

（四）数据电文

1.数据电文的界定

根据《电子签名法》第2条第2款给出的定义，数据电文是指以电子、光学、磁或者类似手段生成、发送、接收或者储存的信息。这一定义基本继受了联合国国际贸易法委员会《电子商务示范法》（1996年）第2条中给出的定义，但又与之稍有不同，增加了对磁的手段的例示。《电子商务示范法》第2条给出的定义是：“‘数据电文’系指经由电子手段、光学手段或类似手段生成、储存或传递的信息，这些手段包括但不限于电子数据交换（EDI）、电子邮件、电报、电传或传真。”

《合同法》第11条规定，数据电文（包括电报、电传、传真、电子数据交换和电子邮件）等可以有形地表现所载内容的形式属于合同的书面形式。《电子签名法》第4条规定：“能够有形地表现所载内容，并可以随时调取查用的数据电文，视为符合法律、法规要求的书面形式。”本条第3款规定：“以电子数据交换、电子邮件等方式能够有形地表现所载内容，并可以随时调取查用的数据电文，视为书面形式。”可见，立法者对于数据电文的认识在逐渐发生变化。这种变化主要表现在四个方面：其一，《合同法》第11条似乎认为，只

---

① 朱广新：《书面形式与合同的成立》，载《法学研究》2019年第2期。

要属于数据电文，就一定“可以有形地表现所载内容”。与之不同，《电子签名法》第4条将“能够有形地表现所载内容”改为对数据电文的限定语，即数据电文包括能够有形地表现所载内容的数据电文与无法有形地表现所载内容的数据电文两种类型，仅前者能视为书面形式。本条第3款承继了《电子签名法》第4条的这一认识。其二，《合同法》第11条未强调“可以随时调取查用”的要件，《电子签名法》第4条和本条第3款均强调以“可以随时调取查用”为要件。其三，《合同法》第11条将数据电文直接界定为书面形式，《电子签名法》第4条与本条第3款均将之规定为“视为书面形式”。其四，《合同法》第11条认为电报、电传、传真属于数据电文，本条则认为这三种类型不属于数据电文。

在这四方面的变化中，“可以有形地表现所载内容”这一限定，与本条第2款对书面形式进行界定时所作限定保持一致。“可以随时调取查用”，才可以发挥与传统纸质书面形式相同的保存证据（并在需要时用于证明）的功能，这一限定同样适用于传统书面形式，只是传统书面形式基本上都满足这一要求，因而未予特别强调。第三处变化，即数据电文是属于书面形式还是“视为书面形式”，涉及对于数据电文与书面形式之间关系的理解。采用“视为书面形式”的表述，即意味着，在立法者看来，数据电文不属于书面形式，但可以发挥与书面形式相当的功能。

从《电子签名法》第2条第2款对数据电文给出的定义来看，数据电文与传统书面形式的区别在于，其生成、储存或传递的手段不同。传统书面形式系由纸张等有形载体承载文字、数字或图像信息，并通过纸张的储存或传递来完成文字、数字或图像信息的储存或传递。随着现代信息技术的发展，以电子、光学、磁等手段为代表的信息生成、储存与传递手段不断更新。现代电子计算机是对电子、光学、磁等信息生成、储存与传递手段的综合运用，所有的数据最终都被计算机转换为二进制数字（0或1）进行储存，计算机的硬件设备和软件程序共同协同，在人类所能识别的文字、图像、声音、视频等信息和二进制数字之间进行双向编译。传统的3.5英寸软盘、机械硬盘所读取、写入和储存的均为二进制的数字磁记录，CD光盘、DVD光盘等所读取、写入和储存的均为二进制的数字光记录，闪存盘、固态硬盘等所读取、写入和储存的均为二进制的电子数据。通过网线在电子计算机之间进行持续的信息传递时，是以电子信号传递二进制数据；通过光缆在电子计算机之间进行持续的信息传递时，则是以光信号传递二进制数据。

根据《电子商务示范法》第2条给出的定义，电子数据交换（EDI）是指“电子计算机之间使用某种商定标准来规定信息结构的信息电子传输”。电子数据交换不是泛指所有通过互联网在电子计算机之间进行的数据交换，而是特指电子计算机之间按照特定的标准格式进行数据的自动传递、自动处理、自动响应，主要运用于行政和工商业。被交换的数据通常称为“EDI报文”，是指按照通行的标准构建的、能够被电子计算机自动处理的数据信息。国际通用的EDI标准主要是联合国欧洲经济委员会（UNECE）主导制定的《联合国/行政、商业和运输电子数据交换》(United Nations/Electronic Data Interchange For Administration, Commerce and Transport, UN/EDIFACT)。我国的EDI电子报文标准体系也是以UN/EDIFACT为基础。①

电子邮件是指通过互联网中的电子邮件服务器进行传递和储存的数据信息。电子邮件的发件人和收件人均在电子邮件服务器中拥有独立的邮件地址，邮件地址以@作为分隔符，分隔符之前的字符用于标识邮箱用户在该服务器上的邮箱地址，分隔符之后的字符为电子邮件服务器的域名。电子邮件服务器本身为一个电子计算机系统，不同的电子邮件服务器以域名作为标识，并使用某种共用的标准（协议）与互联网中的其他电子邮件服务器进行信息传递。即电子邮件中的数据同样是被转换为二进制数字存储于电子邮件服务器中；电子邮件的发件和收件的过程，本质上是电子邮箱使用者的电子计算机与电子邮件服务器之间以及不同的电子邮件服务器之间通过互联网进行数据传递的过程；电子邮箱的使用者使用客户端软件或网页浏览器查阅电子邮件的过程，本质上是电子邮箱使用者通过电子计算机和网络读取电子邮件服务器中的二进制数据并编译为人类使用的语言文字（或图像等）的过程。

电子数据交换、电子邮件等数据电文是以二进制数字储存于电子计算机的硬盘等存储器之中。这是数据电文与书面形式之间的最大差异。换言之，

---

① 我国国际贸易基于EDI的电子报文标准体系，参见商务部网站，http://tradedoc.mofcom.gov.cn/TradeDoc/do/dz/tradedoc~5002_1001~0.html，最后访问时间2020年4月26日。

数据电文与书面形式之间的最大差异，不在于信息的传递方式，而在于信息的储存方式。[①]《合同法》第11条关注数据电文与书面形式都能有形地表现所载内容这一共性，将数据电文归为书面形式的一种类型。《电子签名法》第4条和本条关注数据电文与书面形式的差异，从而将数据电文界定为书面形式以外的另一种形式，同时，又考虑到可以随时调取查用的数据电文与书面形式都能用于保存证据（并在需要时用于证明），因而在规范上将数据电文“视为书面形式”。

本条所规定的“视为书面形式”的数据电文，应仅指承载文字、数字、图像的那些数据电文，不应包括记录声音、视频的数据信息。因为，传统的磁带对声音和视频的储存，也是以磁为手段；其写入和读取的过程，也是磁信号和电信号的双向转换过程。不论是以二进制数字的形式所存储的声音和视频，还是以传统的磁带所存储的声音和视频，其都只是对声音和视频进行记录和再现，因而，应作相同处理。

本条草案中曾出现的客户端，只是将文字、数字、图像、声音、视频等人类可识别的信息与电子计算机所使用的机器语言进行双向编译的计算机软件，因而，本条最终不将客户端本身界定为数据电文，值得赞同。不过，以手机短信、[②]客户端软件（如QQ、微信）等作为信息编译和传递工具而订立合同，与通过电子邮件订立合同一样，属于使用数据电文订立合同。[③]

除本条第3款所列举的电子数据交换、电子邮件等外，实践中常见的使用数据电文订立合同，还有使用网页浏览器、手机App程序等进行网络购物、

---

① 有学者强调数据电文不应归为书面形式的主要理由是，在传统形式的意思表示中，文字、口头语言与行为语言三种信息符号分别与纸张（等）、声音、肢体三种载体对应，但这三种传统载体所分别承载的三种信息符号可由数据电文一体承载。参见于海防：《论数据电文意思表示形式问题的体系化解决》，载《法学》2014年第11期。这是否准确地表达出了数据电文与书面形式之间的根本差异，尚待商榷。

② 最高人民法院曾在判决中认为，短信属于《合同法》第11条所规定的一种书面形式。参见最高人民法院（2018）最高法民申4446号民事裁定书。

③ 有法院认为，通过微信文字聊天的方式订立租赁合同，是采用数据电文的形式订立合同。参见河北省定兴县人民法院（2019）冀0626民初907号民事判决书。还有法院认为，通过微信文字聊天的方式订立劳动合同，属于以书面形式订立合同。参见山东省青州市人民法院（2019）鲁0781民初3691号民事判决书。

网上银行自助贷款等，[①]在使用网站提供的电子邮件等服务之前也会使用数据电文订立合同。[②]在这种交易过程中，当事人各自所作出的要约和承诺均被编译为二进制数字并通过互联网进行传递，最终存储于购物网站、网上银行等的主办者的网络服务器中。

2.数据电文的使用与电子签名

以数据电文的形式订立合同，使得处于不同地理空间的民事主体可以低成本、高效率地订立合同，且合同无纸化，符合现代社会对于节约资源、保护环境的追求。但是，数据电文更易被无痕地更改，其可靠性相较于传统书面形式而言更弱。因此，以数据电文形式订立合同，应遵循自愿原则。《电子签名法》第3条第1款规定，民事活动中的合同或者其他文件、单证等文书，当事人可以约定使用或者不使用电子签名、数据电文。并且，《电子签名法》第3条第2款规定，当事人约定使用电子签名、数据电文的文书，不得仅因为其采用电子签名、数据电文的形式而否定其法律效力。

某些对当事人权益有重大影响的事项，不宜采用数据电文形式订立合同。《电子签名法》第3条第3款规定："前款规定不适用下列文书：（一）涉及婚姻、收养、继承等人身关系的；（二）涉及停止供水、供热、供气等公用事业服务的；（三）法律、行政法规规定的不适用电子文书的其他情形。"换言之，对于涉及婚姻、收养、继承等人身关系的文书，不应采用数据电文形式。在

① 有法院认为，银行客户"在中国建设银行网上自助申请贷款，并通过电子渠道与建行××支行签订《中国建设银行'快e贷'借款合同》，该合同符合书面合同的形式要件"。参见湖南省长沙市天心区人民法院（2020）湘0103民初110号民事判决书。

② 有法院认为，"《新浪网》是以《新浪网北京站服务条款》为承诺，向会员提供信息服务的。该服务条款确定了网站向用户提供信息服务的权利和义务，实际上是一种电子数据文本形式的信息服务合同。根据网站的程序设计，服务条款的具体内容在网站的页面中已经向用户作了全面展示。会员申请注册时，对条款的具体权利和义务内容可以表示同意，并继续进行申请注册的下一个步骤；也可以表示不同意，并放弃申请注册的操作。按照会员申请注册步骤，申请人只有在点击'我同意'即表示确认服务条款的内容后，方可能最终完成会员的注册登记。原告来云鹏是按照这样的程序完成会员注册的，应认定他在注册登记过程中注意到了网站的特别提示，并对网站服务条款的全部内容有所了解。他在注册登记时自愿点击了'我同意'的标识，是表示确认网站服务条款内容的行为，即对遵守被告四通利方公司《新浪网》服务条款的要约表示同意。双方的信息服务合同关系，在原告来云鹏完成注册申请后即告成立。"来云鹏诉北京四通利方信息技术有限公司服务合同纠纷案，载《中华人民共和国最高人民法院公报》2002年第6期。

2019年4月23日全国人大常委会通过《关于修改〈中华人民共和国建筑法〉等八部法律的决定》之前，该条第3款还曾规定，“涉及土地、房屋等不动产权益转让的”文书，也不应采用数据电文形式。

采合同书形式订立合同时，当事人应当签名、盖章或者按指印。在采用数据电文形式订立合同时，当事人可以使用电子签名。根据《电子签名法》第2条第1款的规定，电子签名是指“数据电文中以电子形式所含、所附用于识别签名人身份并表明签名人认可其中内容的数据”。通过附加电子签名，可以提高数据电文的可信度。该法第14条规定：“可靠的电子签名与手写签名或者盖章具有同等的法律效力。”第13条第1款规定：“电子签名同时符合下列条件的，视为可靠的电子签名：（一）电子签名制作数据用于电子签名时，属于电子签名人专有；（二）签署时电子签名制作数据仅由电子签名人控制；（三）签署后对电子签名的任何改动能够被发现；（四）签署后对数据电文内容和形式的任何改动能够被发现。”

《电子签名法》还规定了电子签名的第三方认证制度，依法设立的电子认证服务提供者可以为电子签名提供认证服务。采用此种经第三方认证的数字证书（一般称为CA数字证书）、数字时间戳协议、ISOPDF文档标准、非对称加密算法和标准哈希算法所形成的电子文件，易于被法院认可。[①]易于被法院认可的电子签名运用场景还有：商业银行在提供电子银行服务过程中，通过“交易令牌”（有的称为“网银盾”等）所载的客户证书存放客户身份标识，对网上交易数据进行加密、解密和数字认证，银行客户使用此种客户证书从事电子交易。[②]经权威的第三方机构提供的“可信时间戳”，附着于电子文件上时，能够用于确定电子文件产生的准确时间。[③]

此外，即使未采用电子签名，但合同双方当事人采用权威的第三方非营利组织的电子交易体系完成交易的，也能被法院认可。例如，环球同业银行金融电讯协会（SWIFT）是银行间非营利性的国际合作组织，我国各大商业

① 参见重庆市第一中级人民法院（2019）渝01民终5087号民事判决书。

② 参见上海市浦东新区人民法院（2015）浦民六（商）初字第9326号民事判决书。

③ 参见江苏省无锡市中级人民法院（2016）苏02民终02208号民事判决书，载《人民司法·案例》2017年第17期。

银行及世界多数国家的银行已加入该组织，成为该组织的成员行，法院认为，成员行的交易数据一旦进入SWIFT系统，各银行及其总行都能通过该系统进行查询调取，SWIFT电文具有真实性、有效性、可监控性和权威性。[①]

（五）确认书

如前所述，我国为进一步贯彻形式自由原则，对于书面形式主要关注其证据保存功能，规定书面形式不仅有合同书一种，将信件、电报、电传、传真也归入书面形式，将数据电文视为书面形式，从而几近消解了书面形式的警示功能。为缓解此种彻底形式自由带来的问题，《民法典》第491条第1款（对应《合同法》第33条）规定，“当事人采用信件、数据电文等形式订立合同要求签订确认书的，签订确认书时合同成立”，即明确了当事人可通过约定强化合同形式对于合同成立的意义。

对确认书的使用主要有两种类型，一种是在确认书中对此前通过多轮口头或书面谈判所形成的合意进行系统整理，在确认书中对双方的权利义务进行明确约定，这样的确认书实际上就是合同书；另一种是确认书中并不写明双方当事人的权利义务，只是援引和指向过去双方往来的信件或数据电文，此时的合同内容应综合确认书及其所援引和指向的信件和数据电文来判断。[②]

三、口头形式

口头形式是指当事人以口头语言交谈的方式作出意思表示而订立合同。当事人所欲表达的信息主要由当事人通过口头发出的声音加以承载，但不妨以肢体动作（如摇头、点头、手势）加以补充或辅助。听力障碍者或发声障碍者以手语作出意思表示而订立合同，也属于口头形式。

当事人以口头语言交谈的方式订立合同的过程中形成书面凭证，但所形

---

① 参见安徽省高级人民法院（2014）皖民二终字第00389号民事判决书，转引自同案再审最高人民法院（2017）最高法民再134号民事判决书。

② 参见全国人大法工委研究室编写组：《中华人民共和国合同法释义》，人民法院出版社1999年版，第49页。

成的书面凭证尚不足以构成书面形式的，仍属于口头形式。例如，有学者主张，到商店购物，付款时可要求付款凭证及开具发票，这类文字材料可用以证明合同的成立，但仍属以口头形式订立合同。[①]《买卖合同解释》第1条第1款也认为送货单、收货单、结算单、发票等书面凭证通常不足以构成书面合同形式，该款规定："当事人之间没有书面合同，一方以送货单、收货单、结算单、发票等主张存在买卖合同关系的，人民法院应当结合当事人之间的交易方式、交易习惯以及其他相关证据，对买卖合同是否成立作出认定。"

在司法实践中，当事人仅在一方支付价款或报酬时出具收据或收条的情形较为常见，对于收据或收条是否构成合同书面形式，法院有不同看法。在一起案件中，当事人在房屋买卖过程中未签署书面合同，仅在买受人支付价款后出卖人出具收据，法院认为，"收条属于收取房款的证据，不具有书面合同的形式"。[②]另一起案件中，租金收条上载有租赁地点、租期、年租金金额，一审法院认为租赁合同未采书面形式，应视为不定期租赁；二审法院则认为构成以书面形式订立租赁合同。[③]笔者以为，仅有收据、发票、结算单、送货单、收货单等书面凭证是否足以构成以书面形式订立合同，取决于此类书面凭证上是否已经记载了合同的必要条款。例如，对于买卖而言，此类书面凭证上记载了双方当事人的姓名或名称、标的物的具体信息、数量、价款数额等信息，且出卖人在书面凭证上签名盖章并将之交付给买受人持有的，足以构成买卖合同的书面形式；对于租赁合同而言，此类书面凭证上记载了双方当事人的姓名或名称、租赁物的具体信息、租赁期限、年租金（或月租金）金额等信息，且出租人在书面凭证上签名盖章并将之交付给承租人持有的，足以构成租赁合同的书面形式。反之，若此类书面凭证上仅记载了所支付的价款或报酬的金额，未记载合同成立的其他必要之点的，则不构成以书面形式订立合同。

---

① 参见韩世远：《合同法总论》（第四版），法律出版社2018年版，第114页。对此持赞同立场的，如朱晓喆：《论民事法律行为的形式——〈民法总则〉第135条评释》，载《法治现代化研究》2018年第2期。

② 参见重庆市第二中级人民法院（2015）渝二中法民终字第1037号民事判决书，载《人民司法·案例》2016年第8期。

③ 参见福建省宁德市中级人民法院（2019）闽09民终1442号民事判决书。

以口头语言作出意思表示，但通过电话、互联网语音等现代科技手段传递声音的，仍属口头形式。[①]对当事人以口头谈判进行缔约的过程进行录音录像的，只是通过录音录像的方式进行记载还原和证据固定，仍属口头形式。

四、其他形式

本条第1款所规定的“其他形式”，属于兜底性规定，无法归入口头形式、书面形式的合同形式均列入其他形式。对于哪些属于本条所规定的“其他形式”，学界和实务界尚未形成共识。不过，相关讨论仅属于认识层面的讨论，不具有规范层面的意义。因为，法律例外规定某种合同应采特定形式时，不会规定某种合同应采“其他形式”。

（一）推定形式

《合同法解释（二）》第2条规定：“当事人未以书面形式或者口头形式订立合同，但从双方从事的民事行为能够推定双方有订立合同意愿的，人民法院可以认定是以合同法第十条第一款中的‘其他形式’订立的合同。但法律另有规定的除外。”学说将此种形式称为“推定形式”，并认为所谓“其他形式”主要是指推定形式，[②]笔者赞同此种看法。还有学者将之称为“默示形式”。[③]

“推定形式”对应的是作出意思表示的方式中的默示的方式，口头形式或书面形式对应的是作出意思表示的方式中的明示的方式（参见《民法典》总则编第140条）。

司法实践中典型的以推定形式订立合同的案例，如某商品混凝土公司向某建设公司中标的施工场所陆续供应多批量商品混凝土且出具检验报告，建

① 参见韩世远：《合同法总论》（第四版），法律出版社2018年版，第113页。

② 参见王利明：《合同法研究》（第一卷）（第三版），中国人民大学出版社2015年版，第506页；崔建远：《合同法》（第三版），北京大学出版社2016年版，第78页；韩世远：《合同法总论》（第四版），法律出版社2018年版，第114页。

③ 参见王利明、杨立新、王轶、程啸：《民法学》（第5版），法律出版社2017年版，第163页（所引内容为王利明执笔）。

设公司也支付了部分款项，但双方未签订书面买卖合同，也没有证据证明双方之间采取口头方式订立合同，法院认为，双方的行为可以推定当事人之间具有订立买卖合同的合意，当事人系以其他方式订立了买卖合同。[①]

（二）公证形式

有学者在解释《民法总则》第135条所规定的民事法律行为的形式中的“其他形式”时，认为公证属于其中的一种类型，所列举的具体情形有经公证的赠与合同、《民法典》继承编中的公证遗嘱。[②]但是，经公证的合同，本质上仍属于以书面形式或口头形式订立的合同（多为以书面形式订立的合同），不过是由公证机关对当事人以书面形式或口头形式所订立的合同加以公证，从而从外部对合同的真实性加以证明。对于经公证的合同，一般而言，在效力上，与普通的以书面形式或口头形式订立的合同无异。对于某些特殊场合下经公证的合同，法律可能对公证这种特殊的外部证明加以认可，并规定此种外部证明能够强化合同的效力。至于遗嘱，《民法典》第1134条至第1139条规定了自书遗嘱、代书遗嘱、打印遗嘱、以录音录像形式订立的遗嘱、口头遗嘱、公证遗嘱，这属于分类标准不同的另一种类型化体系，与法律行为的口头形式、书面形式、其他形式这一类型化体系不同。

（三）视听资料形式

《民法通则意见》第65条规定：“当事人以录音、录像等视听资料形式实施的民事行为，如有两个以上无利害关系人作为证人或者有其他证据证明该民事行为符合民法通则第五十五条的规定，可以认定有效。”据此，有学者认为录音录像形式或视听资料形式属于民事法律行为或合同的一种独立形式。[③]不过，笔者认为，对当事人以口头谈判进行缔约的过程进行录音

---

① 参见青海省高级人民法院（2017）青民终18号民事判决书。

② 参见朱晓喆：《论民事法律行为的形式——〈民法总则〉第135条评释》，载《法治现代化研究》2018年第2期。

③ 参见朱广新：《合同法总则研究》，中国人民大学出版社2018年版，第180页；朱晓喆：《论民事法律行为的形式——〈民法总则〉第135条评释》，载《法治现代化研究》2018年第2期。

录像的，只是通过录音录像的方式进行记载还原和证据固定而已，故仍应属口头形式。[①]与普通的、无录音录像记录的口头形式订立合同相比较而言，对当事人以口头谈判进行缔约的过程进行录音录像，只是降低了当事人对于“已以口头形式订立合同”这一事实加以证明的难度。《民法通则意见》第65条也是从证明的角度加以规定的，并且，除当事人所提供的录音录像等视听资料外，该条还要求有两个以上无利害关系人作为证人或者有其他证据加以佐证。

（四）批准或登记形式

《合同法》第44条第2款规定，“法律、行政法规规定应当办理批准、登记等手续生效的，依照其规定”。《民法典》第502条第2款规定，“依照法律、行政法规的规定，合同应当办理批准等手续的，依照其规定。未办理批准等手续影响合同生效的……”可见，法律、行政法规针对特殊场合的合同所规定的批准或登记，属于对合同进行效力评价时所要考虑的因素。因而，批准或登记不属于合同的形式，不属于本条所规定的“其他形式”。对此，学术界已有较高共识。[②]

三 举证责任

若法律规定某种特殊类型的合同应采某种特定的形式，且在未采特定形式时发生消极的法律后果，则主张不发生该消极后果的当事人应当证明合同已经采用了特定的形式。

---

① 类似观点参见王利明：《合同法研究》（第一卷）（第三版），中国人民大学出版社2015年版，第495页。

② 参见王利明：《合同法研究》（第一卷）（第三版），中国人民大学出版社2015年版，第506页；崔建远：《合同法》（第三版），北京大学出版社2016年版，第78页；韩世远：《合同法总论》（第四版），法律出版社2018年版，第114页；朱广新：《合同法总则研究》，中国人民大学出版社2018年版，第180页；朱晓喆：《论民事法律行为的形式——〈民法总则〉第135条评释》，载《法治现代化研究》2018年第2期。

第四百七十条【合同的内容】

合同的内容由当事人约定，一般包括下列条款：

（一）当事人的姓名或者名称和住所；

（二）标的；

（三）数量；

（四）质量；

（五）价款或者报酬；

（六）履行期限、地点和方式；

（七）违约责任；

（八）解决争议的方法。

当事人可以参照各类合同的示范文本订立合同。

历史由来

本条与《合同法》第12条基本相同，仅第1款第1项中的“姓名”和“名称”交换了位置，这一变化发生于《民法典合同编（草案）》（征求意见稿），其后各草案一直保持不变。

规范目的或功能

本条第1款第1句规定了合同的内容自由原则。第1款第2句以下及第2款的意义仅在于为当事人的合同订立行为提供指引，其性质属于倡导性规范，不具有任何裁判价值。

本条第1款并非关于合同成立的必要之点的规定。第1款所规定的8项内容，并非全部属于合同成立的必要之点。换言之，当事人对这8项内容中的某些项目未作约定的，不影响合同成立。[①]其中，质量、价款或者报酬、

---

① 最高人民法院曾在一起案件中明确表达了这一立场：《合同法》第12条“对明确合同中的主要条款具有提示性和示范性，以引导当事人签订合同时确定相关条款，避免权利义务界限不明，并不是说当事人签订的合同中缺少了其中任何一项就会导致合同不成立或者无效”。参见最高人民法院（2015）民申字第2778号民事裁定书。

履行期限、地点和方式（第4项至第6项），当事人在合同中没有约定的，可按照《民法典》第510条、第511条的规定加以确定；对违约责任（第7项）没有约定的，适用《民法典》合同编第二分编中关于各典型合同的有关规定及合同编第八章有关违约责任的规定；对解决争议的方法（第8项）没有约定的，适用《民事诉讼法》等法律加以处理。可见，只有第1项至第3项的内容（第1项中的住所除外），才属于合同成立的必要之点。《合同法解释（二）》第1条第1款对此曾有明确规定，该款规定："当事人对合同是否成立存在争议，人民法院能够确定当事人名称或者姓名、标的和数量的，一般应当认定合同成立。但法律另有规定或者当事人另有约定的除外"。此外，"严格地讲，当事人的名称或者姓名，并不是真正的合同条款，而是合同条款的前提条件"。[①]

在《民法典》合同编第二分编关于各典型合同的规定中，对一些属于典型合同类型的合同可约定的内容作了提示。例如，第596条（买卖合同）、第649条（供用电合同）、第668条第2款（借款合同）、第684条（保证合同）、第704条（租赁合同）、第736条第1款（融资租赁合同）、第762条第1款（保理合同）、第771条（承揽合同）、第845条第1款（技术合同）、第938条第1款（物业服务合同）。在《民法典》物权编中，也有一些类似规定，例如，第348条（建设用地使用权出让合同）、第367条（居住权合同）、第373条（地役权合同）、第400条（抵押合同）、第427条（质押合同）。在某些关于典型合同的特别法中也有类似条文，如《旅游法》第58条（包价旅游合同）。因而，对于法律没有特殊规定的合同类型，本条才更具有价值。

规范内容

一、当事人的姓名或者名称和住所

合同在生效之后将在当事人之间引发民事法律关系的设立、变更或终止（参见《民法典》第464条第1款）。因此，在订立合同时，首先应当明确合同

---

① 参见朱广新：《合同法总则研究》，中国人民大学出版社2018年版，第176页。

的当事人。

姓名是在社会交往中用于指代自然人的词语，名称是在社会交往中用于指代法人和非法人组织的词语。因而，合同要明确合同的当事人，首先应明确当事人的姓名或者名称。鉴于自然人姓名完全相同者非常常见，故，在姓名之外，应附加说明当事人的其他身份信息，以确保准确指代，避免混淆。在当事人为法人、非法人组织的场合，名称完全相同的情况发生的概率较小，但仍不排除其可能。因而，同样需要在名称之外附加说明当事人的其他身份信息。

可以用于附加说明的当事人其他身份信息，首先是住所。《民法典》在对民事主体进行规定时，明文规定了民事主体的住所。根据《民法典》第25条的规定，自然人以户籍登记或者其他有效身份登记记载的居所为住所；经常居所与住所不一致的，经常居所视为住所。根据《民法典》第63条的规定，法人以其主要办事机构所在地为住所；依法需要办理法人登记的，应当将主要办事机构所在地登记为住所。并且，根据《民法典》第108条的规定，第63条的规定可参照适用于非法人组织。

为确保发生合同纠纷时能够及时与当事人建立联系，在合同中也以明确说明当事人的住所为宜。明确当事人的住所，还有其他的功能。例如，根据《民法典》第511条第3项的规定，在当事人就合同履行地点约定不明确，也无法根据第510条规定确定时，“给付货币的，在接受货币一方所在地履行；交付不动产的，在不动产所在地履行；其他标的，在履行义务一方所在地履行”。该条所称“所在地”，首先就是指当事人的住所地。在民事诉讼法中，住所地也用于确定法院的地域管辖等。

不过，合同也可以不对当事人的住所进行说明，这对合同的成立不产生影响。当事人也可以在合同中附加说明自然人的居民身份证件号码、法人或非法人组织的身份识别代码（如“统一社会信用代码”）等其他身份信息，以达到准确指代、避免混淆的目的。

在合同中说明当事人的姓名或者名称，功能在于使合同所约定的权利义务能够指向特定当事人，因而，法律并不要求当事人在合同中使用经登记的、真实的姓名或名称，也不要求当事人使用姓名或名称的全称。能够发挥准确指代功能的笔名、艺名、网名、字号、姓名和名称的简称，也可以在合同上加以使用。

此外，即使合同中没有明确说明当事人的姓名或者名称，但能够通过其他方式使合同所约定的权利义务清晰地指向特定当事人的，仍不妨碍合同的成立。《买卖合同解释》第1条第2款表达了类似的立场，该款规定："对账确认函、债权确认书等函件、凭证没有记载债权人名称，买卖合同当事人一方以此证明存在买卖合同关系的，人民法院应予支持，但有相反证据足以推翻的除外。"

二、标　的

合同在生效之后将在当事人之间引发民事权利义务关系的设立、变更或终止，具体引发什么内容的民事权利义务关系的设立、变更或者终止，需要由合同明确约定。这首先涉及的就是合同的标的。

本条所规定的"标的"，与学说中通常与债权债务关系客体相等同的"标的"一词不同。在讨论债权债务关系的客体或标的时，通说认为，标的指的是债务人所应实施的特定行为，亦称给付，该词为非常抽象的概念；标的与标的物完全不同，标的物是从债务人的行为所及于的物而言，指给付的对象；对于提供劳务的债，劳务的提供本身即足以完成给付，不必再另有标的物，只有对于交付财物、支付金钱的债，才有标的物的存在。①但是，本条（及《合同法》第12条第1款）将标的与数量、质量、价款或者报酬等相并列，因而，本条所指标的不是作为债的客体的、抽象的给付，而是有着非常具体的指向。本条所指的标的，首先指向标的物，"于是才有所谓标的的质量、标的的数量等用语。所以，对于《合同法》及有关司法解释所说的标的，时常需要按标的物理解"。②不过，本条所指的"标的"，也不限于标的物。按照立法机关人士的解释，本条所对应的《合同法》第12条第1款第2项所称"标的"，"可以是物，如买卖合同；也可以是行为，如服务合同、委托合同等"。③

因而，在移转财产所有权的合同（如买卖合同、赠与合同），移转财产使

---

① 参见王家福主编：《民法债权》，中国社会科学出版社2015年版，第29页；张广兴：《债法总论》，法律出版社1997年版，第113页。

② 参见崔建远：《合同法总论》（上卷）（第二版），中国人民大学出版社2011年版，第217页。

③ 参见全国人大法工委研究室编写组：《中华人民共和国合同法释义》，人民法院出版社1999年版，第19页。

用权的合同（如租赁合同、融资租赁合同），债务履行需要移转标的物占有的合同（如货物运输合同、保管合同、仓储合同）等场合，标的指向的是标的物；在合同债务不涉及标的物，但涉及某种与标的物相类似的其他无体事物时，标的指的是该种无体事物，如技术合同所涉及的“技术”，又如债权让与合同以债权为标的；其他的场合，标的指向的是债务人应当从事的某种具体的行为（但又剥离了数量、质量等）。

从《民法典》合同编第二分编“典型合同”中对各种类型合同的规定来看，也是如此。在规定买卖合同时，使用的词语为“标的物”（第596条）；在规定租赁合同时，使用的词语为“租赁物”（第703条）；在规定承揽合同时，使用的词语为“承揽的标的”（第771条）；在技术开发合同中，还使用了“作为技术开发合同标的的技术”这一表述（第857条）。

在《民法典》（及《合同法》）之外，《拍卖法》第6条规定，“拍卖标的应当是委托人所有或者依法可以处分的物品或者财产权利”。《公司法》第142条第5款规定，“公司不得接受本公司的股票作为质押权的标的”。《电子商务法》第51条第1款及第2款规定：“合同标的为交付商品并采用快递物流方式交付的，收货人签收时间为交付时间。合同标的为提供服务的，生成的电子凭证或者实物凭证中载明的时间为交付时间；前述凭证没有载明时间或者载明时间与实际提供服务时间不一致的，实际提供服务的时间为交付时间。合同标的为采用在线传输方式交付的，合同标的进入对方当事人指定的特定系统并且能够检索识别的时间为交付时间。”从这些条文对“标的”一词的使用来看，在这些具体的语境中，标的也是指标的物、财产权利或类似的其他事物。

本条第1款第5项将价款或者报酬单列，故，在有偿合同中作为对价的价款支付或报酬支付，不属于本条所规定的“标的”的范围。

三、数　量

本条所称数量，指的是第2项所规定的“标的”的数量。根据合同的情况，可能是应移转所有权的标的物的数量、应移转使用权的标的物的数量、承运人应运输的标的物的数量、保管人应保管的标的物的数量和应保管的时间长度，或提供服务的时间长度、提供服务的项目的数量等。

在确定标的物的数量时，根据合同需要，合同对数量的约定可使用个数、件数等计量单位，也可使用重量、面积、体积等其他计量单位。合同对数量的约定一般可使用具体的数字，根据合同需要也可使用某种计算公式，还可以通过合同将数量约定为交由一方当事人在合同履行过程中单方指定（根据需方的需求进行长期供应的合同，通常采用此种方式对数量进行约定）。《合同法解释（二）》第1条第1款规定，“当事人对合同是否成立存在争议，人民法院能够确定当事人名称或者姓名、标的和数量的，一般应当认定合同成立。但法律另有规定或者当事人另有约定的除外”。可见，根据合同的约定“能够确定”数量即可，不限于在合同中以具体的数字对数量加以约定。

但是，若合同完全未对数量作任何约定，完全无法确定数量，则合同的主给付义务内容无法确定，合同无法成立。因为，“标的必须由质量和数量加以确定，除去质量和数量因素的标的是虚无缥缈的，不符合标的须确定和可能的基本要求”，合同对质量未作约定时可根据法律规定加以补充，但若合同对数量未作任何约定，则很难通过合同解释的方法予以补充。[①]

四、质　量

本条所称质量，指的是第2项所规定的“标的”的质量。根据合同的情况，可能是应移转所有权或使用权的标的物的质量，或者是应提供的服务的质量等。

合同对质量没有约定的，可按照《民法典》第510条、第511条第1项的规定加以确定，因而，质量不属于合同的必要之点，未作约定不影响合同成立。第511条第1项规定：“质量要求不明确的，按照强制性国家标准履行；没有强制性国家标准的，按照推荐性国家标准履行；没有推荐性国家标准的，按照行业标准履行；没有国家标准、行业标准的，按照通常标准或者符合合同目的的特定标准履行。”

五、价款或者报酬

价款或者报酬是一方当事人从对方当事人处获得给付而应支付的对价。

---

① 参见崔建远：《买卖合同的成立及其认定》，载《法学杂志》2018年第3期。

合同对于价款或报酬的约定，可以使用具体的数字，可以使用某种计算公式，也可以指向某种价格标杆（如石油买卖合同中约定执行北海布伦特原油价格）。

在约定价款或报酬时，除约定数字、计算公式或价格标杆外，宜明确约定计价货币和计价单位。未明确约定计价货币的，一般应解释为合同履行地的法定货币（参照《民法典》第514条）；未明确约定计价单位的，一般应解释为相应货币的基本单位（我国人民币的基本单位为元）。

价款或报酬仅适用于有偿合同。对于无偿合同而言，一方从对方处获得给付，但不需要支付价款或报酬。因而，在合同对价款或报酬未作约定时，应根据合同对此未作约定的事实并结合合同的目的和相关条款进行合同解释，以确定合同是有偿合同还是无偿合同。

若经合同解释确定合同为有偿合同，而合同对价款或报酬未作约定的，可按照《民法典》第510条、第511条第2项的规定加以确定。第511条第2项规定："价款或者报酬不明确的，按照订立合同时履行地的市场价格履行；依法应当执行政府定价或者政府指导价的，依照规定履行。"可见，第511条第2项对合同的价款或报酬进行补充的依据在于市场价格（例外情况下为政府定价或者政府指导价）。因而，合同所约定的标的物或服务存在公开竞争市场，有可资参照的市场价格的，才有按照第511条第2项进行补充的可能。

反之，若合同所约定的标的物或服务不存在公开竞争市场，不存在市场价格，相关交易不是按照市场规律确定价格、只能由当事人协商确定价格的（如古董、字画、二手车、授课、广告代言、演出，[①]又如非上市公司的股权、[②]债权、营业[③]），则客观上无法按照第511条第2项进行补充。即使存在公开竞

---

① 参见杨代雄：《第14条要约的构成》，载朱庆育主编：《合同法评注选》，北京大学出版社2019年版，第6页。

② 参见江苏省镇江市中级人民法院（2014）镇商终字第368号民事判决书；甘肃省兰州市中级人民法院（2019）甘01民终1375号民事判决书。

③ 营业转让中，被转让的客体是"为实现一定的营业目的而组织化了的、被作为有机体的机能性财产"，在计算转让价款时，是根据所转让的营业财产在整体上进行估算，而不是在对营业财产所包含的各个组成部分逐一估算价格之后再计算其总和；在整体估算营业财产的价值时，不但要考虑营业财产各个组成部分的价值，还要考虑营业财产整体上在当前的盈利能力与继续经营的发展前景等。详见王文胜：《论营业转让的界定与规制》，载《法学家》2012年第4期。

争市场、存在市场价格区间，如房屋，[①]但是，依交易场景或交易习惯，当事人不会愿意在未明确约定价格或报酬的情况下成立合同的，也不应逆于当事人的可推知的意思去按照第511条第2项进行补充。在这两种场合，只能确认合同不成立。[②]当然，若双方事后实际履行了合同、一方支付了价款或报酬且对方接受，[③]则合同仍可成立，因其意味着双方事后对于价款或报酬达成了补充协议。可见，价款或者报酬并非对于所有的合同来说都是合同的必要之点。《合同法解释（二）》第1条第1款未将价款或者报酬列入合同的必要之点，原因首先在于无偿合同不存在支付价款或报酬的问题，其次在于一般的标的物或服务存在公开竞争市场，可以根据《民法典》第511条（《合同法》第62条）第2项加以补充。

六、履行期限、地点和方式

履行期限、履行地点和履行方式都是针对合同中的单个义务而言的。因而，若合同双方都负有义务，或合同一方负有多个义务，在合同中宜对不同义务的履行期限、履行地点和履行方式加以分别约定。合同中未作约定的，可按照《民法典》第510条、第511条的规定加以补充，因而，履行期限、履行地点和履行方式都不属于合同的必要之点，合同对这些事项加以约定时，不影响合同的成立。

（一）履行期限

履行期限涉及债权人何时可以请求债务人履行、债务人何时应当履行、债务人于何时起陷入履行迟延等问题。

---

① 参见西藏自治区高级人民法院（2015）藏法民申字第15号民事裁定书；吉林省梨树县人民法院（2015）梨民再初字第1号民事判决书。

② 在一起关于酒店用房租赁的案件中，租赁合同中约定，租期为20年，对于后10年的租金价格，“考虑物价上涨及人民币升贬因素，双方应提前两个月开始协商书面签订后十年的租赁费价格协议作为本合同的补充条款”，但当事人一直未能就此达成补充协议，经法院反复调解也因双方主张租金价格差距过大而未能形成一致意见，且双方均未申请对后10年租金价格进行鉴定，法院遂判决认为后10年的租赁合同因缺少租金这一必备条款而未成立。参见黑龙江省高级人民法院（2015）黑民终字第57号民事判决书。

③ 参见河北省衡水市中级人民法院（2018）冀11民终511号民事判决书。

在我国法律及学说中，在“履行期限”之外，相关的术语还有“履行期”。《民法通则》第88条第1款第2项使用的是“履行期限”。《合同法》中使用的也是“履行期限”(《合同法》第12条第1款第6项、第30条、第62条第4项、第94条第2项、第108条、第252条、第258条第2款)。但《物权法》和《担保法》使用的是“履行期”(《物权法》第174条、第186条、第196条第1项、第211条、第220条第1款、第236条第1款、第237条,《担保法》第18条第2款、第25条第1款、第26条第1款、第40条、第47条第1款、第53条第1款、第66条、第71条第1款及第2款、第77条)。从以上各条中对这两个词的使用来看，似是在同一含义上使用这两个词。针对这种情况，有学者提出，在编纂民法典时，“宜将用语统一，将上述法条中的‘履行期’改为‘履行期限’。”[①]

在司法解释中，术语使用也不统一。例如,《担保法解释》第20条、第32条、第38条第3款、第57条、第64条、第95条、第102条、第107条、第112条使用了“履行期”，第30条第2款、第32条第1款、第33条使用了“履行期限”。但该司法解释似是在混用这两个术语。更为明显混用的是该司法解释第32条第1款，同一款中既使用了“履行期”，又使用了“履行期限”，该款规定，“保证合同约定的保证期间早于或者等于主债务履行期限的，视为没有约定，保证期间为主债务履行期届满之日起六个月”。

有个别法律和司法解释条文还使用了“履行期间”。例如,《物权法》第236条第1款规定了“留置财产后的债务履行期间”，并规定了“债务人逾期未履行”的法律后果。《担保法解释》第24条也使用了“主债权履行期间届满”的表述。其含义与前述“履行期”和“履行期限”似无差别。

此外,《担保法解释》中还出现了“清偿期”和“清偿期限”的表述，其中，第37条使用了“债务清偿期限”，第80条、第83条、第109条、第112条出现了“债务未届清偿期”或“债务已届清偿期”的表述。但这两个词与前述“履行期”和“履行期限”似也无差别。

在学说上，有学者对德国、日本和我国台湾地区民法学界的相关术语作了细致考察，并主张借鉴德国、日本和我国台湾地区的相关理论，采用“履

---

① 参见韩世远:《合同法总论》(第四版)，法律出版社2018年版，第354页。

行期”的术语，以之指代“债务人依约或依法必须履行其债务的时间”，“在非继续性合同场合，履行期仅为一个时间点，而非一段期间；在继续性合同场合，某些债务（如承租人交付租金的义务）的履行期仅为一个时间点，而另一些债务（如房屋出租人移转租赁物使用权的义务）的履行期则为一段期间。”[①]从该学者的行文来看，似是主张应当废弃“履行期限”一词。

有的学者则主张“履行期”和“履行期限”两个术语可以并用，但应加以区分，“履行期，即债权人可向债务人请求给付的时期，就债务人而言，是其应履行其债务的时期，是应作出其负担的给付的时期（又称清偿期）。就此意义分析，履行期是一个时间点，到了该时间点，就可以说债务‘到期’了。所谓债务‘到期’（旧称‘届期’），指的便是到了履行期或者清偿期。到期而不履行，且无正当理由的，便可以说是履行迟延。对于继续性债务，……其履行期也只应理解为一个时间点，而不应理解为一个时间段，尽管该债务的履行需要持续一段时间”。与之相区别，履行期限既可表现为一个时间点，也可表现为一段期间，“由此看来，在前者场合，履行期限与履行期是一致的；在后者场合，二者并不一致，履行期只是履行期间的末尾时点”。[②]

《民法典（草案）》曾延续《合同法》《物权法》和《担保法》的术语用法，大多使用“履行期限”一词，但也有使用“履行期”或“履行期间”的条文（《民法典（草案）》第390条、第453条第1款）。最终通过的《民法典》将术语统一为“履行期限”，未再使用“履行期”或“履行期间”的表述。

《民法典》中最常用的搭配为“履行期限届满”。从《民法典》中对“履行期限”一词的使用来看，履行期限既可为一个时间点，也可为一段期间。例如，《民法典》第453条第1款规定，“留置权人与债务人应当约定留置财产后的债务履行期限；没有约定或者约定不明确的，留置权人应当给债务人六十日以上履行债务的期限，但是鲜活易腐等不易保管的动产除外”。该款所规定的“债务履行期限”即为一段期间。又如，《民法典》第538条规定，“债务人以放弃其债权、放弃债权担保、无偿转让财产等方式无偿处分财产权益，或者恶意延长其到期债权的履行期限，影响债权人的债权实现的，债权人可

① 参见崔建远：《合同法》（第三版），北京大学出版社2016年版，第133页。

② 参见韩世远：《合同法总论》（第四版），法律出版社2018年版，第354—355页。

以请求人民法院撤销债务人的行为”。从该条中“延长其到期债权的履行期限”的表述来看，该条所称的履行期限也是一段期间。

因此，《民法典》对“履行期限”一词的使用，延续了《合同法》及民法通说的使用习惯。若履行期限被约定为一个时间点，则当事人必须在该时间点履行，既不能提前也不能延迟；若履行期限被约定为一个期间，则债务人可在该期间的任一时点履行债务，债权人则只能在该期间经过后才能要求债务人必须履行，[①]即在履行期限届满之前债务人享有履行期限尚未届满的抗辩，在履行期限届至之前债务人享有履行期限尚未届至的抗辩。[②]

履行期限直接决定了债务人应于何时履行债务、债权人可于何时获得给付，并相应地影响履行抗辩权、违约责任、合同解除等制度的适用，又影响诉讼时效的起算，在债务设有担保的场合又对保证责任的承担或担保物权的行使有重要影响。因此，履行期限对于当事人利益影响巨大，在合同中宜予约定。合同对履行期限没有约定的，可按照《民法典》第510条、第511条第4项的规定加以确定，第511条第4项规定：“履行期限不明确的，债务人可以随时履行，债权人也可以随时请求履行，但是应当给对方必要的准备时间。”

此外，履行期限与合同附终止期限不同。合同附终止期限应适用《民法典》第160条有关民事法律行为附期限的规则。[③]履行期限与继续性合同的合同期限（如租赁合同的租赁期限、保管合同的保管期限）也不同。

（二）履行地点

在不同语境下，“履行地点”可有两种含义：一为规范意义上的履行地点，即债务人应当在何地履行；二为事实意义上的履行地点，即债务人即将履行债务或已经履行债务的场合，债务人事实上是在何地完成履行。《民法典》第514条在文义上已明确指向实际履行地，即“以支付金钱为内容的债，除法律另有规定或者当事人另有约定外，债权人可以请求债务人以实际履行地的

---

① 参见王利明：《合同法研究》（第二卷）（第三版），中国人民大学出版社2015年版，第21—22页。

② 参见朱广新：《合同法总则研究》，中国人民大学出版社2018年版，第411页；崔建远：《合同法》（第三版），北京大学出版社2016年版，第137页。

③ 相关案例可参见江西省高级人民法院（2016）赣民申76号民事裁定书。

法定货币履行”。《民事诉讼法》第23条所规定的确定合同纠纷地域管辖时的合同履行地，在合同已经实际履行的场合，原则上应为实际履行地（《民事诉讼法解释》第18条第2款、第19条、第20条）。本条所规定的履行地点，当然是指前者，即规范意义上的履行地点。

履行地点涉及债务人履行义务的费用与风险、债权人受领给付的费用与风险等当事人的利益。并且，在当事人对合同价款或者报酬约定不明确时，根据《民法典》第510条、第511条第2项的规定，应按照订立合同时履行地的市场价格确定价款或者报酬。因此，履行地点于当事人利益影响重大，在合同中宜予约定。合同对履行地点没有约定的，可按照《民法典》第510条、第511条第3项的规定加以确定，第511条第3项规定：“履行地点不明确，给付货币的，在接受货币一方所在地履行；交付不动产的，在不动产所在地履行；其他标的，在履行义务一方所在地履行。”

（三）履行方式

履行方式，例如，交付标的物时，是采用一次性交付还是分期分批交付，是交付实物还是交付标的物的所有权凭证；[①] 支付价款或报酬时，是一次性支付还是分期付款，是以现金支付、银行转账支付还是以其他手段支付。

履行方式涉及债务人履行义务的费用与风险、债权人受领给付的费用与风险等当事人的利益，在合同中宜予约定。合同对履行方式没有约定的，可按照《民法典》第510条、第511条第5项的规定加以确定，第511条第5项规定：“履行方式不明确的，按照有利于实现合同目的的方式履行。”

七、违约责任

对于违约责任，《民法典》合同编第八章作了专章规定，关于典型合同的各章规定中也有一些关于各类典型合同的违约责任的条文，其中，有的条文属于强制性规定，有的条文属于任意性规定。合同对违约责任进行约定，应是对法律所规定的违约责任进行具体化，可涉及法律已有任意性规定的内容。

---

① 参见王利明：《合同法研究》（第一卷）（第三版），中国人民大学出版社2015年版，第377页；崔建远：《合同法》（第三版），北京大学出版社2016年版，第65页。

例如，合同可以对违约责任的具体承担方式作出约定（《民法典》第582条）；可以约定一方违约时应当根据违约情况向对方支付一定数额的违约金，也可以约定因违约产生的损失赔偿额的计算方法（《民法典》第585条）。

合同可以约定对一方的责任予以减轻、免除或者加重。但此种约定要受到法律的规制，例如，《民法典》第506条规定："合同中的下列免责条款无效：（一）造成对方人身损害的；（二）因故意或者重大过失造成对方财产损失的。"《民法典》第497条第2项规定，提供格式条款一方不合理地免除或者减轻其责任、加重对方责任、限制对方主要权利的，格式条款无效；第497条第3项规定，提供格式条款一方排除对方主要权利的，格式条款无效。

八、解决争议的方法

解决争议的方法不属于合同的必要之点。合同未对解决争议的方法加以约定的，适用法律的规定解决争议。另外，合同中有关解决争议方法的条款与合同相对独立，根据《民法典》第507条的规定，合同不生效、无效、被撤销或者终止的，不影响合同中有关解决争议方法的条款的效力。

合同对解决争议的方法加以约定，首先是指可以在合同中约定仲裁条款。当事人可订立仲裁协议，约定采用仲裁方式解决纠纷；没有仲裁协议，一方申请仲裁的，仲裁委员会不予受理；有仲裁协议，一方向人民法院起诉的，人民法院不予受理，但仲裁协议无效的除外（《仲裁法》第4条及第5条）。此所谓仲裁协议，既可以是在合同订立之后或订立同时另行签署的、单独的仲裁协议，也可以是合同中的仲裁条款。在仲裁协议中，当事人还应选定仲裁委员会（《仲裁法》第6条）；未约定仲裁委员会的，仲裁协议无效（《仲裁法》第18条）。[①]

合同中可以约定发生纠纷后诉讼的管辖法院。当事人可以书面协议选择被告住所地、合同履行地、合同签订地、原告住所地、标的物所在地等与争

---

① 在一起案件中，当事人在合同中仅约定"仲裁地点：北京，引用中国法律"，最高人民法院作出《关于申请人番禺珠江钢管有限公司与被申请人深圳市泛邦国际货运代理有限公司申请确认仲裁协议效力一案的请示的复函》（〔2009〕民四他字第7号），认为应确认该仲裁条款无效。

议有实际联系的地点的人民法院管辖，但不得违反《民事诉讼法》对级别管辖和专属管辖的规定（《民事诉讼法》第34条）。

在涉外合同中，可以约定选择合同适用的法律（《涉外民事关系法律适用法》第41条）。

九、合同示范文本

国家市场监督管理部门会同各领域的行业主管部门编写了一些合同示范文本，有的地方的市场监督管理部门也会同地方的相关行业主管部门编写了一些向本地推广使用的合同示范文本。当事人在订立合同时，可参考这些合同示范文本的内容，也可直接按照这些合同示范文本订立合同。

由国家或地方政府部门组织编写的合同示范文本，不是由当事人一方自行预先拟定，因而，即使由一方当事人按照合同示范文本预先印制空白合同书，并在订立合同时向对方提供、交由对方签署，此种合同也不属于格式合同，不适用有关格式条款的规则。

第四百七十一条【订立合同的方式】

当事人订立合同，可以采取要约、承诺方式或者其他方式。

历史由来

本条来源于《合同法》第13条，该条规定："当事人订立合同，采取要约、承诺方式。"本条在《合同法》第13条的基础上增加了"可以"与"或者其他方式"。

在《民法典》编纂过程中，《民法典合同编（草案）》（征求意见稿）第9条与《合同法》第13条相同，从《民法典合同编（草案）》（一审稿）开始改为现有表述。

规范目的或功能

本条规定了合同订立的一般方式为"要约—承诺"。同时，本条也规定当事人可以采用其他方式，从而，与《合同法》第13条的封闭式规定相比，本条明确规定了缔约方式的自由。

当然，《合同法》第13条未规定“其他方式”，并不意味着适用《合同法》时当事人就不能以“要约—承诺”以外的其他方式订立合同。判断合同是否成立，归根结底要看当事人是否就合同内容达到了意思表示一致（《民法典》第134条第1款）。因而，法律对当事人订立合同的方式并不设置强制性规范，并不强求当事人以某种特定的方式订立合同；不论是采用“要约—承诺”的方式订立合同，还是采用其他方式订立合同，均应为法律所允许。此为意思自治原则的要义所在，在适用《合同法》时亦同。因而，本条增加“其他方式”，只是表述上较《合同法》第13条更为准确，但并不构成对第13条的实质性修改。

本条规定的是订立合同的“方式”，《民法典》第469条规定的是当事人订立合同时可以采用的“形式”。订立合同的方式与合同的形式不同。订立合同的方式，是指当事人在订立合同的过程中以何种途径形成合意、达成意思表示的一致。合同的形式，是当事人在达成合意后，以何种表现形式将其所达成的合意表现于外部、以何种载体承载其所达成的合意的内容。或者说，“前者指合同如何从无到有地成立，它以前后相继的、程式的、动态的观念显示了合同的形成；后者指合同订立过程作出的意思表示的现象形态上可采取何种形式，它以事实描述的静态观念显示了缔约意思表示的客观存在”。[①]合同订立的一般方式为“要约—承诺”，“要约—承诺”以外的其他方式主要有交叉要约。[②]合同的形式则有书面形式、口头形式、推定形式等。不过，若从事后角度观察，在判断当事人是否就合同内容达成了合意、合同是否成立时，若当事人以书面形式中的合同书（及确认书）形式订立了合同，则当事人通过“要约—承诺”的方式或其他方式所达成的合意已经固定在合同书之中，此时，再对当事人是否作出了要约、承诺进行逐一分析和判断，在一般情况下已无必要。大概是出于这种原因，《合同法》在规定如何判断合同成立与否、

① 参见朱广新：《书面形式与合同的成立》，载《法学研究》2019年第2期。

② 参见崔建远：《合同法》（第三版），北京大学出版社2016年版，第56页；韩世远：《合同法总论》（第四版），法律出版社2018年版，第150页。

合同成立时间、合同成立地点时（第25条、第32—37条），既规定了从要约、承诺的角度进行判断，也规定了从合同书的角度进行判断，并且把这两种判断的规则混杂在一起。学者对此提出了批评，认为立法者“对合同的形式与合同订立的方式尚未建立明确的区分意思”。[①]《民法典》将相关条文的排列顺序稍作调整，更加清晰地按照合同成立时间、合同成立地点的顺序进行排序，但在具体判断上仍是综合“要约—承诺”的过程判断视角和合同书的结果判断视角。但是，在观念上理解《民法典》相关条文时，仍应将订立合同的方式（要约、承诺方式或者其他方式）与合同的形式（书面形式、口头形式或者其他形式）严格区分开来，订立合同的方式由本条加以规范，合同的形式由《民法典》第469条加以规范。

规范内容

一、要约、承诺方式

从比较法的角度来看，不论是在大陆法系还是在英美法系，“要约—承诺”都被认为是订立合同的一般方式。法律或示范法的条文如《德国民法典》第145—152条、《联合国国际货物销售合同公约》第14—24条、《国际商事合同通则》第2.1.1—2.1.11条、《欧洲示范民法典草案》第II.–4：201条、《欧洲合同法原则》第2：201条、《欧洲合同法典》第11—17条。[②]我国《民法典》亦同。

“要约—承诺”方式，本质上是对当事人的合同订立过程（缔约磋商过程）进行简化和分析的模型。在这一模型之中，一方作出的希望和他人订立合同、含有所欲订立的合同的必要之点、一经对方承诺即可成立合同的意思表示，称为“要约”；一方在缔约磋商过程中所作出的完全接受要约或接受要约核心内容（未对要约内容作出“实质性变更”）的意思表示，称为“承诺”。在一

---

① 参见朱广新：《书面形式与合同的成立》，载《法学研究》2019年第2期。

② 参见韩世远译：《欧洲合同法原则（第一部分与第二部分全文本）》，载《外国法译评》1999年第1期；王文胜译：《欧洲合同法典（总则编）》，载陈小君主编：《私法研究》（第15卷），法律出版社2014年版。关于英美法系对订立合同一般方式的理解，可参见E. Allan Farnsworth, *Farnsworth on Contracts*, Vol. I, New York: Wolters Kluwer, 3. ed., 2004, pp.203–205。

方作出可被评价为“承诺”的意思表示之前，双方在缔约磋商过程中相互作出的有关缔约的意思表示，均称为“要约”（“新要约”或“反要约”）。通过对双方当事人在缔约磋商过程中所作出的有关缔约的意思表示进行评价（构成要约或构成承诺），可判断双方当事人是否就订立合同达成了意思表示一致，从而判断当事人是否订立了合同。

二、其他方式

（一）交叉要约

交叉要约（又译交错要约），是指在当事人采用非对话方式订立合同的过程中，一方当事人向相对人发出要约，正好相对人也向其发出一份内容一致的要约。交叉要约之所以被归入“要约—承诺”以外的其他方式，是因为在“要约—承诺”方式中，被评价为承诺的意思表示的发出时间须在要约到达之后，须是受要约人了解了要约的内容后作出接受该要约的意思表示。除时间因素及因此所带来的差异外，交叉要约与普通的以“要约—承诺”方式订立合同没有区别。交叉要约的发生纯属巧合，因而其在实务中发生的概率极低。我国学者大多承认交叉要约属于订立合同的方式，承认此种情况下可以成立合同。[①]

（二）意思实现

在以“要约—承诺”方式订立合同时，当事人需要各自作出缔约的意思表示。并且，原则上，此种意思表示属于有相对人的意思表示，在到达相对人时生效（以对话方式作出的，相对人知道其内容时生效，《民法典》第137条），且在承诺生效后合同才成立（《民法典》第483条）。在特殊情况下，受要约人从事了某种履行行为或受领行为，此种行为若适用有关默示的意思表示的规则，仍在到达相对人时意思表示生效、合同成立，则于行为人保护有所不周。为实现对行为人的周到保护，学说承认，在例外情况下，当事人可

---

① 参见崔建远：《合同法》（第三版），北京大学出版社2016年版，第56页；韩世远：《合同法总论》（第四版），法律出版社2018年版，第150页；朱广新：《合同法总则研究》，中国人民大学出版社2018年版，第164页。

以意思实现的方式订立合同，即受要约人从事了某种可认为其有承诺意思的行为，在受要约人从事此种行为时，合同成立，毋须受要约人的承诺意思到达要约人（《民法典》第480条但书、第484条第2款）。

对于意思实现是属于"要约—承诺"方式以外的其他方式，还是属于"要约—承诺"方式中的一种特殊情形，学说存在争议。[①]不过，此种争议仅是对术语外延的理解不同，于具体规则适用没有影响。自文义而言，《民法典》第480条（对应《合同法》第22条）、第484条第2款（对应《合同法》第26条第1款后句）将意思实现表述为不需要通知的承诺，从而对承诺采广义理解，由此，将意思实现作为"要约—承诺"方式之内的特殊形态似乎更能避免语义矛盾的质疑。

关于意思实现的具体规则适用，详见本书后文关于《民法典》第480条的评注。

（三）以合同书形式订立合同

有学者将以合同书形式订立合同归入"合同订立的其他方式"。[②]不过，如前所述，订立合同的方式与合同的形式不同。[③]合同书是合同的形式，是书面形式的一种类型（《民法典》第469条第2款、第490条），不属于订立合同的方式。虽然从事后的角度判断当事人是否就合同内容达成了合意、合同是否成立时，若当事人以书面形式中的合同书形式订立了合同，一般来说，再对当事人是否作出了要约、承诺进行逐一分析和判断已无必要。但是，从事中的角度进行分析，以合同书形式订立合同的，绝大多数情况下仍为以"要约—承诺"方式订立合同（极个别情况下以交叉要约方式订立合同的除外）。并且，若当事人虽然是以合同书形式订立合同，但如果双方当事人是以各自在不同时间、不同地点签署合同书的形式订立合同，那么，在特殊场合，仍需对当事人是否作出了要约或承诺、要约或承诺是否

---

① 赞同的观点可参见韩世远：《合同法总论》（第四版），法律出版社2018年版，第153页；反对的观点可参见崔建远：《合同法》（第三版），北京大学出版社2016年版，第59页。

② 参见朱广新：《合同法总则研究》，中国人民大学出版社2018年版，第158页。

③ 参见朱广新：《书面形式与合同的成立》，载《法学研究》2019年第2期。

生效或被撤回等问题进行分析。就此详见本书关于《民法典》第484条、第485条的评注。

(四)强制缔约

有学者将强制缔约归入“合同订立的其他方式”。[①]但是，根据《民法典》第494条的规定，不论是在国家下达国家订货任务、指令性任务的场合，还是在法律、行政法规规定当事人负有强制缔约义务的场合，当事人仍是以“要约—承诺”方式订立合同，只不过当事人的缔约自由受到了国家任务或法律行政法规的限制而已。根据《民法典》第494条第2款和第3款规定，依照法律、行政法规的规定负有发出要约义务的当事人，应当及时发出合理的要约；依照法律、行政法规的规定负有作出承诺义务的当事人，不得拒绝对方合理的订立合同要求。可见，强制订约并不属于“要约—承诺”以外的合同订立方式。

(五)事实合同

“事实上的合同关系”(或称“事实合同”)这一概念，系由德国学者豪普特(Günter Haupt)于1941年提出。[②]其核心观点是，当事人之间可以因为一定的事实过程而成立合同，此种合同的成立不需要当事人达成合意，但其仍具有合同内容的实质，因而只是成立方式与传统的合同不同，关于其内容仍应适用合同法的规则。关于“事实上的合同关系”，豪普特将其类型化为三种：一是基于社会接触而产生的事实上的合同关系，如当事人为缔约而进行社会接触的过程中一方对另一方负有照顾、通知、保护等义务；二是基于团体关系而产生的事实上的合同关系，主要是在合伙合同或劳动合同无效或被撤销时已形成的事实上的合伙或劳动关系；三是基于大企业经营公共事业的过程中所产生的事实上的合同关系，如供应电、水、气等法律关系。“事实上的合

---

① 参见王利明：《合同法研究》(第一卷)(第三版)，中国人民大学出版社2015年版，第304页；朱广新：《合同法总则研究》，中国人民大学出版社2018年版，第161页。

② Vgl. *Günter Haupt*, Über faktische Vertragsverhältnisse, Leipzig: Verlag von Theodor Weicher, 1941.

同关系”理论提出后，在德国法学界产生激烈争论。其中第三种类型曾被德国学者拉伦茨（Larenz）教授所认同并改造为“社会典型行为”理论，又曾被德国联邦最高法院在20世纪五六十年代的裁判中所采纳。但后来德国联邦最高法院逐渐不再采纳这一理论进行裁判，包括拉伦茨教授在内的德国学者也大多放弃了这一理论。[①]

德国法上的“事实上的合同关系”经学者介绍到我国后，我国有些法官也对此倍感新鲜。在2009年，当时的最高人民法院研究室负责人提出，“有必要在整个民事领域承认事实合同”，主张“随着社会经济的发展、科学技术的日益提高，社会实践中事实合同、默示合同大量出现，在日常生活、经济交往、经营贸易诸方面司空见惯，如到停车场自动停车、自动过桥或自动出入高速路，利用自动提款机提款，利用自动售货机购买食品、邮票、车票、机票等商品等”，又主张“《合同法解释（二）》第二条是以事实合同为其理论基础”。[②]还有其他法官也提出，对于“到停车场自助停车、利用自动提款机取款、使用自动贩卖机购买商品、在网络平台购买产品或服务、利用手机软件达成交易”这类交易，应借用事实合同理论来进行解释。[③]在我国司法实践中，也出现了大量使用“事实合同”一词进行裁判的案例。

但是，我国实务界所大量使用的“事实合同”一词，究其本质而言，与德国学者豪普特所提出的事实合同完全不同。我国实务界所说的“事实合同”，

---

① 关于德国法上的“事实上的合同关系”理论，详见王泽鉴：《事实上之契约关系》，载《民法学说与判例研究》（第一册），北京大学出版社2009年版，第83—97页；崔建远：《合同法》（第三版），北京大学出版社2016年版，第60—61页；韩世远：《合同法总论》（第四版），法律出版社2018年版，第156—157页；朱庆育：《民法总论》（第二版），北京大学出版社2016年版，第190页。德国民法学者弗卢梅教授一再表示“事实上的合同关系”理论及“社会典型行为”理论不应被赞同，参见［德］维尔纳·弗卢梅：《法律行为论》，迟颖译，法律出版社2013年版，第115—118页，第759页。

② 参见《有必要在整个民事领域承认事实合同——最高人民法院研究室负责人详解合同法解释（二）》，载《人民法院报》2009年6月8日第4版。

③ 参见黄洋洋：《揭去“隐身衣”：事实合同在民事审判中的开示》，载胡云腾主编：《法院改革与民商事审判问题研究：全国法院第29届学术讨论会获奖论文集》，人民法院出版社2018年版。

绝大多数是指双方未以书面形式（特别是合同书形式）订立合同，而是以口头形式达成合意或以行为默示地作出缔约意思表示。之所以将这类合同称为“事实合同”，在很大程度上是受到20世纪80年代至90年代的合同形式强制思维的影响。20世纪80年代制定的“三大合同法”都奉行合同形式强制原则，《经济合同法》规定“经济合同，除即时清结者外，应当采用书面形式”（《经济合同法》第3条），《涉外经济合同法》和《技术合同法》也都分别规定合同必须以书面形式订立（《涉外经济合同法》第7条、《技术合同法》第9条）。此外，1994年通过的《劳动法》也采合同形式强制原则，规定劳动合同应当以书面形式订立（第19条）。受此影响，许多实务工作者形成了以书面形式订立的合同才是合同、未以书面形式订立的合同只能称为“事实合同”的观念。1992年，劳动部办公厅在复函中使用了“事实上的劳动关系”一词。[①]1999年通过的《合同法》改采合同形式自由原则，且将合同形式自由原则近乎贯彻到底，规定“法律、行政法规规定或者当事人约定采用书面形式订立合同，当事人未采用书面形式但一方已经履行主要义务，对方接受的，该合同成立”（《合同法》第36条）。然而，许多实务工作者已经形成的以书面形式订立的合同才是合同、未以书面形式订立的合同只能称为“事实合同”的观念，并未得到根本改变。2001年，劳动和社会保障部办公厅在复函中继续使用“事实上的劳动关系”一词。[②]在法院的裁判中，既有大量使用“事实上的劳动关系”或“事实劳动关系”的表述，也有大量使用与之类似的“事实上的合同关系”或“事实合同关系”的表述，用于指代双方未订立书面合同（合同书）但以口头形式达成合意或以行为默示地作出缔约意思表示的情形。例如，在2011年的一起案件中，重庆市高级人民法院认为，“虽然陈某与某铝公司无书面合同，某铝公司也不认可陈某，但是某铝公司接收了陈某交付的刀座，双方形成了事实上的合同关系”。并且该案被登载于《人民司法·案例》。[③]又如，

---

① 参见《劳动部办公厅关于全民合同制工人合同期满后形成事实劳动关系问题的复函》（劳办力字〔1992〕19号）。

② 参见《劳动和社会保障部办公厅关于对事实劳动关系解除是否应该支付经济补偿金问题的复函》（劳社厅函〔2001〕249号）。

③ 参见“王某与陈某等支付加工费纠纷再审案”，重庆市高级人民法院（2012）渝高法民提字第26号民事判决书，载《人民司法·案例》2013年第12期。

在2016年的一起案件中，北京市密云区人民法院和北京市第三中级人民法院都在判决书中认为，“书面合同只是判断当事人之间是否形成合同法律关系的标准之一，判断当事人之间是否存在事实合同关系，应当结合当事人当时的意思表示以及纠纷发生后当事人对相关事实的认知等因素进行综合判断”。[①]在2017年的一起再审案件中，最高人民法院认为，“某钢公司和某晋公司按照原定加工合作模式进行加工，未再行签订书面合同，某晋公司按月加工冷固球并分别按照双方约定的品级标准制作了明细数量表，某钢公司对于上述期间的加工数量予以确认，故某钢公司和某晋公司之间形成事实合同关系”。[②]类似裁判在司法实践中大量存在、数不胜数。

前述认为“有必要在整个民事领域承认事实合同”“《合同法解释（二）》第二条是以事实合同为其理论基础”的最高人民法院研究室负责人，以及主张“到停车场自助停车、利用自动提款机取款、使用自动贩卖机购买商品、在网络平台购买产品或服务、利用手机软件达成交易”应借用事实合同理论来进行解释的法官，都是在非书面合同的意义上来理解“事实合同”一词的。尽管其声称所借用的是德国法上源自豪普特教授的“事实合同理论”，[③]但就其所举事例而言根本不是德国法上的“事实合同理论”。其所举的事例，如“停车场自动停车、自动过桥或自动出入高速路，利用自动提款机提款，利用自动售货机购买食品、邮票、车票、机票等商品等”以及“在网络平台购买产品或服务、利用手机软件达成交易”，通常而言，都只是双方当事人未以合同书形式订立合同而已，但双方都以口头形式达成了合意或以行为默示地作出了缔约意思表示（有的是通过机器作为工具来作出意思表示）。

不论是在《合同法》中，还是在《民法典》中，“合同”都不仅仅指以书面形式所订立的合同。以口头形式订立的合同，也属于合同（《合同法》第10条第1款、《民法典》第469条）。应以书面形式订立合同，但未采用书

---

① 参见北京市第三中级人民法院（2016）京03民终12277号民事判决书。

② 参见最高人民法院（2017）最高法民申3514号民事裁定书。

③ 参见黄洋洋：《揭去“隐身衣”：事实合同在民事审判中的开示》，载胡云腾主编：《法院改革与民商事审判问题研究：全国法院第29届学术讨论会获奖论文集》，人民法院出版社2018年版，第951页。

面形式而一方履行主要义务、对方接受而订立的合同，也是合同（《合同法》第36条、《民法典》第490条）。以行为的方式默示地作出缔约意思表示而订立的合同，也是合同，其理由是，《民法通则意见》第66条就已明确规定当事人可以通过行为以默示的方式（或特定情形下以沉默的方式）作出意思表示，《民法总则》第140条重申了这一规则，《民法典》第140条继续坚持这一规则，这些条文所说的可以以默示的方式（或特定情形下以沉默的方式）作出的意思表示当然包括订立合同过程中所作出的意思表示（要约或承诺）。所有这些合同，和以书面形式订立的合同一样，都属于《合同法》所称的合同，也都属于《民法典》合同编所称的合同。对于这些合同，不应再冠以“事实合同”的称谓。对这些合同冠以“事实合同”一词，不但没有必要，[①]而且有害，易于引人误解，易于让人误以为就是德国法上源自豪普特的“事实合同”。

《合同法解释（二）》第2条规定，“当事人未以书面形式或者口头形式订立合同，但从双方从事的民事行为能够推定双方有订立合同意愿的，人民法院可以认定是以合同法第十条第一款中的‘其他形式’订立的合同。但法律另有规定的除外”。该条所规定的“从双方从事的民事行为能够推定双方有订立合同意愿”，本质上就是，双方当事人在订立合同的过程中未以明示的方式作出要约或承诺，而是以默示的方式（或特定情形下以沉默的方式）作出要约或者承诺。[②]《合同法解释（二）》第2条所涉及的是采用何种形式订立合同（口头形式、书面形式或其他形式），而不是订立合同的方式（要约、承诺方式或其他方式）。因而，有关“《合同法解释（二）》第二条是以事实合同为其理论基础”的主张，是需要讨论的。在此基础上进一步主张“有必要在整个民事领域承认事实合同”，更是值得商榷的。这种说法不过是“误解了事实契约理论本身”，“不过是令人尴尬的张冠李戴”。[③]

---

① 类似观点可参见谢鸿飞：《合同法学的新发展》，中国社会科学出版社2014年版，第119页。

② 类似观点可参见朱庆育：《民法总论》（第二版），北京大学出版社2016年版，第192页。

③ 参见朱庆育：《民法总论》（第二版），北京大学出版社2016年版，第192页。

本质上，德国学者豪普特所提出的“事实合同理论”，是要适用合同法的规则去处理当事人欠缺缔约合意甚至一方当事人根本未作出意思表示（或所订立的合同未被追认、无效或被撤销）的情形。对于其所列第一种类型（基于社会接触而产生的事实上的合同关系），在我国，应当适用侵权责任规则或缔约过失制度加以处理。[①]对于其所列第二种类型，应适用有关合同不被追认、无效或被撤销后的不当得利返还等制度加以处理，若在价值判断结论上认为适用不当得利返还等制度加以处理所得出的结论不够公平、对当事人保护不力，正确的做法应是对合同无效制度、合同撤销制度、不当得利返还制度等加以完善，而不是绕过这些制度另谋出路。对于其所列第三种类型，可适用强制缔约制度、意思表示解释制度等加以解释和处理。[②]可见，对于豪普特的“事实合同理论”所针对的那些问题，我国民法已有相应制度能够妥善加以处理。反过来，如果因为这一理论让人感觉新奇就将之贸然引入我国，将“导致整个合同法律体系的动摇和混乱”，[③]我国所形成的“整体合同法律将存在被事实合同关系理论推翻的危险”。[④]

总之，我国实务界所习惯使用的“事实合同”一词与德国学者所讨论的“事实合同”完全不同。我国实务界所习惯使用的“事实合同”涉及的是合同的形式问题，涉及的是《民法典》第469条。德国学者曾提出的“事实合同理论”涉及的是订立合同的方式，是能否突破“要约—承诺”方式所要求的缔约合意的问题，是在欠缺缔约合意或缔约合意已被法律加以否定的场合能否适用合同法规则去处理当事人之间的权利义务关系的问题。我国民法不应接受德国学者曾提出的“事实合同理论”，所谓“事实合同”不是本条所规定的当事人订立合同时在“要约—承诺”方式之外所可以采用的其他方式。

---

① 参见王文胜：《论合同法和侵权法在固有利益保护上的分工与协作》，载《中国法学》2015年第4期。

② 参见王泽鉴：《事实上之契约关系》，载《民法学说与判例研究》（第一册），北京大学出版社2009年版，第96—97页。

③ 王利明：《合同法研究》（第一卷）（第三版），中国人民大学出版社2015年版，第309页。

④ 参见［德］维尔纳·弗卢梅：《法律行为论》，迟颖译，法律出版社2013年版，第117页。

第四百七十二条【要约的定义】

要约是希望与他人订立合同的意思表示，该意思表示应当符合下列条件：

（一）内容具体确定；

（二）表明经受要约人承诺，要约人即受该意思表示约束。

历史由来

本条与《合同法》第14条基本相同，仅将《合同法》第14条中的“规定”改为“条件”，这一变化发生于2019年12月《民法典（草案）》公开征求意见之后。

规范目的或功能

本条是对要约的定义性规范。

合同是典型的双方民事法律行为，基于双方的意思表示一致而成立（《民法典》第134条第1款）。[①]在判断合同是否成立时，关键在于判断双方的意思表示是否达成一致。“要约—承诺”方式是订立合同的一般方式（《民法典》第471条）。若当事人以书面形式中的合同书（及确认书）形式订立了合同，则当事人通过“要约—承诺”的方式或其他方式所达成的合意已经固定在了合同书之中，此时，通常来说，从结果角度对合同书进行分析即可判断当事人是否达成了合同成立所需的意思表示一致，不必再从过程角度对当事人是否作出了要约、承诺等进行分析和判断，但特殊情形下仍可能需要进行此种分析和判断。在当事人未以合同书形式订立合同的场合，为判断合同是否成立，需要对当事人所作出的意思表示是否可被评价为要约或承诺进行分析。本条通过对要约给出定义，为裁判者判断当事人是否作出了可被评价为要约的意思表示提供指引。

---

① 合同也可由多方当事人共同订立。多方订立合同与双方订立合同仅在合同当事人的人数上存在差异。

规范内容

一、要约是希望和他人订立合同的意思表示

（一）要约是意思表示

要约属于意思表示的一种类型。《民法典》在总则编中对民事法律行为进行定义时，规定“民事法律行为是民事主体通过意思表示设立、变更、终止民事法律关系的行为”（《民法典》第133条），且在总则编第六章中专设一节对意思表示进行规定，但《民法典》没有对意思表示进行定义。我国民法学说通常将意思表示定义为：将意欲发生某种私法上法律效果的意思表达于外部的行为。[①]

在《德国民法典》中，“一般而言，意思表示和法律行为这两个表述被作为同义词使用”。不过，德国学者现在也已明确法律行为和意思表示应予区分，特别是，对于合同这一法律行为而言，由合同双方各自作出的意思表示共同组成。[②]与德国不同，我国民事法律和民法学者一直以来都更为清晰地区分民事法律行为和意思表示。[③]本条清晰地将要约界定为意思表示，《民法典》第479条清晰地将承诺界定为意思表示，并且，《民法典》第483条规定，“承诺生效时合同成立”，这些，都清楚地表明了《民法典》对意思表示和民事法律行为的严格区分。

换言之，要约本身不是民事法律行为，要约只是合同这一民事法律行为的组成部分。因而，对于要约，应适用《民法典》总则编第六章第二节有关意思表示的规则，但不适用《民法典》有关民事法律行为的规则。

---

① 参见王利明、杨立新、王轶、程啸：《民法学》（第五版），法律出版社2017年版，第163页（所引内容为王利明执笔）；梁慧星：《民法总论》（第五版），法律出版社2017年版，第176页；朱庆育：《民法总论》（第二版），北京大学出版社2016年版，第188页；陈甦主编：《民法总则评注》，法律出版社2017年版，第926页。

② 参见［德］维尔纳·弗卢梅：《法律行为论》，迟颖译，法律出版社2013年版，第29页。

③ 对民事法律行为和意思表示之间差异的详细论述，可参见王利明、杨立新、王轶、程啸：《民法学》（第五版），法律出版社2017年版，第164页。

（二）要约的相对人："他人"

本条规定，要约是希望与"他人"订立合同的意思表示。此所谓"他人"，可以是特定的相对人，也可以是不特定的相对人，甚至可以是向公众发出要约。《民法典》第473条第2款规定，"商业广告和宣传的内容符合要约条件的，构成要约"。此即向公众发出要约的典型。

根据《民法典》第499条的规定，悬赏广告也是向公众发出的要约。对于悬赏广告的性质，比较法上有单方行为说和要约说两种不同理解，《合同法》未将之规定为要约，司法实践中法院也曾有不同看法，[①]我国学者也看法不一。[②]《合同法解释（二）》第3条规定，"悬赏人以公开方式声明对完成一定行为的人支付报酬，完成特定行为的人请求悬赏人支付报酬的，人民法院依法予以支持。但悬赏有合同法第五十二条规定情形的除外"。从该条所在的司法解释是关于适用《合同法》的司法解释且该条明确对于悬赏应适用《合同法》第52条来看，该条系将悬赏广告作为要约。《民法典》第499条采纳了该司法解释条文的见解，将悬赏广告规定于"合同的订立"一章中，因而也是将悬赏广告界定为要约。

（三）"希望订立合同"

只有在当事人表达的是"希望和他人订立合同"的意图时，才构成要约。合同是民事主体之间设立、变更、终止民事法律关系的协议（《民法典》第464条第1款）。换言之，只有在当事人表达的是希望与他人通过合同设立、变更、终止民事法律关系的意图时，才构成要约。若在外观上就不具有创设法律关系的意图，[③]则不构成要约，进而不能成立民事法律行为，此时当事人的行为被称为"情谊行为"。[④]典型的如，甲乙常在一起喝酒，某日甲心情郁闷，邀

---

① 详细梳理参见朱广新：《合同法总则研究》，中国人民大学出版社2018年版，第77—80页。

② 主张悬赏广告为要约的，如韩世远：《合同法总论》（第四版），法律出版社2018年版，第123页；主张悬赏广告为单方法律行为的，如王利明：《合同法研究》（第一卷）（第三版），中国人民大学出版社2015年版，第247页。

③ 参见谢鸿飞：《论创设法律关系的意图：法律介入社会生活的限度》，载《环球法律评论》2012年第3期。

④ 参见王雷：《民法学视野中的情谊行为》，北京大学出版社2014年版，第9页。

乙喝酒。乙当天有事，为表歉意，与甲约定第二天喝酒。为示慎重，两人订立了书面协议，约定乙次日喝白酒1斤，否则向甲支付1万元。[①]此时，当事人就不具有创设合同关系的意图，并非希望与对方订立法律意义上的合同。

在规定要约必须是“希望和他人订立合同”后，本条又进一步规定，欲构成要约，要约人须“表明经受要约人承诺，要约人即受该意思表示约束”。该句和“希望和他人订立合同”一句颇为相似，但二者的侧重点略有不同。“希望和他人订立合同”一句的重点在于将要约与情谊行为中的表达相区分；有的场合（如前述约定喝酒的事例），当事人也希望双方受到约束，但仅限于受到道德约束，而不愿受到法律约束，此时当事人的行为属于情谊行为。“表明经受要约人承诺，要约人即受该意思表示约束”一句的重点在于将要约与要约邀请相区分；在要约邀请的场合，当事人也是希望和他人订立合同，但却是希望他人向自己发出要约，从而不希望自己所表达的内容对自己产生法律约束力。

二、要约的构成要件

本条从两个方面规定了要约的构成要件：内容具体确定；表明经受要约人承诺，要约人即受该意思表示约束。应将这一规定与意思表示的要素结合起来进行理解。

对于意思表示要素，学说普遍从外部（客观）和内部（主观）两个方面进行观察，前者可称为“表示”，后者可称为“意思”，二者组合在一起共同构成意思表示。对于意思表示的具体构成要素，学者有多种不同的表达。传统学说一般表达为四要素，包括客观上的表示行为和主观上的行为意思、表示意识、效果意思。[②]有的概括为五要素，包括行为意思、表示意思、目的意

---

① 参见谢鸿飞：《论创设法律关系的意图：法律介入社会生活的限度》，载《环球法律评论》2012年第3期。

② 参见王泽鉴：《民法总则》，北京大学出版社2009年版，第318页；朱庆育：《民法总论》（第二版），北京大学出版社2016年版，第193—197页；陈甦主编：《民法总则评注》，法律出版社2017年版，第927页（所引内容为朱晓喆执笔）；［德］汉斯-约阿希姆·穆谢拉克：《论“意思”与“表示”的关系——关于意思表示构成要件的探讨》，王剑一译，载张双根等主编：《中德私法研究》（第10卷），北京大学出版社2014年版，第101页。

思、效果意思、表示行为。[①]有的表达为三要素，包括表示行为、行为意思、表示意识。[②]上述对意思表示所谓“要素”的不同概括，所表达的只是一个完整的、正常的、无瑕疵的意思表示所具有的组成部分，[③]将之表达为三要素、四要素或五要素，涉及的只是选择以何种语词对一个正常的意思表示的组成部分进行描述的问题，在描述时选择在多大程度上对一个正常的意思表示的组成部分进行拆分的问题，这只不过是一个纯粹民法学问题中的解释选择问题，是如何面对民法世界运用民法学范畴去进行解释、描述和想象的问题。[④]上述对意思表示所谓“要素”的不同概括，所表述的并非在判断某种表意行为是否足以构成意思表示时的基准或要件。在以上各种“要素”中，真正属于意思表示的构成要素、缺少则不成立意思表示的，仅是客观方面的表意行为与主观方面的行为意思。对此，学说已形成共识。[⑤]《民法典》将意思表示有瑕疵的民事法律行为规定为无效或可撤销，例如，第146条规定通谋虚伪表示所为的行为无效，也是确认了表示意识、效果意思的欠缺对于意思表示的成立不产生影响，因为，只有在意思表示成立之后，方有民事法律行为的成立，继而才有对民事法律行为的效力进行评价的问题。

因而，当事人在缔约磋商过程中所作出的表意行为要构成本条所规定的要约，首先要求当事人在从事表意行为时具有行为意思，即当事人系自主地表达其缔约意思，并非因为受催眠或受外力物理强制等原因而签名、举手等。本条在文义上对此未作明确，大概是因为立法者认为其为不言自明之理。

更加不言自明的是，表意行为必须由当事人本人作出。因而，在信件上的签名、盖章或按指印系由他人伪造的场合，或数据电文等系由他人伪造的场合，不能认定为被伪造签名、盖章或按指印的当事人作出了要约或承诺的

---

① 参见王利明、杨立新、王轶、程啸：《民法学》（第五版），法律出版社2017年版，第165页（所引内容为王利明执笔）。

② 参见史尚宽：《民法总论》，中国政法大学出版社2000年版，第348—350页。

③ 相似观点可参见陈甦主编：《民法总则评注》，法律出版社2017年版，第928页（所引内容为朱晓喆执笔）。

④ 参见王轶：《论民事法律事实的类型区分》，载《中国法学》2013年第1期。

⑤ 参见王泽鉴：《民法总则》，北京大学出版社2009年版，第319页；朱庆育：《民法总论》（第二版），北京大学出版社2016年版，第198页；陈甦主编：《民法总则评注》，法律出版社2017年版，第928页（所引内容为朱晓喆执笔）。

意思表示。在合同书上的签名、盖章或按指印系由他人伪造的场合，亦同。换言之，此种场合，合同不成立，而非合同无效。[①]

除表意行为系由当事人本人作出，且其在作出表意行为时须具有行为意思外，表意行为须向外界表达当事人具有受约束的意思，且须向外界表达当事人所意欲发生的私法上法律效果。换言之，当事人在主观上是否确实具有表示意识和效果意思，不影响意思表示的成立，但表意行为至少应向外界呈现出当事人具有表示意识和效果意思，且向外界呈现出了效果意思的具体内容，方能成立意思表示（至于向外界所呈现的效果意思的具体内容与当事人内心的真实的效果意思是否一致，则不影响意思表示的成立，而是影响民事法律行为的效力）。对于外观上的表示意识（向外界呈现的当事人受约束的意思），有学者称为“表示价值”或“表示力”；[②]对于外观上所呈现出的效果意思（向外界呈现的当事人所意欲发生的私法上法律效果），有学者称为“表示上之效力意思”[③]或“表示上的效果意思”。[④]

可见，本条第1项所规定的“内容具体确定”，对应的是表意行为在外观上所呈现出的效果意思（向外界呈现的当事人所意欲发生的私法上法律效果）；本条第2项所规定的“表明经受要约人承诺，要约人即受该意思表示约束”，对应的是表意行为在外观上的表示意识（向外界呈现的当事人具有受约束的意思）。换言之，本条的两项内容是意思表示的构成要素在要约场合的具体化。至于当事人的内心是否确有受约束的意思、内心是否确有效果意思等，则不影响要约的成立，而是在要约成立、合同成立之后，对合同的效力发生影响。

---

① 参见“唐某与程某房屋买卖合同纠纷案”，最高人民法院（2012）民抗字第55号民事判决书。该案中，《房地产买卖合同》买方为程某、卖方为唐某，该合同书由双方盖章、无手写签名，但买方无法证明合同书上所盖“唐某”的私章为卖方本人所有；办理房屋买卖过户登记必备的其他文件如《卖方申请书》、收到购房款的《收条》等书面文件上“唐某”的签名均不是唐某所写而是案外人所书写。重庆市第五中级人民法院认为该合同为无效合同。该案经反复再审，后来最高人民法院再审时也认为，合同不成立。

② 参见史尚宽：《民法总论》，中国政法大学出版社2000年版，第350页。

③ 参见史尚宽：《民法总论》，中国政法大学出版社2000年版，第350页。

④ 参见梁慧星：《民法总论》（第五版），法律出版社2017年版，第176页。

（一）内容具体确定

在要约人发出要约后，如果受要约人作出承诺（同意要约的意思表示），原则上，在承诺生效时，合同就成立（《民法典》第479条、第483条）。换言之，受要约人只要表达一句简单的“我接受”，就可以成立合同。[①]因此，所谓要约“内容具体确定”，是指要约所表达的内容至少涵盖了合同成立的必要之点。[②]合同成立的必要之点，首先是指标的和数量，价款或者报酬对于某些合同而言也属于合同成立的必要之点，就此详见本书关于《民法典》第470条的评注。

不过，所谓要约“内容具体确定”不要求要约以具体的数字指明要约人所欲订立合同标的的数量或价格，要约人可以在要约中为受要约人设置选项或提供选择范围，此种情形下，受要约人表达“我接受”的意思并且在要约所设置的选项或选择范围内进行明确选择的，仍可成立合同，不必在受要约人进行选择后再由要约人确认才成立合同，即不应认为受要约人作出选择为发出要约。

（二）表明经受要约人承诺，要约人即受该意思表示约束

本项中的“表明”一词明确，本项所要求的，是当事人在外观上所呈现出的愿意受约束的意思。

如前所述，当事人在主观上是否确实具有表示意识，不影响意思表示的成立，但是，当事人须向外界呈现出其具有愿意受约束的意思，方能成立意思表示。要约是当事人希望和他人订立合同的意思表示，经受要约人承诺后，在双方之间才成立合同，要约人才受到所成立的合同的约束，而所成立的合同的内容以要约人所发出的要约的内容为基础。因而，当事人在外观上所具有的受约束的意思，具体而言是指，经受要约人承诺之后，要约人愿

---

① 参见韩世远：《合同法总论》（第四版），法律出版社2018年版，第120页。

② 参见韩世远：《合同法总论》（第四版），法律出版社2018年版，第120页；杨代雄：《第14条要约的构成》，载朱庆育主编：《合同法评注选》，北京大学出版社2019年版，第5页；赵文杰：《要约》，载王洪亮等主编：《中德私法研究》（第13卷），北京大学出版社2016年版，第275页。

意受其所作出的意思表示的约束，即受以其意思表示为基础所订立的合同的约束。

若当事人在外观上清晰地呈现出其不具有受拘束的意思，则根本不成立意思表示，也就不能成立要约。在戏剧舞台上发出的表示、为教学目的在讲台上发出的表示或在进行社交游戏时发出的表示，因其显而易见地不具备真正发生某种法律后果的意思，因而不属于意思表示。①开玩笑、吹牛、嘲讽等，根据当事人当时的容态和所处情境，在客观上充分清楚地表明当事人不具有受拘束的意思的，也不成立意思表示，②当然也就不成立要约。典型的如，原被告双方因故发生争吵，在群众围观之中，原告说："你有个红旗车好不得了嘛。"被告接过原告的话说："我有红旗车又怎样？你只要叫我几声干爹，给我磕头，拜祭我，我把红旗车送给你。"原告听后，当即跪在地上向被告磕头，叫了几声干爹。③在这一案件中，被告所说的话不构成要约，因而双方之间的赠与合同不成立。

当事人在外观上不具有受拘束的意思的，有一种特殊情形为"要约邀请"。在要约邀请的场合，当事人在外观上不具有受拘束的意思，但其却具有希望与对方订立合同的意愿。就此详见本书关于《民法典》第473条的评注。

因为要约"表明经受要约人承诺，要约人即受该意思表示约束"，故，在受要约人作出承诺且承诺生效后，原则上，双方之间即成立合同。因此，在要约生效后，受要约人就取得了通过作出承诺而成立合同的法律地位（可简称为承诺资格）。学说将此称为要约对于要约人具有"实质拘束力"。④不过，在受要约人作出承诺之前，要约人原则上可以撤销要约（《民法典》第476条）。换言之，要约人不需要在要约中表明其在受要约人作出承诺之前也受要

---

① 参见［德］卡尔·拉伦茨：《德国民法通论》，王晓晔等译，法律出版社2003年版，第496—497页；［德］迪特尔·梅迪库斯：《德国民法总论》，邵建东译，法律出版社2001年版，第448页。

② 参见史尚宽：《民法总论》，中国政法大学出版社2000年版，第379—380页。但也有学者似持相反观点，参见朱庆育：《民法总论》（第二版），北京大学出版社2016年版，第264页。

③ 参见"杨某诉李某应按不可撤销的赠与合同给付打赌所得车辆案"，载《人民法院案例选》2003年第1辑。

④ 参见韩世远：《合同法总论》（第四版），法律出版社2018年版，第129页；赵文杰：《要约》，载王洪亮等主编：《中德私法研究》（第13卷），北京大学出版社2016年版，第278页。

约的约束。学说将要约人能否任意撤销要约的问题称为要约的“形式拘束力”问题。[①]也正因如此，若当事人在向对方表达希望订立合同的意思时，又注明其对自己不具有约束力，则需要结合具体语境分辨其仅是作出要约邀请，抑或是已作出了要约但为自己保留对要约加以撤销的机会。[②]

举证责任

主张存在要约的当事人，应当提出证据证明当事人从事了表意行为，且该表意行为符合本条所规定的构成要件。

第四百七十三条【要约邀请】

要约邀请是希望他人向自己发出要约的表示。拍卖公告、招标公告、招股说明书、债券募集办法、基金招募说明书、商业广告和宣传、寄送的价目表等为要约邀请。

商业广告和宣传的内容符合要约条件的，构成要约。

历史由来

本条来源于《合同法》第15条，该条规定：“要约邀请是希望他人向自己发出要约的意思表示。寄送的价目表、拍卖公告、招标公告、招股说明书、商业广告等为要约邀请。商业广告的内容符合要约规定的，视为要约。”比较而言，第15条将要约邀请界定为“意思表示”，本条则修正为“表示”；第15条第2款表述为“视为要约”，本条第2款修正为“构成要约”。此外，本条在第1款中增列了“债券募集办法、基金招募说明书”，并将第1款和第2款的“商业广告”改为“商业广告和宣传”。

---

① 参见韩世远：《合同法总论》（第四版），法律出版社2018年版，第128—129页；赵文杰：《要约》，载王洪亮等主编：《中德私法研究》（第13卷），北京大学出版社2016年版，第280页；耿林：《论意思表示的到达效力》，载《东南大学学报》（哲学社会科学版）2016年第5期。

② 参见张定军：《论“不受拘束”意思表示的效力》，载《环球法律评论》2009年第3期。

在《民法典》编纂过程中，《民法典合同编（草案）》（征求意见稿）第11条及《民法典合同编（草案）》（一审稿）第264条均与《合同法》第15条完全相同。《民法典合同编（草案）》（二审稿）增列了“债券募集说明书、基金招募说明书”，并将“商业广告”改为“商业广告和宣传”，《民法典（草案）》将“意思表示”修正为“表示”。最终通过的《民法典》将“债券募集说明书”修改为“债券募集办法”。

规范目的或功能

在要约生效后，受要约人就取得了通过作出承诺而成立合同的法律地位（承诺资格）。反之，若一方所表达的缔约意思不是要约而是要约邀请，则对方继而表达相同的缔约意思仅构成要约、不足以导致合同成立。因而，判断一个人所表达的缔约意思是否构成要约，对于判断当事人之间合同是否成立至关重要。本条对要约邀请进行了界定，以例示的方式列举了拍卖公告、招标公告、招股说明书、债券募集办法、基金招募说明书、寄送的价目表等为要约邀请，并规定商业广告和宣传原则上为要约邀请，从而为准确区分要约邀请与要约提供指引。

要约邀请不是意思表示，对于发出要约邀请之人与被邀请人而言都没有任何法律约束力。若被邀请人继而发出要约，除根据法律规定的强制缔约规则而负有强制缔约义务外，发出要约邀请之人（受要约人）可自由决定是否作出承诺。因而，要约邀请本身不具有任何法律意义。[①]换言之，本条的意义仅在于为区分要约与要约邀请提供辅助。

规范内容

一、要约邀请是希望他人向自己发出要约的表示

本条第1款第1句将要约邀请界定为“希望他人向自己发出要约的表示”。

---

① 有学者因此主张《合同法》没有必要为要约邀请设置法律条文。参见赵文杰：《要约》，载王洪亮等主编：《中德私法研究》（第13卷），北京大学出版社2016年版，第277页。

要约邀请也表达了当事人希望和他人订立合同的意愿，但该当事人并非自己发出一个要约，而是希望他人向自己发出要约。换言之，该当事人将最终决定是否与对方订立合同的主动权保留于自己手中，并未给对方设置承诺资格，而是希望对方为自己设置承诺资格。

《民法典》第472条规定了要约应当具备的两个条件：内容具体确定；表明经受要约人承诺，要约人即受该意思表示约束。要约邀请或是内容不具体、不确定，或是未表达受约束的意思（甚至明确表达不受约束的意思），或是两项条件均不具备。关于要约两项条件的具体判断，详见本书关于《民法典》第472条的评注。

在当事人表达了希望和他人订立合同的意愿，但所欲订立的合同的内容不具体、不确定时，其意愿表达不构成要约。此时较容易判断。较难判断者在于，在当事人表达了所希望订立的合同的具体内容时，其意愿表达是否具有受约束的意思。此时，需要参照《民法典》第142条第1款的规定，按照所使用的词句，结合相关条款、行为的性质和目的、习惯以及诚实信用原则，对当事人的意愿表达进行解释。例如，商品展示，如商店橱窗内的西服标价2000元，超市散发的新一季商品清单标明了商品的单价，店主或超市通常都欠缺任一顾客同意购买即成立合同的意思。[①]在这些场合中，虽然标的物及其价格已经具体确定，但根据生活场景进行解释，当事人不具有受约束的意思，因而不构成要约，而是要约邀请。

《民法典》第472条的两项内容是意思表示的构成要素在要约场合的具体化。表意人向外界表达出其意欲发生何种具体的私法上的法律效果，方成立意思表示，此对应的是第472条第1项所规定的“内容具体确定”；表意人在外观上表达出其具有受约束的意思，方成立意思表示，此对应的是第472条第2项所规定的“表明经受要约人承诺，要约人即受该意思表示约束”。因而，在当事人表达出希望和他人订立合同的意愿，但该种表达未同时具备《民法典》第472条所规定的两项要件时，就意味着该种表达不具备意思表示的要素，不构成意思表示。可见，要约邀请不是意思表示。《合同法》第

① 参见赵文杰：《要约》，载王洪亮等主编：《中德私法研究》（第13卷），北京大学出版社2016年版，第276页。

15条将要约邀请界定为“希望他人向自己发出要约的意思表示”，系对意思表示的术语使用有误。在《合同法》通过后，学界就对此提出了质疑。[①]民法典立法过程中对此加以修正，仅表述为要约邀请是“表示”，此种修正值得赞同。

要约邀请不是意思表示，因而，对于发出要约邀请之人与被邀请人而言都没有任何法律约束力。对于被邀请人而言没有法律约束力，表现在：被邀请人在收到要约邀请后，可自由决定是否向邀请人发出要约，也可自由决定发出具体何种内容的要约。对于发出要约邀请之人而言没有法律约束力，表现在：若被邀请人发出要约，发出要约邀请之人成为受要约人，其可自由决定是否作出承诺。即使要约的内容与要约邀请的内容相同，发出要约邀请之人（受要约人）也不负有作出承诺的义务；若其拒绝作出承诺，除有《民法典》第500条规定的恶意磋商等情形外，其也不承担缔约过失责任。若被邀请人（要约人）所发出要约的内容与要约邀请的内容相同，在收到要约后，发出要约邀请之人（受要约人）也可以依其意愿对要约作出《民法典》第488条、第489条所规定的实质性变更或非实质性变更。

既然对于发出要约邀请之人而言没有法律约束力，从规范的意义上说，对于要约邀请就不存在撤回或撤销的问题。既然其不会产生法律约束力，那么，不论其之后是否被撤回或者撤销，都不产生法律约束力。我国司法实践中有法院讨论要约邀请的撤销，并认为“依照一般要约邀请的法律性质，除了法定的不得撤销的情形外，只要未给善意相对人造成信赖利益的损失，要约邀请人可以变更或撤回要约邀请”。[②]此为对意思表示撤销制度的误解。当然，从实然的角度而言，在发出要约邀请之后，当事人可继而表达不再希望他人向自己发出要约的意愿，也可继而表达不再与对方订立合同的想法，但是，这不具有法律规范上的意义。要约邀请不存在“法

① 参见赵文杰：《要约》，载王洪亮等主编：《中德私法研究》（第13卷），北京大学出版社2016年版，第277页；杨代雄：《〈合同法〉第14条（要约的构成）评注》，载《法学家》2018年第4期。

② 参见“周益民诉上海联合产权交易所、华融国际信托有限责任公司股权转让纠纷案”，载《中华人民共和国最高人民法院公报》2011年第6期；另参见新疆维吾尔自治区乌鲁木齐市沙依巴克区人民法院（2017）新0103民初7414号民事判决书。

定不得撤销”的问题，也不存在“给善意相对人造成信赖利益损失”的问题。[①]要约邀请也不会在法定的先合同义务之外给发出要约邀请之人带来更多的先合同义务。[②]

要约邀请对于发出要约邀请之人与被邀请人而言都没有任何法律约束力，但是，在某些特殊场合，若当事人在要约邀请之后确实开启了缔约磋商过程并最终订立合同，要约邀请的内容可能会被认为直接成为合同的内容。《商品房买卖合同解释》第3条规定，“商品房的销售广告和宣传资料为要约邀请，但是出卖人就商品房开发规划范围内的房屋及相关设施所作的说明和允诺具体确定，并对商品房买卖合同的订立以及房屋价格的确定有重大影响的，应当视为要约。该说明和允诺即使未载入商品房买卖合同，亦应当视为合同内容，当事人违反的，应当承担违约责任”。该条第1句所谓“应当视为要约”表述不够准确，[③]司法解释制定者所表达的意思为该条第2句，即“该说明和允诺即使未载入商品房买卖合同，亦应当视为合同内容”。这是从事后的角度进行的观察，即如果之后订立了商品房买卖合同，则销售广告和宣传资料中的内容应当被视为合同内容。但是，从订立合同的过程来看，销售广告和宣传资料仍为要约邀请，即仍不因购房者表达购买意愿就成立合同。

销售广告和宣传资料中的说明是否对广告主产生约束力、是否可成为合同的内容，涉及两个层次的问题，一是在之后的缔约磋商中可否加以明确否定或改变，二是在之后的缔约磋商中若未予涉及（既未明确否定或改变，也

---

① 但也有学者持相反立场，参见王利明：《合同法研究》（第一卷）（第三版），中国人民大学出版社2015年版，第235页。

② 司法实践中，有法院认为，“被告邀请招标并发布招标公告的行为，应视为要约邀请。要约邀请的法律意义不仅在于邀请他人向自己发出要约，还在于提出交易条件以及与交易条件有关的条件，而且这些条件可以拘束邀请人，构成先合同义务。原告根据被告招标文件的要求参与投标，应视为对招标文件的认可。故招标文件的部分内容对招、投标双方有一定的约束力。在原告未中标的情况下，被告应根据招标文件载明的期限及时退还原告投标保证金，其在超出前述期限后继续占有原告保证金缺乏依据，构成不当得利”。参见山东省淄博市博山区人民法院（2015）博民初字第2534号民事判决书。笔者认为此种观点值得商榷。招标人在投标人未中标的情况下应及时退还保证金，不需要从先合同义务中寻找依据。

③ 参见杨代雄：《第14条要约的构成》，载朱庆育主编：《合同法评注选》，北京大学出版社2019年版，第9页。

未明确肯定或接受），其是否自动成为合同的内容。对于前一问题，答案当然是肯定的，即在之后的缔约磋商中当然可以明确否定或改变此前的销售广告和宣传资料中的内容。《商品房买卖合同解释》第3条对第二个问题给出了肯定的回答，但仍谨慎地限定为“就商品房开发规划范围内的房屋及相关设施所作的说明和允诺具体确定，并对商品房买卖合同的订立以及房屋价格的确定有重大影响”的情形。具体而言，其限定有三，一为限于涉及“商品房开发规划范围内的房屋及相关设施”的事项，二为必须“具体确定”，三为“对商品房买卖合同的订立以及房屋价格的确定有重大影响”。从这三方面的限定可知，该司法解释条文具有极强的政策性，意在保护商品房买卖中消费者的利益。自合同法原理而言，销售广告和宣传资料中的说明要进入合同内容，应当在合同中加以明确约定。不过，因为近年来我国商品房销售市场中出现非常严重的供需失衡，导致商品房买卖中的出卖人与买受人（消费者）之间的缔约能力严重不均衡，且签署的商品房买卖合同书采用开发商提供的格式文本，消费者很难要求开发商将销售广告和宣传资料中的说明写入合同书。另外，在订立合同过程中，商品房开发企业的销售人员往往向消费者作了口头承诺，因而双方实际上就相关内容达成了口头合意，不过消费者无法为此提供证据，因而消费者只能以销售广告和宣传资料作为证据。上述司法解释条文规定商品房的销售广告和宣传资料视为合同内容，正是出于此种特殊背景。因而，上述规则应当严格限定其适用范围，其不能成为一般性的规则，不能认为所有的要约邀请中的内容均应视为合同内容。

受《商品房买卖合同解释》第3条的影响，《民法典合同编（草案）》（一审稿）曾在第281条中规定，“当事人一方在订立合同前向对方所作的允诺内容具体确定，对合同的订立有重大影响，对方有理由相信其为合同内容的，该允诺视为合同条款。”有学者明确反对在合同编通则部分规定这一条文，主张放在合同编分则买卖合同一章，限定在关于商品品质或特性所作的说明，并主张考虑将该规则限定在消费者买卖场合。[①]此种观点同样是指明了上述司

---

① 参见韩世远：《民法典合同编一般规定与合同订立的立法问题》，载《法学杂志》2019年第3期；韩世远：《司法经验与民法典编纂：合同编的视角》，载《人民司法·应用》2019年第28期。

法解释条文在消费者保护上的政策性目标。也有学者持相反立场，主张“要约邀请的内容如果不被要约所否定，则自动进入要约之中”，并主张应在民法典中将之确立为一般性的规则。[①]其后的《民法典合同编（草案）》（二审稿）未再保留这一条文，最终通过的《民法典》也未出现这一条文。这也反映出了立法者拒绝将上述司法解释条文上升为一般性规则的立场。

在司法实践中，有当事人主张经营者对商铺进行招租的招商手册也应参照《商品房买卖合同解释》第3条处理，主张招商手册宣传内容具体明确，对合同的订立及商铺的价格产生重大影响的，应视为要约，法院未采纳这种主张。[②]

二、本条例示的典型要约邀请

（一）拍卖公告

拍卖是指以公开竞价的形式，将特定物品或者财产权利转让给最高应价者的买卖方式（《拍卖法》第3条）。在拍卖日前的规定时间内，拍卖人应当通过报纸或者其他新闻媒介发布拍卖公告，载明拍卖的时间、地点，拍卖标的，拍卖标的展示时间、地点，参与竞买应当办理的手续等事项（《拍卖法》第45—47条）。

（二）招标公告

招标分为公开招标和邀请招标。公开招标，是指招标人以招标公告的方式邀请不特定的法人或者其他组织投标。邀请招标，是指招标人以投标邀请书的方式邀请特定的法人或者其他组织投标（《招标投标法》第10条）。在公开招标中，招标人需要发布招标公告。招标公告应当载明招标人的名称和地址、招标项目的性质、数量、实施地点和时间以及获取招标文件的办法等事项（《招标投标法》第16条）。

本条第1款仅列招标公告，未列投标邀请书。根据《招标投标法》第17条的规定，招标人采用邀请招标方式的，应当向三个以上具备承担招标项目

---

① 参见隋彭生：《论要约邀请的效力及容纳规则》，载《政法论坛》（中国政法大学学报）2004年第1期。

② 参见福建省高级人民法院（2016）闽民申2795号民事裁定书。

能力的、资信良好的特定的法人或者其他组织发出投标邀请书；投标邀请书应当载明的内容与招标公告相同。投标邀请书不同于招标公告之处仅在于，它是邀请特定的法人或者非法人组织投标的文件，因此，投标邀请书与招标公告实质上无根本区别，[①]也属于要约邀请。最高人民法院也曾在裁判中认为，“作为公开招标的‘招标公告’与作为邀请招标的‘投标邀请函’具有相同的法律性质，其目的都是希望他人向自己发出要约的意思表示，在性质上为要约邀请。”[②]地方法院也有在裁判中表达相同观点。[③]

与招标公告和招标邀请书有关的另一重要法律文件为“招标文件”。招标文件应当包括招标项目的技术要求、对投标人资格审查的标准、投标报价要求和评标标准等所有实质性要求和条件以及拟签订合同的主要条款（《招标投标法》第19条）。招标文件并非招标公告或投标邀请书的附件，招标公告或投标邀请书中只是载明“获取招标文件的办法”。有意投标者在知悉招标公告或投标邀请书的内容后从招标人处获取招标文件，也不属于发出要约。招标人提供招标文件的行为，也不构成要约。投标人投标的，应当按照招标文件的要求编制“投标文件”，并将投标文件送达投标地点；投标文件应当对招标文件提出的实质性要求和条件作出响应（《招标投标法》第27条、第28条）。投标人以符合要求的投标文件进行投标的行为，构成要约。招标人经开标与评标程序确定中标人后，向中标人发出中标通知书，构成承诺。[④]

（三）招股说明书

股份有限公司在以募集设立方式设立的过程中，发起人向社会公开募集股份，或者股份有限公司设立之后，公司公开发行新股，都必须公告招股说

---

① 朱广新：《合同法总则研究》，中国人民大学出版社2018年版，第72页。

② 参见最高人民法院（2016）最高法民再11号民事判决书。

③ 如湖南省岳阳市中级人民法院（2016）湘06民初7号民事判决书［转引自同案二审湖南省高级人民法院（2018）湘民终314号民事判决书］；北京市海淀区人民法院（2015）海民（商）初字第17332号民事判决书［转引自同案二审北京市第一中级人民法院（2016）京01民终358号民事判决书］。

④ 最高人民法院持此种观点的裁判文书可参见最高人民法院（2019）最高法民终1996号民事判决书；最高人民法院（2016）最高法民再11号民事判决书。

明书，并制作认股书（《公司法》第85条、第134条）。设立过程中为向社会公开募集股份而公告的招股说明书，应当附有发起人制定的公司章程，并载明下列事项：发起人认购的股份数，每股的票面金额和发行价格，无记名股票的发行总数，募集资金的用途，认股人的权利、义务，本次募股的起止期限及逾期未募足时认股人可以撤回所认股份的说明（《公司法》第86条）。此外，2014年《证券法》第64条也规定，股份有限公司公开发行股票，应当公告招股说明书。为对公开发行股票时的招股说明书进行规范，国务院证券监督管理机构针对不同类型上市公司的招股说明书制作了详细规范。①

在实践中，有的股份有限公司进行股份定向增发并向特定人群发放"股权认购权证"，此种行为可能被法院认定构成要约。例如，某公司决定"在一定期限内定向增发给集团高中层管理人员和有突出贡献的员工"，并向这一群体发放"股权认购权证"，公司所制定的定向增发方案规定："持有这种股份认购权的人员可以在规定的时期内以约定的价格购买本集团股份。本认购权必须经过授予和行权两个阶段，才能转变为个人的集团股份。"法院认为，该方案表明，公司一旦向符合资格条件的人员授予股份认购权证，即受股份认购权证的约束，在股份认购权证持有人按照约定的时期、价格行权时，公司应予以接受；公司授予股份认购权证属于要约，对方予以接受则构成承诺。②

（四）债券募集办法

公司债券，是指公司依照法定程序发行、约定在一定期限还本付息的有价证券（《公司法》第153条第1款）。公司发行公司债券，应当公告公司债券募集办法（《公司法》第154条第1款）。公司债券募集办法中应当载明下列主要事项：公司名称，债券募集资金的用途，债券总额和债券的票面金额，债券利率的确定方式，还本付息的期限和方式，债券担保情况，债券的发行价格、发行的起止日期，公司净资产额，已发行的尚未到期的公司债券总额，

---

① 例如，《公开发行证券的公司信息披露内容与格式准则第1号——招股说明书（2015年修订）》（中国证券监督管理委员会公告〔2015〕32号）、《公开发行证券的公司信息披露内容与格式准则第28号——创业板公司招股说明书（2015年修订）》（中国证券监督管理委员会公告〔2015〕33号）。

② 参见广东省深圳市中级人民法院（2014）深中法商终字第2522号民事判决书。

公司债券的承销机构（《公司法》第154条第2款）。

对于《公司法》和《证券法》所称的“公司债券募集办法”，实务中一般称为“债券募集说明书”。[①]《公司债券发行与交易管理办法》也称“债券募集说明书”。为对公司发行公司债券时的债券募集说明书进行规范，国务院证券监督管理机构针对不同类型公司的债券募集说明书制作了详细规范。[②]

（五）基金招募说明书

证券投资基金是以公开或者非公开方式募集资金而设立的，由基金管理人管理，基金托管人托管，为基金份额持有人的利益进行证券投资活动的财产（《证券投资基金法》第2条）。基金财产的债务由基金财产本身承担，基金份额持有人以其出资为限对基金财产的债务承担责任；基金财产独立于基金管理人、基金托管人的固有财产；基金管理人、基金托管人因基金财产的管理、运用或者其他情形而取得的财产和收益，归入基金财产（《证券投资基金法》第5条）。

在以公开方式募集基金时，基金管理人应当在基金份额发售前公布招募说明书、基金合同及其他有关文件（《证券投资基金法》第56条第1款）。公开募集基金的基金招募说明书应当包括下列内容：基金募集申请的准予注册文件名称和注册日期，基金管理人、基金托管人的基本情况，基金合同和基金托管协议的内容摘要，基金份额的发售日期、价格、费用和期限，基金份额的发售方式、发售机构及登记机构名称，出具法律意见书的律师事务所和审计基金财产的会计师事务所的名称和住所，基金管理人、基金托管人报酬及其他有关费用的提取、支付方式与比例，风险警示内容等（《证券投资基金法》第53条）。

此外，以非公开方式向投资者募集资金而设立的投资基金（私募基金），在资金募集过程中也可以向投资者提供基金招募说明书（《私募投资基金监督管理暂行办法》第8条第1款第2项）。

---

① 参见《国家发展改革委关于进一步改进和加强企业债券管理工作的通知》（发改财金〔2004〕第1134号）。另可参见《深圳证券交易所审核和登记事项办理指南》（2013年7月发布）。

② 例如，《公开发行证券的公司信息披露内容与格式准则第23号——公开发行公司债券募集说明书（2015年修订）》（中国证券监督管理委员会公告〔2015〕2号）。

（六）寄送的价目表

价目表是逐一列出特定商品或服务及其所对应的单价或收费标准的表格。

商品生产者、销售者或服务提供者对价目表的使用，可能采用店堂张贴、沿街分发、网站展示、通过信件或电子邮件寄送等多种方式，寄送的对象可能为特定（如订阅者）或不特定的人。价目表已经基本符合了要约“内容具体确定”的要求，即已经有确定的标的和价格，一经相对人确定数量即可成立合同。因而，若价目表中表明一经对方承诺并指定数量即可订立合同的意思，则价目表构成要约。但一般而言，商品生产者、销售者或服务提供者在张贴、发放或寄送价目表时，仅是为了推销自己的商品或服务，一方面会为自己保留随时变更价格的可能，另一方面不会愿意在涌现大量订单、超出库存范围或超出服务提供能力时就其无法供货或无法提供服务而承担债务不履行责任，由此可以推知，商品生产者、销售者或服务提供者在张贴、发放或寄送价目表时，通常不含有一经对方承诺并指定数量即可订立合同的意思，即不含有为对方设置承诺资格的意思，而是希望对方向自己发出要约、为自己设置承诺资格。

虽然本条仅强调“寄送”的价目表为要约邀请，但是，通过店堂张贴、沿街分发、网站展示等方式提供的价目表同样属于要约邀请。

本条第1款以例示的方式列举了拍卖公告、招标公告、招股说明书、债券募集办法、基金招募说明书、商业广告和宣传、寄送的价目表等为要约邀请。第2款规定，商业广告和宣传也可能构成要约。自反面解释而言，这意味着立法者认为，第1款所例示的各种类型，除商业广告和宣传外，其他的类型均不存在构成要约的可能。不过，拍卖公告、招标公告、招股说明书、债券募集办法、基金招募说明书均有特定的指向，寄送的价目表则为通俗用语，与商业广告和宣传之间不存在清晰的区别，因而，在解释上应认为，当寄送的价目表符合要约规定时，同样可以构成要约。

（七）商业广告和宣传

本条第1款及第2款明定，商业广告和宣传既可构成要约，也可仅为要约邀请。要判断商业广告和宣传是要约还是要约邀请，关键在于判断商业广告和宣传是否具备《民法典》第472条所规定的要约的两项要件，即内容是否具体确定，是否表明一经对方同意即订立合同的意思。普通商业广告的内容大多不够具体确定，如产品的电视广告一般仅以画面、视频或声音向观众介绍产品，但不明定产品的价格，此种场合生产者、经营者也不具有参照市场价格与观众订立合同的意思，因而为要约邀请无疑。

较难判断的是，在具备“内容具体确定”这一要件时，商业广告和宣传的发布者是否具有一经对方同意即订立合同的意思。在具体判断时，可能会有争议。例如，某电器销售公司发布广告称：“本月13日、14日（星期六和星期日）在××分店，以3000元一台的价格，特价销售××牌55英寸彩电50台，售完为止。”该商业广告构成要约，似无争议，[①]因为，该商业广告已明定标的物及其价格，并明定了开展促销活动的商店及时间，符合“内容具体确定”的特征，且限定在50台内售完为止，清晰地表达了在50台的数量范围内一经对方同意即订立合同的意思。但是，若仅表明“先来先买”，是否足以构成要约，学者似有争议，有的学者持肯定说，[②]有的学者主张只有在包含“先来先买”语句的广告已经明确限定了欲出售货物的总量时才能认定为要约。[③]于此种情形，似难以仅依广告上的语句作出判断，应结合具体情形对广告主的意思进行解释，判断其是否具有一经对方同意即订立合同的意思，若广告上表明“先来先买”且其可销售数量能够进行客观查验，则广告主的受约束意思已较明确，广告构成要约；反之，若其可销售数量无法进行客观查验，则广告主可不受约束地随意停止销售，故其广告不构成要约。

在商业广告和宣传的内容符合要约构成要件时，商业广告和宣传构成要约。《合同法》第15条第2款表述为“视为要约”，对“视为”一词的使用不够准确，在《合同法》解释适用过程中，学者已予以指出，[④]本条第2款加以

---

① 朱广新：《合同法总则研究》，中国人民大学出版社2018年版，第74页；另参见杨代雄：《第14条要约的构成》，载朱庆育主编：《合同法评注选》，北京大学出版社2019年版，第8页。

② 参见韩世远：《合同法总论》（第四版），法律出版社2018年版，第125页。

③ 参见杨代雄：《第14条要约的构成》，载朱庆育主编：《合同法评注选》，北京大学出版社2019年版，第9页。

④ 参见朱广新：《合同法总则研究》，中国人民大学出版社2018年版，第73—74页。

修正，不再表述为“视为要约”，而改为“构成要约”，此种修正值得赞同。

商业广告和宣传构成要约，与商业广告和宣传的内容视为合同内容不同。所谓“商业广告和宣传的内容符合要约规定的，构成要约”是指一经对方承诺即在双方之间成立合同。《商品房买卖合同解释》第3条规定的是某些商品房的销售广告和宣传资料中的说明和允诺视为合同内容，但这种情形下商品房的销售广告和宣传资料仍为要约邀请，即仍不因购房者表达购买意愿就成立合同。就此详见前文。

三、其他的典型要约邀请

关于自动售货机的设置，学者多有讨论。有的主张构成要约，顾客依指示投币构成承诺，但自动售货的要约以机器能正常运转或有存货为条件（解除条件）。[①]有的主张为要约邀请。[②]不过，关于此问题的讨论意义主要在于学说思辨。

司法实践中涉及的典型要约邀请还有：刊登于报纸上的挂牌出让公告、[③]产权交易所发布的产权交易信息、[④]经营者对商铺进行招租的招商手册、[⑤]企业发布的招聘广告、[⑥]职业院校发布的招生简章，[⑦]等等。

---

① 参见王泽鉴：《债法原理》（第二版），北京大学出版社2013年版，第175页；崔建远：《合同法》（第三版），北京大学出版社2016年版，第39页；韩世远：《合同法总论》（第四版），法律出版社2018年版，第123页。

② 参见朱广新：《合同法总则研究》，中国人民大学出版社2018年版，第76页。

③ 最高人民法院认为，“刊登于报纸上的挂牌出让公告与拍卖公告、招标公告相同，亦是向不特定主体发出的以吸引或邀请相对方发出要约为目的的意思表示，其实质是希望竞买人提出价格条款，其性质应认定为要约邀请”。参见最高人民法院（2003）民一终字第82号民事判决书。

④ 参见“周益民诉上海联合产权交易所、华融国际信托有限责任公司股权转让纠纷案”，载《中华人民共和国最高人民法院公报》2011年第6期。

⑤ 参见福建省高级人民法院（2016）闽民申2795号民事裁定书。

⑥ 有法院认为，“招聘广告不属于要约，而是要约邀请，并非劳动合同的内容，不具有法律约束力。劳资双方的权利义务应以劳动合同为准”。参见江苏省南京市玄武区人民法院（2015）玄民初字第1930号民事判决书［转引自同案二审江苏省南京市中级人民法院（2016）苏01民终1137号民事判决书］。并参见韩世远：《合同法总论》（第四版），法律出版社2018年版，第125页。

⑦ 参见福建省武夷山市人民法院（2017）闽0782民初1406号民事判决书。

举证责任

主张商业广告和宣传构成要约的当事人，应当提出证据对商业广告和宣传的内容加以证明。

第四百七十四条【要约的生效】

要约生效的时间适用本法第一百三十七条的规定。

历史由来

本条来源于《合同法》第16条。第16条规定："要约到达受要约人时生效。采用数据电文形式订立合同，收件人指定特定系统接收数据电文的，该数据电文进入该特定系统的时间，视为到达时间；未指定特定系统的，该数据电文进入收件人的任何系统的首次时间，视为到达时间。"《民法典》总则编第137条以《合同法》第16条、第26条（承诺的生效）为基础，规定了有相对人的意思表示的生效规则。要约作为有相对人的意思表示的一种类型，当然应适用《民法典》总则编第137条的规定。因此，本条未再重复《合同法》第16条的内容，而是引用了《民法典》总则编第137条。

规范目的或功能

在要约生效后，受要约人就取得了通过作出承诺而使合同成立的法律地位（承诺资格）。因此，在判断合同是否成立时，往往需要首先判断要约是否生效。若要约未生效，则对方当事人就不享有承诺资格，即使其作出了订立合同的意思表示也不能使合同成立。在要约生效之前，要约人可以撤回要约（《民法典》第475条）；在要约生效之后，要约人原则上可以撤销要约，例外情况下则不得撤销要约（《民法典》第476条）。因此，判断要约生效的时点也非常重要。本条在表述上侧重于"要约生效的时间"，实则既为要约是否生效提供了法律适用指引，也为要约生效时间的判断提供了法律适用指引。

本条为引用性条文，提示对于要约是否生效及生效时间的判断应适用《民法典》第137条关于有相对人的意思表示的生效规则。《民法典》第137条位于总则编第六章“民事法律行为”的第二节“意思表示”中，其当然可以适用于《民法典》各分编中的各种具体类型的有相对人的意思表示。要约属于有相对人的意思表示，故应当适用《民法典》第137条的规定。

规范内容

《民法典》第137条规范的对象为有相对人的意思表示（需要相对人受领的意思表示）。该条共分两款。第1款规定：“以对话方式作出的意思表示，相对人知道其内容时生效。”第2款规定：“以非对话方式作出的意思表示，到达相对人时生效。以非对话方式作出的采用数据电文形式的意思表示，相对人指定特定系统接收数据电文的，该数据电文进入该特定系统时生效；未指定特定系统的，相对人知道或者应当知道该数据电文进入其系统时生效。当事人对采用数据电文形式的意思表示的生效时间另有约定的，按照其约定。”

可见，《民法典》第137条将有相对人的意思表示分为两种类型，即“以对话方式作出的意思表示”和“以非对话方式作出的意思表示”。对于以对话方式作出的意思表示，第137条第1款规定，“相对人知道其内容时生效”。该款所规定的“知道”，与学说常使用的“了解”含义相同。[①]对于以非对话方式作出的意思表示，第137条第2款规定，“到达相对人时生效”。第137条第2款第2句和第3句对于以非对话方式作出的采用数据电文形式的意思表示的生效作了更具体的规定，实为针对数据电文形式的意思表示对第137条第2款第1句所规定的“到达”进行的具体解释。

第137条第1款针对以对话方式作出的意思表示规定“相对人知道其内容时生效”，是在“到达”的基础上增加了“知道”的要求。即“知道”一定已经“到达”，但“到达”之后不一定“知道”。在通常情况下，“到达”之后相对人就应当“知道”了，但是，在相对人有听力障碍时，或在相对人无法理解表意人所使用的语言时，意思表示虽已到达相对人，但相对人尚未知道意

---

① 陈甦主编：《民法总则评注》，法律出版社2017年版，第991页。

思表示的内容。

《合同法》第16条未区分以对话方式作出的要约和以非对话方式作出的要约，一概在第16条第1款规定“要约到达受要约人时生效”。《民法总则》第137条对此加以修改，本条与《民法总则》第137条相同。对于以对话方式作出的要约，是按照《合同法》第16条第1款的规定在到达时生效，还是按照《民法总则》第137条及本条的规定在受要约人知道时生效，在受要约人有听力障碍或在受要约人无法理解表意人所使用的语言等特殊场合，生效时间存在差异。对于要约而言，此种差异的意义有两个方面。其一，要约的实质拘束力是否发生及何时发生。即受要约人是否取得了通过作出承诺而成立合同的法律地位（承诺资格）。在受要约人有听力障碍或在受要约人无法理解表意人所使用的语言等特殊场合，按照《合同法》第16条的规定，虽然存在此种特殊情形，要约仍在到达时生效，即受要约人在法律意义上已取得承诺资格，但是，按照本条（及《民法总则》第137条），在第三人对受要约人进行协助（如进行翻译）而使其知道要约内容之前，受要约人实际上无法了解要约的内容，不可能作出承诺。不过，既然受要约人实际上无法作出承诺，受要约人在法律意义上已取得承诺资格对于要约人而言就无实际的影响。其二，要约的形式拘束力是否发生及何时发生。根据《民法典》第476条第1项（及《合同法》第19条第1项）的规定，在要约人确定了承诺期限或以其他形式明示要约不可撤销的场合，要约不得撤销。若此种要约系以对话方式作出的，在该要约到达之后、受要约人知道其内容之前，按照《合同法》第16条的规定，要约已经生效，要约人已无撤回要约的可能，且不得撤销；但若按照本条（及《民法总则》第137条）的规定，要约尚未生效，要约人仍可撤回要约。可见，在要约人试图摆脱要约的约束力时，是适用《合同法》第16条还是适用本条，对当事人利益有重大影响。在解释上应认为，自2017年10月1日起《民法总则》施行后，关于要约的生效，就不再适用《合同法》第16条，而应适用《民法总则》第137条的规定。[①]

在面对面的交谈及以电话、视频等方式进行非面对面的实时交谈中作出

---

① 参见王文胜：《〈民法总则〉与原有法律司法解释之间的规范竞合及其处理》，载《学术月刊》2017年第12期。

的意思表示，属于以对话的方式作出意思表示。以手机短信及QQ文字、微信文字或微信语音片段等网络即时通讯工具作出意思表示，是属于以对话方式抑或以非对话的方式作出意思表示，学者有不同见解。[①]司法实践中，有法院主张以手机短信方式发出的要约系以对话方式作出要约，[②]有法院主张以通过微信文字聊天发出的要约是以对话方式作出要约。[③]

界定为以对话方式作出的意思表示或以非对话方式作出的意思表示，一则影响意思表示生效规则的适用（《民法典》第137条），二则影响要约的承诺期限的计算（《民法典》第481条）。从功能的角度而言，网络技术的发展使得人类的远距离交流不断趋于便捷、不断接近面对面的对话，如微信语音片段在功能上确已与电话相近，而手机短信及QQ文字、微信文字又与微信语音片段相近（一为文字，一为语音）。但是，在功能上，网络即时通讯工具与电话仍存在根本区别，即，相对人不接电话，则表意人无从通过电话向对方作出表示；在网络即时通讯工具的场合，相对人不在线或中途离线时，表意人仍可发送信息，因此，网络即时通讯工具与电子邮件更为接近。[④]此外，网络即时通讯工具还存在因传递过程中的技术障碍导致消息丢失的问题，消息丢失后甚至可能不会被表意人和相对人所察觉，这也是网络即时通讯工具与电子邮件更为接近的表现。

并且，在判断要约的作出是属于以对话方式抑或以非对话方式时，不但应从功能或现象的角度观察，还应从规范的角度观察，结合《民法典》第137条和第481条的规范目的进行解释。在以非对话方式作出要约时，第137条第2款规定采到达生效规则，第481条第2款第2项规定以合理期限为承诺期限，其原因都在于，在此种场合，要约人作出要约时，并不期待受要约人立即给

---

① 主张为对话方式的，参见陈甦主编：《民法总则评注》，法律出版社2017年版，第991页（所引内容为朱晓喆执笔）。有学者主张微信语音为对话方式但又承认会有争议，参见韩世远：《合同法总论》（第四版），法律出版社2018年版，第126页。主张为非对话方式的，参见李宇：《民法总则要义》，法律出版社2017年版，第460页。

② 参见北京市第三中级人民法院（2014）三中民终字第04751号民事判决书，并参见王忠：《以短信息方式订立合同的判定》，载《人民法院报》2014年6月5日。

③ 参见广东省佛山市中级人民法院（2017）粤06民终2386号民事判决书。

④ 参见李宇：《民法总则要义》，法律出版社2017年版，第460页。

出回应，受要约人在要约到达后可以迟延了解要约的内容，受要约人可以有适当的时间思考是否作出承诺。在以对话方式作出要约时，第137条第1款规定采知道生效规则，第481条第2款第1项规定应当即时作出承诺，其原因都在于，在此种场合，要约人作出要约时，期待受要约人立即给出回应，要约人在要约到达后没有足够的时间用于迟延了解要约的内容，例如，在面对面交谈过程中，若受要约人有听力障碍或受要约人无法理解表意人所使用的语言，除非当场有第三人对受要约人进行协助（如进行翻译），则意思表示无法生效，要约人并不期待受要约人对要约人的口头语言进行录音再事后通过第三人的协助去加以了解。显然，对于使用手机短信及QQ文字、微信文字或微信语音片段等网络即时通讯工具作出的要约，在要约人选择以这些方式发出要约时，通常不会期待受要约人立即给出回应（受要约人完全有可能不在线、未联网或未运行相关软件），受要约人在要约到达后有迟延了解要约内容的可能。因而，这类意思表示应认定为以非对话的方式作出的意思表示。

若要约人选择以公告的方式发出要约，例如，以商业广告和宣传的方式向不特定的相对人发出要约（参见《民法典》第473条第2款），或以悬赏广告的方式向不特定的相对人或不知具体身份的相对人发出要约（参见《民法典》第499条），此类要约不属于本条的适用范围，不适用《民法典》第137条的规定，而应适用《民法典》第139条的规定（以公告方式作出的意思表示，公告发布时生效）。

三 举证责任

在以对话方式作出要约的场合，主张要约已生效之人，应当提出证据证明要约的相对人已经知道要约的内容；在以非对话方式作出要约的场合，主张要约已生效之人，应当提出证据证明要约已经到达相对人。在采用数据电文形式发出要约的场合，主张要约已生效之人，应当证明在要约人发出要约之前相对人已经指定了特定系统接收数据电文，且证明该数据电文已进入相对人的该特定系统；或者应当证明相对人已经知道或者应当知道该数据电文已经进入其系统。主张当事人对采用数据电文形式的要约的生效时间另有约定的人，应当证明当事人之间存在此类约定。

第四百七十五条【要约的撤回】

要约可以撤回。要约的撤回适用本法第一百四十一条的规定。

历史由来

本条来源于《合同法》第17条。第17条规定:“要约可以撤回。撤回要约的通知应当在要约到达受要约人之前或者与要约同时到达受要约人。”《民法典》第141条以《合同法》第17条、第27条(承诺的撤回)为基础,规定了意思表示撤回的规则。要约作为意思表示的一种类型,当然应适用《民法典》第141条的规定。因此,本条未再重复《合同法》第17条的内容,而是适用了《民法典》第141条。

规范目的或功能

本条为引用性条文,提示对于要约的撤回应适用《民法典》第141条的规定。《民法典》第141条位于总则编第六章“民事法律行为”的第二节“意思表示”中,其当然可以适用于《民法典》各分编中的各种具体类型的意思表示。要约属于有相对人的意思表示,故应当适用《民法典》第141条的规定。

《民法典》第141条第1句规定“行为人可以撤回意思表示”。该句当然适用于要约。因而,本条第1句规定“要约可以撤回”,不具有特殊的意义,仅为开启本条第2句的引用性表达。

规范内容

要约撤回,是指要约人在要约生效之前,使要约不生效。[①]《民法典》第141条规定,“行为人可以撤回意思表示。撤回意思表示的通知应当在意思表示到达相对人前或者与意思表示同时到达相对人”。

---

① 参见韩世远:《合同法总论》(第四版),法律出版社2018年版,第133页;陈甦主编:《民法总则评注》,法律出版社2017年版,第1011页。

撤回要约是要约人为追求使已发出的要约不生效力的法律效果表达于外部的行为，故撤回要约本身属于意思表示，[①]且属于有相对人的意思表示。因而，对于为撤回要约而发出的意思表示，也应适用《民法典》第137条等有关意思表示的规则。《民法典》第141条的表述为“撤回意思表示的通知”，而“通知”自其文义而言是以口头语言或以书面语言加以表达，[②]因而，从该条文义而言，要约人似只能以明示的方式作出撤回要约的意思表示。不过，对于撤回要约而作出的意思表示，也应适用《民法典》第140条第1款的规定，不排除要约人以默示方式撤回要约的可能。特别是在以默示方式作出要约的场合，又以默示方式作出撤回要约的意思表示，似无不可。此外，有学者认为，“要约撤回本身不得作为撤回的对象，要约人如欲追求此一目的，须重新发出要约”。[③]此种观点似值商榷。为撤回要约而发出的通知既属意思表示，对于该意思表示，也应可以适用《民法典》第141条关于意思表示撤回的规定。当然，要约一经撤回，即失其效力，因而，在撤回要约的意思表示生效之后，即要约被撤回之后，对该撤回要约的意思表示就不再有撤销的可能，故，在要约被撤回之后，若要约人又希望订立合同，可重新发出要约。

自文义而言，《民法典》第141条似乎仅适用于以非对话方式作出的意思表示。因为该条第2句规定撤回意思表示的通知应当在意思表示到达相对人前或者与意思表示同时到达相对人，而在以对话方式作出意思表示的场合，意思表示的发出和到达几乎同时发生，故不存在撤回意思表示的可能。[④]但是，《民法典》第137条第1款规定：“以对话方式作出的意思表示，相对人知道其内容时生效。”即，在某些特殊的场合，如在相对人有听力障碍时或在相对人无法理解表意人所使用的语言时，意思表示虽已到达相对人，但相对人尚未知道意思表示的内容，故意思表示在到达时尚未生效；在此种场合，若由第三人协助（如由第三人进行翻译），则在意思表示的到达与意思表示的生效之

① 参见朱广新：《合同法总则研究》，中国人民大学出版社2018年版，第86页；陈甦主编：《民法总则评注》，法律出版社2017年版，第1010页。

② 参见中国社会科学院语言研究所词典编辑室：《现代汉语词典》（第7版），商务印书馆2016年版，第1312页。

③ 参见韩世远：《合同法总论》（第四版），法律出版社2018年版，第132页。

④ 参见陈甦主编：《民法总则评注》，法律出版社2017年版，第1010页。

间仍存在时间差，此时表意人或仍有撤回（反悔）的需求。并且，此时允许表意人撤回意思表示，也不会给相对人造成任何损失。例如，在以面对面交谈对话的方式下作出意思表示，双方所使用的语言不同，经由第三人进行翻译的场合，要约人刚发出要约，翻译人员正待翻译时，要约人旋即反悔并要求翻译人员不再翻译，此时，应当允许要约人撤回要约。因而，在解释适用《民法典》第141条时，应与《民法典》第137条结合进行体系解释，即应将《民法典》第141条所规定的“意思表示到达”解释为意思表示生效。

《民法典》第141条使用“到达”的表述，是沿袭《合同法》第17条及第27条有关要约撤回和承诺撤回的规则。《合同法》第17条及第27条均使用“到达”的表述，但《合同法》第16条及第26条均规定要约和承诺在到达时生效。即《合同法》第17条及第27条所规定的要约撤回和承诺撤回的截止时间，是与《合同法》第16条及第26条有关要约生效和承诺生效的时间相一致、相衔接的。在《民法典》第137条将以对话方式作出的意思表示的生效时间改为到达生效或知道生效两种类型后，《民法典》第141条有关意思表示撤回的截止时间的表达也应分为两种类型，不宜仍以到达作为单一标准。由此观察，也应将《民法典》第141条所规定的“意思表示到达”解释为意思表示生效。

因此，解释结论应为，《民法典》第141条既应适用于以非对话方式作出的意思表示，也应适用于以对话方式作出的意思表示。只要在意思表示的完成与意思表示的生效之间存在时间差、客观上有在意思表示生效之前加以撤回的可能，即应允许表意人撤回意思表示。这一解释结论，既应适用于要约，也应适用于承诺。

要约的撤回和要约的撤销不同。要约的撤回，要求撤回要约而作出的意思表示在要约生效之前到达受要约人或在要约生效的同时到达受要约人；要约的撤销则是指在要约生效之后使要约失去效力。要约的撤回经由本条的指引适用《民法典》第141条的规定；要约的撤销则适用《民法典》第476条。只要在要约完成和要约生效之间存在时间差，要约人就有撤回要约的机会；与之不同，在某些情形下，要约不得撤销。不过，要约的“撤回”或“撤销”，都是民法对要约人所作出的意欲使要约不发生效力或消灭效力的意思表示，都是民法以专业术语对当事人所作出的意思表示进行的解释、表达、描述和想象。在现实生活中，不要求要约人使用“撤回”或“撤销”这类民法术语，更不要求要约人准确地使用这些民法术语。换言之，只需要要约人表达出其意欲使要约不发生效力或消灭效力的意思即可。如果这一意思表示发生于要约可撤回的阶段，民法即将之描述为试图撤回要约的意思表示；如果这一意思表示发生于要约生效之后、承诺作出之前的阶段，民法即将之描述为试图撤销要约的意思表示。若要约人在要约生效之前作出撤回要约的意思表示，但该意思表示在要约生效之后才到达受要约人，则该意思表示可适用有关要约撤销的规则，在符合要约撤销规则时发生撤销要约的法律后果。

若要约是以公告方式作出，则要约于公告发布时生效（《民法典》第139条）。因而，对于以公告方式作出的要约，不存在撤回的可能。

举证责任

主张要约已被撤回的当事人，应当提出证据证明要约人已经表达了废除要约的意思，且证明该意思已在要约到达受要约人之前到达，或者证明该意思与要约同时到达受要约人。

第四百七十六条【要约的撤销】

要约可以撤销，但是有下列情形之一的除外：

（一）要约人以确定承诺期限或者其他形式明示要约不可撤销；

（二）受要约人有理由认为要约是不可撤销的，并已经为履行合同做了合理准备工作。

历史由来

本条第1句来源于《合同法》第18条第1句。第18条第1句规定："要约可以撤销。"本条但书来源于《合同法》第19条。第19条规定："有下列情形之一的，要约不得撤销：（一）要约人确定了承诺期限或者以其他形式明示要约不可撤销；（二）受要约人有理由认为要约是不可撤销的，并已经为履行合同作了准备工作。"比较而言，本条第1项关于"确定承诺期限"的表述与之略有不同，但条文意思不变；此外，第2项在"准备工作"前增加了"合理"二字。

规范目的或功能

在要约生效后，要约人已无撤回要约的可能（《民法典》第475条），但要约人可能仍想反悔、欲使要约失去效力。此即要约能否撤销的问题。本条为此设置规则，以协调要约人与受要约人之间的利益。

规范内容

一、“要约可以撤销”

要约的撤销，是要约人在要约生效之后、受要约人作出承诺之前，使要约失去效力。要约人欲撤销要约的，需要作出撤销要约的意思表示（《民法典》第477条），对于该意思表示，可适用《民法典》第137—142条有关意思表示的规定。

撤销要约的意思表示须在受要约人作出承诺之前生效（《民法典》第477条）。要约被依法撤销后，要约失效（《民法典》第478条第2项）。

要约的撤回和要约的撤销不同。要约的撤回，要求撤回要约的通知在要约生效之前到达受要约人或在要约生效的同时到达受要约人；要约的撤销则是指在要约生效之后使要约失去效力。要约的撤回，适用《民法典》第475条的规定，并经由该条的指引适用《民法典》第141条的规定。

在现实生活中，不要求要约人使用或准确使用“撤回”或“撤销”这类民法术语，只要要约人表达出其意欲使要约不发生效力或消灭效力的意思即可。如果这一意思表示发生于要约生效之后、承诺作出之前的阶段，民法即将之描述为试图撤销要约的意思表示。例如，当事人在合同书上签名或盖章并交给相对人，以此方式向相对人发出要约的，若之后在相对人签名盖章之前又将合同书要回，构成对要约的撤销；[①] 或者，若之后在相对人签名盖章之前又向相对人发出“合同失效函件”“合同无效函”，此种函件即构成试图撤销要约的意思

① 参见最高人民法院（2011）民提字第243号民事判决书。

表示。[①]又如，要约人在要约生效后表示“撤回”要约，此时应适用有关撤销要约的规则，若不存在本条所规定的两项情形，则要约被撤销。[②]

本条仅适用于要约，不适用于要约邀请，也不适用于承诺。我国司法实践中有法院讨论要约邀请的撤销，此为对意思表示撤销制度的误解。就此详见本书关于《民法典》第473条的评注。

本条以“要约可以撤销，但是有下列情形之一的除外”这一表达，明确规定了要约以可任意撤销为原则，以不可撤销为例外。从更早溯源来看，对于要约人原则上能否任意撤销要约的问题，比较法上有三种不同模式：原则上可任意撤销的模式（普通法模式）、原则上不可撤销的模式（德国法模式）、原则上可任意撤销但应赔偿损失的模式。第三种模式是《联合国国际货物销售合同公约》第16条在前两种相互对立的模式中求取折衷，《合同法》第18条和第19条继受了《联合国国际货物销售合同公约》第16条的规定，[③]本条又沿袭了《合同法》第18条第1句和第19条。有学者指出，因《公约》第16条第2款的规定自身含混不清，不同国家的学者在解释《公约》规定时意见明显存在分歧，我们不可像不同法系学者理解《公约》规定那样去解释我国的国内法规则。[④]因而，在解释本条（及《合同法》第19条）时，应立足对条文本身的法律解释，不可为借鉴境外学者对于《公约》的解释而背离本条（及《合同法》第19条）的文义。

二、“但是有下列情形之一的除外”

自文义而言，本条确立了除但书所定情形外要约人可以任意撤销要约这一原则；在但书所规定的情形下，要约人无法撤销要约，换言之，在这些情

---

① 参见河南省焦作市中级人民法院（2015）焦民三初字第00062号民事判决书［转引自同案二审河南省高级人民法院（2016）豫民终539号民事判决书］；云南省昆明市中级人民法院（2014）昆民四终字第430号民事判决书。

② 参见江苏省盐城市中级人民法院（2014）盐民初字第0124号民事判决书。

③ 对比较法的相关考证可参见朱广新：《要约不得撤销的法定事由与效果》，载《环球法律评论》2012年第5期；赵文杰：《要约》，载王洪亮等主编：《中德私法研究》（第13卷），北京大学出版社2016年版，第282—286页。

④ 参见朱广新：《合同法总则研究》，中国人民大学出版社2018年版，第94—95页。

形下，即使要约人作出欲使要约失效的意思表示，也不发生使要约失效的法律后果。

对于《合同法》第19条所规定“有下列情形之一的，要约不得撤销”的法律意义，学者有不同理解。一种观点认为，要约撤销规则不是禁止性规定，而是保护性规定，即即使是在本条但书所规定的两种场合，也并非禁止要约人撤销要约，而是要充分保护受要约人的利益，因而，在这两种场合，若允许要约人撤销要约，但由其对受要约人承担缔约过失责任即可充分保护受要约人的利益，则仍应允许要约人撤销要约。[①]另一种观点认为，要约撤销规则是要协调要约人与受要约人的利益关系，缔约过失责任不足以保护受要约人对合同成立的正当期待，因而，在这两种场合要约人不得撤销要约。[②]还有观点认为，要约撤销规则涉及的实质上是意思表示解释问题，法律条文是要在有疑义时提供意思表示解释规则，以更贴近要约人可被合理理解的真意。[③]鉴于本条沿袭了《合同法》第18条第1句和第19条，因而，在对本条进行解释时，这种争论预计会继续下去。

笔者认为，本条第1项针对要约人确定了承诺期限的情形解释为推定要约人表明了要约不可撤销的意思，此为意思表示解释规则，但除此之外本条的其他内容不属于意思表示解释规则，而是对双方当事人的利益进行协调的规则。要约人是否可以赔偿对方信赖利益为代价撤销要约，是立法者试图通过本条回答的价值判断问题。从本条文义（及《合同法》第19条文义）来看，在有所列情形之一时，要约人不可以撤销要约，条文的文义已非常明确。同时，《民法典》第478条第2项（对应《合同法》第20条第2项）均强调要约人撤销要约须“依法”，该项所规定的“依法”既包括本条规定，也包括《民法典》第477条有关要约撤销时间的规定，在要约人未“依法”撤销要约时，不发生《民法典》第478条所规定的要约失效的法律后果。立法者的价值判断

---

① 参见韩世远：《合同法总论》（第四版），法律出版社2018年版，第136—137页。相同观点并参见王利明：《合同法研究》（第一卷）（第三版），中国人民大学出版社2015年版，第260—261页。

② 参见朱广新：《合同法总则研究》，中国人民大学出版社2018年版，第94—95页。

③ 参见赵文杰：《要约》，载王洪亮等主编：《中德私法研究》（第13卷），北京大学出版社2016年版，第286—287页。

结论已表达得非常清晰明确，在解释适用本条时应当尊重立法者的价值判断结论。至于本条是否合理、在本条所规定的两种场合允许要约人以损害赔偿为代价撤销要约是否更为合理，则已属立法论范畴。

我国已有的司法实践中也多采这种见解。在《合同法》第19条所规定的不得撤销要约的情形下，要约人作出欲使要约失效的意思表示，不发生使要约失效的法律后果，因而，若之后受要约人又作出承诺，则合同成立，受要约人可要求履行合同或要求承担违约责任。①在特殊情形下，若因要约人强行撤销要约，导致受要约人在客观上无法作出承诺、合同未成立，后来在客观上也无法再订立合同，或受要约人不再要求订立合同，则受要约人可要求要约人进行损害赔偿。②在一起案件中，企业向劳动者发送《录用通知书》通知劳动者于2016年6月13日上午9点准时到公司人力资源部办理报到，后又电话通知其因公司内部组织变动不再需要其入职，法院认为，《录用通知书》所载的报到期限即为承诺期限，要约不得撤销，企业却仍加以撤销，导致合同最终未成立，应承担缔约过失责任，损害赔偿额按用人单位违法解除劳动合同的规则计算。③

三、但书第1项

本条但书第1项规定的是要约人明示要约不可撤销的情形。本条明确列举了“要约人以确定承诺期限明示要约不可撤销”的情形，并在这一例示之外规定了“要约人以其他形式明示要约不可撤销”的情形。

（一）要约人以确定承诺期限明示要约不可撤销

如果要约人确定了承诺期限，这通常意味着，要约人表达了其在所指定的承诺期限内不会撤销要约的意思。受要约人在收到此种要约之后，会认为自己在要约所指定的承诺期限内可慢慢考虑、不必迅速作出决定，甚至受要

① 参见江苏省苏州市中级人民法院（2016）苏05民终3303号民事判决书。

② 例如，某公司在其大型网络购物平台发布足以构成要约的商品低价促销的抢购信息，后又单方变更网页价格，导致消费者在客观上无法按照原定价格通过网页下单，消费者起诉要求判令某公司赔偿损失1元，法院支持原告的赔偿请求。参见“郑某诉浙江某供应链管理有限公司网络购物合同纠纷案”，广东高院发布2018年度涉互联网十大典型案例之五。

③ 参见广东省深圳市中级人民法院（2017）粤03民终17270号民事判决书。

约人本已基本决定要作出承诺，但为谨慎而暂不发出承诺通知，以用尽要约人为自己所提供的考虑时间。为保护受要约人的利益，本条规定，此种情形下，要约人不得撤销要约。

要适用本条规定而发生要约不得撤销的后果，要约对承诺期限的指定必须明确，可采用期间的方式或截止时间（期日或时点）的方法表达，例如，“我们同意从确定的接收投标之日起90天内遵守本投标书，在此期间期满之前的任何时间，本投标书一直对我们具有约束力，并随时被接受”。[①]又如，“我们的要约在10月1日前一直有效”“要约在12月24日作废”等。[②]但如果要约仅是表明“请你方尽快作出决定”，则不足以构成“以确定承诺期限明示要约不可撤销”。[③]

要约人确定了承诺期限，通常而言，只是意味着要约人表达了不会在承诺期限内撤销要约的意思，但并不必然如此。本条但书第1项的表达是“要约人以确定承诺期限或者其他形式明示要约不可撤销”，自句子结构而言，本条的主干为“要约人明示要约不可撤销”，“以确定承诺期限”仅为“要约人明示要约不可撤销”的方式。即立法者认为，要约人在要约中确定了承诺期限，通常意味着“要约人明示要约不可撤销”。这是法律为意思表示的解释所提供的解释规则，但是，在例外情形下，要约人在要约中确定了承诺期限，也可能是要约人仍然为自己保留撤销要约的机会，[④]最直观的例子是，要约中表明，“请在10月1日前答复，但在此之前我方也仍可撤销本要约”。在《联合国国际货物销售合同公约》第16条的起草讨论过程中，普通法学者和大陆法学者曾围绕要约确定承诺期限场合应如何解释的问题表达不同看法，[⑤]有的示范法

---

① 参见四川省自贡市中级人民法院（2014）自民三终字第68号民事判决书。

② 参见朱广新：《合同法总则研究》，中国人民大学出版社2018年版，第91页。

③ See The Study Group on a European Civil Code and the Research Group on EC Private Law, *Principles, Definitions and Model Rules of European Private Law* (*DCFR, Full Edition*), Volume 1, Munich: sellier european law publishers, 2009, p.302.

④ 参见赵文杰：《要约》，载王洪亮等主编：《中德私法研究》（第13卷），北京大学出版社2016年版，第286—287页。

⑤ See The Study Group on a European Civil Code and the Research Group on EC Private Law, *Principles, Definitions and Model Rules of European Private Law* (*DCFR, Full Edition*), Volume 1, Munich: sellier european law publishers, 2009, p.305.

明确规定，确定了承诺期限的要约一概不可撤销，如《欧洲示范民法典草案》第II.–4：202条、《欧洲合同法原则》第2：202条。但是，在解释本条时，仍应从本条的文义出发，承认在特殊情形下要约人确定了承诺期限却又保留撤销要约机会的可能。

要约人以确定承诺期限明示要约不可撤销，既可以是要约人在最初发给受要约人的要约中确定了承诺期限，也可以是在之后与受要约人进行磋商的过程中与受要约人协商确定了承诺期限。例如，A是一个古董商，A要求B在3个月内完成修复10幅画的工作，价格不超过一具体金额。B告知A，为了决定是否承诺该要约，B认为有必要先对一幅画进行修复，然后在5天内给出一个明确的答复。A同意。《国际商事合同通则》将之作为"受要约人有理由信赖该项要约是不可撤销的且已依赖该要约行事"的示例。[①]我国有学者认为，该种情形属于"要约人以其他形式明示要约不可撤销"。[②]但该种情形似是要约人与受要约人协商确定了承诺期限。当然，要约人以确定承诺期限明示或要约人以其他形式明示，均属本条但书第1项，因而，从法律适用而言，归入前者或归入后者并无影响。

若承诺期限虽已确定，但并非要约人确定承诺期限，而是要约邀请人在面向不特定多数人的要约邀请中确定了承诺期限，则不适用本条但书第1项。例如，招标公告属于要约邀请（《民法典》第473条第1款），招标人在招标公告中确定了开标日期，因而，承诺期限已经确定，但该承诺期限系由要约邀请人单方确定，在中标结果确定之前，投标人可以撤销要约。[③]对拍卖公告、招股说明书、债券募集办法、基金招募说明书等要约邀请进行响应而发出的要约亦同。

有学者在解释《合同法》第19条时认为，在要约人确定了承诺期限的场合，若受要约人并无信赖，就没有保护的必要，此时要约人仍然可以撤销要

---

① 参见张玉卿主编审校：《国际统一私法协会国际商事合同通则2010》（英汉对照），中国商务出版社2012年版，第133页。

② 参见崔建远：《合同法总论》（上卷）（第二版），中国人民大学出版社2011年版，第136页。

③ 参见浙江省台州市中级人民法院（2010）浙台民终字第479号民事判决书。

约，如要约到达受要约人后的第二天要约人就撤销要约。[①]此种观点有待商榷。在以确定承诺期限明示要约不可撤销的场合，受要约人的利益首先在于其不必迅速作出决定的预期，若以受要约人有信赖保护必要为额外要件，则受要约人的预期将被打破，受要约人有缔约意向时仍不得不寻求抢先承诺，由此，本项规定将被架空。因此，应当回归本条文义，不以受要约人有信赖保护必要为额外要件。

（二）要约人以其他形式明示要约不可撤销

“要约人以其他形式明示要约不可撤销”中的“其他形式”，是相对于“以确定承诺期限”而言的。最为直观的示例是，要约人在要约中表示“这是一个不可撤销的要约”或类似表述。又如，双方之间存在长期供货关系，买方向卖方发出采购单，载明“请于2013年12月15日前备好货，待通知安排送货”。[②]

《联合国国际货物销售合同公约》第16条、《欧洲示范民法典草案》第II.–4：202条、《欧洲合同法原则》第2：202条所使用的、与本条中“明示”一词相对应的术语皆为“indicate”，相关解释认为此种明示也可从要约人的行为（conduct）中推断出来，但未对此给出具体示例。[③]我国有学者接受此种观点，并认为，若发出要约之后，要约人已经开始为履行合同做必要准备，可由此推断出要约不可撤销。[④]此种观点似仍有商榷余地。

本质上，要约人是否明示了要约不可撤销，是意思表示的解释问题。为协调本条但书第1项与第2项的关系，在适用本条但书第1项时，应从严解释，即在有疑义时，应解释为要约人未明示要约不可撤销；若因要约人的要约表达不准，引起受要约人误解，则适用本条但书第2项对受要约人进行保护。考

---

① 参见王利明：《合同法研究》（第一卷）（第三版），中国人民大学出版社2015年版，第259页。

② 参见江苏省张家港市人民法院（2015）张凤商初字第00157号民事判决书［转载自同案二审江苏省苏州市中级人民法院（2016）苏05民终3303号民事判决书］。

③ See The Study Group on a European Civil Code and the Research Group on EC Private Law, *Principles, Definitions and Model Rules of European Private Law* (*DCFR*, *Full Edition*), Volume 1, Munich: sellier european law publishers, 2009, p.302; Ole Lando and Hugh Beale (ed.), *Principles of European Contract Law*, Parts I and II, Hague: Kluwer Law International, 2000, p.165.

④ 参见朱广新：《合同法总则研究》，中国人民大学出版社2018年版，第92页。

虑到对行为所表达的意思进行推断常易背离行为人的真实意思，不宜将要约人的行为纳入本条但书第1项的范围。由此，对本条但书第1项中“明示”的解释仍应与《民法典》第140条有关意思表示方式中的“明示”一词保持一致。从《合同法》第19条的立法意图来看，当时立法者所理解、所接受的“明示”也是“明确表示”。[①]

从要约人风险的角度来说，要约人不确定承诺期限却又明示要约不可撤销，于要约人风险极大。其理由在于，根据《民法典》第478条的规定，要约人能够使要约失效的机制仅有两种，一为要约人依法撤销要约，二为承诺期限届满且受要约人未作出承诺；另外两项使要约失效的机制，主动权均交由受要约人（受要约人拒绝要约，或受要约人对要约的内容作出实质性变更）。因而，若要约未确定承诺期限，又认定要约人以其他形式明示要约不可撤销，则要约人完全丧失了使要约失效的机会，若受要约人不作任何回应（既不拒绝要约，也不承诺，也不对要约的内容作出实质性变更），则要约的效力将一直持续下去，直到按照《民法典》第481条第2款第2项所确定的“合理期限”结束，而“合理期限”的长度具有不确定性，发生纠纷后取决于法院裁量。此种情况将对要约人极为不利。因此，对要约人的意思进行解释时，也应认为，要约人通常不会在不确定承诺期限时明示要约不可撤销。从这一角度出发，也应对“要约人以其他形式明示要约不可撤销”从严解释。

在构成要件上，在符合本条但书第1项所规定的“明示要约不可撤销”时，不需要“受要约人已经为履行合同做了合理准备工作”。学说和实务对此偶见混淆，应予严格区分。

四、但书第2项

本条但书第2项规定，“受要约人有理由认为要约是不可撤销的，并已经为履行合同做了合理准备工作”时，要约人不可撤销要约。

本条但书第1项规定要约人明示要约不可撤销时要约不可撤销，是基于要约人自愿放弃其撤销要约的机会，给予受要约人慢慢考虑的时间。但书第2项

---

① 全国人大法工委研究室编写组：《中华人民共和国合同法释义》，人民法院出版社1999年版，第28页。

则是从受要约人的角度，即使要约人并无放弃要约撤销机会的意愿，但外观上让受要约人有理由认为要约是不可撤销的，在受要约人基于此种信赖而已经为履行合同作了合理准备工作时，要约人也不可撤销要约。

所谓“受要约人有理由认为要约是不可撤销的”，是指要约在外观上异于普通的、可任意撤销的要约，足以使受要约人产生更多信赖。具体而言，可有两种情形，一为要约人未在要约中明示要约不可撤销，但要约人以其行为表达（即以默示的方式表达）要约不可撤销的意思；二为要约人既未在要约中明示要约不可撤销，也未以默示的方式表达出要约不可撤销的意思，但要约人有其他特殊情形使受要约人有理由认为要约人不会撤销要约。例如，某公司在其大型网络购物平台发布足以构成要约的商品低价促销的抢购信息，称“某品牌拉拉裤XL128片，价格为189元，领券满199元减20元，7月10日0点开抢，前5分钟单箱39.9元，每人限购5箱，23点59分前付款，次日达”，后该公司在抢购时间开始之前又单方变更价格。法院认为，某公司发布的促销信息传递出强烈而确定的出售意愿，特别是在电商平台用户数量众多、促销信息传播迅速的网络环境下，上述促销信息可能会对众多消费者产生影响；消费者有理由相信，该公司作为专业电商经营者，对网络促销特点有充分认识，会专业、审慎地发布促销信息，因而对该公司信守承诺、不撤销该促销信息寄予合理信赖，且使消费者为抢购所作的准备工作化作徒劳，故该促销信息应属不可撤销的要约。①

所谓受要约人“已经为履行合同做了合理准备工作”，指受要约人在对要约产生正当信赖之后，开始制造货物、获取原材料、为订立合同组织招投标、从事花费较大的计算、向供货人或分包人发出要约邀请、租赁储存空间、再售货物、订立运输合同、招聘其他工人等；也可以表现为消极行为，如未邀请其他要约。②也包括，在收到用人单位有关签订就业协议的短信通知后，劳动者与此前已签订劳动合同的其他单位解除劳动合同并支付违约金；③工厂拒绝其他人的要约，以预留产能；特定物的出卖人或出租人拒绝其他人的要约，

① 参见“郑某诉浙江某供应链管理有限公司网络购物合同纠纷案”，广东高院发布2018年度涉互联网十大典型案例之五。

② 参见朱广新：《合同法总则研究》，中国人民大学出版社2018年版，第93页。

③ 参见郑州高新技术产业开发区人民法院（2019）豫0191民初20559号民事判决书。

以保留履行能力等。

“已经为履行合同做了合理准备工作”中的“履行合同”，不宜限定为履行合同义务，也可包括为受领给付。例如，要约人意欲出租广告位，受要约人为运营广告位而与第三方签订合作协议并向第三方支付保证金；①要约人意欲出租土地用于建厂，受要约人开始筹备建厂事宜、购买设备并将原材料运至该地块上、随时准备生产。②这些情形，也构成“已经为履行合同做了合理准备工作”。但是，对市场上同类商品或服务进行价格调查，不属于“已经为履行合同做了合理准备工作”。③

对于悬赏广告，应适用本项规定，即根据悬赏广告的性质，应认为悬赏广告是不得撤销的，唯有如此，方能对广告所定行为的完成者给予妥善保护。④

举证责任

主张要约不可撤销的当事人，应当提出证据证明要约人确定了承诺期限，或者证明要约人已以其他形式明示要约不可撤销，或者证明受要约人有理由认为要约是不可撤销的并已经为履行合同做了合理准备工作。

第四百七十七条【要约撤销的时间】

撤销要约的意思表示以对话方式作出的，该意思表示的内容应当在受要约人作出承诺之前为受要约人所知道；撤销要约的意思表示以非对话方式作出的，应当在受要约人作出承诺之前到达受要约人。

历史由来

本条来源于《合同法》第18条第2句。《合同法》在规定要约等意思表示

---

① 参见云南省昆明市中级人民法院（2014）昆民四终字第430号民事判决书。
② 参见河南省内乡县人民法院（2007）内法民初字第1037号民事判决书。
③ 参见辽宁省高级人民法院（2014）辽审四民申字第577号民事裁定书。
④ 参见朱广新：《合同法总则研究》，中国人民大学出版社2018年版，第80页。

的生效规则时仅规定了到达生效，未顾及以对话方式所作出的要约等意思表示。《合同法》第18条第2句也是如此，该句规定：“撤销要约的通知应当在受要约人发出承诺通知之前到达受要约人。”

《民法典》总则编第137条在规定意思表示的生效规则时，区分了“以对话方式作出的意思表示”和“以非对话方式作出的意思表示”；对于前者，规定“相对人知道其内容时生效”，对于后者，规定“到达相对人时生效”。本条对于撤销要约的意思表示的规定，同样区分这两种类型，并相应贯彻第137条所规定的“知道生效”和“到达生效”的规则。

在《民法典》编纂过程中，从《民法典合同编（草案）》（征求意见稿）开始，就改为了与本条相同的表述。

规范目的或功能

《民法典》第476条规定以要约人可任意撤销要约为原则，并在但书中规定了两种例外。本条从时间上对要约的撤销进行限制。

规范内容

根据本条的界定，要约人为撤销要约而作出的表示属于意思表示。撤销要约的意思表示是有相对人的意思表示，因而，该种意思表示应适用《民法典》第137—142条中有关有相对人的意思表示的规则。

《民法典》第137条对有相对人的意思表示的生效作了规定，其第1款规定，“以对话方式作出的意思表示，相对人知道其内容时生效”；其第2款第1句规定，“以非对话方式作出的意思表示，到达相对人时生效”。结合第137条的规定，本条的内容可转化为：撤销要约的意思表示，应当在受要约人作出承诺之前生效。

第137条第2款第2句和第3句规定了以非对话方式作出的采用数据电文形式的意思表示的生效规则。本条仅规定“撤销要约的意思表示以非对话方式作出的，应当在受要约人作出承诺之前到达受要约人”，未如第137条第2款那样对采用数据电文形式的意思表示作特殊规定。在解释上，应认为，采用数据电文形式作出撤销要约的意思表示的，该意思表示应当在受要约人作出承诺之前生效，关于其生效时间的判断仍应适用第137条第2款的规定。

对本条中“受要约人作出承诺”的时间点的判断，应与《民法典》第480条保持一致。即在一般场合，受要约人发出承诺的通知时为“作出承诺”；在根据交易习惯或者要约表明可以通过行为作出承诺的场合，受要约人选择以行为方式作出承诺的，在受要约人完成相应行为时为“作出承诺”。

对于非以对话方式作出的承诺，以及某些特殊场合以对话方式作出的承诺，在受要约人作出承诺后、承诺生效前，中间存在时间差。在这一过程中，要约人已不能撤销要约，只能静待承诺生效；但受要约人尚有撤回承诺的机会。有学者认为，这会出现逻辑矛盾，导致“产生合同拘束力前，要约在部分时段无形式拘束力，部分时段有形式拘束力的不纯粹状态”。[①]笔者认为，此为立法者在对要约人与受要约人之间的利益进行协调与平衡的结果，不宜单从逻辑上加以框束。

本条不考虑撤销要约的意思表示的迟到系出于何种原因，因而，要约人意欲撤销要约的，应当选择适当的通讯方式，确保其撤销要约的意思表示能够及时到达受要约人，并自行承担该意思表示迟延到达的风险。

三 举证责任

主张要约已被撤销的当事人，应当提出证据证明要约人已经表达了废除要约的意思。在撤销要约的意思表示以对话方式作出的场合，主张要约已被撤销的当事人，应当进一步提出证据证明，在受要约人作出承诺之前，受要约人已经知道要约人表达了废除要约的意思；在撤销要约的意思表示以非对话方式作出的场合，主张要约已被撤销的当事人，应当进一步提出证据证明，在受要约人作出承诺之前，要约人废除要约的意思已经到达受要约人。

---

① 赵文杰：《要约》，载王洪亮等主编：《中德私法研究》（第13卷），北京大学出版社2016年版，第288页。

第四百七十八条【要约的失效】

有下列情形之一的，要约失效：

（一）要约被拒绝；

（二）要约被依法撤销；

（三）承诺期限届满，受要约人未作出承诺；

（四）受要约人对要约的内容作出实质性变更。

历史由来

本条来源于《合同法》第20条。第20条规定："有下列情形之一的，要约失效：（一）拒绝要约的通知到达要约人；（二）要约人依法撤销要约；（三）承诺期限届满，受要约人未作出承诺；（四）受要约人对要约的内容作出实质性变更。"比较而言，第20条第1项和第2项均采主动句，本条第1项和第2项改为被动句；第3项和第4项保持不变。

在《民法典》编纂过程中，《民法典合同编（草案）》（征求意见稿）第16条、《民法典合同编（草案）》（一审稿）第269条对第1项的表述均是"拒绝要约的意思表示生效"，这两个草案对第2项的表述均与《合同法》第20条第2项相同。至《民法典合同编（草案）》（二审稿）第269条，第1项被改为现有表述，第2项被改为"要约依法被撤销"，最终通过的《民法典》再将第2项改为"要约被依法撤销"。

《合同法》在规定要约等意思表示的生效规则时仅规定了到达生效，未顾及以对话方式所作出的要约等意思表示。《合同法》第20条第1项表述为"拒绝要约的通知到达要约人"同样如此。《民法典》第137条在规定意思表示的生效规则时，区分了"以对话方式作出的意思表示"和"以非对话方式作出的意思表示"；因而，《合同法》第20条第1项"拒绝要约的通知到达要约人"的表述也应作相应修改。对要约的拒绝属于意思表示，因而，民法典草案中曾出现的"拒绝要约的意思表示生效"的表述已较准确。后改为"要约被拒绝"，或是为与第2项所采被动句式保持一致。

规范目的或功能

要约作为意思表示，在生效之后，受要约人就取得了通过作出承诺而成立合同的法律地位（承诺资格）。不论是对于要约人而言，还是对于受要约人而言，都需要判断，要约在何种情况下失去效力。本条对要约失效情形的规定，是为了用于判断要约在何种情况下失效。

规范内容

一、要约被拒绝

要约被拒绝，是指受要约人拒绝要约。对要约的拒绝属于意思表示，[①]且属于有相对人的意思表示，因而，该种意思表示应适用《民法典》第137—142条中有关有相对人的意思表示的规则。这也就意味着，对于拒绝要约的意思表示，在生效之前，可按《民法典》第141条的规定加以撤回；拒绝要约的意思表示，可以明示或者默示作出（《民法典》第140条）。至于保持沉默，本条第3项将之加以单独规定，因而，保持沉默不属于本条第1项所称的拒绝要约。

以默示方式拒绝要约的，例如，一方向对方发出债权转让的要约邀请后，对方继而向其发出要约，受要约人在收到要约文件后又就同一事项向对方发出要约邀请、通知对方“决定再次举办标的债权转让的要约邀请活动”，第2项要约邀请构成对此前要约的拒绝。[②]又如，在当事人之间发生争议后，一方向另一方发出《和解建议》，对方收到《和解建议》一段时间之后发起诉讼，其发起诉讼的行为可认为是对要约的拒绝。[③]

---

① 参见朱广新：《合同法总则研究》，中国人民大学出版社2018年版，第87页。*Helmut Köhler*, BGB Allgemeiner Teil, 30. Aufl., 2006, S. 95.

② 参见广东省广州市中级人民法院（2004）穗中法民二初字第286号民事判决书。

③ 参见最高人民法院（2018）最高法民申4183号民事裁定书。

二、要约被依法撤销

要约的撤销，规定于《民法典》第476条、第477条。第476条规定，要约人原则上可以撤销要约，例外情形下不得撤销要约。第477条规定，撤销要约的意思表示应当在受要约人作出承诺之前生效。因而，“要约被依法撤销”，包括两个方面的要求，一为要约不具有第476条所规定的除外情形，二为在时间上符合第477条的规定。[①]

三、承诺期限届满，受要约人未作出承诺

承诺期限，是指受要约人在要约生效之后可以作出承诺的期限。按照《民法典》第481条的规定，承诺期限分为两种类型，一为要约确定的承诺期限，二为要约没有确定承诺期限时按照第481条第2款所确定的承诺期限。

对于期限届满的计算，若期限采期间的方式，则适用《民法典》第200—204条的规定。关于“届满”，根据《民法典》第1259条的规定，包括本数。若要约以期日的方式确定了承诺期限，则于该日晚12时届满；有业务时间的，停止业务活动时届满（参照《民法典》第203条第2款）。

本项所考察的是受要约人是否作出承诺，但是，根据《民法典》第484条第1款的规定，承诺原则上属于有相对人的意思表示，应适用《民法典》第137条的规定，在到达相对人或相对人知道其内容时生效。在承诺的作出与承诺的生效之间存在时间差的场合，若受要约人在承诺期限届满之前作出了承诺，但在承诺期限届满之后承诺才生效，应如何处理？对此，应结合《民法典》第486条、第487条进行体系解释。（1）按照第486条的规定，受要约人在承诺期限内发出承诺，按照通常情形不能及时到达要约人的，为新要约。因而，在这种情形下，虽然在承诺期限届满时受要约人已经发出了“承诺”，但该“承诺”仍不足以导致合同成立，要约仍在承诺期限届满时失效；当事人之间能否成立合同，取决于要约人对受要约人所发出的新要约是否作出承诺。（2）按照第487条的规定，受要约人在承诺期限内发出承诺，按照通常情形能够及时到达要约人，但是因其他原因致使承诺到达要约人时超过承诺期

---

① 参见朱广新：《合同法总则研究》，中国人民大学出版社2018年版，第95页。

限的，要约人可及时通知受要约人因承诺超过期限而不接受该承诺。在此种情形下，虽然在承诺期限届满时受要约人已经发出了“承诺”，但要约人仍有拒绝接受该“承诺”的机会。若要约人选择及时通知受要约人因承诺超过期限而不接受该承诺，则该“承诺”仍不足以导致合同成立，要约仍在承诺期限届满时失效。反之，若要约人未及时通知受要约人因承诺超过期限不接受该承诺，则承诺有效，即此种情形下要约仍然有效，且因被承诺而可使合同成立。

本条第3项应结合《民法典》第140条第2款进行体系解释。在有法律规定、当事人约定或者符合当事人之间的交易习惯时，受要约人在承诺期限内保持沉默，可以视为受要约人作出了承诺的意思表示。就此详见本书关于《民法典》第480条的评注。本条第3项也应结合《民法典》第480条、第484条进行体系解释。在根据交易习惯或者要约表明可以通过行为作出承诺的场合，受要约人作出行为的，承诺在作出行为时生效。在以上两种场合，受要约人未以明示或默示方式作出意思表示，并不发生要约失效的法律后果。

此外，在承诺期限届满后，受要约人未作出承诺，但要约人继续催促受要约人作出承诺的，可认为要约人延长了承诺期限，要约继续有效。[①]

四、受要约人对要约的内容作出实质性变更

受要约人对要约的内容作出实质性变更的，为新要约（《民法典》第488条第2句）。换言之，受要约人不同意按照原要约的内容与要约人订立合同。因此，要约失效。关于何为实质性变更，何为非实质性变更，参见《民法典》第488条、第489条。

五、要约失效的后果

对于要约的效力，学者一般讨论两种。一是，在要约生效后，受要约人

---

① 在一起案件中，要约人将所欲订立的合同书通过传真发送给受要约人，合同书中载明“当日回传有效”，但受要约人未于当日回传，要约人的业务员于次日继续催促受要约人回传合同，法院认为，视为对“当日回传有效”条款的更改，受要约人于次日回传的，承诺有效。参见浙江省台州市中级人民法院（2017）浙10民终1492号民事判决书。

就取得了通过作出承诺而成立合同的法律地位（承诺资格）。学说将此称为要约对于要约人具有“实质拘束力”。[①]二是，在受要约人作出承诺之前，要约人原则上可以撤销要约，例外情形下则不得撤销要约（《民法典》第476条），学说将要约人能否任意撤销要约的问题称为要约的“形式拘束力”问题。[②]用于指称要约在例外情况下不得撤销的“形式拘束力”，实为一种消极的拘束力。因而，本条所规定的要约失效的后果，仅就前者而言，即在要约失效之后，受要约人不再享有承诺资格。

因而，在要约失效之后，受要约人又作出欲与要约人订立合同的意思表示的，即使受要约人将之称为“承诺”，原则上，该意思表示也不是承诺，而是新的要约。这也与《民法典》第486条的规定相一致。不过，第486条还规定，在受要约人超过承诺期限发出承诺的场合，要约人可以及时通知受要约人该承诺有效。换言之，在承诺期限届满后，受要约人仍可作出承诺，不过此时的承诺能否发生效力，取决于要约人是否承认。就此详见本书关于《民法典》第486条的评注。

举证责任

主张适用本条第1项、第2项或第4项因而要约已失效的当事人，应当提出证据证明，要约已被拒绝、要约已被依法撤销或者受要约人对要约的内容作出了实质性变更。主张受要约人在承诺期限届满之前未作出承诺，从而要约已失效的当事人，仅需对承诺期限在何时届满提供证据加以证明，不需要证明“要约人未作出承诺”这一消极事实；对此提出相反主张，即主张受要约人在承诺期限届满之前作出了承诺，从而要约未失效的当事人，应当提出证据证明受要约人在承诺期限届满之前作出了承诺。

---

① 参见韩世远：《合同法总论》（第四版），法律出版社2018年版，第129页；赵文杰：《要约》，载王洪亮等主编：《中德私法研究》（第13卷），北京大学出版社2016年版，第278页。

② 参见韩世远：《合同法总论》（第四版），法律出版社2018年版，第128—129页；赵文杰：《要约》，载王洪亮等主编：《中德私法研究》（第13卷），北京大学出版社2016年版，第280页；耿林：《论意思表示的到达效力》，载《东南大学学报》（哲学社会科学版）2016年第5期。

第四百七十九条【承诺的定义】

承诺是受要约人同意要约的意思表示。

历史由来

本条来源于《合同法》第21条，且与之完全相同。民法典编纂过程中的历次草案也未曾提出对该条的修改。

规范目的或功能

本条是对承诺的定义性规范。

合同是典型的双方民事法律行为，基于双方的意思表示一致而成立（《民法典》第134条第1款）。[①]“要约—承诺”方式是订立合同的一般方式（《民法典》第471条）。若当事人以书面形式中的合同书（及确认书）形式订立了合同，则当事人通过“要约—承诺”的方式或其他方式所达成的合意已经固定在了合同书之中，此时，一般来说，从结果角度对合同书进行分析即可判断当事人是否达成了合同成立所需的意思表示一致，不必再从过程角度对当事人是否作出了要约、承诺等进行分析和判断，但特殊情形下仍可能需要进行此种分析判断。在当事人未以合同书形式订立合同的场合，为判断合同是否成立，需要对当事人所作出的意思表示是否可被评价为要约或承诺进行分析。本条通过对承诺给出定义，为裁判者判断当事人是否作出了可被评价为承诺的意思表示提供指引。

规范内容

承诺属于意思表示的一种类型。因此，欲构成承诺，受要约人在从事表意行为时须具有行为意思，并且，表意行为至少须向外界表达当事人具有受

① 合同也可由多方当事人共同订立。多方订立合同与双方订立合同仅在合同当事人的人数上存在差异。

约束的意思、向外界表达当事人所意欲发生的私法上的法律效果，但当事人在主观上是否确实具有表示意识和效果意思，不影响承诺的成立。承诺本身不是民事法律行为，承诺只是合同这一民事法律行为的组成部分。因而，对于承诺，应适用《民法典》总则编第六章第二节有关意思表示的规则，但不适用《民法典》有关民事法律行为的规则。就此可参见本书关于《民法典》第472条的评注。

承诺须由受要约人作出。只有受要约人才有通过作出承诺而成立合同的法律地位（承诺资格）。在一般场合，要约系向特定的受要约人作出，因而，承诺也须由该特定的受要约人向要约人作出。当事人通过不明途径取得非向其发出的书面要约后，在书面要约上签署“本人同意”并签名和标注落款日期，不构成承诺。[①]在特殊场合，要约系向一定范围的不特定的人作出，则承诺可由该范围的任何人作出。要约系向公众作出、未划定受要约人的范围的，则公众中的任何人均可作出承诺。

承诺需要向要约人作出，即承诺是受要约人愿意与要约人订立合同的意思表示。若受要约人愿意以相同的缔约条件与要约人以外的其他人订立合同，则属于向其他人发出要约。原则上，承诺属于有相对人的意思表示，即承诺的生效适用《民法典》第137条的规定，在到达要约人或要约人知道其内容时生效。例外情形下（以“意思实现”方式作出承诺），承诺的生效不需要到达要约人或要约人知道其内容，此时的承诺属于无相对人的意思表示（不需要受领的意思表示）。就此详见本书关于《民法典》第480条、第484条的评注。

所谓“同意要约”，是指受要约人愿意按照要约所确定的合同条款与要约人订立合同。若受要约人完全同意要约，且未对要约内容作任何变更，则当然构成承诺。若受要约人对要约内容有所变更，则区分实质性变更与非实质性变更，分别适用《民法典》第488条、第489条的规定。若受要约人仅表示“知道了”要约的内容，则不构成承诺。[②]

---

① 参见浙江省衢州市中级人民法院（2012）浙衢民终字第405号民事判决书。

② 在一起案件中，移动公司以外呼营销的方式向消费者推荐短信包和“生活百事通”业务，消费者在接到移动公司向其推荐业务的外呼营销电话后，仅对业务员的介绍表示“知道了”，法院认为，这不构成承诺。参见河北省保定市中级人民法院（2015）保民三终字第329号民事判决书。

举证责任

主张受要约人作出了承诺的当事人，应当提出证据证明受要约人从事了表意行为，且该表意行为符合本条所规定的构成要件。

第四百八十条【承诺的方式】

承诺应当以通知的方式作出；但是，根据交易习惯或者要约表明可以通过行为作出承诺的除外。

历史由来

本条来源于《合同法》第22条。第22条规定："承诺应当以通知的方式作出，但根据交易习惯或者要约表明可以通过行为作出承诺的除外。"比较而言，本条与《合同法》第22条在表述上略有差异（将"但"改为"但是"且标点符号略作变化），但本质内容相同。所作表述修改系遵循全国人大常委会法工委所发《立法技术规范（试行）（一）》，该规范第16条规定："法律中的但书，一般用'但是'，不用单音节词'但'。'但是'后一般加逗号，在简单句中也可以不加。"

规范目的或功能

承诺作为受要约人同意与要约人按照要约内容订立合同的意思表示，原则上属于有相对人的意思表示，在受要约人向要约人作出的意思表示到达要约人或要约人知道其内容时生效。但是，在例外情形下，出于鼓励交易的需要，在双方之间有交易习惯时，或要约表明受要约人可以通过行为作出承诺、不需要将其承诺意思使要约人知晓时，法律尊重当事人之间的交易习惯、尊重要约人的意思。本条对此作了规定。

规范内容

一、承诺应当以通知的方式作出

本条第1句的表述为“承诺应当以通知的方式作出”，而“通知”自其文义而言是以口头语言或以书面语言加以表达，[①]因而，从该条文义而言，承诺似只能以明示的方式作出。不过，对于承诺，也应适用《民法典》第140条第1款的规定，不排除受要约人以默示方式甚至沉默方式作出承诺的可能。因此，本句所谓“应当以通知的方式作出”，应作目的性扩张解释，应理解为不限于以明示方式作出承诺。

本条但书所规定的“根据交易习惯或者要约表明可以通过行为作出承诺”有其特殊的指向，即指向学说所称的“意思实现”。换言之，并非所有的通过行为作出承诺均适用本条但书的规定，并非只有在符合交易习惯或要约表明可以通过行为作出承诺时，受要约人才可以通过行为作出承诺。通过行为间接表达意思，即，以默示的方式作出意思表示，为《民法典》第140条第1款所明定。因而，受要约人可以任意选择以默示的方式作出承诺，不受任何条件限制。此种承诺仍然属于本条第1句所称的“以通知的方式”作出的承诺，[②]根据《民法典》第484条第1款的规定，其生效应适用《民法典》第137条的规定，在该承诺到达要约人或要约人知道其内容时生效。例如，《民法典》第638条第2款规定，试用买卖的买受人在试用期内支付部分价款的，视为同意购买。此即试用买卖的买受人以支付部分价款的行为表明其作出承诺，在买受人向出卖人支付部分价款时，买受人的承诺的意思表示到达出卖人，此时承诺生效，合同成立。

在有法律规定、当事人约定或者符合当事人之间的交易习惯时，也可以

---

① 参见中国社会科学院语言研究所词典编辑室编：《现代汉语词典》（第7版），商务印书馆2016年版，第1312页。

② 相似观点可参见韩世远：《合同法总论》（第四版），法律出版社2018年版，第147页；朱岩：《承诺方式制度比较研究》，载《法学家》2014年第5期。但也有学者持相反观点，例如朱广新：《合同法总则研究》，中国人民大学出版社2018年版，第115页。

采用沉默的方式作出承诺（《民法典》第140条第2款）。法律规定可以采用沉默的方式作出承诺的，例如，《民法典》第638条第1款第2句规定，试用买卖中，试用期限届满，买受人对是否购买标的物未作表示的，视为购买。又如，第三人单方以书面形式向债权人作出保证，债权人接收且未提出异议的，保证合同成立（《民法典》第685条第2款）。[①]该条所规定的“债权人接收”应指债权人收到，即第三人所作出的意思表示到达债权人，但“接收”并不包含债权人同意的意思表示，因而，“债权人接收且未提出异议”意为债权人知道了第三人的意思表示的内容且保持沉默，根据该条规定，此种沉默构成承诺，保证合同成立。

但是，在没有法律规定、没有当事人约定也没有相关交易习惯时，受要约人保持沉默的，不应认为受要约人作出了承诺。要约人在要约中单方规定“受要约人保持沉默即视为承诺”的，对受要约人没有法律约束力。[②]受要约人仅持有要约人所送交的书面要约，属于保持沉默，在其后所发生的诉讼中受要约人将该书面要约作为证据向法院提供，也不属于以默示方式作出承诺。[③]

有学者将沉默归入本条但书所规定的“根据交易习惯或者要约表明可以通过行为作出承诺”的情形，[④]此种观点有待商榷。根据本条但书的规定，在要约人单方在要约中表明受要约人可以通过行为（意思实现）作出承诺时，受要约人即可以从事特定行为的方式作出承诺，不需要将其承诺意思通知要

---

① 《担保法解释》第22条第1款规定：“第三人单方以书面形式向债权人出具担保书，债权人接受且未提出异议的，保证合同成立。”该司法解释起草者认为，该条意为，“在债权人收到保证书后没有明确表示同意与否的情况下，可以认为是以默示的形式作出同意的意思表示，从而保证合同得以成立”。参见李国光等：《最高人民法院〈关于适用中华人民共和国担保法若干问题的解释〉理解与适用》，吉林人民出版社2000年版，第120页。该处所称的“以默示的形式”，对应的是《民法通则意见》第66条所称的“不作为的默示”，即《民法典》第140条第2款所称的“沉默”。

② 例如，订货人在订单中标注“在收到订单四小时内确认回传，逾期视为默认此订单的所有条款”，供货人在收到该订单后未按要求在指定时限内回传订单的，不能认为供货人作出了承诺。参见广东省深圳市中级人民法院（2014）深中法商终字第436号民事判决书。类似案例可参见广东省东莞市中级人民法院（2013）东中法民二终字第459号民事判决书。

③ 有法院将受要约人持有书面要约且在诉讼中作为证据予以举示认定为受要约人已作出承诺，此种观点没有说服力。参见重庆市第一中级人民法院（2019）渝01民终7782号民事判决书。

④ 参见朱岩：《承诺方式制度比较研究》，载《法学家》2014年第5期。

约人。而以沉默方式作出承诺，仅有要约人单方在要约中表明是不够的。以沉默方式作出承诺，若既无法律特殊规定又无交易习惯，则须有双方约定。如前所述，要约人在要约中单方规定“受要约人保持沉默即视为承诺”的，对受要约人没有法律约束力。

二、但是根据交易习惯或者要约表明可以通过行为作出承诺的除外

本条但书所规范的，学说称为“意思实现”，[①]即在特定情形下，受要约人实施某种行为，根据交易习惯或要约的要求，可因受要约人实施了该种行为而认定受要约人作出了承诺。

以意思实现的方式作出承诺，和以普通意思表示作出承诺（本条第1句所称以通知的方式作出承诺）之间的根本区别在于《民法典》第484条所规定的不同规则：以普通意思表示作出承诺的，应适用《民法典》第137条的规定，在承诺这一意思表示到达要约人时或要约人知道其内容时生效。以意思实现的方式作出承诺的，在受要约人根据交易习惯或者要约的要求作出该种可被认定为承诺的行为时，承诺生效；换言之，该承诺的生效，不以要约人知道受要约人从事了该行为作为要件。

学说认为，属于以意思实现方式作出承诺的，主要有以下事例：供货方按照订货单的要求将货物打包托运、寄送或自行运输给订货方；旅店按照旅客的旅馆预订信息为旅客预留房间；甲要求乙绘制风景油画5幅，表明将于某日上门取货，于是乙按要求绘制油画；宾馆客人消费宾馆在房间冰箱中放置的、非赠送的饮料、食品或其他商品；收件人拆阅现物要约寄来的杂志。[②]

将以上事例或类似情形认定为受要约人以意思实现方式作出了承诺，其意义在于，合同在受要约人从事上述行为时即已成立，不需要等到要约

---

① 参见崔建远：《合同法》（第三版），北京大学出版社2016年版，第60页；韩世远：《合同法总论》（第四版），法律出版社2018年版，第154页。

② 参见崔建远：《合同法》（第三版），北京大学出版社2016年版，第58—59页；韩世远：《合同法总论》（第四版），法律出版社2018年版，第154—155页；朱广新：《合同法总则研究》，中国人民大学出版社2018年版，第119页。

人知道时才成立，即合同成立的时间提前，对受要约人或要约人的保护更为周到。

在受要约人所从事的是提供给付或预留给付的行为（学说多称为履行行为）时，受要约人从事该行为时合同即成立，可以更充分地保护受要约人的利益。在受要约人从事了该行为之后、要约人知道之前，要约人不得以合同不成立为由拒绝受领；要约人拒绝受领给付的，受要约人可要求其承担违约责任。例如，在前述事例中，乙按要求绘制油画时，合同已成立，甲未按要约内容上门取货的，乙仍可要求甲支付价款；旅店按照旅客的旅馆预订信息为旅客预留房间后，旅客未及时到店入住的，旅店仍可要求其支付住宿费；供货方按照订货单的要求将货物打包托运、寄送或自行运输给订货方后，订货方即负有价款支付义务，途中发生标的物毁损灭失的，适用买卖合同风险负担规则。①

在受要约人所从事的是受领要约人所提供的给付、享受其利益（学说多称为受领行为）时，受要约人从事该行为时合同即成立，可以更充分地保护要约人的利益。在受要约人从事了该行为之后、要约人知道之前，受要约人即负有价款支付义务，受要约人不得以合同不成立为由拒绝支付价款，且受要约人的行为不构成侵害要约人的物权。在前述事例中，宾馆客人消费宾馆在房间冰箱中放置的、非赠送的饮料、食品或其他商品；收件人拆阅现物要约寄来的杂志，均属此类。

在受要约人提供给付或预留给付的场合，受要约人在从事该行为时通常均有表示意思。在受要约人受领要约人所提供的给付、享受其利益的场合，受要约人在从事该行为时可能欠缺表示意思。不过，按照现代民法通说，欠缺表示意思并不妨碍意思表示的成立。②

因此，行为人从事符合交易习惯的行为或要约所要求的行为，仍然属于作出了意思表示，这种意思表示属于无相对人的意思表示（不需要受领的意

---

① 参见韩世远：《合同法总论》（第四版），法律出版社2018年版，第154页。

② 参见王泽鉴：《民法总则》，北京大学出版社2009年版，第319页；朱庆育：《民法总论》（第二版），北京大学出版社2016年版，第198页；陈甦主编：《民法总则评注》，法律出版社2017年版，第928页。

思表示)。[①]若受要约人在享受其利益时不了解相关交易习惯，因而欠缺表示意思，仍可成立承诺，从而仍可成立合同，其后可适用意思表示瑕疵场合的法律行为撤销制度及缔约过失责任制度对双方当事人进行救济。[②]

对于意思实现是属于"要约—承诺"方式以外的其他方式，还是属于"要约—承诺"方式中的一种特殊情形，学说存在争议。[③]不过，此种争议仅是对术语外延的理解不同，于具体规则适用没有影响。自文义而言，本条及《民法典》第484条第2款将意思实现表述为不需要通知的承诺，从而对承诺采广义理解，由此，将意思实现作为"要约—承诺"方式之内的特殊形态似乎更能避免语义矛盾。

以意思实现方式作出承诺，在许多场合，是以往通讯不发达、要约人与受要约人之间信息传统不畅的产物。例如，前述旅店按照旅客的旅馆预订信息为旅客预留房间、要求绘画师绘制风景油画、收件人拆阅现物要约寄来的杂志等情形，在现今电子通讯、互联网通讯发达的背景下，发生的概率越来越小。以意思实现的方式作出承诺，本属例外情形，因欠缺明示的意思表示，涉及对交易习惯的证明和对要约内容的解释，容易产生误解和纠纷，因而，在能够通过电话、手机短信、电子邮件、网络即时通讯工具等手段以明示方式作出承诺的场合，当事人尽量避免以意思实现方式作出承诺，属于合理选择。

根据本条及《民法典》第484条第2款的规定，将受要约人的行为认定为以意思实现方式作出承诺，以存在交易习惯或要约要求为前提。交易习惯可以是在交易行为当地或者某一领域、某一行业通常采用并为交易对方订立合同时所知道或者应当知道的做法，也可以是当事人双方经常使用的习惯做法(《合同法解释(二)》第7条第1款)。现今常见的因某一行业的交易习惯而可以采用意思实现方式作出承诺的，如宾馆客人消费宾馆在房间冰箱中放置的、非赠送的饮料、食品或其他商品。若供货人和订货人之间形成了长期的、

---

① 参见韩世远:《合同法总论》(第四版)，法律出版社2018年版，第153页。另参见崔建远:《合同法》(第三版)，北京大学出版社2016年版，第59页。

② 参见韩世远:《合同法总论》(第四版)，法律出版社2018年版，第156页。

③ 赞同的观点可参见韩世远:《合同法总论》(第四版)，法律出版社2018年版，第153页；反对的观点可参见崔建远:《合同法》(第三版)，北京大学出版社2016年版，第59页。

稳定的供货关系，并形成了双方之间的交易习惯，可能会发生前述“供货方按照订货单的要求将货物打包托运、寄送或自行运输给订货方”或类似情形。若要约人的要约明确表明要求对方以行为作出承诺，且受要约人因通讯中断或事态紧急等原因而无法与要约人取得直接联系时，受要约人也仍可能以意思实现的方式作出承诺。

除因交易习惯或要约要求而可能以意思实现方式作出承诺外，法律的特殊规定也可能成为以意思实现方式作出承诺的依据。例如，《民法典》第638条第2款规定，在试用买卖中，试用买卖的买受人在试用期内对标的物实施出卖、出租、设立担保物权等行为的，视为同意购买。买受人在试用期内从事此种行为，即属于本条但书所规定的通过行为作出承诺，该承诺在买受人从事该行为时生效。并且，如前文所述，即使买受人在从事此种行为时欠缺订立买卖合同的意思，仍不妨碍承诺的成立、不妨碍合同的成立，但可依意思表示瑕疵制度及缔约过失责任制度等对双方当事人进行救济。

司法实践中，真正属于以意思实现方式作出承诺的案例较为少见。典型的如，在建设工程勘察关系中，发包人向某专门从事地质勘探工作的“物探队”发出通知，在通知中指定了勘探施工的履行地点、履行期限、工程内容及工程量、工程价款标准等内容，并明确要求“请你单位接通知后，迅速组织施工”，最高人民法院认为，受要约人即物探队可以通过履行行为即“组织施工”作出承诺。[①]又如，船舶搁浅后，搁浅船舶的权利人向海上救助打捞局发出呼救，此种场合，若根据交易习惯或者要约表明可以通过行为作出承诺，则海上救助打捞局收到呼救信息后立即调派救捞船前往搁浅海域进行施救的行为构成承诺。[②]再如，双方当事人之间有长期贸易往来，交易习惯为需方在采购订单上签字盖章后传真给供方，供方直接按照采购订单的要求组织货源，并按照采购订单的要求将货物送至指定地点，在案件中，需方将签字盖章的

① 参见最高人民法院（2018）最高法民申2844号民事裁定书。

② 参见海口海事法院（2000）海商初字第558号民事判决书。法院认为，“被告公司2000年10月12日向原告救捞局发出订立救助合同的要约后，救捞局以其调派‘穗救201’轮对遇险的‘锦润5’轮实施救助的行为作出了承诺”。该案判决书未涉及是否根据交易习惯或者要约表明可以通过行为作出承诺的问题。不过，若有交易习惯或要约要求为依据，在此种事态紧急的场合，是存在以意思实现方式作出承诺的现实需要的。

采购订单传真给供方，供方在收到采购订单后未签字盖章也未回传，但供方已按照采购订单的要求组织生产和货源，法院认为，供方属于通过行为作出了承诺。[①]

本条但书所规定的“通过行为作出承诺”与普通的以默示方式作出承诺极易混淆。普通的以默示方式作出承诺，也是通过行为间接表达缔约意思，但是，此种承诺仍属于本条第1句所称的“以通知的方式”作出的承诺，根据《民法典》第484条第1款的规定，其生效应适用《民法典》第137条的规定，在该承诺到达要约人或要约人知道其内容时生效。而本条但书所规定的“通过行为作出承诺”，应适用《民法典》第484条第2款的规定，在受要约人作出行为时承诺生效。因此，若要约表明受要约人可以通过行为作出承诺，或者根据交易习惯受要约人通常经由行为作出承诺，但此种行为必须是直接向要约人作出的，不属于真正的以意思实现方式作出承诺。司法实践中有的法院将此种行为认定为意思实现，[②]这不具有特殊价值，将之认定为普通的以默示方式作出承诺即可。有的法院将不存在交易习惯也不存在要约表明场合的以默示方式作出的承诺认定为意思实现，[③]甚至在无书面合同的场合认定为以意思实现方式订立合同，[④]更属于对意思实现制度的误用。

举证责任

主张根据交易习惯或者要约表明可以通过行为作出承诺的，应当提出证

① 参见广东省深圳市中级人民法院（2016）粤03民辖终1019号民事裁定书。

② 例如，航空公司推出常旅客积分奖励计划，通过邀请参加、邮寄会员卡并开通服务热线、app应用程序、官方网站等方式发出要约，相对人可以决定是否选择加入常旅客积分奖励计划、与航空公司之间成立合同关系。航空公司向旅客邮寄的会员卡的背面以文字注明：“使用此卡表明您已接受‘东方万里行’常旅客积分奖励计划的各项规则、条款、相关内容以及可能产生的变动和补充。”法院认为，旅客使用会员卡的，构成承诺，合同成立。参见上海市第一中级人民法院（2019）沪01民终11751号民事判决书。在此种场合，旅客使用会员卡的行为，必然向航空公司或其代理人作出。因而，此种行为系以默示的方式作出承诺。

③ 参见上海市杨浦区人民法院（2015）杨民三（知）再重字第1号民事判决书。

④ 参见上海市第一中级人民法院（2004）沪一中民四（商）终字第728号民事判决书。

据证明确实存在着其所主张的交易习惯，或者证明要约已表明可以通过行为作出承诺。

第四百八十一条【承诺期限】

承诺应当在要约确定的期限内到达要约人。

要约没有确定承诺期限的，承诺应当依照下列规定到达：

（一）要约以对话方式作出的，应当即时作出承诺；

（二）要约以非对话方式作出的，承诺应当在合理期限内到达。

历史由来

本条来源于《合同法》第23条。第23条规定："承诺应当在要约确定的期限内到达要约人。要约没有确定承诺期限的，承诺应当依照下列规定到达：（一）要约以对话方式作出的，应当即时作出承诺，但当事人另有约定的除外；（二）要约以非对话方式作出的，承诺应当在合理期限内到达。"比较而言，本条删除了第23条第2款第1项的但书规定。这一变化始于《民法典合同编（草案）》（二审稿）。

规范目的或功能

在要约生效之后，受要约人就取得了通过作出承诺而成立合同的法律地位（承诺资格）。这对于要约人而言意味着约束力，即一旦受要约人作出承诺，合同就成立，要约人就要受到合同的约束。因而，要约的效力存续应有时间限制，不应使要约人在受要约人既不承诺又不拒绝时一直受到要约的约束。承诺期限即发挥此种功能。

对于承诺期限的长度，首先应尊重要约人的意愿，即要约人在要约中确定了承诺期限的，应适用要约所确定的承诺期限。但是，有的要约人在发出要约时，未在要约中确定承诺期限，此时，要约的效力也不应一直存续下去。本条第2款为此种场合的承诺期限提供了规则，该款属于补充性任意性规定。

规范内容

一、承诺期限的意义

承诺期限，是指受要约人在要约生效之后可以作出承诺的期限。承诺期限届满，受要约人未作出承诺的，要约失效（《民法典》第478条第3项）。

承诺期限对于要约人而言具有重要的意义。除因承诺期限届满而使要约失效外，《民法典》第478条第1项（受要约人拒绝要约）和第4项（受要约人对要约的内容作出实质性变更）都需要受要约人从事积极的行为，第2项则以要约可撤销为前提，不适用于《民法典》第476条所规定的要约不可撤销的情形。因此，在第476条所规定的要约不可撤销的场合，受要约人又一直未对是否接受要约保持沉默的，要约人要想从要约的约束中解脱出来，只能求助于承诺期限制度。

二、"到达"的含义

本条所谓在承诺期限内"到达"要约人，应仅适用于以普通的意思表示方式作出的承诺(《民法典》第480条第1句称为"以通知的方式"作出承诺)。若根据交易习惯或者要约表明可以通过行为作出承诺（以意思实现方式作出承诺)，根据《民法典》第484条第2款的规定，以意思实现方式作出的承诺，在受要约人从事行为时承诺生效，不需要使要约人知道受要约人从事了此种行为，因此，在这种场合，受要约人在承诺期限内作出可构成意思实现的行为即可，不需要"到达"要约人。这意味着，在根据交易习惯或者要约表明可以通过行为作出承诺时，受要约人只要在承诺期限内从事此种行为即可。也就是说，在文义上，本条仅考虑了以普通的意思表示方式作出的承诺，未顾及以意思实现方式作出承诺的情形，在适用于这种情形时应作变通。

三、第1款

若要约确定了承诺期限，则承诺应当在要约所确定的承诺期限内到达要约人。至于要约是否确定了承诺期限，涉及对要约的解释。例如，企业向劳动者发送《录用通知书》，通知劳动者于2016年6月13日上午9点准时到公司人力资源部办理报到，此为要约确定了承诺期限。[①]

本条第1款所谓“要约确定的期限”，应作广义理解。既可以是要约人在最初发出的要约中确定了承诺期限，也可以是要约人在要约生效后又单独向受要约人补充说明承诺期限，还可以是当事人经过磋商后对承诺期限形成了约定。

本款既适用于以对话方式作出的要约，也适用于以非对话方式作出的要约。对于以对话方式作出的要约，虽然本条第2款第1项规定的补充性任意性规范为“应当即时作出承诺”，但要约人可以为受要约人确定更长的承诺期限。例如，在要约人以对话方式作出要约时明确：“给你3天时间考虑作出答复。”[②]又如，“要约以对话方式作出之时，受要约人及时表示随后再作出答复而要约人予以认可，如甲以对话向乙发出要约，乙随即表示3天内给予答复”。[③]《合同法》第23条第2款第1项规定，“要约以对话方式作出的，应当即时作出承诺，但当事人另有约定的除外”，本条第2款第1项中未再规定“但当事人另有约定的除外”。其原因之一应在于，“当事人另有约定”中的“当事人约定了承诺期限”的情形可以归入本条第1款的适用范围。

四、第2款

本款的文义已明确，本款属于补充性任意性规定，仅适用于要约没有确定承诺期限的场合。

（一）第1项

在要约人以对话方式作出要约的场合，若要约没有确定承诺期限，一般来说，意味着要约人希望受要约人即时作出承诺。本条第2款第1项根据通常的社会交往习惯确立了此种情形下的补充性规范。

在面对面的交谈及以电话、视频等方式进行非面对面的实时交谈中发出要约，属于以对话的方式作出要约。以手机短信及QQ文字、微信文字或微信语音片段等网络即时通讯工具作出要约，是属于以对话方式抑或以非对话的

---

① 参见广东省深圳市中级人民法院（2017）粤03民终17270号。

② 王利明：《合同法研究》（第一卷）（第三版），中国人民大学出版社2015年版，第281页。

③ 朱广新：《合同法总则研究》，中国人民大学出版社2018年版，第120页。

方式有不同见解。笔者认为，这类意思表示应认定为以非对话的方式作出的意思表示。就此详见本书关于《民法典》第474条的评注。

"即时作出承诺"应理解为在该次围绕是否订立合同而展开的对话中作出承诺，并不苛求在要约生效（受要约人知道要约的内容）与受要约人作出承诺之间没有任何时间差。在要约人以对话方式作出要约后，仍应给受要约人以适当的考虑时间，受要约人在该次对话结束之前作出承诺即可。

《合同法》第23条第2款第1项规定，"要约以对话方式作出的，应当即时作出承诺，但当事人另有约定的除外"，本条第2款第1项中未再规定"但当事人另有约定的除外"。若当事人通过协商一致约定了承诺期限，则应适用本条第1款。有疑问者在于，当事人未约定承诺期限，却约定受要约人不需要即时作出承诺，此种约定是否有效。解释上应认为，本条第2款第1项为补充性任意性规范，因而，未再规定"但当事人另有约定的除外"，并不意味着当事人就不能为此作出特殊约定。例如，在双方当事人现场开会协商的过程中，一方提出要约，对方表示"需要向上级公司汇报，有关事宜双方另行协商"，且要约人对此加以认可，双方并就此次协商过程形成了书面的《会议纪要》，且双方参会人员均在《会议纪要》上签名，在这种场合，要约人系以对话方式作出要约，且双方约定不需要即时作出承诺。[①]

（二）第2项

在要约人以非对话方式作出要约，且要约未确定承诺期限的场合，本条第2款第2项规定，承诺应当在合理期限内到达。若受要约人在合理期限内作出了承诺，但该承诺未在合理期限内到达，则适用《民法典》第486条、第487条处理。

"合理期限"为不确定概念，应结合多种因素综合考虑，所应考虑的因素如：（1）要约人所表明的期待。有的场合，要约人未在要约中确定承诺期限，

---

① 在中国某销售股份有限公司浙江分公司、浙江省建德市某实业有限公司房屋租赁合同纠纷中，一审法院认为，系以对话方式作出要约，但受要约人未即时作出承诺，故要约失效；二审法院认为，要约内容记载于《会议纪要》中，故系以非对话方式作出要约。参见浙江省杭州市中级人民法院（2019）浙01民终7372号民事判决书。两审法院的上述两种观点均值得商榷。

但要求“请立即答复”“请即刻回函”，则表明要约人的意图是受要约人不应有过多的考虑时间。[①]（2）交易习惯。若交易所在地、所在领域、所在行业或当事人之间对于交易事项的缔约时间有习惯做法的，应当参考交易习惯确定承诺期限。（3）所提议订立的合同的给付的属性，如是普通事项还是重大事项。例如，一斤苹果的买卖或几千吨石油的买卖，受要约人所需要的考虑时间是不一样的。（4）为要约人所了解或所能了解的、受要约人的决策流程。例如，若受要约人是公司，所提议订立的合同是属于经理职权范围、董事会决策范围，还是属于股东会（或股东大会）决策范围，作出决策的速度当然不同。（5）标的物的市场价格的波动速度。例如，同为房屋的买卖，在房屋交易市场价格快速波动时期和市场价格平稳时期相比，承诺期限应当更短。（6）要约人发出要约时所采用的通讯工具。根据《民法典》第482条的规定，在要约人采用不同通讯工具发出要约的场合，承诺期限的起算点不同。例如，在要约以信件作出的场合，承诺期限自信件载明的日期开始计算；信件未载明日期的，自投寄该信件的邮戳日期开始计算。可见，信件的投寄时间与信件到达时间之间的时间，被计入承诺期限。在判断合理的承诺期限时，应当在该段时间之后再为受要约人提供合理的考虑时间。（7）受要约人发出承诺时所能采用的通讯工具。本条第2款第2项规定，“承诺应当在合理期限内到达”，因而，在判断何为合理期限时，应当根据受要约人发出承诺时所能采用的通讯工具，在承诺发出后、到达前的传递时间之外再为受要约人提供合理的考虑时间。

本条第2款第2项的首要功能在于为法官裁判提供规则，即在双方当事人事后围绕合同是否成立产生争议时，法官应当判断，承诺是否在合理期限内到达。对此，法官有适度的自由裁量空间。并且，关于“合理期限”的长度，法官一般不需要在裁判中进行精确的判断，即法官不需要精确判断个案中的合理期限究竟应为多长，只需要判断承诺到达的时间是否处于合理期限内。

关于“合理期限”的判断，我国司法实践中有参考意义的案例，如：企

---

① 参见王利明：《合同法研究》（第一卷）（第三版），中国人民大学出版社2015年版，第281页。

业对商业用房的出租进行公开招投标，在投标人发出竞租申请的半年之后才发出中标通知书。法院认为，进行了6个月的评标、定标不符合交易习惯，明显超出合理期限。[①]公司在资产及股权重组过程中向他人发出要约，提出愿向对方支付一笔款项，结清双方间的一切债权债务，对方在5年之后才作出承诺，法院认为，“合理期限”的确定应考虑如下因素：“一是要约到达受要约人合理的在途时间；二是受要约人了解要约并作出承诺决定的时间；三是受要约人向要约人发出承诺所需要的在途期间。该‘合理期限’应考虑要约发出的客观情况和双方的交易习惯，维护双方利益的平衡。就一个正常的商事交易而言，交易各方的交易背景、交易动机、标的公司的股权价值，在5年多的期间内必然产生变化。”因此，5年时间早已超出合理期限。[②]村民委员会对各承包造林农户的造林林木中的“村级股份”进行估价，并发出了对“村级股份”进行转让的要约，受要约人在4年半之后才表示愿意购买。法院认为，此案中的“合理期限”应当根据林木生长规律、木材价格等进行综合评价，4年半之后林木价值与评估时的价值已相差很大，故已超出合理期限。[③]

若要约人在要约中提出了所欲订立的合同的履行期限，此时，可以结合要约中确定的履行期限对合理期限进行解释。例如，要约人（买方）将所欲签订的合同书签章后通过传真发送给受要约人（卖方），合同书中写明的交货期限为2017年5月25日前，合同书还规定卖方需于发货前一天电话通知买方联系人，但受要约人在合同书上签章后将之传真给要约人的时间，已是合同书中约定的交货期限的最后一日。法院认为，已超出合理期限。[④]又如，要约人将所欲签订的合同书通过传真发送给受要约人，合同书中规定的付款时间分别为5月底和6月底，受要约人却在7月才在合同书上盖章并回传给要约人。法院认为，显然已超过合理期限。[⑤]

此外，要约人拟定并交由受要约人决定是否签署的合同书上，落款时间处打印时间为2017年。法院认为，承诺时间应当不超过2017年，受要约人于

① 参见重庆市江津区人民法院（2018）渝0116民初10691号民事判决书。

② 参见北京市怀柔区人民法院（2019）京0116民初8533号民事判决书。

③ 参见贵州省黔东南苗族侗族自治州中级人民法院（2017）黔26民终1760号民事判决书。

④ 参见北京市第一中级人民法院（2019）京01民终3916号民事判决书。

⑤ 参见上海市嘉定区人民法院（2015）嘉民二（商）初字第1836号民事判决书。

2019年在合同书上签字时显然已超出合理期限。[①]

举证责任

主张适用本条第1款的当事人，应当提出证据证明，要约确定了承诺期限，且承诺已经在要约确定的承诺期限内到达要约人。主张适用本条第2款的当事人，应当提出证据证明，在要约以对话方式作出的场合，受要约人即时作出了承诺；或者在要约以非对话方式作出的场合，承诺已经在合理期限内到达要约人。

第四百八十二条【承诺期限的起算点】

要约以信件或者电报作出的，承诺期限自信件载明的日期或者电报交发之日开始计算。信件未载明日期的，自投寄该信件的邮戳日期开始计算。要约以电话、传真、电子邮件等快速通讯方式作出的，承诺期限自要约到达受要约人时开始计算。

历史由来

本条来源于《合同法》第24条。第24条规定："要约以信件或者电报作出的，承诺期限自信件载明的日期或者电报交发之日开始计算。信件未载明日期的，自投寄该信件的邮戳日期开始计算。要约以电话、传真等快速通讯方式作出的，承诺期限自要约到达受要约人时开始计算。"与第24条相较，本条在对快速通讯方式进行例示时增加了"电子邮件"。

在民法典编纂过程中，从《民法典合同编（草案）》（征求意见稿）第20条开始，就改为了与本条相同的表述。

规范目的或功能

在承诺期限内，受要约人拥有承诺资格，可以通过作出承诺而使合同成

① 参见河北省唐山市中级人民法院（2019）冀02民终6109号民事判决书。

立。承诺期限届满，受要约人未作出承诺的，要约失效（《民法典》第478条第3项）。因而，承诺期限的计算具有重要意义。

若要约人在要约中确定了承诺期限，需进一步考察是以何种方式确定承诺期限。若要约人采用指定截止时间（期日或时点）的方式确定承诺期限，例如，要约人于5月20日发出要约，并于要约中载明“请于5月30日之前答复”，在此种场合，确定承诺期限的起算点不具有实际意义。若要约人采用期间的方式确定承诺期限，例如，要约人在要约中载明，“请于10日内答复”。此时，需要判断从何时起计算该10日的期间。

若要约人没有确定承诺期限，则应适用《民法典》第481条第2款的规定确定承诺期限。其中，若要约是以对话方式作出的，则通常情况下不存在计算承诺期限的问题；若要约是以非对话方式作出的，则应计算合理期限，此时也存在起算点的问题，不过，对于“合理期限”的长度，无法加以精确判断，因而，也就毋须非常精确地确定其起算点。可见，本条主要适用于要约人以期间的方式确定了承诺期限的场合。

基于意思自治原则，要约人可以在要约中确定承诺期限的同时确定承诺期限的起算点。因而，本条为补充性任意性规定。

规范内容

本条将要约分为两种类型，以分别确定承诺期限的起算点。第一种类型为以“信件或者电报”作出的要约。第二种类型为以“电话、传真、电子邮件等快速通讯方式”作出的要约。

对于第一种类型，本条规定按照要约人一侧的时间计算承诺期限。其原因在于，要约人无法判断信件何时到达受要约人，而按要约人一侧的时间计算，则要约人和受要约人均能知晓该时间，标准更为客观、更能避免争议。在信件载明了日期的场合，以信件载明的日期起算承诺期限。按照中文书写习惯，“信件载明的日期”通常为寄信人在信件的落款处标注的写信日期，但也可以是寄信人在信件的其他位置（如信件头部、信件页眉、信件页脚等处）标注的写信日期。未载明日期的，以投寄该信件的邮戳日期起算承诺期限。此所谓“投寄该信件的邮戳日期”是指寄信邮局在信封上加盖的邮戳日期。

若信件载明了日期但所载日期明显错误，例如，信件所载明的日期晚于投寄该信件的邮戳日期甚至晚于收信日期，则仍以投寄该信件的邮戳日期起算承诺期限。若寄信邮局未在信封上加盖邮戳，则应以收信邮局在信封上加盖的邮戳日期为基准，结合邮局在两地间通常的在途时间推定投寄该信件的日期。电报交发日期的确定则通常不会出现困难。

对于第二种类型，本条规定自要约到达受要约人时开始计算。因这一规则适用于快速通讯方式，通常来说，要约人发出要约的时间与要约到达受要约人的时间之间不会存在对于承诺期限计算而言具有意义的迟延。对于传真、电子邮件等到达受要约人的时间的判断，应参照适用《民法典》第137条第2款第2句有关采用数据电文形式的意思表示的生效时间的规则。

本条对要约所作的两种类型区分，与《民法典》第137条、第481条等有关以对话方式作出的要约和以非对话方式作出的要约的区分不完全相同。因而，以手机短信及QQ文字、微信文字或微信语音片段等网络即时通讯工具作出的要约，是以非对话的方式作出的要约，但属于本条所规定的第二种类型即以“快速通讯方式”作出的要约。此外，若要约人是在面对面的交谈中作出要约，但要约人在交谈中确定了承诺期限的，也需要确定承诺期限的起算点，在此种场合，虽要约人未采用任何“通讯方式”作出要约，但应对本条所规定的“快速通讯方式”作目的性扩张解释，即此种情形同样适用本条第3句，自要约到达受要约人时开始计算承诺期限。

从理论上说，承诺期限是指受要约人在要约生效之后可以作出承诺的期限；在要约生效之前，受要约人尚未取得承诺资格，此时称为“承诺期限”似有不妥。本条所规定的承诺期限的起算点，与要约生效的时间点并不完全一致。对于以“信件或者电报”作出的要约，在按照本条第1句或第2句起算承诺期限时，要约尚未生效。在以电话等对话方式作出要约但要约到达受要约人后受要约人尚不知道其内容的场合，在按照本条第3句起算承诺期限时，要约也尚未生效。在上述场合，承诺期限早于要约生效之时开始计算，系因为该时间点的标准更为客观、更能避免争议。因而，对于要约的生效，仍应适用《民法典》第474条并依该条的指引而适用《民法典》第137条，要约生效的时间并不因承诺期限的起算而提前。

举证责任

主张承诺期限于某一时间点开始起算的当事人，应当提出证据证明，本条所规定的某个日期具体为哪一日或哪个时间点。具体而言，在要约以信件或者电报作出的场合，应当提出证据证明，信件载明的日期或者电报交发之日为哪一日；信件未载明日期的场合，应当提出证据证明，投寄该信件的邮戳日期为哪一日。在要约以电话、传真、电子邮件等快速通讯方式作出的场合，应当提出证据证明，要约于哪一时间点到达受要约人。

第四百八十三条【承诺生效的意义】

承诺生效时合同成立，但是法律另有规定或者当事人另有约定的除外。

历史由来

本条来源于《合同法》第25条。第25条规定："承诺生效时合同成立。"本条在其基础上增加但书规定"但是法律另有规定或者当事人另有约定的除外"。这一变化始自《民法典合同编（草案）》（征求意见稿），且其后一直保持不变。

本条之所以增加但书，其原因在于，承诺生效时合同成立仅是合同成立的一般原则。在例外的场合，承诺生效时合同仍未成立，仍有待于法律所规定的特殊条件或当事人所约定的特殊条件的成就。例如，《民法典》第490条、第491条规定了特殊情形下合同成立的特殊规则。当事人双方若事先对合同的成立约定了特殊条件，基于意思自治原则，法律也予以尊重。

值得说明的是，《合同法》第25条未规定但书，并不意味着在适用《合同法》时合同一概在承诺生效时成立，不承认任何例外。当事人对于合同成立的条件另有特殊约定时，基于意思自治原则，适用《合同法》时也仍应尊重当事人的约定。另外，《合同法》中同样存在对于第25条例外的规定，如第32条、第33条。第32条规定："当事人采用合同书形式订立合同的，自双方当事人签字或者盖章时合同成立。”第33条规定：“当事人采用信件、数据电文等形式订立合同的，可以在合同成立之前要求签订确认书。签订确认书时合同成立。”因而，本条增加但书，并不构成对《合同法》第25条的实质性修改，而是使规则表达更加清晰。

规范目的或功能

合同成立是在当事人之间产生合同权利义务关系的前提。在判断当事人之间是否存在合同权利义务关系时，既要判断合同是否成立，也要判断合同成立的时间点。本条确立了判断合同成立及其时间点的基本规则。

规范内容

一、合同成立的意义

合同成立，意味着合同的产生，所成立的合同对当事人具有法律约束力（《民法典》第119条）。当事人非依法律规定或者未经对方同意，不得擅自变更或者解除合同（《民法典》第136条第2款）。换言之，在合同成立之后，当事人要想从合同的法律约束力中解脱出来，一般而言，只能求助于合同的解除制度。

合同成立，意味着合同订立过程的结束。在订立合同过程中，当事人若有违背诚信原则的缔约过失行为，应承担缔约过失责任（《民法典》第500条）。在合同成立之后，当事人应当遵循诚信原则，根据合同的性质、目的和交易习惯履行通知、协助、保密等义务（《民法典》第509条第2款），此为合同存续过程中的附随义务，当事人不履行此种附随义务的，应承担的是违约责任而非缔约过失责任，所适用的法律条文为《民法典》第577条以下。

《民法典》共有11处9个条文出现了“订立合同时”一词。其中，合同编通则中共有4处，分别为：格式条款是当事人为了重复使用而预先拟定，并在订立合同时未与对方协商的条款（第496条第1款）；当事人就价款或者报酬约定不明确的，原则上按照订立合同时履行地的市场价格履行（第511条第2项）；合同成立后，合同的基础条件发生了当事人在订立合同时无法预见的、不属于商业风险的重大变化，继续履行合同对于当事人一方明显不公平的，适用情势变更规则（第533条第1款）；违约损害赔偿，不得超过违约一方订立合同时预见到或者应当预见到的因违约可能造成的损失（第584条）。以上4处有关“订立合同时”的表述中，在界定格式条款时所考虑的“在订立合同时未与对方协商”，所指的应是整个订立合同的过程；其余3处，均应根据合同成立时的情况进行判断。合同编关于各典型合同的规定中所出现的7处“订立合同时”（关于买卖合同交付地点的第603条，关于买卖合同权利瑕疵担保义务的第613条，关于租赁物危及承租人安全或者健康时承租人解除权的第731条，关于间接代理的第925条、第926条），也应以合同成立时作为判断时点。

《民法典》第151条规定，“一方利用对方处于危困状态、缺乏判断能力等情形，致使民事法律行为成立时显失公平的，受损害方有权请求人民法院或者仲裁机构予以撤销”。该条规定以民事法律行为成立时作为判断基准。若将该条适用于合同，则是以合同成立时作为判断合同是否显失公平的基准。

在《民法典》合同编有关典型合同的具体规定中，第963条和第964条分别规定了中介合同中的中介人促成合同成立和未促成合同成立场合的报酬支付规则和费用负担规则，在适用这一规则时，需要判断合同是否成立。

此外，根据《民法典》第502条第1款的规定，原则上，合同成立时生效。因此，合同成立的时间，通常情况下也是合同生效的时间。

二、承诺生效时合同成立

本条规定，承诺生效时合同成立，但是法律另有规定或者当事人另有约定的除外。这与《民法典》第134条第1款有关双方或多方民事法律行为成立的判断规则保持一致。根据《民法典》第134条第1款规定，双方或多方民事法律行为基于双方或者多方的意思表示一致成立。在订立合同的场合，受要约人所作出的意思表示的内容与要约一致（无实质性变更）的，受要约人所作出的意思表示才称为承诺。因而，承诺生效，就意味着要约人与受要约人达成了意思表示一致，因而，原则上，合同成立。

承诺生效的时间，按照《民法典》第484条判断。按照该条的规定，以通知方式作出的承诺，生效的时间适用《民法典》第137条的规定。承诺不需要通知的，根据交易习惯或者要约的要求作出承诺的行为时生效。就此详见本书关于《民法典》第484条的评注。

三、法律另有规定的除外

承诺生效时合同成立，此为合同成立的基本规则。但法律可为此设置例外。

在《民法典》合同编第一分编（通则）中，为该原则所规定的例外主要如下。第490条规定："当事人采用合同书形式订立合同的，自当事人均签名、盖章或者按指印时合同成立。在签名、盖章或者按指印之前，当事人一方已经履行主要义务，对方接受时，该合同成立。法律、行政法规规定或者当事人约定合同应当采用书面形式订立，当事人未采用书面形式但是一方已经履行主要义务，对方接受时，该合同成立。"第491条规定："当事人采用信件、数据电文等形式订立合同要求签订确认书的，签订确认书时合同成立。当事人一方通过互联网等信息网络发布的商品或者服务信息符合要约条件的，对方选择该商品或者服务并提交订单成功时合同成立，但是当事人另有约定的除外。"

在《民法典》合同编有关典型合同的具体规定中，为不同类型的典型合同的成立所设置的特殊规则主要如下：定金合同自实际交付定金时成立（第586条第1款）；自然人之间的借款合同，自贷款人提供借款时成立（第679条）；客运合同自承运人向旅客出具客票时成立，但是当事人另有约定或者另有交易习惯的除外（第814条）；保管合同自保管物交付时成立，但是当事人另有约定的除外（第890条）。

《民法典》第685条规定，第三人单方以书面形式向债权人作出保证，债权人接收且未提出异议的，保证合同成立。该条并非关于合同成立要件的特殊规定，而是关于债权人订立保证合同时作出承诺的方式的特殊规定，并不构成对"承诺生效时合同成立"这一规则的例外。

《民法典》第905条规定，仓储合同自保管人和存货人意思表示一致时成立。该条也并不构成对"承诺生效时合同成立"这一规则的例外，而是强调和重申对于仓储合同应适用“承诺生效时合同成立”的规则。之所以作此强调和重申，其原因在于，关于保管合同的《民法典》第890条规定保管合同原则上自保管物交付时成立，而仓储合同是特殊的保管合同，《民法典》第918条规定：“本章没有规定的，适用保管合同的有关规定。”因而，若不对仓储合同的合同成立问题作特殊规定，将导致仓储合同因第918条而同样适用《民法典》第890条的规则。

四、当事人另有约定的除外

《合同法》第25条仅规定“承诺生效时合同成立”，未规定当事人另有约定的除外。受此影响，对于当事人能否为合同成立约定特殊条件，存有争议。例如，有法官主张，“《合同法》应允许当事人控制合同的生效，但不应允许当事人自行规定合同成立的条件”。[①]本条明定当事人可以通过约定为“承诺生效时合同成立”的规则设置例外。

但是，本条但书明确规定“当事人另有约定的除外”，应当解释为意在澄清此前的误解，而不应解释为是将“承诺生效时合同成立”由《合同法》中的强制性规定修改为任意性规定。换言之，《合同法》第25条虽未明确规定“当事人另有约定的除外”，但该条仍应解释为任意性规定。其理由在于，《合同法》并未否定当事人可以为合同成立约定其他条件。例如，《合同法》第367条规定，“保管合同自保管物交付时成立，但当事人另有约定的除外”。《合同法》第293条规定，“客运合同自承运人向旅客交付客票时成立，但当事人另有约定或者另有交易习惯的除外”。这两个条文均表明了《合同法》允许当事人为合同成立约定特殊规则的立场。此外，《合同法》第32条规定，当事人可以约定采用合同书形式订立合同，在此种情形下，自双方当事人签字或者盖章时合同成立。此条本质上也意味着当事人通过约定为“承诺生效时合同成立”这一规则设定例外。

本条所指的当事人另有约定，首先是指当事人可以将《民法典》所规定的普通的诺成合同特别约定为在完成特定给付行为时成立。《民法典》将定金

---

① 王林清、杨心忠：《公司纠纷裁判精要与规则适用》，北京大学出版社2014年版，第146页。

合同、自然人之间的借款合同、保管合同等规定为要物合同，意在为这些类型合同的当事人在达成意思表示一致之后、当事人之间完成特定的给付行为之前继续保留反悔的机会。当事人可以在法定要物合同之外的其他类型合同的订立过程中，通过约定实现类似的功能。

除约定以完成特定给付行为作为合同成立特殊要件外，当事人是否可完全任意约定以其他条件作为合同成立的特殊要件，尚需甄别。例如，某合同书中约定，"自双方法定代表人/授权代表签署并加盖公章，且鉴证方签字并盖章之日起成立"，有仲裁庭认为，"民事合同的当事人自己约定合同成立须有三方人民政府签字盖章鉴证确认，完全相悖于我国行政法规定的县镇两级政府的行政职权，况且该两级政府均不是法定的民事合同鉴证机关，民事合同主体的约定依法不具有约束力"。[①]

司法实践中，有的当事人在合同中约定"本合同自双方法定代表人或授权的签约代表签字并加盖单位公章（或合同专用章）之日起生效"，有的约定为"签字盖章之日起生效"，有的约定"签字、盖章之日起生效"等。有不少法院认为，类似这种约定属于合同附生效条件。[②]但也有法院认为，此类约定是当事人对于要约承诺的方式的特殊要求，当事人未符合此类约定要求的，合同不成立。[③]还有法院直接将合同中有关"本合同自双方签字盖章后生效"的约定转化为"合同自双方当事人签字盖章时成立"。[④]将此类约定作为合同附生效条件的做法，应是受到《合同法》第25条未明确规定当事人可以约定合同成立特殊要件的影响。在本条已明定当事人可以通过约定为"承诺生效时合同成立"的规则设置例外的背景下，类似上述这种约定应统合到合同成立制度下进行解释。

① 参见深圳仲裁委员会（2012）深仲裁字第687号裁决［转引自南方水务有限公司与深圳市百斯特环保工程有限公司申请撤销仲裁裁决案，广东省深圳市中级人民法院（2013）深中法涉外仲字第37号民事裁定书］。

② 参见最高人民法院（2018）最高法民再94号民事判决书；最高人民法院（2014）民提字第166号民事判决书；最高人民法院（2005）民一终字第116号民事判决书。

③ 参见江苏省盐城市中级人民法院（2014）盐民初字第0124号民事判决书。

④ 参见上海市第一中级人民法院（2012）沪一中民二（民）终字第224号民事判决书。

举证责任

主张当事人另有约定因而承诺生效时合同仍未成立的当事人，应当提出证据证明，当事人之间确实存在此类约定。

第四百八十四条【承诺的生效】

以通知方式作出的承诺，生效的时间适用本法第一百三十七条的规定。

承诺不需要通知的，根据交易习惯或者要约的要求作出承诺的行为时生效。

历史由来

本条来源于《合同法》第26条。第26条规定："承诺通知到达要约人时生效。承诺不需要通知的，根据交易习惯或者要约的要求作出承诺的行为时生效。采用数据电文形式订立合同的，承诺到达的时间适用本法第十六条第二款的规定。"比较而言，对于不需要通知的承诺，本条与第26条的规定相同；对于以通知方式作出的承诺，本条文的表述与第26条不同。

《民法典》总则编第137条以《合同法》第16条（要约的生效）、第26条为基础，规定了有相对人的意思表示的生效规则。以通知方式作出的承诺作为有相对人的意思表示的一种类型，当然应适用《民法典》总则编第137条的规定。因此，对于以通知方式作出的承诺，本条未再重复《合同法》第26条的内容，而是引用了《民法典》总则编第137条。

规范目的或功能

原则上，承诺生效时合同成立（《民法典》第483条）。因此，承诺是否生效，一般情况下直接决定了合同是否成立；承诺何时生效，一般情况下决定了合同何时成立。本条意在为判断承诺是否生效、何时生效提供依据。

《民法典》第480条将承诺分为以通知的方式作出的承诺和不需要通知的承诺。相应地，本条为这两种类型的承诺分别规定了不同的生效规则。

规范内容

一、第1款

本条第1款为引用性规范，提示对于以通知方式作出的承诺是否生效及生效时间的判断，应适用《民法典》第137条关于有相对人的意思表示的生效规则。《民法典》第137条位于总则编第六章“民事法律行为”的第二节“意思表示”中，其当然可以适用于《民法典》各分编中的各种具体类型的有相对人的意思表示。以通知方式作出的承诺属于有相对人的意思表示，故应当适用《民法典》第137条的规定。

《民法典》第480条第1句及本条第1款所规定的“以通知方式作出的承诺”，指的即是有相对人的、需要相对人受领的意思表示，不限于以明示方式作出承诺，也包括以默示或沉默的方式作出的、需要相对人受领的承诺。就此详见本书关于《民法典》第480条第1句的评注。

《民法典》第137条将有相对人的意思表示分为以对话方式作出的意思表示和以非对话方式作出的意思表示，并分别确立了不同的规则。在面对面的交谈及以电话、视频等方式进行非面对面的实时交谈中发出承诺，属于以对话的方式作出承诺。以手机短信及QQ文字、微信文字或微信语音片段等网络即时通讯工具作出承诺，是属于以对话方式抑或以非对话的方式，有不同见解，笔者认为，这类意思表示应认定为以非对话的方式作出的意思表示。就此参见本书关于《民法典》第474条的评注。

《民法典》第490条第1款第1句规定，“当事人采用合同书形式订立合同的，自当事人均签名、盖章或者按指印时合同成立”。该句所规定的情形仍应适用本条第1款的规则。例如，在双方当事人采用分别、先后在合同书上签名、盖章或者按指印的方式订立合同的场合，次序在后的当事人（受要约人）在合同书上签名、盖章或者按指印，仅意味着受要约人作出了承诺，但该承诺尚未生效、合同尚未成立。根据本条第1款及《民法典》第137条第2款的规定，须待受要约人将经签署的合同书寄回给已先行签署合同书的当事人（要约人），该合同书到达要约人时，承诺才生效，合同才成立。[①]

二、第2款

本条第2款所规定的不需要通知的承诺，指向的是《民法典》第480条但书所规定的“根据交易习惯或者要约表明可以通过行为作出承诺”的情形，即学说所称的“意思实现”。本条第2款不适用于一般场合的受要约人通过行为（以默示的方式）作出的承诺，这种承诺仍应适用本条第1款的规定。就此详见本书关于《民法典》第480条的评注。

本条第2款规定，承诺不需要通知的，根据交易习惯或者要约的要求作出承诺的行为时生效。换言之，此种承诺属于无相对人的意思表示，不需要到达相对人。本条第2款与《民法典》第138条有关无相对人的意思表示的生效规则相一致，根据第138条的规定，“无相对人的意思表示，表示完成时生效。法律另有规定的，依照其规定”。受要约人“根据交易习惯或者要约的要求作出承诺的行为时”，即第138条所规定的“表示完成时”。

本条第2款所规定的“作出承诺的行为时”，在该行为所需持续的时间较长的场合，应理解为“开始从事该行为时”，不应理解为“完成该行为时”。例如，在建设工程勘察关系中，发包人向某专门从事地质勘探工作的“物探队”发出通知，在通知中指定了勘探施工的履行地点、履行期限、工程内容及工程量、工程价款标准等内容，并明确要求“请你单位接通知后，迅速组织施工”，在此种场合，受要约人即物探队可以通过履行行为即“组织施工”作出承诺。[②]因为要约所要求的施工活动持续的周期较长，应认为受要约人按照要约要求开始从事施工行为时，承诺生效，从而合同成立；不应认为等到受要约人完成施工行为时合同才成立，更不应认为等到受要约人向要约人交付工作成果时合同才成立。[③]其理由在于，意思实现制度的重要

---

① 参见上海市第二中级人民法院（2000）沪二中经终字第945号民事判决书；陕西省西安市中级人民法院（2018）陕01民终3701号民事判决书。

② 参见最高人民法院（2018）最高法民申2844号民事裁定书。

③ 最高人民法院在前述裁判中认为，“只要物探队按照原能源办发送的两份函件实际完成了施工任务并向原能源办交付勘探成果，双方之间的建设工程勘察合同即成立”。此种观点值得商榷。

目的就在于保护受要约人的利益，确保受要约人可以无顾虑地按照交易习惯或要约要求尽早从事要约所指定的行为；若认为受要约人完成相应行为时承诺才生效、合同才成立，则在受要约人开始行为之后、完成行为之前，受要约人的利益无法得到保障，从而将使意思实现制度的目的落空。类似的情形还有，船舶搁浅后，搁浅船舶的权利人向海上救助打捞局发出呼救，海上救助打捞局收到呼救信息后立即调派救捞船前往搁浅海域进行施救，此种场合，在救捞船出发前往搁浅海域时即本条第2款所规定的“作出承诺的行为时”。①

举证责任

主张承诺不需要通知、在受要约人作出承诺的行为时承诺已生效的当事人，应当提出证据证明，确实存在着可以通过行为作出承诺的交易习惯，或者证明要约已表明可以通过行为作出承诺，并且，证明受要约人已经作出了符合交易习惯或者要约要求的行为。

主张适用本条第1款因而承诺已生效的当事人，在以对话方式作出承诺的场合，应当提出证据证明承诺的相对人（要约人）已经知道承诺的内容；在以非对话方式作出承诺的场合，主张承诺已生效之人应当提出证据证明承诺已经到达相对人（要约人），在采用数据电文形式发出承诺的场合，主张承诺已生效之人，应当证明在受要约人发出承诺之前相对人（要约人）已经指定了特定系统接收数据电文，且证明该数据电文已进入了相对人（要约人）的该特定系统；或者，应当证明相对人（要约人）已经知道或者应当知道该数

---

① 有法院认为，“被告公司2000年10月12日向原告救捞局发出订立救助合同的要约后，救捞局以其调派‘穗救201’轮对遇险的‘锦润5’轮实施救助的行为作出了承诺。……在‘穗救201’轮开始实施救助行为时，原、被告之间的救助合同依法成立”。参见海口海事法院（2000）海商初字第558号民事判决书。不过，该案判决书中所指的“开始实施救助行为时”对应的是救捞船出发前往搁浅海域时，还是救捞船到达搁浅海域并开始实际对搁浅船舶实施救助行为时，尚有疑问。若采后一解释，似又与判决书中有关“救捞局以其调派‘穗救201’轮对遇险的‘锦润5’轮实施救助的行为作出了承诺”的表述相矛盾。并且，若采后一解释，在救捞船出发后、到达前这一过程中，救捞局一方的利益无法得到保障。

据电文已经进入了其系统；主张当事人对采用数据电文形式的承诺的生效时间另有约定的人，应当证明当事人之间存在此类约定。

第四百八十五条【承诺的撤回】

承诺可以撤回。承诺的撤回适用本法第一百四十一条的规定。

历史由来

本条来源于《合同法》第27条。第27条规定："承诺可以撤回。撤回承诺的通知应当在承诺通知到达要约人之前或者与承诺通知同时到达要约人。"

《民法典》总则编第141条以《合同法》第17条（要约的撤回）、第27条为基础，规定了意思表示撤回的规则。承诺作为意思表示的一种类型，当然应适用《民法典》总则编第141条的规定。因此，本条未再重复《合同法》第27条的内容，而是引用了《民法典》总则编第141条。

规范目的或功能

本条为引用性条文，提示对于承诺的撤回应适用《民法典》第141条的规定。《民法典》第141条位于总则编第六章"民事法律行为"的第二节"意思表示"中，其当然可以适用于《民法典》各分编中的各种具体类型的意思表示。承诺属于有相对人的意思表示，故应当适用《民法典》第141条的规定。

《民法典》第141条第1句规定"行为人可以撤回意思表示"。该句当然适用于承诺。因而，本条第1句规定"承诺可以撤回"，不具有特殊的意义，仅为开启本条第2句的引用性表达。

规范内容

承诺撤回，是指受要约人在承诺生效之前，使承诺不生效。[①]《民法典》

① 参见陈甦主编：《民法总则评注》，法律出版社2017年版，第1011页。

第141条规定，“行为人可以撤回意思表示。撤回意思表示的通知应当在意思表示到达相对人前或者与意思表示同时到达相对人”。

撤回承诺是受要约人为追求使已发出的承诺不生效力的法律效果表达于外部的行为，故撤回承诺本身属于意思表示，[①]且属于有相对人的意思表示。因而，对于为撤回承诺而发出的意思表示，也应适用《民法典》第137条等有关意思表示的规则。《民法典》第141条的表述为“撤回意思表示的通知”，由此文义观之，受要约人似只能以明示的方式作出撤回承诺的意思表示。不过，在解释上，不排除受要约人以默示方式撤回承诺的可能。特别是在以默示方式作出承诺的场合，又以默示方式作出撤回承诺的意思表示，似无不可。自文义而言，《民法典》第141条似乎仅适用于以非对话方式作出的意思表示。但是，应将《民法典》第141条所规定的“意思表示到达”解释为意思表示生效。因而，《民法典》第141条既应适用于以非对话方式作出的意思表示，也应适用于以对话方式作出的意思表示。只要在意思表示的完成与意思表示的生效之间存在时间差、客观上有在意思表示生效之前加以撤回的可能，即应允许表意人撤回意思表示。这一解释结论，同样适用于承诺。此外，在现实生活中，不要求受要约人使用“撤回”这一民法术语，只需要受要约人表达出其意欲使承诺不发生效力或消灭效力的意思即可。如果这一意思表示符合承诺撤回的要件，民法即将之描述为撤回。关于以上解释结论的得出，详见本书关于《民法典》第475条的评注。

《民法典》在第475条规定了要约的撤回，在第476条规定了要约的撤销。但是，对于承诺，仅有在其生效之前加以撤回的可能，在承诺生效之后不存在加以撤销的可能。根据《民法典》第483条的规定，原则上，承诺生效时合同成立。而合同成立之后，即对当事人具有法律约束力（《民法典》第119条）。

在司法实践中，在双方当事人以当面签署合同书的方式订立合同的场合，当事人在合同书上签名之后又立刻将其签名划掉或将合同书撕毁，是否可以构成撤回承诺，颇有疑问。有法院认为，当事人在合同书上签名之后又立刻

---

① 参见陈甦主编：《民法总则评注》，法律出版社2017年版，第1010页；韩世远：《合同法总论》（第四版），法律出版社2018年版，第149页。

将其签名划掉，属于承诺的撤回，并且，对方当事人持有的合同书为签名被划掉的合同书，在对方不能证明其系以其他非正当手段划掉其签名的情况下，说明其撤回承诺的通知与承诺通知同时到达要约人，因此，该承诺的撤回已发生效力，合同不成立。[①]对于当事人在合同书上签名之后又立刻将已签署的合同书全部撕毁的行为，有的法院认为，当事人在合同书上签名的行为直接引发合同成立，签名后又立即撕毁合同书的行为不构成对承诺的撤回。[②]有的法院则持相反立场，认为签名后又立即撕毁合同书的行为构成对承诺的撤回，其理由是，当事人并未离开签署合同书的现场时，合同的签订过程尚未结束，故撤回承诺的行为和作出承诺的行为可以认定是在同一封闭场所当时当场达到。[③]笔者认为，在这两种观点之中，后一种观点似更为妥当。《民法典》第141条所规定的“撤回意思表示的通知应当在意思表示到达相对人前或者与意思表示同时到达相对人”，其规则设计所针对的典型形态是以非对话方式作出的意思表示，并以对意思表示的生效采到达主义为其前提。在处理临界点的特殊问题时，即在对撤回意思表示的通知是否“与意思表示同时到达相对人”进行判断时，不应过分纠缠于短暂瞬间内的时间先后，而应从时间和空间两个方面进行整体解释，方能与一般理性人的缔约观念相符。类似的如，受要约人以快递信函的方式发出承诺，又在要约人刚收到快递信函的一分钟后、要约人尚未拆开信封时以电话方式通知要约人废除其承诺，虽从物理角度看已晚一分钟，但仍应认为构成“与意思表示同时到达相对人”。不过，若在当面签署合同书之后，虽然当事人尚未离开签署合同书的现场，但却已开始进行合同的履行，一方履行其主要义务且对方接受后，对方又将合同书撕毁，不构成承诺的撤回。例如，双方当事人当面签署债务和解协议，双方签名后债务人即按照债务和解协议的约定向债权人转账支付了全部款项，债权人收到款项到账信息后马上从债务人手中拿回合同书并加以撕毁，不能发生撤回意思表示的法律效果。[④]

---

① 参见江西省高级人民法院（2019）赣民终95号民事判决书。

② 参见上海市第一中级人民法院（2008）沪一中民二（民）终字第1686号民事判决书。

③ 参见广东省广州市中级人民法院（2019）粤01民终6624号民事判决书。

④ 参见广东省深圳市中级人民法院（2015）深中法民终字第2856号民事判决书。

举证责任

主张承诺已被撤回的当事人，应当提出证据证明受要约人已经表达了废除承诺的意思，且证明该意思已在承诺到达要约人之前到达，或者证明该意思与承诺同时到达要约人。

第四百八十六条【承诺的迟延发出】

受要约人超过承诺期限发出承诺，或者在承诺期限内发出承诺，按照通常情形不能及时到达要约人的，为新要约；但是，要约人及时通知受要约人该承诺有效的除外。

历史由来

本条来源于《合同法》第28条。第28条规定："受要约人超过承诺期限发出承诺的，除要约人及时通知受要约人该承诺有效的以外，为新要约。"比较而言，第28条仅规定了"受要约人超过承诺期限发出承诺"这一种情形。本条增加了"在承诺期限内发出承诺，按照通常情形不能及时到达要约人"这一情形。这一变化始于《民法典合同编（草案）》（征求意见稿），其后各稿一直保持。此外，因为语句变长，在表述上，从《民法典合同编（草案）》（二审稿）开始，将第28条中"除……以外"改为但书。

之所以增加"在承诺期限内发出承诺，按照通常情形不能及时到达要约人"这一情形，是因为这一情形在本质上与"受要约人超过承诺期限发出承诺"相同，即受要约人所发出的承诺必然无法在承诺期限内到达要约人。在对《合同法》第28条进行解释时，就有学者指出，第28条对此存在法律漏洞。[①]本条填补了这一漏洞。

---

① 参见韩世远：《合同法总论》（第四版），法律出版社2018年版，第144—145页。另可参见朱广新：《合同法总则研究》，中国人民大学出版社2018年版，第125页。

规范目的或功能

《民法典》第481条规定，承诺应当在承诺期限内“到达”。若承诺在承诺期限届满之后到达，该“承诺”能产生何种法律效果则有疑问。本条与《民法典》第487条均用于处理这一问题。本条所规范的是受要约人在发出承诺时就能预见到该承诺将会迟到的情形，有学者称为“必然迟到的承诺”，[①]还有学者称为“迟缓发送造成的逾期承诺”。[②]承诺因意外原因而迟到的情形则由《民法典》第487条加以规范。

规范内容

一、本条的适用范围

《民法典》第478条第3项规定，“承诺期限届满，受要约人未作出承诺”的，要约失效。根据该规定，在承诺期限届满时，受要约人仍未作出承诺的，受要约人即失去了作出承诺的资格。不过，本条又规定，在承诺期限届满后，受要约人仍可发出承诺，此时，承诺是否有效，取决于要约人是否承认其效力。因而，本条构成对《民法典》第478条第3项有关要约失效规则的例外与缓和，其意在尽可能促成合同成立。

自文义而言，《民法典》第487条侧重于从承诺到达要约人时超过承诺期限的角度观察，本条则未明言以承诺到达要约人时已超过承诺期限为要件，而是侧重于从受要约人发出承诺的时间进行观察。不过，在受要约人超过承诺期限发出承诺的场合，承诺到达要约人时当然已超过承诺期限；若受要约人在承诺期限内发出承诺，按照通常情形不能及时到达要约人，但承诺却意外地加速传递并于承诺期限届满之前到达，则其仍符合《民法典》第481条的规定，构成正常到达的承诺，当然不属于本条的适用范围。因此，本条仍仅

---

① 韩世远：《合同法总论》（第四版），法律出版社2018年版，第143页。
② 朱广新：《合同法总则研究》，中国人民大学出版社2018年版，第124页。

适用于承诺到达要约人时已超过承诺期限的情形。

本条规范的首先是承诺应在承诺期限内到达要约人却未在承诺期限内到达的情形，因而，本条首先适用于以通知方式作出的承诺（需经要约人受领的承诺）。不过，在根据交易习惯或者要约表明可以通过行为作出承诺的场合，即受要约人可以通过意思实现的方式作出承诺的场合，承诺不需要通知、不需受要约人受领。在这种场合，具体可有两种情形。一种情形是，受要约人在承诺期限内根据交易习惯或者要约的要求作出了承诺的行为。在这种情形下，受要约人作出该行为时，承诺生效（《民法典》第480条但书、第484条第2款），因而，不存在适用本条的问题。另一种情形是，受要约人在承诺期限届满之后又作出了承诺的行为。在这种情形下，仍可适用本条规定，即，受要约人从事该行为原则上应解释为新要约，但要约人知道后可及时通知受要约人该承诺有效。当然，此种情形，在受要约人误以为承诺期限尚未届满的场合发生概率更大。

本条所规范的两种情形中，“在承诺期限内发出承诺，按照通常情形不能及时到达要约人”的情形，因承诺发出与承诺到达之间存在较长的时间差，故针对的是受要约人以非对话方式作出承诺的情形。但是，“受要约人超过承诺期限发出承诺”的情形，既可发生于受要约人以非对话方式作出承诺的场合，也可发生于受要约人以对话方式作出承诺的场合。这两种场合的“受要约人超过承诺期限发出承诺”，均可适用本条规定。

二、承诺迟延发出的法律后果

受要约人超过承诺期限发出承诺，即承诺期限届满时受要约人未作出承诺，在此种情形下，根据《民法典》第478条第3项的规定，在承诺期限届满时，要约失效，受要约人即失去了作出承诺的资格。因而，之后受要约人再作出的“承诺”本质上为新要约，此属当然。

虽然受要约人在承诺期限内发出了承诺，但按照通常情形不能及时到达要约人，之后也确实未在承诺期限内到达要约人，这意味着，承诺不符合《民法典》第481条所规定的承诺应在承诺期限内到达要约人的规定，且受要约人在发出承诺时就已明知其承诺必将迟延，因而，此种场合的承诺与受要约人超过承诺期限发出的承诺本质上相同，本条规定将二者作相同处理。由此，本条为《民法典》第478条第3项（承诺期限届满时，受要约人未作出承诺，则要约失效）与《民法典》第481条（承诺应在承诺期限内到达）之间提供了衔接。

本条但书又规定，要约人可以及时通知受要约人该承诺有效。若要约人作此种通知，则意味着，双方当事人仍以要约人此前的要约为要约、以受要约人的“承诺”为承诺而订立合同。要约人的此种通知须表明要约人承认该承诺效力的意思，因而其性质为意思表示。该意思表示为有相对人的意思表示，其生效与否的判断及生效时间应适用《民法典》第137条的规定，即在到达受要约人或受要约人知道其内容时生效。[①]并且，根据《民法典》第141条的规定，要约人可以在该意思表示生效之前加以撤回。在该意思表示生效时，受要约人的承诺效力得到确认，即溯及该承诺到达时发生效力。并且，要约人既可以非常明确直白地表达其承认承诺效力的意思，也可以间接表达其承认承诺效力的意思。例如，双方当事人通过将合同书打印、签章再扫描并以数据电文发给对方的方式订立合同，受要约人在要约所指定的承诺期限届满后的第二天才发出承诺（将合同书打印、签章再回传给要约人），要约人收到承诺后在短时间内通知受要约人，要求其在合同书上再加盖骑缝章并再次回传。法院认为，要约人的此种行为构成“要约人及时通知受要约人该承诺有效”。[②]

在本条所规定的两种情形中，若要约人在收到承诺后保持沉默甚至明确拒绝接受该承诺，则双方未达成意思表示一致，合同不成立；反之，若要约人在收到承诺后明确表示接受该承诺，不论是将受要约人的“承诺”理解为新要约、将要约人的接受理解为承诺，还是将受要约人的“承诺”理解为有效的承诺、将要约人的接受理解为对受要约人承诺效力的确认，双方均达成了意思表示一致，合同可因而成立。就此而言，不论作何种理解，在合同是否成立的问题上，效果相同。二者的区别在于合同成立的时间和地点。根据《民法典》第483条的规定，承诺生效时合同成立，但是法律另有规定或当事

---

① 有学者在解释《联合国国际货物销售合同公约》中的类似规则时认为，此种通知不是在受要约人收到时而是在要约人发送时发生效力。参见朱广新：《合同法总则研究》，中国人民大学出版社2018年版，第127—128页。在解释我国《民法典》第486条时，不应照搬对于公约的上述解释，仍应适用《民法典》第137条判断此种通知是否生效及其生效时间。

② 参见浙江省宁波市中级人民法院（2015）浙甬商终字第888号民事判决书。

人另有约定的除外。又，根据《民法典》第492条的规定，原则上，承诺生效的地点为合同成立的地点。若适用上述规则，将受要约人的“承诺”理解为新要约、将要约人的接受理解为承诺，则合同成立的时间和地点是要约人的承诺（接受）的生效时间和生效地点；若将受要约人的“承诺”理解为有效的承诺、将要约人的接受理解为对受要约人承诺效力的确认，则合同成立的时间和地点是受要约人的承诺的生效时间和生效地点。在某些特殊场合，上述区别对双方当事人利益可能有重要影响。例如，根据《民法典》第511条第2项的规定，在当事人就价款或者报酬约定不明确时，原则上按照订立合同时履行地的市场价格履行。若要适用这一规定以确定合同价款或报酬，在价格剧烈波动时，合同成立的时间对于双方当事人利益影响可能较大。根据本条的规定，到底是将受要约人的“承诺”理解为新要约，还是将受要约人的“承诺”理解为有效的承诺，取决于要约人作何种选择。换言之，在这种场合，要约人拥有更大的主动权，其若希望合同成立，可通过选择来影响合同成立的时间和地点。从受要约人角度而言，其若不愿将主动权交给要约人，则受要约人可在其缔约意思表示中明示其意思表示不是承诺，而是新的要约。

根据本条的规定，因迟延发出而迟到的“承诺”，原则上为新要约，仅在“要约人及时通知受要约人该承诺有效”这一例外场合才是被确认有效的承诺。因而，在受要约人的“承诺”到达之后、要约人对是否接受这一“承诺”作出意思表示之前，应将受要约人的“承诺”作为新要约加以对待。从而，在这一中间阶段，受要约人仍可主张适用《民法典》第476条、第477条的规则撤销该所谓的“承诺”（新的要约）。

举证责任

根据本条的规定主张受要约人所发出的承诺为新要约的当事人，应当提出证据证明，受要约人在发出承诺时已超过了承诺期限，或者证明，虽然受要约人在承诺期限内发出了承诺，但从发出承诺到承诺期限届满之间的时间已短于按照通常情形到达要约人所需要的时间。在此种情况下，对方当事人又主张要约人已及时通知受要约人该承诺有效的，应当对此提出证据加以证明。

第四百八十七条【承诺的意外迟到】

受要约人在承诺期限内发出承诺，按照通常情形能够及时到达要约人，但是因其他原因致使承诺到达要约人时超过承诺期限的，除要约人及时通知受要约人因承诺超过期限不接受该承诺外，该承诺有效。

历史由来

本条来源于《合同法》第29条。第29条规定："受要约人在承诺期限内发出承诺，按照通常情形能够及时到达要约人，但因其他原因承诺到达要约人时超过承诺期限的，除要约人及时通知受要约人因承诺超过期限不接受该承诺的以外，该承诺有效。"与之相较，本条仅有个别表述修改（"但"改为"但是"，增加"致使"二字，"除……的以外"改为"除……外"），实质内容不变。

规范目的或功能

《民法典》第481条规定，承诺应当在承诺期限内"到达"。若承诺在承诺期限届满之后到达，该"承诺"能产生何种法律效果则有疑问。本条与《民法典》第486条均用于处理这一问题。受要约人在发出承诺时就能预见到该承诺将会迟到的情形，由《民法典》第486条加以规范。本条所规范的是受要约人及时发出承诺、在发出承诺时无法预见到该承诺将迟到，但承诺因意外原因而迟到的情形，有学者称为"偶然迟到的承诺"，[①]还有学者称为"传达迟延造成的逾期承诺"。[②]

在承诺因意外原因而迟到的场合，对于要约人而言，承诺未在承诺期限内到达，已不符合《民法典》第481条的规定，要约人可能已在承诺期限届满后放弃与受要约人的缔约，转而尝试甚至已经与他人订立相似的合同。但从受要约人角度而言，受要约人会误以为承诺已经按照通常情形在承诺期限内到达要约人，从而误以为合同已经在承诺期限内成立。在此基础上，受要约

① 韩世远：《合同法总论》（第四版），法律出版社2018年版，第143页。

② 朱广新：《合同法总则研究》，中国人民大学出版社2018年版，第131页。

人可能会对合同有更多期待，如不再寻求甚至放弃其他缔约机会，又如做好履行义务或受领给付的准备并因此而支出成本。因此，本条是针对此种场合对双方当事人的利益进行兼顾和协调的规则。

规范内容

一、本条的适用范围

本条规范的是承诺应在承诺期限内到达要约人却未在承诺期限内到达的情形，因而，本条仅适用于以通知方式作出的承诺（需经要约人受领的承诺）。在根据交易习惯或者要约表明可以通过行为作出承诺的场合，即受要约人可以通过意思实现的方式作出承诺的场合，承诺不需要通知、不需受要约人受领，若受要约人在承诺期限内根据交易习惯或者要约的要求作出了承诺的行为，在受要约人作出该行为时，承诺生效（《民法典》第480条但书、第484条第2款），因而，在这种场合，不存在适用本条的问题。

受要约人在承诺期限内发出承诺，因其他原因致使承诺到达要约人时超过承诺期限，从客观上说，仅可能发生于受要约人以非对话方式作出承诺的情形。在受要约人以对话方式作出承诺的场合，承诺是否到达要约人，受要约人可以当场察觉，从而不会发生受要约人误以为承诺正常到达但实际上迟延到达的问题。

二、受要约人在承诺期限内发出承诺，按照通常情形能够及时到达要约人

承诺期限有两种确定方式。要约人可以在要约中采用指定截止时间（期日或时点）的方式确定承诺期限；要约人也可以在要约中采用期间的方式确定承诺期限。若要约人没有确定承诺期限，在以非对话方式作出要约的场合，承诺期限为“合理期限”（《民法典》第481条第2款第2项）。在非以截止时间而是以期间的方式确定承诺期限的场合，还需要结合承诺期限的起算点计算承诺期限于何时届满。关于承诺期限的起算点，适用《民法典》第482条的规定。

受要约人是否在承诺期限内发出承诺，应当进行客观判断，就此不能类推适用《民法典》第482条有关承诺期限起算点的确定规则，不能根据承诺信

件上载明的时间进行判断。其原因在于，承诺信件上载明的时间仅为受要约人单方标注的时间，受要约人可能在信件上标注错误的时间。在以信件形式发出承诺时，可以根据寄信邮局在信封上加盖的邮戳日期进行判断。在采用挂号信件、快递邮件等方式发出承诺时，可以根据邮局、快递公司等在寄件时提供的单据上所载的日期进行判断。

是否构成“按照通常情形能够及时到达要约人”，应从客观角度进行判断，以受要约人发出承诺的时间为基准，再根据承诺所采用的特定通讯方式，计算承诺从受要约人处发出后到达要约人处通常所需要的在途传递时间，由此得出承诺按照通常情形将于何时到达要约人。若由此计算出的到达时间处在承诺期限届满之前，则为“按照通常情形能够及时到达要约人”。

三、因其他原因承诺到达要约人时超过承诺期限

承诺因其他原因而延误，是指在承诺传递过程中的非正常传递而造成延误。“因其他原因”不包括因受要约人过错导致延误的情形，其可以是因第三人的原因造成延误，[①]也可以是因为自然灾害、社会事件等不可抗力造成延误。例如，电子邮件通常可立刻完成传递，但在寄件人侧的电子邮件服务器与收件人侧的电子邮件服务器之间的网络通讯出现异常时，可能出现非正常的传递延误。又如，在通过挂号信件、快递邮件等方式发出承诺时，邮件经过邮局网络或快递公司网络的中转站进行的正常中转，不构成非正常传递延误，但若被错误转运至正常路线以外的中转站（如从北京发往上海的快递被运往成都中转），则会出现非正常的传递延误。

承诺因其他原因而延误，仅限于受要约人发出承诺时所无法预见的情形。若受要约人发出承诺时已经预见到将出现非正常传递的延误，则不构成本条所规定的“因其他原因承诺到达要约人时超过承诺期限”。例如，在地震发生之后，地震灾区与外界的信件传递中断；在疫情发生之后，疫区因封锁而与外界的信件传递中断，受要约人对此明知却仍选择以信件的方式发出承诺，而不选择通过仍可正常传递的电子邮件方式发出承诺。在此种场合，地震或

---

① 参见王利明：《合同法研究》（第一卷）（第三版），中国人民大学出版社2015年版，第291页。

疫区封锁造成信件传递中断，不构成本条所规定的“其他原因”。

采用数据电文形式的承诺的到达时间，参照《民法典》第137条第2款第2句和第3句进行判断，即要约人指定特定系统接收数据电文的，该数据电文进入该特定系统时为到达；未指定特定系统的，要约人知道或者应当知道该数据电文进入其系统时为到达。

四、除要约人及时通知受要约人因承诺超过期限不接受该承诺外，该承诺有效

本条所确立的规则是，在承诺因意外原因而迟到的场合，原则上承诺有效。要约人若欲使承诺不发生效力，应在收到承诺后将其因承诺超过期限而不接受该承诺的意思及时通知受要约人。本条实为要约人规定了在不欲接受该承诺时的不真正义务，即要约人不履行该通知义务的，仍发生承诺有效的法律后果。反之，若要约人愿意接受该迟到的承诺，可将其意思及时通知受要约人从而使该承诺确定地发生效力，也可不作通知而任由时间流逝并根据本条而发生该承诺有效的后果。

对于要约人向受要约人所发出的因承诺超过期限不接受该承诺的通知，有学者认为其属于一种事实通知。[①]此种观点似待斟酌。要约人不但要将承诺迟到的事实告知受要约人，更重要的是，要约人需表明其“因承诺超过期限不接受该承诺”的意思。因而，此种通知所承载的是要约人的意思表示。关于该意思表示，应适用《民法典》第137条、第141条有关有相对人的意思表示的规则。要约人既要表明其“不接受该承诺”的意思，也要表明其不接受该承诺是因为“承诺超过期限”的意思。要约人通常应以明示的方式作出该意思表示，但也不排除特殊情形下以默示方式作出该意思表示的可能，不过以默示方式表达“因承诺超过期限不接受该承诺”的意思或许较为困难。在要约人不接受该迟到承诺的这一意思表示生效后，才发生承诺不发生效力的法律后果。因此，所谓“及时通知”，不但是指要约人应及时发出通知，同时也要求该通知及时到达。若要约人虽然及时表达了其不接受迟到承诺的意思，却未向受要约人发出其意思表示，而是交由第三人转达，第三人迟延转达的，

---

① 参见崔建远：《合同法》（第三版），北京大学出版社2016年版，第44页。

不构成本条所规定的“及时通知”。[①]

所谓“该承诺有效”，即该承诺如未迟到那样发生法律效果，意为“承诺视为未迟延”，把迟到的承诺强制性地拟制为未迟到，在该承诺实际到达时，承诺生效。[②]继而，适用《民法典》第483条有关承诺生效时原则上合同成立的规则。

举证责任

根据本条主张承诺有效的当事人，应当提出证据证明，受要约人在承诺期限内发出了承诺，且承诺的迟延到达系其他原因所致。对方当事人主张该承诺不发生效力的，应当提出证据证明，要约人在收到承诺后及时地通知了受要约人并表明了其因承诺超过期限而不接受该承诺。

第四百八十八条【承诺的实质性变更】

承诺的内容应当与要约的内容一致。受要约人对要约的内容作出实质性变更的，为新要约。有关合同标的、数量、质量、价款或者报酬、履行期限、履行地点和方式、违约责任和解决争议方法等的变更，是对要约内容的实质性变更。

历史由来

本条系承袭《合同法》第30条的规定，与《民法典合同编（草案）》（征求意见稿）第26条、《民法典合同编（草案）》（一审稿）第279条、《民法典合同编（草案）》（二审稿）第279条、《民法典（草案）》第488条的条文表述

① 参见广东省高级人民法院（2013）粤高法民二申字第560号民事裁定书。在该案中，要约人在要约中明确要求：接此函后，务求在短时间内给予答复，如果3日内得不到答复，要约人将随时与他人订立合同。受要约人在3日内通过快递公司发出承诺函件，但因快递公司延误致要约人收到承诺时已经超出3日。要约人于收到承诺的第二天发出复函，表明其“不同意新要约”。但是，要约人并未将该复函直接寄送给受要约人，而是于2个月之后才由地方街道办事处维稳办公室通知受要约人领取。法院认为，承诺有效、合同成立。

② 参见朱广新：《合同法总则研究》，中国人民大学出版社2018年版，第133页。

完全一致。在民法典草案审议过程中，本条没有争议。

规范目的或功能

本条系对承诺内容与要约内容一致性及其法律效果的规定，与本法第489条相互结合，组成完整的规范体系。当事人意思表示一致是合同成立的核心要件，当事人意思表示一致的外在表现即是承诺内容与要约内容的一致。因此，承诺内容与要约内容的一致性对判断合同成立至关重要。

本条是完全性法条，第1句规定承诺内容应当与要约内容一致的行为规范，指向当事人的意思表示一致。第2句规定承诺实质性变更要约内容的法律效果。第3句则借以非穷尽性列举的立法技术确定实质性变更的具体内容，尚未列举的情形，留待司法实践具体情况决定。可见，本条是判断合同成立的关键指引，其规范目的在于确保交易的安定性，通过甄别承诺是否构成对要约的实质性变更判断当事人之间意思表示是否一致，进而确定缔约自由与合同成立的界限。同时，要约内容的实质性变更并不当然使承诺失效，而被拟制为新要约，不至于使缔约过程中断，客观上节约了缔约成本，有助于合同的成立，有助于鼓励交易。

规范内容

一、承诺内容与要约内容的一致性

合同是当事人意思表示一致的产物。意思表示一致即意味着承诺内容应与要约内容的一致。“谓要约受领人以与要约结合，使其成立契约为目的，而同意于要约之意思表示。简而言之，承诺是受要约人愿意按照要约的内容与要约人订立合同的意思表示”。[①]承诺内容与要约内容的一致性规则源于英美法系上的传统规则——“镜像规则”，即承诺应像一面镜子一样折射出要约的全部内容。“允诺必须完全符合要约的建议，不得有任何一点变更。包含在承诺中的受要约人的允诺，必须和包含在要约中的要约人的允诺相同。根据传

① 史尚宽：《债法总论》，中国政法大学出版社2000年版，第25页。

统规则，要约人是要约的主人，享有不受要约以外的条款约束的自由”。[①]该规则为大陆法系诸多国家的合同法所采纳，成为判断当事人意思表示一致的标准。如《德国民法典》第150条第2款规定：“在对要约扩张、限制或做其他变更的情况下所为的承诺，视为拒绝原要约，连同发出新要约。”《联合国国际货物销售合同公约》第19条第1款亦规定：“对发价表示接受但载有添加、限制或其他更改的答复，即为拒绝该项发价，并构成还价。”

然而，“镜像规则”在实践中的弊端也很明显：一旦受要约人对要约的某一点，哪怕是无关紧要的一点，作出变更，“镜像规则”仍使该意思表示不构成承诺，至多被视为一项新要约。只有原初的要约人再作出承诺的意思表示，合同才能订立。如此一来，合同成立的时间就会被大大拖延，交易风险也会随之加大。[②]这与合同法鼓励交易、增进效率的原则相违背，不利于经济发展。因而，从现代合同法的发展趋势来看，无论是大陆法系还是英美法系国家，在承诺的内容上都采取宽松立场，并不要求承诺必须与要约绝对一致，只要不改变要约的实质性内容，仍然构成承诺。[③]美国著名的“爱德华·帕伍尔公司诉韦斯特豪斯电器有限公司一案”即对镜像规则作出了一定的修改。[④]《美国统一商法典》第2—207条规定：“一项明确和及时的承诺表示或者于合理时间内发送的确认书均构成承诺，即使其所述条款对要约或要约条款有所补充或不同，仍有承诺效力，除非该承诺明示规定，以要约人同意这些补充条款或不同条款条件者除外。”《联合国国际货物销售合同公约》第19条第2款规定：“对发价表示接受但载有添加不同条件的答复，如所载的添加或不同条件在实质上并不变更该项发价的条件，除发价人在不过分迟延的期间内以口头或书面通知反对期间的差异外，仍构成接受。如果发价人不作出这种反对，合同的条件就以该项发价的条件以及接受通知内所载的更改为准。”该规定亦为《国际商事合同

① ［美］E.艾伦·范斯沃斯：《美国合同法》，葛云松、丁春艳译，中国政法大学出版社2004年版，第145页。

② 参见朱广新：《合同法总则研究》，中国人民大学出版社2018年版，第108页。

③ 参见王利明：《合同法研究》（第一卷）（第三版），中国人民大学出版社2015年版，第268页。

④ Idaho Power Co. v. Westinghouse Electric Corp. United States Court of Appeals，转引自王利明：《合同法研究》（第一卷）（第三版），中国人民大学出版社2015年版，第267页。

通则》[1]和《欧洲合同法原则》[2]所接受。实际上，我国合同法上的要约承诺规则也是借鉴《联合国国际货物销售合同公约》的规定。鉴于此，在解释适用本条时，应采取宽松的立场。本条和第489条的规范显示我国并未采纳严格的“镜像规则”，而是原则上遵循了“镜像规则”，同时允许存在例外，即区分了承诺的实质性变更和非实质性变更。原则和例外的组合一定程度上缓和了“镜像规则”，尊重了缔约当事人的本意，有利于促进合同成立，鼓励市场交易。

二、承诺实质性变更要约内容的认定

何为承诺实质性变更？《联合国国际货物销售合同公约》采取列举实质性条款的方法来确定。其第19条第3款规定：“有关货物价格、付款、货物质量和数量、交货地点和时间、一方当事人对另一方当事人的赔偿责任范围或解决争端等的添加或不同条件，均视为在实质上变更发价的条件。”本条借鉴了《联合国国际货物销售合同公约》开放式列举的立法模式，其第3句规定“有关合同标的、数量、质量、价款或者报酬、履行期限、履行地点和方式、违约责任和解决争议方法等的变更”，为实质性变更。本条所列举的实质性条款包括了本法第470条规定的合同一般条款，“等”说明实质性变更不限于所列举的条款。按立法机构的解释，所列实质性条款在具体合同中是否构成实质性改动，也需就个案情形具体分析。[3]尽管本条所列举的实质性变更条款相当广泛，却并未穷尽列举。常见的其他实质性条款包括：一是合并条款，即规定先前的协商不应补充或改变合同的书面规定；二是无口头修改条款，即规定合同不能为随后的口头协议所修改。[4]

---

① 《国际商事合同通则》第2.1.11条第2款规定：“对要约意在表示承诺但载有添加或不同条件的答复，如果所载的添加或不同条件没有实质性地改变要约的条件，那么，除非要约人毫无迟延地表示拒绝这些不符，则此答复仍构成承诺。如果要约人不作出拒绝，则合同的条款应以该项要约的条款以及承诺通知中所载有的变更为准。”

② 《欧洲合同法原则》第2:208条第2款规定：“对要约作出的明确地同意的答复，尽管它对要约明了或隐含了附加的或不同的条款，只要它们并没有实质性地变更要约的条款，仍构成承诺。附加的或不同的条款构成合同的组成部分。”

③ 参见全国人民代表大会常务委员会法制工作委员会编：《中华人民共和国合同法释义》，法律出版社1999年版，第63页。

④ 参见朱广新：《合同法总则研究》，中国人民大学出版社2018年版，第134页。

迄今为止，两大法系尚未确立认定承诺实质性变更的一般规则。史尚宽、王泽鉴等先生认为，承诺是否变更要约，不能单就形式判断，应依据要约及承诺的意思表示，依诚实信用原则而为解释，探究其实质内容而为判断，倘仅属表面上的差异，则无害于契约的成立。[①]王利明先生认为，在具体个案中，对承诺实质性变更的判断还需要遵循具体问题具体分析的思路，结合个案中的具体情形来判断。他进一步提出了更为详尽地判断要约内容实质性变更的考虑因素：第一，考虑合同的性质，即要考虑合同的具体内容和特点。如在有些合同中，其履行方式并不重要，则履行方式的变更应当不作为实质性变更。第二，考虑要约内容的变更对当事人利益的影响。即便承诺人改变了本条所列的实质性条款，但该变更如果无关紧要，则不应当认定为实质性变更。而如果承诺的变更对要约人的利益有重大影响，则即便该变更的内容不属于本条所列的实质性条款，也应当认定其构成实质性变更。第三，要考虑要约人的意思，若要约人明确指出，任何内容都不得变更，那么为尊重要约人的意思，任何变更都属于新的要约。[②]

诚然，一概认定承诺人对本条所列举的实质性条款所作的任何改变都是实质性变更显然是不合理的。德国判例学说认为，承诺是否与要约内容一致，需要按照对意思表示的解释规则来确定，即从客观的受领人角度来看，能否将受要约人发出的意思表示理解为与要约一致的承诺。[③]我国有学者主张，只要不影响主合同的权利义务内容的变更均应认可为非实质性变更，判断合同目的是否成就成为判定要约是否构成实质性改变的核心。[④]实践中，要约人提出的最初期限、地点、方式并非一成不变或非最佳的选择，只有经过双方共同协商符合当事人双方共同利益的约定才是最易接受和最优的选择。比如，在“鲍某诉某保险股份有限公司安庆市分公司财产保险合同纠纷案”[⑤]中，该案法院认为，

---

① 参见史尚宽：《债法总论》，中国政法大学出版社2000年版，第26—27页；参见王泽鉴：《债法原理》（第一册），北京大学出版社2009年版，第141页。

② 王利明：《合同法研究》（第一卷）（第三版），中国人民大学出版社2015年版，第270—271页。

③ MuenchKomm/Busche, §150, Rn.6. 转引自王利明：《合同法研究》（第一卷）（第三版），中国人民大学出版社2015年版，第268—269页。

④ 齐鹏、王荐举：《〈联合国国际货物销售合同公约〉中“镜像规则”之突破——兼评我国合同立法下要约与承诺的合意判定》，载《法学杂志》2017年第5期。

⑤ 参见安徽省安庆市迎江区人民法院（2014）迎民二初字第00019号民事判决书。

只有保险人安庆公司对保险履行期限有显著变化才认定为要约的实质性变更。

因此，本条在司法实践中应作狭义解释。对于要约人利益无关紧要，也无碍合同目的实现的条款，即便属于本条所列举的实质性条款，只要要约人未明确表示不可改变的，受要约人作出细微改变，不应认定为实质性变更。因为一味地否定受要约人对要约的变更或是轻率地认定实质性变更，都违背了合同法的鼓励交易原则，无助于应对频繁复杂的社会经济生活，不利于当事人利益的实现，也不利于促进市场交易。

三、要约实质性变更的法律后果

承诺内容与要约内容的一致性是合同成立的必然要求。若受要约人作出的承诺符合一致性要件，承诺成立并生效，并且除法律另有规定或者当事人另有约定外，承诺生效时合同成立（本法第483条）。承诺的生效时点依据承诺方式的不同而各有差异（本法第484条）。反之，如果受要约人对要约内容作出了实质性变更，则认为受要约人拒绝了要约，要约失效，受要约人变更的内容被视为一项新要约。条文中的“为新要约”应理解为“视为新要约”，是“拟制”的立法技术，即把实质性变更要约内容的承诺，拟制为一种要约，以使其赋予对方一种承诺资格，从而使业已进行的缔约得以进行下去。[①]如此一来，合同成立呈现出“要约—新要约—承诺”的递进阶段，有利于实现当事人利益，有利于鼓励交易、促进经济发展。例如，在“中山市某照明电器有限公司与某电子（深圳）有限公司买卖合同纠纷上诉案”[②]中，一审法院认定案中《采购订购单》的合同成立，而二审中山市中级人民法院依据《合同法》第30条的规定认为“某公司的承诺中删除了对违约责任的约定，是对某照明公司的要约作出实质性变更，并且要求某照明公司回签不可撤销协议，因此，应当认定某公司的承诺为新要约，而某照明公司在2012年4月30日之后未对某公司的新要约作出承诺，也没有表示同意签订不可撤销协议，故，本院认定2012年4月21日单号为PO-2012-04-0579《采购订货单》的合同并未成立”。

承诺实质性变更要约内容视为新要约，若要约人拒绝，则合同不成立。

① 参见朱广新：《合同法总则研究》，中国人民大学出版社2018年版，第134页。

② 参见广东省中山市中级人民法院（2014）中中法民二终字第379号民事判决书。

换句话说，承诺实质性变更可能导致合同不成立的后果，那么其是否产生损害赔偿责任？笔者认为，这属于缔约自由的范畴，原则上并不产生缔约过失责任。当然，如果受要约人故意变更要约实质性内容，假借订立合同，恶意进行磋商，则其应承担缔约过失赔偿责任。

举证责任

根据“谁主张，谁举证”的证明规则，本条在诉讼中，要约人的证明目标是受要约人作出了实质性变更要约内容的承诺，从而否定合同成立。其应证明下列事项：（1）承诺的内容与要约的内容不一致；（2）受要约人作出的“承诺”实质性变更了要约内容；（3）要约人拒绝该变更的“承诺”，或该新要约失效；（4）要约人没有过错。而承诺人欲否定要约人的主张，则要证明：（1）受要约人作出的承诺未实质性变更要约内容；（2）承诺在承诺期限内到达要约人；（3）要约人对非实质性变更要约内容的承诺未表示反对。

其他问题

本条与合同成立的必要之点规则需要区分。合同的必要之点是合同成立所应具备的必不可少的要素。《瑞士民法典》第五编债务法第2条第1款规定：“当事人对于必要之点意思表示一致，而对于非必要之点，未经表示意思者，应推定契约具有拘束力。”第2款规定：“关于非必要之点，当事人意思不一致时，法院应依行为性质裁判之。”我国台湾地区相关规定为，当事人对于必要之点，意思一致，而对于非必要之点，未经表示意思者，推定其契约为成立。关于非必要之点，当事人意思不一致时，法院应依其事件之性质定之。《合同法》没有规定合同成立的必要之点规则。但是，《合同法解释（二）》第1条第1款规定：“当事人对合同是否成立存在争议，人民法院能够确定当事人名称或者姓名、标的和数量的，一般应当认定合同成立。但法律另有规定或者当事人另有约定的除外。”第2款规定：“对合同欠缺的前款规定以外的其他内容，当事人达不成协议的，人民法院依照合同法第六十一条、第六十二条、第一百二十五条等有关规定予以确定。”由此可知，我国司法实践中，合同成立的必要之点限定于“当事人、标的和数量”三要素。本法亦没有规定合同必要之点规则。但从本条、本法第472条规定的要约内容具体确定以及本法第483条承诺生效时合同成立的规定可知，“合同成立所必须具备的内容，其实就是要约所必须具备的内容”[①]。

本条与合同必要之点规则并不矛盾。合同必要之点规则是合同成立的判断规则，有学者认为，当事人须对本质要素达成合意，否则合同不成立。意思表示是不能没有内容的，合意也是不能没有内容的，否则无法反映当事人所约定的合同的本质。[②]依据本法，合同必要之点规则是对要约具体明确的要求，如果要约内容欠缺合同必要之点，即便承诺内容未实质性改变要约内容，合同仍不成立。如果当事人之间明确约定对非必要之点也需达成一致，合同才能成立，则应当尊重当事人的真实意愿，非必要之点未达成合意，合同不成立。如果当事人并未约定对非必要之点需经合意，则只要必要之点已经合意，按照鼓励交易原则，可推定合同成立。对于非必要之点，可通过合同解释方法和法律任意性规定，填补合同的漏洞。[③]

第四百八十九条【承诺的内容】

承诺对要约的内容作出非实质性变更的，除要约人及时表示反对或者要约表明承诺不得对要约的内容作出任何变更外，该承诺有效，合同的内容以承诺的内容为准。

历史由来

本条系承袭《合同法》第31条的规定，未作实质性改变，只是作了文字修订。《民法典合同编（草案）》（征求意见稿）第27条、《民法典合同编（草案）》（一审稿）第280条与《合同法》第31条的表述一致。《民法典合同编（草案）》（二审稿）第280条将《合同法》第31条“任何变更的以外”的表述改为“任何变更外”。《民法典（草案）》第489条、本条的条文与二审稿表述完

① 朱广新：《合同法总则研究》，中国人民大学出版社2018年版，第166页。
② 参见王洪亮：《论合同的必要之点》，载《清华法学》2019年第6期。
③ 参见韩世远：《合同法总论》（第四版），法律出版社2018年版，第103页。

全一致。在民法典草案审议过程中，本条没有争议。

规范目的或功能

本条系承诺对要约内容非实质性变更的法律效果的规定。本条与本法第488条形成对照，系要约实质性变更的例外，学理上称为“镜像原则”的突破。

在合同案件的审理中，首先要确定当事人是否达成一致的意思表示，而承诺内容是否与要约内容一致直接决定当事人是否达成合意。承诺是同意要约的意思表示，是“要约—承诺”模式下订立合同的必需环节。本条规定承诺变更要约的效力问题，考虑到合同是双方不断磋商的产物，承诺的内容与要约内容有所偏差是常有的现象，一般情况下推定要约非实质性变更时承诺有效，除非要约人及时表示反对或要约表明承诺不得对要约的内容作出任何变更。总体而言，本条的规范目的在于突破传统“镜像规则”的僵化局面，为承诺制度注入更大的弹性，使其具备更大的灵活适用空间，引导合同的规范成立，促进交易简便发生，满足合同订立的需要。

规范内容

一、承诺原则上可以变更要约的非实质性内容

依据本法第488条的规定，承诺内容原则上应当与要约内容一致，承诺不能变更要约的实质性内容。但对于要约的非实质性内容受要约人可以改变，除非要约人及时表示反对或者要约表明承诺不得对要约的内容作出任何变更外，该承诺有效。这系借鉴《联合国国际货物销售合同公约》第19条第2款的规定：“对发价表示接受但载有添加不同条件的答复，如所载的添加或不同条件在实质上并不变更该项发价的条件，除发价人在不过分迟延的期间内以口头或书面通知反对期间的差异外，仍构成接受。如果发价人不作出这种反对，合同的条件就以该项发价的条件以及接受通知内所载的更改为准。”《国际商事合同通则》第2.1.11条、《欧洲合同法原则》第2:208条均有规定。[①]其

① 参见第488条评注内容。

目的在于修正“镜像规则”的僵化，尽量促使合同成立，鼓励市场交易。

二、何谓非实质性变更

要约实质性变更与非实质性变更的二元区分直接导致合同不成立和合同成立的迥异法律效果，因此，二者区别标准就变得尤为关键。要约承诺制度的本质目的在于尊重当事人的意思自治，因此不能单从形式上判断要约内容的变更，而是要通过规范解释方法探求要约背后的实质内容，如果要约的变更不违背要约人真实意思，符合要约人的利益需求，就应当认为是要约的非实质性变更，司法上就没有必要加以干涉。至于非实质性变更的具体类型化，一般认为，下列情形可以被认定为属于非实质性变更：第一，对合同的非主要条款进行了变更；第二，承诺对要约的个别条款的变更，并不损害要约人的利益，且对合同的适当履行是必要的；第三，承诺增加了法律的任意性规定；第四，承诺人对要约的主要条款未表示异议，然而在对这些主要条款承诺后，又添加了一些建议或者表达了一些愿望和希望，如果这些建议和意见中并没有提出新的合同成立要件，则应认为承诺有效；第五，如果承诺中添加了法律规定的其他义务，不应认为构成新要约。①

值得注意的是，本法第488条后句列举了开放式的要约实质性变更内容，一定程度上导致实质性变更的范围过大，非实质性变更的适用空间较为狭窄，导致非实质性变更规则功能缺位，无益于合同的订立。因此，有必要对第488条列举的内容进行目的限缩，以扩大本条的适用空间。

三、承诺非实质性变更要约内容的法律效果

在承诺对要约内容作出非实质性变更的情形下，该承诺原则上有效，进而依照本法第483条的规定，承诺生效时合同成立，合同的内容以承诺的内容为准。由此可见，本条兼具判断合同成立和合同内容的双重法律效果。这意味着承诺非实质性变更要约内容的，不影响合同的成立，合同内容为承诺的内容。

为保护要约人的利益，本条规定了两项例外情形：（1）要约人及时反对。

---

① 参见王利明：《合同法研究》（第一卷）（第三版），中国人民大学出版社2015年版，第271—272页。

这里的“及时”，应理解为不过分迟延。“不过分”意味着不能期待要约人随即给予表示，而应给予他适当的考虑时间。为防止要约人以受要约人的利益为代价进行投机，要约人的此种考虑时间，应明显短于受要约人的考虑承诺的时间。[①]（2）要约人表明承诺不能对要约内容作出任何变更。要约人的“表明”可以表现为要约的具体内容，也可以表现为要约人在要约之外向受要约人作出的单独表示。[②]此两种情形为要约人提供了两次脱离合同约束的机会，进一步保障了其真实意思的实现。

举证责任

本条适用“谁主张，谁举证”的原则。司法实践中，受要约人主张承诺有效的，须证明下列事项：（1）承诺与要约内容一致，只是变更要约的非实质性内容；（2）承诺由受要约人作出，并以通知方式或其他方式向要约人作出；（3）承诺在承诺期限内到达要约人。而要约人要否定承诺的效力则须证明：（1）承诺对要约的内容作出了实质性变更；（2）要约人已及时反对要约的变更；（3）要约表明承诺不能对要约作出任何变更。

其他问题

一、本条与第488条的体系关联

本条与第488条分别对承诺的实质性变更与非实质性变更的法律效果作出规范，并规定了两种例外情形，在规范效果上形成了“原则—例外—例外之例外”的规范体系。首先，承诺原则上应与要约一致，如果承诺改变要约的实质性内容，那么该承诺内容被拟制为新要约，这是第488条的要求，也是本法第479条关于“承诺是受要约人同意要约的意思表示”的应有之义。其次，为缓和“镜像原则”的僵化，本条确立了承诺对要约非实质性变更的例外，即对要约非实

① 参见朱广新：《合同法总则研究》，中国人民大学出版社2018年版，第135页。

② 参见朱广新：《合同法总则研究》，中国人民大学出版社2018年版，第135页。

质性内容变更的，承诺有效，合同成立，合同内容以承诺内容为准。最后，在非实质性变更要约承诺有效的例外之下，规定了要约人表明承诺不得对要约内容作出任何变更或及时表示反对两种例外情形，进一步赋予了要约人订立合同的自由。就本条与第488条的规范体系看，本条才是立法的重点。对受要约人不得实质性变更要约内容作出原则性规定的根本目的是，以镜像规则为出发点，阐明对要约内容的变更在什么情况下构成非实质性变更，以便于本条的适用。[①]

二、格式之战问题[②]

格式之战是现代商业社会普遍存在的法律现象。典型案型为：缔约中一方当事人以格式条款（如订货单）向另一方发出订立合同的要约，另一方则以声称为承诺的格式条款（如订货单或确认书）予以回复，后一方的“承诺”表示实际上包含了新增条款或不同于要约的条款，而要约人收到该“承诺”表示后，未作任何反对直接向对方履行了合同。之后因交易条件发生变化（如价格上涨或下跌），缔约双方就合同是否成立或合同条款发生争议。从比较法上看，无论是大陆法系还是英美法系对解决格式之战问题均未形成固定不变的统一方法。目前，主要有三种规则：“最先一击”“最后一击”与“击倒”。“最先一击”，指如果要约与承诺提及不同的标准条款，第二次的提及通常无效。[③]“最后一击”，指发生形式之争时，以最后提出的合同形式决定合同的内容。英国合同法采纳了此做法。[④]“击倒”，指缔约当事人双方各向对方提出的格式条款，彼此发生冲突的条款无效。[⑤]后两种规则适用较为普遍。但“最后一击”规则会鼓励缔约当事人仅仅注重有利于自己的缔约形式，而不会对对方利益做过多地考虑。这明显会助推缔约中的恶意行为，与诚信原则相悖。并且，纯粹注重缔约形式的“最后一击”规则明显违反了公平原则。“击倒”

---

① 参见朱广新：《合同法总则研究》，中国人民大学出版社2018年版，第136页。

② 参见朱广新：《合同法总则研究》，中国人民大学出版社2018年版，第152—153页。

③ 《荷兰民法典》第6:225条第3款采纳了此做法。

④ See Butler Machine Tool Co. Ltd. v. Ex-Cell-O Corporation (England) Ltd.（〔1979〕1WLR401）

⑤ 1994年版《国际商事合同通则》第2.22条、2010年版《国际商事合同通则》第2.1.22条是其典型代表。

方法不但充分尊重了缔约当事人双方的意思，而且具有激励缔约当事人积极地尽可能地提出更为完善的格式条款的社会效果。因此，《国际商事合同通则》《欧洲合同法原则》《欧洲示范民法典草案》在规范格式之战上采纳了“击倒”规定，许多国家的法院也采纳了“击倒”规则。[①]

我国《合同法》以及本法借鉴了《联合国国际货物销售合同公约》的做法，仅对改变要约内容的“承诺”作了一般性规定，未对格式之战问题作出特别规定。因此，依体系解释的径路，应当遵循合同订立的一般规则，即本条与第488条的规范组合，也即承诺对要约内容作出实质性变更的场合，要约失效，合同不能成立，其变更内容被视为新要约；承诺对要约内容作出非实质性变更的场合，合同成立，合同内容以承诺内容为准。基于此，韩世远先生认为，我国对“格式之争”问题采取了有限制的“最后用语规则”。[②]“最后用语”是德国学者使用的类似于“最先一击”的法律用语。由于该规则存在明显弊端，德国联邦最高法院后来在许多案件中也采用了“击倒”规则。因此，我国应将“击倒”规则确立为解决“格式之战”问题的基本方法。[③]

第四百九十条【书面合同成立时间】

当事人采用合同书形式订立合同的，自当事人均签名、盖章或者按指印时合同成立。在签名、盖章或者按指印之前，当事人一方已经履行主要义务，对方接受时，该合同成立。

法律、行政法规规定或者当事人约定合同应当采用书面形式订立，当事人未采用书面形式但是一方已经履行主要义务，对方接受时，该合同成立。

历史由来

本条承继和整合了《合同法》和《合同法解释（二）》的有关规定。《合同

① 参见朱广新：《论合同订立过程中的格式之战问题》，载《法学》2014年第7期。

② 参见韩世远：《合同法总论》（第四版），法律出版社2018年版，第150页。

③ 参见朱广新：《论合同订立过程中的格式之战问题》，载《法学》2014年第7期。

法》第32条规定："当事人采用合同书形式订立合同的，自双方当事人签字或者盖章时合同成立。"《合同法》第36条规定："法律、行政法规规定或者当事人约定采用书面形式订立合同，当事人未采用书面形式但一方已经履行主要义务，对方接受的，该合同成立。"《合同法》第37条规定："采用合同书形式订立合同，在签字或者盖章之前，当事人一方已经履行主要义务，对方接受的，该合同成立。"《合同法解释（二）》第5条规定："当事人采用合同书形式订立合同的，应当签字或者盖章。当事人在合同书上摁手印的，人民法院应当认定其具有与签字或者盖章同等的法律效力。"

本条在将这几个条文整合在一起的时候，进行了适当的修改和补充：一是基于整合的需要进行了语言表述上的优化；二是将"摁手印"修改为"按指印"，并将其作为书面合同成立的重要标志，事实上，"按指印"在实践中远较"摁手印"常见；三是进行了体系上的优化，将《合同法》第37条的内容作为本条的第2款。这两款使本条成为一个逻辑严密的完全规范，即第1款是一般情形下对合同书面形式的要求，第2款是对突破和推翻第1款要求的特殊情形的规范。

从本条文字表述的历史看，《民法典合同编（草案）》（一审稿）第282条分为三款，本条第1款的两句话分别被作为第1款、第2款；自《民法典合同编（草案）》（二审稿）起开始分为两款，并删去"采用合同书形式订立合同"的语言重复。

三 规范目的或功能

本条规定了书面合同的成立时间问题。

关于合同成立时间的法律意义主要体现在以下五个方面：[①]其一，其原则上是缔约上过失与违约的分界时点；其二，违约损害赔偿的可预见规则，以合同成立时间为违约方可预见之最后时点；其三，对作为违约行为之重要形态的履行不能而言，合同成立时间是判断自始不能与嗣后不能的分界时点；其四，虽然合同生效之后当事人才受合同所约定的权利义务的拘束，但这并不意味着

① 参见韩世远：《合同法总论》（第四版），法律出版社2018年版，第158—159页。

已成立但未生效的合同就没有法律拘束力了，相反，合同一经成立即对当事人产生一系列的拘束力，如当事人不得撤销其意思表示、应当协力促成合同的生效而不能不正当地阻止合同生效、不得擅自变更或者解除合同等，违背此等义务应承担缔约过失责任；其五，合同的成立是合同生效的前提，尤其是对于成立即生效的合同而言，由于合同的成立时间通常都具有比较明显的外在表征，其对于判断合同的生效时间往往具有较强的证明作用。如是，则合同的成立时间对于当事人而言就具有非常重要的意义，正因如此，所以《民法典》用了第483条、第490条和第491条三个条文来规定合同的成立时间问题。

关于这三个条文之间的关系，有两种可能的解释：一是认为第483条是合同成立一般规则，第490条和第491条是例外规则，即第490条和第491条就是第483条所指的“法律另有规定”；二是认为第483条是合同成立一般规则，第490条和第491条仅仅是第483条中“承诺生效时”的具体化，并不是作为第483条之例外的“法律另有规定”。[①]由于这两种解释所得出的结果并无不同，而第二种解释虽然不无道理，但是大大增加了理解上的难度和思维上的负担，尤其是其对第491条的解释常有模糊之处，因此应以第一种解释为妥。另外，第490条和第491条之间虽然都是对书面合同成立时间的规定，但却是根据书面合同订立方式的不同而进行分别规范其成立时间的。必须指出的是，第490条第2款不仅适用于该条第1款所规定的以合同书形式订立的书面合同，而且也适用于第491条所规定的书面合同。

此外，结合第464条，本条关于书面形式的规范也可以适当用于婚姻、收养、监护等有关身份关系的协议，如婚姻家庭编中第1065条规定，男女双方关于婚姻期间所得的财产以及婚前财产的约定应当采用书面形式。若当事人没有采用书面形式，但当事人一方已经履行主要义务，对方接受时，该婚前财产分配合同也成立。

规范内容

本条是典型的完全法条。本条的目的是对书面合同的成立时间进行明确

① 参见朱广新：《书面形式与合同的成立》，载《法学研究》2019年第2期。

的界定。

一、本条第1款第1句

对本条第1款第1句进行解释可知，其适用要件一是当事人采用合同书的形式订立合同，二是当事人均已在合同书上签名、盖章或者按指印。其法律后果是该合同自最后一方当事人在合同书上签名、盖章或者按指印时成立。

（一）合同书

所谓合同的形式，是指当事人合意即合同内容的外部表现和载体。①根据本法第469条的规定，合同形式主要包括书面形式、口头形式和其他形式三种，而书面形式又分为一般的书面形式和特殊的书面形式，前者以合同书和信件为表现形式，后者以数据电文为表现形式。合同书仅仅是书面合同之一种。

合同书是指记载合同内容即当事人合意的文件或文字凭据。作为合同书之文字凭据，具有四方面的特点：②其一，该文字凭据的载体，应当限于“书”，即能够书写文字的有形帛书、纸张、竹板、木板等。其二，该文字凭据上的文字应当是可识别的、符合书写规范的文字，至于文字是手写的、打印的还是印刷的，是中文、外文还是少数民族文字，均在所不问。其三，该文字凭据上载有当事人所约定之权利义务，至少载有足以构成合同的最低限度的权利义务。其四，该文字凭据上有当事人或其代表或其代理人的签名、盖章或者指印。

对于为什么现代各国法律都在要约承诺规则之外，专门就以合同书形式订立的合同的成立作出特别规定，其主要原因是：较之于要约承诺方式，以合同书形式订立的合同，对其成立的判决被简化了，合同的成立无需判断多个意思表示是否一致，③而直接将合同中的意思表示认定是双方的合意。弗卢

---

① 参见崔建远主编：《合同法》（第六版），法律出版社2016年版，第57页；王利明：《合同法研究》（第一卷）（第三版），中国人民大学出版社2015年版，第476页；朱广新：《合同法总则研究》，中国人民大学出版社2018年版，第177页。

② 参见韩世远：《合同法总论》（第四版），法律出版社2018年版，第111页。

③ 参见罗昆：《缔约方式发展与民法典缔约制度完善》，载《清华法学》2018年第6期。

梅称其为“基于双方对合同文本的同意而订立合同”，[①]科宾称其为“同时的同意表示”，[②]这不再是通过一方当事人向另一方当事人提出供对方承诺的建议，而是双方当事人一起起草合同文本并且通过签字来证明合意。在这种情况下区分要约与承诺就不再具有意义，任何一方当事人都既是要约人也是承诺人。[③]

（二）签名、盖章与按指印

此处签名，是指当事人在合同书上写下自己的名字，以示对合同书所载之内容负责。[④]关于签名还有两个问题需要进一步讨论：一是签名的主体是否仅限于自然人？二是签名是否一定要签当事人自己的姓名？通说认为，合同的签名主体应当仅限于自然人，其可以是作为合同当事人的自然人，也可以是作为法人之法定代表人或者代理人，还可以是非法人组织的代表人或者代理人。签名之主体是法人或者非法人组织之代表人时，根据本法第61条的规定，只有在其以法人或者非法人组织之名义与相对人订立合同，而以法人或者非法人组织之代表人签名时，该合同才能够拘束其所代表的法人或者非法人组织。若签名人以自己个人的名义在合同书上签名，那么除非法人或者非法人组织事后追认或者符合本法第75条规定的条件，否则该合同不能拘束该法人或者非法人组织。另外，签名是否一定要签当事人姓名、签名时采用画押的方式能否视为当事人有效的意思表示方式，各地区法律对此认定不一。我国台湾地区规定，如以指印十字或其他符号代签名者，在文件上，经二人签名证明，亦与签名生同等之效力，认可签本名以外的其他符号也可产生当事人意思表示之效力，即使是对书面要式行为的规定非常严格的德国，对于亲笔签名所签的名字本身，亦认为，“签名者，签上笔名即可；例如成人以其

---

① 参见［德］维尔纳·弗卢梅：《法律行为论》，迟颖译，法律出版社2013年版，第740页。

② 参见［美］A.L.科宾：《科宾论合同》（上），王卫国等译，中国大百科全书出版社1997年版，第26页。

③ 参见［德］卡尔·拉伦茨：《德国民法通论》（下），王晓晔等译，法律出版社2013年版，第720页。

④ 参见中国社会科学院语言研究所词典编辑室编：《现代汉语词典》（第6版），商务印书馆2012年版，第1034页。

艺名著称的，则签署艺名即可。”[①]但是我国大陆地区学者通常认为签字原则上应当签姓名。[②]不过，我国司法实践中，对于签名的含义，人民法院的认定一般比较宽松，如有法院认为，“我国现行法律并未限定当事人在合同书上的签字形式必须是签其正式姓名全名，对此，应遵从意思自治原则，由当事人自行决定。只要签字能够反映当事人的个人行为特征，能够识别当事人的身份，均应视为合法”。[③]也有法院认为，对于画押，即在公文、契约或供状上画花押或写“押”字、“十”字，表示认可之行为是否能产生签字效力，则应当联系个案情形，结合画押的历史渊源、当地风俗习惯具体讨论。[④]

《民法典》第1017条明确规定：“具有一定社会知名度，被他人使用足以造成公众混淆的笔名、艺名、网名、译名、字号、姓名和名称的简称等，参照适用姓名权和名称权保护的有关规定。”据此，如果相对人能够证明合同上之签名的确是行为人所签，无论其所签之名是身份证明文件上所登记的姓名，还是笔名、假名、艺名、乳名、绰号、外文名，乃至画押或书写其他符号，均不影响签名之成立。

所谓盖章，是指行为人在合同书上加盖自然人私章或者法人或非法人组织之公章或合同专用章。所谓私章，是指自然人自己制备和持有的、以其姓名为题的印章。对于自然人而言，在合同书上加盖私章可以达到签字的相同法律效果[⑤]，但是与签字必须亲自实施不同的是，加盖私章可以授权他人实施，而这不可避免地会引起一定的法律风险。在发生纠纷时，需要基于代理的规则进行解决，即合同的相对人不能证明所加盖之私章为该自然人所有，且加盖私章之行为人具有盖章之代理权或者代理权之外观，那么就不能将合同效果归属于该自然人。对于法人或非法人组织而言，一般应在合同书上加盖备

---

① ［德］卡尔·拉伦茨：《德国民法通论》（下册），邵建东译，法律出版社2003年版，第559页。

② 参见崔建远主编：《合同法》（第六版），法律出版社2016年版，第58页；朱广新：《合同法总则研究》，中国人民大学出版社2018年版，第159页。

③ 参见广东省珠海市中级人民法院（2012）珠中法民二终字第110号民事判决书。

④ 参见北京市第三中级人民法院（2017）京03民终1684号民事判决书。

⑤ 参见最高人民法院（2012）民抗字第55号民事判决书；最高人民法院（2017）最高法民申1350号民事裁定书。

案公章或者合同专用章，若在合同书上加盖其他类型的印章，如部门印章、财务专用章等印章，则相对人须证明盖章之人有签署合同之代表权或代理权，否则不能将合同效果归属于该法人或非法人组织。

所谓按指印，是指自然人借助于印泥、印油等工具将自己的指纹留于合同书的行为。由于每个自然人的指纹都是独一无二的，因此，在合同书上按指印能够达到与签字相同的法律效果。须注意的是，虽然实践中按指印通常是按食指或拇指，但本条并未就此作出限定，因此任何一个手指均可。

签名、盖章、按指印原则上只要具备其中之一即可，并不要求三者同时齐备：其一，如果当事人在合同中明确约定“自双方签字、盖章之日起生效”或者“自双方签字且盖章之日起生效”，则合同必须双方签字且盖章后方才生效。[①]其二，如果当事人在合同中明确约定“自双方签字或者盖章之日起生效”，或者“自双方签字盖章之日起生效”，则合同自双方签字或者盖章之日起生效。[②]其三，以法人名义订立的合同，只有法定代表人的签字或者法人之签约代理人的签字而未加盖法人的公章，该合同的法律效果仍然应当归属于法人。但如果不是以法人名义订立的合同，即便有法人的法定代表人签字，该合同的法律效果也不应归属于法人。[③]

签名、盖章或按指印的法律意义主要有以下四种[④]：一是表明合同内容是签名、盖章或按指印之自然人的真实意思表示，合同乃是经由该自然人的意思表示而缔结成功的；二是表明签名、盖章或按指印之自然人或者其所代表或代理之主体愿意接受合同的拘束；三是表明签名、盖章或按指印之自然人与相对人已经就合同内容达成合意；四是作为证据证明合同之内容和签名、盖章或按指印之自然人的身份。

（三）“均”签名、盖章或者按指印

本条第 1 款第 1 句所谓“自当事人均签名、盖章或者按指印时合同成

---

① 参见最高人民法院（2005）民一终字第116号民事判决书。

② 参见最高人民法院（2013）民申字第72号民事裁定书。

③ 参见最高人民法院（2018）民再161号民事判决书。

④ 参见崔建远主编：《合同法》（第六版），法律出版社2016年版，第58页；最高人民法院（2012）民杭字第55号民事判决书；最高人民法院（2007）民二终字第35号民事判决书。

立”，包含着两方面的含义：一是以合同书形式订立合同，必须各方当事人均签名、盖章或者按指印，否则合同不能成立；二是在最后一方当事人在合同书上签名、盖章或者按指印时合同方才成立。

二、本条第1款第2句、本条第2款：因履行而治愈形式缺陷

（一）本条第1款第2句

对本条第1款第2句进行解释可知，其适用要件：一是当事人采用合同书的形式订立合同，二是在最后一方当事人在合同书上签名、盖章或者按指印之前，一方当事人已经履行主要义务，而对方当事人接受该履行。其法律后果是该合同自对方当事人接受履行时成立。

本条第1款第2句有关“在签名、盖章或者按指印之前，当事人一方已经履行主要义务，对方接受时，该合同成立”的规定，在法律性质上是以行为的方式承诺。虽然以行为的方式承诺与意思实现是否是同一回事存在着争议，[①]但是从本条规定来看，它承认了受领行为是可以构成承诺的，它同时还规定合同自受领之时起即成立，在此之外受领人是不需要再发出承诺通知的。对本条第1款第1句的反面解释可知，若当事人采用合同书的形式订立合同，在各方当事人签名、盖章或按指印之前，该合同是不成立的，但若一方当事人已经履行主要义务且对方接受的，该合同自相对方接受时成立。

对于本条第1款第2句所规定的第一个适用要件，即当事人采用合同书的形式订立合同，与本条第1款第1句相同。对于第二个适用要件，须注意以下几点：其一，当事人一方已经履行之义务，须是尚未签署之合同书中所约定的主给付义务或者要约人在要约中所要求的主给付义务，而非次给付义务或者附随义务。其二，当事人一方履行主要义务，没有附加任何条件，亦即履行义务之行为构成对主给付义务的同意和认可，至少没有对相对人之前所要求之主给付义务作出任何实质性变更。其三，对方当事人无异议地受领了该履行，如果对方当事人对履行提出异议甚至拒绝，则不能认为对方当事人受领

---

① 参见崔建远主编：《合同法》（第六版），法律出版社2016年版，第43—44页；朱广新：《合同法总则研究》，中国人民大学出版社2018年版，第113—116页。

了履行，合同自然不能因此而成立。总之，本条第1款第2句所规范的，不过是这样一种情形，即除了当事人尚未在合同书上签名、盖章或者按指印之外，合同的条款和内容已经齐备，在一方按合同书的约定履行了自己的主要义务，对方又接受了该履行的情况下，合同形式上的缺陷就被“治愈”了。[①]

（二）本条第2款

以书面形式订立合同，除了可以确保交易的准确性和安全性、避免草率交易和作为证据以利纠纷解决外，[②]还可以确保合同义务履行的清晰性和全面性。对本条第2款进行解释可知，其适用要件：一是法律、行政法规规定或者当事人约定合同应当采用书面形式订立，但是当事人未采用书面形式，二是一方当事人已经履行主要义务，而对方当事人接受了该履行。其法律后果是该合同自对方当事人接受履行时成立。

对于本条第2款的第一个适用条件，即当事人须事先负有以书面形式订立合同的法定义务或者约定义务，具有如下三个方面的含义：其一，法律规定或者当事人约定应当采用书面形式订立合同，那么原则上只有当事人履行此法定或约定义务即采用了书面形式订立合同后合同才成立。其二，除非法律另有规定，否则法律对合同书面形式的要求不是强制性规定，因此当事人违反有关合同书面形式的法定义务，并不会导致合同不成立，因此相对方对另一方已经履行的主要义务的行为的受领，可以取代双方当事人所承担的法定书面形式义务。其三，以书面形式订立合同的约定义务，不过是当事人之前的合意，可以被当事人新的合意所推翻和覆盖。若当事人一方已经履行主要义务且对方接受时，则可构成当事人新的、足以推翻和覆盖此前双方就合同书面形式所达成的合意。对于本条第2款的第二个适用条件，即当事人负有以书面形式订立合同的法定义务或者约定义务可以被相对人受领对方对主要义务的履行所取代。

关于一方当事人履行主要义务以及相对人受领履行的具体要求，与本条

---

① 参见韩世远：《试论合同的形式》，载《杭州师范学院学报》（社会科学版）2002年第2期。

② 参见朱广新：《合同法总则研究》，中国人民大学出版社2018年版，第181—182页。

第1款第2句所规定之含义相一致，即当事人已经履行之义务应当是要约中或者口头合同中所要求的主给付义务，当事人一方履行主要义务没有附加任何条件，且对方当事人无异议地受领了该履行。

举证责任

对于自然人在合同书上的签名或者指印，推定是其本人的签名或者其本人所按指印。如若该自然人主张不是其签名或所按指印，或者是受欺诈、胁迫等而签名的或者按指印的，那么该自然人对此负有举证责任。如果法人或者非法人组织否认自然人有权以其名义在合同书上签名，合同因此不能拘束法人或非法人组织，那么合同相对人负有举证责任，须证明该自然人具有以法人或者非法人组织名义签署合同的代表权、委托代理权或者职务代理权，或者构成表见代表或表见代理。对于加盖自然人私章的合同书，相对人必须证明该私章是该自然人所有之私章，且该私章系该自然人本人或者其代理人加盖于合同书上，或者构成表见代理，否则合同不成立。

对于在合同书上加盖法人或者非法人组织之公章，根据2019年《全国法院民商事审判工作会议纪要》第41条的规定，重点是考察盖章之行为人是否“有权”在合同书上盖章：其一，如果行为人有在合同书上盖章之代表权（含法定代表和表见代表）或者代理权（含授权代理、职务代理和表见代理），那么合同效果应当归属于法人或者非法人组织，至于所加盖之公章或者其他诸如财务印章、合同专用章印章是否真实并不重要；其二，法人的法定代表人，以及非法人组织的代表人具有盖章的当然权利，因此即便其超越代表权在合同书上盖章，合同效果仍然应当归属于法人或者非法人组织，此时所加盖之印章是否真实并不重要；其三，如果相对人不能证明是何人在合同书上加盖了法人或者非法人组织的印章，那么合同效果要归属于该法人或者非法人组织，则必须以合同书上所加盖之印章是真实的或者推定真实的公章为前提；其四，相对人虽然能够证明在合同书上盖章之行为人，但不能证明该行为人有盖章之代表权或者代理权（含表见代理和表见代理）的，则必须证明在合同上所加盖之公章是真实公章，否则合同的法律效果不能归属于法人或者非法人组织。

对于因当事人一方已经履行主要义务，对方接受而使合同成立的，应当由主张合同已经成立的一方当事人就主要义务是否已经履行、对方是否接受履行等承担举证责任。

第四百九十一条【要求签订确认书的合同成立时间和电子合同成立时间】

当事人采用信件、数据电文等形式订立合同要求签订确认书的，签订确认书时合同成立。

当事人一方通过互联网等信息网络发布的商品或者服务信息符合要约条件的，对方选择该商品或者服务并提交订单成功时合同成立，但是当事人另有约定的除外。

历史由来

本条第1款是承袭《合同法》第33条而来的，但稍作修改，即删除了“在合同成立之前”这一条件，而并未对要求签订确认书的提出时间作出限制性规定。

本条第2款则是承继《电子商务法》第2条和第49条第1款而来，但是作了四个方面的修改：其一，在规范对象上作了重大修改。《电子商务法》第49条所规范的主体限于电子商务经营者，本条所规范的主体则从电子商务经营者扩大到所有的民事主体，只要该民事主体通过互联网等信息网络发布的商品或者服务信息符合要约条件，那么他与其他民事主体就此订立合同的成立时间，均属于本条第2款的规范对象。其二，将《电子商务法》第2条和第49条第1款有关电子商务合同及其订立的规范整合在一起。其三，“当事人另有约定的，从其约定”在语言表述上被修改为“但是当事人另有约定的除外”。其四，删除了《电子商务法》第49条第2款的规定。

从本条文字表述的历史看，《民法典合同编（草案）》（一审稿）第283条第2款的但书规定了两种情形，即“当事人另有约定或者另有交易习惯的除外”；自《民法典合同编（草案）》（二审稿）起删去“另有交易习惯”的但书。

规范目的或功能

本条是有关远程交易合同成立时间的规定。在现代商业活动中，远程交易在一定程度上超越了面对面交易而成为商业乃至民事活动之常态。远程交易主要有两种形态：一是当事人通过信件、数据电文等就合同内容进行远程的反复磋商进而订立合同；二是一方当事人通过互联网等信息网络发布商品或者服务信息进而与对方当事人订立合同。本条第1款和第2款分别对这两种远程交易合同的成立时间进行特别规定。

当事人采用信件、数据电文等形式订立合同的优点在于便捷、高效、成本低和反馈迅速，缺点在于当事人之间的磋商内容是零碎和模糊的，为了使双方最后的磋商内容能够系统化和明晰化，双方一般都要求签订确认书，以确认双方所达成之合意的具体内容，并以确认书的内容取代之前双方磋商过程中所达成的合意。确认书不仅可以使双方磋商内容系统化和明晰化，而且避免了对双方意思表示究竟是要约还是承诺的判断困难，因此只要当事人要求签订确认书，那么他们之间的合同就不能以此前的合意为准，而应当以确认书为准，那么合同自然应当在确认书签订时成立。本条第1款的规定权威性地确认了这一点。

随着互联网产业的蓬勃发展，电商经济已经成为我国经济重要的组成部分，但是除了作为商业活动的电子商务活动外，尚存在着借助于互联网等信息网络从事非经营性的民事活动，如利用互联网零星、偶发地出售二手物品、闲置物品，以及利用信息网络销售金融类产品和服务，利用信息网络提供新闻信息、音视频节目、出版以及文化产品等内容方面的服务，虽然不是《电子商务法》所调整的对象，但却是本条第2款的调整对象。质言之，本条第2款的调整对象包括但不限于电子商务合同。对于通过互联网等信息网络发布的商品或者服务信息进而订立的合同而言，本条第2款对其成立时间的规定，对借助于网络进行的商事或民事交易活动形成更合理的交易秩序具有突出的理论价值和实践意义。[①]

---

① 参见孙良国：《合同成立时点的确定与合同法的价值判断——以“夏伟诉亚马逊卓越擅自删除订单案”为例》，载《华东政法大学学报》2018年第2期。

规范内容

本条是典型的完全法条，同时也是独立的请求权基础规范。本条的目的是对远程交易合同的成立时间进行明确的界定。

一、本条第1款

对本条第1款进行解释可知，其适用要件：一是当事人采用信件、数据电文等形式订立合同，二是当事人要求签订确认书。其法律后果是合同自确认书签订时成立。关于第一个适用要件中的信件和数据电文的具体含义，详见第469条的评注。至于本条第1款中“等形式”具体包括哪些形式，笔者认为，应当是除了合同书、信件、数据电文之外的其他书面形式或者兼具口头形式与书面形式的混合形式，[①]因为合同书、信件、数据电文这三种书面形式本法已经作了明确规定，且“等形式”应当是与信件、数据电文性质相同且适于远程交易磋商的形式，即其他书面形式或者混合形式，而不可能是口头形式和推定形式。关于本条的第二个适用要件和法律后果，具体分析如下：

（一）确认书的性质

本条第1款所指确认书，是当事人对双方之前磋商所达成之合意进行确认的书面文件，其实质上就是一份简单的书面合同。[②]确认书的功能：一是确认当事人已经就相关事项达成的合意，确认合同已经成立；二是确认合同的内容，即合同内容以确认书之确认为准，[③]质言之，当事人之前磋商过程中通过信件和数据电文所形成的意思表示，不能作为合同的内容，至多只能用于解释合同。

关于确认书的法律性质，有承诺说和合同书说两种观点：承诺说认为，确认书在性质上是最终承诺，是对要约所作出的明确的、最终的承诺，在签

---

① 参见韩世远：《合同法总论》（第四版），法律出版社2018年版，第114页。

② 参见全国人民代表大会常务委员会法制工作委员会编：《中华人民共和国合同法释义》（第3版），法律出版社2013年版，第73页。

③ 参见王利明：《合同法研究》（第一卷）（第三版），中国人民大学出版社2015年版，第300页。

订确认书之前，双方当事人的协议对当事人并没有真正的合同约束力；[①]合同书说认为，确认书本身就是合同书，只是名称不同罢了。[②]但这两种观点都认为，在签订确认书之前，当事人双方即便达成了合意，合同也是不成立的，双方之间所达成的协议只是一种订约意向书而已，对当事人并无实质拘束力。在以上两种学说之外，还存在合同的特别成立条件说，即在采用信件、数据电文等形式签订合同时，除了正常的要约承诺程序外，还必须签订确认书才能使合同正式成立。不过，此种学说并不能自圆其说，因为从条文本身来说，确认书的签订不是必须的，只有在当事人要求签订确认书时才会存在，那么就不能说必须签订确认书才能使合同成立。

（二）要求签订确认书的主体

根据本条的规定，采用信件、数据电文等形式订立合同时，是否要求签订确认书是当事人的自由，因此，如果当事人没有要求签订确认书，那么合同的成立时间就不应依本条而定，而应依本法第483条和第490条的规定判断。

关于要求签订确认书的主体，是合同一方当事人提出要求即可还是必须双方当事人就签订确认书达成合意才行，本条并未作出明确规定。但就本条的文义解释而言，应当认为只要一方当事人提出即可，而不需要对方的同意，当然双方同时提出或者双方就签订确认书达成协议自不待言。这与《国际商事合同通则》第2.1.13条有关“在谈判过程中，凡一方当事人坚持合同的订立以对特定事项或以特定形式达成协议为条件的，则在对该等特定事项或以该等特定形式达成协议之前，合同不能订立”的规定相一致。

（三）要求签订确认书的内容

一方或者双方当事人要求签订确认书，其要求之意思表示必须清楚地包

---

① 参见王利明：《合同法研究》（第一卷）（第三版），中国人民大学出版社2015年版，第297页；江平主编：《中华人民共和国合同法精解》，中国政法大学出版社1999年版，第27页。

② 参见韩世远：《合同法总论》（第四版），法律出版社2018年版，第111—112页；朱广新：《合同法总则研究》（上册），中国人民大学出版社2018年版，第172—173页；全国人民代表大会常务委员会法制工作委员会编：《中华人民共和国合同法释义》（第3版），法律出版社2013年版，第73页。

含着这样的内容：双方订立合同必须以签订确认书为前提，否则合同不成立，无论双方磋商过程中达成了何种性质的协议。如果任何一方当事人都没有向对方当事人发出具有前述内容的意思表示，那么就不构成对确认书的要求。

值得注意的是，《国际商事合同通则》第2.1.13条规定，在谈判过程中，凡一方当事人坚持合同的订立以对特定事项或以特定形式达成协议为条件的，则在对该等特定事项或以该等特定形式达成协议之前，合同不能订立。而在其官方评注中，则区分了两种情况：一是当事人一方或者双方声明，除非签订正式文本或者确认书，否则他们不受"初步协议""意向书""备忘录"等约束。在此情形下，合同成立时间为确认书或者正式合同文本签署之时。二是任何一方当事人均未作出特别声明，那么合同成立时间即为"初步协议""意向书"等成立之时，而非确认书签署之时。因为在此情形下，签订确认书不过是对已经达成的协议的确认而已。笔者认为，本条亦应作相同解释。

（四）要求签订确认书的时间

关于当事人要求签订确认书的时间，本条没有像《合同法》第33条那样规定签订确认书的要求必须"在合同成立之前"提出。多数学者认为，当事人应当在合同成立之前提出签订确认书的要求，否则合同成立后再提这个要求不能发生阻止和消解之前已经成立之合同的作用。[①]此见解颇值赞同。但是在合同已经成立之后，如果双方当事人均一致同意以最终签订的确认书为准，那么在签订确认书之前双方之间的合同并不成立。

（五）确认书中可以变更既成协议的内容

对于双方当事人所签订的确认书，可否变更既成协议的内容，本条并没作出明确规定。确认书不仅可以对既成协议作非实质性变更，也可作实质性变更，毕竟确认书是双方当事人新的合意，当然可以变更双方旧的合意。

需要指出的是，有学者认为，从比较法上来看，一般都认可确认书对既

---

① 参见全国人民代表大会常务委员会法制工作委员会编：《中华人民共和国合同法释义》（第3版），法律出版社2013年版，第73页；王利明：《合同法研究》（第一卷）（第三版），中国人民大学出版社2015年版，第299页。

成协议的非实质性变更，《国际商事合同通则》第2.1.12条即适其例。[①]这其实是误读，《国际商事合同通则》第2.1.12条所规定的确认书，是在一方当事人在合同成立后一段合理时间内向对方当事人发出的、意在确认合同的书面文件，这与本条所规范的确认书完全不同，本条所规定的确认书是根据一方当事人在合同成立之前提出的单方面要求，或者根据双方当事人的合意，就合同内容磋商达成合意之后，将这一合意记载于确认书，然后双方在确认书上签字。质言之，本条所规定之确认书所对应的是《国际商事合同通则》第2.1.13条而非第2.1.12条所规定的确认书。

二、本条第2款

对本条第2款进行解释可知，其适用要件：一是当事人一方通过互联网等信息网络发布的商品或者服务信息符合要约条件，二是对方选择该商品或者服务并提交订单成功。其法律后果是合同自提交订单成功时成立。

（一）当事人一方通过互联网等信息网络发布了商品或者服务信息

由于本条规范的对象不限于电子商务，因此本条所规定的一方当事人可以发布的商品或者服务信息，既包括《电子商务法》第2条所规范的、销售商品或者提供服务的经营活动的信息，[②]也包括《电子商务法》所不规范的、利用互联网等信息网络从事非经营性的民事活动，如利用互联网零星、偶发地出售二手物品、闲置物品，以及利用信息网络销售金融类产品和服务，利用信息网络提供新闻信息、音视频节目、出版以及文化产品等内容方面的服务。

根据本条的规定，当事人发布商品或者服务信息的渠道只能是互联网等信息网络，否则不受本条调整。互联网信息网络包括互联网、移动互联网、电信网、物联网等。[③]

---

① 参见王利明：《合同法研究》（第一卷）（第三版），中国人民大学出版社2015年版，第299页。

② 参见全国人大财经委员会电子商务法起草组编著：《中华人民共和国电子商务法条文释义》，法律出版社2018年版，第20页。

③ 参见全国人大财经委员会电子商务法起草组编著：《中华人民共和国电子商务法条文释义》，法律出版社2018年版，第20页。

（二）当事人一方发布的信息符合要约条件

本条之所以要求当事人一方发布的信息符合要约条件，是因为如果当事人所发布的信息不构成要约，那么对方当事人就没有承诺的对象，合同自然就不可能成立。而对于当事人一方所发布的信息是否符合要约的条件，应当根据本法第472条进行个案判断。另外，由于信息是通过互联网等信息网络发布的，因此如果构成要约的话，那么该种要约就是通过公告发布的意思表示。根据本法第139条的规定，该要约自信息发布时生效。

（三）对方当事人选择了商品或者服务并提交订单成功

本条第2款的这一构成要件，可以细分为两个子要件：一是对方当事人根据要约人在信息网络上发布的信息，选择了要约人所指定的商品或者服务；二是对方当事人提交订单成功。这两个子要件必须同时具备，否则合同不可能成立。对于选择了商品或者服务并提交订单成功的法律性质，一般认为应当属于本法第480条所规定的通过行为的承诺，因为只要承诺人提交订单成功，合同即成立，而不需要将此事通知给发布信息的当事人。而后发布信息的当事人是否以及何时收到对方当事人提交订单成功的通知，并不影响合同之成立。

由于对方当事人选择了商品或者服务并提交订单成功在性质上属于承诺，因此他是能够依本法第485条的规定撤回承诺的，但是由于信息网络的高度迅捷性，相对人在技术上基本上不可能撤回其承诺。现行立法中，《消费者权益保护法》第25条授予消费者以7日无理由退货权，可以在一定程度上避免这个问题。另外，也有学者建议，在消费者提交订单成功之后，可以给消费者一段考虑是否最终决定成交的期限，如果在该期限内，消费者不愿成交，也可以撤销承诺；如果愿意成交，则不必再作出任何表示。[①]此见解堪值赞同。

（四）关于发布信息主体与提交订单主体的行为能力问题

由于通过互联网等信息网络进行民事或商事活动，双方当事人难以知悉

---

① 参见王利明：《合同法研究》（第一卷）（第三版），中国人民大学出版社2015年版，第296页。

对方的行为能力，因此信息发布人以及订单提交人的行为能力能否影响双方所订立之合同，理论上存在不同认识。但由于通过网络进行交易，当事人很难查明对方有无相应的民事行为能力，如硬要当事人查明则交易成本将急剧升高以致扼杀网络交易，因此越来越多的学者认为，应当借鉴我国台湾地区的有关规定，即无民事行为能力人或限制民事行为能力人在通过互联网等信息网络进行民事或商事活动时均视为有民事行为能力。[①]而且，根据《电子商务法》第48条第2款的规定，除非有相反证据足以推翻外，在电子商务中法律推定当事人具有相应的民事行为能力。本条亦应准用这一规定。

（五）当事人另有约定除外

本条第2款所指“当事人另有约定除外”，是指当事人可以就合同成立时间作出与第2款规定不一致的约定。合同的成立时间原则上按当事人约定的时间确定，但是不得违反《电子商务法》第49条第2款的规定。但因为本条的适用对象除了商事经营性质的电子商务活动以及利用信息网络销售金融类产品和服务，利用信息网络提供新闻信息、音视频节目、出版以及文化产品等内容方面的服务，还包括非经营性的民事活动，如利用互联网零星、偶发地出售二手物品、闲置物品，因此笔者认为，《电子商务法》第49条第2款的规定适用于所有通过互联网等信息网络订立的具有商事经营性质的合同，而不适用于通过互联网等信息网络订立的、非经营性质的合同，如当事人利用互联网零星、偶发地就二手物品、闲置物品的销售签订买卖合同，当事人可以约定买方付款后合同成立。

需要进一步分析的是，格式条款对合同成立时间的另外约定是否就一定有效呢？笔者认为，应当依据本法第496条和第497条的规定判断：首先，该格式条款如果属于本法第497条所规定的情形，则应直接认定为无效。其次，由于合同成立时间与对方当事人有重大利害关系，因此提供格式条款的一方应当以合理方式提醒对方注意这一格式条款并进行解释说明。如果提供格式条款的一方尽到了此种义务，而对方未作出反对表示的，则有关合同成立时间的格式条款应当有效，其属于当事人另有约定的情形。但如果提供格式条款的一方对

---

① 参见崔建远：《合同法总论》（上卷）（第二版），中国人民大学出版社2011年版，第297页。

该格式条款并未尽到提示和说明义务，那么对方当事人可以主张该格式条款不成为合同的内容，此时该格式条款中的合同成立时间内容即不构成本条的“当事人另有约定”，合同应当自对方选择该商品或者服务并提交订单成功时成立。

举证责任

主张自己已经要求签订确认书而双方因为没有签订确认书而致合同没有成立的当事人，须举证证明以下事实：其一，双方采用信件、数据电文等形式订立合同；其二，在合同成立之前他已经向对方当事人提出要求签订确认书；其三，其确认书的内容必须包含这样的内容：双方订立合同必须以签订确认书为前提，否则合同不成立，无论双方磋商过程中达成了何种性质的协议。

通过互联网等信息网络订立合同，主张合同已经成立的当事人，需要证明当事人一方通过互联网等信息网络发布的商品或者服务信息符合要约条件，并且对方当事人选择了商品或者服务并提交订单成功；或者根据当事人双方有关合同成立的约定，举证证明合同已经成立或者尚未成立。

第四百九十二条【合同成立地点】

承诺生效的地点为合同成立的地点。

采用数据电文形式订立合同的，收件人的主营业地为合同成立的地点；没有主营业地的，其住所地为合同成立的地点。当事人另有约定的，按照其约定。

历史由来

本条承继了《合同法》第34条的规定。《合同法》第34条规定：“承诺生效的地点为合同成立的地点。采用数据电文形式订立合同的，收件人的主营业地为合同成立的地点；没有主营业地的，其经常居住地为合同成立的地点。当事人另有约定的，按照其约定。”本条只是将《合同法》第34条“没有主营业地的，其经常居住地为合同成立的地点”修改为“没有主营业地的，其住所地为合同成立的地点”。

从本条文字表述的历史看，《民法典合同编（草案）》（一审稿）与《合同法》第34条的规定一致，从《民法典（草案）》起才与本条的规定一致。

规范目的或功能

本条是关于合同成立地点的规定。本条的规定对于确定合同纠纷的地域管辖以及涉外合同所应适用的准据法，都具有重要意义。

在规范体系上，本条与本法第493条共同构成合同成立地点的规范体系：本条第1款是一般规则，本条第2款与第493条是特别规则或者说是合同成立地点的简易判断方法，但在解释上本条第2款与第493条并不构成本条第1款的真正例外，因为可以将两者所确立的规则解释为承诺生效地即为合同成立地的规则。当然这种解释在司法实践中一般是不必要的。

值得研究的是，对于以数据电文形式订立的合同，其成立地点究竟应当适用本条第2款还是本法第493条的规定？这涉及数据电文与合同书的关系问题。根据本法第469条的规定，合同书是书面形式的合同之一，而数据电文被视为书面形式，可见，合同书与数据电文是两种不同的合同形式，因此以数据电文形式订立的合同，其成立地点自然应当适用本条第2款的规定。因为本法第493条规范的是以合同书形式订立的合同的成立地点问题。

规范内容

一、本条第1款

本条第1款之所以规定承诺生效的地点为合同成立的地点，是因为根据第483条的规定，通常情况下承诺生效时即合同成立，因此承诺生效的地点当然就应当是合同成立的地点，除非法律或者当事人另有约定。

根据本法第484条和第137条的规定，以承诺生效地点为合同成立地点的规则，其实存在着两种情形：其一，以通知方式作出的承诺，无论是以对话方式还是以非对话方式进行通知，要约人所在地即为合同成立地点。需注意的是，承诺是以对话方式作出的，亦适用这个规则。因为根据本法第137条的规定，以对话方式作出的承诺，即无论是采取现场面对面谈话还是通过电话、视频、网络文字或者语音聊天工具、短信等作出的承诺，均自相对人了解时承诺生效，所以相对人（要约人）所在地即为合同成立地点，只不过现场面对面谈话时要约人与承诺人位于同一地点而已。其二，承诺不需要通知的，承诺行为作出地点即为合同成立地点，此时合同成立地通常就是承诺人住所地，但也不排除承诺行为地在其他地方之可能。

二、本条第2款

（一）收件人、主营业地

若单纯对本条第2款进行文义解释可知，其所指“收件人”自然是指数据电文的收件人，但显然应当结合本条第1款的规定对其作限缩解释，即其所指“收件人”应当是包含着承诺内容的数据电文的收件人，该收件人本质上就是要约人。因此，基于本条第1款的规定，收件人所在地即为合同成立地。但是，由于数据电文一般用于商业交易，所以本条第2款即规定，采用数据电文形式订立合同时，除当事人另有约定外，“收件人的主营业地为合同成立的地点；没有主营业地的，其住所地为合同成立的地点”。

本条第2款的规定，完全借鉴了联合国国际贸易委员会《电子商务示范法》第15条第4款的规定，并基于这一规定而确定了以数据电文形式订立的合同的成立地点。《电子商务示范法》第15条第4款规定：“除非发端人与收件人另有协议，数据电文应以发端人设有营业地的地点视为其发出地点，而以收件人设有营业地的地点视为其收到地点。就本款的目的而言：（a）如发端人或收件人有一个以上的营业地，应以对基础交易具有最密切关系的营业地为准，又如果并无任何基础交易，则以其主要的营业地为准；（b）如发端人或收件人没有营业地，则以其惯常居住地为准。”之所以以“主营业地”作为发出或收到地，主要是基于使合同等行为与行为地有实质联系，从而避免以“信息系统”作为收到地所可能造成的不稳定性。①

---

① 参见朱遂斌、陈源源：《电子商务合同成立的法律问题》，载《政法论坛》（中国政法大学学报）1999年第4期。

本条第2款之所以将《合同法》第34条中的“经常居住地”修改为“住所地”，一是因为本法第25条已经将自然人的“经常居住地”修改为“经常居所”；二是因为“经常居所”仅适用于自然人，而本条第2款的规则既适用于自然人也适用于法人和非人组织；三是因为采用数据电文形式订立合同往往发生在商事主体从事商业活动的过程中。但必须强调的是，本条第2款并不仅仅适用于确定商事合同的成立地点，因此其所指“没有主营业地”包括两种情形：其一，商事主体有多个营业地，但无法判断哪一个是主营业地；其二，不从事经营活动的民事主体，根本就没有主营业地。在这两种情况下，包含了承诺内容的数据电文的收件人住所地就是合同的成立地。

（二）约定优先原则

根据本条第2款第2句的规定，当事人采用数据电文形式订立合同时可以约定合同成立地点。这一规定显然是合同自由原则之体现，如果是当事人自由约定的当然没有可质疑之处，但是如果对合同成立地点的约定是一方当事人在格式条款中的约定，那么自应依本法第496条、第497条、第498条的规定判断该约定是否有效，如果认定合同成立地点的约定无效，则自应依本条第2款第1句的规定处理。

（三）确认书对于合同成立地点的影响

由于本法第491条第1款规定，“当事人采用信件、数据电文等形式订立合同要求签订确认书的，签订确认书时合同成立”，因此以数据电文形式订立合同一方或者双方当事人要求签订确认书的，确认书签订之地点即为合同成立之地点。又由于确认书本质上就是合同书，[①]因此根据第493条的规定，最后签字、盖章或者按指印的地点为合同成立的地点。但是如果是以数据电文形式签订确认书的，则应当依据本条第2款的规定判断合同的成立地点。

---

① 参见韩世远：《合同法总论》（第四版），法律出版社2018年版，第111—112页；朱广新：《合同法总则研究》（上册），中国人民大学出版社2018年版，第172—173页；全国人民代表大会常务委员会法制工作委员会编：《中华人民共和国合同法释义》（第3版），法律出版社2013年版，第73页。

举证责任

就本条第1款而言，主张合同成立地点的当事人应当对承诺所到达的地点承担举证责任。

就本条第2款而言，主张适用本条的当事人应当承担如下举证责任：其一，合同是否是采用数据电文形式订立。当事人可以提供的证据包括但不限于电报、电传、传真、电子数据交换、电子邮件等。其二，数据电文的收件人是谁，其主营业地或者住所地位于何处。其三，当事人主张适用约定的合同签订地的，应证明合同已就合同签订地作出约定。

第四百九十三条【以合同书形式订立之合同的成立地点】

当事人采用合同书形式订立合同的，最后签名、盖章或者按指印的地点为合同成立的地点，但是当事人另有约定的除外。

历史由来

本条承继了《合同法》第35条的规定，并作了重大修改。《合同法》第35条规定："当事人采用合同书形式订立合同的，双方当事人签字或者盖章的地点为合同成立的地点。"较之于《合同法》第35条的规定，本条主要作了两处修改：一是将"双方当事人签字或者盖章的地点为合同成立的地点"修改为"最后签名、盖章或者按指印的地点为合同成立的地点"，二是增加了当事人另有约定的除外条款。这两处修改使本条规定变得更为科学。

从本条文字表述上看，从《民法典合同编（草案）》（征求意见稿）开始，本条的规定就没有发生变化。

规范目的或功能

本条规定合同书形式的合同之成立地点，其使以合同书形式订立的合同之成立地点更加清晰、明确和科学。

规范内容

本条属于说明性法条，其适用条件为：一是当事人没有相反约定，二是采用合同书形式订立合同。

一、当事人没有相反约定

合同成立地点虽然具有重要的法律意义，但基于合同自由原则，当事人当然可以在合同中对合同成立地点进行约定，正是因为这个原因，所以本条在《合同法》第35条的基础上增加了当事人另有约定的除外条款。由于合同成立地是双方协商一致的结果，因此应当以当事人约定的地点作为合同成立地。至于当事人是在合同中还是在合同之外另行约定合同的成立地点则在所不问。

同样地，如果当事人采取格式条款的方式约定合同成立地点，则应当依本法第496条、第497条、第498条的规定判断该约定是否有效。如果认定合同成立地点的约定无效，则自应依本条的规定，以最后签名、盖章或者按指印的地点为合同成立的地点。

需要指出的是，尽管在结果上可能并无多大区别，但在逻辑上，当事人如果在合同书中约定的不是“合同成立地”而是“合同签订地”，则不能认为当事人另有约定。

二、当事人采用合同书形式订立合同

由于合同书是要约承诺之外的另一种订立合同的方式，同时根据本法第490条规定以及前文对该条的评注可知，以合同书形式订立的合同于最后一方当事人在合同书上签名、盖章或者按指印时合同方才成立，因此在当事人没有相反约定时，以合同书形式订立的合同，其成立地点就应当是最后签名、盖章或者按指印的地点。

值得注意的是，有学者认为，法律、行政法规或者当事人约定必须经过公证合同才成立的，公证的地点为合同成立的地点。[①]笔者认为，对于约定或者法

① 参见全国人民代表大会常务委员会法制工作委员会编：《中华人民共和国合同法释义》（第3版），法律出版社2013年版，第74页。

定需要公证的合同，其成立地点应当根据具体情况来判断：其一，如果当事人在经过公证的合同中或者在合同之外另行明确约定了合同的成立地点，则约定之地点为合同成立之地点；其二，如果当事人没有就合同的成立地点作任何约定，那么根据本条的规定，应当认定公证的地点为合同成立的地点。但如果法律、行政法规规定或者当事人约定经过公证合同才生效的，则完全不适用这一规则。

举证责任

主张合同已经于某地成立的当事人应当承担如下举证责任：其一，当事人是否就合同成立地点进行了约定，以及是如何约定的；其二，如果没有另外约定，则合同的最后签名、盖章或者按指印的地点在何处。

第四百九十四条【依国家订货任务、指令性任务订立合同及强制要约、强制承诺】

国家根据抢险救灾、疫情防控或者其他需要下达国家订货任务、指令性任务的，有关民事主体之间应当依照有关法律、行政法规规定的权利和义务订立合同。

依照法律、行政法规的规定负有发出要约义务的当事人，应当及时发出合理的要约。

依照法律、行政法规的规定负有作出承诺义务的当事人，不得拒绝对方合理的订立合同要求。

历史由来

本条第1款来自于《合同法》第38条，但作了重大修改：一是将国家下达国家订货任务、指令性任务的理由进行了列举，以使该款的适用范围清晰化，其将“国家根据需要下达指令性任务或者国家订货任务”修改为“国家根据抢险救灾、疫情防控或者其他需要下达国家订货任务、指令性任务”；二是将缔约义务人的范围从“有关法人、其他组织”扩大为“有关民事主体”。

本条第2款、第3款是新增规定。

从本条文字表述的历史看，本条第1款的变化较大：《民法典合同编（草案）》（一审稿）把“其他组织”修改为“非法人组织”，并在其后增加两款，分别规定强制要约和强制承诺。《民法典合同编（草案）》（二审稿）不再将主体限于“法人、非法人组织”，而是将其表述为“民事主体”。随着新冠疫情在全球暴发，为更好地发挥本条在抢险救灾、疫情防控等紧急突发情况中的有效作用，全国人大宪法和法律委员会在审议《民法典（草案）》时，将本条中的“国家根据需要”修改为不完全列举的“国家根据抢险救灾、疫情防控或者其他需要”。本条第2款和第3款自《民法典合同编（草案）》（一审稿）起就没有变化。

规范目的或功能

本条规定，旨在通过对合同自由的限制，进而确保抢险救灾、疫情防控、国防军工、重点工程建设以及国家战略储备等需要得到实现和满足，[①]以及保护人们的生活利益，最终实现对公共秩序和公共利益的维护。[②]

规范内容

本条由三款组成，厘清这三款之间的关系至为重要。本条第1款是第2款和第3款中的“法律规定”，即第1款规定的“国家根据抢险救灾、疫情防控或者其他需要下达国家订货任务、指令性任务”构成第2款强制要约义务和第3款强制承诺义务的法定来源之一。质言之，本条第1款是第2款和第3款的强制缔约义务的法定来源之一，即根据第1款这一法律规定，当国家给相关合同主体下达了国家订货任务或指令性任务后，相关主体必须依法发出合理的要约或者进行承诺，否则构成对强制要约或强制承诺的违反，而应承担相应的法律后果。但必须强调的是，强制缔约义务之来源并不限于本条第1款的规

① 参见全国人民代表大会常务委员会法制工作委员会编：《中华人民共和国合同法释义》（第3版），法律出版社2013年版，第78页。

② 参见崔建远：《合同法总论》（上卷）（第二版），中国人民大学出版社2011年版，第155页；王利明：《合同法研究》（第一卷）（第三版），中国人民大学出版社2015年版，第309页。

定，还包括其他法律、行政法规的规定。

一、强制缔约义务的来源：法律、行政法规规定

由于强制缔约严重损害了合同自由，因此只有在具有特别理由时法律才应当科加合同当事人以强制缔约义务。虽然有观点认为除了法律的明确规定外，合同当事人强制缔约义务也可以来源于公共利益的需要，即在特定场合若不缔约则意味着当事人故意侵害社会公共利益、公序良俗，[①]但从本条规定来看，强制缔约义务只能来源于法律、行政法规的规定。不过，由于本法第8条规定了“民事主体从事民事活动，不得违反法律，不得违背公序良俗”，而这也属于法律规定，因此在解释上，强制缔约义务也可来源于公序良俗的要求。

由于本法在性质上是民事基本法，本条第1款自然属于法律的规定，因此本条第1款就是强制缔约义务的法定来源之一。质言之，并不是因为国家下达的指令性任务或者国家订货任务使当事人负有强制缔约义务，而是因为本条第1款的规定让当事人负有强制缔约义务，但由于本条第1款直接赋予了国家下达的指令性任务或者国家订货任务以强制当事人缔约的效力，因此国家下达的国家订货任务、指令性任务事实上成了当事人强制缔约义务的来源。所谓指令性任务，是指政府有关部门为执行国家指令性计划或为了满足国家的某种特殊需要，强制要求企业或个人必须完成的生产或销售任务。而国家订货任务，是指由国家委托有关部门、单位，或组织用户直接向生产企业进行采购取得重要物资的一种订货方式，主要用于满足国家储备、调控市场、国防军工、重点建设以及救灾等其他特殊需要。可见，无论是指令性任务还是国家订货任务，一般都是为了满足国家和社会的某些特别需要，同时也是为了防止国家指令性任务和国家订货任务过于宽泛，所以本条第1款对这些特别需要进行了不完全列举：抢险救灾、疫情防控或者其他需要。此处所谓的其他需要，其重要性应当与抢险救灾、疫情防控的重要性相当，主要是国家储备、调控市场、国防军工、重点建设等涉及国家安全和公共利益的需要。

必须强调的是，除本法第1款外，合同当事人的强制缔约义务，还可能来

---

① 参见崔建远：《合同法总论》（上卷）（第二版），中国人民大学出版社2011年版，第155页。

源于其他法律、行政法规的规定，如本法第648条、《邮政法》第15条、《电力法》第26条等。

二、强制缔约义务的内容：强制要约和强制承诺

本条第2款、第3款是新增规定。由于《合同法》第38条规定的指令性合同并未规定强制要约和强制承诺，因而就有学者认为强制缔约与指令性合同存在本质区别：即在强制缔约下，订立合同的当事人必须具有要约的意思表示，此后，基于强制缔约的义务，被强制人需要作出承诺的意思表示；而指令性合同根本无需合同当事人具有主观上的意思表示，直接依据法律授权，通过行政行为发生民法上的合同关系。[①]但根据本条第2款、第3款的规定，即使是指令性合同，当事人之间仍然需要通过要约和承诺进行缔结，故强制缔约与指令性合同如今似乎已不存在上述区别。

根据本条第2款的规定，负有强制要约义务的当事人，基于对该义务的履行，必须及时向特定或不特定的相对人发出内容合理的要约，一旦相对人作出承诺，合同即成立。根据本条第3款的规定，负有强制承诺义务的当事人，基于对该义务的履行，对于相对人的要约没有正当理由不得拒绝承诺。虽然在性质上，强制要约的义务和强制承诺的义务均属于强制性法律规范，[②]但经由强制缔约而产生之合同仍然是需遵循本法有关要约承诺的规则才能成立的。这是因为根据本条的规定，法律、行政法规虽然给当事人科加了强制要约义务与强制承诺义务，但是合同的内容仍然需要当事人通过要约承诺确定。

关于强制缔约是否包括内容强制，一种观点认为，强制缔约仅限于对缔约行为的强制，而不包括对缔约内容的强制；另一种观点则认为，强制缔约既包括对缔约行为的限制，同时也包括对缔约内容的限制。[③]从本条第2款和第3款的规定来看，仅要求要约的内容要合理，而对于合同的具体内容，一般是交由行政法规、部门规章、地方规章甚至规范性文件去调整。

---

① 参见朱岩：《强制缔约制度研究》，载《清华法学》2011年第1期。

② 王利明：《合同法研究》（第一卷）（第三版），中国人民大学出版社2015年版，第318页。

③ 王利明：《合同法研究》（第一卷）（第三版），中国人民大学出版社2015年版，第315—316页。

三、违反强制缔约义务的责任

关于违反强制缔约义务的当事人，应当承担何种责任，本条并没有作出明确规定，而是交由科加强制缔约义务给当事人的相关法律、行政法规去规定。如《国家指令性计划和国家订货的暂行规定》（已失效）第7条即规定："企业无正当理由不执行国家指令性计划，或不履行合同的，计划下达部门应责令其改正；情节严重的，给予经济和行政处罚；由此给国家造成重大经济损失的，由司法机关依法追究有关人员的刑事责任。"但总的来讲，为保障本条规范目的的实现，应将实际履行作为违反强制缔约义务基本救济原则，在无法强制执行或者实际履行缺乏现实意义的情况下才考虑违约损害赔偿、侵权损害赔偿以及公法上的救济措施。[①]

举证责任

根据本条的规定，对于要约人是否负有强制要约义务或者承诺人是否负有强制承诺义务，应由相对人举证证明；对于要约的内容是否合理，应由承诺人举证证明；负有强制承诺义务的当事人，应当就自己拒绝承诺的事由正当与否（如对方要约内容不合理等）承担举证责任。

第四百九十五条【预约合同与违约责任】

当事人约定在将来一定期限内订立合同的认购书、订购书、预订书等，构成预约合同。

当事人一方不履行预约合同约定的订立合同义务的，对方可以请求其承担预约合同的违约责任。

历史由来

在我国，预约合同制度首次出现在1993年施行的《海商法》所规定的预

① 参见朱岩：《强制缔约制度研究》，载《清华法学》2011年第1期。

约保险合同，由于《海商法》属于商事特别法，适用对象非常狭窄，故该制度对预约合同法律制度未产生较大的影响。而一些学者认为，《商品房买卖合同解释》第4条、第5条首次引进了预约合同制度也是有待商榷的，因为这两条司法解释只是对定金合同以及商品房买卖合同形式补正的规定，与预约合同无涉。[①]在真正意义上第一次涉及预约合同制度的法律文件是《买卖合同解释》第2条。该条规定："当事人签订认购书、订购书、预订书、意向书、备忘录等预约合同，约定在将来一定期限内订立买卖合同，一方不履行订立买卖合同的义务，对方请求其承担预约合同违约责任或者要求解除预约合同并主张损害赔偿的，人民法院应予支持。"该条表述不够严谨，因为当事人在交易过程中订立的认购书、订购书、预定书、意向书、备忘录并非都属于预约。《民法典合同编（草案）》（征求意见稿）第36条第1款规定："当事人约定在将来一定期限内订立合同的认购书、订购书、预定书、意向书等，构成预约合同。"第2款规定："当事人一方不履行预约合同约定的订立合同义务的，对方可以请求其承担预约合同的违约责任。"第1款将预约合同限定于"在将来一定期限内订立合同的认购书、订购书、预定书、意向书等"。第2款删去了"要求解除预约合同并主张损害赔偿"这一违约责任的承担方式。删去这一救济方式的原因主要是：本条确认预约为一种合同行为，则其合同的解除应当依照普通合同解除的条件，具体规定在本法第562条、第563条。若本条直接规定非违约方有权解除合同并要求赔偿损失，则赋予了其单方的法定解除权。而预约合同的当事人享有法定解除权不仅需要另一方不履行合同约定的订立合同义务，而且需要满足上述条文的其他要件，如"致使合同目的不能实现"。

在《民法典》编纂过程中，本条变动所关注的问题是：预约合同中是否需要对将来签订本约的时间予以确定，即在预约中是否需要对订立本约设置时间限制。《民法典合同编（草案）》（一审稿）第287条第1款删去了征求意见稿中"一定期限内"的表述，该款规定："当事人约定在将来订立合同的认购书、订购书、预定书、意向书等，构成预约合同。"删去"一定期限内"的

---

① 参见张古哈：《预约合同制度研究——以〈买卖合同司法解释〉第2条为中心》，载《社会科学研究》2015年第1期。

限制使预约合同更加不确定，在司法实践中更难以把握。故，《民法典合同编（草案）》（二审稿）第287条恢复了征求意见稿第36条第1款对预约的界定，这就意味着签订本约是否具有确定的时间期限将成为判断预约是否成立的必备要件。[①]《民法典（草案）》第495条承袭了《民法典合同编（草案）》（二审稿）的规定。本条删去了《民法典（草案）》第495条第1款中“意向书”的规定，使预约合同的范畴更加明确。

规范目的或功能

本条旨在解决实践中争议颇多的，如认购书、订购书、预订书、意向书、备忘录等文件的法律效力以及违反预约合同的违约责任承担问题。通过承认预约的独立契约效力，以固定双方交易机会，制裁恶意预约人，对司法实务有着积极的引导意义。[②]在当前的司法实务中，对于预约合同裁判的争议焦点主要有以下几方面：预约合同与磋商性框架性文件的区别；预约与本约的区分；违反预约合同的法律后果，应当是强制订立本约还是只能要求损害赔偿；损害赔偿的范围是信赖利益、履行利益抑或是部分履行利益。厘清预约合同制度，有利于防范不诚信的行为，是对民法中意思自治以及诚实信用原则的贯彻和体现，而在实践中，预约合同最为显著的目的即是锁定交易机会，使得双方在控制交易成本的同时增加交易成功的概率，对经济效率大有助益。[③]

一、弥补缔约过失责任对合同订立过程调整的不足

预约合同与缔约过失责任均产生于合同订立过程中，均调整合同缔结关系，但两者有很大的区别。首先，证明预约合同违约责任成立的主要条件是订立预约合同合意的存在，而缔约过失责任的成立由法律直接规定，不依赖

---

① 参见张素华、张雨晨：《〈民法典合同编〉预约制度的规范构造》，载《社会科学》2020年第1期。

② 参见最高人民法院研究室编著：《最高人民法院关于买卖合同司法解释理解与适用》，人民法院出版社2012年版，第15页。

③ 参见焦清扬：《预约合同的法律构造与效力认定》，载《社会科学》2016年第9期。

于合同的成立有效。证明缔约过失责任成立的主要要件是当事人在缔约中存在违反诚信的缔约行为。其次，违反预约合同的主要表现形式为不按照双方的约定订立合同，而缔约过失的表现形式较多，如假借订立合同恶意磋商、故意隐瞒有关合同订立的重大事项等。最后，预约合同违约损害赔偿的范围尚有争议，可能不仅限于信赖利益的损失，或许还有部分履行利益的赔偿；而缔约过失责任的赔偿范围仅限信赖利益。

缔约过失责任在调整合同订立过程时有其缺陷。第一，缔约过失责任的成立需要合同当事人一方证明违约方有主观上的过错，而预约合同违约责任的承担采取严格责任原则，故后者可以减轻守约方的举证责任；第二，缔约过失责任是由法律直接规定的，具有被动性，且其赔偿范围仅为信赖利益，而预约合同当事人可以主动在合同中约定违约责任的承担方式以及损害赔偿的范围，具有主动性的优势。故，预约合同可弥补缔约过失责任对合同订立过程调整的不足。

二、弥补“要约—承诺”规则的不足

在现实生活中存在大量的内容繁多的合同，这些合同的订立往往需要当事人进行反复磋商，过程中可能会产生很多次要约、承诺的意思表示。如果没有预约合同规则对这些先合同关系进行保护，那么在合同最终没有订立的情况下，对当事人的保护就只能依照“要约—承诺”规则以及缔约过失责任。而“要约—承诺”规则只能判定合同是否成立，而不能解决责任承担的问题。所以预约合同在此时就可以发挥其积极的作用，保护善意缔约方的合法权利。

规范内容

本条是关于预约合同的定义性规定，是我国第一次在法律中规定预约合同。

一、预约合同的定义

预约合同起源于罗马法。有学者考证，罗马法的定金制度具有防止毁约

的功能，因此，具有防止毁约功能的合同，可称为预约合同。[①]还有学者认为，预约合同起源于要物契约，目的是弥补物之交付方能成立合同的弊端。部分契约的要物性和要式性，使得当事人间的某些合意游离于法律之外，对这些合意的任意反悔或者自食其言，也就无法寻求法律上的救济，所造成的直接后果，是危害了契约法的基本原则和司法精神，并难免造成契约法内部结构的冲突。[②]在以前的司法实践中，预约合同的法律性质存在争议，主要有四种观点：（1）前契约说；（2）从合同说；（3）附停止条件本约说；（4）独立契约说。综观这四种观点，最高人民法院的主流意见认为，预约与本约之间既相互独立，又相互关联，两者之间是手段和目的的关系。预约的目的在于订立本约，预约的标的须是在一定期限内签订本约，履行预约合同的结果是订立本约合同，故《买卖合同解释》采纳了第4种观点，即独立契约说。[③]本条也确认了预约独立契约的性质。它是诺成合同，当事人因预约合同只需要履行将来缔结本合同的义务，不需要履行其他给付义务。关于预约合同是否为要式合同，本条未规定，在学术界也有争议。认为预约合同为不要式合同的学者认为，预约合同只要能达成将来订立本约的合意就可以，它与本合同是两个独立的合同，所以除非当事人另有约定，法律不应当对预约合同的形式作任何规定。相反，认定预约合同是要式合同的学者认为，由于预约合同是订立在本约合同订立的过程中，具有不确定性，如果不以书面形式或其他可确定的方式订立预约，则预约合同的认定与履行会十分困难。[④]预约合同原则上应当为要式合同。许多国家和地区的立法例中对于预约合同的形式都有限定。如《俄罗斯联邦民法典》第429条第2款规定："预约合同的形式应采取对主合同规定的形式而签订，如果没有规定主合同的形式时，以书面形式签订。预约合同不遵守关于事先合同签订形式的导致无效。"《意大利民法典》第1351条规定："未以法律规定的契约最终形式订立的预约性契约无效。"第1352条规定："各方当事人对未来订立

---

① 参见唐晓晴：《预约合同法律制度研究》，澳门大学法学院2004年版，第40页、第64页。

② 参见钱玉林：《预约合同初论》，载《甘肃政法学院学报》2003年第4期。

③ 参见宋晓明、张勇健、王闯：《〈关于审理买卖合同纠纷案件适用法律问题的解释〉的理解与适用》，载《人民司法·应用》2012年第15期。

④ 参见刘京蒙：《预约合同及其效力研究》，中国政法大学硕士学位论文，2006年4月。

的契约所采取的方式达成书面合意的，即推定该方式是使契约有效的方式。预约合同以书面或其他方式确定下来，便于在纠纷发生时举证。但如果预约合同欠缺形式要件，不应当认定其为无效合同，而应当判定其不得对抗善意第三人。”

对于本条通过列举“认购书、订购书、预定书、意向书”等实例来解释预约合同，有学者认为这一做法有待商榷。因为无论是实践还是学理，对于列举的“认购书”等是否属于预约一直存有争议，以这些并不确定无疑属于预约的类型作为预约合同的例子，并不能帮助理解预约合同概念，也有损立法的权威性。[①]我们认为，本条列举预约合同的类型具有重要意义，通过列举方式不但有助于人们理解预约合同的范围，也有助于人民法院认定、判断预约合同，从而准确适用预约合同规则。

二、预约合同的成立与生效

预约合同是债权合同的一种，所以其成立与生效适用普通合同成立与生效的要件。预约合同的成立应当具备合意性、约束性、确定性和期限性等四个基本特征。[②]其生效要件有合同主体适格，意思表示真实，不违反法律、行政法规的强制性规定，不违背公序良俗。预约合同成立的特殊要件在于内容的确定。具体而言表现为：

（一）主体适格

预约合同必须有两个以上的当事人，且当事人必须要有民事行为能力。

（二）合同中具有明确订立本约的意思

预约合同区别于其他没有法律拘束力的框架性文件的关键就是，具有明确的在将来一定期限内订立本约的意思表示。判断是否有这种一致的意思表示，要综合分析预约合同的文字、当事人在订立预约合同过程中的客观行为

① 参见叶雄彪、梅夏英：《预约合同问题研究》，载《中国社会科学院研究生学报》2019年第4期。

② 参见最高人民法院研究室编著：《最高人民法院关于买卖合同司法解释理解与适用》，人民法院出版社2012年版，第15页。

以及交易习惯等内容。例如，在“仲崇清诉上海市金轩大邸房地产项目开发有限公司合同纠纷案”[①]中，法院在判定是否为预约合同时说明：“该意向书明确了双方当事人的基本情况，对拟购商铺的面积、价款计算、认购时间等均作了较为清晰且适于操作的约定。这表明双方当事人经过磋商，就条件成就时实际进行商铺买卖的主要内容达成了合意，对将来正式签署房屋买卖合同进行了预先安排，并以书面形式明确将来商铺正式预售时金轩大邸公司优先同仲崇清订立正式的商品房预售合同。综上，涉案意向书是具有法律约束力的预约合同。”

（三）本约内容需确定

预约合同特殊的成立要件之一就是涉及本约内容的条款应当确定。“如果有谁想要保障自己将来能够订约，那么他/她可以采取让对方向自己提出拘束力要约的方法，也可以采取订立预约的方法。此二者当然都以最后应当订立的主合同的内容基本上确定为要件。但在对此种重大内容欠缺合意期间，一方当事人也不应当对成立合意以及对缔约给予信赖。”[②]然而对于本约内容的确定应当到何种程度、包括哪些内容还没有统一的界定，学理上包括依据合同性质应当具备的条款，如本约的标的、数量、其他根据具体的合同类型判定的应当包括的条款以及当事人约定的本约成立必须具备的条款。王利明教授认为，预约合同只是以订立本约合同为目的，只需要具备标的并包含将来订立合同的意愿即可，而无须包含本约合同的主要条款。[③]《俄罗斯联邦民法典》第429条中就要求预约应当包含决定主合同的标的以及其他实质性条款。如果预约合同对于本约条款的约定是非常空泛的，那么合同内容也就是不确定的，执行起来是没有意义的。

---

① 参见（2007）沪二中民二（民）终字第1125号，载《中华人民共和国最高人民法院公报》2008年第4期。

② ［德］迪特尔·梅迪库斯：《德国债法总论》，杜景林、卢谌译，法律出版社2004年版，第99页。

③ 参见王利明：《合同法研究》（第一卷）（第三版），中国人民大学出版社2015年版，第43页。

（四）不违反法律、行政法规的强制性规定，不违背公序良俗

预约合同与其他合同一样，当事人的意思自治需要受到一定的限制，不得违反法律、行政法规的效力性强制性规定，同时不得违背公共秩序与善良风俗。

三、预约合同与其他概念的辨析

（一）预约合同与附生效条件合同

附生效条件合同是指当事人在合同中约定某一特定条件，并以该条件成就与否作为合同是否发生效力的依据。附生效条件合同与预约合同具有本质上的区别：预约合同与本约是两个独立的合同，附生效条件合同本身就是本约，合同的履行无需再签订另一个合同；附生效条件合同生效与否取决于合同约定的条件是否成立，当事人签订之后只是成立而未生效；预约合同是一个已经生效的合同；违反附生效条件合同的法律后果是缔约过失责任，而违反预约合同的法律后果则导致违约责任。

（二）预约合同与框架性协议

框架性协议是指为当事人之间签署同一类型协议提供基本框架或者基本条件的协议，其目的是固定未来签订合同的主要合同条款或者基本条件。德国司法实践将框架性协议区分为两类，一类是在框架性协议中明确约定将来签署某一合同，那么这就属于框架性预约合同，不仅固定了基本条件，而且约定将来一定会签署系列合同；另一类是不构成预约的框架性协议，该协议只是确定了未来签署个别协议的基础条件和框架。[①]不构成预约的框架性协议与预约合同可以从以下几方面进行区分：第一，预约合同对于将来签订本约的表示是确定的，且预约合同的履行标的就是签订本约；而框架性协议只是为以后签订的个别协议奠定基础，至于是否会继续签订协议不能确定。第二，在框架性协议签订之后，如果当事人没有签订后续合同，则其不需要承担违

---

① 参见张素华、张雨晨：《〈民法典合同编〉预约制度的规范构造》，载《社会科学》2020年第1期。

约责任，但不影响缔约过失责任的成立；而预约一旦订立，则当事人负有签订本约的义务，违反者承担违约责任。

（三）预约合同与意向书

意向书起源于英美法，是指双方当事人打算订约的意愿性说明或陈述的书面形式。有学者对其作广义理解，泛指合同双方在缔结正式协议前就协商程序本身或就将来合同的内容所达成的各种约定，而将预约仅仅看作意向书的一种特殊形式。[①]预约合同和意向书的重要区别在于，前者确定了当事人负有订立本约合同的义务，而不是依据诚信原则进行谈判的义务。预约合同包含了在将来一定期限内要订立本约的条款，因此在当事人签订预约合同之后就负有签订本约的义务。在将来要订立本约合同这一点上，预约合同的内容应当明确和确定。[②]由于意向书的范围广泛而不确定，本条最终删去了意向书作为预约合同的示例。

（四）预约合同与本约合同

预约合同与本约合同是一对相对的概念，没有本约合同也就没有预约合同这一说法。从性质上看，预约和本约是相互独立且相互关联的两个合同。[③]两者订立的时间有先后，预约合同在本约合同订立之前订立。预约合同的标的是按照约定订立本约合同的行为，并且它的请求权也由此产生。而本约合同的标的是约定当事人具体的权利义务。由于预约合同也会涉及本约合同的某些必要条款，故要注意区分预约合同与本约合同。首先，根据合同的文本内容判断当事人订立合同是为了履行具体的权利义务、完成交易行为，还是单纯为了锁定交易机会，未来还需要签订其他合同以实现权利义务的履行。其次，要考察合同内容是否完备。预约在合同规范上的完备性要求显然要比本约合同低得多。除了订立本约合同之外，预约合同不能形成其他具体的债

---

① 参见许德风：《意向书的法律效力问题》，载《法学》2007年第10期。

② 参见王利明：《预约合同若干问题研究——我国司法解释相关规定评述》，载《法学论坛》2014年第1期。

③ 参见宋晓明、张勇健、王闯：《〈关于审理买卖合同纠纷案件适用法律问题的解释〉的理解与适用》，载《人民司法·应用》2012年第15期。

权债务关系。[①]而本合同的条款一般来说较为完善，当事人可以直接根据本约合同履行权利，承担义务。当然，在实践中，当事人在合同中已经明确约定了合同的价金等主要条款，但在名称上仍然使用预约，也应当根据合同的内容解释为本约。[②]

四、预约合同的效力

关于预约合同的效力问题是争议较大的一个问题。本条没有具体规定预约合同的效力期间，只是规定了“在将来一定期限内订立合同”，这个期限由当事人约定而非法定。预约合同的法律效力主要有以下几种理论：“必须磋商说”“应当缔约说”以及“内容决定说”。

（一）必须磋商说

必须磋商说认为，预约合同只能产生协商义务，如果当事人已经诚实、善良地就交易事项进行了协商，就实现了预约合同的目的。[③]支持“必须磋商说”的代表国家有德国、法国，他们认为预约合同仅具有磋商效力，当事人无需强制缔约。《法国民法典》中对于预约合同设置了定金制度，可以用定金罚则代替预约的强制履行。磋商说的理由在于以下几点：第一，预约合同的标的是当事人为将来订立本约合同而进行磋商，其主要目的就是为当事人设立按照公平、诚信原则进行磋商以达成本约的义务。此外，预约合同的内容还不完善，有待当事人进一步协商确定，当事人在预约合同中保留了将来洽谈的权利。[④]第二，在磋商说理论下也可以很好地保护当事人利益，因为如果一方当事人不诚实磋商，另一方可依据缔约过失责任要求赔偿，不会使磋商

---

① 参见王利明：《合同法研究》（第一卷）（第三版），中国人民大学出版社2015年版，第43页。

② 参见陈自强：《契约之成立于生效》，法律出版社2002年版，第88页。

③ 参见叶雄彪、梅夏英：《预约合同问题研究》，载《中国社会科学院研究生学报》2019年第4期。

④ 参见王平：《商品房买卖预约合同解除后的定金处理》，载《人民司法·案例》2008年第18期。

义务流于形式。[①]

（二）应当缔约说

该说认为，预约合同具有强制缔约的效力，当事人可以请求另一方履行订立本约的义务。意大利、俄罗斯以及我国台湾地区立法均支持这种观点。我国台湾地区规定，预约债务人负有订立本约的义务，权利人得诉请履行，法院应命债务人为订立本约的意思表示，债务人不为意思表示者，视同自判决确定时已为意思表示。预约的目的是将来就特定事项签订本约合同，并将这一目的用合同形式确定下来，以期望双方事后履行，所以说随后订立本约是预约合同主要的义务。从合同履行角度看，诺言必须信守，预约合同当事人有义务履行订立本约的义务。从交易效率角度看，仅仅确立磋商的义务将为任何一方随意违反预约合同开绿灯，磋商是一个无法把握的尺度，只要不愿意订立本约均可通过流于形式的磋商而最终以磋商不成为由回避承担任何责任，将使另一方失去交易机会而实际受损，这样预约制度就没有任何意义了。

（三）内容决定说

该说是根据合同内容的确定性程度不同来决定合同是具有继续磋商还是强制缔约的效力。若预约中已具备了本约的主要或者必要条款，则产生应当缔约的效力；若预约的内容非常简略，本约的主要内容需留待日后磋商且当事人仅有进一步磋商的意思，则产生必须磋商的效力。[②]刘承韪先生根据预约合同的内容将其分成三类：简单预约、典型预约与完整预约。他认为，综合目前的立法和实际的交易情况，一个最简单的预约合同应该包含当事人、标的和数量三个必备条款。而一个典型的预约合同至少应该包含当事人、标的、数量和价款四个核心条款。完整预约则是合同主要条款已经约定或者基本约定清楚，即使不再签署本约，预约也可以正常履行。但是，法律或者当

---

① 参见韩强：《论预约的效力与形态》，载《华东政法学院学报》2003年第1期。

② 参见韩强：《论预约的效力与形态》，载《华东政法学院学报》2003年第1期。

事人规定合同应采用书面形式的，应采取书面形式，否则合同不成立。[①]简单预约与典型预约采取必须磋商说，完整契约采取应当缔约说。该观点最大的问题就是确定性程度判断上非常困难，要根据不同的预约合同的具体内容判定。

除了以上观点，陆青先生认为，预约合同产生的拘束力仅限于诚信和公平原则所要求的程度。因此，预约的效力只能是“使当事人产生诚信磋商以订立本约的义务”。换句话说，在他看来，“必须磋商说”和“应当缔约说”并不存在根本区别，区别仅在于，前者侧重描述过程，后者侧重描述结果。[②]王建东先生认为，对商品房买卖预约合同的效力认定，不能单纯地采用理论上的“必须磋商说”或“应当缔约说”。首先应根据当事人的约定进行判断，如果当事人明确约定了商品房买卖预约合同的效力为磋商的效力或者缔约的效力，就应尊重当事人的意思自治。在当事人没有约定的情况下，应根据预约合同的内容来判断：具备《合同法解释（二）》第1条规定的必要条款时可采用“应当缔约说”，在履行预约合同约定的订立本约的义务时，协商不成可根据《合同法》第62条的规定对非必要条款作出补充；在上述必要条款不具备时可采用“必须磋商说”，由双方当事人进一步协商。[③]

值得注意的是，《买卖合同解释》倾向于“应当缔约说”：“预约订立后，预约双方须依诚信原则进行磋商，除不可归责于双方的事由外，应当缔结本约，否则将承担违约责任。”[④]但是实践中，法院有承认和拒绝预约强制缔约效力的两种意见：如在“某银行股份有限公司沈阳市保工支行、沈阳市铁西区某酒店返还原物纠纷再审案”[⑤]中，法院认为，“《房屋买卖框架协议》仅为预约合同，并不能产生影响案涉房屋物权变动的合同效力，亦

---

① 参见刘承韪：《预约合同层次论》，载《法学论坛》2013年第6期。

② 参见陆青：《〈买卖合同司法解释〉第2条评析》，载《法学家》2013年第3期。

③ 参见王建东：《预约合同的效力及判定——以商品房预约买卖合同为例》，载《浙江学刊》2011年第1期。

④ 参见最高人民法院研究室编著：《最高人民法院关于买卖合同司法解释理解与适用》，人民法院出版社2012年版，第54—58页。

⑤ 参见最高人民法院（2019）最高法民再283号民事判决书。

不具有强制缔约的效力”。黄某案[①]法院认为，原告请求判令被告与其签订商品房买卖合同，违反合同法规定的合同自愿原则；而张某案（裁判摘要）则指出，一方违反预约合同，守约人可以请求违约方“履行订立本约的义务或者赔偿损失”。[②]可见，司法实践中关于预约合同效力的判决认定还不统一。

本条规定的预约合同在原则上应当具有强制缔约的效力。磋商效力在最大限度上保护了当事人的契约自由，当事人在订立预约合同之后只需要诚信地履行磋商义务，并非一定要订立本合同。但是磋商效力容易将预约合同制度流于形式，而且不利于缔约过程中当事人的保护。而强制缔约则要求预约合同当事人必须订立本约合同，加重了当事人的缔约义务。这种缔约义务是具有合理性的。因为当事人签订预约合同是他们意思自治的行为，当事人就应当对自己的法律行为承担后果，即根据约定订立本约。这也是诚信原则的体现。强制履行订立本约的义务，也可以防止磋商流于形式，在履约和违约所需负担成本出现异常时，能够防止违约方宁可选择违约也不愿意促成能够履行的本约订立，避免违约方利用预约规则的法律漏洞谋求不当利益。强制履行也能够启发后来者谨慎对待预约合同，在缔结预约合同时充分考虑其后果，强化预约合同的“独立”价值，而不是给订约双方一种仅是意向书表达的“错觉”。[③]如果当事人未根据合同订立本约，则需要承担违约责任。这种违约责任首先就是继续履行，即强制性订立本约。对于一些学者和法官所担心的“即便承认预约合同可以强制履行，对于本约条款无法补足”的问题，曾猛先生认为，大多数预约合同中都有关于本约合同的部分条款，剩余条款内容可以由法院根据诚实信用原则来确定。[④]但是，强制缔约并不排除情势变更制度的适用。而且如果符合本法第580条规定的不适用继续履行的法定情形，则例外地免除当事人订立本约的义务。从域外关于预约的效力规定来

---

① 参见福建省厦门市中级人民法院（2005）厦民终字第1930号民事判决书。

② 参见耿利航：《预约合同效力和违约救济的实证考察与应然路径》，载《法学研究》2016年第5期。

③ 参见焦清扬：《预约合同的法律构造与效力认定》，载《社会科学》2016年第9期。

④ 参见曾猛：《预约合同可否轻质履行——基于105分裁判文书的分析与评论》，载《广西政法管理干部学院学报》2017年第1期。

看，大部分都明确地呈现出“应当缔约”的倾向，且有的国家和地区还赋予其司法缔约的路径，如我国台湾地区明确规定，预约债务人负有订立本约的义务，权利人可以诉请法院要求其履行，法院应当判决债务人为订立本约的意思表示。

五、违反预约合同的违约责任

预约合同属于合同的一种，所以其违约责任也适用本法关于合同违约责任的规定。但由于预约合同的特殊性，某些违约责任不适用于预约合同，如修理、更换、重作等；继续履行这一违约责任的承担需要特别注意。

（一）违约金、定金

当事人在订立预约合同时可以约定定金。虽然预约合同的标的为将来订立本合同的行为，但是在预约合同中可能会约定本约合同标的额，此时要注意定金不得超过本约合同标的额20%的规定。如果双方当事人按照预约合同最终订立本约的，定金可以抵作价款或返还；无正当理由违反预约合同导致本约不成立的，则违约方应适用定金罚则；如果预约合同不能履行是因不可归责事由而导致的，定金应当返还。如果违反预约合同给守约方造成的损害明显超过定金数额的，守约方还可以要求违约方就超过定金部分的损害予以赔偿。

预约合同也可以约定违约金。在违约方支付违约金后，原则上就不需要赔偿守约方的损害。如果约定的违约金低于造成的损失的，人民法院或者仲裁机构可以根据当事人的请求予以增加；约定的违约金过分高于造成的损失的，人民法院或者仲裁机构可以根据当事人的请求予以适当减少。

（二）继续履行

关于继续履行这一违约责任方式是否适用于预约合同存在争议。否定说认为，继续履行并非预约合同不履行或者不适当履行责任的形式。主张这一观点的学者认为，继续履行违背了合同法的基本原则——意思自治。预约的标的指向订立契约这一行为，故不得被强制；法院要求继续履行则必须对未确定的条款进行漏洞补充解释，实际上是对本约的条款进行了约定，故预约与本约就难以区分；当事人向人民法院申请强制执行，必须要有具体的执行内容，预约合同因为没有具体的执行内容（属于意志给付），所以不属于可以强制执行的类型。

本人赞同肯定说。继续履行这一违约责任的承担方式在预约合同中实际上是对“应当缔约说”这一效力的体现与衍生。[①]意思自治当然包括自己责任。双方一旦订立预约合同就应当严格依照合同执行，若一方违约就应当承担违约责任继续履行，这才是对意思自治的最大尊重。要求违约方承担预约合同的违约责任订立本约就是承认预约合同独立价值的体现。当然，强制签订本约并不等同于强制当事人履行本约下的义务。[②]对于预约合同的强制履行，符合代替执行的方式（债务人对相关判决、裁定或者其他法律文书指定的行为，没有按照执行通知加以履行的，人民法院可以委托相关单位或者个人来完成，由此产生的费用由被执行人承担），倘若违约方拒不执行判决或裁定而订立本约，则由法院代替违约方依照之前双方的预约订立本约，至于条款的确定可以依照漏洞填补的解释方法。[③]

（三）损害赔偿

本法第584条规定，违约责任的损害赔偿包括可得利益的赔偿。问题在于，违反预约合同的损害赔偿是否包含本约履行后可以获得的利益？如果包含，那么是所有的履行利益还是部分履行利益呢？换言之，预约合同违约损害赔偿范围包含的只是缔约过程中的信赖利益还是包含履行利益。如果预约合同的赔偿范围只包含信赖利益，那么预约合同制度的效果就会遭到削弱，它与缔约过失责任的承担范围就趋于一致了；如果赔偿范围包含履行利益，那么预约合同与本合同的法律效果又有何区别呢？二者在损害赔偿的范围上应当有所区别。依据《买卖合同解释》第2条的规定，预约总体上处于本约的缔约阶段，违反预约的行为既是预约违约行为，也可以被视为本约之缔约

---

① 参见焦清扬：《预约合同的法律构造与效力认定》，载《社会科学》2016年第9期。

② 参见李开国、张铣：《论预约的效力及其违约责任》，载《河南省政法管理干部学院学报》2011年第4期。

③ 参见焦清扬：《预约合同的法律构造与效力认定》，载《社会科学》2016年第9期。

过失行为；预约违约的损失在总体上应相当于本约的缔约过失责任范围，即预约违约损失相当于本约的信赖利益损失。在“黄某、北京某置业有限责任公司房屋买卖合同纠纷案”[①]中，法院认为：“如本约合同没有签订，结合《定制开发协议》第十四条关于违约一方承担违约责任赔偿实际损失的约定，二审法院向黄某释明关于履行利益的主张不能成立，且认定预约合同的违约责任可以酌情考虑机会损失，符合损失填补原则，并无不当。对于因不能实现签订本约合同的机会损失如何赔偿的问题，主要应当衡量预约合同内容及履行状态、签订本约意愿、客观障碍、市场风险、政策因素（如鼓励投资还是遏制炒房）等未签订本约合同的原因要件。”王利明教授则认为，在违反预约合同的情况下，应采取完全赔偿原则，赔偿范围不受信赖利益范围的限制。[②]针对上述问题，有学者从新的角度思考这一问题，认为应当把预约纳入本约的缔约阶段中进行观察。具体而言，交易越成熟、越接近本约的订立，在损害赔偿上就越靠近本约履行利益的损害赔偿，当事人也往往越能预见到不订立本约给守约方带来的损害。相反，则越靠近信赖利益的损害赔偿，甚至不作赔偿。[③]不过，目前我国通说仍认为，鉴于双方仅处于预约阶段，预约合同的损害赔偿应以本约的信赖利益为限，在最高不超过本约信赖利益的范围内，由法官从利益平衡和诚信原则、公平原则出发，结合案件实际情况，综合考虑守约方的履约情况、违约方的过错程度、合理的成本支出等因素，酌情自由裁量。

三 举证责任

当事人一方请求对方承担预约合同的违约责任，主张损害赔偿的，应举证证明下列事项：（1）预约合同已成立且生效；（2）因对方违反预约未订立本合同而遭受的损害；（3）损害与对方未订立本合同之间具有因果关系。

---

① 参见最高人民法院（2019）最高法民申2826号。

② 参见王利明：《预约合同若干问题研究——我国司法解释相关规定评述》，载《法学论坛》2014年第1期。

③ 参见陆青：《〈买卖合同司法解释〉第2条评析》，载《法学家》2013年第3期。

第四百九十六条【格式条款】

格式条款是当事人为了重复使用而预先拟定，并在订立合同时未与对方协商的条款。

采用格式条款订立合同的，提供格式条款的一方应当遵循公平原则确定当事人之间的权利和义务，并采取合理的方式提示对方注意免除或者减轻其责任等与对方有重大利害关系的条款，按照对方的要求，对该条款予以说明。提供格式条款的一方未履行提示或者说明义务，致使对方没有注意或者理解与其有重大利害关系的条款的，对方可以主张该条款不成为合同的内容。

历史由来

本条是对《合同法》第39条[①]的修改和补充。表现在：（1）调整条文位置，将格式条款的定义从《合同法》第39条第2款调至第1款；（2）修改条文内容，第2款中将“提请”修改为“提示”，将“限制其责任”修改为“减轻其责任”；（3）增加法律后果的规定，即“提供格式条款的一方未履行提示或者说明义务，致使对方没有注意或者理解与其有重大利害关系的条款的，对方可以主张该条款不成为合同的内容”。

《合同法》第39条第1款属于不完全法条。其只规定了提供格式条款一方的提示、说明义务，但缺少违反该义务的法律后果。《合同法解释（二）》第9条规定，提供格式条款一方违反提示、说明义务的，接受格式条款的一方享有撤销权；[②]第10条规定，提供格式条款一方违反提示、说明义务并具有免除其责任、加重对方责任、排除对方主要权利情形之一的，该条款无效。通过

---

① 《合同法》第39条第1款规定：“采用格式条款订立合同的，提供格式条款的一方应当遵循公平原则确定当事人之间的权利和义务，并采取合理的方式提请对方注意免除或者限制其责任的条款，按照对方的要求，对该条款予以说明。”第2款规定：“格式条款是当事人为了重复使用而预先拟定，并在订立合同时未与对方协商的条款。”

② 《合同法解释（二）》第9条规定：“提供格式条款的一方当事人违反合同法第三十九条第一款关于提示和说明义务的规定，导致对方没有注意免除或者限制其责任的条款，对方当事人申请撤销该格式条款的，人民法院应当支持。”

司法解释来明确第39条法律后果的问题在于：第一，提示、说明义务应当是在合同订立过程中进行，但司法解释却对合同订立过程中的义务违反进行了效力评价，法律逻辑错位；第二，这样的规定使得《合同法》第39条和第40条存在多处矛盾。[①]

本条在立法过程中变动很大，几乎每一次草案都发生改变。《民法典合同编（草案）》（征求意见稿）第37条第1款采取《合同法解释（二）》的规定，在《合同法》第39条第1款的基础上，增加"提供格式条款的一方未履行提示和说明义务，导致对方没有注意到与其有重大利害关系的条款的，对方有权请求人民法院或者仲裁机构撤销该格式条款"的规定。《民法典合同编（草案）》（一审稿）将"对方有权请求人民法院或者仲裁机构撤销该格式条款"改为"该条款不产生效力"。《民法典合同编（草案）》（二审稿）又将"该条款不产生效力"改为"对方可以主张该条款不成为合同的组成部分"。《民法典（草案）》第496条第1款最终改为"该条款不成为合同的内容"。其意义在于该条款是否订入合同应交由接受格式条款一方来决定。如果提供格式条款一方未履行提示、说明义务的，则应为未达成合意，格式条款不成为合同内容，而无需对没有订入合同的条款进行效力判断。[②]

立法过程中关于"重复使用"是否作为格式条款的特征存在较大争议。《合同法》第39条第2款规定了"为了重复使用"。《民法典合同编（草案）》（一审稿）删去了"为了重复使用"的表述。《民法典合同编（草案）》（二审稿）、《民法典（草案）》均未规定"为了重复使用"。但2020年5月全国人大会议审议时又将"为了重复使用"纳入，《民法典》最终认可。其他的改变还有：《民法典合同编（草案）》（一审稿）采用"减轻其责任"替换了《合同法》《民法典合同编（草案）》（征求意见稿）的"限制其责任"表述，显然，"减轻其责任"表述更为准确，因为减轻责任是在程度上减轻提供格式条款一方的责任，限制责任自然是减轻责任的一种情形，此种

---

① 参见梁慧星：《统一合同法：成功与不足》，载《中外法学》1999年第3期。

② 参见贺栩栩：《〈合同法〉第40条后段（格式条款效力审查）评注》，载《法学家》2018年第6期。

扩张更有利于保护接受格式条款一方的利益，维护公平。《民法典合同编（草案）》（二审稿）将格式条款的定义放置于条文第1款，本条肯定了这种体例安排。另外，《民法典（草案）》采用“提示”替换之前的“提请”的表述。

规范目的或功能

当今社会，格式条款普遍适用于银行、电信、保险、运输等行业，与公民生活休戚相关。它改变了传统上的合同订立模式，大大减少了缔约成本，降低了交易风险，促进了经济发展。但是，由于格式条款的提供方一般是占据经济优势的垄断行业或大公司，为了获取商业利益，他们事先拟定格式条款并且不允许对方（往往是消费者）协商，对方只能全盘接受。因此，格式条款多具有不公平情形，被称为“霸王条款”。为抑制格式条款不公平的后果，本条第1款明确了格式条款具有预先拟定、重复使用、未与对方协商的特征；第2款要求格式条款提供方应遵循公平原则确定双方权利义务，并强加其对免除或者减轻其责任等与对方有重大利害关系的条款的提示、说明义务。如果违反提示、说明义务，则对方可主张该条款不构成合同内容，以此矫正当事人利益失衡局面，实现合同正义。

规范内容

本条是关于格式条款的定义和提示、说明义务的规定。本条第1款是关于格式条款的定义性规定，第2款为完全法条，确立了格式条款订立的行为模式及其法律效果。

一、格式条款的定义、特点

本条规定格式条款是一方当事人为了重复使用而预先拟定，并在订立合同时未与对方协商的条款。格式条款的表现形式多种多样，既包括店堂告示、声明，也包括标准合同中不与协商的条款。如果合同全部条款都是一方事先拟定且不与对方协商，则该合同即为格式合同。因此，采用格式条款概念较为合理，其范围远大于格式合同，更有利于公平保护接受格式条款的一方。格式条款具有如下特征：

（一）一方当事人预先拟定

预先拟定意味着格式条款在合同订立之前即由一方当事人拟定，而非在合同磋商过程中形成。至于拟定的方式，在所不问。这是格式条款的形式要件。格式条款的提供者通常是具有缔约优势地位的垄断企业、大公司、市政部门，如铁路公司、航空公司、电力公司，保险公司等，也包括中小企业或个人，如某商店作出的“售出的商品，概不退换”的告示、某酒店作出的“本酒店实行12点钟退房，否则，收取半天住宿费”的声明。

“预先拟定”从格式条款产生的角度揭示其不是由当事人磋商而成，是一方意志的主要体现，在合同订立的形式上具有不公平性。

（二）重复使用

如前所述，民法典立法过程中关于重复使用是否是格式条款的特征，争议很大。最后，本条认可了重复使用的特征。《国际商事合同通则》将“重复使用”作为格式条款的特征。[①]我国有学者认为，“重复使用”是格式合同的必备要素，而且是其区别于一般合同条款的主要根据。[②]而王利明教授认为，“重复使用”并不是格式条款的本质特征，而仅仅是为了说明预先拟定的目的。在实践中，有的格式条款仅使用一次，并没有重复使用。“重复使用”只是格式条款的经济功能，而不是其法律特征。[③]

现实生活中，为了节约交易成本、减少交易时间，大多数的格式条款确实是在重复使用的，但不能因此将所有的格式条款都认为是为了重复使用而制定。本条的“重复使用”只是为了说明“预先拟定”的目的，并非司法认定格式条款的必要条件。如果将其作为格式条款的构成要件，那么

---

① 《国际商事合同通则》第2.1.19条第2款规定：“标准条款是一方当事人为通常和重复使用的目的而预先准备的条款，并在实际使用时未与对方谈判。”

② 参见王洪亮：《债法总论》，北京大学出版社2016年版，第58页。

③ 参见王利明：《合同法研究》（第一卷）（第三版），中国人民大学出版社2015年版，第405页。

当事人在主张某条款为格式条款时就负有举证责任，需证明该条款已经被重复使用的事实。这显然对接受格式条款一方过于严苛，有违立法本意。[①]而且，从法院的角度而言，当因格式条款产生的纠纷诉至法院时，法院如果要审查该条款是否“重复使用”来判断是否为格式条款，就会徒增法院的工作负担。[②]

（三）未与对方协商

这是格式条款的本质要件。未与对方协商实际上是不与对方协商、不允许对方修改预先拟定的合同条款，对方只能“要么全盘接受，要么走开”（take it or leave it）。“这是格式条款的核心特征，亦为判断合同条款是否为格式条款的最为重要的标准。”[③]提供格式条款一方往往在交易中处于强势地位甚至是支配地位，接受方通常是弱势的消费者，他们处于附从地位，别无选择，不能讨价还价，只能接受不合理的格式条款。[④]格式条款与一般合同条款的最大差异就是其不是由当事人自由协商而成。合同条款本应由合同双方通过要约承诺过程自由协商并达成合意而订立，而订立格式条款双方的缔约地位往往差距悬殊，接受格式条款的一方毫无协商的余地。

格式条款与示范合同具有本质不同。示范合同是由有关部门制定出来提供给缔约当事人参考的合同文本，其本身并不是合同条款，不具有强制性。示范合同可以协商，当事人可以对示范合同进行添加补充，而格式条款不可协商，不能修改。[⑤]能否协商是格式条款和示范合同的区分标准。在“沧州某担保股份有限公司、某银行股份有限公司沧州分行合同纠纷案”中，法院指出，格式条款与合同示范文本的判断标准即为双方“能否进行

---

① 参见最高人民法院研究室编著：《最高人民法院关于合同法司法解释（二）理解与适用》，人民法院出版社2009年版，第82页。

② 参见范雪飞：《论不公平条款制度——兼论我国显失公平制度之于格式条款》，载《法律科学》2014年第6期。

③ 参见朱广新：《合同法总则研究》，中国人民大学出版社2018年版，第140—141页。

④ 参见高圣平：《格式合同司法规制中的几个问题》，载《合同法评论》2005年第4期。

⑤ 参见王利明：《合同法研究》（第一卷）（第三版），中国人民大学出版社2015年版，第408页。

协商”。[①]

（四）格式条款多为定型化契约条款[②]

格式条款是现代市场经济活动的产物。现代社会，商品交易、服务消费普及广大民众，个别磋商的传统缔约方式，无法适应现代交易的需要。格式条款遂以定型化合同形式普遍适用于银行、电信、保险、运输等行业以及用电、水、气、热力等公共生活领域，成为现代交易的基本形态。

格式条款多为定型化条款，适用于不特定的广大消费者。交易双方不必耗费心力就交易条件讨价还价，大大促进交易效率，减少交易成本，并有助于改善商品质量及服务水平，有利于维护广大消费者利益。无疑，现代社会如果离开格式条款，商业活动、公民生活必将难以想象。

二、遵循公平原则

格式条款的提供者应遵循公平原则确定当事人的权利义务。此处公平原则指实质公平，即合同任何一方（实际上是接受格式条款一方）的权利与义务应当相称或均衡。[③]具体而言，包含两个方面：

1.格式条款中的公平原则强调的是当事人之间利益均衡。[④]它包括给付与对待给付之间的等值性以及风险分配的合理性两种内涵。公平原则力图调和格式条款的提供方与接受方的缔约地位差距所造成的利益失衡，促使合同利

---

① 参见最高人民法院（2017）最高法民申4646号民事裁定书。本院经审查认为：三、《最高额保证合同》中相关条款能否认定为格式条款因而无效。《中华人民共和国合同法》第39条第2款规定，格式条款是当事人为了重复使用而预先拟定，并在订立合同时未与对方协商的条款。《最高额保证合同》并不符合上述法律规定的格式条款构成要件。从合同的文本形式看，虽然合同中记载内容系某银行预先拟定，但签约重要提示载明某银行提供的合同文本仅为示范文本；合同相关条款后均留有空白行，并在合同尾部增设了“补充条款”，供各方对合同进行修改、增补或删减使用。上述合同文本中留白条款表明，对于某银行预先拟定的条款，双方当事人可以协商变更约定，对于合同预先没有确定的内容，双方亦可以进行协商，即合同约定内容并非全部按照某银行预先拟定且不能协商。

② 参考王泽鉴：《债法原理》（第一册），北京大学出版社2009年版，第71页。

③ 参见朱广新：《合同法总则研究》，中国人民大学出版社2018年版，第142页。

④ 参见朱广新：《合同法总则研究》，中国人民大学出版社2018年版，第48页。

益分配均衡。有学者称之为双务合同的利益均衡，[①]因双务合同具有牵连性，合同一方之所以愿意给付，是为了得到合同另一方的对待给付。双务合同中的利益均衡就是基于双务合同的牵连性、对价性理念，在交易双方利益与不利益中确定一个利益均衡点，也称“给付均衡的保障”。[②]因提供格式条款一方所占的有利地位，为了平衡提供方与接受方之利益，格式条款中的公平原则要求提供方负担提示、说明义务，以实现当事人的利益平衡。

2.矫正接受格式条款一方缔约时意思表示不自由现象。合同自由是合同法的基本原则，当事人基于自己的意思订立合同，才能实现合同正义。李永军教授认为，“格式条款引起了人们对其公平性的怀疑，缘由是它损害了契约自由”。[③]自由是合同的本源，只有实现了自由才能实现公平。格式条款对意思自由的违背，导致它必然产生双方权利义务的不公平对待。本条将格式条款提供方违背提示、说明义务的格式条款是否订入合同的决定权交与接受方的规定，这样的订入规则就是首先保证了合同自由，进而达到公平。

三、提示、说明义务

（一）提示、说明义务的范围

《合同法》第39条对于提示、说明义务的内容规定为“免除或者限制其责任的条款”。王利明教授认为，任何格式条款都必须由提供方向相对方提请注意，只不过对免除或减轻责任等条款，提供方应当尽到更高的提请注意义务。[④]因为格式条款并非一律不公平，如果格式条款没有不利于对方的内容，提供格式条款的一方根本无须提请对方注意。从鼓励交易、节约交易成本原则出发，格式条款的提供方只须提示如免除或减轻其责任等与对方有重大利害关系的格式条款。

---

① 参见贺栩栩：《〈合同法〉第40条后段（格式条款效力审查）评注》，载《法学家》2018年第6期。

② 参见解亘：《格式条款内容规制的规范体系》，载《法学研究》2013年第2期。

③ 参见李永军：《合同法》（第三版），法律出版社2010年版，第225页。

④ 参见王利明：《合同法研究》（第一卷）（第三版），中国人民大学出版社2015年版，第416页。

（二）“有重大利害关系”的认定

本条以“与对方有重大利害关系的条款”限制条件对提供格式条款一方履行提示、说明义务予以概括、兜底规定。“有重大利害关系”这一高度概括性的表述解释空间较大，在具体适用时将会成为法院裁判的难点和争议焦点。这有待于司法解释对之予以具体化。

“有重大利害关系”最早是在2013年修正的《消费者权益保护法》第26条第1款中规定，[①]该条以“重大利害关系”作为标准扩张提供格式条款一方的说明义务的范围。虽然《消费者权益保护法》对“重大利害关系”没有更详细的认定，但第26条所采用的是“列举加兜底”的规范模式，“有重大利害关系”可根据前述列举事项进行同等程度的扩张。本条采取的同样是这一规范模式，“有重大利害关系”的条款在程度上应与“免除或者减轻其责任”条款相当，作同一解释。

（三）采取合理提示、说明方式的理解

格式条款的提供方应采取合理的方式履行提示和说明义务。“合理的方式”应当从提示的目的来解释，提示的目的是使接受格式条款一方知悉有关“免除或者减轻其责任等与对方有重大利害关系”的内容，“合理的方式”就应当是能够引起接受格式条款一方的注意，如有突出标注的字体或是有显著区分的位置等，从而使得接受方能够关注到该条款。在考虑提示方式是否合理时，应当考虑的因素有：文件的外形、明示的方法、明示的程度、明示的时间。[②]《合同法解释（二）》第6条对采取合理的方式作出了解释，即对免责或限责格式条款，格式条款提供方在合同订立时采用足以引起对方注意的文字、符号、字体等特别标识，并按照对方的要求对该格式条款予以说明。在“沧州

---

① 《消费者权益保护法》第26条第1款规定：“经营者在经营活动中使用格式条款的，应当以显著方式提请消费者注意商品或者服务的数量和质量、价款或者费用、履行期限和方式、安全注意事项和风险警示、售后服务、民事责任等与消费者有重大利害关系的内容，并按照消费者的要求予以说明。”

② 参见刘璐、高圣平：《格式条款之订入合同规则研究》，载《广西社会科学》2005年第2期。

某担保股份有限公司、某银行股份有限公司沧州分行合同纠纷案”中，法院认定其履行了提示说明义务的判断标准就是其对相关条款进行了加黑。[①]

说明义务的发生以“对方要求”为前提，如果对方没有提出要求，格式条款的提供者就只有提示义务。因为如果要求格式条款提供方对所有“免除或者减轻其责任等与对方有重大利害关系”条款都予以说明，显然提供方的义务太重，也不太现实。此外，不同合同主体对格式条款的理解能力有别，实践中应采取何种标准认定提供方尽到了说明义务呢？崔建远教授提出主客观相结合的判断标准，即原则上以理性人的认识水平和判断能力为标准，但兼顾智力欠缺者、文盲、盲人等特殊群体，他们尽到最大注意义务还是无法理解免责条款内容的，应认定免责条款没有订入合同。[②]

另外，是否履行提示和说明义务的判断标准，可以参考《保险法》第17条[③]以及《保险法解释（二）》第11条来理解。《保险法解释（二）》第11条第1款规定了履行提示义务的判断标准在于是否“对保险合同中免除保险人责任的条款，以足以引起投保人注意的文字、字体、符号或者其他明显标志作出提示”，第2款规定了履行说明义务的判断标准在于是否“保险人对保险合同中有关免除保险人责任条款的概念、内容及法律后果以书面或者口头形式向投保人作出常人能够理解的解释说明”。

四、未履行提示、说明义务的后果：不成为合同内容

如前所述，关于提供格式条款一方违反提示、说明义务，致使对方没有注意或者理解与其有重大利害关系的格式条款的法律效果到底是属于可撤销、无效还是不成为合同的内容，立法过程中存在重大争议。最终，本条规定，“对方可以主张该条款不成为合同的内容”。

---

① 参见最高人民法院（2017）最高法民申4646号民事裁定书。

② 参见崔建远：《合同法总论》（上卷），中国人民大学出版社2008年版，第145页。

③ 《保险法》第17条规定：“订立保险合同，采用保险人提供的格式条款的，保险人向投保人提供的投保单应当附格式条款，保险人应当向投保人说明合同的内容。对保险合同中免除保险人责任的条款，保险人在订立合同时应当在投保单、保险单或者其他保险凭证上作出足以引起投保人注意的提示，并对该条款的内容以书面或者口头形式向投保人作出明确说明；未作提示或者明确说明的，该条款不产生效力。”

王利明教授认为，这是订立规则，未提请对方注意或应对方要求未予以说明的，法律后果为该条款未订入合同。[①]“不成为合同内容”的理论基础在于对合同合意原则的遵循。[②]提示、说明义务原则实际上是为了补足格式条款“预先拟定”和“未与对方协商”这两点缺陷，因为合同成立首先是一个自由协商并达成合意的过程，在格式条款中，欠缺自由协商这个环节，所以能否达成合意就至关重要。只有合同相对方知晓并理解要约内容后作出承诺，才能达成合同合意，如果在格式条款中没有履行提示、说明义务，那么相当于当事人对合同没有达成合意，所发生的法律效果是该格式条款未订入合同，而不是对此未进入合同的事项进行效力判断。

举证责任

本条适用举证责任的一般规则，接受格式条款一方如果主张该条款不成为合同的内容，须证明下列事项：（1）提供格式条款一方未履行提示或者说明义务；（2）违反提示、说明义务与其没有注意或者理解该格式条款具有因果关系；（3）该条款与其有重大利害关系。由于接受格式条款一方往往是广大的消费者，为减轻其证明责任，《合同法解释（二）》第6条第2款规定：“提供格式条款一方对已尽合理提示及说明义务承担举证责任。”基于此，接受格式条款一方无须证明提供方未采取合理的方式履行提示或者说明义务。这有利于保护处于弱势的接受格式条款一方，维护公平正义。

其他问题

本条与本法第497条的关系应予以关注。本法第497条规定的是格式条款的无效情形，其中第2项“提供格式条款一方不合理地免除或者减轻其责任、

---

① 参见王利明：《中国民法典学者建议稿及立法理由：债法总则编·合同编》，法律出版社2005年版，第231页。

② 参见贺栩栩：《〈合同法〉第40条后段（格式条款效力审查）评注》，载《法学家》2018年第6期。

加重对方责任、限制对方主要权利”的格式条款无效，与本条“免除或者减轻其责任等与对方有重大利害关系的条款”近似，应当加以区分。两者有本质区别。其一，范围不同。第497条第2项在于规范“不合理地免除或者减轻其责任、加重对方责任、限制对方主要权利”的格式条款，而本条所述的提示、说明义务的范围是所有的“免除或者减轻其责任等与对方有重大利害关系的条款”。显然，立法者认同并非所有的免除或者减轻其责任的格式条款都是不合理的，即便有些不公平，也是法律允许的“合理的不公平”[①]。其二，性质不同。本条是合同内容的事实认定，而本法第497条第2项是对格式条款的效力评价。其三，效果不同。格式条款提供方未履行提示或说明义务，致使对方没有注意或者理解与其有重大利害关系的条款的，对方可以主张该条款不成为合同的组成部分。如果格式条款提供方履行了提示或说明义务，但该条款属于本法第497条第2项情形，该条款无效。

第四百九十七条【格式条款的内容控制】

有下列情形之一的，该格式条款无效：

（一）具有本法第一编第六章第三节和本法第五百零六条规定的无效情形；

（二）提供格式条款一方不合理地免除或者减轻其责任、加重对方责任、限制对方主要权利；

（三）提供格式条款一方排除对方主要权利。

历史由来

本条是对《合同法》第40条予以重大修改的结果。格式条款的内容控制[②]，是指依据一定的标准，对已经订入合同的格式条款进行审查，以确定其

① 参见周清林：《论格式免责条款的效力层次——兼谈〈合同法〉及其司法解释之间的矛盾及其协调》，载《现代法学》2011年第4期。

② 内容控制是《德国民法典》关于“一般交易条件”（格式条款）效力规制的称谓，我国也有学者使用这一概念。参见谢鸿飞：《合同法学的新发展》，中国社会科学出版社2014年版，第152页。

法律效力的作业。[①]我国关于格式条款内容控制的法律规定最早见诸1994年《消费者权益保护法》，其第24条第1款规定："经营者不得以格式合同、通知、声明、店堂告示等方式作出对消费者不公平、不合理的规定，或者减轻、免除其损害消费者合法权益应当承担的民事责任。"第2款规定："格式合同、通知、声明、店堂告示等含有前款所列内容的，其内容无效。"之后，1999年《合同法》第40条规定："格式条款具有本法第五十二条和第五十三条规定情形的，或者提供格式条款一方免除其责任、加重对方责任、排除对方主要权利的，该条款无效。"《合同法》关于格式条款的效力控制规范存在语义过宽并与其第39条矛盾的立法瑕疵。[②]因而，2009年《合同法解释（二）》第10条规定："提供格式条款的一方当事人违反合同法第三十九条第一款的规定，并具有合同法第四十条规定的情形之一的，人民法院应当认定该格式条款无效。"但学界对《合同法》第40条及其司法解释一直存在争议。[③]

在民法典编纂过程中，有关格式条款内容控制的条款多次发生改变。《民法典合同编（草案）》（征求意见稿）第38条规定："格式条款具有本编第四十八条和总则编第六章关于无效规定情形的，或者提供格式条款一方不合理地免除或者减轻其责任、加重对方责任、排除或者限制对方主要权利的，该条款无效。"该条在《合同法》第40条的基础上，增设"减轻其责任"和"限制对方主要权利"的情形，并在所有具体情形前冠以"不合理地"定语。之后，《民法典合同编（草案）》（一审稿）第289条进一步将这一款内容拆分为三项：第1项为援引条款，没有特别变化；第2项将免除或者减轻其责任、加重对方责任的情形并列，保留"不合理地"限制；第3项规定为"提供格式条款一方排除或者限制对方主要权利"。[④]在《民法典合同编（草案）》（二审稿）中，立法者再次作出调整，将原放置在第3项中的"限制对方主要权利"的情

---

① 参见苏号朋：《格式合同条款研究》，中国人民大学出版社2004年版，第249页。

② 参见梁慧星：《统一合同法：成功与不足》，载《中国法学》1999年第3期；参见韩世远：《合同法总论》（第四版），法律出版社2018年版，第917页。

③ 参见谢鸿飞：《合同法学的新发展》，中国社会科学出版社2014年版，第152—153页。

④ 该条规定："格式条款具有下列情形之一的，该条款无效：（一）具有总则编第六章和本法第二百九十八条规定的无效情形；（二）提供格式条款一方不合理地免除或者减轻其责任、加重对方责任；（三）提供格式条款一方排除或限制对方主要权利。"

形移至第2项之中，形成现在的条文内容。《民法典（草案）》第497条承继了《民法典合同编（草案）》（二审稿）的规定，内容上未作改变。本条只是文字上将“总则编”改为“第一编”，其他内容未作修改。

规范目的或功能

“一个法律规则通常以一种关于社会过程控制的特定法律政治模式为基础：当立法者对特定行为方式作出了有约束力的规定，他是要以此实现特定的目的。”[①]就条款自身特性而言，普通合同条款和格式条款不同的产生路径决定了法律对其实施内容控制的目标存在着差异。普通合同条款一般是在双方当事人协商一致的情况下达成的，意思自治是其产生拘束力的正当性来源。法律对于普通合同条款的内容控制，一般不会出现对某一方当事人的倾斜保护，其目的主要在于维护当事人的意思自治，保障合同自由。然而格式条款是由提供格式条款一方预先拟定，不与对方协商，对方意志不能自由表达，因而格式条款对接受方多有不公平之处。对格式条款进行内容控制的目的就在于，防止提供格式条款一方利用其优势地位，损害格式条款接受方的正当权益，矫正不公平的格式条款，以实现当事人利益均衡。

民法遵循私法自治原则，奉行自己责任，崇尚“行为自由，效果自主”，合同的法律后果由当事人自己承担。这是依据私人之间的地位平等，故而推定理性人是自己利益的最大决定者。然而，随着合同当事人之间的结构性差异越发显著，形式意义上的合同自由、意思自治面临挑战，民法实质化运动出现。追求实质化的民法旨在通过对格式条款进行内容控制，认定造成格式条款接受方不合理的利益减损的条款无效，从而实现合同的实质正义。

规范内容

格式条款内容控制的核心在于，在何种情形下认定相关格式条款无效，亦即格式条款无效的根据。本条规定对于格式条款内容控制的效力形态限定

① 参见［德］齐佩利乌斯：《法学方法论》，金振豹译，法律出版社2009年版，第70页。

为无效，而不包括其他效力形态。本法第一编第六章第三节，根据民事法律行为内容是否存在瑕疵以及存在瑕疵的严重程度，将其效力形态划分为四种：有效、无效、可撤销和效力待定。本法第508条规定，“对合同的效力没有规定的，适用本法第一编第六章的有关规定”，由此可知合同的效力形态亦是上述四种类型。既然格式条款作为订入合同的条款，其效力形态应与合同的相同，即表现为有效、无效、可撤销和效力待定。有效的格式条款在当事人之间一般不会产生争议，法院无需进行效力审查。效力待定的合同是否有效尚不确定，其效力状态取决于第三人的行为。而格式条款的内容控制是从内容方面对格式条款进行效力审查，对于生效要件是否成就尚不清楚的情形无法审查其效力。只有无效的格式条款，法院才会主动审查其效力。存有疑问的是可撤销格式条款的内容控制问题。本条并没有规定对格式条款进行内容控制后可将其归入可撤销的效力状态。回溯《合同法解释（二）》第9条，该条规定格式条款提供方违反提示和说明义务的，则对方享有撤销权，表面看似乎是产生了可撤销的效力状态，但现在依据本法第496条的规定，违反提示、说明义务的行为将导致该格式条款不能成为合同内容的后果，属于格式条款的订入控制，从而并没有增加格式条款内容控制的效力层次。鉴于可撤销合同的发生事由是欺诈、胁迫行为、重大误解行为以及显失公平行为，因此，如果格式条款存在上述情形，则可以适用普通合同条款的内容控制，赋予接受格式条款一方以撤销权，其可以申请法院或者仲裁机构予以撤销，而不涉及本条有关格式条款的内容控制，亦不属于此处无效的情形。

一、格式条款无效的情形

本条规定的格式条款无效情形分为下列三种：

（一）绝对无效情形

本条第1项是关于格式条款绝对无效情形的规定，包括两种类型：一是具有民事法律行为无效情形；二是符合本法第506条关于免责条款无效的规定。绝对无效情形的依据主要源于两个方面：第一，本法第一编第六章第三节关于民事法律行为无效的规定贯穿适用于本法的各个部分，格式条款经由本法第496条关于订入规则而进入合同，成为合同的内容，就属于民事法律行为的范畴。民事法律行为同样需要内容控制，要对其有效与否进行审查，格式条款的效力自然应受其约束。因而只要格式条款具有民事法律行为无效情形，无需具备其他附加条件，即可认定该格式条款无效。第二，本法第506条关于免责条款无效的规定适用于所有合同的免责条款。这当然包括格式条款中的免责条款。况且，提供格式条款一方多采用免除或者限制自身责任的方式拟定有利于自己的条款，但这只是在订立形式上的“任性妄为”而已，并没有改变其免责条款的本质。因而，格式条款符合本法第506条免责条款无效情形的，该条款当然无效。

本条第1项属于引用性法条。这一引用性法律规范适用于所有的民事法律行为，当然包括格式条款。基于格式条款的特殊性，本条后两款规定了专门适用于格式条款内容控制的规则。这样的规范模式拓宽了对于格式条款审查的范围，更有助于保护接受格式条款一方的权益。另外，格式条款的内容控制排除当事人的意思自治，而实行国家干预，法院可以主动审查格式条款在内容上是否具有无效因素并确认其效力。在审查时，只要出现本法第一编第六章第三节和第506条规定的无效情形，即可援引上述条款，强制性地认定为无效。本项情形类似于德国、奥地利、荷兰等国民法中格式条款的“黑名单”，即法律中直接列举格式条款无效类型的内容控制方式，如《德国民法典》第309条规定的“无评价可能性的禁止条款”。对于“黑名单”条款，法官几乎没有自由裁量的余地，[①]只能依据法律规定认定该格式条款无效。

（二）不合理的权利失衡条款

本条第2项相较于先前的立法规定，条文内容进行了适当的调整，增加了“不合理地”的定语和“限制对方主要权利”“减轻其责任”的情形。《合同法》第40条规定，符合“免除其责任、加重对方责任、排除对方主要权利”三种情形之一的格式条款一概无效，这样不区分具体情势的“一刀切”的做法，表面看似乎是在保护接受格式条款一方的利益，实则有矫枉过正之

---

① 参见［德］海因·克茨：《欧洲合同法》（上卷），周忠海等译，法律出版社2001年版，第210—211页。

嫌。一方面，依据这一规定，所有的“免除其责任、加重对方责任、排除对方主要权利”都归于无效，这与现实经济生活相悖。格式条款在现代社会中之所以得以存续和发展，均源于其对经济发展的促进作用。事实上，很多企业都运用格式条款来简化缔约流程，节约缔约成本，提前进行合理的风险防范，格式条款的使用确有降低交易成本、提升交易效率的积极意义。[①]另一方面，在审查格式条款时不能孤立地对其进行效力判断，而应该对合同条款作适当的体系解释。免除或者限制责任的格式条款有无替代性补偿通常会作为甄别格式条款效力的依据之一。[②]有的格式条款虽然表面上属于“无效情形”，但是经过其他条款的补充后，最终能够平衡当事人之间的利益，实现合同的实质正义，即所谓的补充效应，此时若僵化地认定其为无效，实难自圆其说。因此，只有在提供格式条款一方存在不合理地免除或者减轻其责任、加重对方责任、限制对方主要权利的情形时，认定格式条款无效才具有妥当性。增设“限制对方主要权利”“减轻其责任”这两种情形，改变了《合同法》关于格式条款无效情形规定不周密的状况。《合同法》中“免除其责任”同“排除对方主要权利”相对应，根据“权责一致”的原理，现增加“限制对方主要权利”“减轻其责任”的情形与“加重对方责任”的情形相呼应。这样才能更加全面、更加周延地涵盖格式条款无效情形，类型划分也更加严谨。

本项情形不属于“黑名单”条款。因为对列入“黑名单”中的格式条款，法院应直接认定其为无效。但是，本项情形增加了“不合理”的限制，这意味着法院对这一类型的格式条款进行效力评价时应审查其是否构成“不合理”要件，而不能简单地依据条文中规定的无效情形判定某一格式条款的效力。本项规定更像是“灰名单”条款。所谓“灰名单”条款，是指法律中直接列举的，条款所造成的合同权利义务失衡情况并不是特别严重，

---

① 参见昆明铁路运输中级人民法院（2016）云71民终25号民事判决书：本案中，某航空所提供的格式条款，在大幅降低机票价格的同时，对特价机票退改签的条件作出了更多的限制，也就是说，旅客在以较大折扣购买机票的同时，也承担了更多的风险。该格式条款所确定的航空公司与旅客之间的权利义务对等均衡，并未违反法律禁止性规定和公平原则，且并未排除合同法规定的关于运输合同中旅客应享有的主要权利。

② 参见马一德：《免除或限制责任格式条款的效力认定》，载《法学》2014年第11期。

需要由法院根据一定的标准判断其是否无效的格式条款，如《德国民法典》第308条规定的“有评价可能性的禁止条款”。[①]依据本项规定，我国司法实践中只有“免除或者减轻其责任、加重对方责任、限制对方主要权利”格式条款构成“不合理”时，该格式条款才可被法院认定为无效。所谓“不合理”，是指该格式条款导致当事人的权利义务严重失衡，对接受格式条款一方显著不公平。对这些不合理的权利失衡条款，法院确认后应裁判为无效。

（三）排除对方主要权利

所谓排除对方主要权利，是指格式条款中含有排除接受格式条款一方按照通常情形应当享有的主要权利。[②]免除或减轻其责任、加重对方责任，这两者与排除对方主要权利在程度上并不具有同等性，“排除对方主要权利”这一表述本身即揭示其程度特别严重，其效力应当为无效。质言之，格式条款所影响的相对人权益的重要性与格式条款内容控制的严格性应成正比。“排除对方主要权利”的格式条款使得合同成立之时便丧失了正当性的根基，其不合理、不公平的程度较之其他情形更甚，很显然会导致相对人遭受不公平的对待，客观上已然具备不合理的特征，不必以“不合理”的定语加以限制。故《民法典》在本条第3项将“排除对方主要权利”这一情形单独列举为无效情形。这使符合这种情形的格式条款在程度与效力的匹配度上更加契合，也体现了对弱势的接受格式条款一方的保护。

“排除对方主要权利”中的“主要权利”如何识别，目前存在不同观点。王利明先生认为，应当根据合同的性质确定“主要权利”，合同的性质不同，当事人享有的“主要权利”不可能完全一样，认定“主要权利”不能仅看双方当事人签订的合同的主要内容，还应就合同本身的性质来考察。[③]马一德先

---

① 参见范雪飞：《论不公平条款制度——兼论我国显失公平制度之于格式条款》，载《法律科学》2014年第6期。

② 参见王利明：《合同法研究》（第一卷）（第三版），中国人民大学出版社2015年版，第420页。

③ 参见王利明：《合同法研究》（第一卷）（第三版），中国人民大学出版社2015年版，第420页。

生认为，在考量某格式条款是否排除了“对方主要权利”时不仅要结合具体合同的性质、种类和目的来确认合同当事人的权益和责任为何，还要考量该格式条款所排除的对方权利，是否是对方当事人未来时空内的合理权益。①目前来看，本法对于“主要权利”的识别尚无法提供明确具体的标准，在司法实践中仍然需要结合个案由法官综合考量多方因素来作出相应的价值判断。同时，本条的实施亟需配套的法律法规才能实现立法目的。我国一些省份和经济特区针对各自地方的实际情况制定了相应的格式条款规范，对“排除对方主要权利”予以具体化。例如，深圳市具体列举了“依法变更、撤销或者解除合同的权利”“依法中止履行或者终止履行合同的权利”“请求继续履行、采取补救措施、支付违约金或者损害赔偿的权利”和“就合同争议提起诉讼、仲裁或者其他救济途径的权利”等情形来描述究竟何种情形属于“排除对方主要权利”，这使本条在适用的过程中更加明确具体。②

二、格式条款内容控制的概括规制

在格式条款内容控制规定的法律适用上，以往很多学者主要是围绕“免除其责任”“加重对方责任”等情形的具体化以及“何为主要权利”等问题进行探讨。这主要缘于《合同法》中有关格式条款内容控制的条文只是对无效格式条款的描述，并非格式条款内容控制的基准，对于法律适用时采用什么样的效力评价标准，并未明确规定。此次民法典编纂依旧没有打破这一局面，并没有提供具体的标准。需要明确的是，本条位于合同编总则部分，意味着它仅仅是有关格式条款的一般性的规则，是一种原则性的规定，即便是形式上符合本条所规定的无效情形，仍然需要具体情况具体分析。现实生活中的格式条款存在于各个不同的社会领域，单单依靠本条的规定难以实现格式条款的内容控制。具体的适用还需要依赖具体的部门法规范或地方性法规配合，这些法律法规须结合自身的特殊性，对格式条款的内容控制制定出具有针对性的规则，再由法院结合个案进行衡量和裁判。我国有一些省份和经济特区

① 参见马一德：《免除或限制责任格式条款的效力认定》，载《法学》2014年第11期。

② 参见李松晓：《论我国格式条款立法的缺陷与完善——以格式条款的效力认定为中心》，载《学习与探索》2014年第8期。

针对各自地方的实际情况制定了相应的格式条款规范[①]，对本条的适用具有重要的现实意义。

在格式条款内容控制的立法技术上，目前存在概括规范、硬性规范和弹性规范三类，即所谓抽象相对无效、绝对无效和具体相对无效。所谓概括规范是指法律明确规定以公平、诚信、公序良俗等抽象原则作为规制不特定格式条款的依据，违背这些原则的格式条款即为无效。高圣平先生认为，本条规定中体现出来的是对于格式条款内容控制的硬性规范，这样的方式难免存有挂一漏万的弊端。我国《合同法》关于格式条款的效力规制，除在第40条明定硬性规范外，还在第39条规定了概括规制原则。[②]那么，本法第496条中“提供格式条款的一方应当遵循公平原则确定当事人之间的权利和义务”的规定就是我国格式条款内容控制的概括性规范的体现，即格式条款内容控制的概括规范是公平原则，公平原则在格式条款内容控制中处于基础性地位。实务中，确有法院直接依据公平原则判定格式条款无效的案例，如“广东直通电讯有限公司诉洪分明电话费纠纷案”。该案中法院认为，“停机三个月后，本营业处有权将该用户号码转给别人使用，一律不予退还所有入网费用”，是以格式条款的形式出现，只强调了自己的权利，忽视了用户的利益，损害了上诉人洪分明的财产权益，违背了公平原则，该格式条款应属无效。[③]

综观各法域的立法例，在基本原则的选取上，公平原则、诚信原则均可作为格式条款内容控制的概括规制原则。在我国格式条款内容控制的概括规制原则的选择问题上，本法第496条并未明文规定将“诚信原则”作为格式条款审查的基本原则，而是采用了“公平原则”。因此，有必要分析两个原则之间的关系。首先，诚信原则和公平原则所追求的目标是一致的，都是为了维护契约正义。其次，二者实质上是不可分的，作为一种社会价值判断，实现公平不仅要求符合社会一般的道德标准，而且要求当事人之间利益、当事人

---

① 例如，《深圳经济特区合同格式条款条例》《上海市合同格式条款监督条例》《重庆市合同格式条款监督条例》《黑龙江省合同格式条款监督条例》《内蒙古自治区合同格式条款监督条例》《新疆维吾尔自治区合同格式条款监督条例》等。

② 参见高圣平：《试论格式条款效力的概括规制——兼评我国合同法第39条》，载《湖南师范大学社会科学学报》2005年第3期。

③ 参见《中华人民共和国最高人民法院公报》2001年第6期。

与社会之间的利益达到平衡。最后，诚信原则作为民法的基本原则，贯穿于民法各部分。本法第496条虽然只规定了公平原则，但并不排斥诚信原则的适用，诚信原则在格式条款的订入控制以及内容控制过程中都能发挥积极作用。本法第7条规定了民事主体从事民事活动，应当遵循诚信原则，自然也就适用于对格式条款的规制，其可以对公平原则起到补充作用。诚如梁慧星先生所言，格式条款的提供方在决定合同内容的时候应遵循诚实信用、公平原则。①

如前所述，之所以对格式条款采取内容控制，主要在于想要维护合同公平，实现实质正义，这似乎接近民事法律行为中的显失公平制度。在美国法上，关于格式条款并未专门规定，而是直接由显失公平制度予以调整。②本条的规定可谓是显失公平制度的近亲，公平原则和显失公平制度之间的关系是不能回避的，必须进一步厘清二者的区别和联系。如果对公平作宽泛理解，使其等同于合同正义，那么其可以涵盖诚实信用、公序良俗、情势变更等概念，显失公平制度无疑是公平原则的体现。依据本法第151条的规定，显失公平制度的构成要件分为主观和客观两个方面，除了客观上造成的不公平以外，还要求主观上“利用对方处于危困状态、缺乏判断能力”。而本条中，并没有规定相应的主观要件，有一种解释认为，立法者出于保护接受格式条款一方的考虑，而推定主观要件存在，对于格式条款双方当事人在存在结构性差异的条件下，缓和了显失公平的认定标准以实现倾斜保护。③实践中，在利用公平原则调整当事人之间利益时，法律适用者也更加侧重于给付均衡这一客观事实，基于给付失衡这一事实来调整合同内容。在格式条款中的接受方本就不能与提供方协商，只能附和接受，格式条款提供方基本符合显失公平的主观要件。因此，在利用公平原则规制时，法律适用者更加关注给付均衡的因素，来判定格式条款效力。只不过格式条款有悖公平原则的标准低于一般合

---

① 参见梁慧星：《合同法的成功与不足（上）》，载《中外法学》1999年第6期。

② 参见范雪飞：《论不公平条款制度——兼论我国显失公平制度之于格式条款》，载《法律科学》2014年第6期。

③ 参见贺剑：《〈合同法〉第54条第1款第2项（显失公平制度）评注》，载《法学家》2017年第1期。

同效力审查中的“显失公平”的标准。[①]

公平原则将赋予法官在格式条款内容控制时较大的自由裁量权，在适用时要谨慎地考虑多方因素，防止司法专横。主要有以下因素值得考量：第一，当事人之间的交涉力量。格式条款之所以不公平，主要原因在于未体现合同自由原则。[②]因此，在运用公平原则来判定格式条款效力时，要特别注意合同双方在订立合同时，是否体现了合同自由，当事人之间的交涉力量就是合同自由重要的指标之一。进一步来看，对于当事人的交涉力量产生影响的主要有两方面，一是格式条款提供方是否具有垄断地位；二是双方当事人的性质问题，是商人之间抑或商人与消费者之间，都会影响当事人的交涉力量，对不同的情况应作区分处理。第二，风险分配的合理化。格式条款的功效之一就是可以预先设定商业风险和司法风险，以确定和预测法律责任。但是，提供格式条款一方往往试图把风险尽可能地转移给对方，这就需要实施格式条款内容控制时秉持公平原则，以平衡当事人之间的风险分配。在判定格式条款效力时，还需考虑由谁预防和控制风险最佳的因素，即“最低成本规则”。[③]第三，标的物的性质。标的物的性质将会影响格式条款相对方交易选择的自由，从而使格式条款的内容控制松紧程度随之变化。对于生活必需品而言，在订立合同时相对人往往只能选择附从，在对格式条款进行审查时应严格控制；而对于非生活必需品，相对人拥有选择的余地，在审查时可适当宽松。第四，考虑格式条款相对方接受条款的具体情况。在一般情况下，格式条款相对人常常处于不利境地，其接受格式条款并非出于自愿，但是并不排除在特殊情况下，相对人会因为格式条款提供方在格式条款之外给出的优惠条件而选择接受。在这种情况下，对于格式条款效力的认定应适当从宽。这些因素都是通过对实践中发生的案例进行类型化分析得出的结论，会随着社会实践不断丰富和发展，这就需要司法实践不断地总结归纳，形成相应规则来更好地解决现实问题。

---

① 参见谢亘：《格式条款内容规制的规范体系》，载《法学研究》2013年第2期。

② 参见周清林：《论格式免责条款的效力层次——兼谈〈合同法〉及其司法解释之间的矛盾与冲突》，载《现代法学》2011年第4期。

③ 参见贺栩栩：《〈合同法〉第40条后段（格式条款效力审查）评注》，载《法学家》2018年第6期。

三、格式条款无效的法律后果

当格式条款依据本条规定认定为无效以后，整个合同的命运将何去何从，若产生损害，损害赔偿由谁承担，在此有必要作进一步探讨。

本法第156条规定："民事法律行为部分无效，不影响其他部分效力的，其他部分仍然有效。"基于此，格式条款被认定为无效的，并不当然使整个合同无效。如果格式条款无效不影响合同其他条款效力的，其他条款仍然有效。这有利于保护接受格式条款一方的利益。因为一方面，如果认为格式条款无效则整个合同无效，对于格式条款接受方而言，不仅没有得到保护，反而使得其丧失缔约机会，导致期待利益落空。由于造成格式条款接受方利益损害的只是部分格式条款，因而格式条款无效的，在不影响其他内容效力的情况下，仅仅排除格式条款的适用，合同其他条款内容应认定有效。另一方面，格式条款提供方在丧失了其拟定格式条款所欲得到的利益后，仍然需要继续履行合同其他内容，对其也是一种惩罚。这样，既实现了法律对格式条款接受方利益的倾斜保护，也对格式条款提供方作出的不合理、不公平的格式条款行为起到威慑作用。随后，对合同因部分无效而产生的无法确定的内容，首先应该运用符合该合同类型的任意法规范对其进行补充。如果没有相应的任意法规范，则可以依据本法第510条的规定，"按照合同相关条款或者交易习惯确定"。如果仍然无法确定，最后才适用本法第511条的规定进行漏洞填补。

如果格式条款无效，致使合同其他部分无效的，则其他部分亦无效，甚至是合同全部无效。一般来讲，合同的条款是相互支持、相辅相成的。当事人订立合同时，其受拘束的意思表示及于合同的全部内容。如果因为格式条款无效而导致整个合同无效时，依据本法第157条的规定格式条款提供方应承担相应的责任，即格式条款提供方因该行为取得的财产，应当予以返还；不能返还或者没有必要返还的，应当折价补偿，对于相对方由此所受到的损失，提供方应当赔偿。

举证责任

本条适用"谁主张，谁举证"的证明规则。接受格式条款一方主张格式条款无效时，应举证证明下列事项之一：（1）具有本法第一编第六章第三节规定的民事法律行为无效情形。(2)符合本法第506条关于免责条款无效情形。(3)提供格式条款一方免除或者减轻其责任、加重对方责任、限制对方主要权利情形达到“不合理”的程度。至于是否构成“不合理”则由法院予以衡量裁判。(4)接受格式条款一方的主要权利被格式条款排除。这包括两方面的证据，一是接受格式条款一方享有的主要权利；二是主要权利被排除的事实。

除了当事人可以主张格式条款无效外，法官依据当事人提交的相关证据，也可以依职权认定该格式条款无效。

三 其他问题

格式条款内容控制的对象，本条未予以规定。对此，《德国民法典》第307—309条作了详细规定，对我国司法实践很有借鉴意义。该民法典第307条第3款规定，格式条款的内容控制只适用于“偏离或补充法律条文规定的一般交易条款中的条款”。这究竟指什么呢？德国民法学家通过反面解释来确定格式条款内容控制的对象。首先，合同中的主要给付义务条款不是内容控制的对象，因为法院通常没有必要对给付与对待给付之间是否等价作考察。立法者并不想让法院去进行价格控制工作。[①]其次，在格式条款中逐字逐句地或者按照意义地引用法律规定以及那些不具有法律内容的、只是“给付描述”条款，均被排除在内容控制之外。[②]《德国民法典》第308条规定的“有评价可能性的条款禁止”，列举了那些通常导致接受格式条款一方处于不合理的不利地位的条款，法官可以裁量判决这些条款无效。而第309条规定的“无评价可能性的禁止条款”则被置于严格的无效判决之下，而且个案中也不受司法的合理性控制。[③]德国民法通说认为，格式条款中的核心给付条款和任意法的

---

① 参见［德］卡尔·拉伦茨：《德国民法通论》(下册)，王晓晔等译，法律出版社2003年版，第783页；［德］迪特尔·梅迪库斯：《德国民法总论》，邵建东译，法律出版社2001年版，第322页。

② 参见［德］本德·吕特斯、［德］阿斯特丽德·施塔德勒：《德国民法总论》，于馨淼、张姝译，法律出版社2017年版，第288页。

③ 参见［德］本德·吕特斯、［德］阿斯特丽德·施塔德勒：《德国民法总论》，于馨淼、张姝译，法律出版社2017年版，第289页。

“给付描述”条款不在格式条款内容控制之列，具体理由如下：

一、核心给付条款①

所谓核心给付条款，是指具体的给付与对待给付的描述与确定条款（法律行为要素或“必要之点”）。核心给付条款除了受显失公平制度中的暴利行为规制外，一般认为应由市场经济自身来决定。《欧洲示范民法典草案》第9：406（2）条“格式条款内容控制”也排除了“给付描述性”条款，亦即此处的核心给付条款作为控制对象。主要有以下原因：第一，格式条款系一方当事人预先拟定，未与对方当事人协商，但通常情况下，尽管民法预设的标准人相较于经济人只拥有有限的理性，但若想要受合同条款的约束，其对于合同中的核心给付条款也必须进行考量。因此，即使核心给付条款采用格式化的方式订立，也在当事人之间拥有较高的合意度，否则基本的核心给付条款都未能达成意思一致，合同的拘束力便无从谈起。这样看来，格式条款中核心给付条款严格意义上并不具备“未与对方协商”的前提条件，应予以排除。第二，法律和市场各司其职，只要市场机制能够发挥作用，法律就不应该越俎代庖，即应该尊重二者的分工。核心给付条款一般应由市场竞争机制来调整，条款的接受方可以依其自由意志决定是否接受其订入合同。从格式条款提供方的角度来看，如果其所提供的核心给付条款的内容缺乏竞争力就会被市场淘汰，也无需借助格式条款的内容控制。从审查者的角度来看，如果法律规定可以由法官来审查给付与对待给付的内容，那么就会出现法律与事实的困境，因为给付与对待给付之间本身就存在主观等值与客观等值两个层面，法律无法确定一个评价标准，所以，法官事实上也无法进行审查。

二、“给付描述”条款的排除

在德国法中，“给付描述”条款之所以被排除在格式条款内容控制的范围。理由在于：首先，“给付描述”条款多为任意法规范的重述，任意法规范本就是立法者在综合比较衡量当事人的利益后所作出的价值判断，格式条款

---

① 参见谢亘：《格式条款内容规制的规范体系》，载《法学研究》2013年第2期；参见贺栩栩：《〈合同法〉第40条后段（格式条款效力审查）评注》，载《法学家》2018年第6期。

中直接引用任意法的规定，实际上就是对法律条文的强调，这样不但不会违反给付均衡，而且是对立法者权衡当事人双方利益的强调，没有必要再进行内容控制。其次，在法律条文的理解上，双方当事人并不具有差异，二者具有同等地位，任何一方对于法律的理解都没有绝对的优势，对缔约能力不产生影响，法律的适用对双方也是公允的。因此，任意法规定的复述条款不属于格式条款内容控制的对象。

第四百九十八条【格式条款的解释】

对格式条款的理解发生争议的，应当按照通常理解予以解释。对格式条款有两种以上解释的，应当作出不利于提供格式条款一方的解释。格式条款和非格式条款不一致的，应当采用非格式条款。

历史由来

本条是关于格式条款解释的规定，承袭《合同法》第41条且未作改变。从《民法典》编纂过程来看，本条没有争议。《民法典合同编（草案）》（征求意见稿）第39条、《民法典合同编（草案）》（一审稿）第290条、《民法典合同编（草案）》（二审稿）第290条、《民法典（草案）》第498条以及本条都未对条文内容作出改变。

规范目的或功能

格式条款是由一方当事人预先制定的，在订立合同时不与对方协商的条款。其违反合同订立的自由磋商原则，往往表现出利益失衡的不公平性，所以各国在立法时，针对其有违合同自由、合同平等的特性确立了一些特殊的解释规则，通过合同解释不仅探求双方当事人真实的意思表示，更重要的是通过合同解释尽力对接受格式条款一方予以保护。

通过对格式条款的解释以平衡当事人之间的利益，实现契约正义。这是格式条款解释的最重要目的。格式条款由于双方当事人在谈判时存在严重的信息不对称性及缔约地位的不平等性，因此其具有天然的利益偏向性。法官或仲裁员在解决格式条款纠纷时，便可运用对格式条款解释的自由裁量权矫正格式条款的非正义性，平衡当事人之间的利益。

三 规范内容

一、通常解释规则

通常解释又称为客观解释，是指以社会大众可能订约者平均、合理的理解对格式条款的解释。[①]格式条款往往适用于广大消费者，当条款内容无法确定需要解释时，个案的特殊情况原则上不予考虑，而以通常一般人的了解可能性为其解释标准。[②]有学者认为，通常解释应超越当事人订约时的特别环境及特殊意思表示，以该条款所预定适用之对象平均、合理的理解可能性为标准。换言之，在解释时相对方个人的理解能力、认知能力、思维方式、经验多寡等均不在考虑的范围之中。[③]王利明教授认为，格式条款通常解释具体而言应包括四个方面：第一，格式条款的解释不应仅以条款制作人的理解进行解释，而更应以一般人的理解进行解释。第二，对某些特殊的术语应作出平常的、通常的、通俗的、日常的、一般意义的解释。第三，若格式条款经过长期使用以后，消费者对其中某些用语的理解，与条款制作人制定条款的理解有所不同，此时应以交易时消费者理解为标准进行解释。第四，在某些情况下，应根据其适用的不同地域、不同职业团体的可能缔约者的一般理解来解释合同。[④]因为社会所有领域不可能适用同样的“一般人”，也不存在所有的合同中都处于同样的“一般人”水平。换言之，“一般人”对所有领域的认知程度都达到了平均的标准这是不可能的。所谓“闻道有先后，术业有专攻”，采用机械的方式强行设置“一般人”的标准，看似平均，实则不然。故，在某些情形下，应根据其适用的不同地域、不同职业团体的可能订约者的一般

① 参见王利明：《合同法研究》（第一卷）（第三版），中国人民大学出版社2015年版，第424页。

② 参见王泽鉴：《债法原理》（第一册），北京大学出版社2009年版，第73页。

③ 参见苏号朋：《格式条款研究》，中国人民大学出版社2004年版，第226页。

④ 参见王利明：《合同法研究》（第一卷）（第三版），中国人民大学出版社2015年版，第424页。

理解来解释合同。各个地域和团体内的相对人对格式条款内容的理解是不同的。因此有必要设定不同行业、群体、地域按照不同的“一般人”理解水平对格式条款进行解释的规则，同一行业、群体、地域内部按照一个标准予以解释，以此保持解释的统一性。

当然，通常解释规则在适用时，除了涉及“一般人”标准设定以外，还需要注意特殊术语、文义、同词异义等问题。格式条款中某些特殊术语在专业领域中，具有特殊的含义，非普通的格式条款接受方可以理解的。换言之，格式条款中某些特殊术语已经超出格式条款预定的一般格式条款接受方（普通消费者）的合理的、平均的认知能力。若在此种情形下，仍然允许格式条款提供方依据特殊术语所包含的特定含义，这无疑加剧了格式条款的不公平性。因此仍应按照格式条款接受方一般的、平均的、合理的认知能力对该条款进行解释。换言之，特殊的术语不应该以严格的、哲学的或学理的意义解释，应以平易的、通常的、通俗的、日常的、自然的意义解释之。[①]所谓同词异义，是指格式条款经过长期使用后，对于其中某些词语与文句所理解的意义，与该条款制定时所理解的意义有所不同。[②]此种情形，尽管其意义已经与条款制定时所理解的意义有所不同。若可以探究格式条款签订时的意义，则应当按照签订时的意义进行解释。若不能，则应以消费者现在所理解的意义作为解释标准。

通常解释存在的合理之处，在于弥补主观解释规则的不足。以意思主义为核心的主观解释最符合契约自由及私法自治原则，但是事实上，当双方当事人就合同条款发生分歧时，要探求当事人的真实意思是十分困难的，甚至是不可能的。通常解释中“一般人”的标准，是以牺牲个别具有特殊需求或缔约时处于特殊境遇的当事人个别救济的权利，来成全格式条款高效便捷的效用。对于个别特殊情形的矫正，亦不能机械地适用通常解释规则，应辅之不利解释规则及其他规则加以应对和平衡。

---

① 参见刘宗荣：《定型化契约条款之研究》，载《台大法学论丛》第4卷第2期。转引自苏号朋：《格式条款研究》，中国人民大学出版社2004年版，第227页。

② 参见刘春堂：《一般契约条款之解释》，载郑玉波主编：《民法债编论文选辑》（上），台北五南图书出版公司1984年版，第229页。

二、不利解释规则

不利解释规则，是指对格式条款有两种以上理解时，应当选择最有利于格式条款接受方的解释。这一解释规则的合理性就在于：一方面，格式条款是由格式条款提供方拟定的，作为格式条款提供方应当对格式条款的多义性负责，而格式条款接受方没有参与格式条款的制作，不具有可归责性，故应当由格式条款提供方承担相应的不利后果。另一方面，既然格式条款是由一方制定的而不是由双方商定的，那么各项条款可能是制作人基于自己的意志所作的有利于自己的条款，尤其是条款制作人可能会故意使用或插入意义不明确的文字以损害消费者的利益，或者从维持甚至强化其经济上的优势地位出发，将不合理的解释强加于消费者，所以，为维护消费者的利益，在条款不清楚时，对条款制作人作不利的解释。①如“某财产保险股份有限公司江门市开平支公司、开平市某混凝土有限公司财产损失保险合同纠纷案”，法院认定“许可证书或其他必备证书”约定不明，存有歧义，因此作出对格式条款提供方不利的解释。②

若格式条款由行政机关或行业协会制定，要求交易的一方使用时，此时不利解释规则如何适用呢？有学者认为，当定型化约款之内容引自合法之委任命令者，如企业主体根据法律或是行政法规之委任命令，一部或全部制定定型化约款或免责约款经行政规制者时，该格式条款免受司法规制。③当格式条款是行政机构制定，但经营者可以自主选择使用与否，或格式条款由行业协会制定。此时，该格式条款发生争议时，仍应对经营者作出不利的解释。若格式条款由行政机关制定并强制要求经营者使用，发生争议时，不宜对经

---

① 参见王利明：《合同法研究》（第一卷）（第三版），中国人民大学出版社2015年版，第425页。

② 参见广东省江门市中级人民法院（2017）粤07民终544号。法院认为该案的保险合同，“（驾驶人）使用各种专用机械车、特种车的人员无国家有关部门核发的有效操作证，或驾驶出租机动车或营业性机动车无交通运输管理部门核发的许可证书或其他必备证书”的免责条款中“许可证书或其他必备证书约定不明”而因此产生异议，因按照格式条款解释规则中不利解释规则对该条款予以解释，作出不利于格式提款提供方的解释。

③ 参见刘宗荣：《定型化契约论文专辑》，载《台大法学论丛》2009年第2期。

营者作不利解释。如“李某诉某市公共交通集团公司城市公交运输合同案”，[①] 法院认为，争议的格式条款虽由公交公司提供，但其经过听证程序以及行政审批，能够体现合同的公平性，法院根据《合同法》第41条的解释规则作出了有利于公交公司的判决。

另外，有的学者认为，该解释规则只是其他解释规则的补充，只有在运用其他解释规则都不能得出合理的解释的情形下才能使用。[②]当然这种观点也是有失偏颇的。不利解释以存在多种解释为前提，并且多种解释对当事人带来不同的效果，只一味地限制不利解释规则的适用，忽视该规则在格式条款解释中的意义是不可取的。不利解释规则有利于限制格式条款提供方滥用权力，平衡双方当事人的权利，其存在有着独立的工具价值。因此，虽然要严格限制该规则的适用，但仍不可否认其是一个独立的解释规则。

三、非格式条款优先

所谓非格式条款优先，是指当格式条款提供方与当事人经过个别协商而达成一致的非格式条款存在分歧时，应当以个别协商的非格式条款为准。这种解释的合理之处就在于个别协商的非格式条款是建立在双方当事人的意思自治的基础上的。[③]也就是说，双方当事人同意作出一种与格式条款约定内容不同的新约定，在此种情形下，就应当认为双方当事人承诺保持新约定的效力，即使新约定与格式条款的内容不一致。事实上，双方当事人之所以要特别协商非格式条款的目的就在于“排除”格式条款的适用。王利明教授认为，非格式条款不仅因为其充分尊重了双方当事人的意思，而且更重要的是其可以很好地保护消费者的权益。[④]因此应优先适用。王泽鉴教授认为，一般情形

---

① 参见四川省成都市中级人民法院（2005）成民终字第1561号。法院认为，争议的格式条款虽由公交公司提供，但其是经过听证程序以及行政审批的。约定了实行公交IC卡的种类，并对不同卡类规定了不同程度的优惠标准与使用规则，所做出的约定已保障了李某付接受何种服务的选择权，既充分体现了某市公交集团公司作为公共服务行业应尽的让利于社会的义务，能够体现合同的公平性。因此，并未依据不利解释规则作出不利于公交公司的判决。

② 参见何宝玉：《英国合同法》，中国政法大学出版社1999年版，第353页。

③ 参见李永军：《合同法》（第三版），法律出版社2010年版，第256页。

④ 参见王利明：《合同法研究》（第一卷）（第三版），中国人民大学出版社2015年版，第426页。

下，非一般条款既属个别约定，仍有讨价还价磋商的余地，契约内容形成自由仍可维持，特肯定其优先效力，以保护消费者利益。[①]当格式条款存在利益失衡时，格式条款的接受方可以利用非格式条款进行磋商矫正。当格式条款与非格式条款发生冲突时，非格式条款最能反映当事人真实的意思，优先适用也符合合同公平原则的要求。

（一）非格式条款优先解释规则适用

本条确定的非格式条款优先原则，其实质原因是非格式条款最符合契约自由的精神。非格式条款是双方当事人经过要约、反要约和承诺的反复协商过程，在双方当事人的权利义务达成一致的基础上确定的，故非格式条款具有优先效力。

非格式条款优先原则的适用前提就是甄别格式条款和非格式条款。二者主要有以下区别：第一，是否经过双方个别协商，这是二者最为实质的区别。如果双方当事人在签订合同时，经过个别协商，并接纳融入了相对方的意思表示的条款就可以认定为经过个别磋商的非格式条款。但在具体的认定标准上必须从严把握，双方当事人经真实意思表示与相互协商一致最终达成契约是格式条款成为个别协商条款的必要条件。第二，是否预先拟定且印制。如果仅是预先拟定，只能说明格式条款在实际签订时已经形成，彰显了格式条款提供方的强势地位，并不能说明其就是格式条款。因为预先拟定的格式条款，可能在正式签约时被去除或变更。因此预先拟定且印制的条款才是格式条款。第三，是否是一方为了与不特定多数人订约，反复使用。本法第496条将重复使用作为格式条款的特征。诚然，现实生活中格式条款一般都是重复使用的，而格式条款并不能适用所有情形，格式条款接受方可以在合同中作另外约定，达到否定格式条款的效果。格式条款解释时应当遵从其真实意思。

（二）非格式条款优先解释规则的例外

非格式条款是双方当事人特别约定的结果，更能反映当事人的意志，也更符合契约自由和“私法自治”的民法精神。“格式条款与非格式条款不一致

① 参见王泽鉴：《债法原理》（第一册），北京大学出版社2009年版，第119页。

时，应当采用非格式条款”，但是，如果非格式条款不利于相对人呢？而这种不利是因为相对方自身的交易信息不足或理解能力的误差以及其他的自身因素，导致非格式条款相较于格式条款更加不利于相对方；又或者格式条款是经过监管机构或行业协会制定，所反映的利益关系较为均衡的情况下，格式条款提供方想利用自身交易的强势地位避开格式条款的相关规定，强行要求与相对方签订不利于相对方的非格式条款呢？此时，如依然机械性地适用非格式条款优先解释规则，无异于南辕北辙而实质上背弃了其“有利于相对人”的解释精神初衷。[①]与此场合，崔建远教授则认为，非格式条款不得具有优先性，甚至应被依法确认为无效，或被撤销。由此看来，本条后半段关于非格式条款优先于格式条款的规定需要进行目的性限缩，设置在非格式条款严重损害了消费者合法权益时无效或可被撤销的但书。[②]

四、本条与本法第466条的关系

本法第466条是关于一般合同解释规则的规定，其基本承自《合同法》第125条，并在其基础上作了一定的修改与完善。本条与第466条具体该如何适用？通说认为，本条与本法第466条的规定并不矛盾，合同的一般解释规则对格式条款的解释仍然适用。崔建远教授认为，一般合同解释规则，如文义解释、体系解释、目的解释、依交易习惯解释和依诚实信用原则解释等，对格式条款的解释有适用余地，在本条规定未涵盖的领域，即适用一般合同解释规则的规定。[③]之所以首先适用本条的规定，因为本条是就格式条款所作的特别规定，之所以在本条涵盖的领域亦适用一般合同解释规则的规定，因为格式条款本质也是一种合同。事实上，上述两种解释规则立法本意是完全不同的，一般合同解释规则是想通过对合同条款的解释来探求双方当事人真实的意思表示，而格式条款解释规则除上述目的外，还包括对契约公平正义的追求。[④]如前所述，格式条款在实质上存在利益偏向

① 参见詹森林：《定型化约款之基本问题》，载《月旦法学杂志》1996年第11期。

② 参见崔建远：《论格式条款的解释》，载《经贸法律评论》2019年第3期。

③ 参见崔建远：《新合同法若干制度及规则的解释与适用》，载《法律学科》2001年第3期。

④ 参见王丽萍、李燕：《格式条款解释研究》，载《法制与社会发展》2001年第6期。

性，契约失衡性，因此需要司法介入通过事后救济的方式予以矫正。故对格式条款进行解释时，应优先适用本条的规定，本条未周延之处，适用第466条的规定。

举证责任

本条适用举证责任一般规则，即“谁主张，谁举证”。当事人对格式条款的理解发生争议时，格式条款接受方主张格式条款有利于自己的解释或适用非格式条款时，应举证证明下列事项之一：（1）存在社会普遍认可的通常解释，如关于“新车”理解，通常理解应是既无他人使用，又无维修记录的车，而不是仅指无人使用的车。[①]（2）格式条款有两种或多种不同理解，且不同解释对格式条款各方将带来有利与不利的后果。（3）存在相关非格式条款的约定，且与格式条款的意义冲突。

第四百九十九条【悬赏广告】

悬赏人以公开方式声明对完成特定行为的人支付报酬的，完成该行为的人可以请求其支付。

历史由来

本条系新增条文，《合同法》并未予以规定。《物权法》第112条规定，“权利人领取遗失物时，应当向拾得人或者有关部门支付保管遗失物等支出的必要费用。权利人悬赏寻找遗失物的，领取遗失物时应当按照承诺履行义务”。涉及了悬赏广告，但规定不详。2009年发布的《合同法解释（二）》第3条对悬赏广告进行了规定：“悬赏人以公开方式声明对完成一定行为的人支付报酬，完成特定行为的人请求悬赏人支付报酬的，人民法院依法予以支持。但悬赏有合同法第五十二条规定情形的除外。”域外法上，大陆法系国家民法关

---

① 参见“张莉诉北京合力华通汽车服务有限公司买卖合同纠纷案”，最高人民法院指导案例第17号，北京市第二中级人民法院（2008）二中民终字第00453号。

于悬赏广告多设有完整的法律规范，如《德国民法典》第657—661条、《日本民法典》第529—532条、《瑞士债法典》第8条、《意大利民法典》第1989条等。这为确立悬赏广告制度提供了成熟的经验和制度参考。

《民法典合同编（草案）》（征求意见稿）第41条规定："悬赏人以公开方式声明对完成特定行为的人支付报酬的，完成该行为的人可以请求其支付。"该条文内容删除了《合同法解释（二）》第3条规定的"但书"；并作了文字修订，即将"完成一定行为"改为"完成特定行为"，使其更加精简准确。在民法典审议过程中，本条几乎没有争议。《民法典合同编（草案）》（一审稿）第291条、《民法典合同编（草案）》（二审稿）第291条、《民法典（草案）》第499条及本条，条文内容完全一致。

规范目的或功能

悬赏广告是社会上的普遍现象。近年来，悬赏广告的适用范围也不断扩大，除了常见的寻找遗失物等民事行为之外，在其他领域也出现了形式各样的悬赏广告，如证据悬赏、行政悬赏、刑事悬赏、执行悬赏等。正因如此，因悬赏广告引发的纠纷也越来越多。长期以来，由于立法上的缺漏以及理论上关于悬赏广告性质的争议，使得司法实践对悬赏广告的法律适用出现了困境，裁判结果也呈现不确定性。本条的规定提升了悬赏广告规范的法律位阶，有助于统一裁判依据，解决悬赏广告纠纷，加强法律适用的安定性。

规范内容

本条是完全法条，规定了悬赏广告的行为模式和法律后果。悬赏广告是悬赏人以公开方式声明对完成特定行为的人支付报酬的行为。其法律后果，是完成该行为的人可以请求悬赏人支付其允诺的报酬。

一、悬赏广告的法律性质

依据诚信原则，悬赏广告人应恪守诺言，对完成特定行为的人支付其声明的报酬。这一点学界并无争议，但对于完成特定行为的人主张报酬的请求权基础即悬赏广告的法律性质却一直存在两种争议的观点。

（一）单方行为说[①]

其又称为单独行为说，该说认为，悬赏广告是因广告人一方的意思表示而产生的债务，相对人无须承诺，仅以一定行为之完成为停止条件。只要相对人完成特定行为，悬赏人就应支付其声明的报酬。悬赏广告采单方行为说，有下列理由[②]：（1）悬赏广告报酬请求权与完成行为之人的主观认识并无直接联系。行为人不知道悬赏广告完成特定行为的，该人仍取得对悬赏人的报酬请求权，而悬赏人不得拒绝支付报酬。（2）使无民事行为能力人、限制民事行为能力人在完成特定行为后，也可以对悬赏人享有报酬请求权。（3）证明责任上更有利于维护相对人利益。如果将悬赏广告视为单方法律行为，那么任何人完成广告中所指定的行为都将是一种事实行为，而不是具有法律意义的承诺行为。因而不必判定是否存在有效的承诺，这有利于减轻相对人在求偿时的举证负担。[③]（4）将悬赏广告解释为附停止条件的单方法律行为，无论是从逻辑分析还是价值判断方面，均具有合理性。[④]

在比较法上，《德国民法典》第657条规定悬赏广告的法律性质为单独行为。这也是德国判例与学说的一致见解。在《瑞士债务法》中，悬赏广告亦列于契约之债内，但通说仍认为系单独行为。[⑤]但是，单独行为说也有不足，其不能圆满解释悬赏广告的撤回、撤销以及因撤销所生之损害赔偿问题。

---

① 参见史尚宽：《债法总论》，中国政法大学出版社2000年版，第33页；梅仲协：《民法要义》，中国政法大学出版社2000年版，第93页；王泽鉴：《悬赏广告法律性质之再检讨》，载《民法学说与判例研究》（第二册），中国政法大学出版社1997年版，第57页；王利明：《合同法研究》（第一卷）（第三版），中国人民大学出版社2015年版，第246页；李永军：《合同法》（第三版），法律出版社2010年版，第76页。

② 参见王泽鉴：《债法原理》，北京大学出版社2009年版，第199—200页。

③ 参见王利明：《合同法研究》（第一卷）（第三版），中国人民大学出版社2015年版，第247页。

④ 参见李永军：《合同法》（第三版），法律出版社2010年版，第76页。

⑤ 参见王泽鉴：《债法原理》（第一册），北京大学出版社2009年版，第199页。

（二）要约说（契约说）[①]

要约说认为，悬赏广告是相对人向特定人或不特定人发出的悬赏意思表示的要约，相对人完成悬赏广告指定的特定行为即为承诺，当该行为完成时，合同成立。相对人在合同成立时，即有报酬之请求权。具体来讲，有下列理由：（1）悬赏广告系由“广告人依广告所为之意思表示”与“行为人完成指定行为”两项事实构成，其与契约之由要约与承诺所构成类似，故规定于契约通则。[②]（2）如采契约说，其实只要将广告人所做之广告定性为要约，并以行为人完成广告行为之通知加上请求报酬之表示作为承诺即可。如不采契约说，广告人将可单方面决定与广告行为相关的法律关系的形成，这显然与由私法自治原则延伸出来的契约原则不符。[③]（3）悬赏广告在事实构成上符合要约的要素，在其他法律对其未作特别规定时，应以《合同法》关于合同订立的规则为基础，为法官解决悬赏广告问题构造出坚实的规范基础。[④]我国通说认为，《合同法解释（二）》将悬赏广告规定其中，在悬赏广告的性质上当然可以解释为采用了“契约说”。[⑤]

要约说在我国司法实践中亦占据主导地位。经案例检索，大部分悬赏广告纠纷案件，其案由是合同纠纷，将悬赏广告案件定性为合同纠纷是大多数法院采取的裁判思路。如在“李珉诉朱晋华悬赏广告纠纷案”中[⑥]，法院认为

---

① 参见郑玉波：《民法债篇总论》，中国政法大学出版社2000年版，第62页；孙森焱：《民法债编总论》，法律出版社2006年版，第66页；黄茂荣：《债法总论》，中国政法大学出版社2003年版，第242页；崔建远：《合同法总论》（上卷），中国人民大学出版社2008年版，第105页；韩世远：《合同法总论》（第三版），法律出版社2011年版，第82页；朱广新：《合同法总则研究》，中国人民大学出版社2018年版，第78页。

② 参见孙森焱：《民法债编总论》，法律出版社2006年版，第65页。

③ 参见黄茂荣：《债法总论》（第一册），中国政法大学出版社2003年版，第242页、第245页。

④ 参见朱广新：《合同法总则研究》，中国人民大学出版社2018年版，第49页。

⑤ 参见最高人民法院研究室编著：《最高人民法院关于合同法司法解释（二）理解与适用》，人民法院出版社2009年版，第41页。

⑥ 参见“李珉诉朱晋华、李绍华悬赏广告酬金纠纷案”，载《中华人民共和国最高人民法院公报》1995年第2期。2008年2月4日最高人民法院印发《民事案件案由规定》，将“悬赏广告纠纷”归入第四部分“债权纠纷”的第10项“合同纠纷”当中，此前2000年最高人民法院印发的《民事案件案由规定（试行）》（简称《规定（试行）》）亦将“悬赏广告纠纷”归入“第一部分”“合同纠纷案由”当中。新《规定》自2008年4月1日起施行，《规定（试行）》同时废止。

失主发布悬赏广告，声明对完成指定行为的人给予报酬，系向社会不特定人的要约行为，行为人完成了指定行为，构成对广告人的有效承诺，因此而获得报酬请求权。广告人和行为人（拾得人）之间成立有效的要约与承诺，形成了民事法律关系，完成广告指定行为的人得享有报酬请求权，广告发布人承担给付报酬的义务。再如，在“牛某、某局蛇口工业区控股股份有限公司悬赏广告纠纷案”[①]中，法院认为，悬赏广告是当事人订立合同的一种形式。本案中某公司声明对完成一定行为之人给予奖励，牛某完成了该项行为，双方依法成立契约关系。

然而，要约说有三点弊端：其一，如果行为人不知道悬赏广告而完成悬赏广告中所确定行为的，由于此时悬赏人和行为人之间未达成订立合同的合意，因此其不能享有报酬请求权。其二，无民事行为能力人完成特定行为时，由于其不具备缔约能力，也不能享有报酬请求权。其三，按契约说，相对人完成广告确定行为即已作出承诺，双方成立合同关系，这样一方不按合同的规定支付报酬已构成违约，依据同时履行抗辩权，另一方有权拒绝交付完成指定行为的成果。这是不妥当的。[②]

单方行为说、要约说都是对悬赏广告法律性质的阐释，两种学说各有优劣，并无高下之分，且两者都有不能圆满解释的缺憾，需要法律上的特别规定予以完善。我们倾向于单方行为说，俗话说“君子一言，驷马难追”，单方行为说有利于敦促悬赏人诚信行事，有利于弘扬“重信义、守诺言”的良好社会风尚。不过，《民法典》将悬赏广告制度规定于“合同的订立”一章，从体系性解释看，《民法典》对悬赏广告采“要约说”应无疑义。

二、悬赏广告的构成要件

依据要约说，悬赏广告的构成要件须有要约、承诺过程，成立悬赏广告合同。

---

① 参见广东省深圳市中级人民法院（2019）粤03民终20114号民事判决书。

② 参见王利明：《合同法研究》（第一卷）（第三版），中国人民大学出版社2015年版，第247页。

（一）悬赏广告的要约

悬赏广告的要约，是指悬赏人以公开声明的方式表明对完成特定行为的人支付报酬的意思表示。

1.悬赏人

从实践来看，悬赏人的范围很广泛，既可以是自然人也可以是法人或非法人组织，并无特别的限制。法人中既有公司、企业，也有事业单位、国家机关，而且近年来越来越多的国家机关成为悬赏广告的主体，如犯罪线索悬赏、执行悬赏、证据提供悬赏等。悬赏广告的主体应当具有完全民事行为能力，无民事行为能力人或限制民事行为能力人由于认识能力、判断能力的局限不能发布悬赏广告，但可以由其法定代理人行使。

2.以公开方式发布悬赏广告

公开方式通常是指以广告形式向不特定人作出悬赏的意思表示。这里的广告形式不限于广告法规定的广告方式。其既可以在报刊上登载，也可以在广播电视上播放；既可以在公开场合张贴，也可以当街吆喝；既可以是文字方式，也可以是语言方式。①

悬赏广告的内容是悬赏人声明对完成特定行为的人支付报酬，至于完成特定行为的效果则应在广告中明确。毋庸置疑，该特定行为应是合法行为，不得违反法律、行政法规强制性规定，不得违背公序良俗。同时，悬赏广告应载明完成特定行为的期限，超出期限的不产生给付报酬请求权。如果在悬赏声明之前，行为人已完成特定行为，行为人可否请求支付报酬？这决定于悬赏广告的目的是完成特定行为本身，还是完成特定行为的效果。刑事案件的受害人为及早破案而发布对提供破案线索的人给予报酬的悬赏广告。在发布悬赏广告之前有人已经向公安机关提供了重要线索，而正是由于该线索使公安机关顺利破案。该案悬赏人目的在于有线索帮助破案，而不在于提供破案线索的行为，因此应当认定提供线索的行为符合悬赏广告要求。

---

① 参见最高人民法院研究室编著：《最高人民法院关于合同法司法解释（二）理解与适用》，人民法院出版社2009年版，第42页。

（二）悬赏广告的承诺

依据本法第479条、第480条的规定，承诺是受要约人同意要约的意思表示，承诺应当以通知的方式向要约人作出；但是根据交易习惯或者要约表明可以通过行为作出承诺的除外。依此规定，悬赏广告的承诺可以解释为通过完成特定行为作出，完成特定行为时承诺生效。通常情况下，悬赏广告的承诺应当以行为人知道有悬赏广告存在为前提。但是，有两种特殊情况承诺难以解释。其一，如果行为人不知道有悬赏广告而完成特定行为的，是否构成承诺，其是否可以请求悬赏人支付报酬？其二，无民事行为能力人完成特定行为，是否享有报酬请求权？因为这两种情况要么没有作出承诺的意思表示，要么行为人没有缔约能力，导致合同不成立，使行为人缺乏请求支付报酬的基础。为克服上述问题，有三种解释路径：其一，将行为人完成悬赏广告所要求行为的事实，作客观解释，推定其有承诺的意思，符合一般社会生活经验，这时无须关注行为人的主观状态。鉴于行为人知与不知悬赏广告，以及是否有行为能力，利益状态相当，自无异于其效果的道理，法律上可作出特别规定，许以报酬支付请求权。[①]其二，将完成一定行为的结果交给广告人，看作对广告人的承诺。如此之下，对广告指定行为完成者来说，完成广告指定行为时是否知道有悬赏广告，无关紧要。[②]其三，将不知悬赏广告存在之情形设为特例，准用悬赏广告承诺的法律效果。鉴于我国民法并未设有特别规定，上述第一种解释或第二种解释均可，两者并无本质区别，均是通过法律拟制和解释而来，可以解决上述两个疑难问题。

值得注意的是，行为人负有完成特定行为的约定义务和法定义务时，其报酬请求权将被阻断。例如，人民警察依据法律规定负有完成特定行为的法定义务，行为人完成特定行为的，不能依据悬赏广告取得报酬请求权。

三、悬赏广告的法律效果

悬赏广告的法律效果是指行为人完成悬赏行为并交付结果后取得的报酬

---

① 参见韩世远：《合同法总论》（第四版），法律出版社2018年版，第124页。

② 参见朱广新：《合同法总则研究》，中国人民大学出版社2018年版，第80页。

请求权。

（一）报酬请求权

报酬请求权是悬赏广告最主要的法律效果。悬赏广告成立合同关系，行为人有权依据合同约定主张报酬请求权，这是行为人主张报酬请求权的基础。在一般情况下，悬赏广告对报酬的数额有明确约定，如“如有提供破案重要线索者，支付酬金十万元”“拾到归还者，失主愿以五千元重谢”或者“评为一等奖作品者，获得奖金一万元”等。支付报酬有明确约定的，依照其约定。无约定或约定不明的，我国法上并无明确规定，具体数额需待法官自由裁量。总的说来，应以利益衡量为准则，按照公平原则和诚实信用原则合理确定报酬的数额。

（二）数人完成悬赏行为时的报酬请求权

数人完成悬赏行为的情形大致可以分为以下三种类型：一是数人先后分别完成指定行为；二是数人同时分别完成指定行为；三是数人共同完成指定行为。在这些情形下，若悬赏广告中有明确约定，则从其约定，若无相关约定，则视具体情形而定。我国台湾地区规定，数人先后分别完成前项行为时，由最先完成该行为之人，取得报酬请求权；数人共同或同时分别完成行为时，由行为人共同取得报酬请求权。该条规定值得我们在司法实践中借鉴。

举证责任

悬赏广告案件适用一般的证明责任，即“谁主张，谁举证”。完成特定行为的人主张支付报酬的，应证明下列事实：（1）悬赏人发布了悬赏广告，声明对完成特定行为的人支付报酬。（2）行为人完成了该悬赏广告要求的特定行为，并将行为的结果交给了广告人。如果悬赏人撤回了悬赏广告，行为人还须证明自己不知情，并因悬赏广告被撤回而遭受损失。悬赏人如要否认悬赏广告的效力，则要证明下列理由：（1）行为人不能完成特定行为或者完成的行为不符合要求。（2）悬赏广告已在特定行为完成前被撤回，并予以公告，行为人知道或应当知道，或者没有造成行为人的损害。

其他问题

现实生活中悬赏广告很普遍，也比较复杂，而我国关于悬赏广告的法律规定只有本条。这是明显不够的。正如韩世远教授所言，“仅以一个条文规定行为人的报酬请求权太过简单。从比较法来看，《德国民法典》有6个条文（第657—661a条）；《日本民法典》有4个条文（第529—532条），考虑日本民法2017年新修正的第529条增加了两款，其体量也相当于有6个条文了。就相关内容而言，悬赏广告的撤回等问题，也需要规定。既然规定，就应好好地设计，至少将现在可以看到的比较法上成熟的规则吸收进来”。[①]因此，对于悬赏广告诸多问题尚需要司法实践灵活解释、适用本条。

一、悬赏广告的撤回

悬赏广告作为要约，适用要约的撤回规则。因为一旦现实情况发生变更，悬赏人可能不再需要特定行为的完成，且行为人尚未完成指定行为时，仍然让广告人承受悬赏广告意思之拘束，对其要求过严，显失公正。所以，行为人完成特定行为之前，悬赏人均可撤回悬赏广告。悬赏广告一经撤回即失去效力，其后纵使有指定行为之完成，广告人亦无给付报酬之义务，行为人不知悬赏广告撤回，亦同。悬赏广告的撤回方式应当采用与悬赏广告相同或者优于悬赏广告的方式，才能产生撤回的效力。[②]如果悬赏广告载明有完成特定行为的期间，则推定悬赏人抛弃其撤回权，悬赏广告不得撤回。但悬赏广告不适用撤销，因为特定行为完成之时，悬赏广告即发生效力，无从撤销。

悬赏人撤回悬赏广告，可能会造成信赖行为人的损害，因为行为人可能并不知道悬赏广告被撤回而仍然着手完成特定行为。为保护信赖行为人，实践中可借鉴我国台湾地区的规定，预定报酬之广告，如于行为完成前撤回时，

---

① 韩世远：《民法典合同编一般规定与合同订立的立法问题》，载《法学杂志》2019年第3期。

② 参见王泽鉴：《债法原理》（第一册），北京大学出版社2009年版，第207页。

除广告人证明行为人不能完成其行为外，对于行为人因广告善意所受之损害，应当负赔偿之责。但以不超过报酬额为限。

二、优等悬赏广告[①]

现实生活中普遍存在公开声明征文比赛、科技评优而获奖或支付报酬的事情，这即是优等悬赏广告。我国台湾地区相关规定，以广告声明对完成一定行为，于一定期间内为通知，而经评定为优等之人给予报酬者，为优等悬赏广告。

优等悬赏广告仍属于要约，优等悬赏广告合同的成立及报酬请求权具有下列特征：

1. 特定行为的完成及通知，须设一定期间。在此期间，悬赏人不得撤回广告。

2. 行为人应依广告所定的方法作出应征通知，并须在应征期间内到达广告人。

3. 须就应征者完成的行为结果进行评定。评定是承诺，评定完成时合同成立，优等悬赏广告发生效力，行为人可请求支付报酬。

本法没有规定优等悬赏广告，在司法实践中，上述规定可予以借鉴。

第五百条【缔约责任】

当事人在订立合同过程中有下列情形之一，造成对方损失的，应当承担赔偿责任：

（一）假借订立合同，恶意进行磋商；

（二）故意隐瞒与订立合同有关的重要事实或者提供虚假情况；

（三）有其他违背诚信原则的行为。

历史由来

本条源于《合同法》第42条规定，略作文字修改。缔约过失责任是由

① 参见王泽鉴：《债法原理》（第一册），北京大学出版社2009年版，第208页。

19世纪德国伟大法学家耶林所创立，被赞誉为“法学上的发现”。[①]耶林于1861年发表了《缔约上过失、契约无效或未完成时的损害赔偿》一文，提出：“从事契约缔结之人，是从契约外的消极义务范畴，进入了契约上的积极义务范畴；其因此而承担的首要义务，系于缔约时须善尽必要的注意。法律所保护的，并非仅是一个业已存在的契约关系，正在发展中契约关系亦应包括在内；否则契约交易将暴露于外，不受保护，使缔约一方当事人成为他方疏忽或不注意的牺牲品。……当事人因自己过失致契约不成立或无效者，对信其契约为有效成立的相对人应赔偿因此项信赖所生之损害。”[②]耶林提出的缔约过失理论对德国民法的理论与实践均产生了巨大影响，1896年颁布的《德国民法典》规定了意思表示因错误被撤销的损害赔偿（第122条）、无权代理人责任（第179条）、给付自始客观不能（第307条）、违法合同的赔偿（第309条）等缔约过失责任的具体类型。[③]《德国民法典》的立法者有意将缔约过失责任的一般规定交由学说判例发展。德国法学家拉伦茨指出：“缔约上过失责任，与其说是建立在民法现行规定之上，毋宁认为系判例学说为促进法律进步，所创造之制度，经长久反复之适用，已为一般法律意识所接受，具有习惯法之效力。”[④]1911年12月7日德国帝国法院判决的“地毯案”是第一个具有创设性的判决，该案中百货商场的职员在取出顾客欲买的地毯时，将其他两轴软木地毯推置一旁，不慎使该顾客及其幼儿被撞伤。[⑤]之后，一名未成年女孩和自己的母亲去商场，因踩在商场地板上的蔬菜叶而滑倒（“蔬菜叶案”），一位汽车购买者在试车时使待售的汽车发生毁损。在所有这些案件中，受害人均依特别结合关系而被判有损害赔偿请求权。法院没有适用《德国民法典》第823条侵权责任规范而适用第278条债务人对履行辅助人担

---

① 参见王泽鉴：《法学上之发现》，载王泽鉴：《民法学说与判例研究》（第四册），中国政法大学出版社1998年版，第9页。

② 参见王泽鉴：《债法原理》（第一册），北京大学出版社2009年版，第181页。

③ 2002年《德国债法现代化法》生效后《德国民法典》第307条、第309条废止。

④ 参见Larenz, Schuldrecht, Ⅰ, S.92，转引自王泽鉴：《缔约上之过失》，载王泽鉴：《民法学说与判例研究》（第一册），中国政法大学出版社1998年版，第92页。

⑤ 参见王泽鉴：《缔约上之过失》，载《民法学说与判例研究》（第一册），中国政法大学出版社1998年版，第91页。

责规则。这是因为适用侵权责任规范，雇佣人可以依据第831条规定以自己在选任雇员时已尽到必要的注意义务而免责，而依据第278条债务人（雇佣人）不能免责。在“蔬菜叶案”中，侵权行为的请求权已经罹于时效，而基于缔约过失的请求权尚未因时效而消灭。质言之，在这些情况下，缔约过失都是被用来调和被认为是不公平的侵权行为法的严苛之处。[①]在司法实践中，缔约过失责任为了弥补德国侵权法的不足而呈现勃勃生机。100多年来，德国民法的判例学说已促使缔约过失责任发展成为一项庞大复杂、适用范围广泛的制度。[②]最终，随着2002年1月1日《德国债法现代化法》的颁行，《德国民法典》第311条第2款、第3款确立了缔约过失责任的一般规定。[③]

缔约过失理论对大陆法系许多国家的立法和司法实践都产生了深远影响。瑞士、希腊、意大利、葡萄牙等国均继受了缔约过失理论，并在其民法典中予以规定。1907年《瑞士民法典》第五编债务法第26条第1款规定：“错误订约人以错误为理由撤销契约，而其对错误有过失者，应赔偿相对人因契约无效所受之损害，但其错误，为相对人所知或可得而知者，不在此限。”1940年《希腊民法典》第197条规定：“于为缔结契约而进行磋商之际。当事人相互负有应遵循诚实信用及交易惯例所要求行为之义务。”第198条规定：“为缔结契约而进行磋商之际，因过失致相对人遭受损害者，应负损害赔偿责任；纵契约未能成立，亦然。关于此项请求权之消灭时效，准用基于侵权行为请求权消灭时效之规定。”[④]1942年《意大利民法典》第1337条规定：“在谈判和缔结

---

① 参见［德］迪特尔·梅迪库斯：《德国债法总论》，杜景林、卢谌译，法律出版社2004年版，第96—97页。

② 参见王泽鉴：《债法原理》（第一册），北京大学出版社2009年版，第181页。

③ 《德国民法典》第311条第2款规定：“以第241条第2款所规定的义务为内容的债务关系，也因下列情形之一而发生：1.合同磋商的开始；2.合同的准备，而在准备合同时，鉴于可能的法律行为上的关系，一方将影响自己的权利、法益和利益的可能性给予另一方，或将自己的权利、法益和利益托付给另一方；或类似的交易上的接触。”第3款规定：“以第241条第2款所规定的义务为内容的债务关系，也可以对自己不应成为合同当事人的人发生。该第三人特别地要求对自己的信赖，且因此而大大影响合同磋商或合同订立的，尤其发生此种债务关系。”《德国民法典》第241条第2款规定：“债务关系可以依其内容使任何一方负有顾及另一方的权利、法益和利益的义务。”

④ 参见王泽鉴：《债法原理》（第一册），北京大学出版社2009年版，第185页。

契约的过程中，双方当事人应当根据诚信原则进行之。”第1338条规定：“知道或者应当知道契约无效原因存在的一方没有将其通知另一方，则该方要为此就对方在契约有效期内基于信赖、没有过错而遭受的损失承担赔偿责任。”第1398条规定：“无权代理或者超越代理权限缔结契约的人，要对缔约第三人因相信契约效力而没有过错所遭受的损失承担责任。”1966年《葡萄牙民法典》第227条规定：“一方当事人为订立合同而与他人磋商时，应在合同之准备及形成阶段内按善意规则行事，否则须对因其过错而使他方遭受之损害负责。”我国台湾地区规定，契约未成立时，当事人为准备或商议订立契约而有下列情形之一者，对于非因过失而信契约能成立致受损害之他方当事人，负赔偿责任：①就订约有重要关系之事项，对他方之询问，恶意隐匿或为不实之说明者。②知悉或持有他方之秘密，经他方明示应予保密，而因故意或重大过失泄露之者。③其他显然违反诚实及信用方法者。前项损害赔偿请求权，因二年间不行使而消灭。[①]2016年10月修订后的《法国民法典》第1112条至第1112-2条确立了缔约上过失责任。[②]

我国民法早在1986年公布的《民法通则》第61条第1款就继受了缔约过失责任思想。该款规定：“民事行为被确认为无效或被撤销后，当事人因该行为取得的财产，应当返还给受损失的一方。有过错的一方应当赔偿对方因此所受的损失，双方都有过错的，应当各自承担相应的责任。”1999年颁行的《合同法》第42条确立了缔约过失责任的一般规定。该条规定：“当事人在订立合同过程中有下列情形之一，给对方造成损失的，应当承担损害赔偿责任：（一）假借订立合同，恶意进行磋商；（二）故意隐瞒与订立合同有关的重要事实或者提供虚假情况；（三）有其他违背诚实信用原则的行为。”第58条规定：“合同无效或者被撤销后，因该合同取得的财产，应当予以返还；不能返还或者没有必要返还的，应当折价补偿。有过错的一方应当赔偿对方因此所受到的损失，双方都有过错的，应当各自承担相应的责任。”2017年颁行的《民法总则》第157条规定：“民事法律行为无效、被撤销或者确定不发生效力后，行为人因该行为取得的财产，应当予以返还；不能返还或者没有必要返

① 参见王泽鉴：《债法原理》（第一册），北京大学出版社2009年版，第184页。

② 参见朱广新：《合同法总则研究》，中国人民大学出版社2018年版，第202页。

还的，应当折价补偿。有过错的一方应当赔偿对方由此所受到的损失；各方都有过错的，应当各自承担相应的责任。法律另有规定的，依照其规定。”该条即为本法第157条。

在民法典编纂过程中，本条没有争议。《民法典合同编（草案）》（征求意见稿）、《民法典合同编（草案）》（一审稿）、《民法典合同编（草案）》（二审稿）均承袭《合同法》第42条的规定，条文内容未作改变。《民法典（草案）》作了文字修订，将“给对方造成损失的”改为“造成对方损失的”，并将“损害赔偿责任”简化表达为“赔偿责任”，最终形成本条规定。

规范目的或功能

当事人在订立合同时应遵循诚信原则，积极履行告知、说明、协助、保护等义务，以促使合同成立。诚然，当事人享有缔约自由，对没有达成的协议不承担责任，这是合同自由原则的体现，也是市场竞争的基础。但是，缔约自由应当符合诚信原则，缔约一方因违反诚信原则的过错行为造成另一方信赖利益损失的，应当承担赔偿责任，否则，交易安全和市场信赖就无法得到保障。

协调缔约自由与信赖保护之间的矛盾，寻求两者之间的平衡是本条的立法目的。缔约过失责任并非限制合同自由，而是通过要求当事人诚信缔约，保护信赖相对人，从而保障缔约自由，保护交易安全，维护自由的竞争秩序。

规范内容

一、缔约过失责任的概念

缔约过失责任并非普适性概念。英美法系未采用缔约过失责任概念。2016年10月之前的法国民法亦未接受缔约过失理论，对于合同不成立、无效时当事人所应承担的赔偿责任作为侵权责任适用《法国民法典》第1382条规定的过错责任原则。[①]未采用缔约过失责任的国家，概念上与缔约过失责任并

① 参见尹田：《法国现代合同法》，法律出版社1995年版，第238页。

称或互用的，尚有先契约责任或称前合同责任（precontractual liability）。[①]前合同责任是一个被世界各国普遍接受的法律概念。其内涵包括了缔约上的一切损害赔偿责任。[②]有学者主张应以缔约责任涵盖缔约过失责任概念，从而清晰区分缔约过失责任和无过失的信赖责任。[③]

二、缔约过失责任的归责原则

缔约过失责任随着时代变迁而不断发展。缔约过失责任的类型纷繁复杂，其是否具有统一的规范基础，20世纪以来法律界争议激烈。耶林时期，缔约过失责任仅指当事人因故意或过失致使合同不成立、未生效或无效时应承担的赔偿责任。但《德国民法典》规定的缔约过失责任类型却包含了无过错的赔偿责任情形（第122条、第179条）。王泽鉴先生认为，“学说判例所以创设此种不具诉请履行性之给付义务，其目的乃在保护相对人之信赖利益。依此观点，缔约上过失制度结合了过失责任原则与信赖责任原则二种思想”。[④]而法学家拉伦茨先生指出，《德国民法典》第122条规定的意思表示因错误被撤销的损害赔偿不以撤销人的过错为条件，并不属于缔约过错情形，它是一种纯粹的信赖责任或表现责任。[⑤]

由于我国尚未确立意思表示因错误而被撤销[⑥]的信赖损害赔偿制度，因此，通说认为，缔约过失责任是指当事人因故意或过失致使合同不成立、无效或被撤销而应承担的赔偿责任。[⑦]但学界对缔约过失责任的概念范畴、归责原则却认识不一。韩世远认为，“我们在理解缔约上过失责任时，便不应再固

---

① 参见王泽鉴：《债法原理》（第一册），北京大学出版社2009年版，第181页。

② 参见朱广新：《合同法总则研究》，中国人民大学出版社2018年版，第203页。

③ 参见朱广新：《合同法总则研究》，中国人民大学出版社2018年版，第198—219页。

④ 参见王泽鉴：《德国法上损害赔偿之归责原则》，载王泽鉴：《民法学说与判例研究》（第五册），中国政法大学出版社1998年版，第273—274页。

⑤ 参见［德］卡尔·拉伦茨：《德国民法通论》，王晓晔等译，法律出版社2013年版，第527页。

⑥ 我国民法没有使用意思表示错误概念而代之以重大误解概念。我国《合同法》、《民法总则》以及《民法典》均未确立合同因重大误解被撤销，撤销人无过错的信赖损害赔偿责任。

⑦ 参见王利明：《合同法研究》（第一卷）（第三版），中国人民大学出版社2015年版，第335页。

守'无过错便无缔约上过失责任'之立场，承认个别场合可有无过错之'缔约上过失'责任的存在"。[①]而朱广新认为，"对于缔约过程中发生的损害赔偿责任，应以前合同责任或缔约责任为统帅，以缔约上故意或过失责任与缔约上信赖责任为基干，进行新的体系构造"。[②]笔者认为，区分缔约过失责任与信赖责任是非常可取的缔约责任体系构建，具有科学性。

三、责任性质

（一）独立责任说

目前，德国通说认为，缔约过失责任为独立责任，其在实体法上的基础系《德国民法典》第242条所规定的诚信原则。基于此原则，从事缔约磋商之人应善尽交易上必要的注意，维护相对人的利益，于违反时，应就所造成的损害负赔偿责任。[③]我国学者主流观点认为，缔约过失责任是一种与合同责任、侵权责任并列的独立责任形式。它是一种法律直接规定的债，一种独立的债的发生根据，它与合同、侵权行为、无因管理、不当得利共同构成债的体系。缔约过失责任的目的在于为信赖利益损失提供救济途径。"信赖利益既不能为侵权法保障的利益所包括，也不能完全受到合同法的保障。在缔约阶段所发生的信赖利益的损失，必须通过独立的信赖利益的赔偿请求权而予以保护，此种请求权应为法律特别规定的请求权。"[④]缔约受害方可以直接依据缔约过失责任请求过错方承担赔偿责任。还有学者认为，侵权法整体上对于受害人保护要弱于合同法对债权人的保护。合同法还有促进交易安全的使命，将缔约过失责任定位在合同法上责任，更符合其制度目的。[⑤]

缔约过失责任与违约责任的区别比较明显，主要表现为：（1）违约责任以合同有效为前提，而缔约过失责任多发生在合同不成立、无效、被撤销情

① 参见韩世远：《合同法总论》（第四版），法律出版社2018年版，第170页。

② 参见朱广新：《合同法总则研究》，中国人民大学出版社2018年版，第206页。

③ 参见王泽鉴：《缔约上之过失》，载王泽鉴：《民法学说与判例研究》（第五册），中国政法大学出版社1998年版，第92页。

④ 参见王利明：《合同法研究》（第一卷）（第三版），中国人民大学出版社2015年版，第346页。

⑤ 参见王洪亮：《债法总论》，北京大学出版社2016年版，第69页。

形。（2）违约责任的责任方式包括继续履行、损害赔偿、违约金等多种方式，而缔约过失责任只是损害赔偿。（3）违约责任以履行利益为赔偿范围，而缔约过失责任赔偿的是信赖利益损失。（4）违约责任实行严格责任，以无过错责任为原则，而缔约过失责任是过错责任。[①]

缔约过失责任的独立性是与侵权责任相分离而确立。我国通说认为，缔约过失责任与侵权责任存在如下区别：（1）责任产生的前提条件不同。缔约过失责任以当事人存在特别结合关系为前提，即当事人以为订立合同而接触、磋商并产生合理信赖为基础，而侵权责任的产生不需要这个前提。（2）违反的义务性质不同。缔约过失责任行为人违反的是依诚信原则产生的前合同义务，而侵权责任违反的是不得侵害他人财产和人身的一般义务。前合同义务的注意义务程度比侵权责任的注意义务程度高。（3）归责原则不同。缔约过失责任适用过错归责原则，而侵权责任还存在大量无过错责任情形。（4）赔偿范围不同。缔约过失责任的赔偿范围通常是信赖利益，而侵权责任的赔偿范围是固有利益或完全性利益。[②]（5）责任功能上不同。缔约过失责任作为补充性民事责任，在不能适用侵权责任与违约责任时发挥作用，具有独立存在的价值。[③]

（二）侵权责任说

缔约过失责任与侵权责任关系紧密。“缔约上过失之所以能在德国生长为一种独立的理论，重要原因在于，德国侵权法的规范缺陷。”[④]这表现为：其一，德国侵权法对缔约过失造成的信赖利益损失缺乏保护。《德国民法典》第823条、第826条把侵权行为划分为三种类型：“对绝对权的侵犯”、“违反保护性法规”和“违背善良风俗”。这种封闭的类型化立法技术对缔约过失造成的信赖利益损失或纯粹经济利益损失无法提供救济途径。其二，雇主责

---

① 参见王利明：《合同法研究》（第一卷）（第三版），中国人民大学出版社2015年版，第360页。

② 参见王利明：《合同法研究》（第一卷）（第三版），中国人民大学出版社2015年版，第366页；韩世远：《合同法总论》（第四版），法律出版社2018年版，第171页。

③ 参见王利明：《合同法研究》（第一卷）（第三版），中国人民大学出版社2015年版，第364页。

④ 参见朱广新：《合同法总则研究》，中国人民大学出版社2018年版，第201页。

任的局限。依据《德国民法典》第831条的规定，雇主可以通过证明其在选任、监督雇员上已尽到必要之注意义务而免责。这对缔约中的受害人保护不力。而依据《德国民法典》第278条关于债务履行辅助人的规定，雇主须承担无过错责任。其三，诉讼时效上的区别对待。德国民法规定侵权请求权的诉讼时效只有3年，远远短于30年的普通诉讼时效期间。正如王泽鉴先生所言："盖德国民法第823条所保护的，系生命、身体、健康、自由，所有权及其他权利，财产本身并不与焉。纵认为缔约上过失符合侵权行为的要件，则因有雇佣人免责的规定、时效、举证责任等问题，对被害人利益的保护，尚不免疏漏，未臻周密。"①

我国有一些学者反对缔约过失责任的独立性，认为缔约过失责任属于侵权责任。②理由为：（1）德国缔约过失责任独立性的依据在我国侵权法模式下不能成立。我国侵权责任的一般条款并未采用德国模式，不存在类似德国侵权法的缺陷。无论是《民法通则》第106条第2款还是《侵权责任法》第2条、第6条均采取类似法国式的概括、抽象模式。③《民法典》沿袭这种模式，第1165条第1款规定："行为人因过错侵害他人民事权益造成损害的，应当承担侵权责任。"缔约过失责任完全符合侵权责任的一般构成要件，其性质属于侵权责任，是一种特殊的侵权责任形式。此外，我国民法对雇主责任采用无过错责任，雇佣人并不享有德国民法中的免责事由。我国关于侵权责任与违约责任的诉讼时效期间均实行为3年。显然，缔约过失责任独立性的依据在我国是不存在的。④（2）依侵权法的法理处理合同不成立或无效时的损害赔偿，可顺畅地得出应分别采纳不同归责原则的结论，从而能够避免无谓的争议以及

---

① 参见王泽鉴：《缔约上之过失》，载王泽鉴：《民法学说与判例研究》（第一册），中国政法大学出版社1998年版，第90页。

② 参见李中原：《缔约过失责任之独立性质疑》，载《法学》2008年第7期；冉克平：《缔约过失责任性质新论》，载《河北法学》2010年第1期；张金海：《耶林式缔约过失责任的再定位》，载《政治与法律》2010年第6期；于飞：《我国〈合同法〉上缔约过失责任性质的再认识》，载《中国政法大学学报》2014年第5期。

③ 《侵权责任法》第6条第1款规定："行为人因过错侵害他人民事权益，应当承担侵权责任。"

④ 参见李中原：《缔约过失责任之独立性质疑》，载《法学》2008年第7期。

与之相伴生的责任竞合及赔偿范围等问题。[①]（3）侵权法中也有较高的注意义务，如安全保障义务；也包含特别结合关系，如医疗损害赔偿责任。侵权责任也可以保护纯粹经济损失。[②]（4）将缔约过失责任作为侵权责任的一种类型是国际上更为普遍的做法。法国法系、英美法系国家没有确立缔约过失责任。它们均适用侵权责任解决缔约中损害赔偿问题。[③]

（三）评　论

缔约过失责任的性质是属于侵权责任抑或作为独立责任应从责任基础和责任功能上来认识。我们认为，将缔约过失责任作为一种独立责任更为可取。

首先，从责任基础来看，缔约过失责任源于一方当事人对另一方在缔约中形成的合理信赖的侵害，其后果不仅造成另一方的信赖利益损失，也破坏了交易安全。这种违背诚信原则的行为与侵权行为不同，后者是侵权人违反法定的作为或不作为义务，侵害他人人身或财产等民事权益的行为。侵权责任产生的基础与缔约中诚信原则以及信赖利益保护没有必然联系。

其次，侵权法难以保护缔约中当事人信赖利益损失。尽管我国侵权法保护的客体非常宽泛，但并不包括债权，因而侵权法也难以周全保护纯粹经济损失。基于此，学者谢鸿飞认为，“因缔约过失导致合同不成立、被撤销或无效时，中国侵权法也难以保护受害人的纯粹经济损失。否则，所有合同债权都可受侵权法保护，违约责任必然失去意义”。[④]而且，当下缔约过失责任更关注的是对订立合同过程中一方当事人恶意磋商、欺诈缔约等违反诚信原则行为所造成的纯粹经济损失的救济，而不是对侵权人的责难和惩罚。缔约过失责任作为独立责任更有利于实现这一立法目的。

最后，从责任功能上看，缔约过失责任的独立性顺应了当代市场经济发展的要求。自20世纪后期以来的信息时代，社会环境发生了巨大变化，商业活动、经济交往更加复杂多变。缔约过失责任通过强加缔约中有过错的一方

---

① 参见张金海：《耶林式缔约过失责任的再定位》，载《政治与法律》2010年第6期。

② 参见于飞：《我国〈合同法〉上缔约过失责任性质的再认识》，载《中国政法大学学报》2014年第5期。

③ 参见李中原：《缔约过失责任之独立性质疑》，载《法学》2008年第7期。

④ 参见谢鸿飞：《合同法学的新发展》，中国社会科学出版社2014年版，第176页。

当事人的赔偿责任，可以促使合同尽量成立、生效，从而促进市场交易、促进商业活动和经济发展。正如学者朱广新所言，缔约过失责任“破除了要么为违约责任要么为侵权责任的二元民事责任思维定式，为现代民法如何应对快速发展的商业需要开拓了一条崭新的道路”。①

四、缔约过失责任类型

德国民法将缔约过失责任分为身体及所有权损害型、财产损害型、第三人的责任型，其中财产损害型又分为合同不生效与合同生效两种类型。②自20世纪以来，保护消费者和劳动者等弱势群体成为人们的共识和法律的价值取向。这促使司法实务上对违反保护义务致使相对人的人身或所有权损害案件采取严格的认定标准，雇佣人举证免责成功的案例，甚属罕见。且此类案例与缔约准备或磋商并无直接关系，现行法实际上足以保护被害人，应不属于缔约过失责任范畴。③况且，我国原《侵权责任法》已明确雇佣人责任适用无过错责任原则和违反安全保障义务的侵权责任。《民法典》沿袭之。毋庸置疑，在我国，这类案例已脱离缔约过失责任范畴而由侵权责任规范。至于缔约中第三人的责任，我国民法尚未予以规定，不作讨论。我国缔约过失责任主要包括合同不成立、合同无效或被撤销、合同未生效和合同有效等类型。

（一）合同不成立型

合同不成立是指当事人订立合同的意思表示未达成一致，缔约的要约承诺过程未完成。这一类型包括：（1）要约人擅自撤销不可撤销的要约；（2）假借订立合同，恶意进行磋商致合同不成立；（3）恶意中断磋商；（4）无权代理合同被代理人不予以追认的；（5）保管合同中寄存人恶意不交付保管物等。

（二）合同无效或被撤销型

合同无效或被撤销型是耶林提出的最初的缔约过失责任类型。此类型具

---

① 参见朱广新：《合同法总则研究》，中国人民大学出版社2018年版，第199页。

② 参见［德］迪特尔·梅迪库斯：《德国债法总论》，杜景林、卢谌译，法律出版社2004年版，第96—106页。

③ 参见王泽鉴：《债法原理》（第一册），北京大学出版社2009年版，第193页。

有代表性，并为继受缔约过失责任的国家所认可。我国《民法典》关于合同无效或被撤销的后果适用第157条的规定，依据该条规定，合同无效或者被撤销后，有过错的一方应当赔偿对方因此所受到的损失，双方都有过错的，应当各自承担相应的责任。(《合同法》第58条)

具体来讲，这种类型包括下列情形：(1)欺诈缔约；(2)胁迫缔约；(3)订立显失公平合同一方有过错的；(4)恶意串通订立的合同；(5)无权代理订立的合同未被追认的；(6)订立其他无效、被撤销的合同，一方有过错的。

(三)合同未生效型

这是指合同已经成立，但尚未生效，一方当事人违背诚信不使合同生效造成对方损失的情形。

这种类型包括但不限于下列情形：(1)附生效条件的合同，一方恶意不成就合同生效；(2)依法须经批准或登记才能生效的合同成立后，一方未按规定或约定办理批准或登记手续致使合同未生效造成对方损失。(《合同法解释(二)》第8条、本法第502条)

(四)合同有效型

20世纪初期德国学者莱昂哈德提出合同有效场合的缔约过失责任，并被法院判决采纳，成为德国通说。[①]我国也有学者明确认可合同有效型的缔约过失责任。如韩世远指出，在现代社会生活中大量存在的，是合同有效型的缔约上过失问题。[②]朱广新认为，《合同法》第42条规定的缔约损害赔偿责任，应理解为主要指合同确定有效下的缔约责任。例如，对于受欺诈、受胁迫订立的合同或显失公平的合同，受害人可以放弃撤销权而仅要求对方承担损害赔偿责任。[③]

---

① 参见韩世远：《合同法总论》(第四版)，法律出版社2018年版，第166页。

② 参见韩世远：《合同法总论》(第四版)，法律出版社2018年版，第166页。

③ 参见朱广新：《合同法总则研究》，中国人民大学出版社2018年版，第216页。

五、构成要件

（一）须有违背诚信原则的缔约行为

当事人在订立合同过程中应秉持诚信进行接触、磋商，尽力促使合同成立，因为合同缔结阶段当事人已从普通的社会交往关系转变为“类似的契约关系”，[①]双方均应依诚信原则负有协助义务、告知义务、照顾义务、保护义务、保密义务等前合同义务（先契约义务）。前合同义务是市场交易道德规范转化的法律规范。它以诚信原则为依托，诚信原则又通过前合同义务及其他附随义务而具体化。[②]有学者认为，“应当依据诚信原则产生的附随义务来构建缔约过失责任体系”。[③]因此，违反诚信原则是判断缔约过失责任成立的依据，只有违背诚信原则的缔约行为才会产生缔约过失责任。

违背诚信原则的缔约行为表现为：

1.假借订立合同，恶意进行磋商

依缔约自由原则，在订立合同过程中当事人都有权在达成协议之前中断磋商而无需承担责任，除非其出于恶意磋商。我国《合同法》借鉴《通则》的规定[④]确立了恶意磋商适用缔约过失责任情形。《民法典》承袭《合同法》的规定。所谓恶意磋商，是指在一方当事人根本无意与对方达成合同的前提下，从事磋商或者继续磋商。它表现为两种情形：一是自始即无缔约的真实意思，二是嗣后无缔约目的仍继续进行磋商。假借订立合同，是指一方当事人将与对方磋商只是作为借口，实际上并无缔约目的。行为人的目的通常是阻止缔约对方与第三人达成协议、诱使第三方与自己缔约、获取对方的商业秘密、拖垮竞争对手等。至于行为人是否以损害对方为目的，本条并未要求。

---

① 参见王利明：《合同法研究》（第一卷）（第三版），中国人民大学出版社2015年版，第339页。

② 参见韩世远：《合同法总论》（第四版），法律出版社2018年版，第174页。

③ 参见王利明：《合同法研究》（第一卷）（第三版），中国人民大学出版社2015年版，第342页。

④ 《国际商事合同通则》第2.1.5条规定：“（1）当事人可自由进行谈判，并对未达成协议不承担责任。（2）但是，如果一方当事人以恶意进行谈判，或恶意中断谈判，则该方当事人就对因此给另一方当事人所造成的损失承担责任。（3）恶意，……”

恶意磋商行为严重违背诚信原则，极大破坏交易秩序，若造成缔约对方损害理应承担缔约过失责任。

2.故意隐瞒与订立合同有关的重要事实或者提供虚假情况

这种行为又称为欺诈缔约。所谓欺诈，是指一方当事人故意提供虚假情况或者故意隐瞒重要事实，诱使对方当事人作出错误意思表示的行为。欺诈分为两种类型：一是明示性欺诈，即当事人故意提供虚假情况，如将赝品说成真迹、销售假酒假药等；二是沉默性欺诈，即行为人负有告知义务却故意隐瞒与法律行为有关的重要事实的行为。沉默性欺诈以行为人负有告知义务为前提，若无告知义务，则行为人即使隐瞒重要事实以牟私利也不构成欺诈。我国通说认为，行为人对于法律上、契约上、交易习惯上或依诚信原则负有告知义务而沉默的，则构成欺诈。①

缔约过程中，当事人原则上并不负有告知义务，因为当事人都是追求自身利益的理性人，既然自己决定缔约，则理应由自己承担缔约的后果。况且，信息的取得往往需要投入成本，各当事人应自行取得必要信息，不能仰赖他人提供。缔约中的磋商应容许当事人有所保留，不能尽现底牌、完全透明。②然而，现代社会阶层差异悬殊，缔约主体“信息不对称”现象普遍存在，不同民事主体的缔约能力也往往显著不同，基于公平原则，在一定条件下，一方当事人就缔约的重要事项应告知对方。基于此，缔约中的告知义务被现代世界各国所认可。

告知义务产生于下列方面：（1）源于法律的规定，如我国《消费者权益保护法》第18条、第19条、第20条、第21条规定了经营者对消费者的相关告知义务；《旅游法》第62条规定了旅行社对旅游者的告知义务；《劳动合同法》第8条规定了用人单位对劳动者的告知义务；《保险法》第16条、第17条分别规定了投保人、保险人的告知、说明义务；《民法典》第662条规定了赠与人的告知义务，第825条规定了托运人对承运人的告知义务，第898条规定了寄存人的告知义务等。（2）产生于交易习惯或当事人的约定或一方当事人的询问，如在“张某诉北京某汽车服务有限公司买卖合同纠纷案”中，

---

① 参见史尚宽：《民法总论》，中国政法大学出版社2000年版，第424页。

② 参见王泽鉴：《债法原理》（第一册），北京大学出版社2009年版，第190页。

法院认定卖方出售的经过“维修”的车不是合同约定的“新车”。[①]在“余某与重庆某汽车销售有限公司买卖合同纠纷案”中，法院认为，被告故意隐瞒涉案车辆属于缺陷汽车召回车辆的信息构成了欺诈。[②]（3）依据诚信原则的要求，如出售“凶宅”。

传统观点认为，欺诈须具备二层故意，一是欺诈人有意使相对人陷于错误的认识，二是欺诈人对于相对人因错误而为意思表示有认识。[③]欺诈导致相对人的意思表示不自由，至于欺诈人是否获利在所不问。我国民法强调欺诈的故意属性，不承认“过失欺诈”。但有学者提出，缔约过失与欺诈存在制度竞合，在行为人过失违反信息提供义务场合，缔约过失责任的认定实际上实现了过失欺诈。[④]我们认为，现代社会欺诈的故意要件逐渐弱化，若缔约的一方当事人应知某重要事项而不知，因而未告知相对人该事项，而相对人如果知晓该事项就不会订立该合同或相同条款的合同时，即属于过失欺诈，如“王某与天津某汽车服务有限公司买卖合同纠纷上诉案”，法院认为，被上诉人作为经营者，对车辆是否属于被召回的范围，应当进行审查核实，不能以其不知情而免责，其抗辩理由不能成立，故诉争车辆属于被召回车辆的事实系被上诉人应当知道的事实，亦是应当向上诉人告知的事实。[⑤]

本条与《民法典》第148条从两个方面规范欺诈行为，第148条规定受欺诈的民事法律行为效力为可撤销，而本条规定的是受欺诈的一方当事人可依缔约过失责任请求有过错的对方赔偿自己的损失。

3.故意泄露或者不正当使用商业秘密

本法第501条规定了当事人在缔约中泄露、不正当使用商业秘密或者信息

---

① 参见最高人民法院指导案例第17号，北京市第二中级人民法院（2008）二中民终字第00453号民事判决书。

② 参见重庆市第一中级人民法院（2016）渝01民终4441号民事判决书。

③ 参见史尚宽：《民法总论》，中国政法大学出版社2000年版，第424—425页；王泽鉴：《民法总则》，北京大学出版社2009年版，第368页；韩世远：《合同法总论》（第四版），法律出版社2018年版，第254页。

④ 参见刘勇：《缔约过失与欺诈的制度竞合》，载《法学研究》2015年第5期。

⑤ 参见天津市第二中级人民法院，（2014）二中民二终字第307号民事判决书。

造成对方损失的，应当承担赔偿责任。此为一种缔约过失责任，后文详述。

4.其他违背诚信原则的行为

除上述三种行为外，缔约中违反诚信原则的行为还包括：

（1）胁迫行为、显失公平行为。依据本法第150条、第151条的规定，缔约中一方以胁迫手段迫使对方订立合同，或者一方利用对方处于危困状态、缺乏判断能力，致使合同成立时显失公平的，对方可请求法院或仲裁机构撤销合同。胁迫行为、显失公平行为是严重违背诚信原则的行为，法律予以否定性评价。

（2）恶意串通行为。依据本法第154条的规定："行为人与相对人恶意串通，损害他人合法权益的民事法律行为无效。"如代理人与相对人恶意串通，损害被代理人合法权益的，被代理人可请求代理人和相对人承担连带赔偿责任。

（3）无权代理行为。行为人无权代理订立合同，属于违背诚信原则的行为，依据本法第171条的规定，无权代理行为，未经被代理人追认的，善意相对人有权就其受到的损害请求行为人赔偿。

（4）要约人擅自撤销不可撤销的要约。本法第476条规定了不可撤销的要约情形：一是要约人以确定承诺期限或者其他形式明示要约不可撤销；二是受要约人有理由认为要约是不可撤销的，并已经为履行合同作了合理准备工作。要约人发出了不可撤销的要约，嗣后擅自撤销的，显然违背诚信，自应承担赔偿责任。

（5）恶意中断磋商。《国际商事合同通则》规定了恶意中断磋商情形。而我国《合同法》和本法均未规定此种情形。有学者认为，违反诚信要求而中断磋商时将会发生损害赔偿责任，这属于缔约过失责任的一种类型。[①]当缔约磋商达到一定程度，相对人必定产生了合理信赖，缔约人明知或应知相对人为订立合同投入了精力和成本，此时缔约人突然中断磋商有违诚实信用，实属恶意中断磋商，缔约人应当承担缔约过失责任，赔偿相对人因其中断缔约造成的损失。

（6）未按规定或约定办理申请、登记的行为。根据《合同法解释（二）》

---

① 参见叶金强：《中断磋商的赔偿责任》，载《法学》2010年第3期。

第8条的规定，依照法律、行政法规的规定经批准或者登记才能生效的合同成立后，有义务办理申请批准或者申请登记等手续的一方当事人未按照法律规定或者合同约定办理申请批准或者未申请登记的，属于《合同法》第42条第3项规定的“其他违背诚实信用原则的行为”。

综上，诚信原则内涵丰富、涵摄广泛。缔约中违背诚信原则的行为不能穷尽列举，因而本项为兜底性规定，旨在授权法院在司法实践中自由裁量。

（二）须受有损失

缔约过程中发生的损失主要有两种情形：所受损失和所失利益。所受损失，是指受损失的相对人既有财产的减少，主要表现为因订立合同所支出的各种费用。包括：（1）缔约费用，包括通讯费用、去订约地或查看合同标的物所支出的费用。（2）准备履行所需费用，包括运输费用、受领对方给付所支出的费用、前期投入的成本，如策划费用、劳务费用等。（3）相对人因信赖合同成立、生效而支付的金钱或提供的财物。①

所失利益，主要是指相对人因对缔约方的信赖而丧失与第三人订立合同的机会之损害。②有学者认为，机会损失不应当包括在信赖利益的范围内，因为信赖利益是一种合理的能够确定的损失，而机会所形成的利益是很难确定的，且很难举证证明。如果允许基于缔约过失赔偿机会损失，则赔偿范围过大，不利于确定责任。③如果机会损失是确定存在的，理应予以赔偿。例如，一方当事人在缔约过程中收到第三方不可撤销的要约，但缔约磋商已达到相当成熟的阶段，基于对对方的合理信赖其拒绝了第三方的要约。如果对方实际上是恶意磋商，并无缔约的真实意图，嗣后，缔约失败。于此情形，受害人的机会损失即可请求恶意的对方予以赔偿。

---

① 参见王泽鉴：《信赖利益之损害赔偿》，载王泽鉴：《民法学说与判例研究》（第五册），中国政法大学出版社1998年版，第228—230页。

② 参见王泽鉴：《信赖利益之损害赔偿》，载王泽鉴：《民法学说与判例研究》（第五册），中国政法大学出版社1998年版，第231页。

③ 参见王利明：《合同法研究》（第一卷）（第三版），中国人民大学出版社2015年版，第367页。

（三）损失与违背诚信原则的缔约行为之间有因果关系

缔约过程中一方违反诚信原则的加害行为与相对人的信赖损失之间应当具有相当因果关系。[①]若当事人并无法律上的联系，无从表明双方之间具有缔约关系，则因一方的过失而致他方损害，不能适用缔约过失责任。例如，某人进入商场因地面光滑摔伤，或者因商场悬挂的物品掉下被砸伤，不能认为商场构成缔约过失，因为受害人进入商场并不意味着他已经和商场发生了缔约关系。[②]又如，甲以假乱真向乙出售珠宝，乙在磋商过程中钱包被偷。乙的损失与甲的欺诈缔约行为之间并无因果关系。

有学者认为，此处的因果关系应是直接因果关系，即缔约一方所受损失直接产生于缔约另一方的不当行为。因为缔约损失在认定上比较困难，一旦损失认定过于宽泛，缔约自由必然受到损害。[③]对此，我们认为值得商榷。缔约中的信赖损失原本就很难确定，实践中当事人为缔约所进行的投入往往缺乏有力证据证明，为抑制恶意缔约行为、保护当事人的信赖利益，以适用相当因果关系为宜。

（四）过　错

缔约过失虽名为过失，实为过错，包括故意和过失。称为缔约过失，除了约定俗成的原因外，还有“举轻以明重”的含义，即缔约过失应承担赔偿责任，则故意行为更要承担赔偿责任，而且，本条规定的缔约过错行为多为故意违反诚信义务的行为。

六、缔约过失责任的法律效果

（一）损害赔偿

缔约受害方请求对方赔偿其信赖利益损失是缔约过失责任的主要法律效

---

① 参见王泽鉴：《债法原理》（第一册），北京大学出版社2009年版，第193页。

② 参见王利明：《合同法研究》（第一卷）（第三版），中国人民大学出版社2015年版，第337页。

③ 参见朱广新：《合同法总则研究》，中国人民大学出版社2018年版，第219页。

果。通说认为，信赖利益赔偿以不超过履行利益为限，即在合同不成立、无效或者被撤销的情况下，有过错的一方所赔偿的信赖利益不应该超过合同有效或者合同成立时的履行利益。[①]王利明认为，“信赖利益不得超过履行利益乃是一项基本原则。例如，因一方的过错导致合同不能有效成立，另一方可以要求赔偿因信赖合同成立而支付的各种费用，而不能要求赔偿合同成立本应获得的利润”。[②]还有学者认为，有必要采取可预见性或者相当性作为缔约过失损害赔偿范围的限定方法。其主张信赖利益的赔偿，原则上不得超过当事人在订立合同时所应当预见的因合同不成立、无效或被撤销所可能造成的损失。[③]

对此，崔建远教授持否定态度，他认为，其一，在我国现行法对缔约过失责任的赔偿范围未加限定的背景下，信赖利益不得超过履行利益作为一项基本原则，根据尚不充分。其二，我国有些司法解释已经承认超过履行利益的赔偿。依据《商品房买卖合同解释》第9条的规定，出卖人订立商品房买卖合同时，具有法定情形导致合同无效或被撤销的，买受人可以请求返还已付购房款及利息、赔偿损失，并可以请求出卖人承担不超过已付购房款一倍的赔偿责任。其三，缔约过失责任所要赔偿的除了信赖利益还包括维持利益（固有利益）。如果缔约一方违反保护义务，侵害了缔约另一方的身体健康或所有权场合，加害人所应赔偿的，系受害人对其健康或所有权所受的一切损害，而此可能远远超过履行利益。[④]

笔者赞同通说，缔约过失造成的是纯粹经济利益损失，属于信赖利益损害，其赔偿范围应以履行利益为限。《商品房买卖合同解释》第9条的规定是为了抑制房价而做出的特殊规则，不足以否定信赖利益的赔偿限制。现代

① 参见王利明：《合同法研究》（第一卷）（第三版），中国人民大学出版社2015年版，第366页；韩世远：《合同法总论》（第四版），法律出版社2018年版，第186页；朱广新：《合同法总则研究》，中国人民大学出版社2018年版，第222页。

② 参见王利明：《合同法研究》（第一卷）（第三版），中国人民大学出版社2015年版，第366—367页。

③ 参见韩世远：《合同法总论》（第四版），法律出版社2018年版，第186页；张广兴：《债法总论》，法律出版社1997年版，第56页。

④ 参见崔建远：《合同法总论》（上卷）（第二版），中国人民大学出版社2011年版，第450—451页。

民法的发展，缔约一方造成另一方人身或财产损害赔偿逐渐脱离缔约过失责任范畴，受损害方应请求侵权损害赔偿而不应主张缔约过失赔偿责任。如前所述，信赖利益损失包括机会损失，信赖利益赔偿应包括此项赔偿，这在英美法系也会得到支持。富勒和帕杜认为，有时，信赖利益是由失去与他人缔结类似合同的机会所构成的。[①]在“美国马科夫诉ABC运送与仓储公司案”（Markov V. ABC Transfer & Storage Co.）中，法院将承租人失去继续为其主要客户提供服务的机会损失算入承租人的信赖利益损失。范斯沃斯指出，参与磋商的行为所默示的是，具有与相对人达成协议的认真的意愿。因此，如果一方当事人参与磋商却并非希望达成协议，那么，即使该当事人没有作出明确表示，马科夫案件的规则也可以普遍适用。[②]

（二）恢复原状

合同不成立、无效、被撤销时，依据本法第157条的规定，当事人因合同取得的财产，应当予以返还，不能返还或没有必要返还的，应当折价补偿。其目的是使当事人的利益恢复至没有发生缔约过失行为时的状态。

（三）解除合同

缔约过失一般不会导致合同解除，但在欺诈性缔约情形下，若受欺诈方在一年除斥期间未请求法院或仲裁机构撤销合同，且欺诈缔约行为导致合同目的不能实现，受欺诈方可主张解除合同。

我国相关法律亦规定了缔约过失导致合同解除的条款。如依据2015年修正的《保险法》第16条的规定，订立保险合同，保险人就保险标的或者被保险人的有关情况提出询问的，投保人应当如实告知。投保人故意或者因重大过失未履行如实告知义务，足以影响保险人决定是否同意承保或者提高保险费率的，保险人有权解除合同。

---

① 参见［美］L.L.富勒、［美］小威廉·R.帕杜：《合同损害赔偿中的信赖利益》，韩世远译，中国法制出版社2004年版，第43页。

② 参见［美］E.艾伦·范斯沃思：《美国合同法》，葛云松、丁春艳译，中国政法大学出版社2000年版，第200页。

（四）其他法律后果

依据《合同法解释（二）》第8条的规定，缔约一方违反办理申请批准或者登记等手续义务的，人民法院可以根据案件的具体情况和相对人的请求，判决相对人自己办理有关手续；对方当事人对由此产生的费用和给相对人造成的实际损失，应当承担赔偿责任。本法第502条承继了该规定。

在一方当事人故意隐瞒重要事实而订立不利合同的内容时，除适用欺诈或物之瑕疵担保责任规定外，德国判例学说认为，被害人得请求解除不利内容的合同，请求返还不合理的超额对待给付或请求提高报酬等救济方法。[①]

举证责任

缔约过失责任适用“谁主张，谁举证”的证明责任。诉讼中，缔约受害方应举证证明下列事项：（1）对方具有违反诚信原则的行为；（2）自己因此遭受的信赖利益损失；（3）对方具有过错。

第五百零一条【保密义务】

当事人在订立合同过程中知悉的商业秘密或者其他应当保密的信息，无论合同是否成立，不得泄露或者不正当地使用；泄露、不正当地使用该商业秘密或者信息，造成对方损失的，应当承担赔偿责任。

历史由来

本条是对《合同法》第43条的补充修改。《合同法》第43条规定：“当事人在订立合同过程中知悉的商业秘密，无论合同是否成立，不得泄露或者不正当地使用。泄露或者不正当地使用该商业秘密给对方造成损失的，应当承担损害赔偿责任。”在《民法典》编纂过程中，扩大保密义务的范围成为大家

---

① 参见王泽鉴：《债法原理》（第一册），北京大学出版社2009年版，第195页。

的共识。《民法典合同编（草案）》（征求意见稿）第43条规定增加了“其他未公开的信息”。《民法典合同编（草案）》（一审稿）改为“其他应当保密的信息”。《民法典合同编（草案）》（二审稿）对一审稿的规定未作改变。《民法典（草案）》则作出了把“损害赔偿责任”简化为“赔偿责任”的修改。而最终通过的《民法典》则将“泄露、不正当地使用该商业密秘或者信息造成对方损失的”修改为“泄露、不正当地使用该商业秘密或者信息造成对方损失的”。

三 规范目的或功能

当事人在订立合同的过程中，为了达成协议一般会向对方提供一定的有关产品、服务或经营的信息，这些信息往往涉及商业秘密或者其他应当保密的信息，只能在双方之间共享而不得泄露或不正当使用。此项义务是当事人在缔约中基于诚信原则而产生的。它是现代信息社会的基本要求。众所周知，现代信息社会，商业秘密以及其他应当保密的信息对当事人的经济利益至关重要，法律上应予以保护。国际上《国际商事合同通则》[①]、《欧洲合同法原则》[②]均规定了缔约中的保密义务。

保护信赖利益和激发创新意识是本条的核心目的和功能。本条旨在通过规定法定的保密义务，保护缔约人在商业交往中合理的信赖利益和经济利益。这一方面有利于维护商业道德，营造良好的交易环境；另一方面对商业交往中的商业秘密信息予以合理保护，是尊重知识产权的表现，有利于激发民众的创新意识，促进科技的发展，保障科技人才的正常流动。

就体系定位而言，本条位列《民法典（草案）》合同编第一分编第二章“合同的订立”规定中的最后一条。就周边规定而言，前一条即第500条是缔

① 《国际商事合同通则》第2.1.16条规定：“在谈判过程中，一方当事人以保密性质提供的信息，无论此后是否达成合同，另一方当事人有义务不予泄露，也不得为自己的目的不适当地使用这些信息。在适当的情况下，违反该义务的救济可以包括根据另一方当事人泄露该信息所获得之利益予以赔偿。”

② 《欧洲合同法原则》第2:302条规定：“如果在磋商过程中一方当事人透露了秘密信息，无论事后是否达成了合同，另一方当事人均有义务不透露该信息或为自身目的使用该信息。对违反此义务的救济，可包括赔偿所受损失以及返还另一方当事人取得的收益。”

约过失责任的一般规定，本条与第500条第3项是特别规定与一般规定的关系。

规范内容

一、“应当保密的信息”的界定

（一）商业秘密

依据我国2019年修正的《反不正当竞争法》第9条第4款的规定，商业秘密是指不为公众所知悉、具有商业价值并经权利人采取相应保密措施的技术信息、经营信息等商业信息。依据原国家工商行政管理局《关于禁止侵犯商业秘密行为的若干规定》第2条的规定，技术信息和经营信息包括设计、程序、产品配方、制作工艺、制作方法、管理诀窍、客户名单、货源情报、产销策略、招投标中的标底及标书内容等信息。

构成商业秘密须有三个要件[①]：第一，秘密性，即不为公众所知悉，不能从公开渠道直接获取，只在合同缔结双方之间共享的信息。例如，在“某生化（上海）有限公司诉某生物科技（上海）有限公司等侵害经营秘密纠纷案”中，法院认为：“仅仅包含客户的名称、地址及联系方式的客户信息往往从公共渠道容易获得，较难构成商业秘密，而客户的交易习惯、交易需求、价格承受能力甚至客户主管人员的个性等信息往往是区别于公知信息的特殊客户信息，可以构成受保护的经营秘密。”[②]第二，价值性，即能为权利人带来经济利益、具有实用性。这意味着该信息具有确定的可应用性，能为权利人带来现实的或者潜在的经济利益或者竞争优势。第三，保密性，即商业秘密权利人应当采取必要的保密措施，包括订立保密协议，建立保密制度及采取其他合理的保密措施。商业秘密权利人如果未对该商业信息采取保密措施，则表明其并未将该信息作为商业秘密看待，另一方就不应负担保密义务。依据《最高人民法院关于审理不正当竞争民事案件应用法律若干问题的解释》第11条的规定，保密措施是指权利人为防止信息泄露所采取的与其商业价值等具体

---

① 参见原国家工商行政管理局《关于禁止侵犯商业秘密行为的若干规定》第2条。

② 参见上海市第一中级人民法院（2014）沪一中民五（知）终字第74号民事判决书。

情况相适应的合理保护措施。人民法院应当根据所涉信息载体的特性、权利人保密的意愿、保密措施的可识别程度、他人通过正当方式获得的难易度等因素，认定权利人是否采取了保密措施。该条还通过列举方式对保密措施进行了界定。[①]

需要注意的是，商业秘密只是某种信息，而不是载体本身。首先，在“郑州洪某企业管理咨询有限公司与张某侵害商业秘密纠纷案”中，法院认为，只能将某种信息认定为商业秘密，而不能将承载该信息的载体认定为商业秘密。[②]其次，在“北京某生物技术研究开发中心等与北京某现代科技有限公司侵犯商业秘密纠纷上诉案”中，法院认为，“通过正常渠道可以实现联系或获取资料的情况下，不宜将其认定为商业秘密”。[③]

（二）其他应当保密的信息

这是对《合同法》第43条规定的保密义务对象仅指商业秘密的补充。《国际商事合同通则》《欧洲合同法原则》规定的保密义务的对象为“秘密信息”（Confidential Information）而不限于商业秘密。韩世远认为，《合同法》第43条中的“商业秘密”应作扩张解释，“不以《反不正当竞争法》第10条第3款为限，而是应首先考虑当事人的意思，任何当事人在磋商过程中明示或默示表示不得泄露或者不正当地使用的信息，均可包括在内”。[④]该观点指出了本条的旨意，值得赞同。在现代社会，除了商业秘密外，其他信息在具体交易中对当事人也可能具有重要意义。

我国相关法律也规定了当事人的保密义务。如《消费者权益保护法》第29条第2款规定：“经营者及其工作人员对收集的消费者个人信息必须严格保

---

① 该条规定：“具有下列情形之一，在正常情况下足以防止涉密信息泄漏的，应当认定权利人采取了保密措施：（一）限定涉密信息的知悉范围，只对必须知悉的相关人员告知其内容；（二）对于涉密信息载体采取加锁等防范措施；（三）在涉密信息的载体上标有保密标志；（四）对于涉密信息采用密码或者代码等；（五）签订保密协议；（六）对于涉密的机器、厂房、车间等场所限制来访者或者提出保密要求；（七）确保信息秘密的其他合理措施。”

② 参见郑州市中级人民法院（2018）豫01民初2942号民事判决书。

③ 参见北京市第一中级人民法院（2006）一中民终字第12281号民事判决书。

④ 参见韩世远：《合同法总论》（第四版），法律出版社2018年版，第182页。

密，不得泄露、出售或者非法向他人提供。经营者应当采取技术措施和其他必要措施，确保信息安全，防止消费者个人信息泄露、丢失。在发生或者可能发生信息泄露、丢失的情况时，应当立即采取补救措施。”2013年修正的《商标法》第19条第1款规定：“商标代理机构应当遵循诚实信用原则，遵守法律、行政法规，按照被代理人的委托办理商标注册申请或者其他商标事宜；对在代理过程中知悉的被代理人的商业秘密，负有保密义务。”2013年颁布的《旅游法》第52条规定：“旅游经营者对其在经营活动中知悉的旅游者个人信息，应当予以保密。”依据2017年修正的《律师法》第38条的规定，律师应当保守在执业活动中知悉的商业秘密，不得泄露当事人的隐私。律师对执业过程中知悉的委托人和其他人不愿泄露的有关情况和信息，应当予以保密。这些规定均表明，在认定其他应当保密的信息时，只要双方在了解对方的信息后，知道或者应当知道该信息属于应当保密的信息，不论另一方是否明确告知，都属于应当保密的信息。

二、构成要件

（一）缔约中一方当事人知悉“应当保密的信息”

合同法上的保密义务贯穿于交易的全过程，本条仅限于订立合同过程中一方知悉对方的商业秘密或其他应保密的信息。

当事人在缔约过程中，在许多情况下一方当事人向另一方透露了某些商业秘密或其他应当保密的信息后，往往明确要求对方不予泄露。但在有些情况下一方当事人并没有明确禁止对方泄露或不正当使用。本条限于“知悉”情形，不管一方当事人是否告诉该信息属于应保密的信息，只要对方在缔约中获取了信息，知道或者应当知道该信息属于商业秘密或其他应保密的信息，其就负有保密义务。

（二）泄露和不正当使用

泄露是指将商业秘密或者其他应当保密的信息告知他人或允许他人使用，以及将以不正当手段获得的秘密信息向他人透露。不正当使用是指未经对方授权使用该秘密信息或者将应当保密的信息转让给他人以获得利益。

（三）给对方造成损失

因泄露或不正当使用应当保密的信息而给信息权利人造成损失，这种损失属于纯粹经济损失，包括直接损失和间接损失。直接损失包括因一方泄露或不正当使用导致对方的商品或服务业绩减少、效益下降。间接损失即机会损失是指因信息泄露或不正当使用导致对方丧失或减少订立合同机会所造成的损失。但是，本条所指的损失不包括精神损失。

（四）因果关系

在合同订立阶段由于一方的行为致使另一方足以相信合同将成立并生效，但是另一方对保密义务的违反破坏了缔约关系，致使一方信赖利益丧失。由此看出，一方违反缔约中的保密义务与另一方受有损失之间的因果关系应当是事实上的因果关系，如果没有对保密义务的违反，另一方就不会受到该损失。

（五）过　错

一方当事人泄露或不正当使用应当保密的信息，主观上应有过错，包括故意或过失。行为人欠缺一般理性人的注意义务，知道或者应当知道违反保密义务将会给对方造成损害的，即有过错。

三、法律效果

本条第2句规定，泄露、不正当地使用该商业秘密或者信息，造成对方损失的，应当承担赔偿责任。但本条并未明确赔偿责任的性质，因而产生缔约过失责任和侵权责任的争议。

（一）缔约过失责任说

我国多数学者认为，违反缔约中的保密义务应承担缔约过失责任。[①]理由

① 参见崔建远：《合同法总论》（上卷）（第二版），中国人民大学出版社2011年版，第443—444页；韩世远：《合同法总论》（第四版），法律出版社2018年版，第182页；朱广新：《合同法总则研究》，中国人民大学出版社2018年版，第217页。

为：其一，缔约中的保密义务仍然属于基于诚信原则产生的前合同义务。其二，责任产生的原因是一方造成另一方的信赖利益损失。因为双方进入实际的谈判过程中以后，已经不是陌生的关系，一方对另一方会产生合理的信赖，相信另一方不会泄露和不正当使用其商业秘密，而另一方在缔约中泄露或不正当使用商业秘密，将会给其造成损害。[①]这符合缔约过失责任的要件。

（二）侵权责任说

我国《反不正当竞争法》将违反保密义务行为作为侵权行为予以规定。[②]有学者认为，在缔约中泄露和不正当使用商业秘密无疑构成侵权，受害人可以提起侵权之诉。[③]缔约过失责任的概念统括了各种类型，具有不同的法律性质和不同的法律责任形态，在这些责任形态之间并不具有内在统一性可言。违反保密义务的法律责任是发生在缔约阶段侵权责任的一种类型，与当事人缔约磋商之际因为一方没有尽到合理的注意义务或保护义务而导致对方受到人身损害所承担的法律责任在性质上是相同的。[④]在泄露商业秘密为侵权责任的情况下，合同是否成立对赔偿是没有影响的；而如果泄露商业秘密是合同责任，则合同未成立时为缔约过失责任，合同成立时为违约责任，两者赔偿的范围是不一样的。[⑤]

---

① 参见王利明：《合同法研究》（第一卷）（第三版），中国人民大学出版社2015年版，第355页。

② 《反不正当竞争法》第9条第1款规定："经营者不得实施下列侵犯商业秘密的行为：（一）以盗窃、贿赂、欺诈、胁迫、电子侵入或者其他不正当手段获取权利人的商业秘密；（二）披露、使用或者允许他人使用以前项手段获取的权利人的商业秘密；（三）违反保密义务或者违反权利人有关保守商业秘密的要求，披露、使用或者允许他人使用其所掌握的商业秘密；（四）教唆、引诱、帮助他人违反保密义务或者违反权利人有关保守商业秘密的要求，获取、披露、使用或者允许他人使用权利人的商业秘密。"

③ 参见王利明：《合同法研究》（第一卷）（第三版），中国人民大学出版社2015年版，第355页。

④ 参见张虹：《缔约磋商中保密义务的法律适用研究——以〈中华人民共和国合同法〉第43条为中心》，载《法商研究》2011年第2期。

⑤ 参见蔡恒、骆电：《我国〈合同法〉中的赔偿损失类型及其适用》，载《法学论坛》2013年第8期。

（三）缔约过失责任与侵权责任的竞合

该观点认为，在合同订立过程中泄露或者不正当使用知悉的商业秘密的行为一方面构成违背诚信原则的缔约过失责任，另一方面构成侵犯商业秘密的侵权行为，因此违背缔约中的保密义务的行为产生缔约过失责任和侵权责任竞合的法律效果。受害人可以在侵权责任和缔约过失责任中进行选择。从总体上说，侵权责任较之于缔约过失责任对受害人更为有利。[①]有学者主张，侵害商业秘密构成侵权行为或不正当竞争行为；侵害商业秘密之外的保密信息造成损失的，则构成缔约过失责任。[②]

笔者认为，在缔约中违反保密义务应当承担缔约过失责任。除了上述主张缔约过失责任的理由之外，还有两点理由：（1）就体系定位而言，本条的前一条是有关缔约过失责任的一般规定，本条应当理解为前一条的延续和具体化，违反本条的规定同样属于缔约过失责任。（2）虽然《反不正当竞争法》规定了侵犯商业秘密的行为构成侵权。但是本条的立法绝不是为了重复反不正当竞争法的规定，而是指向缔约过失责任。本条与其他有关保密义务的法律法规一同构建起对秘密信息完整的法律保护机制。

四、赔偿范围

本条违反保密义务的损害赔偿属于缔约过失的损害赔偿，损害赔偿范围限于一方当事人信赖利益的损失。由于商业秘密本身具有价值性，泄露和不正当使用必定造成商业秘密权利人利益受损。相对人受有损失既可能是财产损失即财产的直接减少，如为缔约而支出的费用；也可能是缔约机会的损失，如由于信息的泄露与第三人缔约的可能性降低或利益减少。

在司法实践中，法院也认可“缔约过失损害赔偿应限于信赖利益损失的范围，一般不应超过履行利益，同时还应遵循过失相抵的赔偿规则”。[③]

---

① 参见王利明：《合同法研究》（第一卷）（第三版），中国人民大学出版社2015年版，第356页。

② 参见谢鸿飞：《合同法学的新发展》，中国社会科学出版社2014年版，第170页。

③ 参见柳州市柳南区人民法院（2014）南民初（一）字第1167号民事判决书。

举证责任

本条应当适用证明责任基本规则，即“谁主张，谁举证”。2012年7月19日最高人民法院印发的《关于充分发挥审判职能作用为深化科技体制改革和加快国家创新体系建设提供司法保障的意见》规定：加强商业秘密司法保护，维护合法正当的创新秩序。结合商业秘密保护的实际，针对商业秘密纠纷案件举证难、保密难等特点，尽可能降低商业秘密权利人的维权难度，合理分配当事人的举证责任，有效遏制侵犯商业秘密行为。依法认定商业秘密的构成要件，促使企业增强对商业秘密的保护意识，规范和完善保密措施。就本条而言，受害方应当证明自己在合同订立过程中提供的信息属于应当保密的信息，另一方的行为构成对信息的泄露或不正当使用，且泄露或不正当使用使自己遭受损失。

第一，受害方首先应当证明该信息属于应当保密的信息，受害方应当提供双方事先签订的保密协议，或证明其曾明确声明相关信息需要对方承担保密义务。受害方在双方没有保密协议或明确声明的情况下可以举证证明相对方知道或者应当知道相关信息属于应当保密的信息。对信息是否属于应当保密的信息，其认定应当参照前述认定标准把握。

第二，受害方应证明另一方对信息的处理构成对信息的泄露或者不正当使用，标准可以参照《反不正当竞争法》第9条对侵犯商业秘密行为的规定。

第三，受害方要证明自己因另一方泄露或不正当使用的行为造成信赖利益损害因此受有损失，既可以是财产损失也可以是缔约机会的损失。

第三章

合同的效力

第五百零二条【合同生效的时间】

依法成立的合同，自成立时生效，但是法律另有规定或者当事人另有约定的除外。

依照法律、行政法规的规定，合同应当办理批准等手续的，依照其规定。未办理批准等手续影响合同生效的，不影响合同中履行报批等义务条款以及相关条款的效力。应当办理申请批准等手续的当事人未履行义务的，对方可以请求其承担违反该义务的责任。

依照法律、行政法规的规定，合同的变更、转让、解除等情形应当办理批准等手续的，适用前款规定。

历史由来

本条文系对《合同法》第44条的修订而来。《合同法》第44条规定："依法成立的合同，自成立时生效。法律、行政法规规定应当办理批准、登记等手续生效的，依照其规定。"相对于《合同法》第44条，本条新增设了报批义务条款效力、违反报批等义务的法律后果等内容。

新增规定最先来源于2010年《外商投资企业案件规定（一）》第1条。该条规定："当事人在外商投资企业设立、变更等过程中订立的合同，依法律、行政法规的规定应当经外商投资企业审批机关批准后才生效的，自批准之日起生效；未经批准的，人民法院应当认定该合同未生效。当事人请求确认该合同无效的，人民法院不予支持。前款所述合同因未经批准而被认定未生效的，不影响合同中当事人履行报批义务条款及因该报批义务而设定的相关条款的效力。"该条规定确定了报批条款效力独立的原则。

《民法典合同编（草案）》（征求意见稿）第44条吸纳了该司法解释的内容，规定："依法成立的合同，自成立时生效。法律、行政法规规定应当办理批准等手续生效的，依照其规定。当事人未办理批准、登记等手续的，该合同不生效，但是不影响合同中当事人履行报批、登记等义务条款以及相关条款的效力。有义务办理申请批准或者登记等手续的当事人一方未履行该义务的，应当向对方承担违反该义务的责任。法律、行政法规规定合同的变更、转让、解除等情形应当办理批准等手续生效的，依照前款规定处理。”《民法典合同编（草案）》（一审稿）第294条则对第1款稍加修正，规定：“依法成立的合同，自成立时生效，但是法律另有规定或者当事人另有约定的除外。”修正之处在于，增加了“法律另有规定或者当事人另有约定”的例外情形。

《民法典合同编（草案）》（二审稿）第294条再次作出一定修正，其规定：“依法成立的合同，自成立时生效，但是法律另有规定或者当事人另有约定的除外。法律、行政法规规定应当办理批准等手续生效的，依照其规定。未办理批准等手续的，该合同不生效，但是不影响合同中履行报批等义务条款以及相关条款的效力。应当办理申请批准等手续的当事人未履行该义务的，对方可以请求其承担违反该义务的责任。法律、行政法规规定合同的变更、转让、解除等情形应当办理批准等手续生效的，依照前款规定处理。”修正之处在于，将“登记”两个字删除。

《民法典（草案）》第502条又对第3款稍作修改，将“依照前款规定处理”改为“适用前款规定”。

《民法典》对草案第2款、第3款又作有细节修订。其中，对第2款的修订，实质上是删除了草案“不生效”的表述方式。表述上的变化是：第一，删除了第1句中“手续”一词后的“生效”二字；第二，对第2句作了句式调整，取消了分句句式和“但书”表述，并以“未办理批准等手续影响合同生效的”取代了“未办理批准等手续的，该合同不生效”的表述。这样，草案表述中第1句和第2句中“生效”与“不生效”的强烈概念对比效果，在《民法典》表述中变得隐晦起来。对第3款，《民法典》删除了草案中“手续”一词后的“生效”二字，以便与第2款第1句相对应，同时也使该款表达更加通顺。

三 规范目的或功能

本条的规范功能一方面在于明晰合同生效的时间，另一方面则是为了解决实务中存在的有报批等义务的合同当事人不履行报批等义务时该如何承担责任的问题，从而保障合同相对人的合法权益。本条第2款是一个完全法条，规定了“构成要件”和“法律效果”两个部分，其构成要件是“应当办理申请批准等手续的当事人未履行义务的”，其法律效果为“对方可以请求其承担违反该义务的责任”。法律责任之承担与依法履行报批义务二者间形成一个规范性闭环，这一规定有利于督促有报批等义务的合同当事人及时履行报批等义务。

规范内容

一、合同生效的时间

合同的成立，指符合一定要件时使当事人的合意成为合同，原则上只要有了当事人和意思表示一致，合同即为成立。合同生效，则指已经成立的合同因符合法定的有效要件，从而能产生法律的拘束力。①合同成立制度的本质在于确定合同是否存在，而合同效力制度则决定着对合同的内容进行法律上的评价。

合同的成立和合同的生效既可以同时发生，也可以异时发生。②一般情况下，合同成立和合同生效同时发生。罗马法曾规定了“同时成立之原则”，认为法律行为的成立与生效同时发生。③异时发生包括法律规定和当事人约定两种情况。法律规定的情形主要指法律、行政法规规定合同生效应当办理批准、登记等手续的，合同自批准、登记等手续办理之日起生效。例如，《外商投资企业案件规定（一）》第1条第1款规定：“当事人在外商投资企业设立、变更等过程中订立的合同，依法律、行政法规的规定应当经外商投资企业审批机关批准后才生效的，自批准之日起生效；未经批准的，人民法院应当认定该合同未生效。当事人请求确认该合同无效的，人民法院不予支持。”当事人约定的情形主要包括附生效条件的合同和附生效期限的合同两种情况。附生效条件的合同自当事人约定的条件成就时生效；附生效期限的合同则自当事人所约定的期限届至时生效。附条件与附期限的合同规则，参见《民法典》第158条至第160条。

---

① 参见韩世远：《合同法总论》（第三版），法律出版社2011年版，第151—152页。

② 参见韩世远：《合同法总论》（第三版），法律出版社2011年版，第151页。

③ 参见王利明：《合同法研究》（第一卷）（修订版），中国人民大学出版社2011年版，第542页。

二、报批义务概述

报批义务是指基于本条第2款所规定的法律、行政法规规定的“应当办理批准等手续”，合同当事人所负有的申请报批的义务。基于法律规定或合同当事人的约定，一方当事人应向批准机关履行报批手续从而使合同生效的义务。

就该报批义务的法律性质而言，当报批义务是基于法律的规定而产生时，可将其理解为先合同义务。有疑问的是，在该报批义务是基于当事人的约定而产生时，这种理解是否亦可成立。此处最大的难题是，一种解释认为，因为需报批的合同尚未生效，所以当事人所约定的报批义务无法有效地约束当事人。但是这种解释明显不符合当事人的真意。当事人的真意就是为了在合同生效前使该报批义务对一方当事人有拘束力，从而促使其履行报批义务，使合同生效。因此，宜将当事人就报批义务所形成的约定视为“先合同条款”，该条款相对于合同的其他条款在效力上具有独立性。由该“先合同条款”所导出的报批义务相对于其服务的目标合同也可被视作先合同义务。[①]因此，无论是基于法律规定还是基于当事人的约定所产生的报批义务均可被视作先合同义务。不过，本条的报批义务，专指根据法律、行政法规而应履行的报批义务。

就报批义务条款是否具有独立效力而言，有几种不同的见解。

一种观点认为，合同成立后至生效前仅仅产生形式拘束力，而不产生实质的权利义务。因此，报批义务条款不能独立生效。[②]

与此观点相对，另一种观点则认为，合同的拘束力可以产生报批义务。该观点认为，合同从成立时起，即具有法律约束力。合同的法律约束力是指法律赋予合同对当事人的强制力，即当事人如违反合同约定的内容，即产生相应的法律后果，包括承担相应的法律责任。当事人应按照诚实信用原则的要求履行一定的合同外义务，如完成合同的报批、登记手续以使合同生效，

---

① 参见韩世远：《合同法总论》（第三版），法律出版社2011年版，第146页。

② 参见刘贵祥：《论行政审批与合同效力——以外商投资企业股权转让为线索》，载《中国法学》2011年第2期。

即是合同约束力的一种表现。[①]

还有学者就当事人在合同中是否明确约定报批义务，分情况进行了讨论。当合同当事人在合同中对报批义务作出约定时，报批义务自合同成立时就已生效。这是因为，从逻辑上讲，报批义务存在的目的是启动行政审批而使合同生效，如果认为报批义务需要等到行政审批后才能生效，无异于否认报批义务的存在。因此，报批义务条款自身的性质决定了其必然独立于合同的具体的权利义务条款。[②]此外，即使合同当事人并未在合同中约定报批义务，这种报批义务仍然存在，此时这种报批义务是一种法定的报批义务。其原因在于，合同的拘束力不仅包括形式的拘束力还包括实质的拘束力。这种实质的拘束力导出法定的报批义务。将这种法定报批义务放在债的义务群里来看，其属于一种源于诚实信用原则的能够独立诉请的附随义务，即从给付义务。此外，这种法定的报批义务也应当是独立于合同而存在的。总而言之，无论合同当事人是否对合同的报批义务进行了约定，其均属于合同义务，须经行政审批才能生效的合同因未审批而未生效，不影响报批义务的效力。[③]

比较法上，德国学界一般主张，报批义务条款不具有独立性，合同当事人违反报批义务只会导致缔约过失责任的发生，合同相对人只能主张消极利益的赔偿。但弗卢梅教授却认为，报批义务条款具有独立性，报批义务条款在合同报批之前就已经生效，合同相对人由此取得必要的协助履行请求权。[④]

笔者倾向于赞同合同的报批义务条款具有独立性。这是因为，如果不承认合同的报批义务条款具有独立性，那么在报批之前，报批条款不生效，合同当事人要求有报批义务的合同相对人履行报批义务就丧失了请求基础，而待报批的合同又以报批为生效要件，如此之下，就会陷入逻辑困境，不利于

---

① 参见赵旭东：《论合同的法律约束力与效力及合同的成立与生效》，载《中国法学》2000年第1期。

② 参见刘贵祥：《论行政审批与合同效力——以外商投资企业股权转让为线索》，载《中国法学》2011年第2期。

③ 参见刘贵祥：《论行政审批与合同效力——以外商投资企业股权转让为线索》，载《中国法学》2011年第2期；杨永清：《批准生效合同若干问题探讨》，载《中国法学》2013年第6期。

④ 参见汤文平：《批准生效合同报批义务之违反、请求权方法与评价法学》，载《法学研究》2014年第1期。

保护有报批义务一方相对人的合法利益。

三、报批作为生效要件

民法奉行意思自治的理念，原则上公权力机关并不对平等民事主体所订立的合同进行干涉。通常情况下，当事人所订立的合同只要满足以下合同生效的一般要件即可生效：当事人具有相应的缔约能力；当事人意思表示真实；所订立的合同内容不违反法律、行政法规的强制性规定，不损害国家或社会公共利益。[①]但是，在一些场合，为了解决私人行为的外部性等问题，政府对私人行为的管制仍然具有必要性，具体表现之一就是民事主体之间特定的法律行为需要经过政府的批准才能生效。[②]例如，《企业国有资产法》第53条规定："国有资产转让由履行出资人职责的机构决定。履行出资人职责的机构决定转让全部国有资产的，或者转让部分国有资产致使国家对该企业不再具有控股地位的，应当报请本级人民政府批准。"《探矿权采矿权转让管理办法》第3条规定："除按照下列规定可以转让外，探矿权、采矿权不得转让：（一）探矿权人有权在划定的勘查作业区内进行规定的勘查作业，有权优先取得勘查作业区内矿产资源的采矿权。探矿权人在完成规定的最低勘查投入后，经依法批准，可以将探矿权转让他人。（二）已经取得采矿权的矿山企业，因企业合并、分立，与他人合资、合作经营，或者因企业资产出售以及有其他变更企业资产产权的情形，需要变更采矿权主体的，经依法批准，可以将采矿权转让他人采矿。"在这些情形下，报批可被视作合同生效的特殊要件。[③]

《民法典》在用词上虽然没有像《合同法》那样明确规定批准等手续系合同"生效"的要件，但并不影响通常情形下批准等手续是合同生效的要件。从第2款"未办理批准等手续影响合同生效的"表述中，也可以推断出这里的批准等手续系指构成合同生效要件的手续。因此，在具体情形判断上，第2款的"应当"情形，应解释为是需要办理批准等手续合同才生效的情形。因此，

---

① 参见韩世远：《合同法总论》（第三版），法律出版社2011年版，第157—163页。

② 参见李昊：《论须批准法律行为在民法总则中的规范方式》，载《法学论坛》2017年第1期。

③ 参见赵旭东：《论合同的法律约束力与效力及合同的成立与生效》，载《中国法学》2000年第1期。

法律规定的办理手续不影响合同效力的情形，并不在本条规定效力射程之内。然而，如何判断二者，须结合文义及具体规定的规范目的等以确定之。

四、合同未生效及其法律效力

1999年《合同法解释（一）》第9条即规定，“未办理批准、登记等手续的，人民法院应当认定该合同未生效”。2010年《外商投资企业案件规定（一）》第1条再次规定，“未经批准的，人民法院应当认定该合同未生效”。据此，理论界也对“未生效”的合同效力类型加以独立对待。《民法典（草案）》采用“不生效”的表述，《民法典》采用“未办理批准等手续影响合同生效的”表述，似乎回避了在立法中对过于理论问题的表态。笔者继续沿用我国学理上关于“未生效”概念来分析影响合同效力的批准等手续办理前的合同效力。

在有报批义务的合同当事人履行报批手续之前，合同未生效或效力未定。在作出批准之前，合同的债权人原则上不得依据未经批准的合同主张履行请求权。与此相对，债务人也不因未履行合同的义务而陷于迟延。但是，这并不等于此时的合同不产生任何法律效果。在合同未被批准前，合同当事人需要承担协作义务。合同当事人必须在其控制范围内为一切行为以促成合同被批准，此外，不得为任何不利于批准实现的行为。这种促成批准的义务是依据诚实信用原则而产生的，当事人互负此种义务，违反这种义务将导致缔约过失责任。[①]此外，当事人还要承担一般的保护义务及说明义务。例如，任何一方当事人都有义务告知对方他所知道的批准要求，违反这一义务亦需要承担缔约过失责任。[②]当合同当事人根据诚实信用原则已经不能期待合同被批准时，任何一方当事人均可通过终结合同的方式结束合同效力未定的状态。[③]

五、批准手续等义务违反

法院在处理合同当事人违反报批义务的案件时，首先面临的一个问题是，

---

① 参见汤文平：《德国法上的批准生效合同研究》，载《清华法学》2010年第6期。

② 参见汤文平：《德国法上的批准生效合同研究》，载《清华法学》2010年第6期。

③ 参见汤文平：《德国法上的批准生效合同研究》，载《清华法学》2010年第6期。

该报批义务究竟是否具有强制执行性？

一种观点认为，法院虽然可以作出判决，要求报批义务人履行报批的义务，但法院无法强制执行，只能判决义务人赔偿另一方当事人的损害。另一种观点则认为，为了避免法院判决陷入无法执行的尴尬境地，当义务人怠于履行或不履行报批义务时，法院可以判定间接履行或履行替代，即法院可以根据案件的具体情况和相对人的请求，判决相对人自己办理有关手续。[①]还有观点认为，对此问题，不可一概而论，必须对相关案件进行类型化，只有部分案件可以要求强制履行。[②]

法院面临的第二个问题是，在有报批义务的当事人不履行或迟延履行报批义务的情况下，合同的相对人可否选择解除合同并要求有报批义务的一方合同当事人赔偿损失？

就合同的解除而言，一种观点认为，合同解除的对象只能是生效的合同。在合同未生效的情况下，当事人没有解除合同的可能。另一种观点则认为，合同成立即产生形式上的拘束力，该拘束力表现为合同的任何一方均不得擅自撤销、变更或解除合同，除非出现法定或约定的解除事由，因此，成立而未生效的合同也能成为合同解除的对象。[③]

就损害赔偿的范围而言，一种观点认为，报批义务的违反只能导致缔约过失责任的发生，合同相对人只能主张消极利益的赔偿请求。另一种观点则认为，守约方有权要求不履行报批义务的合同当事人承担违约责任，该责任的范围包括已经发生的损失和可得利益损失。[④]还有观点认为，报批义务具有双重属性，其一方面是整个合同发生效力的先合同义务，另一方面又是合同生效前法律或当事人为使合同发生法律效力而规定或约定的义务。因此，有

---

① 参见刘贵祥：《论行政审批与合同效力——以外商投资企业股权转让为线索》，载《中国法学》2011年第2期。

② 参见汤文平：《批准生效合同报批义务之违反、请求权方法与评价法学》，载《法学研究》2014年第1期。

③ 参见刘贵祥：《论行政审批与合同效力——以外商投资企业股权转让为线索》，载《中国法学》2011年第2期。

④ 参见刘贵祥：《论行政审批与合同效力——以外商投资企业股权转让为线索》，载《中国法学》2011年第2期。

报批义务的合同当事人违反报批义务会导致缔约过失责任和违约责任的竞合。对此，合同相对人有选择权。[①]在损害赔偿的范围这一问题上，同样有人主张，不可一概而论，必须对相关案件进行类型化，只有部分案件可以要求履行利益赔偿，其他案件只能主张信赖利益赔偿。[②]

如果法律或行政法规规定，合同的变更、转让、解除等情形需办理批准等手续才生效，则合同相对人有权请求有报批等义务的合同当事人履行报批等义务，以使合同的变更、转让、解除发生法律效力。有报批等义务的合同当事人不履行该义务的，合同相对人有权请求其承担赔偿责任。

举证责任

合同相对人请求有报批等义务的合同当事人履行报批等义务，应提供该合同当事人有报批义务的证据。有报批等义务的合同当事人不履行该义务的，合同相对人请求其承担赔偿责任时，应提供义务人不履行报批义务的证据，以及提供证明其所受损失范围的证据。

其他问题

一、与《民法典》第136条的关系

《民法典》第136条规定："民事法律行为自成立时生效，但是法律另有规定或者当事人另有约定的除外。行为人非依法律规定或者未经对方同意，不得擅自变更或者解除民事法律行为。"

第136条规定了民事法律行为的成立与生效之间的关系，其是一般性规定。本条则规定了合同的成立与生效之间的关系，合同是民事法律行为的一种，因此本条与第136条的规定是特别法与一般法的关系。

---

① 参见吴光荣：《行政审批对合同效力的影响：理论与实践》，载《法学家》2013年第1期。

② 参见汤文平：《批准生效合同报批义务之违反、请求权方法与评价法学》，载《法学研究》2014年第1期。

二、与《民法典》第679条、第890条的关系

《民法典》第679条规定："自然人之间的借款合同，自贷款人提供借款时生效。"第890条规定："保管合同自保管物交付时成立，但是当事人另有约定的除外。"这些都是关于合同成立的特殊情形，即实践性或要物性合同的特殊成立要件。因此，它们属于本条的特别法规则。值得一提的是，《合同法》第210条规定，"自然人之间的借款合同，自贷款人提供借款时生效"。第367条规定："保管合同自保管物交付时成立，但当事人另有约定的除外。"现《民法典》统一将要物行为改为"成立"要件，堪称进步。

三、与《民法典》第905条的关系

《民法典》第905条规定："仓储合同自保管人和存货人意思表示一致时成立。"通过将该条与第890条比较，可以看出，立法者区分了保管合同与仓储合同，即仓储合同为诺成性合同，只要双方当事人意思表示达成一致，仓储合同即成立。此时，判断仓储合同的效力，仍然必须依据本条的一般规定。

第五百零三条【无权代理的追认拟制】

无权代理人以被代理人的名义订立合同，被代理人已经开始履行合同义务或者接受相对人履行的，视为对合同的追认。

历史由来

本条属于新增规定，其内容始自《合同法解释（二）》第12条的规定，该条规定："无权代理人以被代理人的名义订立合同，被代理人已经开始履行合同义务的，视为对合同的追认。"该条将被代理人开始履行合同也视为一种追认。《民法典合同编（草案）》（征求意见稿）第45条接受了司法解释的规定并对之稍作修正，规定："无权代理人以被代理人的名义订立合同，被代理人已经开始履行合同义务或者接受相对人履行的，视为对合同的追认。"修正之处在于增加了"接受相对人履行"的情形。

此后，《民法典合同编（草案）》（一审稿）第295条、《民法典合同编（草案）》（二审稿）第295条、《民法典（草案）》第503条延续了这一规定。

规范目的或功能

本条的功能是为了补充无权代理的合同被默示追认的情形，是对原来追认体系的完善，即对无权代理行为的追认不仅包括明示的追认，还包括默示的追认。

本条是一个完全法条，规定了“构成要件”和“法律效果”两个部分，其构成要件是“无权代理人以被代理人的名义订立合同，被代理人已经开始履行合同义务或者接受相对人履行的”，其法律效果为“视为对合同的追认”。

规范内容

一、无权代理合同与追认

行为人没有代理权、超越代理权或者代理权终止后以被代理人名义订立合同，此时该合同处于效力待定的状态。法律规定无权代理的合同效力待定而非无效，其原因在于，有时无权代理可能对被代理人是有利的，如果断然规定无权代理合同无效，反而不利于保护被代理人的利益；[①]同时，这样规定也有利于鼓励交易。基于这些理由，法律赋予无权代理合同的被代理人以追认权，让其根据自己利益的考量决定是否追认该无权代理合同。[②]

追认权在性质上是一种形成权，只需要被代理人单方的意思表示即可以生效。有人认为，追认的实质是对无权代理人的事后授权。《美国代理法重述（第三次）》第401条第1款规定：“追认是本人对他人先前行为的确认，赋予该行为具有与经过实际授权的代理人的行为相同的法律效力。”[③]也有人认为，

① 参见纪海龙：《〈合同法〉第48条（无权代理规则）评注》，载《法学家》2017年第4期。

② 参见汪渊智：《论无权代理之追认》，载《江淮论坛》2013年第2期。

③ 参见汪渊智：《论无权代理之追认》，载《江淮论坛》2013年第2期。

追认在本质上是对法律行为本身的嗣后同意。在他看来，代理权的授予是被代理人对代理人在授权范围内所形成的法律关系的拘束，而追认则是对代理人所形成的（效力待定的）具体法律关系的同意。[①]

追认既可以向无权代理人为之，也可以向第三人为之[②]，如果第三人已经向本人进行了催告，则追认只能向第三人为之。但也有人认为，追认只能向第三人作出。此外，本人必须就代理行为的全部予以追认，而不能仅就对其有利的部分进行追认。[③]

二、无权代理合同追认的类型

追认是一种须受领的意思表示，可以明示或默示的方式作出。

所谓明示的方式，是指本人以明确的方式向无权代理人或第三人表示追认的意思。关于明示追认的形式，有人认为，如果被追认的行为是要式行为，那么追认也必须采取这种形式。但也有人持反对意见，认为追认不必采取和被追认行为相同的形式，只要无权代理行为本身采取了要式方式即可。[④]

所谓默示的方式，是指基于本人的行动推断出来的表示，因此又被称作推定追认。例如，被代理人自愿地接受或保留无代理权人无权代理所带来的利益；本人在与无权代理人或第三人所进行的诉讼中，以无权代理行为提起诉讼或答辩；本人使用或处分了通过无权代理行为所获的物；履行了无权代理行为中的义务。[⑤]以默示的方式作出追认的前提是，必须能够确定地、毫不含糊地推出本人具有追认的意思。[⑥]

---

① 参见纪海龙：《〈合同法〉第48条（无权代理规则）评注》，载《法学家》2017年第4期。

② 参见朱庆育：《民法总论》，北京大学出版社2013年版，第350页。

③ 参见纪海龙：《论无权代理中被代理人的追认权》，载《清华大学学报》（哲学社会科学版）2002年第3期。

④ 参见纪海龙：《论无权代理中被代理人的追认权》，载《清华大学学报》（哲学社会科学版）2002年第3期。

⑤ 参见纪海龙：《论无权代理中被代理人的追认权》，载《清华大学学报》（哲学社会科学版）2002年第3期。

⑥ 参见纪海龙：《论无权代理中被代理人的追认权》，载《清华大学学报》（哲学社会科学版）2002年第3期。

有争议的是，沉默是否也可以作为追认的一种类型？《民法通则》第66条第1款第3句规定："本人知道他人以本人名义实施民事行为而不作否认表示的，视为同意。"有人认为，这是一种沉默方式的追认，有人认为这是默示的授权。[①]从比较法的角度来看，各国立法例一般将这种情形视为容忍型的表见代表。但也有人认为，如果无权代理行为实施完毕后，被代理人对此明知，却保持沉默，导致善意相对人进一步为履行做了准备工作，在这种情况下，应将该沉默视为追认。此外，如果本人与第三人之间有约定，或根据相互之间的交易习惯，沉默可视为追认，则此时本人的沉默可视为追认。[②]其他情况下，为了保护本人的意思自由，不得将沉默视为追认。[③]

三、对追认的认定

如上所述，追认是一种须受领的意思表示，因此认定是否存在本人的追认，应基于意思表示解释的规则来探知。默示追认规则本质上是法律对当事人意思的法定解释。《民法典》第142条第1款规定："有相对人的意思表示的解释，应当按照所使用的词句，结合相关条款、行为的性质和目的、习惯以及诚信原则，确定意思表示的含义。"因此，对有相对人的意思表示应当按照客观理性相对人的理解对意思表示进行解释。无论本人是以明示还是默示的方式作出表示，并不要求本人一定要认识到无权代理情形的存在，只需要站在理性相对人的角度可以将该表示行为解释为追认即可。如果本人不知道无权代理情形的存在而作出该表示行为，但该表示行为根据意思解释的规则又可被解释为追认的意思表示，则本人只能基于重大误解规则撤销其意思表示。[④]

四、追认的效力

根据《合同法解释（二）》第11条的规定，追认的意思表示自到达相对

① 参见朱庆育：《民法总论》，北京大学出版社2013年版，第356页。

② 参见纪海龙：《〈合同法〉第48条（无权代理规则）评注》，载《法学家》2017年第4期。

③ 参见纪海龙：《论无权代理中被代理人的追认权》，载《清华大学学报》（哲学社会科学版）2002年第3期。

④ 参见纪海龙：《〈合同法〉第48条（无权代理规则）评注》，载《法学家》2017年第4期。

人时生效，合同自订立时起生效。因此，无权代理行为被追认后，该行为即在被代理人和第三人之间溯及既往发生效力。但值得注意的是，追认所补足的只是代理行为代理权的缺失，如果代理行为本身存在其他无效或可撤销的事由时，追认尚不能消除法律行为的这些瑕疵。[①]

举证责任

第三人如果主张被代理人的行为构成默示的追认，其必须提供被代理人开始履行合同义务或者接受其履行的证据。并且根据上述关于认定追认的解释规则，第三人还必须举证证明站在理性人的角度，被代理人的上述行为可以被理解为追认。

其他问题

《民法典》第171条规定：“行为人没有代理权、超越代理权或者代理权终止后，仍然实施代理行为，未经被代理人追认的，对被代理人不发生效力。相对人可以催告被代理人自收到通知之日起三十日内予以追认。被代理人未作表示的，视为拒绝追认。行为人实施的行为被追认前，善意相对人有撤销的权利。撤销应当以通知的方式作出。行为人实施的行为未被追认的，善意相对人有权请求行为人履行债务或者就其受到的损害请求行为人赔偿。但是，赔偿的范围不得超过被代理人追认时相对人所能获得的利益。相对人知道或者应当知道行为人无权代理的，相对人和行为人按照各自的过错承担责任。”

该条系关于民事法律行为无权代理和追认的一般规定，本条则是关于无权代理合同默示追认的规定，系特别规定。因此，本条在法律适用上应当以第171条的一般规定为前提。另外，本条的规定也可以视作对第171条规定中追认类型的补充和具体化。

---

① 参见纪海龙：《〈合同法〉第48条（无权代理规则）评注》，载《法学家》2017年第4期。

第五百零四条【表见代表的效力】

法人的法定代表人或者非法人组织的负责人超越权限订立的合同，除相对人知道或者应当知道其超越权限外，该代表行为有效，订立的合同对法人或者非法人组织发生效力。

历史由来

本条文系对《合同法》第50条的修改。《合同法》第50条规定："法人或者其他组织的法定代表人、负责人超越权限订立的合同，除相对人知道或者应当知道其超越权限的以外，该代表行为有效。"该条的修改是为了与《民法典》总则编增设非法人组织的规定相一致。

该内容始自《民法典合同编（草案）》（征求意见稿）第46条，该条规定："法人的法定代表人或者非法人组织的负责人超越权限订立的合同，除相对人知道或者应当知道其超越权限的以外，该合同对法人或者非法人组织发生效力。"此后的《民法典合同编（草案）》（一审稿）第296条作了相同的规定。《民法典合同编（草案）》（二审稿）第296条对之稍作修改，规定："法人的法定代表人或者非法人组织的负责人超越权限订立的合同，除相对人知道或者应当知道其超越权限外，该合同对法人或者非法人组织发生效力。"修正之处在于，删去了"的以"两个字，无实质性改动。《民法典（草案）》第504条延续了这一规定。2020年5月提交全国人大会议审议时则将"该合同对法人或者非法人组织发生效力"修改为"该代表行为有效，订立的合同对法人或者非法人组织发生效力"。

规范目的或功能

本条旨在规范表见代表合同的法律效力，以保护善意相对人的合理信赖。

本条是一个完全法条，规定了"构成要件"和"法律效果"两个部分，其构成要件是"法人的法定代表人或者非法人组织的负责人超越权限订立的合同，除相对人知道或者应当知道其超越权限外"，其法律效果为"该合同对法人或者非法人组织发生效力"。

规范内容

一、表见代表与表见代理之间的关系

就两者之间的联系来看，有人认为，表见代表是表见代理在法人中的运用。但也有人认为，与表见代理中的“表见”相比，表见代表中的“表见”并不名副其实。这从法律对表见代理和表见代表在举证责任方面所作的不同规定可以看出。《民法典》第172条规定，表见代理成立的前提要件是“相对人有理由相信行为人有代理权”，表见理论所保护的正是相对人的这种合理信赖。而且，本条的规定其实已经推定相对人为善意，相对人只要证明与其订立合同的人是法人的法定代表人或非法人组织的负责人，该合同对这些组织而言就具有拘束力。法人的法定代表人或非法人组织的负责人是否超越权限，原则上与相对人无关。因此，本条的目的是抑制组织的内部拘束力对组织的对外关系的制约，从而使代表权成为一种不受限制的权力，以最大限度地保护交易安全。这种立法思路与表见理论（旨在保护因权利外观而产生的合理信赖）是不同的。[①]

就两者之间的区别来看，正如代表与代理之间的区别那样，表见代表与表见代理存在如下区别。首先，表见代表的代表人或负责人是法人或非法人组织有机体的组成部分，其本身不具有独立的人格。而表见代理的代理人则有独立的人格。其次，表见代表既可适用于法律行为，也可适用于事实行为。而表见代理只可适用于法律行为。[②]最后，第三人的审查义务不同。代理行为是一种偶尔联系的外部关系，代理人对这种关系不可过分信赖，其必须查验代理人的身份、代理权的范围，否则其就要承担相应的不利后果。而代表行为则反映的是组织的内部关系，代表人或负责人与组织之间有一定的职权基础，第三人出于对其职务的信赖，对其代表人或负责人的代表权限一般没有

---

① 参见朱广新：《法定代表人的代表越权行为》，载《中外法学》2012年第3期。

② 参见李建华、许中缘：《表见代表及其适用——兼评〈合同法〉第50条》，载《法律科学》（西北政法学院学报）2000年第6期。

查验义务。[①]

二、超越权限的内涵

有人认为，对超越权限有以下几种理解：一是指超越法人或者非法人组织的经营范围；二是指虽然没有超越法人的经营范围，但超越了法人或者非法人组织的章程对其权力的限制；三是指既超越了法人或其他组织的经营范围，又超越了法人或其他非法人组织章程对其权力的限制。[②]

还有人认为，代表人的权限限制包括法定限制和约定或议定限制。所谓法定限制，是指法律在法人机构分权的基础上对业务执行权的限制。例如，《公司法》规定，公司为公司股东或实际控制人提供担保的，必须经股东会或股东大会决议。而约定或议定的限制，则指法人章程、董事会决议、股东会或股东大会决议对代表权所作的限制。[③]

我们倾向于赞同这种观点，即代表人或负责人超越权限是指代表人或负责人超越法定或约定及议定的限制。基于本法采取了区分董事超越权限与越权的立法模式，[④]另在《民法典》第505条规定超越经营范围的合同有效，因此，不宜将超越经营范围视为本条的超越权限。

三、相对人的善意标准

如上所述，表见代表相对人的善意并不需要达到表见代理所要求的善意标准。相对人在与代理人进行法律行为时，应当查看授权委托证明，审查代理人的代理权限，否则其就构成重大过失，难以主张表见代表的成立。而相对人在与法人的法定代表人或者非法人组织的负责人进行交易时，往往并不要求其对法人或其他非法人组织的章程进行查询，以确定代表人或负责人的代表权限。究其原因，代表关系是一种内部关系，要求第三人详查代表人的

---

① 参见李建华、许中缘：《表见代表及其适用——兼评〈合同法〉第50条》，载《法律科学》（西北政法学院学报）2000年第6期。

② 参见李建华、许中缘：《表见代表及其适用——兼评〈合同法〉第50条》，载《法律科学》（西北政法学院学报）2000年第6期。

③ 参见朱广新：《法定代表人的代表越权行为》，载《中外法学》2012年第3期。

④ 参见朱广新：《法定代表人的代表越权行为》，载《中外法学》2012年第3期。

代表权限不切实际。从利益衡量的角度来看（法人成员利益和交易安全利益①），为了保护交易安全，法人及其他非法人组织作为社会组织应当承担选择代表人或负责人的风险，法律不应把这种风险转移给第三人。②

反观之，相对人恶意则包括知道与应当知道两种情形。

知道，包括事实上的知道与推定的知道。事实上的知道，是指相对人实际了解或认识到了法人的法定代表人或非法人组织的负责人在订立合同时超越了权限，或者认识到法人的法定代表人的这种交易未依法或章程的规定取得股东会或股东大会、董事会的批准。推定的知道，是指依据商事登记簿关于代表权范围的记载，推定相对人在缔约时知道代表人的代表权受限。绝大多数的学者认为，不宜将推定知道解释在知道的范围内。因为，为了保护交易的便捷和安全，不应强制相对人去查阅法人或非法人组织的登记簿，且即使当事人查阅了登记簿，也可能因理解不同而遭受不测损失。③

而判断应当知道则应该遵循两个标准。首先，相对人对法人的法定代表人或非法人组织的负责人是否超越权限不负调查义务。其次，只有在交易相对人存在重大过失的情况下才宜判断构成应当知道。即相对人根据其所知悉的一切情形，法人的法定代表人或非法人组织负责人的超越权限是如此的显而易见，其不可能不知法人的法定代表人或非法人组织负责人超越权限。④

四、相对人恶意的法律效果

本条只规定了相对人在善意的情况下，法人的法定代表人或者非法人组织的负责人超越权限订立的合同有效，至于相对人在恶意的情况下，该合同效力如何，法律并未明示。有人认为，此处存在法律漏洞，应该类推适用无权代理的相关规定，认定该合同效力待定，赋予法人或其他组织具

---

① 参见朱广新：《法定代表人的代表越权行为》，载《中外法学》2012年第3期。

② 参见李建华、许中缘：《表见代表及其适用——兼评〈合同法〉第50条》，载《法律科学》（西北政法学院学报）2000年第6期。

③ 参见朱广新：《法定代表人的代表越权行为》，载《中外法学》2012年第3期。

④ 参见朱广新：《法定代表人的代表越权行为》，载《中外法学》2012年第3期。

有追认权。[①]我们倾向于赞同这种观点，因为这种处理比较符合鼓励交易的立法政策。

五、与《公司法》第16条的关系

（一）《公司法》第16条的性质

《公司法》第16条规定："公司向其他企业投资或者为他人提供担保，依照公司章程的规定，由董事会或者股东会、股东大会决议；公司章程对投资或者担保的总额及单项投资或者担保的数额有限额规定的，不得超过规定的限额。公司为公司股东或者实际控制人提供担保的，必须经股东会或者股东大会决议。前款规定的股东或者受前款规定的实际控制人支配的股东，不得参加前款规定事项的表决。该项表决由出席会议的其他股东所持表决权的过半数通过。"对该条的性质，一种观点认为，该条是管理性强制规范，故而法定代表人未经决议程序擅自对外签订担保合同，并不影响该合同的效力。这一观点会导致第16条规范价值的丧失，不利于保护股东尤其是中小股东的利益。[②]另一种观点认为，该条是效力性强制规范，违反该条将导致担保合同无效。这一观点又不利于对善意相对人的保护。[③]

为了解决这一难题，2019年《全国法院民商事审判工作会议纪要》第17条规定："为防止法定代表人随意代表公司为他人提供担保给公司造成损失，损害中小股东利益，《公司法》第16条对法定代表人的代表权进行了限制。根据该条规定，担保行为不是法定代表人所能单独决定的事项，而必须以公司股东（大）会、董事会等公司机关的决议作为授权的基础和来源。法定代表人未经授权擅自为他人提供担保的，构成越权代表，人民法院应当根据《合同法》第50条关于法定代表人越权代表的规定，区分订立合同时债权人是否善意分别认定合同效力：债权人善意的，合同有效；

① 参见朱广新：《法定代表人的代表越权行为》，载《中外法学》2012年第3期。

② 参见最高人民法院民事审判第二庭编著：《〈全国法院民商事审判工作会议纪要〉理解与适用》，人民法院出版社2019年版，第180—181页。

③ 参见最高人民法院民事审判第二庭编著：《〈全国法院民商事审判工作会议纪要〉理解与适用》，人民法院出版社2019年版，第181页。

反之，合同无效。”与之前的两种观点不同，《全国法院民商事审判工作会议纪要》的这一规定将《公司法》第16条认定为一种“代表权限制规范”，认为其属于《公司法》所规定的组织规范，限制的是法定代表人的权限，应当依据《合同法》第50条的规定对代表人超越代表权限与第三人所订立的担保合同效力进行判定。[①]在缔约相对人是善意的情况下，构成表见代表，由公司承担担保责任；在缔约相对人是恶意的情况下，则公司不承担担保责任。

（二）对公司法定代表人超越权限的判断

判断公司法定代表人是否超越权限的关键是看公司是否依据《公司法》第16条就对外担保事项作出了决议。该判断具体可分为三个步骤：

首先，要看是否有决议。通常情况下，只要没有公司的决议，就可认定代表人对外提供担保的行为构成越权代表。[②]但是考虑到我国公司治理的实际情况，《全国法院民商事审判工作会议纪要》第19条规定了以下4种例外情况：第一，公司是以为他人提供担保为主营业务的担保公司，或者是开展保函业务的银行或者非银行金融机构；第二，公司为其直接或者间接控制的公司开展经营活动向债权人提供担保；第三，公司与主债务人之间存在相互担保等商业合作关系；第四，担保合同系由单独或者共同持有公司2/3以上有表决权的股东签字同意。在这四种情况下，即使公司未作出决议，也不可认定代表人构成越权代表。

其次，在有决议的情况下，还要看决议是否适格。非关联担保，可由董事会或股东会决议。关联担保则必须由股东会或股东大会决议。虽有决议，但在决议不适格的情况下，代表人对外提供担保的行为仍然构成越权代表。[③]

---

① 参见最高人民法院民事审判第二庭编著：《〈全国法院民商事审判工作会议纪要〉理解与适用》，人民法院出版社2019年版，第181页。

② 参见最高人民法院民事审判第二庭编著：《〈全国法院民商事审判工作会议纪要〉理解与适用》，人民法院出版社2019年版，第182页。

③ 参见最高人民法院民事审判第二庭编著：《〈全国法院民商事审判工作会议纪要〉理解与适用》，人民法院出版社2019年版，第182页。

最后，虽然有决议，但是决议存在伪造、变造的情形，此时代表人对外提供担保的行为亦构成越权代表。[①]

（三）对缔约相对人善意的判断

《全国法院民商事审判工作会议纪要》第18条规定，缔约相对人善意指的是债权人不知道或者不应当知道法定代表人超越权限订立担保合同。缔约相对人应对其善意提供证据证明。

在关联担保的情况下，缔约相对人必须提供证据证明其在订立合同时，已经对股东（大）会决议进行了审查，审查时应该注意决议的表决程序是否符合《公司法》第16条的规定，即在排除被担保股东表决权的情况下，该项表决是否由出席会议的其他股东所持表决权的过半数通过，签字人员是否符合公司章程的规定。

在非关联担保的情况下，缔约相对人也必须提供证据证明其在订立合同时，已经对公司的有关决议进行了审查。在公司章程未对决议机关作出规定的情况下，董事会或股东（大）会的决议均可；在公司章程规定决议机关是股东（大）会而实际作出决议的是董事会的情况下，根据《民法总则》第61条第3款关于"法人章程或者法人权力机构对法定代表人代表权的限制，不得对抗善意相对人"的规定，公司不得以此为由对抗善意第三人，除非该公司是上市公司；在公司章程规定决议机关是董事会而实际作出决议的是股东（大）会的情况下，根据"举重以明轻"的解释规则，股东（大）会的决议也可。总之，在非关联担保的情况下，缔约人只要证明有决议存在即可，而不必问该决议到底是由董事会还是股东（大）会作出。[②]此外，缔约相对人还需要审查同意决议的人数及签字人员是否符合公司章程的规定。

无论是在关联担保还是在非关联担保的情况下，缔约相对人只需承担形

---

① 参见最高人民法院民事审判第二庭编著：《〈全国法院民商事审判工作会议纪要〉理解与适用》，人民法院出版社2019年版，第182页。

② 参见最高人民法院民事审判第二庭编著：《〈全国法院民商事审判工作会议纪要〉理解与适用》，人民法院出版社2019年版，第186页。

式的审查义务。缔约相对人只要审查：首先，股东或者董事的身份是否属实；其次，在关联担保的情况下，应当回避表决的股东是否参与了表决。[①]缔约相对人对法定代表人是否伪造或者变造决议、决议程序是否违法、签章（名）是否不实、担保金额是否超过法定限额等事实则不承担审查的义务。

只要缔约相对人能够提供证据其按照上述要求对公司的相关决议履行了形式审查的义务，法院即可认定缔约相对人在与公司的法定代表人缔约时为善意。

举证责任

相对人如果要主张表见代表合同有效，则其只需要证明与其交易的人是法人的法定代表人或非法人组织的负责人即可。

而法人或其他法人组织如果想要主张其法定代表人或者负责人超越权限订立的合同无效，必须提出相对人知道或者应当知道法定代表人或者负责人超越权限的证据。[②]

如上所述，在公司对外提供担保的情况下，根据《全国法院民商事审判工作会议纪要》第18条规定，缔约相对人应对其善意提供证据证明。

其他问题

《民法典》第505条规定：“当事人超越经营范围订立的合同的效力，应当依照本法第一编第六章第三节和本编的有关规定确定，不得仅以超越经营范围确认合同无效。”由此可以推出，本法采取了区分法定代表人或负责人越权与组织越权（超越经营范围）的立法模式。因此，不宜将组织超越经营范围视为本条的超越权限。

---

① 参见最高人民法院民事审判第二庭编著：《〈全国法院民商事审判工作会议纪要〉理解与适用》，人民法院出版社2019年版，第186—187页。

② 参见朱广新：《法定代表人的代表越权行为》，载《中外法学》2012年第3期。

第五百零五条【超越经营范围订立的合同的效力】

当事人超越经营范围订立的合同的效力，应当依照本法第一编第六章第三节和本编的有关规定确定，不得仅以超越经营范围确认合同无效。

历史由来

本条为新增规定，内容来源于《合同法解释（一）》第10条，该条规定："当事人超越经营范围订立合同，人民法院不因此认定合同无效。但违反国家限制经营、特许经营以及法律、行政法规禁止经营规定的除外。"

《民法典合同编（草案）》（征求意见稿）第47条吸收了该条司法解释的内容，规定："当事人超越经营范围订立的合同的效力，应当依照本编和总则编第六章的规定确定，不得仅以超越经营范围确认合同无效。"此后，《民法典合同编（草案）》（一审稿）第297条对之稍作修改，规定："当事人超越经营范围订立的合同的效力，应当依照总则编第六章和本编的规定确定，不得仅以超越经营范围确认合同无效。"该规定仅是调整了个别词句的语序，没有实质性变化。《民法典合同编（草案）》（二审稿）第297条与之作了一致规定。《民法典（草案）》第505条对之稍作修改，进一步明确了所应当参照条文的范围。

规范目的或功能

本条是为了明晰合同当事人超越经营范围的合同只要符合合同生效的一般要件即有效力，旨在放松对市场主体交易的管制。

规范内容

一、超越经营范围的内涵

经营范围是指法人或非法人组织所欲从事的经营项目的基本范围。在英美法上，公司的经营范围又被称为“公司目的”。公司目的是公司权利能力的具体体现。[①]公司从事超越其经营范围的交易被称为公司越权（ultra vires）。例如，设立公司的目的是从事房地产生意，但公司却与第三人签订了一个矿藏开发合同；再如，公司违反转投资的限制而从事投资活动。这些行为都构成越权行为。[②]

在英国，1875年的“黎希案”（Ashbury Railway Carriage and Iron Co.V.Riche）确立了公司越权原则。该案的案情是，根据涉案公司的章程，其经营范围为：1.制造、销售和出租铁路运输工具及其他铁路设施；2.从事机械工程和合同承包业务；3.购买、租赁、加工、出租矿藏、矿泉水、土地和建筑物；4.其他任何无实现上述目的所必需的活动。后该公司从比利时购买了修建铁路的许可证，并与Riche签订合同，由其修建铁路。此后，该公司陷入困境，其股东提出该合同是以董事个人身份签订的，希望获得赔偿。该董事也放弃了其为公司签订合同的立场。随后，Riche对该公司提起违约之诉。英国上议院认为，该合同无效。理由是，该公司的章程所规定的经营范围并不包括修建铁路，所以该合同对该公司没有拘束力。[③]

从法制史的角度来看，越权原则与特许主义有密切关联。在特许主义之下，公司依据政府颁发的特许令状而设立，公司享有的权限不得超出令状所规定的权限范围，公司超出令状允许权限范围外的行为一律被视作无效。

而越权原则的实质目的则在于：一是保护股东或投资人的利益，确保法人资产被用于投资人所希望投资的经营项目上而获利；二是防止法人的资产被用于其目的之外的活动，以保护法人债权人的利益。

二、限制经营范围的性质

关于法人的经营范围受限制的性质，在理论上有以下几种不同的学说。[④]

一是权利能力限制说。该说认为，对法人目的范围的限制是对法人权利能

---

① 参见施天涛：《商法学》（第四版），法律出版社2010年版，第161页。

② 参见施天涛：《公司法论》（第三版），法律出版社2014年版，第145页。

③ 参见施天涛：《公司法论》（第三版），法律出版社2014年版，第145页。

④ 参见温世扬、何平：《法人目的事业范围限制与“表见代表”规则》，载《法学研究》1999年第5期；戴红兵、余光辉：《法人目的事业范围之检析》，载《现代法学》2001年第6期。

力的限制。法人只有在有关部门核准的经营范围内活动才具有民事权利能力。该说认为，将法人的活动限制在其经营范围内，目的是实现法人在社会生活中的特定作用，并保护投资人的合法利益。该说的问题在于：首先，根据该说，法人的经营范围不同，则其权利能力也不同，这与民法的平等原则不符；其次，权利能力与主体资格是一体两面，根据该说，法人从事经营范围之外的活动时无人格，则此时无法就法人经营范围外的行为的效力和责任进行讨论。

二是行为能力限制说。该说认为，法人的权利能力只受法人性质及国家法令的限制。法人的经营范围限制的只是法人的行为能力。该说认为，法人经营范围外的行为类似于无民事行为能力人所进行的行为，可以通过补正而取得行为能力，从而有利于保护与法人交易的相对人的利益，维护交易安全。该说的问题在于，法律已经明定无民事行为能力人所从事的行为确定无效，不存在追认的空间，因此，这种类比并不成功。

三是代表权限制说。该说认为，法人的经营范围限制的只是法人的法定代表人的对外代表权限。法人超越经营范围的行为不是当然无效，而是可以类推适用表见代理的相关规定处理，这样可以保护善意相对人的合理信赖。该说的问题在于，其在考虑善意相对人的信赖利益的同时，没有兼顾法人投资人的投资利益。

四是内部责任说。该说认为，法人的经营范围划定的只是法人及其机关在法人内部的责任，并不具有对外效力。该说的问题在于，其认为法人一切超越经营范围的行为均为有效，似乎过于保护相对人的信赖利益，对法人股东利益的保护有所忽视。

五是越权原则无效说。该说认为，应当废除对法人经营范围的限制，法人可以超出其经营范围活动。

从本条的文义来看，我国的立法似乎采取了越权原则有效说，即原则上认为法人超越经营范围的行为有效。

三、超越经营范围的合同效力

在上述的“黎希案”中，就超越经营范围合同的效力确立了如下规则：公司仅可在公司大纲规定的目标条款内实施交易，如果超越该目标条款进行交易，则不管相对人是善意还是恶意的，该行为都自始无效，即使是全体股东追认，也不例外。[①]

在市场经济高度发达的今天，要求法人或非法人组织严格遵守经营范围，将法人超出目的事业范围的法律行为认定为无效，已经不合时宜。将法人的法律行为严格限制在其经营范围内具有种种弊端。首先，不利于维护交易安全。当公司超越经营范围与他人签订合同后，随后发现合同对其不利，遂基于越权原则而主张合同无效，拒绝履行其义务，严重威胁交易安全。[②]其次，增加交易相对人的交易成本。法人的交易相对人为了交易安全，必须在交易前对法人的经营范围进行仔细审查，徒增交易成本，降低交易效率。此外，相对人即使审查了公司的经营范围，也可能因为理解的不同而蒙受损失，严重威胁交易安全。再次，容易降低法人的生产效率。市场机遇瞬息万变，将法人的行为限制在其经营范围内导致法人难以对市场的变化作出及时反应，从而丧失营利机遇。[③]最后，多元目的条款的适用以及公司法对公司权力的扩张，也使越权原则日益丧失其意义。所谓多元目的条款是指公司为了规避越权原则而在其章程中列举出数十个甚至上百个具体目的。此外，现代公司法对公司目的的规定变得非常宽泛。例如，将公司的目的设定为可以从事"任何合法营业"。这些举措极大地降低了越权原则的重要性。[④]

出于这种考虑，越来越多的国家和地区开始废除越权制度。1968年欧共体颁布了《第一公司法指令》，要求各成员国废除越权制度。1972年欧共体法第9条第1款规定："公司应承受其机关实施的行为，即是这些行为不在公司的目标之内，除非此种行为超越了法律授予或法律允许授予公司机关的权利。"[⑤]英国为了落实该指令，于2006年对《公司法》进行了修订，废除了越权制度。该法第31条规定，除非公司章程另有特别规定，公司目标不受任何限制；第39条第1款更是规定，任何一方（包括公司和相对人）均不得以越

---

① 参见朱广新：《法定代表人的代表越权行为》，载《中外法学》2012年第3期。

② 参见施天涛：《公司法论》（第三版），法律出版社2014年版，第146页。

③ 参见戴红兵、余光辉：《法人目的事业范围之检析》，载《现代法学》2001年第6期；李建华、许中缘：《法人越权行为原则的再认识》，载《法制与社会发展》2001年第2期。

④ 参见施天涛：《公司法论》（第三版），法律出版社2014年版，第147页。

⑤ 朱广新：《法定代表人的代表越权行为》，载《中外法学》2012年第3期。

权为由向对方主张合同无效。

本条规定，超越经营范围的合同原则上有效，正是顺应了这一立法潮流。

其他问题

英美法上，对公司越权和董事越权作了明确的区分。[①]公司越权是指公司从事超越其经营范围的交易。而董事越权则是指董事超越公司章程对其权限的限制而与第三人实施交易。

《民法典》也采取了这种区分的立法模式。一方面，在本法第504条规定了代表越权合同的效力；另一方面，又在本条规定了超越经营范围的合同效力。

第五百零六条【无效的免责条款】

合同中的下列免责条款无效：

（一）造成对方人身损害的；

（二）因故意或者重大过失造成对方财产损失的。

历史由来

本条系对《合同法》第53条的继承，未作任何改动。在立法过程中，《民法典合同编（草案）》（征求意见稿）第48条对《合同法》第53条有所改动，规定："除法律、行政法规另有规定外，合同中的下列免责条款无效：（一）造成对方人身损害的；（二）因故意或者重大过失造成对方财产损失的。"修正之处在于，增加了"除法律、行政法规另有规定外"的除外规定。此后，《民法典合同编（草案）》（一审稿）第298条对之稍作修改，规定："除法律、行政法规另有规定以外，合同中的下列免责条款无效：（一）造成对方人身损害的；（二）因故意或者重大过失造成对方财产损失的。"《民法典合同编（草案）》（二审稿）第298条放弃了这一修改，回归到《合同法》第53条的规定。《民法

① 参见朱广新：《法定代表人的代表越权行为》，载《中外法学》2012年第3期。

典（草案）》第506条与之作了相同的规定。

规范目的或功能

本条是为了对当事人所约定的免责条款进行实质的审查，以确保位阶更高的法益得到保护，防止道德风险的发生。

规范内容

一、免责条款的内涵

免责条款，是当事人以协议排除或限制其未来责任的合同条款。[①]免责条款具有以下三个特征：[②]

第一，约定性。免责条款作为合同条款的一部分，是由当事人约定的。这一特征将其与免责条件区分开来。所谓免责条件是指法律规定的可以排除或限制当事人责任的事由。例如，不可抗力、受害人的过错等。因此，免责条款具有法定性。

第二，明示性。免责条款必须由当事人在合同中明确约定，不得以默示的方式作出，法官也不得推定免责条款的存在。而合同的其他条款则可以默示的方式表示或推定其存在。

第三，免责性。当事人约定免责条款的目的是排除或限制未来的民事责任。

在不同的免责条款中，免责的含义并不完全相同。依据不同的标准，可将免责条款区分为以下几种类型：[③]

第一，以免责的范围为标准。有的免责条款是完全排除合同当事人未来的民事责任。有些免责条款则是部分排除合同当事人未来的民事责任。

第二，以所免除责任的类型为标准。有的免责条款所免除或限制的是违

---

① 参见崔建远：《合同法学》，法律出版社2015年版，第260页。

② 参见崔建远：《免责条款论》，载《中国法学》1991年第6期。

③ 参见崔建远：《免责条款论》，载《中国法学》1991年第6期。

约责任，而不免除侵权责任。有的免责条款则不论是违约责任还是侵权责任均予以免除。

第三，以所免除责任的性质为标准。绝大多数的免责条款所免除的是真正的民事责任。有的免责条款所免除的民事责任名义上是民事责任实则为民事义务。例如，财产保险单上所列举的免责条款所免除的并不是因债务不履行所产生的违约责任，而是保险合同债务本身。

二、免责条款有效的前提

免责条款有效以它成为合同的组成部分为前提。判断免责条款是否成为合同的组成部分，因免责条款是个别磋商条款还是格式条款而异。

当免责条款是经个别磋商而订立时，如果是以口头方式订立的，则主张免责条款成为合同组成部分的一方当事人必须举证证明免责条款存在；如果是以书面方式订立的，则免责条款必须载于书面合同中，并经合同双方当事人签字或盖章。[①]

当免责条款是通过格式合同而订立时，则提供格式合同的一方应当提请相对人注意该免责条款，并且需要采取醒目的方式提醒相对人注意。此外，提供格式合同的一方还必须就免责条款的内容向相对人作出解释说明。[②]《合同法解释（二）》第6条规定："提供格式条款的一方对格式条款中免除或者限制其责任的内容，在合同订立时采用足以引起对方注意的文字、符号、字体等特别标识，并按照对方的要求对该格式条款予以说明的，人民法院应当认定符合合同法第三十九条所称'采取合理的方式'。提供格式条款一方对已尽合理提示及说明义务承担举证责任。"只有满足这两个条件，免责条款才能成为格式合同的组成部分，否则，该免责条款无效。对此，《合同法解释（二）》第9条规定："提供格式条款的一方当事人违反合同法第三十九条第一款关于提示和说明义务的规定，导致对方没有注意免除或者限制其责任的条款，对方当事人申请撤销该格式条款的，人民法院应当支持。"《保险法》第17条第2款规定："对保险合同中免除保险人责任的条款，保险人在订立合同

---

① 参见崔建远：《免责条款论》，载《中国法学》1991年第6期。

② 参见崔建远：《免责条款论》，载《中国法学》1991年第6期。

时应当在投保单、保险单或者其他保险凭证上作出足以引起投保人注意的提示，并对该条款的内容以书面或者口头形式向投保人作出明确说明；未作提示或者明确说明的，该条款不产生效力。”

三、免责条款的效力

法律允许当事人协议免除或限制民事责任的基础在于，民事责任具有“私人性”。民事责任主要是一种财产责任，以弥补损失为主要目的，因此，国家为了保障当事人的意思自治，通常不对当事人所约定的免责条款进行干涉。但是，当当事人所约定的免责条款可能会危害到国家、社会公共利益以及重大私人利益时，国家就会权衡个人利益和社会利益，在必要时予以干涉，否认免责条款的效力。①

以上只是为判定免责条款的效力提供了一个大致的方向，要具体判定某一免责条款的效力，还应当借助类型化的方法。②

（一）根据现行法的规定确定免责条款的效力

免责条款是合同的组成部分，因而其在效力上自应受《民法典》第一编第六章第三节以及第三编第三章有关规定的调整。亦即，无民事行为能力人订立的免责条款无效；限制民事行为能力人订立的免责条款效力待定；当事人以虚假意思订立的免责条款无效；基于重大误解而订立的免责条款可撤销；以欺诈的手段订立的免责条款可撤销；以胁迫的手段订立的免责条款可撤销；显失公平的免责条款可撤销；违反法律、行政法规的强制性规定而订立的免责条款无效。而最直接的规定，莫过于本条。亦即，造成对方人身损害的以及因故意或者重大过失造成对方财产损失的免责条款无效。

（二）根据风险分配理论确定免责条款的效力

一些企业为了维护企业的合理化经营，通常在其与相对人订立的合同中

---

① 参见韩世远：《免责条款研究》，载梁慧星主编：《民商法论丛》（第2卷），法律出版社1994年版，第457—467页；钟国才、谢菲：《论免责条款的效力》，载《武汉大学学报》（哲学社会科学版）2010年第6期。

② 参见崔建远：《合同法学》，法律出版社2015年版，第261—263页。

约定免责条款，以合理分配风险。典型的如保险公司在其格式化的保险合同中所拟定的免责条款。这种免责条款的合理之处在于，在保险合同中，免责条款的存在与否和保险费率的高低具有紧密的联系。如果不允许保险公司在保险合同中拟定一定的免责条款，则保险公司必然要提高保险费率，反而增加投保人的交易成本。在投保人是厂商的情况下，其还有可能以提高产品价格的方式将该成本转嫁到消费者头上。如此一来，对保险业的发展，对消费者的利益都将造成不利的影响。因此，通常情况下，对这种合理分配产业风险的免责条款应当认定其效力。

（三）根据过错程度确定免责条款的效力

本条规定，因故意或者重大过失造成对方财产损失的免责条款无效。本条规定的旨趣在于，国家坚决谴责和否定故意或重大过失的违约或侵权行为，并要求相关的行为人承担民事责任，以“淳化社会主义道德风尚，使人们树立正确的是非观念，督促义务履行和保障权利实现，维护社会稳定”。因而，对此类因故意或者重大过失行为所导致的民事责任不允许当事人提前免除或限制。与此不同，法律虽然对一般过失行为也持否定立场，但与故意或重大过失的行为相比，一般过失行为对社会秩序、社会公德的损害相对轻微。因此，当事人就因一般过失行为所造成的民事责任所达成的免责条款，法律一般不予干涉。此外，设置无过错责任的目的主要是合理分配各方损失，其所包含的法律谴责性要素相对较少。因此，法律对当事人就这类民事责任所达成的免责条款也不予干涉。

（四）根据违约的程度确定免责条款的效力

根本违约，是指会使合同目的落空的违约行为。对于当事人就根本违约所产出的违约责任而达成的免责条款，法律应当否定其效力。否则，无异于怂恿债务人不适当履行合同。相对地，对于那些轻微的违约行为所导致的违约责任，法律则允许合同当事人就其达成免责条款。

（五）根据善意和恶意确定免责条款的效力

《买卖合同解释》第32条规定：“合同约定减轻或者免除出卖人对标的物

的瑕疵担保责任，但出卖人故意或者因重大过失不告知买受人标的物的瑕疵，出卖人主张依约减轻或者免除瑕疵担保责任的，人民法院不予支持。”从本条可以推出，如果一方当事人在拟定免责条款时存在恶意（故意或重大过失），则该免责条款不能生效。其原理在于，法律不保护恶意之人。

（六）根据涉及的法益的位阶确定免责条款的效力

根据本条的规定，预先免除造成对方人身损害的民事责任的免责条款无效，而免除财产损害的民事责任的免责条款只有当该损害是基于故意或重大过失造成时才无效。可见，立法者对涉及不同法益的免责条款所持的立场是不同的。当免责条款涉及人身利益时，法律一律否定此种免责条款的效力。这是因为民法以人为终极目的，个人的人身利益中还隐含着社会利益。[①]而相对地，在法律体系中，财产利益的位阶要低于人身利益。正如耶林所言：“以前是财产的高价值和人的低价值，现在是人的高价值和财产的低价值。”[②]此外，与人身利益相比，财产利益可以再生，可以通过赔偿损失的方式得到弥补。因此法律一般对涉及财产利益的免责条款不予干涉，除非该财产损失是基于故意或重大过失的行为所造成的。

（七）根据场合的性质确定免责条款的效力

在一些特殊的场合，合同的当事人在合同中表示甘愿承担某种损害后果或者致损风险，从而免除另一方当事人的责任，法律或社会道德均认为这种免责条款有效。例如，患者在被充分告知关于手术的风险后同意接受手术治疗，免除医院在正常医疗中的手术伤害责任；运动员自愿参加某种带有危险性的体育运动或竞技活动，免除主办方在危险发生时的责任。法律对这些情形下的免责条款予以承认的原因在于，为了实施这些合理的行为，合同一方当事人主动承担其行为致损的风险，可看作他在为自己或社会谋取利益时甘愿付出的代价。[③]

---

① 参见韩世远：《免责条款研究》，载梁慧星主编：《民商法论丛》（第2卷），法律出版社1994年版，第505—506页。

② 参见韩世远：《免责条款研究》，载梁慧星主编：《民商法论丛》（第2卷），法律出版社1994年版，第506页。

③ 参见崔建远、韩世远、于敏：《债法》，清华大学出版社2010年版，第696—687页。

四、免责条款的解释

免责条款作为合同的组成部分，意思表示解释和合同解释的一般规则对其当然适用。但基于免责条款的特殊性，对其还要适用一些特殊的解释规则。

（一）不利于免责条款提供人的解释规则

当免责条款是格式合同的一部分时，在免责条款的含义模糊不清的情况下，应当作不利于格式合同提供人的解释。这是因为，提供格式合同的一方，往往基于其经济上的优势地位，将格式合同强加于合同另一方当事人，此时，为了平衡双方当事人之间的利益关系，维护弱势一方的合法权益，有必要作不利于免责条款提供一方的解释。[①]

（二）限制解释规则

限制解释规则，是指在免责条款所使用的用语在语义上可能包含两种以上责任的情况下，应选择“最狭义”或“非法定”的责任作为免责的对象。具体包括以下情形：当免责条款既可解释为免除合同责任又可解释为免除侵权责任时，则应解释为只免除侵权责任；当免责条款既可解释为免除过错责任又可解释为免除无过错责任时，则应解释为只免除无过错责任；当免责条款既可解释为免除隐蔽性瑕疵责任又可解释为免除不符合特定目的所生责任时，则应解释为只免除隐蔽性瑕疵责任；当免责条款既可解释为免除隐蔽性瑕疵责任又可解释为免除不符合描述的瑕疵责任时，则应解释为只免除隐蔽性瑕疵责任。[②]

（三）个别商议的免责条款优于格式免责条款的解释规则

如果格式合同的双方当事人在格式合同之外，又另行个别商议了免责条款，则当该个别商议的免责条款与格式合同中的免责条款相冲突时，应当优先认定个别商议的免责条款的效力。因为，相对于格式合同中的免责条款，

---

① 参见崔建远：《免责条款论》，载《中国法学》1991年第6期。

② 参见崔建远：《免责条款论》，载《中国法学》1991年第6期。

个别商议的免责条款更能反映双方当事人的真实意思表示。[①]

举证责任

主张依据免责条款的合同当事人，必须提出证据证明免责条款已经成为合同的组成部分。[②]

其他问题

《民法典》第497条第2项规定，提供格式条款一方不合理地免除或者减轻其责任、加重对方责任、限制对方主要权利的，该格式条款无效。本条规定了免责条款无效的一般情形，而该条则规定了格式合同中免责条款无效的特殊情形，两者是一般与特殊的关系。

第五百零七条【解决争议条款效力独立】

合同不生效、无效、被撤销或者终止的，不影响合同中有关解决争议方法的条款的效力。

历史由来

本条来自《合同法》第57条，其规定："合同无效、被撤销或者终止的，不影响合同中独立存在的有关解决争议方法的条款的效力。"在立法过程中，《民法典合同编（草案）》（征求意见稿）第49条对《合同法》第57条稍作修改，规定："合同不生效、无效、被撤销或者终止的，不影响合同中独立存在的有关解决争议方法的条款的效力。"增加了合同不生效的情形。此后，《民法典合同编（草案）》（一审稿）第299条对其作了一致的规定。《民法典合同编（草案）》（二审稿）第299条对之稍作修改，规定："合同不生效、无效、被撤销

① 参见崔建远：《免责条款论》，载《中国法学》1991年第6期。

② 参见崔建远：《合同法学》，法律出版社2015年版，第261页。

或者终止的，不影响合同中有关解决争议方法的条款的效力。”去掉了“独立存在的”等字。《民法典（草案）》第507条与之作了相同的规定。

规范目的或功能

本条的功能是为了将合同中的争议解决条款的效力与合同中其他条款的效力相分离，从而以最符合合同当事人意愿的方式促进争议的及时解决。

规范内容

一、解决争议条款的含义

解决争议条款，是指合同当事人就如何解决合同争议的程序、办法、适用法律、受诉法院选择等内容而作出的约定。[①]具体来讲，解决争议的条款包括以下四种类型[②]：

一是仲裁条款。其是指合同的双方当事人在合同中约定用仲裁的方式解决双方争议的条款。仲裁具有排除诉讼管辖的效力。《仲裁法》第5条规定：“当事人达成仲裁协议，一方向人民法院起诉的，人民法院不予受理，但仲裁协议无效的除外。”仲裁条款具有独立性。《仲裁法》第19条规定：“仲裁协议独立存在，合同的变更、解除、终止或者无效，不影响仲裁协议的效力。仲裁庭有权确认合同的效力。”

二是选择受诉法院的条款。其是指合同的双方当事人在合同中约定将来诉讼法院的条款。《民事诉讼法》第34条规定了协议管辖。该条规定：“合同或者其他财产权益纠纷的当事人可以书面协议选择被告住所地、合同履行地、合同签订地、原告住所地、标的物所在地等与争议有实际联系的地点的人民法院管辖，但不得违反本法对级别管辖和专属管辖的规定。”

三是选择检验、鉴定机构的条款。其是指合同的双方当事人在合同中约

---

① 参见唐仲清、李建伟：《解决争议条款的独立性刍议》，载《现代法学》1998年第3期。

② 参见全国人民代表大会常务委员会法制工作委员会编：《中华人民共和国合同法释义》（第3版），法律出版社2013年版，第117—118页。

定的，若对标的物质量或技术的品种发生争议，在仲裁或诉讼前，将标的物送交双方认可的机构或科研单位检验或鉴定，并以检验或鉴定作为解决争议依据的条款。

四是法律适用条款。其是指在涉外合同中，合同的双方当事人在合同中约定将来处理合同争议所适用的法律条款。

二、解决争议条款的独立性

学界对解决争议的条款是否具有独立性有不同的看法。一种观点认为，争议解决条款既然作为合同的一个组成部分，那么当合同无效时，皮之不存，毛将焉附，争议解决条款自当归于无效。英国法上的单一合同理论就持这种观点。[①]另一种观点认为，争议解决条款虽然是合同的组成部分，但其具有相对的独立性，可以与合同的其他组成部分相分离而独立存在。合同的主要条款规定的是当事人的实体性的权利和义务，是基础合同、实体合同。而解决争议条款规定的是当事人解决合同争议的方式，是程序合同、从合同或附属合同。解决争议条款只有当合同双方当事人发生纠纷时才会发挥作用。基于合同的主要条款和解决争议条款之间的这种差别，不应将两者的效力进行简单的捆绑处理。当合同的主要条款无效时并不导致合同的解决争议条款无效。[②]解决争议条款效力独立是对当事人的意思自治的尊重。当事人的意思自治不仅可以体现为约定实体权利义务关系的自由，而且还可以体现为约定程序性的解决争议方式的自由。[③]“二战”后，各国普遍调整在民事程序法方面的公共政策，对仲裁等非诉解决争议的方法予以鼓励，对解决争议条款尤其是仲裁条款的独立性予以肯定。[④]

解决争议条款的独立性主要体现在：合同中的争议解决条款与其从属的主合同在本质上是两个相互独立的合同，当主合同被撤销、解除、变更、终

---

① 参见张利民：《论合同争议解决条款的独立》，载《苏州大学学报》（哲学社会科学版）2007年第3期。

② 参见张利民：《论合同争议解决条款的独立》，载《苏州大学学报》（哲学社会科学版）2007年第3期。

③ 参见唐仲清、李建伟：《解决争议条款的独立性刍议》，载《现代法学》1998年第3期。

④ 参见唐仲清、李建伟：《解决争议条款的独立性刍议》，载《现代法学》1998年第3期。

止时，解决争议条款并不因此而无效。[①]

（一）合同不成立时解决争议条款的效力

合同不成立是指双方当事人未就合同的主要条款达成合意。合同不成立意味着合同还不存在，但这并不意味着双方当事人之间不产生任何的法律关系。《民法典》第500条规定："当事人在订立合同过程中有下列情形之一，造成对方损失的，应当承担赔偿责任：（一）假借订立合同，恶意进行磋商；（二）故意隐瞒与订立合同有关的重要事实或者提供虚假情况；（三）有其他违背诚信原则的行为。"是为缔约过失责任。因此，合同不成立，另一方当事人仍有可能要承担缔约过失责任。这也意味着，即使合同不成立，双方当事人之间仍有可能存在争议。尽管如此，对未成立的合同中的解决争议条款是否有效，仍然存在争议。有人认为，既然合同都不曾存在过，那么作为合同一部分的解决争议条款自然也不存在，因而，合同不成立，解决争议条款也不成立。但也有人认为，在承认合同的主要条款和合同的解决争议条款是两个相互独立合同的前提下，合同的主要条款不成立并不意味着合同的解决争议条款也不成立，在合同的主要条款不成立的情况下，双方当事人仍有可能就解决争议条款达成合意。因此，此时解决争议条款具有独立性，仍应有效。[②]

（二）合同成立但未生效时解决争议条款的效力

合同的成立，是指符合一定要件时使当事人的合意成为合同，原则上只要有了当事人和意思表示，合同即为成立。而合同生效，则是指已经成立的合同因符合法定的有效要件，从而能产生法律的拘束力。总体而言，合同成立与否属于事实判断问题，而合同生效与否则涉及价值判断问题。合同成立后生效前，对双方当事人具有形式的拘束力，当事人不得随意变更、解除。此外，《民法典》第502条规定："依法成立的合同，自成立时生效，但是法律另有规定或者当事人另有约定的除外。依照法律、行政法规的规定，合同应当办理批准等手续的，依照其规定。未办理批准等手续影响合同生效的，不

① 参见唐仲清、李建伟：《解决争议条款的独立性刍议》，载《现代法学》1998年第3期。

② 参见唐仲清、李建伟：《解决争议条款的独立性刍议》，载《现代法学》1998年第3期。

影响合同中履行报批等义务条款以及相关条款的效力。应当办理申请批准等手续的当事人未履行义务的，对方可以请求其承担违反该义务的责任。依照法律、行政法规的规定，合同的变更、转让、解除等情形应当办理批准等手续的，适用前款规定。”根据本条可以得知，合同成立后生效前，合同并非不产生任何权利义务，当合同须经过报批才生效时，法律赋予了合同相对人请求报批义务人报批的权利以及在报批人不履行报批义务的情况下请求赔偿损失的权利。可见，在合同成立后生效前，合同双方当事人之间仍然可能存在争议。有疑问的是，此时合同的解决争议条款是否有效？有人认为，合同解决争议条款应该和合同的主要条款一样，经过批准等手续方才生效。有人则认为，合同解决争议条款和合同的主要条款是两种不同性质的条款，其不需要经过批准等手续才生效，而是成立即生效。因此，此时解决争议条款具有独立性，仍应有效。[①]

（三）合同无效时解决争议条款的效力

合同会因违反法律、行政法规的强制性规定，违背公序良俗或恶意串通损害他人合法权益等事由而被认定为无效。《民法典》第157条规定：“民事法律行为无效、被撤销或者确定不发生效力后，行为人因该行为取得的财产，应当予以返还；不能返还或者没有必要返还的，应当折价补偿。有过错的一方应当赔偿对方由此所受到的损失；各方都有过错的，应当各自承担相应的责任。法律另有规定的，依照其规定。”可见，合同被认定为无效后，双方当事人仍然有存在争议的可能。有疑问的是，在合同的主要条款被认定为无效的情况下，合同的争议解决条款是否也应无效？有人认为，合同的主要条款与合同的争议解决条款之间具有紧密的联系，影响合同主要条款效力的因素往往也会影响到合同的争议解决条款的效力，两者具有效力上的同一性。有人则认为，在合同的主要条款自始无效的情况下，解决争议条款依然有效的情况并非不可能。[②]例如，当合同的主要条款因违反法律、行政法规的强制性规定而无效时，合同的争议解决条款完全有可能因其程序性的特征而不被法

---

① 参见唐仲清、李建伟：《解决争议条款的独立性刍议》，载《现代法学》1998年第3期。

② 参见唐仲清、李建伟：《解决争议条款的独立性刍议》，载《现代法学》1998年第3期。

律评价为无效。因此，在合同无效的情况下，解决争议条款仍应有效。

（四）合同被撤销、解除、终止时解决争议条款的效力

合同可基于重大误解、欺诈、胁迫及显失公平等事由而被撤销。《民法典》第155条规定："无效的或者被撤销的民事法律行为自始没有法律约束力。"第157条规定："民事法律行为无效、被撤销或者确定不发生效力后，行为人因该行为取得的财产，应当予以返还；不能返还或者没有必要返还的，应当折价补偿。有过错的一方应当赔偿对方由此所受到的损失；各方都有过错的，应当各自承担相应的责任。法律另有规定的，依照其规定。"可见，合同被撤销的法律后果与合同无效的法律效果相似，因此，上述关于合同无效时解决争议条款的效力的讨论原则上也适用于合同被撤销时解决争议条款的效力。

当事人可基于约定或法定的事由解除合同（当合同为继续性合同时，则为终止合同）。《民法典》第566条规定："合同解除后，尚未履行的，终止履行；已经履行的，根据履行情况和合同性质，当事人可以请求恢复原状或者采取其他补救措施，并有权请求赔偿损失。合同因违约解除的，解除权人可以请求违约方承担违约责任，但是当事人另有约定的除外。主合同解除后，担保人对债务人应当承担的民事责任仍应当承担担保责任，但是担保合同另有约定的除外。"可见，合同被解除或终止后，仍有存在争议的可能。基于解决争议条款程序合同的本质，应该认定解决争议条款的独立性，即其效力不因合同被解除或终止而被消解。

举证责任

当争议发生时，主张适用争议解决条款的一方（如选择仲裁的方式解决纠纷、向选定的法院提起诉讼）应该提出证据证明解决争议条款的存在。

其他问题

《民法典》第567条规定："合同的权利义务关系终止，不影响合同中结算和清理条款的效力。"该条规定了合同中结算和清算条款的独立效力。结算是

指经济活动中的货币给付行为。结算的方式主要包括以下几种：银行汇票结算、商业汇票结算、银行本票结算、支票结算、汇兑、委托收款等。清算则是指对债权债务进行清点、估价和处理。清算条款主要包括清算的主体（如会计事务所、财产评估机构等）、清理的范围（如固定资产、流动资金、库存产成品等）、清理的方法（如按照政府定价还是市场价）等内容。[①]

清算条款与解决争议条款相比，具有以下共性：第一，两者都在合同终止后发挥作用（如上所述，解决争议条款不仅在合同终止时发挥作用，在合同不成立、成立未生效、无效等情况下也发挥作用）；第二，两者都具有独立性，即都在效力上独立于合同的主要条款。

而清算条款与解决争议条款之间的区别则在于：两者的功能不同。当事人约定清算条款的目的是选择合同将来的结算方式和清理的主体、范围及方法，而约定争议解决条款的目的则是将来合同双方发生争议时，选择解决争议的程序、检验、鉴定机构及适用的法律。

第五百零八条【关于合同效力的援引性条款】

本编对合同的效力没有规定的，适用本法第一编第六章的有关规定。

历史由来

本条属于新增规定。《民法典合同编（草案）》（二审稿）第299条之一规定：“本编对合同的效力没有规定的，适用总则编第六章的有关规定。”《民法典（草案）》第508条与之稍作修改，进一步明确了所引致条款的范围。

规范目的或功能

在立法的过程中，《民法典》将《合同法》中有关合同效力的一些规定吸

---

① 参见全国人民代表大会常务委员会法制工作委员会编：《中华人民共和国合同法释义》（第3版），法律出版社2013年版，第185—186页。

纳至本法总则编关于民事法律行为效力的规定中。为了避免条文的重复，在本编合同效力部分删去了与总则编关于民事法律行为效力相重复的规定。但是，合同作为法律行为的一种，自应符合民事法律行为的一般生效要件才可生效。本条的目的就是通过法律援引技术，提示法官在判定合同的效力时仍然要考虑民事法律行为的一般生效要件。

规范内容

《民法典》第一编第六章的规定包括四节：

第一节为“一般规定”，涉及民事法律行为的形式、成立生效时间等问题；

第二节为“意思表示”，涉及意思表示的发出、生效、解释等问题；

第三节为“民事法律行为的效力”，涉及民事法律行为生效的要件、无效的民事法律行为、可撤销的民事法律行为、效力待定的民事法律行为等问题；

第四节为“民事法律行为的附条件和附期限”，涉及附条件和附期限的民事法律行为等问题。

其他问题

《民法典》第11条规定：“其他法律对民事关系有特别规定的，依照其规定。”该条确立了在适用民事法律的过程中应当遵循特别法优于普通法的规则。本条的规定可视为这一规则的具体体现。合同作为民事法律行为的一种，在判定合同的效力时，应当优先适用特别法，即根据合同编关于合同效力的规则判断合同是否生效，而当特别法就特定事项未作规定时，又应当发挥一般法的补充作用，即根据总则编关于民事法律行为效力的规则来判断合同的效力。

第四章

合同的履行

第五百零九条【合同履行的原则】

当事人应当按照约定全面履行自己的义务。

当事人应当遵循诚信原则，根据合同的性质、目的和交易习惯履行通知、协助、保密等义务。

当事人在履行合同过程中，应当避免浪费资源、污染环境和破坏生态。

历史由来

本条发端于《民法通则》第88条第1款。《民法通则》第88条第1款规定："合同的当事人应当按照合同的约定，全部履行自己的义务。"《合同法》第60条对这一规定进行了改进，规定了两款：（1）当事人应当按照约定全面履行自己的义务。（2）当事人应当遵循诚实信用原则，根据合同的性质、目的和交易习惯履行通知、协助、保密等义务。其中第1款不仅对《民法通则》第88条第1款的表述进行了简明化，而且将"全部"修改为"全面"，将债务人的履行义务表述得更为准确；第2款则属新增，是对债务人附随义务的规定。《民法典合同编（草案）》（征求意见稿）第50条在继承《合同法》第60条规定的基础上，在其第2款增加了"保护"的附随义务，但《民法典合同编（草案）》（一审稿）第300条又删除了"保护"义务，同时在该款增设了"节约资源、减少污染"的义务，首次将绿色原则的内容体现在合同履行的条文中。《民法典合同编（草案）》（二审稿）第300条对此条进行了进一步调整，在恢复《合同法》第60条两款规定的同时，增设第3款："当事人在履行合同过程中，应当避免损害生态环境和浪费资源。"这一修改，不仅是将原来形式上的两款修改为三款，而且对债务人在遵守绿色原则方面的义务的表述也发生了明显变化，将"节约"、"减少"等带有积极行为色彩的措辞修改为"避免"这一消极面向的措辞，将"污染"修改为"损害生态环境"，使义务的内容也发生了变化；此外，将此等义务从第2款的附随义务中独立出来，对该等义务的定性更为准确，因为此等义务更多属于社会公共利益，其权利主体不特定，并非仅对相对人所负义务，而附随义务仍属直接对相对人所负义务。《民法典（草案）》第509条则在二审稿的基础上将第3款的表述修改为："当事人在履行合同过程中，应当避免浪费资源、污染环境和破坏生态。”将原有表述中的“损害生态环境”修改为“污染环境和破坏生态”，进一步明确和丰富了该义务的内容，因为“生态环境”虽然也包括生态和环境两个关键词，但这两个词组合在一起则主要指生态，《民法典（草案）》第509条将之分解为“污染环境”和“破坏生态”，在措辞上更为准确，在内容上更为丰富。

规范目的或功能

本条是关于合同履行的基本原则的规定，相对于《民法典》所规定的民法基本原则而言，本条属于一般原则，对当事人履行合同义务具指导意义，在当事人没有约定、法律没有规定的情况下，对法官判定当事人是否合理履行了合同义务具辅助功能。其中第1款规定了全面履行原则；第2款规定了诚信履行原则，是对作为民法基本原则的诚信原则的进一步强调和一定程度的具体化，也是合同履行中当事人负担附随义务的法律依据；第3款是对作为民法基本原则的绿色原则的进一步强调，由此，绿色原则也成为合同履行的一般原则。

规范内容

一、全面履行原则

全面履行原则的含义较为丰富。一方面，它表明合同应当被当事人遵守，合同义务应当得到履行，正是从这个角度，可以称之为“合同严守”原则；另一方面，它不仅意味着当事人应当依据合同约定履行“全部”义务，而且包含适当、正确履行的意思，从这个角度而言，可以将之称为“适当履行原则”或者“正确履行原则”。

从合同应当得到遵守的角度而言，除非出现法律有明确规定的情形，比如《民法典》第533条第1款规定的情势变更、第563条第1款第1项规定的不可抗力导致合同目的无法实现等情形，当事人应当严格按照合同约定履行其义务，违反合同义务应当承担违约责任，而且《民法典》第577条所规定的继续履行的违约责任，要求债务人在不履行或履行不符合约定的情况下继续按照合同约定履行其义务，是以责任的方式进一步维护合同严守原则。

从履行的适当性而言，要求债务人按照合同约定的当事人、标的、数额、质量、时间、地点、履行方式等全方位地妥当履行。

二、诚信履行原则

即在合同履行的过程中，当事人应当遵守诚信原则，信守双方之间的约定，不欺诈，不作伪，不恶意促成变更或解除合同的条件，不恶意行使合同履行抗辩权或其他抗辩权等。债务人不应因怠于行使自己对第三人的权利，或者不当处分自己的财产而造成相对人损失，债权人不应滥用权利，或者向债务人提出过分的要求。诚信履行原则的这些要求，有些已经在本法典的一些条文中进行了具体规定，是对本原则的具体化。作为履行的一般原则，应遵循法律适用的一般规则，即在有具体规定时，不能援用原则性规定作为判案依据，只有在没有法律规定，当事人又没有约定的情况下，方可援用诚信履行原则对当事人的履行行为进行判断。

此外，基于诚信原则，本条第2款还明确规定了合同当事人应当根据合同目的、性质和交易习惯履行通知、协助、保密等义务，学说上称为附随义务。此等义务为法定义务，无需当事人约定。其中“通知”，即在合同履行过程中，当事人应将对合同有较大影响的事项、情况告知对方，以便对方有所准备，作出应对。“协助”，即当事人在合同履行过程中，应配合对方履行义务和行使权利，以利于双方合同目的能顺利实现。“保密”，即在合同履行过程中对属于对方当事人的商业秘密、个人信息等尽到善良管理人的义务，不仅不能自己非法使用，而且不得泄露给他人。事实上，不仅在合同履行中应尽到保密义务，在缔约洽谈到合同终止后的整个过程中都应尽到该义务。

三、绿色履行原则

这一原则是我国《民法典》的创新，目的在于降低资源消耗，减少环境污染，维护生态平衡，谋求可持续发展。绿色履行原则作为履行的一般原则，具有原则性规定的一般特征，即其内容具有抽象性和不确定性，由于这一原则规定属于新设规定，比较法上亦无可参考的实践做法和理论研究，其内涵尚有待借助于司法实践逐步丰盈。就合同的履行环节而言，这一原则在合同法领域更多的是具倡导意义，一般而言不会存在违约责任的问题，但可能需要承担侵权责任，比如，如果履行时造成环境污染或生态破坏，则可能需要根据《民法典》第1229条以下承担侵权责任。

就“避免浪费资源”而言，要求当事人在履行合同时，以履行合同之必要为原则，尽量减少资源的消耗。这里的资源应作相对广义解释，而不仅指直接来源于自然界的资源，也包括对原材料进行过一定加工的产品。比如因为过度包装消耗高级木料制成的板材等。

就“避免污染环境和破坏生态”而言，主要是倡导当事人在履行合同的过程中，不仅应当避免因为污染环境或破坏生态而达到构成侵权的程度，而且应当尽量避免给环境和生态造成负担。

第五百一十条【合同没有约定或者约定不明的补救措施】

合同生效后，当事人就质量、价款或者报酬、履行地点等内容没有约定或者约定不明确的，可以协议补充；不能达成补充协议的，按照合同相关条款或者交易习惯确定。

历史由来

本条发端于《民法通则》第88条第2款所作“合同中有关质量、期限、地点或者价款约定不明确，按照合同有关条款内容不能确定，当事人又不能通过协商达成协议的……”这一规定。其中“按照合同有关条款内容不能确定，当事人又不能通过协商达成协议的”这一表述，说明合同当事人对有关事项约定不明而无法确定时，首位的补救措施是借助于合同有关条款进行解释，然后才是通过当事人协商达成协议。《合同法》第61条修改了这一规则：“合同生效后，当事人就质量、价款或者报酬、履行地点等内容没有约定或者约定不明确的，可以协议补充；不能达成补充协议的，按照合同有关条款或者交易习惯确定。”这一规定正确地将适用范围扩展至“没有约定”的情形，而且将补救的第一途径修改为当事人协商，而作为第二补救途径的解释，其依据除“合同有关条款”外，还增加了“交易习惯”。《民法典合同编（草案）》（征求意见稿）第51条完全继承了《合同法》第61条的规定，《民法典合同编（草案）》（一审稿）第301条将该条后段修改为“不能达成补充协议的，按照合同有关条款、合同性质、目的或者交易习惯确定”，将“合同性质、目的”作为解释依据，《民法典合同编（草案）》（二审稿）第301条对一审稿未作修改。《民法典（草案）》第510条在一审稿的基础上将该条后段的表述修改为：“不能达成补充协议的，按照合同有关条款、合同性质、合同目的或者交易习惯确定。”在“目的”前面增加了“合同”二字，这一修改使条文表述更符合语法规则，也使解释依据更为明确，可以避免不必要的误解，因为如果将“目的”与其他几个解释依据通过顿号并列，且置于“合同有关条款”、“合同性质”之后，“交易习惯”之前，将使“目的”的指向不明确。不过本条正式条文将《民法典（草案）》第510条后段修改为“不能达成补充协议的，按照合同相关条款或者交易习惯确定”，一是在解释依据上删除了“合同性质”和“合同目的”，恢复了《合同法》第61条的表述，二是将“有关”改为“相关”。

规范目的或功能

本条适用于已经成立和生效、进入履行阶段的合同，旨在对当事人没有约定或者约定不明确的合同内容指引基本的补充和确定方法，以便于当事人履行合同。用尽本条所指引的方法仍然不能确定合同内容，是援引《民法典》第511条对合同进行补充解释的前提。本条将“协议补充”作为首要方案，是对当事人意思自治的充分尊重，也是合同自由原则的具体体现。在当事人无法达成协议时，根据合同相关条款或交易习惯确定合同相关内容，为对合同中没有约定或约定不明确的内容提供了确定依据。

规范内容

一、协议补充

从行为的角度而言，合同是当事人通过自己的意思表示确定双方之间权利义务的行为，从制度的角度而言，合同是实现意思自治的重要制度设计。基于这样一种认识，在当事人就有关内容在合同中没有约定或约定不明时，应当尊重当事人的意思，首先由他们对有关内容通过协商达成协议加以补充，公权力不宜过早、过多干涉。

二、按照合同相关条款或者交易习惯确定

有些情况下，当事人就没有约定或约定不明的内容无法达成一致时，从促进交易的角度出发，不宜因为当事人就这些内容无法达成协议便废止已经生效的合同，因此需要对这些内容予以明确，以利于当事人履行。虽然当事人在协议补充阶段也可以依据合同相关条款或交易习惯进行协商，但从"不能达成补充协议的"这一表述来看，本条后段的规定主要是为裁判机关提供指引，同时也说明，在裁判机关介入对合同未约定或约定不明确的内容进行确定之前，应当首先由当事人进行协商，只有在双方当事人不能达成协议时，裁判机关基于当事人的起诉或提起仲裁方可介入。

"按照合同相关条款"确定，即在确定合同未约定或约定不明确的内容时，应根据该合同中与待决内容相关的合同条款对合同未明事项加以确定。相关条款也属于合同条款，是当事人意思表示一致的结果，体现了双方当事人的意志，根据相关条款确定合同中的未明事项，本质上属于对当事人意思表示的解释，应当遵循对当事人意思表示进行解释的原则和规则。合同中的诸多事项之间可能存在一定的关联性，因此有些时候可以通过对相关条款的审查和解释，了解到合同订立时当事人对未明事项的意思。如果能够从该合同相关条款的规定中合理解释出当事人对未明事项的意思，法院就可以将之认定为当事人在订立合同时对未明事项的合意，确定为合同内容。

"按照交易习惯"确定，有两方面的含义：一是，在根据合同有关条款确定合同未明事项时，可以同时参考交易习惯，此时应以合同相关条款为主要依据，交易习惯起辅助作用；二是，在根据合同相关条款无法确定未明事项，特别是根本不存在与合同未明事项相关的条款时，可以根据交易习惯加以确定。这里的交易习惯，除某一领域交易中的通常做法外，也包括当事人双方交易惯例。但在将某一领域通常做法作为确定合同内容的依据时，应考虑这一通常做法对双方当事人的可适用性，特别是将某一方当事人在同类交

易中的通常做法适用于相对人时，应考虑相对人是否具有同等的谈判能力，对于与该相对人处于同一处境的一般社会公众对该交易习惯的可认识度和可接受度。

第五百一十一条【合同约定不明时的履行规则】

当事人就有关合同内容约定不明确，依据前条规定仍不能确定的，适用下列规定：

（一）质量要求不明确的，按照强制性国家标准履行；没有强制性国家标准的，按照推荐性国家标准履行；没有推荐性国家标准的，按照行业标准履行；没有国家标准、行业标准的，按照通常标准或者符合合同目的的特定标准履行。

（二）价款或者报酬不明确的，按照订立合同时履行地的市场价格履行；依法应当执行政府定价或者政府指导价的，依照规定履行。

（三）履行地点不明确，给付货币的，在接受货币一方所在地履行；交付不动产的，在不动产所在地履行；其他标的，在履行义务一方所在地履行。

（四）履行期限不明确的，债务人可以随时履行，债权人也可以随时请求履行，但是应当给对方必要的准备时间。

（五）履行方式不明确的，按照有利于实现合同目的的方式履行。

（六）履行费用的负担不明确的，由履行义务一方负担；因债权人原因增加的履行费用，由债权人负担。

历史由来

本条是对《民法通则》第88条第2款的继承和完善。《民法通则》第88条第2款的补充解释规则包括四项：“（一）质量要求不明确的，按照国家质量标准履行，没有国家质量标准的，按照通常标准履行。（二）履行期限不明确的，债务人可以随时向债权人履行义务，债权人也可以随时要求债务人履行义务，但应当给对方必要的准备时间。（三）履行地点不明确，给付货币的，在接受给付一方的所在地履行，其他标的在履行义务一方的所在地履行。（四）价格约定不明确，按照国家规定的价格履行；没有国家规定价格的，参照市场价格或者同类物品的价格或者同类劳务的报酬标准履行。”

《合同法》第62条在继承这一规定的基础上进行了完善。一是调整了原有四个方面补充解释规则的顺序，即将原来按质量、履行期限、履行地点、价格这一顺序，调整为质量、价款或报酬、履行地点、履行期限，这一顺序更为合理。二是增设了履行方式、履行费用的补充解释规则，即“（五）履行方式不明确的，按照有利于实现合同目的的方式履行。（六）履行费用的负担不明确的，由履行义务一方负担”。三是对原有的四项补充解释规则进行了完善：其一，对于质量要求不明确的，解释规则修改为“按照国家标准、行业标准履行；没有国家标准、行业标准的，按照通常标准或者符合合同目的的特定标准履行”，将行业标准作为国家标准之后的补充解释依据，同时，将“符合合同目的的特定标准”纳入通过补充解释确定合同标的物质量的依据；其二，针对《民法通则》中“价格”的补充解释规则，一方面将这一表述修改为“价款或者报酬”，另一方面完全改变了《民法通则》中带有一定计划经济痕迹的价格确定规则，修改为“按照订立合同时履行地的市场价格履行；依法应当执行政府定价或者政府指导价的，按照规定履行”，更符合市场经济的需要；其三，对于履行地点不明确的，增设了标的物为不动产的履行地点确定规则，即“给付货币的，在接受货币一方所在地履行；交付不动产的，在不动产所在地履行；其他标的，在履行义务一方所在地履行”，将不动产与动产的履行地点确定规则进行了区分；其四，对于履行期限，仅作了个别文字改动，无实质性修改。

《民法典合同编（草案）》（征求意见稿）第52条基本继承了《合同法》第62条的规定，仅将该条第6项修改为：“履行费用的负担不明确的，由履行义务一方负担，但因债权人原因增加的履行费用，由债权人负担。”增设了一个但书规则，使这一补充解释规则更为合理。《民法典合同编（草案）》（一审稿）第302条又在“征求意见稿”的基础上，对该条第1项进行了完善，修改为“质量要求不明确的，按照强制性国家标准履行；没有强制性国家标准的，按照推荐性国家标准履行；没有推荐性国家标准的，按照行业标准履行；没有国家标准、行业标准的，按照通常标准或者符合合同目的的特定标准履行”。这一修改非常必要，一方面将国家标准区分为强制性标准和推荐性标准，确定了其作为解释依据的顺位关系，另一方面明确了国家标准和行业标准作为解释依据的顺位关系。《民法典合同编（草案）》（二审稿）第302条对此未作实质性修改，仅将第6项修改为“履行费用的负担不明确的，由履行义务一方负担；因债权人原因增加的履行费用，由债权人负担”，将“但”字删除，并将其前面的逗号改为分号，规则内容上没有实质性变化。《民法典（草案）》第511条对此未再作修改，保持了二审稿的原文。

规范目的或功能

本条是合同内容约定不明确时，对合同内容进行补充解释的基本规则，在体系上，是《民法典》第510条的补充，只有根据第510条仍然无法确定合同内容时，方可适用本条的规定。本条的直接目的在于借助这些规则确定合同相关内容，明确当事人之间的权利义务关系。法条背后的基本考量与第510条基本相同，即通过确定已生效合同的具体内容，便于当事人履行合同，最终达到促进交易的目的。

规范内容

一、本条的适用前提

在满足以下三个要件时，方可适用本条规定：

第一，当事人之间的合同已经成立、生效。这一要件虽然没有在条文中明确表述出来，但从本条所处位置来看，位于合同编通则分编第四章“合同的履行”之下，既然合同到了履行阶段，当然是合同已经成立和生效了。

第二，“当事人就有关合同内容约定不明确”。尽管本条表述为约定不明确，但也应当包括没有约定的情形。

第三，“依据前条规定仍不能确定”。这一规定明确表明了本条与第510条之间的适用关系，即只有在依据第510条仍然无法确定合同内容时，方有本条适用的空间。

二、质量要求的确定

本条第1项对当事人就合同标的物质量要求没有约定或约定不明确的情形，明确规定了补充解释的依据及各依据之间的顺位关系，即有强制性国家标准的，按照强制性国家标准履行；没有强制性国家标准的，按照推荐性国家标准履行；没有推荐性国家标准的，按照行业标准履行；没有国家标准、行业标准的，按照通常标准或者符合合同目的的特定标准履行。

根据《标准化法》的规定，标准分为强制性国家标准、推荐性国家标准、行业标准、地方标准、团体标准、企业标准等，①而且根据《标准化法》第21条第1款的规定："推荐性国家标准、行业标准、地方标准、团体标准、企业标准的技术要求不得低于强制性国家标准的相关技术要求。"换言之，国家强制性标准实际上是这些标准中对质量要求最低的标准。

在对本条第1项的理解和适用上，有些情况下还应根据案件具体情况，结合《民法典》第509条所规定的履行的基本原则，对合同中的质量要求进行补充。比如，在有国家强制性标准，也有地方标准的情况下，如果严格按照本项规定处理，应依国家强制性标准履行；但因为地方标准是"为满足地方自然条件、风俗习惯等特殊技术要求"而制定的，如果依国家强制性标准履行，可能给当地造成生态破坏或违反当地风俗习惯，在不能依据《民法典》第510条确定质量要求的情况下，宜按地方标准履行。

关于"通常标准"，指与合同标的物的种类、规则等相同的标的物在日常交易中通常所采用的标准，依国际惯例，当事人在履行时，提供满足此类通常标准的中等品质的标的物即可。

三、价款或者报酬的确定

（一）市场价格、政府定价和政府指导价的关系

《价格法》第3条规定了三种价格，即市场调节价、政府指导价和政府定价。其中市场调节价是指由经营者自主制定，通过市场竞争形成的价格；政

---

① 关于这些标准具体针对何种情况、由谁制定等，参见《标准化法》第10条以下。

府指导价，是指依照《价格法》的规定，由政府价格主管部门或者其他有关部门，按照定价权限和范围规定基准价及其浮动幅度，指导经营者制定的价格；政府定价，是指依照《价格法》的规定，由政府价格主管部门或者其他有关部门，按照定价权限和范围制定的价格。本条第2项所称政府定价和政府指导价，即指《价格法》第3条所定义的该等价格。本条第2项所规定的“市场价”，应属于《价格法》第3条所定义的“市场调节价”的范畴，但这里的市场价与《价格法》第3条所规定的“市场调节价”又有所区别：这里的市场价虽然也是“由经营者自主制定”，而且是在市场竞争中形成，但这里的“市场价”应是指在某一特定地域的特定时间内，经营者通过市场竞争形成的当时、当地的平均价格，而不是某一个经营者制定的价格，更不是某一方当事人制定的价格。

随着我国市场经济的发展，大多数商品和服务价格实行市场调节价，极少数商品和服务价格实行政府指导价或者政府定价。但如果合同标的正好是依法应当适用政府定价或政府指导价的，只能根据该政府定价或政府指导价履行。除法律规定必须采用政府定价或政府指导价的标的外，其他标的按市场价格履行。

（二）合同订立时履行地的市场价格

由于不同的时间点、不同的地域，标的物市场价格也很可能不一样，因此，仅规定按市场价格履行，实际上仍然没有最终确定合同标的的价款和报酬。本条第2项将合同订立时履行地的市场价格作为合同的履行依据。

将合同订立时的价格作为确定依据，实质上是基于对当事人意思的推定，本质上属于对当事人意思表示的解释，因为合同当事人通常是依据当时的市场情况决定订立合同，从而作出意思表示的，因此以合同订立时市场价格作为依据确定合同价款或报酬，有其合理性。这一规定也与《联合国国际货物销售合同公约》第55条的规定基本一致：“如果合同已有效地订立，但没有明示或暗示地规定价格或规定如何确定价格，在没有任何相反表示的情况下，双方当事人应视为已默示地引用订立合同时此种货物在有关贸易的类似情况下销售的通常价格。”

将合同履行地作为合同价款或报酬的确定依据，一方面是因为合同价款或报酬的确定必须要以一个地点的价格为准，需要作出一种选择；另一方面也是考虑到价格的合理性和法律体系的一致性，特别是当合同标的物为不动产时，以不动产所在地的市场价格来确定合同价款显然较为合理，而根据本条第3项的规定，在合同未约定履行地点的情况下，“交付不动产的，在不动产所在地履行”，本条第2项将合同履行地作为价款或报酬的确定依据，能将合同价款或报酬的确定规则与合同履行地点的确定规则较好地协调起来。

四、履行地点的确定

本条第3项根据合同标的的不同，确定了不同的履行地点。如果合同对履行地点未作约定或约定不明确，给付货币的，在接受货币一方所在地履行；交付不动产的，在不动产所在地履行；其他标的，在履行义务一方所在地履行。需要注意的是，如果买卖合同中双方当事人对标的物的交付地点没有约定或者约定不明确的，应首先依据《民法典》第603条确定交付地点，相对于本项规则而言，第603条属于特别规则，应优先适用。

对于当事人既没有约定履行地点，也没有约定价款或报酬的，应当先确定履行地点，再确定履行价格或报酬，因为价格或报酬的确定，有赖于履行地点的确定。

五、履行期限的确定

根据本条第4项的规定，合同履行期限不明确的，债务人可以随时履行，债权人也可以随时请求履行，但是应当给对方必要的准备时间。

这里的“随时”，指合同生效之后的任意时间。虽然已经成立的合同对当事人有一定的拘束力，但如果合同尚未生效，合同中规定的权利义务尚未成为当事人现实的权利和义务，债权人尚不享有请求权，无权主张债务人履行，债务人也无权履行，债权人受领则构成不当得利。另外，如果生效前即可履行，由于合同的效力最终如何尚不确定，如果债务人在此时履行，一旦合同无效，将会产生返还义务，增加债权人负担；即使合同因为附期限暂时尚未生效，但债务人在合同生效之前履行也可能打乱债权人的计划，增加仓储、保管等负担。因此，这里的“随时”只能是合同生效后的任意时间。

合同生效后，虽然债权人可以随时请求债务人履行，债务人也可以随时履行，但因为合同中没有明确具体履行时间，如果债权人一旦向对方作出履行请求便要求对方立即履行，或者债务人事先不通知债权人就直接履行，无论是对债务人还是对债权人而言，都可能会造成很大不便。因此无论是债务人履行还是债权人请求债务人履行，都应当给予对方必要的准备时间。必要的准备时间是多长，需根据合同具体情况，特别是合同标的的特征来确定。

六、履行方式的确定

履行方式即当事人履行合同的方法、形式、手段等，其外延较广。比如，是一次履行还是分期履行，是向债权人履行还是向第三人履行，是债务人亲自履行还是可以由第三人履行，是往取履行、赴偿履行还是送付履行，①是陆运履行、水运履行、空运履行还是多式联运履行，是通过平信、挂号信、快递履行还是通过网络传输履行等，都属于履行方式的范畴。有些履行方式，还对履行地点、履行费用的确定有影响。比如，在没有法律特别规定或当事人约定的情况下，在往取履行，履行地点通常在标的物所在地，运输费用及标的物风险费用应由收取标的物一方负担；在赴偿履行，履行地点通常在收取标的物一方所在地，运送费用、标的物风险等应由提供标的物一方负担。

对于履行方式不明确的，根据本条第5项的规定，按照有利于实现合同目的的方式履行。这一规定较为模糊，有授权性规范的属性，需由法官根据具体案件情况判断合同目的，以及何种履行方式“有利于”合同目的的实现。对于“有利于”合同目的实现如何理解，值得推敲，在很多情况下，多种履行方式均可实现合同目的，但有的履行方式可能刚好可以实现合同目的，有的履行方式可能可以使合同目的更有保障地实现，还有的方式可能可以使合同目的又快又好地实现，如果完全从“有利于”这个词的文义来看，就应该采用对合同目的实现而言最好的履行方式，但如果这样，一方面可能会给承

---

① 关于往取之债、赴偿之债和送付之债的概念，参见朱广新：《合同法总则》（第二版），中国人民大学出版社2012年版，第347页；亦可参见史尚宽：《债法总论》，中国政法大学出版社2000年版，第240页以下。

担履行义务的一方当事人造成较大负担，另一方面还可能造成某种“过度”，造成更多资源消耗，从而不符合《民法典》第509条第3款的绿色原则。因此，在对有利于合同目的实现的把握上，需综合考量合同目的、债务人负担的合理性以及合同履行的基本原则之间的关系。

七、履行费用负担的确定

履行费用，指履行债务所必要的开支，一般包括包装费、运送费、汇费、登记费、通知费等；履行费用包括固有的履行费用和增加的履行费用，前者指一般情形下履行债务所必要的费用，后者指由于特别的事由而增加的费用。[①]本条第6项前段和后段分别对固有的履行费用和增加的履行费用的负担作了规定。

对于固有的履行费用的负担不明确的，本条第6项前段规定，由履行义务一方负担。比如在当事人约定由出卖人代办托运的情况下，如果对运费没有约定，由于出卖人仅是为买受人代为办理托运，出卖人将货物送交第一承运人时其义务已经履行完毕，运送该货物所产生的费用应由买受人承担。需要注意的是，本条第6项前段所称“履行义务的人”，指合同当事人中约定的义务履行人，而非与本合同权利义务无关的第三人。以前举案例为例，看起来运送义务由承运人承担，但该承运人是通过另外一个运输合同负担运输义务，对于该买卖合同而言属于第三人，并非本规定所称承担“履行义务的人”；另外，之所以说该笔运费应由买受人承担，是因为该笔运费是其履行受领义务所生，买受人是履行受领义务的人。

对于增加的履行费用的负担不明确的，本条第6项后段规定，因债权人原因增加的履行费用，由债权人负担。根据本规定之文义，只有因债权人原因导致的履行费用增加部分，方由债权人承担。如果因为债务人自己的原因造成履行费用增加的，当然应由债务人自己承担，此无疑义。但如果因不可归责于双方当事人的原因造成履行费用增加，是否一概由债务人承担，值得推敲。如果因为发生不可抗力事件等不可归责于双方当事人的原因，使履行费用增加，满足情势变更构成要件的，可适用《民法典》第533条关于情势变更

---

① 参见韩世远：《合同法总论》（第四版），法律出版社2018年版，第359页。

的规则，由双方当事人就增加部分的履行费用进行协商分担；如果是因为第三人的原因造成履行费用增加的，不应影响本合同的费用负担，债务人承担履行费用后，可就增加部分的费用向该第三人主张赔偿。

第五百一十二条【电子合同中交付的时间】

通过互联网等信息网络订立的电子合同的标的为交付商品并采用快递物流方式交付的，收货人的签收时间为交付时间。电子合同的标的为提供服务的，生成的电子凭证或者实物凭证中载明的时间为提供服务时间；前述凭证没有载明时间或者载明时间与实际提供服务时间不一致的，以实际提供服务的时间为准。

电子合同的标的物为采用在线传输方式交付的，合同标的物进入对方当事人指定的特定系统且能够检索识别的时间为交付时间。

电子合同当事人对交付商品或者提供服务的方式、时间另有约定的，按照其约定。

历史由来

本条来源于《电子商务法》第51条的规定，以回应信息网络交易的发展。《电子商务法》第51条针对信息网络交易中的交付时间和交付方式拟定了三款规定："合同标的为交付商品并采用快递物流方式交付的，收货人签收时间为交付时间。合同标的为提供服务的，生成的电子凭证或者实物凭证中载明的时间为交付时间；前述凭证没有载明时间或者载明时间与实际提供服务时间不一致的，实际提供服务的时间为交付时间。合同标的为采用在线传输方式交付的，合同标的发送至进入对方当事人指定的特定系统并且能够检索识别的时间为交付时间。合同当事人对交付方式、交付时间另有约定的，从其约定。"《民法典合同编（草案）》（征求意见稿）第53条吸收了这一规定，《民法典合同编（草案）》（一审稿）第303条对此未做实质修改，仅删除了第1款中的一个"所"字，删除了第2款中的"一方"二字，这两处修改在内容上没有实质变化，仅使语言更为简洁；另外，将第3款中的"从其约定"修改为"按照其规定"，这一表述更为平民化。《民法典合同编（草案）》（二审稿）第303条将“征求意见稿”中的第2款后段修改为：“合同标的进入对方当事人指定的特定系统并且能够检索识别的时间为交付时间。”这一修改有其必要，不仅是文字表述上的简化，而且更能满足信息网络交易中可能出现的各种交付情形，比如在第三人履行的情形下，交付行为并不一定是原有表述中“承担交付义务的当事人一方”直接所为。《民法典（草案）》第512条未对本条进行修改，但本条正式条文对二审稿作了三处修改：一是将第1款第2句前段中的“交付时间”修改为“提供服务时间”；二是将第1款第2句后段的“实际提供服务的时间为交付时间”修改为“以实际提供服务的时间为准”；三是将第3款修改为“电子合同当事人对交付商品或者提供服务的方式、时间另有约定的，按照其约定”。这三处修改主要是针对提供服务的情形而作出的，目的可能在于使法条表述更为准确，因为通常而言，债的标的（给付）可以是提供服务的行为，而交付的客体通常指标的物。

三、规范目的或功能

随着信息网络的发展，网上交易日益频繁，不仅限于通过信息网络订立合同，而且有些合同的履行直接在网络上完成。为应对这种日益常态化的交易形态，本条对通过信息网络所订立的合同的履行专门作了规定，以明确此类合同中交付或提供服务的确切时间，便于界定双方当事人权利、义务和各种负担的时间界点。从本条规则的内容来看，在一定程度上可以起到保护消费者的作用。

从体系上看，相对于《民法典》第511条第3项的规定而言，本条属特别规定。另外，虽然本条位于合同编第一分编“通则”之下，但由于是关于信息网络合同中履行问题的专门规定，因此相对于合同编第二分编中的各种典型合同的规则而言，如果这些典型合同的规则中没有针对信息网络合同履行问题的专门规定，关于交付或提供服务的时间点的认定，应适用本条规定。

规范内容

一、按传统方式给付的时间点确定（第1款）

对于通过信息网络订立的电子合同，从其履行方式来看，有的通过传统物流方式履行，有的直接在网络上完成履行。本条第1款对按传统方式履行时交付或提供服务的时间点作了规定。

（一）商品的交付

根据本条第1款第1句的规定，通过互联网等信息网络订立的电子合同的标的为交付商品并采用快递物流方式交付的，收货人的签收时间为交付时间。这一规定虽然主要是为了确定交付的时间，但同时也变相地确定了履行地点，即收货人所在地。另外，这里的“采用快递物流方式”宜作广义解释，因为，虽然现在的网上商品交易绝大部分采用快递物流的方式履行，但并不排除有些经营者采用其他传统方式运送货物，而且这里的“采用快递物流方式”主要是为了区别于本条第2款的“在线传输方式”。

在当事人没有约定或约定不明确的情况下，本条第1款第1句的规定与《民法典》第511条第3项和《民法典》第603条第2款第1项确定的规则不同：

第一，适用本条第1款第1句的规定，不以根据《民法典》第510条仍然不能确定履行地点为前提，而后面两项规定，均以根据《民法典》第510条仍然不能确定履行地点为前提。

第二，交付时间和地点的确定规则不同。根据本条第1款第1句的规定，收货人的签收时间为交付时间，相应地，履行地点应认定为收货人所在地。而根据《民法典》第511条第3项的规定，履行地点在履行义务一方所在地，而非收货人所在地，交付时间应为在义务人所在地将标的物交付给债权人的时间，或者债务人将标的物提存的时间。《民法典》第603条第2款第1项与第511条第3项的基本规则没有本质冲突，只是对标的物需要运输的情形作了特别规定，原则上其履行地仍然是义务人所在地，交付的时间则为将货物交给第一承运人的时间；当然，也不排除货物并不在债务人所在地的情形，于此情形，应以货物所在地或债务人将货物交给第一承运人的地点作为履行地点。

本条第1款第1句将收货人签收的时间和地点作为履行的时间和地点，有其合理性：第一，一般而言，信息网络上的经营者身处何地、合同标的位于何处，相对人并不知晓，而与该经营者订立合同的当事人很多时候也并不是收货人，将收货人的签收时间和地点作为交付的时间和地点，有利于将问题简单化。第二，更重要的考虑是，通过信息网络与经营者订立合同的当事人多数情况下为消费者，将收货人签收的时间和地点作为交付的时间和地点，意味着标的物风险也在收货人签收时方移转给收货人，有利于保护消费者。

（二）服务的提供

如果通过信息网络订立的电子合同的标的不是商品，而是提供服务，根据本条第1款第2句的规定，提供服务的时间一般为生成的电子凭证或者实物凭证中载明的时间；如果前述凭证没有载明时间或者载明时间与实际提供服务时间不一致的，以实际提供服务的时间为准。换言之，提供服务的时间，以债务人向合同中约定的受领服务的人实际提供服务的时间为最终确定依据。

这里的“服务”主要与“商品”相对，因此其外延较广。服务可以分为一次性服务，比如提供一次对某种设备的远程操作指导，以及继续性服务，比如在一定期间内持续提供对某种设备的远程维护。服务时间点的确定，对继续性服务更为重要，因为它可能决定着服务期间的起算点。

在实践中，实际提供服务的时间可能很难确定，比如甲、乙双方约定，甲为乙的某设备提供为期1年的远程维护服务，但未约定起算的时间点，这种设备并不是每天都需要维护，只有在出了故障的情况下才需要进行维护，如果双方的合同生效后半年，甲才第一次为乙实际提供了维护。在这种情况下，如果以“实际提供服务的时间”作为提供服务的时间，从而决定服务期间的起算点，可能并不妥当，因为这种维护服务的目的，是为将来可能发生的设备故障提供及时维修保养，以免因设备故障影响工作，合同签订以后，甲方一直处于随时准备为乙方提供实际维护服务的状态。因此，对于如何认定“实际提供服务的时间”，需要根据合同具体情况而定。

二、通过在线传输方式交付（第2款）

（一）单纯的标的物在线传输

有些合同不仅通过信息网络订立，而且也通过网络在线履行，直接将标的物在线传输给对方当事人，比如某甲通过网络从乙经营者那里购买某本电子图书，乙按合同将该电子图书在线传输给甲。关于这种合同的交付时间，本条第2款进行了规定，即“合同标的物进入对方当事人指定的特定系统且能够检索识别的时间为交付时间”。严格而言，在理论上，这一规定中的“标的”应指“标的物”，买卖合同中的标的是交付标的物的行为，与债务关系中的客体（给付）对应。

采用在线传输方式履行的合同，其交付时间点的确定规则，与《民法典》第137条第2款关于采用数据电文作出意思表示的规则有所不同：第一，对于意思表示，相对人指定了特定系统的，数据电文进入该指定的特定系统时生效，未指定特定系统的，相对人知道或者应当知道该数据电文进入其系统时生效，换言之，在相对人没有指定特定系统时，表意人可以将意思表示发给相对人的任何一个系统；但对于交付，只能将标的物传输进入相对人指定的特定系统。第二，同样在相对人指定了特定系统的情况下，对于意思表示，只要该意思表示进入该特定系统即生效；而对于交付而言，不仅标的物需进入该特定系统，而且需要该标的物能够在此特定系统中检索识别。

（二）标的物在线传输与提供服务的叠加

从本条第1款措辞上的修改过程来看（参见本条评注“历史由来”部分），立法者将“交付”和“提供服务”进行了区分，交付仅针对向对方提供服务之外的标的物的情形。在实际生活中，有时候在同一个合同中，一方当事人既负有在线将标的物传输给相对人的义务，又负有向对方提供服务的义务，一般而言，标的物的交付时间和服务提供的时间分别根据本条第2款和本条第1款第2句确定即可。如果这两项义务关联度不高，则对这两项义务其中任何一个义务的违反，并不影响对另外一个义务的履行；如果这两项义务有较大的关联度，甚至紧密相关，则对一个义务的违反则可能严重影响对另外一个义务的履行，甚至对债权人而言没有意义。比如，甲急需一套办公软件处理工程投标事宜，通过信息网络与乙签订合同，由乙向甲提供一套该办公软件及软件使用密匙，并提供该软件的安装调试、使用培训和后期维护、升级等，乙根据合同约定将该软件及密匙传输到债权人指定的特定系统后，并未及时提供相应服务，或者虽然提供了使用培训服务，但未将该软件及其密匙传输到指定的系统，均可能导致甲错过投标截止时间。针对这样的情形，标的物的交付时间和服务的提供时间仍然应当分别根据上述规定确定，违反某一义务对另一义务的影响，实际上属于违约（违反其中某一项义务）对合同的影响，应根据《民法典》第563条以下、第577条以下处理。

三、当事人关于履行方式的约定

本条第1款和第2款的规定，仅在当事人没有约定或约定不明确的情况下适用，如果当事人对交付商品或者提供服务的方式、时间等另有约定的，应当按照其约定履行。

第五百一十三条【执行政府定价或者政府指导价的价格调整】

执行政府定价或者政府指导价的，在合同约定的交付期限内政府价格调整时，按照交付时的价格计价。逾期交付标的物的，遇价格上涨时，按照原价格执行；价格下降时，按照新价格执行。逾期提取标的物或者逾期付款的，遇价格上涨时，按照新价格执行；价格下降时，按照原价格执行。

历史由来

本条是对《合同法》第63条的继承。《民法典合同编（草案）》（征求意见稿）第54条、《民法典合同编（草案）》（一审稿）第304条、《民法典合同编（草案）》（二审稿）第304条，以及《民法典（草案）》第513条对此均无改动。

规范目的或功能

在执行政府定价或政府指导价的情况下，合同履行过程中可能会遇到价格调整的情形，本条规定对这种情形下当事人依照何时的价格履行提供了依据。就本条规定的内容来看，有促使当事人依照合同按时履行债务的功能。

规范内容

一、一般规则

在按政府定价或政府指导价执行的合同未履行完毕之前，如果遇到该价格调整，根据本条第1句的规定，应依据交付标的物时的价格执行。此为一般规则，适用于当事人没有逾期交付或逾期受领的情形。

二、一方逾期履行合同的特别规则

如果当事人一方逾期交付或逾期受领给付，而在此逾期未履行的期间遇到政府指导价或政府定价调整的，则按照对逾期履行一方不利的价格执行，大体上可以对本条第2句和第3句之规定作如是概括。具体而言，逾期交付的，价格上涨时按原价格执行，因为不能让违约方因违约而受益，价格下降时按新价格执行，目的在于让违约方承受因价格变动带来的不利益；逾期提取标的物的，价格上涨时按新价格执行，目的也是让其承受违约带来的不利益，价格下降时按原价格执行，理由同样是不能因为违约而受益。

需注意的是，单纯因当事人的其他违约行为，不适用本条规则。如果当事人交付的标的物不符合合同约定，相对人要求更换，如果更换后的交付仍在履行期内，仍然适用本条第1句的规定，反之适用本条第2句的规定；如果相对人对更换后仍在履行期的标的物受领迟延，则应适用本条第3句之规定。

第五百一十四条【金钱之债】

以支付金钱为内容的债，除法律另有规定或者当事人另有约定外，债权人可以请求债务人以实际履行地的法定货币履行。

历史由来

本条为新设条文。《民法典合同编（草案）》（征求意见稿）第55条拟定了这一规定，《民法典合同编（草案）》（一审稿）第305条、《民法典合同编（草案）》（二审稿）第305条，以及《民法典（草案）》第514条对此均未作修改。

规范目的或功能

本条目的在于确定当事人履行金钱之债的结算币种。

规范内容

金钱之债，又称货币之债。根据货币是否属于本国货币，可分为本国货币之债和外国货币之债；根据货币是否特定，可分为特定货币之债、特种货币之债和金额货币之债。所谓特定货币之债，即以货币为特定物的债，当事人不以通用货币的给付为目的，而以具有货币形态的物的给付为目的的债，实际上已不具备货币之债的特质，比如给付某种特定版式和面额的珍稀货币一枚。所谓特种货币之债，又可分为相对特种货币之债和绝对特种货币之债，前者指以某种通用货币的一定金额为标的的债，当事人注重的是一定金额，为了确保货币的购买力而附带约明以某一种货币给付；后者指以某种通用货币的一定数量为标的的债，当事人注重的是货币的种类，并不注重其效用，实际上也是将货币纯粹作为一般物品，具有不可替代性，其与特定货币之债极为相似。所谓金额货币之债，指以一定金额的通用货币为标的的债，即通常意义上的货币之债。①

本条处理的问题，应当涉及金额货币之债和相对特种货币之债，即在当事人之间的金钱之债的数额已经确定的情况下，以什么币种履行的问题。换言之，金钱之债的数额已经以某一种通用货币确定下来了，只是解决履行的

---

① 关于特定货币之债、特种货币之债和金额货币之债的介绍，参见史尚宽：《债法总论》，中国政法大学出版2000年版，第247页以下；亦可参见郑玉波：《民法债编总论》（修订二版），陈荣隆修订，中国政法大学出版社2004年版，第201页以下；邱聪智：《新订民法债编通则》（上），中国人民大学出版社2003年版，第200页以下；孙森焱：《民法债编总论》（上），法律出版社2006年版，第322页以下。

时候以什么币种结算的问题。比如，甲、乙签订机器设备买卖合同，该设备的价格为1000万元人民币，但合同中可能未约定最终以何种货币结算。如果这笔交易发生在我国境内的两个中国法人之间，以何种货币履行可能不是问题，但如果是一个涉外交易，履行时以何种货币结算则显得比较重要。对此，本条确定的规则是，有法律规定的，依照法律规定；没有法律规定，当事人有约定的，依照当事人的约定；既无法律规定，也无当事人约定的，债权人可以请求以实际履行地的法定货币履行。

在双务合同中，当事人双方可能互为债权人和债务人，比如前述机器设备买卖合同中，如果甲是出卖人，乙是买受人，那么就标的物的交付而言，甲是债务人，乙是债权人；但就价款的支付而言，甲是债权人，乙是债务人。本条“债权人可以请求债务人以实际履行地的法定货币履行”这一规定中的债权人和债务人，是指金钱之债中的债权人和债务人，就前述案例而言，指价款支付关系中的债权人和债务人，即甲可以请求乙按实际履行地的法定货币履行。

第五百一十五条【选择之债中选择权归属与移转】

标的有多项而债务人只需履行其中一项的，债务人享有选择权；但是，法律另有规定、当事人另有约定或者另有交易习惯的除外。

享有选择权的当事人在约定期限内或者履行期限届满未作选择，经催告后在合理期限内仍未选择的，选择权转移至对方。

历史由来

本条为新设条文。《民法典合同编（草案）》（征求意见稿）第56条分三款拟定了选择之债中的履行标的确定、选择权的行使及其效力方面的规则：“合同标的有多项而债务人只需履行其中一项的，债务人享有选择权，但法律另有规定、当事人另有约定或者另有交易习惯的除外。当事人行使选择权，确定合同标的后，应当及时通知对方。确定后的合同标的不得变更，但经对方同意的除外。可选择的合同标的之中发生不能履行情形的，债务的履行从剩余的可履行标的中选择。享有选择权的当事人一方在约定期间内或者履行期限届满未作选择的，选择权转移至对方。"《民法典合同编（草案）》（一审稿）第306条对此作了较大修改：一是，将第1款中的"合同"修改为"债务"；二是，删除了第2款；三是，删除了第3款第1句，并将第2句后段修改为"经催告后在合理期限内仍未选择的，选择权转移至对方"，明确了选择权的移转，以债权人催告、债务人在合理期限内仍未选择为必要。《民法典合同编（草案）》（二审稿）第306条、《民法典（草案）》第515条未对一审稿进行修改。本条正式条文仅在原有表述基础上将第1款句首的"债务"二字删除，作如此修改，一方面是表述简洁化的需要，另一方面可能是考虑到人们通常将"标的"对应于合同，而与债务相对应的通常为"客体"。不过，实际上在很多场合人们也用"债的标的"这一表述。此外，征求意见稿中被删除的第2款及第3款第1句所涉内容，则被独立出来单独作为一条，其具体修改过程参见第516条评注。

规范目的或功能

本条为选择之债中如何确定履行标的提供了依据。通过确定选择权的移转规则，可以促使债务人及时行使选择权，以将当事人之间的权利义务关系予以及时明确。

规范内容

一、选择之债的概念

所谓选择之债，即可以选择多个标的中的某一个履行的债。就其构成要件而言，其一，需有二个以上的标的，而债务人只需履行其中一项；其二，需由有选择权的人从这些标的中选择一项来履行。在学理上，通常将选择之债与单纯之债相对应，将多数人之债与单一之债相对应。至于当事人为何安排二个以上标的供选择，有的是为了确保将来至少有一项能得到履行，有的是为了有选择的余地。选择之债通常因当事人约定而发生，但在有些情况下，选择之债也可能因为法律规定而发生（比如《民法典》第588条第1款关于违约金和定金可择一主张的规定）。

二、选择权

在性质上，因为依据有选择权的人单方面的意思表示，即可使原来的选择之债变为单纯之债，即依其单方意思表示即可使法律关系变更，因此这里的选择权属于形成权。选择权人通常为当事人中的一方，但不排除由第三人享有选择权的可能。

（一）第1款前段

选择之债的核心，在于当事人可以从二个以上标的中选择最终履行的标的。如果虽然存在二个以上标的，且债务人仅需履行其中一项，但具体履行哪一项，合同中对各标的的履行顺序作了约定，且如果按后顺位的标的履行，则以前顺位的标的出现履行不能或其他不再适合履行的情形为前提，此种情形，因实际上并不存在选择权，所以不成立选择之债。

从本条第1款前段的表述来看，仅规定了成立选择之债的其中一个要件，即有二个以上标的且债务人仅需履行其中之一项。从体系上观察，本条以及之后的第516条主要是对选择之债的规定，因此，应将本条第1款前段，解释为在成立选择之债的情况下，对选择权归属的一般规则，即由债务人享有选择权；这一一般规则受本条第1款后段和本条第2款的制约。

（二）但书规则（第1款后段）

本条第1款后段的但书规则极为重要，它有三个方面的作用：

第一，在构成选择之债的情况下，排除第1款前段一般规则的适用。根据本条第1款前段的一般规则，由债务人享有选择权。但如果法律另有规定、当事人另有约定或者另有交易习惯的除外。换言之，在选择之债中，根据本条第1款前段确定由债务人享有选择权后，尚需审查是否存在法律的特别规定、当事人的特别约定，以及根据交易习惯是否应排除债务人的选择权。本条第2款规定即属于这里所说的“法律另有规定”的情形之一。前举《民法典》第588条第1款之规定，亦属于法律另有规定，依此规定，债权人享有选择权。

第二，在不构成选择之债的情况下，排除第1款前段的适用。由于在满足有二个以上标的且债务人仅需履行其中之一项的情形下，可能因为法律规定、当事人约定或交易习惯，导致当事人并不享有选择以何种标的履行的权利，从而并不构成选择之债，在这种情形下当然应当排除本条第1款前段的适用。

第三，使法典的规则体系得以周延。如前所述，本条第1款前段并未将成立选择之债的两个构成要件列举完整，如果没有这个但书规则，势必造成人们对选择之债构成要件的误解。由于这一但书规则可以将上述两种情况下的债务人选择权均予排除，在解释论上，可以将第1款前段解释为，只要有二个以上标的且债务人仅需履行其中一项，便可考虑适用第1款前段的一般规则，但满足这一要件的并不一定是选择之债；然后通过第1款后段对这一一般规则予以制约。如果根据第1款后段所援引的依据，即法律规定、当事人约定或交易习惯，当事人选择权事实上被排除，不构成选择之债，则排除本条第1款前段的适用，依单纯之债的规则履行即可；如果用第1款后段的规定审查后，当事人仍有选择权，则构成选择之债，适用第1款前段的规则；在此基础上，可再考虑进一步适用本条第2款；无论最终适用本条第1款前段，还是适用本条第2款的规定，均可接着再进一步适用《民法典》第516条的规定。

尽管可以通过对但书规则的上述解释论，一方面弥补第1款前段对选择之债构成要件列举不完整的缺陷，避免造成对选择之债的错误理解，另一方面也可以将本条与《民法典》第516条的适用协调顺畅。但从方法论上观察，本条规定并不是不存在瑕疵：一般的思维逻辑是，首先依据构成要件判断是否存在选择之债，在存在选择之债的前提下，再确定由谁享有选择权；而依据本条第1款的规定，首先根据第1款前段，基于存在二个以上债之标的且债务人仅需履行其中一项，便原则上确定债务人享有选择权，然后再借助第1款后段判断是否存在选择之债，如果不存在，排除第1款前段的适用，如果存在，进而判断有无排除债务人选择权的规定、约定或交易习惯。尽管存在这样的瑕疵，好在对实践结果影响不大。

三、当事人之间选择权的移转（第2款）

（一）移转给对方

根据本条第1款前段的一般规则，选择之债中的选择权一般由债务人享有，但根据该款后段，也有可能是债权人享有选择权。无论是哪一方当事人享有选择权，在一定情况下这一选择权可能会移转给对方相对人。本条第2款对选择权的移转进行了规定。

1.因约定期限内未作出选择而移转

根据本条第2款的规定，选择权人在约定期限内未作选择的，其选择权可能移转给对方。但仅有约定期限内未作出选择这一事实尚不发生选择权的移转，该权利的移转需满足以下要件：第一，选择权人在约定期限未作出选择。该“约定期限”指双方所约定的作出选择的期限，而不是其他期限，比如债务履行的期限。“未作选择”是就最终结果而言，换言之，在双方所约定的期限内，选择权人未能作出履行哪一给付的最终选择。第二，对方当事人在该期限届满后对选择权人进行了催告，要求其作出选择。第三，相对人催告后，选择权人在合理期限内仍未作出选择。这里的合理期限应根据作出选择对选择权人而言的难易程度、之前的考虑时间等作一定考量，不过这里仅是要求选择权人在该合理期限内作出选择，其需要的时间一般不宜过长，与《民法典》第511条第4项所规定的为履行或接受履行的“必要准备时间”相比，应当为短。满足此三项要件，选择权依法移转给债权人。

2.因履行期限届满未作出选择而移转

有些成立选择之债的合同中没有约定选择期限，或者虽然约定了选择期限且选择权人在选择期限内未作出选择，但因不满足选择权移转的要件导致选择权仍然在之前的选择权人处，直到过了履行期限选择权人仍未作出选择。这种情况下也可能发生选择权的移转，其构成要件是：第一，债务履行的期限已经届满。如果合同中约定了履行期限，期限届满与否很容易判断；如果合同中没有约定履行期限，则应依据《民法典》第511条第4项之规定，从债权人请求债务人履行或者债务人主张履行之日起算，经过给付或受领给付所必要的准备时间后，如果选择权人仍未作出选择，则可认定该履行期限已届满。第二，相对人进行了催告。这里的催告是选择权行使的催告，还是履行催告，本条未予明确。如果是选择权行使催告，当然可以满足此要件；如果是履行催告，由于履行首先要确定履行标的，因此可以认为履行催告中包含了选择权行使催告。另外，催告属于准法律行为中的意思通知，其法律后果由法律规定而不是根据行为人的意思表示发生，因此催告中是否包含有选择权移转的意思在所不问。第三，催告后合理期限内选择权人仍未作出选择。当相对人作出的是选择权行使期催告时，该合理期限可能较短；但如果相对人作出的是履行催告，且催告中规定了合理期限时，该合理期限可能相对较长一些，此时以什么标准判断是否经过合理期限，存有疑问。由于相对人没有专门作出选择权行使催告，合理期限的判断又较有弹性，为避免争议，可将催告通知中的期限视为选择权行使期限，这对该相对人虽有不利，但也可以视为对其未专门作出选择权行使催告即赋予其相应有利后果的一个折中。满足以上三个要件，选择权亦可依法转移至相对人。

（二）第三人选择权的移转

从我国《民法典》第515条和第516条的措辞来看，主要针对选择权属于当事人享有的情形而设，但现实生活中不乏由第三人享有选择权的情形。如果第三人不能行使选择权或者不想行使选择权，此时如果将选择权搁置，将对债的履行造成不利影响，从而可能给当事人造成损害，因此，在这种情况下需要重新确定选择权人。如果合同中没有约定替代方案，应适用《民法典》第510条，如果仍然不能确定，则可适用本条规定加以确定，即原则上移转给债务人，满足一定条件时移转给债权人。

（三）选择权的继承问题

严格地说，选择权的继承也属于选择权移转的范畴，由于其有一定特殊性，故单独解释。选择权是否可以继承，《民法典》未作规定。从选择权的性质来看，并非人身性权利，当事人享有的选择权，如果由其继承人继承，应当没有法律上的障碍，不过该选择权应当与该选择之债一并继承，不能单独继承选择权。如果享有选择权的人是第三人，则不宜由该第三人的继承人继承，原因在于，当事人约定由该第三人享有选择权，可能是基于对该第三人的信任，也可能是基于该第三人有必要的知识和经验等，或者兼而有之，而当事人对该第三人的继承人可能并不了解，或者并不信任，或者该继承人并不具备必要的知识和经验，故由当事人的继承人继承并不符合当事人的意思。既然不能由该第三人的继承人继承，则该第三人死亡后，享有选择权的人不复存在，此前的约定失效，此时应适用《民法典》第510条的规定对选择权人加以确定，根据《民法典》第510条仍然不能确定的，可以适用本条规定。

第五百一十六条【选择权的行使方式及其效力】

当事人行使选择权应当及时通知对方，通知到达对方时，标的确定。标的确定后不得变更，但是经对方同意的除外。

可选择的标的发生不能履行情形的，享有选择权的当事人不得选择不能履行的标的，但是该不能履行的情形是由对方造成的除外。

历史由来

本条为新设条文。本条所涉内容，在《民法典合同编（草案）》（征求意见稿）第56条第2款和第3款第1句作了规定，其中第2款规定："当事人行使选择权，确定合同标的后，应当及时通知对方。确定后的合同标的不得变更，但经对方同意的除外。"第3款第1句则规定："可选择的合同标的之中发生不能履行情形的，债务的履行从剩余的可履行标的中选择。"《民法典合同编（草案）》（一审稿）将这一内容独立出来，作为第307条："当事人行使选择权应当及时通知对方，通知到达对方时，债务标的确定。确定的债务标的不得变更，但是经对方同意的除外。可选择的债务标的之中发生不能履行情形的，享有选择权的当事人不得选择不能履行的标的，但是该不能履行的情形是由对方致使的除外。"《民法典合同编（草案）》（二审稿）第307条、《民法典（草案）》第516条未对一审稿的表述进行修改。本条正式条文则在一审稿的基础上作了如下修改：一是将第1款第1句中的"债务"二字删除；二是将第1款第2句中"确定的债务标的"修改为"标的确定后"；三是将第2款中的"可选择的债务标的之中发生不能履行情形的"修改为"可选择的标的发生不能履行情形的"，删除了"债务"和"之中"四字，内容上无实质变化。

规范目的或功能

本条意在明确选择权的行使方法，以及选择权行使的效力。

规范内容

一、选择权的行使方式（第1款第1句）

根据本条第1款第1句之规定，当事人应以通知的方式行使选择权，通知到达对方当事人时生效，债的标的确定。如果是第三人为选择权人时应当如何行使选择权，《民法典》未作规定，一般认为应向双方当事人发出通知。通知属于意思表示，因此《民法典》总则编关于意思表示的规定适用于通知。一般认为通知不宜附条件或期限，以免给债权人权利造成妨碍。[①]

债的标的确定，是指可供选择的几个给付中的某一种得到确定，但标的是否因此而特定，则因可供选择之给付的不同而有区别。如果可供选择的给付为特定物，则选择权行使，履行标的也便得以特定；如果可供选择的给付为种类物的给付，则选择权的行使虽使标的得以确定，但并不一定得到特定。比如甲、乙签订买卖合同，甲向乙交付100吨大米或者100吨小麦，即使选择权人选择100吨大米为履行标的，标的物也并不一定同时得以特定。这种情况下按单纯之债中标的物为种类物的规则处理即可。

二、选择权行使的限制（第2款）

选择权人虽然可以在可供选择的债之标的中任意选择一项履行，但如果某项标的发生履行不能的情形，选择权人不能选择该标的作为履行标的，此行为有违诚实信用原则。至于该履行不能是自始不能还是嗣后不能，对于选择权的此项限制而言，原则上没有差别，但如果因为某项或某几项标的自始不能，导致该债务关系从一开始就只有一项可供履行，则不构成选择之债，当事人当然没有选择权；如果供选择的标的全部自始不能，则合同无效。

尽管选择权人的选择权受到上述限制，但如果某项可供选择的标的因为对方当事人的原因造成履行不能，则根据本条第2款的但书规则，选择权人的上述限制可以被排除。比如，甲、乙签订买卖合同，约定甲向乙出售其收藏的

---

① 参见邱聪智：《新订民法债编通则》（上），中国人民大学出版社2003年版，第211页。

元代青花瓷瓶一只或者张大千先生的字画一幅，价款若干，由甲在合同签订后10日内确定交付哪一标的物，由于乙对这两件藏品都很属意，合同签订后每日去观赏，在第5日乙不小心将青花瓷瓶碰倒摔碎。于此情形，虽然交付该瓷瓶已不可能，构成履行不能，但甲仍可选择该瓷瓶作为履行标的。原因在于，第一，如果因为债权人的原因导致债务人甲失去选择权，实际上剥夺了甲做决定的权利，是对意思自治的侵害；第二，债权人乙有过错，其应对自己的行为负责；第三，尽管甲向乙履行另一给付后可以向乙就瓷瓶主张损害赔偿，但一方面甲可能希望至少保有这两件藏品中的一件，另一方面可能对于乙在支付一件藏品的价格之后对损害赔偿有无力给付之虞。

在第三人为选择权人时，如果因一方当事人的原因导致某一标的履行不能，则应考察是哪一方当事人导致履行不能。若为债务人所致，应对选择权进行限制，不得选择该履行不能的标的；若为债权人所致，应排除该限制，其中关键的因素还是考虑到行为人应对自己的行为负担不利后果。如果该履行不能是由于第三人的原因所造成，则选择权人应在能履行的标的中作出选择，第三人所造成的损害另案处理；如果该第三人刚好是选择权人时，选择权是否应受到限制，或有争议。由于这种情况下双方当事人并无可归责性，而从本条第2款但书规则的文义来看，对选择权限制的排除主要限于因一方当事人的原因造成的履行不能，因此，在第三人为选择权人，而该选择权人致某一标的履行不能时，还是应当对选择权进行限制，不得选择履行不能的标的。

三、选择权行使的效力（第1款第2句）

（一）履行标的的确定

选择权一经行使，便使履行标的得以确定。选择权在本质上属于形成权，选择权人的意思表示（通知）到达对方，选择权便行使完毕，该意思表示不能撤销，该权利亦不能反复行使，本条第1款第2句规定，标的确定后原则上不得变更，原因即在于此。但在实际生活中，不排除有些选择权人作出选择后，又希望变更履行标的的情形，对此，根据本条第1款第2句的规定，须经对方当事人同意方可变更。于此情形，已非选择权的行使，而属于双方协议变更合同，或者协议重新授予选择权。

在有些选择之债中，选择不同的标的，其对价或对价的计算方法相应地也不相同，因此，履行标的的确定，也附带地确定了履行该标的的对价或对价的计算方法。

（二）履行标的确定后履行不能

可选择的标的在行使选择权之前发生履行不能的情形，已如前述。在履行标的确定后，也可能发生履行不能的情形，于此情形，依单纯之债中履行不能的规则处理即可。由于可供选择之标的本身的不同，选择权行使后是否一概发生履行不能，略有区别。

1. 可供选择之标的均为特定物

如果可供选择的标的均为特定物，选择权一旦行使，标的在得到确定的同时也得以特定，如果该标的物毁损灭失，便可能造成履行不能。根据《民法典》第580条第1款第3项之规定，债权人丧失请求继续履行的权利，相应地也不用支付对价。如果标的物的毁损灭失为不可抗力所致，则根据《民法典》第590条之规定，如果不可抗力发生在迟延履行期间，债务人仍需承担违约责任，若否，则无需承担违约责任。如果标的物的毁损灭失非因不可抗力所致，履行不能的法律后果尚需分情况而定：（1）如果毁损灭失因债权人所致，债务人不仅无需继续履行，而且有请求对方作出对待给付的权利；（2）如果毁损灭失因债务人所致，债务人虽无需承担继续履行的责任，但债权人可选择请求债务人承担替代该给付的损害赔偿责任，但自己也应负担对待给付义务，当然，债权人也可以选择请求债务人直接承担违约责任，此时则无需承担对待给付义务；（3）如果毁损灭失因第三人所致，当事人之间的关系按毁损灭失系因债务人所致处理，但债务人可向第三人主张损害赔偿。

2. 可供选择之标的均为种类物

如果可供选择的标的均为种类物，则选择权的行使并不当然使标的特定，尚需经当事人意思加以确定，方得特定。种类物一经特定，在当事人之间便成立标的为特定物的单纯之债，债务人仅负有给付该特定标的物的义务。以种类物作为标的的债，标的物经特定后、交付之前毁损灭失，虽然发生风险负担问题（风险负担问题依各典型合同中的规则确定），但并不当然构成履行不能，特别是毁损灭失不可归责于债权人时，债务人仍负有在市场上购置相同种类、数量、品质之标的物向债权人给付的义务。

现实生活中，当事人约定的标的可能是被限定在一定范围之内的种类物，如某个特定仓库中10000吨大米中的100吨大米，以及甲一大片承包地中苹果树结出的苹果中的100吨苹果，这种以被限定在一定范围内的种类物为标的的债，在学理上称为限制种类之债。对于以两个以上一定范围内的种类物为标的的选择之债，选择权人行使选择权后，也需要进一步将履行标的特定。与通常情况下的种类之债不同，在限制种类之债，标的物特定后、交付之前毁损灭失，同样会发生风险负担问题，但在毁损灭失非可归责于债权人时，债务人仅有在事先约定的范围内另外提供相同种类、数量、品质之标的物的义务，而无需另外到市场上去购置相同种类、数量、品质的标的物履行给付义务。比如在前例中，如果债务人选择的履行标的为100吨苹果，如果当年甲所在的地方发生地震，苹果树被毁导致承包地没有收成，则债务人因此构成履行不能，此时按特定之债中履行不能的规则处理即可，而无需再到市场上购置100吨苹果来履行。

3.可供选择之标的既有特定物又有种类物

如果可供选择的标的中，有的是种类物，有的是特定物，当选择权人选择特定物为履行标的时，标的确定的同时也得以特定，按特定之债处理即可；如果选择权人选择的是种类物作为履行标的，则尚需进一步特定，特定后，按种类之债中标的物特定后的规则处理即可。

第五百一十七条【按份之债】

债权人为二人以上，标的可分，按照份额各自享有债权的，为按份债权；债务人为二人以上，标的可分，按照份额各自负担债务的，为按份债务。

按份债权人或者按份债务人的份额难以确定的，视为份额相同。

历史由来

本条是对《民法通则》第86条的继承和完善。《民法通则》第86条规定："债权人为二人以上的，按照确定的份额分享权利。债务人为二人以上的，按照确定的份额分担义务。”《民法典合同编（草案）》（征求意见稿）第57条用两款分别规定了按份债权、按份债务的概念，以及按份债权人和按份债务人的内部份额确定规则：“债权人为二人以上，标的可分，按照份额各自享有债权的，为按份债权；债务人为二人以上，标的可分，按照份额各自负担债务的，为按份债务。按份债权人或者按份债务人的份额难以确定的，份额相同。”此后的《民法典合同编（草案）》（一审稿）第308条、《民法典合同编（草案）》（二审稿）第308条，以及《民法典（草案）》第517条，将征求意见稿第2款的表述修正为：“按份债权人或者按份债务人的份额难以确定的，视为份额相同。”在原有表述基础上增加了“视为”二字，表明其为一项推定规则，使这一规定更为准确。从本条规定与《民法通则》第86条的规定比较来看，本条完善了按份之债的成立要件，增设了多数一方当事人内部份额的确定规则。

规范目的或功能

本条第1款前段是按份债权的定义性规定，后段则是按份债务的定义性规定，借此为按份债权和按份债务的判断提供依据。

本条第2款则是按份债权人和按份债务人之间内部份额的确定规则，不过这一规定属补充性规定，即在当事人之间没有明确约定，基于其他条件也难以确定按份债权人和按份债务人的内部份额时，推定他们之间享有相同份额的债权或承担相同份额的债务。因此这一规定为多数债权人或多数债务人之间的内部份额确定，实际上提供了一个兜底性规则。

规范内容

从多数人之债的类型来看，依给付是否可分，可分为两大类，即以不可分给付为内容的多数人之债和以可分给付为内容的多数人之债；以不可分给付为内容的多数人之债，理论上称之为协同之债，以可分给付为内容的多数人之债则又可分为按份之债、连带之债、补充之债等。就可分给付的多数人之债而言，按份之债是此类多数人之债的一般规则，换言之，在没有当事人约定或法律规定的情况下，一般而言，该多数人按份享有债权和承担债务。

一、按份债权的定义和构成要件（第1款前段）

本条第1款前段给出了按份债权的法律定义，即“债权人为二人以上，标的可分，按照份额各自享有债权的，为按份债权”。从这个定义来看，按份债权的构成要件包括：

（一）债权人为二个以上

按份之债是多数人之债的一种，必然有一方当事人为多数，否则仅为单一之债而非多数人之债。而按份债权是按份之债的一种，其要求债权人一方至少有两人以上，否则不可能成立按份债权。

（二）债务人对二个以上债权人负担同一给付

本条第1款前段关于按份债权的法律定义中没有规定这一要件，但如果没有这一要件，将使一些不属于按份债权的案型被纳入其中，会给司法实践造成困扰。一个债务人对二个以上债权人承担债务，如果对各债权人的给付非属同一给付，则不可能构成按份债权。因为此时债务人虽然可能在同一时间段存在二个以上债权人，但该债务人与多个债权人之间各自独立地成立单个债权债务关系，这些债权人无需就该当债之标的按份额享有债权，各债权人就该当债之标的对债务人享有请求全部给付并保有之权利。例如，甲、乙分别与丙订立买卖合同，各自向丙购买100吨大米（或1台电脑），此时丙虽然同时存在两个债权人，但因为丙对甲、乙的给付是两个各自独立的给付，无论给付是否可分，三者均不可能构成按份债权，而是在甲丙、乙丙之间存在两个各自独立的债权债务关系。

（三）标的可分

债的标的为债务人的给付，构成按份债权，以债务人对二个以上债权人的给付可分为要件。原因在于，如果债务人的给付不可分，便意味着债务人只能就全部给付一次性不分份额地向一个或数个债权人作出，某一债权人无法按份额单独主张或受领该给付。比如甲、乙一同与丙订立买卖合同，购买丙100吨大米，并约定其中60吨归甲、40吨归乙，甲、乙各自对60吨和40吨大米对丙负有支付价款的义务。该合同关系中，就大米的给付而言，债权人为甲、乙二人，债务人为丙，买卖合同的标的为给付100吨大米，该给付可分，甲、乙对丙享有按份债权。但如果甲、乙与丙签订的是买卖一台电脑的合同，即使约定甲享有该电脑60%的所有权，乙享有40%的所有权，但就电脑的交付义务而言，该给付不可分，丙只能将该电脑完整地交付给甲或乙，或者同时交付给甲和乙，而不能交付60%给甲、交付40%给乙，甲或乙也不能主张丙交付该电脑的60%或40%给自己，此时便不可能在三人之间成立按份债权。对此种给付不可分的情形，应认定甲、乙对丙享有协同债权（关于是否构成连带债权，参见第518条的评注），甲、乙两个债权人需协力方可实现其债权。

（四）按照各自份额享有债权

按份额享有债权，即各债权人仅在自己的债权份额范围内对债务人享有请求权，债务人也仅在该份额范围内对该债权人负有给付义务。如果债务人超出某一债权人的份额向其履行了债务，则超出部分构成非债清偿，该债权人构成不当得利，对债务人负有返还义务。

二、按份债务的定义和构成要件（第1款后段）

本条第1款后段给出了按份债务的法律定义，即“债务人为二人以上，标的可分，按照份额各自负担债务的，为按份债务”。从这个定义来看，按份债务的构成要件也包括三个明确规定的要件和一个隐含的要件，即（1）存在二个以上债务人；（2）各债务人对同一债权人负担同一给付义务；（3）该给付可分；（4）各债务人按照各自的份额承担债务。对此四个要件的理解，可参考上述对按份债权构成要件的阐释。

三、按份之债的法律后果

按份债权和按份债务共同构成按份之债。在按份债权，各债权人按各自份额对债务人享有债权，无权超出其份额对债务人行使请求权，如果债务人对某一债权人的履行超出该债权人的份额，则该债权人就超出部分对债务人负有返还不当得利的义务。特定债权人与债务人之间的抗辩事由、抗辩权及其他事项，对其他债权人与债务之间的关系原则上不产生影响。

在按份债务，每个债务人仅就一定份额对债权人承担债务，对超出其份额的部分不对债权人负责，而债权人也仅得就该份额向特定债务人主张权利。债权人针对某一特定债务人的份额未得到满足，只能继续向该特定债务人主张，无权要求其他债务人就其未得到满足的部分承担债务。特定债务人与债权人之间的抗辩事由、抗辩权及其他事项，对其他债务人与债权人之间的关系原则上不产生影响。

在按份债务，如果一个债务人错误地超出自己份额对债权人承担了债务，就超出部分构成非债清偿，债权人负有不当得利返还的义务。如果一个债务人出于为其他债务人承担债务的意思，超出其份额向债权人承担了债务，则债权人对其他债务人的债权移转给该超出自己份额承担了债务的债务人，可适用《民法典》第545条以下关于债权移转的相关规则。

四、内部份额的确定规则（第2款）

（一）一般考量

在按份之债，债权人的权利边界和债务人的债务范围，均取决于多数债权人或多数债务人之间内部份额的确定，因此多数一方当事人内部份额的确定规则尤为重要。本条第1款仅规定“按照份额各自享有债权”或“按照份额各自承担债务”，但并未规定份额如何确定；本条第2款则规定，多数一方当事人之间的份额“难以确定的，视为份额相同”。也就是说，对多数一方当事人的内部份额应首先加以确定，实在难以确定的，方视为每个债权人（按份债权）或每个债务人（按份债务）份额相同。但确定多数一方当事人之间份额的基本依据为何，未予规定，需由法官根据具体案件事实进行裁量。法官在进行裁量时也应有所依归，不过对于合同之债和侵权之债，考量因素可能有所差异。

1.按份合同之债的份额确定考量因素

就合同之债而言，多数一方当事人的份额，首先应依当事人约定加以确定，因为法律行为本即为了实现当事人意思自治的法律制度设计，既然当事人之间有约定，当然应依其意思表示确定当事人之间的权利义务关系。但在很多情况下，当事人之间就此等份额没有约定或者约定不明确，此时如何处理，可考虑适用《民法典》第510条，据此仍不能确定的，应结合法律行为的性质、当事人之间的关系等因素，通过对当事人意思表示的解释，首先确定他们之间是按份之债还是连带之债，然后再确定多数一方当事人之间的份额。如果认定这些人之间构成按份之债，再结合意思表示解释理论，通过对当事人意思表示的解释来确定多数一方当事人之间的份额。

2.按份侵权之债的份额确定考量因素

就侵权之债而言，应区分加害人多数和受害人多数。在受害人多数的情况下，一个行为人导致多数人的损失，首先要确定的是，该加害人对这些受害人承担多个独立的债（多个单一之债），如甲挥起棍棒分别打伤了乙和丙，还要对这些受害人就同一损害承担责任，如甲挥起棍棒打碎了乙和丙共有的瓷瓶。在就同一损害承担责任的情况下，这些受害人对加害人享有按份债权的情形似极为罕见，表现为连带债权或协同债权更为常见。比如，在前述甲打碎乙、丙共有瓷瓶的例子中，甲对乙、丙负有恢复原状之债，由于该标的不可分，乙、丙对甲享有协同债权；如果因为不可能恢复原状而转变为损害赔偿之债，债之标的相应地也变为可分，此时乙、丙对甲享有连带债权抑或按份债权，根据《民法典》第307条之规定，共有人对因共有物所生债务关系，共有人享有连带债权。

在多数人侵权的情况下，各责任人承担按份责任还是连带责任，依据《民法典》第1168—1172条的规定确定。如果根据《民法典》第1172条认定各责任人承担按份责任，则各责任人之间的份额确定，首先应认识到民事责任的基本功能在于填补受害人损失，因此受害人的赔偿请求权不应得到多倍满足；在此基础上，应贯彻自己责任这一基本原则。近代民法，自己责任原则被理解为过错责任原则，即行为人应对自己的过错行为负责。但随着近代民法向现代民法的发展，无过错责任在民法中大量出现，针对这一现实，现代民法上的自己责任应被理解为，在待决案件所适用的归责原则的基础上，结合肇因理论所确定的行为人应承担的责任。换言之，首先，在满足责任构成的基础上，应依据各责任人之行为对损害发生的原因力大小确定其应承担的份额。其次，尽管在责任构成上，确切地说在归责原则上，有的适用过错责任原则，有的适用无过错责任原则，但从法政策的角度而言，不同程度的主观过错，对社会有不同的危害程度，法院也应当通过其判决引导民事主体的行为，从这个角度而言，在多个债务人的份额确定上，法官还应考虑各债务人的主观过错程度，即在适用同样归责原则的情况下，主观过错程度越高的，其承担的债务份额也应适当高一些。最后，从保护受害人的角度，还可适度考虑深口袋理论，在债务份额确定时，考虑各债务人承担债务的实际能力。

（二）人头规则

本条第2款规定，在难以确定多数一方当事人之间的份额时“视为”按相同份额承担债务，按相同份额确定债之份额，亦称“人头规则”。从本款规定中“难以确定的”、“视为”这两个表述来看，一方面表明，人头规则是一个补充规则，换言之，应当首先尝试依据一定事实确定当事人之间债的份额，只有在难以确定该份额时，才适用人头规则；另一方面表明，按相同份额享有债权或承担债务，只是一种推定份额。

举证责任

就按份债权而言，多数债权人对债务人享有债权负举证责任，对债务人主张非依人头规则确定特定份额的，就其对债务人享有该份额的债权负举证责任。就按份债务而言，债权人对多数债务人享有债权负举证责任，对某一债务人主张非依人头规则确定特定份额的，就其对该债务人享有此特定份额度的债权负举证责任。

第五百一十八条【连带之债】

债权人为二人以上，部分或者全部债权人均可以请求债务人履行债务的，为连带债权；债务人为二人以上，债权人可以请求部分或者全部债务人履行全部债务的，为连带债务。

连带债权或者连带债务，由法律规定或者当事人约定。

历史由来

本条是对《民法通则》第87条的继承和完善。《民法通则》第87条规定：“债权人或者债务人一方人数为二人以上的，依照法律的规定或者当事人的约定，享有连带权利的每个债权人，都有权要求债务人履行义务；负有连带义务的每个债务人，都负有清偿全部债务的义务，履行了义务的人，有权要求其他负有连带义务的人偿付他应当承担的份额。”《民法典合同编（草案）》（征求意见稿）第58条则用两款分别规定了连带债权、连带债务的概念，以及连带之债的发生依据：“债权人为二人以上，部分或者全部债权人均有权请求债务人履行债务的，为连带债权；债务人为二人以上，债权人有权请求部分或者全部债务人履行债务的，为连带债务。连带债权或者连带债务，由法律规定或者当事人约定。”《民法典合同编（草案）》（一审稿）第309条对此未做实质修改，仅将第1款中的两处“有权”修改为“可以”二字。此后的《民法典合同编（草案）》（二审稿）第309条，以及《民法典（草案）》第518条则在一审稿的基础上将第1款后段的表述修正为：“债务人为二人以上，债权人可以请求部分或者全部债务人履行全部债务的，为连带债务。”在原有表述基础上增加了“全部”二字，使连带债务的概念界定相对更为准确。《民法通则》第87条关于连带债务人之间追偿权的规定，则由《民法典》第519条规定。

规范目的或功能

本条共两款，第1款对连带债权和连带债务作了定义性规定，可为连带债权和连带债务关系的认定提供基本依据。通说认为，连带之债，特别是连带债务，对债务人较为严苛，为限制连带之债的成立，第2款要求连带之债的成立由法律规定或当事人约定，该规定具有限制连带之债范围的功能。

规范内容

一、连带债权的概念和构成要件（第1款前段）

（一）连带债权的法律定义

本条第1款前段给出了连带债权的法律定义，即“债权人为二人以上，部分或者全部债权人均可以请求债务人履行债务的，为连带债权”。根据这一法律定义，连带债权只要满足两个要件即可成立，即只要有二个以上债权人，且他们中的部分或者全部均可以请求债务人履行债务即可。

这一定义并不十分严密，如果不进一步准确界定，可能给司法实践造成困扰。比如，根据《民法典》第517条的规定，债权人为二人以上，标的可分，按照份额各自享有债权的，为按份债权。根据按份债权的这一法律定义，按份债权的各债权人均可以按份向债务人主张债权，符合部分或全部债权人均可以请求债务人履行债务的文义范围，如果仅从文义上来看，便满足了连带债权的要件，这就必然使按份债权和连带债权的界定出现混乱。可见，对连带债权的界定不能仅依据现有文义，必须进行进一步解释界定。

（二）连带债权的构成要件

1.债权人为二人以上

连带债权是多数人之债的一种，确切地说是债权人一方当事人为多数的多数人之债的一种，如果债权人一方当事人仅有一个，不可能构成连带债权，必须有二个以上债权人才可能构成连带债权。

2.债务人对各债权人负担同一给付

本条第1款前段关于连带债权的概念中没有规定这一要件，但如果没有这一要件，有些不属于连带债权的案型将被纳入连带债权的范畴，给司法实践造成混乱。一个债务人对二个以上债权人承担债务，如果对各债权人的给付非属同一给付，则不可能构成连带债权，因为此时债务人虽然可能在同一时间段存在二个以上债权人，但该债务人与多个债权人之间各自独立地成立单个债权债务关系，这些债权人对债务人享有各自独立的请求全部给付并保有之的权利。例如，甲、乙分别与丙订立买卖合同，各自向丙购买100吨大米（或1台电脑），就该买卖合同标的物的给付义务而言，此时丙虽然同时存在两个债权人，但因为丙对甲、乙的给付是两个各自独立的给付而非同一给付，不构成连带债权，而是在甲丙、乙丙之间存在两个各自独立的债权债务关系。

3.部分或者全部债权人均可以请求债务人履行“全部”债务

从本条第1款前段表述的文义来看，仅表明各债权人可以单独或者一起向债务人提出履行请求，但这并非连带债权的独有特征，如前所述，在按份债权中，各债权人也可以单独或者一起向债务人提出履行请求，只是各债权人仅有权在各自份额范围内向债务人主张履行。因此，要将连带债权与按份债权区分开来，仅满足本条第1款前段的要求尚不足够。事实上，连带债权区别于按份债权的关键点在于，连带债权中的各债权人不仅可以对债务人主张一定份额的给付，[①]而且可以主张全部给付，正是基于此点，得以将两者区分开来。因此，虽然本条第1款前段的表述与该款后段对连带债务概念界定的表述不同，没有使用"履行全部债务"的表述，而仅表述为"履行债务"，但事实上要将连带债权与按份债权区分开来，在构成要件上必须认识到，在连带债权中，部分或者全部债权人均可以请求债务人履行"全部"债务。从比较法上观察，也多规定连带债权中的各债权人均可以请求债务人履行"全部"债务，如《德国民法典》第428条。

4.债务人向任一债权人作出全部给付即使其债务消灭

在连带债权中，虽然每个债权人均可向债务人主张全部给付，但债务人仅需单次而非重复履行，便可消灭其与各债权人之间的债权债务关系。在多个连带债权人同时向债务人主张履行的情况下，债务人可选择向其中任何一个债权人作出履行。

5.关于给付是否可分

对比《民法典》第517条的规定，可以清楚地看出，本条第1款对连带债权和连带债务的界定中都没有提出"给付可分"的要件。这应当不是偶然的，这两个条文相邻，民法典编纂历时数年之长，经过多次修改，前面一条注意到这一要件而后面一条没有注意到这一要件，可能性不大，加之《民法典》中没有专门规定不可分之债，可能是立法者在连带债权和连带债务的界定中有意回避了给付是否可分的问题，或有将标的为不可分给付的多数人之债纳入连带之债范畴的想法。

如果同一债务人对二个以上债权人负担同一给付，且该给付不可分，因为各债权人不能按份额向债务人主张履行，当然不可能构成按份之债。这种情形下，各债权人均可以向债务人主张全部履行，这看起来满足了连带债权的上述四个构成要件。不过应当注意到的是，如果将债务人对二个以上债权

---

① 参见史尚宽：《债法总论》，中国政法大学出版社2000年版，第676页。

人负担同一不可分给付的案型纳入连带债权的范畴，将使连带债权不得不因为给付是否可分而区分为两种案型，即标的为可分给付的连带债权和给付不可分的连带债权，因为在这两种案型中，各债权人享有的权利有所不同：就给付可分的案型而言，各债权人既可以选择请求债务人作出部分给付，也可以选择请求债务人作出全部给付；而就不可分给付的案型而言，各债权人只能请求债务人作出全部给付，没有选择请求债务人部分履行的权利。

笔者认为，将债务人对二个以上债权人负担同一不可分给付的案型纳入连带债权的范畴，是在对立法者立法意图作出上述推测的基础上所作出的解释。从比较法的角度来看，连带债权的标的限于同一可分给付，而对不可分给付作单独规定，如《德国民法典》第428条和第432条。由于本条对连带债权的界定中并没有明确包括不可分给付，因此在解释论上，将给付不可分的案型排除出连带债权的范畴亦非完全不可，而且结合连带债务来看（详见下文），将此种案型排除出连带债权，更有利于法律体系的一致性。

二、连带债务的概念和构成要件（第1款后段）

（一）连带债务的概念

本条第1款后段给出了连带债务的法律定义，即“债务人为二人以上，债权人可以请求部分或者全部债务人履行全部债务的，为连带债务”。根据这一法律定义，成立连带债务只要满足两个要件即可，即只要有二个以上债务人，且债权人可以要求他们中的部分或者全部履行全部债务即可。关于连带债务的构成要件，有进一步阐释和分析的必要。

（二）连带债务的构成要件

1.债务人为二人以上

这一要件主要强调了债务人必须为二人或二人以上，如果仅有一个债务人，不可能构成连带债务。典型的连带债务，或者说各国连带债务规则的典型对象，是基于多个债务人对同一债权人承担全部给付义务的债权债务关系。

但在有些情况下，同一债务关系中债权人和债务人均为多数，这种情况下形成的权利义务关系较为复杂，可能构成连带债务与连带债权相叠加的复杂情形。针对此种情形，各国法律通常不作专门规定，司法实践中需要将连带债务和连带债权的相应规则结合适用加以处理，即适用连带债务的相关规则处理他们之间的债务，适用连带债权的相关规则处理他们之间的债权。

2.二个以上债务人对债权人负担同一给付

本条第1款后段未明确规定这一要件。事实上，同一给付不仅是连带债务的前提，也是按份债务、补充债务的前提，只有在同一给付的基础上，才有必要讨论多个债务人以何等方式对债权人承担债务。如果不是同一给付，几个债务人之间便不存在必要的关联，而是各自完全独立不相关联的多个债，不仅不可能构成连带债务，也不可能构成按份债务、补充债务。可以说，目前各国关于多数人之债的类型，均是在给付同一的前提下构建的。

一般而言，当所有债务人的给付义务在事实上和法律上完全相同时，可以认为该给付为“同一”给付，比如，甲、乙共同与丙签订笔记本电脑买卖合同，约定甲、乙对价款各负全部给付义务，此时甲、乙的给付义务便属于“同一”给付义务。但即使给付内容事实上完全相同，也不一定构成同一给付，比如，刘某为粉刷其房屋墙面，考虑到新冠疫情期间物流时间无法保障，为了按计划完成其工作，分别向两个供应商订购了粉刷其房屋所需的油漆，希望其中至少有一个供应商能按时供货，此例中，两个供货商的给付便是两个各自独立的给付，不构成同一给付。根据目前的有力观点，“同一”给付是指“同一个给付利益的满足”，[①]也就是说，同一给付并不是要求给付内容和给付范围完全相同，而是要求债权人的给付利益同一，只要是为了满足债权人的同一给付利益，给付的种类和形式可以不同，即使给付的种类相同，也可以只有某个连带债务人的给付附条件或期限。[②]上述油漆案中，两个供应商的给付难道不是为了满足刘某的“同一给付利益”？目前的有力观点认为，同一给付利益不仅是指经济利益，而是指同一“直接”给付利益，以上述油漆案为例，如果其中一个供应商按时供货，则A通过两个合同所要达到的经济利益

---

① Vgl. MünchKomm/Heinemeyer, §421, Rn.5. (2019).

② Vgl. Larenz, Lehrbuch des Schuldrechts, Band I, 14. Aufl., München 1987, S. 632 f., insbes. Fn.4.

已经实现（油漆足以粉刷墙面），但其直接给付利益，即其对另一个供应商的合同给付利益尚未满足，且他对该供应商的对待给付义务仍然存在。[①]

3.债权人可以请求部分或者全部债务人履行债务

由本条第1款后段的规定可见，要构成连带债务，还需要债权人对于向哪个或哪些债务人主张权利有任意选择的权利。这一要件将我国现行法上的补充债务排除出连带债务的范畴，因为在补充债务中，债权人并不享有上述任意选择权，而是必须先向某一债务人（下称“先顺位债务人”）主张权利，无法实现其权利时方可向补充债务人主张。换言之，债权人在请求权的行使上需要遵循一定的先后顺序，在这一点上，补充债务既不同于连带债务，也不同于按份债务。

作为连带债务成立要件的选择权，考察的是各债务人在债务承担上是否有先后顺序，如果没有先后顺序，债权人就有选择由谁来承担债务的权利。原则上，除非当事人约定或法律规定了债务承担的先后顺序，否则，债权人应当享有选择权。通过约定确定债务承担先后顺序的，如一般保证合同，通过法律规定确定债务承担先后顺序的，如《民法典》第1198条第2款、第1201条规定的补充责任。

4.债权人可以请求部分或者全部债务人履行全部债务

对本条第1款后段的这一表述，特别是其中的“或”字，存在多种不同理解，其中对连带债务的界定具有重要影响的有两种：一种是，每个债务人均对债权人负担全部给付义务，债权人在请求谁承担全部债务的问题上有选择权；另一种是，在谁有能力作出全部给付，即履行全部债务的问题上，既可能是部分债务人（确切地说是任何一个债务人），也可能必须由全部债务人

---

① Vgl. Larenz, Lehrbuch des Schuldrechts, Band I, 14. Aufl., München 1987, S. 633.拉伦茨教授著作中举的是类案例。他的这一观点被认为是德国主流观点，Vgl. MünchKomm/Heinemeyer, §421, Rn.5.（2019）。不过这一观点阐释得过于简略，并不容易理解。在我们看来，这里的直接给付利益，是指法律上的给付利益，具体到本案来看，虽然买受人A的目的是希望其中一个供货商能及时供货，以及时完成其工作，但就其与两个供货商的合同来看，是两个独立的合同，每个合同各有其“直接”给付利益，从A的角度来看，就是取得油漆的所有权，即使从一个供货商那里取得了货物的所有权，虽然其墙面得到粉刷这一利益能够得到满足了，但从另一个供货商那里获得所有权的直接给付利益仍然存在。关于同一给付的界定，我国尚未引起足够重视，是一个需要进一步加以研究的问题。

一起协作方可履行全部债务。前一种理解是传统意义上连带债务的应有之义，这一要件可以将连带债务和按份债务区分开来。如果按后一种理解，只需要满足每个债务人均可履行全部债务或者全部债务人合力可以履行全部债务中的一种情形，即可成立连带债务，其中前一种情形是普遍认同的连带债务的成立要件，但如果满足后一种情形即可成立连带债务，则可能导致以下两方面的明显问题：（1）使连带债务与按份债务之间的边界模糊不清。在按份债务中，债权人可以单独向各债务人主张其应承担的份额，也可以同时向这些债务人提出请求（比如向他们同时提起诉讼），请求他们各自按其份额履行债务，从债权人的角度来看，同时请求这些债务人履行各自份额的债务，也就是请求全部债务人履行全部债务，客观上符合“请求全部债务人履行全部债务”的文义，可见依据这一要件并不能将按份债务排除出连带债务的范畴，这将给司法实践中区分连带债务和按份债务带来困扰。（2）对法典体系的一致性造成严重冲击。这种冲击主要体现为两方面：其一，一般所理解的连带债务中，债权人不但有选择由谁来承担债务的自由，而且有选择各债务人承担多少额度的自由。如果满足债权人可以请求全部债务人履行全部债务即可成立连带债务，可能将两个以上债务人对债权人负担同一不可分给付、必须由全部债务人一起协作方可履行全部债务的案型纳入连带债务的范畴，而在这种案型中，各债务人不可能单独作出全部给付，债权人只能请求全部债务人一起协力履行全部债务，债权人上述两方面的自由均不复存在。[①]这将使连带债务的基本内涵发生本质变化，而且使连带债务制度为债权人之债权提供“便宜”和“安全”的功能在此类案型中无法体现。其二，适用于连带债务的规则，特别是《民法典》第520条所规定的效力事项，基本上不能适用于二个

---

① 尽管比较法上有将两个以上债务人对债权人负担同一不可分给付的案型“作为连带债务人负责”之规定的立法例，比如《德国民法典》第431条，但德国权威解释认为这一规定并非强制性规定，而是必需区分连带债务和协同债务，因为在给付不可能由某一债务人完全作出时不符合连带债务的基本特征，不可能成立连带债务。Vgl. MünchKomm/Heinemeyer, §431, Rn.2–4.（2019）。我国台湾地区亦规定两个以上债务人对债权人负担同一不可分给付的案型“准用连带债务之规定”，但学界和实务界均对连带债务和协同债务进行了区分。此外，无论是“作为连带债务人负责”，还是“准用连带债务之规定”，均与将两个以上债务人对债权人负担同一不可分给付的案型直接纳入连带债务的范畴有较大区别。

以上债务人对债权人负担同一不可分给付、必须由全部债务人一起协作方可履行全部债务的案型，这就会造成同由本条第1款后段界定的连带债务，有的适用连带债务的规则、有的不适用连带债务的规则的局面，无疑将给司法实践造成困扰，也会较大地伤害法律体系的一致性。比如，甲为小提琴手，乙为大提琴手，丙为键盘手，丁为萨克斯演奏者，他们是一个小有名气的临时小乐队，A为能在生日聚会上欣赏到他们的完美演出，与这个小乐队签订了演出合同，这种情况下这四个人的配合是完美演出的基础，如果在生日聚会中仅其中某一个人进行了演奏，对于A所期待的完美演出而言，并不能发生部分履行的效果，不能适用《民法典》第520条第1款的规定。

基于这种情况，宜将本条第1款后段的这一表述解释为，每个债务人均对债权人负担全部给付义务，债权人有选择由其中某一个、某几个或者全部债务人承担债务的权利。最好的处理方式是将本条关于连带债权和连带债务的定义性规定解释为适用于可分给付；对于不可分给付，可以解释为一个法律漏洞，交给理论界和司法实务界去处理。

需要特别强调的是，每个债务人均对债权人负担全部给付义务，是连带债务基本的成立要件，而非连带债务的法律后果。认识到这一点，对于全面理解连带债务非常重要。

5.债权人仅得一次（而非重复）满足其权利

这一要件在本条第1款后段没有提及，但对于连带债务的成立属必要条件。连带债务中，债权人可以同时向多个债务人主张权利，且可以要求每个债务人承担全部债务，但是其权利不能多次得到满足。民事责任以填补损害为主，债权人多次受偿不符合这一基本精神。但在有些情况下，基于某些特殊考量，法律承认一些民事主体多次受偿的权利，此时可能构成聚合之债。比如，《保险法》第46条规定："被保险人因第三者的行为而发生死亡、伤残或者疾病等保险事故的，保险人向被保险人或者受益人给付保险金后，不享有向第三者追偿的权利，但被保险人或者受益人仍有权向第三者请求赔偿。"根据这一规定，如果甲向乙保险公司投保人身伤害险，受益人为甲，合同生效后，第三人丙致甲人身伤害，则甲既可以请求第三人丙赔偿损失，又可以请求乙保险公司支付保险金，且可以受领并保有这两份给付。权利满足的一次性（非重复性）要件，可以进一步将此类聚合之债排除出连带债务的范畴。

三、连带之债由法律规定或者当事人约定（第2款）

（一）本条第2款之规定的基本含义

本条第2款规定，无论是连带债权，还是连带债务，均“由法律规定或者当事人约定”。这一规定与《民法典》第178条第3款关于成立连带责任的规定类似，从《民法典》第178条的产生背景来看，[①]本条第2款的这一规定，目的应当也在于限制连带之债的范围。

从这一规定的表述来看，与我国台湾地区之规定有明显区别。我国台湾地区规定，成立连带债务需有当事人“明示”的意思表示；如果没有明示的意思表示，则以法律有规定者“为限”，对连带债务的成立采明定主义立场（明示的意思表示或者明确的法律规定）。从本条第2款表述的文义来看，并未要求连带债务的成立需有当事人明示的意思表示或法律的明确规定。但对于连带债务的成立，长期以来我国持严格明定主义立场，即依法律行为成立连带债务需有当事人明确的意思表示（明示性），依法律规定成立连带债务需有法律明确规定（明确性）。[②]但从我国民法理论和司法实践来看，对于约定的“明示性”和法律规定的“明确性”均有突破。

---

① 根据2017年3月14日第十二届全国人民代表大会第五次会议主席团第三次会议通过的《第十二届全国人民代表大会法律委员会关于〈中华人民共和国民法总则（草案修改稿）〉修改意见的报告》，之所以增加第3款，是因为“有的代表指出，连带责任是两个或两个以上的债务人共同向债权人承担民事责任，是一种较为严厉的责任方式，除当事人有约定外，宜由法律作出规定”，这一意见得到法律委员会的赞同，因此“建议这一条增加一款作为第三款”。参见《民法总则立法背景与观点全集》编写组编：《民法总则立法背景与观点全集》，法律出版社2017年版，第35页。

② 参见王家福主编：《中国民法学·民法债权》，法律出版社1991年版，第46页；孔祥俊：《论连带责任》，载《法学研究》1992年第4期；张广兴：《债法总论》，法律出版社1997年版，第147页；魏振瀛主编：《民法》，北京大学出版社、高等教育出版社2000年版，第310页；徐国栋主编：《绿色民法典草案》，社会科学文献出版社2004年版，第461页；王利明主编：《中国民法典学者建议稿及立法理由：债法总则编·合同编》，法律出版社2005年版，第94页；梁慧星主编：《中国民法典草案建议稿附理由：债权总则编》，法律出版社2006年版，第65—66页；王利明：《债法总则研究》，中国人民大学出版社2015年版，第218页、第221页。另外，最高人民法院在1993年发布的《全国经济审判工作座谈会纪要》中表明，与会者达成了如下共识，即“除法律、法规有明确规定或当事人有约定的以外，不能追究其他法人的连带责任”。

对约定的“明示性”的突破，主要表现为通过对当事人意思表示的解释，确定各债务人均有对全部债务负责的意思，从而确定他们与债权人之间的连带债务。比如，对于当事人未明确约定承担按份责任和连带债务并存的债务承担，我国司法实践和主流观点认为，应认定原债务人与新加入的债务人对债权人承担连带债务；[①]理论界和实务界的这一观点和做法，目前已为《民法典》第552条所认可。又如，未明确约定承担连带债务的共同借款合同[②]、雇佣合同[③]、买卖合同[④]等。

对法律规定“明确性”的突破，主要表现为通过对法律规定的解释和类

---

① 司法判决参见长沙市中级人民法院（2009）长中民二终字第1582号；云南省昆明市中级人民法院（2006）昆民四初字第119号；湖南省郴州市中级人民法院（2010）郴民一终字第502号；浙江省衢州市中级人民法院（2010）浙衢商终字第151号；浙江省台州市中级人民法院（2010）浙台商终字第213号；上海市第一中级人民法院（2010）沪一中民四（商）终字第945号；上海市奉贤区人民法院（2010）奉民二（商）初字第1204号；湖南省岳阳市中级人民法院（2011）岳中民一终字第13号等。学界观点参见张广兴:《债法总论》，法律出版社1997年版，第249页；崔建远主编:《合同法》（第三版），法律出版社2003年版，第185页；张广兴主编:《债法》，社会科学文献出版社2009年版，第96页；刘心稳:《债权法总论》，中国政法大学出版社2009年版，第226页；刘凯湘:《债法总论》，北京大学出版社2011年版，第112页；柳经纬主编:《债法总论》，北京师范大学出版社2011年版，第310页；王洪亮:《债法总论》，北京大学出版社2016年版，第470页；王利明:《债法总则》，中国人民大学出版社2016年版，第326—327页。亦有学者认为，于此情形，是否可参考日本采不真正连带债务的立场，可作进一步研究，参见韩世远:《合同法总论》（第三版），法律出版社2011年版，第484—495页。

② 参见浙江省绍兴市中级人民法院（2010）浙绍商终字第260号；浙江省安吉县人民法院（2008）安商初字第847号；河南省郑州市中级人民法院（2009）郑民一终字第1540号；河南省高级人民法院（2010）豫法民申字第01242号；浙江省海宁市人民法院（2010）甬宁商初字第380号；浙江省浦江县人民法院（2010）金浦商初字第1263号；河南省遂平县人民法院（2010）遂民初字第212号；上海市第一中级人民法院（2010）沪一中民一（民）终字第604号；浙江省绍兴市中级人民法院（2010）浙绍商终字第593号；浙江省绍兴县人民法院（2011）绍齐商初字第24号；浙江省新昌县人民法院（2011）绍新商初字第3号等。

③ 参见湖南省衡阳市石鼓区人民法院（2009）石民一初字第267号。该案基本事实如下：甲与乙雇用丙，约定在某工程全部完工并结算后，按甲、乙两人实际所得利润的20%支付丙报酬；后甲、乙二人盈利35万元，乙未按约定支付报酬，甲向丙支付了报酬7万元，然后向乙主张追偿。法院在认定甲、乙二人对丙负有连带债务的基础上，支持甲向乙的追偿请求。

④ 参见河南省舞钢市人民法院（2009）舞民初字第316号。该案基本事实如下：被告人甲、乙从原告丙处运走化肥若干，欠货款6000元，二被告向原告开具欠条一张，未约定还款份额。法院认定二被告对原告承担连带清偿责任。

推适用，来认定连带责任（债务）的成立。我国现行法已经存在大量承担连带责任（债务）的明确规定，但这些规定是否足以满足现实需要，值得斟酌。从我国司法实践来看，有些法院在没有法律明确规定的情况下作出了连带责任判决；[①]从现有连带责任（债务）规定来看，面对一些具体案型也需要通过法律解释或类推适用相关规定认定连带责任。比如，《公司法规定（二）》第22条第2款规定，公司财产不足以清偿债务时，债权人可以主张未缴出资股东，以及公司设立时的其他股东或者发起人在未缴出资范围内对公司债务承担连带清偿责任。从文义来看，承担连带责任的主体包括未缴出资股东、公司设立时的其他股东或发起人，对于以非货币财产出资而其实际价额显著低于公司章程所定价额的股东，显然不属于“未缴出资股东”的文义范围，而属于未足额缴纳出资额的股东，按文义不能适用此款规定；但从该款的规范目的来看，是为了贯彻股东在自己的出资额范围内对公司债务负责，公司设立时的其他股东或发起人对此承担连带责任，一方面是为了维护公司资本制度，另一方面也是为了更好地保护公司债权人。在此意义上，股东不缴资与不足额缴资，同样会直接威胁公司资本制度和损害公司债权人利益，因此应将《公司法规定（二）》第22条第2款的规定，通过目的性扩张或类推，适用于以非货币财产出资而其实际价额显著低于公司章程所定价额的案型。又如，《合伙企业法》第44条、第53条、第57条所规定的连带责任，这些规定位于该法第二章“普通合伙企业”之下，故仅直接适用于普通合伙企业，但对于有限合伙企业中的普通合伙人显然也应当同样适用，而这只能基于相同规范目的和类似适用条件，通过类推适用于有限合伙企业。再如，《民法典》第1214条规定，以买卖等方式转让拼装或者已达到报废标准的机动车，发生交通事故造成损害的，由转让人和受让人承担连带责任。这一规定仅适用于以买卖等方式转让拼装或者报废机动车致人损害的案型，对于明知该机动车为拼装或报废机动车而借用或租赁的案型，不能直接适用这一规定。但从规范目的同一性和适用要件相似性的角度来看，此类案件中的机动车所有人与借用人、承租人也应承担连带责任，这同样只能通过类推适用方可实现。事

① 参见北京市第二中级人民法院（2010）二中民终字第02307号；河南省开封市中级人民法院（2011）汴民终字第1070号等。

实上，这样的需要类推适用相关规则认定连带责任的情形远不止于此。因此，虽然我国现行法上已有许多关于连带责任（债务）的明确规定，但仍然远远不能满足现实生活的需要。

基于以上考虑，对于连带债务的成立，不宜将本条解释为我国在连带债务的成立上采严格明定主义立场，而宜解释为，可以通过对当事人意思表示进行解释或对法律进行解释和类推适用，依据是否满足连带债务成立要件来判断是否成立连带债务。这一立场，其核心是，连带债务是否成立，依据是否满足连带债务的成立要件加以判断，可谓之要件主义。

（二）基于约定成立连带债务

连带债务可通过当事人约定成立。此为通说，没有疑义。是否可通过对当事人意思表示的解释成立连带债务，则有争议，此点在上面已作介绍。我们认为，可以通过对当事人意思表示的解释成立连带债务，但应基于具体案件事实、法律行为性质和目的、合同相关条款等因素作严格解释。

（三）基于法律规定成立连带债务

法律有广义和狭义之分，狭义的法律指全国人民代表大会及其常委会制定的规范性文件，广义的法律则包括狭义的法律、行政法规、有法律效力的法律解释、地方性法规、部门规章、地方政府规章等。本条第2款所称的法律，应不仅限于全国人大及其常委会制定的法律，但是否应当将广义上的法律均作为连带债务的成立依据，值得斟酌。我们认为，这里的法律，应限于狭义的法律、行政法规及有效解释。理由在于，一方面，如果仅限于狭义的法律，连带债务的成立依据将过于狭窄，可能出现不能适应现实生活需要的情况，但立法者毕竟有限制连带债务范围的意图，因此不宜将其理解得过于宽泛；另一方面，作这样的理解，也可以与《民法典》第153条第1款第1句，即“违反法律、行政法规的强制性规定的民事法律行为无效”这一规定保持大体一致。将有效解释作为连带债务的成立依据，则是基于我国司法实践中对待司法解释的现实态度。

至于是否可基于对法律的类推适用成立连带债务，主流观点倾向于需有法律的明确规定，此点上面已作介绍。我们认为，可以基于对法律的类推适用成立连带债务，但应遵循类推适用的基本规则，需考察该法律规定的规范目的、法定构成要件与待决案件事实之间的可类比性等要素。

四、我国现行法上规定的连带债务（责任）

因为我国现行法上关于连带之债的规定，特别是连带债务（责任）的规定较多，所以专门作为一部分进行梳理，以便参考。关于连带债权的规定相对较少，未专门进行梳理，但在下列规定中有一部分涉及了连带债权。

（一）因法人设立、变更等产生的连带责任

1. 法人设立中产生的连带责任

法人设立过程中，如果设立人为二人以上，可能在设立人与第三人之间产生连带责任。《民法典》第75条第1款规定，设立人为设立法人从事的民事活动，其法律后果由法人承受；法人未成立的，其法律后果由设立人承受，设立人为二人以上的，享有连带债权，承担连带债务。《公司法》第94条第1项规定，公司不能成立时，股份有限公司的发起人对设立行为所产生的债务和费用负连带责任。这两条规定的基本内容大致相同，但前者为一般规定，适用范围更广，后者为特别规定，适用于股份有限公司。另外，前者采用了“连带债务”的表述，后者采用了“连带责任”的表述。此外，《公司法规定（三）》第4条第1款也规定了类似的连带责任。

在公司设立过程中还可能在发起人和认股人之间产生连带责任。《公司法》第94条第2项规定，公司不能成立时，股份有限公司的发起人对认股人已缴纳的股款，负返还股款并加算银行同期存款利息的连带责任。

2. 因设立人出资不足产生的连带责任

我国《公司法》第30条、第93条分别就有限责任公司和股份有限公司作出规定，公司成立后，发现设立人未缴足资本或作为设立公司出资的非货币财产的实际价额显著低于公司章程所定价额的，该设立人应补缴出资或补足差额，其他设立人对此承担连带责任。这两条规定主要是从出资义务的角度作出的，其债权人应为该公司；是否适用于与该公司发生债权债务关系的第三人，尚需解释，比如，《公司法规定（二）》第22条第2款所规定的即为设立人与第三人之间的连带责任。

3.因法人分立产生的连带责任

《民法典》第67条第2款规定，法人分立的，其权利和义务由分立后的法人享有连带债权，承担连带债务，但是债权人和债务人另有约定的除外。《公司法》第176条有类似规定，不过所用表述为“连带责任”。

4.公司运行中产生的连带责任

在公司运行过程中，可能因为公司法人人格否认而由公司和其股东对外承担连带责任。《民法典》第83条第2款规定，营利法人的出资人不得滥用法人独立地位和出资人有限责任损害法人的债权人利益；滥用法人独立地位和出资人有限责任，逃避债务，严重损害法人的债权人利益的，应当对法人债务承担连带责任。《公司法》第20条第3款有类似规定。《公司法》第63条本质上也属于此类规则，该条规定，一人有限责任公司的股东不能证明公司财产独立于股东自己财产的，应当对公司债务承担连带责任。

5.公司清算中产生的连带责任

在公司清算过程中，公司股东、董事等可能因为怠于履行清算义务而与公司对外承担连带责任。如《公司法规定（二）》第18条第2款规定，有限责任公司的股东、股份有限公司的董事和控股股东因怠于履行义务，导致公司主要财产、账册、重要文件等灭失，无法进行清算，债权人主张其对公司债务承担连带清偿责任的，人民法院应依法予以支持。

（二）合伙中的连带责任

1.个人合伙

《民法典》第973条第1句规定，合伙人对合伙债务承担连带责任。从这条规定来看，《民法典》在对债务与责任这两个概念的使用上，有时未作严格区分。是否对外承担连带责任，关键看其是否为个人合伙的合伙人，而不论其出资方式为何，此点在《民法通则意见》第48条有过明确规定，根据该规定，只提供技术性劳务，不提供资金、实物的合伙人，对于合伙经营的亏损额，对外也应当承担连带责任。此点可资参考。

合伙人退伙的，是否对退伙时存在的合伙债务与其他合伙人承担连带责任，《民法典》未作规定。对此，《民法通则意见》第53条规定：“合伙经营期间发生亏损，合伙人退出合伙时未按约定分担或者未合理分担合伙债务的，退伙人对原合伙的债务，应当承担清偿责任；退伙人已分担合伙债务的，对其参加合伙期间的全部债务仍负连带责任。”根据这一规定，无论合伙人退伙时是否分担了合伙债务，均应对合伙期间的全部债务与其他合伙人对外承担连带责任。这一规定可资参考。

2.合伙企业

（1）一般规则。根据我国《合伙企业法》第2条第1款的规定，合伙企业分为普通合伙企业和有限合伙企业。该条第2款规定，普通合伙企业由普通合伙人组成，合伙人对合伙企业债务承担无限连带责任，另有特别规定的除外；该条第3款规定，有限合伙企业由普通合伙人和有限合伙人组成，普通合伙人对合伙企业债务承担无限连带责任，有限合伙人以其认缴的出资额为限对合伙企业债务承担责任。换言之，原则上普通合伙人对合伙企业债务承担连带责任，有限合伙人对合伙企业债务承担有限责任，此为一般规则。当然，普通合伙人和有限合伙人的身份可以合法地相互转换。根据《合伙企业法》第83条的规定，有限合伙人转变为普通合伙人的，对其作为有限合伙人期间有限合伙企业发生的债务承担无限连带责任，也就是说，其承担连带责任的范围扩及其作为有限合伙人时合伙企业所发生的债务；而根据《合伙企业法》第84条的规定，普通合伙人转变为有限合伙人的，对其作为普通合伙人期间合伙企业发生的债务承担无限连带责任，换言之，其有限责任仅对将来发生效力，对其作为普通合伙人时合伙企业所发生的债务仍应承担无限连带责任。

（2）入伙。《合伙企业法》第44条规定，新合伙人对入伙前合伙企业的债务承担无限连带责任。这一规定具有一定的强制性。合伙人之间否定这一法律效果的约定原则上仅具内部效力，对第三人不发生效力；但从体系解释的角度来看，这一规定位于该法第二章“普通合伙企业”之下，故这一规定仅直接适用于新合伙人作为普通合伙人入伙的情形。是否在任何情况下新合伙人对入伙前合伙企业的债务均应承担连带责任，值得斟酌。比如《合伙企业法》第43条第2款规定，订立入伙协议时，原合伙人应当向新合伙人如实告知原合伙企业的经营状况和财务状况。如果原合伙人违反这一义务，应认定原合伙人存在欺诈行为，新合伙人可以主张撤销合伙协议，从而主张入伙无效，对入伙前合伙企业的债务不承担连带责任。

（3）退伙。《合伙企业法》第53条规定，退伙人对基于其退伙前的原因发生的合伙企业债务，承担无限连带责任。基于体系解释，这一规定同样仅适用于普通合伙人。此外，该规定虽位于第二章“普通合伙企业”之下，但应类推适用于有限合伙企业中的普通合伙人。

（4）合伙人的执业活动。合伙人在合伙企业的执业活动中造成合伙企业债务时，根据该合伙人的主观过错程度，有不同的法律后果。根据《合伙企业法》第57条第2款的规定，合伙人在执业活动中非因故意或者重大过失造成的合伙企业债务以及合伙企业的其他债务，由全体普通合伙人承担无限连带责任。如果合伙企业债务因合伙人在执业活动中的故意或重大过失所致，根据该条第1款的规定，由该合伙人承担无限责任，其他合伙人承担有限责任，这一规定，为《合伙企业法》第2条第2款所称“特别规定”。另外，在此情况下，如果执行合伙事务的合伙人为二人以上的，应由他们承担无限连带责任。

（5）破产与注销。根据《合伙企业法》第91条、第92条的规定，合伙企业破产或注销时，普通合伙人对合伙企业存续期间的债务承担无限连带责任。

（三）因监护产生的连带责任

多数监护人损害被监护人合法权益。根据《民法典》第27条、第28条的规定，同一个被监护人可能有二个以上监护人。根据《民法典》第34条第3款的规定，监护人不履行监护职责或者侵害被监护人合法权益的，应当承担法律责任。在存在多个监护人的情况下，监护人不履行监护职责或者侵害被监护人合法权益时如何对被监护人承担责任，法律未作明确规定。于此情形，宜根据多数人侵权的相关规则确定各监护人的责任。

多数监护人就被监护人之侵权行为的责任承担。根据《民法典》第1188条第1款第1句的规定，无民事行为能力人、限制民事行为能力人造成他人损害的，由监护人承担侵权责任。在存在多个监护人的情况下，他们如何对第三人承担侵权责任，现行法未作规定，实践中如何处理，值得推敲。在这种情况下，基于保护受害人的目的，及监护人之间一般存在较为紧密的身份关系，一般可以认定该多数监护人对第三人承担连带责任。但对于一些具体情形，可能尚需进行具体分析。比如，在部分监护人尽到监护职责、部分监护人未尽到监护职责的情况下，需要结合各监护人是否尽到监护职责与损害发生的因果关系，结合《民法典》第1168条至第1172条的规定，以及监护人之间的身份关系进行综合考量。

（四）多数人侵权的连带责任

1.一般规则概述

《民法典》第1168条至第1172条对多数人侵权作了一般性规定。其中第1168条和第1169条规定了共同侵权的连带责任，第1170条规定了并发的危险行为（共同危险行为）的连带责任，第1171条规定了聚合因果关系情形下分别侵权的连带责任，第1172条则规定了共同因果关系情形下分别侵权的按份责任。在理解和适用上，应将这些法条作为规则体系整体把握，否则可能造成体系矛盾。

2.共同侵权的连带责任

《民法典》第1168条规定，二人以上共同实施侵权行为，造成他人损害的，应当承担连带责任。这是对共同侵权的一般规定。第1169条进一步明确了教唆人和帮助人的共同侵权行为人地位，是对第1168条的补充。

共同侵权的构成要件与单个主体的侵权构成在三个方面有所区别：一是侵权行为人为二人以上；二是在因果关系的认定上，将所有侵权行为人的行为作为一个整体来确定其与损害后果之间是否存在因果关系，而无需检验各侵权行为人与损害结果之间的具体因果关系如何；三是要求各侵权人的行为之间存在共同关系，即“共同实施”了侵权行为。关于如何理解这一共同关系，我国学说上曾有共同故意说、共同过错说和客观共同说三种不同观点。根据《侵权责任法》第11条的规定，客观共同说已无存在空间。目前关于共同侵权中共同性认定的争议，主要存在于共同故意说和共同过错说之间，前者认为构成共同侵权需各行为人有主观上的共同故意，至少应当意识到自己在与他人共同行动；[①]后者则主张，构成共同侵权只需要各行为人有共同过错

---

① 参见程啸：《论意思联络作为共同侵权行为构成要件的意义》，载《法学家》2003年第4期；张定军：《论共同侵权的“共同性”要件——规范目的和制度功能的视角》，载《法治研究》2018年第4期。

即可，包括共同故意和共同过失。[①]目前共同过错说为主流观点。

3.聚合因果关系情形下分别行为人的连带责任

如果二个以上行为人没有主观上的共同而分别实施了侵权行为，造成同一损害的，则依据各行为人之具体行为与损害之间的因果关系确定他们对受害人的责任承担方式。根据《民法典》第1171条的规定，二人以上分别实施侵权行为造成同一损害，每个人的侵权行为都足以造成全部损害的（聚合因果关系），行为人承担连带责任。在聚合因果关系的情况下，每个行为人的行为均足以导致损害发生，根据肇因理论，每个行为人均应对全部损害负责，此时让他们承担连带责任，是对自己责任原则和肇因理论的坚持，而且也未加重他们的负担，是合理的制度安排。根据《民法典》第1172条的规定，二人以上分别实施侵权行为造成同一损害，能够确定责任大小的，各自承担相应的责任；难以确定责任大小的，平均承担赔偿责任。对这一规定的理解不能仅根据文义，而应结合第1171条的规定加以解释，因为如果对第1172条的文义作广义理解，第1171条所规定的案型就会被包含其中，但两种案型的法律后果却截然不同。因此从体系解释的角度来看，应对第1172条作限缩解释，其适用于非聚合因果关系的案型，否则必然出现体系冲突。

4.并发的危险行为（共同危险行为）中的连带责任

《民法典》第1171条和第1172条针对的均是存在二个以上行为人的情况下，各行为人的行为与损害之间确定地存在因果关系的情形。并发的危险行为与此不同，在这种案型中，虽然也存在二个以上的人作出了可能危及他人人身财产安全的行为，但不能确定损害是由哪个或哪几个人的行为所致。对这种案型，我国《民法典》第1170条规定，二人以上实施危及他人人身、财产安全的行为，其中一人或者数人的行为造成他人损害，能够确定具体侵权人的，由侵权人承担责任；不能确定具体侵权人的，行为人承担连带责任。对于能够确定具体侵权行为人的情形，本质上已经不属于并发的危险行为案

① 参见王利明：《侵权行为法研究》（上卷），中国人民大学出版社2004年版，第701页；王利明、周友军、高圣平：《侵权责任法疑难问题研究》，中国法制出版社2012年版，第217页；［德］布吕格迈耶尔、朱岩：《中国侵权责任法学者建议稿及其立法理由》，北京大学出版社2009年版，第137页。

型，而是构成单独侵权（侵权行为人为一人时）或多数人侵权，依相应规则处理即可。

对于无法确定具体侵权人的案型，即真正的并发的危险行为案型，对“行为人承担连带责任”这一法律后果如何理解，有不同观点。一种观点认为，只要具体行为人不能确定，即应由各行为人承担连带责任；另一种观点认为，还应当满足各行为人的行为均可能造成全部损害的发生。从体系一致性的角度来看，第二种观点更合理。在并发的危险行为案型中，由于具体的侵权人不能确定，所以每个人的责任建立在一个假定的因果关系之上。如果只要具体侵权人不能确定，不考虑每个人的行为与损害后果之间可能的因果关系而直接要求他们承担连带责任，实际上是直接要求他们每个人均对全部损害负责，无论他们的行为与损害后果之间可能构成聚合因果关系还是共同因果关系；但是，在能够确定每个行为人的行为与损害之间存在因果关系的情况下，根据《民法典》第1171条和第1172条的规定，应根据每个行为人的行为与损害之间的因果关系来确定他们的责任承担方式，即在聚合因果关系情形下承担连带责任，在共同因果关系情形下承担按份责任。这就产生了一个问题：例如，甲、乙、丙三人均作出了可能损害丁的行为，但不能确定丁的损害是由谁的行为所致，如果三人的行为均不足以导致损害的发生，但三人中任何两个人的行为相结合，即甲和乙的行为、乙和丙的行为、甲和丙的行为相结合均足以导致损害的发生，于此情形，若要求三人承担连带责任，便与《民法典》第1172条的规定冲突；而且，为什么要求实际上构成了共同因果关系的行为人承担按份责任，而要求仅是构成假定的共同因果关系的行为人承担连带责任？这种情况下要求行为人承担连带责任很难具有说服力。因此，从体系解释的角度，《民法典》第1170条所规定的并发的危险行为案型的连带责任，应满足如下条件：（1）二个以上的行为人实施了可能危及他人人身、财产安全的行为；（2）具体的侵权人无法确定；（3）各行为人的行为均可能导致全部损害的发生，即构成假定的聚合因果关系。

5.多数人侵权之连带责任的特别规定

除上述关于多数人侵权责任的一般规则外，我国《民法典》及其他法律规范中还规定了几种特定情形下的连带责任，属于上述一般规定的特别规定。

（1）网络用户与网络服务提供者的连带责任。《民法典》规定了两种情形下应由网络用户与网络服务提供者承担连带责任。一种是第1197条规定的情形，即网络服务提供者知道或者应当知道网络用户利用其网络服务侵害他人民事权益，未采取必要措施的，应与该网络用户承担连带责任；另一种是第1195条规定的情形，即网络用户利用网络服务实施侵权行为的，权利人通知网络服务提供者采取删除、屏蔽、断开链接等必要措施后，网络服务提供者未及时采取必要措施的，对损害的扩大部分与该网络用户承担连带责任。此类案型适用连带责任的基本要件是：①网络用户对他人实施了侵权行为；②在被侵权人通知网络服务提供者之前，网络服务提供者不知道存在该侵权行为，如果知道或者应当知道而未主动地采取必要措施，应适用《民法典》第1197条之规定；③网络服务提供者在接到被侵权人的通知后，未及时采取必要措施。这一案型中连带责任的范围，为网络服务提供者知道后未及时采取必要措施而发生的损害，换言之，网络服务提供者对接到通知之前的损害不承担损害赔偿责任，这主要是考虑到网络服务提供者面对的网络用户的行为数量庞大，对每个行为是否侵权难以作出准确判断，如果要求网络服务提供者对每个行为逐一进行实质审查，将使其所负担的审查义务过于苛刻，也不利于互联网行业的发展。

（2）拼装、报废机动车发生交通事故的连带责任。《民法典》第1214条规定，以买卖或者其他方式转让拼装或者已达到报废标准的机动车，发生交通事故造成损害的，由转让人和受让人承担连带责任。这一连带责任的构成要件是：①该机动车为改装机动车或达到报废标准的机动车；②该机动车造成损害；③责任人之间有以买卖或者其他方式转让该机动车的行为。这一连带责任的规定，也是基于特殊考量。由于拼装机动车、已达到报废标准的机动车上路行驶具有很大安全隐患，对驾驶人和他人人身、财产安全均构成较大威胁，因此为法律所不许，为防止此类车辆上路行驶造成损害，法律特作此特别规定。

（3）挂靠运输经营的连带责任。《民法典》第1211条规定，以挂靠形式从事道路运输经营活动的机动车，发生交通事故造成损害，属于该机动车一方责任的，由挂靠人和被挂靠人承担连带责任。这一连带责任的构成要件是：①挂靠人和被挂靠企业之间存在挂靠关系；②挂靠人在道路运输经营中发生交通事故造成他人损害；③挂靠人对该损害负有责任。

（4）非法使用民用航空器致人损害的连带责任。《民用航空法》第159条规定，未经对民用航空器有航行控制权的人同意而使用民用航空器，对地面第三人造成损害的，有航行控制权的人除证明本人已经适当注意防止此种使用外，应当与该非法使用人承担连带责任。这里的对民用航空器有控制权的人，主要指《民用航空法》第158条所界定的民用航空器的经营人。民用航空器登记的所有人应当视为经营人，本人将民用航空器的使用权已经直接或者间接地授予他人，但保留对该民用航空器的航行控制权，本人仍被视为经营人；经营人的受雇人、代理人在受雇、代理过程中使用民用航空器，无论是否在其受雇、代理范围内行事，均视为经营人使用民用航空器。可见《民用航空法》第159条主要规定的是民用航空器所有人（经营人）与非法使用人的连带责任，其构成要件是：①使用人未经有航行控制权的人（所有人/经营人）同意使用民用航空器，构成非法使用；②该使用人与该民用航空器经营人之间没有雇佣关系或代理关系，如果存在此种关系，使用人的行为视为经营人的行为；③使用过程中对地面第三人造成损害；④该经营人不能证明对防止他人非法使用尽到适当注意义务，换言之，这里适用的虽然为过错责任原则，但举证责任倒置，并非由受害人负举证责任，而是由经营人负有证明自己尽到适当注意义务的举证责任。

（5）高度危险物致人损害的连带责任。《民法典》第1241条规定："遗失、抛弃高度危险物造成他人损害的，由所有人承担侵权责任。所有人将高度危险物交由他人管理的，由管理人承担侵权责任；所有人有过错的，与管理人承担连带责任。"本条主要遵循了风险控制理论，连带责任的成立，并未要求管理人主观上有过错，但所有人须有过错方与管理人承担连带责任。此外，《民法典》第1242条规定："非法占有高度危险物造成他人损害的，由非法占有人承担侵权责任。所有人、管理人不能证明对防止非法占有尽到高度注意义务的，与非法占有人承担连带责任。"这一规定也是基于特殊的法政策考量，在连带责任的构成上，一方面并未要求行为人有主观上的共同过错，另一方面也不要求对是否构成聚合因果关系进行考察，而是基于特定物品的高度危险性，要求所有人、管理人承担"高度注意义务"，违反此义务，便应与非法占有人一起承担连带责任。

（6）建筑物、构筑物或其他设施致人损害的连带责任。《民法典》第1252

条第1款规定："建筑物、构筑物或者其他设施倒塌、塌陷造成他人损害的，由建设单位与施工单位承担连带责任，但是建设单位与施工单位能够证明不存在质量缺陷的除外。建设单位、施工单位赔偿后，有其他责任人的，有权向其他责任人追偿。"该条第2款的规定："因所有人、管理人、使用人或者第三人的原因，建筑物、构筑物或者其他设施倒塌、塌陷造成他人损害的，由所有人、管理人、使用人或者第三人承担侵权责任。"结合该条两款规定之间的关系来看，设计单位和施工单位承担连带责任的要件为：①有建筑物、构筑物或其他设施倒塌的事实；②因建筑物、构筑物或其他设施倒塌致人损害；③该建筑物、构筑物或其他设施有质量瑕疵。如果建筑物、构筑物或其他设施的倒塌完全是由其他人的原因造成的，设计单位、施工单位不承担责任，但负担证明建筑物、构筑物或其他设施没有质量瑕疵的举证责任；如果该建筑物、构筑物或其他设施倒塌虽存在质量瑕疵，但其他人的行为也促成了倒塌的发生，设计单位、施工单位在对外承担连带责任后，可根据具体情况向其他导致建筑物、构筑物或其他设施倒塌的人主张追偿。

（五）因共有产生的连带责任

《民法典》第307条第1句前段规定，"因共有的不动产或者动产产生的债权债务，在对外关系上，共有人享有连带债权、承担连带债务，但是法律另有规定或者第三人知道共有人不具有连带债权债务关系的除外"。这一规定既适用于按份共有，也适用于共同共有。这一连带责任的构成要件为：（1）二人以上对某特定物共同享有所有权，该特定物可以是动产，也可以是不动产；（2）对第三人的债务因该特定物而产生，非因该共有的特定物产生的债务，不适用本规定。根据该规定的但书规则，共有人对因共有物产生的债务也并非一概承担连带责任，而是要看法律有无例外规定，以及第三人是否知道共有人不承担连带责任。

（六）因夫妻共同关系产生的连带责任

夫妻对第三人如何承担责任，与夫妻财产制有直接关联。我国《民法典》第1065条第3款规定："夫妻对婚姻关系存续期间所得的财产约定归各自所有，夫或者妻一方对外所负的债务，相对人知道该约定的，以夫或者妻一方的个人财产清偿。”根据这一规定，如果夫妻双方约定实行分别财产制，夫妻一方对外所负债务，原则上由夫或妻一方单独承担，而非由双方共同承担，除非债权人不知道夫妻双方有此约定。如果夫妻双方没有约定或者约定不明确，根据该条第1款第3句的规定，夫妻关系存续期间原则上实行夫妻共同财产制。在实行共同财产制的情况下，夫妻如何对外承担债务，要看该债务因何而发生。如果该债务关系因夫妻共有的特定物产生，可适用《民法典》第307条的规定，由夫妻双方享有连带债权、承担连带债务。

《民法典》第1064条对因夫妻一方或双方的行为而产生的“共同债务”进行了规定：“夫妻双方共同签名或者夫妻一方事后追认等共同意思表示所负的债务，以及夫妻一方在婚姻关系存续期间以个人名义为家庭日常生活需要所负的债务，属于夫妻共同债务。夫妻一方在婚姻关系存续期间以个人名义超出家庭日常生活需要所负的债务，不属于夫妻共同债务；但是，债权人能够证明该债务用于夫妻共同生活、共同生产经营或者基于夫妻双方共同意思表示的除外。”该条第1款从积极的角度给出了共同债务的两个判断标准：一是“夫妻双方共同签名或者夫妻一方事后追认等共同意思表示所负的债务”，此判断标准被学界简称为“共债共签”，实际上不太准确，严格地说应当是基于共同意思表示所负债务；二是“夫妻一方在婚姻关系存续期间以个人名义为家庭日常生活需要所负的债务”，这是从举债目的的角度对共同债务的限定，要求是为了“家庭日常生活需要”，于此情形，只需夫妻一方的意思表示即可构成共同债务。该条第2款从消极的角度对共同债务进行了限定，即“夫妻一方在婚姻关系存续期间以个人名义超出家庭日常生活需要所负的债务”，不被认定为共同债务，除非“债权人能够证明该债务用于夫妻共同生活、共同生产经营或者基于夫妻双方共同意思表示”。这一规定可以理解为是对第1款后段的限缩或补充，判断标准是“超出家庭日常生活需要”，是否超出家庭日常生活需要，由法官根据社会生活发展状况、当地一般生活开支水平等综合判断。事实上第2款的但书规则为夫妻共同债务的认定提供了另一个认定标准，即如果夫妻一方以个人名义举债，但该债务用于夫妻共同生活或者共同的生产经营，亦应认定为夫妻共同债务，但对于是否用于夫妻共同生活和共同生产经营，由债权人负举证责任。需要注意的是，《民法典》第1064条仅界定了共同债务，并未规定夫妻双方如何承担共同债务。对此，《婚姻法解释（二）》

第25条第2款规定："一方就共同债务承担连带清偿责任后，基于离婚协议或者人民法院的法律文书向另一方主张追偿的，人民法院应当支持。"该解释第26条规定："夫或妻一方死亡的，生存一方应当对婚姻关系存续期间的共同债务承担连带清偿责任。"可见，根据司法解释，夫妻双方对于共同债务承担连带责任，上述司法解释随着《民法典》的生效、《婚姻法》的废止而失效，仅具参考意义。

（七）因保证产生的连带责任

1.连带责任保证

《民法典》第686条规定，保证分为一般保证和连带责任保证。对于一般保证，保证人享有先诉抗辩权，不与主债务人承担连带责任。对于连带责任保证，保证人与主债务人对债权人承担连带责任。根据《民法典》第688条第2款的规定，连带责任保证的保证人与主债务人对债权人的连带责任，并不一定与主债务的范围完全一致。换言之，连带责任的范围可能小于主债务，因为连带责任保证的保证人仅在其"保证范围内"承担责任，而保证范围可能小于主债务。保证人承担保证责任后，根据《民法典》第700条的规定，可以就其所承担的责任向主债务人全额追偿。也就是说，在保证人与主债务人对债权人承担连带责任的债务范围内（包括保证范围等于或小于主债务的范围两种情形），在保证人和主债务人的内部关系上，保证人承担的份额为零，主债务人承担的份额为一。至于连带责任保证的成立，根据《民法典》第688条第1款的规定，需由当事人约定；如果当事人对担保方式没有约定或约定不明确，根据《民法典》第686条第2款的规定，"按照一般保证承担保证责任"，此点与《担保法》第19条的规定完全不同。

2.连带共同保证

连带责任保证关注的是主债务人、保证人与债权人之间的关系，由主债务人和保证人对债权人承担连带责任；连带共同保证主要关注的则是多个保证人与债权人之间的关系，由两个以上保证人对债权人承担连带责任，当然，也会涉及与主债务人之间的关系。《民法典》第699条规定："同一债务有两个以上保证人的，保证人应当按照保证合同约定的保证份额，承担保证责任；没有约定保证份额的，债权人可以请求任何一个保证人在其保证范围内承担保证责任。”这一规定没有明确规定保证份额约定不明情况下由保证人承担连带责任，与《担保法》第12条的规定不同，后者明确规定了这种情况下由这些保证人对债权人承担连带责任。在存在两个以上保证人的情况下，至少有两种情形可以认定各保证人承担连带共同保证责任：一是各保证人与债权人明确约定承担共同连带保证的；二是各保证人虽然没有明确约定，但各保证人均对主债务承担全部保证责任的。这种情形下，已经满足了连带债务的成立要件，由各保证人承担连带共同保证责任应属合理。

（八）代理中的连带责任

代理人与相对人恶意串通的连带责任。《民法典》第164条第2款规定，代理人和相对人恶意串通，损害被代理人合法权益的，代理人和相对人应当承担连带责任。这一规定继承了《民法通则》第66条第3款的规定。这一连带责任的构成要件为：（1）代理人以被代理人的名义与第三人实施了民事法律行为；（2）代理人与第三人有恶意串通的事实；（3）因为恶意串通，该民事法律行为损害了被代理人的合法权益。如果代理人与第三人虽有恶意串通的事实，但未实施民事法律行为，而是作出了其他侵害被代理人合法权益的行为，则构成共同侵权，应适用《民法典》第1168条或第1169条的规定。

违法代理产生的连带责任。《民法典》第167条规定，代理人知道或者应当知道代理事项违法仍然实施代理行为，或者被代理人知道或者应当知道代理人的代理行为违法未作反对表示的，被代理人和代理人应当承担连带责任。这一规定是对《民法通则》第67条的继承。这一连带责任规则实际上适用于两种案型，一是被代理人委托的代理事项违法；二是被代理人未进行违法事项的委托，但代理人实施了违法的代理行为。第一种案型适用连带责任的构成要件为：（1）被代理人委托的代理事项违法；（2）代理人知道或应当知道该代理事项违法；（3）代理人实施了代理行为；（4）该代理行为造成第三人损失。第四个要件在该法律规定中未予明确，但从民事责任的基本功能，即损害填补来看，需有损害的发生；如果是代理人或被代理人遭受损失，则仅涉及损失分担，不会发生连带责任，因此第四个要件应当是该规定所隐含的一个要件。第二种案型适用连带责任的构成要件为：（1）代理人实施了代理行为；（2）该代理行为违法；（3）被代理人知道或应当知道代理人实施违法代理行为而未作出反对表示；（4）该代理行为给第三人造成损失。其中，反对表示应在被代理人知道或应当知道之时及时作出，因未及时作出反对表示而导致的进一步损失，应由代理人和被代理人承担连带责任；如果代理行为实施完毕之后，被代理人才知道或应当知道该代理行为具有违法性的，也应及时作出反对表示，并应积极与第三人沟通处理相关事宜，否则宜推定被代理人对代理人的行为进行了追认，仍应承担连带责任。

共同代理产生的连带责任。《民法典》第932条规定，两个以上的受托人共同处理委托事务的，对委托人承担连带责任。这一规则的适用范围较共同代理的范围广，因为委托关系中，受托人处理的事务不限于从事民事法律行为。如果两个以上受托人基于委托关系从事同一（或同一系列）法律行为，则成立共同代理。根据《民法典》第166条的规定，数人为同一代理事项的代理人的，应当共同行使代理权，但是当事人另有约定的除外。所以，如果当事人约定数个共同代理人分别行使代理权的，各代理人对自己的代理行为对被代理人负责；只有数个代理人就同一事务共同实施代理行为时，才对被代理人承担连带责任。

（九）因劳动或劳务关系产生的连带责任

1.招用未解除劳动关系的劳动者产生的连带责任

《劳动法》第99条规定，用人单位招用尚未解除劳动合同的劳动者，对原用人单位造成经济损失的，该用人单位应当依法承担连带赔偿责任。《劳动合同法》第91条有相同规定。至于用人单位是否知道劳动者未与原用人单位解除劳动关系，未作要求。

2.雇员致人损害产生的连带责任

《人身损害赔偿解释》第9条第1款规定："雇员在从事雇佣活动中致人损害的，雇主应当承担赔偿责任；雇员因故意或者重大过失致人损害的，应当与雇主承担连带赔偿责任。雇主承担连带赔偿责任的，可以向雇员追偿。"该款第1句前段规定了雇主的替代责任，作为雇员从事雇佣活动致人损害的一般规则；第1句后段是前段的特别规则，由雇主与雇员对第三人承担连带责任。

3.雇员自身遭受损害产生的连带责任

《人身损害赔偿解释》第11条规定了雇员受损可能有二个以上责任人的情

形，其中一种案型明确规定为连带责任，另一种案型的责任承担方式在法条表述中未予明确。第一种案型，即该条第2款规定的案型，雇员在从事雇佣活动中因安全生产事故遭受人身损害，发包人、分包人知道或者应当知道接受发包或者分包业务的雇主没有相应资质或者安全生产条件的，应当与雇主承担连带赔偿责任。这一连带责任的构成要件为：（1）雇员在从事雇佣活动中受损，如果雇员的受损并非因从事雇佣活动，不适用本规定；（2）雇员所遭受的损害是因为安全生产事故造成，因其他原因不适用本规定；（3）发包人、分包人与雇主之间存在发包或分包关系；（4）雇主没有相应资质或安全生产条件；（5）发包人或分包人知道或应当知道该雇主没有相应资质或安全生产条件。对于由分包人将相关业务分包给没有相应资质或安全生产条件的雇主，承包人应否承担连带责任，这一规定并未明确。《民法典》第791条第2款第1句规定，总承包人或者勘察、设计、施工承包人经发包人同意，可以将自己承包的部分工作交由第三人完成。也就是说，经发包人同意承包人可以进行转包。该条第3款又规定，禁止承包人将工程分包给不具备相应资质条件的单位。禁止分包单位将其承包的工程再分包。建设工程主体结构的施工必须由承包人自行完成。可见，承包人虽然可以转包，但仅得转包一次，不得进行二次甚至多次转包，而且不得将工程的主体结构转包给第三人，也不得将工程转包给不具备相应资质条件的第三人。从立法目的来看，《民法典》第791条的这一规定主要是为了保障工程质量，维护发包人的权益，同时有维护建筑市场秩序的目的，对于分包人雇员因安全生产事故遭受损失的赔偿，应不属于其主要目的或直接目的；但如果分包人将其业务再分包给没有相应资质或生产条件的雇主，便违反了《民法典》第791条的这一强制性规定，结合《人身损害赔偿解释》第11条的规定及其规范目的，如果发包人、承包人知道此情事未表示反对且未采取相应措施阻止，应与分包人承担连带责任。第二种案型，即《人身损害赔偿解释》第11条第1款规定的雇佣关系以外的第三人造成雇员损害的案型。根据该规定，雇佣关系以外的第三人造成雇员人身损害的，赔偿权利人可以请求第三人承担赔偿责任，也可以请求雇主承担赔偿责任；雇主承担赔偿责任后，可以向第三人追偿。该规定虽未明确雇主与第三人对雇员承担连带责任，但这一案型完全满足连带责任的成立要件，可以认定成立连带责任，只是在雇主与第三人的内部关系上，第三人承担的份额为1，而雇主承担的份额为0。《民法典》第1192条第2款有相似规定。

4.劳务派遣产生的连带责任

对于被派遣人因执行职务造成他人损失，《民法典》第1191条第2款前段规定，“劳务派遣期间，被派遣的工作人员因执行工作任务造成他人损害的，由接受劳务派遣的用工单位承担侵权责任”。对于被派遣人自身遭受损害，《劳动合同法》第92条规定，劳务派遣单位违反《劳动合同法》的规定进行劳务派遣，给被派遣劳动者造成损害的，劳务派遣单位与用工单位承担连带赔偿责任。

5.劳务帮工致第三人损害的连带责任

《人身损害赔偿解释》第13条规定：“为他人无偿提供劳务的帮工人，在从事帮工活动中致人损害的，被帮工人应当承担赔偿责任。被帮工人明确拒绝帮工的，不承担赔偿责任。帮工人存在故意或者重大过失，赔偿权利人请求帮工人和被帮工人承担连带责任的，人民法院应予支持。”这一连带责任的构成要件为：（1）帮工人与被帮工人之间存在无偿帮工关系，如果是有偿提供劳务，则构成雇佣关系，不适用本规定，而应适用《人身损害赔偿解释》第9条第1款的规定；（2）帮工人造成第三人损害；（3）该损害是因为从事帮工行为所致；（4）帮工人对损害的发生存在故意或重大过失，如果因一般过失行为造成损害，根据第1句和第2句分别由被帮工人或帮工人承担赔偿责任。需要明确的是，如果被帮工人明确拒绝帮工，帮工人因故意或重大过失致人损害，被帮工人与帮工人是否应承担连带责任。这个问题的本质，实际上是该条第3句与前面两句规定之间的关系问题。从本条规定整体来看，其第3句应为前面两句的特别规定，即使被帮工人明确拒绝帮工，在帮工人故意或重大过失造成他人损害的情况下，被帮工人仍应与帮工人承担连带责任，理由在于，被帮工人虽然明确拒绝帮工，但未成功阻止帮工人的帮工，仍构成了事实上的帮工关系，被帮工人便应尽到必要的注意义务，帮工人故意或重大过失致人损害应属其未能尽到必要注意义务。

6.个人承包经营者违法招用劳动者产生的连带责任

《劳动合同法》第94条规定，个人承包经营违反《劳动合同法》的规定招用劳动者，给劳动者造成损害的，发包的组织与个人承包经营者承担连带赔偿责任。这一连带责任的构成要件为：（1）发包人与承包人之间存在承包经营关系，其中发包人为组织，应当包括法人和非法人组织，承包人为个人；（2）承包人存在违反《劳动合同法》的规定招收劳动者的行为，该劳动者与发包人成立劳动关系，至于发包人对于违法行为的存在是否知晓则未作要求；（3）该劳动者在从事承包人安排的承包经营活动中受到损害。一般而言，劳动者在从事职务活动中遭受损害的，应由用人单位承担责任，因为个人承包经营者与发包人之间通常是内部承包关系，承包人不是独立的雇主，不应当承担责任；但因为承包人存在违法招收劳动者的行为，应对其违法行为承担责任，要求其与发包人承担连带责任，一方面是为了保护劳动者，另一方面也是为了规范承包人的招工行为。

（十）因承揽发生的连带责任

1.共同承揽人的连带责任

《民法典》第786条规定，共同承揽人对定作人承担连带责任，但是当事人另有约定的除外。此规定可理解为共同承揽人责任的一般规则。根据该规定，除当事人另有约定外，共同承揽人对定作人承担连带责任。这里的责任，可能是未按约定完成或提交定作物的违约责任，也可能是因为定作物瑕疵导致定作人的人身、财产损害的赔偿责任。在何为共同承揽的认定上，有广义和狭义之分。广义上的共同承揽，包括二个以上承揽人一同与定作人签订合同，共同完成某一定作物，以及二个以上承揽人分别与定作人签订合同，各自完成定作物的某一部分；狭义的共同承揽，则仅指二个以上承揽人一同与定作人签订合同完成某一定作物的情形。本条所称共同承揽人，宜作狭义解释，否则对定作人所科加的责任似过于严苛。比如，甲与乙、丙、丁分别签订合同，由乙完成定作物的A零件，由丙完成定作物的B零件，由丁完成定作物的C零件并进行组装，如果因乙完成的A零件存在瑕疵导致最终的定作物不符合要求，此时要求丙和丁承担连带责任，显得并不合理，因为丙和丁均按其与定作人之间的合同完全履行了其义务。因此，要广义上的共同承揽人承担连带责任，应有法律规定。

2.建设工程中的连带责任

（1）总承包人，勘察、设计、施工承包人与完成部分工作任务的第三人的连带责任。《民法典》第791条第2款规定，总承包人或者勘察、设计、施工承包人经发包人同意，可以将自己承包的部分工作交由第三人完成；第三人就其完成的工作成果与总承包人或者勘察、设计、施工承包人向发包人承担连带责任。

（2）挂靠人与被挂靠企业的连带责任。建筑工程所涉重大，建筑承揽人应当具有相应的资质条件。出借名义的建筑企业应根据《建筑法》第66条第1句的规定承担行政责任。对因该项承揽工程不符合规定的质量标准造成的损失，根据《建筑法》第66条第2句的规定，建筑施工企业与使用本企业名义的单位或者个人承担连带赔偿责任。

3.多个承运人的连带责任

（1）一般规则。《民法典》第834条规定，两个以上承运人以同一运输方式联运的，与托运人订立合同的承运人应当对全程运输承担责任；损失发生在某一运输区段的，与托运人订立合同的承运人和该区段的承运人承担连带责任。这一连带责任构成要件为：①存在多个承运人；②多个承运人以同一运输方式联运，以不同运输方式联运的，不适用本规定，而应适用有关多式联运的规则（《民法典》第838条以下）；③只有其中一个承运人与托运人签订了运输合同，如果多个承运人一同与托运人签订了运输合同，应适用狭义共同承揽的规则；④在与托运人签订合同的承运人之外的承运人负责运输的区段发生损失，如果损失发生在与托运人签订合同的承运人负责的区段，其他承运人不承担责任，也就不可能成立连带责任；⑤该区段的承运人对损失的发生应承担责任，如果该承运人对损失的发生不应承担责任，如因不可抗力造成延误而导致托运人对第三人迟延交付产生的损失，区段承运人和与托运人签订合同的承运人均不应承担责任，也就无所谓连带责任。

（2）多个航空承运人联运的连带责任。从文义来看，多个航空承运人联运的，也属于《民法典》第834条的规范范围，但《民用航空法》的相关规定与《民法典》的上述规定并不完全一致，存在一定的冲突，所以首先需要解决法律适用的问题。从这两项法律规范的性质而言，均属于法律，根据《立法法》第92条的规定，特别法优于一般法，新法优于旧法。《民法典》属于一般法，《民用航空法》属于特别法，但前者为新法，后者为旧法，这便出现了新的一般法与旧的特别法相冲突的情形。根据《立法法》第94条的规定，出现这种情形，无法确定如何适用的，由全国人大常委会裁决。那么这里是否可以确定如何适用？《民法典》第842条第1句规定，货物的毁损、灭失发生于多式联运的某一运输区段的，多式联运经营人的赔偿责任和责任限额，适用调整该区段运输方式的有关法律规定。这一规定主要针对多式联运，但从这一规定可以看出，《民法典》承认了对特定运输方式的法律规定的效力，亦即承认了特别法的效力，所以可以根据特别法优于一般法的规则，适用《民用航空法》的相关规则。根据《民用航空法》第136条第1款的规定，由几个航空承运人办理的连续运输，接受旅客、行李或者货物的每一个承运人，就其根据合同办理的运输区段作为该区段运输合同的订约一方。根据该条第2款的规定，除合同明文约定第一承运人应当对全程运输承担责任外，旅客或者其继承人只能对发生事故或者延误的运输区段的承运人提起诉讼，言下之意，对于因事故或者延误造成的损失，仅该区段承运人对此承担责任，这与《民法典》第834条的规定明显不同。对于托运行李或者货物的毁灭、遗失、损坏或者延误，《民用航空法》第136条第3款规定了承运人的连带责任："托运行李或者货物的毁灭、遗失、损坏或者延误，旅客或者托运人有权对第一承运人提起诉讼，旅客或者收货人有权对最后承运人提起诉讼，旅客、托运人和收货人均可以对发生毁灭、遗失、损坏或者延误的运输区段的承运人提起诉讼。上述承运人应当对旅客、托运人或者收货人承担连带责任。"本款所规定的连带责任案型包括三种：第一种是在客运航空中，如果旅客所托运的行李毁损灭失或者延误，旅客可以要求第一承运人、最后承运人和可归责的区段承运人承担连带责任；第二种是在货运航空中，如果货物毁损灭失或者延误，托运人可以要求第一承运人和可归责的区段承运人承担连带责任；第三种也是在货运航空中，如果货物毁损灭失或者延误，收货人可以要求最后承运人和可归责的区段承运人承担连带责任。

（3）海运中承运人与实际承运人的连带责任。根据《海商法》第63条和第123条的规定，无论对于货运还是客运，承运人与实际承运人都负有赔偿责任的，应当在此项责任范围内负连带责任。根据《海商法》第42条第1项和第2项的规定，承运人是指本人或者委托他人以本人名义与托运人订立海上货物运输合同的人；实际承运人是指接受承运人委托，从事货物运输或者部分运输的人，包括接受转委托从事此项运输的其他人。从这些规定来看，承运人与实际承运人既可能构成联运，也可能不构成联运：当承运人承担一个区段的运输任务，而实际承运人承担另一区段的运输任务时，承运人与实际承运人构成联运关系；当承运人将全部运输任务委托给实际承运人时，二者不构成联运关系。在二者构成联运时，承运人与实际承运人对托运人承担连带责任，与《民法典》第834条的规定基本一致；当二者不构成联运时，这一案型超出了《民法典》第834条的规范范围，属于《海商法》的特有规定，根据该规定，也应由承运人和实际承运人对托运人承担连带责任。

（十一）因旅游合同产生的连带责任

旅游合同属于混合合同、无名合同，不宜直接适用关于承揽合同的规则，因此有必要将因旅游合同产生的纠纷单独进行阐释。

1.因转让旅游业务产生的连带责任

根据《旅游纠纷案件规定》第10条第1款的规定，未经旅游者同意，旅游经营者不得将旅游业务转让给其他旅游经营者，否则，旅游者可以请求解除旅游合同、追究旅游经营者违约责任；该条第2款规定，旅游经营者擅自将其旅游业务转让给其他旅游经营者，而旅游者在旅游过程中遭受损害的，旅游者可以请求与其签订旅游合同的旅游经营者和实际提供旅游服务的旅游经营者承担连带责任。该条第2款所规定的连带责任，其构成要件为：（1）旅游者与旅游经营者签订了旅游合同；（2）旅游经营者将业务转让给其他旅游经营者；（3）该转让未经旅游者同意；（4）旅游者在旅游过程中遭受损失。

2.因挂靠旅游经营产生的连带责任

对于旅游经营者准许他人挂靠其名下从事旅游业务，根据《旅游纠纷案件规定》第16条的规定，因此造成旅游者人身损害、财产损失，旅游经营者与挂靠人对旅游者承担连带责任。

（十二）因票据产生的连带责任

1.票据出票人、背书人和承兑人的连带责任

根据《票据法》第68条的规定，汇票的出票人、背书人和承兑人对持票人承担连带责任，又根据《票据法》第80条和第93条的规定，本票和支票适用关于汇票的相关规则，所以第68条的这一规则也适用于本票和支票。作

出如此规定是因为票据具有高度流通性，要求这些票据行为人承担连带责任，主要是为了保障交易安全。

2.票据保证的连带责任

（1）汇票和本票可能有保证人提供保证。根据《票据法》第50条的规定，被保证的汇票，保证人应当与被保证人对持票人承担连带责任。这里的被保证人，如果保证人在汇票或其粘单上写明被保证人名称的，即为该明确写明的人；如果保证人未在汇票或者粘单上记载被保证人名称的，根据《票据法》第47条的规定，已承兑的汇票，承兑人为被保证人，未承兑的汇票，出票人为被保证人。事实上，保证人除与被保证人对汇票持票人承担连带责任外，根据《票据法》第68条的规定，保证人与除被保证人外的出票人、背书人或承兑人也承担连带责任。根据《票据法》第80条的规定，上述规则也适用于本票。

（2）两个以上保证人的责任承担。《票据法》第51条规定，保证人为二人以上的，保证人之间承担连带责任。这一规则是直接针对汇票作出的规定，但根据《票据法》第80条，也适用于本票。这一规则仅对两个以上保证人之间的关系作了规定，保证人与其他票据行为之间的关系，根据《票据法》第50条、第51条以及第80条的规定，二个以上保证人也应与汇票和本票的其他票据行为人承担连带责任。

（3）与一般债务保证的区别。票据保证与一般债务保证没有本质上的区别，都是对债务履行的担保。但因为票据行为的无因性，票据保证的效力不以主债权债务关系的有效性为前提，此为其与一般债务保证中保证的从属性的重要区别。

三 举证责任

对于依法律行为成立的连带之债，债权人除需举证证明其与各债务人之间存在债权债务关系外，还应举证证明其与各债务人之间的债务具有同一性，以及其与各债务人之间有连带债权或连带债务的约定；对于连带债务，债权人至少应举证证明，各债务人有各自对全部债务承担给付义务的意思表示。对于依法律规定成立的连带之债，债权人应举证证明，待决案件事实符合连带之债的请求权基础规范中所规定的事实构成。

其他问题

一、本条与《民法典》第178条的关系

《民法典》除在本条第1款后段规定了连带债务外，还在第178条规定了连带责任，这就涉及连带债务和连带责任之间的关系问题，并涉及本条和第178条之间的关系问题。

第178条规定在总则编中，位于第八章“民事责任”之下。尽管《民法典》有时未严格区分责任和债务，但从整个《民法典》及其总则编的逻辑结构来看，在体系上似应将民事责任解释为违反义务的民事法律后果，从这个意义上讲，民事责任与债务有所区别。但对于民事责任与债务之间的关系，我国学界有不同观点，有些学者主张一元论，即对责任和债务不做严格区分[①]，而有些学者主张二元论，即对责任和债务做严格区分。[②]我们赞同张广兴教授的观点，即债权人与债务人之间、责任人与受害人之间都发生债的关系，因而都属于债的范畴，[③]换言之，民事责任在本质上属于债。这一认识也有《民法典》相关规定的支撑。《民法典》总则编第五章“民事权利”之下规定了债权，其中，第118条

---

① 参见廖焕国：《质疑侵权法独立于债法》，载《甘肃政法学院学报》2006年第6期；杨代雄：《我国民法典中债权法的体系构造——以侵权行为法的定位与债法总则的取舍为考察重点》，载《法学杂志》2007年第6期；柳经纬：《从“强制取得”到对债的依归——关于民事责任性质的思考》，载《政法论坛》2008年第2期；张谷：《作为救济法的侵权法，也是自由保障法——对〈中华人民共和国侵权责任法（草案）〉的几点意见》，载《暨南学报》（哲学社会科学版）2009年第2期；张红：《侵权法与合同法的整合——当代债法修改的另一个视角》，载《南昌大学学报》（人文社会科学版）2012年第5期。

② 参见魏振瀛：《论债与责任的融合与分离——兼论民法典体系之革新》，载《中国法学》1998年第1期；左传卫：《论债与责任的关系》，载《法商研究》2003年第5期；王莹莹：《拉丁法族的“合同外责任”对我国侵权立法的启示——对“侵权之债”的质疑》，载《东岳论坛》2009年第4期；魏振瀛：《债与民事责任的起源及其相互关系》，载《法学家》2013年第1期；申惠文：《论我国民法典的财产法结构——传统债权物权二元结构的裂变》，载《郑州大学学报》（哲学社会科学版）2015年第2期；张素华：《有关债法总则存废的几个基本理论问题》，载《法学评论》2015年第2期。

③ 参见张广兴：《债法总论》，法律出版社1997年版，第147页。

第2款规定："债权是因合同、侵权行为、无因管理、不当得利以及法律的其他规定，权利人请求特定义务人为或者不为一定行为的权利。"从这一规定来看，侵权这一典型的产生民事责任的行为，是债的发生原因之一；第120条又规定："民事权益受到侵害的，被侵权人有权请求侵权人承担侵权责任。"将"请求侵权人承担侵权责任"的权利定性为债权，相应地，侵权责任属于债的范畴。

因此，尽管从《民法典》及其总则编的总体思路和逻辑构造，可以认为，我国民法典立法者对民事责任与债务还是采纳了区分主义（二元论）的立场；但从民事责任和债务之间的关系来看，还是可以将民事责任纳入债务的范畴，而反过来，民事责任却不可能将债务完全涵括。

从这两个条文所处的位置来看，第178条位于总则编，而本条位于合同编，似乎应将第178条视为一般规定，本条视为特别规定。但从民事责任和债务这两个概念的外延来看，前者的外延较后者小，而且如前所述，前者在本质上可纳入后者的范畴之内，再考虑到本条还包括连带债权，第178条无法发挥一般规则的作用，本条也不宜被理解为第178条的特别规定。从我国《民法典》的外部结构来看，没有专章规定债法总则，一定程度上，立法者希望借助《民法典》合同编第一分编"通则"部分的内容发挥债法总则的功能；从内容来看，《民法典》第517条以下对多数人之债进行了集中规定，事实上能够也应当发挥多数人之债一般规则的作用。尽管这种现象令人费解，不符合总则编统辖分则编的法典编纂思路，但无论从概念之间的关系来看，还是从法条的体系性内容来看，都应将《民法典》第517条以下诸条理解为多数人之债的一般规则（这一点在立法机关有关说明中得到证实[①]），而位于总则编的第178条则只能被理解为特别规定。

从法律适用的角度来看，由于第178条第1款并未规定连带责任的成立要件，而是从成立连带责任后请求权行使的角度对权利人的权利进行的规定，因此，在是否成立连带责任（债务）的具体判断上，除根据第178条第3款，即当事人

---

① 参见全国人民代表大会常务委员会副委员长王晨2020年5月22日在第十三届全国人民代表大会第三次会议上《关于〈中华人民共和国民法典（草案）〉的说明》。在关于合同编通则部分的说明中，明确指出"通过规定非合同之债的法律适用规则、多数人之债的履行规则等完善债法的一般性规则（草案第四百六十八条、第五百一十七条至第五百二十一条）"，专门指出了《民法典》第517—521条作为债法一般性规则的地位。

约定或法律规定了连带责任的情形外，应根据第518条第1款后段提出的要件加以判断。第178条第2款的内容与《民法典》第519条有较大程度的重合，对此，还是应将第517条以下条文作为多数人之债一般规则，将第178条作为关于连带责任的特别规则来处理这两个条文的适用关系。比如，甲、乙向丙借款若干，约定甲、乙向丙承担连带偿还本息的义务，因该连带债务乃单纯依据意思表示成立，并不存在义务违反之情形，不宜适用第178条的规定，而只能纳入第518条所规定的连带债务的范畴，适用第518条及以下条文；但若甲、乙逾期不偿还本息，构成违约而承担违约责任，此时的连带债务转化为连带责任，则可能需要优先适用第178条的规定，该条没有规定的，可考虑适用第518条及以下条文。

二、连带债务中各债务人是否须处于同一层次

同一层次、同一阶层、同一位阶等表述均源自德国，将是否处于同一层次作为判断是否成立连带债务的标准。是否处于同一层次，是在二个以上债务人对同一债权人负担同一给付、每个债务人均对债权人负全部给付义务的案型中，就债务人的内部关系而言，看是否存在一个债务人最终应当承担全部份额而其他债务人最终承担零份额。如果其中一个债务人最终应当承担全部债务，而其他债务人承担零份额，则这些债务人的债务处于不同层次，他们与债权人之间不构成连带债务关系；如果每个债务人最终都应当承担一定的份额，则这些债务人的债务处于同一层次，他们与债权人之间可以构成连带债务关系。同一层次理论是目前德国关于连带债务的主流观点，不过也遭到一些学者的批评。近年在我国民法学界同一层次等术语使用率颇高，以之区分连带债务和不真正连带债务。

从本条规定来看，并未以同一层次作为连带债务的构成要件。从我国现行法规定来看，存在不少上述意义上“不同层次”的连带债务案型。比如，《民法典》第688条第2款规定的连带责任保证，在保证人与主债务人的内部关系上，保证人承担0，主债务人承担1。又如，《公司法》第30条规定：“有限责任公司成立后，发现作为设立公司出资的非货币财产的实际价额显著低于公司章程所定价额的，应当由交付该出资的股东补足其差额；公司设立时的其他股东承担连带责任。”其中，未足额出资的股东承担1，其他股东承担0。再如，《公司法》第93条规定：“股份有限公司成立后，发起人未按照公司

章程的规定缴足出资的，应当补缴；其他发起人承担连带责任。股份有限公司成立后，发现作为设立公司出资的非货币财产的实际价额显著低于公司章程所定价额的，应当由交付该出资的发起人补足其差额；其他发起人承担连带责任。”其中，未足额出资的发起人承担1，其他发起人承担0。因此，有无必要以同一层次作为连带债务的判断依据，值得斟酌。从我国现行法规定以及如若以之区分连带和不真正连带的实践意义的角度观察，没有必要将同一层次性作为连带债务的构成要件。

第五百一十九条【连带债务人的份额确定及追偿权】

连带债务人之间的份额难以确定的，视为份额相同。

实际承担债务超过自己份额的连带债务人，有权就超出部分在其他连带债务人未履行的份额范围内向其追偿，并相应地享有债权人的权利，但是不得损害债权人的利益。其他连带债务人对债权人的抗辩，可以向该债务人主张。

被追偿的连带债务人不能履行其应分担份额的，其他连带债务人应当在相应范围内按比例分担。

历史由来

本条发端于《民法通则》第87条后段的规定：“负有连带义务的每个债务人，都负有清偿全部债务的义务，履行了义务的人，有权要求其他负有连带义务的人偿付他应当承担的份额。”该规定承认了连带债务人之间的追偿权，但较为粗略。《侵权责任法》第14条从连带责任的角度作了相对具体的规定：“连带责任人根据各自责任大小确定相应的赔偿数额；难以确定责任大小的，平均承担赔偿责任。支付超出自己赔偿数额的连带责任人，有权向其他连带责任人追偿。”《民法典合同编（草案）》（征求意见稿）第59条为本条规定提供了雏形：“连带债务人之间的份额难以确定的，份额相同。实际承担债务超过自己份额的连带债务人，有权就超出部分在其他连带债务人未履行的份额范围内向其追偿，并相应地享有债权人的权利，但不得损害债权人的利益。”《民法典合同编（草案）》（一审稿）第310条对征求意见稿作了两处修改：一是将第1款中的“份额相同”修改为“视为份额相同”，增加了“视为”二字；二是在第2款增加了第2句“其他连带债务人可向该债务人主张对债权人享有的抗辩”。《民法典合同编（草案）》（二审稿）第310条对此未作修改。《民法典（草案）》第519条则在一审稿的基础上将第2款第2句修改为：“其他连带债务人对债权人的抗辩，可以向该债务人主张”，内容上没有实质变化。最终通过的《民法典》在此基础上增加了本条第3款。

规范目的或功能

本条是对连带债务人之间关系的规定，即对连带债务内部关系的规定。其中，第1款规定了债务人内部的债务份额确定规则。第2款第1句前段赋予了超出自己份额承担债务的连带债务人向其他连带债务人追偿的权利，这一规定为一项独立的请求权基础规范。本条规定的追偿权，有实现“公平”的功能，即防止部分债务人“不幸”被债权人选中而过多地承担债务，而其他债务人因未被债权人主张债权而逃脱责任。第2款第1句后段规定，追偿权人“相应地享有债权人的权利”，则对超出自己份额作出给付的债务人提供了进一步的保障。不过第2款第1句后段关于“不得损害债权人的利益”之规定，则对追偿权人主张债权人的权利进行了限制。第2款第2句是关于其他债务人可以向追偿权人主张对债权人的抗辩的规定，有平衡债权人、追偿权人、其他连带债务人利益的作用。第3款规定了追偿权扩张的规则，目的在于避免超出自己份额作出给付的连带债务人因追偿不能而遭受损失。这一规则一方面有维护公平的作用，另一方面可在一定程度上消除连带债务人因追偿不能而遭受损失的顾虑，从而对履行债务采相对积极的态度，从这个意义上讲，这一规则也具有使债权人债权得到实现的促进作用。

规范内容

一、连带债务人内部份额的确定（第1款）

连带债务中，虽然各债务人对债权人承担全部债务，但在各债务人内部仍然存在债务份额，而且他们之间的内部份额正是债务人之间行使追偿权的依据，所以债务人之间内部份额的确定非常重要。本条第1款规定了连带债务人之间债务份额的确定规则，即“连带债务人之间的份额难以确定的，视为份额相同”。根据这一规定，应当首先尝试确定连带债务人之间的债务份额，难以确定时，则由各债务人平均承担。

（一）依本条第1款前段确定债务人内部份额

本条第1款前段并未规定依据什么、如何确定各债务人的内部份额，这应当由法官根据具体案件事实自由裁量，由此以观，本条第1款前段具有授权性规范的属性。对于不同的案型，法官需纳入考量范围的因素应当有所不同。对于因侵权产生的连带债务（责任），考量因素应当包括考察损害发生的原因力大小、主观过错程度、行为的积极性与消极性等。对于因法律行为产生的连带债务，首先应当看当事人之间有没有约定，有约定的依约定确定债务人之间的内部份额即可；如果没有约定，可能需要考虑债务人的受益情况、法律行为本身的目的和性质等。比如，甲、乙二人共同向丙借款10万元，约定甲、乙二人对偿还借款负连带责任，如果甲、乙对他们之间的责任分配有约定，应当根据其约定确定内部债务份额；如果没有约定，甲使用了该款项中的8万元，乙使用了该款项中的2万元，二者的内部债务份额便可据此确定为甲承担80%，乙承担20%。如果是乙为甲的借款提供连带责任保证，根据该行为的性质，在内部关系上甲承担的份额为1（100%），乙承担的份额为0。当然，这种区分也不是绝对的，有些情况下需要综合考量这些因素，有时可能还需要考虑其他因素。对于因违约而产生的连带债务，可能还应当考虑各债务人对发生违约责任的大小、主观过错程度等因素。

（二）视为份额相同

各债务人承担相同份额，也就是所谓的“人头规则”。适用人头规则的前提是各债务人的债务份额难以确定，因此本条第1款后段属于对前段的补充性规则。

需注意的是，因连带债务人中之一人应单独负责的事由导致的损害及支付的费用，应由该连带债务人负担，[①]不应发生追偿问题。

二、连带债务人的追偿权（第2款第1句前段）

（一）追偿权的行使要件

本条第2款第1句前段规定了债务人的追偿权，即“实际承担债务超过自己份额的连带债务人，有权就超出部分在其他连带债务人未履行的份额范围内向其追偿”。根据该规定，一个债务人要行使追偿权，需满足以下要件：

1.向债权人承担了债务

一个连带债务人要向其他连带债务人行使追偿权，他首先必须已经向债权人承担了债务，如果他根本未向债权人承担任何债务，便无所谓追偿。

2.超出其份额承担了债务

一个连带债务人要行使追偿权，不仅应当向债权人承担了债务，而且其所承担的债务应超出其内部份额，只有在这种情况下，他才有权利就超出部分向其他权利人主张追偿。

关于某一债务人是否须承担了超出自己份额的债务才能行使追偿权，有不同立法例，一种持肯定态度，理论上称为积极说；一种持否定态度，理论上称为消极说。《民法典》第519条第2款第1句前段显然采纳了积极说。大多数国家和地区也采积极说，如德国、我国台湾地区。但也有采消极说的立法例，如《日本民法典》第442条第1款之规定。[②]值得注意的是，日本民法乃是由积极说改采消极说，[③]很重要的原因在于，日本的主流学术观点支持消极

---

① 参见［德］迪特尔·梅迪库斯：《德国债法总论》，杜景林、卢谌译，法律出版社2004年版，第612—614页。具体情形，参见本条评注后文。

② 该条规定：“连带债务人之一人作出清偿，及以自己之财产而得共同免责时，该连带债务人，不论所得免责之金额超过自己负担部分与否，对其他连带债务人，于得为免责而支出之财产金额（其财产金额超过所得共同免责金额之情形，为所得免责之金额）内，享有各自负担部分相应数额之求偿权。”参见王融擎编译：《日本民法条文与判例》（上册），中国法制出版社2018年版，第356页；亦可参见刘士国、牟宪魁、杨瑞贺译：《日本民法典》，中国法制出版社2018年版。

③ 修订前后的条文序号未变，修订前条文的具体内容，参见王书江译：《日本民法典》，中国法制出版社2000年版，第83页；亦见王融擎编译：《日本民法条文与判例》（上册），中国法制出版社2018年版，第356页。

说。[①]我国台湾地区也有学者认为消极说更为公平，[②]但主流观点仍持积极说，主要是积极说可以避免循环求偿，保证法律关系的简明。[③]积极说的理由得到我国学者肯定，[④]法院判决也多按照积极说处理案件。[⑤]

3.追偿对象未向债权人承担自己份额的债务

一个连带债务人超出自己份额承担债务，其法律后果是，其他债务人就该超出部分不再对债权人承担债务，他们实际承担的债务将少于应当承担的份额，也就是说，他们从超额承担债务的人那里得到了好处，如果维持这种结果，对于超出自己份额承担了债务的债务人不公平，正是基于这种考虑，法律赋予该债务人追偿权。但是，如果多个债务人中的另一个债务人已经承担了他应当承担的份额，他并没有从超额承担债务的人那里获得好处，此时允许超额承担债务的人向他主张追偿权，将造成新的不公平，并将导致循环求偿的复杂局面，实为不妥。比如，甲、乙、丙、丁四人对戊就12000元承担连带债务，内部份额相同，如果甲向戊支付了6000元，乙向戊支付了3000元，丙和丁没有给付，则甲不能向乙主张追偿权，否则，如果甲分别从乙、丙和丁那里各获得1000元的给付，对甲而言公平了，因为按内部份额他只应当承担3000元的债务，但乙却超出其份额多承担了1000元，又产生了一个新的不公平结果；此时乙就这1000元又有权对甲、丙和丁主张追偿，这显然会造成循环追偿，如果再考虑到戊的权利尚未完全满足，仍可就未满足部分向四人主张权利，这样一来，将形成之追偿关系的复杂程度可想而知。基于这样的

---

① 比如，我妻荣教授认为，追偿权的基础在于共同负担，连带债务人之间的关系与其认定为一定的债务额不如认定为一定的比例，只要是为共同免责而付出，在一定的比例下分担则是公平的。参见［日］我妻荣：《新订债权总论》，王燚译，中国法制出版社2008年版，第384页。於保不二雄也持相同观点，认为消极说更为合理。参见［日］於保不二雄：《日本民法债权总论》，庄胜荣校订，台北五南图书出版有限公司1998年版，第227页。

② 参见邱聪智：《新订民法债编通则》（新订一版），台北瑞明彩色印刷有限公司2001年版，第246页。

③ 参见林诚二：《民法债编总论——体系化解说》（下册），台北瑞兴图书股份有限公司2003年版，第293页。

④ 参见王利明：《债法总则研究》（第二版），中国人民大学出版社2018年版，第201页。

⑤ 参见北京市朝阳区人民法院（2014）朝民初字第17942号民事判决书；重庆市垫江县人民法院（2018）渝0231民初第2170号民事判决书等。

考虑，追偿权的行使对象应仅限于未向权利人承担自己份额的债务人，包括完全没有承担债务和承担了部分债务但未达到其份额的债务人。本条第2款第1句前段之规定，即“有权就超出部分在其他连带债务人未履行的份额范围内向其追偿”，既是对追偿权人追偿范围的限制性规定，从另一个角度而言，客观上也为追偿权的成立设定了要件。

（二）追偿权的范围

本条第2款第1句后段规定，债务人可以就超出自己份额所承担的债务主张追偿，换言之，自己份额范围内的不能向其他债务人追偿。比如，《民法典》第688条规定的连带责任保证，主债务人本应承担全部债务，如果其向债权人履行了债务，其向保证人追偿的额度为0；反之，如果保证人向债权人承担了保证责任，其可向主债务人全额追偿。对于超出部分，可以表现为金钱，可以表现为物，也可以表现为其他给付。

上述追偿范围，主要是就各连带债务人对债权人所负债务本身而言；在实践中，债务人为履行债务可能还会产生其他费用或损失，其中有一些也应当由连带债务人分担。这些应当由全部连带债务人分担的项目，也应根据本条第1款确定的内部份额予以分配，超出自己份额分担了这些项目的债务人，对其他没有按自己份额分担的连带债务人也享有追偿权。这些项目大致包括：

1. 承担债务所必要的费用。如运费、汇费、包装费、诉讼费等，可向其他连带债务人追偿。[①]但并非承担债务过程中产生的所有费用均可追偿，可以追偿的费用必须是必要费用。对于这些必要费用，也应当按照连带债务人之间的内部份额进行分配，追偿权人仅得就超出自己份额的部分主张追偿。

2. 因承担债务所遭受的损失。这里的损失，应限于各债务人为承担债务均不可避免的损失，只有此类损失，由其他债务人分担才符合公平原则。如果损失是由连带债务人个人的过错所致，且该损失是可以避免的，此损失由

---

① 参见黄立：《民法债编总论》，中国政法大学出版社2002年版，第590—591页；［日］於保不二雄：《日本民法债权总论》，庄胜荣校订，台北五南图书出版有限公司1998年版，第228—229页。相关案例如佛山市顺德区人民法院（2018）粤0606民初第13133号民事判决书。该判决中，法院将部分鉴定费、反诉受理费纳入合伙共同债务，并可追偿。

该债务人自己承担，不得向其他债务人追偿。对于为清偿目的不得以低于市价出售财产所受之损失能否追偿，有不同观点，有学者持肯定说，认为应将之纳入追偿范围；[①]有学者持否定说，不赞成纳入追偿范围，认为连带债务人中之一人，对债权人各负全部给付之债务，不得因其他债务人尚未履行而拒绝自己之给付，即使为清偿债务而以高利贷借入金钱亦应自负其责，该债务人对自己的清偿能力负无限责任，不得以资力不足将所生损害转嫁与他人。[②]否定说似更为可取，因清偿能力不足而造成的损失大小，于其他债务人而言殊难预料，而且在我国当下信用缺失的背景下，还可能出现恶意串通损害其他债务人利益的情形，如一债务人与第三人恶意低价售房等。尽管这种情形下可根据合同效力、债的保全等规则处理，但现实生活中对恶意串通的举证较为困难，不利于对其他连带债务人的保护。

3.因超额履行债务所损失的利息。如果每个债务人都及时向权利人承担了自己应承担的债务，他便无需对超出自己的份额作出给付，也就不会损失超额部分的银行利息，正因为此项利息损失为未及时承担自己债务的债务人所致，所以应被纳入追偿范围。

（三）追偿权的行使

1.追偿权的诉讼时效

追偿权为债权请求权，适用诉讼时效的规定。如无特殊情形，追偿权的诉讼时效期间为3年。根据《民法典》第188条第2款第1句之规定，诉讼时效期间自权利人知道或者应当知道权利受到损害以及义务人之日起计算。所以本条第2款第1句的追偿权，其诉讼时效应自追偿权人知道或应当知道其享有该项权利，并知道追偿义务人时起算。这里的知道或应当知道其享有追偿权，应当是超额承担债务之时，此时即使追偿权人不知道法律赋予了其追偿权，也属于应当知道的范畴。但并非该债务人一旦超额承担债务，追偿权的诉讼时效即开始计算，因为在有些情况下，追偿权人可能并不知道追偿义务

---

① 参见郑玉波：《民法债编总论》（修订二版），陈荣隆修订，中国政法大学出版社2004年版，第403页。

② 参见黄立：《民法债编总论》，中国政法大学出版社2002年版，第590—591页。

人的存在。比如，根据《民法典》第1171条的规定，二人以上分别实施侵权行为造成同一损害，每个人的侵权行为都足以造成全部损害的，行为人承担连带责任。但在其中一个行为人作出赔偿时，可能根本不知道其他行为人的存在，或者即使知道存在这么一个行为人但不知道是谁，在这种情况下，如果其中一个行为人承担责任后即开始计算追偿权的诉讼时效，对其他行为人显然不公平。所以《民法典》第188条第2款第1句所规定的诉讼时效起算的两个要件，对于追偿权诉讼时效的起算缺一不可。

2.存在多个追偿义务人时的追偿权行使

在连带债务中，存在着超额承担了债务的债务人可以向其他债务人中的多人主张追偿的情形，此时如何行使追偿权，《民法典》没有规定，但司法实践中必须明确这一问题。比如，甲、乙、丙、丁四人对戊承担12000元的连带债务，如果甲承担了6000元，乙承担了3000元，丙承担了1500元，丁尚未承担，那么甲可以就其超额承担的3000元向丙和丁主张追偿，如何主张，有两种选择方案：

一种是，甲可以在1500元的范围内对丙和丁享有任意选择权，另外1500元向丁主张，即丙和丁就1500元对甲承担连带债务，构成所谓的“部分连带”。

另一种是，追偿权人甲对丙和丁享有按份追偿权，具体的追偿额度计算公式为：对某一连带债务人的追偿额=追偿权人超额给付额×该债务人未按其份额给付额与各债务人未按其份额给付的债务总额之比。就前述案例而言，甲对丙的追偿权额度为：3000元（甲超额给付额）×1500元（丙未按其份额给付额）÷4500元（丙和丁未按其份额给付的债务总额，即1500元+3000元）=1000元；相应地，甲对丁的追偿额度为：3000元×3000元÷4500元=2000元。

比较而言，后一种方案更为合理，因为如果按照第一种方案，可能产生多重追偿，如丙满足了甲的1500元追偿权后，他仍然无权拒绝债权人戊的请求权，如果他又向戊承担了1500元的债务，他又需要向丁主张追偿；更重要的是，如果按第一种方案，还可能形成“多重部分连带”的情形，其计算烦琐复杂，实无必要。比如，上例中，如果乙只承担了2000元的债务，那么在1000元的范围内，乙、丙、丁对甲承担连带债务，而在500元的范围内乙和丙对甲承担连带债务，其余1500元由丁承担，这个计算就非常复杂，如果人数再多一点，其复杂程度难以想象。所以，在存在多个追偿义务人的情况下，根据他们应承担而未承担的债务与全部应承担而未承担的债务总额之比按份追偿较为合理。

3.追偿权与债权人请求权的关系

连带债务人的追偿权可能与债权人的请求权形成竞争关系。比如，在上面的例子中，甲对丙、丁的追偿权便可能与债权人戊的请求权发生冲突：甲对丙行使1000元的追偿权，对丁行使2000元的追偿权，而债权人戊可以分别向丙和丁主张3000元的请求权，如果甲和债权人戊同时向丙和丁中的一人主张权利，那么他们的权利应当被平等对待还是有优先与次位之分？

从债权平等性的角度而言，甲的追偿权与债权人的请求权应当是平等的，其权利的实现不应有先后顺序，或者说不应当使其中一项权利优先于另一项权利。但是在连带债务中，只要债权人的权利没有得到全部满足，他便可以就剩余部分向任一债务人主张，在其他债务人不能同时满足债权人的请求权和追偿权人的追偿权时，即使这两项权利被平等对待，债权人仍可向追偿权人主张权利，这样看来，将两项权利平等对待徒增烦琐，倒不如让债权人的请求权具有优先性来得简便，而且也更符合连带债务制度的基本目的。本条第2款第1句后段所作“相应地享有债权人的权利，但是不得损害债权人的利益”的规定，即旨在保护债权人之债权的优先性。

三、追偿权人相应地享有债权人的权利（第2款第1句后段）

本条第2款第1句除前段赋予超额履行自己份额的连带债务人追偿权外，还在该句后段规定，“并相应地享有债权人的权利，但是不得损害债权人的利益”。这一规定颇值解读。

（一）“相应地享有债权人的权利”的基本含义

追偿权人“相应地享有债权人的权利”，享有债权人的什么权利？在连带债务中，债权人所享有的权利首先是对各连带债务人的债权，其次可能主要包括为保障该债权实现的担保权。

1.相应地享有债权人对其他连带债务人的债权

如果追偿权人能享有债权人的债权，意味着债权人对其他连带债务人的债权移转给该债务人，换言之，该债权向追偿权人发生法定移转。对于这种情况下是否有必要发生债权的法定移转，我国有学者持否定意见。[①]从本条第2款第1句的这一规定来看，《民法典》采法定移转说，因为如果不发生这一法定移转，该债权之上的担保权作为其从属性权利也便不可能发生单独移转，这一规定的实践意义也便难以体现。此外，“相应地”享有债权人的债权，意味着债权人的债权并非全部移转给追偿权人，而是仅在该连带债务人超出其份额履行债务的范围内，债权人对其他连带债务人的债权移转给该债务人；而且，追偿权人能“相应地”享有债权人的债权，便意味着追偿权人超出其份额对债权人作出的履行行为，并不使债权人对其他连带债务人的债权消灭，而是在该范围内移转给追偿权人。这与单一之债中履行的效力有明显区别，值得注意。

追偿权人根据本条第2款第1句后段相应地享有债权人的债权（法定移转），根据这一规定，追偿权人得取代债权人的地位，向其他连带债务人行使相应的请求权，这一规定为超出自己份额作出给付的连带债务人提供了一个独立的请求权基础；不过这一请求权应受到本条第1款所界定的连带债务人内部份额的限制，也应受到本条第2款第1句前段的追偿权的限制，即虽然该债权人的债权相应地移转给该连带债务人，但该连带债务人并不能像债权人那样向其他连带债务人主张连带债清偿，而是应当基于追偿权确定的份额行使该债权。关于追偿权与“相应地”享有的债权之间的关系，详见下文。

2. 相应地享有债权人对其他连带债务人债权上的担保权

“相应地”移转给追偿权人的债权人权利，除追偿权人超出其份额对债权人所作给付范围内的债权外，对追偿权人最为重要的应属该债权上的担保权，特别是担保物权。债权人债权上相应担保权的移转，为追偿权人实现其权利提供了进一步的保障。

如果相应地移转给追偿权人的债权上存在有保证，该连带债务人代位行

---

① 比如王利明教授认为，连带债务人求偿权的主要功能是解决连带债务人之间的内部关系，同时确定各个连带债务人的内部分担数额，从而实现债务人之间债务的公平分担，如果某一连带债务人承担了其不应承担的债务份额，显然有失公平，其应当有权向其他债务人求偿；这种求偿权的产生是基于法律的规定，而非债权转移的结果。参见王利明：《债法总则研究》，中国人民大学出版社2015年版，第199页。

使债权人对其他连带债务人的债权和对保证人的权利，应依《民法典》第681条以下关于保证合同的规定，特别是应确定该保证属于一般保证还是连带责任保证，且根据《民法典》第696条，应将该债权的移转事实告知保证人。如果相应地移转给追偿权人的债权上存在担保物权，该连带债务人代位行使债权人对其他连带债务人的债权和担保物权，应依《民法典》第386条以下关于担保物权的规定。

（二）第2款第1句前段的追偿权与依该句后段享有的权利之间的关系

由于本条第2款第1句的前段和后段分别为超出其份额履行了债务的连带债务人提供了独立的请求权基础，此时，该连带债务人便同时存在两个请求权。对于这两个请求权，该连带债务人只能选择其一行使，换言之，对该连带债务人而言并不构成聚合债权，本条第2款第1句后段的法定移转，目的仅在于为该连带债务人权利的实现提供进一步的保障，是对追偿权的加强保护。

这两个请求权的诉讼时效的起算点并不相同，就追偿权而言，前已介绍，其诉讼时效自该连带债务人超额履行债务并知道追偿对象时开始计算；就法定移转的债权而言，则依据债权人与其他连带债务人之间债之关系的时效处理，多数情况下被移转之债权的诉讼时效在移转之前已经开始计算，因此通常比追偿权的诉讼时效为短（适用特殊诉讼时效期间，或者基于债权人与某一连带债务人的债之关系其诉讼时效尚不开始计算的，可能有例外）。由于在债权人移转给超额履行了债务的连带债务人的债权上可能存在担保权，因此，对该连带债务人而言，即使法定移转的债权在诉讼时效方面较追偿权而言存在不利因素，为了其权利实现更有保障，也可能选择本条第2款第1句后段作为其请求权基础。

（三）不得损害债权人的利益

本条第2款第1句后段在规定超额履行了债务的连带债务人“相应地”享有债权人权利的同时，也对其行使该权利进行了限制，即“不得损害债权人的利益”。一般而言，如果某一连带债务人履行了全部债务，则债权人的利益已经得到了满足，该连带债务人行使债权人的权利通常不会对债权人利益造成损害；如果该连带债务人虽然超额履行了债务，但并未对债权人全部履行，此时“相应地”行使债权人的权利，则有可能对债权人造成损害。比如，甲、乙、丙、丁对戊负有12000元的连带债务，内部份额相同，其中丁对戊提供了担保额度为3000元的抵押；如果甲对戊清偿了6000元，乙清偿了3000元，丙清偿了1500元，丁未为履行。根据本条第2款第1句前段之规定，甲可向丙追偿1000元，可向丁追偿2000元（具体计算方法，参见前文“存在多个追偿义务人时的追偿权行使”）；又根据本条第2款第1句后段之规定，债权人戊的3000元债权移转给甲，由于这一移转给甲的债权应受到追偿权的限制（这也是本条第2款第1句中“相应地”这一表述的应有之义），因此甲也仅得向丙主张1000元，向丁主张2000元，而并非在该3000元范围内得要求丙和丁承担连带债务，尽管如此，债权人戊对丁的抵押权在2000元额度内一并移转给甲。如果甲选择根据本条第2款第1句后段行使请求权，则甲在取代债权人戊的地位对丁行使2000元的债权时，便可以主张该抵押权；但因为此时债权人戊的债权尚有1500元未得到实现，根据《民法典》第518条之规定，他可以向四个连带债务人中的任何一个主张此1500元，当然也包括得向丁主张该1500元；此时，如果甲得向丁主张2000元债权并行使该额度的抵押权，则丁的抵押担保范围仅剩1000元，债权人戊将有500元的债权陷入无抵押权担保的状况，这显然损害了债权人的利益，为本条第2款第1句后段的规则所不许。之所以如此规定，是因为，将债权人的权利“相应地”移转给追偿权人，是为了加强追偿权，增强追偿权人对抗追偿义务人之债权人（就连带债务关系而言其为第三人）的效力，或者使第三人（如保证人）为追偿权的实现提供保障，但在为追偿权人提供上述保障时不能给债权人利益造成损害，因为连带债务制度的基本功能，即在于为债权人债权的实现提供安全和便宜。

四、其他连带债务人对债权人的抗辩（第2款第2句）

本条第2款第1句是对超出自己份额履行了债务的连带债务人的权利的规定，通过两个竞合的请求权为该连带债务人提供了保障；本条第2款第2句则是从保护其他连带债务人利益的角度进行的规定，即“其他连带债务人对债权人的抗辩，可以向该债务人主张”。

在连带债务中，各债务人对债权人的债务可能在履行期限、诉讼时效等方面存在不同，一个连带债务人对债权人履行债务后，虽然可以向其他连带债务人追偿，但不影响其他连带债务人对债权人的抗辩。从语法关系来看，本条第2款第2句是对第1句整句的补充，因此，无论超额履行债务的连带债务人根据本条第2款第1句前段主张追偿权，还是根据本条第2款第2句后段主张债权请求权，其他连带债务人对债权人的抗辩均可对该连带债务人主张。

五、追偿权的扩张（第3款）

追偿权人向其他连带债务人主张追偿时，可能遭遇因有的连带债务人无力清偿等原因造成的追偿不能，对于这种情形，本条第3款作了规定。主要大陆法国家和地区均有与本条第3款类似的规定，如法国、德国、奥地利、瑞士、日本、我国台湾地区等。

对于追偿权人不能追偿部分，应由追偿权人及其他有资力的连带债务人按各自内部份额比例予以分担。追偿权人的追偿权本来针对的是因其超额承担债务而免责的债务人，而且这些债务人就超额部分按内部份额分担；现在因为有的债务人未能满足追偿权人的追偿权，导致该债务人应分担的债务转移给其他连带债务人，从而使追偿权人可以对这些连带债务人进一步主张追偿，也就是说，追偿权人的追偿权因此得以延伸，学理上称此种情况为追偿权的扩张，本质上是各连带债务人对追偿不能风险的分担。

导致追偿权扩张的原因，可能是某一个或某几个追偿义务人无力清偿，也可能是无法找到追偿义务人等因追偿权人主观过错之外的原因导致其追偿不能的事实。比如，追偿义务人死亡，其继承人继承的遗产不够偿还其生前应承担的债务份额。

出现追偿不能时，其不能部分，应由超额承担债务的债务人和其他连带债务人分担，包括之前已经对权利人承担了自己份额的债务人，以及已经对追偿权人履行了其份额的债务人。此时追偿权人再行使追偿权时，应首先扣除自己应承担的部分，其余部分由上述债务人分担。比如，甲、乙、丙、丁对戊承担12000元的连带债务，内部份额相同，甲对戊承担了9000元的债务，乙对戊承担了3000元的债务，此时甲可向丙和丁各追偿3000元；如果丙向甲清偿了3000元，但丁无力清偿，此时，就丁无力清偿的3000元，应由甲、乙、丙三人分担，由于他们内部份额相同，故三人各应分担1000元，那么甲进一步对乙和丙各享有1000元的追偿权。

举证责任

债权人向两个以上债务人主张承担连带债务，由债权人对连带债务的成立负举证责任。某一连带债务人向其他连带债务人主张追偿，对债务人之间的内部份额、追偿权的成立等负举证责任；根据本条第2款第1句后段主张担保权的，除承担前述举证责任外，还需就担保关系的成立、生效等负举证责任。其他连带债务人主张抗辩的，就抗辩事由的成立负举证责任。

第五百二十条【连带债务涉他效力】

部分连带债务人履行、抵销债务或者提存标的物的，其他债务人对债权人的债务在相应范围内消灭；该债务人可以依据前条规定向其他债务人追偿。

部分连带债务人的债务被债权人免除的，在该连带债务人应当承担的份额范围内，其他债务人对债权人的债务消灭。

部分连带债务人的债务与债权人的债权同归于一人的，在扣除该债务人应当承担的份额后，债权人对其他债务人的债权继续存在。

债权人对部分连带债务人的给付受领迟延的，对其他连带债务人发生效力。

历史由来

本条为新设条文。《民法典合同编（草案）》（征求意见稿）第60条用三款对连带债务的效力事项进行了规定："部分连带债务人合法履行、抵销债务或者提存标的物的，其他债务人对债权人的债务在相应范围内消灭；该债务人可以依照前条规定向其他债务人追偿。部分连带债务人的债务被债权人免除的，其他债务人对债权人的债务在相应范围内消灭。部分连带债务人的债务与债权人的债权同归于一人的，在扣除该债务人所应承担的份额后，债权人对其他债务人的债权继续存在。"此外，第61条就一个连带债务人对债权人主张的抗辩进行了规定："连带债务人可以主张其他债务人对债权人的抗辩，但抵销权和专属于其他债务人的抗辩除外。”《民法典合同编（草案）》（一审稿）删除了征求建议稿的第61条，并在第311条对征求意见稿第60条进行了修改：一是将第1款中的“合法”二字删除，二是将第2款后段修改为“在该连带债务人所应承担的份额范围内，其他债务人对债权人的债务消灭”，这两处修改仅为表述上的变化，内容上没有实质修改，不过，前一修改使法条表述更为简洁，后一修改则使法条含义更为明确，避免了不必要的歧义。《民法典合同编（草案）》（二审稿）第311条在保留一审稿三款的基础上，增加了第4款规定：“债权人对部分连带债务人的给付受领迟延的，对其他连带债务人发生效力。”《民法典（草案）》第520条对二审稿第311条未作修改。

规范目的或功能

本条是关于在某一连带债务人与债权人之间发生特定法律事实（效力事项）时，该法律事实对连带债务各方当事人产生何等影响（效力）的规定。通过本条规定，明确特定法律事实发生后，连带债务各方当事人之间的权利义务关系。

规范内容

一、效力事项的含义和分类

连带债务人之间的追偿问题，解决的是连带债务人内部关系中各人份额承担及由此产生的补偿问题，一般不涉及连带债务人与债权人之间的关系，学界称之为连带债务的内部效力。除此之外，有一些法律事实的出现，会对连带债务人与债权人之间的关系产生影响，对这些影响债务人与债权人之间关系的事实所产生的法律后果，称为连带债务的外部效力；而这些可能影响债务人与债权人之间关系的法律事实，被称为连带债务中的效力事项。

在可能发生外部效力的法律事实中，有一些不仅对一个连带债务人发生效力，而且对其他连带债务人也发生效力，这类法律事实被称为发生总括效力事项，或者绝对效力事项；有一些法律事实则仅对个别连带债务人发生效力，对其他连带债务人不发生效力，此类法律事实被称为个别效力事项，或者相对效力事项。各大陆法国家和地区在不同意义上使用这些概念，各概念的外延存在交叉，我国学界对这些概念均有使用，而且不同学者在使用同一概念时可能含义也有区别，存在同一概念不同使用的现象。为避免这种现象，宜使用对这些事实较为贴切地进行分类的术语。相较而言，梁慧星教授主持编撰的《中国民法典草案建议稿》中的分类术语较为可取，即完全涉他效力事项、限制涉他效力事项和无涉他效力事项。[①]完全涉他效力事项，指对一个连带债务人所生事项，其效力可以超越该债务人内部份额而影响到其他连带债务人与债权人关系的事项，如一个债务人承担了全部债务，则其他连带债务人对债权人的债务消灭；限制涉他效力事项，指一个连带债务人所生事项仅在其自己应承担份额内对其他连带债务人也发生效力，而超出其份额的部分对其他连带债务人不发生效力的事项，如债权人免除某一债务人的债务，则其他连带债务人对债权人的债务仅在该被免责之债务人内部份额范围内消灭；无涉他效力事项，指对其他连带债务人不发生影响，仅对该事项所由发生的连带债务人产生影响的事项。

二、履行或发生履行效果的事项（第1款）

（一）本条第1款所规定的三种法律事实的效力概述

本条第1款规定了履行、抵销和提存三种民事法律事实的效力，其中前段规定的是对外效力，即对连带债务人与债权人之间关系的效力，后段规定的是对内效力，即对连带债务人之间关系的效力。

1.对外效力

本条第1款前段规定，“部分连带债务人履行、抵销债务或者提存标的物的，其他债务人对债权人的债务在相应范围内消灭”。其中的“在相应范围内消灭”意为何指，需要释明。从文义来看，应指部分连带债务人履行、抵销

---

① 参见梁慧星主编：《中国民法典草案建议稿附理由：债权总则编》，法律出版社2006年版，第69页以下。关于其他表述可能带来的问题及此种分类的合理性，参见张定军：《连带债务研究——以德国法为主要考察对象》，中国社会科学出版社2010年版，第330页以下，特别参见第331页脚注1。

或提存行为所对应的债务，即履行、抵销或提存多少，便消灭多少。但从体系一致性的角度来看，按前述文义解释将造成体系矛盾。《民法典》第519条第2款第1句规定，“实际承担债务超过自己份额的连带债务人，有权就超出部分在其他连带债务人未履行的份额范围内向其追偿，并相应地享有债权人的权利”，其中“相应地享有债权人的权利”，应当主要是指相应地享有债权人对其他连带债务人的担保权，否则第519条第2款第1句的这一规定，其实践意义难以体现；但担保权是债权的从权利，因此要相应地享有债权人的担保权，需以相应地享有债权人对其他连带债务人的债权为基础，否则将进一步对法典体系的一致性和民法基础理论造成冲击；如果超过自己份额承担了债务的连带债务人能够相应地享有债权人对其他连带债务人的债权，便说明该超额履行部分的债权并未消灭，否则便不可能由超额承担了债务的连带债务人继续享有。

因此，基于法典体系一致性的需要，应将本条第1款中“在相应范围内消灭”作限缩解释，“相应范围”应依据作出履行、抵销或提存行为的连带债务人的内部份额确定。具体而言，如果该连带债务人的履行、抵销或提存超出了其内部份额，则债权人的债权在该连带债务人的内部份额范围内绝对消灭，超出内部份额的部分并不绝对消灭，而是可以移转给超额承担了债务的连带债务人；如果该连带债务人的履行、抵销或提存没有超出其内部份额，则债权人的债权在该连带债务人实际承担的范围内绝对消灭，即实际承担了多少便消灭多少。所以，如果要整体上表达某一连带债务人履行、提存和抵销的效力，应为其他连带债务人在相应范围内“对债权人免责”，但如果履行债务的连带债务人超出其份额履行了债务，其他连带债务人仍应就超出部分对该连带债务人承担债务。

2.对内效力

对于连带债务人之间的关系，本条第1款后段作了规定，即根据《民法典》第519条的规定处理。详见第519条的评注。

（二）履行和提存的效力

根据本条第1款前段之规定，履行和提存使其他连带债务人对债权人的债务在“相应范围内消灭”，其含义前面已作解释，确切地说，是其他连带债务人在相应范围内对债权人免责，但如果因履行或提存，某连带债务人超出其份额承担了债务，则其他连带债务人仍对超额承担债务的连带债务人负有债务。从这个意义上讲，履行和提存不仅对作出履行、提存行为的连带债务人与债权人之间的关系产生效力，而且可能超出其份额范围地对其他连带债务人与债权人之间的关系也产生影响，故属完全涉他效力事项。从各国对连带债务的规定来看，亦有类似规定。

本条第1款中的履行，宜作相对广义解释，即应包括其他发生履行效果的行为，如代物清偿，而作出履行行为的人，也不限于连带债务人本人，第三人为清偿连带债务人的债务而作出的履行行为，亦可发生此等效力。

（三）抵　销

根据本条第1款前段之规定，如果连带债务人之一对债权人享有可以用于抵销的权利，且行使了抵销权，则连带债务可因抵销而全部或者部分消灭，其他连带债务人因此而全部或部分地对债权人免责。换言之，享有抵销权的连带债务人不仅可以对债权人行使抵销权，而且抵销可以发生完全涉他效力。抵销的法律效果，与履行和提存的法律效果相同。

如果连带债务人中一人对于债权人有可用于抵销的权利，其他连带债务人能否主张抵销，本条未作规定。从大陆法各国家和地区立法例来看，有否定说、部分肯定说、抗辩说等三种不同立法例。

采否定说者，如《德国民法典》第422条第2款和债法改革前的《法国民法典》第1294条第3款，都明确否定了连带债务人以其他连带债务人对债权人之债权主张抵销的权利。修订后的《法国民法典》第1315条删除了原第1294条第2款的规定，改为“连带债务人在债权人提起的诉讼中得以全体连带债务人共享之抗辩，譬如无效或解除，及专属于自身之抗辩，对抗之。该连带债务人亦不得以专属于他连带债务人之抗辩，譬如给予履行期限，对抗债权人。然而，若他连带债务人中之一人因提出专属于自身的抗辩，譬如抵销或债务免除，致其分担之份额消灭，则连带债务人得主张自连带债务中扣除该分担部分”。[①]从修订后的条文表述来看，似乎仍然坚持了否定说，之所

① 参见秦立威等译：《〈法国民法典：合同法、债法总则和债之证据〉法律条文及评注》，载《北航法律评论》2016年辑，第1315条以下。下文关于修订后法国民法典的条文，均引自此文献。

以说“似乎”，是对该条第3句可能有不同理解：如果该条所规定的“扣除该分担部分”是针对抵销权人已经行使抵销权的情形，便是坚持了之前的否定说，如果针对的是享有抵销权但未行使的情形，则应理解为改采了抗辩说；从第3句文义并结合第2句来看，前一种可能性更大。

采部分肯定说者，如我国台湾地区及债法改革之前的日本。我国台湾地区规定，连带债务人之一，对于债权人有债权者，他债务人以该债务人应分担之部分为限，得主张抵销。债法改革之前的《日本民法典》第436条第2款有类似规定。[①]根据此等规定，如果一个连带债务人未对债权人行使抵销权，其他连带债务人可以直接以该享有抵销权之连带债务人的债权向债权人行使抵销权，但应限于抵销权人在连带债务中的内部份额范围之内。

采抗辩说者，如债法改革之后的日本。现行《日本民法典》第439条第2项规定：“享有前款债权的连带债务人未援用抵销时，于该连带债务人负担部分之限度内，其他连带债务人得对债权人拒绝履行债务。”[②]这个条文与修订前条文最大的不同之处在于，其他连带债务人不再直接对债权人行使抵销权，而只能就享有抵销权之连带债务人内部份额范围内享有拒绝履行的抗辩。

就上述三种观点而言，抗辩说较为可采。否定说严格遵循了不得处分他人之权利的思想，但可能导致循环求偿而使法律关系复杂化。部分肯定说虽然可以简化连带债务中的法律关系，且仅将其他债务人的抵销权限定于抵销权人内部份额之内，但仍与不得处分他人权利的思想有违。抗辩说看起来与部分肯定说并无太大差异，但却对上述两说起到了扬长避短之功效。一方面，其他债务人无权直接对债权人主张抵销，尊重了抵销权人的意思自治，符合不得处分他人权利的思想；另一方面，其他债务人可以在抵销权人内部份额范围内对债权人主张拒绝履行抗辩，从而避免法律关系的复杂化。

三、免除的效力（第2款）

根据本条第2款的规定，部分连带债务人的债务被债权人免除的，在该连带债务人应当承担的份额范围内，其他债务人对债权人的债务消灭。换言之，

---

① 参见王融擎编译：《日本民法条文与判例》（上册），中国法制出版社2018年版，第354页。

② 参见王融擎编译：《日本民法条文与判例》（上册），中国法制出版社2018年版，第353页。

债权人对某一连带债务人作出免除其债务的意思表示，仅在该连带债务人内部份额范围内对其他连带债务人发生效力，超出该连带债务人的债务，仍由其他连带债务人承担连带责任。对于免除的效力如何，比较法上有不同立法例，[①]我国显然采用了限制涉他效力说。

如果债权人对全体连带债务人表示免除他们的债务，当然发生全部债务

---

① 比较法上主要有两种不同立法例：一为原则上完全涉他，例外地限制涉他；二为原则上限制涉他，例外地完全涉他。采第一种立法例的，比如《意大利民法典》第1301条，以及债法改革之前的法国。修订前的《法国民法典》第1285条规定："债权人为连带债务人之一人的利益，以契约约定免除或解除该债务人的债务，亦告解除其他连带债务人的债务，但如债权人明示保留对其他债务人的权利，不在此限。"也就是说，如果没有明确保留对其他债务人的权利，则对一债务人的免除发生完全涉他效力，只有明示保留时方发生限制涉他效力。采第二种立法例的，如德国和我国台湾地区。《德国民法典》第423条规定："债权人和连带债务人之一人约定的免除，亦为其他之连带债务人的利益发生效力，但以订约双方有消灭整个债务关系之意思为限。"我国台湾地区规定，债权人向连带债务人中之一人免除债务，而无消灭全部债务之意思表示者，除该债务人应分担之部分外，他债务人仍不免其债务。此等规定明显与第一种立法例不同，免除的效力刚好与之相反。值得注意的是，修订后的《法国民法典》第1315条第3句改采了第二种模式，即原则上免除仅具限制涉他效力。从比较法上看，目前除意大利外，免除的效力通常仅具限制涉他效力，除非债权人明示免除所有债务人的债务。

此外，日本关于免除之效力的规定较为特殊。日本法的规定，在其债法改革前后也发生了变化。修订之前的《日本民法典》第445条规定："连带债务人之一人得到免除连带之情形，其他连带债务人中有无清偿资力者时，债权人负担无资力者不能清偿部分中得到免除连带债务之人应负担之部分。"修订后的《日本民法典》第445条则规定："对连带债务人之一人免除债务，或为连带债务人之一人完成时效之情形，其他连带债务人亦得对该连带债务人主张第四百四十二条第一款之求偿权。"其新旧条文没有发生变化的是，免除仅发生限制涉他效力，即仅就被免除债务之连带债务人份额内对其他连带债务人免责；发生重要变化的是其他连带债务人追偿权的行使。根据旧条文的规定，被免除债务者在连带债务中的一切债务彻底消灭，他与该连带债务再无关系，甚至其他连带债务人追偿不能时也不参与分担，本应由其分担的部分由债权人承担，其效力较债务人自己作出履行更甚，这一法律后果安排对债权人较为不利，也可能超出了债权人的预期，因此新条文对之进行了修改，根据修改后的条文，被免除债务的连带债务人仍应按其份额之相应比例对追偿权人分担追偿不能之风险，但不包括第422条第2款所涉及的利息和不可避免的损失。对于债权人作出消灭全部连带债务的意思表示有何效果，《日本民法典》未作规定，但学者认为，只要债权人对全体债务人作出了免除连带债务的意思表示，即便是仅对某一连带债务人发出的，其他连带债务人只要予以追认，依然有效。总体而言，《日本民法典》采行的仍为限制涉他效力，其修改后的条文较先前的条文更为合理，但因为日本民法上规定的追偿权不以超出自己份额作出给付为要件，所以与其他大陆法国家和地区的规定仍存在一些区别，不足为我国所采。

消灭的后果，此无疑义。

另外值得注意的是，免除在我国原则上属于单方法律行为，而《法国民法典》和《德国民法典》所规定的免除，乃是基于债权人与连带债务人之一人之间的合同或契约。免除作为单方法律行为，而且是无偿行为，在解释上更应探寻债权人的内心真意。有学者认为，免除无法探明债权人真意时，原则上应当推定债权人仅免除某一债务人债务的意思，[①]此观点实在值得赞同。

如果连带债务人在内部关系上存在终局债务人，债权人免除此连带债务人之债务，其效力如何，有学者认为，在解释上应认为免除所有连带债务人的债务，[②]此观点亦值赞同，因为该债务人的内部份额本来为1，而其他连带债务人的内部份额本来为0，既然内部份额为1的连带债务人被免除债务，其他债务人的债务也便不复存在，这与免除之效力的一般规则并无矛盾。

至于所谓"连带的免除"，是另一个问题。所谓连带的免除，并非免除连带债务人的债务，而是债权人放弃对部分或所有债务人连带求偿的权利，本质上是债权人放弃其权利实现之便宜性和安全性，而选择按份求偿，原来的连带债务转变为按份债务，这种选择未加重债务人的负担，应尊重其意思。对此有学者认为，如若债权人表示免除全部连带债务人的连带关系，则连带债务变为按份债务；如若债权人只免除某一连带债务人的连带关系，仅该个人应负担之部分变为按份债务，其他连带债务人依旧承担连带债务，[③]此观点颇为恰当。

关于和解对连带债务的效力，我国《民法典》未作规定。考虑到有些国家在连带债务中规定的"免除"是双方法律行为，比如法国和德国，与和解较为类似，在此一并讨论。如果债权人与连带债务人中之一人成立和解，和解的效力可参考免除的效力处理，或者如黄立教授所言，应适用与债权人对连带债务人中之一人免除债务相同之解释规则。[④]我国司法实践中亦有法院判

---

① 参见王利明：《债法总则研究》，中国人民大学出版社2015年版，第195—196页。

② 参见黄立：《民法债编总论》，中国政法大学出版社2002年版，第583页。

③ 参见林诚二：《民法债编总论——体系化解说》（下册），台北瑞兴图书股份有限公司2003年版，第289页。

④ 参见黄立：《民法债编总论》，中国政法大学出版社2002年版，第584页。

决采此做法。[①]需要补充的是，如果债权人与债务人的和解协议约定的数额小于该债务人的内部份额，其他债务人承担债务后仍可就该差额部分向该债务人追偿。我国有法院判决正确地作了如是处理。[②]

前面所讨论的免除和和解，均为连带债务成立之后的行为，实践中还存在事前免责的情形，对此我国《民法典》未作规定，可参照上述规则处理。比如，A乘坐B驾驶的汽车，A与B约定，假如B在公路行驶中出现车祸导致A的财产受到损失，A不会追究B的侵权责任。之后B所驾驶的汽车与C所驾驶的汽车相撞导致A的笔记本电脑损坏，若依法B、C应对A的损失承担连带债务，基于该免责协议，B的债务被免除，C仅在自己内部份额范围内对A承担债务。原因在于，这种预先免除债务的约定旨在规范受害人与某一连带债务人之间的利益冲突，而不应该将某一连带债务人被优待（或预先免除）的份额转嫁给其他连带债务人，所以从一开始其他连带债务人的债务份额就应该减去该债务人的债务份额。[③]

四、混同的效力（第3款）

在单一之债中，混同即债权和债务同归于一人的事实，其效力通常是使债权债务关系消灭。连带债务中的混同，指部分连带债务人的债务与债权人的债权同归于一人的事实，其效力如何，有三种不同立法例。[④]

对此，本条第3款规定："部分连带债务人的债务与债权人的债权同归于

---

① 参见湖北省汉江市中级人民法院（2019）鄂96民终159号判决书。

② 参见南通市中级人民法院（2015）通中民终字第01141号判决书。该案中，甲在清偿了439794.43元连带债务中的211000元后与原告签署了协议书，原告不再向甲主张，余款只向其他的连带债务人求偿。因该约定款项小于甲的内部份额，法院判决其他连带债务人仍可对其主张追偿。

③ 参见［德］迪尔克·罗歇尔德斯：《德国债法总论》（第七版），沈小军、张金海译，中国人民大学出版社2014年版，第422页。

④ 一是规定其具完全涉他效力，即发生与履行相同的效果，如《日本民法典》第440条。二是规定其具限制涉他效力，如《法国民法典》第1209条规定，因继承发生混同的连带债务人仅在其所负担的债务范围内对于其他连带债务人发生效力。参见罗结珍译：《法国民法典》，中国法制出版社1999年版。但法国债法改革后，未见此项规定，参见秦立威等译：《〈法国民法典：合同法、债法总则和债之证据〉法律条文及评注》，载《北航法律评论》2016年辑，第1306条以下。三是规定其为无涉他效力事项，如《德国民法典》第425条第2款。

一人的，在扣除该债务人应当承担的份额后，债权人对其他债务人的债权继续存在。”对于这一规定，有一点非常明确，即在发生混同的情况下，债权人对各连带债务人的债权仅在发生混同的连带债务人内部份额范围内发生绝对消灭的效果，其余部分仍然存在，由发生混同的债权人享有。

这一规定未予明确的是，发生混同的连带债务人就扣除自己份额的部分（剩余部分），能否完全如连带债务的债权人那样主张权利，这里的关键问题是，在连带债务中，混同能否消除发生混同者的连带债务人身份。如果能，那么他就可以要求其他连带债务人就剩余部分承担连带债务，且不承担其他连带债务人之间追偿不能的风险；如果不能，便发生与某一连带债务人履行了全部债务相同的效果。从文义来看，本款仅规定“债权人对其他债务人的债权继续存在”，并未规定发生混同的债务人完全取代债权人的地位而消除其连带债务人身份。从体系一致性的角度看，似无赋予混同得消除混同者之连带债务人身份这一过于强烈法律效果的必要。如果这样，将导致《民法典》第519条第2款第1句前段的追偿规则不能适用于发生混同的情形，且这一效果虽然有利于保护发生混同的连带债务人，但对其他连带债务人而言却不公平。而连带债务关系之所以发生，发生混同的连带债务人与其他连带债务人之间必然存在某种牵连关系，有承担连带债务的理由，仅因发生混同便抹除其作为连带债务人应负担的义务和风险，对连带债务规则体系造成的冲击过大。而本款所规定之“债权人对其他债务人的债务继续存在”，也为发生混同的债务人根据《民法典》第519条第2款第1句后段之规定，“相应地享有债权人的权利”提供了基础，呈现两相呼应之势。从比较法的角度来看，亦未见有同样规定的立法例。从生活实践来看，不排除有的连带债务人为了规避追偿不能的风险而故意采用混同的方式，从而造成对其他连带债务人不公平的后果。鉴于此，应将混同的效果解释为与某一连带债务人履行债务的效果相同，并适用第519条的规则。

五、债权人受领迟延（第4款）

本条第4款对债权人受领迟延的效力进行了规定，即“债权人对部分连带债务人的给付受领迟延的，对其他连带债务人发生效力。”从这一规定来看，我国《民法典》对于债权人受领迟延，采完全涉他效力说。

从比较法上看，有些国家对债权人受领迟延的效力未作规定，如《法国民法典》《意大利民法典》《瑞士债法典》《日本民法典》中均未对此作明确规定。《德国民法典》第424条和我国台湾地区则明确将之作为完全涉他效力事项进行了规定。

债权人受领迟延为何应具有完全涉他效力，《民国民律草案》第487条之立法理由谓，“盖恐债权人故意拒绝清偿，不为受领，使债务关系，有流于迟延之弊。故特设本条以限制之”。[①]可见其主要目的是避免整个连带债务“流于迟延”。黄立教授进一步认为，由于连带债务人中一人的给付，可以使其他债务人对债权人有免责的效果，债权人受领迟延，使其他债务人不能享受免责的利益，债权人受领迟延以致个别债务人债务减轻的结果，自应对其他连带债务人一体适用，始属公平。[②]此项见解值得赞同。

具体而言，债权人受领迟延的完全涉他效力主要表现为：（1）一个连带债务人对债权人作出给付，如果债权人受领迟延，迟延期间标的物毁损灭失的风险应由债权人承担，并在毁损灭失额度范围内对其他债务人发生相当于履行之效力；（2）在金钱债务情况下，债权人受领迟延，则债务人停止支付利息，该效力对其他连带债务人也发生。需注意的是，在债权人迟延期间，债务人为保管和维持标的物所必须支付的额外费用，虽然是在履行连带债务过程中所发生，但其乃因债权人受领迟延所致，并非属于履行连带债务的必要费用，该债务人只能向债权人主张，而不能向其他连带债务人主张追偿。当然，其他连带债务人也无权向债权人主张该费用。

六、《民法典》未规定的其他效力事项

我国《民法典》仅在本条用四款规定了履行、抵销、提存、免除、混同和债权人受领迟延的效力，对于其他可能发生之民事法律事实的效力则未作出明确规定，亦未如《德国民法典》第425条那样对其他效力事项的效力作概括性规定。一旦发生《民法典》未作规定的民事法律事实，其效力如何，应

---

① 参见陈忠五编：《新学林分科六法：民法》，台北新学林出版股份有限公司2006年版，第B-302页。

② 参见黄立：《民法债编总论》，中国政法大学出版社2002年版，第585页。

予明确。

（一）确定判决

是否有可能仅就某一连带债务人作出确定判决，与如何处理连带债务和必要的共同诉讼之间的关系有关（详情参见第519条评注“追偿权的行使”部分）。从维护连带债务基本功能的角度，即债权人权利实现的安全性和便宜性，应当允许债权人仅对某一个或某部分连带债务人起诉，因此对确定判决的效力有讨论必要。

从比较法上观察，有些国家对确定判决的效力未作专门规定，如瑞士、日本、债法改革后的法国等，但可能在概括性条款中对此间接涉及。比如，《瑞士债法典》第146条规定：“无其他规定时，一个连带债务人的个人行为，不能使其他债务人的处境恶化。”《日本民法典》第441条则有“就连带债务人一人所生之事由，对其他连带债务人不生其效力”之规定。有的国家则简略规定确定判决对其他连带债务人不生效力，如《德国民法典》第425条。规定较为详细的为《意大利民法典》。①

我国应如何对待确定判决的效力，有学者认为，应当分情况具体分析，如果该生效判决只是针对某一债务人个人的，则对其他债务人不发生效力，只对该连带债务人发生效力，而如果该判决并非针对债务人个人关系作出的，而是针对全体债务人作出的，则对其他连带债务人发生效力。②主张根据判决的具体情况确定其对连带债务的效力，这一观点颇值赞同。比较而言，我国台湾地区之规定最为详备，值得司法实践参考。根据该规定，确定判决在两种情况下不发生涉他效力，一是基于作为诉讼当事人的连带债务人之个人关

---

① 参见费安玲等译：《意大利民法典》，中国政法大学出版社2004年版，第318页。根据该法典第1306条第1款之规定，对债权人与一个连带债务人之间的判决，不产生对抗其他债务人的效力；该条第2款则规定，其他债务人可以就判决对抗债权人，但是基于个人原因对共同债务人进行抗辩的除外。我国台湾地区以“确定判决的完全绝对效力”为题规定，连带债务人之一人，受确定判决，而其判决非基于该债务人之个人关系者，为他债务人之利益，亦生效力。参见陈忠五编：《新学林分科六法：民法》，台北新学林出版股份有限公司2006年版，第B-299页。

② 参见王利明：《债法总则研究》，中国人民大学出版社2015年版，第194页。

系所作出的判决，二是虽然该判决非基于个人关系所作出，但对其他债务人并不有利；而仅在一种情况下发生完全涉他效力，即非基于个人关系所作出的，但对其他债务人有利的判决。之所以这样处理，是防止因一个连带债务人的诉讼给其他连带债务人带来不利影响，正如该条立法理由所言，“盖以本于连带关系之性质，应有利益于其他债务人也”。[①]至于何谓“基于个人关系”，学者认为系指如该债务人无能力，该债务人所负担债务之法律行为无效或因意思表示瑕疵而撤销等；而“非个人之关系”，则指连带债务完全不存在或已消灭等。[②]

（二）诉讼时效中断与完成

1.诉讼时效的中断

债权人对连带债务人之一人请求权的诉讼时效中断对其他连带债务人有何效力，我国法律未作规定。从比较法上来看，主要有两种不同立法例。一种是发生完全涉他效力，如现行《法国民法典》第1312条（修订前第1206条有相同规定）、《意大利民法典》第1310条第1款；另一种是无涉他效力，如《德国民法典》第425条（德国债法改革后，“消灭时效中止”改为“消灭时效重新计算”）。有些国家和地区虽然对此未作明确规定，但通过概括性条款确定其为无涉他效力。日本在其民法典修订之前，根据其修订前《日本民法典》第439条之规定，采完全涉他效力立场；但修订后的《日本民法典》删除这一规定，通过第441条将诉讼时效概括性地规定为无涉他效力事项。

根据我国《民法典》第195条的规定，诉讼时效中断之事由主要有债权人向义务人提出履行请求、义务人同意履行义务、债权人提起诉讼或者申请仲裁以及与之具有同等效力的其他情形等四种。无论是哪种情形，如果仅发

---

① 陈忠五编：《新学林分科六法：民法》，台北新学林出版股份有限公司2006年版，第B-299页。

② 参见史尚宽：《债法总论》，中国政法大学出版社2000年版，第653页；曾隆兴：《民法债编总论》，台北三民书局2000年版，第529页；林诚二：《民法债编总论——体系化解说》（下册），台北瑞兴图书股份有限公司2003年版，第288页；郑玉波：《民法债编总论》（修订二版），陈荣隆修订，中国政法大学出版社2004年版，第396页；孙森焱：《民法债编总论》（下册），台北文泰印刷企业有限公司2004年版，第877页。

生在债权人与某一个连带债务人之间，让其他连带债务人承担时效中断的不利后果均有不合理之处。张广兴教授认为，连带之债为数个债，各自可能具有不同的时效起点及届满日期，其中一个债有中断事由，并不当然导致所有债的时效中断；而且使其他债务人在不知情的情况下承担时效中断的不利后果及迟延债务，于情理不合。[①]此项见解值得赞同。所以，在法律没有特别规定、当事人无相关约定的情况下，债权人对任一连带债务人请求权的时效中断，其效力应不及于其他债务人，即不发生涉他效力。需要注意的是，这里的不发生涉他效力，是指一债务人的诉讼时效中断，并不导致其他连带债务人的诉讼时效也中断；至于其对整个连带债务是否有影响，需结合诉讼时效完成的效力综合观察。

2.诉讼时效的完成

某一连带债务人的诉讼时效完成是否对其他连带债务人的债务发生效力，我国法律未作规定。从比较法上来看，有些国家也未对此作出明确规定，如《法国民法典》《瑞士债法典》《日本民法典》等，但有日本学者认为，某一连带债务人的债务诉讼时效完成对其他连带债务人产生完全涉他效力，目的在于保护连带债务人的时效利益，简化法律关系。[②]对此作出明确规定的国家和地区，对其效力的认定也有很大不同：一种是采无涉他效力说，如《德国民法典》第425条；另一种是采限制涉他效力说，如我国台湾地区称其效力准用免除的规定。两者的区别是，在德国，对一个连带债务人的债权罹于时效，对其他连带债务人不发生影响，其他连带债务人对该债务人的追偿权也不受影响；[③]而在我国台湾地区，对一个连带债务人的债权罹于时效，准用免除的效力，将导致其他连带债务人在该债务人份额范围内对债权人免责。

根据《日本民法典》第166条的规定，消灭时效的完成具有消灭债权的效力。[④]所以日本学者关于消灭时效发生完全涉他效力的主张，除了保护连带债

---

① 参见张广兴：《债法总论》，法律出版社1997年版，第152页。

② 参见［日］於保不二雄：《日本民法债权总论》，庄胜荣校订，台北五南图书出版有限公司1998年版，第222页。

③ Vgl. MünchKomm/Bydlinski, §426, Rn.25a. (2012).

④ 参见王融擎编译：《日本民法条文与判例》（上册），中国法制出版社2018年版，第141页。

务人和简化法律关系这两点理由外，也是维护其民法体系一致性的需要。我国诉讼时效完成的效力采抗辩权说，[①]这与德国和我国台湾地区相同，就此点而言，德国或我国台湾地区的做法更值得参考。不过这两种做法各有其问题：对无涉他效力的法律后果安排而言，由于其他连带债务人清偿后仍可向诉讼时效完成的债务人主张追偿，实际上剥夺了该债务人的时效抗辩权；对于限制涉他效力的法律后果安排而言，诉讼时效完成之债务人的债务在其内部份额范围内消灭，虽然可以简化法律关系，但实际上剥夺了其（不）行使时效抗辩权的自由，而且在该债务人不知罹于时效而履行的情况下，不仅不能发生履行的效果，而且会使债权人陷于不当得利，与情理不合。实际上我国台湾地区学者对此规定也存在不少疑问。[②]

由于我国对诉讼时效完成的效力采抗辩权说，而连带债务由多个债务组成，因此诉讼时效完成对其他连带债务人原则上不发生涉他效力为宜，即一个债务人债务的诉讼时效完成，并不导致其他连带债务人的债务也发生诉讼时效完成的效果。至于其他连带债务人清偿后是否对该债务人享有追偿权，可以考虑借鉴日本法上的履行前通知义务，然后再根据该债务人是否主张时效抗辩来决定是否享有追偿权，借此兼顾债权人和债务人的利益，并保障民法规则体系的一致性。具体而言，如果通知后该债务人主张时效抗辩，债权人便无法从该债务人处获得清偿，其他债务人在清偿连带债务时亦不必清偿该债务人承担的份额，当然也不享有对其进行追偿的权利（追偿权的扩张除外），至于该债务人事后自愿履行其份额或不知罹于时效而履行等，则依《民法典》第192条第2款之规定，使其发生履行的效果即可；如果通知后该债务人未主张时效抗辩，则表明其放弃该时效利益，依诉讼时效未完成处理即可；如果其他连带债务人有过错地未履行通知义务，并清偿了该债务人应承担的份额，是否可向该债务人追偿，取决于该债务人的意思，如果其主张时效抗

---

① 参见《民法典》第188条，特别是《最高人民法院关于审理民事案件适用诉讼时效制度若干问题的规定》第1条的表述。

② 参见黄立：《民法债编总论》，中国政法大学出版社2002年版，第585页以下；林诚二：《民法债编总论——体系化解说》（下册），台北瑞兴图书股份有限公司2003年版，第289页以下；郑玉波：《民法债编总论》（修订二版），陈荣隆修订，中国政法大学出版社2004年版，第397页以下。

辩便不能追偿，如果其不主张时效抗辩则可以追偿。

（三）债务人迟延

连带债务人之一人对债权人履行迟延的法律效力，我国法律未作规定。从比较法上来看，《德国民法典》第425条规定，迟延不具有涉他效力，有些国家和地区通过概括性条款规定其不具涉他效力，如《日本民法典》第441条、《法国民法典》第1318条等。在连带债务人之一人履行迟延的情况下，其他连带债务人可能因为履行期限未届至等原因并未陷于迟延，此时要求其他连带债务人承担其迟延后果有失公平。履行迟延是因为债务人个人原因所致，虽然其原因多样，但不属于履行连带债务的必要费用或必然损失，不应由其他连带债务人承担。当然，如果各连带债务人的履行期限相同且均陷于履行迟延，则该损失为这些连带债务人共同所致，他们应当对此承担连带债务。

举证责任

基于特定效力事项的发生而主张其权利或抗辩者，应就该效力事项的发生负举证责任。

第五百二十一条【连带债权的内部关系及法律适用】

连带债权人之间的份额难以确定的，视为份额相同。

实际受领债权的连带债权人，应当按比例向其他连带债权人返还。

连带债权参照适用本章连带债务的有关规定。

历史由来

本条是新设条文。《民法典合同编（草案）》（征求意见稿）第62条对连带债权人之间的内部份额等进行了规定：“连带债权人的份额难以确定的，份额相同。实际受领超过自己份额的连带债权人，应当按比例向其他连带债权人返还。连带债权参照适用本编关于连带债务的有关规定，但部分连带债权人免除债务人债务的，不影响其他连带债权人的债权。”《民法典合同编（草案）》（一审稿）第312条将征求意见稿第62条第1款中的“份额相同”修改为“视为份额相同”，增加了“视为”二字。《民法典合同编（草案）》（二审稿）第312条仅将一审稿第312条第1款中的“连带债权人的份额”修改为“连带债权人之间的份额”，增加了“之间”二字，表述更为准确。《民法典（草案）》第521条仅将二审稿第312条第3款但书规则前面的逗号改为句号，使第3款变为两句。法典正式文本对《民法典（草案）》第521条作了两处实质性修改：一是将第2款前段修改为“实际受领债权的连带债权人”，删除了“超出自己份额”的表述；二是删除了第3款第2句。

规范目的或功能

本条是对连带债权人之间关系的规定，即对连带债权内部关系的规定。其中，第1款规定了债权人内部的债权份额确定规则。第2款规定了实际受领债务人给付的连带债权人对其他连带债权人的返还义务，换言之，实际上是赋予了其他连带债权人对实际受领给付的债权人一个返还请求权，这一规定为其他连带债权人提供了一项独立的请求权基础。本条规定的返还义务（返还请求权），有平衡各连带债权人之间利益的功能。第3款对法律适用具有指引功能，即对于连带债权的处理，法律没有明确规定的，参照适用本章关于连带债务的规则。

规范内容

一、连带债权人内部份额确定规则（第1款）

连带债权中，虽然各债权人均得向债务人主张全部债权，但在各债权人内部仍然存在债权份额，而且他们之间的内部份额正是债权人之间行使返还请求权的依据，所以债权人之间内部份额的确定非常重要。本条第1款规定了连带债权人之间债权份额的确定规则，即“连带债权人之间的份额难以确定的，视为份额相同”。根据这一规定，应当首先尝试确定连带债权人之间的债权份额，难以确定时，则由各债权人等额享有债权。

（一）依本条第1款前段确定债权人内部份额

本条第1款前段并未规定依据什么、如何确定各债权人的内部份额，这应当由法官根据具体案件事实自由裁量，由此以观，本条第1款前段具有授权性规范的属性。对于不同的案型，法官需纳入考量范围的因素应当有所不同。对于因侵权产生的连带债权，应根据法律规定、各债权人受损害比例等确定各自债权份额，如因加害人毁损按份共有物而产生的损害赔偿责任，可根据《民法典》第307条，由各按份共有人根据按份共有份额享有连带债权。对于因法律行为发生的连带债权，首先应当看当事人之间是否有约定，有约定的依约定确定债权人之间的内部份额即可；如果没有约定，可能需要考虑债权人的出资情况、法律行为本身的目的和性质等加以确定。比如，甲、乙二人共同借给丙10万元，其中甲实际出借6万元，乙实际出借4万元，如果三方约定甲、乙二人对偿还借款享有连带债权，在甲、乙对他们之间的债权额度没有约定的情况下，应当根据其各自实际借出额度确定债权份额。当然，有些情况下可能还需要考虑其他因素，需要法官根据具体案件事实予以把握。

（二）视为份额相同

视为各连带债权人享有相同份额的债权，也可以称为“人头规则”。适用人头规则的前提是各债权人的债权份额难以确定，因此本条第1款后段属于对前段的补充性规则。

二、连带债权人之间的返还请求权（第2款）

连带债权人内部存在债权份额，而根据《民法典》第518条第1款前段之规定，每个连带债权人均可向债务人主张全部履行，在债务人向某一连带债权人履行债务时，对于该债权人受领的给付如何处理，需要进一步明确。本条第2款规定了实际受领给付的连带债权人对其他连带债权人的返还义务，换一个角度而言，便是赋予了其他连带债权人对实际受领给付的债权人的返还请求权，以此来平衡各债权人之间的利益。

（一）其他连带债权人的返还请求权

本条第2款仅规定实际受领债权的连带债权人对其他连带债权人负返还义务，并未采用直接规定其他连带债权人享有返还请求权的表述；表述虽然不同，但本质上没有区别，根据这一规定，其他连带债权人可向实际受领给付的债权人主张返还请求权，因此这是一项独立的请求权基础规范。

民法上的返还请求权，大体上有原物返还请求权和不当得利返还请求权两种，前者属于物权请求权，后者属于债权请求权。本条第2款所规定之返还请求权的性质，应属债权请求权。这一返还请求权的成立要件，应当包括如下三项：

1. 双方均为同一连带债权关系中的债权人。即提出返还请求者和被要求作出返还行为者，均属同一连带债权关系中的连带债权人，如果其中任何一方不属于此范畴，即不得基于本条第2款主张请求权。

2. 债务人履行了债务。债务人可能向某一个、某几个或者全部债权人作出给付，无论如何，只有债务人履行了债务，这一返还请求权才有成立的可能；但这一返还请求权的成立，并不以债务人履行了全部债务为必要条件。

3. 某一债权人实际受领了债务人的给付。只有实际受领了给付的连带债权人负有返还义务，无论债务人是否对其履行了全部债务；从本条第2款文义及其修改历程来看，也不论其受领的给付是否超出其自己的份额，只要其实际受领了债务人的给付即为已足。

（二）应当“按比例”向其他连带债权人返还

本条第2款中“按比例”这一表述究竟为何指，需要释明。

从文义来看，“按比例”即按照各连带债权人的内部债权比例，即根据本条第1款确定的连带债权人内部份额的比例。如果某一连带债权人受领了债务人的全部给付，对自己的债权份额有权保有，就超出其自己份额的部分应按照各债权人内部债权份额返还给各连带债权人，其他连带债权人在自己的债权份额范围内得向该债权人主张返还请求权。如果某一连带债权人虽然实际受领了债务人的给付，但债务人并未作出全部给付，而是仅履行了部分债务，则存在两个需明确的问题：

第一，实际受领给付的债权人的返还范围如何，即是就所受领之给付全部按份额比例计算并扣除其自己比例的债权后全部返还，还是仅就超出自己份额部分负返还义务。前已提及，从本条第2款的文义及其修改过程来看，应指前者。比较本条第2款与《民法典（草案）》第521条第2款的表述，将《民法典（草案）》中“超过自己份额的”这一限定词删除，立法意图非常明显。具体而言，如甲、乙、丙、丁四人对戊享有1600万元的连带债权，各债权人内部份额相同，如果戊向甲履行了400万元的债务，则就此400万元，根据四债权人内部份额的比例，每人可受偿100万元，甲应在扣除自己可受偿的100万元后，将其余300万元返还给其他连带债权人。

第二，是必须将应返还部分向其他连带债权人按比例返还，还是返还给某一连带债权人即可。从本款文义和目的来看，应按比例返还给其他连带债权人。本条第2款之所以在《民法典（草案）》条文表述的基础上作如此修改，是希望将债务人的每次履行，在各连带债权人之间按比例进行分配，以避免因债务人选择向谁履行而发生有的债权人债权得到实现，而有的债权人债权未得到实现的利益失衡状况；如果实际受领债务人给付的债权人在履行返还义务的过程中可以将应返还部分向某一个债权人返还，同样会出现类似后果。因此，返还义务人（实际受领债务人给付的连带债权人）应当按照各连带债权人的内部份额比例，分别向各连带债权人返还。具体而言，在前举例子中，甲受领债务人400万元的履行后，扣除自己应得的100万元，应分别向乙、丙、丁返还100万元。

在实践中，按照上述规则操作，可能会给实际受领给付的债权人带来较大负担，也可能增加全体债权人的风险，特别是在债权人较多的情况下。因为，如果要求受领给付的债权人按份额比例保有给付和向其他连带债权人按份额比例返还，在后期债务人又多次向不同连带债权人履行债务时，又会多次发生某一连带债权人按份额比例向其他连带债权人返还的情形，这样无疑会增加各连带债权人之间的返还次数，特别是在标的物数量大，装卸、运输风险和成本高的情况下，一方面会增加返还义务人负担，另一方面会增加成本，且可能遭受更多的装卸和在途风险，并不经济。对此，只能通过各连带债权人的约定排除本条第2款的适用，以避免此等情况的发生。

三、参照适用本章连带债务的有关规定（第3款）

本条第3款规定，连带债权参照适用本章关于连带债务的规定。本章关于连带债务的适用性规定主要为第519条和第520条。其中第519条第1款是连带债务人内部份额确定规则，本条第1款对连带债权人之间的内部份额已作规定，无参照适用之余地；第519条第2款第1句是关于连带债务人之间追偿权的规定，本条第2款对连带债权人实际受领债务人给付的情形作了规定，除实际受领债务人给付的其他情形外，或有参照适用第519条第2款第1句之可能；第519条第2款第2句是关于其他连带债务人对债权人的抗辩得对追偿权人主张的规定，此类情形在连带债权中难见其实践意义，似没有适用于连带债权的余地。第520条是关于连带债务中效力事项的规定，其中有些规则对于连带债权可参照适用。对第519条第3款关于连带债务人之间追偿权扩张的规则，在参照适用第520条有关规则时，亦有参照适用的可能，对此不专门讨论，而是在解释对第520条有关规则的参照适用时一并阐释；对第519条第2款第1句的参照适用，也作如是处理。

（一）对第520条第1款的参照适用

1.债务人履行或提存

在连带债务，部分连带债务人履行或提存，将使其他连带债务人在作出履行或提存之连带债务人内部份额范围内，对债权人的债务消灭，其他连带债务人就超出部分对债权人免责，但超额作出给付的连带债务人可相应地享有债权人的权利（详情参见第520条的评注）。在连带债权，如果债务人向某一连带债权人履行债务，则可适用第521条第2款；由于第521条第2款主要针对某一连带债权人受领给付的情形，而在债务人提存的情况下，并不存在受领了给付的连带债权人，此时就连带债权的外部关系而言，可参照适用第520条第1款前段的规则，但其法律效果有所差异，即连带债权中的债务人提存多少，其对所有连带债权人的债务便消灭多少。对于连带债权人之间的关系，并无参照适用第520条第1款后段之空间；根据《民法典》第518条第1款前段，以及《民法典》第574条第1款第1句，各债权人均可提取提存物，实际提取提存物的债权人相当于实际受领了债务人的给付，其与其他连带债权人之间的关系，类推适用本条第2款的规定即可。

2.部分连带债权人抵销

在连带债务，部分连带债务人抵销债务，其他债务人对债权人的债务在相应范围内消灭（详情参见第520条的评注）。参照适用第520条第1款前段之规定，在连带债权，无论是债务人还是某一连带债权人主张抵销，债务人对所有连带债权人所负债务均在抵销的范围内免责。但这里有四个问题需要明确：

（1）如果某一连带债权人主张抵销，其得主张的抵销额度是多少。在连带债务，一个连带债务人主张抵销，通常会给其他连带债务人带来好处，而不是损害他们的利益，因此可以超出其内部债务份额对债权人主张抵销；但在连带债权，某一连带债权人主张抵销，将导致其他连带债权人得向债务人主张的债权减少，如果被抵销的债务超出该连带债权人的内部份额，将直接损害其他连带债权人对债务人的债权，且依据任何人不得未经他人允许行使他人权利的一般法理，不宜允许某一连带债权人超出其内部债权份额对债务人主张抵销。

（2）某一连带债权人主张抵销后，对其他连带债权人是否负担返还义务。这个问题如何处理，颇值斟酌。如果按本条第2款的返还规则，某一连带债权人主张抵销后，对该被抵销部分也应根据各连带债权人的内部份额比例，对其他连带债权人负返还义务。但从本条第2款和第3款之间的关系来看，第2款直接规定的是实际受领债务人给付的情形，除直接受领债务人给付的情形外，根据第3款的规定应参照适用连带债务的有关规定；根据连带债务关于抵销的规定，其效果是，债权人的债权在发生抵销的连带债务人内部份额范围内绝对消灭，超出该连带债务人内部份额被抵销的部分则移转给该连带债务人，可以向其他连带债务人主张追偿；而基于上面关于连带债权人得主张抵销的债权额度的分析，某一连带债权人得主张抵销的最高额度，为该连带债权人在连带债权中的内部份额，在此范围内，根据连带债务中抵销的效力，主动和被动债权债务关系均绝对消灭，也不发生追偿问题。可见，如果参照连带债务的规则处理连带债权中的抵销问题，其法律后果与本条第2款关于某一连带债权人受领债务人给付的法律后果安排所体现的基本精神并不一致。对此问题，宜解释为主张抵销的连带债权人在其内部份额范围内对其他连带债权人不负返还义务，尽管这样处理有导致体系矛盾（与本条第2款规则所体现的公平理念）的嫌疑，但这样解释有两方面理由：第一，如果解释为对其他连带债权人负返还义务，那么本条第3款的规定意义何在，值得怀疑，既然法典在本条第2款将受领债务人给付单独规定，而在第3款规定其他效力事项参照适用连带债务的规则，应尊重法典本身的安排；第二，如果某一连带债权人在自己债权份额范围内抵销后，即使债务人后来出现不能履行债务的情形，出现有的债权人债权得以实现，有的债权人债权未能得到实现的不平衡状况，也没必要担心，因为此时可以参照适用《民法典》第519条第3款，关于连带债务人追偿权扩张的规则。比如，甲、乙、丙、丁四人对戊享有1600万元的连带债权，各债权人内部份额相同，如果甲对戊主张抵销了其对戊所欠400万元的债务，则甲对戊不再享有连带债权中的请求权，其他连带债权人对戊享有1200万元的请求权，如果后来债务人戊有600万元的债务无力清偿，则可参照适用《民法典》第519条第3款之规定，由甲、乙、丙、丁四个连带债权人共同对此600万元的履行不能承担风险，根据四债权人内部份额的比例，每人按比例应承担150万元的损失，并进一步根据他们的内部债权份额比例，甲应分别对乙、丙、丁各支付50万元。[①]

（3）如果债务人主张抵销，其得主张的抵销额度是多少。由于债务人可以向连带债权人中的任一债权人为全部给付，因此，当债务人主动向某一连带债权人主张抵销时，不受该连带债权人内部份额的限制，事实上债务人也没有必要和义务了解连带债权人之间的内部份额，因此债务人有权在全部债务范围内对某一债权人主张抵销。

（4）债务人主张抵销后，债务被抵销的连带债权人对其他连带债权人是否负担返还义务。债务人对某一连带债权人主张抵销后，该连带债权人是否对其他连带债权人负返还义务，应分情况来看：如果抵销的额度小于或等于

---

① 事实上，以分担债务人给付不能之风险的方式平衡连带债权人之间的关系，可避免债权人之间多次甚至交叉返还的麻烦，而且可以减少返还费用，避免不必要的装卸、在途风险等，从这个意义上讲，《民法典（草案）》第2款的规定较之本条第2款的现有规定或更为合理。当然，在解释论上，也可以对本条第2款作限缩解释，将返还义务人限定在超额受领债务人给付的连带债权人范围内，这样既可以避免连带债权人多次、交叉返还的问题，减少返还费用，避免不必要的标的物毁损灭失的风险，又可以满足体系的一致性；不过这样解释恐与立法意图不符。对此究竟如何处理，尚需实践检验，寻求共识；目前而言，还是依本评注正文部分的解释处理为宜。

该连带债权人的内部债权份额，则依前述某一连带债权人主张抵销的情形处理即可；如果抵销的额度超出该连带债权人的内部债权份额，则就超出部分，该连带债权人对其他连带债权人负有按比例返还的义务。

（二）关于免除

本条第3款的规定，也在《民法典（草案）》第521条的基础上作了重要修改，删除了第2句关于免除的但书规则，使免除也被纳入参照适用连带债务规则的范畴。《民法典》第520条第2款规定："部分连带债务人的债务被债权人免除的，在该连带债务人应当承担的份额范围内，其他债务人对债权人的债务消灭。"参照适用该规定，在连带债权中，如果某一连带债权人对债务人作出免除该债权人内部份额之债务的意思表示，应依其意思表示发生效力，该连带债权人对其他连带债权人也不存在返还义务；如果某一连带债权人对债务人作出免除所有债务人债务的意思表示，则该意思表示仅在该债权人内部份额范围内发生效力，任何人不得未经他人同意处分他人权利。如果某一连带债权人仅对债务人作出免除其内部份额范围内之一部分债务的意思表示，亦应依其意思表示发生效力，不过，由于该债权在此范围内绝对消灭，作出免除意思表示的连带债权人的债权仅剩余未免除部分，对于此未予免除的部分，该连带债权人和其他连带债权人仍可向债务人主张履行；此时，连带债权的总额为之前的债权总额减去免除部分后的余额，各债权人之间的份额，亦应重新计算。例如，甲、乙、丙、丁四人对戊享有1200万元的连带债权，各债权人内部份额相同，如果甲免除了戊200万元的债务，则甲仍享有100万元的债权，连带债权总额变为1000万元，各连带债权人的债权份额分别为100万元、300万元、300万元、300万元，他们之间的债权份额比例从原来的1∶1∶1∶1变为1∶3∶3∶3。

（三）对第520条第3款的参照适用

第520条第3款是关于部分连带债务人的债务与债权人的债权发生混同的效力规定，即"在扣除该债务人应当承担的份额后，债权人对其他债务人的债权继续存在"（详情参见第520条的评注）。参照适用第520条第3款，在连带债权，当部分连带债权人的债权与债务人的债务发生混同时，在扣除该债权人的债权份额后，债务人对其他债权人的债务继续存在，由发生混同的债权人对其他连带债权人负清偿义务。

（四）对第520条第4款的参照适用

第520条第4款是关于债权人受领迟延之法律后果的规定，参照此规定，部分连带债权人对债务人的给付受领迟延的，对其他连带债权人发生效力。具体而言：

1.债务人对某一连带债权人作出给付，如果该债权人受领迟延，迟延期间标的物毁损灭失的风险应由债权人承担，且对债务人而言，发生相当于履行之效力。在连带债权人内部，由于标的物毁损灭失的后果因受领迟延的债权人所致，该不利后果应由其承担；至于如何承担，即是在扣除其自己的债权份额后，还是在扣除其债权份额比例后对其他连带债权人承担清偿义务，需要进一步明确。比如，甲、乙、丙、丁四人对戊享有1600万元某种货物的连带债权，各债权人内部份额相同，戊向甲交付价值600万元的货物，甲受领迟延导致该批货物毁损灭失；如果是扣除甲的内部份额后向其他债权人负清偿义务，则其仅需向乙、丙、丁承担200万元货物的交付义务或承担相应损害赔偿，如果是扣除其内部份额比例后对其他连带债权人负清偿义务，则依照连带债权人之间的内部份额比例，应扣除甲150万元部分，就其余450万元的货物对其他连带债权人负清偿义务，可见其中的差别。如果要与本条第2款规定的返还义务规则形成体系一致，则甲应对其他连带债权人就450万元的货物承担清偿义务，此损失虽为甲未及时受领所致，但让其承受相应的不利益，即其对债务人的债权在其内部份额范围内消灭，似即已足，让其承担过重义务，对甲似过于苛刻。因此，受领迟延虽涉及受领债务人给付，仍宜依据本条第3款之规定，参照适用《民法典》第520条第4款之规定，在扣除其内部份额（而非内部份额比例）后对其他连带债权人负清偿义务。

2.在金钱债务的情况下，债权人受领迟延，则债务人停止支付利息，该效力对其他连带债权人也发生。因迟延受领造成的利息损失，由迟延受领的债权人承担，至于其扣除额，应与非金钱债务的情形一致，在扣除依其内部份额可产生的利息后，对其他连带债权人按比例承担损害赔偿责任。

另外需注意的是，在债权人迟延期间，债务人为保管和维持标的物所必须支付的额外费用，是在履行债务过程中所发生的，虽然是因为部分债权人受领迟延所致，但对于债务人而言，这些连带债权人是一个整体，且受领给付既是债权人的权利，也是债权人的义务，在这些债权人对债务人享有连带债权的同时，也应对债务人承担及时受领给付的连带债务，因此，债务人应可以就该额外费用向全体债权人主张连带债务，这与连带债务中部分债权人受领迟延的效果有较大差异，值得注意。就连带债权人内部而言，该笔额外费用全因受领迟延的债权人所致，因此应由该债权人全额承担，如果其他连带债权人对债务人支付了该笔额外费用，得向迟延受领的债权人追偿。

举证责任

主张债权人之间存在特定份额而非相同份额的，对特定份额的存在负举证责任。向超额受领给付的债权人主张返还请求权的，对超额受领给付的事实负举证责任。总体而言，遵循民事诉讼法上“谁主张，谁举证”的基本规则。

第五百二十二条【利他合同】

当事人约定由债务人向第三人履行债务，债务人未向第三人履行债务或者履行债务不符合约定的，应当向债权人承担违约责任。

法律规定或者当事人约定第三人可以直接请求债务人向其履行债务，第三人未在合理期限内明确拒绝，债务人未向第三人履行债务或者履行债务不符合约定的，第三人可以请求债务人承担违约责任；债务人对债权人的抗辩，可以向第三人主张。

历史由来

本条第1款源于《合同法》第64条的规定，第2款属于新增规定。

我国法律最早对“利他合同”作出规定的是《合同法》第64条。该条规定：“当事人约定由债务人向第三人履行债务的，债务人未向第三人履行债务或者履行债务不符合约定，应当向债权人承担违约责任。”此条文体现了合同相对性原则。

随着社会经济的发展，合同相对性原则在有些场域严格适用会有不妥，于是出现一些该原则的例外情况。《民法典合同编（草案）》（征求意见稿）第63条规定："当事人约定由债务人向第三人履行债务的，债务人未向第三人履行债务或者履行债务不符合约定，应当向债权人承担违约责任。法律规定或者当事人约定第三人可以直接请求债务人向其履行债务，当第三人未在合理期间内明确拒绝的，债务人未向第三人履行债务或者履行债务不符合约定，第三人也可以请求债务人承担违约责任；债务人可以对第三人主张其对债权人的抗辩。"《民法典合同编（草案）》（一审稿）第313条规定："当事人约定由债务人向第三人履行债务，债务人未向第三人履行债务或者履行债务不符合约定的，应当向债权人承担违约责任。法律规定或者当事人约定第三人可以直接请求债务人向其履行债务，第三人未在合理期间内明确拒绝，债务人未向第三人履行债务或者履行债务不符合约定的，第三人可以请求债务人承担违约责任；债务人可以向第三人主张其对债权人的抗辩。"之后，《民法典合同编（草案）》（二审稿）和《民法典（草案）》延续了《民法典合同编（草案）》（一审稿）第313条的规定。

规范目的或功能

本条创设之目的在于规定利他合同。合同的相对性是合同关系的重要特征之一。《民法典》第465条第2款规定："依法成立的合同，仅对当事人具有法律约束力，但是法律另有规定的除外。"在一些特殊场合，合同相对性并非必须严格遵守。利他合同，是合同相对性原则的例外，此项规定对于扩大合同机能具有重要意义。因此，本条是《民法典》第465条第2款"但书"的具体化之一。简言之，本条第1款是对合同相对性原则的重申，第2款则是对合同相对性原则例外情况的规定。

理解利他合同需注意以下两点：

其一，第三人不是合同当事人。本条所规定的利他合同与《民法典》第546条所规定的"债权转让"有着本质的区别。根本原因在于，债权转让需要债权人与第三人达成合意，而利他合同之债权人与第三人并无债权转让之意思表示，更无所谓债权转让的合意。当然，债权人之所以要求债务人向第三人履行，是因为其与第三人之间可能存在某种关系，此种关系不以对价关系为限，也不以法律关系为限。

其二，第三人并不当然取得对债务人的履行请求权。问题的关键在于对本条第1款的定性。本条第1款沿袭了《合同法》第64条之内容。然而，在《合同法》实施期间，理论上对于第64条的定性存在巨大争论。崔建远教授认为，《合同法》第64条规定的是为第三人利益合同，即利他合同。[①]而薛军教授认为，该条文规定的是"不真正利他合同"。[②]李开国教授等认为，向第三人履行的合同实际上是由第三人代债权人接受债务人履行。[③]尹田教授亦持类似观点，他认为，《合同法》第64条与第65条实际上并未给予第三人任何法律地位，所谓"约定向第三人给付"的性质只能是"经由被指令人而为交付"。[④]理论上对条文定性莫衷一是导致理论上在第三人是否享有履行请求权这一问题上也存在冲突。薛军教授以及李开国教授等的意见是，第三人并无向债务人请求给付的权利。[⑤]而反对意见则认为，向第三人履行的合同最大的特点在于使第三人获得直接请求的权利（使合同的效果部分地归属于第三人），除此以外，与普通合同无异。[⑥]甚至立法机关与司法机关对此问题的看法也存在分歧。全国人大常委会法工委给出的意见是："向第三人履行的合同，又称利他合同，或者为第三人合同，指双方当事人约定，由债务人向第三人履行债务，第三人直接取得请求权的合同。"[⑦]《合同法解释（二）》第16条规定："人民法院根据具体案情可以将合同法第六十四条、第六十五条规定的第三人列为无独立请求权的第三人，但不得依职权将其列为该合同诉讼案件的被告或者有独立请求权的第三人。"由此，最高人民法院实际上否定了第三人的履行请

---

① 崔建远主编：《合同法》（第六版），法律出版社2016年版，第22页。

② 薛军：《"不真正利他合同"研究——以〈合同法〉第64条为中心而展开》，载《政治与法律》2008年第5期。

③ 李开国主编：《合同法》，法律出版社2007年版，第79页。

④ 尹田：《论涉他契约——兼评合同法第64条、第65条之规定》，载《法学研究》2001年第1期。

⑤ 李开国主编：《合同法》，法律出版社2007年版，第79页。

⑥ 韩世远：《合同法总论》（第四版），法律出版社2018年版，第361页。

⑦ 全国人民代表大会常务委员会法制工作委员会编：《中华人民共和国合同法释义》（第3版），法律出版社2013年版，第72页。

求权。

本条相比《合同法》第64条新增第2款，规定了法律和当事人约定第三人可向债务人行使履行请求权，且第三人未在合理期限内明确拒绝的，则该第三人可以请求债务人承担违约责任。首先，从文义上讲，只有在法律规定或者当事人约定的情形下，第三人才得向债务人行使履行请求权。其次，从逻辑上来说，第三人得向债务人行使履行请求权是其向债务人请求承担违约责任的充分条件，后者也是前者的必要条件。既然如此，本条第1款明确规定了债务人仅向债权人承担违约责任，故第三人无权直接向债务人请求履行或者请求其承担违约责任。

规范内容

本条相比《合同法》第64条新增第2款。在向第三人履行的合同中，针对不履行合同义务或履行义务不符合合同约定的债务人向谁承担违约责任的问题，本条文在第1款和第2款区分了两种不同的情形。

一、法律未规定或合同未约定第三人可以直接请求债务人向其履行债务的情形

上已述及，理论上曾经存在第三人得否直接向债务人请求给付的争论，随着《民法典》的颁布，此争论也终应落下帷幕。在此种情形下，第三人对债务人不享有履行请求权，而仅仅是作为债务人的给付对象。换句话说，“债务人有义务向第三人履行”不等于“第三人获得合同履行请求权”。[①]在明确了这一款的定性后，本款所规定之情形其实是一种特殊的合同履行方式，特殊之处在于债务人应当向第三人履行债务，除此以外与一般合同的履行并无二致。进一步而言，根据合同相对性原则，第三人不是合同当事人，第三人无法取得相应权利，也就无权请求债务人承担违约责任。类似地，因第三人而导致合同无法正常履行的，由债权人承担相应责任。

---

① 薛军：《论〈中华人民共和国合同法〉第64条的定性与解释——兼与“利他合同论”商榷》，载《法商研究》2010年第2期。

此处有个需要厘清的问题：本条第1款规定之情形（不真正利他合同）与指示交付有何区别？事实上，有观点认为，本条第1款之规定的本质是“指示交付”，因此不应当规定在“合同编”当中。[①]司法实务中也时常出现将两者等同的做法。[②]笔者认为，本条第1款与指示交付确有类似之处但并非等同。首先，两者的适用场合不同。指示交付是一项物权制度，仅适用于动产交付的场合，而不真正利他合同所适用之场合不仅包括动产交付，还包括不动产交付以及行为的实施等。其次，两者的表现形式不同。一般而言，指示交付表现为动产转让人与受让人达成由动产实际占有人交付动产的协议。而不真正利他合同主要表现为债权人与债务人达成由债务人向第三人履行合同义务。最后，根据《民法典》第272条之规定，动产物权设立和转让前，第三人占有该动产的，负有交付义务的人可以通过转让请求第三人返还原物的权利代替交付。质言之，指示交付表现为返还原物请求的转让。而不真正利他合同表现为：为达成快速交付，债权人与债务人约定由债务人向第三人履行合同义务，并不涉及权利的转让。总之，两者并不能完全等同。

二、法律规定或合同约定第三人可以直接请求债务人向其履行债务的情形

薛军教授曾针对《民法典合同编（草案）》（二审稿）撰文称，本条第2款是“针对严格意义上的利他合同的规定”。[③]在理论上利他合同也被称为利益第三人合同。[④]为论述方便，下文将本条第2款规定之情形称为利他合同。第三人如果在合理期限内未拒绝的，得突破合同相对性原则请求债务人承担

---

① 周宇，李乾宝：《〈民法典〉利他合同制度评析与解释进路》，载《东南学术》2020年第4期。

② 例如，上海市徐汇区人民法院曾在一份民事判决书中写道，“这种经债权人指示债务人直接向第三人履行义务的方式，在法律上称之为指示交付”。参见上海市徐汇区人民法院（2007）徐民三（民）初字第2350号民事判决书。

③ 薛军：《合同涉他效力的逻辑基础和模式选择——兼评〈民法典合同编（草案）〉（二审稿）相关规定》，载《法商研究》2019年第3期。

④ 王利明：《合同法研究》（第一卷）（第三版），中国人民大学出版社2015年版，第138页。

违约责任。相比于《合同法》第64条，本条第2款是新增内容，需特别关注。

1.对第三人的效力

首先，第三人获得违约责任请求权应当满足两个条件。其一，法律规定或合同约定第三人可以直接请求债务人向其履行债务；其二，第三人未在合理期限内拒绝。在理论上，合同涉他效力（仅限于赋予第三人权利的情形）的模式安排一般有两种：第一，单纯的单方行为模式，即合同效力无需经第三人同意便及于第三人。例如，《德国民法典》第328条第1款规定："可以通过合同约定向第三人给付，此种约定具有使该第三人直接取得请求给付之权利的效力。"第二，修正的单方行为模式。在此种模式之下，"允许某些意在使他人获得法律上利益的合同或者其他法律行为，在未经过他人同意的情况下直接发生效力，但相关的受益人可以通过行使拒绝权，使得相关的行为对于自己的领域所产生的法律效果溯及既往地归于无效"。[①]事实上，从比较法的角度来说，第三人还可以通过积极地表示同意而获得违约责任请求权。例如，《日本民法》第537条规定："第三人的权利在该第三人对债务人表示享受同款契约的利益时发生。"

本款之规定采取了修正的单方行为模式。本条之所以赋予第三人以拒绝权，其实还是受到罗马法"不得为他人缔约"规则之影响。显而易见的是，第三人拒绝权之行使有赖于合同当事人的通知，因此，本款隐含了合同当事人的通知义务。至于通知的主体，在司法实务中有法院认为，"本案《买卖合同》是典型的向第三人履行的合同，从常理上讲，当时的买方物资公司应当将《买卖合同》的相关约定向使用方某水泥批露，让使用方某水泥知悉《买卖合同》的相关约定，以便某水泥能够接受履行"，也即由债权人以披露合同内容的方式通知第三人。[②]笔者认为，虽然在常理上，通知义务应当由债权人履行，但就效果而言，第三人知悉相应合同内容即可，不必纠结于通知主体。因此，比较妥当的意见是合同任一当事人的通知皆具有同等效力。接下来的问题是，合理期限应当如何界定？从利益衡量角度来说，第三人利益显然高

① 薛军：《合同涉他效力的逻辑基础和模式选择——兼评〈民法典合同编（草案）〉（二审稿）相关规定》，载《法商研究》2019年第3期。

② 重庆市第三中级人民法院（2017）渝05民终6848号民事判决书。

于违约债务人的利益，因此本款的期限应当从宽认定。从规范目的角度而言，本款之目的是在债务人违约的情形下，突破合同相对性原则为第三人创设违约责任请求权，而非为其增加负担。由此，笔者认为，第三人在合同履行期限届满之前作出拒绝的意思表示即可。

其次，第三人应承担相应义务。根据《民法典》第509条之规定，当事人应当遵循诚信原则，根据合同的性质、目的和交易习惯履行通知、协助、保密等义务。合同债权人在合同履行中亦应当承担相应的附随协助义务。那么在本条第2款所规定的情形中，第三人在获得履行请求权后是否也应当承担相应的义务？韩世远教授认为，基于法律规定、合同性质和目的以及交易习惯，可以对利他合同第三人设定若干附随义务或不真正义务。[①]这一观点值得肯定。一般而言，在民法理论上，为第三人设定义务不被允许，[②]但这并不妨碍利他合同第三人承担相应的附随义务，理由在于：第一，附随义务以及不真正义务之产生并不源于当事人之间的约定，而是基于诚信原则之要求法律对当事人的固定要求，质言之，附随义务是法定义务而非约定义务。更何况，本条第2款之规定赋予了第三人以拒绝权。因此从这个层面上来说，第三人负担相应附随义务与不真正义务并不会与上述民法原理相背离。第二，与本条第1款规定的情形所不同的是，利他合同第三人在获得履行请求权以及违约责任请求权后，如果其不负担相应附随义务与不真正义务，可能会给债务人的履行带来一定困难，难谓公平，因此从权利义务相一致的角度而言，第三人亦应当负担相应附随义务与不真正义务。第三，出于指导当事人正确履行契约、周严保障债权人的合法权益、保护交易安全、整合交易道德、衡平和调解利益[③]的考虑，第三人妥善履行利他合同需要附随义务与不真正义务的加持。既然如此，因第三人不履行相应义务而导致合同无法正常履行的，由第三人承担相应的责任。

2.对债权人的效力

首先，债权人不得请求债务人向自己履行。理论通说认为，在第三人取

---

① 韩世远：《合同法总论》（第四版），法律出版社2018年版，第365页。

② 王利明：《合同法研究》（第一卷）（第三版），中国人民大学出版社2015年版，第140—141页。

③ 侯国跃：《契约附随义务研究》，法律出版社2007年版，第188-191页。

得履行请求权的场合，债权人不得继续请求债务人向其履行债务。理由在于，债务人已按照合同约定对债务的履行作出了相应安排，履行对象和履行方式的变更可能会给债务人造成额外的负担，难谓公平。况且，在法律规定或合同约定第三人享有履行请求权时，债权人如果再请求债务人向自己履行，则有悖诚信原则。相应地，债权人仍得向债务人请求承担违约责任，但不能请求其向自己承担违约责任。此外，尽管合同的履行主体已经发生变更，但作为合同当事人一方，债权人仍有相应的权利。如果债务人的违约行为给债权人造成损害，一般认为，债权人亦有权请求债务人赔偿相应损失。

债权人与第三人都可请求债务人承担违约责任，那么必须考虑当债权人与第三人的请求内容不一致时，应当如何处理的问题。一般认为，既然向第三人履行的合同是为第三人利益所设，合同目的在于第三人利益的实现，因此第三人请求之内容具有优先地位。

其次，债权人行使法定解除权时应当受到一定限制。一般而言，利他合同当事人以约定解除方式解除合同，属于当事人意思自治之内容，不受第三人之影响。但是，传统民法理论对于利他合同债权人法定解除权的问题多有分歧。肯定债权人法定解除权的观点认为，“良以第三人利益契约固应重视第三人利益之保护，惟第三人约款若构成补偿关系契约之一部，为保护第三人之利益而剥夺债权人权益，究嫌本末倒置”。[①]还有观点认为，应当对债权人的法定解除权予以限制，如史尚宽先生认为，债务不履行所生之损害赔偿请求权，与第三人因为第三人之契约所取得之权利为同一权利，当事人不得变更或消灭之，故除当事人另有约定或得第三人之同意外，受约人不得解除契约。[②]王泽鉴先生亦持相同观点，他认为，第三人的请求权因债权人解除契约而消灭，影响甚巨，债权人解除合同时使第三人参与其事，方可兼顾第三人之利益。[③]王利明教授认为，因利益第三人条款而完全剥夺债权人的基本权利是不妥当的，但是，既然利他合同为第三人设定了权利，那么第三人的利益

---

① 孙森焱：《民法债编总论》（下册），法律出版社2006年版，第704页。

② 史尚宽：《债法总论》，中国政法大学出版社2000年版，第624页。

③ 王泽鉴：《民法学说与判例研究》（重排合订本），北京大学出版社2015年版，第1972页。

也应当得到兼顾。因此，债权人行使法定解除权时应取得第三人同意。[①]笔者赞同限制说的观点，即债权人行使法定解除权应征得第三人同意。此外，如果债权人与债务人事后达成合意解除合同的，即协议解除，是否应征得第三人同意需分情况讨论。如果该协议是在合同当事人向第三人发出相应通知之前达成的，当然无需第三人同意即可解除合同；否则，协议解除将影响第三人利益，应与法定解除一样受到限制，即需要征得第三人同意。

最后，利他合同解除的法律效果。合同解除的后续问题应当如何处理？一般而言，合同解除的法律效果是返还财产、恢复原状。问题是，在利他合同解除的情形下，恢复原状的义务人为何人？我国台湾地区曾作出一则判例认为，契约解约之恢复原状，属于契约当事人之义务，第三人虽取得权利但非当事人，不负恢复原状义务。[②]该观点值得赞同。不过仍有一疑问，债务人得否以不当得利为由请求第三人返还所得之财产？持肯定观点的理由一般为：第三人受领给付之原因在于合同当事人达成的利他合意表示，合同解除导致给付原因消灭，债务人得以不当得利请求第三人返还所得财产。然而，王泽鉴先生认为，第三人受领给付之原因不在于第三人之约款（也即合同当事人达成的利他合意），而是第三人与债权人间的对价关系。[③]该观点殊值赞同。债权人之所以与债务人达成利他之合意，其根本原因或者说根本动机在于债权人与第三人之间存在某种法律关系，此种关系可能是买卖、赠与、互易等。而债权人与债务人所达成的利他合意仅仅实现利他的一种“途径”而已。从这个层面上看，利他合同的解除并不必然导致第三人受领给付的原因消灭。

3.对债务人的效力

债务人作为合同当事人一方，应当按照合同要求履行合同义务，在违约时则应承担违约责任。除此以外，债务人得向第三人行使其对债权人的抗辩。此处“抗辩”不仅包括《民法典》第525条、第526条、第527条所规定的抗

---

① 王利明：《合同法研究》（第一卷）（第三版），中国人民大学出版社2015年版，第162—163页。

② 我国台湾地区1991年台上字第1419号“判决”。

③ 王泽鉴：《民法学说与判例研究》（重排合订本），北京大学出版社2015年版，第1974页。

辩权，还包括合同不成立、合同无效、合同可撤销等抗辩。当然，债务人所依据的抗辩事由仅限于该合同范围之内，换言之，针对该利他合同而言，债务人不能以其对第三人之抗辩作为对抗。

4.附论

在完成上述的解释作业之后，自然地会出现这样一个问题：在利他合同中第三人到底处于何种地位？或者说，第三人与债务人有何种法律关系？有学者梳理了比较法上的观点：第一，在德国法上，第三人与债务人之间的关系被称为执行关系，是一种准合同之债。此种准合同之债区别于无因管理、不当得利之债。第二，在英国法上，第三人既非债权受让人，亦非合同拟制当事人，仅仅是一种特别的独立的存在。第三，在欧盟法上，第三人所享有的履行请求权与违约救济，乃是基于拟制的合同当事人单方允诺而生。①笔者认为，德国法上的立场具有较大的借鉴意义，第三人与债务人之关系可以定位为“准合同之债”。质言之，合同债权人并未转让债权，且第三人取得了部分合同债权之权能，因此，第三人处于合同债权人与纯粹履行受领人之间的地位，可被称为准债权人。

举证责任

在本条规定的两种情形下，合同当事人以及第三人的权利配置不同，从而导致了三者在诉讼中的地位有所差别。因此，有必要分情况对当事人的诉讼地位进行讨论，进而对举证责任的分配作出判断。

一、第1款所规定之情形

根据上文的阐述可知，在第1款规定的情形之下，第三人对于合同并无任何独立的请求权，因此，第三人不得以自己的名义针对该合同的履行情况提起诉讼。在债权人提起的诉讼中，第三人能否参加诉讼，如果可以又应当以何种身份参加？在《合同法》施行期间，最高人民法院曾对该问题作出解释。《合同法解释（二）》第16条规定：“人民法院根据具体案情可以将合同法第

① 潘重阳：《论真正利益第三人合同中第三人的违约救济》，载《东方法学》2020年第5期。

六十四条、第六十五条规定的第三人列为无独立请求权的第三人，但不得依职权将其列为该合同诉讼案件的被告或者有独立请求权的第三人。”可见，在最高人民法院看来，《合同法》第64条中的“第三人”与一方当事人之间可能存在法律上的利害关系，但不享有独立的请求权，因此，只能以无独立请求权之第三人身份参加诉讼。[①]笔者赞同最高人民法院的这一立场。

既然如此，在此种情形之下，诉讼当事人应当是债权人与债务人。根据“谁主张，谁举证”的举证责任一般规则，举证责任应分配如下：

第一，合同为向第三人履行的合同之事实应由债权人承担举证责任。此即，债权人应当对合同中存在向第三人履行之内容予以证明。当然，如果债权人声称债务人未向其履行债务，则债务人需证明合同为向第三人履行的合同（债务人应向第三人而非向债权人履行）之事实。

第二，债务人违约的事实应根据情况确定举证责任。《民事诉讼法解释》第91条规定：“人民法院应当依照下列原则确定举证证明责任的承担，但法律另有规定的除外：（一）主张法律关系存在的当事人，应当对产生该法律关系的基本事实承担举证证明责任；（二）主张法律关系变更、消灭或者权利受到妨害的当事人，应当对该法律关系变更、消灭或者权利受到妨害的基本事实承担举证证明责任。”故而，如果债权人主张债务人未向第三人履行或债务人的履行不符合合同约定之消极事实，则债务人应举证证明其已向特定的第三人履行了合同义务并且该履行符合合同约定和法律规定，进而对债权人的主张进行反驳。

二、本条第2款规定的情形

在此种情形下，一方面，第三人获得请求履行之权利，也得突破合同相对性原则请求债务人承担违约责任；另一方面，债权人仍保留相应权利，只是与普通合同债权人之权利有所不同。因此，第三人与债权人均能成为诉讼当事人之一方。在适用本款时，举证责任分配如下：

第一，原告应当证明合同约定第三人可直接请求债务人履行债务。根据

---

① 最高人民法院研究室编著：《最高人民法院关于合同法司法解释（二）理解与适用》，人民法院出版社2009年版，第130页。

本款之规定，债务人向第三人承担违约责任的前提是“法律规定或者当事人约定第三人可以直接请求债务人向其履行债务”，而法律的规定并非民事诉讼的证明对象，因此，在法律没有规定而合同约定第三人取得履行请求权的情况下，原告应当对合同中存在相应内容进行证明。

第二，第三人已经拒绝之事实应当由被告承担举证责任。按照本款规定，第三人在合理期限内未拒绝的，其方能请求债务人承担违约责任。然而，第三自己在特定时期内没有作出某行为乃消极法律事实，无需也无法由第三人证明；相反，将第三人已经拒绝作为抗辩理由的被告，应就此承担证明责任。

第三，被告向第三人主张其对债权人的抗辩，应当由被告自己承担举证责任。被告意欲通过主张其对债权人的抗辩来对抗第三人的请求的，举证责任由被告承担。

第五百二十三条【由第三人履行的合同】

当事人约定由第三人向债权人履行债务，第三人不履行债务或者履行债务不符合约定的，债务人应当向债权人承担违约责任。

历史由来

本条承袭了《合同法》第65条的规定。《合同法》第65条规定：“当事人约定由第三人向债权人履行债务的，第三人不履行债务或者履行债务不符合约定，债务人应当向债权人承担违约责任。”此为我国法律首次对由第三人履行的合同作出的规定。《民法典合同编（草案）》（一审稿）第314条、《民法典合同编（草案）》（二审稿）第314条、《民法典（草案）》第523条均作出内容相同的规定，即“当事人约定由第三人向债权人履行债务，第三人不履行债务或者履行债务不符合约定的，债务人应当向债权人承担违约责任”。此规定最终为《民法典》所确认。本条与《合同法》第65条相比并无本质区别，仅进行了表述上的修正，删去“当事人约定由第三人向债权人履行债务的”中的“的”字，并在“第三人不履行债务或者履行债务不符合约定”后增加一个“的”字。

三 规范目的或功能

由第三人履行的合同，是指合同当事人约定，由第三人履行给付义务的合同。之所以会约定由第三人履行，往往源于债务人与第三人之间存在某种对价关系或者组织关系，也不排除是基于其他原因。例如，电影学院与制片人订立演出合同，约定由电影学院的某学生出演电视剧中的角色；建设单位与建筑公司订立建设工程承包合同，约定由与建设单位之间存在合作关系的某个施工队进行建筑施工；经销商与买受人订立销售合同，约定由自己经销产品的生产商直接向买受人交付货物。[①]对债权人一方而言，合同给付的实现是最终目标，而给付由债务人还是第三人为之通常没有实质区别。更何况，即使第三人不履行或未按合同要求履行给付义务，债权人也可通过请求债务人承担违约责任（某些合同中甚至可能包括继续履行的违约责任）进行救济。

关于本条规定性质的问题，或者说是《合同法》第65条性质的问题，理论上并无统一观点。全国人大常委会法工委相关人员给出的解释似乎亦语焉不详。从形式上看，本条所规定的内容与学理上所谓“涉他合同”——准确而言是与“由第三人履行的合同”相类似。韩世远教授认为,《合同法》第65条性质是传统民法理论上的“由第三人履行的合同”，并将其效力概括为：第一，第三人不因该合同的订立而负给付义务；第二，第三人既不因此项合同负给付义务，则其履行与否，纯属自由；第三，债务人的违约责任原则上为损害赔偿责任。[②]尹田教授则持反对观点，他认为,《合同法》第65条的规定与理论上的“涉他合同”有本质区别。[③]笔者认为，本条之规定与传统民法理论上的“由第三人履行的合同”有一定差异。一方面，从比较法的角度而言，“由第三人履行的合同”在大陆法系上早已有之。修订前《法国民法典》第1120条规定：“但一人得接受使第三人为一定行为的约束；如第三人拒绝履行此种行为

① 梁慧星：《读条文 学民法》（第二版），人民法院出版社2017年版，第208页。

② 韩世远：《合同法总论》（第四版），法律出版社2018年版，第377页。

③ 尹田：《论涉他契约——兼评合同法第64条、第65条之规定》，载《法学研究》2001年第1期。

时，约定使第三人为一定行为之人，或约定使第三人接受此项义务之人，应赔偿损害的责任。”《法国民法典》的这一规定与本条最大的区别在于债务人的责任承担。在《法国民法典》规定中，债务人承担损害赔偿责任，而在我国《民法典》规定中，债务人承担违约责任。显然，将本条所规定的违约责任限缩解释为损害赔偿责任的做法是值得商榷的。进一步地讲，《法国民法典》作出如此规定的法理在于，“由第三人履行的合同”是一种担保性质的合同，债务人承担的责任本质上是担保责任。如果将债务人的责任限定在担保责任的范畴，那么本条功能发挥将受到极大的限制。例如，丙借用甲所有的一辆汽车，在借用期间，甲将汽车出卖给乙，并约定由丙向乙交付汽车。显然，在此种情形之下，乙与甲订立合同之根本目的在于获取汽车的所有权。如果丙未为交付，甲仅承担损害赔偿责任显然是不合理的。更何况，《民法典》第522条实际上已经宣告《合同法》第64条并非传统民法上的“利他合同”，因此，《合同法》第65条作为第64条的“兄弟条文”亦不宜认为是传统意义上的“由第三人履行的合同”。而本条大体沿袭了《合同法》第65条的规定，自然应作相同理解。综上所述，笔者更倾向于将本条定性为“第三人代债务人为给付”。

规范内容

一、对第三人的效力

由第三人履行的合同是由债权人与债务人签订的，合同当事人是债权人与债务人，第三人在此合同中并不具备当事人的地位。因此，由第三人履行的合同与《民法典》第551条所规定的债务移转以及第552条规定的债务加入存在本质区别。有判例指出，区分债务加入与由第三人履行的合同的关键在于第三人是否直接向债权人作出了由其向债权人履行债务的承诺；由第三人履行的合同之所以不认定第三人是合同当事人、第三人是否向债权人履行债务皆属自由，也正是因为第三人并未因其向债权人作出承诺而参与债权人与债务人之间的合同。[①]该观点殊值赞同。既然如此，第三

① 江苏省高级人民法院（2016）苏民再82号民事再审判决书。

人实际上并未为意思表示，故也不受合同之约束。根据意思自治原则，债务人以自己的名义、依自己的计算并以自己的风险缔结该合同，该合同所发生的债务自应由债务人自己负担，而非由第三人负担。实际上，《民法典》第465条第2款的规定告诉我们，“依法成立的合同，仅对当事人具有法律约束力”。由此，第三人并非合同当事人，不受合同约束，是否履行给付义务完全可得自由决定。至于第三人不为给付而产生的与债务人之间的纠纷，应当另案处理。

二、对债权人的效力

1. 债权人不得直接向债务人行使履行请求权。既然合同约定由第三人向债权人履行合同，那么债权人应当遵守合同约定。如允许债权人直接请求债务人履行合同义务，则相关合同约定将没有任何意义。当然，如债权人请求债务人履行合同义务的，债务人可以援引合同约定进行抗辩。

2. 债权人应当受领第三人所为的给付。债权人应当按照诚信原则，遵守其在合同中的意思表示，受领第三人所为给付。

3. 债权人仅得向债务人主张违约责任。上文已述及，第三人并非合同当事人，其是否履行给付义务完全是其自由。在第三人不履行给付或者不按要求履行给付的场合，债权人仅能请求债务人承担违约责任。这是合同相对性原则所决定的。

三、对债务人的效力

1. 债务人有督促第三人履行给付义务之责任。债权人之所以同意与债务人约定由第三人履行，在很大程度上是尊重债务人的决定或者尊重债务人与第三人之间的某种关系。债权人对债务人的信赖是合同签订的基础，因此，基于诚信原则，债务人应当督促第三人履行给付。值得注意的是，如果按照传统民法理论，在由第三人履行的合同中，债务人有担保第三人履行给付的义务。但根据上述分析，本条与传统意义上的“由第三人履行的合同”存在差异，其性质更接近“第三人代债务人为给付”，因此，债务人不负法律意义上的担保义务，而仅限于督促第三人履行给付。当然，即便债务人履行了对第三人的督促义务，也不能成为其承担违约责任的抗辩事由。

2.第三人不履行或履行不符合约定的，应当由债务人承担违约责任。根据上文论述，此处违约责任应当不仅限于损害赔偿责任，而应当按照《民法典》合同编第八章之规定予以处理。

举证责任

本条与《民法典》第522条第1款规定类似，在明确举证责任之前还应当考虑三方诉讼地位。笔者的观点是，根据《合同法解释（二）》第16条之规定，在本条中，第三人只能以无独立请求权的身份出现在诉讼之中。

本条适用中的举证责任分配有以下要点：

第一，原告应当证明合同约定由第三人履行债务。根据本条之规定，债务人向债权人承担违约责任的前提是“当事人约定由第三人向债权人履行债务”，故应由原告对合同中存在由第三人履行的约定内容进行证明。

第二，如债务人对债权人的违约责任主张予以抗辩，即主张不应承担违约责任的，债务人应当举证证明第三人已完全履行债务；如债务人主张应减轻违约责任的，则应当举证证明第三人已部分履行债务。

第五百二十四条【第三人代为履行】

债务人不履行债务，第三人对履行该债务具有合法利益的，第三人有权向债权人代为履行；但是，根据债务性质、按照当事人约定或者依照法律规定只能由债务人履行的除外。

债权人接受第三人履行后，其对债务人的债权转让给第三人，但是债务人和第三人另有约定的除外。

历史由来

本条为新增条文。增补发生于《民法典合同编（草案）》（二审稿），该草案第314条之一规定：“债务人不履行债务，第三人对履行该债务具有合法利益的，第三人有权向债权人代为履行，但是根据债务性质、按照当事人约定或者依照法律规定只能由债务人履行的除外。债权人接受第三人履行后，其对债务人的债权转让给第三人，但是债务人和第三人另有约定的除外。”这是我国合同法领域首次规定第三人代为履行规则。《民法典（草案）》第524条作出了相同规定，仅进行了标点符号的修改。该条文最终为《民法典》所确认。

值得一提的是，债法总则的缺失导致我国民事法律没有对第三人代为履行规则进行系统性规定，但仍存在大量分散的与该规则有关的法律规定，如《民法通则》第35条第2款、《担保法》第12条和第31条、《物权法》第191条。

在比较法上，《德国民法典》第267条规定：“债务人不应当亲自给付的，给付也可以由第三人履行。于此情形，无须得到债务人的允许。债务人提出异议的，债权人可以拒绝受领给付。”《日本民法典》第474条规定：“债务的清偿，可以由第三人进行。对清偿不享有正当利益的第三人，不得违反债务人的意思进行清偿。但是，债权人不知道其清偿违反债务人的意思时，不在此限。前款规定的第三人不得违反债权人的意思进行清偿。但是在该第三人受债务人委托而进行清偿的情形，债权人知道此事时，不在此限。前三款的规定，在其债务性质不允许第三人清偿时，或者当事人做出以禁止或者限制第三人清偿为意旨的意思表示时，不予适用。”我国台湾地区规定，债之清偿，得由第三人为之。但当事人另有订定或依债之性质不得由第三人清偿者，不在此限。第三人之清偿，债务人有异议时，债权人得拒绝其清偿。但第三人就债之履行有利害关系者，债权人不得拒绝。

三 规范目的或功能

第三人代为履行，是指合同关系以外的第三人基于一定的目的而对合同债务进行的履行。第三人代为履行规则在传统民法理论上早已有之。就我国法而言，虽然《民法通则》《物权法》等法律的个别规定与第三人履行规则有着紧密联系，但本条之规定在我国合同法领域尚属首次。

本条与《民法典》第523条（由第三人履行的合同）虽同为对第三人合同债务的规定，但仍存在一定差异：第一，由第三人履行的合同需要合同当事人事先在合同中作出相应的约定；而第三人代为履行不需要合同的事先约定，第三人之所以会对合同债务进行履行一般是因为其对债务具有一定的利害关系。概言之，由第三人履行的合同是合同当事人出于对提高效率、降低成本等考虑，约定由第三人履行，第三人是否履行对其利益都不会造成直接影响。相反，在第三人代为履行的场合，第三人一般对合同债务的履行具有一定的利害关系，当债务人不履行债务时，第三人出于维护自身利益的考虑主动代债务人履行债务。这是两者最重要的差异。第二，债权债务关系是否转移。由第三人履行的合同虽然涉及合同以外的第三人，但债权债务关系并未转移，第三人不是合同当事人；而在第三人代为履行的场合，如果债权人接受了第三人的履行，除非债权人与债务人有相反的约定，否则债权移转至第三人，第三人取得债权，成为债之关系的当事人。

规范内容

一、第三人代为履行的构成要件

本条第1款实际上是第三人代为履行构成要件的规定。

（一）债务人不履行债务

债务人不履行债务是第三人代为履行的前提性条件。问题是，“债务人不履行债务”应作何理解？债务人不履行债务不能等同于债务人违约。根据《民法典》第577条之规定，合同当事人存在以下行为之一时构成违约：一是不履行合同义务；二是履行合同义务不符合约定。从体系解释上看，“违约”的范围明显大于“不履行债务”的范围。

（二）第三人对债务履行有合法利益

何谓第三人对债务履行有合法利益？或者，何人对债务履行有合法利益（或称利害关系第三人）？传统民法理论一般称之为具有利害关系。[①] 冉克平教授曾经通过对我国立法的梳理总结出三类主体：第一，合伙人及连带

① 2017年《日本民法典》进行重大修订，此次修订将原法第474条的“无利害关系的第三人”改为“无正当利益的第三人”。但我国台湾地区仍然使用“利害关系”的说法。本条借鉴了《日本民法典》的做法。

债务人。合伙人及连带债务人对外所负义务超出其自身对内份额，实质上是为他人的债务进行履行，因此此类主体在此范畴之内。第二，保证人。此处仅指未约定份额的共同保证人。第三，物上保证人、抵押物受让人以及后顺位的抵押权人。[①]日本学者我妻荣教授将此类主体总结为“物上保证人、担保不动产的受让人、同一不动产的后顺位抵押权人等”，他还指出，亲属关系不属于对债务履行有合法利益的范畴。[②]我国台湾地区学者邱聪智教授认为，物上保证人之于担保债务、保证人之于被保证债务、合伙人之于合伙债务均有代为清偿的权利。[③]我国法律明文规定的第三人代为履行的情形有二：其一是抵押物受让人之于债务；其二是后顺位的抵押权人之于债务。一般认为，第三人对合同的履行具有利害关系应当是指，第三人会因债务人不履行合同而遭受利益上的损失，此种利益一般仅限于财产利益。笔者认为，该问题不能也不可能仅依赖法律规定予以解决，有待于法官和学者对此贡献有益智慧。同时，笔者认为，该问题在解释上宜采从宽的立场。

需要说明的是，与《日本民法典》以及我国台湾地区规定不同的是，本条并未规定无利害关系第三人代为履行债务的情形。理论通说认为，对于无利害关系第三人的履行，债务人可以提出异议，而债权人享有拒绝受领的权利。在笔者看来，既然本条对该问题未作回应，那么在解释上亦不得贸然而行。在实践中，无利害关系第三人可基于赠与关系、无因管理等原因代为履行。因此，比较妥当的做法是，人民法院应当探明无利害关系人与债务人之间的法律关系，再根据相应法律规定予以解决。

（三）债务性质、当事人的约定或法律法规不排斥第三人代为履行

1.债务性质允许第三人履行。一般而言，具有专属给付性质，[④]或者以债务人的性质、人品、技能以及其熟练程度等作为给付的条件的债务，第三人不得代为履行。[⑤]

---

① 冉克平：《民法典编纂视野中的第三人清偿制度》，载《法商研究》2015年第2期。
② ［日］我妻荣：《新订债权总论》，王燚译，中国法制出版社2008年版，第216页。
③ 邱聪智：《新订民法债编通则》（下），中国人民大学出版社2003年版，第446页。
④ ［日］我妻荣：《新订债权总论》，王燚译，中国法制出版社2008年版，第216页。
⑤ 冉克平：《民法典编纂视野中的第三人清偿制度》，载《法商研究》2015年第2期。

2. 当事人无相反约定。合同当事人双方在签订合同时可以约定禁止或限制第三人代为履行。法律应当尊重当事人的意思自治，合同当事人之间的相反约定可以排除第三人代为履行。

二、第三人履行的效力

（一）债权人无拒绝权

有合法利益的第三人代为履行债务的，债权人不得拒绝第三人的履行。本条第2款之规定可能会对该问题的理解带来一定困惑。本条第2款规定，债权人接受第三人的履行后，债权转移至第三人。此款规定可能会造成这样一种错觉：债权人可以选择是否接受第三人的履行，如果接受，那么债权发生转移。笔者认为，针对具有合法利益的第三人的履行，债权人没有拒绝权。理由有三：其一，在一般合同关系之中，由债务人履行还是由第三人代为履行对于债权的实现而言，并无实质差别，故债权人拒绝缺乏正当性。其二，如果赋予债权人拒绝权，本条之规定可能会与《民法典》第406条相冲突。根据《民法典》第406条的规定，抵押人在没有相反约定的情形下，无需抵押权人同意便可转让抵押财产，转让的价款超过债权数额的部分归抵押人所有，不足部分由债务人清偿。由此可见，《民法典》第406条充分肯定了抵押财产受让人可以清偿债务，且债权人不能拒绝。因此，从体系解释而言，本条中的债权人亦无拒绝权。其三，在比较法上，我国台湾地区规定，债权人不得拒绝利害关系第三人的履行。

（二）第三人的代位权

在理论上，第三人代为履行后有权要求债务人偿还其所为给付当无异议。争议焦点在于，第三人得否行使债权人享有的担保权以及其他权利？此即第三人到底享有求偿权还是代位权的争论。两者的区别在于：第一，求偿权是第三人与债务人之间产生的新权利；而代位权实际上是权利移转的产物。第二，求偿权通常并无担保权能可言；代位权则因其脱胎于权利移转，那么，从属于原债权的担保一并移转。第三，第三人在行使求偿权时，债务人不得以对抗债权人的事由对抗第三人，亦不得主张抵销；而代位权则相反。第四，求偿权的时效自成立时开始计算；而代位权的时效应以原债权的期间起算。[①]基于此，本条第2款的规定应当理解为第三人在代为履行后取得代位权，质言之，第三人履行债务之后，可以代替债权人的地位行使其享有的债权，即从权利；债务人所能对抗债权人的事由，均可对抗第三人。如果债务人对第三人享有债权的，其可在第三人履行的范围内主张抵销。

既然如此，有合法利益的第三人在代为履行后，应当按照《民法典》第546条的规定通知债务人，否则，履行对债务人不发生效力。债务人因第三人未履行通知义务而向原债权人履行债务的，第三人不得向其主张权利，只能以不当得利为由请求原债权人予以返还。

举证责任

在第三人依据本条向债务人行使代位权的场合，第三人为原告，债务人为被告，原债权人则可以无独立请求权的第三人参加诉讼。第三人（原告）应当对其对债务的履行具有合法利益且已经代为履行债务的事实承担证明责任。债务人（被告）可以主张按照债的性质、合同的约定以及法律规定不能由第三人履行，或者合同约定不得移转债权予以对抗，此时，债务人应负举证责任。

第五百二十五条【同时履行抗辩权】

当事人互负债务，没有先后履行顺序的，应当同时履行。一方在对方履行之前有权拒绝其履行请求。一方在对方履行债务不符合约定时，有权拒绝其相应的履行请求。

历史由来

本条完全承袭了《合同法》第66条的规定。《合同法》第66条规定：“当事人互负债务，没有先后履行顺序的，应当同时履行。一方在对方履行之前有权拒绝其履行要求。一方在对方履行债务不符合约定时，有权拒绝其相应

① 冉克平：《民法典编纂视野中的第三人清偿制度》，载《法商研究》2015年第2期。

的履行要求。"《民法典合同编（草案）》（一审稿）第315条、《民法典合同编（草案）》（二审稿）第315条、《民法典（草案）》第525条作出了与《合同法》第66条相同的规定。

三 规范目的或功能

同时履行抗辩权，又称双务合同的同时履行抗辩权，是指双务合同当事人没有约定先后履行顺序的，一方在对方未为对待给付时，得拒绝履行合同义务的权利。同时履行抗辩权的内在基础是合同给付上的"一手交钱，一手交货"原则，理论上称之为"合同履行上的牵连性"。所谓"合同履行上的牵连性"是指，双务合同的当事人一方所负给付与对方当事人所负对待给付互为前提，一方不履行其义务，对方原则上也有权不履行。[①]同时履行抗辩权规则的根本目的在于维护合同当事人利益关系上的公平。具体而言，同时履行抗辩权的功能有：第一，确保债权实现的功能。同时履行抗辩权具有担保债权实现的功能，即"你不交货，我不付款"。第二，敦促对方履行合同义务。一般认为，同时履行抗辩权属于"防御性质"的权利。但是，双务合同的性质决定了此种防御会影响到对方合同利益的实现，因而同时履行抗辩权也具备敦促合同当事人履行合同义务的功能。

需要澄清的是，尽管同时履行抗辩权在功能和表现形式上与留置权相似，但两者存在本质上的差别：第一，权利性质不同。留置权在性质上是担保物权的一种，属于法定担保物权，是绝对权，具有对世性；而同时履行抗辩权来源于合同，具有相对性，权利人仅能向合同相对方行使该权利。第二，标的物不同。留置权的标的物以他人所有的动产为限；而同时履行抗辩权所指向的对象无此限制。第三，保护的债权不同。留置权所保护的债权原则上应当与留置权标的物存在牵连关系；而同时履行抗辩权所保护的债权一般是直接来源于双务合同关系。第四，消灭原因不同。债务人如能另行提供担保的，留置权消灭；而同时履行抗辩权不会因债务人提供担保而消灭。

---

① 韩世远：《合同法总论》（第四版），法律出版社2018年版，第380页。

规范内容

一、构成要件

（一）合同双方当事人互负债务

通说认为，此处债务仅指双务合同引起的对价债务。[①]同时履行抗辩权的概念本身就已经包含了合同双方互负债务的前提，这是其运行逻辑与制度功能所决定的。原则上，具有“对价关系”的债务应限于主给付义务之间，质言之，主给付义务与从给付义务、主给付义务与附随义务之间通常不会存在同时履行抗辩权。但是，近年来学界开始主张突破该限制，将同时履行抗辩权的适用范围扩大，即“同时履行抗辩权的扩张”理论。本质上，从功能角度而言，公平原则是判断所负债务是否具备“对价关系”的标准，单纯以“对价关系”为理由将同时履行抗辩权的适用空间限定在主给付义务之间是值得商榷的。在从给付义务的履行与合同目的的实现存在密切关系的场合，主给付义务和从给付义务之间存有同时履行抗辩权适用的余地。[②]至于主给付义务与附随义务之间是否存在同时履行抗辩权的适用余地，王泽鉴先生认为，附随义务原则上非属对待给付，不发生同时履行抗辩权。[③]还有观点认为，与合同目的实现有密切关系者，系为使得债权人给付利益获得最大满足，解释上应为从给付义务。附随义务的功能系为维护债权人之固有利益。故对于附随义务，因不构成对待给付，原则上应排除同时履行抗辩权之适用。[④]实践中，人民法院亦持此类立场。[⑤]笔者认为，将附随义务一概排除在同时履行抗辩权

---

① 王洪亮：《〈合同法〉第66条（同时履行抗辩权）评注》，载《法学家》2017年第2期。

② 崔建远主编：《合同法》（第六版），法律出版社2016年版，第100页。

③ 王泽鉴：《债法原理》（第二版），北京大学出版社2013年版，第83页。

④ 施建辉：《同时履行抗辩权之适用限制》，载《法学论坛》2007年第4期。

⑤ 例如，有判例认为：本案系买卖合同纠纷案件，买卖合同中出卖人的主要合同义务是交付货物，买受人的主要合同义务是支付货款，开具增值税发票并非出卖人的主要合同义务，仅是附随义务。买卖合同的双方未明确约定先开具增值税专用发票再支付货款的，承担付款义务一方不能以对方未开具增值税专用发票为由，拒绝支付合同价款。参见聊城市中级人民法院（2018）鲁15民终3466号民事二审判决书。

的发生范围之外并不可取，应当具体情况具体分析。换言之，附随义务原则上不属于对待给付，一般不发生同时履行抗辩权，但附随义务之未履行足以影响契约目的之达成者除外。[①]从既往判例看，部分人民法院在解决此类案件时，虽然作出了不利于主张同时履行抗辩权一方的判决，但在判决理由中表明了此类观点。[②]

（二）合同双方债务均已到期

在双务合同中，债务到期后一方当事人才可请求对方给付，否则，对方可拒绝履行，无需求助于同时履行抗辩权。因此，双方债务均已到期是同时履行抗辩权发生的前提条件。

根据本条的规定，“债务没有先后履行顺序”决定了双方债务应当同时到期。需要说明的是，全国人大常委会法工委相关工作人员对“债务没有先后履行顺序”有不同的意见：“同时履行指双方当事人同一时间同时互相对待给付。”[③]事实上，合同双方要做到完全同时履行是不可能也不必要的，即使“一手交钱，一手交货”也会有一定的时间差，因此，机械地理解“债务没有先后履行的顺序”并不妥当。韩世远教授认为，在双方债务不同时到期的场合，同时履行抗辩权亦有适用之余地。本条不应对“没有先后履行顺序”作反面解释而排斥其他情形下的同时履行抗辩权。债务履行期自始不同的情形也可被包括在内，“其实，作为同时履行抗辩权的要件之一，正如我妻荣先生所言，只是要求该权利行使之际对方的债务已在履行期而已，非谓须履行期

---

① 侯国跃：《契约附随义务研究》，法律出版社2007年版，第320页；王利明：《合同法研究》（第二卷）（第三版），中国人民大学出版社2015年版，第50页。

② 例如，有判例认为：合同义务分为主合同义务与附随义务，涉案买卖合同的主合同义务为出卖人交付货物，买受人支付货款，一方当事人不得以对方未履行附随义务为由拒绝履行主合同义务，除非影响合同目的的实现。本案中，涉案买卖合同经双方协商解除，提供设备清单及后续技术支持等均属于天地公司的附随义务。方磊公司以天地公司未履行附随义务为由拒付货款，不能成立，本院不予支持。参见徐州市中级人民法院（2015）徐商民终字第00447号民事二审判决书。

③ 全国人民代表大会常务委员会法制工作委员会编：《中华人民共和国合同法释义》（第3版），法律出版社2013年版，第130页。

自始相同”。[①]此种观点实际上是借鉴了大陆法系民法理论传统，如《日本民法典》第533条规定：“双务契约的一方当事人，在相对人履行其债务前，可以拒绝履行自己的债务。但是，相对人的债务未届清偿期时，不在此限。”而崔建远教授则认为，照搬我妻荣先生的观点来解释我国法律，会导致《合同法》第67条（先履行抗辩权）成为具文，直接或间接地否定了第66条、第67条设置的模式。[②]事实上，韩世远教授之所以持上述观点，与其否定同时履行抗辩权与先履行抗辩权分立有着根本联系。从我国实际情况看，在《合同法》实施过程中，先履行抗辩权的独立性已经获得理论与实践的普遍认可和接受。《民法典》第526条沿袭《合同法》第67条的核心内容，对先履行抗辩权的独立地位再次进行了确认。鉴于此，笔者认为履行期自始不同的债务不在同时履行抗辩权的适用范围之内。

（三）对方当事人不履行债务或履行不符合约定

一方当事人不履行债务的，无论是迟延履行还是不能履行，另一方当然可以行使同时履行抗辩权。在一方当事人履行不符合约定的情形下，另一方亦可行使同时履行抗辩权。需要注意的是，根据《民法典》第531条，债务人部分履行的，债权人得以拒绝，但是部分履行不损害另一方利益的除外。因此，在一方部分履行，另一方接受的场合，后者的同时履行抗辩权仅及于未履行的部分。此外，一方履行有瑕疵的场合，另一方可请求其消除缺陷或另行给付，否则，另一方有权行使同时履行抗辩权。理论通说认为，如果债务人交付的标的物有瑕疵，债权人是否有同时履行抗辩权，需要具体分析。在种类物买卖中，如果出卖人负有交付无瑕疵之物的义务，于其为此给付前，买受人得主张同时履行抗辩权。但对于特定物买卖，于同前情形下，买受人无权主张同时履行抗辩权；但如果出卖人不负交付无瑕疵之物的义务，且无修补的责任，按照风险是否转移判断买受人能否行使同时履行抗辩权。质言之，在上述场合，风险已经转移的，买受人就合同成立后发生的瑕疵，不得行使同时履行抗辩权；风险未转移的，则买受人可

---

① 韩世远：《合同法总论》（第四版），法律出版社2018年版，第392页。

② 崔建远：《履行抗辩权探微》，载《法学研究》2007年第3期。

行使同时履行抗辩权。

此外，基于诚信原则，行使同时履行抗辩权的一方本身须遵守合同，并为提出给付做准备，如其自身无理由地拒绝履行或者迟延履行，亦不得行使同时履行抗辩权。正如一则二审判决所言："因为同时履行抗辩权目的在于：于清偿时也实现相互性，这也是诚实信用原则所要求的。如果债务人确定拒绝自己给付的，也不得主张同时履行抗辩权。债务人不能基于自己不遵守合同的情况而拒绝给付。债务人自己陷入给付迟延的，也不能行使同时履行抗辩权。"①

二、同时履行抗辩权的效力

（一）对履行迟延的影响

同时履行抗辩权在实体法上的效力又可以分为存在的效力与行使的效力。同时履行抗辩权可以排除迟延履行的效力，理论上几乎无争议。学界对该问题的争议焦点在于同时履行抗辩权未经行使，是否具有排除效力。肯定说，也称存在效力说，认为享有同时履行抗辩权的债务人，在相对人未对待给付之前，即使自己的债务已到期，也不会陷于履行迟延；否定说主张同时履行抗辩权排除迟延履行之效力的发生需要权利人行使该权利，即行使效力说。一般认为否定说为我国理论通说。②作者赞同行使效力说。主张存在效力说的学者所依据的理由是，同时履行抗辩权在于给付与对待给付之间的相互性，即前文所提及的"履行的牵连性"，因此在实体法上，一方不履行或履行不符合约定，另一方当然无需对待给付。③但是，民法作为私法，应当尊重当事人对自身权利的处分，而且，根据诚信原则，民法倡导民事主体应当积极行使自身的合法权利，法律不宜将天平倾向于"在权利上睡眠"的人。总之，行使效力说当更为合理。

---

① 北京市第一中级人民法院（2018）京01民终186号民事二审判决书。

② 崔建远主编：《合同法》（第六版），法律出版社2016年版，第102页；王利明：《论双务合同中的同时履行抗辩权》，载梁慧星主编：《民商法论丛》（第3卷），法律出版社1995年版，第21—22页。

③ 王洪亮：《〈合同法〉第66条（同时履行抗辩权）评注》，载《法学家》2017年第2期。

（二）对受领迟延的影响

债权人在其受领迟延的场合，是否仍然享有同时履行抗辩权？理论上同样存有两种观点。肯定说认为，债务人已提出给付，但债权人未曾受领，前者自然免除违约责任，但其所负债务依旧存在，后者仍得主张同时履行抗辩权。否定说认为，既然债务人已经提出给付，同时履行抗辩权的构成要件便已缺失，否则，无异于要求当事人随时做给付的准备，这显然是不公平的。[①]肯定说为理论通说，理由在于，债务人曾提出给付，倘若后陷于无资力，债权人竟然有义务先为给付而不能行使同时履行抗辩权，并非公允。况且债权人受领迟延时，债务人仍应随时有给付之准备，为交易之简便及迅速处理，并为诉讼经济着想。[②]

（三）同时履行抗辩权的行使

同时履行抗辩权在诉讼上或诉讼外均可行使。一般而言，当事人于诉讼外主张过同时履行抗辩权的，其在诉讼中仍可主张，且同时履行抗辩权属于事实上的主张，应当在第二审言辞辩论终结前提出。

三 举证责任

上已述及，同时履行抗辩权的构成要件有三：第一，合同双方互负债务；第二，双方债务均已到期；第三，对方当事人不履行债务或履行不符合约定。就性质而言，第一个、第二个要件为积极事实，需要援用同时履行抗辩权的当事人举证证明。而第三个要件为消极事实，应由对方当事人（即履行义务人）承担举证责任。质言之，一方当事人援用同时履行抗辩权的，对方可通过举证证明自己已经按照合同约定履行相应义务，以对抗同时履行抗辩权的行使。

---

① 孙森焱：《民法债编总论》（下册），法律出版社2006年版，第671页。

② 孙森焱：《民法债编总论》（下册），法律出版社2006年版，第671—672页。

第五百二十六条【先履行抗辩权】

当事人互负债务，有先后履行顺序，应当先履行债务一方未履行的，后履行一方有权拒绝其履行请求。先履行一方履行债务不符合约定的，后履行一方有权拒绝其相应的履行请求。

历史由来

本条沿袭了《合同法》第67条的规定。《合同法》第67条规定："当事人互负债务，有先后履行顺序，先履行一方未履行的，后履行一方有权拒绝其履行要求。先履行一方履行债务不符合约定的，后履行一方有权拒绝其相应的履行要求。"此为我国民事法律首次对先履行抗辩权正式确认。《民法典合同编（草案）》（一审稿）第316条、《民法典合同编（草案）》（二审稿）第316条均沿袭了《合同法》第67条。《民法典（草案）》第526条在之前各版本草案的基础上，将"要求"修改为"请求"，规定："当事人互负债务，有先后履行顺序，应当先履行债务一方未履行的，后履行一方有权拒绝其履行请求。先履行一方履行债务不符合约定的，后履行一方有权拒绝其相应的履行请求。"该条文最终为《民法典》所确认。

规范目的或功能

本条对先履行抗辩权的概念及构成要件进行了规定。在权利名称上，学者有不同观点。王利明教授主张将其称为"后履行抗辩权"，理由是，本条从功能上来说是为后履行一方设定的权利，"先履行抗辩权"的字面意思容易导致误解。[①]笔者倾向于将本条规定的抗辩权称为"先履行抗辩权"，理由在于：《民法典》第525条（同时履行抗辩权）、第527条（不安抗辩权）与本条构成一个有机整体，前两者所设置的权利名称在理论上争议较小，对后者名称的确定有一定的参照作用。从含义上看，同时履行抗辩权与不安抗辩

① 王利明：《合同法研究》（第二卷）（第三版），中国人民大学出版社2015年版，第60—61页。

权遵循“抗辩原因+抗辩权”的命名模式，质言之，在债务无先后履行顺序的合同中，一方认为双方应当“同时履行”才行使同时履行抗辩权；先履行一方因感到“不安”所以行使不安抗辩权，因此，按照这个模式，本条所规定的权利应当命名为“先履行抗辩权”而非“后履行抗辩权”。

在传统民法上，先履行抗辩权包含在同时履行抗辩权之中，但在我国《合同法》制定以及实施期间，学界对先履行抗辩权的独立性亦多有分歧。陈华彬教授认为，《合同法》第66条和第67条共同组成了我国同时履行抗辩权的规则。[①]韩世远教授也持类似观点，他认为我国立法者望文生义地理解同时履行抗辩权只是针对同时履行的情形，而将异时履行的情况排除在外。[②]还有观点认为，先履行抗辩权缺乏充分的理论依据，还可被现有抗辩权替代。[③]相反，崔建远教授认为，先履行抗辩权有其独特的价值：第一，它尊重了当事人分配利益、风险的合意；第二，它可以避免先履行一方违约，却仍可以借助行使同时履行抗辩权拒绝后履行一方关于继续履行的请求的情形；第三，它避免了境外民法上的同时履行抗辩权需要复杂解释的麻烦；第四，它更好地贯彻了公平原则，维护了后履行一方的期限利益。[④]一般认为，先履行抗辩权独立于同时履行抗辩权为理论通说。笔者认为，从法教义学的角度而言，《合同法》第67条之规定实际上已承认先履行抗辩权的独立性。在解释上，独立的先履行抗辩权已在中国理论界和实务界被普遍接受和认可。本条文沿袭了《合同法》第67条之规定，应当被理解为承认先履行抗辩权之独立地位。

规范内容

一、先履行抗辩权的构成要件

（一）双方当事人在同一合同中互负债务

尽管我国民法肯认先履行抗辩权的独立地位，但其终究是脱胎于同时履

---

① 陈华彬：《债法通论》，中国政法大学出版社2018年版，第261页。
② 韩世远：《合同法总论》（第四版），法律出版社2018年版，第413页。
③ 李建星：《先履行抗辩权之解构》，载《法学家》2018年第5期。
④ 崔建远主编：《合同法》（第六版），法律出版社2016年版，第106页。

行抗辩权的，唯一的区别在于债务的履行顺序。因此，双方当事人在同一合同中互负债务仍然是先履行抗辩权的前提条件，而且，互负债务之间的地位联系与同时履行抗辩权应当保持一致，此处不再赘述。

（二）双方债务有先后履行顺序

先履行抗辩权要求合同双方当事人的债务存有先后履行顺序，此为必要条件。双方债务存在履行先后顺序的原因可以是当事人约定也可以是法律规定。至于双方债务有先后履行顺序的判断标准，崔建远教授认为，先后履行顺序“应指履行一方所负债务的履行期限届满之后，后履行一方所负债务的履行期限才届至的情形，以及先履行一方所负债务的履行期限和后履行一方所负债务的履行期限相重合、后履行一方没有违约的场合，而先履行一方违约与否，在所不问”。①具体而言，双方债务均为非继续性债务，按照非继续性债务的履行期一律为一个时间点的观点，则两项债务履行的先后顺序十分容易判断，一定是处于先履行顺序的债务超过了履行期、处于后履行顺序的债务随后才到履行期。一项债务为继续性，另一项债务为非继续性，且非继续性的债务处于先履行顺序的，同样是处于先履行顺序的债务超过了履行期，处于后履行顺序的债务随后才到履行期。两项债务均为继续性债务，则所谓互负的债务须有先后履行顺序，可以是处于先履行顺序的债务到了履行期，并持续一段时间，处于后履行顺序的债务才到履行期；也可以是处于先履行顺序的债务的履行期届满，处于后履行顺序的债务才到履行期。②

（三）应当先履行的一方不履行债务或履行债务不符合约定

应当先履行的一方不履行债务以及履行不符合约定都可以触发先履行抗辩权的行使。先履行的一方不履行债务，后履行一方自然得行使先履行抗辩权。而先履行一方履行债务不符合约定的，后履行一方亦可行使先履行抗辩

---

① 崔建远：《履行抗辩权探微》，载《法学研究》2007年第3期。

② 崔建远主编：《合同法》（第六版），法律出版社2016年版，第107页。

权，具体可参见前文“同时履行抗辩权”相关内容。

二、先履行抗辩权的效力

先履行抗辩权与同时履行抗辩权一样，并不能导致权利义务的消灭，仅起到阻碍先履行方请求权的行使作用，因此，其在性质上属于延期的抗辩权。关于先履行抗辩权的效力问题与同时履行抗辩权类似，此处便不再赘述。

三、先履行抗辩权的行使

和同时履行抗辩权一样，先履行抗辩权可在诉讼中抑或诉讼外行使。与此同时，先履行抗辩权的行使也会遭遇存在效力与行使效力之争的问题，也即先履行抗辩权效力的发生是否需要权利人行使该权利？

（一）先履行方未构成违约的

在此种情形下，先履行方未请求后履行方履行的，先履行抗辩权明示就可发生效力；先履行方请求后履行方履行的，先履行抗辩权效力的发生需要权利人行使。

（二）先履行方已构成违约的

此种情形需进一步细化：（1）先履行方仅为迟延履行的，后履行方的先履行抗辩权无需行使即可发生效力；（2）先履行方违约属于瑕疵给付等类型的，后履行方的先履行抗辩权需要行使方可发生效力。

举证责任

当事人依据本条行使先履行抗辩权的，举证责任的分配与同时履行抗辩权相类似。不同之处在于，权利人应当举证证明双方债务之履行有先后之顺序。

第五百二十七条【不安抗辩权】

应当先履行债务的当事人，有确切证据证明对方有下列情形之一的，可以中止履行：

（一）经营状况严重恶化；

（二）转移财产、抽逃资金，以逃避债务；

（三）丧失商业信誉；

（四）有丧失或者可能丧失履行债务能力的其他情形。

当事人没有确切证据中止履行的，应当承担违约责任。

历史由来

本条承袭了《合同法》第68条的规定。《合同法》第68条规定："应当先履行债务的当事人，有确切证据证明对方有下列情形之一的，可以中止履行：（一）经营状况严重恶化；（二）转移财产、抽逃资金，以逃避债务；（三）丧失商业信誉；（四）有丧失或者可能丧失履行债务能力的其他情形。当事人没有确切证据中止履行的，应当承担违约责任。"此为我国法律首次正式确认不安抗辩权制度。《民法典合同编（草案）》（一审稿）第317条沿袭了《合同法》第68条的规定。《民法典合同编（草案）》（二审稿）第317条、《民法典（草案）》第527条规定："应当先履行债务的当事人，有证据证明对方有下列情形之一的，可以中止履行：（一）经营状况严重恶化；（二）转移财产、抽逃资金，以逃避债务；（三）丧失商业信誉；（四）有丧失或者可能丧失履行债务能力的其他情形。当事人没有证据中止履行的，应当承担违约责任。"与《合同法》第68条以及之前草案文本相比，该版本的草案中删除了两处"确切"，即将"有确切证据证明对方有下列情形之一的"以及"当事人没有确切证据中止履行的，应当承担违约责任"分别修正为"有证据证明对方有下列情形之一的"和"当事人没有证据中止履行的，应当承担违约责任"。《民法典》改变了《民法典（草案）》的做法，在相应位置重新增加"确切"一词。

规范目的或功能

不安抗辩权，是指在债务履行有先后顺序的合同中，先履行方发现后履行方可能或已经丧失履行能力，为保护自身合法利益而拒绝履行债务的权利。在实践中，债务履行存在先后顺序的合同比比皆是。在合同订立后，后履行的一方因经营状况严重恶化、转移财产、抽逃资金、丧失商业信誉等从而可能或已经丧失履行债务的能力，如果法律仍然要求先履行方履行债务，将严重违背公平原则和诚信原则，此时应允许先履行方通过行使履行抗辩权来预防自身的法律风险。具体而言，不安抗辩权的设立目的主要有四点：第一，平衡先后给付人的利益；第二，避免先给付人的履约风险；第三，防止往复给付与循环诉讼；第四，防止合同欺诈。[①]

值得注意的是，尽管不安抗辩权为大陆法系所创的制度，但本条之规定与传统大陆法系中的规定又有所不同。旧《德国民法典》第321条规定："因双务合同而负有先为给付义务的人，在合同订立后另一方的财产发生明显减少的，并由此危害对待给付的请求权时，可以在对待给付履行前或在为对待给付提供担保前，拒绝其负担的给付。"我国《民法典》的不安抗辩权规则在传统大陆法系不安抗辩权制度的基础上增加两方面的内容：第一，将经营状况恶化、丧失商业信誉等危害后履行方履行能力的情况作为不安抗辩权的行使条件。与传统大陆法系相比，此项改造使得不安抗辩权不再局限于金钱给付债务，其作用空间得以扩张。第二，明确了后履行方履行能力不恢复且不提供担保时，先履行方可得解除合同（此为《民法典》第528条的内容）。2001年《德国债法现代化法》对原有的不安抗辩权制度进行了修正。现行《德国民法典》第321条规定："因双务合同而负有先为给付义务的人，以在订约后可以辨识其对待给付请求权因另外一方当事人欠缺给付能力而受到危害为限，可以拒绝自己负担的给付。对待给付得到履行，或者对待给付提供担保的，拒绝给付权消灭。先为给付义务人可以指定一个适当的期间；另外一方当事人应当根据自己的选择而在这一期间之

---

① 傅鼎生：《不安抗辩适用之限定》，载《法学》2008年第8期。

内凭给付同时履行对待给付。在期间届满未果之后，先为给付义务人可以解除合同。在此情形，准用第三百二十三条。”

规范内容

不安抗辩权的构成要件：

一、合同当事双方互负债务

不安抗辩权只能发生在双方互负债务的双务合同之中。该要件的具体要求与前述两项履行抗辩权较为类似，故此处不再赘述。

二、双方债务履行存在先后顺序

作为不安抗辩权构成要件的“双方债务履行存在先后顺序”，与先履行抗辩权的相应构成要件可作相同理解，故此处不再赘述。

三、后履行方可能或已经丧失履行能力

本条采用“列举+兜底”的方式对后履行方可能或已经丧失履行能力的情形加以规定。需要说明的是，本条所列举的具体事项亦应当达到兜底条款所规定之标准，即后履行方可能或已经丧失履行能力。理解这一要件，需要注意以下问题。

（一）后履行方可能或已经丧失履行能力的发生时间

传统民法理论认为，不安抗辩权属于广义上的情势变更制度的具体适用情形，[①]因而，后履行方可能或已经丧失履行能力的事由又被称为不安情势。如果在合同订立之前或之时，不安情势既已存在，而先履行方对此并不知情，则先履行方可以根据重大误解或欺诈的理由行使撤销权，以此为救济。如果先履行方明知存在不安情势仍与对方签订合同的，此为“自甘冒险”，法律没有对其进行保护的必要。以上为理论通说。有学者对此提出了质疑，反对的

---

① 孙森焱：《民法债编总论》（下册），法律出版社2006年版，第673页。

理由主要有三[①]：第一，不利于合同双方的利益平衡。先履行方在订立合同时对不安情势一无所知，却不得援用不安抗辩权，显属不公。第二，不符合立法潮流。《联合国国际货物销售合同公约》第71条第1款[②]、《奥地利普通民法典》第1052条后段[③]、《德国民法典》第321条[④]均已将不安情势发生时间提前到合同订立之时。第三，不符合立法目的。不过，笔者认为，根据上文所述不安抗辩权的立法目的之一为防止合同欺诈，故不安情势的发生时间亦应当被提前到合同订立之时。然而，在文义解释上，本条与《民法典》第528条所共同规定的不安抗辩权仅可针对合同订立之后发生的不安情势。质言之，先履行方仅能援用不安抗辩权中止债务的履行而不得中止债务的履行准备。具体而言，首先，根据本条第2款之规定，当事人没有证据中止履行的，应当承担违约责任。一般而言，中止债务的履行准备不会发生违约责任，因此，此处“中止履行”仅指中止债务的履行。其次，根据《民法典》第528条之规定，对方提供担保后，先履行方应当恢复履行，而债务的履行准备并非债务的内容，不能成为“应当恢复”的对象。[⑤]

（二）关于后履行方“经营状况恶化”

后履行方出现下列情形的，可以被视为“经营状况恶化”：破产；严重亏损导致履约能力的丧失；商品或产品严重挤压、流动资金十分困难而难以对待给付；拖欠他人债务严重而无力偿付；管理混乱缺乏对待给付保障；其他

---

① 郭玉坤：《不安抗辩权制度的不安事由探究》，载《法学杂志》2009年第9期；韩世远：《合同法总论》（第四版），法律出版社2018年版，第418页。

② 《联合国国际货物销售合同公约》第71条第1款规定：“对当事人因为法定原因显然将不履行大部分重要义务的，此方可以中止履行义务。”

③ 《奥地利普通民法典》第1052条后段规定：“必须先为给付之当事人，如因他方财产状况恶化，致有不能给付之虞，而此项情况于订约时，非因过失而不知时，得于他方对其相对给付提出保证前，暂缓给付。”

④ 《德国民法典》第321条第1款规定：“因双务合同而负有先为给付义务的人，以在订约后可以辨识其对待给付请求权因另外一方当事人欠缺给付能力而受到危害为限，可以拒绝自己负担的给付。”

⑤ 葛云松：《不安抗辩权的效力与适用范围》，载《法律科学》（西北政法大学学报）2003年第1期。

经营状况严重恶化的情形。[①]

（三）关于丧失商业信誉

丧失商业信誉是指长期性地或多次不履行或不能履行合同义务。在实践中，可能导致商业信誉丧失的情形有多种，不能一概而论。一般认为，与人身相联系的行业，如果出现人身损害事件的，即可认定为丧失商业信誉；而偶然的拖欠款项一般不应认定为丧失商业信誉，但欺诈行为除外。[②]在具体认定时，人民法院应当对各方面因素进行综合考量。例如，山东省高级人民法院曾在一则判决中认定："涉案合同履行中，某公司虽然存在许可其他公司使用涉案商标生产涉案合同约定的相关产品、未将涉案合同向国家商标局备案的违约行为，但仅依上述违约行为并不能必然导致某公司丧失商业信誉，且某公司在涉案合同中与某某公司支付商标使用费对应履行的主要合同义务为许可某某公司使用其某标识及涉案两注册商标，某公司已经履行了该主要合同义务，并非不能履行或没有履行合同主要义务的能力。因此，在某某公司不能提交确切证据证明某公司丧失商业信誉，不能对应履行涉案合同义务的情况下，某某公司行使不安抗辩权缺乏合法依据。"[③]

举证责任

本条实际上已经明确指出，先履行方欲援用不安抗辩权，应当对上述三个构成要件承担全面的举证责任。本条规定主张不安抗辩权的一方应当提出"确切证据"。何为"确切证据"？这是否意味着先履行抗辩权的证明标准高于民事诉讼法上的一般证明标准，即"高度可能性"标准？

《民事诉讼法解释》第108条规定："对负有举证证明责任的当事人提供的证据，人民法院经审查并结合相关事实，确信待证事实的存在具有高度可能

---

① 史振郭：《关于不安抗辩权若干问题的探讨》，载《福建师范大学学报》（哲学社会科学版）2001年第2期。

② 郭玉坤：《不安抗辩权制度的不安事由探究》，载《法学杂志》2009年第9期。

③ 山东省高级人民法院（2017）鲁民终933号民事二审判决书。

性的，应当认定该事实存在。对一方当事人为反驳负有举证证明责任的当事人所主张事实而提供的证据，人民法院经审查并结合相关事实，认为待证事实真伪不明的，应当认定该事实不存在。法律对于待证事实所应达到的证明标准另有规定的，从其规定。”可见，对于实体事实的证明标准为高度可能性标准。《民法典》第527条并非“法律对于待证事实所应达到的证明标准另有规定”的情况，故证明标准仍应采高度可能性标准。

实际上，通过检索我们发现，“证据”一词在《民法典》中共出现了17次，其中仅有4处用“确切”这一程度副词修饰“证据”，分别位于本条以及《民法典》第614条、第925条。但是，其余使用“证据”一词但未使用“确切证据”一词的条文，大多会用其他方式对证据进行程度上的修饰。例如，《民法典》第15条规定：“自然人的出生时间和死亡时间，以出生证明、死亡证明记载的时间为准；没有出生证明、死亡证明的，以户籍登记或者其他有效身份登记记载的时间为准。有其他证据足以推翻以上记载时间的，以该证据证明的时间为准。”该条文最后一句虽未使用任何程度副词修饰“证据”一词，但其后“足以推翻以上记载时间的”也能起到相同的修饰作用。因此，“确切证据”一词并非意味着不安抗辩权的证明标准高于一般证明标准，而是立法者考虑到表意上的准确和通顺作出的特别安排。从证据法上考虑，证据本身也无所谓确切证据与非确切证据之区分。

第五百二十八条【不安抗辩权的行使】

当事人依据前条规定中止履行的，应当及时通知对方。对方提供适当担保的，应当恢复履行。中止履行后，对方在合理期限内未恢复履行能力且未提供适当担保的，视为以自己的行为表明不履行主要债务，中止履行的一方可以解除合同并可以请求对方承担违约责任。

历史由来

本条是对《合同法》第69条进行修改完善的结果。《合同法》第69条规定：“当事人依照本法第六十八条的规定中止履行的，应当及时通知对方。对方提供适当担保时，应当恢复履行。中止履行后，对方在合理期限内未恢复履行能力并且未提供适当担保的，中止履行的一方可以解除合同。”此为我国民法首次正式确认不安抗辩权行使的具体规则。在民法典编纂过程中，《民法典合同编（草案）》（一审稿）第318条规定：“当事人依照前条规定中止履行的，应当及时通知对方。对方提供适当担保时，应当恢复履行。中止履行后，对方在合理期限内未恢复履行能力并且未提供适当担保的，视为以自己的行为表明不履行合同义务。”该条将《合同法》第69条规定中的“中止履行的一方可以解除合同”修改为“视为以自己的行为表明不履行合同义务”。《民法典合同编（草案）》（二审稿）第318条规定：“当事人依照前条规定中止履行的，应当及时通知对方。对方提供适当担保的，应当恢复履行。中止履行后，对方在合理期限内未恢复履行能力并且未提供适当担保的，视为以自己的行为表明不履行合同主要义务，中止履行的一方可以解除合同并可以请求对方承担违约责任。”该条在“一审稿”第318条的基础上明确规定了中止履行的一方在对方于合理期限内未恢复履行能力并且未提供担保的情况下，可以解除合同并请求对方承担违约责任。《民法典（草案）》第528条在“二审稿”第318条的基础上，将“并且”改为“且”，将“合同主要义务”改为“合同主要债务”，规定：“当事人依据前条规定中止履行的，应当及时通知对方。对方提供适当担保的，应当恢复履行。中止履行后，对方在合理期限内未恢复履行能力且未提供适当担保的，视为以自己的行为表明不履行合同主要债务，中止履行的一方可以解除合同并可以请求对方承担违约责任。”《民法典》第528条大体沿袭了《民法典（草案）》第528条的规定，唯一改动是将“合同主要债务”改为“主要债务”。

三 规范目的或功能

本条是关于不安抗辩权行使的规定。不安抗辩权本质上是在特殊情况下对合同严守原则的突破，可能对交易安全以及经济秩序造成破坏，因此，法律有必要对不安抗辩权的行使进行规范，以避免权利滥用带来的负面影响。此即为本条规范目的之所在。

规范内容

一、先履行方的通知义务

根据本条的规定，先履行方在援用不安抗辩权时必须履行通知义务，此为不安抗辩权人的法定义务。先履行方应当履行通知义务的目的在于，避免对方因中止履行而遭受不必要的损害，同时也便于另一方在获此通知之后及时提供适当的担保，以消灭此不安抗辩权。[①]通知的内容应当包括中止履行的意思表示和为后义务人提供担保制定合理的期限。[②]

二、后履行方提供适当担保后，先履行方恢复履行的义务

先履行方中止履行后，对方提供适当担保的，应当恢复履行。此处应当注意两个问题：第一，提供担保并非后履行方的义务而是权利，即通过提供担保而敦促先履行方恢复履行。与抵押物受让人的涤除权类似，尽管提供担保对后履行方是一种负担，但该负担是为了避免更加难以接受的不利后果。逻辑推导可以简要表述为，“不安情势发生→先履行方中止履行→后履行方主动提供担保→先履行方应当恢复履行”。第二，如何理解“适当担保”？有见解认为，后履行方提供的适当担保应当满足“有效、适量”的标准，有效，即指该担保应当具备法律效力，具备法律规定的构成要件，自不待言；所谓适量，指该担保本身的价值或将来被处分受偿的价值应不少于先履行方履行合同债务之财产付出，以保证在后履行方丧失履行能力时先履行方可获得足够数量的补偿。[③]前述见解具有合理性，可资赞同。

三、先履行方的解除权

先履行方在援用不安抗辩权得以中止履行后，如果后履行方在合理期限

---

① 韩世远：《合同法总论》（第四版），法律出版社2018年版，第422页。

② 李开国主编：《合同法》，法律出版社2007年版，第85页。

③ 史振郭：《关于不安抗辩权若干问题的探讨》，载《福建师范大学学报》（哲学社会科学版）2001年第2期。

内未恢复履行能力且未提供担保的，视为以自己行动表明不履行合同义务，先履行方得解除合同并请求后履行方承担违约责任。此处，以下两个问题需要注意。

（一）合理期限的确定

“合理期限”属于不确定概念，法律对此尚无明文规定，需留待法官结合案件的实际情况加以确定。需要注意的是，合理期限的确定应当兼顾双方当事人利益，不能太短，使先履行方能轻易解除合同，也不能太长，使后履行方迟迟不提供担保。[①]

（二）不安抗辩权与预期违约

就我国民法而言，不安抗辩权与预期违约之间的关系问题，一直是学界讨论的焦点。有学者就曾提出，我国法律没有必要对不安抗辩权和预期违约分别进行规定。[②]目前，不安抗辩权与预期违约相区分的观点已经成为理论通说。[③]既然如此，不安抗辩权与预期违约究竟该如何区分？王利明教授的意见是：在表现形式上，两者存在三个方面的区别：第一，预期违约的适用不存在前提条件，平等赋予合同双方以预期违约救济，而不安抗辩权只能由先履行方行使；第二，预期违约制度适用的情况更广；第三，预期违约制度对受害人的保护更为充分，不安抗辩权制度只是对先履行方提供了一种拒绝权，不像预期违约制度那样对非违约方提供了全面的补救。[④]既然如此，在适用时，两者的适用范围到底应当如何区分，质言之，后履行方在履行期到

---

① 黄建中：《我国不安抗辩权制度的若干理论与实务问题研究》，载《人民司法》2005年第3期。

② 理论上，不安抗辩权统合预期违约的观点以及预期违约统合不安抗辩权的观点均曾被提出。前者可参见李永军：《合同法原理》，中国人民公安大学出版社1999年版，第516页。后者可参见刘凯湘、聂孝红：《论〈合同法〉预期违约制度适用范围上的缺陷》，载《法学杂志》2000年第1期。

③ 王利明：《预期违约与不安抗辩权》，载《华东政法大学学报》2016年第6期；李建星：《不安抗辩权与预期违约的完全区分论》，载《政治与法律》2017年第12期；韩世远：《合同法总论》（第四版），法律出版社2018年版，第423页。

④ 王利明：《预期违约与不安抗辩权》，载《华东政法大学学报》2016年第6期。

来前丧失债务履行能而构成根本违约时，先履行方得否径行解除合同？王利明教授认为，本条所规定之情形与预期违约制度所对应的情况有所不同，因此如果仅出现本条所规定之情形而未达到根本违约之程度，先履行方不得直接解除合同。[①]

饶有意思的是，在《合同法》制定的过程中，有观点曾认为，后履行方必须达到根本违约之程度，先履行方才可行使不安抗辩权。[②]类似的观点还有，“后给付义务人发生预期履行不能，先给付义务人可立即行使预期违约解除权，无须按第69条[③]给对方提供担保之机会”，后履行方将丧失履行能力高度确定，并构成根本违约，先履行方可因预期违约直接解除，其他情形均应按不安抗辩权规则处理。[④]此外也有观点认为，应将预期违约的适用范围限定于严格意义上的期前拒绝履行，同时对不安抗辩权的适用范围进行适度扩张，以使其只用于所有不履行可能性较高的但尚不确定的情形。[⑤]针对该问题，诸多学者发表了各自独到且有说服力的见解，由于篇幅的限制此处不一一列举。通过梳理学界的观点，笔者认为，上述观点是值得商榷的，前条所列之事项的发生与根本违约不能简单地画等号，在判断是否违约时仍应当以对合同目的实现产生的影响为标准，当后履行方确定丧失履行能力且构成根本违约，无论是否发生本条所列举之事由，先履行方可直接行使法定解除权。

《民法典》的颁布对上述争论作出了回应。本条对《合同法》第69条进行了修正，将后履行方在合理期限内未恢复履行能力且未提供担保“视为以自己的行为表明不履行主要债务”。“以自己的行为不履行合同主要债务”实际上构成预期违约中的默示违约。此项修正有两点意义：第一，明确了不安抗辩权与预期违约制度的界限，表明不安抗辩权制度不同于预期违约制度，但不安抗辩权之行使结果可转化为后履行一方的预期违约。第二，为两者提供

---

① 王利明：《预期违约与不安抗辩权》，载《华东政法大学学报》2016年第6期。

② 孙礼海编著：《〈中华人民共和国合同法〉立法资料选》，法律出版社1999年版，第10页。

③ 此处指《合同法》第69条。

④ 李建星：《不安抗辩权与预期违约的安全区分论》，载《政治与法律》2017年第12期。

⑤ 陈韵希：《合同预期不履行的救济及其法理基础——再论〈合同法〉不安抗辩权和预期违约的界分》，载《比较法研究》2017年第6期。

了衔接点。综合理论通说以及本条规定，可以得出以下结论：出现本条所规定的不安情势但后履行方未明确表示拒绝履行的，并非当然导致合同的解除，只有当后履行方在合理期限内未恢复履行能力且未提供担保的情形下，先履行方可按照预期违约制度解除合同，并请求对方承担违约责任；如果后履行方明确表示拒绝履行以及出现其他构成预期违约情形的，先履行方得直接解除合同并请求对方承担违约责任。

第五百二十九条【债权人变更导致债务履行困难的处理】

债权人分立、合并或者变更住所没有通知债务人，致使履行债务发生困难的，债务人可以中止履行或者将标的物提存。

历史由来

本文完全沿袭了《合同法》第70条的规定。《合同法》第70条规定：“债权人分立、合并或者变更住所没有通知债务人，致使履行债务发生困难的，债务人可以中止履行或者将标的物提存。”自《民法典合同编（草案）》（征求意见稿）第69条作出与《合同法》第70条完全相同的规定后，之后的民法典草案文本未对此作出任何修改。

规范目的或功能

本条针对债权人分立、合并或者变更住所却未通知债务人，导致后者履行债务发生困难如何处理的问题作出了规定。根据《民法典》第509条的规定，合同当事人应当履行通知、协助的义务。债权人在受领债务人履行给付时亦应当提供便利，不得妨害债务的履行。本条即为《民法典》第509条的具体化。债权人分立、合并导致的原债权人人格的消灭，以及债权人住所的变更，都有可能给债务的履行造成一定程度的障碍。债务人积极主动履行债务符合诚信原则，理应受到法律保护；同时，根据诚信原则，债权人有义务采取措施排除此类障碍。此即为本条规范目的之所在。

规范内容

一、债权人分立、合并以及变更住所

债权人分立、合并以及变更住所是经济活动中时常出现的现象。从文义上看，所谓债权人分立一般仅是指法人分立，包括存续分立和解散分立。所谓债权人合并也仅指法人的合并，包括吸收合并和新设合并。此种理解当无争议，因为在我国法上唯有法人才能分立与合并。而关于债权人变更住所的问题，根据《民法典》第25条以及第63条之规定，自然人与法人均有住所。因此，从文义解释出发，本条所称债权人变更住所应当包括自然人变更住所和法人变更住所。从目的解释角度而言，本条的规范目的在于避免债权人变更住所的行为给债务的履行带来障碍。一般而言，无论是法人还是自然人住所的变更都可能对债务履行产生影响，因此，本条所称“变更住所”，应当被解释为同时包含法人和自然人住所的变更。

二、通知义务

债权人发生上述行为的，应当履行通知义务。债权人通知义务的履行应当及时、准确。“及时”是指债权人应当在债务到期之前履行通知义务；“准确”是指债权人应当将上述行为的内容，尤其是变更后的结果告知债务人。如此，债务履行之障碍方能消除，本条的规范目的方可达成。

三、债务人中止履行和提存的权利

债权人发生上述行为，又未履行通知义务，导致债务履行发生困难的，债务人得中止履行或提存。需要注意的是，债权人不履行通知义务并不意味着债务人可以直接中止履行或提存，而是应当达到债务履行确实发生困难的标准。

举证责任

债务人如意图援用本条对抗债权人的履行请求权，按照民事诉讼举证责

任的一般原理，其应当对债权人存在分立、合并或变更住所的行为，以及该行为对债务的履行确实造成了困难承担证明责任。而债权人可通过证明其已经履行了通知义务作为抗辩。有一点疑问在于，由债务人承担债权人发生分立、合并以及变更住所的证明责任是否合理？根据本条之规定，债务履行之所以会发生困难，是因为债务人无法得知债权人发生了上述变更的细节信息，进而无法明确债务履行之对象。既然如此，如果债务人能够举证证明债权人上述行为之细节，那么债务履行的障碍又从何谈起？这显然是不合逻辑的。因此，较为妥当的处理是，债务人仅需证明债权人发生了上述行为即可，而无需证明变更的细节信息。

第五百三十条【提前履行】

债权人可以拒绝债务人提前履行债务，但是提前履行不损害债权人利益的除外。

债务人提前履行债务给债权人增加的费用，由债务人负担。

历史由来

本条沿袭了《合同法》第71条的规定，仅作出了将“但”替换为“但是”的文字性修改。

规范目的或功能

根据合同严守原则，合同双方当事人均应当按照合同约定或法律规定，在特定期限内履行合同义务。在该期限之后履行的，可能导致履行迟延；在此之前履行的，则会发生提前履行。当然，合同当事人未约定履行期限，也无法按照《民法典》第510条和第511条确定的，债权人可随时请求债务人履行合同，也就不存在债务人提前履行的情况。在某些场合，债务人可能会出于各种各样的原因提前履行债务。一般而言，债务人积极主动地履行合同债务，符合诚信原则，当为法律所提倡。然而，与债务人一样，债权人也享有期限利益，质言之，债权人妥适地受领债务人给付亦需要付出一定的人力、物力。如果债务人提前履行债务可能会打乱债权人原有计划，给其造成一定损失，甚至有可能损害其重大利益。甚至，在某些特殊领域，债务人的提前还款都有可能对债权人带来不必要的损失。例如，北京市朝阳区人民法院在个案中指出："需要指出的是，在当前商事交易中，贷款期限的约定对于贷款人和借款人均具有一定的期限利益，借款人提前还款在放弃自身期限利益的同时也会在一定程度上损害贷款人的期限利益。为维护交易的可预期性及稳定性，银行、汽车金融公司等金融机构作为贷款人，往往会在中长期贷款业务中约定提前还款的相应费用。从商业角度考量，金融机构约定提前还款费用主要基于以下因素，其一，提前归还贷款系对合同主要内容的变更，该行为打乱了金融机构的资金计划，意味着金融机构的贷款安排和资金使用计划需要重新调整，不利于金融机构的经营管理；其二，提前归还贷款对于金融机构获取利益会造成一定程度的影响，对于金融机构而言，资金的充分利用是利润来源的保障，而提前还款一方面会减少预期利益，另一方面则会导致闲置资金的增加；其三，提前归还贷款会增加金融机构的资源消耗，每笔贷款业务的开展涉及贷款调查、审核、发放等多种环节和手续，而提前还款客观上会增加金融机构的工作量，消耗不必要的资源。"① 因此，本条的规范目的在于，肯定债务人提前履行的同时保证债权人不会因提前履行而遭受额外的损失。

规范内容

一、债权人的拒绝权

债权人得否拒绝债务人的提前履行，关键在于其是否因提前履行而遭受利益上的损失。问题在于，此处的"利益"应当如何理解。根据本条第2款之规定，债权人因债务人提前履行而增加的费用，由债务人承担。如此一来，本条既赋予债权人在遭受利益损害时拒绝债务人提前履行之权利，又规定债务人支付提前履行而给债权人增加的费用。本条前后规定貌似存在逻辑上的

---

① 北京市朝阳区人民法院（2018）京0105民初82742号民事二审判决书。

矛盾。正因如此，有观点认为，债权人唯有在重大利益遭受损害的情况下，方能拒绝债务人的提前履行。[①]笔者认为，此种观点有待商榷。首先，根据法理，按期履行是原则，提前履行是例外。本条第2款虽然规定了由债务人承担提前履行给债权人增加的费用，但与债权人的拒绝权并不冲突。《民法典》如此规定主要是因为按照合同严守原则，合同双方都应当在事先约定的或法律规定的期限内履行债务，不得迟延亦不得提前，因为此为最有利于双方当事人利益的安排。债务人提前履行债务，其本质是单方面对合同内容的变更，会破坏原本合同双方的利益平衡，原则上不为法律允许。但不可否认的是，债务人积极主动履行债务的行为，对实现双方合同目的、提高交易效率有一定的实益。因而，《民法典》允许在特定情况下，即不损害债权人的利益的情况下，债务人可提前履行。基于上述分析，出于债权人利益保护的考虑，此处"利益"一词不仅仅指重大利益。因债务人提前履行而蒙受损失，债权人得行使拒绝权，损失之大小，在所不问。其次，本条第2款的正确理解应当是：债务人提前履行给债权人增加了费用，但债权人对此表示接受的，法律应当尊重当事人的意思自治，但增加的费用应由债务人承担。因而，上述观点之论据也就不再成立。但，这并不代表在利益受损的情况下，债权人的拒绝权便毫无限制，还应当结合双方的利益状态加以考虑。如果提前履行仅是轻微地损害了债权人利益，但可能对债务人意义重大，债权人亦不得随意行使拒绝权，否则可能会违背诚信原则。

债权人拒绝债务人的提前履行，可以发生两个方面的效力：第一，债务人不免除相应的给付义务。第二，标的物风险负担不转移。债权人拒绝债务人提前交付标的物的，视为债务人未为给付，标的物的风险仍由债务人承担。

二、债权人接受债务人提前履行的后果

一是债之关系消灭。债权人接受债务人提前履行会导致整个债权债务关系因清偿而消灭。这是最重要的后果。

---

① 吴高盛主编：《〈中华人民共和国合同法〉释义及实用指南》，中国民主法制出版社2014年版，第153页。

二是债权人因债务人提前履行而增加的费用由后者承担。所谓增加的费用，是指因债务人提前履行而导致债权人要比在债务人正常履行的情况下多支付一部分费用，例如，甲从乙处购买水泥，双方订立买卖合同，合同约定乙在某日将水泥送到甲租用的库房内，而乙提前送货导致甲多支付了库房租金，多付的租金即为“增加的费用”。[①]如上所言，即使债权人接受了债务人的提前履行，但出于维护债权人期限利益的需要，增加的费用也必须由债务人承担。

举证责任

债权人援用本条以拒绝债务人提前履行的，需要举证证明债务人有提前履行的行为。问题在于，债权人利益损失的举证责任应当由谁承担？单纯从法律文本上看，债权人未因提前履行而遭受利益上的损失可以作为债务人对抗债权人拒绝权的依据。但如此一来，债务人会负担较重的举证责任，债权人的拒绝权在事实上几乎不可能受到什么限制，显然不太合理。因此，笔者认为，债务人仅需证明债权人的客观利益未受到损害。如果债权人还主张主观利益受损的，则由其自己承担证明责任。

第五百三十一条【部分履行】

债权人可以拒绝债务人部分履行债务，但是部分履行不损害债权人利益的除外。

债务人部分履行债务给债权人增加的费用，由债务人负担。

历史由来

本条沿用了《合同法》第72条的规定，仅作出了将“但”替换为“但是”的文字性修改。

---

① 唐德华：《合同法条文释义》（下），人民法院出版社2000年版，第327页。

规范目的或功能

债务人部分履行是指债务人在合同约定或法律规定的履行期限内，未完全履行债务，只履行了债务中的一部分。在某些合同中，合同当事人可以约定债务以分期的形式履行，或者当事人虽未约定，但依据合同内容应当以分期交付作为履行方式。例如，《民法典》第189条、第634条、第846条都涉及债务的分期履行。值得注意的是，本条规范目的所指向的并非合同当事人事先约定可以分期履行债务的情形。根据合同全面履行原则，在当事人没有约定或无法依据合同确定合同的履行方式时，合同应当一次性履行完毕，此为最有利于合同目的实现的履行方式。就债权人而言，如果债务人出于种种原因而部分履行，其或许可以行使同时履行抗辩权或者认为对方拒绝履行而行使合同解除权，但由于同时履行抗辩权仅能免除自身的对待给付，而合同解除权的行使条件又十分严苛，这两种途径均无法很好地保障债权人的合法利益。此即为本条赋予债权人对部分履行的拒绝权之目的所在。就债务人而言，部分履行未损害债权人利益，债权人、债务人之间也就不存在利益冲突，法律亦无理由绝对否定。因此，本条的规范目的在于维持禁止债务人部分履行的同时，对债权人的拒绝权进行合理限制，以追求二者利益的平衡。

值得注意的是，债务人部分履行并不能与违约画等号，质言之，不能将部分履行完全“等值”地理解为“部分不履行”。在合同关系动态发展的过程中，部分履行发生在“合同履行阶段”，其性质是一种动态的合同关系，不是违约形态问题，更不是一种独立的违约形态。①事实上，从本条所处章节位置（合同的履行）也可得出该结论。部分履行与违约责任是“两码事”。此外，违约行为与部分履行行为能够互相转化，转化与否取决于债权人的态度。例如，在某案中，一审法院认为：“乙公司支付部分货款的行为，本应评价为违约行为，但是从甲公司对应行为出发，足以认定双方达成了部分履行的合意。因为，在乙公司部分履行之时，甲公司可以采取两项措施应对乙公司的行为：

① 薛军：《部分履行的法律问题研究——〈合同法〉第72条的法解释论》，载《中国法学》2007年第2期。

一是收取货款而不发货，待乙公司付清余款后，如数交付牛仔布；二是行使《中华人民共和国合同法》第七十二条规定的拒绝权。但是，甲公司放弃行使上述法定的权利，接受了乙公司的部分履行。诚如甲公司所述：'牛仔布不可能分批生产。'如果甲公司在备齐牛仔布的情况下，接受乙公司的部分履行，将直接损害甲公司的利益，但是甲公司放弃采取措施应对乙公司的'违约行为'，由此可见，乙公司的'违约行为'仅是表象的违约，真实情况是甲公司默认之下的履约行为。综上，甲公司自愿接受了乙公司的部分履行，由此推断，双方必然达成某种合意，其内容或是合同终止或是继续履行。"二审法院亦持相同观点："从该两份合同的内容来看，双方约定'款到发货'，然而甲公司在乙公司仅支付部分货款的情况下交付了部分货物。甲公司对此解释为：乙公司当时只有40余万元资金，经双方协商后，甲公司同意乙公司先提取部分货物，余下的货物等乙公司付完全款以后再提。对此本院认为，如果甲公司的此种解释成立，那么双方此后又发生了十余次交易，按常理，甲公司也应在乙公司履行完涉案两份合同的付款义务的情况下，与乙公司履行此后的交易。但是综观双方此后的交易，甲公司在乙公司未付清涉案两份合同项下货款的情况下，又陆续与乙公司履行了此后的全部交易。显然，甲公司的上述解释不能成立，本院无法采信。乙公司提出的涉案合同经双方协商已作了变更，剩余部分不需要再履行的抗辩更具合理性，本院予以采信。"①

规范内容

一、债务人部分履行

债务人部分履行是适用本条的前提，因此，债务人部分履行的条件是首先应当解决的问题。有观点认为，可以部分履行的合同标的物是可分的，也即在数量上可以分成不同的部分而不影响其性质和作用。②此观点有可取之处，但不够完整。部分履行实际上是对整体履行的一种违反。而履行的整体性可

---

① 上海市第一中级人民法院（2012）沪一中民四（商）终字第100号民事二审判决书。

② 唐德华：《合同法条文释义》（下），人民法院出版社2000年版，第327页。

以从债的法律原因、当事人的意志、债的客体进行考察。具体而言，首先，基于同一法律原因发生的履行具有整体性，例如，当事人事先约定分期付款的，债务人足额支付某一到期款项，亦是整体履行；其次，当事人的意志也可决定履行的整体性，例如，债权人将部分债权转让的，债务人当然可以只履行保留的债权；最后，当履行在事实上不可能分开进行时，履行本身即具有事实上的整体性，不存在部分履行的可能。[①]

二、债权人的拒绝权

从法律构成上看，债权人行使拒绝权应当满足两个条件：第一，债务人部分履行；第二，债务人部分履行造成债权人利益上的损害。第二个条件中的“利益”一词当与《民法典》第530条中的“利益”作相同理解，此处不再赘述。

三、债权人接受债务人部分履行的后果

一是债的部分消灭。债权人接受债务人部分履行，该部分债务因其目的实现而消灭。当然，其余部分债务并不因此而消灭，债权人接受部分履行之意思不能解释为对剩余债务的免除，也不能解释为债权人在剩余债务中也允许债务人部分履行。

二是债务人承担部分履行增加的费用。所谓增加的费用，是指因债务人部分履行而导致债权人要比在债务人正常履行的情况下多支付的一部分费用。即使债权人接受了债务人的部分履行，但出于维护债权人利益的需要，增加的费用也必须由债务人承担，自不待言。

举证责任

本条适用的举证责任问题宜与《民法典》第530条作相同理解，此处不再赘述。

---

① 薛军：《部分履行的法律问题研究——〈合同法〉第72条的法解释论》，载《中国法学》2007年第2期。

第五百三十二条【当事人变化对合同履行的影响】

合同生效后，当事人不得因姓名、名称的变更或者法定代表人、负责人、承办人的变动而不履行合同义务。

历史由来

本条完全沿袭了《合同法》第76条的规定，在民法典编纂过程中，各个阶段的民法典草案都作了与《合同法》第76条完全相同的规定。

规范目的或功能

合同生效后，合同当事人的姓名、名称可能会发生变更，法定代表人、负责人、承办人的变动亦不鲜见。本条是注意性规定，因为即使无本条之规定，从合同相对性原则以及诚信原则上也能解释，上述事项的发生不会影响合同的正常履行。而之所以能作如此解释的根本原因是，本条所谓“姓名、名称的变更或者法定代表人、负责人、承办人的变动”是以合同关系未发生改变作为前提条件。此处合同关系未发生改变主要是指合同主体自身未改变和合同主体未变更。所谓合同主体自身改变一般是指合同主体合并分立，合同主体的合并分立会导致权利义务的变更和继承，从而对合同履行产生影响。所谓合同主体的变更是指新的主体取代了原合同关系的主体，即新的债权人或债务人代替了原来的债权人或债务人，原来的合同主体完全或部分退出合同关系。

规范内容

所谓合同当事人的姓名、名称，具体是指自然人的姓名和法人、非法人组织的名称。而法定代表人是指法人的法定代表人，负责人是指非法人组织中的对外代表，承办人是指法人或非法人组织中承办处理该合同事宜的代理人。合同当事人发生上述事项变更的，合同对其仍有拘束力，其仍需按照合同约定全面履行合同义务。

举证责任

如上所言，本条之适用前提在于合同当事人并未发生改变。因此，本条适用的举证责任重点和难点不在于合同当事人是否发生了上述事项变动，而在于合同关系是否发生改变，也即合同当事人自身是否发生改变以及合同主体是否发生变更。在诉讼中，一方当事人援用本条请求对方按照合同约定履行合同义务时，如果对方以合同关系发生变更为由予以对抗，那么根据《民事诉讼法解释》第91条第2项之规定，其必须承担相应的举证责任。

第五百三十三条【情势变更】

合同成立后，合同的基础条件发生了当事人在订立合同时无法预见的、不属于商业风险的重大变化，继续履行合同对于当事人一方明显不公平的，受不利影响的当事人可以与对方重新协商；在合理期限内协商不成的，当事人可以请求人民法院或者仲裁机构变更或者解除合同。

人民法院或者仲裁机构应当结合案件的实际情况，根据公平原则变更或者解除合同。

历史由来

本条属于新增规定，内容主要源于2009年《合同法解释（二）》第26条的规定。《合同法解释（二）》第26条规定："合同成立以后客观情况发生了当事人在订立合同时无法预见的、非不可抗力造成的不属于商业风险的重大变化，继续履行合同对于一方当事人明显不公平或者不能实现合同目的，当事人请求人民法院变更或者解除合同的，人民法院应当根据公平原则，并结合案件的实际情况确定是否变更或者解除。"这是我国规范性文件首次确立情势变更规则，为法官在审判实践中提供了直接、具体的裁判依据。

《民法典合同编（草案）》（征求意见稿）第73条规定："合同成立后，订立合同的基础发生了当事人在订立合同时无法预见的、非不可抗力造成的不属于商业风险的重大变化，继续履行合同对于当事人一方明显不公平或者不能实现合同目的的，受不利影响的当事人一方可以请求与对方重新协商；在合理期限内协商不成的，当事人有权请求人民法院或者仲裁机构变更或者解除合同。人民法院或者仲裁机构应当结合案件的实际情况，根据公平原则和诚信原则确定变更或者解除合同。"《民法典合同编（草案）》（一审稿）第323条规定："合同成立后，订立合同的基础发生了当事人在订立合同时无法预见的、非不可抗力造成的不属于商业风险的重大变化，继续履行合同对于当事人一方明显不公平的，受不利影响的当事人可以请求与对方重新协商；在合理期限内协商不成的，当事人可以请求人民法院或者仲裁机构变更或者解除合同。人民法院或者仲裁机构应当结合案件的实际情况，根据公平原则确定变更或者解除合同。"该规定相比于"征求意见稿"第73条作了两处重大删节：一是删除了"或者不能实现合同目的"的规定；二是删除了"诚信原则"的规定。《民法典合同编（草案）》（二审稿）第323条第1款在《民法典合同编（草案）》（一审稿）第323条规定的基础上再次作出修改，即删除了"非不可抗力造成的"规定。《民法典（草案）》第533条接受了"二审稿"第323条的规定。

三 规范目的或功能

本条是关于情势变更规则的规定。通说认为，情势变更最早出现在十二三世纪注释法学派名作《优帝法学阶梯注释》当中，该书假定每一个合同均包含一个默示条款，在缔结合同时作为基础的客观情况应继续存在，一旦这种情况不再存在，准予变更或解除合同。尽管如此，大陆法系情势变更原则发展经历了长时间的波折。20世纪上半叶，两次世界大战以及经济危机，给社会经济造成了严重的破坏，契约神圣的观念发生动摇。1921年，德国法学家欧特曼提出了所谓"欧特曼"公式，即法律行为之基础，其实质在于缔结法律行为时一方当事人对于特定环境之存在或发生所具有之预想，该预想之重要性为相对人了解并未作反对表示，或为双方当事人对于特定环境之存在或发生所具有之共同预想，且基于此预想而形成法律行为意思。根据该公式，因法律行为基础有瑕疵而受“不利益”的当事人，享有解除合同的权利。[①]此后，由拉恩茨提出“修正法律行为基础说”将法律行为基础分为主观和客观方面：“主观的法律行为基础，指双方当事人签订合同时的某种共同预想；客观的法律行为基础，指合同前提的某种客观情况。”[②]法律行为基础学说被提出后，经过不断修正和发展最终形成了“法律行为基础制度”，情势变更原则得以确立。英美法系上的“情势变更”被称为合同落空，英国合同法对合同落空规则的定义是，如果合同订立后出现的与当事人的过错无关的，某种情形改变使得合同订立时所追求的目的无法达到，或订立合同所基于的理由已不复存在，那么义务人即可以不履行其合同义务，尽管这种履行仍属可能。[③]21世纪以来，高速发展的社会经济带来的新挑战层出不穷，如2003年“非典疫情”、2008年全球金融风暴、2020年年初“新冠肺炎疫情”等。引入情势变更原则的价值在于，当合同原有的利益平衡因社会经济的激烈动荡而导致不公正结果时，施以法律的救济。正如《合同法解释（二）》的主要起草人曹守晔法官所言，《合同法解释（二）》第26条要解决合同订立后显失公平的问题。[④]总而言之，本条之规范目的在于，调整因不可归责于合同双方事由，合同订立的客观基础动摇或丧失带来合同双方利益失衡的问题。

规范内容

一、情势变更的构成要件

（一）有情势变更的事实发生

所谓情势，就是指构成合同基础或环境的一切客观事实。而情势变更即合

① 梁慧星：《合同法中的情事变更问题》，载《法学研究》1998年第6期。

② 梁慧星：《合同法上的情事变更问题》，载《法学研究》1988年第6期。

③ 车丕照：《合同落空、情势变更与不可抗力——兼论我国相应立法的模式选择》，载《兰州大学学报》（社会科学版）1996年第2期。

④ 曹守晔：《最高人民法院〈关于适用《中华人民共和国合同法》若干问题的解释（二）〉之情势变更问题的理解与适用》，载《法律适用》2009年第8期。

同基础或环境在客观上的异常变动。[①]值得注意的是，情势变更的关注重点在于合同订立的客观基础，也即客观情势。与客观基础相对的是主观基础，合同订立的主观基础即为合同当事双方的共同的动机。主观基础的变动已经由合同效力制度加以规制，因而无需再借助情势变更制度。关于如何判断客观情势，笔者认为，仅仅从事实形态的角度对此做一个比较完满的结论是不恰当也是不可能的，这一问题需要由法官根据案件具体情况进行个案分析。在德国判例上，客观情势的类型主要有：第一，货币贬值；第二，法律变动与行政行为；第三，灾难；第四，其他经济因素的变化。[②]从我国的司法实践看，自然或人为因素均可导致情势变更。[③]当然，客观情势的范围不可能仅限于此。梁慧星教授提供了三个判断标准：是否造成合同基础丧失、是否致使目的落空、是否造成对价关系障碍。[④]此亦为目前的理论通说。但是，随着民法典的颁行，有必要对该标准进行一定的修正。首先，就第一个判断标准而言，即造成合同基础的丧失，因过于含糊以及可能会陷于循环论证的逻辑谬误，从而在理论上和实际上的价值不大。其次，与《合同法解释（二）》第26条相比，本条删除了“不能实现合同目的”这一表述。因而，在文义解释上，合同目的落空不能成为情势变更发生的判断标准。因此，笔者认为，情势变更事实发生的判断标准有且仅有一个，即给合同造成了对价关系障碍，可能会带来显失公平的后果。进一步地，判断显失公平的标准，应当以理性人的看法加以判断，包括履行特别困难、债权人受领严重不足、履行对债权人无利益等。[⑤]

---

① 韩世远：《合同法总论》（第四版），法律出版社2018年版，第504页。

② ［德］卡斯腾·海尔斯特尔、许德风：《情事变更原则研究》，载《中外法学》2004年第4期。

③ 例如，最高人民法院曾判决认为：“鹏伟公司在履行本案《采砂权出让合同》过程中遭遇鄱阳湖36年未遇的罕见低水位，导致采砂船不能在采砂区域作业，采砂提前结束，未能达到《采砂权出让合同》约定的合同目的，形成巨额亏损。这一客观情况是鹏伟公司和采砂办在签订合同时不可能预见到的，鹏伟公司的损失也非商业风险所致。在此情况下，仍旧依照合同的约定履行，必然导致采砂办取得全部合同收益，而鹏伟公司承担全部投资损失，对鹏伟公司而言是不公平的，有悖于合同法的基本原则。”参见《成都鹏伟实业有限公司与江西省永修县人民政府、永修县鄱阳湖采砂管理工作领导小组办公室采矿权纠纷案》，载《中华人民共和国最高人民法院公报》2010年第4期。

④ 梁慧星：《中国民法经济法诸问题》，法律出版社1991年版，第226页。

⑤ 崔建远主编：《合同法》（第六版），法律出版社2016年版，第90页。

（二）情势变更发生于合同成立之后履行完毕之前

情势变更必须发生在合同履行完毕之前，如此才存在该原则适用的问题。问题在于，一方当事人发生履行迟延得否依据情势变更原则变更或解除合同？最高人民法院曾在一则判决中表达了否定的观点："案涉《股权转让协议》第四条约定，无论与淮北甲公司、宿州乙公司拥有的三处煤炭资源相关的探矿许可证或采矿许可证是否作废、到期或失效，丙矿业公司均无条件地履行本协议约定的所有条款；第二条约定，2014年7月31日前，丙矿业公司向丁公司支付第一笔股权转让款。丙矿业公司对此并无异议，且在第一笔转让款期满不能支付的情况下向丁公司出具了2000万元的违约金欠条并实际履行1000万元，而《指导意见》[①]出台时间是在2014年10月12日，故对该笔股权转让款，一审判决认定不符合情势变更原则，有事实依据。"[②]笔者赞同最高人民法院的立场。发生履行迟延的一方意图通过情势变更原则来免除自身本应承担的责任，显然与诚信原则相违背，也不符合情势变更原则的立法初衷。

（三）当事人在缔约时不可预见

客观情势的发生应当是当事人在缔约之时不能预见的。如果当事人在缔约时就已经预见或能够预见客观情势的发生会给合同履行带来显失公平的后果，则与情势变更原则的规范目的相违背。在判断上，笔者认为，应当以一个理性人的认识能力为标准去衡量。

（四）客观情势的发生不可归责于合同当事人

该要件是情势变更原则的精神内核。创设情势变更原则的根本目的是在合同双方均无过错的情形下，避免合同继续履行带来的利益失衡。合同当事人利益失衡的原因有很多，如果是可归责于合同当事人一方的，毫无疑问有过错方应当承担相应责任。但，如果利益失衡的发生为当事人所不能控制，那么简单地由一方承担不利后果的做法显然是不具备正当性与合理性的。情

---

① 指《国家能源局关于调控煤炭总量优化产业布局的指导意见》。

② 最高人民法院（2015）民二终字第236号民事二审判决书。

势变更原则的创设就是为了填补这一空白，以维护合同的实质公平。

（五）情势变更导致原合同的履行会显失公平

此为情势变更原则的结果要件。情势变更原则的适用要求继续履行将造成显失公平的后果，也即上文所提及的对价关系障碍。特别值得注意的是，根据《合同法解释（二）》第26条的规定，情势变更原则结果要件还包括合同目的无法实现。但，本条改变了《合同法解释（二）》的规定，删除了“不能实现合同目的”这一表述。因此，客观情势的发生导致合同目的无法实现的，不再是情势变更原则的构成要件。

二、情势变更的适用程序

（一）合同当事人的再交涉制度

根据本条规定，当事人一方依据情势变更原则变更或解除合同的，应当先行与对方当事人协商，在合理期限内协商不成的，方可向法院或仲裁机构提出请求，此即为当事人的再交涉义务。《合同法解释（二）》第26条并未对此作相应规定。参与起草该司法解释的王闯法官曾撰文称：“《合同法解释（二）》第26条虽然未明确规定‘再交涉义务’，但在解释上应当肯定‘再交涉义务’的存在。”目前，除少部分反对意见外，[①]理论通说对于在情势变更原则中增加当事人再交涉义务持赞同观点。[②]

关于再交涉的性质。德国以及日本的理论学说将其定性为在发起诉讼之前必须要历经完成的程序性步骤。[③]我国民法理论对再交涉制度的研究并不充分，观点上亦存有争议。例如，韩世远教授认为，“再交涉义务”不是在赋予权利，而是在设定义务；不是体现私法自治，而是限制了私法自治。[④]反对

---

① 沈哲铭：《情事变更原则中再交涉义务之否定》，载《东南大学学报》（哲学社会科学版）2018年第52期。

② 韩世远：《情事变更若干问题研究》，载《中外法学》2014年第3期；王利明：《合同法研究》（第二卷）（第三版），中国人民大学出版社2015年版，第391页。

③ 刘善华：《日本和德国法上的再交涉义务及对我国合同法的启示》，载《山东大学学报》（哲学社会科学版）2013年第6期。

④ 韩世远：《合同法总论》（第四版），法律出版社2018年版，第510页。

的观点认为，情势变更原则中的当事人再交涉制度是一种权利，若合同双方均未向对方提出再交涉的请求或者双方协商共同请求法院变更或者解除合同，法律不应强制性地要求双方进行再交涉。[①]一般认为“义务说”是理论通说。但是，这一观点有进一步探讨的余地。如果再交涉是一种“义务”，那么“受不利影响的当事人可以与对方重新协商”中的“可以”一词应当作何理解？是否与《民法典》第543条、第562条的规定相矛盾？韩世远教授进一步认为，鉴于“再交涉义务”一定程度上限制了意思自治，那么此种义务应当是一种行为义务而非结果义务。[②]如果将“再交涉义务”的内容确定为“行为义务”，那么当事人完全可以共同协商绕过这一规定，直接向法院提起诉讼，从而导致这一规定成为具文。“权利说”为我国民法学界的一种新兴学说，在一定程度上可以克服“义务说”的缺陷。但，该观点进一步将“再交涉权利”定性为受不利影响一方享有的“形成权”，也即受不利影响的一方请求对方进行再交涉的，后者必须应要求进行实质性交涉。问题在于，情势变更原则的发生并不可归责于合同任何一方，仅赋予受不利影响一方以形成权，亦不甚合理。因此，再交涉制度的定位与定性究竟为何，有待理论与实践贡献有益智慧。笔者认为，仅从本条文本安排上看，当事人再交涉是诉讼或仲裁之前的强制前置程序，唯有在合理期限内协商不成的，当事人才可以请求法院或仲裁机构解除或变更合同。

（二）人民法院或仲裁机构变更或解除合同

本条第2款规定，人民法院或者仲裁机构应当结合案件的实际情况，根据公平原则变更或者解除合同。人民法院或仲裁机构判决或裁决合同变更还是解除的，应当严格遵循公平原则并根据客观情势对合同订立基础的破坏程度而定。如果客观情势对合同订立基础造成严重破坏，给合同履行带来严重困难的，人民法院或仲裁机构应当判决或裁决合同解除。如果未达到严重困难的程度，应当判决或裁决变更。一般而言，从鼓励交易原则和尊重当事人意思自治的角度出发，人民法院应当优先考虑变更，唯有在仍

---

① 参见张素华、宁园：《论情势变更原则中的再交涉权利》，载《清华法学》2019年第3期。

② 韩世远：《合同法总论》（第四版），法律出版社2018年版，第510页。

无法解决利益失衡问题时方予解除。[①]最高人民法院《关于正确适用〈中华人民共和国合同法〉若干问题的解释（二）服务党和国家的工作大局的通知》要求，人民法院在适用情势变更时层报高级人民法院审查批准。这是为了最大限度地避免对交易安全和市场秩序造成较大冲击，防止个别企业假借情势变更逃避债务及规避正常的商业风险。鉴于此，人民法院或仲裁机构在处理相关案件时，应首先由双方协商，即使协商不成，也应当坚持调解优先的原则。[②]

三 其他问题

一、情势变更与不可抗力

关于不可抗力与情势变更区分的问题，从既有的理论学说与实践判例来看，两者的区分主要有两条路径：其一，形态论，即从不安情势的本身表现形态出发；其二，结果论，即从不安情势对合同目的实现的影响出发。本条文与《合同法解释（二）》第26条有诸多相似之处，但变化亦有之：第一，删除了“非不可抗力的”；第二，删除了“不能实现合同目的”。就这两点变化而言，立法者或许意图表达两层含义：

第一，弱化情势变更与不可抗力的形态界限。《合同法解释（二）》第26条明确规定，不可抗力非情势变更，此为“形态论”区分的根源所在。如此会引发逻辑上的一个疑问：不可抗力不会造成情势变更，换句话说，情势变更都是可抗的。既为可抗，情势变更又何需法律的介入？因此，“形态论”，即从形态上对不可抗力与情势变更进行区分存在十分明显的缺陷。实际上，从世界范围来看，不可抗力与情势变更的立法体例存在两种模式：一种是一元论，即不对不可抗力与情势变更进行分别规定。例如，主流观点认为，1980年《联合国国际货物销售合同公约》（CISG）第79条既规范“不可抗力”，

---

① 韩世远：《情事变更若干问题研究》，载《中外法学》2014年第3期；王利明：《合同法研究》（第二卷）（第三版），中国人民大学出版社2015年版，第390页。

② 曹守晔：《最高人民法院〈关于适用《中华人民共和国合同法》若干问题的解释（二）〉之情势变更问题的理解与适用》，载《法律适用》2009年第8期。

也规范“情势变更”。另一种是二元论，即对不可抗力与情势变更进行分别规定。我国法律遵循二元论模式，除此以外类似例子有：国际统一私法协会《2010国际商事合同通则》(PICC)，其第6.2.2条和第6.2.3条分别规定了“艰难情形”的定义和效果，第7.1.7条规定了不可抗力。

第二，进一步明确“结果论”是不可抗力与情势变更的区分依据。正如上文所言，在我国法律上不可抗力与情势变更是遵循“二元论”模式。因此，不可抗力与情势变更的区别仍然是存在的。如果说《合同法解释(二)》第26条无法在“结果论”上对不可抗力与情势变更作出十分清晰的界定，那么本条在删除“不能实现合同目的”后实际上已经消除了模糊地带。既然立法者意欲将两者进行区分，那么必须为两者划分“生存空间”。不可抗力规则反映了合同当事人被迫接受强大且残酷的现实，在毁灭性力量面前提前终止合同；而情势变更则是着眼于修正外因导致的严重利益失衡，实现“给付均衡”。质言之，当客观情况的变化使合同遭受毁灭性打击，继续履行已无可能或合同目的无法达成，解除合同已成唯一选项之时，不可抗力规则便能发挥作用；而当合同未完全毁灭，但继续履行可能导致利益失衡，当事人可以选择变更合同来实现利益平衡之时，情势变更便有了生存空间。

2020年年初，针对肆虐全国的“新冠肺炎疫情”，全国人大常委会法工委相关人员在2月10日回答记者提问时提到“对于因疫情防控不能履行合同的当事人来说属于不可抗力”。[①]此处，同样强调了“不能履行合同”这一结果性条件，而并未一概将其理解为不可抗力。对此，社会各方面普遍存在误读，需要特别注意。2020年4月16日，最高人民法院出台《关于依法妥善审理涉新冠肺炎疫情民事案件若干问题的指导意见(一)》，其中明确规定，疫情或者疫情防控措施直接导致合同不能履行的，依法适用不可抗力的规定；疫情或者疫情防控措施仅导致合同履行困难的，当事人可以重新协商；当事人以合同履行困难为由请求解除合同的，人民法院不予支持；继续履行合同

① 王比学：“在法治轨道上保障疫情防控顺利开展——全国人大常委会法工委有关部门负责人就疫情防控相关法律问题答记者问”，载人民网http://politics.people.com.cn/n1/2020/0211/c1001-31580515.html，最后访问时间2020年3月6日。

对于一方当事人明显不公平，当事人请求人民法院予以变更的，人民法院视情况决定是否予以支持。此外，2003年“非典”疫情肆虐期间，最高人民法院在《关于在防治传染性非典型肺炎期间依法做好人民法院相关审判、执行工作的通知》（已失效）中规定：“因政府及有关部门为防治‘非典’疫情而采取行政措施直接导致合同不能履行，或者由于‘非典’疫情的影响致使合同当事人根本不能履行而引起的纠纷，按照《中华人民共和国合同法》第一百一十七条和第一百一十八条的规定妥善处理。”在上述规定中，最高人民法院明确强调政府行政措施或疫情构成不可抗力须以导致合同履行不能作为结果性条件。根据笔者观察，这种认定思路使用的就是从事件的影响程度出发的“结果引导型”的裁判方法。

基于以上的论述，笔者认为，情势变更与不可抗力在不安情势表现形态上并无差别。当不安情势足以导致合同目的不达，当事人有权依据不可抗力规则直接解除合同；当不安情势导致合同双方利益产生极大的失衡，继续履行可能带来明显不公，但合同目的仍可实现的，当事人有权依据情势变更规则予以解除或者变更合同。

二、情势变更与商业风险

情势变更与商业风险如何区分，一直是学界热衷的话题之一。正是由于两者过于相似难以区分，合同法对情势变更原则选择了回避。[①]针对这一问题，《合同法解释（二）》以及民法典均对情势变更与商业风险作出了明确的区分。通过梳理学界的诸多观点，我们发现，学界对于两者的差别的认识主要集中在两个方面：

第一，性质不同。情势变更属于合同订立基础的异常变动，在性质上属于意外的风险。而商业风险属于从事商业活动所固有的风险，作为合同基础的客观情况的变化没有达到异常的程度。[②]这一观点实际上也暗含了结果层面上的差别，也即情势变更的发生使得合同基础丧失或者变更，进而导致合同

---

① 孙礼海编著：《〈中华人民共和国合同法〉立法资料选》，法律出版社1999年版，第10页。

② 曹守晔：《最高人民法院〈关于适用《中华人民共和国合同法》若干问题的解释（二）〉之情势变更问题的理解与适用》，载《法律适用》2009年第8期。

预期的目的发生了根本性的变化；而商业风险的发生不具根本性，没有达到异常的程度。[①]

第二，可预见性不同。在经济活动中，有人遵循价值规定，看准商机，在经营中获利；也有人因此亏损，甚至破产，这都是正常现象，均为可以或应当预见的。[②]在可预见性的判断上，应当以客观标准，即不以特定的订约人而是以一个抽象的一般理性交易人作为考察的对象。[③]可预见性包含了可归责性，情势变更因其不可预见而不具可归责性；相反，因为商业风险可以被预见，当事人主观上是被归责的。可预见性是人民法院区分情势变更与商业风险的主要依据。最高人民法院在《关于当前形势下审理民商事合同纠纷案件若干问题的指导意见》中指出："商业风险属于从事商业活动的固有风险，诸如尚未达到异常变动程度的供求关系变化、价格涨跌等。情势变更是当事人在缔约时无法预见的非市场系统固有的风险。人民法院在判断某种重大客观变化是否属于情势变更时，应当注意衡量风险类型是否属于社会一般观念上的事先无法预见、风险程度是否远远超出正常人的合理预期、风险是否可以防范和控制、交易性质是否属于通常的'高风险高收益'范围等因素，并结合市场的具体情况，在个案中识别情势变更和商业风险。"[④]

除此以外，还有学者为两者的区分提供了具有可操作性的判断标准。王利明教授认为，两者的区分可依据的标准有：第一，可预见性标准；第二，获益标准；第三，影响广泛性标准；第四，外部性标准；第五，风险防范标

---

① 张建军：《情势变更与商业风险的比较探讨》，载《甘肃政法学院学报》2004年第2期。

② 张建军：《情势变更与商业风险的比较探讨》，载《甘肃政法学院学报》2004年第2期。

③ 王利明：《情事变更制度若干问题探讨——兼评〈民法典合同编（草案）〉（二审稿）第323条》，载《法商研究》2019年第3期。

④ 在实践中，大部分法院在审理此类案件时亦以可预见性为区分标准。例如，长春市中级人民法院（2017）吉01民初227号判决理由谓：双方在2010年11月25日签订合同时，某公司对其自行进行土地及地上物拆迁整理是明知的，对其所负担的土地及地上物拆迁整理开销是有计划的，签订合同后应自行承担由其拆迁的商业风险，《国有土地上房屋征收与补偿条例》将2011年1月21日后土地征收与补偿责任归于政府应属于某公司应承担的商业风险范畴。参见长春市中级人民法院（2017）吉01民初227号民事一审判决书。

准。[①]韩世远教授提出了“两步走”的判断思路：首先，要区分“主观意义上的商业风险”和“客观意义上的商业风险”，唯有“客观意义上的商业风险”才可与情势变更规则相比较。其次，要区分“可预见的风险”与“不可预见的风险”、“可承受的风险”与“不可承受的风险”，相应地，虽不可预见但可承受，并不构成情势变更；虽可预见但不可承受，则应当归入不可预见的风险行列，承认有适用情势变更的余地。[②]上述观点和方法，可资借鉴。

第五百三十四条【合同监管】

对当事人利用合同实施危害国家利益、社会公共利益行为的，市场监督管理和其他有关行政主管部门依照法律、行政法规的规定负责监督处理。

历史由来

本条是对《合同法》第127条的改造。由民法典编纂过程看，《民法典合同编（草案）》（征求意见稿）、《民法典合同编（草案）》（一审稿）及《民法典合同编（草案）》（二审稿）均未设此规定。《民法典（草案）》第534条规定：“对当事人利用合同实施危害国家利益、社会公共利益行为的，市场监督管理和其他有关行政主管部门依照法律、行政法规的规定负责监督处理。”该规定大体上继承了《合同法》第127条的规定，但进行了表述上的调整，并将“工商行政管理”部门改为“市场监督管理”部门，这与我国2018年进行的国务院机构改革保持一致；[③]同时，删除了“在各自的职权范围内”以及“构成犯

① 王利明：《情事变更制度若干问题探讨——兼评〈民法典合同编（草案）〉（二审稿）第323条》，载《法商研究》2019年第3期。

② 韩世远：《情事变更若干问题研究》，载《中外法学》2014年第3期。

③ 《深化党和国家机构改革方案》提出，将国家工商行政管理总局的职责，国家质量监督检验检疫总局的职责，国家食品药品监督管理总局的职责，国家发展和改革委员会的价格监督检查与反垄断执法职责，商务部的经营者集中反垄断执法以及国务院反垄断委员会办公室等职责整合，组建国家市场监督管理总局，作为国务院直属机构。因此，原工商行政管理部门的职权由市场监督管理部门行使。

罪的，依法追究刑事责任”的表述。

合同监管制度在我国由来已久。1982年7月1日实施的《经济合同法》专门用一章（第六章）三个条文（第51条、第52条和第53条）对经济合同的管理进行规定。1993年9月2日经过修正的《经济合同法》在第六章用两个条文对经济合同的管理进行规定。1999年10月1日实施的《合同法》最终只用了一个条文对合同的监督进行规定（第127条），即“工商行政管理部门和其他有关行政主管部门在各自的职权范围内，依照法律、行政法规的规定，对利用合同危害国家利益、社会公共利益的违法行为，负责监督处理；构成犯罪的，依法追究刑事责任”。

规范目的或功能

本条是关于合同监督的规定。在某些当事人利用合同损害国家利益、社会公共利益的场合，如签订阴阳合同以逃避纳税，当事人的行为对国家和社会秩序造成了严重的损害，超出了当事人意思自治的范畴，也无法完全依靠民事法律进行调整。因此，本条的规范目的有二：其一，明确市场监督管理等行政管理部门对合同履行的监督职能；其二，提醒当事人切勿利用合同损害国家利益和社会公共利益。

规范内容

本条并无具体规范内容，如果合同当事人利用合同实施本条所规定之行为，由市场监督管理等行政管理部门依照法律、行政法规进行处理。唯一需要注意的是，相关行政管理部门在对合同进行监管时，要遵循“法无授权皆禁止”的原则，严格依照法律、行政法规的规定，不能借监管之名行干预意思自治之实。

中国社会科学院法学研究所
民法典研究丛书

MINFADIAN PINGZHU

民法典评注

合同编

通 则

2

朱广新 谢鸿飞 主编

中国法制出版社

CHINA LEGAL PUBLISHING HOUSE

合同编撰稿人

（以撰写法律条文的序号排序）

于　飞　中国政法大学民商经济法学院教授，撰写第463—468条
王文胜　湖南大学法学院副教授，撰写第469—487条
梅　伟　西南政法大学民商法学院副教授，撰写第488、489条及第495—501条
范雪飞　西南政法大学民商法学院教授，撰写第490—494条
耿　林　清华大学法学院副教授，撰写第502—508条
张定军　华中科技大学法学院副教授，撰写第509—521条
侯国跃　西南政法大学民商法学院教授，撰写第522—534条

丁宇翔　北京市第一中级人民法院民四庭负责人，撰写第535—542条
肖　俊　上海交通大学凯原法学院副教授，撰写第543—556条
刘承韪　中国政法大学比较法学研究院教授，撰写第557—567条
申海恩　中国政法大学民商经济法学院副教授，撰写第568—576条
朱广新　中国社会科学院法学研究所研究员，撰写第577—582条
郝丽燕　山东建筑大学法学院副教授，撰写583—594条

易　军　中国政法大学民商经济法学院教授，撰写第595—614条
武　腾　中央财经大学法学院副教授，撰写第615—624条
张长绵　华东政法大学法律学院讲师，撰写第625—647条
谢鸿飞　中国社会科学院法学研究所研究员，撰写第648—656条
宁红丽　对外经济贸易大学法学院教授，撰写第657—666条
胡旭东　四川省高级人民法院三级高级法官，撰写第667—680条

夏昊晗　中南财经政法大学法学院副教授，撰写第 681—702 条
张初霞　中国社会科学院大学法学院副教授，撰写第 703—718 条
雷秋玉　昆明理工大学法学院教授，撰写第 719—734 条
高圣平　中国人民大学法学院教授，撰写第 735—760 条
赵　磊　中国社会科学院法学研究所研究员，撰写第 761—769 条

张保红　广东外语外贸大学土地法制研究院教授，撰写第 770—787 条
冉克平　武汉大学法学院教授，撰写第 788—808 条
李　敏　中南林业科技大学副教授，撰写第 809—824 条
马金星　中国社会科学院国际法研究所助理研究员，撰写第 825—842 条
朱　涛　重庆大学法学院教授，撰写第 843—861 条
孙　莹　西南政法大学人工智能法学院副教授，撰写第 862—877 条
李欣倩　天津大学法学院讲师，撰写第 878—887 条

刘道远　海南大学法学院教授，撰写第 888—903 条
李建伟　中国政法大学民商经济法学院教授，撰写第 904—918 条
胡东海　中南财经政法大学法学院教授，撰写第 919—936 条
陈晓敏　中南财经政法大学法学院副教授，撰写第 937—950 条
夏小雄　中国社会科学院法学研究所副研究员，撰写第 951—960 条
姚　佳　中国社会科学院法学研究所编审，撰写第 961—966 条
徐强胜　中南财经政法大学法学院教授，撰写第 967—978 条
金可可　华东政法大学法律学院教授，撰写第 979—988 条

本编由朱广新负责统稿。

凡　例

文献名称	本书指称
一、民法典草案	
《民法典各分编（草案）》（征求意见稿）（合同编）	《民法典合同编（草案）》（征求意见稿）
《民法典各分编（草案）》（合同编）	《民法典合同编（草案）》（一审稿）
《民法典合同编（草案）》（二次审议稿）	《民法典合同编（草案）》（二审稿）
《中华人民共和国民法典（草案）》	《民法典（草案）》
二、法律与行政法规	
《中华人民共和国民法典》	《民法典》[①]
三、司法解释	
《最高人民法院关于审理旅游纠纷案件适用法律若干问题的规定》	《旅游纠纷规定》
《最高人民法院关于适用〈中华人民共和国担保法〉若干问题的解释》	《担保法解释》
《最高人民法院关于当前形势下审理民商事合同纠纷案件若干问题的指导意见》	《审理民商事合同指导意见》
《最高人民法院关于审理民事案件适用诉讼时效制度若干问题的规定》	《诉讼时效制度规定》
《最高人民法院关于人民法院执行工作若干问题的规定（试行）》	《执行工作规定》
《最高人民法院关于适用〈中华人民共和国合同法〉若干问题的解释（一）》	《合同法解释（一）》
《最高人民法院关于适用〈中华人民共和国合同法〉若干问题的解释（二）》	《合同法解释（二）》
《最高人民法院关于审理商品房买卖合同纠纷案件适用法律若干问题的解释》	《商品房买卖合同解释》

① 本书引用的冠以“中华人民共和国”的法律与行政法规，简称时省略“中华人民共和国”字样，法律与行政法规简称均循此规律，不再重复标注。

续表

文献名称	本书指称
《最高人民法院关于审理买卖合同纠纷案件适用法律问题的解释》	《买卖合同解释》
《最高人民法院关于审理建设工程施工合同纠纷案件适用法律问题的解释》	《建设工程施工合同解释》
《最高人民法院关于审理涉及国有土地使用权合同纠纷案件适用法律问题的解释》	《国有土地使用权合同解释》
《全国法院民商事审判工作会议纪要》	《九民会议纪要》
《最高人民法院关于贯彻执行〈中华人民共和国民法通则〉若干问题的意见》	《民法通则意见》
《最高人民法院关于适用〈中华人民共和国民事诉讼法〉的解释》	《民事诉讼法解释》
《最高人民法院关于审理民间借贷案件适用法律若干问题的规定》	《民间借贷规定》

目 录

CONTENTS

第一分编 通 则

第五章

合同的保全

第五百三十五条【债权人代位权】

因债务人怠于行使其债权或者与该债权有关的从权利，影响债权人的到期债权实现的，债权人可以向人民法院请求以自己的名义代位行使债务人对相对人的权利，但是该权利专属于债务人自身的除外。

代位权的行使范围以债权人的到期债权为限。债权人行使代位权的必要费用，由债务人负担。

相对人对债务人的抗辩，可以向债权人主张。

历史由来

本条承继了《合同法》第73条的规定，但作了重要修改和增补。《合同法》第73条规定："因债务人怠于行使其到期债权，对债权人造成损害的，债权人可以向人民法院请求以自己的名义代位行使债务人的债权，但该债权专属于债务人自身的除外。代位权的行使范围以债权人的债权为限。债权人行使代位权的必要费用，由债务人负担。"在《民法典》编纂过程中，《民法典合同编（草案）》（征求意见稿）第74条完全吸收了《合同法》第73条的规定。《民法典合同编（草案）》（征求意见稿）第74条规定，因债务人怠于行使其到期权利，对债权人造成损害的，债权人可以向人民法院请求以自己的名义代位行使债务人的权利，但该权利专属于债务人自身的除外。代位权的行使范围以债权人的债权为限。债权人行使代位权的必要费用，由债务人负担。《民法典合同编（草案）》（一审稿）第324条的规定对"征求意见稿"第74条作出两处修改：一是把"对债权人造成损害的"修改为"影响债权人的债权实现的"；二是把"可以向人民法院请求"修改为"可以向人民法院或者仲裁机构请求"。《民法典合同编（草案）》（二审稿）第324条对《民法典合同编（草案）》（一审稿）第324条则作出三处修改：一是把"影响债权人的债权实现"修改为"影响债权人的到期债权实现"；二是把"可以向人民法院或者仲裁机构请求"修改为"可以向人民法院请求"；三是增补第3款规定"相对人对债务人的抗辩，可以向债权人主张"。《民法典（草案）》第535条对《民法典合同编（草案）》（二审稿）第324条也作出一处修改：把"因债务人怠于行使其到期债权”修改为“因债务人怠于行使其债权以及与该债权有关的从权利”。最终表决通过的《民法典》第535条保留了《民法典（草案）》的主要内容，但是把“怠于行使其债权以及与该债权有关的从权利”修改为“怠于行使其债权或者与该债权有关的从权利”。

二 规范目的或功能

本条规范的内容是合同保全中的债权人代位权，其规范目的是避免出现债务人消极不行使债权或者其从权利的行为，导致债务人的财产不当减少，从而给债权人造成损害。根据债的相对性的一般原理，债权仅发生在特定的当事人之间，债权的效力一般不及于合同当事人的外部。但是，如果机械地遵守这一原则，则一旦债务人能够行使其对第三人的权利而故意不行使，且债务人的现有责任财产根本不足以清偿债务时，债权人将没有任何保障。1999年《合同法》实施前广泛存在的“三角债”“讨债难”现象，[①]已经为此做了很好的注脚。基于此，《合同法》规定债权人代位权制度，使得债权的效力扩展到债之关系之外的第三人，对第三人产生了法律拘束力，从而使债权不仅具有请求权的权能，而且具有保全的权能。另需注意的是，虽然本条的最终规范目的是防止债务人消极不行使债权或者从权利损及债权人利益，从而保全债权人的债权，但本条规定的保全与债的担保有所不同。在中华人民共和国成立之后民法典的立法过程中，一度曾将合同的保全与担保混用，[②]但二者有所不同。合同的保全基于法律规定，对债之关系之外的第三人发生效力。而合同的担保则主要基于担保合同的约定，并可能因此产生物权（如抵押权、质权）等，且发生效力范围也仅限于担保合同的当事人之间。即使担保人本身不是主债权债务关系的当事人，但其仍然是担保合同的当事人。因此，债的担保不具有对外效力。此外，从效力强弱程度看，合同的担

---

① 王利明、崔建远：《合同法新论·总则》，中国政法大学出版社2000年版，第378页。

② 参见何勤华、李秀清、陈颐编：《新中国民法典草案总览》（增订本）（上），北京大学出版社2017年版，第164—166页。在周枏先生所著《罗马法原论》中，也将现在所理解的“债的担保”表述为“债的保全”。参见周枏：《罗马法原论》（下册），商务印书馆1996年版，第810页。

保中因为担保人或占有担保物，或即使不占有担保物，也可依法支配担保物的交换价值，所以较其他债权人具有优先受偿的优势；而合同的保全中，债权人并不占有债务人的任何物，也不能支配债务人的财产的交换价值，更不具有较其他债权人优先受偿的优势。因此，合同的担保对于债权实现的保障力度更大、更明显。

规范内容

一、代位权的由来与性质

债权人代位权的渊源，最早可以追溯到罗马法上。根据学者的考证，罗马法上的财产拍卖程序（venditio bonorum）就有后来的代位权的影子。①在财产拍卖程序中，大法官会根据原告（债权人）的申请，允许该债权人和其他债权人与债务人共同接管财产，以避免债务人私自处分，损害债权人利益，这被称为“保全扣押”（missio in bona rei servandae causa）。保全扣押的同时，债权人需将接管财产的有关事项进行公告，债务人的亲友可以代为清偿和辩护。由于这种状态可能需要持续一定的时间，为保存该财产，债权人可以申请选任保佐人（curator bonorum），专门管理上述财产。在公告之后，如果债务人还未偿债，就会受到“丧廉耻”的处分而成为破产人。此时，大法官即谕令召集债权人会议，选出财产拍卖人，编造出卖清单，规定拍卖条件和买受人应该提供的担保等，公布于众，把全部财产公开趸卖。如破产人死亡，则大法官给予拍得人以“拟制诉”，视其为破产人的继承人，各债权人按照拍得人所处的百分比获得清偿。②可见，这样的所谓财产拍卖程序实际上是一种执行制度。它被认为系法国民法中债权人代位权即“间接诉权”制度的渊源。

《法国民法典》第1166条最早从民法典的层面对债权人代位权作出了规

① 参见顾祝轩：《民法概念史·债权》，法律出版社2016年版，第53页。这里的财产拍卖程序，周枏先生译为“财产趸卖”程序。参见周枏：《罗马法原论》（下册），商务印书馆1996年版，第905页。

② 参见周枏：《罗马法原论》（下册），商务印书馆1996年版，第905—906页。

定。其规定，债权人得行使其债务人的一切权利与诉权，但专属于人身的权利除外。[①]此后，受《法国民法典》影响，《意大利民法典》第2900条规定，为保障债权人的债权得以实现或者保持其权利，债权人得行使其债务人对第三人享有的权利和诉权，但是以这些权利和诉权包括财产内容并且不涉及根据权利的性质或法律的规定只能由权利人行使的权利或诉权为限。在提起诉讼时，债权人还应当要求将其欲代位的债务人传唤到庭。[②]此外，《日本民法典》第423条、我国台湾地区也规定了债权人代位权，其内容与《法国民法典》和《意大利民法典》基本相同。需要指出的是，同为大陆法系法典典型代表的《德国民法典》和《瑞士民法典》没有规定债权人代位权制度。这是因为，德国、瑞士的强制执行制度较为发达。[③]比如，《德国民事诉讼法》第841条专门规定了债权人对债务人提起诉讼的事宜，第846条至第849条专门规定了有关动产和不动产请求权的各种执行方法。因此，德国、瑞士没有必要再在民法典中规定债权人代位权制度。

代位权具有如下特性：

第一，代位权是实体权利，而非程序权利。根据本条的规定，代位权的行使，需要通过法院起诉而主张，但不能因此认定代位权系程序权利。代位权的目的在于保全债务人的财产，从而为将来的代位权诉讼胜诉之后的强制执行做好准备。但它本身并非执行中的程序权利，也不是扣押债务人的权利或优先受偿权，而只是实体法上的权利。[④]

第二，代位权既不是请求权，也不是形成权。一方面，代位权的功能在于保全债权，在特殊情形之下，即使合同债务本身没有到期，此时债权人请求履行合同的权利还不具备现实性，但专为保存债务人权利的行为，如中断债权的诉讼时效，也可以为之。[⑤]并且，债权请求权的标的是债务人的给付。而代位权则纯粹是行使他人（债务人）的权利。可见，代位权行使条件与请求权并不一致，因此，代位权并非请求权。另一方面，代位权也不是形成权。

---

① 《法国民法典》（下册），罗结珍译，法律出版社2005年版，第906页。

② 《意大利民法典》，费安玲等译，中国政法大学出版社1997年版，第760页。

③ 黄立：《民法债编总论》，中国政法大学出版社2002年版，第471页。

④ 黄立：《民法债编总论》，中国政法大学出版社2002年版，第472页。

⑤ 黄立：《民法债编总论》，中国政法大学出版社2002年版，第471页。

形成权的权利人仅以单方意思表示即可使法律关系产生、变更或消灭。而代位权之下，债权人基于其债权行使代位权，其一，并未引起债务人和次债务人之间的法律关系的变化，因为代位权诉讼的启动，旨在实现权利，而非产生、变更或消灭权利；其二，债权人与债务人的权利义务关系不因代位权诉讼的启动而发生变化；其三，即使引起了债权人与次债务人权利义务关系的变动，也不是因为债权人的单方意思表示，而是因为债务人与次债务人之间本身存在合法的债权债务关系，但债务人对该到期债权怠于行使。[①]

第三，代位权既不是代理权，也不是管理权。因代位权的权利结构中，有债权人代替债务人行使权利的表象，故有一种意见认为债权人代位权属于一种广义的代理权。[②]但是，在代理关系中，代理人需要有被代理人的授权。并且，代理人要以被代理人的名义为法律行为，所得利益亦归于被代理人。而在代位权的行使中，债权人是以自己名义，为自己利益而行使债务人的权利，并且没有经过债务人的授权。[③]因此，将代位权定性为代理权并不妥当。此外，另有一种意见将代位权定性为管理权。[④]然而，代位权的行使纯粹是为了维护债权人自己的利益，绝非是为了管理债务人的财产。并且，如果定位为管理权，则债权人的管理权并未经过债务人的授权，其管理权的合法性依据为何？因此，将债权人定位为管理权的主张，也未尽妥当。

第四，代位权可以视为债权的一项权能。虽然从债的本质上看，债权的主要内容是请求债务人为或不为一定行为。但就其完整内容看，债权还有保全的权能。即一旦取得债权成为债权人，就一定享有债权人代位权和债权人撤销权，而不需要债权人和债务人之间作任何特殊约定。在承认债权人代位权的法域中，这是债权人所固有的权利，是债权效力的特有体现，是赋予债

---

① 王利明：《合同法研究》（第二卷）（第三版），中国人民大学出版社2015年版，第91页。

② 参见吴博文：《合同法中表见代理与债的保全制度研究》，中国政法大学法律研究所1999年博士论文，第89页。

③ 参见黄立：《民法债编总论》，中国政法大学出版社2002年版，第471—472页。

④ 参见谢怀栻：《合同法原理》，法律出版社2000年版，第172页；李永军：《合同法原理》，中国人民公安大学出版社1999年版，第402页。此外，我国台湾地区学者黄立教授将债权人代位权定位为一种“法定的无因管理权”。参见黄立：《民法债编总论》，中国政法大学出版社2002年版，第472页。

权的一项权能。[①]

二、代位权的成立要件

（一）债权人对债务人的债权合法、确定

《合同法解释（一）》第11条第1项规定的代位权行使的首要条件就是债权合法。合法有效的债权存在，是债权人代位权行使的基础。不合法的债权，本就不受法律保护，则债权人亦无理由行使本属于债务人的债权或其他从权利。由此观之，债权合法应系债权人行使代位权的应有之义，似无必要强调。[②]当然，对于司法实践而言，这一要件的强调，有助于法律适用中减轻说理负担，也并非没有意义。比如，对于因赌博而产生的债务，或者因商业贿赂而产生的债务，其债权人不能因之而享有债权人代位权，遇到这种情况，法官可直接依据上述第11条第1项予以判决，而不必深入展开说理。同时，对于债权是否合法的事实，即使当事人不主张，法院也应主动审查。在“某有限公司与黄某某债权人代位权纠纷案”中，法院判决指出，债权合法是指债权产生的原因不违反法律或行政法规的规定，违法债权不受法律保护，在审理代位权诉讼时，法院应当对债权人与债务人之间的债权是否合法予以主动审查。[③]

债权人对债务人的债权除了要求合法之外，还需要确定。这里的确定，主要是指债权人和债务人之间对于债权的存在和内容不存异议，或者该债权已经被生效判决或仲裁裁决所确定。司法实践中，如果债权人对债务人是否享有到期债权的事实不能确定，法院可能判决债权人的代位权诉讼不能成立。[④]

（二）债务人怠于行使其到期债权或者与之相关的从权利，对债权人造成损害

这一要件可以分解为三个方面，即债务人对次债务人的债权或者与之相

---

① ［日］林良平、［日］石田喜久夫、［日］高木多喜男：《债权总论》（改订版），青林书院1982年版，第145页，转引自韩世远：《合同法总论》，法律出版社2004年版，第372页。

② 参见洪学军：《债权人代位权的性质及其构成研究》，载《现代法学》2002年第4期。

③ 参见贵州省高级人民法院（2017）黔民终401号民事判决书。

④ 参见最高人民法院（2006）民二终字第188号民事判决书。

关的从权利已经到期，债务人怠于行使该债权或者其从权利，债务人怠于行使该债权或者其从权利导致了债权人的损害，以下分别阐述。

1.债务人对次债务人的债权或者与之相关的从权利已经到期

债权人代位权所针对的是债务人对次债务人的债权。只有债务人对次债务人的债权到期，债务人本人才可能向次债务人提出主张，而债权人代替债务人主张该债权也才具有事实基础，这也是所有代位权诉讼中，法院需要查明的基础事实。[①]这里需要注意的是与债权相关的从权利到期与否的判定问题。所谓与债权有关的从权利，主要是指为担保该债权的履行而设定的担保性权利，比如担保物权和保证债权。在此，以担保物权中最为典型的抵押权为例进行说明。如果债务人就其对次债务人的债权享有抵押权，则当债务人对次债务人的主债权已届受偿期时，即可认定债务人对次债务人的债权已经到期。同时，根据《民法典》第419条规定，抵押权人应当在主债权诉讼时效期间行使抵押权；未行使的，人民法院不予保护。也就是说，当债务人对次债务人的债权到期时，该债权的诉讼时效即时起算。此时，也应该是债务人所享有的抵押权行使的期间。如果在这一诉讼时效期间内，债务人不行使抵押权，债权人可以通过主张代位权，一并向次债务人和抵押人主张债务人的债权和抵押权。

2.债务人怠于行使该到期的债权或者其从权利

所谓怠于行使，是指“应行使并能行使而不行使，其有无故意、过失或其原因如何，在所不问”。[②]应行使的情况是指，如果此时不行使，则该债权或者其从权利可能丧失或不受保护。典型的情况是债权请求权罹于诉讼时效。能行使的情况，是指该债权及其从权利的行使，不受来自外力或物理的限制，具备行使的客观条件。不能行使的典型情况如人民法院裁定受理破产申请并指定管理人后，管理人将接管债务人的财产、印章和账簿、文书等资料，并管理和处分债务人的财产。[③]此时，债务人将丧失行使其到期债权的能力，即债务人本人不能行使其债权，则债权人自然不能行使代位权。不行使，是指

---

① 参见最高人民法院（2017）最高法民终976号民事判决书。

② 史尚宽：《债法总论》，中国政法大学出版社2000年版，第465页。

③ 参见《企业破产法》第13条、第25条之规定。

消极的不作为，至于该不作为是否出自债务人的故意或过失，其原因如何，在所不问。①

不过，根据《合同法解释（一）》第13条规定，这里的不行使还有进一步的限定，即债务人对债权人不履行到期债务，又不通过诉讼或仲裁向其债务人（次债务人）主张有金钱给付内容的到期债权。这一规定对《合同法》第73条进行了限缩解释。其一，将债务人怠于行使的到期债权限缩为“具有金钱给付内容的到期债权”。这一限缩是否有充分的依据，值得探讨。从比较法上看，在规定债权人代位权的国家或地区中，未见将债务人怠于行使的到期债权限定为“具有金钱给付内容”者。最早在民法典中规定代位权制度的法国，债权人代位权可以行使的权利范围甚至包括诉权。②《意大利民法典》第2900条对债权人代位权可得代位的权利范围规定得非常明确，即只要这些权利或诉权包含财产内容（而非仅限于金钱内容）且不涉及根据权利的性质或法律的规定只能由权利人行使的权利或诉权。③日本民法中，债权人代位权可得行使的权利范围包括价款请求权、损害赔偿请求权、其他债权、物上请求权、形成权等，也没有限定为金钱给付内容的债权。④2017年《日本民法典》大修之后，第423条债权人代位权条款增加了第3款，对可以行使代位权的债权人本身进行了限制，⑤但并未对可以行使代位权的权利范围进行限制。我国台湾地区将代位权行使的范围确定为“权利”，学者通说认为，该权利的范围为纯粹的财产性权利和主要以财产之利益为目的而行使的权利，比如，债权、物权请求权、担保物权、抵销权、受领权、因欺诈、胁迫或错误而产生的撤销请求权。甚至债务人自身作为另外法律关系中的债权人时所得行使的代位权本身，也可以作为本债权债务法律关系中，债权人可得代位行

① 参见史尚宽：《债法总论》，中国政法大学出版社2000年版，第465页；孙森焱：《民法债编总论》（下册），法律出版社2006年版，第511页；韩世远：《合同法总论》，法律出版社2004年版，第374页。

② 参见《法国民法典》（下册），罗结珍译，法律出版社2005年版，第906—907页。

③ 参见《意大利民法典》，费安玲等译，中国政法大学出版社1997年版，第760页。

④ 参见［日］我妻荣：《新订债法总论》，王燚译，中国法制出版社2008年版，第149页。

⑤ 《日本民法典》第423条增加的第3款内容为：债权人的债权是经过强制执行后也无法实现的债权时，债权人不能行使被代位的权利。参见《日本民法典》，刘士国等译，中国法制出版社2018年版，第92页。

使的范围。[①]比较法上，与我国司法解释将代位权的权利范围限定为金钱给付内容的债权的类似立法例，是德国民事诉讼中的收取之诉。上文已述及，德国民法中没有规定代位权制度，但其民事诉讼中针对金钱债权有所谓收取之诉（Einziehungsklage），债权人可以自己的名义将债权视为自己的权利而对第三债务人发动诉讼。[②]但这是民事诉讼中的制度设计，与民事实体法中的债权人代位权的制度构造毕竟不同，不能作为我国司法解释中将可得代位的范围限缩为金钱给付内容的债权的充分依据。

其二，将“怠于行使”限缩解释为“不以诉讼或仲裁方式向其债务人主张债权”。这样限缩的好处在于，这种方式具有客观明确性，[③]能够使债权人较为容易地确定债务人是否怠于行使权利。实践中，如果允许将债务人“怠于行使”的方式范围扩展到诉讼或仲裁方式之外，则但凡债权人主张代位权，债务人就可以抗辩其已经电话通知次债务人履行债务了，或者提出诸如此类的抗辩，则债权人行使代位权的要件就难以满足，从而基本上不可能再主张代位权了。因为，债务人很容易就能证明自己积极主张到期债权（电话、电邮、函件甚至一个短信），而债权人则很难证明债务人怠于行使其权利。因此，司法解释将“怠于行使”限定为“不以诉讼或仲裁方式向其债务人主张债权”有较强的合理性，也契合司法实践中的需要，能够真正确保债权人代位权制度落到实处。在《民法典》施行后，仍然应该做上述理解。当然，就这一问题，仍有不同意见认为，这种限制过分干涉了债务人的权利自由，反而不适当地扩张了代位权的适用范围。[④]

3. 债务人怠于行使该债权或者其从权利导致了债权人的损害

所谓导致了债权人的损害，应做准确的理解，即必须是债务人怠于行使权利导致其责任财产应增加而未增加，且已经威胁到债权人已经届期的债权。

---

① 参见史尚宽：《债法总论》，中国政法大学出版社2000年版，第467—468页；孙森焱：《民法债编总论》（下册），法律出版社2006年版，第513—514页；黄立：《民法债编总论》，中国政法大学出版社2002年版，第476页。

② Vgl. Olaf Muthorst, Grundzüge des Zwangsvollstreckungsrechts, 2. Auflage, Verlagsgesellschaft mbH, Baden-Baden, 2016, §12, Rn.71, Rn.74.

③ 王利明：《合同法研究》（第二卷）（第三版），中国人民大学出版社2015年版，第100页。

④ 参见韩世远：《合同法总论》，法律出版社2004年版，第375页。

一方面，如果债务人的责任财产非常充裕，即使其怠于行使到期债权，也丝毫不影响其偿债能力，则不应认定为导致了债权人的损害。此时，债权人直接要求债务人履行即可。[①]当然，这种情况应当由债务人对于自己责任财产充裕且足以偿债的事实进行证明，否则，应视为导致了债权人的损害。另一方面，如果债务人的责任财产并不充裕，但其对债权人的债务还远未届期，则亦不应认为导致了债权人的损害。因为，债之关系中的履行期限系为债务人的利益而设。如果债务人对债权人的履行期限尚未届至，就认为其怠于行使自身债权的行为导致了债权人的损害，无异于强令债务人放弃其期限利益，与债务履行期的设置本旨不符。当然，在专门为保存债务人之权利的场合，即使债权人的债权尚未届期，但也可以认为债务人怠于保存权利的行为，导致了债权人的损害，因而应允许债权人行使代位权。比如，债务人的债权即将因时效届满而难以获得保护，或者次债务人破产债务人需要申报债权时，即使债权人对债务人的债权尚未到期，也可为了保存债务人的权利，而代位中断时效或代位申报债权。[②]当然，上述情况也可以从另外的角度解释，即代位中断时效或代位申报债权的行为，目的在于避免债务人的权利变更或消灭，并非代位请求次债务人履行义务，因而可以不受“债权人的债权已经到期”的限制。[③]值得注意的是，在《合同法》施行初期，实务中有观点认为，债权人代位权是一项崭新的制度，在具体操作过程中容易出现问题，故审判实务中暂时不宜将代位权扩展适用到保存行为方面。[④]不过，这一认识随着合同法理论与实务的发展，已经发生了变化，越来越朝着学说通说的方向发展，即认为应当将代位权扩展到保存行为上。

在部分地方法院的实践中，租赁合同存续期间转租房屋，后因租赁合

① 参见最高人民法院经济审判庭编著:《合同法释解与适用》(上册)，新华出版社1999年版，第315页。

② 参见黄立:《民法债编总论》，中国政法大学出版社2002年版，第473页；王利明:《合同法研究》(第二卷)(第三版)，中国人民大学出版社2015年版，第103—104页。

③ 参见最高人民法院经济审判庭编著:《合同法释解与适用》(上册)，新华出版社1999年版，第314页。

④ 参见王闯:《最高人民法院〈关于适用中华人民共和国合同法若干问题的解释(一)〉的解释与适用》，载中华人民共和国最高人民法院经济审判庭编:《经济审判指导与参考》(第2卷)，法律出版社2000年版，第46页。

同无效、租期届满或解除，导致转租合同解除的，如果次承租人存在装修损失的，法院允许次承租人通过行使债权人代位权的方式向出租人寻求损失救济。[①]这里需要说明的是，转租合同因租赁合同无效或届满等原因而解除时，就其投入的装修损失而言，次承租人可向承租人主张，次承租人属于债权人，承租人属于债务人，而出租人则属于承租人的债务人，也就相当于次债务人。如果就次承租人所付出的装修花费，在租赁合同解除时或因出租人原因而无效时，承租人怠于向出租人主张的，实际上将损害次承租人的权利（因为该部分利益最终将经由承租人归属于次承租人）。这就相当于债务人（承租人）怠于行使债权导致了债权人（次承租人）的损害，因而债权人（次承租人）可以行使代位权。但是，在租赁合同因期满而自然终止时，出租人并不存在过失，原则上承租人应将租赁物恢复原状后交还给出租人。此时，出租人对于租赁标的物上的任何装修物附加，都不负担补偿的义务，除非其知道承租人转租且在6个月内未提出异议。[②]因此，此时即使承租人没有向出租人主张装修花费，也不应认为其怠于行使债权导致了债权人（次承租人）的损害。因为，在这种情况下承租人根本就无权向出租人主张装修花费的补偿。也就是说，此时次承租人就不再具备行使代位权的条件了。其支付的装修损失，可以另行依据转租合同关系直接向承租人主张。

另外需要强调的是，导致了债权人的损害并没有程度上的要求，只要债务人怠于行使其到期债权，影响到债权人权利的实现，就应当认为导致了债权人的损害，而并不要求怠于行使权利的行为对债权构成严重损害。[③]

（三）债权人对债务人的债权已经到期

债之关系中的履行期限，存有保护债务人的价值。如果债务未届履行期，则不得要求债务人履行债务。因此，如果债权人的债权尚未到期，则不能向

① 参见《北京市高级人民法院关于审理房屋租赁合同纠纷案件若干疑难问题的解答》第18条规定。

② 《最高人民法院关于审理城镇房屋租赁合同纠纷案件具体应用法律若干问题的解释》第16条规定。

③ 参见杨立新:《合同法总则》，法律出版社1999年版，第250页。

债务人主张债权，更不能代债务人之位向次债务人行使代位权。当然，例外情况就是针对所谓保存行为，即使债权人的债权尚未到期，债权人也可以代位中断时效或代位申报破产债权。就此，《民法典》第536条已有明文规定，容后详述，此处不赘。

（四）债务人的债权非专属于债务人自身

此项要件的关键在于厘清哪些债权专属于债务人自身。对此问题，历来有不同的理解。《合同法》施行前后，有意见认为，财产继承权、离婚时的财产请求权、抚养费请求权、人身损害赔偿请求权、不得强制执行的权利和不得让与的权利，都是专属于债务人自身的权利。[①]但另有意见则认为，法律规定不得让与和不得继承的权利，即是专属于债务人自身的权利。[②]对于上述认识分歧，《合同法解释（一）》第12条进行了明确，即基于扶养关系、抚养关系、赡养关系、继承关系产生的给付请求权和劳动报酬、退休金、养老金、抚恤金、安置费、人寿保险、人身伤害赔偿请求权等权利。这一规定是司法实践中的经验总结，既没有明显违背理论界的一般见解，也符合实践中约定俗成的认识，《民法典》施行后应该继续适用。

三、代位权的行使

（一）代位权的行使主体和行使对象

由于债权人代位权是债的权能之一，属于债权本身的效力内容，故依其性质应由债权人自己行使。本条规定的也是由债权人向人民法院请求以自己的名义行使。从行使主体的范围上看，只要是债权人，都可以行使代位权，并且可以各自独立行使。不过，既然一人已经行使，则其他债权人原则上不得就同一权利再为行使。如果两个或者两个以上债权人以同一次债务人为被告同时提起代位权诉讼的，根据《合同法解释（一）》第16条第2款的规定，人民法院可以合并审理。需要强调的是，国家机关对于私人处于债权人地位

---

① 参见张广兴：《债法总论》，法律出版社1997年版，第200页。

② 参见刘家琛主编：《合同法新制度的理解与适用》，人民法院出版社1999年版，第122页。

时，也可以行使代位权。[①]

《合同法解释（一）》第16条第1款规定，债权人以次债务人为被告向人民法院提起代位权诉讼，未将债务人列为第三人的，人民法院可以追加债务人为第三人。据此，债权人代位权的行使对象是次债务人。在行使代位权的诉讼中，可以将债务人列为第三人，这既是为了查明案件事实，也是考虑保障诉权自由和尊重债权人选择的需要，同时也是考虑到与民事诉讼法的有关规定保持一致。[②]

（二）代位权的行使方式

《合同法》第73条规定，债权人可以向人民法院请求以自己的名义代位行使债务人的债权。这表明，债权人代位权的行使方式是诉讼。在民法典起草过程中，《民法典合同编（草案）》（一审稿）第324条曾规定，债权人可以向人民法院或者仲裁机构请求以自己的名义代位行使债务人的权利。这表明，曾经有立法思路是，允许以诉讼和仲裁两种方式行使债权人代位权。不过，《民法典合同编（草案）》（二审稿）第324条就恢复到仅允许以诉讼方式行使债权人代位权，即债权人可以向人民法院请求以自己的名义代位行使债务人对相对人的权利。《民法典》第535条保留了《民法典合同编（草案）》（二审稿）的这一思路。史尚宽先生认为，债权人代位权的行使，不以裁判上之行使为必要。[③]本书认为，仅允许通过诉讼方式行使债权人代位权是合适的。因为，代位权所代位行使的权利本属于债务人自己的权利，由债权人代位行使已经属于对债务人自由的一种干涉。鉴于债权人权利保全的需要，这种干涉实属不得已而为之。既然如此，则应尽力把这种干涉控制在最小的范围和限度内。而通过诉讼行使权利无疑是终局的且最权威的方式，将干涉的方式控制在仅通过诉讼行使的范围，符合比例原则，是最为妥帖的折中方案。

---

① 参见史尚宽：《债法总论》，中国政法大学出版社2000年版，第466页。

② 参见曹守晔：《对合同法中代位权的理解与适用》（下），载《人民法院报》2000年3月12日，第3版。

③ 参见史尚宽：《债法总论》，中国政法大学出版社2000年版，第467—468页。

（三）不可以代位行使的权利

通说认为，代位权的标的，需非专属于债务人之权利。[①]据此，不可以代位行使的权利主要包括以下两类，兹分别阐述之。

1.专属于债务人自身的权利

各国立法大都规定专属于债务人的债权不得由债权人代位行使，但到底哪些权利是专属于债务人自身的债权，则未见明确规定。传统民法认为，基于非财产利益之权利属之。[②]但到底哪些又是非财产利益之权利，或许又会有不完全一致的认识。基于此，《合同法解释（一）》第12条对此进行了明确，即所谓专属于债务人自身的权利，是指基于扶养关系、抚养关系、赡养关系、继承关系产生的给付请求权和劳动报酬、退休金、养老金、抚恤金、安置费、人寿保险、人身伤害赔偿请求权等权利。该司法解释的界定，受到学者的肯定。[③]本条之下，专属于债务人自身的权利范围，亦应作如是理解。

2.禁止扣押的权利

禁止扣押的财产，因其非为债权人之共同担保，因而类似于债务人本人的专属权利，不得代位行使。[④]根据《民事诉讼法》第243条第1款规定，被执行人未按执行通知履行法律文书确定的义务，人民法院有权扣留、提取被执行人应当履行义务部分的收入。但应当保留被执行人及其所扶养家属的生活必需费用。在此，"被执行人及其所扶养家属的生活必需费用"即属于所谓"禁止扣押的权利"，债权人不得代位行使。[⑤]

---

① 参见史尚宽：《债法总论》，中国政法大学出版社2000年版，第468页；孙森焱：《民法债编总论》（下册），法律出版社2006年版，第514—515页；黄立：《民法债编总论》，中国政法大学出版社2002年版，第476—477页；韩世远：《合同法总论》，法律出版社2004年版，第382—383页。

② 参见孙森焱：《民法债编总论》（下册），法律出版社2006年版，第514页；黄立：《民法债编总论》，中国政法大学出版社2002年版，第476—477页。

③ 参见梁慧星主编：《中国民法典草案建议稿附理由：债权总则编》，法律出版社2013年版，第201页。

④ 参见史尚宽：《债法总论》，中国政法大学出版社2000年版，第469页。

⑤ 参见韩世远：《合同法总论》，法律出版社2004年版，第383页。

（四）代位权的行使界限

一方面，从行使限度上看，代位权的行使以保全债权为必要。从法理上看，如果代位行使的债务人的债权价值超过其对债权人所负担的债务数额，则应在必要限度内分割债务人之权利为行使。但如果不能分割的，则可以行使全部之权利。因为，权利行使的结果总归属于债务人，对债务人并无实质损害。[①]当然，对于此种情况，《合同法解释（一）》第21条已有明确规定，即在代位权诉讼中，债权人行使代位权的请求数额超过债务人所负债务额或者超过次债务人对债务人所负债务额的，对超出部分人民法院不予支持。这一规则，也多为实践中的判决所援引。[②]之所以规定超出部分不予支持，是因为根据《合同法解释（一）》第13条，我国代位权诉讼可得行使的债权范围仅指具有金钱给付内容的债权，而金钱债权不存在不能分割的问题。另一方面，从行使的样态上看，代位权的行使应限于保存行为和实行行为，原则上不包括处分行为。保存行为如前文所述的中断时效、申报破产债权等。实行行为如代位权诉讼的提起等。[③]处分行为如权利的抛弃、债务的免除等，因直接降低了债务人的责任财产，应禁止代位行使。不过，例外情况下，对于债务人财产有益的处分行为，没有不允许代位行使的道理。比如，对于债务人有明显积极利益的互易合同（当欧元对人民币汇率高于美元对人民币汇率时，以债务人的1万美元换取次债务人的1万欧元），债务人如果到期怠于行使该债权，则应允许债权人行使代位权。可见，对于整体上有利于债务人责任财产的处分行为，亦应允许实施债权人代位权。

（五）代位权行使的费用负担

本条第2款后段规定，债权人行使代位权的必要费用，由债务人负担。这里所说的必要费用，区别于有益费用，是指如果不支出这些费用，则债权人

---

① 参见史尚宽：《债法总论》，中国政法大学出版社2000年版，第470页。

② 参见最高人民法院（2018）最高法民终917号民事判决书；山东省高级人民法院（2019）鲁民终1539号民事判决书；重庆市高级人民法院（2018）渝民终404号民事判决书等。

③ 参见孙森焱：《民法债编总论》（下册），法律出版社2006年版，第516页。

代位权就无法主张和实现的那些费用。类推适用《合同法解释（一）》第26条关于撤销权行使费用的规定，债权人行使代位权所支付的律师代理费、差旅费等必要费用，应属于必要费用。此外，债权人对于债务人怠于行使债权的行为进行调查、取证的费用也应属于必要费用。对于代位权诉讼所产生的诉讼费，《合同法解释（一）》第19条规定，在代位权诉讼中，债权人胜诉的，诉讼费由次债务人负担，从实现的债权中优先支付。需要注意的是，司法实践中代位权诉讼的诉讼费主要是案件受理费，在不涉及财产给付内容时，其案件受理费是按照非财产案件的标准收取的。①而一旦涉及财产给付内容，则按照财产案件收取受理费，二者的差距较为明显，当事人在提起代位权诉讼时不可不查。

四、债权人代位权中的抗辩

本条第3款规定，相对人对债务人的抗辩，可以向债权人主张。这里的相对人，是相对于债务人的相对人，即次债务人，也就是代位权诉讼的被告。正常情况下，即使债权人并未行使代位权，次债务人也可以行使其对于债务人的抗辩。在债权人行使代位权的情况下，次债务人不能因此处于不利地位，故应允许次债务人向债权人行使其对债务人的抗辩。审判实践中，法院会直接援引《合同法解释（一）》第18条第1款规定，支持代位权诉讼被告（次债务人）的这种抗辩。②

具体而言，次债务人可以向债务人主张并进而可以向债权人主张的抗辩主要有：第一，权利不发生的抗辩，比如次债务人与债务人之间的合同虽然成立但并没有生效；第二，权利消灭的抗辩，比如次债务人已经向债务人完全履行；第三，债权抵销的抗辩，比如次债务人与债务人之间互负到期的同种给付债务，任何一方已经通知对方抵销该债务；第四，先诉抗辩，比如次债务人系债务人的一般保证人，次债务人在债务人的主债权未经审判或仲裁，并就主债务人（即债务人在其他债权债务关系中作为债权人的主债务人）财产依法强制

① 参见《北京市高级人民法院关于规范有关案件受理费工作的几点意见（试行）》第二部分第3条第3项。

② 参见山西省高级人民法院（2019）晋民再211号民事判决书。

执行仍不能履行债务前，得对债务人拒绝承担保证责任，[①]这一抗辩，次债务人在代位权诉讼中同样得对债权人行使；第五，同时履行抗辩，比如次债务人和债务人签订有双务合同，但没有约定先后履行顺序，次债务人在债务人没有履行或没有完全履行时得拒绝为对待给付。在此，次债务人向债权人提出其可以对债务人主张的同时履行抗辩，也属于同时履行抗辩权的“行使的效力”，[②]应该视同债务人自己行使。

本条第3款只规定了次债务人对债务人的抗辩，可以向债权人主张，但没有规定次债务人对于债务人可以向债权人主张的抗辩，可否在代位权诉讼中直接向债权人主张。本书认为，债务人可以向债权人主张的抗辩，系其自身的法律保障，有了这一层法律保障，债权人自身直接向债务人主张债权时，都会被对抗。如果债权人跨过债务人直接向次债务人行使代位权时，就对债权人受到的来自债务人的有利对抗予以忽略或漠视，则既对债务人不公，同时也对次债务人不公。因此，应当认可次债务人可以援引债务人对债权人的抗辩。债权人可以基于其债权行使代位权，但其代位权同时也应受到正当的抗辩权的阻碍。[③]

举证责任

债权人作为原告行使代位权，需要就代位权成立的要件事实承担证明责任。而根据前文关于代位权成立要件的阐述，债权人需要证明如下事实：

第一，债权人对债务人的债权合法、确定。就此，债权人至少需要提供债权人的债权凭证或其他证据，比如合同、打款记录（借贷合同）等。如前所述，法院对于债权是否合法的问题亦有主动审查之责。如果法官对于债权合法的事实不能形成内心确信，可以要求债权人进一步提供补强证据。否则，债权人可能面临败诉的风险。在“甲工程有限公司与乙混凝土有限公司、某市

① 郭明瑞：《担保法》（第二版），法律出版社2004年版，第47页。

② 朱广新：《合同法总则研究》（下册），中国人民大学出版社2018年版，第573页。

③ 参见王利明：《合同法研究》（第二卷）（第三版），中国人民大学出版社2015年版，第117页。

某区国土资源局、某市国土资源局债权人代位权纠纷案”中，法院判决认为，甲公司未提供证据证明丙公司对涉案土地享有合法使用权，同时，乙公司系通过合法途径且在支付对价之后取得了涉案土地使用权，故甲公司主张丙公司对某市国土局、某区国土局、乙公司享有不当得利之债，无事实和法律依据。①

第二，债务人怠于行使其到期债权或者与之相关的从权利，对债权人造成损害。就此，债权人至少需要向法院提供其与债务人之间关于履行期的证明文件。只要债权人提供的证据表明其对债务人的债权已届履行期，而作为代位权诉讼第三人的债务人又认可其没有履行，或不能证明其已经履行，则应认定债权人的债权已经到期而债务人没有履行。此时，根据《合同法解释（一）》第13条第2款，应由次债务人（即代位权诉讼的被告）证明债务人没有怠于行使其到期债权的情况。如果次债务人能够提出相关的诉讼或仲裁材料，证明债务人已经起诉或申请仲裁向其主张到期债权及其从权利，则应认定债务人没有怠于行使到期债权及其从权利，此时法院应判决驳回债权人的诉讼请求。如果次债务人不能证明这一点，则应认定债务人未履行到期债务，且怠于行使其到期债权及从权利。如果能够认定这一点，则进而就可以认定债务人怠于行使其到期债权及从权利的行为给债权人造成损害。因为，只要债务人怠于行使到期权利，就会对其责任财产产生影响，从而影响到债权人到期债权的实现。否则，如果债务人责任财产非常充裕，就不会发生对债权人的到期债权不履行的情况。所以，在诉讼中，只要能够认定债务人到期没有清偿债权人的到期债权，且债务人又怠于行使其对次债务人的债权及从权利，就应同时认定对债权人造成了损害。

第三，债权人对债务人的债权已经到期。对于该要件事实，债权人提出的合同或其他债权证明文件，只要能够证明履行期的，就可以证明这一点。

第四，债务人的债权非专属于债务人自身。对于这一事实，只要债权人举出债权凭证，就可判断债权性质。只要不是基于扶养关系、抚养关系、赡养关系、继承关系产生的给付请求权和劳动报酬、退休金、养老金、抚恤金、安置费、人寿保险、人身伤害赔偿请求权等权利，则应认定该债权及从权利不专属于债务人自身。

---

① 参见湖北省宜昌市中级人民法院（2017）鄂05民终281号民事判决书。

债权人完成以上要件事实的证明，则应判决支持其诉讼请求，除非次债务人援引了债务人可以针对债权人提出的有效抗辩。

其他问题

实践中，债权人代位权诉讼的当事人地位问题需要注意。根据《合同法解释（一）》第16条第1款规定，债权人以次债务人为被告向人民法院提起代位权诉讼，未将债务人列为第三人的，人民法院可以追加债务人为第三人。据此，在代位权诉讼中，债权人是原告，次债务人是被告，债务人是第三人。一般而言，债务人在代位权诉讼中对债权人和次债务人之间争议的诉讼标的并无独立的请求权，因而属于无独立请求权的第三人。实践中，债务人并非必须加入诉讼，因而存在代位权诉讼没有债务人进入的可能。不过，从提高代位权诉讼的有效性方面讲，债务人加入诉讼，有利于更好地查明债权人的债权是否到期以及次债务人可以享有什么样的有效抗辩（次债务人得向债务人主张的抗辩），因此，法院一般会追加债务人进入代位权诉讼。有时，如果原一审案件中未追加债务人进入诉讼，在发回重审后，一审法院还可能再行追加。[①]

第五百三十六条【代位权的期前行使】

债权人的债权到期前，债务人的债权或者与该债权有关的从权利存在诉讼时效期间即将届满或者未及时申报破产债权等情形，影响债权人的债权实现的，债权人可以代位向债务人的相对人请求其向债务人履行、向破产管理人申报或者作出其他必要的行为。

历史由来

本条属于新增条文。《合同法》没有规定代位权的期前行使，但学者们曾

① 比如，在“某市某区甲小额贷款股份有限公司、某县乙房地产开发有限公司债权人代位权纠纷、股东出资纠纷案”中，一审法院在重审中，追加了债务人蓝某某作为当事人（第三人）。参见江西省赣州市中级人民法院（2019）赣07民终1568号民事判决书。

提出过相关立法建议。[①]在《民法典》编纂过程中，《民法典合同编（草案）》（征求意见稿）第76条规定，债权人的债权到期前，债务人的权利可能因诉讼时效期间届满或者未及时申报破产债权等情形难以实现的，债权人可以代位向债务人的相对人请求履行、向破产管理人申报或者作出其他必要的行为。《民法典合同编（草案）》（一审稿）和《民法典合同编（草案）》（二审稿）第325条保留了《民法典合同编（草案）》（征求意见稿）第76条的规定。《民法典（草案）》第536条对《民法典合同编（草案）》（二审稿）第325条作出了适当修改，修改后的具体内容为："债权人的债权到期前，债务人的权利存在诉讼时效期间即将届满或者未及时申报破产债权等情形，影响债权人的债权实现的，债权人可以代位向债务人的相对人请求其向债务人履行、向破产管理人申报或者作出其他必要的行为。"最终表决通过的《民法典》第536条则将《民法典（草案）》第536条规定中的"债务人的权利"修改为"债务人的债权或者与该债权有关的从权利"。

三 规范目的或功能

本条是对债权人债权尚未到期，但基于特殊事由，为保全债务人的债权而特别创设的特殊救济措施。一般情况下，债权人的债权如果没有到期，本不发生履行的问题。但如果债务人对次债务人的债权即将因时效完成或者未及时申报破产债权，而导致债权人对债务人的债权可能将来不能实现，则应基于民法追求实质公平正义的基本目的，创设特别的救济措施，以保护债权人的合法权益。同时，在债务人的债权即将罹于时效或没有申报破产债权时，准许债权人代位行使中断时效的权利或申报破产债权的权利，对债务人和次债务人均不会造成任何损害，反而有利于保存债务人的权利，是惠而不费的

---

① 由梁慧星教授主持编撰的《中国民法典草案建议稿》第789条曾规定代位权的期前行使，具体规定为：附停止条件的债权或附始期的债权，因债务人怠于行使其权利将造成该债权难以实现的，债权人也可以代位行使。债权人的债权虽然未到履行期，但债务人的债权可能因时效完成或者未及时申报破产债权而不能实现时，债权人也可以代位向次债务人请求或者向破产管理人申报。参见梁慧星主编：《中国民法典草案建议稿附理由：债权总则编》，法律出版社2013年版，第205页。

事情。基于此，本条作出上述规定，从实质上进一步强化和扩展了债权人代位权的法律效力。

规范内容

一、期前行使的要件

本条规定的债权人代位权的期前行使，其基本原理与正常情况下代位权行使基本相同，但因是期前行使，需要特别注意行使的要件与正常行使有所不同。从比较法上看，《日本民法典》第423条第2款规定，债权人于其债权期限未届至间，除非依裁判上的代位，不得行使前款权利。但保存行为，不在此限。[①]这里的保存行为，主要就是本条规定的中断时效和申报破产债权的行为。此外，我国《澳门民法典》第602条规定，拥有附停止条件或期间之债权之人，仅在显示出不待条件成就或债权到期而行使代位权系对其有利时，方可行使代位权。[②]这里的规定虽然没有明示是保存行为，但其实质上主要针对保存行为。

（一）债务人对次债务人的权利即将罹于时效或未及时申报破产债权

所谓债务人对次债务人的权利即将罹于时效，是指债务人的债权没有经过法定的诉讼时效期间，此时通过诉讼或仲裁主张权利，不会面临被告的有效的时效抗辩，但这种情况即将因时效的经过而发生变化。这里的“即将”不应做僵硬、机械的理解，即不能解释为“几天”或“几周”，而应结合债权人对债务人债权的剩余履行期间和债务人对次债务人债权的剩余时效期间或破产债权剩余申报期间综合进行认定。一般而言，如果债权人对债务人的剩余履行期间大于债务人对次债务人的剩余时效期间，则即使后者的剩余时效期间有“几个月”，甚至1年以上，也可认定为本条规定的“诉讼时效期间即将届满”。比如，甲对乙的债权还有15个月才到履行期，而乙对丙的债权仅剩12个月即将罹于时效，此时，即应允许甲行使代位权提前向次债务人主张权

---

① 《日本民法典》，刘士国等译，中国法制出版社2018年版，第92页。

② 参见梁慧星主编：《中国民法典草案建议稿附理由：债权总则编》，法律出版社2013年版，第206页。

利。需要指出的是，这里的所谓“提前”是相对于债权人对于债务人的债权还没有到期而言的。实际上，对次债务人而言，这一权利主张已经不是提前了，因为时效都已经开始计算了。反之，如果债权人对债务人的剩余履行期间小于债务人对次债务人的剩余时效期间，则不存在期前行使代位权的必要。因为，即使正常地等待债权人的债权到期才发现债务人不履行，也完全有时间向次债务人主张权利从而中断时效。所以，此时，不应允许债权人期前行使代位权。比如，上例中，甲对乙的债权还有12个月到履行期，而乙对丙的债权还有15个月才罹于时效，则此时不应认定乙的债权即将罹于时效，也不应允许甲期前行使代位权。因为，甲完全可以等到12个月过后，其债权到期，从而正常地行使代位权就可以了。如果这种情况下允许期前行使代位权，则对债务人的权利自由干涉过甚。在申报破产债权的情形下，也应做相同的理解和解释。

除债务人对次债务人的权利即将罹于时效或未及时申报破产债权外，是否还有其他情形需要期前行使代位权的，值得研究。本条采用“等”的表述，应解释为还包括其他情形。本书认为，期前行使代位权还应包括附停止条件和附始期的情况，即附停止条件的债权或附始期的债权，因债务人怠于行使其权利将造成该债权难以实现的，债权人也可以代位行使债务人的权利。这里所说的附停止条件的债权，就是附有停止条件而该条件尚未成就的债权，就是说债权已经成立，但尚未生效，其效力处于停止状态，需要等到条件成就，方才发生法律效力。这里所说的附始期的债权，就是附有始期而该始期尚未到来的债权。这里所说的“造成债权难以实现”，就是因债务人怠于行使其对次债务人的权利，将导致债务人自身的责任财产减少或可以增加而未能增加，最终使得债权人的债权在条件成就或始期到来时不能获得完全清偿。对于附停止条件和附始期的债权，因其法律效力尚未发生，债权人不能向债务人直接主张。因此，可以考虑将次债务人向债务人的清偿金额提存，等到债权人的债权所附条件成就或所附始期到来时直接清偿。如果嗣后所附条件未能成就，则债权人的债权确定不发生效力，此时应当将之前提存的金额返还给债务人。[①]

---

① 梁慧星主编：《中国民法典草案建议稿附理由：债权总则编》，法律出版社2013年版，第205页。

（二）债权人的债权未到期

本条规定的是债权人代位权的期前行使，故债权人的债权未到期是其应有之义。所谓债权人的债权未到期，具体包括：债权附有履行期的，债权的履行期没有届至；当事人就债权没有约定履行期，债权人尚未提出履行请求；附停止条件的债权所附停止条件尚未成就；附始期的债权所附始期尚未到来。债权人债权未到期，是债权人代位权正常行使和期前行使的关键区别所在。

但是，实践中有一种情况是，债权人起诉代位权诉讼时，其债权尚未到期，因而基于本条规定提出请求，但在诉讼过程中其债权到期，[①]该当如何。对此，本书认为，如果债权人的债权在一审法庭辩论终结前已经到期，则债权人当然可以正常行使代位权，而不必期前行使。但此时需要变更诉讼请求，因为期前行使只能请求次债务人向债务人履行，而正常行使则是请求次债务人直接向债权人履行。但如果是债权人的债权在一审期间并未到期，而是到二审法庭辩论终结前到期的情况，则需要进一步区分两种情况：其一，如果债权人起诉是基于本条而主张代位权的期前行使，则因一审期间其债权并未到期，故一审法院只能判决驳回其诉讼请求。二审期间虽然其债权到期，但二审期间债权人已经不可能变更诉讼请求，故二审法院也只能维持原判，债权人可以另行起诉，通过债权人代位权的正常行使从而维护权利。其二，如果债权人起诉本就是基于《民法典》第535条正常行使代位权，则虽然在一审期间其债权并未到期，因而将被判决驳回诉讼请求，但是二审期间其债权已发展为到期债权，符合了债权人代位权的行使条件，则二审法院可以根据新的事实直接改判支持债权人代位权诉讼的相关请求。

---

① 比如，在“某市甲新能源科技有限公司与某省乙房地产开发有限公司债权人代位权纠纷案”中，法院判决指出，甲公司在2016年7月2日提起本案诉讼时，李某某对乙公司的债权尚未到期，一审法院据此驳回甲公司的诉讼请求并无不当。但是，李某某在其债权到期后，既没有向债权人甲公司清偿债务，又不以诉讼方式或者仲裁方式向乙公司主张债权，致使甲公司的到期债权未能实现。因此，甲公司在本案二审中对其次债务人乙公司行使债权人代位权的条件已经成就，其依法可以行使债权人代位权。参见湖南省高级人民法院（2017）湘民终147号民事判决书。

（三）影响债权人债权的实现

债务人对次债务人的债权及其从权利在时效届满前必须提出权利主张，才能中断时效，确保次债务人在不主动履行的情况下通过诉讼获得胜诉判决，实现该债权。在次债务人进入破产程序后，破产债权申报期限届满前，同样存在这一问题。这些情况下，如果债务人不及时主张权利或申报债权，则明显会导致债权人责任财产应增加而未能增加，从而影响到债权人将来债权的实现。当然，如果债务人此时能够向债权人提供担保，或者提供证据证明其责任财产虽然因不及时主张权利或申报破产债权而受不利影响，但其责任财产在债权人的债权到来时完全足够清偿，则不应认定“影响债权人债权的实现”。

二、代位权的期前行使

（一）债权人可以代位向次债务人主张其向债务人履行

债权人的债权到期前，债务人的权利存在诉讼时效期间即将届满而影响债权人的债权实现时，债权人即可代位向债务人的相对人请求其向债务人履行。实践中，这种行使是否必须像正常行使代位权那样，以诉讼方式进行，不无疑问。本书认为，代位权期前行使的目的是保存债务人的债权，而不是直接行使权利。而保存债务人的债权，以提出权利主张或直接申报债权即为已足。实践中，为了中断诉讼时效，也不是一概皆以诉讼的方式进行。债权人直接向次债务人送交主张权利文书，次债务人在文书上签字、盖章或者虽未签字、盖章但能够以其他方式证明该文书到达次债务人的；债权人以发送信件或者数据电文方式主张次债务人应向债务人履行，信件或者数据电文到达或者应当到达次债务人的；次债务人一方下落不明，债权人在国家级或者下落不明的次债务人住所地的省级有影响的媒体上刊登具有主张权利内容的公告的等情形，[①]都可以认为债权人已经代位向次债务人主张了权利，可以中断时效，保存债务人的债权。

---

① 参见《诉讼时效制度规定》第10条第1款规定。

（二）债权人代位向破产管理人申报债权

根据《企业破产法》第14条规定，人民法院应当自裁定受理破产申请之日起25日内通知已知债权人，并予以公告，由未知的债权人在公告明示的期限和地点申报债权。而债务人如果恰恰是对债务人公司拥有债权的人，则在看到通知后应按期申报债权，方才可以保存自己的债权。这种情况下，如果债务人自己不申报债权，依据本条规定，则债权人可以代位直接向破产管理人申报债权。

（三）作出其他必要行为

除了债权人可以代位向次债务人主张其向债务人履行和代位向破产管理人申报债权之外，本条还用“作出其他必要行为”的表述，为法律适用中的解释预留了空间。本书认为，这里所谓“作出其他必要行为”，是指为防止债务人责任财产不利益的其他必要行为。从债务人的整体财产关系上判断，如果不实施该行为则会使债务人责任财产遭受不利益，并必将危及债权人将来债权实现的情况，都应属之。

举证责任

债权人代位权的期前行使，不必非以诉讼的方式进行，甚至可能不需要以诉讼的方式进行。但是，如果债权人代位向次债务人提出履行请求而遭到拒绝时，债权人当然可以通过诉讼的方式主张代位权的期前行使。此时，债权人需要就如下事实负担证明责任：首先，债权人需要证明债务人对次债务人的债权仍然在诉讼时效期间内。否则，如果债务人对次债务人的债权已经罹于时效，则次债务人本身就享有对债务人的时效抗辩权，同时也可以此对抗债权人，则债权人即使提起代位权之诉也将不被支持。因此，为实现有效诉讼，债权人应证明债务人的债权仍然处在时效期间内。为达成这一目的，债权人起诉时应提供证据证明债务人对次债务人的债权的履行期间，以便于法院判断该债权是否还存在。如果发现债务人的债权已经罹于时效的，债权人还应证明该债权在罹于时效之前发生过时效中断或时效已经中止。其次，债权人需要证明债务人对次债务人的债权即将罹于时效。根据上文的阐述，债权人如能证明自己债权的剩余履行期长于债务人对次债务人的剩余时效期间，则可以认定债务人的债权即将罹于时效。如果债权人债权的剩余履行期与债务人对次债务人的剩余时效期间基本相当的，则只要债权人能够证明债务人的债权剩余时效期间，对于债务人主张债权较为紧迫，即应认定完成该项要件事实的证明。最后，关于债务人的债权即将罹于时效将影响债权人债权实现的证明问题。从一般的生活常识出发，债务人的债权如果超过诉讼时效，将面临债权不能受偿的风险，进而必将对债权人的债权实现产生影响。因此，只要债权人能够证明前两点，就可以认定影响到了债权人债权的实现。此时，如果债务人或次债务人予以否认，应当提出反证。

向人民法院申报破产债权不需要单独地以诉讼方式进行，因为破产债权的申报是在人民法院受理破产申请之后进行的。申报破产债权之后，管理人将对申报的债权进行审查，债权人会议还要对该债权进行核查。之后，通过核查的已申报债权，需要经过人民法院的裁定予以确认。债权表经人民法院裁定确认后，具有与生效判决相同的法律效力。[①]尽管如此，债权人代位申报破产债权时，也应提供相应的债权凭证，以便于管理人进行审查和债权人会议的核查。

三 其他问题

通过诉讼方式期前行使代位权时应该如何确定当事人的诉讼地位，是一个需要考虑的问题。本书认为,《合同法解释（一）》第16条虽然并非针对期前代位权诉讼而设置的当事人地位决定机制，但其背后的原理是相同的。在期前代位权通过诉讼方式行使时，可以参照上述规定，将次债务人作为被告，将债务人作为第三人。

---

① 参见许德风：《破产法论：解释与功能比较的视角》，北京大学出版社2015年版，第197—198页。

第五百三十七条【债权人代位权行使的法律效果】

人民法院认定代位权成立的，由债务人的相对人向债权人履行义务，债权人接受履行后，债权人与债务人、债务人与相对人之间相应的权利义务终止。债务人对相对人的债权或者与该债权有关的从权利被采取保全、执行措施，或者债务人破产的，依照相关法律的规定处理。

历史由来

本条属于新增法律条文，其第1句内容主要来源于《合同法解释（一）》第20条的规定。《合同法解释（一）》第20条规定，债权人向次债务人提起的代位权诉讼经人民法院审理后认定代位权成立的，由次债务人向债权人履行清偿义务，债权人与债务人、债务人与次债务人之间相应的债权债务关系即予以消灭。在《民法典》编纂过程中，《民法典合同编（草案）》（征求意见稿）第77条规定："债权人向债务人的相对人提起的代位权诉讼经人民法院审理后认定代位权成立的，由债务人的相对人向债权人履行义务，债权人接受履行后，债权人与债务人、债务人与其相对人之间相应的权利义务关系终止。"《民法典合同编（草案）》（一审稿）第326条把《民法典合同编（草案）》（征求意见稿）第77条修改为："人民法院或者仲裁机构认定代位权成立的，由债务人的相对人向债权人履行义务，债权人接受履行后，债权人与债务人、债务人与其相对人之间相应的权利义务关系终止。"《民法典合同编（草案）》（二审稿）第326条对《民法典合同编（草案）》（一审稿）第326条又作出了修改，将认定代位权成立的机构恢复为"人民法院"，条文内容为："人民法院认定代位权成立的，由债务人的相对人向债权人履行义务，债权人接受履行后，债权人与债务人、债务人与其相对人之间相应的权利义务终止。"《民法典（草案）》第537条在"二审稿"的基础上增加了第2句规定："债务人对相对人的权利被采取保全、执行措施，或者债务人破产的，依照相关法律的规定处理。"这是考虑到债权人代位权的行使与其他的权利行使行为的衔接问题，如代位权的行使与代位权之标的被保全的衔接，代位权的行使与债务人进入破产程序后的衔接等。

规范目的或功能

本条旨在对债权人代位权行使的法律效果作出规定。一般而言，债权人代位权的行使，具有使次债务人直接向行使代位权的债权人为给付之效力。债权人向法院提起代位权诉讼，其标的为次债务人向债务人负担的债务，其诉讼请求却是次债务人直接向债权人履行。[①]这样的效力描述，主要是学理上的归纳。在各国制定法中，专门规定代位权行使的法律效果的立法例并不多见。但《日本民法典》在2017年大修时，专门增加了代位权法律效果的规定。制定法专门规定代位权行使效果的立法设计，对于明确代位权的法律效果具有积极意义，并且有利于减少学理上的争论对司法实践的影响，能够进一步起到统一裁判尺度的作用。不过，也需要明确，本条规定的代位权行使的法律效果只是一般性的效力。在涉及代位权之标的已经被保全、执行，尤其是债务人进入破产程序的，其法律效果因其他法律调整机制的介入，会有不同的表现。

规范内容

从比较法上看，《日本民法典》在2017年修订之后增加的第423条之三，即为债权人代位权的法律效果，其条文为：债权人行使被代位权利的情形，被代位权利以金钱的支付或者动产的交付为标的时，可请求相对人向自己支付或交付。在此情形下，相对人向债权人支付或者交付时，被代位权利因此消灭。[②]我国《澳门民法典》第604条也专门规定了代位权的效力，条文内容为：债权人中一人行使代位权，亦惠及其他债权人。这些比较法上规定，对于深入理解本条背后的法理，大有裨益。本条属于民法中的说明性法条，系对代位权行使的法律效果的说明。具体而言，其法律效果分为三个层面，即

---

① 梁慧星主编：《中国民法典草案建议稿附理由：债权总则编》，法律出版社2013年版，第211页。

② 《日本民法典》，刘士国等译，中国法制出版社2018年版，第92页。

对于债权人的效力、对于债务人的效力、以及对于次债务人的效力。而这三个层面的效力如何，又取决于整体上代位权行使的法律效果到底坚持何种法理念，这就涉及关于代位权行使效果的学说分歧。以下详述之。

一、代位权行使效力的论争

关于代位权行使效果的第一种观点是所谓的“入库规则”。所谓入库规则，是指代位权行使的利益应归属于债务人，成为一般债权人的共同担保。行使代位权者，不得直接以之抵充。至于债权人债权利益的保护，则通过一般的债的清偿规则来达成。[①]这一观点系《合同法解释（一）》颁布前的通说。[②]

第二种观点是债权人比例分配说。这一观点认为，行使代位权所得利益应该在普通债权人之间进行平均分配。在司法实践层面，当次债务人清偿后，应由法院对清偿的利益（金钱、实物）进行保管。法院应同时通知债权人申报债权，在确定所有债权人后按比例进行分配。[③]这一观点在《合同法解释（一）》采代位权人优先受偿说之后，仍有坚持者。其主要理由在于，债权人代位权仅是一种保全责任财产的权利，不能使其变异为获得优先受偿效果的特权。[④]从债权人代位权作为一种债的保全机制来看，这一理由并非没有道理。

第三种观点是代位权人优先受偿说。这一观点认为，谁行使代位权，所获利益就应该归谁。[⑤]如果使行使代位权的债权人与其他债权人处于同等地位，则债权人行使代位权的利益会被其他债权人抢先享有，这对提起代位权诉讼的债权人来说，并不公平。然而，1999年12月颁布的《合同法解释（一）》第20条显然是采纳了代位权人优先受偿说。并且，这一制度设计后来被《民

---

① 参见史尚宽：《债法总论》，中国政法大学出版社2000年版，第471页；彭万林主编：《民法学》，中国政法大学出版社1999年版，第579页；孔祥俊：《合同法教程》，中国人民公安大学出版社1999年版，第319页。

② 参见王利明：《合同法研究》（第二卷）（第三版），中国人民大学出版社2015年版，第112页。

③ 参见王利明：《合同法研究》（第二卷）（第三版），中国人民大学出版社2015年版，第112页。

④ 参见朱广新：《合同法总则研究》（下册），中国人民大学出版社2018年版，第446页。

⑤ 参见王利明：《合同法研究》（第二卷）（第三版），中国人民大学出版社2015年版，第112页。

法典合同编（草案）》（一审稿）和《民法典合同编（草案）》（二审稿）以及《民法典（草案）》所继承。最终，本条也予以继承。需要指出的是，代位权人优先受偿说虽有异化为特权的嫌疑，但对于鼓励债权人积极行使代位权，尽早了结债权债务关系具有积极意义。并且，从司法实践的角度看也更易于操作，有利于真正落实代位权对债权人利益的维护。

二、对于债权人的效力

代位权行使的效力，对于债权人主要体现在以下几个方面。

第一，次债务人应直接向债权人履行义务。由于代位权诉讼需要通过诉讼行使，如果法院认定债权人的代位权成立，则应判决次债务人直接向提起代位权诉讼的债权人履行相关义务。[①]如果次债务人不主动履行判决确定的给付义务，则在执行程序中，债权人是申请执行人，次债务人则是被执行人。

第二，债权人的债权全部或部分消灭。如果代位权诉讼所获得的金钱给付数额等于债权人对债务人的债权额，则债权人的债权因全部受偿而归于消灭。如果代位权诉讼所获得的金钱给付数额小于债权人对债务人的债权额，则债权人的债权因部分受偿而只在受偿范围内归于消灭。其余没有受偿部分的债权，债权人仍得向债务人主张。在债务人还有其他次债务人时，债权人在符合条件的情况下，还可就剩余部分债权向另外的次债务人主张代位权。如果法院在代位权诉讼中查明债权人对债务人的债权额小于债务人对次债务人的债权额，则只应在债权人请求的债权数额范围内支持其请求。至于债务人对次债务人的剩余债权额，可以由债务人自己向次债务人进行主张。

第三，债权人债权的诉讼时效中断。代位权一旦通过诉讼行使，则债权人的债权即发生诉讼时效中断的效果。即使代位权诉讼行使的结果，并未使债权人的全部债权均获得受偿，但仍然不妨碍诉讼时效期间的重新计算。

三、对于债务人的效力

债权人行使代位权对于债务人主要产生四个方面的效力。

---

① 参见最高人民法院（2017）最高法民终976号民事判决书以及最高人民法院（2018）最高法民终917号民事判决书中的一审主文内容。

第一，债务人对债权人的债务全部或部分消灭。债权人代位权首先是基于其与债务人之间的债权债务关系而产生的权利，代位权的行使在全部或部分消灭债权人债权的同时，相应地也全部或部分地消灭债务人对债权人所负担的债务。

第二，债务人对次债务人的债权全部或部分消灭。代位权诉讼中，被代位行使的权利实际上是债务人对次债务人的权利。因此，代位权行使的结果，实际上也是债务人对次债务人权利的行使。如果债务人对次债务人的债权额等于其对债权人所负担的债务额，则代位权的行使在消灭其对债权人债务的同时，也消灭了其对次债务人的债权。但如果债务人对次债务人的债权额大于其对债权人所负担的债务额，则由于代位权诉讼只能在债权人债权额的范围内进行判决，故债务人对次债务人的债权还不能完全消灭，债务人就该剩余部分的债权额，可以向次债务人另行主张。

第三，债权人主张代位权时，债务人就其对次债务人的债权的处分是否受影响。债权人代位权诉讼进行中，债务人就其对次债务人的债权可否进行处分，比如出让或和解。对此问题，理论界一种意见认为，代位权的行使并非强制执行，在法律没有明确规定的情况下，不应剥夺债务人对其财产的处分权。如果在代位权诉讼启动后债务人将其对次债务人的债权出让或和解的，债权人可以行使撤销权，[①]从而保全其债权。另一种意见则认为，行使代位权后，债务人就其债权的处分权应该受到限制，债务人不能对该债权进行抛弃、免除或让与等处分行为。[②]从比较法上看，《日本非讼事件手续法》第76条第2款对于以裁判方法行使代位权的情形，确认有限制债务人处分的效力。同时，日本的判例和学说都认为，通过裁判之外的方式行使代位权时，也有限制债务人处分的效力。[③]

司法实践中，债权人提起代位权之诉后，可以通过申请财产保全措施保全次债务人的部分财产，但无法对债务人的财产采取保全措施，因为债务人

---

① 参见黄立：《民法债编总论》，中国政法大学出版社2002年版，第479—480页。

② 参见朱广新：《合同法总则研究》（下册），中国人民大学出版社2018年版，第447页。

③ 参见段匡：《日本债权人代位权的运用》，载梁慧星主编：《民商法论丛》（第16卷），金桥文化出版（香港）有限公司2000年版，第532页。

在代位权诉讼中的地位是第三人，而非被告。即使债权人另行起诉债务人履行合同，此时债权人可以对债务人的财产申请财产保全措施，但所保全的财产却未必是债务人对次债务人的债权，甚至不可能是债权，而基本都是债务人的物权、股权、基金份额等其他财产。因为债权是相对权，不具有对外公示的效力，很难将其确定为财产线索。即使债权有时候可以通过票据表现出来，但票据本身是否适合采取保全措施，在实践中也不无疑问。①因此，实践中不少法院都要求，申请保全时，保全标的物及财产线索应当明确、具体。②由此可见，试图通过财产保全措施来限制代位权诉讼期间债务人处分其对次债务人的债权，实际上很难操作。解决这一问题，还需专门在实定法（含司法解释）中进行明确。鉴于《民法典》对此没有明确，今后的司法解释可以有所作为。但在司法解释没有到位之前，司法实践中，债权人提起代位权诉讼后，法院可以明确告知债务人不能就其被债权人代位行使的权利作出处分（即使是转让也不行，因为转让之后，债务人将不再对次债务人享有债权，债务人的债权人此时再行使代位权将失去根基），也不得妨碍债权人行使代位权。否则，代位权对于债权的保障作用就流于形式，代位权本身也无法得到有效的行使。③如果债务人在此期间真的实施了相应的处分行为，人民法院可以将其作为妨害民事诉讼的行为而予以处理。

第四，债务人对次债务人的债权发生诉讼时效的中断。代位权诉讼中，看似债权人代债务人主张债权，其基础却是债务人的债权本身，债权人向次债务人提出的履行请求，在法律上视同债务人自己提出权利主张，法理上应认可诉讼时效的中断。但是，当债务人对次债务人的债权额超过债权人对债务人的债权额时，债权人仅可以其债权额为限行使代位权，而不能

① 参见王可平：《执行过程中是否可以扣押被执行人的银行汇票》，载中国法院网https://www.chinacourt.org/article/detail/2007/09/id/267521.shtml，最后访问时间2020年5月28日。

② 比如，《北京市高级人民法院关于财产保全若干问题的规定（试行）》第2条规定，申请人申请财产保全，应当向人民法院提出书面申请。保全申请应当写明申请人和被申请人名称、申请保全的理由、保全金额、保全标的物及财产线索。申请人提供的保全标的物及财产线索应当明确、具体。此外，《上海市高级人民法院关于财产保全工作的规定》第15条也有类似的要求。

③ 参见王利明、崔建远：《合同法新论·总则》，中国政法大学出版社2000年版，第387页。

及于其他超过部分。对于该超过部分，是否也可以因代位权诉讼的提起而一并发生诉讼时效的中断呢？有学者认为，从实体法上权利行使的角度看，上述情况属于仅就债权中的一部分主张权利。从诉讼法上确立规定的角度看，上述情况虽然只是提出了一部分债权的诉讼请求，但该诉讼请求已经是一个独立的诉讼请求。基于这两点，上述情况时效的中断，应当认为仅就提出部分的债权发生，而不及于剩余部分。[①]不过，根据《诉讼时效制度规定》第11条，权利人对同一债权中的部分债权主张权利，诉讼时效中断的效力及于剩余债权，但权利人明确表示放弃剩余债权的情形除外。据此，只要债务人没有明确表示放弃剩余部分债权的，且只要是同一债权，应认为债权人的代位权诉讼可以中断债务人对次债务人超出代位权诉讼主张额部分的债权时效。

四、对次债务人的效力

一般说来，债权人代位行使债务人的权利，并不会对次债务人产生实质影响。因为履行债务是次债务人的本来义务，不论这一义务是向债权人履行，还是向债务人履行。基于与上文阐述的同样理由，这一履行当然可以产生全部或部分消灭次债务人对债务人的债务的效力。同时，次债务人对于债务人的债务，也因债权人提起的代位权诉讼而发生时效中断的法律后果，此后债务人在重新计算的诉讼时效期间内起诉次债务人的，次债务人提出的时效抗辩不应被支持。

五、债务人对次债务人的权利被采取保全、执行措施时的处理

在代位权诉讼中，很可能遇到债务人对次债务人的债权被采取保全措施或被采取执行措施的情况，这就涉及债权人代位权和其他诉讼程序机制的协调处理问题。一般情况下，债务人对次债务人的权利被采取保全措施或执行措施不一定能够影响代位权诉讼本身的推进。只要代位权诉讼中能够查明债权人债权到期，债务人怠于行使其到期债权且影响到债权人债权的实现，则可认定代位权成立。但在代位权诉讼胜诉后，由次债务人向债权人履行时，

① 参见韩世远：《合同法总论》，法律出版社2004年版，第387页。

可能因保全措施和执行措施的存在而受到影响。对于被采取保全措施的情况，债权人可在保全措施解除后申请执行，或者等到保全措施所涉及的案件进入执行程序后申请参与分配。对于被采取执行措施的情况，债权人可以持执行依据（生效的代位权诉讼判决）向执行法院申请参与分配。

六、债务人破产时的处理

本条所谓“债务人破产”应是指向债务人的破产申请被人民法院受理，而不是指债务人被宣告破产。根据《企业破产法》第16条，人民法院受理破产申请后，债务人对个别债权人的债务清偿无效。这就意味着，债务人进入破产程序后，债权人的债权统一纳入破产程序进行概括受偿，债务人的破产财产被保全，有关债务人财产的保全措施将被解除，执行程序将被中止，破产管理人也将代替债务人接受履行。[①]因此，当债务人进入破产程序后，债权人针对债务人的债权即使到期，也将不能行使代位权。债权人只能按照破产的程序安排，在规定的时间内向管理人申报债权，通过破产程序实现自己的债权。

第五百三十八条【无偿处分之下的债权人撤销权】

债务人以放弃其债权、放弃债权担保、无偿转让财产等方式无偿处分财产权益，或者恶意延长其到期债权的履行期限，影响债权人的债权实现的，债权人可以请求人民法院撤销债务人的行为。

历史由来

本条继承了《合同法》第74条的规定，但作了重要增补与删节。《合同法》第74条规定：“因债务人放弃其到期债权或者无偿转让财产，对债权人造成损害的，债权人可以请求人民法院撤销债务人的行为。债务人以明显不合理的低价转让财产，对债权人造成损害，并且受让人知道该情形的，债权人也可

① 参见许德风：《破产法论：解释与功能比较的视角》，北京大学出版社2015年版，第126—130页。

以请求人民法院撤销债务人的行为。撤销权的行使范围以债权人的债权为限。债权人行使撤销权的必要费用，由债务人负担。”在《民法典》编纂过程中，《民法典合同编（草案）》（征求意见稿）第78条规定：“因债务人以放弃其债权、放弃债权担保、无偿转让财产等方式无偿处分财产权益，或者恶意延长到期债权的履行期限，对债权人造成损害的，债权人可以请求人民法院撤销债务人的行为。”《民法典合同编（草案）》（一审稿）第327条将“征求意见稿”第78条规定中的“对债权人造成损害的”调整为“影响债权人的债权实现的”。《民法典合同编（草案）》（二审稿）第327条与《民法典合同编（草案）》（一审稿）第327条保持了一致。《民法典（草案）》第538条在保持《民法典合同编（草案）》（二审稿）内容的基础上对文字表述稍微进行了调整，调整后的内容为：“债务人以放弃其债权、放弃债权担保、无偿转让财产等方式无偿处分财产权益，或者恶意延长其到期债权的履行期限，影响债权人的债权实现的，债权人可以请求人民法院撤销债务人的行为。”

规范目的或功能

本条旨在规范因债务人无偿处分自己权利而影响到债权人债权实现时的权利保全问题。债权人撤销权的规范目的，可以在其与债权人代位权的规范目的的比较和衔接上做更为深入的理解。在合同的保全上，债权人代位权和债权人撤销权存在着规范目的上的分工和配合。

债权人代位权的规范目的，是为避免因债务人消极不行使债权及其从权利的行为，导致债务人的责任财产不当减少。而债权人撤销权的规范目的，是为避免债务人积极处分权利而导致其责任财产不当减少。代位权制度的规范目的在于保持债务人的责任财产，而撤销权制度的规范目的在于恢复债务人的责任财产。[①]不过，由于债务人积极处分其权利的情形，可以分为无偿处分行为和有偿处分行为，这两种行为都可能实际上影响到债权人债权的实现，从而成为债权人撤销权的对象，故本法在撤销权的条文中予以区分，本条主要规范债务人无偿处分其权利而影响债权人债权实现的情形。为从诉讼中更

---

① 王利明：《合同法研究》（第二卷）（第三版），中国人民大学出版社2015年版，第78页。

好地落实本条的规范目的，在最高人民法院没有新的规定之前，《合同法解释（一）》第五部分、《合同法解释（二）》第18条的规定，应继续予以适用。最后需要指出的是，债权人撤销权的本旨在于保障全体一般债权人的利益，而非个别债权人的个别利益，[①]但由于债权人已经先行启动了撤销权诉讼的程序，因此可能更有机会使其债权获得事实上的优先受偿。[②]

规范内容

一、比较法的考察

在罗马法上，当债务人恶意使自己陷入无资产能力状态时，法务官会将这种侵害债权人的行为视为实施了不法行为。针对这种不法行为，法务官以告示方式赋予财产管理人"撤销之诉"（Actio Pauliana）的救济手段。在优士丁尼皇帝下令编纂的《法学阶梯》中（Inst.，4，6，6）明确规定了"撤销之诉"。[③]由于这一概念由法务官保罗所创，故这一申请撤销的权利又被称为"保罗诉权"（或译为"保利安之诉"）。[④]罗马法上的撤销之诉经过中世纪注释法学家阿佐、阿库修斯等人的努力，最终被法国习惯法所继承。[⑤]后来，法国习惯法上确立起来的撤销之诉，被《法国民法典》第1167条吸收固定下来，以非常简洁的条文呈现出来："债权人亦得以其本人的名义对债务人欺诈侵害其权利的行为提起诉讼。"在法国民法上，该权利还被称为"废罢诉权"。[⑥]

《德国民法典》中没有规定撤销权，但在民法典之外同样存在撤销权法律

---

① 参见［日］我妻荣：《新订债法总论》，王燚译，中国法制出版社2008年版，第202—203页。

② 参见韩世远：《合同法总论》，法律出版社2004年版，第393—394页。

③ 参见徐国栋：《优士丁尼〈法学阶梯〉评注》，北京大学出版社2011年版，第500页。

④ 韩世远：《债权人撤销权研究》，载《比较法研究》2004年第3期。

⑤ 参见顾祝轩：《民法概念史·债权》，法律出版社2016年版，第69页。

⑥ 参见韩世远：《合同法总论》，法律出版社2004年版，第393页。值得注意的是，在罗结珍翻译的《法国民法典》中并未将第1167条称为"废罢诉权"，而是表述为"撤销诉权"。参见《法国民法典》（下册），罗结珍译，法律出版社2005年版，第909页。

制度。只不过，德国法中的撤销权被区分为破产撤销权和破产外的撤销权两种，前者由1877年《德国破产法》规定，后者由1879年《德国撤销法》（又称《破产外否认权法》）规定。[①]从渊源上看，德国法上的诈害行为撤销权同样来源于罗马法上的撤销之诉。在德国普通法时期，学说就将撤销之诉解释为基于侵权行为的“恢复原状请求权”，[②]其目的在于使得债权人能够扣押债务人的财产，并使之重新回到债务人的资产中。后来，普鲁士邦法继承了德国普通法上的撤销之诉，并规定到1879年《德国撤销法》中。

《日本民法典》第424条规定了撤销权制度，称为“诈害行为撤销权”。2017年《日本民法典》大修时，在原来第424条的基础上增加了八个条文，分别规定了“取得相当对价的财产处分的特则”“对特定债权人提供担保等的特则”“过度代物清偿的特则”等规定，[③]使得对债权人代位权的规定得到极大丰富。

二、撤销权的性质

（一）关于撤销权性质的学说分歧

在学理上，关于撤销权的性质一直有不同的意见和主张，兹列举如下。

第一种观点认为，撤销权是形成权。撤销权为形成权，最易获得认可。因为传统民法中关于形成权的阐述，往往以撤销权为例。[④]而债权人撤销权的行使，也是使债务人与第三人之间的法律行为效力归于消灭，符合形成权的行使特征。根据该学说，启动撤销权的诉讼，亦属于形成之诉。

第二种观点认为，撤销权是请求权。根据该学说，撤销权行使的目的在于保全债务人的责任财产，形式上虽然行使撤销权会使得债务人与第三人之间的法律行为失去效力，但实质上的效力更在于债权人得请求因债务人的行

---

① 参见韩世远：《债权人撤销权研究》，载《比较法研究》2004年第3期。

② Vgl. E. Jaeger, Die Gläubigeranfechtung außerhalb das Konkursverfahrens, Anm 9, S. 45. 2 Aufl., 1938. 转引自顾祝轩：《民法概念史·债权》，法律出版社2016年版，第73页。

③ 参见《日本民法典》，刘士国等译，中国法制出版社2018年版，第93—96页。

④ 参见史尚宽：《民法总论》，中国政法大学出版社2000年版，第26页；王泽鉴：《民法总则》（增订版），中国政法大学出版社2001年版，第98页。

为而受有利益的第三人返还所得利益，债权人的这种权利在性质上更接近实体法上的请求权。于是，在债权人与第三人之间形成了一种以返还给付利益为内容的债之关系。提起撤销权的诉讼因而也成为给付之诉。[①]

第三种观点认为，撤销权兼具请求权和形成权的性质。根据该学说，一方面，行使撤销权，可请求受益的第三人返还财产，从而使债务人的责任财产恢复原状。另一方面，行使撤销权，可根据债权人的意思表示使债务人与第三人之间的法律行为的效力溯及既往地消灭。[②]据此，债权人撤销权兼具请求权和形成权的性质。

第四种观点认为，撤销权系诉权。根据该学说，撤销权实为实体法上规定的诉权，是诉讼法规则在实体法上的体现。撤销权一直被称为撤销诉权或废罢诉权也能佐证这一点。

（二）撤销权应为兼具请求权和形成权性质的综合性权利

以上观点虽各有所据，但从债权人撤销权的内在机理和行使特征上看，应将其定性为兼具请求权和形成权的综合性权利。一方面，债权人撤销权是经过改造的请求权。与一般的请求权在结构上非常相似，债权人撤销权之下，可以请求第三人返还财产，从而使其具有给付内容。但是，这种请求不能像一般请求权那样私下行使，而必须通过法院的诉讼程序行使。最高人民法院的判决中也曾指出，撤销权既是实体权利，也是程序权利。[③]不过，这种请求权到底是债权人可以直接请求向自己履行的请求权，还是向债务人履行的请求权，不无疑问。如果是债权人可以直接请求向自己履行的请求权，则意味着债权人撤销权行使时可以直接请求债务人的相对人向自己返还财产。但根据本法第542条，债权人并没有这样的权利。并且，一般请求权只能向与债

---

① 王利明：《合同法研究》（第二卷）（第三版），中国人民大学出版社2015年版，第125—126页。

② 朱广新：《合同法总则研究》（下册），中国人民大学出版社2018年版，第450页。

③ 在“某市甲信息咨询服务有限公司与某市某区乙投资管理公司、某市丙投资控股有限公司撤销权纠纷案”中，最高人民法院判决指出，债权人的撤销权是兼具实体权利和程序权利双重性质的民事权利，债权人未在法定期间内行使撤销权，既消灭实体权利，又消灭程序权利。参见最高人民法院（2007）民二终字第32号民事裁定书。

权人有债权债务关系的相对人行使，而债权人撤销权，效力却可以扩展到与债务人存在法律关系的第三人。就此而言，债权人撤销权并非纯正的请求权，而是经过改造的请求权。另一方面，债权人撤销权也是经过改造的形成权。因为一般的形成权，其主要效力在于形成、变更或消灭特定的法律关系，而并不具有财产返还的效力。但债权人撤销权则不仅在于消灭债务人与第三人之间的法律关系，更在于要求第三人返还财产，否则，撤销权的目的就没有实现。就此而言，债权人撤销权又是经过改造的形成权。综合以上分析，本书认为，债权人撤销权兼具请求权和形成权的性质。

三、行使要件

（一）债权人对债务人存在合法有效的债权

债权人对债务人存在合法有效的债权是债权人行使撤销权的前提和基础。存在合法有效的债权，可以分解为以下几点：第一，债权人对债务人的债权已经成立并生效。如果债权人的债权尚未成立，则因不存在债权人从而不可能行使撤销权。如果债权人的债权虽然成立，但并未生效，则因债的效力尚未发生，故同样不能行使撤销权。第二，债权人对债务人的债权尚未消灭。如果债权已经消灭，则一方面，债权已经不存在，无理由行使债权人撤销权；另一方面，债的目的已经达到，也无必要行使债权人撤销权。第三，债权人对债务人的债权在债务人实施无偿处分行为之前已经有效存在。如果债务人实施无偿处分行为时，债权人的债权尚不存在，则不可能对债权人产生任何影响。①

（二）债务人实施了一定的无偿处分行为

所谓无偿处分行为是指债务人所实施的处分行为没有对待给付。本条所列举的放弃债权、放弃债权担保、无偿转让财产等都属于无偿处分行为。恶意延长到期债权的履行期限，看似没有对债权本身进行处分，但其实质上是对已到期债权的现实利益的延后，在牺牲债务人自身利益的同时却没有获得

① 参见王利明：《合同法研究》（第二卷）（第三版），中国人民大学出版社2015年版，第129页。

任何对待给付，因而也属于无偿处分行为。需要明确的是，这里的所谓“行为”仅指财产上的法律行为，不包括身份行为。如果债务人所为的法律行为不是财产上的法律行为，则与其责任财产无关，不会影响到债权人债权的实现，无撤销的必要。[①]所以，结婚、收养、离婚等身份行为，不能成为撤销的对象。即使在某些情况下，离婚等身份行为会对债务人的责任财产产生不利影响，但也不应允许债权人行使撤销权，因为这会对债务人的私人生活产生不当干预，并且会妨碍债务人的人格自由。[②]此外，这里的“行为”仅指法律行为而言，不包括准法律行为和事实行为。一般的无偿法律行为可以撤销，自不待言。准法律行为如催告、债权让与通知等，学者认为可以成为撤销的对象。[③]本书认为，准法律行为包括意思通知、观念通知和感情表示。意思通知是行为人将含有特定目的的意思向相对人予以表达，而观念通知是指行为人对特定事实的认知观念为内容的通知，感情表示的主要形式是被继承人对继承人的宽恕，[④]《民法典》第1125条第2款对此有所规定。以上行为的共同特点就是行为人均有表示行为，但这一表示对于最终的法律效果没有任何意义，行为人实施该表示行为之后的法律效果完全由法律直接规定。在意思通知的情况下，行为人虽有目的意思，但这是一种自然目的意思，比如催告，不指向规范层面的法律效果，因而不是意思表示中的效果意思。在观念通知的情况下，行为人向相对人表达的只是某种事实情况，行为人是否存在像意思通知中那样的自然目的意思尚不明确，更不用说存在效果意思了。[⑤]因此，意思通知和观念通知中，行为人的意思不能决定其行为的法律效果。在这种情况下，如果允许债权人对债务人的准法律行为予以撤销，则实际上相当于允许债权人可以撤销债务人主观上并未意识到的会产生某种法律效果的日常表达，对债务人干涉过甚，且对债权人也并没有实际价值。而宽恕这样的感情表示，也明显涉及自然人之间的身份因素，具有很强的伦理色彩，不宜由债权人任意干涉。因此，本书认为，债权人可得撤销的无偿处分行为不应包括准法律

---

① 参见孙森焱：《民法债编总论》（下册），法律出版社2006年版，第535页。

② 参见韩世远：《合同法总论》，法律出版社2004年版，第406页。

③ 参见韩世远：《合同法总论》，法律出版社2004年版，第406页。

④ 常鹏翱：《事实行为的基础理论研究》，北京大学出版社2016年版，第102页。

⑤ 参见朱庆育：《民法总论》，北京大学出版社2013年版，第84页。

行为。对于事实行为如债务人毁损其物，通说认为无从撤销。[①]实践中，如果债权人的债权到期，债权人担心债务人毁损其物而降低责任财产的，债权人可以申请诉前财产保全，之后通过诉讼实现其债权。

（三）无偿处分财产权益的行为影响到债权人债权的实现

影响到债权人债权的实现，是指因债务人无偿处分其财产权益，导致其责任财产减少，使债权人的债权有难以实现的危险，或者债务人的清偿能力原已薄弱，因此雪上加霜，致使其不能完全履行对债权人的债务。[②]如果债务人的责任财产足够丰裕，无偿处分其财产权益明显不会影响其对债权人债权的清偿，则不成立债权人的撤销权。但是，其责任财产非常丰裕的事实，需要由债务人举证证明。关于无偿处分财产权益的行为影响到债权实现，应指影响到全部债权人债权的实现，而不仅仅是指影响到行使撤销权的债权人的债权实现。至于影响到债权实现的具体认定标准应如何掌握，德国立法例可资参照。1994年德国《关于撤销支付不能程序之外债务人法律行为的法律》（Anfechtungsgesetz-AnfG）第2条规定，影响到债权实现，应以“对债务人财产之强制执行，未能使债权人完全满足，或得认为纵经强制执行亦无法获得满足”为必要。[③]实践中，债务人的无偿处分财产权益行为如果具有公益性，比如对于债务人设立保护公共水源的污水处理机构，是否“影响到债权人债权实现”的认定，存有不同意见。一种意见认为，认定撤销权是否成立时，应对债务人实施的无偿处分行为是否具有公益性有所考虑。[④]但最高人民法院的判决意见则认为，具有公益性不属于影响撤销权行使的法定情形，[⑤]应不予考虑。本书认为，撤销权制度之设立，旨在保护债权人债权的实现，只要债务人的无偿处分财产行为影响到债权实现，即使其无偿处分行为具有高尚的目的，也不能成为债权人撤销权的有效抗辩事由。因为，任何人不能以其行

① 参见孙森焱：《民法债编总论》（下册），法律出版社2006年版，第534页；韩世远：《合同法总论》，法律出版社2004年版，第406页。

② 朱广新：《合同法总则研究》（下册），中国人民大学出版社2018年版，第454页。

③ 黄立：《民法债编总论》，中国政法大学出版社2002年版，第489—490页。

④ 参见广东省高级人民法院（2014）粤高法审监民再字第10号民事判决书。

⑤ 参见最高人民法院（2017）最高法民再92号民事判决书。

为目的的高尚，作为损害第三人权益的免责事由。因此，最高人民法院的判决符合债权人撤销权的本旨。

另外需要注意的是，在司法实践中可能发生执行程序中被执行人放弃债权的情况。有地方法院出台的司法文件规定，在生效判决的执行过程中，如果被执行人存在放弃债权、无偿转让财产或者以明显不合理低价转让财产，对申请执行人造成损害的，执行法院可以告知申请执行人依照债权人撤销权的相关规定向有管辖权的人民法院提起撤销权诉讼。[①]某石化有限公司与某贸易有限公司侵权损害赔偿纠纷执行案就是这种情况，最高人民法院认为该案的典型意义在于，被执行人无偿转让财产，对申请执行人造成损害，申请执行人依照《合同法》相关规定向有管辖权的人民法院提起撤销权诉讼，有效地反制规避执行行为。[②]

四、行使方式

本条明定，债权人撤销权的行使，只能通过诉讼的方式向人民法院提出请求。这是因为，债权人撤销权的行使，对债务人和第三人的利益影响甚大，必须慎重对待。只有将该权利通过诉讼行使，由国家审判权介入予以审查，才能最大限度地确保债务人和第三人的权利不被过分干涉。因此，世界各国凡设立债权人撤销权制度者，无不采取通过法院行使的方法。[③]需要注意的是，债权人撤销权通过法院行使存在预交案件受理费的问题。而债权人撤销权诉讼的案件受理费需要区分不同情况确定。对此，有地方法院的司法文件规定，因行使撤销权引发的案件，一般按照非财产案件收取受理费。但是，如果涉及财产给付内容的，则按照财产案件收取案件受理费。[④]

---

① 参见《北京市高级人民法院关于加强立案、审判与执行工作协调配合的若干意见（试行）》第25条第2款。

② 参见2011年《最高人民法院关于反规避执行的九起典型案例》案例3。

③ 朱广新：《合同法总则研究》（下册），中国人民大学出版社2018年版，第458页。

④ 参见《北京市高级人民法院关于规范有关案件受理费工作的几点意见（试行）》第二部分第3条第3项规定。

五、撤销权诉讼的当事人地位

（一）撤销权之诉的原告

本条规定的撤销权的原告当然应为撤销权人，即对债务人享有合法有效债权的债权人。但根据本条的规定，并非任何合法有效债权的债权人都可以行使撤销权。比如，劳务之债的债权人、附有担保的债权人则不能行使撤销权，[①]因而也不能作为撤销权之诉的原告。

（二）撤销权之诉的被告

撤销权之诉的被告地位，国外立法例上有以受益人为被告的做法。比如，2017年经过大修之后的《日本民法典》第424条之七规定，诈害行为撤销请求之诉，依不同情况分别确定被告：对受益人提起诈害行为撤销之诉的，受益人是被告；对转得人提起的诈害行为撤销请求之诉，以该诈害行为撤销请求的相对人的转得人为被告。[②]1994年德国《关于撤销支付不能程序之外债务人法律行为的法律》也规定，在撤销权之诉中，债权人为原告，而受让人为被告。[③]在我国《合同法解释（一）》第16条关于代位权诉讼的规定中，也是确认将次债务人作为被告，而没有将与债权人存在直接债务关系的债务人作为被告。但是，《合同法解释（一）》第24条对于撤销权诉讼的当事人地位则明确，撤销权诉讼中债务人为被告，受益人或受让人可以作为第三人。这一规定，虽然与上述德国、日本的做法有异，但也不无道理。王利明教授认为，债务人实施的行为若为单独行为或单方法律行为，如免除到期债务等，仅以债务人为被告是合理的。但对于债务人与第三人之间的双方行为，则仅以债务人为被告的当事人构造并不妥当。[④]本书认为，王利明教授的担忧是有道理

① 王利明：《合同法研究》（第二卷）（第三版），中国人民大学出版社2015年版，第147页。

② 《日本民法典》，刘士国等译，中国法制出版社2018年版，第95页。

③ Gesetz über die Anfechtung von Rechtshandlungen eines Schuldners ausserhalb des Insolvenzverfahrens (AnfG), §13.

④ 参见王利明：《合同法研究》（第二卷）（第三版），中国人民大学出版社2015年版，第148—149页。

的。因为在双方行为的情况下，债权人要撤销债务人与第三人之间的合同关系，从法理上不应仅以债务人为被告。根据《民事诉讼法解释》第298条规定，在第三人撤销之诉中，即应将生效判决、裁定、调解书的当事人列为被告，二者背后法理是相通的。况且，在涉及双方行为的撤销权诉讼中，往往还需要作为第三人的受益人返还财产。在这种情况下，将债务人和受益人列为被告显然更为合理。从规定内容看，本条及本法相关条款并未明确撤销权之诉中应该列哪一方主体为被告。但是，在上述司法解释作出调整之前，司法实践中无疑还会按照上述司法解释确定撤销权诉讼中的当事人地位。也就是说，在本法实施之后，在上述司法解释规定改变之前，债权人撤销权之诉仍需以债务人为被告，以受益人或受让人作为第三人。好在，受益人或受让人虽然仅是诉讼中的第三人，但并不妨碍法院判决其承担责任。根据《民事诉讼法》第56条第2款第2句，人民法院判决承担民事责任的第三人，有当事人的诉讼权利义务。也即，撤销权法律关系中的受益人或受让人虽然仅是撤销权诉讼中的第三人，但如果被判决承担义务，其有权提起上诉。

举证责任

根据本条规定，债权人针对债务人无偿处分行为行使撤销权的，需要就如下要件事实承担证明责任。第一，债权人需向法院提交其对债务人的债权凭证。如果从表面上看，该债权已经罹于时效，债务人提出时效抗辩的，则债权人还需要提交该债权的诉讼时效中断的证据。第二，债权人还需提交债务人实施无偿处分行为的证据。本条所列的放弃债权、放弃债权担保、无偿转让财产等行为的证据，往往在债务人和受让人或受益人的掌握之中。债权人确因客观原因无法收集到的，可依照《民事诉讼法》第64条第2款规定申请法院调取。对于债务人恶意延长到期债权的履行期限，债权人只需提交证据证明债务人存在延长其到期债权的事实，就可以认定其具有主观上的恶意。债权人不需要单独就债务人的恶意进行举证。因为恶意需要从债务人的动机上判断，而动机属于当事人精神层面的活动，只能通过客观的行为表现去判断。债务人延长其到期债权的行为与一般人的行为逻辑不符，应由其就自身不存在恶意进行反证。第三，关于无偿处分行为影响到债权人债权的实现问题，可根据前两项要件事实的证明而推知，无需单独另外予以证明。因为债务人责任财产是债权人债权的总担保，只要其责任财产因无偿处分行为而减少，一般就会对债权人债权的实现产生影响。如果债务人对此进行反驳，则应举出反证。

第五百三十九条【有偿处分之下的债权人撤销权】

债务人以明显不合理的低价转让财产、以明显不合理的高价受让他人财产或者为他人的债务提供担保，影响债权人的债权实现，债务人的相对人知道或者应当知道该情形的，债权人可以请求人民法院撤销债务人的行为。

历史由来

本条继承了《合同法》第74条的规定，但作出了重要增补。在《民法典》编纂过程中，《民法典合同编（草案）》（征求意见稿）第79条规定："债务人以明显不合理的低价转让财产、以明显不合理的高价受让他人财产或者为他人的债务提供担保，对债权人造成损害，债务人的相对人知道或者应当知道债务人的行为有害于债权人的利益的，债权人可以请求人民法院撤销债务人的行为。"《民法典合同编（草案）》（一审稿）第328条将"征求意见稿"第79条规定中的"对债权人造成损害"修改为"影响债权人的债权实现"。《民法典合同编（草案）》（二审稿）第328条规定在保持条文主旨不变的情况下，稍微调整了表述内容，将原来的"债务人的相对人知道或者应当知道债务人的行为有害于债权人的利益的"修改为"债务人的相对人知道或者应当知道该情形的"，使条文的表述更为精练。《民法典（草案）》第539条与"二审稿"的规定保持了一致，并被最终通过的《民法典》所接受。

规范目的或功能

本条规范的是因债务人有偿处分自己权利而影响到债权人债权实现时的权利保全问题。本条与《民法典》第538条分工配合，共同调整债权人撤销权的行使场景。第538条调整的是债权人对债务人无偿处分财产的撤销问题，本条则调整债权人对债务人有偿处分财产的撤销问题。一般而言，有偿行为意味着相对人支付了对价，因而并不会影响债务人的清偿能力，且属于合同自由的范畴，债权人本不应干涉。但如果债务人暗藏了损害债权人债权的目的，或者即使没有这一目的，但其有偿行为完全违背了等价交换这样的市场规律，比如以明显不合理的低价转让财产，这就实质上降低了债务人的清偿能力。当这种清偿能力的降低又实质上影响到债权人债权的实现时，则债务人的有偿处分行为就超出了合同自由的范畴，法律就有介入调整的必要。正是基于这样的逻辑，债权人撤销权就有了存在的价值。

规范内容

一、客观要件

（一）债务人存在有偿处分其财产权益的行为

所谓有偿处分行为系指债务人的处分行为获得了相对人的对待给付。但是，并非所有获得对待给付的行为都是本条所规范的有偿处分行为。本条所规范的有偿处分行为，实际上是那些具备有偿处分的形式，但实质上却对债权人的债权实现产生明显影响的有偿处分行为。即虽然是有偿处分行为，但却是明显失衡的有偿处分行为。具体包括如下几种情形。

1.以明显不合理低价转让财产

转让自己所有财产本是权利主体的固有权利。但是，以明显不合理低价转让财产，则可能降低自身的责任财产和清偿能力，并非总是被法律所允许。本条所谓的“明显不合理低价”，根据《合同法解释（二）》第19条规定，应当以交易当地一般经营者的判断，并参考交易当时交易地的物价部门指导价或者市场交易价，结合其他相关因素综合考虑予以确认。转让价格达不到交易时交易地的指导价或者市场交易价70%的，一般可以视为明显不合理的低价。学者对此予以认可，[①]最高人民法院在其判决中也主要

---

① 王洪亮：《债法总论》，北京大学出版社2016年版，第150页。

根据这种外在的、较为明显的价格标准进行判断。[①]不过，在比较法上，有立法例认为，只要债务人在为处分行为时明知该行为将有损债权人权利即为已足。至于债务人到底以何种价格处分其财产，并不重要。[②]同时，在一些极端情形下，即使转让价格不是明显不合理的低价，而是相当价格，也未必不会对债权产生消极影响。史尚宽先生曾经依据日本判例指出，将不动产变为易于消费之金钱，使债权人丧失确实之担保，苟债务人他无清偿债务之资力，其出卖即应推定为有害行为。[③]本条所规定的有偿处分行为虽然未必要像史尚宽先生所提出的那样严格，但其以"是否有害于债权人债权实现为依归"的判断思路，的确值得肯定。从整体上看，本条对债务人有偿处分行为的具体列举，有利于减轻债权人在撤销权诉讼中的举证负担，具有一定的积极意义。不过，因此而对撤销权适用范围所造成的限制，也应引起关注。

2.以明显不合理高价受让他人财产

"以明显不合理高价受让他人财产"和"以明显不合理低价转让财产"，在效果上同样具有降低债权人清偿能力的极大可能性，因而也被纳入本条所规范的撤销权的行使范围。根据《合同法解释（二）》第19条第2款的规定，转让价格高于当地指导价或者市场交易价30%的，一般可以视为明显不合理的高价。需要强调的是，在裁判实务上，不论是以明显不合理低价转让财产，还是以明显不合理高价受让他人财产，都是指处分财产的行为本身，而不包括处分行为的履行结果。比如，在处分的财产是不动产时，办理产权过户登记，只是该处分行为的结果，即财产转让合同的履行结果。不论当事人的财产转让是否需要办理过户手续以及有无办理过户手续，如果该处分行为本身有可能损害债权人的利益，那么债权人就具备了行使撤销权的条件，可以向人民法院提起诉讼，请求撤销该财产转让合同。也即，债权人的撤销权是以债务人的财产处分行为的发生为前提条件，而不是以为了实现财产处分结果而进行的过户登记行为作为撤销权行

---

① 参见最高人民法院（2017）最高法民再93号民事判决书。

② 参见朱广新：《合同法总则研究》（下册），中国人民大学出版社2018年版，第455页。

③ 史尚宽：《债法总论》，中国政法大学出版社2000年版，第489页。

使的条件。[①]

3.为他人的债务提供担保

为他人债务提供担保的具体情形有，将债务人的财产为他人债务设定抵押权、质权，债务人为他人债务提供保证担保等。在债务人的财产上为他人债务设定抵押权和质权，其最终的结果很可能是：如果该他人届期无法清偿债务，则该抵押物或质物将被通过担保物权实现程序变现，并用变现所得价金优先清偿该他人的债务。在这种情况下，债务人自身的清偿能力无疑将受到消极影响，其影响程度甚至不亚于"以明显不合理低价转让财产"的情形。同理，债务人为他人债务提供保证的情况，不论是一般保证，还是连带责任保证，都会对债务人自身的清偿能力产生明显的消极影响，应属撤销权的范围之列。

4.其他有失衡平的有偿处分行为

本条列举的可得撤销的有偿处分行为只有以上三种，并且没有用"等"的表述，这表明本条的列举是完全列举，一般不应再将其他有偿处分行为纳入。然而，除了上述三种有偿处分行为之外，是否就没有其他可得撤销的有偿处分行为？比如，在互易合同中，债务人将自己的明显更有价值的奔驰轿车与第三人的捷达轿车互易；在租赁合同中，债务人将自己的别墅以超低廉的价格出租给第三人；在运输合同中，承运人以明显不合理的低价承运第三人的货物等。在以上情形中，明显失衡的互易合同大概率会对债务人的清偿能力产生消极影响，应允许债权人类推适用本条行使撤销权。在上述租赁的情形中，如果能够证明租金价格远远不足以弥补承租人对别墅的消耗，则应允许债权人类推适用本条对债务人的不合理低价出租行为予以撤销；在上述运输的情形中，如果能够证明运输价格远远低于承运成本，则明显会降低承运人的清偿能力，亦应允许债权人类推适用本条，对债务人以不合理低价承运第三人货物的行为予以撤销。

此外，在司法实践中经常存在以物抵债的情况。一般而言，当事人以物抵债是为了及时还清债务。但有时也存在通过以物抵债恶意逃避债务，损害

① 参见《江苏省高级人民法院关于债权人行使撤销权的五年除斥期间应从何时起算问题的纪要》第二部分。

第三人合法权益的情况。而以物抵债从本质上看，也属于有偿处分行为。因此，当债务人与其相对人达成以物抵债合意，损害债权人的债权，而相对人知道这一情形的，也应允许债权人行使撤销权。对此，最高人民法院在2015年的一份司法文件中也明确予以确认。①

总之，在债务人所为的有偿法律行为中，除了本条所列举的三种情形之外，只要该有偿行为中债务人所获的对待给付在价值上明显低于其所提供的给付，并且符合撤销权的其他要件的，则应允许债权人类推适用本条规定对这种失衡的有偿处分行为予以撤销。

（二）债务人的有偿处分行为影响到债权人债权的实现

债权人撤销权的目的即在于保全其债权，避免债务人清偿能力的不当降低，故其要件中必然有债务人行为影响债权实现的要求。对于何为影响到债权人债权的实现，前文已经有详细阐述，此处不赘。

二、主观要件

在债务人有偿处分行为之下，债权人要行使撤销权，还需具备相对人知情的主观要件。这里所谓“相对人知情”，系指相对人知道债务人实施了有失公平的有偿处分行为。对于受让人的知情范围是否包括其知道债务人的行为将影响债权人债权的实现，有不同意见。②从债权的非公开性方面考虑，受让人虽然知道债务人与其自身之间的交易关系，但未必知道债务人还与债权人之间存在债权债务关系。而从债权人行使撤销权的可操作性方面考虑，要求债权人证明受让人知道债务人实施了不合理的有偿处分行为尚可，要求债权人还需证明受让人知道债权人的债权因此受到侵害，则有强人所难之嫌。不过，从本条的文义看，显然要求受让人不但对债务人的不合理低价转让等行为知情，还需要对“影响债权人的债权实现”知情。

---

① 参见最高人民法院2015年12月发布的《关于当前商事审判工作中的若干具体问题》第九部分“关于以物抵债合同纠纷案件的审理问题”。

② 参见王利明：《合同法研究》（第二卷）（第三版），中国人民大学出版社2015年版，第143页。

对此，在具体的法律适用中，可以进行适当的调适。调适的方法是，对“影响债权人的债权实现”的知情的认定，采客观标准。即，债务人的清偿能力降低，一般情况下会影响其债权人的债权实现，只要相对人知道债务人实施的以自己为相对人的有偿处分行为属不合理，一般情况下就会降低债务人的清偿能力，从而也就会一般性地影响债权人债权的实现。否则，债权人撤销权的行使将遇到很大的操作困境。需要强调的是，受让人的知情，仅仅是指其对于不合理低价转让等行为及该行为影响债权实现这两项事实的主观认知，并不强调受让人是否与债务人通谋，也不强调受让人是否知悉债务人的恶意。[①]

在债权人撤销权的两种情形中，撤销债务人的无偿处分行为并不要求受益人知情，而撤销债务人的有偿处分行为则需要受让人知情。这是因为，在无偿处分行为的情况下，受益人取得利益并未支付对价，在社会观念上属于意外所得。因债权人行使撤销权而消灭该无偿处分财产的行为，仅仅是使受益人丧失了意外取得的利益，并不发生其自有利益受损的问题。[②]因此，没有必要要求受益人对此知情。否则，将不适当地限制债权人撤销权的行使空间。而在有偿处分行为的情况下，受益人取得财产支付了对价。即使其对价有不合理之处，但在市场交易中的价格，本就是当事人自身所认可的价格。既然二者之间实施了交易，那就意味着二者对价格达成了一致。因此，仅仅凭借不合理价格本身，并不容易对债务人的有偿处分行为进行价值评判。更何况，在这种情况下，善意受让人代表了整个交易秩序的安全，应该对其善意予以保护。只要债务人和受让人实施了二者互相认可对价的法律行为，且受让人不知道该行为会影响债权人债权实现，就不应被动辄撤销。但是，如果受让人知道债务人通过不合理价格与自己进行交易，更知道该行为会影响债权人债权的实现，则其不再是善意，没有给予保护的必要，应允许债权人行使撤销权。

需要探讨的是，在主观要件上是否要求债务人的恶意。在立法例上，有

---

① 参见朱广新：《合同法总则研究》（下册），中国人民大学出版社2018年版，第457页。

② 参见梁慧星主编：《中国民法典草案建议稿附理由：债权总则编》，法律出版社2013年版，第216页。

要求债务人和第三人（受让人）均为恶意的做法。比如，我国《澳门民法典》第607条就规定，有偿行为仅于债务人及第三人出于恶意作出时，方成为债权人争议权之标的；如属无偿行为，即使债务人及第三人出于善意作出，争议权亦得成立。但从本条的规定内容看，立法者似乎并未明确要求债务人也需具有恶意。本书认为，债务人实施的不合理低价转让等显失公平的有偿处分行为本身，即足以显现出其主观恶意。此时，再从构成要件的意义上强调债务人的恶意，似无必要，也属多余。

举证责任

在有偿处分行为之下，债权人需要就以下几项要件事实承担证明责任。

第一，债权人需要证明债务人存在以明显不合理低价转让财产或以明显不合理高价受让财产的行为。由于《合同法解释（二）》第19条对“明显不合理低价”和“明显不合理高价”有较为明确的界定标准，因此，债权人只需证明实际成交的价格低于当地指导价或者市场交易价70%，或者证明实际成交价格高于当地指导价或者市场交易价30%，即可达到该项要件事实的证明标准。

第二，债权人需要证明债务人存在为他人债务提供担保的行为。在设定抵押权的情形，债权人需要提供抵押权合同，如果是以本法第395条第1款第1项至第3项规定的财产或者第5项规定的正在建造的建筑物抵押的，债权人还应向法院提交该抵押权的登记证明。当然，债权人并非抵押关系中的当事人，其自身并不掌握有关抵押的相关证据，但其可以申请法院要求债务人提供该等证据。根据《关于民事诉讼证据的若干规定》第45条和《民事诉讼法解释》第112条规定的“书证提出命令”制度，[①]关于抵押的书证在债务人控制之下的，承担举证责任的债权人可以在举证期限届满前书面申请人

① 这里的“书证提出命令”制度并非《民事诉讼法》中规定的制度，而是《民事诉讼法解释》第112条的创设，其制度渊源是大陆法系国家和地区的所谓“文书提出命令”制度。参见最高人民法院民事审判第一庭编著：《最高人民法院新民事诉讼证据规定理解与适用》（上），人民法院出版社2020年版，第433—439页。

民法院责令债务人提交。控制抵押权书证的债务人无正当理由拒不提交的，人民法院可以认定债权人所主张的书证内容为真实。在保证担保的情况下，债权人则需要向法院提交保证合同或者其他合同中的保证条款。保证合同或载有保证条款的合同文本一般由债务人掌握，债权人同样可以按照上述“书证提出命令”制度，申请法院责令债务人提供。以上第1项和第2项要件事实的证明责任只承担一项即可。

第三，关于债务人有偿处分行为影响到债权人债权实现的证明问题。根据与第538条规定同样的理由，应直接予以认定。如果债务人对此进行反驳，应举出反证。

第四，债权人还需证明相对人对于债务人的不合理有偿处分行为及其影响债权实现知情。从合同实践中的情况看，债务人有偿处分行为发生在其与受让人之间，债权人作为第三人，一般不可能对此完全知情，更不可能完全掌握受让人对失衡处分行为知情的证据。鉴此，实践中，可以从两个方面解决。一方面，通过前述所谓“书证提出命令”制度，申请法院命令对方当事人，即债务人提供其与受让人处分财产行为的相关合同、银行转账证明等。如果合同上有受让人的签名或盖章，或者债务人相关的转账金额已进入相对人（受让人）名下账户（针对不合理高价受让财产行为），或者相关的转账是从相对人（转让人）名下账户转给债务人（针对不合理低价转让财产行为），则应认定为相对人对失衡有偿处分行为知情。另一方面，通过适用高度盖然性的证明标准，认定相对人知情的相关事实。根据《民事诉讼法解释》第108条第1款，对负有举证证明责任的当事人提供的证据，人民法院经审查并结合相关事实，确信待证事实的存在具有高度可能性的，应当认定该事实存在。也就是说，如果在撤销权之诉中，债权人提供了债务人有不合理处分财产权益行为的证据，法院结合债务人陈述、第三人（相对人）陈述以及本案事实，确信相对人知情这一事实具有高度可能性的，就应认定相对人对债务人的失衡有偿处分行为知情。而债权人如果能够证明相对人对债务人的不合理有偿处分行为知情，则基于不合理有偿处分行为会降低债务人清偿能力的一般认知，就可认定债权人已经证明“相对人对于债务人的有偿处分行为影响债权实现也是知情的”。

第五百四十条【撤销权的行使范围和必要费用的负担】

撤销权的行使范围以债权人的债权为限。债权人行使撤销权的必要费用，由债务人负担。

历史由来

本条完全承继了《合同法》第74条第2款的规定，在《民法典》编纂过程中没有发生任何改动。

规范目的或功能

一方面，本条旨在明确债权人撤销权的行使范围，即以债权人的债权为限。如此规定，可以从立法的层面为债权人撤销权的行使范围划出红线，很好地兼顾债权人撤销权保护和债务人行为自由，彰显法律有所为有所不为的持中品格。另一方面，本条也旨在明确债权人行使撤销权的必要费用负担原则，即由债务人负担。如此规定，可以从立法层面为债权人行使撤销权打消顾虑，使其能够专注于自身权利的维护，而不必过分担心主张债权人撤销权的成本负担问题。

规范内容

本条第1句属不完全法条，并且是不完全法条中的限制性法条，即当法条中所使用的语句涵盖范围太广，以至于把本不应该涵盖的事项包容进去时，常常需要通过另一法条对该语句进行限制。[①]本法第538条和第539条均已经明确规定，在符合相应条件时，债权人可以请求人民法院撤销债务人的行为。但如果对这两条不作任何限定，则可能导致债权人撤销权的范围延伸到债权额以外的部分，导致债权人撤销权的绝对化，最终损害债务人的合法权益。

---

① 参见汪渊智：《民法中的不完全性法条》，载《山西大学学报》(哲学社会科学版) 2004年第4期。

因此，就通过本条第1句对债权人撤销权的行使范围进行限制。本条第2句的规范内容是，债权人行使撤销权的必要费用，由债务人负担。该条的内容可以转换为：债权人行使撤销权支出必要费用的，由债务人负担。如此，则本条第2句实际上已经具备了“构成要件+法律效果”的完全法条的结构性特征，可以认为是完全法条。

一、撤销权的行使范围

在学理上，曾经有一种观点认为，撤销权的目的在于保全所有的一般债权，其行使范围不以保全行使撤销权的债权人享有的债权额为限，而应以保全全体一般债权人之全部债权为其范围。①从保护债权人债权的角度看，这一见解是非常有力的。毕竟，在其他债权人知晓债务人实施诈害债权行为时，一般也会选择行使撤销权以保全自己的债权。若本案债权人已经提起撤销权之诉，为何不允许其请求撤销的范围延伸到其他普通债权人的全部债权额呢？这一问题涉及法学中权益保护和行为自由两项价值如何进行平衡的根本性问题，对于这一问题的答案，往往各有所据，很难完全取得一致。这就需要立法者根据所处时代的社会历史环境或其他特殊政策考量作出决断。而对于上述问题，《合同法》立法时，就已经在其第74条第2款明确，撤销权的行使范围以债权人的债权为限。而且，这里的“债权人”，根据该条上下文和上下邻近法条进行体系解释，就是指提起撤销权诉讼的债权人，而不包括其他债权人。所以，依据本法行使债权人撤销权的范围并不及于债务人处分行为的全部财产，而仅限于保全行使撤销权的债权人债权的范围。②

需要讨论的是，当债务人有偿或无偿处分行为所涉及的标的物是不可分物时，是否也需要严格遵守本条所明确的“以债权人的债权为限”的要求呢？从法理上讲，当标的物系可分物时，基于该可分物的物权可以随着标的物的分割而成为两个以上的物权。③基于此，当债务人处分行为的标的物系可分物时，债权人行使撤销权的范围，在操作层面，可以通过增减可分物的数

---

① 参见王家福主编：《民法债权》，中国社会科学出版社2015年版，第174页。

② 参见王利明、崔建远：《合同法新论·总则》，中国政法大学出版社2000年版，第398页。

③ 参见孙宪忠：《中国物权法总论》（第二版），法律出版社2009年版，第105页。

量，从而使得被撤销的处分行为标的额与债权人的债权额相当。但是，当债务人处分行为的标的物系不可分物时，则无法做到这一点。比如，债务人以不合理低价处分一套房产，即使债权人的债权额小于房产价额，债权人也无法仅请求就此部分撤销，而只能就房产（不可分物）交易整体主张撤销。[①]

二、必要费用的负担

（一）行使撤销权的必要费用范围

本条虽然明确行使撤销权的必要费用由债务人负担，但对于何为必要费用，并未明确。《合同法解释（一）》第26条仍应有适用价值。根据该司法解释规定，债权人行使撤销权所支付的必要费用主要是指律师代理费和差旅费。虽然实践中很多判决都不支持律师代理费，但对于撤销权诉讼，因该司法解释的规定，律师代理费还是被纳入获得支持的范围。[②]但是，是否所有的律师代理费，不论数额多少或标准高低，只要是行使撤销权诉讼所支付的律师代理费就一概应予支持呢？实践中，律师代理费的支付差别非常大。同一标的额的案件，由不同的律师代理，可能发生反差巨大的律师代理费，一些风险代理的案件律师代理费更是惊人。因此，如果不加分析地一概支持债权人行使撤销权的律师代理费，有时反而可能进一步降低债务人的清偿能力，对其他普通债权人的权益造成损害。基于此，本书认为，这里所谓的律师代理费，应该秉持适当性原则，即依据所在省、自治区、直辖市司法行政主管部门颁布的有关律师服务收费标准所产生的律师代理费。比如，在“吴某某、李某某债权人撤销权纠纷案”中，上诉人主张律师费应予支持的理由就是其律师代理费符合《广西律师服务收费管理实施办法》《广西律师服务收费标准》的规定，该理由最终被二审法院支持并予以改判。[③]对于超出规定标准的律师代理费，比如风险代理的律师代理费，人民法院应不予支持。

对于差旅费，同样应秉持适当性原则。可以参照所在地国家机关工作人员因公出差的差旅费标准，酌情支持债权人差旅费的请求。对于明显超过正

---

① 参见韩世远：《合同法总论》，法律出版社2004年版，第416页。

② 参见浙江省嘉兴市中级人民法院（2019）浙04民终1874号民事判决书。

③ 参见广西壮族自治区钦州市中级人民法院（2019）桂07民终303号民事判决书。

常范围的差旅费，比如，乘坐飞机头等舱或高铁一等座而产生的费用，就应当认为属于超出正常范围的费用，应比照飞机普通舱或高铁二等座的费用予以酌减。

除了以上律师代理费和差旅费之外，有人主张提起撤销权诉讼的诉讼费，也属于必要费用。[①]根据本法第538条和第539条规定，撤销权的行使必须向人民法院提出请求，换言之，要想有效地行使债权人撤销权，只能通过诉讼的方式，而诉讼必然要支出诉讼费。因此，即使本条和《合同法解释（一）》第26条没有明确规定诉讼费，撤销权诉讼的诉讼费也应属本条规定的行使撤销权的必要费用。

此外，对于提起撤销权之诉所必需的文件资料打印、复印等费用，本条虽然没有明示，司法解释亦没有明确，但考虑到撤销权诉讼不可避免地要支出文件资料的打印、复印等费用，因而该笔费用应认为系行使撤销权所必须支出的，应当认定为属于必要费用，允许债权人在主张撤销权时一并提出请求。

（二）必要费用原则上应由债务人负担

结合本条和《合同法解释（一）》第26条，上述律师代理费和差旅费应由债务人负担。关于诉讼费负担的问题，本条和司法解释虽然没有明确，但一方面，根据上文的阐述，撤销权诉讼的诉讼费属于必要费用，依据本条可直接由债务人负担。另一方面，《诉讼费用交纳办法》第29条第1款规定，诉讼费用由败诉方负担，胜诉方自愿承担的除外。那么，当债权人撤销权被法院认定成立时，当然应由败诉的债务人承担。因此，撤销权之诉的诉讼费作为必要费用，显然应由债务人负担。

（三）有过错的第三人应适当分担必要费用

撤销权的启动是因为债务人的诈害债权行为，所以只要撤销权成立，则行使撤销权的必要费用，原则上应由债务人负担。然而，现实中，债务人不

---

① 参见梁慧星主编：《中国民法典草案建议稿附理由：债权总则编》，法律出版社2013年版，第220页。

合理处分财产的诈害债权行为之所以能够成功，往往得益于第三人（相对人）的同谋和协助。这种情况下，债权人行使撤销权有部分原因来自该第三人。此时，如果仅仅让债务人负担上述必要费用，在实质上难谓公平。因此，根据《合同法解释（一）》第26条后半句，第三人有过错的，应适当分担上述必要费用。不过，对于撤销权之诉的诉讼费用，如果债权人仅仅请求撤销，并未一并提出要求债务人的相对人返还财产和承担必要费用的请求的，即使第三人有过错，法院一般也只就撤销请求作出判决，其诉讼费用则应由作为被告的债务人单独负担。

举证责任

本条所涉及的举证义务，主要有两个方面。一方面是必要费用的“必要性”证明问题，另一方面是第三人分担必要费用时的“过错”证明问题。

就必要费用的“必要性”证明问题，债权人需要提供证据证明其聘请律师所支付的代理费符合一般性的标准。如果当地司法行政管理部门或律师协会有专门的律师收费标准或推荐标准的，债权人只需证明其支付的律师代理费或其主张的律师代理费符合该收费标准即可。此外，债权人还需证明其所支出的差旅费属于正常、必要的支出。债权人需提交相关的发票，是否属于正常范围，由法院进行判断。对于超出正常范围的，法院应酌情予以扣减。

就第三人分担必要费用时的“过错”证明问题，债权人并不一概地负证明责任。如果债权人请求撤销的是债务人的无偿处分行为，则债权人并不需要证明第三人对该无偿处分行为及其损害债权人债权是知情的，尽管实际上第三人对于“无偿”的事实不可能不知情。此时，如果债务人想让相对人分担其必要费用，则应由债务人对第三人（相对人）的“过错”负证明责任。如果债权人请求撤销的是债务人的不合理有偿处分行为，则根据本法第539条之规定，债权人本就需要证明相对人知情（包括对不合理处分行为的知情和影响债权实现的知情），而相对人的知情，就意味着其存在过错。所以，此时法院可以直接根据债权人已经证明的相对人存在过错的事实，判决相对人分担债权人行使撤销权的部分必要费用。

其他问题

根据本法第542条规定，撤销权行使后，债务人的行为自始无效。但从解释上应认为，无效后债权人并不能就债务人的相对人所返还的给付直接受偿，也即债权人的债权并不能因撤销权的行使而优先受偿。但是，对于本条所规定的行使撤销权所支出的必要费用，是否也不能优先受偿呢？从债权人撤销权的制度功能上看，撤销权的行使看似保全了债权人自己的债权，实则整体上恢复了债务人的责任财产，保全了其清偿能力，对于全体债权人都是有利的。正因为此，债权人行使撤销权的费用被称为“共益费用”。[①]既然是共益费用，而不是债权人自己的私益费用，则该笔费用应该具有优先受偿的正当性。因此，在本条规定的该笔共益费用应由债务人负担的基础上，如果债务人的其他债权人也基于其合法债权而提出履行请求，则债权人行使撤销权的费用在法理上应当优先受偿。[②]

第五百四十一条【撤销权的行使期间】

撤销权自债权人知道或者应当知道撤销事由之日起一年内行使。自债务人的行为发生之日起五年内没有行使撤销权的，该撤销权消灭。

历史由来

本条完全承继了《合同法》第75条的规定。在《民法典》编纂过程中，《民法典合同编（草案）》（征求意见稿）第81条和《民法典合同编（草案）》（一审稿）第330条完全沿袭了《合同法》第75条的规定。《民法典合同编（草案）》（二审稿）第330条对《民法典合同编（草案）》（一审稿）第330条的规

---

① 参见韩世远：《合同法总论》，法律出版社2004年版，第418—419页。

② 参见王利明：《合同法研究》（第二卷）（第三版），中国人民大学出版社2015年版，第154页。

定作了少许修改：在前半句和后半句之间增加了“但是”的表述，使后半句成为明显的但书条款，其条文内容为：“撤销权自债权人知道或者应当知道撤销事由之日起一年内行使，但是自债务人的行为发生之日起五年内没有行使撤销权的，该撤销权消灭。”但是，《民法典（草案）》第541条又将条文内容恢复为《合同法》第75条的规定。

规范目的或功能

本条旨在为债权人撤销权设定存续期间。债权人撤销权虽然系具有形成权和请求权性质的综合性权利，但其形成权的因素，使得该权利一旦行使，就可以直接变更法律关系，改变对方的法律地位，其效力远强于单纯的请求权。如果权利人长期不行使其形成权，相对人法律地位之不确定将远甚于请求权。[①]因此，法律对于形成权的时间限制更为积极。这种时间限制就是除斥期间，除斥期间经过，则形成权将随之消灭。自《合同法》第75条规定撤销权的存续期间以来，裁判实践上都认可上述期间为除斥期间，[②]学者也予以肯认，该期间不发生中止、中断和延长，对于规范撤销权的行使具有良好效果。[③]因此，债权人需按照本条规定的撤销权存续时间行使其权利，一旦期间经过，撤销权将绝对地消灭。

规范内容

一、撤销权行使的普通期间

撤销权的行使，对于债务人甚至第三人（债务人的相对人）影响非常大，

① 朱庆育：《民法总论》，北京大学出版社2013年版，第533页。

② 参见北京市高级人民法院（2013）高民终字第1651号民事判决书；北京市第二中级人民法院（2019）京02民终12907号民事判决书；湖南省长沙市中级人民法院（2018）湘01民初4515号民事判决书；云南省昆明市中级人民法（2019）云01民终4464号民事判决书等。

③ 梁慧星主编：《中国民法典草案建议稿附理由：债权总则编》，法律出版社2013年版，第229页。

如果允许该权利的存续时间过长，则会使相对人和第三人的法律地位和法律关系处于长期的不确定状态，从长远来看，不利于稳固社会关系。因此，从各国或地区的立法例上看，大都对撤销权规定了较短的存续期间。比如，《日本民法典》第426条规定，诈害行为撤销请求之诉，自债权人知道债务人明知有害于债权人而为的行为之时经过2年，不得提起。自行为时起经过10年，亦同。[①]《意大利民法典》第2903条也规定，要求撤销之诉的时效期间为自行为时起5年。[②]我国台湾地区规定，撤销权自债权人知道有撤销原因时起，1年间不行使，或自行为时起经过10年而消灭。

与上述比较法上的立法例相似，本条规定的债权人撤销权普通存续期间也不长，从债权人知道或者应当知道撤销事由之日起1年内行使。所谓“知道”，系指债权人对于债务人实施处分行为而影响债权人债权实现的事实知晓。所谓“应当知道”，系指即使债权人对于债务人实施处分行为而影响其债权实现的事实实际上并不知晓，但根据具体情况考量，一般人在这种情况下都会对该事实知晓的情况。所谓“撤销事由”，系指符合撤销权行使的要件的行为。如果仅仅符合撤销权行使的一个要件，则不能认为知道或应当知道该事由。[③]实务中，最高人民法院主张，对撤销权存续期间的起算问题，应坚持有利于积极主张权利的一方。比如，在甲银行与乙棉纺织有限公司、丙股份有限公司撤销权纠纷一案中，最高人民法院指出，在撤销权法定期间起算问题上应作出有利于积极主张权利的债权人的解释，其知道或应当知道撤销事由之日应为人民法院告知其可以提起撤销权之诉的判决作出之日。[④]总之，不论是“知道”，还是“应当知道”，其撤销权行使的时间均由此开始计算，且一般只存续1年。

二、撤销权行使的最长期间

撤销权行使的最长期间则不再考虑债权人对于撤销事由是否“知道”或“应当知道”，而是统一从债务人行使的可得撤销的处分行为之日起算。但各

---

① 《日本民法典》，刘士国等译，中国法制出版社2018年版，第97页。

② 《意大利民法典》，费安玲等译，中国政法大学出版社1997年版，第760页。

③ 王利明：《合同法研究》（第二卷）（第三版），中国人民大学出版社2015年版，第155页。

④ 参见最高人民法院（2006）民二终字第218号民事裁定书。

国和地区对于撤销权的最长存续期间规定并不一致。《日本民法典》在2017年修改之前规定的撤销权最长存续期间为20年。[①]但在2017年进行大修时，将最长存续期间由原来的20年修改为10年，[②]期间缩短了一半。我国台湾地区规定的撤销权最长存续期间也是10年。不过，本条规定的撤销权的最长存续期间则与《意大利民法典》相同，都是从债务人的行为发生之日起5年。从撤销权对债务人和其相对人的影响来看，5年的时间兼顾了债权人利益和债务人、第三人利益的平衡，是比较适当的。

实务中需要注意的是，债权人行使撤销权的时间，应当同时受1年期间和5年期间的限制。江苏省高级人民法院在处理某投资管理咨询有限公司与某饮食服务公司、某农村商业银行股份有限公司债权人撤销权纠纷一案中，针对江苏省人民检察院的抗诉意见，特别指出，即使债权人行使撤销权的时间是在其知道或者应当知道撤销事由的1年之内，但是如果此时自债务人的处分行为发生之日已满5年的，则该撤销权依法已消灭。[③]这一见解，值得肯定。

三、撤销权行使期间的审查

撤销权的存续期间非常明确，只有1年和5年两种情况。如果债权人提起撤销权之诉时，撤销权实际上已经超过了存续期间，债务人和第三人当然可以提出异议。法院审查异议成立的，当然应判决驳回债权人的撤销请求。但是，如果债务人和第三人对于债权人已经超过存续期间行使撤销权的事实并不知情，则法院是否可以依职权对债权人是否超期行使进行审查呢？本书认为，本条规定的撤销权行使期间属除斥期间，该期间一旦经过，则权利消灭，法律关系终局确定，其目的是服务于法律关系的安全与清晰。就此而言，其与诉讼时效有所不同。诉讼时效期间的经过，只是赋予债务人以抗辩权，并不消灭请求权，其目的是为债务人提供防御手段。基于以上的不同，除斥期间可以由法官依职权直接适用，而诉讼时效则不可。[④]所以，本条规定的撤销

---

① 《最新日本民法》，渠涛编译，法律出版社2006年版，第95页。

② 《日本民法典》，刘士国等译，中国法制出版社2018年版，第97页。

③ 参见《江苏省高级人民法院关于债权人行使撤销权的五年除斥期间应从何时起算问题的纪要》第二部分。

④ 朱庆育：《民法总论》，北京大学出版社2013年版，第533—534页。

权行使期间，即使债务人和第三人在撤销权之诉中没有就权利存续期间提出异议，法院仍可以依职权审查。经审查确定撤销权行使期间尚未经过的，应继续进行实体审理。经审查确定撤销权行使期间经过的，应判决驳回债权人的诉讼请求。

举证责任

本条规定的期间为撤销权的存续期间，属除斥期间，如果超过该期间，则产生撤销权消灭的法律效果，而不是被告产生抗辩权。基于这一特点，对于撤销权的存续期间，法院应予以审查。职是之故，债权人提起撤销权之诉时应提交债务人处分行为的时间的证据，即使作为被告的债务人和作为第三人的相对人对此没有提出异议。实践中，债权人提起撤销之诉除要证明其起诉没有超过除斥期间外，更主要的是首先要证明债务人实施了影响其债权实现的处分行为。而能够证明债务人实施了影响债权实现的处分行为的证据，通常也就是债务人实施处分行为的时间的证据。凭此证据，法院一般可以查明债权人知道或应当知道撤销事由是否超过1年，或撤销事由发生后是否经过了5年。因此，债权人在撤销之诉中一般不需要专门就其撤销权尚在除斥期间内进行举证。但是，如果债权人提起撤销权诉讼时，债务人的不合理处分行为已经超过5年，则债权人的撤销权已经从实体上消灭。此时，即使债权人举证证明其知晓债务人的处分行为尚未超过1年，法院也应认定债权人的撤销权已经消灭，从而判决驳回债权人的诉讼请求。

第五百四十二条【行使撤销权的法律效果】

债务人影响债权人的债权实现的行为被撤销的，自始没有法律约束力。

历史由来

本条为新增条文，其内容主要来源于《合同法解释（一）》第25条第1款的规定。《合同法解释（一）》第25条第1款规定："债权人依照合同法第七十四条的规定提起撤销权诉讼，请求人民法院撤销债务人放弃债权或转让财产的行为，人民法院应当就债权人主张的部分进行审理，依法撤销的，该行为自始无效。”[①]在《民法典》编纂过程中，《民法典合同编（草案）》（征求意见稿）第82条规定：“债权人请求人民法院撤销债务人损害其利益的行为，人民法院依法撤销的，该行为自始无效。债权人请求人民法院撤销债务人行为的，可同时依法以自己的名义代位行使债务人在其行为被撤销后对相对人所享有的权利。”《民法典合同编（草案）》（一审稿）第331条将上述规定中的“该行为自始无效”修改为“该行为自始没有法律约束力”，其他内容无变化。《民法典合同编（草案）》（二审稿）第331条第1款在《民法典合同编（草案）》（一审稿）第331条第1款的基础上作了调整，表述更为简练，其条文内容为：“债务人损害债权人利益的行为被人民法院撤销的，该行为自始没有法律约束力。债权人请求人民法院撤销债务人行为的，可同时依法以自己的名义代位行使债务人在其行为被撤销后对相对人所享有的权利。”《民法典（草案）》第542条将“二审稿”的第2款删除，并把“二审稿”第1款中的“债务人损害债权人利益的行为被人民法院撤销的”修改为“债务人影响债权人的债权实现的行为被撤销的”。

三 规范目的或功能

本条是对撤销权行使的法律效果的概括性规定，目的是在债权人撤销权行使之后，对债权人与债务人之间、债务人与第三人（受让人或受益人）之间、债务人与其他债权人之间法律关系的变化作出调整。不过，遗憾的是，本条最终并没有细分上述几种关系逐一作出详细规定，而是统一地规定为被撤销的债务人的行为“自始没有法律约束力”。从本法的体系结构上看，自始

① 鉴于债权人撤销权法律后果的丰富性，梁慧星教授主持编撰的《中国民法典草案建议稿》第802条至第804条对其进行详细的规定。其中，最直接的规定撤销权法律后果的是第802条。其条文内容为：债权人请求人民法院撤销债务人放弃债权或转让财产的行为，人民法院依法撤销的，该行为自始无效。债务人的行为因前款规定被撤销，受益人或受让人应当返还财产的，债权人可以请求受益人或受让人返还财产，并以该财产直接清偿其债权。参见梁慧星主编：《中国民法典草案建议稿附理由：债权总则编》，法律出版社2013年版，第223—228页。

没有法律约束力的行为，可以适用关于法律行为无效或被撤销的相关条文，以进一步清理债权人行使撤销权之后相关当事人之间的法律关系。就此而言，若要深入地分析理解撤销权行使的法律效果，需要结合法律行为撤销制度和本章规定的撤销权制度，甚至还要结合物权请求权制度（撤销之后可能涉及标的物的返还问题）和不当得利制度（债务人和相对人的合同被撤销的，可能涉及给付不当得利的返还问题）。但是，本条规定显然是厘清撤销权行使的法律效果的基础。

规范内容

一、撤销权行使的一般性效力

根据本条规定，被撤销的债务人的行为，自始没有法律约束力，即所谓的自始无效。需要探讨的是，除自始无效外，被撤销的行为是否具有绝对效力？是否具有当然效力？

关于是否具有绝对效力的问题，比较法上有不同的见解。根据日本民法上的判例通说，撤销判决的既判力不仅不及于未参加诉讼的债务人，对于债务人与受益人、受益人与转得人之间的法律关系，也不发生任何影响。作为撤销后的法律效果的恢复原状，仅在债权人与被告人之间相对地发生，债务人并不因此而取得直接的权利。这就是日本判例通说上的“撤销的相对效力”。[①]这种认识可能与日本法上债权人撤销权诉讼以受益人或受让人为被告的当事人构造有关。根据2017年修订之前的《日本民法典》第425条，关于诈害行为撤销的法律后果是，为一切债权人的利益发生法律效力。[②]但在2017年大修之后，《日本民法典》第425条则规定，承认诈害行为撤销请求的确定判决，对债务人及其所有债权人，有其效力。[③]这表明，在立法上，日本已经完全认可撤销权判决对债务人也产生直接效力。从我国《民法典》颁布之前

① 参见［日］奥田昌道：《债法总论》（增补版），悠悠社1992年版，第326页，转引自韩世远：《合同法总论》，法律出版社2004年版，第417页。

② 《最新日本民法》，渠涛编译，法律出版社2006年版，第95页。

③ 《日本民法典》，刘士国等译，中国法制出版社2018年版，第96页。

的合同法实践看，因为有《合同法解释（一）》第24条的规定，债务人是撤销权之诉的被告，而受益人或受让人一般是第三人，撤销判决的效力显然及于受益人或受让人。因此，不存在撤销的相对效力问题。撤销权经过诉讼行使一旦被支持的，任何人均应视其为无效，具有绝对效力。

关于是否具有当然效力的问题。在探讨法律行为效力的时候，如果法律行为无效，一般是指当然无效，即不问当事人意思如何而当然不发生效力。只有在当事人就无效有争议时，才可能通过诉讼或仲裁予以确认。[①]不过，在撤销权之下，则不具有当然的效力。虽然被撤销之后，债务人的处分行为的效力自始无效，甚至绝对无效，但却难谓当然无效。因为，债务人的处分行为的撤销，并非是当然达成的，而是经过债权人提起撤销之诉，经过严格的诉讼程序之后才撤销的。所以，撤销权的行使，并不具有当然的效力。

二、对债务人的效力

债务人的行为一旦被撤销，则其行为自始无效、绝对无效。如果债务人和相对人的行为尚未发生物权变动的效果，则债权人撤销权的行使仅发生形成权的效力，[②]使得此前债务人与相对人的法律关系归于消灭。如果债务人与相对人的行为已经发生了财产的给付，债权人撤销权的行使同时还将发生请求权的效力。如此，则通过债务人行为而交付的标的物，债务人享有返还原物请求权。债务人也可基于本法第157条的规定，请求返还财产。此时，应发生返还原物请求权与合同上的返还请求权的竞合，应由当事人（债务人）选择行使。[③]如果债务人已经通过转移登记将标的物登记到受让人名下，如房屋、车辆等，则债务人的转让行为被撤销后，该变更登记也应予以撤销。债务人可以持生效的撤销判决，请求登记机关撤销变更登记，或请求登记机关恢复登记。如果债务人的行为是在自己之物上设定负担，如设定担保物权，则其行为被撤销后，被设定的担保物权视为自始没有设定。如果债务人系低价转

---

① 参见梁慧星：《民法总论》（第五版），法律出版社2017年版，第202页。

② 崔建远：《合同法》（第三版），北京大学出版社2016年版，第190页。

③ 丁宇翔：《返还原物请求权研究：一种失当物权关系矫正技术的阐释》，法律出版社2019年版，第240页。

让债权，则其行为被撤销后，被转让的债权将复归于债务人。如果债务人所实施的仅仅是负担行为，比如与他人签订买卖合同而尚未交付标的物，其行为被撤销的，则该买卖合同将自始无效。[①]

需要进一步探讨的是，撤销权之诉胜诉后，债务人的处分财产权益的行为被撤销，虽然取得返还原物请求权或者合同上的返还请求权，但如果债务人并不主动行使时，该当如何？一种意见认为，此时债权人可请求受益人或受让人返还财产，并以该财产直接清偿债权。[②]我国台湾地区的意见认为，债权人在行使撤销权时，除请求法院撤销债务人的诈害债权行为外，如有必要，并得申请命受益人返还财产权及其他财产状态之复旧。[③]我国台湾地区规定，债权人声请法院撤销时，得并申请受益人或转得人恢复原状。但转得人于转得时不知有撤销原因者，不在此限。

本书认为，如果撤销权之诉胜诉后，在受让人或受益人主动返还的情况下而债务人不予受领，则从解释上应认为，行使撤销权的债权人可以代为受领。[④]如果撤销权判决作出后债务人并不积极行使其返还原物请求权或合同上的返还请求权，则即使债权人债权已经到期，也不宜认为债权人可以直接请求受益人或受让人向自己返还。理由在于：一方面，本条并没有赋予债权人直接请求债务人的相对人向自己返还的权利。这一点从“二审稿”到《民法典（草案）》的变化就可以知晓。“二审稿”中本来明确规定“债权人请求人民法院撤销债务人行为的，可同时依法以自己的名义代位行使债务人在其行为被撤销后对相对人所享有的权利”。但到《民法典（草案）》中，就把这一款删除了。这表明立法者最终还是没有想赋予债权人直接请求向自己返还的权利，毕竟直接请求受益人或受让人向债权人返还，会对债务人的权利造成过分的干预。为平衡债权人和债务人之间的权利，撤销权行使的效力，就到“自始无效”即可，不宜再延伸到直接请求受益人或受让人向债权人返

---

① 参见王利明：《合同法研究》（第二卷）（第三版），中国人民大学出版社2015年版，第151页。

② 梁慧星主编：《中国民法典草案建议稿附理由：债权总则编》，法律出版社2013年版，第223—224页。

③ 参见黄立：《民法债编总论》，中国政法大学出版社2002年版，第495页。

④ 参见韩世远：《合同法总论》，法律出版社2004年版，第418页。

还。另一方面，尽管债权人撤销权兼具请求权和形成权的效力，但其请求权并不当然具有请求债务人的相对人向自己返还的效力，而最多只是行为被撤销后，债务人依法享有的请求相对人返还的效力。因为，实践中的债权人撤销权纠纷，其判决内容并不都有给付内容。而根据《民事诉讼法解释》第463条规定，当事人申请人民法院执行的生效法律文书，应当权利义务主体明确，给付内容明确。如果判决主文中仅仅是表述为“撤销……的行为”，则该判决文书并没有明确的给付内容，从而无法实质上进入执行程序。除非在案件中，债权人在提出撤销请求的同时，还提出将标的物返还给债务人的诉讼请求，此时法院如果认为撤销权成立的，会在判决撤销的同时判决返还。比如，在“某村镇银行股份有限公司与孟某某债权人撤销权纠纷再审案”中，最高人民法院再审撤销了山东省高级人民法院二审判决，维持了山东省东营市中级人民法院的一审判决，该一审判决的内容就是，撤销债务人的行为的同时，判决将标的物房屋回复登记到债务人孟某某名下。[①]所以，撤销权之诉即使胜诉，也不应认为债权人可以请求受益人或受让人直接向自己返还。如果债权人撤销权诉讼中并没有提出返还的请求，而债务人在法院判决撤销其行为后又不主动行使其返还原物请求权的，债权人可以行使代位权，以彻底实现其债权；[②]如果债权人债权并未到期但符合本法第536条规定的期前行使条件的，债权人可以期前行使代位权，实现其债权。

三、对行使撤销权的债权人的效力

债权人撤销权既然属于债的保全制度，则撤销权行使后，债务人的相对人主动返还的标的物或其他财产，均应归入债务人的责任财产，行使撤销权的债权人对该财产并无优先受偿权。当然，考虑到债务人的相对人不一定会主动返还，债权人在提起撤销权诉讼时，可以另外提出相对人向债务人返还标的物的诉讼请求，这种情况在实践中也较为多见。[③]但是，根据本法第540

---

① 参见最高人民法院（2018）最高法民再437号民事判决书。

② 根据笔者在长年从事民事审判工作中的了解，实践中不少法官从认识和审判实践上皆是如此。

③ 参见最高人民法院（2016）最高法民终310号民事判决书；山东省高级人民法院（2019）鲁民终1092号民事判决书；湖南省高级人民法院（2019）湘民终38号民事判决书等。

条之规定，债权人行使撤销权的必要费用，则应由债务人负担。同时，撤销权行使后，如果债务人和受让人（或受益人）直接向债权人交付财产以清偿债务人的债务的，即使债权并未到期，也可以视为债务人抛弃其期限利益而提前履行，并无不可，债权人的债权将因此而消灭。如果债权已经到期，则当然更应使债权人的债权归于消灭。需要指出的是，行使撤销权的债权人虽然就受益人或受让人返还的财产无优先受偿权，[①]但如果其债权的履行期限届至的，则完全可以就受益人或受让人返还的给付向债务人提出履行请求。如果债权人债权的履行内容是给付金钱或有价证券的，债权人还可以直接向人民法院申请支付令。此外，如果债权人对债务人同时也负有债务，在债权人因此所负的义务与债务人所负义务符合抵销条件时，债权人可以主张抵销权，这样债权人就实际上获得了相当于优先受偿的效果。[②]总之，由于债权人已经先行启动了撤销权诉讼的程序，因此可能更有机会使其债权获得事实上的优先受偿。[③]

四、对其他债权人的效力

如上所述，债权人撤销权的行使，只能确保债务人的责任财产不致因债务人的不合理处分而减少，因撤销权行使而使债务人的相对人返还的给付归入债务人的责任财产作为所有债权人的一般担保，因此，债权人撤销权的行使，一般性地将提高其他债权人债权实现的概率。同时，其他债权人如果发现债务人有不合理的处分财产行为，也可以主张撤销权。根据《合同法解释（一）》第25条第2款，两个或者两个以上债权人以同一债务人为被告，就同一标的提起撤销权诉讼的，人民法院可以合并审理。此外，其他债权人虽然没有提起撤销权诉讼，但是就自己对债务人的债权提起给付之诉而胜诉的，则其胜诉判决发生既判力，其债权已经确定，可以直接向人民法院申请执行

---

① 参见崔建远：《合同法》（第三版），北京大学出版社2016年版，第190页。不过，也有人认为债权人撤销权应该与代位权共进退，在《合同法解释（一）》第20条已经认可债权人可以就次债务人的给付优先受偿的情况下，也应承认撤销权之下债权人的优先受偿权。参见谢鸿飞：《合同法学的新发展》，中国社会科学出版社2014年版，第338页。

② 参见韩世远：《合同法总论》，法律出版社2004年版，第418页。

③ 参见韩世远：《合同法总论》，法律出版社2004年版，第393—394页。

债务人的财产。如果此时债务人已经因其他生效判决进入执行程序的，则该债权人可以申请参与分配，按其债权比例获得清偿。[①]

五、对受让人或受益人的效力

受让人主要指债务人实施不合理有偿处分财产行为时的相对人，受益人则主要指债务人实施无偿处分财产行为时的相对人。对于受让人而言，因债权人撤销权的行使，债务人与其之间的有偿处分财产行为被撤销，并自始不发生法律效力。如果该行为仅仅是负担行为，没有发生物权变动的，则仅是债务人与受让人之间的合同自始不发生法律效力。如果该行为还包括处分行为，则会发生物权变动。此时，撤销权的行使，将使得负担行为和处分行为均自始不发生法律效力。因作为原因的负担行为也自始无效，使得受让人的占有成为无权占有，债务人享有返还原物请求权；受让人占有标的物也将没有法律上的原因，从而成立所谓占有不当得利，债务人享有不当得利返还请求权。在此，债务人的返还原物请求权和不当得利返还请求权发生竞合，[②]债务人可选择行使其权利，达到返还的效果。当然，受让人因为支付了对价，也有权基于不当得利的规定请求债务人返还其受领的对价。[③]对于受益人而言，因其没有支付对价，则撤销权的行使主要产生单方返还的法律效果，即由受益人将受领的给付利益返还给债务人。或者说，债务人有权请求受益人返还其受领的给付利益，而自己则不需要返还。当债务人的处分财产行为是恶意延长到期债权履行期限的情形时，撤销权行使后，受益人对债务人的债务履行期限不发生延长的效果，受益人仍应按照其与债务人原来的约定或法律规定，依约或依法向债务人按时履行债务。

另外还需讨论的是，受让人或受益人的主观恶意对返还范围的影响问题。依照一般的民法原理，法律行为被撤销后，因该行为而获得给付的恶意取得

---

① 参见王利明：《合同法研究》（第二卷）（第三版），中国人民大学出版社2015年版，第154页。

② 参见丁宇翔：《返还原物请求权研究：一种失当物权关系矫正技术的阐释》，法律出版社2019年版，第273页。

③ 王利明：《合同法研究》（第二卷）（第三版），中国人民大学出版社2015年版，第152页。

人在取得财产时就知道债务人的处分财产行为影响到债权人债权的实现，其取得财产的行为应受责难，故有必要加重其财产返还责任。①一般的原则是，恶意的相对人应返还原物及其孳息。②按照本法第461条的立法意旨，返还原给付及其收益仍不能弥补权利人的损害的，恶意受让人还应当赔偿损失。就债务人不合理有偿处分财产的行为而言，其行使要件本就要求受让人知情，即知悉债务人的处分财产行为是不合理的有偿行为，且对债权人的债权实现产生了影响。受让人的这种知情，即应视为恶意。当债务人的行为被人民法院依法撤销的，受让人应以取得财产时的全部价值及所生孳息或其他收益为限向债务人负担返还义务，即使其受让后该财产的价值减损，甚至该财产的价值灭失。也即，原物存在的，应当返还原物及其孳息；原物不存在或不能返还原物的，应当返还原物价值及其所产生的孳息。③就债务人的无偿处分财产行为而言，如果受益人不知该无偿处分行为影响债权人债权实现的，则为善意。债务人的行为被撤销的，善意受益人仅在其所得利益的限度内负返还责任。如果其获得债务人无偿处分的财产后该财产价值减损的，他只需就减损后的价值进行返还；如果该财产价值灭失的，则不需要返还。如果受益人知道债务人的无偿处分财产行为影响债权人债权实现的，则为恶意。债务人的行为被撤销的，该恶意的受益人应以取得财产时的全部价值及所生孳息或其他收益为限向债务人负担返还义务。

六、对转得人的效力

所谓转得人就是债务人处分财产权益后的受益人或受让人又将财产权益转让，从而取得该财产权益的人。本条甚至本章关于债权人撤销权的规定并没有直接涉及转得人，但撤销权的行使，并非对转得人不产生任何影响。比如，债权人甲撤销了债务人乙将其奔驰越野车以不合理低价转让给丙的行为，

---

① 参见梁慧星主编：《中国民法典草案建议稿附理由：债权总则编》，法律出版社2013年版，第226—227页。

② 参见丁宇翔：《返还原物请求权研究：一种失当物权关系矫正技术的阐释》，法律出版社2019年版，第197—199页。

③ 参见梁慧星主编：《中国民法典草案建议稿附理由：债权总则编》，法律出版社2013年版，第226页。

但在甲行使撤销权时，丙已经将该越野车转让给了丁，而丁对于乙和丙之间的低价转让行为知情。在该案中，乙和丙之间的行为被甲行使撤销权撤销后，该合同自始无效，丙的行为成为无权处分。由于丙无处分权，即使丙和丁之间的合同效力不受影响，但丁亦无法取得案涉越野车的所有权，除非其符合善意取得的条件。但在本案中，丁对于乙的不合理低价转让行为知情，不属于善意，因而无法通过善意取得制度取得物权。《买卖合同解释》第3条第2款规定，出卖人因未取得所有权或者处分权致使标的物所有权不能转移，买受人要求出卖人承担违约责任或者要求解除合同并主张损害赔偿的，人民法院应予支持。因此，本案中，丁可以要求丙承担违约责任，或者解除其与丙之间的合同，并要求丙赔偿其损失。而案涉车辆的所有权仍然归乙所有，乙可向丁主张返还原物请求权，丁负有返还义务。当然，本案中，如果丁系完全的善意，则根据善意取得制度，丁可以取得案涉越野车的物权，不负返还义务。于此，则甲行使撤销权后，丙应向乙返还其出卖车辆给丁的对价。

通过以上分析可知，债权人撤销权的行使，对转得人的利益可能产生影响。也因为此，我国台湾地区规定，声请法院撤销时，得并声请命受益人或转得人回复原状。但转得人于转得时不知撤销原因者，不在此限。其立法理由是："债权人行使撤销权，使债务人之行为溯及的消灭其效力后，可能发生回复原状返还给付物等问题。债权人可否于声请撤销时并为此声请，抑须另依第二百四十二条代位权之规定代位行使，多数学者及实务上均采肯定说，认债权人行使撤销权，除声请法院撤销诈害行为外，如有必要，并得申请命受益人返还财产权及其他财产状态之复旧。又对转得人可否声请回复原状？原条文亦无规定。惟学者通说以为转得人于转得时知悉债务人与受益人间之行为有撤销之原因者，债权人撤销之效果，始及于该转得人。如转得人于转得时不只有撤销之原因，则应依物权法上善意受让之规定，取得权利，不得令其回复原状。如此，方足以维护交易安全并兼顾善意转得人之利益，爰设第四项规定。"[①]学者认为，以上立法理由，道理阐述得很明白，值得借鉴。[②]值得注意的是，《日本民法典》原来对债权人撤销权的规定虽然较为简单，但

① 黄立：《民法债编总论》，中国政法大学出版社2002年版，第495页。

② 参见崔建远：《合同法》（第三版），北京大学出版社2016年版，第190页。

仍然在第424条第1款规定：转得人在债务人行为或转得的当时，不知有会侵害债权人的事实时，不在债权人撤销权的行使范围内。[①]后来在2017年大修时，对债权人撤销权部分进行了重大修改，并单独设立分节，对相关内容作了详细规定。在增加的第424条之五中，专门规定了对转得人的诈害行为撤销请求，在增加的财产返还或价额偿还请求条款（第424条之六）中，在被告及诉讼告知条款（第424条之七）中，在诈害行为撤销的范围条款（第424条之八）中，在向债权人支付或交付条款（第424条之九）中，都涉及了转得人的内容。并且，还专门增加第425条之四“受诈害行为撤销请求权的转得人的权利”，[②]对撤销权行使对转得人的权利影响予以全面的关注。在全球一体化发展的今天，已经有百年积累的《日本民法典》在具体的规范层面仍然有不足以应对社会结构和经济环境变化的问题，因而才会有2017年的大修改。对于《民法典》刚刚诞生的我国，尤其是《民法典》中很多具体的规范内容尚不健全完善的背景下，对于上述《日本民法典》的问题，只能留待以后我国《民法典》在实践中逐步完善解决。

① 参见《最新日本民法》，渠涛编译，法律出版社2006年版，第95页。

② 参见《日本民法典》，刘士国等译，中国法制出版社2018年版，第92—97页。

第六章

合同的变更和转让

第五百四十三条【合同的协议变更】

当事人协商一致，可以变更合同。

历史由来

本条沿袭了《合同法》第77条第1款的规定。在《民法典》编纂过程中，《民法典合同编（草案）》（征求意见稿）第83条将《合同法》第77条第2款规定中的“法律、行政法规规定变更合同应当办理批准、登记等手续的，依照其规定”予以删除。其后，《民法典合同编（草案）》（一审稿）第332条、《民法典合同编（草案）》（二审稿）第332条、《民法典（草案）》第543条均维持了《民法典合同编（草案）》（征求意见稿）的规定。

《合同法》第77条第2款的规定被并入《民法典》第502条第3款之中。

规范目的或功能

广义的合同变更，既包括合同主体的变化，也包括合同内容的变化。本条仅指狭义的合同变更，是指由合同双方当事人经过协议，在主体没有变化的情况下，合同内容发生变化。合同内容发生变更是基于合意而非基于法律规定或裁判命令。合同变更的制度使得原合同在保持同一性的情况下，双方当事人能够对债的内容非要素性地调整，在满足意思自治的同时维护了合同关系的稳定性。合同变更不是合同之债的消灭原因。

规范内容

一、待变更的合同

有效合同关系的存在是合同变更的前提条件，没有原合同关系存在的变更协议也不会产生变更的效果。基于合同效力的复杂情况，有必要区分不同状态的合同进行讨论。

1. 无效的合同。无效合同自其成立时起即不具有法律效力，并不发生变更问题。但是在无效合同中可能存在“无效行为转换”的情形，一个完全无效的法律行为，如果具备另一法律行为的要件，并且可认为当事人知道此行为无效即愿意另一行为有效的，可以作为另一法律行为处理。① 比如双方约定免责的债务承担，没有得到原债权人的同意，此时免责的债务承担不生效力，但是可以转化为并存的债务承担，② 这种无效合同转化为另一个有效合同，不属于合同的变更。

2. 可撤销的合同。合同被撤销后，合同关系溯及既往地归于消灭，自然不产生债的变更的效果。如果撤销权人没有请求撤销合同，此时合同仍然有效，可以成为变更的对象。由此产生的问题是，变更后的合同能否被撤销？有观点认为，如果“当事人合意变更了合同，则合同撤销权人的撤销权因此归于消灭”。③ 但是，对这一问题需要进一步区分。如果合同变更不涉及引发合同撤销的要素，比如标的物的重大误解，或者因为欺诈购买的质量夸大的物品或者在胁迫下进行的变更，显然此时合同的非要素变更不会导致可撤销权的丧失。只有在这种调整的合意体现出当事人对新的合同关系的确认，从意识自治的角度可以推断出当事人已经放弃撤销权的意思表示，当事人合意变更了合同的，则合同撤销权人的撤销权因此归于消灭。

3. 待追认的合同。在追认之前，合同效力处于待定状态，当事人仍然可以对一个效力待定的合同进行变更。此时旧的效力待定的合同转化为新的效力待定的合同，追认人不能主张追认旧合同，但是新的合同如果得不到追认，也不能发生效力。因此待追认的合同可以成为变更的客体，但变更后仍然需要取得追认，否则不发生效力。④

二、变更协议的形式

本条规定的合同变更是源于协议而非法律约定，变更协议本身就属于一个新合同，也应该符合《民法典》第502条对合同生效的要求。《合同法》第

---

① 参见［德］卡尔·拉伦茨：《德国民法通论》（下册），王晓晔、邵建东、程建英、徐国建、谢怀栻译，法律出版社2002年版，第646页。

② 参见肖俊：《〈合同法〉第84条（债务承担规则）译注》，载《法学家》2018年第2期。

③ 参见韩世远：《合同法总论》（第三版），法律出版社2011年版，第454页。

④ 参见韩世远：《合同法总论》（第三版），法律出版社2011年版，第454页。

77条第2款“法律、行政法规规定变更合同应当办理批准、登记等手续的，依照其规定”，它在本条中已经删除，但位置调整到《民法典》第502条第3款。因此，合同变更的有效性仍然需要考察合同的形式要件。

早期的观点认为，为了保证当事人的合法权益，防止和减少不必要的纠纷，对于主要内容的变更还是以书面形式为宜。[①]也有学说认为，对于变更协议的形式，在没有法律明确规定的情况下，形式一般要与原合同的形式相一致，如原合同为书面形式，变更后合同的形式也应为书面形式。[②]对于这一问题，有必要结合合同类型和法律规定进行整体分析。要式合同需要必要的形式使得合同有效成立。对于形式的要求可能是源于法律规定，也可能是基于双方约定，法定的形式要求通常基于交易重要性和复杂性。在这种情况下，法定形式的需求不仅是对合同订立形式的规定，也是对合同变更形式的规定，否则关于合同订立形式的要求就变得毫无意义，当事人可以轻易地规避法律。[③]

但是如果合同的要式要求是源于当事人的合意，并且原合同也没有对合同变更的协议形式有特殊要求，那么无论是口头形式还是书面形式的变更协议都能产生效力。原合同为口头形式的，变更合同可以采用口头形式，也可以采用书面形式。对于要物合同，如果协议增加了新的给付内容，则在合意之外仍然需要新物的给付才能产生债的变化，但是如果是减少给付内容，不需要物的给付，合意本身即可产生效力。比如甲向乙借钱20万元并完成交付，但是双方变更为10万元的合同，此时不需要物的给付就可以产生拘束力。

三、合同内容的非要素变更

在传统民法上，合同的变更分为“要素变更”与“非要素变更”。要素变更是指给付发生重要部分的变更，导致合同关系失去同一性，也称为“更改”或者“更新”（novatio），起源于罗马法，是指“通过要式契约设立新的债关

---

① 参见全国人民代表大会常务委员会法制工作委员会编：《中华人民共和国合同法释义》，法律出版社1999年版，第130页。

② 参见江平主编：《中华人民共和国合同法精解》，中国政法大学出版社1999年版，第65页。

③ 参见王利明主编：《中国民法典学者建议稿及立法理由：债法总则编·合同编》，法律出版社2005年版，第273页。

系借以取代并消除旧的债关系”的情况，更改的结果是成立新债务从而消灭旧债务。[①]

合同内容的变更通常包括：（1）合同标的物的变更，包括标的物种类的更换、数量的增减、品质的改变、规格的更改等；（2）合同履行条件的变更，包括履行期限、履行地点、履行方式以及结算方式的改变等；（3）合同价金的变更，包括合同价款或者酬金的增减以及利息的变化等；（4）合同所附条件或所附期限的变更，例如所附条件的除去或增加、所附期限的延长或提前等；（5）合同担保的变更，例如基于当事人的意思表示或者法律的规定，使合同担保消灭或新设等；（6）其他内容的变更，例如违约金的变更，选择裁判机构协议的变更等。此外还包括债的担保、违约金等的改变。[②]这些内容的变化，是属于要素的变化还是非要素的变化，正如史尚宽先生所指出，“何为重要部分，应依当事人之意思及一般交易观念定之。依一般社会见解，因给付之变更已失债之同一性者，可认为有更改”。[③]一般来说，实质性变更包括：一是合同标的的改变，例如交付大米变更为交付钢材，再如承租甲屋改为承租乙屋，均可认为租赁的重要部分发生变化。二是履行数量发生巨大变化。三是合同性质的变更，如承揽债务变更为给付一定货币的债务，买卖改为赠与；再如，合同价款的变更，可以使有偿合同改为无偿合同或者相反。在合同发生实质性变更的情形下，当事人已经实质上终止了原有的合同关系，而由一个新合同代替原有的合同。

与此相反，非要素的变更未使合同关系失去同一性，值得注意的是，标的物数量的少量增减、履行地点的改变、履行期限的顺延等均属此类。[④]但是这种观点的问题在于，没有将具体要素和合同具体的类型结合起来，比如履行地点和履行方式对于运输合同的标的有着密切联系，可能给合同带来实质性变更，因此不宜单纯通过要素类型来判断合同同一性是否发生变更。

也有学说提出，我国合同法没有区分合同的变更和更新，所以不需要区分

---

① 参见史尚宽：《债法总论》，法律出版社2000年版，第822页。

② 参见崔建远主编：《合同法》，法律出版社2007年版，第198页。

③ 参见史尚宽：《债法总论》，中国政法大学出版社2000年版，第832页。

④ 参见崔建远主编：《合同法》，法律出版社2007年版，第197页。

两者。这种观念没有意识到合同的变更和更新，本质上并非是法律是否有规定的问题，而是当事人的意思自治是仅仅对合同进行局部的变化，还是消灭原来的合同成立一个新的合同，后者在体系上属于债的消灭的内容。这当然会对变化的结果有所影响，有学者认为实践上的意义主要有两点：诉讼时效的起算时点和原来债的关系上的从权利（如抵押权、保证等）是否仍然继续存在。

除此之外，还有更为重要的差别，对于合同变更而言，由于原债关系的同一性得以维持，如果新的合同关系因瑕疵而无效，原合同关系继续有效，反之对债的更改而言，由于原债关系已经消灭，如果变更协议存在瑕疵，那么会导致新债不产生而旧债已消灭，所以对于合同的实质性更改应该更为谨慎。

四、合同变更的效力

合同变更的效力不会溯及既往，仅对合同未履行的部分发生效力，法律另有规定或者当事人另有约定的除外。既已履行的债务不因合同的变更而失去法律上的原因。变更部分没有改变原债关系的同一性，原合同债权所有的利益或瑕疵仍然继续存在，原合同关系保有同时履行抗辩。

需要讨论的是原合同的担保。虽然原债关系得以维持，担保关系并不必然维持，合同的变更有可能增加债务人负担时，此时对于人保而言，非经保证人书面同意，保证人不再承担保证责任，而对于物的担保，学说认为如果未经物上保证人的同意，物的担保原则上亦不及于扩张的债权价值额。[①]但实际上即便是期限的变更，也可能会对原合同的履行造成实质的影响，比如普通的定期债务合同变更成绝对定期债务，此时哪怕只是一点的迟延也会导致违约，对担保人的负担极具加大，因此同样需要经过物上担保人的同意才能延续原来的担保。

举证责任

在合同纠纷案件中，主张合同关系变更的一方当事人对引起合同关系变动的事实承担举证责任。

---

① 参见韩世远：《合同法总论》（第三版），法律出版社2011年版，第456页。

第五百四十四条【变更内容约定不明的法律后果】

当事人对合同变更的内容约定不明确的，推定为未变更。

历史由来

本条沿袭了《合同法》第78条的规定。在《民法典》编纂过程中，《民法典合同编（草案）》（征求意见稿）第84条、《民法典合同编（草案）》（一审稿）第333条、《民法典合同编（草案）》（二审稿）第333条、《民法典（草案）》第544条均未对此进行修订。

规范目的或功能

“当事人对合同变更的内容约定不明确”，是指当事人对合同变更的内容约定含糊，让人难以判断约定的新内容与原合同的内容区别。[①]对于本条的规范目的，有学者认为其功能在于避免纠纷，合同的变更会改变当事人之间的权利义务关系，直接关系到当事人的切身利益，为避免日后发生争议，要求合同变更本身应当是明确的。[②]

但是从本条所规定的“推定为未变更”这一表述上看，显然本条还有意思表示解释的功能，其背后的原理在于“契约严守”，对于内容明确的合同，如果变更协议内容不明确，那么直接视为双方没有变更的意愿，此时会导致意思表示解释的条款禁止使用。

规范内容

变更协议本身即一种合同。作为合同，在具备合同的基本要素的前提下，空缺的内容可以适用补充解释的规定（《民法典》第510条），在内容不明确

---

① 参见江平主编：《中华人民共和国合同法精解》，中国政法大学出版社1999年版，第66页。

② 参见韩世远：《合同法总论》（第三版），法律出版社2011年版，第456页。

的时候，可以适用合同解释的规则（《民法典》第142条第1款、第466条）。因此显然需要讨论的是，在合同变更的时候，可以适用这些意思表示的补充和解释规则吗？

对于本条的适用，有两种观点，一种观点认为，即便只有部分内容没有明确规定，也推定为合同没有变更。比如，甲方向乙方订购100台空调，交货期为5月30日，后来经过双方反复协商，乙方仅答应尽量提前交货。由于双方当事人对具体的交货期没有明确作出变更的约定，此时推定为合同未变更。乙方未在5月15日交货，其行为不构成违约，其目的在于减少合同变更时可能发生的纠纷。[①]另一种观点认为，对约定不明推定为未变更，将明显违反公平正义，且不能通过解释等方法恢复当事人之间的利益平衡，为贯彻意思自治原则，当事人约定不明的事项，如果可由其他相关的约定推知的，依可得推知的事项确定债的内容。例如，在交付种类物的债时，当事人对于价金数额约定不明，但对标的物数量的增加或者减少约定明确的，可依其数量的增加或者减少确定价金数额变更。[②]

对于第544条这一意思表示解释的适用，需要区分合同变更程度。“当事人对合同变更的内容约定不明确的，推定为未变更。”这一规定源于罗马法，罗马法规定债的更新需要“更新意愿（animus novandi）”，这意味着必须具备实际的更新意图，即以新债取代旧债并且不让旧债同新债并存的意图。如优士丁尼所言，债的更新应当是“依据意愿，而不是依据法律”而发生的。[③]罗马法的制度是针对“债的更改”，它产生的效力是旧债消灭新债产生，如果新债不产生，旧债也不复活，此时为了维护“契约严守”的精神，自然不能轻易进行解释。

因此第544条的适用，需要区分“合同变更”和“合同更新”：前者属于非要素的变更，是双方在维持债的同一性的情况下对合同内容的调整，此时不应该限制意思表示解释条款的适用；后者由于严重影响到“契约严守”，不能适用意思表示解释原则。

---

① 参见全国人民代表大会常务委员会法制工作委员会编：《中华人民共和国合同法释义》，法律出版社1999年版，第130页。

② 参见梁慧星主编：《中国民法典草案建议稿附理由：债权总则编》，法律出版社2013年版，第235—236页。

③ 参见［意］彼德罗·彭梵得：《罗马法教科书》，黄风译，中国政法大学出版社2005年版，第246页。

举证责任

在合同纠纷案件中，主张合同关系变更的一方当事人对引起合同关系变动的事实承担举证责任。

第五百四十五条【债权让与】

债权人可以将债权的全部或者部分转让给第三人，但是有下列情形之一的除外：

（一）根据债权性质不得转让；

（二）按照当事人约定不得转让；

（三）依照法律规定不得转让。

当事人约定非金钱债权不得转让的，不得对抗善意第三人。当事人约定金钱债权不得转让的，不得对抗第三人。

历史由来

本条源自《合同法》第79条的规定。在《民法典》编纂过程中，《民法典合同编（草案）》（征求意见稿）第85条保留了第1款不作改动，并增设了第2款“当事人约定债权不得转让的，不得对抗善意第三人”的规定。在《民法典合同编（草案）》（一审稿）第334条中，将第1款第2项“按照当事人约定不得转让”修改为“按照当事人约定非金钱债权不得转让”，并将前述第2款修改为“当事人约定非金钱债权不得转让的，不得对抗善意第三人”。在《民法典合同编（草案）》（二审稿）第334条中，将第1款第2项修改为“当事人约定不得转让”，第2款则保留了《民法典合同编（草案）》（一审稿）的表述。在《民法典（草案）》第545条中，延续了《民法典合同编（草案）》（二审稿）中第1款的表述，另在第2款后增加了对金钱债权转让的规定，即“当事人约定金钱债权不得转让的，不得对抗第三人”。

本条相较于《合同法》第79条的规定而言，将第1款中的“合同的权利”修改为“债权”，相应地，将第1款第1项中的“合同性质”修改为“债权性质”，同时增设了第2款“当事人约定非金钱债权不得转让的，不得对抗善意第三人。当事人约定金钱债权不得转让的，不得对抗第三人的”表述。

规范目的或功能

债权让与是指在不改变债权内容的前提下，债权人将其享有的债权移转于第三人。[①]根据罗马法传统“债是法锁”（vinculum iuris）的理念，债务构成债权人与债务人之间的纽带，债权人的同一性也是债权的内容与构成要件，第三人无此权利。随着商业与交易的发展，债权的财产属性已经得到承认，由此超越了相对的给付关系，成为能够被处分的财产标的。在我国的民法史中，债权让与制度经历了一个从否定到肯定的过程，1981年《经济合同法》只规定在企业合并、分立的情况下，由变更后的当事人承受或分别承受原合同的债权债务，而对当事人协商转让合同债权债务予以绝对禁止，将此视为“倒卖经济合同”“买空卖空”“转包渔利”的违约行为，直到1986年《民法通则》颁布后才放开。债权让与的自由原则虽然已经被确立，但是并非没有边界，为了维护社会公共利益以及交易秩序，平衡当事人之间的权利义务关系，需要对债权的自由转让进行一定的限制。[②]本条第1款但书部分规定了三种不得让与的债权：由于债权性质不得转让、由于当事人约定不得转让以及由于法律规定不得转让。因此，在以上三种场合，债权的让与受到了限制。

规范内容

一、债权让与的构成要件

（一）债权让与合同及其性质

关于债权让与合同的性质，学者通常认为债权让与行为属于处分行为，

---

① 参见史尚宽：《债法总论》，中国政法大学出版社2000年版，第704页。

② 参见全国人民代表大会常务委员会法制工作委员会编：《中华人民共和国合同法释义》，法律出版社1999年版，第131页。

直接导致债权发生变动，发生债权移转效果。[①]因此，债权让与合同又有准物权合同之称谓。此外，债权让与既然属于处分行为，则需要债权人享有处分权限，否则属于无权处分。与此同时，债权让与又是基于合同产生，应适用《民法典》合同编所规定的一般生效要件。如果债权人与第三人就让与的合意存在意思表示瑕疵，则当事人有权行使《民法典》所赋予的撤销权，撤销债权让与合同。

应当指出的是，关于债权让与是否属于法律行为，学者之间存在争议。有学者认为，在不承认物权行为制度及其理论的法制下，债权让与应视作事实行为，只要有债权让与的原因行为即可发生权利的变动，债权的变动属于债权让与原因行为的当然结果。[②]针对这一看法，有学者认为，由于现行通说不承认物权行为，买卖合同被认为将处分行为纳入债权行为，标的物所有权变动被视为买卖合同直接发生的效果。债权让与“事实行为”说也就与基于法律行为的物权变动问题在理论上保持了统一。[③]

有学者认为，债权让与合同存在独立性，它和设立债权债务的原因行为分处个别事物。债权让与的原因行为通常包括买卖、赠与、委托。此外，还包括信托式的担保约定（用于担保式的债权让与），而债权收取委托或其他债法约定亦不罕见。[④]由此，学者将债权让与原因行为称为“债权让与约定”，而债权让与作为处分行为则称为“债权让与合同”。[⑤]虽然债权让与属于处分行为，存在债权让与合同之称，并且与作为原因行为的债权让与约定在逻辑上可以相区分，但是观念上的区分并不代表债权让与合同需要独立于债权让与约定另行作出，而是当事人的同一个意思表示包含两种行为的内容。[⑥]于此，即便抽象原则得到现行法承认，但是由于债权让与合同与债权让与约定经常同时发生，或者常在交易中融入原因行为，通常原因行为瑕疵会直接导致处分行为也产生瑕疵，抽象原则的适用在此将会受到

---

① 参见韩世远：《合同法总论》（第三版），法律出版社2011年版，第460页。
② 参见崔建远：《合同法》（第三版），北京大学出版社2016年版，第244页。
③ 参见韩世远：《合同法总论》（第三版），法律出版社2011年版，第460页。
④ 参见庄加园：《〈合同法〉第79条（债权让与）评注》，载《法学家》2017年第3期。
⑤ 参见韩世远：《合同法总论》（第三版），法律出版社2011年版，第463页。
⑥ 参见韩世远：《合同法总论》（第三版），法律出版社2011年版，第464页。

限制。①

（二）存在特定、有效的债权

债权让与合同除要求债权人与第三人达成合意以外，债权还要满足客体特定化的要求。债权的特定化通常是通过给付内容与债权人和债务人身份得到特定。这一特定化要求的实现通常发生在债权让与合同订立时或是（将来）债权发生之时。债权的原因也要有所说明，从而使得债权特定化成为必要即可。此时即便发生对让与债权不正确的指称，例如债权数额、给付标的物、债务人身份，只要该债权仍能被辨认，债权转让的效力依然不受影响。

被转让的债权让与人应当具有有效且可以处分的债权。有效的债权是指真实存在且并未消灭的债权，然而并不等于该债权可以得到清偿，让与人仅负有保证债权真实性的义务，并不对债务人能否清偿该债务（即商业风险）负有保证义务。②

对于有效的债权，可以包括：继续性合同中的既存债权、附条件合同中的债权、罹于诉讼失效的债权、可撤销合同中的债权、享有选择权的债权以及成为权利质权标的的债权。③对于将来债权能否成为可转让的债权，学界存在争论。有学者认为将来债权只要在将来的发生属于可以确定的范围，则仍具有财产价值，可以转让。但也有学者认为，将来债权让受让人承担了较大的风险，除非债权让与合同明确约定将来的债权可以作为标的物，且不违反强行法以及公序良俗，否则不应当承认将来的债权具备可转让性。④

二、债权的可让与性

虽然债权自由让与的原则得到确立，债权让与仍然存在一定的限制，本条第1款但书部分规定了三种不得让与的债权：由于债权性质不得转让、由于当事人约定不得转让以及由于法律规定不得转让。前述限制或是出于个人特

---

① 参见庄加园：《〈合同法〉第79条（债权让与）评注》，载《法学家》2017年第3期。

② 参见崔建远：《合同法》（第三版），北京大学出版社2016年版，第248页。

③ 参见崔建远：《合同法》（第三版），北京大学出版社2016年版，第248页。

④ 参见韩世远：《合同法总论》（第三版），法律出版社2011年版，第464页；崔建远：《合同法》（第三版），北京大学出版社2016年版，第248页。

别的信赖结合关系，或是出于社会政策考量，或是出于当事人之间的特殊约定，[①]从而债权的让与性受到了一定的限制。

（一）根据债权的性质不得让与的债权

根据债权的性质不得转让的债权是指那些若转让债权，就无法达到债权目的的债权。此种债权的特点在于其给付内容或基础关系对债务人至关重要。从立法解释而言，根据债权的性质不得让与的债权是指那些基于当事人特定身份产生的债权债务关系，若将该等法律关系项下的权利转让，则会动摇合同的基础，违反订立合同的目的，损害当事人的利益。[②]

1.高度人身性的债权

此类债权会因债权人的变更导致给付内容的变更，从而丧失债的同一性。例如要求特定的画家为自己描绘画像、要求特定的人当自己的家庭教师或要求指定的医生为自己做手术等。[③]此时，变更债权人会导致给付内容发生相应的改变。即便债务人允许前述变动，如请求作画者愿意接受另一位画家为自己作画，也只是发生债的更改，而非债权让与，此时债的同一性也不复存在。

2.因债权人变化导致债权行使发生重大差异的债权

学者认为此类债权主要出于保护债务人的目的从而使得债权人不得让与债权。[④]因为让与该类债权会危害债务人基于基础关系所享有的利益。例如，雇主基于劳动合同向雇员要求提供劳动的请求权、承租人对出租人享有的承租权以及委托人依照委托合同请求受托人履行委托事宜的权利，通常认为也不能被让与。当事人之间之所以签订此类合同大多是因为双方之间的信任关系，所以必须由特定人受领债权。[⑤]但学者通常认为，债务人的同意能使债权

---

① 参见韩世远：《合同法总论》（第三版），法律出版社2011年版，第466页；崔建远：《合同法》（第三版），北京大学出版社2016年版，第248页。

② 参见全国人民代表大会常务委员会法制工作委员会编：《中华人民共和国合同法释义》，法律出版社1999年版，第131页。

③ 参见韩世远：《合同法总论》（第三版），法律出版社2011年版，第466页；崔建远：《合同法》（第三版），北京大学出版社2016年版，第248页。

④ 参见韩世远：《合同法总论》（第三版），法律出版社2011年版，第466页。

⑤ 参见江平主编：《中华人民共和国合同法精解》，中国政法大学出版社1999年版，第67页。

让与生效，并且即使债务人在债权发生时未表示同意，但在债权转让后同意，也能使债权让与生效。[①]

3.编入交互计算的债权

交互计算指的是双方当事人约定以其相互间的交易所发生的债权债务为定期计算，互相抵销而支付差额的合同。如果交互计算的债权可以转让，则会影响交互计算事先的目的。也有学者提出债权不得让与系基于交互计算合同，其效力应仅基于交互计算当事人之间，若当事人违反此限制而处分债权时，仅发生损害赔偿问题，不得以其限制对抗善意第三人。[②]

4.从权利

通常而言，从权利并不具有独立性，应当随主权利移转而移转，并且从权利纯粹服务于基础关系。作为从权利的保证债权不能与主债权分离而转让他人。[③]同理，基于抵押权、质权发生的请求权也不能单独让与。预告登记本身就有从属性，系为担保以变动不动产物权为目的的请求权，也必须随着主债权移转而一同移转。但是违约金请求权、利息请求权等可以与本金相分离成为独立的权利从而被单独让与。

5.不作为请求权

尽管不作为请求权不具有从属性，但它也不能被债权人让与。例如，与企业经营密切关联的竞业禁止请求权；基于专利权或专利许可的不作为请求权，不能与专利权利分离而让与他人。学者认为，这是因为不作为债权主要是为特定债权人的利益而创设的，若允许转让，则相当于为债务人新设义务。

（二）法律规定不得让与的债权

本条第1款第3项属于不完全条文，需要结合其他法律法规才能明确适用范围。从立法解释而言，根据《合同法》第87条规定，欲转让的权利如需经过相关机关批准、登记的，当事人若未能通过相关机关的批准或登记，则该

---

① 参见庄加园：《〈合同法〉第79条（债权让与）评注》，载《法学家》2017年第3期；韩世远：《合同法总论》，法律出版社2011年版，第467页；崔建远：《合同法》，北京大学出版社2016年版，第249页。

② 参见史尚宽：《债法各论》，中国政法大学出版社2000年版，第111页。

③ 参见韩世远：《合同法总论》（第三版），法律出版社2011年版，第467页。

等权利属于法律规定的不得让与的债权。[①]另外，有学者指出，根据《担保法》第61条规定，最高额抵押的主合同债权属于法律规定不得让与债权之列。但是《物权法》已经取消了该等规定。另外，有学者认为，根据《保险法》第34条第2款，按照以死亡为给付保险金条件的合同所签发的保险单，未经被保险人书面同意，不得转让或者抵押。[②]此条法规亦属于法律规定不得转让的债权。也有学者将此项规定归纳总结为：基于特定身份的债权，如抚养费请求权；基于公法上的债权，抚恤金请求权以及因人身权受侵害产生的损害赔偿请求权等，属于法律规定禁止转让的债权。[③]

（三）根据约定不得让与的债权

当事人可以通过特别约定的方式禁止债权让与，毕竟第545条的债权让与禁止性规定仅给予了债务人最低限度的保护，若其债务人还有其他利益诉求时，可以通过签订禁止债权让与的特别约定。有学者认为，当事人约定债权不得让与，仅是单独针对具体债权，而非概括的所有债权，也不涉及作为被转让债权让与约定中的当事人资格。并且除非当事人的意思明确某个债权或某类债权不得让与，才能由此得到当事人订立禁止让与特别约定的结论。[④]

三、债权禁止让与约定的限制

值得注意到是，与《合同法》第79条相比，《民法典》第545条第2款增加了新的内容："当事人约定非金钱债权不得转让的，不得对抗善意第三人。当事人约定金钱债权不得转让的，不得对抗第三人。"这一规定进一步增加了债权让与的自由度。基于保护善意第三人以及交易安全的原则，禁止的特别约定不得对抗善意第三人，善意且无过失的第三人仍然能够取得债权，此时

---

① 参见全国人民代表大会常务委员会法制工作委员会编：《中华人民共和国合同法释义》，法律出版社1999年版，第132页。

② 参见崔建远：《合同法》（第三版），北京大学出版社2016年版，第252页。

③ 参见江平主编：《中华人民共和国合同法精解》，中国政法大学出版社1999年版，第67页。

④ 参见庄加园：《〈合同法〉第79条（债权让与）评注》，载《法学家》2017年第3期。

债务人可以请求债权人赔偿所遭受的损失。[①]

债务人在禁止让与约定中虽受保护，代价却是债权不能自由流通，使得债权丧失交易能力，似有过度保护债务人之嫌，不符合比例原则。所以，违反禁止让与约定的金钱债权让与的国际趋势为绝对有效，并且立法者也舍弃了对债务人的特殊保护，由于金钱债权的债务人针对特定债权人的履行利益薄弱，而债权人却对债权的流通能力享有很高的利益。如果金钱债权的适用禁止让与特别约定，则会导致典型的无效率。同时，也没有明显的理由会给金钱债权的特定债务人带来麻烦。因此，为促进金钱债权的流通，即使牺牲债务人的微弱利益，也不至给债务人带来太多的不利。[②]也因为上述考虑，第545条第2款规定较《合同法》第79条做出了进一步延伸，即对于金钱债权，即便债权人违背了禁止让与特别约定，无论第三人是否善意都可以取得该类债权；对于非金钱债权，只有善意第三人可以取得该债权。

第五百四十六条【债权让与的通知】

债权人转让债权，未通知债务人的，该转让对债务人不发生效力。

债权转让的通知不得撤销，但是经受让人同意的除外。

历史由来

本条源于《合同法》第80条的规定。在《民法典》编纂过程中，《民法典合同编（草案）》（征求意见稿）第86条就第1款增加了“但债务人明知该债权转让的除外”的但书规定，同时新增“债权转让的通知可以由让与人或者受让人发出。受让人发出转让通知的，应当附债权转让的必要证据；未附必要证据的，债务人有权拒绝向受让人履行”作为第2款，《合同法》第80条第2款有关转让通知撤销的规定相应地变为第3款。《民法典合同编（草案）》（一审稿）第335条又将新增的第2款删除，仅保留了第1款债权转让通知、第3款（删除后变为第2款）转让通知撤销的规定。《民法典合同编（草案）》（二审稿）第335条延

---

① 参见韩世远：《合同法总论》（第三版），法律出版社2011年版，第468页。

② 参见庄加园：《〈合同法〉第79条（债权让与）评注》，载《法学家》2017年第3期。

续了第1款的表述，并未修订。《民法典（草案）》第546条延续了《民法典合同编（草案）》（一审稿）的修订。

相较于《合同法》第80条的规定，本条第1款将“转让权利”修改为“转让债权”的表述，将“应当通知债务人”的表述删除，仅保留了未经通知的有关规定；第2款基本未作修订。

规范目的或功能

债权让与通知是指让与人将债权让与的事实告知债务人的行为。[①]债权作为一种财产权利可以自由流转，债务人不会因为债权人变换而处于不利地位，因此债权自由转让不需要债务人同意。为了避免债务人错误地向非债权人清偿而承受损失，本条规定以让与通知作为对债务人的生效要件，只要得到原债权人的通知，即使向债权的非归属方清偿亦为有效。[②]

规范内容

一、让与通知的性质

对于让与通知的性质，学界主流观点认为是观念通知，属于准法律行为，不需要有发生债权让与效力的法效意思，可以类推适用民法关于意思表示的规定。比如通知的生效以表意人有行为能力为必要，也可以适用代理的规则。[③]除了准法律行为之外，也有学者支持单方法律行为说的观点，认为债权让与协议的生效，只是使让与人负有转移标的债权的义务，但该债务的履行仍须通过让与人的通知。此通知的内容是让与人实际转移标的债权的意思，只有这一意思表示到达债务人，才发生债权转移的效果。[④]显然，这种观点将债权转让与让与通知联系在一起，这和既有的债权自由转让的理念相冲突。

---

① 参见谢鸿飞：《合同法学的新发展》，中国社会科学出版社2014年版，第363页。

② 参见韩世远：《合同法总论》（第三版），法律出版社2011年版，第484页。

③ 参见韩世远：《合同法总论》（第三版），法律出版社2011年版，第475页。

④ 参见尹飞：《论债权让与中债权移转的依据》，载《法学家》2015年第4期。

二、让与通知的主体

根据本条规定，让与通知的主体只能是让与人（原债权人），债务人不必了解债权让与的真实情况，受让人与债务人可能相互不熟悉，因此仅让与人有通知的资格。[①]有观点认为，让与通知的主体过于狭窄，应该扩张到受让人，因为在司法实践中，债权人让与债权后可能不再关心后续债的履行，受让人获得清偿的渠道就只是对债务人的通知。因此在让与人怠于通知的情况下，应该允许有证据的受让人通知债务人，有利于债权尽快实现清偿，灵活解决实践中的问题。[②]也有学说认为，将让与人的让与字据提示于债务人的情况下，此种字据虽由受让人提示，但却为让与人书立，既然其有双方之参与，则应解释为共同通知，与债权人通知具有相同效果。[③]以双方共同通知的方式扩大了通知的主体范围。

从民法典修订过程来看，《民法典合同编（草案）》（征求意见稿）第86条就第2款增设了"债权转让的通知可以由让与人或者受让人发出。受让人发出转让通知的，应当附债权转让的必要证据；未附必要证据的，债务人有权拒绝向受让人履行"，但这一规定随后又在《民法典合同编（草案）》（一审稿）中被删除。显然立法者曾经在两种立场中摇摆过，但最终仍然选择原来的径路，受让人将证明其受让了债权而通知的情况，让债务人承担审查债权转让真实性的义务，增加了债务人的负担并且不利于交易的安全。在让与人不为通知，以及不履行交付或告知义务时，受让人可请求法院强制执行，并可请求损害赔偿。[④]

三、让与通知的效力

（一）依照通知进行清偿

早期的观点认为，在让与通知到达债务人时，债权转让行为生效，未经

---

① 参见李永军：《合同法》（第三版），法律出版社2010年版，第373页。

② 参见申建平：《论债权让与通知的主体》，载《河南省政法管理干部学院学报》2009年第5期。

③ 参见徐涤宇：《〈合同法〉第80条（债权让与通知）评注》，载《法学家》2019年第1期。

④ 参见徐涤宇：《〈合同法〉第80条（债权让与通知）评注》，载《法学家》2019年第1期。

通知，该转让行为对债务人不发生效力，债务人接到债权人权利转让的通知后，权利转让即生效。[①]但这一观点显然与现代债权让与模式不兼容。现代的通说认为，通知产生的仅是对债务人进行清偿的效力。在受让与通知前，债务人对于原债权人（让与人）所作的清偿或其他免责行为或让与人对于债务人为免除或抵销的，均为有效。债务人一经通知，债权让与即对之生效，应当向受让的新债权人履行。

当债权人将债权让与事实通知债务人后，即使让与并未发生或者该让与无效，债务人基于对让与通知的信赖而向该第三人所谓的履行仍然有效。学说称为"表见清偿"。表见清偿只有在债权人为让与通知行为时才能产生，如果由受让人进行让与通知，则不产生表见让与的效力。[②]

虽然第547条没有明确规定表见清偿制度，但学者认为可以从现行法的规定中解释出表见清偿制度，债务人受通知后即负有向受让人履行债务的义务，这就意味着受让人因让与通知而成为所谓的债权之准占有人，即在交易观念上具有可相信是真正债权人之外观的人；而债务人的此项义务以及由此建立的法律外观，仅在让与通知被撤销后方才消灭。[③]

（二）多重让与通知

学说认为债权双重让与时的债权归属应依让与时间的先后为准，[④]而在司法实务中，一些法院将让与通知作为债权移转的生效要件，由此认定未获通知的在先让与之受让人不能获得债权，而先获通知的在后让与之受让人却获得债权。[⑤]司法实务的问题在于将清偿的顺序与债权让与的时间相混淆。基于以合同生效而移转之通说立场，在双重让与的处理上，应遵循处分行为的次

---

① 参见全国人民代表大会常务委员会法制工作委员会编：《中华人民共和国合同法释义》，法律出版社1999年版，第134页。

② 参见韩世远：《合同法总论》（第三版），法律出版社2011年版，第484页。

③ 参见徐涤宇：《〈合同法〉第80条（债权让与通知）评注》，载《法学家》2019年第1期。

④ 参见王利明、崔建远：《合同法新论·总则》（修订版），中国政法大学出版社2000年版，第433页。

⑤ 参见庄加园：《〈合同法〉第79条（债权让与）评注》，载《法学家》2017年第3期。参见"何容兰诉海科公司等清偿债务纠纷案"，最高人民法院（2003）民一终字第46号民事判决书，载《中华人民共和国最高人民法院公报》2004年第4期。

序原则，但是如果在先的让与未被通知，而在后的让与被通知，尽管依处分次序原则应由第一受让人取得债权，债权人（让与人）在为第二次让与时已构成无权处分，但基于表见清偿的原理，第二次让与被通知而发生效果，因此在逻辑上不存在冲突。

（三）诉讼时效中断

债权让与的成立是否构成诉讼时效的中断，学界有不同的观点。肯定意见认为，债权让与通知构成诉讼时效中断的原因，其主要理由为，债权让与通知的目的虽在于指示债务人向受让人履行债务，但它当然含有向债务人主张债权的意思。[①]反对意见则指出，让与通知是一种观念通知不包括债权人请求债务人履行义务、提起诉讼的内容，所以不构成诉讼时效中断的事由。[②]从既有的规范性文件看，《诉讼时效制度规定》第19条第1款明确规定了债权让与通知具有中断诉讼时效的效力："债权转让的，应当认定诉讼时效从债权转让通知到达债务人之日起中断。"

四、让与通知的撤销

意思表示一旦生效不得随意撤销，本条第2款规定基本遵循这一原则，债权让与通知一旦到达债务人即生效力，原则上不得撤销，但也规定了适用的例外，即经新债权人（受让人）同意的除外，但撤销会损害受让人利益，故必须经其同意。[③]同时，由于已建立的法律外观不得溯及既往地消灭，故通知只能被不溯及既往地撤销。

值得注意的是，尽管本条限制通知的撤销，规定撤销须有受让人同意，但是这仅是对债务人的加强保护，在意思表示不自由的情况下，比如在第三人欺诈或胁迫的情况下，当然应当允许债权出让人撤回其通知。[④]

---

① 参见魏振瀛主编：《民法》，北京大学出版社、高等教育出版社2000年版，第359页。

② 参见崔建远：《债权让与续论》，载《中国法学》2008年第3期。

③ 参见史尚宽：《债法总论》，中国政法大学出版社2000年版，第736页。

④ 参见冯洁语：《准法律行为的无效和撤销——以德国债权让与通知瑕疵为考察对象》，载《南京大学学报》（哲学·人文科学·社会科学）2018年第2期。

第五百四十七条【从权利的移转】

债权人转让债权的，受让人取得与债权有关的从权利，但是该从权利专属于债权人自身的除外。

受让人取得从权利不因该从权利未办理转移登记手续或者未转移占有而受到影响。

历史由来

本条源于《合同法》第81条的规定。在《民法典》编纂过程中，《民法典合同编（草案）》（征求意见稿）第88条承继《合同法》第81条，同时增设第2款“受让人取得从权利不因该从权利未履行转移登记手续或者未转移占有而受到影响”。其后的《民法典合同编（草案）》（一审稿）第337条、《民法典合同编（草案）》（二审稿）第337条、《民法典（草案）》第547条均沿用了《民法典合同编（草案）》（征求意见稿）第88条的相关修订，未作调整。

相较于《合同法》第81条，本条将“转让权利”修订为“转让债权”，并新增了第2款规定。

规范目的或功能

从权利是指附随于主权利的权利。担保权中的抵押权、质权、保证以及附属于主债权的孳息等，都属于主权利的从权利。由于从权利是由主权利所产生的，主权利无效从权利也无效，从权利随主权利的消灭而消灭。所以，从权利不得脱离主权利而单独存在。

规范内容

一、从权利转移

与债权有关的从权利一并移转给受让人。这些从权利包括抵押权、利息债权、定金债权、违约金债权及损害赔偿请求权等，除非该从权利专属于债权人自身的。但是与债的关系相结合，与当事人的地位有关系的形成权，如解除权、撤销权等，除概括承受外，不与债权一同转移。关联性形成权与合同整体紧密结合，其行使会改变债的关系，因此在债权让与中，与合同关系密切的形成权不会随主债权一并转让，以维护整个债权关系的稳定性以及债务人的利益。

二、债权转让中的物权变动

基于担保物权的从属性和不可分性，抵押权和质权都会随着主债权的转让而转让。[①]《民法典》第407条也规定，抵押权不得与债权分离而单独转让或者作为其他债权的担保。债权转让的，担保该债权的抵押权一并转让，但是法律另有规定或者当事人另有约定的除外。

担保物权的移转是否需要完成物权变动的公示，学界存在争议。主流观点认为，主债权让与时担保物权转让，这是非基于法律行为的物权变动，无需再次设立新的不动产抵押权。因为转让后的不动产抵押权始终为原先已存在的债权进行担保，只是随主债权的让与而发生的抵押权移转。另一种观点认为，基于物权公示公信原则，担保物权让与是基于法律行为的不动产物权的变动，原则上以登记和交付为生效要件，否则不产生物权变动的效力。[②]实践中也有不少案例判决提出，不动产抵押权人（债权受让人）因债权让与而取得不动产抵押权，须以办理不动产抵押权变更登记手续为要件，未办理不动产抵押权变更登记手续，不当然发生不动产抵押权的转让。也就是说，债权受让人主张的不动产抵押权因主债权让与而转让，且无须办理抵押权移转登记，并无法律依据。在债权让与后，若未办理变更登记或者重新登记，原不动产抵押权之效力不当然及于债权受让人。

关于主债权让与时，不动产抵押权是否须登记才对债权受让人发生效力的争议，正如上述裁判要旨所述，有观点认为，《民法典》第407条规定了不动产抵押权处分的从属性，担保主债权的不动产抵押权当然附随于债权发生移转。

第547条新增规定“受让人取得从权利不因该从权利未办理转移登记手续或者未转移占有而受到影响”，显然旨在解决这一冲突。根据这一规定，受让

---

① 参见张双根：《〈物权法〉第31条释义》，载《华东政法大学学报》2007年第6期。

② 参见全国人大常委会法制工作委员会民法室：《中华人民共和国物权法：条文说明、立法理由及相关规定》，北京大学出版社2007年版，第352页。

人取得从权利不因该从权利未办理转移登记手续或者未转移占有而受到影响。债权让与中的不动产抵押权移转并非基于法律行为的物权变动，而是基于不动产抵押权的从属性、不可分性的法定当然移转。

第五百四十八条【债务人的抗辩权】

债务人接到债权转让通知后，债务人对让与人的抗辩，可以向受让人主张。

历史由来

本条完全承袭了《合同法》第82条的规定。在《民法典》编纂过程中，《民法典合同编（草案）》（征求意见稿）第89条在承继《合同法》第82条规定之时，同时增设第2款规定："债权未转让，但债务人有理由相信债权已经转让给受让人的，债务人对受让人的抗辩，可以向让与人主张。"其后的《民法典合同编（草案）》（一审稿）第338条没有接受"征求意见稿"第89条第2款，仅吸收了《合同法》第82条的规定。《民法典合同编（草案）》（二审稿）第338条、《民法典（草案）》第548条均接受了《民法典合同编（草案）》（一审稿）第338条的规定。

规范目的或功能

债权的转让不得损害债务人的利益，因此在债权实际移转前债务人已享有的对抗原债权人的抗辩都可以向新债权人主张。

规范内容

债权让与并未改变债权的同一性，债权之上所附着的瑕疵以及原债的对待给付关系都随之转让。债权让与通知到达债务人时，他原本可以对抗让与人的所有事由，均可以用来对抗受让人，债务人行使的抗辩权包括：同时履行抗辩权、先诉抗辩权、合同撤销的抗辩权、债权已履行完毕的抗辩权、债权无效的抗辩权、诉讼时效已过的抗辩权等。

此外，权利让与后债务人还可能因某项事实成就产生新的抗辩权，比如，附解除条件的合同权利转让后，当合同规定的解除条件成就时，债务人可以向受让人提出终止合同的抗辩。①

但是抗辩权的存在可能导致债权价值急剧减损，使受让人未必愿意接受债权让与。为了促进债权让与，有学者提出，在债权让与时，债务人承诺不保留任何债权不成立、成立时有瑕疵、债权消灭及其他可对抗让与人的抗辩，其效力只及于债务人和受让人，对第三人的权利没有任何影响。②在此基础上，有学者进一步提出，应区分债务人的身份来决定放弃抗辩权约款的效力：债务人为商主体时，应完全承认放弃抗辩权意思表示的效力；债务人为普通消费者时，基于对弱势群体的特殊保护，原则上不具有法律效力。③

举证责任

行使抗辩权的债务人，应承担证明抗辩权产生的时间先于债权转让通知。

第五百四十九条【债务人的抵销权】

有下列情形之一的，债务人可以向受让人主张抵销：

（一）债务人接到债权转让通知时，债务人对让与人享有债权，且债务人的债权先于转让的债权到期或者同时到期；

（二）债务人的债权与转让的债权是基于同一合同产生。

历史由来

本条第1项沿袭了《合同法》第83条关于债务人抵销权的规定，第2项属于新增规定。《民法典合同编（草案）》（征求意见稿）第90条、《民法典合同

① 参见全国人民代表大会常务委员会法制工作委员会编：《中华人民共和国合同法释义》，法律出版社1999年版，第136页。

② 参见崔建远：《债权让与续论》，载《中国法学》2008年第3期。

③ 杨明刚：《合同转让论》，中国人民大学出版社2006年版，第212页。

编（草案）》（一审稿）第339条、《民法典合同编（草案）》（二审稿）第339条均沿袭了《合同法》第83条的规定。《民法典（草案）》第549条对《民法典合同编（草案）》（二审稿）第339条作出了重大修改，其分两项规定："有下列情形之一的，债务人可以向受让人主张抵销：（一）债务人接到债权转让通知时，债务人对让与人享有债权，并且债务人的债权先于转让的债权到期或者同时到期；（二）债务人的债权与转让的债权是基于同一合同产生。"最终表决通过的《民法典（草案）》第549条又作出了将"并且"调整为"且"的文字性修改。

规范目的或功能

抵销是合同终止的方式之一，《民法典》第568条规定了抵销的定义，当事人互负债务，该债务的标的物种类、品质相同的，任何一方可以将自己的债务与对方的到期债务抵销。本条赋予了债务人一项特殊的抵销权，以保护债权转让中债务人的利益，如果债务人在债权实际移转之前已经对让与人（原债权人）享有债权，而且该债权先于转让债权或者同时到期的，债务人本来可以通过行使抵销权即可实现其债权。[①]但债权移转后，债务人无法向出让人主张抵销，他不仅要向受让人履行债务，而且不能向原债权人主张权利，债务人就失去了转让前所享有的抵销权，为了保护债务人的利益不因债权转让而受损，法律赋予了债务人对受让人的抵销权。

规范内容

一、通知到达后的抵销权

对于本条第1项规定，学界讨论的重点是，抵销是否以主动债权在债务人接到让与通知之时或者之前已存在为条件。肯定说认为，债务人行使抵销权不要求主动债权的清偿期不晚于被动债权，且应在让与通知到达时已届清偿

---

① 参见韩海光、崔建远：《论债权让与和对抗要件》，载《政治与法律》2003年第6期。

期，才能向受让人主张抵销。另一种观点则认为，让与通知到达时不管债务人的主动债权是否已届清偿期，只要其清偿期不迟于被动债权，都可以向受让人主张抵销。其目的在于保护债务人。[①]显然，本条的立法理由是保护债务人的利益不因债权转让而受损，债务人此原本期待自己的债务清偿期到来时主张抵销的期待利益，不应该因与债务人无关的事由被剥夺。

二、同一合同关系中的抵销权

根据本条第1项规定，债务人接到债权转让通知时，如果债务人的债权先于转让的债权到期或者同时到期，债务人可享有抵销权。但是，如果债务人的债权与转让的债权是基于同一合同产生，则无论债务人的债权是否先于转让的债权到期或者同时到期，都可主张抵销权。这是第549条新增的第2项规定。从立法例上看，可以追溯到《联合国国际贸易中应收款转让公约》第18条（债务人的抗辩和抵销权）第1款，受让人向债务人提出关于所转让的应收款的付款要求时，债务人可向受让人提出由原始合同产生的或由构成相同交易一部分的任何其他合同产生的、在如同未发生转让时若转让人提出此种要求则债务人可予利用的所有抗辩或抵销权。

从大陆法系传统的学理来看，这一规定的基础在于双务合同的牵连性。双务合同的当事人，每一方之所以愿意承担给付义务，就是想借此使对方承担对待给付义务。每一方都是基于对方提供所约定的对待给付义务，承担给付义务。[②]虽然在通知的时候，债务人还没有获得对出让人的债权。但根据双务合同的牵连性，债务人不是单纯地负担“合同的债务部分”，而是原债关系中的对待给付内容，它与对方给付的牵连性仍然保留下来。为了保证原债关系的牵连性，应该允许债务人在债权人没有对债务人给付的情况下提起同时履行抗辩权，双务合同的牵连性并没有被债务承担所分裂。因此，如果债务人在债权转让后，基于原合同从债权人处获得有瑕疵的给付，即便有瑕疵的给付发生在承担合同之后，承担人也可以对此主张抵销。这是双务合同条件上的牵连性旨在确保相互联系的给付义务在存续的债务关系中的相互依赖性。

---

① 参见韩世远：《合同法总论》（第三版），法律出版社2011年版，第480页。

② 参见韩世远：《合同法总论》（第三版），法律出版社2011年版，第280—281页。

一方的给付障碍对于对方的给付义务具有影响，一方给付义务的丧失可导致对方免于给付义务。[①]

举证责任

行使抵销权的债务人，应承担证明受到债权转让通知时，债务人的债权先于转让的债权到期或者同时到期。如果债务人能够证明债务人的债权与转让的债权是基于同一合同产生，此时无需证明债务人的债权先于转让的债权到期或者同时到期。

第五百五十条【履行费用的负担】

因债权转让增加的履行费用，由让与人负担。

历史由来

本条是新增法条，《合同法》中没有相关规定。在《民法典》编纂过程中，《民法典合同编（草案）》（征求意见稿）第91条、《民法典合同编（草案）》（一审稿）第340条、《民法典合同编（草案）》（二审稿）第340条、《民法典（草案）》第550条的规定前后完全一致。

规范目的或功能

避免债务人在债权转让中承受损失。

规范内容

虽然本条是一个全新的规定，但是其原理可以在“合同履行”部分找到基

① 参见张金海：《论双务合同中给付义务的牵连性》，载《法律科学》（西北政法大学学报）2013年第2期。

础。《民法典》第511条第6项规定，因债权人原因增加的履行费用，由债权人负担。依据这一精神，由债权让与引发的额外费用，当然是由债权人承担。

举证责任

债务人应就增加的履行费用承担证明责任。

第五百五十一条【债务承担】

债务人将债务的全部或者部分转移给第三人的，应当经债权人同意。

债务人或者第三人可以催告债权人在合理期限内予以同意，债权人未作表示的，视为不同意。

历史由来

本条第1款继承了《合同法》第84条的规定，在《民法典》编纂过程中，《民法典合同编（草案）》（征求意见稿）第92条第1款将《合同法》第84条规定中的“合同的义务”的表述替换成“债务”。之后的《民法典合同编（草案）》（一审稿）第341条第1款、《民法典合同编（草案）》（二审稿）第341条第1款、《民法典（草案）》第551条第1款均未再作出变动。

本条第2款属于新增规定。《民法典合同编（草案）》（征求意见稿）第92条第2款规定：“债务人或者第三人可以催告债权人在合理期限内予以同意，债权人未作表示的，视为拒绝同意。”《民法典合同编（草案）》（一审稿）第341条第2款、《民法典合同编（草案）》（二审稿）第341条第2款的规定与“征求意见稿”第92条第2款的规定相同。《民法典（草案）》第551条第2款则作出将“视为拒绝同意”修改为“视为不同意”的改动。

规范目的或功能

债务承担是指在维持原债同一性的情况下，替换或者增加债务人。与消灭一个既存的债的关系才能缔结新债相比，债务承担制度克服了债的相对性，使得债务关系没有因为债务人一方的改变而消灭。在复杂的交易实践中，这一制度可以用来简化清算关系或者增加责任财产。[①]在罗马法中，拘泥于“债是法锁”的观念，不允许变更债的主体，因此既不承认债权让与，也不承认债务承担。近现代民法认为债权是一种最重要的财产，认可债权的流通性，不仅承认债权让与，也许可债务承担。按照民法理论之通说，债务承担是承担人对原存债务的承受，而非新债务的发生。因此法院针对原债务人的判决，对于债务承担人亦应发生效力；从属于原债务的特定债务如利息等，也应随原债务的移转而移转。[②]与债权让与相比，因为债务人的资力与信用对于债权实现意义重大，为了保障债权人利益，债务承担要受到更多的限制。

依据原债务人是否退出债务关系，可以把债务承担区分为免责债务承担和并存债务承担，债务人将自己的债务移转于第三人负担，称为债务承担。债务承担，分为第三人承担全部债务和第三人加入债的关系而与债务人共同负担或者分担债务两种情形。前者称为免责的债务承担，后者称为债务加入。从缔约方式上看，债务承担的方式有三种：债务人与第三人达成债务承担的合意；第三人与债权人达成债务承担的合意；债权人、债务人和第三人共同订立第三人承担债务的协议。

结合这两种分类方式，可以看到本条规定的是第三人和债务人缔结的免责的债务承担，这样的债务承担需要债权人同意才能生效。

规范内容

一、债务承担的客体

债务承担的客体必须满足债的客体的一般要求（可能、确定以及合法）并具有可转让性。通常而言，债务承担的客体是金钱债权，但是在实践中也有其他客体的承担，物的给付之债也可以由他人承担。对于性质上不可移转

---

① 参见韩世远：《合同法总论》（第三版），法律出版社2011年版，第485—486页。

② 参见梁慧星主编：《中国民法典草案建议稿附理由：债权总则编》，法律出版社2013年版，第260—261页。

的债务，它与特定债务人有着密切的联系，如劳务合同，此时即便债权人同意此类债务由他人承担，严格而言也不属于债务承担而是债的客体的更新。

第一，未来的债务承担。对于还没有出现的债务能否设定债务承担，在学理上存在争议。在实践中，一些交易形式和未来债务承担的结构有相似之处，比如银行应申请人的请求，向第三方开立书面信用凭证，由银行代其履行一定金额、一定期限范围内的支付责任。目前的理论反对将之看作债务承担，因为债务还没有存在，不能对债的主体进行变更。

第二，已承担债务的再承担。债务承担的典型形态是承担人为债务人承担其债务。但在一些特殊情况下，承担人要承担的并非相对人的债务，而是第三人的债务。比如甲和乙缔结承担合同，由乙承担甲对于丙的债务，在丙同意之前，乙又和丁缔结了承担合同，使之承担乙丙之间的债务，由此形成了多层次的债务承担。债权人丙可以直接对最后的债务承担表示同意，由此获得对最后一个债务人的债权，并使得之前所有的债务人从债务中解脱。

第三，自然之债的承担。不受强制执行力保护的自然债务也可以通过《民法典》第551条进行移转，在承担人自愿履行的情况下，不能要求不当得利返还。实践中常常出现的是对已经超过诉讼时效的债务进行承担的问题。此时只能设立免责的债务承担而不能设立并存的债务承担，因为债务人和承担人之间没有连带性。值得注意的是，在债务承担合同中虽然承担人受到了债务承担合同拘束，但不能强制要求原债务人履行债务，债务承担合同不能使得自然债务回复其原本的拘束力。[①]

二、免责债务承担与并存债务承担的区别

《民法典》第551条没有明确地规定免责的债务承担和并存的债务承担，而代之以"全部"或者"部分"的份额规定，有一种观点认为，本条中"全部"表征免责的债务承担，而"部分"一词表征并存的债务承担。[②]从文义上

---

① 参见肖俊：《〈合同法〉第84条（债务承担规则）评注》，载《法学家》2018年第2期。

② 参见韩世远：《债务承担的解释论问题》，载崔建远主编：《民法九人行》（第二卷），金桥文化出版（香港）有限公司2004年版，第106页；王利明：《合同法研究》（第二卷），中国人民大学出版社2003年版，第258页。

看，“部分”一词既可以理解为对部分债务的免责承担，也可以理解为对部分债务的并存承担，比如甲欠乙1000元，丙愿意承担500元份额的债务，但这一约定并不能明确地判断出甲的债务承担份额有何改变。而且“债权人同意”要件的存在也意味着债务承担合意需要债权人的授权或者追认，所以不能通过“全部”或者“部分”将债务承担理解为免责或者并存的债务承担。

免责的债务承担，需要债务承担约定的内容和债权人的同意这两个要件，但是债权人同意能够产生出免责债务承担生效要件的前提是：当事人的合意中明确约定债务人可以摆脱原债关系。正如最高院的判决所指出，“一般而言，在当事人明确约定或表示原债务人退出原债权债务法律关系中，或者根据合同约定可以确切推断原债务人退出原债权债务法律关系，方可认定成立免责性的债务承担”。[①]因此有必要在条文中进行补充，或者作为债务承担中意思表示解释的一般规则，对债务人和第三人之间没有明确约定脱离原债的情形，应解释为并存的债务承担。[②]

三、免责债务承担与债权人同意

第一，债权人同意的性质与方式。本条中债权人的同意是一个需要受领的单方意思表示，债权人的同意不仅可以在收到债务人或者承担人的通知时表示追认，也可以事先做出授权。债权人的同意可以多种方式表达，包括向新的债务人为催告、诉讼、通知新债务人对债权进行移转、在新债务人破产时申报破产财产、免除等。债权人的同意原则上必须以明示的方式作出，实践中法官也对默示持否定态度：“默示的行为一般应为积极的作为，而缄默和消极的不作为不应视为默示，尤其是对原债务人免责的债务承担，除有第三人愿意承担债务的意思外，还需有债权人免除原债务的意思表示。”[③]但是在一些特殊的情况下，如果债权人的利益已经获得足够的担保，债务人的人

① “甲证券有限责任公司与海南乙科技发展有限公司等单位资产管理委托合同纠纷上诉案”，最高人民法院（2005）民二终字第217号民事判决书，当事人约定，“若丙公司未按本合同约定支付委托资产，即形成丙公司对乙公司欠有3163万元的债务”。

② 参见史尚宽：《债法总论》，中国政法大学出版社2000年版，第753—754页。

③ “某市甲有限公司与乙食品有限公司等买卖合同纠纷上诉案”，广东省广州市中级人民法院（2014）穗中法民二终字第1535号民事判决书。

身性不再重要的时候，可以从默示中推定出债权人的同意。比如，在土地交易中，为担保债务而在该地上设有抵押权，后来土地被出售，买受人愿意承担债务，可以减少现金的支付。由于让与人的债务可以因抵押权而得到足够可靠的担保，所以此时债务人个人的给付能力不再具有实质意义，如果在合理的期间内债权人没有表示明确的拒绝，则债权人的沉默可以视为承认。①

第二，债权人同意的效力。在本条的语境下，债务承担合同是在债务人和承担人之间缔结的，在债权人同意以前，免责的债务承担处于效力待定状态，债权人同意产生补正无权处分的效力，使得债务承担合同生效。在债权人同意以前，债务承担的负担行为产生履行承担的效力，作为不真正的第三人利益合同，债务人可以要求承担人向自己或他人为给付，从而变更或者撤销债务承担合同。债务人的履行能力和信任对于债权的实现非常重要，所以债务人摆脱原债务需要债权人的同意。如最高人民法院的判决所指出，“由于第三人取代债务人，会对债权人利益能否有效实现产生重大影响，一般来讲债权人会对第三人的履约能力比较后作出权衡，即同意还是不同意。要求征得债权人同意，也能在一定程度上反映出债权人权衡的过程，更能完整有效地体现债权人更新债务人的真实意思表示”。②对于免责的债务承担，需要由债务人或者承担人对债权人进行通知，也可以要求债权人在指定的期间内对债务承担进行承认。在债权人作出同意之后，免责的债务承担合同溯及既往地生效。

第三，债权人的拒绝。如果债权人对债务人和第三人的免责债务承担表示拒绝，一种观点认为，拒绝就意味着债权人不接受第三人给付，任由第三人继续给付，这会导致债权人重新拒绝，是一种资源浪费。③这种观点忽略了第三人清偿的原理，当债务承担由于债权人拒绝转化为履行承担后，承担人向债权人为履行就构成了第三人清偿，如果当合同义务不涉及个人的特别

---

① 参见［德］迪特尔·梅迪库斯：《德国债法总论》，杜景林、卢谌译，法律出版社2004年版，第567页。

② “甲轻工业品有限公司与乙房地产发展有限公司委托售楼合同纠纷再审案”，最高人民法院（2009）民申字第855号民事判决书。

③ 参见崔建远：《合同法》（第二版），北京大学出版社2013年版，第259页。

技术、资格或其他条件时，债权人不得对第三人清偿提出异议。因此债权人拒绝的情况下，债务承担合同不生效，但会使债务承担合同转换为履行承担，即第三人可以从经济意义上对继续替代债务人履行合同，而他和债权人之间不存在债权债务关系。

四、免责的债务承担的理论基础

对于免责的债务承担的理论基础，有学说提出，由于我国民法上没有完全接受物权行为理论，所以应该把免责的债务承担看作一个效力待定的合同，债权人同意的效果如同追认。[①]这一主张解释了债权人同意和拒绝的效力问题，但是“效力待定”的表述不能准确体现债务承担协议的效力。效力待定合同是指合同虽然已经成立，但效力能否发生尚未确定，须经有权人表示承认才能生效。但是债务承担合同在债权人同意之前已经产生出履行承担的效力，债务人可以要求承担人向债权人履行债务。

德国传统的学理将免责的债务承担看作无权处分。免责的债务承担使得债务人从原债务中脱离出来，这改变了债的关系中债务人的结构，因此属于处分行为。债务人没有处分权，处分行为因为没有得到债权人同意，所以属于无权处分。虽然债务承担的处分行为无效，但是负担行为仍然有效，此时债务人和承担人之间的债务承担合同转换为履行承担，债务人可以要求承担人向债权人履行债务，但自己没有摆脱原来的债务关系。

举证责任

订立免责债务承担合同的证明责任由主张合同有效的当事人承担。他必须证明合同中债务人与承担人达成有关免责债务承担的合意，并且已经得到债权人的同意。相对人若要主张让与无效，则须证明债务承担合同存在无效事由，或者债务承担的意思表示有错误、欺诈、胁迫等情形，而且存在撤销权有效行使的事实。

---

① 参见崔建远：《合同法》（第二版），北京大学出版社2013年版，第259页。

第五百五十二条【并存债务承担】

第三人与债务人约定加入债务并通知债权人，或者第三人向债权人表示愿意加入债务，债权人未在合理期限内明确拒绝的，债权人可以请求第三人在其愿意承担的债务范围内和债务人承担连带债务。

历史由来

本条为新增条文。在《民法典》编纂过程中，《民法典合同编（草案）》（征求意见稿）第95条规定："第三人向债务人或者债权人表示愿意加入债务，债权人在合理期限内未明确表示拒绝的，第三人在其愿意承担的债务范围内和债务人共同承担履行义务。"《民法典合同编（草案）》（一审稿）第344条则把"征求意见稿"第95条修改为："第三人与债务人约定加入债务并通知债权人或者向债权人表示愿意加入债务，债权人在合理期限内未明确表示拒绝的，第三人在其愿意承担的债务范围内和债务人共同履行义务。"《民法典合同编（草案）》（二审稿）第344条则作出两处修改：一是把"第三人在其愿意承担的债务范围内"扩展为"债权人可以请求第三人在其愿意承担的债务范围内"；二是把"共同履行义务"调整为"承担连带责任"。《民法典（草案）》第552条则作出进一步修改：一是将"第三人与债务人约定加入债务并通知债权人或者向债权人表示愿意加入债务"修改为"第三人与债务人约定加入债务并通知债权人，或者第三人向债权人表示愿意加入债务"；二是把"未明确表示拒绝"修改为"未明确拒绝"。

规范目的或功能

根据原债务人是否脱离债务关系，债务承担可分为免责债务承担和并存债务承担两种类型：如果第三人负担债务并且债务人从原债务关系中脱离，即为免责的债务承担，即便承担人不能履行债务或者陷入破产状态，原债关系也不再恢复；反之原债务人没有从原债务关系中解脱而是与第三人共同承担，就构成并存的债务承担。由于债务人偿还能力和信赖程度对债权实现影响重大，所以在免责的债务承担中承担了更大的风险，需要债务人同意作为生效要件。

规范内容

一、债务加入（并存债务承担）

《民法典》第552条规定“第三人与债务人约定加入债务”，与第551条相比，本条没有继续使用原来“转移”的表达，而代之以“加入”一词，“加入”意味着原债务人没有从原债中解脱，第三人成为债务关系中新的一员。在《民法典》颁布之前，司法实践已经将并存的债务承担称为“债务加入”并对之进行界定，“由第三人履行债务人的债务，但同时不免除债务人履行义务的债务承担方式”。[①]

与第551条相比，第552条规定“债权人未在合理期限内明确拒绝的”，这意味着债务承担不需要以债权人的明确同意为要件，因为此时原债务人的地位没有改变，只是增加了一个新的债务人，不会威胁到债权人的利益实现，所以无需债权人的明确同意。第552条规定第三人“和债务人承担连带债务”，这意味着在债务加入中，债权人可以对债务人和承担人中的一人或者全体，请求给付全部或者一部分的给付。早期有观点认为，并存的债务承担产生的是不真正连带责任，因为连带之债必须有法律的规定或者双方当事人明确的约定，而将并存的债务承担全部作为连带债务，可能产生债权人预想不到的效果。[②]《民法典》第178条第3款的规定也是如此，连带之债需要当事人明确的约定或者法律规定，由此可能造成对债务加入效力的困惑。第552条明确规定了债务加入具有连带之债的效力，与《民法典》第178条的规定相对应，能够避免不必要的争议。

---

① 2005年《江苏省高级人民法院关于适用〈中华人民共和国合同法〉若干问题的讨论纪要（一）》第17条。

② 参见［日］我妻荣：《新订债权总论》，王燚译，中国法制出版社2008年版，第509页。

二、第三人与债务人约定的债务加入

第552条规定“第三人与债务人约定加入债务并通知债权人……债权人未在合理期限内明确拒绝的”，这一规范适用的情形是债务人和第三人的债务加入合同。此种债务加入方式使得承担人负有受原债拘束并进行清偿的义务，它与《民法典》第523条的第三人清偿存在相似之处：两者都是第三人对债务人负有债务，债务人通过承担人向债权人履行以消灭自己的债务。在实践中，债务承担和履行承担的界限有时易生混淆，如最高院判决所指出：“代替”的含义至少包括第三人代为履行、债务加入（并存的债务承担）或者债务转移（免责的债务承担）等情形，“代替”这一用语相对于债务转移并不具有充分性。[①]两者差异在于：在第三人清偿中，清偿人按照债务人的指示履行债务，债权人对清偿人没有请求权，所以也称为“履行承担”，清偿人和债务人之间不需要缔结合同；而债务承担使得原债权人获得对承担人的请求权，债务承担必须得到承担人的同意。

《民法典》第522条规定，第三人和债务人可以不需要债权人同意而使之获得向第三人主张的原债请求权，它的理论基础在于第三人利益合同。两者的近似关系体现为：债务承担合同等同于第三人利益合同中的“补偿关系”，这是立约人与受约人的对待给付；债务人和债权人之间的原债关系对应的是“对价关系”，这是第三人取得利益的原因。[②]所以第552条所规定的第一种债务加入方式的请求权基础在于第522条第2款新增的第三人利益合同，“法律规定或者当事人约定第三人可以直接请求债务人向其履行债务，第三人未在合理期间内明确拒绝，债务人未向第三人履行债务或者履行债务不符合约定的，第三人可以请求债务人承担违约责任；债务人对债权人的抗辩，可以向第三人主张”。所以并存债务承担的设定通过债务人和第三人的合意设立，不需要债权人的同意。

---

① 参见杜军：《并存债务承担的认定及各债务人的责任承担依据——中实投资有限责任公司、杭州欣融金属材料有限公司与北京隆瑞投资发展有限公司、北京京华都房地产开发有限公司、嘉成企业发展有限公司股权转让纠纷申请再审案》，载《商事审判指导》2010年第2辑。

② Giacobbe, Della delegazione, dell'espromissione e dell'accollo, art. 1268–1276, in Comment. cod. civ. Scialoja–Branca, a cura di Galgano, Bologna–Roma, 1992, pp.92–96.

根据第三人利益合同的原理，虽然债权人同意不是债务承担生效的要件，但是可以起到加强债务承担效力的作用。此时，债权人同意的效力等同于第三人利益合同中“第三人表示享受其利益之意思”，债权因此得以确定，不得再变更第三人利益合同或进行撤销。而在债权人同意以前，债务人仍然可以自由地变更或者撤销承担协议，将该权利移转于自己或新受益人，[①]债权人只有在其同意之后，才能确定地取得对承担人的债权。

三、第三人单方允诺债务加入

第552条还规定“第三人向债权人表示愿意加入债务”，这里的用语是“表示”而非合意，在表示之后并不需要债权人同意就产生出债务承担的效力，这构成一个单方允诺。但这一规定与单方允诺的一般原理存在着差别，通说认为单方允诺只有在面对不特定公众的悬赏广告中才能生效。而第552条的规定意味着第三人只要向债务人发出愿意承担债务的意思表示，就即时产生债务承担的效果，而不能主张要约的撤回和撤销，这必然加重了第三人的负担。我国传统学说也反对单方允诺能够产生出债务承担的效果，认为债务承担必须取得债权人的同意，允诺人如果拒绝履行只是对信赖义务的损害。[②]

从大陆法系的理论发展上看，早期学说认为第三人和债权人的债务加入只能通过合同设立，[③]而现代民法认可第三人与债权人的承担关系也可以通过单方行为完成，即第三人向债权人作出承担债务的意图，债权人接受债务人的允诺，不需要进行明确同意的意思表示，只要不拒绝即可，因为在债务加入的情况下，不会损害到债权人的利益也不会改变原债务人的地位。[④]《欧洲私法统一框架》（DCFR）也明确规定“为了债务人的利益由新债务人作出的独立的单方法律行为，新债务人即可被增加为债务人”（第III-5：209条）。我国学界也有新的观点认为，对于不符合担保法律特征的承诺，在自愿加入债

① Biagio Grasso, Il Codice Civile–Commentario Artt. 1268–1276., diretto da Francesco D.Dusnelli, Giufrrè, 2011, pp.101–102.

② 参见王利明：《合同法研究》（第二卷），中国人民大学出版社2003年版，第257—258页。

③ 参见史尚宽：《债法总论》，中国政法大学出版社2000年版，第751页。

④ Ubaldo La Porta, L’assunzione del debito altrui, Giuffrè, 2009, pp.180–182.

的关系并作为并存的债务人时，应将其定位于单方允诺。[①]

单方允诺的债务承担并没有改变单方允诺的一般原理，它在本质上只是在交易实践中基于意思表示解释进行的简化。因此第三人单方允诺的效力，需要结合第三人和债权人的债务加入合意进行观察。如果在单方允诺中第三人没有体现出债务承担意图，比如单纯的支付欠条或者还款承诺书，就需要结合具体的交易场景进行意思表示解释：比如债权人要求与债务人有利害关系的第三人承担债务，第三人为此出具了承诺书或者欠条，[②]或者第三人在他人的欠条或者催款函上签名，可以认为是达成债务承担的合意，或者第三人在明确表示债务承担情况下出具欠条和承诺书，债权人收下这些承诺凭证。[③]此时虽然欠条中只是单纯的给付金额，但是从整体的交易状况中可以推定为债务承担。相反，如果在单纯允诺中推断出其他的意图，比如股东表示如果公司出现拖欠工资问题，愿意自己付款，[④]此时应认定为单方允诺中产生的是保证责任。

四、债务加入与担保的区别

除典型担保外，广义的担保还包括所有权保留、买回条款、债务承担、代物清偿合同等制度，可以认为并存的债务承担与保证有相近的增加责任财产的功能。但从逻辑结构上看，两者在债务属性、债务存续期间、抗辩事由援引及债务移转等具体法律效果上都存在差异。最高人民法院在判决中明确提出两者在功能上的差别：“保证系从合同，保证人是从债务人，是为他人债

---

① 参见李俊：《论允诺的效力体系》，载《法商研究》2017年第6期。

② 承诺函的相关案例参见贵州省贵阳市中级人民法院（2017）黔01民终3951号民事判决书。欠条的相关案例参见浙江省台州市中级人民法院（2017）浙10民终1420号民事判决书。

③ 参见湖南省临澧县人民法院（2017）湘0724民初34号民事判决书，刘某某曾多次组织人员在甲花炮厂进行房屋整改作业，并就尾欠工程工资款多次向甲花炮厂及政府职能部门维权未果。2015年3月13日，陈某某在某监察大队的见证下向刘某某出具《承诺书》，载明：甲花炮厂欠刘某某瓦工工资拾叁万元整，由陈某某承担支付，时间安排，清明左右付现金叁万元整，余款在下半年开厂后还清（中途可以用货物抵付）。

④ 参见天津市河西区人民法院（2015）西执字第623号执行裁定书，“本企业某市甲商贸有限责任公司自成立至今，从未拖欠员工工资。若出现拖欠员工工资的问题，由股东杨甲、伊乙、伊丙承担法律责任。”

务负责；并存的债务承担系独立的合同，承担人是主债务人之一，是为自己的债务负责。”

但是在约定不明的情况下，此时需要从制度本旨和交易习惯上考察两者的本质差异，债务承担要为自己承担和清偿债务，而保证则是为他人承担债务。围绕这一差异，理论上和实践中已经形成了一系列判断标准。第一，履行的顺序。如果双方约定了债务人和承担人的先后履行顺序，即只有在主债务人届期不履行债务时，第三人才履行债务，此时即便双方约定为债务承担，实际上仍然只是保证。承担人的履行顺位在后，不符合债务承担的本质，这里体现的是保证的从属性特征。在履行有先后顺序的情况下，法官通常会认定是担保。第二，债务人和承担人之间的债务关系。债务承担在实践中主要发挥着简化交易、方便结算的功能。在债务承担中，承担人承担他人的债务也是在消灭自己的债务，而保证人和主债权人之间不一定有这种关系。第三，考察原因行为。债务承担合同往往是作为一个更大的原因行为中的附款，比如作为买卖合同或者股权转让合同中的结算条款，而保证则是一个独立的合同。第四，承担人对于所承担债务的利益。学说认为，在债务承担中，承担人通常对于债务的履行是享有利益的，因此使自己加入原债务之中，如同债务人一样承担责任。[①]反之如果完全是基于情谊和恩惠上的帮助，且没有明显的债务承担的意图，则可能构成担保，享有债务履行顺位、保证期间及抗辩事由等方面的优越地位。

三 举证责任

订立免责债务承担合同的证明责任由主张合同有效的当事人承担。他必须证明合同中债务人与承担人达成有关并存债务承担的合意，无需证明已得到债权人同意。相对人若要主张让与无效，则须证明债务承担合同存在无效事由，或者债务承担的意思表示有错误、欺诈、胁迫等情形，而且存在撤销权有效行使的事实。

---

① 参见［德］迪尔克·罗歇尔德斯：《德国债法总论》，沈小军、张金海译，中国人民大学出版社2014年版，第414页。

第五百五十三条【债务承担人的抗辩权】

债务人转移债务的，新债务人可以主张原债务人对债权人的抗辩；原债务人对债权人享有债权的，新债务人不得向债权人主张抵销。

历史由来

本条前段继承了《合同法》第85条的规定，在《民法典》编纂过程中，《民法典合同编（草案）》（征求意见稿）第93条前段、《民法典合同编（草案）》（一审稿）第342条前段，均与《合同法》第85条的规定一致；其后的《民法典合同编（草案）》（二审稿）第342条前段将“义务”改为“债务”，《民法典（草案）》第553条前段与《民法典合同编（草案）》（二审稿）第342条前段保持一致。

本条后段为新增内容。在民法典编纂过程中，《民法典合同编（草案）》（征求意见稿）第93条后段增加规定了“原债务人对债权人享有债权的，新债务人不得向债权人主张抵销”；其后的《民法典合同编（草案）》（一审稿）第342条后段、《民法典合同编（草案）》（二审稿）第342条后段、《民法典（草案）》第553条后段均与《民法典合同编（草案）》（征求意见稿）第93条后段保持一致。

规范目的或功能

本条是关于承担人抗辩权的规定。债务人享有的对于债权人的抗辩，于债务承担时应一并移转于债务承担人。因此原债务人对债权人享有的抗辩，承担人均可向债权人主张。原债务人对债权人的抵销权，本质上属于对债权的处分行为而与抗辩不同，如果允许承担人以属于原债务人的债权主张抵销，等于允许承担人为自己利益而处分他人的债权，损害原债务人合法权益，因此本条明文规定，承担人不得以原债务人的债权主张抵销。

规范内容

一、承担人抗辩权的范围与限制

根据《民法典》第553条的规定，债务人转移债务的，新债务人可以主张原债务人对债权人的抗辩。这一规定可以统一适用于免责的债务承担和并存的债务承担。新债务人替代原债务人就处于与原债务人相同的法律地位，可以提起实体法和程序法上的抗辩，包括同时履行抗辩权、合同撤销的抗辩权和诉讼时效抗辩权等。与之相对，承担人可援用的抗辩是以原来的债务关系为基础，不能行使属于债务人的权利，包括解除权、抵销权、撤销权等。承担人可以提起原债关系的抗辩以债务承担合同达成的时刻为限。原债务人根据此时已发生的实际情况可主张的抗辩，都可由承担人主张，包括债务未成立、已撤销和债务部分清偿。反之，如果是在债务人更替已经生效后抗辩才对原债务人生效，则新债务人不能提起此抗辩。法官在适用法律中也强调，"新债务人对债权人的抗辩必须是原债务人享有的、现实存在的抗辩权"，这里的"现实存在"即以债权人表示同意作为判断的时间点。

二、双务合同的履行抗辩权

同时履行抗辩权的基础在于双务合同中对待给付的牵连性，但只有在双方已届清偿期，并且对方没有按照约定进行给付的情况下，当事人才能行使同时履行抗辩权。对于债务承担中的同时履行抗辩权，理论界存在分歧。第一种观点认为，在债务承担中由于单向地成立了一个新的债务关系，与双务合同中原债务人享有的权利割裂，不存在牵连关系，故承担人不能以此提起抗辩。第二种观点认为，对于双务合同中的债务承担，在承担时已经产生的原债务人的抗辩权，承担人有权向债权人主张；而在承担后产生的抗辩权，承担人不能向债权人主张。第三种观点认为，作为一般的规则，对于原债务人基于债权人和债务人之间法律关系产生的抗辩，不论该抗辩产生于转让之前还是转让之后，承担人均可以之对抗债权人。如果不允许承担人主张原债务人在双务合同中的抗辩权，则会过分扩张债权人的优势地位，导致不公平的后果。

三、时效抗辩权

债务人的时效抗辩权应该以债务承担合同达成的时间点为限。如果合同达成时，时效未届满，承担人不能在债务人经过的时间点上继续计算时效。根据《民法典》第195条第2项的规定，债务人同意履行的意思表示会导致诉讼时效中断。《诉讼时效制度规定》第19条第2款将债务承担看作债务人同意履行的一种方式，规定债务承担可以导致诉讼时效中断。由此，债务人经过的时效将重新起算，与承担人诉讼时效的起算点相同。

举证责任

新债务人对债权人主张抗辩的，应证明原债务人和债权人之间存在有效的抗辩。新债务人对债权人主张抵销的，必须证明主动债权专属于自身而非原债务人。

第五百五十四条【从债务的移转】

债务人转移债务的，新债务人应当承担与主债务有关的从债务，但是该从债务专属于原债务人自身的除外。

历史由来

本条沿袭了《合同法》第86条，仅作出了把“义务”改为“债务”、“但”改为“但是”的修改。

规范目的或功能

本条是对债务承担的效力的规定，从债务与主债务密切联系在一起，不能与主债务相互分离而单独存在。所以当主债务发生移转以后，从债务也要随之转移，债务承担后承担人成为债的新债务人。与主债务有关的从债务，除该从债务专属于原债务人自身的以外，都应当由新债务人承担。

规范内容

一、从义务的延续与独立

债务人移转义务的，新债务人应承担与主债务有关的从债务。因此，承担人承担的债务范围应该包括利息之债和违约金之债，但如果附随债务失去其独立性，成为可单独分开的部分，比如已届清偿期而未支付所产生的利息之债，或者违约行为发生时的违约金之债，就不属于债务承担的范围。这在司法实务中也得到了确认，法官认为承担逾期罚金的主张超出了债务承担约定的内容，不予支持。

二、原债关系中担保的存续

（一）意定担保的存续

不可移转的专属于债务人的义务主要是指原债的担保义务。因为担保是建立在对债务人的资力、信用、相互协助或者情谊之上，具有个别的信赖关系，除非有明确的意思表示，否则不能随着债务的承担而移转。《民法典》第391条也对债务承担时担保物权的存续进行了规定："第三人提供担保，未经其书面同意，债权人允许债务人转移全部或者部分债务的，担保人不再承担相应的担保责任。"总而言之，在免责的债务承担中，未经担保人书面同意，担保人不再承担相应的担保责任。即便在承担合同被撤销或者无效，原债恢复的情况下已经消灭的第三人担保也不随之恢复。对于并存的债务承担没有影响，因为原债务人仍然没有脱离债的关系。担保对于承担人的债务不发生效力，而对于原债务人继续有效。虽然法律没有明确规定，但是最高人民法院裁判认为，第三人自愿加入主债务承担成为共同债务人，并不导致担保责任免除，担保人对未减轻部分的债务仍应承担保证责任。

（二）法定担保

担保债务具有专属性，没有明确约定的情况下，不会随着债务移转而移转。但是对于法定担保而言，担保并不是基于担保人和债务人的关系，而是基于法律对于特定法律关系中的物所设立的担保，此时是否可以随之移转呢？

在债务承担中，债权人并没有与留置物分离，只是债务人身份发生了变化，债权人所占有的留置物与被移转的债务仍然保持“同一性”或者“牵连性”，所以可以行使留置权。类似的还有优先权，它也是法定的担保物权。值得注意的是，从客体来看，优先权可分为一般优先权和特定优先权。一般优先权是指由法律直接规定债权人就债务人的一般财产优先受偿的担保物权，它概括地存在于债务人的每一项财产上，通常与立法政策目的或者与重大的社会价值联系在一起，如劳动报酬优先权和税收优先权等。而特定优先权是指债权只能在债务人特定的动产或不动产上优先地行使，其实现的办法是将与债权有直接联系的某些动产或不动产特定下来，使债权的清偿有具体的保障，例如船舶优先权和民用航空器优先权。在债务承担的情况下，一般优先权由于与特定的主体身份相关而得到社会政策的保护，不能随债务而移转；而在特定优先权中，担保关系存在于特定的物上，所以在债务承担的情况下能够继续存在。

举证责任

在合同纠纷案件中，主张合同关系变更的一方当事人对引起合同关系变动的事实承担举证责任。

第五百五十五条【合同权利义务的概括移转】

当事人一方经对方同意，可以将自己在合同中的权利和义务一并转让给第三人。

历史由来

本条完全沿袭了《合同法》第88条。在《民法典》编纂过程中，《民法典合同编（草案）》（征求意见稿）第96条、《民法典合同编（草案）》（一审稿）第345条、《民法典合同编（草案）》（二审稿）第345条、《民法典（草案）》第555条均与《合同法》第88条保持一致。

规范目的或功能

本条规定了合同权利义务的概括移转，它是指原合同当事人一方将其合同权利义务一并移转给第三人，由第三人概括地继受这些权利义务的法律现象。[①]合同权利义务的概括移转，可以是基于法律的规定而产生的，也可以是基于法律行为而产生的。法定的概括移转参见《民法典》第67条的规定，法人合并的，其权利和义务由合并后的法人享有和承担。法人分立的，其权利和义务由分立后的法人享有连带债权，承担连带债务，但是债权人和债务人另有约定的除外。此条在《合同法》中规定在“合同变更”部分第90条，现规定在《民法典》“总则编”部分第67条；在“合同变更”中仅保留本条意定的概括移转。

规范内容

一、合同承担和相对方同意

合同承担是一方当事人对自己全部合同权利义务的概括转移，这意味着原合同中的一方当事人将完全退出该合同关系，第三人将完全取代其成为该合同的当事人，和免责的债务承担一样，因此，合同承担将直接影响另一方当事人的利益，需要经过另一方当事人的同意。

合同当事人所有的权利义务一并移转，与以移转单个债权或者债务为目的的债权让与或者债务承担有所不同。在单独的债权或者债务的转让中，只能由合同当事人享有的权利，如撤销权、解除权，并不移转于受让人或承担人。而在合同的概括转让中，债权债务的承受人完全取代原当事人的法律地位，因此与当事人合同地位紧密相连的解除权、撤销权等，自然也要随之一并移转。[②]

---

① 崔建远主编：《合同法》，法律出版社2010年版，第236页。

② 韩世远：《合同法总论》（第三版），法律出版社2011年版，第496—497页。

二、合同加入和相对人的拒绝

如果合同当事人与第三人达成合同转让的合意，但是合同相对人对此转让协议表示拒绝，有学者认为此时不产生合同转让的效果，但是合同的债权已经让与，由此产生并存的债务承担的效果。[①]但是基于《民法典》第522条的规定，只有在债权人没有明确拒绝的情况下，才产生并存的债务承担的效果，因此此时不产生债务承担的效果，只产生第三人清偿的结果。

举证责任

主张合同承担协议有效的，必须证明双方存在有效的概括转让合同权利义务的协议，相对人若要主张让与无效，则须证明债权让与合同存在《民法典》第144条、第146条、第153条和第154条的无效事由或者意思表示有错误、欺诈和胁迫等情形。

第五百五十六条【权利和义务一并转让的法律适用】

合同的权利和义务一并转让的，适用债权转让、债务转移的有关规定。

历史由来

本条继承了《合同法》第89条的规定。在《民法典》编纂过程中，《民法典合同编（草案）》（征求意见稿）第97条对《合同法》第89条所作“适用本法第七十九条、第八十一条至第八十三条、第八十五条至第八十七条的规定”改为“适用债权转让、债务转移的规定”；其后的《民法典合同编（草案）》（一审稿）第346条与“征求意见稿”第97条的规定一致。《民法典合同编（草案）》（二审稿）第346条则作出了将“权利和义务一并转让”调整为“合同的权利和义务一并转让”的修改。《民法典（草案）》第556条与《民法典合

① 参见史尚宽：《债法总论》，法律出版社2000年版，第755页。

同编（草案）》（二审稿）第346条的规定相一致。

规范目的或功能

本条的性质属于转致性规则。债权债务的概括转让既包括债权转让，也包括债务的承担，因此，适用债权转让和债务承担的规定同样适用于合同的概括转让。

规范内容

债权债务概括转让可以适用债权转让和债务承担的规定，包括可转让的债权、可承担的债务、从权利与从债务的转让、当事人的抗辩权等。

举证责任

当事人要主张适用债权转让、债务转移的相关规则，应证明存在有效的合同转让协议。相对人若要主张让与无效，则须证明债权让与合同存在《民法典》第144条、第146条、第153条和第154条规定的无效事由或者意思表示有错误、欺诈和胁迫等情形。

第七章

合同的权利义务终止

第五百五十七条【债权债务关系的终止】

有下列情形之一的，债权债务终止：

（一）债务已经履行；

（二）债务相互抵销；

（三）债务人依法将标的物提存；

（四）债权人免除债务；

（五）债权债务同归于一人；

（六）法律规定或者当事人约定终止的其他情形。

合同解除的，该合同的权利义务关系终止。

历史由来

本条来源于《合同法》第91条，是关于合同权利义务终止的原因的规定，包含了若干种合同权利义务终止的原因。从立法技术上说，由于合同权利义务终止的具体情形均是《合同法》第91条的规范内容，为了体系的协调与条文的完整性，《合同法》第91条统一规定合同权利义务终止的法定原因，而不采用分条规定的形式。因此，本条承继《合同法》第91条之立法技术，将合同权利义务终止的具体情形统一规定。值得说明的是，《合同法》第91条将“合同解除”作为合同权利义务终止的原因之一，规定在具体类型项下，但本条却将“合同解除”单列，作为一种特殊的消灭债权债务关系之情形，独立于其他六种情形规定。

《民法典合同编（草案）》（一审稿）第347条、《民法典合同编（草案）》（二审稿）第347条与《民法典（草案）》第557条与《合同法》第91条的规定相同。草案修改中的一个重要变化是，从直接承继《合同法》第91条的《民法典合同编（草案）》（一审稿）演化到稍作修改的《民法典合同编（草案）》（二审稿）与《民法典（草案）》，后两稿已经将“合同解除”作为一种单列的债权债务关系终止（消灭）的原因。这一变化的理由是：在债法体系抉择问题上，我国《民法典》不采用“债法总则—债法分则”模式，因此，债法总则的功能由合同编通则承担。[①]本条的体系位置是于“合同编—通则—合同的

---

① 参见王利明：《民法分则合同编立法研究》，载《中国法学》2017年第2期。

权利义务终止”中，本条承载了一定的债法总则功能。本条规定的六种情形可普遍适用于所有债之关系，包含了法定之债与意定之债。仅合同之债存在“合同解除”之情形，无法适用于合同以外的其他债之类型，作为法定之债的不当得利之债、无因管理之债、侵权之债就无法适用“解除之情形”。因此，为了体系的协调与合理性，单列“合同解除”。[①]

三 规范目的或功能

本条是关于债权债务关系终止（消灭）原因的规定。债权债务关系的产生到消灭是一个动态的过程，贯穿于债法始终，债务的消灭就是债权债务关系的终点。债权债务关系终止（消灭）在债法中十分重要，关系到当事人民事权利的得丧变更及其时间节点。所谓债权债务终止，即债权债务关系的消灭，指债权债务关系基于某种原因，客观地丧失其存在，最直接的法律效果便是债权人丧失请求债务人给付的权利，债务人不再负有向债权人给付的义务。一方面，本条是合同编通则项下“合同的权利义务终止”一章的第1条，在体系上起到统领全章的作用，奠定了本章的逻辑基础。本条规定之债权债务关系终止（消灭）的原因是将有限类型的债的消灭原因统一规定，并将其抽象分类，便于本章后续对各种消灭原因作出具体规定。因此，本条的规范目的是将债权债务关系终止（消灭）的原因抽象化，抽象化的目的是便于后

---

① 在《民法典》的起草过程中，几部学者建议稿都对债权债务关系的终止规则作出了规定，如梁慧星教授主持编撰的《中国民法典草案建议稿》、王利明教授主持编撰的《中国民法典学者建议稿》。梁慧星教授主持编撰的《中国民法典草案建议稿》将债权债务关系终止（消灭）条款的体系位置置于“债法总则—债的消灭——一般规定”项下，第838条（消灭原因）：“有下列情形之一的，债权债务关系消灭：（一）债务履行；（二）合同解除或者终止；（三）债务抵消；（四）债务人依法将标的物提存；（五）债权人免除债务；（六）债权人与债务人混同；（七）法律规定或者当事人约定的其他情形。”参见梁慧星主编：《中国民法典草案建议稿附理由：债权总则编》，法律出版社2013年版，第282页。“人民大学建议稿”将债权债务关系终止（消灭）条款的体系位置置于“债法总则—债的消灭——一般规定”项下，第1243条规定，债因下列原因而消灭：“（一）清偿；（二）抵销；（三）提存；（四）混同；（五）免除；（六）和解；（七）法律规定和当事人约定的其他情况。”参见王利明主编：《中国民法典学者建议稿及立法理由：债法总则编·合同编》，法律出版社2005年版，第141页。

续条款对各种债权债务关系终止（消灭）的原因之情形效力加以规定。另一方面，抽象化债权债务关系终止（消灭）的原因旨在便于司法适用，促进了裁判人员对债权债务关系消灭各种情形的理解，本条通俗的立法语言还能够促进普通民众对该条的理解。

规范内容

债之消灭原因，无论是清偿、提存、免除还是混同，均仅限于广义债之关系中的给付义务，给付义务以外的其他债之关系内容，并不因上述债之消灭原因而消灭。[①]因此，应当严格区分债权债务关系中的给付义务的消灭以及整个债之关系的消灭。因此，本条之规范对象是给付义务，本条之规范内容为给付义务消灭的原因，即本条所指之债权债务关系之终止（消灭）仅指给付义务的终止（消灭）。此外，本条是债权债务关系终止（消灭）的一般规定，连带债务的消灭属于特别法，应优先适用《民法典》第520条。

债权债务关系终止（消灭）的原因，是指能够引起债权债务关系消灭的法律事实。一般可分为以下几类：因债的目的达到而消灭、因当事人的意思而消灭、因没有存在必要而消灭、因法律的直接规定而消灭。

一、债务已经履行

债务已经履行直接产生了债权目的达成的法律效果，即产生清偿的法律效果，符合债权债务关系内容的履行是清偿的过程，清偿是履行的结果，因此，清偿能够直接引起债权债务关系消灭。通过履行行为或给付结果使所负担的给付对有受领权的债权人或第三人发生效果，即为清偿，从而产生债之关系消灭的法律效果。清偿是债之关系正常消灭的最主要形式。[②]实际上，履行是一个给付行为，债务人为履行人，债权人为履行受领人，只有符合债权债务关系目的之履行，才能发生清偿之法律效果，即引发债务人给付义务之消灭，作为整体的债之关系并不随给付义务的消灭而消灭，从给付义务以及

---

① 参见陈自强：《契约之内容与消灭》，台北元照出版有限公司2018年版，第299页。

② 参见王洪亮：《债法总论》，北京大学出版社2016年版，第159页。

附随义务仍可以继续存在。此外，尚需说明的是，代物清偿是契约，并非清偿的一种样态。[①]代物清偿契约是双方当事人对债务履行方式变更之约定，或者说依据双方当事人约定代物清偿，原债务标的物发生变动，并且代物清偿契约是实践合同，因此，双方当事人订立的代物清偿契约即便成立与生效，只要尚未实际履行，均不会产生清偿的法律效果。

在法律有规定或合同有约定时，债务可以由第三人履行，由于债权人的权利可以通过第三人履行债务实现，第三人代为履行债务也能发生清偿的法律效果，即债权债务关系消灭的法律效果。债务履行由第三人承担，债权所指向的标的并未变化，且在第三人以赠与为目的代为清偿中，债务人还可因此而免去其所负担的给付义务，所以对他并无不利，对于代为清偿的第三人也无不利可言。[②]

由于本条的作用是对债权债务关系消灭原因的抽象规定，将债权债务关系消灭的原因法定化，因此，本章第560条、第561条以及《民法典》第四章“合同的履行”（第509条至第534条）是履行的具体规定。

二、债务相互抵销

抵销，是指两人互负债务时，各以其债权充当债务之清偿，而使其债务与相对人的债务在对等额内相互消灭。[③]该债务的标的物种类、品质相同的，任何一方可以将自己的债务与对方的到期债务抵销（第568条）。抵销作为债权债务关系终止（消灭）的原因是由于抵销发生后，债的目的达成，债权人的权利获得满足，因此，债权债务关系终止（消灭）。抵销可分为法定抵销与意定抵销两种。法定抵销应当由法律明确规定抵销的要件或适用情形，当债务人或债权人一方具备法定抵销要件或符合适用情形时，成立抵销权，因此，只需依据抵销权人的意思表示，即可发生抵销。意定抵销是双方当事人基于私法自治的基础，可由双方当事人自由约定抵销的要件或适用情形，意定抵销又可称为抵销合同，属于无名合同，是双方当事人以结算旧债关系为主要

---

① 参见严之：《代物清偿法律问题研究》，载《当代法学》2015年第1期。

② 参见崔建远主编：《合同法》（第六版），法律出版社2016年版，第212页。

③ 参见崔建远主编：《合同法》（第六版），法律出版社2016年版，第214页。

内容的新债消灭旧债的合意。关于抵销的溯及力问题，抵销应向将来发生效力，符合法律行为不溯及既往的原则，利益衡量正当，能够维护交易安全，简化法律关系。[①]由于本条的作用是对债权债务关系消灭原因的抽象规定，将债权债务关系消灭的原因法定化，因此，本章第568条、第569条是抵销的具体规定。

三、债务人依法将标的物提存

提存是指将金钱、有价证券及其他财产寄存于提存部门，再由他人自提存部门领取该财产，进而达到特定目的的制度。作为提存标的物的财产称为“提存物”，向提存部门寄存提存物的人称为“提存人”。[②]提存是一种较为特殊的债权债务关系终止（消灭）的方式，债权人并不能直接通过债务人的提存实现权利，需通过提存机关间接实现债权。提存制度所要达到的目的是债权债务关系终止（消灭）的法律效果，债权人能够通过提存制度，获得权利上的满足，债务人通过提存能够消灭债务人的债务，使其从债务关系中解脱，因此，提存可作为债权债务关系终止（消灭）的原因。提存适用的情形为：债权人无正当理由拒绝受领，债权人下落不明，债权人死亡未确定继承人、遗产管理人或丧失民事行为能力未确定监护人以及法律规定的其他情形。本应提存却未予提存，债务人并不因此承担债务不履行的责任，也不丧失已经具备解除权行使条件的解除合同的权利。但是，其债务负担继续存在，面临着标的物毁损灭失的风险。因此，提存是不真正义务。[③]由于本条的作用是对债权债务关系消灭原因的抽象规定，将债权债务关系消灭的原因法定化，因此，本章第570条、第571条、第572条、第573条、第574条以及《民法典》第529条是提存的具体规定。此外，尚需指出的是，行政机关向行政相对人支付补偿款或赔偿款，亦可提存。[④]

---

① 参见张保华：《抵销溯及力质疑》，载《环球法律评论》2019年第2期。

② 参见韩世远：《合同法总论》（第四版），法律出版社2018年版，第713—714页。

③ 参见崔建远：《我国提存制度的完善》，载《政治与法律》2019年第8期。

④ 参见最高人民法院（2020）最高法行申2293号行政裁定书。

四、债权人免除债务

免除，是指债权人为抛弃债权而对债务人为一方意思表示而发生债务消灭效力的单方行为。[①]债权人可依其意思自由处分债权，实际上，免除债务就是债权人对债权的一种处分。免除是一种以抛弃债权为内容的法律行为，且免除不需要债务人同意，就能够发生免除的效力，因此，免除是单方法律行为。由于债权人处分了其债权，免除一经作出，债权债务关系就终止（消灭），因此，债务人不再需要向债权人履行给付，但债务人在合理期限内拒绝的除外（第575条）。此外，债权人免除债务并非没有限制，免除具有极强人身利益的债务应当受到限制。[②]由于本条的作用是对债权债务关系消灭原因的抽象规定，将债权债务关系消灭的原因法定化，因此，本章第575条是债务免除的具体规定。

五、债权债务同归于一人

混同，是指债权与债务同归于一人的现象。债务人继承债权人的遗产、债权人公司与债务人公司合并、债务人自债权人受让债权等，可发生混同现象。混同作为法律事实，性质上属于事件。[③]因此，混同并不需要当事人的意思表示，只要混同事实成就，就产生混同的法律效果。之所以混同能够导致债权债务关系的终止（消灭），是因为债务人与债权人通过混同归于一人，债权债务关系没有存在必要，因此，债权债务关系终止（消灭）。由于本条的作用是对债权债务关系消灭原因的抽象规定，将债权债务关系消灭的原因法定化，因此，本章第576条是债务免除的具体规定。

六、法律规定或者当事人约定终止的其他情形

本条规定的“法律规定或者当事人约定终止的其他情形”是兜底条款，从立法技术上说，本条属于列举概括式法条。由于上述几种典型化的债权债

---

① 参见韩世远：《合同法总论》（第四版），法律出版社2018年版，第730页。

② 参见张谷：《论债务免除的性质》，载《法律科学》（西北政法大学学报）2003年第2期。

③ 参见韩世远：《合同法总论》（第四版），法律出版社2018年版，第734—735页。

务关系终止（消灭）原因无法穷尽所有债权债务关系终止（消灭）原因，为了避免法律之间的冲突以及保障法律之间的协调性、尊重当事人之间的意思自由，通过本款的兜底功能一并予以概括规定。本条没有明文规定的债权债务关系终止（消灭）的其他原因均发生债权债务关系终止（消灭）的法律效果，且适用债权债务关系终止（消灭）的一般规定，即第558条、第559条，或者可参照适用与本章最相类似的债权债务关系终止（消灭）的具体规定。实践中常见的属于本条之情形的为“以物抵债”[①]。

七、合同解除的，该合同的权利义务关系终止

合同解除，是指在合同成立以后，当解除的条件具备时，因当事人一方或双方的意思表示，使合同关系终了，未履行的部分不必继续履行，既已履行的部分依具体情形进行清算的制度。在主客观情况发生变化使合同履行成为不必要或不可能的情况下，合同继续存在已经失去积极意义，并将造成不适当结果时，才允许解除合同。[②]合同解除是一种消灭合同的制度，能够产生消灭依据合同产生的给付义务的法律效果，因此，合同解除是债权债务关系终止的原因。尚需说明的是，本条规定的合同解除仅导致合同中的给付义务的终止（消灭），并不当然导致合同结算和清理条款的效力，合同结算和清理条款能够产生新的给付义务[③]，形成新的债权债务关系（第567条）。合同解除分为法定解除与意定解除，法定解除指解除条件由法律直接加以规定的，当符合法定解除条件的，解除权人可以行使合同解除权（第563条），法定解除权有一般规则和特殊规则，特别规定见于合同法分则、民事特别法和最高人民法院司法解释，与一般规定形成互动关系[④]；意定解除是基于双方当事人的意思自由，指双方当事人以合同形式，对合同解除要件进行约定，当约定事项成就，解除权人可以行使合同解除权（第562条）。解除权的行使为单方法律行为，

---

① 参见江西省高级人民法院（2016）赣民终374号民事判决书；最高人民法院（2019）最高法民申4226号民事裁定书。

② 崔建远主编：《合同法》（第六版），法律出版社2016年版，第189—190页。

③ 参见最高人民法院（2019）最高法民终225号民事判决书。

④ 参见陆青：《论法定解除事由的规范体系——以一般规范与特别规范的关系为中心》，载《华东政法大学学报》2015年第1期。

需要解除权人向他方当事人作出解除合同的意思表示，只要该意思表示到达对方当事人，合同即可解除，因此，合同解除权的性质是形成权（第565条）。

由于本条的作用是对债权债务关系消灭原因的抽象规定，将债权债务关系消灭的原因法定化，因此，《民法典》第562条、第563条、第564条、第565条、第566条、第567条是合同解除的具体规定。

举证责任

债务人应对债务已经消灭承担举证责任，若债权人已经受领债务人的给付或提存机关受领了债务人的提存，即可推定债务人的履行或提存符合债权债务关系之内容，此时，债权人或提存机关应负举证债务是否清偿之责任。债务人应对抵销承担举证责任，若债权人已经受领债务人所主张的抵销标的物，则应当由债权人对是否产生抵销的法律效果或受领抵销标的物是基于其他法律原因承担举证责任。免除的举证责任应当由债务人承担，债务人应证明债务人受领过债权人免除债务的意思表示。由于债权债务归于一人，产生混同的法律效果，若第三人对混同有异议的，应当承担混同不成立的举证责任。主张合同解除方，应对合同解除的事由承担举证责任。

其他问题

一、从“合同消灭的原因”到“债务消灭的原因”

本条来源于《合同法》第91条，“有下列情形之一的，合同的权利义务终止”，此处表述采用“合同的权利义务”；然而，本条的表述与《合同法》第91条有所不同，本条表述修改为“债权债务”。尽管《合同法》第91条中债务终止（消灭）具体情形的法条表述与本条同样表述为“债务”，但《合同法》第91条中的“债务”仅指合同之债。然而，本条规定的“债务”应指所有债之关系，即《民法典》所规定的债之关系类型，包含了合同之债、侵权之债、无因管理之债、不当得利之债以及由法律的其他规定产生的债之关系。之所以《合同法》第91条与本条的法条表述及债务含义具有较大区别，是由于我国《民法典》不再规定债法总则，从而合同编通则在一定程度上承载了债法总则的功能，本条正是这种债法总则功能与合同编通则功能调整的反映。本条规范内容是债权债务关系终止（消灭）原因的一般规定，除适用在合同之债，还可以普遍适用于所有债之类型，因此，本条承载了债法总则中“债权债务关系终止（消灭）”一般条款的功能。

二、合同无效或撤销是否适用本条

本条规定了合同解除是债权债务关系终止（消灭）的原因，那么，合同无效或合同被撤销是否适用本条，即合同无效或合同被撤销是否为本条所规定之债权债务关系终止（消灭）的原因？由于合同无效或合同被撤销的法律效果是合同自始没有法律约束力（《民法典》第155条），也就没有产生债权债务关系，因此，也就没有债权债务关系终止（消灭）一说。可见，本条仅适用成立且生效的债权债务关系。

三、和解的适用

“人民大学建议稿”的债权债务关系终止（消灭）条款规定了和解，将和解作为债权债务终止（消灭）的原因，但本条对和解不作规定。这是由于和解是否引起债权债务关系终止（消灭）需要分情况检视。其一，和解并不引起给付义务的消灭。通过和解，当事人双方相互让步以排除当事人对于法律关系的争议或不确定性。所谓有争议或者不确定性，是指当事人主观上对事实状况或者法律状况有争议或有不确定之处。请求权实现的不确定性属于典型的法律关系的不确定性。在性质上，和解是一种确认性合同。① 和解可能发生变更、更新、认许、免除、新债设立、物权移转或债权移转等各种效力，也有可能发生其中几种效力的混合。② 和解的功能是确定双方当事人对给付内容的争议，因此，和解没有产生通过新债消灭旧债的法律效果，仅是在不确定性或争议性方面改变债之关系，没有根本上改变债之关系。其二，如果当

---

① 参见王洪亮：《债法总论》，北京大学出版社2016年版，第194页。

② 参见庄加园：《和解合同的实体法效力——基于德国法视角的考察》，载《华东政法大学学报》2015年第5期。

事人的和解从根本上改变了债之关系，产生了新债消灭旧债的法律效果，进而产生债权债务关系终止（消灭）的法律效果，此种情形即为本条规定的债权债务关系终止（消灭）的原因，但从立法技术上考虑，无将其抽象为独立的债权债务关系终止（消灭）类型之必要。由于和解本质上是一种双方当事人对债权债务关系作出新安排的合同，能够被本条规定的“当事人约定的其他情形”所涵盖，从体系角度考虑，本条不规定和解是科学合理的。

第五百五十八条【后合同义务】

债权债务终止后，当事人应当遵循诚信等原则，根据交易习惯履行通知、协助、保密、旧物回收等义务。

历史由来

本条承袭了《合同法》第92条的规定。与《合同法》第92条相比，本条主要存在两处变动：一是将《合同法》第92条中关于“合同的权利义务终止后”的表述修改为“债权债务终止后”。之所以这样修改，是因为我国《民法典》并未设置债法总则，本条被置于合同编的通则中，承载着一定债法总则的功能，故采用“债权债务终止后”的表述更为恰当。二是在《合同法》第92条所列举的典型的后合同义务的基础上，又增加了“旧物回收”的规定。在当前我国环境问题日益严峻的现实下，绿色发展的新理念应运而生。这种理念要求我国在政治、经济、文化等各个方面建设时均要将生态文明建设贯彻其中。[①] 具体到民法典编纂方面，就是把“绿色发展”的思想融入《民法典》之中，从而为民众在从事民事活动的时候提供指导。《民法典》总则编第9条将“绿色原则”提到《民法典》总则编的基本原则之地位，要求民事主体承担保护生态环境的一般性义务。而《民法典》合同编第558条中关于当事人“旧物回收”的规定，实际上是对绿色原则的具体化，一定程度上可望促进绿色原则的落实。总而言之，尽管本条在内容上存在细微变化，但大体上仍是《合同法》第92条

① 参见吕忠梅、窦海阳：《民法典“绿色化”与环境法典的调适》，载《中外法学》2018年第4期。

的延续。

在《民法典》起草过程中，几个草案均对后合同义务作出了规定。《民法典合同编（草案）》（征求意见稿）第99条规定，合同的权利义务终止后，当事人应当遵循诚信原则，根据交易习惯履行通知、协助、保密、保护等义务。合同当事人一方违反前款义务，给对方造成损失的，应当承担损害赔偿责任。在前述第99条的基础上，《民法典合同编（草案）》（一审稿）第348条稍作修改，即删去了关于“合同当事人一方违反前款义务，给对方造成损失的，应当承担损害赔偿责任”的规定。与《民法典合同编（草案）》（一审稿）第348条不同的是，《民法典合同编（草案）》（二审稿）第348条将后合同义务规定为，债权债务终止后，当事人应当遵循诚信等原则，根据交易习惯履行通知、协助、保密、旧物回收等义务。《民法典（草案）》第558条和本条均完全继承了《民法典合同编（草案）》（二审稿）第348条的内容。[①]

二 规范目的或功能

本条是对后合同义务的规定。在古典契约法理论下，意思自治是合同成立的基础及合同生效的前提。合同作为一种双方法律行为，以合意为核心，并按照当事人的合意赋予法律效果。[②]因此，合同的义务就是当事人之间约定的义务，合同订立之前或者合同消灭后，当事人就不存在合同关系，相互之间不必承担任何义务。后合同义务的出现，使得传统合同法理论得到重

① 几种学者建议稿也多对后合同义务规则进行了规定。在学者建议稿中，王利明教授主持编撰的《中国民法典学者建议稿》在“债法总则—债的消灭——一般规定”项下第1246条规定了关于债的关系消灭后的附随义务。参见王利明主编：《中国民法典学者建议稿及立法理由：债法总则编·合同编》，法律出版社2005年版，第145页；与王利明教授主持编撰的《中国民法典学者建议稿》相比，梁慧星教授主持编撰的《中国民法典草案建议稿》没有在债权总则中规定当事人的后合同义务。对此，有学者指出，依照传统民法体系，当事人因合同而承担特别义务，无合同关系的仅受一般义务约束；合同消灭后，当事人即不再负有特别义务，应回归至一般义务。但是，后合同义务却强行把当事人束缚于合同关系之中，与传统民法相悖。故梁慧星教授主持编撰的《中国民法典草案建议稿》不规定后合同义务，有一定道理。参见李宇：《后合同义务之检讨》，载《中外法学》2019年第5期。

② 参见韩世远：《合同法总论》（第四版），法律出版社2018年版，第11页。

大突破。以诚信原则为基础，合同的义务不断向前向后扩张，超越当事人意思的非约定条款进入了合同之中。[①] “契约法不再被认为是一种消极地执行当事人经选择而达成的协议的工具，而被认为是一种积极的达到公平的工具。”[②]我国合同法在借鉴国内外法学研究成果的基础上，以诚信原则为依据对合同义务进行扩张，将后合同义务作为合同履行的义务群之一，从而使我国合同法形成了完备的合同义务体系，以维护相对人的人身与财产利益。

与传统理论相比，现代的学说侧重从过程的面向动态把握合同，把合同视为一个从合同缔结前的阶段到履行完毕后的一个连续的过程。[③]通常，在缔约阶段，当事人要担负先合同义务；在合同生效后，合同当事人应当履行给付义务，以及相应的附随义务等；而在合同权利义务终止后，当事人之间存在着通知、保密等后合同义务。虽然在合同中，后合同义务的存在与否并不会对合同主给付义务造成影响，但是却关系到合同当事人的利益与合同目标能否完满实现。因此，当合同消灭后，原合同当事人仍应负有后合同义务，以维护合同的给付效果，协助处理合同善后事宜。鉴于这些义务较为庞杂，在不同情况下的表现形态各异，故本条仅作原则性规定，具体义务则委诸法官依据交易习惯和诚信原则加以确定。

规范内容

一、后合同义务的内涵

后合同义务，“是指合同关系消灭以后，原合同当事人依诚实信用原则和交易习惯应负有某种作为或不作为的义务”。[④]例如，劳动者离职后有权请求原单位开具服务证明书，[⑤]劳动者离职后不得对外泄露其任职期间所知悉的原单位的商业秘密。房屋的出租人于租赁关系消灭后应允许承租人在门前适当

① 参见张艳：《关系契约理论对意思自治的价值超越》，载《现代法学》2014年第2期。

② 陈小君主编：《合同法学》（第二版），高等教育出版社2009年版，第10页。

③ 参见韩世远：《合同法总论》（第四版），法律出版社2018年版，第11页。

④ 王利明、杨立新等：《民法学》（第五版），法律出版社2017年版，第503页。

⑤ 参见广东省广州市中级人民法院（2010）穗中法民一终字第2645号民事判决书。

地方悬挂迁移启事等。[①]当债务人未能偿还到期债务，抵押人应依法承担相应的法律责任，当出现法定的抵押权消灭的情形时，抵押权人负有协助办理抵押权注销登记的义务。[②]后合同义务具有以下几点特点：第一，后合同义务是债权债务终止之后当事人应当履行的义务。这种义务的履行需以有效成立的合同为前提。这就是说，合同未成立、合同无效或合同被撤销均不会产生后合同义务。第二，后合同义务是一种法定义务。当事人依据合同自由原则，自主协商决定合同的内容，这是合同法的重要特征。但是，因诚信原则以及交易习惯产生的后合同义务，并非意思自治的结果，而是属于法定的、强行性的义务，当事人不得以约定排除适用。第三，后合同义务的目的在于维护给付效果或者妥善处理债权债务终止之后的事务。与其他合同义务相比，后合同义务的伸缩性较大。由于后合同义务的内容会依合同类型、交易条件、签约方式等情况的不同而变化，故法律仅采取列举的方式进行简要的规定，而委诸法官根据诚实信用与交易习惯的具体情况予以确定。

二、后合同义务与其他合同义务的区别

后合同义务是一种独立的义务，有别于主给付义务、从给付义务。

（一）后合同义务与主给付义务的区别

第一，二者的功能和地位不同。主给付义务是决定合同类型的基本义务，其主要是为了实现当事人因合同而产生的债权利益。后合同义务并不能决定合同的类型，其主要在于维护给付效果或者妥善处理合同终止事务。第二，义务产生的阶段不同。主给付义务发生于合同履行过程中，此时合同效力是存续的。后合同义务发生在合同关系消灭之后。第三，义务产生的基础不同。主给付义务是当事人意思自治的结果，当事人可以合意变更主给付义务的内容。后合同义务是以诚信原则为基础发展起来的一种法定义务。尽管依照合同自由原则，当事人可以在合同中约定后合同义务的具体内容，但是仍无法改变后合同义务的法定性的本质特征。在合同关系终止之后，即便双方当事

① 王泽鉴：《民法学说与判例研究》（第四册），中国政法大学出版社1998年版，第103页。

② 参见江苏省盐城市中级人民法院（2009）盐民一终字第1047号民事裁定书。

人没有在合同中对后合同义务进行约定，但是为了维护交易效果，周全地保护当事人的权益，依然需根据诚信原则等履行后合同义务。[①]

（二）后合同义务与从给付义务的区别

第一，二者功能和地位不同。从给付义务是相对于主给付义务而言的，其功能在于补助主给付义务，确保债权人的利益能够获得最大满足。后合同义务是相对于给付义务而言的，依据法律的直接规定产生，目的在于维护给付效果与妥善处理合同终止后的相关事宜。第二，二者的救济方法不同。在特定情况下，债务人不履行从给付义务的，债权人可以援引同时履行抗辩权或借助诉讼手段请求依法履行。当不履行从给付义务给债权人造成重大损失或不能实现合同目的时，债权人还可以解除合同。因此，违反从给付义务时，债权人的救济方法多样。而违反后合同义务的救济方法比较单一，主要是请求损害赔偿。

（三）后合同义务与合同履行中的附随义务的区别

后合同义务与合同履行中的附随义务拥有共同的理论基础——诚信原则，均是法定义务。二者的区别主要表现在：第一，两者发生的阶段不同。后合同义务是在合同消灭之后才发生的义务，而附随义务则是在合同生效后、终止之前，基于诚信原则而产生的。第二，二者的功能不同。后合同义务的功能主要在于维护给付效果，协助当事人妥善处理善后事务。合同履行中的附随义务的功能主要是确保合同债权得到充分实现，保护合同另一方当事人的人身或财产利益。[②]

三、后合同义务的典型形态

后合同义务因以抽象的诚信原则为基础，其内容上具有不确定性，立法只能在对当事人应当履行的后合同义务作概括性规定的同时，罗列几种常见

---

① 参见最高人民法院研究室编著：《最高人民法院关于合同法司法解释（二）理解与适用》，人民法院出版社2009年版，第162页。

② 参见龙著华、王荣珍：《合同法专题研究》，中国商务出版社2004年版，第180页。

的表现形态，以使合同关系终止后的当事人利益得到较周全的保护。[①]依据本条的规定，较为常见的后合同义务表现形态包括以下几种：

第一，通知义务。其主要内容是：在合同关系结束后，当事人仍应当根据具体情况，及时将有关重要事项告知于对方当事人。例如，在房屋租赁合同终止后，出租人收到他人寄送给原承租人的信件和材料的，应及时通知原承租人领取；债务人在将货物提存后，应当及时把有关货物提存的事宜详尽告知给债权人或债权人的继承人、监护人，但是债权人下落不明的除外。

第二，协助义务。该种义务是指在合同关系消灭后，对于有关合同的善后事宜，原合同的当事人一方应积极配合，并为另一方提供必要的帮助。举例来讲，在一般消费品买卖合同中，当销售者将产品交付给购买者之后，销售者还对产品购买者负有售后服务义务；在合伙关系结束后，合伙人应协助对方当事人清算合伙财产等。还有《德国民法典》第371条所规定的“债务人的债务证书返还义务”，[②]也属于协助义务的范畴。

第三，保密义务。保密义务一般包括国家秘密、商业秘密和合同约定的秘密这三种情况。其中，国家秘密是指关乎国家的安全和利益的秘密。在合同关系终止后，但凡合法知悉和使用国家秘密的当事人，在保密期内，均负有严守国家秘密的义务，不得随意泄露。商业秘密，是指不为公众所知悉，能为权利人带来经济利益，具有实用性，并且经过权利人采取保密措施的技术信息和经营信息。[③]当然，当事人在合同中约定保密的特定事项，基于维护合同当事人给付效果的考量，在合同关系终止后，当事人也不得泄露。[④]

第四，保护义务。这种义务要求当事人在合同关系终止之后仍然要奉行诚信原则，尽到相应的注意义务，保护对方当事人的人身和财产权益不受损

---

① 参见刘茜、张超：《后合同义务基本理论问题探析》，载《前沿》2010年第10期。

② 《德国民法典》第371条规定，对债权出具有债务证书的，债务人除要求开具收据外，还可以要求返还债务证书。如果债权人坚持说无法返还，债务人可以要求出具证明债务已经消灭的经公证机构认证的证书。

③ 《反不正当竞争法》第9条第4款规定，本法所称的商业秘密，是指不为公众所知悉、具有商业价值并经过权利人采取相应保密措施的技术信息、经营信息等商业信息。

④ 参见全国人大常委会法制工作委员会民法室编：《中华人民共和国合同法实用问答》，中国商业出版社1999年版，第145页。

害。例如，酒店应尽到保护义务，妥善代管顾客遗留在客房的物品；在房屋租赁合同中，即便出租人与承租人租赁合同结束，出租人也不得任意毁损承租人留下的物品。[①]

第五，竞业禁止义务。“竞业禁止，是指依照法律的规定或当事人的约定，义务人在一定期限或范围内不得以获取经济利益为目的从事与权利人相同、相似或有密切联系的竞争性营业行为。”[②]竞业禁止在本质上是一种企业自我保护的、合法正当的措施。竞业禁止在一定程度上可防止企业的商业秘密因员工跳槽而被带入其他与自己有竞争的企业中。我国《公司法》关于董事离任义务的规定，以及我国《劳动合同法》第23条第2款和第24条规定的竞业禁止义务，均属于后合同义务。然而，竞业禁止义务在一定程度上限制了劳动者的就业自由，因此在用人单位没有对劳动者给予经济补偿的场合，此等竞业禁止义务并不能对劳动者产生约束。[③]

第六，回收旧物义务。该义务要求原合同当事人应履行生态保护的义务，对所有弃置报废或废旧产品、零部件和材料进行回收。这种义务是《民法典》合同编第558条新增的规定，目的在于推动市场交易主体贯彻和落实《民法典》总则编中绿色原则的要求，促进我国生态文明建设。

四、违反后合同义务的法律责任

鉴于后合同义务对于维护给付效果和妥善处理合同终止事项具有重要意义，本条通过“概括+列举”的方式专条规定了后合同义务。[④]尽管如此，对于当事人违反后合同义务的民事法律后果，法律并没有作出具体的规定。针对违反后合同义务民事责任的性质，学术界众说纷纭，莫衷一是。概括来讲，大致存在以下观点：一是违约责任说。即债务人违反后契约义务时，与违反

---

① 参见詹文馨：《契约法上之附随义务——以德国法契约责任扩大为中心》，台湾大学法律学研究所硕士学位论文，第167页。

② 汤竟峰：《论竞业禁止立法的价值基础、缺陷与矫正》，载《湖北社会科学》2009年第12期。

③ 参见《中华人民共和国最高人民法院公报》2009年第11期。

④ 也有学者对于在《民法典》中规定后合同义务提出了质疑，具体参见李宇：《后合同义务之检讨》，载《中外法学》2019年第5期。

一般契约义务相同，应依债务不履行规定负其责任。[①]二是侵权责任说。[②]三是独立责任说。[③]我们认为，首先，后合同责任并不是违约责任。后合同责任产生于合同权利义务终止后，而违约责任则往往产生于合同履行过程中。后合同责任源自当事人对法定义务的违反，违约责任则是基于当事人不履行合同义务或履行合同不符合约定产生的。此外，后合同责任的形式与违约责任的形式也有所区别，因此二者不可相等同。其次，后合同责任也不是侵权责任。后合同责任往往产生于相互之间有某种信赖关系的当事人之间，而侵权责任人之间往往无须有信赖关系。在后合同责任中，当事人违反了通知、协助、保密等作为或不作为的义务，义务人因违反后合同义务所产生的责任，通常要比侵权人违反一般义务所产生的责任大。有鉴于此，违反后合同义务所产生的责任，应是一种独立的民事责任。后合同义务是法定的、独立的债的发生原因，依据《合同法解释（二）》第22条，当事人违反了后合同义务承担的是赔偿责任。后合同责任可弥补违约责任或侵权责任的不足，能较为周密地保护当事人的人身和财产利益。

成立违反后合同义务的民事责任，需要具备如下几个要件：第一，原合同中有一方当事人存在违反后合同义务的行为。这是当事人构成违反后合同义务民事责任的一个前提条件。根据《民法典》第558条的规定，后合同义务是基于诚信原则而衍生出来的义务，它是诚信原则的具体化，属于强制性的、法定的义务，当事人不得通过约定排除其适用。在民法上，违反法定义务的行为义务，可分为违反作为义务与不作为义务这两种类型。前者如违反通知义务、保护义务、保密义务和回收旧物的义务，后者如违反协助义务和竞业禁止义务。在实践中，法律关系纷繁复杂，根据交易的不同类型、履行方式不同等因素，相应的后合同义务也会大相径庭。因此，在合同终止后，当事人应当负担何种具体的后合同义务，应委诸法官根据诚信原则和交易习惯具体确定。第二，存在损害事实。一般而言，一方当事人对后合同义务的违反，会破坏原双方当事人之间的合同利益关系，导致对方当事人的合法权益遭受

① 参见王泽鉴：《债法原理》（第二版），北京大学出版社2013年版，第88页。

② 参见王利明：《合同法研究》（第二卷），中国人民大学出版社2011年版，第259—260页。

③ 参见焦富民：《后合同责任制度研究》，载《河北法学》2005年第11期。

损害。这种损害既可能是财产方面，也可能是人身层面的。第三，对方当事人的损害事实与原合同义务人违反后合同义务之间有因果关系。换言之，一方当事人遭受损害是由于对方当事人违反后合同义务所导致的。因果关系是令一个人对他人的损害负责的重要基础，因此也应当成为后合同义务责任的要件之一。第四，违反后合同义务的一方当事人在主观上具有过错。违反后合同义务的民事责任，应以过错责任原则为归责原则。后合同义务产生于诚信原则和交易习惯，与当事人的约定义务相比，后合同义务的预见性不那么强，因此不应过分苛责违反后合同义务的人。以上几个构成要件，均是判断当事人是否应承担违反后合同义务民事责任的重要依据。

《合同法》第92条属于不完全法条，没有对当事人违反后合同义务的法律后果作出规定。《合同法解释（二）》第22条规定："当事人一方违反合同法第九十二条规定的义务，给对方当事人造成损失，对方当事人请求赔偿实际损失的，人民法院应当支持。"据此可知，在司法者看来，损害赔偿是当事人违反后合同义务所应当承担的法律后果。但是，后来的《民法典合同编（草案）》（一审稿）、《民法典合同编（草案）》（二审稿）、《民法典（草案）》，以及现在的《民法典》第558条，均删去了这一规定，由此导致现行《民法典》没有就当事人违反后合同义务应承担何种法律后果进行明确规定。

对此，我们认为，当事人违反后合同义务的，相应的法律后果可表现为如下两点：首先，赔偿责任可作为法律后果之一。一般来说，在合同权利义务终止后，担负后合同义务的一方当事人若不履行或不完全履行其后合同义务的，那么可能造成对方当事人合法权益的损害。而损害赔偿具有补偿性，通过损害赔偿可望填补受损一方当事人的损失。需注意，损害赔偿应当以赔偿当事人实际遭受的全部损害为原则。[①]这就是说，无论是现有财产的减少，还是可得利益的损失，只要这些损失是因为义务人违反后合同义务所造成的，受害人的这些损失均应得到赔偿。只有赔偿全部损失才能使受损一方当事人获得在经济上相当于后合同义务正常履行下的同等收益。其次，继续履行也称实际履行，是指违反后合同义务者应当遵循诚信原则，依据交易习惯，继续履行其应当履行的后合同义务。例如，当劳动者不符合《劳动合同法》第39条所规定的情

① 参见王利明、杨立新等：《民法学》，法律出版社2015年版，第527页。

形时，[①]用人单位仍解除劳动合同的，用人单位需向劳动者支付经济补偿金而没有支付的，劳动者有权要求用人单位继续支付。另外，当房屋买卖合同解除后，义务人没有履行后合同义务的，债权人也可诉请义务人继续履行。[②]

举证责任

《民事诉讼法》第64条第1款规定，当事人对自己提出的主张，有责任提供证据。《民事诉讼法解释》第90条第1款规定，当事人对自己提出的诉讼请求所依据的事实或者反驳对方诉讼请求所依据的事实，应当提供证据加以证明，但法律另有规定的除外。第91条第1项规定，主张法律关系存在的当事人，应当对产生法律关系的基本事实承担举证责任。在合同法律关系中，一方当事人请求另一方履行后合同义务的，该方当事人应当提供证据证明对方当事人负有合同义务。一方当事人要求对方当事人承担后合同责任的，该方当事人应当就对方当事人具有以下事实提供证据：一是对方当事人违反了后合同义务的行为；二是对方当事人具有过错；三是自己有损害的事实；四是自己的损害与对方当事人不履行后合同义务具有因果关系。

其他问题

从比较法的角度考察，发现英美法中虽然没有后合同义务的概念，也没有就后合同义务专门立法，但是在实践中却有着许多关于后合同义务的司法

① 《劳动合同法》第39条规定："劳动者有下列情形之一的，用人单位可以解除劳动合同：（一）在试用期间被证明不符合录用条件的；（二）严重违反用人单位的规章制度的；（三）严重失职，营私舞弊，给用人单位造成重大损害的；（四）劳动者同时与其他用人单位建立劳动关系，对完成本单位的工作任务造成严重影响，或者经用人单位提出，拒不改正的；（五）因本法第二十六条第一款第一项规定的情形致使劳动合同无效的；（六）被依法追究刑事责任的。"

② 例如，在"某市某区甲置业有限责任公司与林某、赵某房屋买卖合同纠纷案"中，法院认为，"本案中，甲公司为林某、赵某在涉案房屋上办理了《商品房买卖合同》登记备案手续，在合同解除后，林某、赵某应当依法履行后合同义务，协助甲公司履行注销《商品房买卖合同》登记备案手续的义务。甲公司请求林某、赵某办理《商品房买卖合同》登记备案注销手续本院予以支持"。参见四川省成都市温江区人民法院（2019）川0115民初20号民事判决书。

判例。这些判例主要包括三种类型的后合同义务：一是雇用合同中的保密义务。即在雇用关系终止后，雇员对于他曾经从雇主那里得到的关涉商业秘密或商业关系的信息，应予以保密。二是竞业禁止义务。即商业出售合同中的商业出售者不得从事与其出售商业相类似的经营，但是这种竞业禁止义务须要考虑时间、地域因素，以免对当事人的营业自由限制过度。三是特许经营合同中，特许经营的受让方在特许经营终止后不与转让竞争的义务。①

与英美法系相比，大陆法系国家和地区在学说判例的基础上提炼出了后合同义务的概念，并在具体的合同类型中规定了相应的后合同义务。比如《德国民法典》在租赁合同（第596条）②、劳务合同（第630条）③、委托合同（第672条）④等均属于当事人后合同义务的规定。《日本民法典》第645条规定了委任人的报告义务，即"委托人请求时，受任人须随时报告委托事务的处理状况。委托终止时，须毫不迟延地报告其经过或者结果"。第654条规定了委任终止后的处分，即"委任终止后的情形，有急迫的情势时，受任人及其继承人或者法定代理人，在委托人及其继承人或者法定代理人能处理委任事务前，须为必要的处分"。

第五百五十九条【从权利消灭】

债权债务终止时，债权的从权利同时消灭，但是法律另有规定或者当事人另有约定的除外。

历史由来

本条属于新增规定，《合同法》对此并未作出规定。本条的雏形是《民法典合同编（草案）》（征求意见稿）第100条的规定："合同的权利义务终止时，

---

① 参见付荣：《后合同义务刍议》，载《石家庄经济学院学报》2004年第6期。

② 《德国民法典》第596条规定，农场的承租人即使在用益租赁成立时没有接受农产品，亦应在用益租赁关系终止时将现存的农产品留下一定数量，供经济持续发展至下一次收获时必需之用。

③ 《德国民法典》第630条规定，持续性劳务关系终止后，义务人可以要求另一方当事人对劳动关系期间开具书面证明。经要求，此证书应扩及记载其成绩及履行劳务的情况。

④ 《德国民法典》第672条规定，受委托关系消灭的，如果拖延会引起危险，在委托人的继承人或其他法定代理人能有其他处理办法前，受托人应继续处理已移交的事务。

债权的从权利同时消灭，但法律另有规定或者当事人另有约定的除外。”《民法典合同编（草案）》（一审稿）第349条完全接受了《民法典合同编（草案）》（征求意见稿）第100条。《民法典合同编（草案）》（二审稿）第349条规定：“债权债务终止时，债权的从权利同时消灭，但法律另有规定或者当事人另有约定的除外。”由此可见，在《民法典合同编（草案）》（一审稿）的基础上，《民法典合同编（草案）》（二审稿）第349条在立法表达上又作了相应调整，把“合同的权利义务终止时”替换成“债权债务终止时”。《民法典（草案）》第559条的规定则完全接受了《民法典合同编（草案）》（二审稿）第349条关于从权利之消灭的内容。[①]

规范目的或功能

本条是关于合同从权利消灭的规定。债权含有死亡的基因，[②]既可能因其目的已经实现或达到与债权实现相似的效果，也可能因当事人的意思而归于消灭。依民法理论，从权利依附于主权利，以主权利的存在为前提，以维护主权利的实现为目标。因此，当债消灭的情况下，当事人之间的给付义务均归于消灭，为担保债权实现的从权利自然没有继续存在的必要，也应当归于消灭。同时，由于我国合同法并没有关于主债权消灭后对其从权利的效力的规定，相关法律和司法解释作了大量的重复性规定，导致立法累赘。[③]因此，

---

① 几种比较有代表性的学者建议稿，如梁慧星教授主持编撰的《中国民法典草案建议稿》和王利明教授主持编撰的《中国民法典学者建议稿》均对“从权利之消灭”的内容进行了规定，这表明学界对民法典合同编应规定这一内容存在共识。例如，梁慧星教授主持编撰的《中国民法典草案建议稿》在“债权总则—债的消灭——一般规定”项下第830条规定了“从权利消灭”的内容。参见梁慧星主编：《中国民法典草案建议稿附理由：债权总则编》，法律出版社2013年版，第283页。再如，王利明教授主持编撰的《中国民法典学者建议稿》亦设有债法总则，并在“债法总则—债的消灭——一般规定”第1244条设置了关于“从权利义务的消灭”的规定。参见王利明主编：《中国民法典学者建议稿及立法理由：债法总则编·合同编》，法律出版社2005年版，第143页。

② 参见［德］拉德布鲁赫：《法学导论》，米健、朱林译，中国大百科全书出版社1997年版，第64页。

③ 参见王利明主编：《中国民法典学者建议稿及立法理由：债法总则编·合同编》，法律出版社2005年版，第144页。

本条款将债权债务关系消灭的共同效力——“从权利之消灭”，作为一般性的规定置于合同通则之中，为对主合同消灭后其从属法律关系的效力认定提供法律依据。

规范内容

一、债权债务终止的内涵

债权债务终止，也称债的消灭，是指因法定或约定事由的发生而导致债的关系不复存在。债的消灭有广义和狭义之分。广义上的债的消灭，包括了相对消灭与绝对消灭。前者是指特定债的关系仅在特定当事人之间消灭；后者则是指特定债的关系对于任何人来说都消灭了。本条款所规定的“债权债务终止”，应是指狭义上债的消灭，也即债的绝对消灭。债的消灭意味着当事人之间基于债而产生的给付关系消灭，当事人不再对任何人担负给付义务。[①] 需要指出的是，本条中债权债务终止的原因应包括本法第557条所规定的情形，即债务履行、抵销、提存、混同等法律规定的情形，以及当事人另有约定的情形。

二、债权债务终止时，从权利随同消灭

民法上，当数项权利共存时，以权利之间相互关系为标准，可将其分为主权利与从权利。[②]所谓主权利，是指不依赖其他权利，而能独立存在的权利；从权利则是指不能独立存在，须附属于主权利才能存在的权利。[③]以抵押权担保债权为例，被担保的主债权属于主权利，而抵押权则属于依附于主权利的从权利。需要指出的是，“主权利与从权利是一种相对的法律概念，只有在具有主从权利的法律关系中，才存在这种划分”。[④]正因为如此，我们不可笼统地说，某一类民事权利是主权利，某一类民事权利是从权利。对主权利与从

① 参见王利明：《债法总则》，中国人民大学出版社2016年版，第441页。
② 参见梁慧星：《民法总论》（第五版），法律出版社2017年版，第76页。
③ 参见陈华彬：《民法总论》，中国法制出版社2011年版，第207页。
④ 王利明、杨立新等：《民法学》（第四版），法律出版社2015年版，第36页。

权利进行区分的意义，在于明确它们之间的制约关系。[①]通常而言，从权利依附于主权利，从权利以主权利的存在作为前提；[②]从权利与主权利的命运相同，主权利消灭的，从权利也会跟随着消灭，此即“从随主”原则之表现。比如，《担保法》第52条关于“抵押权与其担保的债权同时存在，债权消灭的，抵押权也消灭”的规定，以及《物权法》第177条第1项关于“主债权消灭的，担保物权消灭”的规定，均属于主权利与从权利关系的民法原理的运用。不仅如此，司法实践中也有法院运用这一原理裁判案件。举例来讲，在“河南甲汽车销售服务有限公司与河南省乙创业投资担保股份有限公司、丙银行股份有限公司河南分行合同纠纷案”中，法院就在判决书中指出，“原告与被告丙银行之间构成借款合同关系，原告与被告乙公司之间构成委托保证合同关系。原告已向被告乙公司缴纳监管押金75万元的事实清楚，有被告乙公司出具的专用票据为证。该监管押金具有保证金的性质，是一种从权利。现原告所借交通银行的贷款已全部结清，主债权已消灭，则从权利消灭，故被告乙公司继续持有原告缴纳的监管押金75万元没有依据，应予返还”。[③]另外，需要指出的是，此处的债权（主债权）消灭应是指债权全部消灭，而非指部分消灭。因为债权部分消灭时，基于抵押权的不可分性，此时作为从权利的抵押权并没有消灭。

一般来说，债权债务消灭时，其从属权利消灭的情况可以分成两类：第一类是，债权债务消灭时，债的担保也随之消灭。这里的债的担保，是指法律为保证特定债权人的债权实现而设立的、以第三人的信用或特定财产担保债务的履行，保障债权实现的法律制度。[④]这就是说，债的担保包含了保证与担保物权，而担保的目的在于确保债之履行。[⑤]所谓保证，是指债务人之外的

① 参见陈小君主编:《合同法学》，高等教育出版社2009年版，第53页。

② 例如，在“胡某某与甲国际食品有限公司抵押权纠纷案”中，法院认为，“抵押权系主债权的从权利，在效力上依附于主债权，在本案的主债权（胡某某主张的700万元借款债权）并未实际发生的情形下，涉案的抵押权已经失去存在的意义”。参见北京市第一中级人民法院（2018）京01民终6144号民事判决书。

③ 参见河南省郑州市金水区人民法院（2017）豫0105民初4494号民事判决书。

④ 参见王利明:《债法总则》，中国人民大学出版社2016年版，第334页。

⑤ 参见黄立:《民法债编总论》，中国政法大学出版社2002年版，第645—646页。

第三人为债务人履行债务而向债权人所做的一种担保，属于典型的人保。而担保物权是“以债务人或其他人的特定财产作为清偿债务的标的，在债务人不履行其债务时，债权人可以将该财产换价，并从中优先受清偿，使其债权得以实现的定限物权”。[①]这属于物保。由于采取物权法定的原则，我国现行法上的担保物权主要包括抵押权、质权和留置权。这三种担保物权均具有从属性的特征，在债权债务已经因清偿、抵销、提存、免除、混同、更新等原因而消灭时，它们也随之消灭。此时，抵押权应当涂销登记，质权人应返还质物，留置权人应归还留置物。需要指出的是，对于无须登记的抵押权消灭，在抵押人和抵押权人及债务人之间，在抵押权人和第三人之间，均发生抵押权消灭的效果；登记的抵押权消灭时，应予注销登记；若未办理注销登记，抵押权在抵押权人和抵押人之间归于消灭，但对善意第三人，抵押权人、抵押人均不能主张抵押权消灭。[②]第二类是，债权债务消灭，其他的从属权利消灭。诸如利息债权、违约金债权、定金债权等均是其他从属权利，它们也是以主权利存在为前提，原则上也会随同主权利消灭。

三、在特定情形下，从权利具有一定的独立性

尽管债权债务消灭时，从权利会随同主权利消灭，但是这一原则也存在例外情况。典型的如最高额抵押权。此类抵押权的设立先于被担保的债权，而且它所担保的是不断发生的不特定债权，在债权被确定之前，被担保债权如果因清偿、抵销、免除等原因而归于消灭的，最高额抵押权仍然为担保将来可能发生的不特定债权继续存在，并不消灭。因此就具体的各个债权来说，最高额抵押权并没有消灭上的从属性。[③]再如，在抵押权和所有权人因混同而消灭抵押担保的债权时，抵押权人为所有人的利益而存在，发生所谓所有人抵押权。此外，对于已经发生的利息债权和违约金债权，因具有独立性，故其并不会随主债权的消灭而消灭。因此，本条款需要设置“但书”。依照本条款“但书”的规定，在当事人另有约定或者法律另有规定的情况下，从权利

---

① 崔建远：《物权法》（第三版），中国人民大学出版社2014年版，第423页。

② 参见崔建远：《物权法》（第三版），中国人民大学出版社2014年版，第495页。

③ 参见崔建远：《物权法》（第三版），中国人民大学出版社2014年版，第510页。

并不会随同主权利消灭，从权利具有一定的独立性。对于当事人另有约定者，遵从其约定，此乃尊重当事人意思自治之体现。而对于法定之情形，则意在给未来的修改法律或制定新法，以满足实际生活需要而例外地承认从权利不因主权利的消灭而消灭，提供空间。

举证责任

《民事诉讼法》第64条第1款规定，当事人对自己提出的主张，有责任提供证据。《民事诉讼法解释》第90条第1款规定，当事人对自己提出的诉讼请求所依据的事实或者反驳对方诉讼请求所依据的事实，应当提供证据加以证明，但法律另有规定的除外。第91条规定，人民法院应当依照下列原则确定举证证明责任的承担，但法律另有规定的除外：（1）主张法律关系存在的当事人，应当对产生法律关系的基本事实承担举证责任；（2）主张法律关系变更、消灭或者权利受到妨害的当事人，应当对法律关系变更、消灭或者权利受到妨害的基本事实承担举证证明责任。依照前述规定，主张从权利随同主权利消灭的债务人，应当就主权利已经因清偿、抵销、提存、免除、混同、更新等消灭的事实提供相应的证据以支撑自己的主张。

其他问题

一、比较法上的考察

比较法上，针对从权利之消灭的规定，主要存在两种立法例：一是在债法总则中专门以概括性条款进行规定。典型如《瑞士债务法》第114条规定，债务因履行或其他方式消灭者，所有从权利，如保证或担保物权，亦消灭。已产生的利息，仅在依约定或依情事可得出债权人有权在债务消灭后行使利息债权之情形，始得在债务消灭后请求之。关于不动产担保物权、有价证券及和解契约的特别规定，不受影响。[①]我国台湾地区规定，债之关系消灭

① 《瑞士债务法》，戴永盛译，中国政法大学出版社2016年版，第38页。

者，其债权之担保及其他从属之权利，亦同时消灭。[①]二是不在总则或通则中设概括性条款，但在债权的具体的从属法律关系（如抵押权、质权和留置权）中进行规定。以抵押权为例，《法国民法典》第2180条第1项、《德国民法典》第1181条和《意大利民法典》第1278条，均规定了抵押权对于主债权在消灭上的从属性。[②]

二、司法实践中的一个常见问题

当主债权诉讼时效期间经过，作为从权利的抵押权的效力是否受到影响？与此问题相关的是，本法第419条规定，抵押权人应当在主债权诉讼时效期间行使抵押权；未行使的，人民法院不予保护。本条沿用了《物权法》第202条的规定。对于第2句规定的“未行使的，人民法院不予保护”，存在三种观点：第一种观点认为，主债权诉讼时效期间经过后，抵押权并不消灭，抵押权人丧失的是抵押权受人民法院保护的权利即胜诉权。[③]第二种观点认为，主债权诉讼时效期间经过，抵押权并不消灭，只是抵押人因此享有了主债务人的时效抗辩权。因此，如果抵押人自愿履行担保义务，抵押权人仍可以接受。[④]第三种观点认为，抵押权的行使期限就是抵押权的存续期限或除斥期间，抵押权因该时间的经过而消灭。[⑤]我们认为，主债权诉讼时效经过时，此时抵押权所担保的主债权并没有消灭，抵押权仍依附于该主债权存在。而且诉讼时效也仅适用于债权请求权，而无法适用于作为物权的抵押权，因而也就不存在抵押权因诉讼时效经过而不受保护的说法。《民法典》第419条规

---

① 参见黄立：《民法债编总论》，中国政法大学出版社2002年版，第645页。

② 参见梁慧星主编：《中国民法典草案建议稿附理由：物权编》，法律出版社2013年版，第340页。

③ 参见全国人民代表大会常务委员会法制工作委员会编：《中华人民共和国物权法释义》，法律出版社2007年版，第441页。

④ 参见王利明：《物权法研究》（第三版）（下卷），中国人民大学出版社2013年版，第1218页。

⑤ 参见最高人民法院物权法研究小组编著：《〈中华人民共和国物权法〉条文理解与适用》，人民法院出版社2007年版，第602页。相应的判决，可参见重庆市第一中级人民法院（2013）渝一中法民终字第04305号民事判决书；黑龙江省佳木斯市中级人民法院（2014）佳商终字第9号民事判决书。

定了抵押权的行使期间，抵押权人在期限内怠于行使的，就丧失了人民法院的公力保护，而且抵押权人亦不能就该抵押物行使优先受偿权，在此意义上，抵押权人享有的抵押权已然不具备抵押权的实质，该抵押权的存在已经没有任何意义。[①]如果主债权诉讼时效经过，抵押权本身并不消灭，将会不正当地限制抵押人对其财产的利用，不利于发挥物的效用。就此，在“李某上诉王某抵押合同纠纷”一案中，法院也在判决书中指出，“在债权与为担保债的履行的抵押权并存时，债权为主权利，抵押权为从权利。在主权利已经丧失国家强制力保护的状态下，抵押物上所负担的抵押权也应消灭方能更好地发挥物的效用，亦符合《物权法》之担保物权体系的内在逻辑。故《物权法》第202条规定抵押权行使期间的重要目的之一当在于促使抵押权人积极地行使抵押权，迅速了结债权债务关系，维系社会经济秩序的稳定。综合上述分析，应当认定在法律已设定行使期限后，抵押权人仍长期怠于行使权利时，法律对之也无特别加以保护的必要，应使抵押权消灭”。[②]因此，当主债权罹于时效的，相应的抵押权应归于消灭，抵押人可以请求注销抵押登记。

第五百六十条【债务抵充顺序】

债务人对同一债权人负担的数项债务种类相同，债务人的给付不足以清偿全部债务的，除当事人另有约定外，由债务人在清偿时指定其履行的债务。

债务人未作指定的，应当优先履行已经到期的债务；数项债务均到期的，优先履行对债权人缺乏担保或者担保最少的债务；均无担保或者担保相等的，优先履行债务人负担较重的债务；负担相同的，按照债务到期的先后顺序履行；到期时间相同的，按照债务比例履行。

历史由来

本条为新增规定，《合同法》并无与本条相关的明确规定。本条的内容来

① 参见程啸：《论担保物权之存续期限》，载《财经法学》2015年第1期。

② 参见北京市第三中级人民法院（2016）京03民终8680号民事判决书。

源于《合同法解释（二）》第20条。本条除法条表述上与《合同法解释（二）》第20条略有不同外，两者的规范内容相同，两者不仅都确定了债的清偿抵充顺序，并且所规定的清偿抵充顺序与其发生要件均相同，本条还确定了当事人的约定也能作为抵充顺序的依据，充分尊重了当事人的意思自由。可见，本条直接继承了《合同法解释（二）》第20条。司法解释是极富中国特色的“法官造法”，经30多年的发展，它已完全成为具有规范的创制程序、稳定的条文式表现形式和明确的法律效力的民事规则形成机制，并在《立法法》之外形成一套规模庞大的民事规范体系。[①]尽管司法解释的地位模糊，但不可否认的是，司法解释推动了我国民法部门的发展，在实践司法适用中，对案件裁判起到了重要作用。如何合理地撷取现有的司法解释资源以充实各分编内容，是摆在民法典编纂者面前的重大疑题。[②]本条是民法典编纂采纳司法解释的典型实例，其作用在于以最小的立法成本与现有资源填补《合同法》时期的立法漏洞，将司法解释的规范正式升格为国家立法，实现了抵充制度有法可依，完善了我国民法典的内容。

《民法典合同编（草案）》（征求意见稿）第102条规定：“债务人对同一债权人负担的数个债务，给付的种类相同，债务人的给付不足以清偿全部债务的，由债务人在清偿时指定其履行的债务。债务人未作指定的，应当优先履行已到期的债务；几项债务均到期的，优先履行对债权人缺乏担保或者担保数额最少的债务；担保数额相同的，优先履行债务负担较重的债务；负担相同的，按照债务到期的先后顺序履行；到期时间相同的，按比例履行。”《民法典合同编（草案）》（一审稿）第350条对“征求意见稿”作出了将“债务人对同一债权人负担的数个债务，给付的种类相同”简化为“债务人对同一债权人负担的数个债务种类相同”的修改。《民法典合同编（草案）》（二审稿）第350条在《民法典合同编（草案）》（一审稿）第1款规定中增加了“除当事人另有约定外”的规定。《民法典（草案）》第560条接受了《民法典合

---

① 参见朱广新：《民法典编纂：民事部门法典的统一再法典化》，载《比较法研究》2018年第6期。

② 参见雷兴虎、薛波：《论司法解释入民法典分编的方法和步骤》，载《甘肃社会科学》2019年第1期。

同编（草案）》（二审稿）第350条的规定，同时在法定抵充顺序要件中，增加了“无担保”，该条更加周延，填补了漏洞。这一表述最终为《民法典》第560条所继承。从条文演化史可以看出，本条不仅填补了《合同法》的立法漏洞，关注到了法定抵充，对抵充顺序作出了法定安排；同时还强调了意定抵充的重要性，尊重双方当事人对债务抵充顺序所作的约定，反映了本条的逻辑严密性与内容严谨性。①

二 规范目的或功能

本条是关于债的清偿抵充顺序的规定，亦是本法第557条“债权债务关系终止”中“合同已经履行”的具体规定，旨在规范履行行为的清偿顺序。数宗债务之中有附利息者，有不附利息者，有有担保者，有无担保者，有附条件者，有未附条件者，究应抵充何宗债务使其消灭，于当事人发生种种利害关系，故民法应当规定其要件及方法。②一方面，债的清偿抵充问题是各地人民法院审判实践中长期存在的一个疑难问题。《合同法》对清偿抵充制度没有明确规定，这使得当人民法院遇到一个债务人对一个债权人负数笔同种类债务时，在给付不足以清偿全部债务并且没有约定的情形下，如何决定清偿顺序处于无法可依的状态。③法定形式的抵充顺序排除了依据交易方式、交易习

① 在民法典的起草过程中，几部学者建议稿都对债务抵充顺序规则作出了规定，如梁慧星教授主持编撰的《中国民法典草案建议稿》第843条、王利明教授主持编撰的《中国民法典学者建议稿》第1251条。梁慧星教授主持编撰的《中国民法典草案建议稿》第843条规定了约定抵充：“一人负担数宗债务，而给付的种类相同的，如清偿人提出的给付不足以清偿全部债务额时，由清偿人在清偿时确定其抵充的债务。”参见梁慧星主编：《中国民法典草案建议稿附理由：债权总则编》，法律出版社2013年版，第287页。王利明教授主持编撰的《中国民法典学者建议稿》第1251条规定了抵充：“同一债务人对同一债权人负担数宗债务，而给付的种类相同的，如清偿人提出的给付不足以清偿全部债务额，由清偿人在清偿时指定其抵充的债务，但当事人另有约定的除外。清偿人在清偿时指定其抵充的债务时，利息与本金并存的，应当先抵充利息，后抵充本金，费用与利息、本金并存的，首先抵充费用。”参见王利明主编：《中国民法典学者建议稿及立法理由：债法总则编·合同编》，法律出版社2005年版，第156页、第158页。

② 参见史尚宽：《债法总论》，中国政法大学出版社2000年版，第792页。

③ 参见最高人民法院研究室编著：《最高人民法院关于合同法司法解释（二）理解与适用》，人民法院出版社2009年版，第153—154页。

惯等认定抵充顺序。[①]从体系上看，本条旨在填补立法疏于规定清偿抵充顺序的漏洞，做到司法裁判有法可依，实现民法典立法的科学性与严谨性。另一方面，从本条内部看，本条是当事人未作抵充顺序约定时，为鼓励交易以及保障双方当事人权利义务公平合理，对抵充顺序所作的补充性规定。本条在两个层面对当事人未作约定进行补充规定，第一层面，若双方当事人未作抵充约定，由债务人指定清偿债务的抵偿顺序。第二层面，若债务人未指定清偿顺序，应依据本条的法定抵充顺序。

规范内容

清偿抵充，是指债务人对同一债权人负担数宗同种类债务，而债务人的履行不足以清偿全部债务时，确定该履行抵充某宗或几宗债务的现象。[②]本条适用的范围是债务人对同一债权人负担的数宗同种类债务，债务人的履行不足以清偿全部债务时，确定数宗债务的抵充顺序。

本条规范内容包含了意定抵充（又可分为合意抵充、指定抵充）以及法定抵充。意定抵充指根据当事人的意思决定的抵充，又分为合意抵充与指定抵充。合意抵充，即根据当事人的合意决定的抵充，又称合同抵充；当事人的约定即使与法律的规定不同，亦得有效。指定抵充，即由一方当事人指定的抵充，抵充指定权原则上归属于债务履行人，债务履行人不为指定时，视为放弃抵充指定权，应适用法定抵充的顺序。法定抵充，即由法律规定的抵充。法律所规定的抵充顺序，意在补充当事人意思之不备。换言之，仅在欠缺当事人意定抵充的场合适用。[③]

一、数个债务种类应相同

本条规定“债务人对同一债权人负担的数个债务种类相同”，所谓“债务

① 参见最高人民法院（2018）最高法民终527号民事判决书。

② 参见崔建远主编：《合同法》（第六版），法律出版社2016年版，第213页；史尚宽：《债法总论》，中国政法大学出版社2000年版，第792页。

③ 参见韩世远：《合同法总论》（第四版），法律出版社2018年版，第728页。

种类相同”指拟发生抵充的各宗债务之标的种类和性质应当相同，如以金钱为内容的标的之间能产生抵充、以交付符合某种标准的货物的数宗债务之间能产生抵充。除标的种类相同外，标的性质还应当相同，亦可称为标的的质量相同，如债务人与债权人之间有数宗交付一等级大米的债务，若债务人交付二等级大米就不能发生抵充的法律效果，必须交付性质相同的标的。但需要特别指出的是，若双方当事人对抵充不同种不同性质的债务作抵充之约定，应认为双方当事人已对清偿抵充标的作了替代约定，基于意思自由原则，法律应允许之，若涉及“以物抵债”等情形，具体适用相关条款。

二、意定抵充

本条表述“债务人的给付不足以清偿全部债务的，除当事人另有约定外，由债务人在清偿时指定其履行的债务”。该句话规定的是意定抵充，即合意抵充与指定抵充。合意抵充具有适用上的优先性，在当事人未约定抵充或该约定无效时，才适用指定抵充或法定抵充。[①]合意抵充是不要式、诺成合同，法律不应限制合意抵充的顺序等实际内容，合意抵充基于双方当事人意思自由而对债权债务关系作出安排，即便与法定抵充顺序相冲突，但只要符合合同成立与一般生效要件，即可产生合意抵充的法律效果。本句前半段“债务人的给付不足以清偿全部债务的，除当事人另有约定外”可反面解释为“当事人没有约定的，债务人的给付不足以清偿全部债务的，由债务人在清偿时指定其履行债务”，因此，双方当事人合意抵充的时间应在债务人履行债务之前，若双方当事人在债务人履行债务之前尚未完成合意抵充，债务人履行债务之后或正在履行时，就不构成本条规定的“除当事人另有约定外”，即没有约定，产生的法律效果即债务人指定抵充。

本句后半段“由债务人在清偿时指定其履行的债务”是指定抵充的规定，规定了债务人的指定抵充权仅在清偿时行使，只要债务人在清偿债务时指定了清偿某宗债务，且不需经过债权人同意，就能产生该宗债务完整地或部分地获得清偿的法律效果，因此，指定抵充权是形成权，同时，指定抵充之情

---

① 参见黄文煌：《清偿抵充探微——法释〔2009〕5号第20条和第21条评析》，载《中外法学》2015年第4期。

形也构成了选择之债，其选择权在债务人。指定抵充是需受领的意思表示，同时清偿抵充是不要式法律行为，可以明示默示形式为之。若存在向第三人履行之情形，应当由债务人向第三人或债权人作出。[①]虽指定抵充是基于意思自由，指定抵充是约定抵充缺位的补充，但一定程度上限制了债权人的意思表示自由，如此安排不仅是对当事人未约定的补充，还保护了债务人的利益。尽管赋予了债务人指定权，但债务人的指定权原则上只能决定清偿某种债务，应受到《民法典》第561条的限制，换言之，清偿人即使指定抵充，仍应先抵充费用，次充利息，再次充本金。此限制仅针对债务人单方面，若债权人决定不适用《民法典》第561条之限制，债权人同意以其他顺序清偿，亦无不可。[②]若债务人在清偿时尚未指定抵充，那么债务人丧失指定权，从而产生法定抵充的法律效果。

三、法定抵充

本条后半段规定的是法定抵充，其功能在于补充双方当事人疏于合意抵充与指定抵充，法律直接规定抵充顺序。双方当事人尚未在清偿前合意抵充、债务人尚未在清偿时指定抵充的，适用法定抵充顺序，才由法定抵充发挥其补充功能。从立法理由分析，法定抵充的顺序反映了债权人优先主义、兼顾债务人利益的原则，如果不以法定顺序规定抵充，而使债务人任意抵充，债权人的实体权利很容易受到侵害。此外，法定抵充还反映了鼓励交易的精神，尽快了结双方当事人债权债务关系。

1. “债务人未作指定的，应当优先履行已到期的债务”。债务人不为指定或未指定抵充顺序的，视为债务人放弃指定权，产生法定抵充的法律效果，法定抵充的第一顺位是“已到期的债务”。尚未到期的债务，不能因债务人之清偿而推定债务人放弃履行期限利益，因此，优先清偿已经到期的债务自不待言。已经到期的债务应当优先受到抵充之规定旨在保护债权人的时效利益，一方面，在诉讼时效尚未届满时，若抵充不足以清偿所有债务，则抵充产生

① 参见曲佳、翟云岭：《论清偿抵充》，载《法律科学》（西北政法大学学报）2014年第3期。

② 参见陈自强：《契约之内容与消灭》，台北元照出版有限公司2018年版，第340页。

的清偿的法律效果使诉讼时效重新起算；另一方面，若诉讼时效已经届满，抵充同样产生清偿的法律效果，从而使诉讼时效重新起算。

2. “数项债务均到期的，优先履行对债权人缺乏担保或者担保最少的债务”。法定抵充的第二顺位是在数宗债务均到期的情况下，缺乏担保的或担保最少的债务应当优先获得抵充。第二顺位之情形是偏重于保护债权人的利益，此处之担保，包含了保证与担保物权，即无担保或担保最少的债务的履行可能性较有担保债务较低，实现债权的方式单一，即只有债务人的履行或担保不足以清偿导致绝大部分需要债务人的履行，无从他处获得优先受偿或保证责任。所谓担保最少指担保金额的最少，也可以指担保的实现方式具有较大的障碍。例如，抵押的汽车由于抵押人的原因泡水，其交换价值锐减，或者保证人的偿付能力急剧降低，有不能履行保证责任的危险。

3. “均无担保或担保数额相同的，优先履行债务负担较重的债务”。法定抵充的第三顺位是在数宗债务担保均无担保或数额相同之情形，应优先履行债务负担较重的债务。此种情形旨在保护债务人的利益。判定债务的负担轻重以及债务因清偿给债务人带来的获益多寡，存在经济性标准和非经济性标准。[①]非经济性标准指法律义务，即若不履行债务将会受到民事责任以外的不利益。例如，某甲欠银行较大数额信用卡债务，若不优先抵充该笔债务，某甲将面临刑事处罚，因此，刑事责任可认为是债务负担较重的债务。再如，连带债务较单纯债务优先、票据债务较通常债务优先。[②]在经济性标准方面，与无利息的债务相比有利息的债务、与低利息的债务相比高利息的债务、与无违约金的债务相比有违约金的债务对债务人而言因清偿而获益较多。[③]但是在具体案例中，应当由裁判者基于经济性标准方面以及综合评判具体案件事实，把握债务较重之情形。

4. “负担相同的，按照债务到期的先后顺序履行。”法定抵充的第四顺位是在数宗债务负担相同之情形下，应按照债务到期的先后顺序履行，即优先

---

① 参见黄文煌：《清偿抵充探微——法释〔2009〕5号第20条和第21条评析》，载《中外法学》2015年第4期。

② 参见史尚宽：《债法总论》，中国政法大学出版社2000年版，第797页。

③ 参见王利明：《合同法研究》（第二卷）（修订版），中国人民大学出版社2011年版，第276页。

履行债务届期早的，再履行债务届期晚的。此种情形旨在保护债权人的时效利益，尽可能使较早的债务获得清偿，了结债务关系。

5. “到期时间相同的，按照债务比例履行”。法定抵充的第五顺位是在数宗债务到期时间相同之情形下，按照债务比例履行。此种情形是基于公平原则。由于每种顺位均是以前一顺位的条件为其成立要件，因此，若数宗债务同时符合上述四种顺位，且到期时间又相同的，此种情形下，各债务实际上是平等的。若仍优先抵充某种债务，反而会造成不公平。

其他问题

双方当事人在清偿前既没有合意抵充，债务人在清偿时也没有指定抵充，已经构成法定抵充要件的，双方当事人在构成法定抵充后，是否能够重新对抵充顺序作出与法定抵充顺序不同的合意抵充？

双方当事人在已经构成法定抵充要件后，另行约定与法定抵充顺序不同的抵充顺序，基于意思自由应当予以肯认，若无效力瑕疵以及违反法律规定的、严重侵害一方当事人利益、第三人利益的，就能够产生双方当事人约定的债务抵充顺序的法律效果。但值得说明的是，尽管双方当事人在债务人清偿后合意抵充，双方当事人的此种安排并非合意抵充，而是一种对抵充顺序作出约定的债务履行协议，属无名合同。这是由于依据本条之规定，合意抵充必须在清偿前生效，若无合意抵充与指定抵充，抵充顺序就在债务人清偿后即时适用法定抵充，即法定抵充在债务人清偿后的“一秒钟”瞬时生效，产生了法定抵充的法律效果，依据法定抵充之抵充顺序规定，相应债务即刻获得清偿。实际上，双方当事人事后的“合意抵充”约定是对已经产生法律效果的法定抵充顺序的变更，对已经产生法律效果的法定抵充“覆水难收”，其是债权人与债务人基于处分自由原则、意思自由原则对已经产生的债权债务关系的再安排，反映了债权人对债权的处分、债务人的允诺（债务承担）。因此，只要双方当事人事后的合意抵充无效力瑕疵、无违反法律规定的以及无严重侵害一方当事人利益、第三人利益的，就可依据其合意的抵充顺序产生法律效果。

第五百六十一条【费用、利息与主债务的抵充顺序】

债务人在履行主债务外还应当支付利息和实现债权的有关费用，其给付不足以清偿全部债务的，除当事人另有约定外，应当按照下列顺序履行：（一）实现债权的有关费用；（二）利息；（三）主债务。

历史由来

本条为新增规定，《合同法》并无与本条相关的明确规定，其内容直接源于《合同法解释（二）》第21条。《民法典合同编（草案）》（一审稿）第351条对费用、利息、原本债务的履行顺序进行了规定。《民法典合同编（草案）》（二审稿）第351条及《民法典（草案）》第561条对前两稿之规定在表述上作了些许修改。[①]

规范目的或功能

本条是关于费用、利息与主债务的抵充顺序的规定。本条是《民法典》第557条债权债务关系终止中“债务已经履行”的具体情形，即履行债务的具体问题，是对《民法典》第560条的限制，即费用、利息与主债务并存

---

① 在民法典的起草过程中，几部学者建议稿都对费用、利息与原本债务的履行顺序规则作出了规定，如梁慧星教授主持编撰的《中国民法典草案建议稿》第844条、王利明教授主持编撰的《中国民法典学者建议稿》第1251条。梁慧星教授主持编撰的《中国民法典草案建议稿》第844条规定了费用、利息与原本债务的抵充顺序：“清偿人所提出的给付，应当先抵充费用，次抵充利息，最后抵充原本。依前两条规定抵充债务的，亦同。”参见梁慧星主编：《中国民法典草案建议稿附理由：债权总则编》，法律出版社2013年版，第291页。王利明教授主持编撰的《中国民法典学者建议稿》第1251条规定了费用、利息与原本债务的抵充顺序：“同一债务人对同一债权人负担数宗债务，而给付的种类相同的，如清偿人提出的给付不足以清偿全部债务额，由清偿人在清偿时指定其抵充的债务，但当事人另有约定的除外。清偿人在清偿时指定其抵充的债务时，利息与本金并存的，应当先抵充利息，后抵充本金，费用与利息、本金并存的，首先抵充费用。”参见王利明主编：《中国民法典学者建议稿及立法理由：债法总则编·合同编》，法律出版社2005年版，第156页。

时，不适用第560条所规定的指定抵充，限制债务人滥用权利而损害债权人利益。债务人除主债务之外还应当支付利息和实现债权的费用，若债务人之清偿不足以清偿所有债务的，并且当事人之间无特别约定的，由法定抵充顺序补充之。本条旨在填补当事人对费用、利息与主债务的抵充顺序约定之疏漏。实际上，本条的规范目的是保护债权人的利益，禁止债务人滥用权利，通常在债务人指定抵充时，滥用权利最大的可能便是指定其给付先抵充主债务，然后才抵充费用或利息，从而给债权人带来侵害。对此，法律应予禁止。[①]反映了费用、利息与主债务的抵充顺序法定抵充情形的公平理念，充分体现了明显侧重于保护债权权利的价值取向，符合我国市场经济的客观实际。

规范内容

本条是关于费用、利息与主债务的抵充顺序的规定。利息之债与费用之债与主债权是各自独立的，并非一个债。[②]单个债务也就不存在抵充顺序问题，因此，本条是数宗债务并存之情形。本条与《民法典》第561条均规定了抵充顺序，规定了意定抵充与法定抵充，不同的是，本条的意定抵充仅指双方当事人对费用、利息与主债务的抵充顺序的合意抵充，不包含费用、利息与主债务的抵充顺序的指定抵充。本条不规定债务人指定抵充之情形是因为债务人指定费用、利息与主债务的抵充顺序限制了债权人的意思表示，若债务人滥用权利就会侵害债权人的权利。再者，若债务人有违法定顺序指定抵充时，债权人有权拒绝受领。[③]为了避免债权人拒绝、双方当事人推诿扯皮等降低了交易效率以及为了避免讼累浪费司法资源，本条没有规定指定抵充之必要，因此，本条仅规定合意抵充，无指定抵充，不得以清偿人一方之抵充而变更之。[④]本条还规定了费用、利息与

---

① 最高人民法院研究室编著：《最高人民法院关于合同法司法解释（二）理解与适用》，人民法院出版社2009年版，第160页。

② 参见王洪亮：《债法总论》，北京大学出版社2016年版，第163页。

③ 参见朱广新：《合同法总则研究》（下册），中国人民大学出版社2018年版，第530页。

④ 参见史尚宽：《债法总论》，中国政法大学出版社2000年版，第798页。

主债务的抵充顺序的法定抵充顺序，补充了双方当事人对抵充顺序无约定之情形。

一、合意抵充

“债务人在履行主债务外还应当支付利息和实现债权的有关费用”确认了债务人履行债务的范围，除主债务即本金外，还应当支付利息和实现债权的有关费用。

“其给付不足以清偿全部债务的，除当事人另有约定外。”若债务人的清偿能够清偿所有债务，债权债务关系就因清偿（已经履行）而终止，也就无抵充顺序之说了。债务人清偿尚不足以清偿债务，这是产生抵充顺序问题的前提，触发抵充顺序的条件。本条此处规定了合意抵充，确认了双方当事人基于意思自由对费用、利息与主债务的抵充顺序约定的效力，费用、利息与主债务顺序的合意抵充是无名合同，只要双方当事人意思表示真实、符合合同生效要件，就能产生双方当事人意欲产生的抵充顺序。本条尊重意思自由原则，优先适用合意抵充。若双方当事人没有约定费用、利息与主债务的抵充顺序，或约定无效、不成立等情形，就应适用本条所规定的费用、利息与主债务的法定抵充顺序。因此，费用、利息与主债务的法定抵充顺序是对无合意抵充情形之补充，是立法者在双方当事人缺乏约定时，对双方债权债务关系的法定安排。

二、法定抵充

双方当事人之间无合意抵充之事项，是产生法定抵充的要件，抵充顺序为，“应先抵充实现债权的有关费用，次充利息，再次充主债务”。

“实现债权的有关费用”是本条规定的第一顺位抵充债务。本条所称的费用，指为清偿债务而支出的必要费用。例如，受托人为委托人支出的保管费用、垫支费用、诉讼费用、执行费用；双务合同的一方迟延受领时，他方支出的保管费用与提出费用，以及债权人为债务人垫付的订约费用等。[①]这些费

---

① 参见梁慧星主编：《中国民法典草案建议稿附理由：债权总则编》，法律出版社2013年版，第291页。

用是债权人就债务人应负责的事由而支付的，所以自应最先予以清偿。

“利息”是本条规定的第二顺位抵充债务。本条所称的利息，包括约定利息和法定利息。利息是债权人预计的收益，应优先于原本而抵充。法定利息指法律直接规定的利息，所谓法定利息指利息的成立不需要当事人有约定利息，利息的数额也是法定的，如垫付费用之利息（《民法典》第921条）、返还不当得利之债的利息（《民法典》第987条）、迟延履行利息（《民法典》第676条）。除法定利息外，还有约定利息，尚需说明的是，若当事人之间没有约定利息，那么就不成立利息之债，适用法定抵充顺序时，可直接越过利息，抵充下一顺位债务。限制利息的数额是我国立法的基本精神，双方当事人有约定利息之情形，利息抵充数额应分类讨论。在既无当事人的约定，也无债务人指定时，仅导致法定利率限额内的利息受偿。[①]由于《民法典》尚未具体规定利息限额问题，因此，有关利息限额的规定应当适用2020年《民间借贷规定》第26条之规定。2020年《民间借贷规定》第26条以中国人民银行授权全国银行间同业拆借中心每月20日发布的一年期贷款市场报价利率（LPR）的4倍为标准确定民间借贷利率的司法保护上限，取代2015年《民间借贷规定》第26条“以24%和36%为基准的两线三区”的规定。例如，以2020年7月20日发布的一年期贷款市场报价利率（LPR）3.85%的4倍计算，民间借贷利率的司法保护上限为15.4%，相较于2015年《民间借贷规定》的24%和36%有较大幅度的下降。2020年《民间借贷规定》第26条将利息分为两档：年利率未超过4倍一年期贷款市场报价利率（LPR）的和年利率高于4倍一年期贷款市场报价利率（LPR）的，两者的法律效果不同。相应地，利息之债的抵充是基于债务人之给付无法足额清偿债务而发生，若清偿已经抵充相应的利息数额：第一，双方当事人约定年利率低于4倍一年期贷款市场报价利率（LPR）的，债务人已经清偿利息低于4倍一年期贷款市场报价利率（LPR）的，应承认抵充效力；第二，双方当事人约定年利率高于4倍一年期贷款市场报价利率（LPR）的，债务人已经清偿利息超过4倍一年期贷款市场报价利率（LPR）的部分，超过部分抵充无效，应

---

① 参见黄文煌：《清偿抵充探微——法释〔2009〕5号第20条和第21条评析》，载《中外法学》2015年第4期。

自动抵充下一顺位债务。

“主债务”是本条规定的第三顺位抵充债务。所谓“主债务”是指债之关系（尤其是契约）上固有的、必备的，并且用以决定债之关系类型的基本义务。[①]例如，出租人支付租金、买受人支付标的物价金、不当得利人返还不当得利、侵权行为人赔偿损失等。因此，主债务是债之关系中最根本的要素，直接关系到债权债务关系之目的与实现。尽管实现债权的费用、利息、主债务都是独立的债，但实现债权的费用与利息属于从债务，是从主债务中派生出来的，是由于主债务的存在，而派生出能够独立存在的从债务，因此，主债务与从债务密切相关。本条将主债务规定在费用、利息与原本债务的抵充顺序的最后一个顺位体现了偏重于保护债权人的立法取向。只要主债务存在，就会不断地产生利息或实现债权的费用，督促债务人尽快完整地履行债务，促进交易完成。

第五百六十二条【合意解除和合同解除事由的约定】

当事人协商一致，可以解除合同。

当事人可以约定一方解除合同的事由。解除合同的事由发生时，解除权人可以解除合同。

历史由来

本条承袭了《合同法》第93条的规定：“当事人协商一致，可以解除合同。当事人可以约定一方解除合同的条件。解除合同的条件成就时，解除权人可以解除合同。”《民法典合同编（草案）》（征求意见稿）第104条与《合同法》第93条的规定完全一样。此后的《民法典合同编（草案）》（一审稿）第352条、《民法典合同编（草案）》（二审稿）第352条和《民法典（草案）》第562条则均把《合同法》第93条修改为：“当事人协商一致，可以解除合同。当事人可以约定一方解除合同的事由。解除合同的事由发生时，解除权人可以解除合同。”之所以将“条件”修改为“事由”及将“条

---

① 参见王泽鉴：《债法原理》，北京大学出版社2009年版，第28页。

件成就”修改为“事由发生”，用词考究，主要是为了与“附解除条件的合同”作出区分。[①]

规范目的或功能

本条是关于合同约定解除的规定，亦是《民法典》第557条关于债权债务关系终止原因规定中“合同解除的，该合同的权利义务关系终止”一款的具体规定之一，旨在规范合意解除和约定解除权这两种合同约定解除的类型。合同解除是指在合同有效成立后，因一方或双方当事人的意思表示，使合同关系终了，未履行的部分不必继续履行，既已履行的部分依具体情形进行清算的制度，它是合同特有的终止原因。[②]合同法以合同神圣及合同严守为原则，强调合同的法律约束力，要求当事人依约履行合同债务，不得擅自变更或解除合同。但是合同有效成立后，有时会因主观或客观情况的变化，而使合同履行成为不必要或者不可能，使当事人一方甚或双方的合同目的无法实现，如仍固守合同拘束力，不但于一方甚至于双方当事人都没有好处，于整体社会利益也没有任何增益。因而，通过法律手段让合同提前终了，并妥善处理善后事宜，诚属必要。[③]也就是说，当交易风险无处不在、经济因素瞬息万变，在合同继续履行不可能、不必要之时，应给予当事人从合同拘束力中凭自身意愿或双方合意及时解脱的方法，为了解开“法锁”，合同解除便应运而生。据此，《民法典》在第562条和第563条作出规定以实现合同解除类型化，将其分为合意解除、约定解除权和法定解除三个类型。

---

① 在民法典的起草过程中，几部学者建议稿都对合同的合意解除或约定解除权作出了规定，如梁慧星教授主持编撰的《中国民法典草案建议稿》第916条、王利明教授主持编撰的《中国民法典学者建议稿》第1330条。参见梁慧星主编：《中国民法典草案建议稿附理由：合同编》（上册），法律出版社2013年版，第161—163页；王利明主编：《中国民法典学者建议稿及立法理由：债法总则编·合同编》，法律出版社2005年版，第276页。

② 参见韩世远：《合同法总论》（第四版），法律出版社2018年版，第644页。

③ 参见韩世远：《合同法总论》（第四版），法律出版社2018年版，第648页。

规范内容

本条规范内容包含了合同约定解除中的合意解除与约定解除权两类。同时，顺承《民法典》第557条规定，为保持立法体系的融贯性和一致性，本条之规范对象应为已有效成立之合同，且实务中越来越多地认定已成立但未生效之合同亦可作为解除的对象。[①]与《民法典》第563条规定之法定解除规范基于法律规定原因而发生的合同解除相异，本条规定下不论是合意解除还是约定解除权，其发生原因均基于当事人意思表示，故并为一条，合称合同的约定解除或意定解除。

德国民法上除“解除”外，尚有“终止”概念，二者均使未为的给付义务消灭，但区别在于后者并不发生返还清算的问题。[②]是故，台湾学者有将“解除”与“终止”合称为“解消”者，其中“解除”常常针对一时性合同，“终止”则多用于继续性合同。[③]

一、合意解除

合意解除又称协议解除、协商解除，是指当事人双方通过协商同意将合同解除的行为。[④]实际上是没有解除权的当事人依合意成立新合同来解除原先的合同，并使该旧合同约定之债权债务关系得以消灭的行为。合意解除没有约定解除权，该解除行为也不是解除权的行使。承载此解除功能之契约，又被称为“解除契约”或“反对契约”。[⑤]

合意解除最大限度地尊重当事人之意思，依契约自由原则，其内容各异、目的不同，法律不作干涉。唯合意解除达成的协议采取合同之形式，因此须符合《民法典》规定的合同的基本有效要件，当事人需具备相应的民事行为能力，意思表示须真实，且合同内容和形式不得违反法律强行规定和公

---

① 参见崔建远主编:《合同法》(第六版)，法律出版社2016年版，第189页。
② 参见韩世远:《合同法总论》(第四版)，法律出版社2018年版，第645页。
③ 参见陈自强:《民法讲义Ⅱ：契约之内容与消灭》，法律出版社2004年版，第356—358页。
④ 参见韩世远:《合同法总论》(第四版)，法律出版社2018年版，第694页。
⑤ 参见史尚宽:《债法总论》，中国政法大学出版社2000年版，第530页。

序良俗，也不得损害国家利益和社会公共利益。合意解除一般于当事人协商一致之时生效，当然也可以由当事人自行约定合同解除的时间。如果合同解除还需经一定手续或行政程序，则此类手续或程序完成时间为合同解除的时间。

二、约定解除权

约定解除权，或称保留解除权，是指当事人通过在合同中约定某种事由，当该事由发生时，一方当事人即享有单方面解除合同的权利。此类约定解除权的合意称为解约条款或解除权条款。依约享有解除权的当事人称为解除权人，该解除权基于当事人合意（一说合同保留）而发生，因此称为约定解除权，在这一点上，其不同于《民法典》第563条规定下基于法律规定而发生的法定解除权。

保留解除权的约定可以在当事人之间订立合同时作出，也可以在之后另外订立保留解除权的协议。根据协商结果，解除权可以为一方当事人所保留，也可以同时为多方当事人所保留。当解除合同的事由发生时，依约享有解除权的当事人取得解除权，但尚需其主动行使解除权方可解除合同，其亦可选择不行使解除权，延续合同存在。由于该解除权的性质为形成权，如果解除权人选择行使解除权，则不必再与对方当事人协商或取得其同意，一经单方行使即可产生解除合同的效力。

约定解除权与合意解除二者虽然都是基于当事人的意思而使合同归于终了，但是仍存在以下显著区别：

1.合意解除是当事人一经达成合意即可使合同权利义务终止；而约定解除权虽然也需就解除权产生事由达成合意，但最终还是要通过解除权的行使使合同归于终了。

2.合意解除一般发生在合同成立后、已经出现当事人不欲合同存续的情况或事由时，当事人之间达成合意进而解除合同；而约定解除权则往往在解除事由发生之前，是当事人考虑到将来可能发生一方意欲解除合同之特定情况而做的预先安排。

3.合意解除颇含博弈色彩，注重重新安排当事人之间的权利义务关系，按照当事人之间的合意来分配、调整彼此的利益，使当事人得以从合同中脱身而自由；但约定解除权除预防违约等不虞外，较注重对解除权人施以补救，赋予其行使解除权的机会来维护自身的合法权益。

举证责任

因合同的合意解除是另立合同解除原先的合同，故当事人对于合意解除有争议的，主张合意解除的一方应就达成解除合同协议的事实负举证责任。当事人就约定解除权发生争议的，应当由主张行使约定解除权的一方举证证明解除权的约定之事实。行使约定解除权，应当由解除权人举证其享有约定解除权并符合解除权行使的条件。①

其他问题

解除条件存在于附条件的民事法律行为中，对于附解除条件的民事行为，解除条件一旦成就，则民事法律行为失效。就此说，附解除条件与合同解除具有共通之处。但作为《民法典》第562条改定法条文本用词的原因之一，二者之间的差异应引起重视：

1. 解除条件的适用范围较广，除合同外，对于一切民事法律行为和意思表示均可附解除条件；而解除则只适用于合同领域。

2. 对于附解除条件的合同，解除条件一经成就，合同即自动地、当然地归于消灭；而对于合同的解除，则需要当事人行使约定的解除权，方可发生解除的效果。

3. 一般来说，解除条件的成就意味着附解除条件的民事法律行为向将来失去效力，不发生溯及问题；而合同的解除则依据合同类型的不同，既有使契约关系向将来失去效力的，也有使当事人负有回复原状义务的。②

4. 解除条件通常被当事人用以限制民事法律行为的效力，是当事人为满足其特定需求，根据其意思表示而就民事法律行为之失效事宜所加之附款；

---

① 参见崔建远：《解除权问题的疑问与释答（上篇）》，载《政治与法律》2005年第3期。

② 参见陈自强：《民法讲义Ⅱ：契约之内容与消灭》，法律出版社2004年版，第356—358页。

而合同解除既有迥异用途，亦非合同之附款，且多数时候是因法律规定而非当事人约定而发生。

5.实务中从合同措辞方面看，附解除条件的场合，一般采用“……条件成就，法律行为（包括合同）自动（或曰自行）消灭（或曰终止）”的表述，字面即有使合同等法律行为当然地、自动消灭之义；[①]而合同解除，尤其是约定解除权的情况下一般则使用“……事由发生，当事人一方或双方可以解除合同”，或者“……事由发生，当事人一方或双方有权解除合同”的语句。

第五百六十三条【法定解除权】

有下列情形之一的，当事人可以解除合同：

（一）因不可抗力致使不能实现合同目的；

（二）在履行期限届满前，当事人一方明确表示或者以自己的行为表明不履行主要债务；

（三）当事人一方迟延履行主要债务，经催告后在合理期限内仍未履行；

（四）当事人一方迟延履行债务或者有其他违约行为致使不能实现合同目的；

（五）法律规定的其他情形。

以持续履行的债务为内容的不定期合同，当事人可以随时解除合同，但是应当在合理期限之前通知对方。

历史由来

本条第1款完全承袭了《合同法》第94条的规定，第2款为新增规定。在《民法典》编纂过程中，各个阶段的草案文本都没有对《合同法》第94条的规定作出修改。与第1款不同，本条第2款关于不定期合同的解除规则则是从《民法典合同编（草案）》（一审稿）才开始出现的。《民法典合同编（草

① 参见崔建远：《附解除条件不同于合同解除》，载《法学杂志》2015年第7期。

案)》(一审稿)第353条第2款规定:“以持续履行的债务为内容的不定期合同,当事人可以随时解除合同。”《民法典合同编(草案)》(二审稿)保留了第353条第2款的规定,但作出一点调整,即把“可以随时解除合同”修改为“在合理期限之前通知对方后可以解除”,其具体表述为:“以持续履行的债务为内容的不定期合同,当事人在合理期限之前通知对方后可以解除。”《民法典(草案)》第563条延续《民法典合同编(草案)》(二审稿)规定的内容。

特别值得关注的一点是,《民法典合同编(草案)》(一审稿)和《民法典合同编(草案)》(二审稿)曾经出现过第3款的规定,该款对违约方可以解除合同作出了规定。《民法典合同编(草案)》(一审稿)第353条第3款规定:“合同不能履行致使不能实现合同目的,解除权人不解除合同对对方明显不公平的,对方可以向人民法院或者仲裁机构请求解除合同,但是不影响其承担违约责任。”随后的《民法典合同编(草案)》(二审稿)第353条第3款延续了“一审稿”的主要内容并进一步修改表述为:“合同不能履行致使不能实现合同目的,有解除权的当事人不行使解除权,构成滥用权利对对方显失公平的,人民法院或者仲裁机构可以根据对方的请求解除合同,但是不影响违约责任的承担。”由于反对声音较大,该款规定在《民法典(草案)》中被删除。

三 规范目的或功能

本条是关于合同法定解除权的一般规定,是法定解除权发生的重要基础规范。合同法定解除权是指合同当事人根据法律的直接规定所享有的在一定条件下使合同关系终止的一种权利。也就是说,合同解除的条件由法律直接加以规定者,其解除便为法定解除。在法定解除中,有的以适用于所有合同的条件为解除条件,有的则仅以适用于特定合同的条件为解除条件。前者为一般法定解除,后者为特别法定解除。我国法律普遍承认法定解除,不但有关于一般法定解除的规定,而且有关于特别法定解除的规定。[①]根据通说,法

① 参见崔建远主编:《合同法》(第六版),法律出版社2016年版,第191页。

定解除制度是契约严守原则的例外，立法上承认法定解除权的目的是明确法定解除的事实构成，以限定其适用范围。[①]换言之，《民法典》规定法定解除权，其意在为合同当事人跳出合同、消灭合同权利义务关系设定条件，限制当事人任意解除合同的行为，从而达到鼓励交易、避免资源浪费并合理保护当事人合法权益的目的。当事人解除合同的目的在于终止合同的义务，返还已为的给付。因此，本条列于《民法典》合同编第七章“合同的权利义务终止”之下。[②]法定解除虽然只是我国法律所规定的合同解除方式之一，但却是最为重要的一种，是司法实践中发生纠纷较多的重要法律问题，也是与合同编合同履行、合同终止和违约责任等多个问题都有重要关联的法律制度。此外，本条第2款设立法定解除的特别规则，以规范不定期的继续性合同的解除问题，也是填补法律漏洞的必要之举。

规范内容

一、法定解除权的内涵

合同解除是指在合同有效成立后，因一方或双方当事人的意思表示，使合同关系终了，未履行的部分不必履行，既已履行的部分依具体情况进行清算的制度。[③]合同解除是合同当事人从合同关系约束中摆脱出来的方式之一，是合同交易的例外情形。《民法典》合同编规定了协商解除、约定解除和法定解除三种解除方式。协商解除是意思表示一致的解除，约定解除是赋予合同当事人一方在某种约定条件成就时的单方解除，法定解除是非违约方根据法律规定而享有的单方解除权。法定解除权是基于合同性质以及法律对合同双方当事人利益关系的调整目的，法律直接规定了某些情况发生时，合同一方当事人可以享有解除权。通常来说，法定解除权是法律赋予非违约方的一项权利，我国现行法并不存在违约方解除合同的规定。需要特别注意区分法定解除与约定解除，二者既有区别又有联系。其区别表现在，法定解除是法律

① 参见最高人民法院（2016）民再251号民事判决书。

② 参见赵文杰：《〈合同法〉第94条（法定解除）评注》，载《法学家》2019年第4期。

③ 参见韩世远：《合同法总论》（第四版），法律出版社2018年版，第644页。

直接规定解除合同的条件，当条件具备时，解除权人可直接行使解除权将合同解除；而约定解除是双方的法律行为，一方的行为不能导致合同解除。其联系表现在：约定解除可以对法定解除作补充。比如约定违反合同中的任何一项规定，不论程度如何，均可解除合同。法定解除权在我国主要包括两种，一种是不可抗力不能实现合同目的，另一种是违约行为。其中所谓的违约行为，原则上是指债务人违反合同的主义务。违反从合同义务及附随义务一般不得解除合同，但致合同目的落空时可以解除合同。[①]

二、法定解除权的发生情形

本条对解除权的发生原因进行了列举式的规定，具体包括如下情形：

（一）因不可抗力致使不能实现合同目的

根据《民法典》第180条的规定，所谓不可抗力是指不能预见、不能避免并不能克服的客观情况。当事人订立合同，旨在通过合同的履行实现其一定的利益。如果因不可抗力的发生，导致合同无法履行进而导致合同目的不能实现时，继续维持合同的效力已无意义，因此法律赋予当事人解除权，允许其解除合同。但如果不可抗力的发生只是造成了合同履行的暂时障碍或者只是导致部分内容不能履行，而不影响合同目的的实现，则不能产生解除权。不能预见，指行为人主观上对于某一客观情况的发生无法预测。这里的能否预见，取决于人的认知能力和科学技术水平的差异，因此应以一般人的预见能力作为判断标准。不能避免并不能克服，是指某一事件的发生具有客观必然性，当事人尽了最大的努力，仍然不能避免事件的发生，也不能克服事件造成的损害后果。不可抗力的客观情况，指独立于当事人行为之外的客观情形。

不能预见、不能避免并不能克服只是对不可抗力的原则性规定，至于其具体包含哪些内容，我国法律并无具体规定，各国法律规定也不尽相同，一般说来，以下情况可被认为属于不可抗力：（1）自然灾害。自然灾害包括地震、水灾等因自然界的力量引发的灾害。自然灾害的发生，常常使合同的履

① 参见崔建远：《合同解除探微》，载《江淮论坛》2011年第6期。

行成为不必要或者不可能，需要解除合同。比如，地震摧毁了购货一方的工厂，使其不再需要订购的货物，要求解除合同。需要注意的是，一般各国都承认自然灾害为不可抗力，但有的国家认为自然灾害不是不可抗力。因此，在处理涉外合同时，要特别注意各国法律的不同规定。（2）战争。战争的爆发可能影响到一国甚至多国的经济秩序，使合同履行成为不必要。（3）社会异常事件。主要指一些偶发的阻碍合同履行的事件。比如罢工、骚乱，一些国家认为属于不可抗力。（4）政府行为。主要指合同订立后，政府颁布新的政策、法律，采取行政措施导致合同不能履行，如发布禁令等，有些国家认为属于不可抗力，我国实践中对此尚有争论。

不可抗力致使不能实现合同目的，该合同应该消灭。但通过什么途径消灭，各国立法规定并不一致。2002年之前的旧《德国民法典》和《日本民法典》《欧洲合同法原则》《欧洲私法共同示范框架草案》等域外立法基于双务合同双方债务存续上的牵连性，采取合同自动消灭的原则，原则上由债务人承担风险，而不采通知解除的方式。①英美法通过合同落空原则解决不可抗力及其他意外事故致使合同不能履行的问题，但需要由法官裁决。②我国法为避免当事人之债务如“幽灵般之存在（in a sort of ghostly state）”，借鉴《国际商事合同通则》第7.1.7条的规定，顾及作为免责规定的不可抗力规则可能存在的缺陷，将不可抗力情形写入法定解除权产生事由的法律规定中，是一种务实且有意义的制度继受。该条没有规定通常事变（不可抗力以外的客观原因）致使不能实现合同目的时可否据此解除合同。有学者主张，为了解决实务中出现的问题，应当承认通常事变致使不能实现合同目的时可以据此解除合同，可以采取类推适用该条之规定或扩张解释不可抗力之含义，来达到上述目的。③但因不可抗力之外之客观原因导致合同目的不能实现，有可能落入情势变更的规制范围，能否适用本条，尚无确定之结论。

当然，不可抗力事件的发生，对履行合同的影响可能有大有小，不能一概而论。如果不可抗力对于当事人履行合同的影响不会导致目的不能实现，

① 参见韩世远：《合同法总论》（第四版），法律出版社2018年版，第658页。

② 参见崔建远主编：《合同法》（第六版），法律出版社2016年版，第193页。

③ 参见崔建远主编：《合同法》（第六版），法律出版社2016年版，第194页。

则不产生解除权。只有不可抗力致使合同目的不能实现时，当事人才可以解除合同。如果不可抗力只是导致合同部分不能履行，可导致合同的变更，但部分履行已严重影响当事人所追求的合同目的的，应承认有解除权的发生。如果不可抗力只是暂时阻碍了合同的履行，债务人可延期履行，但延期履行已严重影响当事人所追求的合同目的的，应承认解除权的发生。[①]在“海南甲药业有限公司、海南乙制药有限公司与海口丙制药股份有限公司技术转让合同纠纷申请再审案”[②]中，原二审法院认为涉诉的《转让合同》可以判定解除，理由是“不可抗力致使合同目的不能实现”，但这一判决在再审中被推翻，最高人民法院认为，该《转让合同》的履行不存在事实上和法律上的任何障碍，国家药监局收回乙制药公司的药品GMP证书是可以克服的情况，被告公司有能力继续履行《转让合同》，合同目的并非不能实现，因此原二审法院以“不可抗力致使合同目的不能实现”为由判决解除合同是错误的。

（二）预期违约

预期违约，也可称之为拒绝履行或毁约，包括明示毁约和默示毁约两种。所谓明示违约，指合同履行期到来之前，一方当事人明确肯定地向另一方当事人表示他将不履行合同。所谓默示违约，指合同履行期限到来前，一方当事人以自己的行为表明将不履行主要债务，比如将应交付的特定买卖物又转卖他人的行为。我国预期违约的制度来自英美法的经验。在预期违约的情况下，违约方已经根本不愿受合同效力的拘束，非违约方的合同目的已经不可能通过对方的履行而实现，降低了另一方享有的合同权利的价值，如果在一方当事人预期违约的情况下，仍然要求另一方当事人在履行期间届满才能主张补救，将给另一方造成损失。允许受害人解除合同，受害人对于自己尚未履行的合同可以不必履行，有利于保护受害人的合法权益。

至于债务人拒绝履行，债权人可否不经催告而径直解除合同，学术界之前虽有不同观点，但《民法典》却仍延续《合同法》的规定，不要求债权人

---

① 参见韩世远：《合同法总论》（第四版），法律出版社2018年版，第659页。

② 参见最高人民法院（2011）民提字第307号民事判决书。

为履行催告，可直接解除合同，已无疑义。这种思想在最高人民法院的有关司法解释中得到了落实。《建设工程施工合同解释》规定，明确表示或以行为表明不履行合同主要义务的，发包人可以请求解除合同（第8条第1项）。《国有土地使用权合同解释》规定，当事人请求按照订立合同时的市场评估价格缴纳土地使用权出让金的，应予支持；受让人不同意按照市场评估价格补足，请求解除合同的，应予支持。因此造成的损失，由当事人按照过错承担责任（第3条第2款）。[①]

值得注意的是，本条与不安抗辩权条款和预期违约条款都有直接关联，应注意三者在实践中的综合运用。不安抗辩权是赋予合同先履行一方当事人的履行抗辩权，本条是赋予预期违约当事人的对方享有解除合同的权利，预期违约条款是规定预期违约当事人一方应当承担的违约责任。

在实践中，经常会出现一些不具备法定解除权的当事人做出单方解除合同的行为，该行为往往会被法院认定为预期违约行为。例如，在某市甲建设集团有限公司与乙连锁超市有限公司租赁合同纠纷抗诉案[②]中，某省高级人民法院判定乙公司单方解除合同的行为属预期违约，乙公司应向甲公司承担违约责任。

（三）迟延履行

迟延履行，是指债务人无正当理由，在合同约定的履行期间届满时，仍未履行合同主要债务。债务人迟延履行合同债务是违反合同约定的行为，但并非就可以因此解除合同，一般需要具备两个条件：一是迟延履行的是主要债务；二是该债务之迟延履行并非立即导致合同目的不能实现，但经债权人催告后债务人仍未履行。

首先，债务人迟延履行的是主要债务。所谓主要债务，通常是指合同的主给付义务，或者是实现合同目的必须履行的义务。[③]既可以体现在“量”的方面，也可以体现在“质”的方面。比如买卖合同，在履行期限内交付的标的物只占

① 参见崔建远主编：《合同法》（第六版），法律出版社2016年版，第196页。
② 参见湖北省高级人民法院（2006）鄂民一终字第118号民事判决书。
③ 参见金勇军：《一般交易条款的解释》，载《法学》1997年第5期。

合同约定的很少一部分，不能满足债权人的要求，应认为迟延履行主要债务。有时，迟延履行的部分在合同中所占物质比例不大，但却至关重要。比如，购买机械设备，债务人交付了所有的设备，但迟迟不交付合同约定的有关设备的安装使用技术资料，使债权人不能利用该设备，也应认为是迟延履行主要债务。

其次，主要债务的履行时间并非至关重要的合同条款，但经债权人催告后仍不履行，债权人就可解除合同。根据合同性质和当事人意思表示，履行期限在合同履行中并不特别重要，即债务人在履行期限届满后履行，也不至于使合同目的落空。在这种情况下，原则上不允许债权人立即解除合同，而应由债权人向债务人发出履行催告，给他规定一个宽限期。债务人在该宽限期届满时仍未履行的，债权人才有权解除合同，也就是说，此时的解除权的发生以经过催告为必要，也是各国立法的通例。①我国最高人民法院的某些司法解释贯彻了此种催告解除的精神。比如，《建设工程施工合同解释》规定，合同约定的期限内没有完工，且在发包人催告的合理期限内仍未完工的，发包人可以请求解除合同（第8条第2项）。②至于宽限期或催告后的合理期限，应当根据债务履行的难易程度和所需要时间的长短确定，超过该合理期间债务人仍不履行的，表明债务人没有履行合同的诚意，或者根本不可能再履行合同，在此情况下，如果仍要债权人等待履行，不仅对债权人不公平，也会给其造成更大的损失，因此，债权人可以依法解除合同。

（四）根本违约的迟延履行及其他违约行为

因迟延履行致使不能实现合同目的，指迟延的时间对于债权的实现至关重要，超过了合同约定的期限履行合同，合同目的就将落空。通常以下情况可以认为构成根本违约的迟延履行：（1）当事人在合同中明确约定超过期限履行合同，债权人将不接受履行，而债务人履行迟延。（2）履行期限是构成合同的必要因素，超过期限履行将严重影响订立合同所期望的经济利益。比如季节性、时效性较强的标的物，像中秋月饼，过了中秋节交付，就没有了

---

① 比如《德国民法典》原第326条第1款、《瑞士债务法》第107条、《日本民法典》第541条。

② 参见崔建远主编：《合同法》（第六版），法律出版社2016年版，第194页。

销路。再比如，甲为庆祝其母六十大寿，向乙蛋糕店定做蛋糕一份，约定于寿诞开始时交付。该履行期限即属特别重要，届时乙未能履行，甲得不经催告而径行解除合同。（3）继续履行不能得到合同利益。在甲实业有限公司与乙股份合作公司、丙物业发展总公司、丁投资发展有限公司等合作开发房地产合同纠纷案[①]中，最高人民法院认为，由于甲公司迟延履行双方合作合同中约定的主要出资义务及开发建设义务，致使双方合同目的不能实现，乙公司向甲公司发函通知解除双方合同，符合《合同法》第94条第4项“当事人一方迟延履行债务或者有其他违约行为致使不能实现合同目的”，因此，当事人有权据此解除合同。

致使不能实现合同目的的其他违约行为，主要指违反的义务对合同目的的实现十分重要，如一方不履行这种义务。将剥夺另一方当事人根据合同有权期待的利益。该种违约行为主要包括：（1）完全不履行，即债务人拒绝履行合同的全部义务。（2）履行质量与约定严重不符，无法通过修理、替换、降价的方法予以补救。比如，约定交付的标的物是一级棉花，但交付的却是买方根本无法使用的等外品。（3）部分履行合同，但该部分的价值和金额与整个合同的价值和金额相比占极小部分，对于另一方当事人无意义，比如，约定交付100吨钢材，只交付了10吨；或者未履行的部分对于整个合同目的的实现至关重大，比如，成套设备买卖，未交付关键配件，使交付的设备无法运转。

值得注意的是，在金钱给付的场合，不宜将迟延付款直接认定为债权人的合同目的不能实现，而应作为逾期履行适用《民法典》第563条第1款第3项的规定，解决系争合同的解除问题；也不宜简单地将未付清尾款直接认定为合同解除的条件已经具备，即使经过了一次甚至两次催告，也不宜支持债权人关于援用《民法典》第563条第1款第3项的规定解除系争合同的请求，只有债权人成功举证其合同目的已因债务人未付尾款落空时，才可支持其解除系争合同的请求。只有这样，才符合《民法典》第563条第1款第3项、第4项的规范意旨，才不违反公平正义，才不会无端地颠覆社会秩序。[②]

---

① 参见最高人民法院（2010）民一终字第45号民事判决书。

② 参见崔建远主编：《合同法》（第六版），法律出版社2016年版，第197页。

（五）其他情形

除了上述四种法定解除情形，《民法典》还规定了其他解除合同的情形作为兜底条款。此处所谓的“法律规定的其他情形”，一是指《民法典》本身规定的，但除本条规定以外的情形。比如，因行使不安抗辩权而中止履行合同，对方在合理期限内未恢复履行能力，也未提供适当担保的，中止履行的一方可以请求解除合同。二是指《民法典》以外的法律所规定的解除条件。属于前者的，如《民法典》买卖合同章的规定，因标的物质量不符合质量要求，致使不能实现合同目的的，买受人可以拒绝接受标的物或解除合同。买受人拒绝接受标的物或解除合同的，标的物毁损、灭失的风险由出卖人承担；分期付款的买受人未支付到期价款的金额达到全部价款的1/5的，出卖人可以要求买受人支付全部价款或解除合同。《民法典》以外的法律所规定的解除条件较多。例如，《保险法》规定，投保人故意或因重大过失未履行如实告知义务，足以影响保险人决定是否同意承保或提高保险费率的，保险人有权解除保险合同（第16条第2款）。最高人民法院的有关司法解释也规定了特殊的解除条件。例如，《建设工程施工合同解释》规定，将承包的建设工程非法转包、违法分包的，发包方可以请求解除合同（第8条第4项）。[①]本条作为兜底条款既有引致之功能，也对未来立法保持开放，有特殊意义。

三、不定期合同的解除

本条第2款乃新增规定，以持续履行的债务为内容的不定期合同，当事人在合理期限之前通知对方后可以解除。此处所谓“以持续履行的债务为内容”即为继续性合同，所谓“不定期合同”即指对合同期限没有约定或约定不明。因此本条是关于不定期的继续性合同的解除规则。我国之前立法对于继续性合同没有明确规定，也没有在法律上对继续性合同与一时性合同刻意进行区分并进行相应的制度设计。只是在诸如《民法典》第566条“根据履行情况和合同性质”的用语中，以“合同性质”的模糊表述涵盖继续性合同的内涵，缺乏明确的规范指向和法律后果。因此，本款规定有填补法律漏洞之效果。

---

① 参见崔建远主编：《合同法》（第六版），法律出版社2016年版，第197页。

同样，本款规定仍将继续性合同的消灭称为“解除”，不采德国法上的继续性合同“终止”概念，[①]延续了我国《合同法》的原有做法和传统（比如第97条解除后果、出租合同解除等），从而避免了区分过度的文义纠缠，也回避了继续性合同与一时性合同在某些情况下难于区分的窘境，值得肯定。

此外，本款关于不定期合同的规定也突破了《合同法》有名合同的限制，将不定期合同提升为了合同法的一般概念。《合同法》关于不定期合同的内容仅仅可见于个别有名合同，比如租赁合同，《合同法》第232条规定，当事人对租赁期限没有约定或者约定不明确，依照《合同法》第61条的规定仍不能确定的，视为不定期租赁。当事人可以随时解除合同，但出租人解除合同应当在合理期限之前通知承租人。《民法典》第730条延续了《合同法》第232条的规定，当事人对租赁期限没有约定或者约定不明确，依据《民法典》第510条的规定仍不能确定的，视为不定期租赁。当事人可以随时解除合同，但是应当在合理期限之前通知对方。可见，本款规定将不定期租赁升华为不定期合同，无疑是一种法律上的进步，提升了《民法典》的包容性和开放性。

当然，不定期的继续性合同解除规则并非空穴来风，我们可以在一些国外立法和我国民法典草案建议稿中找到依据。比如《美国统一商法典》第2–309条就规定，如果按照合同约定需要持续履行，且合同持续期间不受限制，合同即在合理期间内有效；但除非另有协议，合同可由任何一方在任何时间终止。与我国《合同法》第232条相似的规定，也可以在《法国民法典》第1736条和《日本民法典》第617条找到类似表述。梁慧星教授主持编撰的《中国民法典草案建议稿》在第930条也规定了未定期间合同的终止规则，规定如果合同约定继续性义务，而未约定其存续期间的，双方当事人均可以随时提出终止合同，但应当给相对人预留寻求替代安排的合理时间。草案所给出的立法理由是：合同以其性质决定不可永久存在，而必须有始有终。关于合同的终了，固有多种方式，但对于未定期间的继续性合同，法律必须赋予当事人以终止合同的权利，从而使其不必永久受合同关系的拘束。未定期间的继续性合同，双方当事人均可在任何时间终止合同，是为任意终止权。此

---

① 参见韩世远：《合同法总论》（第四版），法律出版社2018年版，第652页。

“任意终止权”并非全然不受限制，行使该权利者应当给相对人预留寻求替代安排的合理时间。[①]由于《民法典》合同编未区别解除与终止而统称为解除，因此梁慧星教授主持编撰的《中国民法典草案建议稿》所称的“任意终止权”，与本款所谓的任意解除，并无本质区别。至于“合理期限”，则需要根据合同类型、合同性质、合同履行情况、交易习惯等诸多因素加以确定。

举证责任

本条为解除权发生规范，由主张解除权成立之人（即债权人）就事实构成承担证明责任。详言之，由债权人证明下列要件事实之一：债务人给付不能、拒绝给付、给付迟延且已定期限催告无果、给付迟延且无需定期限催告、瑕疵履行致期待利益落空、违反从给付义务或附随义务致无法受领或期待债务人的继续履行。此外，债权人尚需证明自身有履行对待给付义务的意愿和能力。在拒绝给付中，债务人承担拒绝给付有正当理由的证明责任。[②]

其他问题

尽管《民法典合同编（草案）》（一审稿）和《民法典合同编（草案）》（二审稿）第353条第3款规定了违约方解除合同规则，但被2019年12月16日发布的《民法典（草案）》删除，全国人大常委会在《关于〈民法典各分编（草案）〉修改情况和〈中华人民共和国民法典（草案）〉编纂情况的汇报》中也专门对此作出如下说明：“有的专家学者提出，这一规定的出发点在于解决实践中存在的由于合同不能履行而导致的僵局问题，但规定违约方可以申请解除合同，与严守合同的要求不符，建议删去。对个别合同僵局问题，可以考虑通过适用情势变更规则或者其他途径解决。宪法和法律委员会经研究，建议采纳这一意见，删去该款规定。”实践中已经存在该问题的大量判例，但由

---

① 参见梁慧星主编：《中国民法典草案建议稿附理由：债权总则编》，法律出版社2013年版，第195页。

② 参见赵文杰：《〈合同法〉第94条（法定解除）评注》，载《法学家》2019年第4期。

于法律界对此问题尚有争议，[①]未达成共识，草案不得不予以舍弃。但由于该问题在实践中的重要性和学者们的不断呼吁，最终出台的《民法典》在第580条第2款中增加了类似违约方解除合同的机制："有前款规定的除外情形之一，致使不能实现合同目的的，人民法院或者仲裁机构可以根据当事人的请求终止合同权利义务关系，但是不影响违约责任的承担。"尽管其体系位置在违约责任一章，是对非金钱债务继续履行排除规则的补充，但该规则显然能部分实现违约方解除合同的制度目标，值得赞许。

第五百六十四条【解除权的行使期限】

法律规定或者当事人约定解除权行使期限，期限届满当事人不行使的，该权利消灭。

法律没有规定或者当事人没有约定解除权行使期限，自解除权人知道或者应当知道解除事由之日起一年内不行使，或者经对方催告后在合理期限内不行使的，该权利消灭。

历史由来

本条来源于《合同法》第95条的规定，但有所增补。《合同法》第95条规定："法律规定或者当事人约定解除权行使期限，期限届满当事人不行使的，该权利消灭。法律没有规定或者当事人没有约定解除权行使期限，经对方催告后在合理期限内不行使的，该权利消灭。"该规定在两方面存在法律漏洞：一方面，对于究竟何为"合理期限"，多长的时间期限构成"合理期限"，法律界定不明，从而留下一个"白地规定型漏洞"，[②]需要依靠法官根据个案自由裁

① 参见孙良国：《违约方合同解除的理论争议、司法实践与路径设计》，载《法学》2019年第7期；石佳友、高郦梅：《违约方申请解除合同权：争议与回应》，载《比较法研究》2019年第6期；韩世远：《继续性合同的解除：违约方解除抑或重大事由解除》，载《中外法学》2020年第1期；刘承韪：《论违约方解除合同规则写入民法典之必要与可行》，载《中国政法大学学报》2020年第3期。

② 所谓白地规定型漏洞，指诚信原则、禁止权利滥用等白地规定。参见梁慧星：《民法解释学》，法律出版社2015年版，第263页。

量。另一方面，在既无法律规定也无当事人约定的情形之下，若对方当事人未催告，此时解除权人的解除权行使期限应当如何确定并不明确。对此，学界一直探讨是否能够通过法律来明确规定一个解除权的行使期限。学界通说认为，考虑到合同双方的履行情况，将解除权的行使期限设置为1年最为适宜。[①]此外，在司法裁判中，将解除权行使期限认定为1年的情形居多，对此已有一定的实践基础。[②]

《民法典合同编（草案）》（征求意见稿）第106条及《民法典合同编（草案）》（一审稿）第354条作出了如下一致规定："法律规定或者当事人约定解除权行使期限，期限届满当事人不行使的，该权利消灭。法律没有规定或者当事人没有约定解除权行使期限，经对方催告后在合理期限内不行使的，或者自解除权人知道或者应当知道解除事由之日起一年内不行使的，该权利消灭。"《民法典合同编（草案）》（二审稿）第354条及《民法典（草案）》第564条对第2款的规定作出修正，表述为："法律没有规定或者当事人没有约定解除权行使期限，自解除权人知道或者应当知道解除事由之日起一年内不行使，或者经对方催告后在合理期限内不行使的，该权利消灭。"其修正之处为，第2款将"经对方催告后在合理期限内不行使"的规定置后。如此规定，明确了在法律没有规定或当事人没有约定的情形下，催告并非合同解除权消灭的必要条件。[③]本条第2款通过前后顺序的调整明确了合同解除权的行使期限为1年，催告情形下的合理期限作为特殊情形而存在。顺序的调整反映了民法典的逻辑严密性与内容严谨性。[④]

---

① 参见崔建远、吴光荣：《我国合同法上解除权的行使规则》，载《法律适用》2009年第11期。

② 参见高丰美、丁广宇：《合同解除权行使"合理期限"之司法认定——基于36份裁判文书的分析》，载《法律适用》2019年第22期。

③ 参见王利明：《合同编解除制度的完善》，载《法学杂志》2018年第3期。

④ 在民法典的起草过程中，几部学者建议稿都对合同解除权的消灭作出了规定，如梁慧星教授主持编撰的《中国民法典草案建议稿》第928条、王利明教授主持编撰的《中国民法典学者建议稿》第1332条。参见梁慧星主编：《中国民法典草案建议稿附理由：合同编》（上册），法律出版社2013年版，第192页；王利明主编：《中国民法典学者建议稿及立法理由：债法总则编·合同编》，法律出版社2005年版，第280页。

规范目的或功能

本条是关于合同解除权行使期限的规定。合同解除权是法律赋予非违约方维护自身权益的一项保护方式，解除权人可以决定是否行使合同解除权。应当注意的是，权利如不加以限制，难免会走向公平正义的反面。《合同法》第95条的规定存在缺陷，本条意在解决司法实践中就合同解除权行使期限的认定过度依赖法官的自由裁量权，从而导致的司法认定因素不明、漏洞补充方法运用不当、裁判尺度不一等问题。[①]本条通过给合同解除权设置行使期限，旨在给合同解除权人的权利行使设定一定的时间限制，催促解除权人及时行使其权利，以避免合同当事人之间的法律关系长期处于不确定状态。从体系上看，本条填补了现有立法之漏洞，明确了合同解除权的行使期限，有利于实现民法典立法的科学性与严谨性。从规范功能上看，明确合同解除权的行使期限，有利于避免解除权人滥用其解除权，使得纠纷能够得到灵活合理的处理，对合同双方当事人的利益起到平衡和保护作用。[②]

规范内容

本法条是一个完全法条，规定了构成要件和法律效果两个部分，其构成要件为“法律规定或者当事人约定解除权行使期限，期限届满当事人不行使的”以及“法律没有规定或者当事人没有约定解除权行使期限，自解除权人知道或者应当知道解除事由之日起一年内不行使，或者经对方催告后在合理期限内不行使的”，其法律效果为“该权利消灭”。本条之规范对象是合同解除权的行使期限，规范内容为合同解除权的消灭。拥有解除权的人既可以行使其权利，也可以不行使，解除权行使与否取决于解除权人的意志，由此会

① 参见高丰美、丁广宇：《合同解除权行使“合理期限”之司法认定——基于36份裁判文书的分析》，载《法律适用》2019年第22期。

② 参见范纪强：《无催告情形下合同解除权的消灭》，载《人民司法》2019年第8期。

使相对人陷于不安状态，长期放任此种不安状态存在，有失公允，故法律应当限定解除权的行使期限，超过行使期限，其解除权消灭。①

一、法律规定或者当事人约定解除权行使期限

法律规定或者当事人约定解除权行使期限，期限届满当事人不行使的，解除权消灭。在这种情形之下，非解除权人无需进行催告，只要该期限经过，解除权就绝对地消灭，合同将继续有效存在。②

（一）法律规定解除权行使期限

鉴于商事活动追求便捷高效以及商事活动主体的专业性，我国商事法律对合同解除权行使期限作出特别规定，尤其体现在海商法和保险法中。《海商法》第97条及第131条分别规定了两类租船合同解除权的行使期限为48小时。③在此情况下，对合同解除权的行使期限作出短暂的48小时的规定主要是考虑到船舶一般处于持续运营状态，承租人的解除权行使期限如果过分拖延，将导致出租人无法及时得到通知而实施履行航次运输行为，从而造成不必要的损失。④

《保险法》第16条第2款、第3款、第6款以及第32条第1款对保险人行

---

① 韩世远：《合同法总论》（第四版），法律出版社2018年版，第691页。

② 参见韩世远：《合同法总论》（第四版），法律出版社2018年版，第691页。

③《海商法》第97条规定了航次租船合同解除权有48小时的行使期限，出租人在约定的受载期限内未能提供船舶的，承租人有权解除合同。但是，出租人将船舶延误情况和船舶预期抵达装货港的日期通知承租人的，承租人应当自收到通知时起48小时内，将是否解除合同的决定通知出租人。因出租人过失延误提供船舶致使承租人遭受损失的，出租人应当负赔偿责任。

《海商法》第131条规定了定期租船合同解除权有48小时的行使期限，出租人应当按照合同约定的时间交付船舶。出租人违反前款规定的，承租人有权解除合同，出租人将船舶延误情况和船舶预期抵达交船港的日期通知承租人的，承租人应当自接到通知时起48小时内，将解除合同或者继续租用船舶的决定通知出租人。因出租人过失延误提供船舶致使承租人遭受损失的，出租人应当负赔偿责任。

④ 参见高丰美、丁广宇：《合同解除权行使"合理期限"之司法认定——基于36份裁判文书的分析》，载《法律适用》2019年第22期。

使合同解除权作出时间限制。[①]这主要是因为保险是商业领域具有高度专业性的业务，从普通理性人的角度来说，投保人并不具备相关专业知识，对于哪些是与保险标的有关的重要事项，难以作出判断。而反观保险人，其从业人员具备专业的知识与丰富的经验，在保险关系中居于有利地位。因此，有必要明确保险人的合同解除权行使期限，从而督促保险人及时确定保险合同权利义务关系。[②]

由于近年来商品房买卖数量急剧上升，相关司法纠纷不断涌现，最高人民法院于2003年4月28日发布了《商品房买卖合同解释》，其中第15条第2款对合同解除权行使期限作出规定："法律没有规定或者当事人没有约定，经对方当事人催告后，解除权行使的合理期限为三个月。对方当事人没有催告的，解除权应当在解除权发生之日起一年内行使；逾期不行使的，解除权消灭。"

（二）当事人约定解除权行使期限

约定解除权行使期限乃基于当事人的合意。当事人双方通过协商事先在合同中就解除权的行使期限作出的约定，只要不违反法律、行政法规的强制性规定，就应当得以遵守和履行，以充分体现当事人的意思自治。

---

① 《保险法》第16条第2款、第3款、第6款分别规定："投保人故意或者因重大过失未履行前款规定的如实告知义务，足以影响保险人决定是否同意承保或者提高保险费率的，保险人有权解除合同"；"前款规定的合同解除权，自保险人知道有解除事由之日起，超过三十日不行使而消灭。自合同成立之日起超过二年的，保险人不得解除合同；发生保险事故的，保险人应当承担赔偿或者给付保险金的责任"；"保险人在合同订立时已经知道投保人未如实告知的情况的，保险人不得解除合同；发生保险事故的，保险人应当承担赔偿或者给付保险金的责任。"

《保险法》第32条第1款规定："投保人申报的被保险人年龄不真实，并且其真实年龄不符合合同约定的年龄限制的，保险人可以解除合同，并按照合同约定退还保险单的现金价值。保险人行使合同解除权，适用本法第十六条第三款、第六款的规定。"

由此可见，保险人"因投保人故意或重大过失未履行告知义务"以及"因投保人申报年龄不真实"而享有的合同解除权，"自保险人知道有解除事由之日起，超过三十日不行使而消灭"，并且"自合同成立之日起超过二年的，保险人不得解除合同"。

② 参见高丰美、丁广宇：《合同解除权行使"合理期限"之司法认定——基于36份裁判文书的分析》，载《法律适用》2019年第22期。

"期限届满当事人不行使的，该权利消灭"，依《民法典》第199条的相关规定，[①]合同解除权是形成权，解除权的行使期限属于除斥期间，除斥期间是权利有效存在的一定时间段，期间经过，则权利归于消灭。除斥期间不同于一般的权利期间，它不是单纯地对权利加以时间上的限制，而是对权利人的权利行使环节施加的时间限制。[②]合同解除权受到除斥期间的限制，期间届满不行使权利，将导致解除权消灭。这实际上是对合同解除权人的权利行使施加的时间限制，督促其及时行使权利，避免合同法律关系长期处于不稳定状态。

二、法律没有规定或者当事人没有约定解除权行使期限

（一）自解除权人知道或者应当知道解除事由之日起1年内不行使，该权利消灭

将解除权的除斥期间定为一年，其合理性在于：第一，符合相似的事物相同处理的理念。[③]与合同解除权最相类似的是同为形成权的撤销权，《民法典》第152条[④]对撤销权的消灭规定了1年的一般除斥期间和5年的最长除斥期间。该规定通过给撤销权人设置时间限制，旨在促使双方当事人的法律关系尽快稳定下来。[⑤]由于合同解除权和撤销权在规范意旨上具有相似性，都意在促使权利人及时行使权利，所以对解除权的行使期限可以作出类推适用的结论。第二，尽管设置解除权的初衷是保护守约方的利益，但是如果允许解除权人在过长的期限内解除合同，将导致既有的合同关系动辄被废止，现存

---

① 《民法典》第199条规定："法律规定或者当事人约定的撤销权、解除权等权利的存续期间，除法律另有规定外，自权利人知道或者应当知道权利产生之日起计算，不适用有关诉讼时效中止、中断和延长的规定。存续期间届满，撤销权、解除权等权利消灭。"

② 参见耿林：《论除斥期间》，载《中外法学》2016年第3期。

③ 参见崔建远：《解除权问题的疑问与释答》（上篇），载《政治与法律》2005年第3期。

④ 《民法典》第152条规定："有下列情形之一的，撤销权消灭：（一）当事人自知道或者应当知道撤销事由之日起一年内、重大误解的当事人自知道或者应当知道撤销事由之日起九十日内没有行使撤销权；（二）当事人受胁迫，自胁迫行为终止之日起一年内没有行使撤销权；（三）当事人知道撤销事由后明确表示或者以自己的行为表明放弃撤销权。当事人自民事法律行为发生之日起五年内没有行使撤销权的，撤销权消灭。"

⑤ 参见陈甦主编：《民法总则评注》（下册），法律出版社2017年版，第1089页。

的法律秩序易遭到破坏，可能走到公平正义的反面。第三，将解除权的行使期限设置为1年，有利于及早确定违约行为发生后的合同关系。因为违约情况下的解除权发生之时就是违约行为发生之时，解除权人已经知道或者应当知道解除事由已产生。解除权人有1年的时间权衡利弊，决定是否解除合同，应当说不算短。[①]

（二）经对方催告后在合理期限内不行使的，该权利消灭

催告是合同中的一方当事人请求另一方履行债务的意思通知，催告既非基于民事主体的意思表示而发生特定法律效果的法律行为，又非基于法律规定而导致法律关系发生变化的法律事件，其属于一种准法律行为。[②]应当注意的是，催告并非合同解除权消灭的必要条件。催告意在表明非解除权人希望对方尽快确认是否行使解除权，以帮助合同关系尽快得到确定和稳定，非解除权人可以选择催告也可以选择不催告，是否催告均不影响解除权因逾期行使而丧失的效力。[③]另值得注意的是，非解除权人是否催告虽不能作为解除权丧失的条件，但客观上对于解除权的消灭也会带来一定的影响。非解除权人进行催告的，催告时确定合理期限，且合理期限通常比未催告情形下要短，此时，催告成为加速解除合同的催化剂。催告实际起到对解除权人行使解除权的督促作用，重在提示、提醒。非解除权人对解除权人催告，实则表明其已考虑清楚，并自愿承担合同解除的不利后果。[④]

关于催告情形之下除斥期间的起算点，如果相对人在催告中明确指出了除斥期间的起算时间点的，依照其要求。如果相对人未在催告中明确起算时间点的，宜以催告通知到达解除权人的次日确定为除斥期间起算的第一天。[⑤]

在合理期限的认定方面，应当充分考虑当事人订立合同的背景目的、交

---

① 参见崔建远：《解除权问题的疑问与释答（上篇）》，载《政治与法律》2005年第3期。

② 参见范纪强：《无催告情形下合同解除权的消灭》，载《人民司法》2019年第8期。

③ 参见王利明：《合同编解除制度的完善》，载《法学杂志》2018年第3期。

④ 参见范纪强：《无催告情形下合同解除权的消灭》，载《人民司法》2019年第8期。

⑤ 参见崔建远、吴光荣：《我国合同法上解除权的行使规则》，载《法律适用》2009年第11期。

易性质、标的物种类价值、交易履行情况、交易习惯等因素，并将诚信原则贯穿其中进行衡量，从而形成合理的判断。[①]

1.依据合同标的和合同类型

在司法实践中，法院会从合同标的的法律性质、标的本身价值大小以及物理性质是否易损坏的角度进行考量，进而认定合同解除权行使的合理期限。一般而言，对于合同标的物价值较大、易于保管且需进行权属变更的财产权让与型合同，解除权行使的合理期限可以相对放宽。而对于合同标的价值较小、不易保管、易腐烂变质的水果或鲜活动物等的财产权让与型合同，则合同解除权行使的合理期限不宜过长。例如，在建设用地使用权出让合同中，解除权行使的合理期限往往较长，而一般动产买卖合同解除权行使的合理期限则较短，主要原因就在于土地使用权这一不动产的价值属性较一般动产更稀缺和重大。[②]

鉴于商事交易具有快捷性、综合性、专业性、外观主义的特性，商事合同中的权利如长期处于不稳定状态，将会影响商事交易的效率及交易安全。因此在商事合同中，合同解除权行使合理期限的设置应比一般民事交易合同更为短暂，以此来满足商事交易对于效率的特殊要求。[③]

2.依据合同履行情况

解除事由发生后，解除权人若在相当长的时间内不行使其解除权，致使对方当事人相信合同将不会被解除，则依据禁止权利滥用原则，可以认为解除权人不得再行使其解除权。[④]例如，如果解除事由已经发生，但合同双方当事人均在以实际行动继续积极履行合同，或者合同即将履行完毕，一方在此情况下行使合同解除权，与双方当事人积极履行合同的行为相悖，与双方订立合同的预期不符，在法律没有规定或当事人没有约定合同解除

---

① 参见高丰美、丁广宇:《合同解除权行使“合理期限”之司法认定——基于36份裁判文书的分析》，载《法律适用》2019年第22期。

② 参见高丰美、丁广宇:《合同解除权行使“合理期限”之司法认定——基于36份裁判文书的分析》，载《法律适用》2019年第22期。

③ 参见赵一瑾:《商事合同解除权的特殊限制》，载《国家检察官学院学报》2016年第2期。

④ 参见韩世远:《合同法总论》(第四版)，法律出版社2018年版，第693页。

权行使期限且没有超过诉讼时效情形下，可认定超过合理期限，不应当判定合同解除。[①]反之，如果双方当事人都存在违约，且违约持续存在，合同一直处于未履行，且双方没有继续履行意愿的情形，一方在此情况下行使合同解除权，可以认定双方当事人都没有实现合同订立目的的意愿，在认定解除权行使期限时，在法律没有规定或当事人没有约定合同解除权行使期限情形下，一般认定没有超过合同解除权行使合理期限，宜判定合同解除。[②]此外，如果解除权人长期怠于行使解除权，致使合同相对人有理由相信合同不被解除，而形成新的交易关系，此时如果合同解除，恢复原状将影响既定交易关系，在法律没有规定或当事人没有约定合同解除权行使期限的情形下，则一般认定超过了合同解除权行使的合理期限，不宜判定合同解除。比如依据新的交易关系是否已经办理相关的权属移转手续，如果已经办理了相关权属移转手续，则一般认定合同解除权行使超过了合理期限，不宜判定合同解除。[③]

3.依据交易习惯

在商事交易中，交易习惯对合同当事人而言具有重要的意义。交易习惯具有地域性、时间性、行业性，是在交易实践中普遍采用的行为规则。根据《合同法解释（二）》第7条，在不违反法律、行政法规强制性规定的前提下，“交易习惯”存在两种情形：（1）在交易行为当地或者某一领域、某一行业通常采用并为交易对方订立合同时所知道或者应当知道的做法；（2）当事人双方经常使用的习惯做法。在特定的交易当中，一般都会有特有的交易习惯，依此种交易习惯形成的行使期限，对合同当事人具有约束力，亦可以认为是合理期限。[④]尤其对于股权转让合同、建设工程合同、保

---

① 参见重庆市高级人民法院（2017）渝民终328号民事判决书。

② 参见江西省高级人民法院（2017）赣民终254号民事判决书。

③ 参见广东省高级人民法院（2014）粤高法民二破终字第101号民事判决书；浙江省高级人民法院（2017）浙民申1051号民事裁定书；广东省高级人民法院（2014）粤高法民一终字第60号民事判决书。转引自高丰美、丁广宇：《合同解除权行使“合理期限”之司法认定——基于36份裁判文书的分析》，载《法律适用》2019年第22期。

④ 参见李先波、易纯洁：《无催告情形下合同解除权的消灭》，载《法学杂志》2010年第2期。

管合同、行纪合同等商业属性较强的合同，应当结合交易习惯来判断行使解除权的合理期限。

4.结合诚信原则

《民法典》第7条对诚信原则作出规定。[①]诚信原则要求合同当事人在履行合同的过程中需尊重他人利益，不得损人利己。[②]法院在运用诚信原则裁量解除权行使的合理期限时，涉及解除权人、相对人、第三人等多方利益的平衡与考虑，应综合考量以下因素：第一，从解除权人角度而言，解除权人是否存在能够行使解除权但长期怠于行使的情形。第二，从相对人角度而言，相对人能否通过解除权人长期怠于行使的行为而相信解除权将不再被行使。第三，从第三人角度而言，相对人是否基于上述第一点和第二点而与第三人形成了新的交易关系，并且第三人善意取得了合同标的物。第四，从社会经济秩序而言，合同标的物是否已经履行完毕相关权属变更登记手续。当上述四点条件全部满足，解除权人若再行使解除权则显然背离了诚信原则，将造成上述多方的利益失衡，不利于维护社会经济秩序。[③]

此外，基于诚信原则考量的利益平衡不仅包括合同主体之间，还应包括合同个人与社会之间的利益平衡。例如，地位不对等的垄断组织签订合同一般采用格式合同，在此情形之下，对合同弱势方应适当倾斜保护，垄断组织方解除合同的合理期限应适当缩短。再如，合同当事人之间如存在亲戚等特殊关系，双方基于对彼此高度的信赖，对于合同履行、合同解除的预期与一般主体存在区别，法官对此类合同在考量时应与一般案件有所区分，实现法理与情理的相融。[④]

---

① 《民法典》第7条规定："民事主体从事民事活动，应当遵循诚信原则，秉持诚实，恪守承诺。"

② 参见徐国栋：《诚实信用原则二题》，载《法学研究》2002年第4期。

③ 参见高丰美、丁广宇：《合同解除权行使"合理期限"之司法认定——基于36份裁判文书的分析》，载《法律适用》2019年第22期。

④ 参见范纪强：《无催告情形下合同解除权的消灭》，载《人民司法》2019年第8期。

三 其他问题

除行使期限届满外，学理上也从其他角度探讨解除权的消灭事由：首先，关于解除权的抛弃。解除权是解除权人享有的一项民事权利，按照私法自治原则，应当允许解除权人抛弃。解除权人抛弃解除权的，其解除权消灭。解除权既可以采取明示也可以采取默示的方式抛弃。明示抛弃是指解除权人以书面或口头的方式直接向对方当事人表示放弃解除权，默示抛弃是指解除权人继续接受对方当事人的履行，从而依据其行为推定其放弃解除权，两种方式都能产生解除权抛弃的效果。[①]在合同约定的解除条件成就后，解除权人应当作出选择，是解除合同抑或是继续履行合同。若解除权人要求对方继续履行合同的，应视为以自己的行为放弃解除权，解除权消灭。[②]其次，关于权利失效。所谓权利失效，是指权利人长时间不行使其权利场合，因此而使相对人抱有权利人不再行使权利的期待，突然地主张权利，此举为诚信原则所不许。[③]权利失效作为一种学理，被裁判者借助于诚信原则的平台吸收进“具体的裁判规范”，成为一项具体的规则，应有一定的构成要件，始得发生相应的法律效果。权利失效的构成要件，主要有两点内容：其一，权利人长时间未行使权利（时间因素）；其二，根据特殊情况现在行使权利对于相对人不合理（情况因素）。此所谓“特殊情况”，使得权利的行使对于相对人不合理，可以包括，当相对人可以信赖且事实上信赖了权利的不行使。此所谓“时间因素”，是要求权利人有权利在相当期间内不行使的事实。[④]

---

① 参见王利明：《合同编解除制度的完善》，载《法学杂志》2018年第3期。

② 参见最高人民法院中国应用法学研究所编：《人民法院案例选》（2011年第4辑），人民法院出版社2011年版，第154页。转引自韩世远：《合同法总论》（第四版），法律出版社2018年版，第693页。

③ 参见韩世远：《合同法总论》（第四版），法律出版社2018年版，第693页。

④ 参见韩世远：《合同法总论》（第四版），法律出版社2018年版，第693页。

第五百六十五条【解除权的行使方式】

当事人一方依法主张解除合同的，应当通知对方。合同自通知到达对方时解除；通知载明债务人在一定期限内不履行债务则合同自动解除，债务人在该期限内未履行债务的，合同自通知载明的期限届满时解除。对方对解除合同有异议的，任何一方当事人均可以请求人民法院或者仲裁机构确认解除行为的效力。

当事人一方未通知对方，直接以提起诉讼或者申请仲裁的方式依法主张解除合同，人民法院或者仲裁机构确认该主张的，合同自起诉状副本或者仲裁申请书副本送达对方时解除。

历史由来

本条继承了《合同法》第96条的规定，但有重要增补。《合同法》第96条规定："当事人一方依照本法第九十三条第二款、第九十四条的规定主张解除合同的，应当通知对方。合同自通知到达对方时解除。对方有异议的，可以请求人民法院或者仲裁机构确认解除合同的效力。法律、行政法规规定解除合同应当办理批准、登记等手续的，依照其规定。"

《民法典合同编（草案）》（征求意见稿）第107条规定："当事人一方依法主张解除合同的，应当通知对方。合同自通知到达对方时解除；但通知载明债务人在一定期限内不履行债务则合同自动解除，债务人在该期限内仍未履行债务的，合同自通知载明的期限届满时解除。对方对解除合同有异议的，任何一方当事人均可以请求人民法院或者仲裁机构确认解除合同的效力。"《民法典合同编（草案）》（一审稿）第355条在《民法典合同编（草案）》（征求意见稿）第107条的基础上增补一款，作为第2款规定："当事人一方未通知对方而直接以诉讼或者仲裁方式主张解除合同，人民法院或者仲裁机构确认该主张的，合同自起诉状副本或者仲裁申请书副本送达对方时解除。"之后的《民法典合同编（草案）》（二审稿）和《民法典（草案）》则延续《民法典合同编（草案）》（一审稿）的规定直至《民法典》

最终通过。[①]

规范目的或功能

根据民法原理，合同解除权，不论是法定解除权还是约定解除权，性质上都属于形成权。在满足法定解除权或约定解除权的条件时，合同并不当然解除，合同的解除必须有解除行为。也就是说，我国法律并不采当然解除主义，具备合同解除的条件不过是具备了合同解除的前提，要想使合同解除，须有解除行为。如若不然，合同系自何时解除，于当事人常不确定，且难于判断。解除行为，有的是当事人双方的行为，即当事人双方协商一致；有的是当事人一方的行为，即依一方的意思表示而解除，此时该当事人须有解除权。[②]解除权的行使，性质上属于单方法律行为，不需要对方当事人的同意，解除权人所发出的解除通知一旦到达对方，即可发生合同解除之效果。[③]合同编规定通知解除，既是肯定解除权的形成权性质，也是强调解除之生效以通知为必要，否定当然自动解除的可能。值得注意的是，合同编新增了催告解除的内容，即授权债权人可以在解除通知中附上自动解除的宽限期，如果债务人在该期限内未履行债务的，合同自通知载明的期限届满时解除。这一点实际上给了债权人更多选择，也旨在促进合同当事人更好地合作，给债务人更多补救违约的机会，落实鼓励交易的原则。对通知解除有异议的，法律允许当事人以诉讼或仲裁方式提出确认之诉，意在规范解除权之行使，防止债权人滥用解除权规则。而新增当事人直接提起解除权之诉的规则，意在明确债权人行使解除权不以通知解除为必要，可直接诉讼解除，但合同解除时

---

① 在民法典的起草过程中，几部学者建议稿都对合同的合意解除或约定解除权作出了规定，如梁慧星教授主持编撰的《中国民法典草案建议稿》第923条、王利明教授主持编撰的《中国民法典学者建议稿》第1333条。参见梁慧星主编：《中国民法典草案建议稿附理由：债权总则编》，法律出版社2013年版，第180页；王利明主编：《中国民法典学者建议稿及立法理由：债法总则编·合同编》，法律出版社2005年版，第281页。

② 参见韩世远：《合同法总论》（第四版），法律出版社2018年版，第644页。

③ 参见梁慧星主编：《中国民法典草案建议稿附理由：债权总则编》，法律出版社2013年版，第181页。

点仍遵循通知解除的一般原理。总之，本条意在规范法定解除权之行使，对通知解除、催告自动解除、解除异议和司法解除都有交代，丰富了相关规则，回应了实践需求。

规范内容

一、通知解除以当事人享有解除权为前提

合同当事人要以通知方式行使解除权必须以当事人享有解除权为前提。这里的解除权前提是指《民法典》第562条第2款的约定解除权或第563条的法定解除权。在约定解除权的情况下，解除权归合同指定的当事人享有，既可以是一方当事人享有，也可以是双方当事人享有。在法定解除权的情况下，又分为两种情形，一种是不可抗力解除权，另一种是根本违约解除权。因不可抗力致使不能实现合同目的场合，解除权由双方当事人享有，任何一方都可行使。在当事人一方根本违约的场合，解除权通常归守约方享有，不然违约方可能会利用解除制度来谋取不正当利益。合同当事人只有在具备上述约定解除权或法定解除权的前提下，其解除合同的意思表示到达相对人时才能发生合同解除的效力。这就是本条所说的“当事人一方依法主张解除合同的”中的“依法”的重要性。

相较于本条所说的“依法”，我国1999年《合同法》第96条则更为详细，规定合同当事人应当依照《合同法》第93条第2款、第94条的规定通知对方解除合同，具体指出了通知解除合同的约定解除权和法定解除权前提。从该条表述可以看出，《合同法》对于解除合同有严格要求，绝非只要合同当事人一方发出解除通知且对方未以诉讼或仲裁方式提出异议，就可以发生合同解除的效果。[①]但遗憾的是，实践中对此问题仍有认识不清的地方，司法裁判做法不一。比如最高人民法院就曾指出：“解除权人送达解除合同通知书后，合同相对方在收到解除合同通知书后应在异议期内请求人民法院确认解除合同的效力，但其如果没有提起确认解除合同是否有效的确认之诉，法院再对解

---

① 参见刘承韪：《论演艺经纪合同的解除》，载《清华法学》2019年第4期。

除合同是否符合法定情形进行实质性审查，将使《合同法解释（二）》第24条的规定形同虚设，导致解除合同的效力长期处于不确定和不稳定状态，这与合同法立法目的相违背。"[①]言外之意，在此情况下，发出解除通知的当事人是否具有实质上的法定解除权或解除权并非通知解除的必要前提，合同相对方未在异议期内提出确认之诉，法院就无需再对解除权人是否有解除权进行实质审查，而应该认定合同已经解除了。这一观点无疑是错误的。如果不要求当事人以解除权为通知解除的前提，那么势必会引发实践中的道德风险，当事人恶意解约并由此获利的情况也必然会大量出现，导致对交易秩序的破坏。

为正本清源，最高人民法院研究室专门对此问题进行了明确：当事人根据《合同法》第96条的规定通知对方要求解除合同的，必须具备《合同法》第93条或者第94条规定的条件，才能发生解除合同的法律效力。[②]同时，2019年最高人民法院的《九民会议纪要》又进一步细化和澄清了《合同法解释（二）》第24条的规定，对该条的准确理解是，只有享有法定或者约定解除权的当事人才能以通知方式解除合同。不享有解除权的一方向另一方发出解除通知，另一方即便未在异议期限内提起诉讼，也不发生合同解除的效果。人民法院在审理案件时，应当审查发出解除通知的一方是否享有约定或者法定的解除权来决定合同应否解除，不能仅以受通知一方在约定或者法定的异议期限届满内未起诉这一事实就认定合同已经解除。[③]相关司法裁判也都践行了这一司法共识，认为《合同法》第96条的通知解除必须以当事人有第93条的约定解除权或第94条的法定解除权为前提，否则就是违约非法解除，应承担违约责任。[④]或者说，当事人无解除权而向相对人发送解除通知，即便不构成违约，也不会发生合同解除的后果。可见，解除合同效果的发生必须以当

---

① 参见"朝阳甲矿业有限公司与朝阳乙矿业有限公司采矿权转让合同纠纷案"，最高人民法院（2013）民申字第2018号民事裁定书。

② 最高人民法院研究室对《关于适用〈中华人民共和国合同法〉若干问题的解释（二）》第24条理解与适用的请示的答复。

③ 《九民会议纪要》第46条。

④ 参见最高人民法院（2013）民一终字第18号民事判决书；另参见"某市甲房地产开发有限公司与乙有限公司、丙房地产开发有限公司等房屋买卖合同纠纷案"，最高人民法院（2016）民申3375号民事裁定书。

事人解除权行使的条件具备为前提，即发出解除通知的当事人要享有法定解除权或约定解除权。假如通知解除合同的一方并不享有解除权，则不得以解除通知到达相对人而认定系争合同已被解除。[①]也就是说，在发出解除通知的当事人并不享有解除权的场合，即使相对人未于解除通知到达之日起3个月内提出异议，也不发生合同解除的结果。[②]这一点已成通说，值得赞同。

二、解除权行使以通知为必要

本条规定解除权的行使应当采取通知的方式，即"当事人一方依法主张解除合同的，应当通知对方"。[③]此处所谓的通知，是解除权人一方的且需要相对人受领的意思表示，是指解除权人将终止合同权利义务关系的意思明确告知对方，让其清楚相关事宜的行为。对于通知解除的意思表示的方式，《民法典》未作特别限定，当事人只要是以"通知"的形式向对方表达解除合同的意思即可。尽管《经济合同法》曾要求解除权人以书面的形式为通知的意思表示，但1999年《合同法》删除了这一形式要求。因此，一般认为通知的形式可以是任意的，书面或口头在所不问。史尚宽先生甚至认为解除通知既可以是明示的也可以是默示的。[④]这一认识符合《民法典》第135条关于"民事法律行为可以采用书面形式、口头形式或者其他形式"的规定，因为通知解除行为是一种单方法律行为，应当适用法律行为的一般规则。而第135条规定的"其他形式"就包含了"默示形式"。但是，通知解除中的"默示"实际上是很难确定的，什么样的行为可以构成默示形式的通知，没有一个明确的判断标准，而解除权的行使本身就是为了结束合同不稳定状态，如果以难以确定的默示方式为解除方式，不仅可能造成合同相对方的权利损害，同时也有碍于解除制度本身目的之实现。因此，解除合同通知应以明示方式作出更为合理。另外，在学说解释上，提起解除合同并请求恢复原状或损害赔偿的诉讼、对对方的履行请求之诉提出抗辩，也可以构成解除的意思表示。[⑤]

---

① 参见崔建远主编：《合同法》（第六版），法律出版社2016年版，第201页。

② 参见崔建远：《合同解除探微》，载《江淮论坛》2011年第6期。

③ 比较法上有《德国民法典》原第349条、《日本民法典》第540条第1款。

④ 参见史尚宽：《债法总论》，中国政法大学出版社2000年版，第550页。

⑤ 参见韩世远：《合同法总论》（第四版），法律出版社2018年版，第666页。

即便对对方的履行请求之诉的抗辩未采取反诉之方式，其也能构成解除合同的明确意思表示。

尽管解除权的行使，只需向对方作出通知，不必请求法院为宣告解除的形成判决，[①]但诉讼通知却也有通知性质，可发生通知之效果，对此上文也有述及。解除权人以诉讼方式提出解除合同，系通过法院以向对方送达法律文书特别是起诉状通知对方解除合同方式。在诉前未经通知程序而行使解除权场合，如合同解除最终被认定，则载有解除请求意思表示的起诉状副本送达被告时，发生解除合同效力。起诉状带有解除权行使通知性质，亦与本条所规定的“合同自通知到达对方时解除”不悖。[②]这一点对于仲裁也同样适用。

解除的“通知”采用到达主义，以到达对方为标准，只有通知到达了相对人，解除才发生效果。到达主义是指当事人解除合同的通知到达相对人，这里并不苛求通知一定是亲自告知当事人，而是指解除的意思表示通知到达相对人能够控制并且应当了解的地方。比如，解除权人如果是以邮箱的方式通知相对人，则该通知进入相对人的邮箱内即可，如果有指定邮箱则需寄往指定邮箱，如果没有则需要寄往当事人能够接收、控制范围内的邮箱。此处的解除通知意思表示之到达也适用《民法典》第137条关于意思表示到达的一般规则，当无疑问。

当然，也有学者指出，在非常特殊的情况下，解除权的行使可以采取推定的方式。[③]例如，《企业破产法》第18条规定：“人民法院受理破产申请后，管理人对破产申请受理前成立而债务人和对方当事人均未履行完毕的合同有权决定解除或者继续履行，并通知对方当事人。管理人自破产申请受理之日起二个月内未通知对方当事人，或者自收到对方当事人催告之日起三十日内未答复的，视为解除合同。管理人决定继续履行合同的，对方当事人应当履行；但是，对方当事人有权要求管理人提供担保。管理人不提供担保的，视

---

① 参见韩世远：《合同法总论》(第四版)，法律出版社2018年版，第666页。

② 参见李琪：《以起诉方式解除合同解除时间的确定》，载《民事审判指导与参考》2017年第4期。

③ 参见崔建远主编：《合同法》(第六版)，法律出版社2016年版，第200页。

为解除合同。”尽管不是典型的合同解除情形，但这一规定也算是为解除权行使提供了一种特别法的例外方式，值得关注。

值得注意的是，本条第1款中段新增加了解除权人通知催告解除的内容：“通知载明债务人在一定期限内不履行债务则合同自动解除，债务人在该期限内未履行债务的，合同自通知载明的期限届满时解除。”这里的通知催告解除实质上是解除通知生效的附条件问题。应当注意的是，解除通知生效的附条件，与当事人就解除权的发生所约定的特别条件，前者是解除权人单方的意思表示，后者是合同双方的合意；前者针对的是解除通知的生效问题，后者针对的是解除权的发生问题。[①]本条规定也不同于解除权行使的附条件问题。对于解除权的行使能否附条件，学术界长期以来认为，解除权是仅根据一方的意思表示即发生合同解除效果的形成权，如果对其行使附以条件，通常会对相对人不利，故不应允许（《合同法》第99条第1款规定抵销不得附条件，其道理与此相同）。[②]但本款所说的债务人所发通知载明债务人在一定期限内不履行债务则合同自动解除，实际上只是当事人解除通知的附条件生效问题。通常情形下，有解除权的当事人的解除通知到达合同相对人，即发生合同解除之效果。但在实践中，解除权人也常有为拯救合同做最后努力的情况，即在通知中推迟合同解除的生效时间，将合同解除生效的条件与催告同时作出，相对人于催告期间（一定期限）内不履行的，解除的意思表示便在期限届满时生效，合同也因此而解除。此种通知催告解除，是解除权人单方作出的自我约束的意思表示，不影响合同相对人的法律地位，也不损害合同相对人的合法权益，[③]反而赋予其宽限利益。其意仍在为当事人提供更多的选择空间，并积极落实合同法鼓励交易之宗旨。

三、解除之异议

本条第1款后段规定了解除合同的异议，“对方对解除合同有异议的，任

---

① 参见韩世远：《合同法总论》（第四版），法律出版社2018年版，第666页。

② 参见韩世远：《合同法总论》（第四版），法律出版社2018年版，第667页。

③ 参见林诚二：《民法债编总论——体系化解说》，中国人民大学出版社2003年版，第453页。

何一方当事人均可以请求人民法院或者仲裁机构确认解除行为的效力”。即在解除权人通知解除合同后，相对人可以提出异议，毕竟合同解除与否与双方当事人利益相关，提出异议是相对人的基本权利。同时也可以防止解除权之滥用，维护合同相对人的利益。[①]因此，合同的解除对合同相对人会产生重大影响，异议可适当平衡交易双方之利益。此处的“异议”，不限于相对人对解除合同提出了不同意见，有时甚至经常地表现为他请求解除权人继续履行合同义务，在解除权人主张解除合同所产生的恢复原状、其他补救措施时，提出因合同有效而无此类法律效果的抗辩等。

非常值得注意的是，依本条之规定，在相对人对合同解除提出异议后，任何一方当事人都有权请求法院或仲裁机构确认解除行为的效力。这一点改变了《合同法》第96条的原意，该条第1款中段规定：“对方有异议的，可以请求人民法院或者仲裁机构确认解除合同的效力。”对该条的通常理解是，合同相对人可以对解除合同通知提出异议，但必须以司法方式（诉讼或仲裁）提出。但《民法典》对合同相对人的异议方法未作限定，只是规定当事人在相对人提出异议后如果要求确认解除行为效力的，需要请求法院或仲裁机构为之。法院或仲裁机构确认解除行为效力的依据，应当是解除权产生的条件已经具备，解除权已经行使完毕。如果条件具备且合法行使，则法院或仲裁机构必须确认合同已被解除，没有自由裁量的余地。假如有任何一项欠缺，法院或仲裁机构都有权认定合同尚未解除。在相对人对合同解除提出异议，自己又不请求法院或仲裁机构确认解除合同的效力的情况下，合同解除的效力是否受该异议的影响？因为解除权是形成权，其行使的方式不以诉讼为必要，所以解除权人关于解除的意思表示一经到达违约方即发生合同解除的效力，不因违约方的异议而受影响。而在解除权人未请求法院或仲裁机构确认解除合同的效力的情况下，是否发生合同解除的效力？如果解除权确实已经产生且已经合法行使，那么合同自解除合同的意思表示到达对方当事人时解除，也不因对方当事人的异议而受影响。[②]由此可见，相对人异议与否、双方

---

① 参见最高人民法院研究室编著：《最高人民法院关于合同法解释（二）理解与适用》，人民法院出版社2015年版，第214页。

② 参见崔建远主编：《合同法》（第六版），法律出版社2016年版，第201页。

是否请求法院或仲裁机构确认解除合同的效力，都已不再影响合同解除效力本身。

关于相对人异议期限以及当事人请求司法确认合同效力期限的问题，《民法典》和之前《合同法》都未有明确。从法理上来看，当事人可以在合同中约定相对人的异议期限或司法确认合同效力的期限，但如果未有约定，则应默示推定为在合理期限内提出，不宜漫无限制，也不宜过长，此乃为使法律关系尽早确定所必需。[①]《合同法解释（二）》首次明确未约定异议期限的，异议之合理期限是解除合同通知到达后3个月。[②]异议期限和司法确认合同效力期限的规定有利于督促当事人及时提出异议，尽快明确合同效力，确定双方权利义务关系，[③]防止合同争议出现悬而未决或合同僵局之不利局面。但由于本条对于《合同法》第96条的修改，导致相对人是否提出异议以及是否请求司法确认合同效力对于合同解除之效力都不再产生影响，因此再作期限之要求，是否还有意义，值得斟酌。

四、司法解除及解除时点

当事人合同解除权可以直接通知对方这样的司法外方式行使，也可以司法方式行使之。此处所谓的司法方式，包括送达起诉书、仲裁申请书、答辩状于相对人的方式，也包括口头辩论上攻击或防御的方式。[④]有疑问者，享有解除权的当事人可否不经通知对方而直接向法院起诉或向仲裁机构申请仲裁的司法方式解除合同。此种情况在实践中经常发生，但却有着不同的认识。主要有两种观点：一是否定说，该学说认为法院不能直接裁判解除合同，当遇到当事人直接诉请法院解除合同时，法院不能立案，不允许法院直接裁判解除合同。该学说的主要理由是通过细分析法条的意思，通知是必要程序。法条规定，当事人主张解除合同，“应当”通知对方。“应当”一词表明通知是行使解除权必要的前置程序，只有先通知相对人才能解除合同。该条的规

---

① 参见崔建远主编：《合同法》（第六版），法律出版社2016年版，第201页。

② 《合同法解释（二）》第24条。

③ 最高人民法院民事审判第二庭编著：《〈全国法院民商事审判工作会议纪要〉理解与适用》，人民法院出版社2019年版，第311页。

④ 参见史尚宽：《债法总论》，台北荣泰印书馆股份有限公司1978年版，第528页。

定排除了法院裁判解除合同，法定解除一定要先有当事人的通知。另一是肯定说，该说认为当事人未通知相对人解除合同，而直接起诉至法院，法院是可以依请求判决解除合同的，法院有权直接裁判解除合同。该学说的主要理由是：虽然《合同法》第96条第1款明确规定当事人法定解除合同时，应当通知相对人，但是通知并不是必要的前置程序，当事人在未通知相对人的情况下直接起诉至法院，法院是有裁判解除合同的权利的，当事人的解除意思并不和司法机关的裁判相矛盾和冲突。

现在，肯定说已经成为法律界的通说，认为解除权人可以直接通过法院或仲裁机构解除合同，无需以自行通知对方为前置条件，法院或仲裁机构受理后向对方送达的诉状或仲裁申请实际上就是通知对方的一种方式。这一点也得到了我国司法实践的普遍认可，[①]多个法院甚至以规范性文件的方式肯定了通过诉讼或仲裁解除合同的方式。比如吉林高院《关于商事案件适用合同解除制度若干问题的解答》指出：根据《合同法》第96条的规定，合同解除权为形成权，即当事人单方通知即可产生解除合同的法律效力，但并未排除当事人请求人民法院判决解除合同的权利，亦未将通知作为当事人起诉的前置程序。实践中，当事人往往更倾向于选择以裁判方式来行使合同解除权并请求人民法院对合同解除的法律后果一并作出裁判。如果对此类案件不予受理，要求解除权人先行通知解除，就解除的法律后果再行起诉，将增加守约方的维权成本。因此，当事人未向对方当事人发出合同解除通知，起诉请求判令解除合同，符合《民事诉讼法》第119条规定的，人民法院应予以受理。[②]同样，《江苏省高级人民法院关于适用〈中华人民共和国合同法〉若干问题的讨论纪要（一）》第20条也规定，当事人在提起诉讼前未通知对方解除合同，起诉时要求解除合同，对方当事人以诉讼前未通知为由进行抗辩的，人民法院不予支持。[③]在前述司法实践和规范性文件的推动下，《民法典》终于在本条第2款明确肯定了司法方式解除合同的正当性，规定当事人一方可以“不通

---

① 参见李琪：《以起诉方式解除合同解除时间的确定》，载《民事审判指导与参考》2017年第4期。

② 参见吉林高院《关于商事案件适用合同解除制度若干问题的解答》第13条。

③ 参见《江苏省高级人民法院关于适用〈中华人民共和国合同法〉若干问题的讨论纪要（一）》第20条。

知对方”而“直接以提起诉讼或者申请仲裁的方式依法主张解除合同”，对于司法实践中认识和裁判的统一有着积极的意义。

至于司法解除的解除时点，司法实践一直有不同的做法。当事人以诉讼或仲裁方式解除合同，其生效时点到底是通知之日、应诉通知之日还是法院判决生效之日，这关系到合同效力何时归于消灭的问题。对于这一点，司法实践中有着多种完全不同的做法。通过法律检索网站“无讼”可检索到2018年的所有关于合同解除生效时点的案件共47件，其中法院在判决书中认为合同于判决生效之日解除的共15件，认为合同于当事人起诉之日解除的共28件，认为合同于应诉通知之日解除的只有4件。但由于解除权性质上是一种形成权，本条所规定的解除权的行使，不需要征得对方当事人的同意，只需向对方发出通知，也不以请求法院作出解除判决为必要。法院或仲裁机构认为解除的意思表示有效的，所作出的应是确认判决或裁决的确认之诉，解除的效力，仍于此项意思表示到达对方时即已发生，而非自判决确定时始行发生。[①]正是基于此点，本条第2款才明确规定了司法解除的合同时点问题，澄清了实践中的误解：“当事人一方未通知对方，直接以提起诉讼或者申请仲裁的方式依法主张解除合同，人民法院或者仲裁机构确认该主张的，合同自起诉状副本或者仲裁申请书副本送达对方时解除。”也就是说，根据本款规定，如果解除权人在通知相对人解除合同后又另行提起诉讼或者仲裁请求确认合同解除的效力，合同解除之时间也应理解为通知到达相对人之时；如果解除权人直接提起诉讼或者仲裁以行使解除权，那么解除通知也可以通过诉讼的方式行使，提起诉讼是解除权人作出通知的意思表示的另一种表达方式，只不过并非解除权人直接通知对方解除合同，而是通过法院以向对方送达法律文书（特别是起诉状）的方式通知对方解除合同而已。在诉前未经通知程序而径直诉讼解除合同的场合，如果合同解除最终被认定有效，则载有解除请求的起诉状副本送达被告时，即应诉通知之日才是发生合同解除法律效力的时点。[②]

---

① 参见黄立:《民法债编总论》，中国政法大学出版社2002年版，第526页；韩世远:《合同法总论》（第四版），法律出版社2018年版，第668页。

② 参见刘承韪:《论演艺经纪合同的解除》，载《清华法学》2019年第4期。

举证责任

在举证责任的配置上，由解除权人举证其享有《民法典》第562条第2款的约定解除权或第563条的法定解除权，符合解除权行使的条件。[①]解除权人还应当承担其向对方发出解除通知且通知到达对方的举证责任。

其他问题

首先，关于解除权的不可分性。传统民法及其理论承认解除权的不可分性。所谓解除权的不可分性，是指解除是全体针对全体的，在有多个当事人的情况下，不可以仅对其中一部分当事人解除，而对一部分当事人不解除，要么全体解除，要么继续履行合同。《德国民法典》第351条、《日本民法典》第544条第1项和我国台湾地区对此都有明确规定。解除权的不可分性具体可以包括解除权行使的不可分原则和解除权消灭的不可分原则。[②]所谓解除权行使的不可分，是指这样的情形：解除权人一方有数人的场合，解除权的行使应由全体解除权人为之，如其中有人不欲行使解除权的，则合同无从解除而仍继续存在；相对人一方有数人的场合，则解除的意思表示应向全体相对人为之，如仅向其中一部分人为解除的意思表示，则不发生解除的效力；若双方各有数人的，则应由此方的全体向对方的全体为之；解除权就当事人其中一人消灭的，就其他人也消灭。[③]当然，解除权不可分原则，实乃一种便宜规定，并非基于公益上的理由，不属于强行规范，因此当事人可依特别约定排除其适用。[④]

其次，解除通知可否撤销的问题。基于解除权的形成权性质，解除通知一经到达对方立即发生合同关系消灭的法律效果。如果允许撤销解除通知，

---

① 参见崔建远：《解除权问题的疑问与释答（上篇）》，载《政治与法律》2005年第3期。

② 参见崔建远主编：《合同法》（第六版），法律出版社2016年版，第202页。

③ 参见崔建远：《合同法总论》（中卷），中国人民大学出版社2012年版，第659页。

④ 参见韩世远：《合同法总论》（第四版），法律出版社2018年版，第667页。

不仅与解除权性质相违背，且导致法律秩序混乱。[①]因此，我国台湾地区和《日本民法典》第540条第2款都规定了解除的意思表示不得撤销，以免法律关系流于复杂。并且不允许撤销解除的意思表示，实是为了保护相对人的合理信赖，盖因解除的意思表示生效即已发生解除效果。我国法也应当作相同解释。唯需注意的是，对此规则存有例外，对于解除的意思表示应允许以无能力或欺诈胁迫为由加以撤销。当然，如经相对人同意，自然也可以撤销解除的意思表示，但其撤销的效果，不得对抗第三人。[②]

第五百六十六条【解除的效力】

合同解除后，尚未履行的，终止履行；已经履行的，根据履行情况和合同性质，当事人可以请求恢复原状或者采取其他补救措施，并有权请求赔偿损失。

合同因违约解除的，解除权人可以请求违约方承担违约责任，但是当事人另有约定的除外。

主合同解除后，担保人对债务人应当承担的民事责任仍应当承担担保责任，但是担保合同另有约定的除外。

历史由来

本条第1款来源于《合同法》第97条，第2款、第3款属于新增规定。

在《民法典》编纂过程中，《民法典合同编（草案）》（征求意见稿）第108条规定："合同解除后，尚未履行的，终止履行；已经履行的，根据履行状况和合同性质，当事人可以要求恢复原状，采取其他补救措施，并有权要求赔偿损失。合同因违约解除的，当事人有权请求违约方承担违约责任，但当事人另有约定的除外。合同解除后，担保人对债务人应当承担的民事责任仍应承担担保责任，但担保合同另有约定的除外。""当事人有权请求违约方承担违约责

---

① 参见梁慧星主编：《中国民法典草案建议稿附理由：债权总则编》，法律出版社2013年版，第181页。

② 参见韩世远：《合同法总论》（第四版），法律出版社2018年版，第666页。

任”的规定意味着，当事人不但可以依据约定的违约责任条款主张损害赔偿，而且还可以依据合同法中有关违约责任的规定主张法定损害赔偿。这实际上明确了合同解除与违约损害赔偿是可以并存的。《民法典合同编（草案）》（一审稿）第356条、《民法典合同编（草案）》（二审稿）第356条均完整接受了《民法典合同编（草案）》（征求意见稿）第108条的规定。《民法典（草案）》第566条则作出把第2款规定中的“当事人”调整为“解除权人”的修改。这在措辞上进一步明确了只有享有解除权的非违约方才有权要求违约方承担违约责任。

规范目的或功能

本条的规范目的在于明确合同解除的法律效果，使未履行的债务归于消灭，使已履行的债务得到清算。解除制度是终结合同关系的手段之一，但合同双方当事人之间的利益均衡状态不能因为合同的解除而遭到破坏。简言之，通过解除制度让合同关系提前终了的同时，我们还必须处理好善后事宜。[①]本条对合同解除的两类情形分别作出规定：一是针对尚未履行的合同债务，合同解除使这类尚未履行的债务归于消灭，使当事人从中解放出来，从而获得更多化解矛盾的方法，以保持合同各方获取更多更好的发展途径。二是针对已经履行的合同债务，根据其履行状况和合同性质，合同解除使当事人之间产生内容上不尽相同的恢复原状义务和损害赔偿义务，并通过这两类义务的履行使已履行的债务得到清算。

规范内容

解除导致合同消灭，但究竟如何消灭，是溯及既往还是仅向将来消灭，是部分解除还是全部解除，合同消灭时已经履行的债务如何处理，合同解除是否影响当事人违约损害责任的承担，这些都是本条所要解决的合同解除的效力问题。[②]

---

① 参见韩世远：《合同法总论》（第四版），法律出版社2018年版，第674页。

② 参见崔建远主编：《合同法》（第六版），法律出版社2016年版，第203页。

一、解除效果的学说基础

关于合同解除的效果，大陆法系主要存在四种学说，分别是直接效果说、间接效果说、债务关系转换说和折中说。[①]依据体系解释，我们认为采用折中说来理解《民法典》中有关合同解除效力的法条（包括本条与《民法典》第567条）最为合适，具体分析如下：

“直接效果说”是指合同因解除而溯及既往地消灭，尚未履行的债务免予履行，已经履行的部分发生返还请求权的学说。依据此说，在不承认物权行为独立性和无因性的情况下，所给付的有体物的返还请求权应是物的返还请求权，具有物权性质和效力。[②]我国民法不采纳直接效果说的理由在于：第一，直接效果说强调对溯及力的贯彻，但是本条并没有言及合同“自始”归于消灭（同样，《民法典》第557条也没有规定合同权利义务关系“自始”终止）。第二，本条第2款明确规定当事人可以主张损害赔偿，这与合同溯及性消灭的效果也不相符合。第三，《民法典》第567条规定，合同的权利义务终止将不会影响合同中结算和清理条款的效力，而直接效果说对此难以作出具有说服力的解释。[③]

“间接效果说”认为，合同本身并不因为解除而归于消灭，只不过使合同的作用受到阻止，其结果对于尚未履行的债务发生拒绝履行的抗辩权，对于已经履行的债务发生新的债务返还。根据该说，合同解除场合发生的恢复原状义务，并非基于合同溯及既往地消灭，而是基于解除的本质，特别是有偿双务合同上给付与对待给付的等价交换的均衡，合同上的债权关系并非因解除而消灭，而是变形为恢复原状的债权关系。我国民法不采纳间接效果说的理由在于：本条第1款前段已经明确规定，合同解除时尚未履行的债务将终止履行，而非发生拒绝履行的抗辩权，这一立场与间接效果说相悖。[④]

“债务关系转换说”认为，由于解除使原合同债权关系变形、转换为原

---

① 参见崔建远主编：《合同法》（第六版），法律出版社2016年版，第203页。

② 参见崔建远主编：《合同法》（第六版），法律出版社2016年版，第203页。

③ 参见韩世远：《合同法总论》（第四版），法律出版社2018年版，第670页。

④ 参见韩世远：《合同法总论》（第四版），法律出版社2018年版，第670—671页。

状恢复债权关系，原合同上的未履行债务转化为原状恢复债权关系的既履行债务而归于消灭，原合同上的既履行债务转化为原状恢复债权关系的未履行债务，经过履行后始行消灭。我国民法没有采纳债务关系转换说的理由在于：该说以债务关系转换为核心，将未履行的债务转换成所谓既履行的债务，这纯属人工拟制，与本条规定完全不符。①

依据体系解释，我们认为采纳“折中说”来理解《民法典》中有关合同解除效力的法条（本条与《民法典》第567条）最为合适。按照“折中说”的解释，合同解除只对未履行的将来债务产生溯及力，而对已经履行的债务则没有溯及力，因此合同解除能够消灭未履行的债务，但是并不会消灭已经履行的债务，它使新的债务返还义务得以产生（基于已履行的债务转换而成）。②《民法典》第566条第1款前段规定：“合同解除后，尚未履行的，终止履行。”“折中说”持有的“解除仅对未履行债务产生溯及力”的立场与这里的“尚未履行的，终止履行”之规定是相符合的。《民法典》第567条规定：“合同的权利义务关系终止，不影响合同中结算和清理条款的效力。”如前所述，依据“折中说”，合同解除并非使已经履行的债务溯及既往地消灭，而是使已经履行债务转换为新的清算关系，不管是结算条款还是清理条款，它们均属于清算关系的组成部分，因此这些条款的效力也得以保留。由此可见，“折中说”的立场也能够用以恰当解释《民法典》第567条之规定。总而言之，从体系解释的角度讲，采用“折中说”的立场来解释民法典中有关合同解除效力的法条（本条与《民法典》第567条）是最适当的。

二、未履行债务的终止履行

本条第1款前段规定：“合同解除后，尚未履行的，终止履行。”无论采纳上述何种学说，法律界都承认合同解除免除未履行债务之效果，即合同解除后尚未履行的债务不再履行。因为解除是结束合同关系的手段之一，如果解

---

① 参见韩世远：《合同法总论》（第四版），法律出版社2018年版，第671页。

② 参见韩世远：《合同法总论》（第四版），法律出版社2018年版，第671页；崔建远主编：《合同法》（第六版），法律出版社2016年版，第203页。

除权人所负债务在解除时未被履行，则因解除而终止。这既是解除制度最基本功能的体现，也是解除权人追求的目的。同样地，解除权人的相对人的债务仍未履行的，也将因解除而终止。[①]《民法典》这一规定也是立法者从我国实际出发并借鉴国外经验的结果，有着较好的比较法基础，尤其与《国际商事合同通则》和《欧洲合同法原则》的相关规定保持高度一致。《国际商事合同通则》第7.3.5条规定“解除的一般效果”，合同的解除免除双方当事人作出和受领未来履行的债务。按照国际统一私法协会对这一条款的解释，解除只是向将来发生效力，使双方当事人从将来的债务关系中解放出来。[②]与《国际商事合同通则》的规定颇为相似，《欧洲合同法原则》第9:305条也规定了“解除的一般效果”，规定合同的解除免除双方当事人作出和受领未来履行的债务。[③]

三、已履行债务的恢复原状

（一）恢复原状的含义与性质

《民法典》所称恢复原状是指恢复事物本来面目，具体到合同解除中就是指恢复到合同履行之前的状态。“恢复原状义务”只发生于合同部分或全部履行的情况下，有广义和狭义之分。狭义的恢复原状义务是仅指实物形态的恢复原状，[④]当给付物为动产时须返还该动产，当给付物为不动产且已经办理了移转登记时，须先注销受领人的登记，再将该不动产复原登记到原给付人名下。[⑤]而广义的恢复原状义务除了包含上述“实物形态的恢复原

① 参见韩世远：《合同法总论》（第四版），法律出版社2018年版，第674页。

② UNIDROIT, Principles of International Commercial Contracts (2010), Article 7.3.5, Comment 1.

③ 参见韩世远：《合同法总论》（第四版），法律出版社2018年版，第673页。

④ 参见韩世远：《合同法总论》（第四版），法律出版社2018年版，第675页。

⑤ 参见崔建远：《解除权行使的法律效果》，载韩世远、下森定主编：《履行障碍法研究》，法律出版社2006年版，第262页。在“甲工贸有限公司与乙旅业投资有限公司、丙置业有限公司等合作开发房地产合同纠纷案”中，最高人民法院（2015）民提字第64号民事判决书，最高人民法院就判决，在合同解除后被告须将已经过户的46.5亩建设用地及其项目批准文件恢复到原告名下。

状”，还包含“价值形态的恢复原状”，后者是指合同标的为劳务时的恢复原状、受领标的物为金钱时的恢复原状、受领的标的物毁损灭失时的恢复原状等情形。本条中的“恢复原状”仅指“实物形态的恢复原状”，也即狭义上的恢复原状义务；而本条中的“采取其他补救措施”是指广义恢复原状义务中的“价值形态的恢复原状”。有学者建议，此处“采取其他补救措施”可比照功能类同的《合同法》第58条中“折价补偿”的规定对其进行体系解释。[①]换言之，本条中“恢复原状”的含义与“采取其他补救措施”的含义，两者合并起来才能理解为广义上的恢复原状义务。值得注意的是，《民法典》第179条（承担民事责任的方式）中“恢复原状”的含义则更接近于广义上的恢复原状义务，其并非仅指物理状态的恢复，还包含恢复财物原来的经济价值。[②]在“甲投资管理有限公司与乙资产管理公司某办事处债权转让合同纠纷案”中，[③]由于被告已经将部分实物资产转让给他人，该部分实物资产已不能在实物意义上恢复原状，因此，最高人民法院判决，被告只需将其余尚未转让的实物资产返还给原告，但判决同时规定，被告须将转让所获价款返还给原告。在该案中，被告返还尚未转让的实物资产给原告即为本条所指的实物意义上的“恢复原状”，而被告返还原告转让所获价款则宜解释为本条所指的“采取其他补救措施”，即价值形态的恢复原状。

至于恢复原状请求权的性质，不同学说始终有不同看法。依据“直接效果说”，承认物权行为无因性的情况下，解除虽然使合同这种债权行为溯及地失去效力（受领的给付失去了法律上的根据），但是给付物受领人依然保有物权，因此给付人主张恢复原状的权利属于债权性质的不当得利返还请求权；同样依据直接效果说，在不承认物权行为无因性的情况下，合同解除后，债权行为的失效会使物权行为同样失去效力，给付物受领人不再保有物权，因此，给付人主张恢复原状的权利属于物权性质的所有物返还请求权。依据“折

---

① 参见赵文杰：《论不当得利与法定解除中的价值偿还——以〈合同法〉第58条和第97条后段为中心》，载《中外法学》2015年第5期。

② 参见陈甦主编：《民法总则评注》（下册），法律出版社2017年版，第1279页。

③ 最高人民法院（2009）民提字第125号民事判决书。

中说”，合同并不因解除而溯及地消灭，给付物的受领仍然具有法律上的根据，因此给付人主张恢复原状的权利并非不当得利返还请求权，更不是物权请求权，应当理解为一种一般性的债权请求权，这种请求权是所依据的债权以“恢复原状”为内容，由合同本来债务转换而来，其“恢复原状”义务与合同本来债务具有同一性。正如有学者指出：“合同解除时所生回复原状之义务，是一种次给付义务（第二次义务），亦系根基于原来债之关系，债之关系的内容虽因之而有所改变或扩张，但其同一性仍维持不变。”[①]从比较法的角度来看，“直接效果说”曾是德国理论界通说，并为德国旧民法所采，但该说目前已被抛弃，德国理论界通说已转向“折中说”，并为2002年德国新债法所采纳。[②]依今日德国通说，解除权的行使，于双方的给付义务已履行时，解除权只是变更了合同的债之内容，其债之关系仍然存在，因解除而在内容上变更为“清算关系”，恢复原状义务只是本来债务的转换形态而已。我们认为采纳“折中说”的学理构造来解释我国《民法典》第566条中恢复原状请求权的性质也是具有说服力的。当然，不管采何种学说，也不管恢复原状义务性质为何，在合同解除之场合，原给付物受领人对相对人（给付人）负有返还义务都是没有疑问的。

（二）基于履行情况和合同性质的恢复原状

合同解除后的恢复原状会因合同履行情况和合同性质不同而有所差异。本条所谓“根据履行情况”，是指合同债务是否得到履行以及履行的程度，即合同有没有履行，如果已经履行，是全部履行还是部分履行，履行部分对债权有什么样的影响等。合同履行的情况和程度当然会影响合同解除后恢复原状义务的具体内容，这一点不难理解。与此同时，合同性质的不同也会导致恢复原状义务之差异。本条所谓“合同性质”，主要是指合同是一时性合同还是继续性合同，合同的标的是物还是行为，是转移标的物的所有权还是使

---

① 王泽鉴：《债法原理》，北京大学出版社2009年版，第30页。

② 参见靳羽：《合同解除效果：〈合同法〉第97条的解释论》，载《中南大学学报》（社会科学版）2014年第1期。

用权。[①]不同性质的合同，其解除的后果自然有所不同。首先，一时性合同与继续性合同是一个重要的合同类型区分。一时性合同是指一次性给付便使合同内容实现的合同，买卖、赠与、承揽等合同均属一时性合同。继续性合同是指合同非一次给付可完结，而是持续地实现的合同，租赁合同、仓储合同、借用合同、保管合同均属于继续性合同。[②]二者在解除合同效果上的区别在于，一时性合同解除，具有恢复原状的可能性，可发生恢复原状义务；继续性合同被解除的，或无恢复原状的可能性，或不宜恢复原状的，故通常不产生恢复原状义务（此种情形虽不产生恢复原状义务，但当事人仍可主张损害赔偿）。如是，在一时性合同遭遇合同解除的场合，当事人间会产生恢复原状义务，恢复原状的实现，便取决于这种义务的履行。[③]在甲有限公司与乙投资有限公司、丙置业有限公司等合作开发房地产合同纠纷案[④]中，先前由原告转让给被告的建设用地没有进行任何拆迁和建设工作，因此法院认为，原告主张的"恢复原状"不存在任何障碍，建设用地应当恢复到原告名下。另外，依据合同受领之标的的不同，合同性质也会有所差异，其解除之恢复原状义务应该按照如下情况履行：（1）如果受领的标的物是有体物，那么受领人应当返还原物。这里有两点需要说明，第一，有体物的返还须以有体物的存在为前提，如果有体物因毁损、灭失等原因已不复存在，那么受领人只能折价赔偿；第二，如果有体物是种类物，那么受领人只需返还同量同质的该种类物即可。（2）如果受领的标的物是金钱，那么受领人须返还等额金钱并附加自受领时起算的利息。（3）如果受领物是物的使用或者劳务，那么受领人须折价赔偿。（4）如果受领物在受领期间生有孳息，那么该孳息也要随受领物一并返还。（5）如果受领人为应返还的受领物支出了必要费用，那么受领人有权要求对方在接受返还利益的限度内赔付其已支付的必要费用。对此，我国台湾地区和《德国民法典》也有类似之规定可为借鉴，以帮助本条之解释适用。

---

① 参见张广兴、韩世远：《合同法总则》（下册），法律出版社1999年版，第47页。

② 参见崔建远主编：《合同法》（第六版），法律出版社2016年版，第19—20页。

③ 参见韩世远：《合同法总论》（第四版），法律出版社2018年版，第674页。

④ 最高人民法院（2015）民提字第64号民事判决书。

四、赔偿损失

按照本条第1款后段的规定，合同解除不影响当事人要求赔偿损失的权利。由于合同解除本身可以区分为多种类型，所以此处的损害赔偿也因此可做相对具体的区分。从解除的类型上来看，在单方行使解除权的场合，合同的解除可依解除权发生根据上的差异，分为约定解除和法定解除，前者的解除权由合同保留（《民法典》第562条第2款），而后者的解除权源于法律规定（《民法典》第563条）。法定解除还分为一般法定解除和任意法定解除。一般法定解除又可区分为因客观原因的解除和因违约行为的解除。所谓客观原因即指不可抗力的情形（《民法典》第563条第1款第1项）；而违约行为则包括拒绝履行（《民法典》第563条第1款第3项）、延迟履行（《民法典》第563条第1款第2项）、不完全履行（《民法典》第563条第1款第4项）等情形。任意法定解除则完全依据一方当事人自己的意愿即可单独解除合同，如《民法典》第933条规定了委托合同中委托人和受托人均享有任意法定解除权。因双方达成新的协议而解除合同的，则不以先前解除权的存在为必要，这称为协议解除（《民法典》第562条第1款）。[①]

因此，我们需要根据合同解除的不同类型进一步阐明赔偿损失的范围。（1）协议解除。在协议解除的场合，是否有损害赔偿以及损害赔偿的范围均可由双方当事人自己约定，其原因在于：协议解除的本质是通过新的意思合意来处分原合同关系，这是民法意思自治原则的体现，法律对此不应加以干预，除非新协议违反了法律强制性规定。但另一个需要解决的问题是，如果当事人已经就协议解除合同达成合意，但并未约定损害赔偿的事项，那么此时损害赔偿的范围应当为何？有学者给出的答案是，因为双方当事人已经通过新协议处分了履行合同所能获得的履行利益，因此，协议解除的损害赔偿范围应为信赖利益，即当事人因订立合同所支出的必要费用和因相信合同能够履行而做准备所支出的必要费用等。[②]我们认为这一观点并不正确。在协议解除合同的场合，有约定的从约定，未约定损害赔偿事项的，应视为无需

① 参见韩世远：《合同法总论》（第四版），法律出版社2018年版，第644页。

② 参见崔建远主编：《合同法》（第六版），法律出版社2016年版，第206页。

赔偿。(2)约定解除。合同被约定解除的，是否存在损害赔偿以及损害赔偿的范围遵从当事人的约定，除非约定违反法律上的强制性规定；同样地，当事人未就赔偿损失进行约定的，不存在损害赔偿。[①]这一点与协议解除相同。(3)任意法定解除。任意解除合同的场合，损害赔偿的范围原则上应为信赖利益。当然，如果有证据证明主张“解除”的一方当事人只不过是打着解除合同的旗号而故意毁约，那么就应该按拒绝履行的情形追究“解除者”的违约责任，其赔偿范围应为履行利益的损失。[②]这一点在《民法典》委托合同一章有了新的调整，区分了无偿委托合同与有偿委托合同的任意解除赔偿范围，值得关注。(4)一般法定解除。如前所述，一般法定解除可区分为因客观原因(即不可抗力)导致的解除和因违约导致的解除。《民法典》第563条第1款第1项规定，因不可抗力致使合同目的不能实现的，可以解除合同。在此情形下，根据《民法典》第180条的规定，双方均不需要承担民事责任。但在发生不可抗力解除合同时，基于诚信原则，当事人应该及时通知对方当事人，采取必要的补救措施，否则应就扩大的损失承担损害赔偿责任。[③]《民法典》第563条第1款第2项至第4项涉及违约导致的法定解除，在此情形下，其损害赔偿范围应当是履行利益。

关于违约解除是否可与赔偿损失并存的问题，国内外学界素有争论。德国旧债法和早期理论认为，作为合同责任的损害赔偿要以合同关系的存在为前提才能成立，因此，合同解除与债务不履行的损害赔偿不能同时并存，当事人只能选择主张两者之一。这种规定及其理论虽然符合逻辑推演，但却忽视了当事人之间的利益均衡，对非违约方保护非常不利。法国民法及其理论认为，在债务人违约的情况下，债务不履行所产生的损害赔偿责任已经成立，非违约方将合同解除时，业已存在的损害赔偿责任并不因此而消减。《民法典》该段规定沿袭《民法通则》第115条和《合同法》第97条的规定，承认解除合同与损害赔偿的并存关系，不采旧德国民法二者仅能择其一的规则，是我国立法上的进步，德国2002年新债法的修改也证明了这一点。可见，我国法

① 参见崔建远主编：《合同法》(第六版)，法律出版社2016年版，第207页。
② 参见崔建远主编：《合同法》(第六版)，法律出版社2016年版，第208页。
③ 参见崔建远主编：《合同法》(第六版)，法律出版社2016年版，第206页。

中的合同违约解除与损害赔偿是并行不悖的，[①]赔偿损失的范围也可指向履行利益（合同履行后可以获得的利益）。

五、违约责任的独立性

本条第2款特别强调："合同因违约解除的，解除权人可以请求违约方承担违约责任，但是当事人另有约定的除外。"该款进一步规定了违约解除与违约责任的并行关系，是本条第1款所说的"赔偿损失"可以指向"履行利益"的延伸。当然，这里的"违约责任"应当限缩解释为"违约损害赔偿"，其原因在于，虽然《民法典》在"违约责任"一章，并列地规定了继续履行、损害赔偿等多种违约责任，但是继续履行和合同解除的目的相悖，故而两种救济方式是相互排斥的。[②]所以，在合同解除的场合，所谓"违约责任"实际上只能是"违约损害赔偿"而已。同时，"违约损害赔偿"不但指法定损害赔偿，也包括约定损害赔偿即存在违约金条款的情况（《民法典》第585条第1款），因为违约金只不过是当事人对违约损害赔偿数额的预定，在性质上仍属"违约损害赔偿"的范畴。关于违约解除后违约金条款的独立性，《买卖合同解释》第26条曾有明确规定，合同解除不影响合同中违约金条款的效力。《买卖合同解释》第26条的规定对于本款有重要贡献。因为在这两条规定之前，我国理论和实践中多将违约金条款解释成《合同法》第98条中的"清理条款"的方式加以适用，[③]也即《民法典》第567条的规定："合同的权利义务关系终止，不影响合同中结算和清理条款的效力。"但实际上"结算和清理条款"是否包含违约金条款，历来是有疑问的。因此，在本款规定写入《民法典》后，在合同违约解除的场合，解除权人除了可以向对方主张恢复原状外，就债务不履行而遭受的损失还可以向对方主张违约损害赔偿，当事人在合同中约定了违约金条款的，那么解除权人可径直依据该条款主张约定赔偿数额。当然，违约损害赔偿范围的相关限制性规则在此依然适用，如可预见性规则（《民法典》第584条）、减轻损害规则（《民法典》

① 参见崔建远主编：《合同法》（第六版），法律出版社2016年版，第207页。
② 参见崔建远主编：《合同法》（第六版），法律出版社2016年版，第258页。
③ 参见韩世远：《合同法总论》（第四版），法律出版社2018年版，第690页。

第591条）、与有过失规则等；而对于当事人已经约定了违约金条款的情况，其最终赔偿数额也要受违约金司法调整规则的制约（《民法典》第585条第2款）。

六、担保人的担保责任

本条第3款规定："主合同解除后，担保人对债务人应当承担的民事责任仍应当承担担保责任，但是担保合同另有约定的除外。"本款新增规定来自《担保法解释》第10条，该条规定，合同解除不影响担保人对债务人应承担的民事责任承担担保责任。换言之，即便主合同已经解除，债权人仍然可以主张担保人按照合同约定承担解除合同后债务人民事责任的担保责任。本款关于合同解除后担保责任继续存续之规定，构成《民法典》第559条中的合同终止时从权利消灭规则（即"债权债务终止时，债权的从权利同时消灭"）的例外规定，值得注意。

举证责任

本条遵循"谁主张，谁举证"的基本原则。凡在合同解除时主张未履行的债务归于消灭的一方，须就合同债务尚未履行的事实承担举证责任；凡在合同解除时向对方主张恢复原状和赔偿损失的一方，须就合同债务已经履行的事实（包括合同债务的具体履行情况等）承担举证责任。

第五百六十七条【结算、清理条款效力】

合同的权利义务关系终止，不影响合同中结算和清理条款的效力。

历史由来

本条承袭了《合同法》第98条的规定，略作修改。《合同法》第98条规定："合同的权利义务终止，不影响合同中结算和清理条款的效力。"

《民法典合同编（草案）》（征求意见稿）第109条、《民法典合同编（草案）》（一审稿）第357条、《民法典合同编（草案）》（二审稿）第357条均完全承袭了《合同法》第98条的规定。《民法典（草案）》第567条则作出了将“合同的权利义务”调整为“合同的权利义务关系”的修改。

规范目的或功能

本条的规范目的在于明确合同终止后的清理和结算条款的法律效力。本条虽不以合同解除场合为限，但却是以合同解除场合最为典型。[①]解除制度的启用使既有的债之关系转换为清算关系，借此制度而使当事人既存的关系善始善终。“清算关系”即为原来的债之关系转换而来，而违约金、预定的损害赔偿或者定金等清理和结算条款均为“清算关系”内容的组成部分。因此，清理和结算条款的效力并不会因为合同的解除而当然归于消灭。[②]直到清理和结算条款被履行完成，它们的使命才会终结，而清算关系也会随之终结。

规范内容

一、合同的权利义务关系终止

我们需要明确本条中“合同的权利义务关系终止”的具体含义。“合同的权利义务关系终止”是指合同债权与债务的消灭，[③]具体情形即《合同法》第91条之规定，并为本法第557条所承继，具体包括清偿、抵销、提存、免除、混同、解除等多种原因。大致有三类：一是基于当事人的意思表示，如免除、合意解除；二是基于合同目的的消灭，如发生不能履行、清偿、混同；三是基于法律的直接规定。[④]从表述上来看，尽管合同的权利义务关系终止并不以合同解除场合为限，但却以合同解除场合最为典型，因此本条之适用也应

---

① 参见韩世远：《合同法总论》（第四版），法律出版社2018年版，第689页。
② 参见韩世远：《合同法总论》（第四版），法律出版社2018年版，第689页。
③ 参见韩世远：《合同法总论》（第四版），法律出版社2018年版，第642页。
④ 参见崔建远主编：《合同法》（第六版），法律出版社2016年版，第211页。

当以合同解除为主要适用情形。当然，也有观点认为，本条的适用范围原则上只限于合同因解除而使债权消灭的情形，因为如果合同之债已经完全消灭，根本无须适用结算和清理条款。[①]但从本条文义表述来看，立法者并不想将本条之适用限于合同解除的情形，而是统一适用于合同权利义务关系终止的各种情况。

当然，本条以合同解除情况为典型也是有其道理的。因为从历史和比较法渊源上来看，《合同法》第98条可以追溯至《联合国国际货物销售合同公约》第81条。[②]《联合国国际货物销售合同公约》第81条规定，宣告合同无效，在合同中的权利义务消灭，但应负责的任何损害赔偿仍应负责。宣告合同无效不影响合同中关于争端的任何规定，也不影响合同中关于双方在宣告无效后权利义务的其他规定。学者指出，《联合国国际货物销售合同公约》所说的“宣告合同无效”（avoidance of contract）并非指确认合同为无效合同，实际上指的是解除合同。[③]

而从司法实践的情况来看，涉及《合同法》第98条的案例并不多，[④]其中，法院支持结算和清理条款的效力不受影响的案例也多与合同解除（尤其是违约解除）有关。在这些案例中，最具权威性的是最高人民法院于2018年作出的甲房地产开发有限公司与乙商场股份有限公司房屋买卖、租赁合同纠纷案，该案即涉及违约解除。[⑤]甚至有法院明确排除《合同法》第98条对于合同解除之外的其他合同终止情形之适用，比如“甲材料有限公司、乙钢铁实业股份有限公司合同纠纷案”。[⑥]在该案中，合同债务已被履行完毕，但上诉人仍然主张合同中的结算和清理条款的效力不受影响、继续有效。该主张被法院驳回，法院认为既然合同关系已经因债务履行而归于消灭，那么依据

---

① 参见王利明主编：《中国民法典学者建议稿及立法理由：债法总则编·合同编》，法律出版社2005年版，第284页。

② 参见韩世远：《合同法总论》（第四版），法律出版社2018年版，第672页。

③ 参见张驰：《违约责任条款地位论》，载《法学》2004年第12期；姚梅镇主编：《国际经济法概论》，武汉大学出版社2004年版，第125页。

④ 通过北大法宝、无讼等法律检索网站完成检索，截止2020年4月，涉及《合同法》第98条的有效民事案例仅共计13个。

⑤ 参见最高人民法院（2018）最高法民终94号民事判决书。

⑥ 参见广东省高级人民法院（2016）粤52民终595号民事判决书。

《合同法》第98条而主张结算和清理条款继续有效的观点就是没有根据的，因此不予支持。上述案例也在引发人们思考，即本条“合同的权利义务关系终止”是否应当限缩解释为“合同解除”的情形，至少还是有很多值得讨论的空间。

二、结算条款与清理条款

何为合同中的“结算和清理条款”？所谓“结算条款”可以理解为有关结算方式方法的合同条款。如果当事人在合同中约定了结算方式，合同终止后，应当按照约定的方式结算。[①]所谓“清理条款”，可以理解为有关彻底整理或者处理的主体、范围、方法等事项的合同条款。违约金条款或者关于因违约产生的损失赔偿额计算方法的条款（本法第585条第1款）、定金条款（本法第586条）等，在性质上均属于清理条款。[②]

需要注意的是，本条中的“结算和清理条款”要与本法第507条中的“解决争议方法的条款”相区分。本法第507条规定：“合同不生效、无效、被撤销或者终止的，不影响合同中有关解决争议方法的条款的效力。”这里所谓的“解决争议方法的条款”具体包括仲裁条款、选择受诉法院的条款和选择检验、鉴定机构的条款等，其中以仲裁条款最为典型。《仲裁法》第19条第1款规定“仲裁协议独立存在，合同的变更、解除、终止或者无效，不影响仲裁协议的效力”，这意味着仲裁条款的独立性为我国法律所承认。与前者不同，到目前为止，我国并无任何法律法规和司法解释赋予清理和结算条款的独立性根据。因此，两者在性质上存在根本差别，需要我们予以明确区分。

三 其他问题

本条规定“合同的权利义务关系终止，不影响合同中结算和清理条款的

---

① 全国人民代表大会常务委员会法制工作委员会编：《中华人民共和国合同法释义》，法律出版社1999年版，第165页。

② 韩世远：《合同法总论》（第四版），法律出版社2018年版，第674页。

效力”，但为何合同权利义务终止或者合同解除时，合同中的结算和清理条款不受影响呢？对此，不同学说尝试给出自己的答案，这些学说中比较有代表性的是直接效果说和折中说。

直接效果说强调对溯及力的贯彻，认为合同因解除而溯及既往地消灭。因此，如果严格遵循直接效果说的立场，结算和清理条款也应该因解除而失去效力。因此，在采取直接效果说的前提下，如果要保持结算和清理条款的效力不因合同解除而消灭，需要拟制合同在结算和清算条款的范围内继续存在。有学者承认这确实存在美中不足的问题，但为了公平及便利起见，避免“拟制”是不可能的。[①]对此，有学者持反对意见，他们强调“拟制”并不是可以随便使用的法学方法论上的手段，所谓“无法律无拟制（法谚）”（Nunquam fictio sine lege）。[②]

如果采用折中说，则根本不需要借助拟制手段。按照折中说，解除并非使合同债务溯及既往地消灭，而是使既有的债的关系转换为清算关系，不论是结算条款还是清理条款，它们均为清算关系的组成部分，因此合同解除并不能使这类条款的效力当然归于消灭。[③]另外，从比较法和立法史的角度讲，本条的前身即《合同法》第98条，如上文所述，可以追溯至《联合国国际货物销售合同公约》第81条的规定，而《联合国国际货物销售合同公约》并没有接纳直接效果说的立场，其立场更接近于折中说。我们在分析本条所采纳的学说立场时，对此不可不察。最后，在本法第566条的评注中，我们已经详细解释了合同解除效果采纳折中说的合理性，因此，本条采纳折中说这一立场也是体系解释的应有之义。

总而言之，如果本条采用折中说的立场，就不需要借助拟制手段，这既符合形式逻辑，又能兼顾立法史考察和体系解释的要求，因此，我们主张应在学理上采用折中说来解释和理解本条所处之立场。

---

① 参见崔建远：《解除权问题的疑问与释答（下篇）》，载《政治与法律》2005年第4期。

② 参见韩世远：《违约赔偿的定性分析与定量考察》，载《人民法院报》2008年2月21日，第5版。

③ 参见韩世远：《合同法总论》（第四版），法律出版社2018年版，第690页。

第五百六十八条【法定抵销】

当事人互负债务，该债务的标的物种类、品质相同的，任何一方可以将自己的债务与对方的到期债务抵销；但是，根据债务性质、按照当事人约定或者依照法律规定不得抵销的除外。

当事人主张抵销的，应当通知对方。通知自到达对方时生效。抵销不得附条件或者附期限。

历史由来

本条基本上承继了《合同法》第99条的规定，并作如下修改完善：第一，删除对互负债务均到期的要求，仅对被抵销方的债务做到期要求。《合同法》第99条要求均届履行期，但通说认为，债务人有权抛弃期限利益，无相反规定或约定时，债务人可以在清偿期前清偿，所以被动债权即使未届清偿期，也应允许抵销。[①]为此，本条第1款删除了《合同法》第99条关于双方债务均届清偿期的规定，而仅要求被抵销方的债务到期。第二，在抵销权排除事由中，增加当事人约定情形，这是吸收《合同法解释（二）》第23条的合理规定的结果。《合同法》第99条在撤销权排除事由中未规定当事人之间约定禁止抵销的情形，从法律解释的角度来讲，自然允许当事人依意思自治原则约定，某些债务不得通过抵销实现，本条对此予以补充，更为明确。第三，在抵销权排除事由中，将“按照合同性质不得抵销”修改为“根据债务性质”不得抵销。这一修改是因《民法典》不设债法总则，而以合同编的通则分编发挥债法总则的作用，因此将合同性质修改为债务性质对抵销的影响，以期能够将非基于合同产生的债务纳入抵销的适用范围。就此而言，虽然本条所处的体系地位是在合同编，但依其文义解释，本条适用范围将扩大至所有债的类型，而不限于合同之债。

规范目的或功能

债务人有权以自己的债权，针对其债权人所享有的债权进行抵销。通说

① 崔建远：《合同法》（第三版），北京大学出版社2016年版，第315页。

认为，抵销具有双重功能：其一为清偿功能，即抵销具有替代债务人应当提供的给付，清偿其债务的功能；其二为执行功能、实现债权的功能，即抵销人借助抵销自主实现债权，无需借助其债务人的作为或不作为，也无需借助司法程序实现自己债权的功能。[①]此外，因为抵销人能够自主实现其债权，衍生出抵销具有确保债权的效力，使其具有一定的担保功能；由于双方当事人无需实际相互提供给付，可以节省交易成本，[②]也使抵销兼具简化法律关系的功能。[③]

上述三种抵销的功能，即抵销制度存在的意义，本条规范的目的就在于，为民事主体提供法律上可实现上述功能与目的的制度框架。抵销适状创设了一个双方均无需向对方实际提供给付的一种未决的状态。抵销权是形成权，抵销行为是形成行为，包含了对主动债权的处分和对被动债权的清偿效果。抵销的效果是债务消灭，具有替代履行的法律地位。

规范内容

一、抵销的要件

（一）对立性

“当事人互负债务”，相应地即存在两个相互对立的债权，两个债权具有相互对立性，无论是法定抵销还是约定抵销，二债权的对立性都是抵销成立的前提条件。从抵销的角度来看，提出抵销一方需对抵销相对方享有债权（主动债权），抵销相对方也需要对提出抵销一方享有债权（被动债权）。由于抵销首先是在诉讼中以被告（抵销人）抗辩的形式出现的历史原因，因此在文献中也将被动债权称作主债权，主动债权称作反对债权。

基于对立性要件，通常认为，不得以自己债权抵销他人债务，不得成立

① Looschelders, Schuldrecht AT, 17. Aufl. 2019 §18, Rn.2；中文译本参见［德］迪尔克·罗歇尔德斯：《德国债法总论》，沈小军、张金海译，中国人民大学出版社2014年版，第146页。

② 崔建远：《合同法》（第三版），北京大学出版社2016年版，第315页。

③ 王利明：《合同法研究》（第二卷）（第三版），中国人民大学出版社2015年版，第271页。

抵销适状。[1]就利益衡量而论，抵销权人有处分自己债权之自由，以之清偿他人债务也符合第三人清偿的宗旨，尤其对被动债权人无任何不利。在通说认可一般第三人清偿[2]的前提下，排除作为清偿替代手段的抵销可能性，理论逻辑上的一贯性似有欠缺。同理，在三人相继为他人之债权人情形的三角关系中，如果甲为乙的债权人、乙为丙的债权人、丙为甲的债权人时，也可基于第三人清偿的法理，允许甲以其对乙的债权作为主动债权，与乙对丙的债权进行抵销，从而打破对立性要求。

另外，在一些法定的例外情形中，也允许打破对立性要求，使抵销人可以对第三人享有的债权作为主动债权与抵销相对人对抵销人的债权进行抵销。我国法上承认债权让与中债务人可以其对让与人的债权作为主动债权，而对受让人对债务人享有的债权（被转让债权）主张抵销权（《民法典》第549条）。德国民法还承认买卖不破租赁情形中承租人得以对出租人（出让人）的债权与受让人对承租人的租金债权进行抵销（第566d条）；我国台湾地区还承认保证人可以对债权人主张债务人的抵销权、连带债务人可以向债权人主张其他连带债务人的抵销。

（二）同类性

除对立性要求外，就发生抵销的二债权关联性方面，法律还要求“该债务的标的物种类、品质相同”，理论上称之为同类性。作为被动债权债务人的抵销人，原则上并无权限决定给付内容，如给付不符合债之本旨的，被动债权人享有拒绝受领的权利。若允许被动债权的债务人以不符合债之本旨的给付抵销，无异于强迫被动债权人接受本可拒绝接受的给付，显然与抵销实现债权的宗旨不合。为此，通过对债务的标的物种类和品质的同类性作出明确要求，实际上通过要求被动债权具有可替代性、抵销可能性的同时，要求主

① 韩世远：《合同法总论》（第四版），法律出版社2018年版，第698页；朱广新：《合同法总则研究》（下），中国人民大学出版社2018年版，第534页；Brox/Walker Schuldrecht AT, 43. Aufl. 2019, §16 Rn.4; Looschelders, Schuldrecht AT, 17. Aufl. 2019 §18, Rn.4；中文译本参见［德］迪尔克·罗歇尔德斯：《德国债法总论》，沈小军、张金海译，中国人民大学出版社2014年版，第147页。

② 崔建远：《合同法》（第三版），北京大学出版社2016年版，第310页。

动债权具有能够替代被动债权抵销能力，将可进行抵销的债权（债务）限定在极小的范围内。

理论上认为种类之债通常具有可替代性，为抵销的典型客体。[①]特定之债因为债权人看重的是该特定物的特殊属性，因而原则上不具有可替代性，不得抵销。但如主动债权与被动债权标的物为同一特定不可替代物时，既然给付的标的完全同一，应没有禁止抵销的理由。[②]是否为同种类债权的判断标准在于交易观念，而与债之目的、债的发生原因无关，即使是物权属性的返还请求权，也可以与债权属性的给付请求权进行抵销，私法上的请求权与公法上的请求权进行抵销亦无不可。

最常发生、最具实践意义的抵销主要表现为金钱之债的抵销，通常金钱之债都符合同类性的要求，可以进行抵销。但某些金钱之债仅具金钱之债的外形，其本质仍为特定之债或种类之债，需要按照相应的规则确定被动债权的抵销可能性。理论上一般认为，金钱作为债之标的是相同种类的，无论其表现为特定的货币面额（金钱额度之债）而有确定数额，还是仅通过其他财产的金钱价值（金钱价值之债）而未以特定数额存在，金钱价值之债与金钱额度之债均可以相互抵销。至于外币之债与本币之债可否抵销，应该首先做真正的外币之债和不真正的外币之债的区分，真正的外币之债是以外币记载且必须以外币支付的外币之债；不真正的外币之债则在没有相反约定的时候，可以根据《民法典》第514条的规定以本币进行支付。真正的外币之债，当事人以明示或可以推知的意思排除了以本币进行支付的可能性，应该认为不属于同一种类，因而不能抵销。在不真正的外币之债场合，根据《民法典》第514条的规定，当事人虽然以外币记载债权，但当支付地为本国境内时，外币之债的债权人可以要求以本币进行支付，此时应当允许外币之债与本币之债抵销。但应当注意的是，《民法典》第514条仅赋予债权人本币支付的选择权，债务人无以本币支付的选择权，故仅不真正外币之债债权人可以作为抵销人

---

① 朱广新：《合同法总则研究》（下），中国人民大学出版社2018年版，第534页；Brox/Walker Schuldrecht AT, 43. Aufl. 2019, §16 Rn.5.

② Gernhuber Die Erfüllung und ihre Surrogate, 2. Aufl. 1994, S.236；崔建远：《合同法》（第三版），北京大学出版社2016年版，第315页。

作出抵销表示。

交付有价证券的请求权，因其重在取得有价证券所表现的金钱价值，原则上认为二者种类相同，允许予以抵销。[①]像汇票、支票这种服务于信用交易或支付交易的有价证券，很难否定其与金钱之债间同种类属性。而对于在证券市场上进行交易的有价证券（如股票、债券），亦特别强调其所表现的金钱价值，其公开市价随时可确定性也使因其市价波动而排除抵销可能性的理由，显得有些多虑。[②]应该肯定的是，像提单、仓单等并非直接体现内在金钱价值的有价证券，与金钱之债并非同一种类，不具备抵销能力。

给付时间和地点，除涉及主动债权的到期问题时，原则上并不影响同类性的判断。给付地点虽然在债之实际履行中扮演非常重要的角色，但在并不涉及实际履行的抵销中，原则上并不影响抵销的成立。在因为给付地点不同而造成抵销相对人支付额外的运输、仓储等费用或造成损害时，抵销人应当对所造成的损害承担赔偿责任。

（三）主动债权的可实现性

抵销人主张抵销，功能上相当于实现主动债权，为此主动债权必须具有可实现性。主动债权的可实现性，首先意味着主动债权有效且已经到期，否则如允许以未届清偿期的债权作为主动债权，即有强迫债务人履行未到期债务、剥夺抵销相对人期限利益的弊端。[③]至于主动债权未定履行期的抵销，有观点认为，债权人应根据《民法典》第511条第4项的规定，给对方必要的准备时间后，方可抵销。[④]实际上，"必要的准备时间"制度目的在于，防止突袭、使债务人无端陷于履行迟延，而抵销并不涉及实际履行，不会产生上述不良后果。为此，抵销表示应当解释包括了"请求履行"的意思在内，到达

---

① Larenz, Lehrbuch des Schuldrechts, Allgemeiner Teil, 14. Aufl. 1987, S. 257.

② Erman/E. Wagner 14. Aufl. 2014, BGB §387 Rn.13.

③ 王利明:《合同法研究》(第二卷)(第三版)，中国人民大学出版社2015年版，第279页；崔建远:《合同法》(第三版)，北京大学出版社2016年版，第315页；韩世远:《合同法总论》(第四版)，法律出版社2018年版，第704页。

④ 韩世远:《合同法总论》(第四版)，法律出版社2018年版，第704页。

相对人后立即发生抵销效力，而无需经过“必要的准备时间”。应当注意的是，就主动债权超出被动债权的部分，因涉及实际履行，还应当按照《民法典》第511条第4项的规定处理。

主动债权到期，仅为主动债权可实现性的基本面，对于存在其他实现障碍的债权，基于不得剥夺抵销相对人利益的原则，也应该排除其作为主动债权进行抵销的资格。其情形主要包括，请求力或强制执行力被排除的不完全债权、负有抗辩权的债权等。附有抗辩权的债权不得抵销的原因在于，所附抗辩权导致该债权的可实现性被排除，就本条规定而言是不符合主动债权“到期”这一要件，而不是因为债务的性质排除抵销。对此，《民法典》第568条虽未作明确规定，但理论上通常均予以认可，没有争议。

被动债权为抵销相对人的债权，即抵销人所负债务，抵销人债务是否到期，并不具有决定性意义，因为原则上债务人可以放弃其期限利益。《合同法》第99条要求互负到期债务，意味着不仅要求主动债权到期，而且也要求被动债权到期，似有剥夺债务人放弃其期限利益的嫌疑，理论上通常认为并不可取。因此，《民法典》第568条放弃了这一过于严格的要求，仅对主动债权（对方的债务）作到期要求。

二、抵销权的排除

（一）债务性质的排除

因债务的性质排除抵销的，主要是指如允许抵销，将违反该债务成立所追求的目的。在意定之债中，如债务成立追求给付行为的实施，而因抵销意味着无需实际为给付行为，将导致此类给付行为之债的目的根本落空。因此，原则上给付行为之债因债务的性质要求给付行为的实际实施而排除抵销。但是追求给付行为实施的债务通常都注重债务人的人身属性，在同种类性上通常即排除了抵销适状成就的可能性。只有在极端的情况下，如双方各应为对方提供相同内容的债务（且不注重品质的劳务）时符合同类性要求，需要援引债务的性质排除抵销可能性。

抵销主要适用的情形为金钱之债的抵销，依债务性质排除金钱之债的抵销可能性，主要服务于该金钱之债所承载的公共价值目标。包括的情形主要有:(1)故意侵害他人权利产生的损害赔偿之债不得被抵销，以免引发道德危机;(2)退休金、养老金、赡养费、扶养费、抚恤金、安置费等债权不得被抵销，以实现各该种债权相应的公共政策目的。

（二）约定的排除

基于意思自治原则，在债权人与债务人明示约定债权不得用于抵销或不得被抵销时，应当尊重当事人的约定，任何一方不得违反该约定而抵销。是否存在默示的抵销禁止约定，则需要根据合同解释的规则确定。典型地，对于当事人约定必须于特定时间特定地点提出给付的绝对定期行为而言，应该解释为双方存在默示的抵销排除约定。但应当注意的是，如果所排除抵销的是没有争议或已经生效法律文书确认的债权，则对该债权人构成不平衡，应当认定为无效。

当事人以约定禁止用于抵销的债权作为主动债权进行抵销时，抵销相对人可以提出权利不存在的抗辩；约定不得被抵销的债权作为被动债权抵销的，抵销相对人可以提出债权继续存在、继续履行等请求权。

（三）法定的排除

基于法律的明确规定，有些债权不得被用于抵销。主要的规范目的在于避免各不同债权主体之间的债务混同，保护特定主体的合法债权，如信托受托人管理运用、处分信托财产所产生的债权，不得与其固有财产产生的债务相抵销；受托人管理运用、处分不同委托人的信托财产所产生的债权债务，不得相互抵销(《信托法》第18条)，同样的规则也适用于证券投资基金(《证券投资基金法》第6条)；合伙人债权人的债权也应与合伙企业的债权相互分离，因而该债权人不得以与合伙企业无关的债权抵销其对合伙企业的债务(《合伙企业法》第41条)。另外，在破产情形下，为了避免破产企业的债务人、债权人通过获取债权、负担债务的方式规避破产程序，侵害破产企业或其他债权人的利益，对破产企业的债务人、债权人知道破产事由或者在破产申请后对破产企业取得债权或负担债务情形，禁止进行抵销，但因法律规定或者有破产申请1年前所发生的原因而取得债权、负担债务的除外(《企业破产法》第40条)。

三、抵销表示及其异议

（一）抵销表示

符合抵销的前提条件的，即为抵销适状，但并不因此自动导致相应的债权消灭，而需要抵销人作出抵销表示，通知到达相对人时发生法律效力。该通知为单方法律行为，需受领的意思表示，通知自到达对方时生效，并适用《民法典》第137条以下的规定。抵销表示是形成行为，即因单方意思表示即可发生、变更、消灭法律关系的行为，不得附条件或者附期限（《民法典》第568条第2款），以免威胁法的安定性，或长期使他方当事人处于悬而未决的状态，无所适从。但应注意的是，在不违背此立法目的的前提下，纯由相对人意思决定的任意条件应当予以认可，[①]至于相对人同意附加的条件宜纳入协议抵销的领域考察。

（二）抵销异议

抵销权为形成权，抵销权人通过单方需受领的抵销表示即可发生抵销的效力，无需抵销相对人的配合。一方面，如抵销适状未成就，即不具备抵销的前提条件的，主动债权人所作出的意图抵销的意思表示，因不具备抵销原因当然不发生使相应债权消灭的法律效力，对该债权适用普通诉讼时效期间。[②]另一方面，如果抵销适状成就，主动债权人所作出的抵销意思表示到达相对人时，即发生法律效力，抵销相对人对此并无值得保护的利益，没有异议的空间。在当事人就是否抵销适状发生争议时，完全可在主动债权或被动债权的诉讼请求过程中对其予以查明，无须另行赋予抵销相对人以异议权。《合同法解释（二）》第24条规定的抵销相对人异议权及相应的异议期间，一方面使抵销权生效以相对人无异议为前提，无视抵销权作为形成权的基本属性，使抵销权人的法律地位弱化为请求权人；另一方面在抵销适状不成就而抵销相对人未提出异议时，剥夺了抵销相对人的债权人地位，人为地在被动债权诉讼时效和所谓异议期间之间制造了不必要

---

① 崔建远：《合同法》（第三版），北京大学出版社2016年版，第316页。

② 王洪亮：《债法总论》，北京大学出版社2016年版，第182页。

的矛盾。

四、抵销的效力

（一）相应债权消灭

抵销表示到达抵销相对人时发生效力，主动债权与被动债权在重合范围内消灭。二债权额相同时，同归于消灭；二债权额不同时，剩余债权额仍应依法履行。抵销表示同时内含着主动债权人对其债权的主张，因而具有中断诉讼时效的效力；但抵销表示并不等同于对被动债权的承认，因此对于被动债权而言并不发生承认的效力。如抵销人误以为抵销适状成就而发出抵销表示，并不等于对已罹于时效之被动债权的承认；同样，对被动债权中超出主动债权额的部分，也不发生承认的效力。

（二）多数债权时的抵充

如抵销双方有多个债权均可成就抵销适状时，抵销人应具体指明用以抵销和被抵销的债权。如抵销人未指明时，应类推适用《民法典》第560条第2款的规定。就主动债权而言，优先以缺乏担保或担保最少的债权抵销，担保数额相同的优先以负担较重的债权抵销，负担相同的按照债权到期顺序从早到晚确定抵销主动债权；如果抵销适状的各债权到期时间相同的，依各债权比例抵销。就被动债权的确定而言，也应做相同处理。但是，如果被动债权中有罹于时效债权的，除非抵销人有明确表示，应予以排除。

（三）抵销的溯及效力

抵销的意思表示，自抵销通知到达对方时生效。虽然本条第2款规定，当事人主张抵销的，应当通知对方，但并不排除抵销人以对话方式或采用数据电文形式作出抵销表示。对此，应按照《民法典》第137条关于意思表示生效的规则予以确定。

抵销意思表示生效，相应债权在重叠范围内消灭的时间点是从抵销表示生效之后，还是溯及至可得抵销（抵销适状）时，本条未作明确规定。我国通说主张抵销具有溯及至抵销适状时消灭债权的效力，[①]进而自抵销适状时起，排除债务人迟延责任、不再继续计算利息，且抵销适状后罹于时效的债权亦可作为主动债权主张抵销。这种观点主要来源于德国民法，鉴于德国民法第389条明确规定了抵销的溯及效力，且有第215条、第396条等法律明文规定相辅佐，德国法教义学上不得不作此解释。但抵销的溯及效力并非抵销本质的必然结果，且从法律政策上存有相当争议，[②]在不采自动抵销的立法模式下，自抵销表示生效后方发生债权消灭的法律效果更符合抵销作为履行替代方式的法律地位，更符合当事人之间的利益状态。否则，基于抵销的溯及效力，抵销人在抵销适状后既不履行债务也不行使抵销权，无需承担任何不利的法律后果，甚至在其主动债权罹于时效时仍然可以抵销，置作为抵销相对人的被动债权人利益于不顾，难谓公平。正因为如此，欧洲示范法在《欧洲合同法原则》第13：106条、《欧洲民法典草案》第III–6：107条中对放弃抵销的溯及效力明确规定，自通知时起债务在重叠范围内消灭，不具有溯及既往的效力。[③]《民法典》既然未明确规定抵销溯及效力，也无类似《德国民法典》第215条关于抵销适状后罹于时效之债权依然可主动抵销之规定，更无在解释论上承认抵销溯及效力的理由。为此，在我国法上，应当放弃抵销溯及效力主张，采取抵销不具有溯及效力的立场。[④]

三 举证责任

抵销人应当就抵销符合抵销适状的构成要件、抵销已经通知相对人承担

---

① 王利明：《合同法研究》（第二卷）（第三版），中国人民大学出版社2015年版，第288页；崔建远：《合同法》（第三版），北京大学出版社2016年版，第317页；韩世远：《合同法总论》（第四版），法律出版社2018年版，第710页；王洪亮：《债法总论》，北京大学出版社2016年版，第180页。

② Looschelders, Schuldrecht AT, 17. Aufl. 2019 §18, Rn.15；中文译本参见［德］迪尔克·罗歇尔德斯：《德国债法总论》，沈小军、张金海译，中国人民大学出版社2014年版，第150页。

③ ［德］克里斯蒂安·冯·巴尔等主编：《欧洲私法的原则、定义与示范规则：欧洲民法典草案》（全译本）（第一卷、第二卷、第三卷），付俊伟等译，法律出版社2014年版，第989页以下。

④ 王利明：《债法总则研究》，中国人民大学出版社2015年版，第712页；王利明：《债法总则》，中国人民大学出版社2016年版，第453页。

举证责任；抵销相对人对债务性质、按照当事人约定或者依照法律规定不得抵销承担举证责任。

第五百六十九条【约定抵销】

当事人互负债务，标的物种类、品质不相同的，经协商一致，也可以抵销。

历史由来

本条承继了《合同法》第100条的规定，略作修改，即把“经双方协商一致”删减为“经协商一致”。

规范目的或功能

本条之规范目的，在于贯彻合同自由原则，认可当事人间基于协议抵销互负债务的意思自治，进而实现同时消灭当事人之间债权债务关系的目的。

规范内容

一、抵销协议

与《民法典》第568条依单方意思表示抵销不同，本条以当事人协商一致，即存在抵销协议为前提。抵销协议为合同、法律行为，因此当然适用《民法典》关于合同及法律行为成立、效力的相关规范。[①]但应当注意的是，抵销协议在法律性质上亦属于对抵销债权的处分行为，且其合同目的的实现无需债务人实际履行，抵销协议发生效力即可发生被抵销债权消灭、债务清偿的法律效力。因此，抵销协议并不适用关于合同履行、保全、担保乃至违约责任的一般规定。

---

① 王利明：《合同法研究》（第二卷）（第三版），中国人民大学出版社2015年版，第285页。

抵销协议可以通过明示的意思表示订立，也可以依默示行为成立。[①]

抵销协议与免除协议并不相同。免除协议是债权人与债务人就免除债务人债务达成的协议。《民法典》第575条规定债权人可单方面免除债务人的债务（债务人拒绝的除外），据此，我国法上的免除为单方法律行为。但一方面，并不排除债务人拒绝债务免除导致债务免除无效的可能性，亦不排除双方达成免除协议（包括附条件的免除协议）；另一方面，在比较法上亦有免除并非单方法律行为而需达成免除协议方发生债务免除效力的立法例。如德国法上免除并非单方法律行为，仍须债权人与债务人达成免除债务人债务的协议，才发生免除的效力。事实上，《民法典》第575条改变了《合同法》第105条的规则，允许债务人拒绝免除，亦有向免除协议立法例靠拢的倾向。

抵销协议也并非双方免除债务的合同，而是一项清偿替代合同。抵销协议的目的和效力是使双方的债权均获得满足，而并非对债权实现的放弃，[②]相互抵销的二债权处于互为对价的对立地位，与双方免除债务显有不同。双方免除债务协议的目的和效力在于双方债权的放弃，债权并非因清偿或清偿替代而消灭。

交互计算协议是一种典型的抵销协议。我国法并未将交互计算规定为典型合同，但在实践中，尤其是在银行业务、建设工程、融资租赁等商事交易场合时有发生。[③]所谓交互计算协议，是当事人约定相互间交易所产生的债权债务定期进行结算，互相抵销，仅支付差额的协议。交互计算协议最基本的功能在于，通过定期计算和互相抵销简化交易关系，签订交互计算协议后，经过定期计算，在金额相当的范围内自动发生互相抵销的债务清偿效力，无需当事人另行就抵销达成合意或作出抵销表示。[④]

---

① 杨芳贤：《民法债编总论》（下），台北三民书局2017年版，第463页。

② 黄立：《民法债编总论》（修正三版），台北元照出版有限公司2006年版，第739页。

③ “甲国际租赁有限公司与乙标识设计制作有限公司买卖合同纠纷案”，参见陕西省西安市中级人民法院（2018）陕01民终7438号民事判决书；“沈阳经济技术开发区甲玻璃有限公司诉乙国际租赁有限公司等融资租赁合同纠纷案”，参见天津市第二中级人民法院（2015）二中民二终字第577号民事判决书；“甲公司等与郑某等建设工程分包合同纠纷上诉案”，参见上海市第一中级人民法院（2012）沪一中民二（民）终字第1299号民事判决书。

④ 黄立主编：《民法债编各论》（上），中国政法大学出版社2003年版，第162页。

二、约定抵销的条件

抵销协议依当事人协商一致而成立，但根据本条规定，还须具备“当事人互负债务”这一基本前提。当事人之间无债权债务关系，则抵销协议无处分标的，抵销协议自然无法成立。但是，当事人互负债务并不要求债权债务关系是已经确实发生，如当事人预先约定以将来发生的债权进行抵销，自然应当允许。当事人无其他约定时，以将来债权为标的的抵销协议应解释为以拟抵销的将来债权发生为生效条件的法律行为。约定的将来债权确定发生的，抵销协议生效，依当事人抵销协议约定的时间、条件进行抵销；任一约定的将来债权确定不发生的，抵销协议不生效力，如一方将来债权发生的，按照产生该债权的基础关系处理。

当事人互负债务不限于双方互负债务的情形，也可以是三方或多方当事人就相互之间的债权债务进行抵销清算。在实践中，尤其在融资租赁、建设工程等多方交易关系当中较为常见。在企业集团当中，可以约定以其成员对他方的债权与他方债权人的债权互为抵销，从而排除所谓双方互付债务这样的要件，可以第三人的债权对他方债权抵销。

法定抵销的其他要件，如同种类性、主动债权可实现性、被动债权得加以清偿等，均可因约定而放弃。如抵销协议中对抵销额度约定不明时，可依相应债权的基础关系折算债权金钱价值确定债权抵销额度。抵销协议当事人之间有多项可抵销债权且对拟抵销债权约定不明时，应首先按照合同解释规则确定拟抵销债权，仍然不能确定时，可类推适用《民法典》第560条第2款的规定确定抵充。

三、抵销的效力与抵销禁止

抵销协议生效后，当事人约定抵销的债权自抵销协议生效时消灭。除当事人另有约定外，抵销不具有溯及既往的效力。关于抵销效力的其他问题，参见《民法典》第568条评注。

《民法典》第568条规定的抵销禁止规则，尤其是依债之性质、法律规定而禁止抵销的，仍应继续适用。依债之性质禁止抵销的，如当事人追求特定给付行为的债务，可依当事人意欲达到的法律效果，认定为债务免除。在附有特定法政策目的的债务约定抵销时，如对于未来侵害人格权损害赔偿之债的约定抵销，应类推适用《民法典》第506条之规定，认定该抵销协议无效。对已经产生的基于人身伤害、离婚损害赔偿之债，虽不得通过法定抵销消灭，但应允许当事人通过协议予以抵销。当事人以协议抵销债权，损害第三人利益的，亦应根据法律规定或者依债之性质认定抵销协议的效力，依法不得禁止的，该抵销协议无效。当事人之间此前存在的抵销禁止特别约定，则可因抵销协议的签订而变更或废除。

举证责任

当事人就抵销协议发生争议的，由提出主张一方承担证明抵销协议成立、生效等举证责任；相对方就抵销未成立、未生效或存在禁止抵销的情形承担举证责任。

第五百七十条【提存的原因】

有下列情形之一，难以履行债务的，债务人可以将标的物提存：

（一）债权人无正当理由拒绝受领；

（二）债权人下落不明；

（三）债权人死亡未确定继承人、遗产管理人，或者丧失民事行为能力未确定监护人；

（四）法律规定的其他情形。

标的物不适于提存或者提存费用过高的，债务人依法可以拍卖或者变卖标的物，提存所得的价款。

历史由来

本条基本上完全承继了《合同法》第101条的规定。《民法典合同编（草案）》（一审稿）第360条对《合同法》第101条第1款第3项增加了“遗产管理人”的规定。《民法典合同编（草案）》（二审稿）、《民法典（草案）》未再作出修改。

由立法史看，《民法通则》未对提存作出规定，《民法通则意见》第104条对债权人无正当理由拒绝债务人履行义务情形下的提存作了原则性的规定，1995年6月2日发布施行的《提存公证规则》首次对提存的成立要件作了规定。《提存公证规则》第5条规定，债务清偿期限届至，有下列情况之一使债务人无法按时给付的，公证处可以根据债务人申请依法办理提存：（1）债权人无正当理由拒绝或延迟受领债之标的的；（2）债权人不在债务履行地又不能到履行地受领的；（3）债权人不清、地址不详，或失踪、死亡（消灭）其继承人不清，或无行为能力其法定代理人不清的。《提存公证规则》第6条规定，有下列情况之一的，公证处可以根据当事人申请办理提存公证：（1）债的双方在合同（协议）中约定以提存方式给付的。（2）为了保护债权人利益，保证人、抵押人或质权人请求将担保物（金）或其替代物提存的；当事人申办前款所列提存公证，必须列明提存物给付条件，公证处应按提存人所附条件给付提存标的物。《合同法》第101条对《提存公证规则》的相关规定做了调整。

规范目的或功能

基于提存目的之不同，提存包括担保提存、执行提存、保管提存以及清偿提存。与《合同法》第101条以下之规定相同，《民法典》第570条以下的规定，仅涉及以清偿债务为目的之提存，即清偿提存。[①]本条及以下诸条的总体规范目的在于，为债务人于清偿之外提供通过提存消灭其债务的替代方法，具体规范相关当事人之间的法律关系。

债务人对通过清偿消灭债务具有合法利益。债务人可以履行但非因债务人方面原因而致债务人不能履行时，法律应当为债务人提供替代途径。[②]《民法典》第570条至第574条规定的提存制度，即旨在为债务人提供替代清偿途径，使债务人通过提存而消灭其债务，避免陷于债务不履行的被动境地。本条之规范目的在于，明确债务人可以通过提存消灭自己债务的基本条件。提

---

① 韩世远：《合同法总论》（第四版），法律出版社2018年版，第713页。

② 黄立：《民法债编总论》（修正三版），台北元照出版有限公司2006年版，第717页。

存是债务人享有的权利，而非其义务。[①]当然，例外情况下可以基于约定或法律规定产生提存的义务，如《民法典》第406条第2款抵押人的提存义务、第432条第2款质权人的提存义务，但这些提存义务更多发挥担保或保全的功能，而非消灭债务人债务的功能。

负有给付标的物义务之债务人应依法律规定或依约定向债权人交付标的物，方能因债之清偿而免除债务，未依债之本旨履行债务者，应依《民法典》第468条及第577条之规定承担相应的法律责任。但是，债务人不履行债务的原因或者存在于债务人自身，或者存在于债权人方面，或者基于债之主体应负责之外的原因，不能一概而论。债之主体应负责之外的客观原因所致，应依不可抗力或情势变更相应规则处理；债务人自身原因所致，应依债务不履行规则处理。如未依债之本旨履行债务的原因系债权人方面的原因所致，苛求债务人承担债务不履行的责任，显然与自己负责的基本法理相悖。尤其在因债权人应承受风险范围内的原因导致债务人不能履行债务时，应当为债务人提供免于继续承担债务的机会。

规范内容

一、提存原因

提存原因是债务人通过提存免除自己债务的理由。提存原因必须是在债权人方面存在的，导致债务人难以履行的各种情形。理论上可将提存原因区分为两种类型：债权人身份明确的提存原因和债权人不明的提存原因，前者主要表现为拒绝受领、受领迟延；后者则包括下落不明、债权人死亡、丧失民事行为能力时财产管理人不明等情形。提存原因的类型，也有学者认为应将其区分为：债权人拒绝受领、债权人不能受领和债权人不确定三类，[②]对此下文予以详细分析。

值得注意的是，通常情况下，债权人与给付的受领人原则上为一人，但

---

① Brox/Walker Schuldrecht AT, 43. Aufl. 2019, §15 Rn.1.

② 韩世远：《合同法总论》（第四版），法律出版社2018年版，第717页；韩世远：《提存论——〈合同法〉第101—104条的解释论》，载《现代法学》2004年第3期。

亦经常存在二者分离的情形。提存旨在为债务人提供非债务人方面原因致使无法履行时的替代解决方案，因此，《民法典》第570条第1款所列举的各种提存原因，准确地讲是存在于受领人方面，而非债权人方面。在债权人与受领人为同一人时固无疑义，一旦债权人与受领人并非同一人时，则应区分三种情形来分别处理：其一，受领人和债权人均出现提存事由；其二，仅债权人出现提存事由，受领人明确；其三，仅受领人出现提存事由，债权人明确。在受领人和债权人均出现提存事由时，债务人当然可以提存；在仅债权人出现提存事由，受领人明确时，债务人仍应依债之本旨履行，而不得提存；仅受领人出现提存事由，债权人明确时，债务人应与债权人协商确定受领人或向债权人履行，或向债权人指定的第三人履行，并不当然享有提存权。以下仍以债权人与债务人为同一人为基本类型讨论，二者分离的情形依上述原则处理即可。

（一）债权人拒绝受领

债权人拒绝受领以债务履行须债权人受领为前提，无须受领即可履行者，自然不能以债权人拒绝受领作为提存原因。但就提存而言，不应将债权人是否负有受领义务作为必要的构成要件。其根本原因在于，提存仅以债务人清偿为目的，纵使债权人无受领义务，也应允许债务人通过提存替代清偿，进而免除自己债务。债权人有受领义务而拒绝受领，债务人自然有权提存；债权人无受领义务而拒绝受领，债务人亦可通过提存免除自己债务。较之于债权人受领义务作为债权人拒绝受领构成要件更为合理的是，以债权人受领为清偿的必要前提，如债之清偿无需债权人受领，则无以债权人拒绝受领为提存前提的必要，如不作为债权即无需受领，即不存在拒绝受领而提存的可能；给付标的物的，如买卖、赠与等，原则上须债权人受领标的物方完成清偿，故债务人在债权人拒绝受领时可以提存。但是，在《民法典》第608条规定的情形下，当事人也可能约定，如在买卖、赠与中，债务人将标的物置于某地即为交付，此种情形下原则上亦无债权人受领之必要，进而无拒绝受领而提存的可能；但如果在债务人履行之前，债权人通知其拒绝受领，债务人依诚信原则亦不得将标的物置于交付地而不顾，债务人应进行提存。

债权人拒绝受领，原则上以债务人提出给付为前提。债务人提出给付的方式包括口头提出、现实提出。原则上，债务人必须在现实提出给付时债权人拒绝受领，造成履行困难的，债务人才有权通过提存消灭其债务。仅在债权人已经明确拒绝受领或者拒绝表示为对待给付义务的情形下，债务人才无现实提出的必要，否则必然造成履行费用的损失，[①]而此种损失的发生如属可以避免、减少的损失，债权人嗣后可以基于债务人违反减损义务而拒绝承担。另外，债务人口头提出并非无任何条件的信口开河，而应当是在债权人同意受领时即可立即现实履行的状态下的口头提出，否则既悖于诚信原则，亦有可能成为债务人规避迟延履行责任的借口。[②]值得注意的是，债务人提出给付并非认定债权人拒绝受领的绝对必需条件。在当事人明确约定履行时间、地点的绝对定期行为中，债务人甚至无须口头提出，债权人未为受领即构成受领迟延，符合其他提存条件的，债务人即可予以提存。

关于债权人拒绝受领是否以无正当理由为前提，即提存是否以可归责于债权人为前提的问题，有观点认为，从提存制度设置的初衷以及债权人与债务人之间的利益衡平角度考虑，债权人无正当理由拒绝受领无必要以可归责于债权人为要件。[③]

债权人于履行期到来前预先表示拒绝受领的，债务人是否应在履行期到来时继续提出履行，抑或在债权人期前拒绝时即可提存。日本法多数学说认为，此时债务人无需做口头提出即可提存。[④]但到期前的预先表示拒绝受领，并不使债权人债权消灭，当然也不排除债权人于到期时主张其债权。债务人于债务到期时口头提出履行，债权人接受的，即无从成立提存原因；到期时债务人口头提出履行，债权人拒绝受领的，方确定地存在提存原因。即使到期前与到期后债权人前后一致地表示拒绝受领时，也不应允许债务人在期前提存，否则有将到期前的风险、保管费用等转嫁给债权人的嫌疑。

关于债务人在履行期前提出履行，债权人拒绝受领时，债务人是否可以

---

① 王洪亮：《债法总论》，北京大学出版社2016年版，第329页。

② 崔建远：《我国提存制度的完善》，载《政治与法律》2019年第8期。

③ 崔建远：《我国提存制度的完善》，载《政治与法律》2019年第8期。

④ 韩世远：《合同法总论》（第四版），法律出版社2018年版，第717页；［日］我妻荣：《新订债法总论》，王燚译，中国法制出版社2008年版，第274页。

在履行期届至之前提存，则有必要结合期前履行规则加以考察。根据《民法典》第530条第1款的规定，在提前履行不损害债权人利益时，债务人可以提前履行，此种情形下债权人拒绝受领，应当允许债务人提存方符合本条之主旨。至于提存本身给债权人带来的风险，是因为债权人拒绝受领而产生，并非提前清偿引起的损害债权人利益，不应以此来排除债务人提前履行。[①]如提前履行损害债权人利益时，债务人不得提前履行，其提出者债权人有权拒绝受领，此为有正当理由的拒绝受领，债务人不得期前提存。

债权人拒绝受领，是指债权人不接受债务人提供的给付。债权人拒绝受领的表示，以明示表示拒绝为常态；默示拒绝受领亦应做相同处理，应允许债务人进行提存。实践中，债权人并未明确拒绝受领但受领迟延的情形更为常见，本条第1款第1项仅规定了债权人无正当理由拒绝受领的情形，在解释上应做扩张解释，将受领迟延情形纳入提存原因之中。毕竟，在约定或推定的履行时间债务人提出履行，债权人未受领时，债务人即有通过提存消灭自己债务之利益，提存制度就是为了在此种情形下基于债务人可能的替代路径，基于相似情形相似处理的基本原则，没有理由将受领迟延排除于提存原因之外。

给付时间不确定、债务人可提前给付的情形，导致债权人方面存在一时性的受领障碍的，根据我国《民法典》第511条第4项的规定，应当给对方必要的准备时间，此种情形下债权人有理由拒绝受领，债务人不得据此提存。

债权人拒绝受领的正当理由主要是指，债务人未依债之本旨提供履行，债权人所享有的拒绝受领的权利。例如，《民法典》第530条提前履行拒绝权、第531条部分履行拒绝权、第610条质量瑕疵的拒绝受领权、第629条拒绝接收多交标的物的权利、第740条承租人的拒绝受领权。当然，《民法典》未明确规定拒绝受领权的，在债务人履行不符合债之本旨时，债权人也当然可以拒绝受领。

（二）债权人方面的不确定性

债务人依债之本旨提供给付以向给付受领人给付为当然前提，如债务人拟提供的给付无受领人或无法确定受领人或履行地时，债务人无从提供给付，

---

① 韩世远：《合同法总论》（第四版），法律出版社2018年版，第718页。

给付之目的亦当然无法实现。受领人不确定有可归责于债务人之事由的，如债务人遗失受领人身份及联系信息，当然应由债务人承担相应风险；但如受领人不确定为债权人应承担的风险范围时，则不应由债务人承担因此无法提供给付清偿债务的风险，应允许债务人依法提存。

1. 债权人下落不明

债权人下落不明时，通常会导致债务人无从履行其债务，构成提成原因。但在实践中，债权人下落不明是否均导致债务人无从履行债务，尚有必要区分不同情形处理。[①]一方面，债权人虽然下落不明，但受领人并不存在下落不明的情形，债务人可以向受领人提供给付，不存在难以履行的情况，不构成提存事由。如货物运输合同中，作为债权人的托运人下落不明，但收货人明确的，承运人并无提存权。另一方面，债权人下落不明是指对债务人而言，但如债权人下落不明是因债务人方面的原因所致，如债务人犯罪或侵权行为致债权人下落不明，债务人应知债权人下落的，不得通过提存免责。因此，如债权人下落不明并不导致债务人清偿困难的，债务人并无提存利益，不成立提存原因。如寄送之债中承运人明确，虽然债权人下落不明，但债务人亦可因向第一承运人交付标的物而转移标的物风险，债务人因此并不存在履行困难，因而不构成提存原因。至于债权人下落不明是否可归责于债权人，下落不明导致债务人一时地不能履行抑或终局地不能履行，并不影响提存原因的成就，故无区分之必要。

至于债权人下落不明的时间点，应指债务到期债务人可履行、债权人应受领时，债务到期前，债务人并无履行清偿利益，不得通过提存清偿债务。

2. 债权人死亡未确定继承人、遗产管理人

债权人死亡的，其债权属于遗产，应依法由遗产管理人管理、继承人继承。随着《民法典》第1145条全面建立遗产管理人制度后，根据《民法典》第1147条第4项的规定，遗产管理人享有处理被继承人债权的权利，从而遗产管理人成为法定的债之受领人。因此，债权人死亡后，债务人应向遗产管理人履行其债务，继承人未确定并不影响债务人履行债务。进而，债务人原则上不能仅以未确定继承人为由主张存在提存原因，仅当继承人未确定导致

① 崔建远：《我国提存制度的完善》，载《政治与法律》2019年第8期。

遗产管理人未能确定时，债务人才可以通过提存清偿其债务。具体而言，遗嘱继承中，由遗嘱执行人作为遗产管理人，遗嘱执行人明确的，债务人不能以继承人未确定主张提存；没有遗嘱执行人且继承人为多人时，因继承人未确定而无法推选遗产管理人，也无法由全体继承人共同担任遗产管理人的，债务人可以继承人未确定主张提存；没有继承人或者继承人均放弃继承的，由被继承人生前住所地的民政部门或者村民委员会担任遗产管理人，债务人也不得以继承人未确定主张提存。

3. 债权人丧失民事行为能力未确定监护人

为保护无行为能力人或限制行为能力人的利益，理论上通常要求债权人需有行为能力方具有受领给付能力。[①]债务人向债权人履行而未经法定代理人同意或追认，将不发生债务清偿的效力。因此，当债权人丧失民事行为能力而无受领权时，债务人应向有受领权的法定代理人提供给付，或者征得法定代理人的同意或追认而向债权人履行，以清偿其债务。无论采取何种履行路径，均以法定代理人（或监护人）的确定为前提，在法定代理人（或监护人）不确定的情况下，债务人有权通过提存消灭自己的债务。理论上来讲，债务人也可以先向丧失民事行为能力的债权人履行，待其法定代理人确定后由法定代理人追认，但在此期间一旦发生任何变故，均由债务人自行承担风险。如债权人仅部分丧失行为能力，则应类推适用《民法典》第145条第1款关于限制行为能力的相应规则，在受领给付与其年龄、智力、精神健康状况相适应时，仍可有效受领给付，债务人不得通过提存履行。

（三）其他可提存的情形

提存制度的目的在于为因债权人方面原因导致难以履行的债务人提供替代解决方案，但债权人方面的原因尚不限于债权人拒绝受领、受领迟延及债权人死亡、丧失民事行为能力而未确定相应受领权人的情形。本条采取逐一列举提存原因具体情形的立法技术，难免有挂一漏万之嫌。实则，从提存制度的目的来看，只要是因债权人方面的原因导致债务人难以有效履行其债务的，均应给予有意且能履行的债务人以替代路径。为此，比较法上多允许债务人非因过失

① 王洪亮：《债法总论》，北京大学出版社2016年版，第182页。

不能或不能有把握地履行其债务时，享有提存清偿其债务的权利。[①]

债务人遭遇债权人方面原因导致的履行困难，可根据债权人地位是否发生变动，区分为债权人地位未发生变动时的提存原因和债权人地位发生变动时的提存原因。在债权人地位未发生变动时，提存原因存在于债权人自身，包括债权人拒绝受领或受领迟延、债权人下落不明或债务人住所地为履行地时住所地不明等；在债权人地位发生变动时，可根据法定变动原因或意定变动原因，区分债权人死亡、丧失行为能力以及保证、连带债务清偿等法定的债权移转等情形，以及债权人转让债权、委托收取债权等移转债权受领权等情形。上述任一情形，导致债务人非因过失不能或不能有把握地履行其债务的情形，均构成提存原因。本条仅列举了债权人地位未发生变动的提存原因和债权人地位发生法定移转的提存原因中较为典型的几种类型，对于其他情形，尤其是债权人地位发生移转时的提存原因未能纳入，形成法律漏洞。如债权让与由受让人通知债务人时，或发生债权多次让与、债权人委托第三人受领债权、保证人或连带债务人清偿债务等情形，均可能导致债务人不能确定债权人，对此等情形也应允许债务人提存。

对此项法律漏洞，本条第4项以“法律规定的其他情形”兜底填补。但对此项规定宜作规范目的解释，即结合前三项规定揭示的非因债务人原因导致的履行困难情形均应纳入本项涵摄范围，而并不限于法律明文规定的其他提存原因。如此解释的主要原因在于：一方面，关于提存原因的其他规定目前主要体现为《提存公证规则》的相关规定，《提存公证规则》仅为部门规章而非法律，如仅限于《立法法》规定之法律，将导致对《提存公证规则》的排除适用。另一方面，我国法律也并未对债权让与、委托收取债权、保证人等清偿导致债权受领人不明时的提存可能性作出规定，如将其限于法律明文规定的提存原因，上述符合提存规范目的的情形将无法作为提存原因，导致债务人承担因债权人方面原因无法履行的债务不履行责任，对债务人并不公平。

至于认为《民法典》第406条第2款（《担保法》第49条）、第432条第2款（《担保法》第70条）规定的提存，旨在实现的是担保标的的保全功能，

---

① 比较法上的考察，可参见崔建远：《我国提存制度的完善》，载《政治与法律》2019年第8期。

而非本条规定基于履行困难而清偿债务之提存，二者性质与法律效力皆有所不同，不应包括在本条“法律规定的其他情形”中。[①]《民法典》第837条（《合同法》第316条）运输合同中的提存、《民法典》第957条第1款（《合同法》第420条）行纪合同中行纪人的提存，均属于纳入本条前三项规定的具体体现，并无通过本条第4项予以涵盖的必要。

二、履行困难

存在债权人方面的原因，需导致债务人“难以履行债务”时，方成立提存原因，债务人因此享有提存消灭债务的权利。换言之，即使存在本条所列各项情形，但该情形并未导致债务人难以履行债务时，债务人也无权通过提存免除其债务。如债权人下落不明的，如已经宣告失踪并有明确的财产代管人时，债务人并不存在履行困难，则不得仅以债权人下落不明为由提存其给付。

需因债权人方面原因导致“难以履行债务”时，债务人方可通过提存替代清偿消灭债务。在因果关系上，仅要求事实上的因果关系即可，即债权人方面的原因是导致难以履行的原因，对因果关系的认定采相当因果关系说，即如无提存原因债务人通常即可履行债务，有此提存原因发生，债务人通常即发生履行困难。债务人对于债权人方面发生提存原因亦有原因力的，例如债务人侵权或犯罪行为致债权人死亡、下落不明或致债权人拒绝受领（如赠与合同）的，原则上并不影响债务人通过提存消灭其债务的可能性。但债务人应当基于原因力，对提存费用、提存物意外灭失等损失承担相应责任。

因为提存制度的宗旨仅在于为债务人提供清偿替代方案，与责任承担无关，因此并不要求债权人对此提存原因的发生存在归责事由，即债权人的故意、过失并不影响提存原因的成立。纵使在债权人“无正当理由”拒绝受领的情形下，仅旨在排除债权人有拒绝受领权的情形，而无考察债权人归责事由的必要。[②]

---

① 全国人民代表大会常务委员会法制工作委员会编：《中华人民共和国合同法释义》（第3版），法律出版社2013年版，第192页；崔建远：《我国提存制度的完善》，载《政治与法律》2019年第8期。

② 崔建远：《我国提存制度的完善》，载《政治与法律》2019年第8期。

三、提存的方式

提存的方式是，将依债之本旨应予交付的标的物交付提存部门保管，嗣后由债权人或有受领权人提取。关于提存的法律性质、具体的提存方式，见《民法典》第571条评注。

四、提存能力与自助出卖

（一）提存能力

提存的标的物，应当是依债之本旨提供给付对应的标的物，否则与提存作为替代清偿方法的宗旨相悖。[①]但并非所有依债之本旨应提供给付对应的标的物均可能提存，只有具有提存能力的标的物方可提存。所谓提存能力，是指标的物适于提存，即标的物符合提存的要求和目的。标的物适于提存，一方面是指标的物在属性上适于提存，就提存标的物的自然或物理属性上，适合由提存部门保管；另一方面是指标的物在经济上适于提存，即标的物提存符合债之履行的经济目标，最典型的体现是提存费用不能过高。提存费用过高的，不符合债之履行的经济目标，标的物即不具有提存能力。

通常具有提存能力的标的物，包括货币、有价证券、票据、提单、权利证书、贵重物品等。对于贵重物品，通常是指就其重量和体积而言，具有特别高的价值的物品，[②]如珠宝、艺术品等，《提存公证规则》第7条对此作了明确规定。不具有提存能力的标的物，主要包括在自然或物理属性上不适合提存保管的，如季节性商品、鲜活、易腐烂变质以及其他不宜长期保存的物品（《民事诉讼法解释》第153条）、易腐易烂易燃易爆等物品（《提存公证规则》第14条第5款）。当然，标的物的自然属性与物理属性是否适于提存，也与提存部门的保管能力有关，如提存保管部门不具备特殊的保管条件，对于像需

---

① 李永军：《合同法》（第四版），中国人民大学出版社2016年版，第249页；崔建远：《合同法》（第三版），北京大学出版社2016年版，第319页；朱广新：《合同法总则研究》（下），中国人民大学出版社2018年版，第543页。

② Brox/Walker Schuldrecht AT, 43. Aufl. 2019, §15 Rn.3; Looschelders, Schuldrecht AT, 17. Aufl. 2019 §19, Rn.3；中文译本参见［德］迪尔克·罗歇尔德斯：《德国债法总论》，沈小军、张金海译，中国人民大学出版社2014年版，第152—153页。

要特殊保管条件的医疗试剂等亦不具有提存能力，如提存部门有足够的仓储能力，即使标的物是体积庞大的木材，也不排除其提存能力。另外，在经济上不适宜提存的标的物，主要是指标的物本身价值与提存费用之间不成比例，如提存费用接近甚至高于标的物本身价值，显然违背债之关系的目的。

依《提存公证规则》第15条、第22条第4款的意旨，不动产在我国具有提存能力，可通过现场实地验收、采取委托代管等保管措施予以提存。

（二）自助出卖

具备提存原因但标的物无提存能力时，债务人的提存利益并不消灭，有必要提供变通途径，实现与提存标的物相当的法律效果。对此，具备提存原因但标的物无提存能力时，各国立法普遍允许债务人依法拍卖或者变卖标的物，即自助出卖并提存所得的价款。

自助出卖并非债务人任意出卖，此时债务人的法律地位是《民法典》第979条意义上的无因管理人，应依《民法典》第981条之规定，采取有利于债权人的方法出卖标的物，因此支出的必要费用可依《民法典》第979条请求债权人偿还，亦可依有关规定从所得价款中予以抵销或扣除。债务人在拍卖或者变卖标的物之前，应申请公证机关对标的物有关证据进行保全（《提存公证规则》第14条第5款）。原则上，债务人应采取拍卖的方式自助出卖，能够通知债权人或有受领权人的，在拍卖之前尚应通知债权人或有受领权人，并应严格按照《拍卖法》相关规定执行。仅在标的物有交易所或确定市场价格时，债务人方可经过具有相关资质的中间人进行变卖，以期公允。

举证责任

债务人应就存在债权人拒绝受领、下落不明、债权人无法确定以及其他受领权人无法确定等提存原因承担举证责任，债权人就拒绝受领的正当理由、债权人或受领权人明确、不存在履行困难等不存在提存原因承担举证责任。在标的物不具备提存原因方面，亦应由债务人举证证明，债权人对债务人自助出卖过程中未采取有利于债权人的方法承担举证责任。

第五百七十一条【提存的成立与效力】

债务人将标的物或者将标的物依法拍卖、变卖所得价款交付提存部门时，提存成立。

提存成立的，视为债务人在其提存范围内已经交付标的物。

历史由来

本条属于新增规定，其内容主要吸收了《合同法解释（二）》第25条的规定。《合同法解释（二）》第25条规定："依照合同法第一百零一条的规定，债务人将合同标的物或者标的物拍卖、变卖所得价款交付提存部门时，人民法院应当认定提存成立。提存成立的，视为债务人在其提存范围内已经履行债务。"

规范目的或功能

本条之规范目的，在于明确提存成立的时间及其基本法律效力。

规范内容

提存是债务人将债务之标的物提交提存部门以替代履行的法律事实。从对债权债务关系影响的角度来看，提存与履行、抵销、免除、混同等处于相同的法律地位，均能导致债务消灭。但就提存本身而言，却与其他债之消灭原因多有不同。

一、提存的成立

（一）提存的主体

1.提存人

提存由申请人向提存部门提出提存申请，且提存人应当具有行为能力方可提存（《提存公证规则》第5条）。依本条规定，清偿提存申请的主体是债务人（《提存公证规则》第5条），且提存人提请提存时需提交据以履行义务的依据（《提存公证规则》第9条第2项）。但是，既然第三人清偿债务并不为法律所严格禁止，作为清偿替代方法的提存，也应为其留有相应的余地，至少与债务清偿有利害关系而有代偿权的第三人，应允许其作为提存人。①

事实上，一般第三人能否作为提存主体，应与提存原因结合判断。在债权人拒绝受领的场合，第三人须向债权人提出给付而遭到无正当理由拒绝受领时，第三人可为提存人；第三人未向债权人提出给付，仅债权人无正当理由拒绝受领债务人给付时，第三人不得为提存人，否则将剥夺债权人拒绝受领的机会。

在债权人下落不明、债权人死亡未确定继承人、遗产管理人或者丧失民事行为能力未确定监护人导致难以履行债务时，如果债务人对一般第三人清偿无异议的，债权人也不得拒绝一般第三人清偿，该第三人可作为提存人。此种受领人不确定的情形下，当债务人对一般第三人清偿有异议时，债权人亦享有拒绝权，不应允许一般第三人作为提存人。原因在于，一般第三人清偿毕竟是对债之关系的侵入，既遭一方当事人异议，又对债务清偿无利害关系，允许其提存而将债权人置于不利境地，损人不利己，欠缺给予提存保护之正当理由。

2.提存部门

在我国提存为公证业务，由公证机构主管（《公证法》第12条），债务履行地的公证处管辖（《提存公证规则》第4条第1款）。因此，提存人应向债务履行地的公证处提存标的物，债务履行地的公证处为提存部门。债务履行地的确定，依《民法典》第510条、第511条第3项的规则确定。但在债务履行地申办提存公证有困难的，可由债务人住所地的公证处管辖（《提存公证规则》第4条第2款）。

3.债权人

债权人并非提存人，也非提存行为相对人的提存部门，因此并非提存行为的主体。当然，从提存效力涉及债权人、债权人未提存受领人的角度来讲，债权人因提存行为而享有权利、承担义务，债权人是提存关系的主体是应当

---

① 王利明：《合同法研究》（第二卷）（第三版），中国人民大学出版社2015年版，第296页；张谷：《论提存》，载许章润主编：《清华法学》（第二辑），清华大学出版社2003年版，第196—197页。

赞同的。[①]

（二）提存的标的物

提存的标的物应具有提存能力，典型的提存标的物包括货币、有价证券、票据、提单、权利证书、贵重物品等。提存标的物原则上应当是依债之本旨应提供给付对应的标的物，否则与提存作为替代清偿方法的宗旨相悖。[②]但提存标的物与债之标的物不符或在提存时难以判明两者是否相符时，提存人仍要求提存的，提存部门在告知并记载如提存受领人因此原因拒绝受领提存物则不能产生提存的效力后，可以办理提存公证（《提存公证规则》第13条第2款）。因此，提存的成立并不以提存的标的物与债之标的物一致为要件，此时提存的成立以提存受领人拒绝受领提存物为解除条件，[③]条件成就时，溯及至提存成立时不生提存的效力。

至于债权人（或受领权人）于受领提存物时，接受不符合债之本旨要求的标的物，则属于债权人自由决定范围，法律无强迫债权人仅能受领符合债之本旨要求的标的物之必要。提存之标的物无论在质量、数量、品质方面是否与债之标的物一致，都允许债权人基于提存或代物清偿或免除而自主决定消灭债务人之债务。

（三）交　付

提存人应向提存部门交付提存标的物，以实现替代向债之受领人交付的目的。交付为占有的移转，包括移转直接占有的现实交付、简易交付，以及移转间接占有的占有改定和返还请求权的让与。以移转直接占有的现实交付、

---

① 邱聪智：《新订民法债编通则》（下）（第三版），中国人民大学出版社2003年版，第464页；张谷：《论提存》，载许章润主编：《清华法学》（第二辑），清华大学出版社2003年版，第195页。

② 李永军：《合同法》（第四版），中国人民大学出版社2016年版，第249页；崔建远：《合同法》（第三版），北京大学出版社2016年版，第319页；朱广新：《合同法总则研究》（下），中国人民大学出版社2018年版，第543页。

③ 张谷：《论提存》，载许章润主编：《清华法学》（第二辑），清华大学出版社2003年版，第198页。

简易交付履行提存交付自无疑问，但提存人能否通过占有改定、返还请求权的让与交付提存，尚有疑问。理论上来讲，原债之关系允许通过占有改定、返还请求权的让与履行的，提存自然也可以通过这两种方式完成。如原债之关系不允许通过占有改定、返还请求权的让与履行，但对于不能提交提存部门的提存物或者提存部门不具备保管条件的，如需要特种设备保管的医疗试剂，应允许提存人通过占有改定（提存人有保管条件）、返还请求权让与（提存人委托的第三人有保管条件）的方式完成提存交付。《提存公证规则》第14条明确规定，对不能提交公证处的提存物，公证处应当派公证员到现场实地验收；经验收的提存标的物，公证处应当采用封存、委托代管等必要的保管措施。实际上并未排除通过占有改定和返还请求权让与的方式，完成提存交付。虽然理论上认为，提存同时具有第三人利益的保管合同属性，但毕竟二者之制度目的不同，所以应与保管合同原则上不得以占有改定、返还请求权让与方式交付[①]的规则区别对待。

二、提存的性质

提存发生在提存人与提存机关之间，是由提存人依法向提存机关提出申请，经提存机关审核符合提存条件予以批准的行为。只要提存人的申请符合法定条件提存机关即应依法履行职责，予以提存，提存机关本身并无自由缔约的可能。虽有观点认为，此与强制缔约相若，强制缔约仍可成立私法上的合同，[②]但勉强将其认定为私法上的合同行为，不符合提存运作之实际，在法律适用上亦无任何实益，毕竟提存行为的成立不依《民法典》关于合同订立的规则运行，而径直适用《提存公证规则》中具有行政法性质的规范。因此，从提存行为之成立过程来讲，提存行为为依申请、批准的行为，提存机关拒绝提存时的救济为行政法上的复议制度。提存行为显然非私法上的行为，其作为公法上的需共同参与的行政行为属性，[③]应当予以认可。

---

① 崔建远：《合同法》（第三版），北京大学出版社2016年版，第622页。

② 史尚宽：《债法总论》，中国政法大学出版社2000年版，第835页。

③ 张谷：《论提存》，载许章润主编：《清华法学》（第二辑），清华大学出版社2003年版，第186页；孙森焱：《民法债编总论》（下册），法律出版社2006年版，第888页。

提存行为虽为公法上需共同参与的行政行为，但基于提存行为而产生的提存关系并不必然为公法上的法律关系。法律关系之性质，由各法律关系主体之间的权利义务的属性决定，权利义务为私法上的权利义务，则为私法上的关系，适用《民法典》等私法规范；否则适用则依相关公法规范处理。提存成立后，即发生债务消灭、风险负担转移、提存物保管关系、提存物领取权及其时效起算，以及提存物留置权、抗辩权、取回权等私法上的权利义务和法律效果。据此而言，基于提存行为的公法属性径直认定提存关系为纯粹公法上法律关系的观点，①略失偏颇。

虽然清偿提存之目的首要在于发生私法上的效力，且私法上的效力为其主要效力，但并不因此排除公法上的效力。例如，符合法定或当事人约定的给付条件，公证处拒绝给付的，由其主管的司法行政机关责令限期给付（《提存公证规则》第28条第1款）；公证处或公证人员挪用提存标的的，除应负相应的赔偿责任外，对直接责任人员要追究行政责任或刑事责任（《提存公证规则》第27条第1款）。因此，即使在提存关系中，提存物保管关系、领取关系等占据核心地位，但提存关系受公法调整的面向依然存在，不容忽视。

故此，提存行为作为公法上的行为，所生之提存关系则兼具私法与公法属性，且以私法关系为主。值得注意的是，认为提存关系是由提存人与债权人之间的私法关系、提存人、债权人与提存机关的公法关系构成的观点，②一方面容易忽略提存人与领取人之间的提存关系，与其作为债务人和债权人之间的债权债务关系的区分；另一方面也容易遗漏提存人、债权人与提存机关之间的私法关系。

三、提存视为交付的基本效力

提存以交付为成立要件，提存成立即意味着债务人（提存人）已经对提存部门完成交付（或替代交付），对此自然无须法律特别单独规定。事实上，本款

---

① 张谷：《论提存》，载许章润主编：《清华法学》（第二辑），清华大学出版社2003年版，第186页、第188页。

② 张广兴、韩世远：《合同法总则》（下），法律出版社1999年版，第66页；崔建远：《合同法》（第三版），北京大学出版社2016年版，第317—318页。

规定之意旨在于，提存成立使对提存部门的交付发生了债务人（提存人）向债权人（受领权人）交付的效果，即将对提存部门的交付拟制为对债权人的交付。

关于提存（成立）的效力，理论上通常谓提存具有消灭债务的效力，[①]《提存公证规则》第17条通过规定提存之债从提存之日即告清偿对此予以确认。但是，提存并不当然具有消灭债务的效力。首先，提存之提存人、标的物质量、数量、品种以及提存的时间、地点等是否符合债之本旨，提存部门对此并无终局认定的权力，提存要么在理论上符合债之本旨（发生争议时得到法院判决确认），要么不符合债之本旨但得到了债权人认可，方才发生债务消灭的法律效力。其次，提存部门在明确认定标的物与债之标的物不符，或在提存时难以判明两者是否相符时，也可接受提存。在此种情形下成立的提存，当然不能发生消灭债务的效力。最后，提存本身并无绝对要求提存人所提存的标的物与债之本旨终局相符的必要，提存仅为提存人清偿债务提供替代方案，避免提存人因债权人方面的原因陷入不利境地，对其不公。至于提存标的物与债之本旨不符，自然应由提存人对此承担债务不履行的责任。

同样，提存交付完成后，也不能径直认为债务人在其提存范围内“已经履行债务”（《合同法解释（二）》第25条第2款）。其理由在于，如上所述，是否已经履行债务不能简单等同于提存交付完成、提存成立，应依债之本旨具体判断。上述司法解释规定虽然认识到将提存成立等同于提存之债清偿存在瑕疵，但其将提存成立视为在其提存范围内“已经履行债务”的结果是，提存成立依旧发生债务消灭的法律后果，债权人因而不能向债务人主张清偿，仅能向提存机关领取提存标的物。[②]因此，上述司法解释规定仅解决了提存成立的认定问题，而对提存成立的法律效力并未准确界定。

将对提存部门的交付拟制为对债权人的交付，则避免了赋予提存成立过多的法律意义，避免因赋予提存成立具有债务清偿的效力，导致提存机关如裁判机关一样对债之关系进行全面实质性审查。实际上，这种实质性审查在无债权人介入的情况下是徒劳无功的，也是提存部门不可承受之重。将对提

---

① 韩世远：《合同法总论》（第四版），法律出版社2018年版，第722页。

② 最高人民法院研究室编著：《最高人民法院关于合同法司法解释（二）理解与适用》，人民法院出版社2009年版，第182页。

存部门的交付拟制为对债权人的交付，是在最低限度上肯定了提存的法律意义，最大程度地降低了提存机关的审查义务，尽可能扩大了可能提存的范围，更能够发挥提存作为债务人清偿替代方案的制度功能。至于提存最终能否发生清偿替代、消灭债务的效力，依债权债务关系之本旨决定即可。

举证责任

提存人对将标的物或者将标的物依法拍卖、变卖所得价款交付提存部门承担举证责任。

第五百七十二条【提存的通知】

标的物提存后，债务人应当及时通知债权人或者债权人的继承人、遗产管理人、监护人、财产代管人。

历史由来

本条承继了《合同法》第102条的规定，但作了删节和增补。《合同法》第102条规定："标的物提存后，除债权人下落不明的以外，债务人应当及时通知债权人或者债权人的继承人、监护人。"《民法典合同编（草案）》（一审稿）第362条对《合同法》第102条作了如下修改：其一，删除"除债权人下落不明的以外"的规定，其理由在于，下落不明并不意味着不能通知或不应通知，可以采取公告的方式通知；[①]其二，增加遗产管理人、财产代管人为通知对象。《民法典合同编（草案）》（二审稿）第362条、《民法典（草案）》第572条未再作修改。

规范目的或功能

债权人或有受领权的人若不知提存事宜，则不利于提存发挥替代清偿的

① 王利明：《合同法研究》（第二卷）（第三版），中国人民大学出版社2015年版，第303页。

功能。为此，本条为债务人设定提存通知义务，其规范目的在于使债务人在提存后及时通知提存受领人，以使其债权人、提存受领人知悉提存适宜，领取提存标的物或作出其他决定。

规范内容

一、通知义务

依本条规定，标的物提存后，债务人负有及时通知的义务。关于债务人是否负有提存通知义务，并非完全没有争议。根据《提存公证规则》第18条第2款的规定，以清偿为目的的提存，公证处应自提存之日起7日内，以书面形式通知提存受领人。显然，即使在同条第1款规定了债务人负有通知义务的情况下，清偿提存也均由提存部门作出提存通知书（实践中也有称之为领取提存物通知书）。既然提存部门已经负有公法意义上的提存通知义务，再对债务人规定通知义务并无实际意义。何况清偿提存本来就是以债权人拒绝受领、受领迟延以及其他难为给付的情形为提存原因的，提存人既然难以给付自然也难以通知，再加上提存部门负有通知义务，再使提存人负有通知义务实无必要，且对当事人权益衡量亦无适当之处。①这与我国台湾地区之前的情形非常相似，我国台湾地区原本规定了提存人的通知义务，但根据台湾地区“提存法”的相关规定，实际通知程序是提存人于提存申请时即附具提存通知书，提存所应将提存通知书送达债权人。②因而删除了债务人的通知义务。日本法上的情况也是同样，虽于第495条第3项明确规定了提存人的通知义务，但实际上提存通知由提存人于提存时提交提存官而由后者实际寄送。③

二、提存通知

提存作为清偿的替代方案，其目的并不仅仅在于将标的物交提存部门保管，毋宁尽可能实现如同清偿一样的法律效果，这一效果不仅在于使债务人

---

① 黄立：《民法债编总论》（修正三版），台北元照出版有限公司2006年版，第722—723页。

② 史尚宽：《债法总论》，中国政法大学出版社2000年版，第840页。

③ ［日］我妻荣：《新订债法总论》，王燚译，中国法制出版社2008年版，第277页。

得因清偿而免责，亦在于使债权人因清偿而实现债权。当提存成立后，债务人方面的工作已经完成，有必要促使债权人方面尽快领取标的物，以实现债权之满足。提存通知的目的即在于，使债权人（受领人）及时了解提存事实，尽早领取提存的标的物。①

虽有观点认为提存通知是单方需受领的意思表示，适用关于意思表示到达生效的有关规定。②但就提存通知行为本身而言，其法律效力的发生并非通知人以此追求某种特定法律效果，且其效果的发生与提存通知人之意思表示无关，其法律性质应认定为事实通知，实际上有提存事实时方才发生效力。③在提存人作出提存通知时，提存通知应当类推适用意思表示到达的法律规定。我国台湾地区因由提存部门负有提存通知的义务，因而提存通知书的送达准用民事诉讼中关于送达的规定。④

三、提存通知的相对人

根据本条之规定，提存通知的相对人是债权人或者债权人的继承人、遗产管理人、监护人、财产代管人。但基于提存原因的不同，具体的提存通知的相对人会有所不同。债权人身份明确、且知悉债权人之所在不存在通知困难的，自然应以债权人为提存通知的相对人。债权人身份明确但债权人下落不明的，如依法宣告失踪有财产代管人的、或已依法宣告死亡而有遗产管理人的，不构成提存原因不得提存。债务人通知债权人存在困难的，也可以由提存部门通知债权人（《提存公证规则》第18条第2款）。债权人下落不明且未确定财产代管人、死亡且未确定遗产管理人的、继承人以及丧失民事行为能力且未确定监护人的，属于受领人不确定的情形，应由提存部门公告通知（《提存公证规则》第18条第3款）。在有多数人提出主张，而债务人无法确定何人为受领权人而提存时，理论上认为应该对所有提出主张的人都进行通知。⑤我国法上，此种情形下

---

① 王利明：《债法总则研究》，中国人民大学出版社2015年版，第719页。

② Staudinger/Olzen, 2011, BGB §374 Rn.6.

③ 史尚宽：《债法总论》，中国政法大学出版社2000年版，第840页；张谷：《论提存》，载许章润主编：《清华法学》（第二辑），清华大学出版社2003年版，第219页。

④ 孙森焱：《民法债编总论》（下册），法律出版社2006年版，第898页。

⑤ Staudinger/Olzen, 2011, BGB §374 Rn.8.

即可以采取公告的方式进行通知。至于因人数过多而需要花费不成比例的费用，或者债务人非因过失无法获得所需要的通信方式，构成通知不能的情形，有的立法例规定债务人无需通知，由债务人对不能通知的情形承担举证责任。①但在我国《民法典》第572条未规定提存通知不能、《提存公证规则》第18条第3款规定了广泛的公告通知形式的背景下，应认为不存在提存通知不能而免除通知义务的可能，而是采取公告通知的方式实现对可能的提存受领人的通知。

四、通知的效力

提存通知虽然是事实通知，但由于提存时债务人旨在履行其对债权人之债务，因此提存通知应被视为对债权人请求权的承认，因此将导致时效的重新计算。而提存本身则仅在例外情况下可以视为承认，因为提存是向提存部门作出的，而不是对债权人作出的。②

通知的费用，属于提存费用，应由提存受领人、债权人承担。对此，根据《提存公证规则》第25条第2款的规定，提存费用中包括公告费、邮电费，原则上这两项费用系因通知提存受领人而产生的。如果提存人的提存旨在替代清偿金钱债务，则提存债务人基于《民法典》第568条的规定享有抵销权，可以从所提存的金钱之债中直接抵销扣除通知费用。③

提存人未及时履行通知义务的效力是，对因此造成提存受领人、债权人的损害承担赔偿责任。债权人的损害赔偿请求权因通知义务的不履行、迟延履行而产生，不因嗣后的通知而消灭。债权人所遭受的损害，可能是因迟延收到提存标的物导致的迟延损害，也可能是导致其向提存部门主张领取权无法实现的损害。债权人主张损害赔偿，债务人则应举证证明已经适当履行了通知义务。

三 举证责任

债务人应当对已经及时通知债权人或者债权人的继承人、遗产管理人、

① Staudinger/Olzen, 2011, BGB §374 Rn.10.

② Staudinger/Olzen, 2011, BGB §374 Rn.12.

③ Staudinger/Olzen, 2011, BGB §374 Rn.7.

监护人、财产代管人承担举证责任。

第五百七十三条【提存的损益及费用】

标的物提存后，毁损、灭失的风险由债权人承担。提存期间，标的物的孳息归债权人所有。提存费用由债权人负担。

历史由来

本条完全承袭了《合同法》第103条的规定。1995年6月2日发布施行的《提存公证规则》在第22条、第25条、第27条对提存标的的孳息、提存费用和风险负担作了详细的规定。《合同法》第103条规定："标的物提存后，毁损、灭失的风险由债权人承担。提存期间，标的物的孳息归债权人所有。提存费用由债权人负担。"

规范目的或功能

本条之规范目的在于明确提存后标的物的毁损、灭失风险的承担，以及提存期间标的物孳息的归属以及提存费用的承担。

规范内容

一、风险负担

（一）所有物风险负担

所有物风险负担，此种观点逐渐被放弃。[①]值得注意的是，提存作为替代

---

① 王家福主编：《中国民法学·民法债权》，法律出版社1991年版，第213页；魏振瀛主编：《民法》（第七版），北京大学出版社、高等教育出版社2017年版，第434页；王利明、房绍坤、王轶：《合同法》，中国人民大学出版社2002年版，第253页；王利明：《合同法研究》（第二卷）（第三版），中国人民大学出版社2015年版，第305页。

清偿方法，并不限于合同之债，更不限于买卖合同，提存并不当然使标的物所有权移转于债权人。例如，债务人是出租合同的出租人，在承租人拒绝受领出租物时当然有权经由提存而替代履行自己的债务，于此场合仍要将提存之交付等同于物权变动之交付，显然不符合当事人的真实意思表示和提存目的。而且，在非所有权移转型的债务提存时，交付并不当然发生所有权的变动，债权人非所有权人，无从基于所有权人地位对物承担灭失风险。进而也就不能据此得出标的物风险负担的承担基础为所有物的风险负担，租赁合同、承揽合同、运输合同、保管合同中标的物交付不发生风险移转为其典型。其实，即使在买卖合同中，标的物的交付也并不完全和所有权的移转、风险移转相一致，如试用买卖中，标的物交付后意外毁损灭失的风险依然由出卖人承担。因此，简单地将提存的交付等同于所有权移转本身的观点是不正确的，是将买卖合同作为提存债务之典型假想对象的结果。在此基础上认为提存债权人均因交付而成为所有权人，并基于所有权人地位而承担标的物毁损、灭失风险的观点，是错上加错。

（二）给付风险与对待给付风险负担

种类之债中，标的物特定化后，债务人即完成了为提供给付所能做的一切必要行为，在这一时点之后，给付后果的发生将不再取决于债务人，将给付风险移转于债权人具有其正当性。[①]提存场合，提存视为交付（《民法典》第571条第2款），债务人已经完成了其所有应该且能够做的事情，此后之风险即超出债务人控制及应负责的范围，理应由债权人承担。当然，必要的前提是，债务人提存之标的物应合乎债之本旨，或至少债权人未因其不合债之本旨而表示异议。[②]

关于本条第1句所规定的风险负担属性，不少学者采取对待给付风险（或

① Looschelders, Schuldrecht AT, 17. Aufl. 2019 §13, Rn.12；中文译本参见［德］迪尔克·罗歇尔德斯：《德国债法总论》，沈小军、张金海译，中国人民大学出版社2014年版，第106—107页。

② 张谷：《论提存》，载许章润主编：《清华法学》（第二辑），清华大学出版社2003年版，第218页。

谓价金风险）负担的观点。[①]至少从本条第1句之文义无法直接得出这一结论，显然，该规定直接指向的是“标的物”提存后毁损、灭失的风险，而未直接指向债权人的对待给付问题。所谓给付风险，是指债之标的物灭失之后，债务人是否应另行提供相同种类的其他标的物的风险；对待给付风险是债务人免除给付义务后，债权人是否应当继续履行对待给付义务的风险。[②]就此而言，本条规定既未明确规定债务人是否应继续履行，更未规定债权人是否应为对待给付，很难直接界定为给付风险抑或对待给付风险。但是，从标的物毁损、灭失这一角度来看，立法者并未考虑对待给付的问题，实际上在这里也不宜径直考虑对待给付的问题，毕竟在此尚存在无对待给付债务的可能性。径直认为此为债权人的对待给付风险承担，而不免除其对待给付义务，但在无对待给付时，由于根本无对待给付义务，何来免除与否的问题？将此认为是给付风险时，一方面在无对待给付时，由债权人承担该给付风险，则相应的债务人无需另行给付；另一方面在存在对待给付义务场合，解释为由债权人承担给付风险，也同样可以得出债务人无需另行给付，且债权人不免除对待给付义务的结论。显然，将其解释为给付风险负担更符合立法者的意图，在理论上也较为融贯。

二、孳息归属

（一）孳息归债权人所有

孳息的归属，原则上与所有权同一命运。[③]但是，在债权债务关系中，孳

---

① 韩世远：《合同法总论》（第四版），法律出版社2018年版，第727页；王洪亮：《债法总论》，北京大学出版社2016年版，第188页；张谷：《论提存》，载许章润主编：《清华法学》（第二辑），清华大学出版社2003年版，第217页。亦有观点主张，此风险负担是基于债权人怠于受领其利益而强加的一种不利益，参见朱广新：《合同法总则研究》（下），中国人民大学出版社2018年版，第545页。

② 朱晓喆：《寄送买卖的风险转移与损害赔偿——基于比较法的研究视角》，载《比较法研究》2015年第2期；刘洋：《对待给付风险负担的基本原则及其突破》，载《法学研究》2018年第5期；Looschelders, Schuldrecht AT, 17. Aufl. 2019 §13, Rn.16f.；中文译本参见［德］迪尔克·罗歇尔德斯：《德国债法总论》，沈小军、张金海译，中国人民大学出版社2014年版，第107页。

③ 江平主编：《民法学》（第四版），中国政法大学出版社2019年版，第240页；崔建远：《物权法》（第四版），中国人民大学出版社2017年版，第33页。

息的归属并不能一概而论，需要结合债之关系的本旨确定，尤其在意定之债时，尚需特别结合当事人意思表示的解释确定。

在所有权移转型债权债务关系中，提存视为交付后，因交付发生所有权移转的，因标的物所有权归债权人所有，孳息自然归债权人所有。另外，在以移转标的物使用权为目的之债权债务关系中，交付并不发生所有权移转而仅发生使用权移转的，如出租人提存租赁物时，债权人应为用益权人，租赁物的天然孳息归债权人所有原则上也不存在问题，但此时租赁物的法定孳息则原则上应解释为仍由出租人（提存债务人）所有。此外，在劳务为内容的债务关系中，标的物之交付可能以所有权或使用权的移转为目的，也可能既不移转所有权也不移转使用权，而仅系为履行协助义务。如运输合同中托运人将运输标的提存，承运人为领取权人，此时运输标的的孳息归属于承运人似乎欠妥当。因此，一概规定标的物的孳息归属于债权人，与提存本身仅系移转占有而不涉及物权变动这一本质属性相悖，有必要予以目的性限缩解释，仅在移转所有权、使用权之债务提存场合，使债权人取得天然孳息，而在其余场合均依给付之目的及债之关系本旨具体确定孳息的归属。此外，如提存人取回提存物的，孳息则应归提存人所有（《提存公证规则》第22条第1款）。

（二）孳息的收取人为提存部门

关于孳息的收取人，本条并未明文规定。但标的物经提存后，即由提存部门予以保管，保管人应依保管合同之规定履行保管义务，其中即应包含收取孳息的义务（《民法典》第900条）。

据此，除对天然孳息事实收取外，提存部门对法定孳息还需要代提存标的物权利人行使相应权利来实现。提存的存款单、有价证券、奖券需要领息、承兑、领奖的，提存部门应当代为承兑或领取，所获得的本金和孳息在不改变用途的前提下，按不损害提存受领人利益的原则处理。无法按原用途使用的，应以货币形式存入提存帐户。定期存款到期的，原则上按原来期限将本金和利息一并转存。股息红利除用于支付有关的费用外，剩余部分应当存入提存专用帐户（《提存公证规则》第22条第2款、第3款）。

三、提存费用

履行费用的负担不明确的，由债务人负担，但因债权人原因增加的履行费用，由债权人负担（《民法典》第511条第6项）。债之标的物的提存，系因债权人方面的原因所致，基于费用承担的一般规则，应由债权人承担方为允当。提存费用主要包括：提存公证费、公告费、邮电费、保管费、评估鉴定费、代管费、拍卖变卖费、保险费，以及为保管、处理、运输提存标的物所支出的其他费用（《提存公证规则》第25条第2款）。

提存费用原则上由债权人承担，但是如果当事人之间有明确约定的，依意思自治原则自然没有不允许的道理（《提存公证规则》第25条第1款）。除此之外，如果提存人取回提存标的物的，则提存费用由提存人承担（《民法典》第574条第2款）。如提存费用承担人不支付提存费用的，提存部门可以对提存标的物行使留置权（《提存公证规则》第25条第3款、第26条第3款）。

有必要明确的是，提存费用原则上由债权人承担，仅限于提存关系之中，至于债权人是否可请求债务人或第三人求偿提存费用，则应依相应法律关系予以确定。如债务人迟延履行债务后，债权人死亡而不能确定遗产管理人时，债务人依法提存后，提存费用虽由债权人（提存受领人）承担，但对此应允许债权人基于债务人迟延而请求债务人最终承担该提存费用，此时提存费用是作为债务人迟延所致的损害存在，不属于提存关系处理的问题。

债务人对于债权人方面发生提存原因亦有原因力的，例如债务人侵权或犯罪行为致债权人死亡、下落不明或致债权人拒绝受领（如赠与合同）的，原则上并不影响债务人通过提存消灭其债务的可能性。但债务人应当基于原因力，对提存费用、提存物意外灭失等损失承担相应责任。侵权行为、犯罪行为等所生的法律效果，如损害赔偿是否包括提存期间的提存费用、提存物意外毁损、灭失等，原则上应依各自相应法律规则处理即可。但因侵权损害赔偿原则上仅赔偿直接损失，对于因侵权而致死亡债权标的被提存的费用、提存物意外毁损、灭失，通常不在赔偿范围内。显然，债务人对提存原因亦有原因力的情况下，允许债务人提存却无需对因同一原因导致的提存损失承担责任，对债权人殊为不公，应允许债权人或其权利人要求债务人分担相应部分费用或赔偿损失。

举证责任

债务人对已将标的物提存承担举证责任；债权人对提存期间产生的孳息承担举证责任，提存部门对提存费用的发生和范围承担举证责任，提存受领人或债权人对已经支付提存费用承担举证责任。

第五百七十四条【提存物的领取与取回】

债权人可以随时领取提存物。但是，债权人对债务人负有到期债务的，在债权人未履行债务或者提供担保之前，提存部门根据债务人的要求应当拒绝其领取提存物。

债权人领取提存物的权利，自提存之日起五年内不行使而消灭，提存物扣除提存费用后归国家所有。但是，债权人未履行对债务人的到期债务，或者债权人向提存部门书面表示放弃领取提存物权利的，债务人负担提存费用后有权取回提存物。

历史由来

本条第1款、第2款第1句承继了《合同法》第104条的规定，第2款第2句属于增补内容。《民法典合同编（草案）》（一审稿）第364条在《合同法》第104条第2款增加了“但是债权人未履行对债务人的到期债务，或者债权人向提存部门书面放弃领取提存物权利的，债务人负担提存费用后有权取回提存物”的规定。此后，《民法典合同编（草案）》（二审稿）第364条予以保持，《民法典（草案）》第574条除在“但是”之后增加了逗号、将“书面放弃”改为“书面表示放弃”之外，未再作其他实质性调整，本条亦予以保持。

规范目的或功能

本条之规范功能在于，落实提存作为清偿替代之地位，在债务人提存后允许债权人随时领取提存物的前提下，维持债权人与债务人之间基于原债权债务关系的法律地位不发生失衡。尤其是当债权人对债务人负有到期债务而未履行或未提供担保时，赋予提存部门领取拒绝权，以免使债务人因提存物被领取而处于不利境地。

在提存关系中，提存部门虽收取提存费用，但其主要是履行社会公共服务职能，如若允许债权人持续拖延不领取提存物，既不利于提存部门更好地履行其职能，也不利于债权债务关系的尽快了结。为此，本条第2款为债权人领取提存物设置了法定的除斥期间限制，领取期限内不领取的，债权人的提存物领取权消灭，提存标的归国家所有。然而，不区分债权债务关系的属性，一概使提存物经过领取期限即归国家所有，极容易对债务人造成不公平的后果。例如，当提存之债仅旨在一时性移转标的物之用益权时，债务人依然是标的物之所有权人，仅因债权人不积极行使领取权而剥夺债务人之所有权，于法无据，于理不合。即使是在终局移转财产权之债务的提存中，债务人尚未取得提存标的之对价时，债务人又丧失标的物之所有权，对债务人来讲不可不谓是雪上加霜。故此，本条特设债务人在特定条件下的提存物取回权，以期妥当维持债权人与债务人的利益平衡。

三 规范内容

一、提存保管关系

符合提存要件时，债务人可以将标的物提存，换言之，债务人有提存权，该项权利既指向债权人，也指向提存机构。债务人指向债权人的提存权，是指在债务人具备提存原因时，有权向合同约定或法律规定的债权人（债之受领人）之外的提存机构以提存的方式清偿其债务，产生债务消灭的法律效果。债务人指向提存部门的提存权，是指债务人具备提存原因时，即可依相关法规的规定向提存部门申请提存，提存部门应当受理提存，对提存部门拒绝提存的，债务人有权进行复议（《提存公证规则》第13条第3款）。提存行为由债务人的申请与提存部门的受理组成，提存行为的完成以具备法定条件、程序的完成为判断标准，不以债务人与提存部门之间的协议为决定性因素。因此，提存行为并非私法上依当事人意思自治实行的法律行为，而是公法上需共同参与的行政行为，因此所生的关系，即提存关系，亦属于一种公法上（有利于债权人）的保管关系。[①]将提存行为认为是债务人与提存部门之间缔结的一种向第三人履行的保管合同，为第三人利益的保管合同[②]的观点，仅从提存的私法上效力出发，有失偏颇。也有观点认为，在提存关系中，债权人与提存人之间为私法关系，二者与提存机构之间为公法关系，[③]但这一观点未将债权人和债务人之间的债权债务关系与提存关系区别开来，亦不足取。

虽然提存关系为公法上的保管关系，但并不影响基于提存关系赋予当事人私法上的权利义务，行政行为赋予相对人，乃至第三人以私法上的权利或负担，与其性质并无冲突。基于该提存关系，提存人（债务人）、提存机构和提存受领人（债权人或其他受领权人）分别享有不同的权利和义务，这些权利义务既有私法上的权利义务，如提存人的取回权、提存机构的提存费用请求权、留置抗辩权、保管义务，以及提存受领人的领取权、提存费用支付义务等；也有公法上的权利义务，如提存人申请复议的权利等。

二、债权人的领取权

（一）随时领取权（保管合同）

提存的功能在于替代清偿，本应由债务人直接向债权人交付之标的物或其代位物（对标的物自助出卖的价金提存的情形），通过提存经由提存部门交付于债权人（或有受领权的其他人）。就债权人与债务人之间的债务清偿而言，在提存成立后，提存人即完成债务人方面的提供给付义务，虽然就债务人债务之消灭而言，（正当的）提存视为交付，债务人之债务即告消灭；但就债权人债权之实现而言，尚需债权人或提存受领权人领取标的物，债权始告消灭，

---

① Brox/Walker Schuldrecht AT, 43. Aufl. 2019, §15 Rn.4; Medicus/Lorenz, Schuldrecht AT, 21. Aufl. 2015 §23, Rn.282a; Larenz, Lehrbuch des Schuldrechts, Allgemeiner Teil, 14. Aufl. 1987, S. 252; 张谷：《论提存》，载许章润主编：《清华法学》（第二辑），清华大学出版社2003年版，第186页。

② 韩世远：《合同法总论》（第四版），法律出版社2018年版，第715页。

③ 王家福主编：《中国民法学·民法债权》，法律出版社1991年版，第208—209页；崔建远：《合同法》（第三版），北京大学出版社2016年版，第317—318页。

提存所发挥的清偿替代功能才真正实现。

符合债之本旨的提存以及无提存能力标的自助出卖后价款的提存，为适当的提存，成立时即产生提存物领取权。不符合债之本旨的提存，包括公开的不适当提存和隐藏的（嗣后发现的）不适当提存，自始不产生提存物领取权。

在适当的提存成立后，提存范围内债务人交付其标的物，相应债务消灭，债权人的原给付请求权即转变为对提存部门的提存物领取权。债务人未适当履行其通知义务、提存部门未适当履行公告义务的，仅使其负损害赔偿义务，不影响债务人债务之消灭、债权人提存物领取权的取得。

在不适当的提存中，无论是自始公开的不适当提存还是嗣后发现的隐藏的不适当提存，提存自始不发生标的物交付、消灭债务的效力，债权人的原给付请求权依然存在，提存标的的领取权并不当然发生。债务人是否履行通知义务、提存部门是否公告对此均无影响。仅当债权人自愿领取瑕疵提存标的物时，可基于免除或代物清偿等法理，使债权人的原给付请求权消灭，领取权发生。此时提存溯及至提存之日发生效力。

虽然债权人（或领取权人）可随时领取，但不是无限期地、无条件地随时领取。受本条第2款之限制，提存之日起5年内不领取，则丧失领取权。不适于长期保管或长期保管将损害其价值的、或者6个月的保管费用超过物品价值5%的提存标的物，保管期限为6个月，6个月后则应依法作出处理，债权人的领取权因此而受到限制（《提存公证规则》第20条）。此外，债权人的领取权还受到其他一些限制，如提存部门可基于提存人的履行抗辩权、未清偿到期债务而拒绝债权人领取，或者基于提存费用的留置权（《提存公证规则》第25条第3款）等。

（二）领取权的产生基础

1.提存物领取权基于提存行为设立的提存保管关系产生，[①]但是提存保管关系与《民法典》第888条以下规定的保管合同有诸多不同，应优先适用提存相关规定，不能直接适用保管合同的规则。

---

① 韩世远：《合同法总论》（第四版），法律出版社2018年版，第723页；王洪亮：《债法总论》，北京大学出版社2016年版，第187页。

其一，寄存人享有的随时领取权以其与保管人之间基于合意订立的保管合同产生，且依通说随时领取权的行使是寄存人行使（任意）解除权的结果。①但提存物领取权则是基于提存这一公法行为产生的，提存人依条件提出提存申请，符合提存条件即应予以提存，提存部门不得任意拒绝，对提存部门的强制并非私法上的强制缔约义务，而是对提存部门依法履行提存职能的公法要求。提存部门对符合条件的提存拒绝提存的，提存人可提出复议。另外，债权人领取提存标的物仅在于受领给付的意思，没有必要解除提存关系，事实上领取人也没有解除提存关系的意思和权利，因此提存物领取权的行使并非债权人对提存关系行使解除权，与保管合同中领取权的行使全然不同。

其二，提存保管中，典型的是由提存人和提存部门之外的第三人，即提存之债的债权人作为领取权人，且领取权人并不一定自始确定；提存部门作为保管人应当向该第三人履行交付提存标的物的义务。但保管合同中领取权人自始确定是作为合同当事人的寄存人，除保管物被依法采取保全或强制执行措施外，保管人应当向寄存人返还，原则上排除保管人向第三人交付保管物的可能性。

其三，在有偿的、定期保管合同中，保管人对于因保管时间的延续而增加保管费用有其期待或履行利益，随时领取或提前领取保管物可能造成保管人的损害而应予以赔偿。提存保管亦有保管期限的规定，但是基于提存的特殊制度目的及提存部门的公共职能，仅考虑对提存受领人的利益保护，提存部门对提存费用因提存时间的延续而增加并无期待利益存在。因此，无论在特殊的短期保管期限内还是在最长的5年保管期限内，提存领取权人随时领取标的物并不会致提存部门遭受履行利益的损害，无需承担损害赔偿责任。

2.提存视为交付，债务人的债务消灭，债权人原来的债权请求权消灭，因此债权人的领取请求权与债权人原来的给付请求权并非同一权利。②另有观点认为，提存物的领取权与债之关系上给付请求权具有质的同一性；债权人本来的给付请求权依然存在，但债务人因提存而享有抗辩权。③也有观点认为，

---

① 崔建远：《合同法》（第三版），北京大学出版社2016年版，第628—629页。

② 王洪亮：《债法总论》，北京大学出版社2016年版，第187页。

③ 韩世远：《合同法总论》（第四版），法律出版社2018年版，第724页。

基于提存保管关系而生的提存物领取权与原给付请求权在时效、担保、性质和范围等方面相互渗透、影响，为简化问题，使二权利独立存在较为妥当。[①]当然提存物领取权与原给付请求权的并存，仅为一时的并存。[②]本书认为，提存物领取权以提存之债的给付请求权为前提，但与原给付请求权并非同一权利。原给付请求权经由提存转变为提存物领取权，在总体维持同一性[③]的前提下，应坚持债务人之地位不因提存而恶化的原则。

主张二权利并存的观点认为，提存物领取权有时效期间的适用，从知道或应当知道开始起算。[④]但本文认为，提存物领取权不因罹于时效而遭受时效抗辩权，主要理由在于：其一，诉讼时效制度的目的在于避免长期不行使权利而导致诉讼查明困难、对债务人亦有不公之处，但提存制度中有较全面的证据保存机制，且作为提存物领取权相对人的提存部门并无诉讼时效抗辩的利益保护需求。其二，《民法典》第574条第2款为提存物领取权设定5年除斥期间的规则，应解释为提存之日起5年内债权人均可以随时行使提存物领取权，如允许提存部门在除斥期间届满之前主张时效抗辩权，将导致除斥期间设定的规范目的落空，同时也使债权人承受了过于严苛的负担。如从提存领取权诉讼时效在该5年内届满，剩余除斥期间内提存部门如任意向债权人给付的，可能涉及危害国家就提存标的物的期待权；如禁止在此期间任意给付，则导致变相剥夺了债权人拥有的5年领取提存物的权利。其三，若认为提存领取权适用诉讼时效规则，则该诉讼时效自债权人知道且应当知道其“权利受到损害”（《民法典》第188条第2款）时起算，“损害”提存物领取权的主体应为保管提存物之提存部门，即提存部门应该给付而未给付提存物。但符合领取条件的提存物领取权一旦行使，提存部门

---

① 张谷：《论提存》，载许章润主编：《清华法学》（第二辑），清华大学出版社2003年版，第203页。

② 张谷：《论提存》，载许章润主编：《清华法学》（第二辑），清华大学出版社2003年版，第203页。

③ 张谷：《论提存》，载许章润主编：《清华法学》（第二辑），清华大学出版社2003年版，第204页。主张取回权消灭时原给付请求权消灭，并应承认提存物领取权在性质与范围上与原给付请求权相同。

④ 张谷：《论提存》，载许章润主编：《清华法学》（第二辑），清华大学出版社2003年版，第202页。

即应允许债权人领取提存标的，提存领取权即无受损害之余地，不存在适用诉讼时效规则的前提。如若提存部门拒绝符合条件的提存领取权的，对提存部门之拒绝应依《提存公证规则》提出复议，亦无私法上诉讼时效适用的余地。在债权人不确定时根本无从主张领取，时效规则适用的前提亦不具备；当提存原因是债权人无正当理由拒绝受领时，正当提存债务人同意履行义务诉讼时效并无起算余地，正当提存时原债权消灭，提存领取权产生后5年内均可行使，无需诉讼时效期间制度的介入。另外，倘若时效期间在5年除斥期间届满之后到期，因领取权已经消灭，根本没有时效期间抗辩权的主张必要。

以适当提存为前提，提存后通知前债权发生让与时，也不会发生原给付请求权与提存物领取权之间的解释困难。原给付请求权因提存而消灭，债权受让人无从取得债权，对债务人所为的通知也不能对债务人发生效力，受让人无权对债务人请求清偿，即使主张亦会面临债已因提存消灭的抗辩。至于债权让与双方之法律关系，可依意思表示解释规则，使对债权请求权之让与转换为对提存物领取权的让与，由受让人向提存部门通知并主张领取权即可。因此，在提存后发生原给付请求权的消灭和提存领取权的发生，二者是相继而起的，不发生并存的现象。

学者设想中抵销现象说明困难的问题，具体观察之下，也可能并非真正的疑难所在。提存后通知前，债权人对债务人为抵销或部分抵销的意思表示时，一方面因为其指向债务人之债权已因提存而消灭，不存在抵销的主动债权自然无法进行抵销；另一方面如提存为部分提存，虽然剩余部分之债权请求权依然存在，但只要符合抵销适状之要求，抵销应不存在解释上的障碍。

至于不适当的提存，因为不符合提存替代清偿之本旨，当然不发生相应的提存效力，债权人的债权请求权并不消灭，提存物领取权并不产生。因此也就不发生原债权请求权与提存物领取权之间关系的问题。

3.提存物领取权不能适用所有物返还请求权、占有返还请求权的相应规则。标的物提存后，在债务人方面，债务人所负义务仅为提存通知义务，特定条件下的取回权；在债权人方面，债权人享有领取权以及提存费用的清偿义务；在提存部门则负有公告义务、保管义务和提存费用收取权、特定条件下的拒绝领取权等。

提存物领取权不能等同于提存物的所有物返还请求权。提存之功能仅在于替代清偿、消灭债务，是否因提存而发生提存物所有权的变动，并非提存本身所能够回答的问题，必须从提存旨在消灭的债权债务关系本身出发，才能准确判断债权人是否应该和能够取得提存物的所有权，脱离提存之债抽象地讨论提存标的物所有权变动的做法是错误的。

仅当提存之债的实现直接导致债权人取得标的物所有权时，债务人的提存交付可解释为向债权人为返还请求权的让与，该交付才发生所有权变动，债权人才因此取得标的物所有权。但提存物的领取权作为所让与的返还请求权，性质上并非所有物返还请求权，而系提存保管关系上对保管人的返还请求权。特殊情形下，如提存标的物为金钱时，或可基于金钱作为提存物的特殊性质，使提存部门取得金钱所有权，提存受领人领取同种类、同数量的金钱时，方取得该提存金钱的所有权。[①]此时，虽无须考虑债之关系的目的为价款支付抑或消费借贷，但以金钱为标的的债权债务关系之履行通常均足以导致金钱所有权的变动，不能基于特殊标的导致所有权变动而一般化地认为所有提存标的均发生所有权变动。所以，提存特定物时，并不能径直得出提存物的所有权由提存人直接转移于提存受领人的结论，[②]必须结合提存之债本身的效力予以区别对待。

当提存之债的实现并不发生债权人取得标的物所有权的效力时，提存交付虽然同样可以解释为返还请求权的让与，但该交付并不以所有权变动为目的，因而并不发生所有权的变动，债权人并不因提存交付，甚至领取提存标的物而取得所有权。显然，在租赁合同中交付租赁物并无移转租赁物所有权的意图与效果，至于交付租赁物是直接向承租人交付还是经由提存交付，无关宏旨。旨在通过移转标的物占有而清偿使用权让与之债的提存，永远不可能发生标的物所有权移转的效力。

提存成立后，提存部门即有权占有提存物，提存受领人向提存部门主张领取权即可，无基于物上请求权要求返还之必要。况且，提存部门的有权占

---

① 崔建远：《我国提存制度的完善》，载《政治与法律》2019年第8期。

② 崔建远：《我国提存制度的完善》，载《政治与法律》2019年第8期。

有尚可对抗所有权人的物上返还请求权，如提存因故无效而提存部门无权占有提存物时，亦因提存无效同时导致提存物之所有权不发生移转，提存受领人也无主张所有权人物上返还请求权的可能。

三、提存部门的拒绝领取权

提存之目的在于消灭债务人之债务，避免因债权人方面原因导致债务人承担债务不履行的责任。但债务人原本可以对抗债权人的抗辩权，如留置抗辩权、先履行抗辩权、同时履行抗辩权等均因债务人之提存而无从主张，若对提存领取权不作任何限制，不仅对债务人的保护不足，甚至使债务人之法律地位恶化。为此，本条第1款第2句明确规定了提存部门在特定条件下的拒绝领取权，以期周全。

债权人对于债务人负有到期债务时，债权人未履行债务或者提供担保的，提存部门应债务人要求行使拒绝领取权。如债权人对债务人所负到期债务为同一双务合同中的对待给付义务或其他能够产生同时履行抗辩权、先履行抗辩权以及留置抗辩权之债务的，提存部门基于债务人之要求而拒绝领取，自无疑问。[①]如果债权人所负到期债务与提存债务并无任何牵连关系，债务人原则上可以要求提存部门拒绝债权人领取权的行使。其原因在于，提存作为清偿之替代，应使债权人、债务人处于如同原债务关系一样的法律地位，不能偏惠于任何一方。即在允许债务人主张基于原债务关系之抗辩权的同时，也不得使债权人蒙受原本不得主张之抗辩。例外情形是，债务人提存时对于债权人享有无牵连性的未到期债权，债权人领取时该无牵连性债权到期，符合抵销之构成要件的，债务人显然可基于该抵销权之存在而要求提存部门拒绝债权人领取提存标的物。

提存部门拒绝领取权是针对提存领取人而言的，以之对抗提存领取权，性质上为一时的抗辩权，如债权人履行债务或提供担保而消灭该抗辩原因的，提存部门的拒绝领取权随之消灭。对于提存债务人而言，提存部门在债务人

---

① ［德］迪特尔·梅迪库斯：《德国债法总论》，杜景林、卢谌译，法律出版社2004年版，第203页；张谷：《论提存》，载许章润主编：《清华法学》（第二辑），清华大学出版社2003年版，第202页。

要求之下，负有拒绝债权人领取的义务，该项义务的产生是基于提存关系而生。如提存部门未履行该义务，致使提存债务人受到损失的，提存部门应该承担赔偿责任。

四、提存物领取期限

债权人虽然可以随时领取提存物，但如果债权人长期不领取，对承担社会公共服务职能的提存部门来说负担过重，且标的物长期保管，也不利于其价值的发挥。[①]为此，法律有必要对债权人提存领取权设定期限限制，督促其尽快行使其权利。为此，本条第2款规定，债权人的提存领取权，自提存之日起5年内不行使而消灭。理论上虽然对该5年期间究竟为诉讼时效期间抑或除斥期间有所争议，但从其将提存之日设定为起算点、效力为权利消灭、提存标的物归国家所有而非时效抗辩权（《民法典》第192条）的角度观察，将此期间界定为除斥期间较为妥当。[②]因此，该5年期间不发生中止、中断、延长也属理所当然，与本条规定之宗旨也较为吻合。另外，如前文所述，因为本条对提存领取权设定了除斥期间的限制，应当解释为提存物领取权不再适用诉讼时效，以平衡各方利益。

提存物领取期间经过后的另一法律效果是，提存物扣除提存费用后归国家所有。提存物在5年期间内未领取归国家所有的正当性基础，有观点认为系基于无主物归国库，也有观点认为系基于取得时效规则。但一方面，我国法上并没有无主物国库取得和取得时效的一般规则设计，实定法基础欠缺；另一方面，标的物提存并不当然发生所有权的移转，可能该标的物作为一时性移转用益权合同标的而提存，其所有权人自始明确，仅因领取期限经过而剥夺所有权也有失妥当。再者，即使在终局移转财产权的合同，如买卖合同中的出卖人提存后主张对待给付价款未果，经5年后不仅不能取得价款，还丧失

---

① 张谷：《论提存》，载许章润主编：《清华法学》（第二辑），清华大学出版社2003年版，第208页。

② 如不在诉讼时效与除斥期间之间抉择，虽无不妥，但必须对其效力作出明确规定或说明。现行法既然对该期间效力未作明文规定，则借助该期间性质之界定，指引相关期间规则的适用，似有其必要性。

了标的物所有权，对提存人而言殊为不公。[①]故有学者认为《合同法》第104条第2款的规定是错误的，建议在民法典制定时予以删除，[②]但此建议终究未获采纳。

五、债务人的取回权

提存以债务人负有债务应当履行为前提，债务人提存标的物以替代履行，使其所负债务获得清偿，原则上并无取回标的物的权利。如债务是否适当履行处于争议之中，债务人为避免因争议之结果对其不利而承担债务不履行责任，也有可能在符合提存条件的前提下提存标的物。若最终有既判力之法律文书或公证文书能证明其债务已经清偿，则提存以清偿债务的目的不存在，应当允许债务人取回提存标的物（《提存公证规则》第26条第1款）。除此之外，依照本条第2款第2句的规定，债务人取回权的产生原因有二：其一，债权人未履行对债务人的到期债务；其二，债权人向提存部门书面放弃领取提存物权利。

债权人未履行对债务人的到期债务，债务人原则上享有到期债权可以请求债权人履行，如债务人提存之债与债务人对债权人享有的到期债权构成给付与对待给付关系，则债务人可以主张同时履行抗辩权，依本条第1款之规定拒绝债务人领取请求权即可。当然，如债务人在其有对待给付关系或牵连关系之债务到期时，即主张取回提存标的物，使债权债务关系恢复至同时履行抗辩权、留置抗辩权之对抗状态，亦无不许的道理。

债权人未履行对债务人的到期债务与提存债务并不构成给付与对待给付关系或留置抗辩权要求的牵连关系时，债务人原则上不得主张领取拒绝权，也无主张提存物取回权的余地，否则将导致当事人之间的利益失衡。但是，如债权人在5年内一直不清偿债务人到期债权，债务人亦不能行使取回权，所提存的标的物因5年领取期限的届满而归国家所有，此时对债务人极

---

① 张谷：《论提存》，载许章润主编：《清华法学》（第二辑），清华大学出版社2003年版，第209—210页。

② 张谷：《论提存》，载许章润主编：《清华法学》（第二辑），清华大学出版社2003年版，第202页注释①。

为不利。为解决这一矛盾，本条第2款赋予债务人在债权人不履行对其到期债权的情况下，取回提存标的物的权利。但应该注意的是，债权人未履行对债务人到期债务时的取回权行使，虽然避免了债务人因提存标的物所有权归国家所有而遭受损失，但因其取回标的物致使拟通过提存消灭的债务未能消灭，债务人的法律地位恢复到提存之前，依然负有向债权人履行提存之债的义务。如此，债务人将处于非常尴尬的境地：如不取回，虽然债务消灭，但可能不公平地丧失标的物所有权（如出卖人未取得价款情形下而提存出卖标的物）；如取回标的物，虽避免了遭受不利结果，但债务不消灭始终无法从该债务中解脱出来。为避免这一两难境地的出现，有必要对本条作整体解释，即以债权人5年内不领取提存物且对债务人负有到期债务为构成要件，允许债务人行使取回权并消灭提存债务。其理由在于，一方面，债权人5年内不行使提存物领取权，提存物领取权消灭如同其债权消灭，债务人通过提存而消灭其债务的法律效果应予以维持；另一方面，因债权人对债务人负有到期债务未履行，允许债务人支付提存费用而取回提存标的物满足自己的到期债权，同种类之债时依抵销、不同种类时发生法定代物清偿的效力，避免诚实守信之债务人遭受不利。此外，国家取得提存物为无偿取得，其利益应该劣后于对债权人享有到期债权之债务人，此种解释也符合国家不与民争利、私人利益优先保护的基本立场。此时，需债务人之到期债权与所提存标的物扣除提存费用后之价值相当，如提存标的物之价值超出到期债权价值与提存费用之和的，应允许债务人折价提存或返还给债权人。否则，债务人有获得不当得利的嫌疑。

债权人向提存部门书面放弃领取提存物权利时，债务人负担提存费用后有权取回提存物。债权人书面放弃提存物领取权，其法律性质应解释为债权人对债务人的债务免除意思表示，为单方需受领的意思表示，表示受领人为提存部门。如债权人为纯粹的抛弃债权的意思，则其无需作出任何表示，任由领取期间届满即可消灭领取权。而债权人作出放弃提存物领取权的书面表示，唯一的法律效果即在于债务人可主张取回权，可以合理推定债权人有对债务人免除债务之意思。在债权人放弃提存物领取权时，提存之债因债权人的免除表示而终局消灭，债务人因自始即不负有债务而享有取回提存标的物的权利。

六、支付提存费用

债务人行使取回权取回提存物，必须支付提存费用，自债务人与提存部门之间的提存关系而言，自无疑问。但该费用的最终承担者并不当然是债务人，需要区分情形分别处理。在债权人未清偿对债务人到期债务而取回的场合，提存费用虽然依本条第2款之规定由债务人负担，但该费用应从提存标的物价值中扣除，其理由有二：其一，提存费用本应由债权人承担，取回亦基于债权人方面不清偿到期债务而发生，债务人无可归咎之处，使其额外承担提存费用于理不合；其二，提存标的物之取回作为法定的代物清偿，清偿之费用无特别约定场合应由债务人（提存之债的债权人）承担，况且提存费用为代物清偿增加的履行费用，亦应由债权人承担。因此债务人向提存部门支付提存费用后可从提存标的物之价值中扣除，亦有权就此向债权人追偿。在债权人放弃提存物领取权债务人取回提存标的物时，因债务人基于无偿的债务免除而受有利益，故提存费用由债务人负担，亦为公允。

举证责任

提存受领人领取提存标的物时，应提供身份证明、提存通知书或公告，以及有关债权的证明，提存受领人负有对待给付义务的，应提供履行对待给付义务的证明。委托他人代领的，还应提供有效的授权委托书。由其继承人领取的，应当提交继承公证书或其他有效的法律文书（《提存公证规则》第23条第2款）。因债权的转让、抵销等原因需要由第三人领取提存标的物的，该第三人应当提供已取得提存之债债权的有效法律文书（《提存公证规则》第24条）。

债务人要求提存部门拒绝债权人领取提存物的，应当提供债权人对其负有到期债务的举证责任。债务人主张取回权的，应对债权人未履行对债务人的到期债务承担举证责任，或提供债权人放弃领取提存物权利的书面材料。

第五百七十五条【免除】

债权人免除债务人部分或者全部债务的，债权债务部分或者全部终止，但是债务人在合理期限内拒绝的除外。

历史由来

本条承继自《合同法》第105条的规定，但作了重大修改。《民法典合同编（草案）》（一审稿）第365条在《合同法》第105条的基础上进行了如下修改，其一，将“合同的权利义务”修改为“债权债务”，以期使本条能适用于合同外的债务免除；其二，增加了本条但书“但是债务人在起合理期限内拒绝的除外”。此后，《民法典合同编（草案）》（二审稿）第365条予以保持，《民法典（草案）》第575条仅删除了拒绝的合理期限自“知道或者应当知道免除之日”起算的规定，其余均未再作调整，本条亦予以保持。

规范目的或功能

本条之规范功能，在于认可债权人通过债务之免除消灭债权的能力。与此同时，也从债务人无须被迫接受债权人恩惠的角度，肯定了债务人在合理期限内拒绝债务免除的权利。

规范内容

一、免除的性质

除有损害第三人利益情形外，债权人与债务人达成协议免除债务人之债务，依意思自治原则，发生债务消灭的法律效果，自然无任何疑问。就债务之免除，是否必须作成免除合同，则存在不同的立法例和理论争议。奥地利、日本、泰国民法以及我国台湾地区明确规定，债务免除仅有债权人单方意思表示即为已足，但德国、法国、瑞士以及我国澳门地区民法则要求，债务免除必须双方达成合意，否则不生债务免除的效力。[1]支持债务免除以双方合意为必要的观点主张，债务人是否从债之义务约束中解脱出来，债务人有其特殊利益，须由债务人自行决定，不得因债权人放弃债权而将意思强加于债务人；主张单方行为即可放弃债权、免除债务的观点，则从债权为债权人之权利，而任何权利均可放弃的角度出发，直陈不允许债权人放弃债权、免除债务，有悖于利益皆可抛弃的基本法理。

对于我国法上债务免除究竟采单方行为还是以合同为必要，主流观点和司法实务总体持单方行为说。[2]但也有观点认为，我国法关于债务免除之规定语焉不详，并未明文规定为单方行为，从尊重债务人人格自主的角度出发，宜将免除解释为合同行为；[3]通过缔约程序使免除受到相应的限制，保障免除结果最低限度的形式公正。[4]《民法典》第575条之规定显然是采纳了合同说观点的合理建议，在本条后句增设了债务人的拒绝权，以关照特殊情形下债务人维持债之关系、继续履行债务之合理诉求。但由于本条前半句仍然保持《合同法》第105条规定不变，未对债务免除行为性质作出明确界定，因此债务免除究竟是合同行为抑或附解除条件的单方法律行为，理论上仍有探讨的余地。本书认为，德国法虽总体采取合同说，但对作为终意处分的免除表示则例外承认其法律效力，[5]采取单方行为说则可以避免合意终意免除表示例外为单方法律行为的解释困难。更为重要的是，从立法史的角度考察，将债务免除行为界定为附解除条件的单方法律行为较符合立法者本意，[6]增设债务人拒绝权也意在借此克服单方行为说的弊端。

---

① 详细考察，参见张谷：《论债务免除的性质》，载《法律科学》（西北政法学院学报）2003年第3期。

② 王利明：《合同法研究》（第二卷）（第三版），中国人民大学出版社2015年版，第307页；马俊驹、余延满：《民法原论》（第四版），法律出版社2010年版，第613—614页；崔建远：《合同法》（第三版），北京大学出版社2016年版，第321页；韩世远：《合同法总论》（第四版），法律出版社2018年版，第730—731页；王洪亮：《债法总论》，北京大学出版社2016年版，第190页。

③ 朱广新：《合同法总则研究》（下），中国人民大学出版社2018年版，第549—550页。

④ 张谷：《论债务免除的性质》，载《法律科学》（西北政法学院学报）2003年第3期。

⑤ MüKoBGB/Schlüter, 8. Aufl. 2019, BGB §397 Rn.1.

⑥ 全国人民代表大会常务委员会法制工作委员会编：《中华人民共和国合同法释义》（第3版），法律出版社2013年版，第196页。

二、债务免除行为

债权人免除债务，典型地通过单方需受领的意思表示为之，至于为明示之通知抑或默示行为亦可，法律无明文规定，自当依意思表示解释规则判断是否为债务免除的意思表示。如债权人自愿将借据、欠条交还债务人，应认定为债务免除。

债务免除效果的发生，不限于债务免除行为，因债权人放弃担保物权也可发生担保债务免除的效果，此效果的发生不以意思表示为必要，属于法定的债务免除。放弃担保权的行为，抵押权和质权的放弃，无需通过向担保人作出表示的债务免除，也发生债务免除的效力（《民法典》第409条第2款、第435条）。

三、债务免除的效力

债权人免除债务人部分或者全部债务，债权债务部分或者全部终止，对债权人而言即构成债权之消灭，不得再向债务人主张债权；对债务人而言即消灭其债务，对债权人可主张权利消灭的抗辩。

债务免除行为为处分行为、无因行为，[①]债务免除的原因行为出现效力瑕疵，不影响债务免除行为的效力。但如债务免除的原因行为出现效力瑕疵，如自始无效或被撤销，则债权人可以根据《民法典》第985条的规定主张基于不当得利请求返还，返还的内容为重新确立已经消灭的债权。[②]如债权人根据《民法典》第658条第1款的规定行使任意撤销权而撤销作为原因行为的赠与合同，债权人亦同样可主张不当得利返还请求权，而使已经免除的债务重新发生。

就免除的对象而言，所免除之债务不限于已经届期乃至已经成就的债权，尚未发生的将来债权的免除亦属可能。对于将来债务的免除，通说认为由于将来债权尚未发生，仅当将来的债务实际发生时，免除才发生效力，故属于附停

---

① 崔建远：《合同法》（第三版），北京大学出版社2016年版，第322页；王利明：《债法总则》，中国人民大学出版社2016年版，第460—461页；朱广新：《合同法总则研究》（下），中国人民大学出版社2018年版，第550页。

② 王洪亮：《债法总论》，北京大学出版社2016年版，第191页；Medicus/Lorenz, Schuldrecht AT, 21. Aufl. 2015 §25, Rn.312.

止条件的债务免除。[①]值得注意的是，从个人人格发展、社会保障等法律政策出发，对将来抚养请求权、劳动关系所生的报酬请求权以及其他不得扣押的债权等不能事先放弃，因而所做的将来债务之免除亦应无效。[②]此外，合同中对造成人身损害、因故意或者重大过失造成财产损失责任的预先免除无效（《民法典》第506条）。出于对格式条款的控制，提供格式条款一方不合理地免除其责任的，即使该合同成立，也不免除其责任（《民法典》第497条第2项）。

通说认为，债务免除也不得损害第三人利益，至于其效力，大多语焉不详。[③]有观点认为，免除损害第三人利益的，免除并非无效，仅不得以免除对抗第三人。[④]这一观点，在我国缺乏实定法规范支持。本书认为，此种情形下债务免除行为的效力，需根据第三人所处地位分别判断。如第三人为债权人之债权人时，则可能依《民法典》第538条之规定撤销债务免除行为，使之归于无效。再如第三人为债权人之权利质权人，因债权人的免除行为只是质押标的危害权利质权的存在，则第三人可能基于《民法典》第236条之规定，主张质权人权利保全权。[⑤]第三人与债权人并无特别结合关系，因免除行为遭受损害的情形较少，如有保护需求，则可依《民法典》第153条第2款、第154条等规定主张该免除行为无效。

在双务合同中，债权人免除债务人之债务，仅使该债权消灭，并不影响对待给付义务的存在。债权人不得以债务人债务已经免除，对待给付的请求不符合等价有偿的原则，也不得在承担违约损害赔偿责任中主张损益相抵。否则，将会使债务免除为债权人从双务合同逃离大开方便之门，其效力有如

---

① 王利明：《合同法研究》（第二卷）（第三版），中国人民大学出版社2015年版，第313页；崔建远：《合同法》（第三版），北京大学出版社2016年版，第322页。

② 崔建远：《合同法》（第三版），北京大学出版社2016年版，第322页；王洪亮：《债法总论》，北京大学出版社2016年版，第190页。

③ 王利明：《合同法研究》（第二卷）（第三版），中国人民大学出版社2015年版，第312页；崔建远：《合同法》（第三版），北京大学出版社2016年版，第322页；韩世远：《合同法总论》（第四版），法律出版社2018年版，第698页；王洪亮：《债法总论》，北京大学出版社2016年版，第192页。

④ 韩世远：《合同法总论》（第四版），法律出版社2018年版，第733页。

⑤ 申卫星：《物权法原理》（第二版），中国人民大学出版社2016年版，第355页；谢在全：《民法物权论》（下）（修订五版），中国政法大学出版社2011年版，第997页。

赋予所有当事人任意解除权，合同应当严守的基本原则将荡然无存。

在连带债权中，因债权人之一不得处分其他债权人的债权，因此部分连带债权人的债务免除，仅发生该连带债权人应享份额的消灭，不影响其他连带债权人债权的存在[①]（《民法典》第521条第3款）。在连带债务中，部分连带债务人的债务被债权人免除的，在该连带债务人应当承担的份额范围内，其他债务人对债权人的债务消灭（《民法典》第520条第2款）。

在连带债务中，债权人免除债务人之一债务的，是否对其他债务人发生效力，取决于当事人的意思是旨在终止全部债务关系，还是仅免除该特定债务人的债务，对此需通过意思表示的解释来确定。如解释的结论是债权人旨在终结整个债务关系，则该免除具有绝对效力，在该连带债务人应当承担的份额范围内，债权人对所有债务人的请求权均归于消灭（《民法典》第520条第2款）；否则，该免除仅具有针对该特定债务人的相对效力，债权人仍然可以对其他债务人在全部债权范围内行使权利，其他债务人则可以主张对受益债务人的补偿请求权。[②]

值得注意的是，债权人不免除债务本身而仅免除债务人之间互负的连带责任时，并不发生债务消灭的效力，而仅使连带债务转变为可分之债，此谓“连带之免除”。如连带之免除意思指向全体连带债务人，则全体债务人仅就各自应承担部分负责，不再互负连带责任；如连带之免除的意思仅指向债务人中一人的连带责任时，该债务人仅就其应承担部分负责，对其他债务人应分担部分不负连带责任。[③]连带之免除并不发生债务消灭的效力，因此并不适用本条规定。

四、债务人的拒绝

（一）债务人拒绝的性质

债权人作为债权财产之拥有者放弃其财产的权利当然不能否定，但债务

---

① 孙森焱：《民法债编总论》（下册），法律出版社2006年版，第753页。

② Looschelders, Schuldrecht AT, 17. Aufl. 2019 §54, Rn.25；中文译本参见［德］迪尔克·罗歇尔德斯：《德国债法总论》，沈小军、张金海译，中国人民大学出版社2014年版，第421页。

③ 孙森焱：《民法债编总论》（下册），法律出版社2006年版，第727页。

人作为债务之承担者履行其债务以维持其非财产上利益之法律地位也不能枉顾，否则将使债之法律关系全然受控于经济利益，不利于私法社会中非经济价值之弘扬。本条在《合同法》第105条的基础上增加了但书，承认债务人拒绝债务免除之权利，深值赞同。

债务人对债务免除的拒绝，在法律性质上为意思通知，准用《民法典》关于意思表示的相关规定。债务人拒绝债务免除的，应在合理期限内向债权人作出表示。无论债务免除采取合同说还是采取单方法律行为说，债务免除之意思表示均应使用《民法典》关于意思表示到达的规则，债务人拒绝之合理期限自债务免除意思表示到达债务人时起算，因此本条删除《民法典合同编（草案）》（一审稿）和《民法典合同编（草案）》（二审稿）中关于债务人拒绝的合理期限自“知道或者应当知道免除之日”起算，值得赞同。债务人在合理期限内的拒绝不以语言、文字通知为限，亦可以行为作出，如债务人虽未明确向债权人表示拒绝债务免除，但在合理期限内向债权人提出债务之履行，即应解释为以行为表示对债务免除之拒绝。

（二）债务人拒绝的效力

债务人拒绝免除的意思到达债权人时，债务免除自始不生效力，但债务人拒绝如何阻却债务免除发生效力，则因对债务免除性质不同主张有所不同。

如将债务免除作为单方意思表示，其效力应自到达时发生，所附解除条件（债务人在合理期限内拒绝）成就时，债务免除的单方意思表示即自始不生效力。未在合理期限内拒绝，则解除条件确定不成就，债务免除的单方意思表示确定发生效力。至于债务人在合理期限内未拒绝的原因，不作为在构成上的瑕疵，原则上对债务免除不生效力这一后果不构成任何影响。

但如将债务免除作为要约来看待，债务人未作出拒绝之表示时，以债务人不作为解释为默示承诺，债务免除因合意而订立；债务人在合理期限内为拒绝表示时，债务免除要约因拒绝而失效。债务人不作为解释为默示承诺，是拟制解释，除非无其他法律解释路径可循，否则不宜拟制意思，特别是以默示行为拟制为承诺，与沉默不构成承诺的原则相悖，解释逻辑极不圆通。此外，如债务人为限制行为能力人或无行为能力人时，对其不作为能否解释为默示承诺较有难度：作为意思表示之承诺，需以限制行为能力人有相应行为能力为前提，无行为能力人需其法定代理人代为作出。但由于对债务免除不要求积极承诺表示，不作为即视为承诺，但法定代理人之不作为究竟是怠于履行代理人职责之行为，抑或为履行其代理职责之不作为，难以作出适当判断。

因此，本书认为，放弃债务免除合同说，而将债务免除的性质认定为附法定解除条件的单方法律行为，债务人拒绝这一客观事实作为其法定解除条件，更符合本条债务免除之法律条文的表述方式和规范结构。

举证责任

主张债务已经因免除而消灭的债权人或债务人一方，应对债权人免除债务意思表示的存在和生效负举证责任；主张债务未因免除表示而消灭时，提出主张一方则应对债务人在合理期限内拒绝了债务免除承担举证责任。

第五百七十六条【混同】

债权和债务同归于一人的，债权债务终止，但是损害第三人利益的除外。

历史由来

本条承继了《合同法》第106条的规定，略有修改。《民法典合同编（草案）》（一审稿）第365条在《合同法》第106条的基础上将该条但书部分“但涉及第三人利益的除外”修改为“但是损害第三人利益的除外”，以限制排除混同的范围。此后，《民法典合同编（草案）》（二审稿）第366条将“合同的权利义务”修改为“债权债务”，以期使本条能适用于合同外债权债务的混同；《民法典（草案）》第576条未再作调整，本条亦予以保持。

规范目的或功能

本条之规范功能在于，明确债权债务同归一人债权债务关系原则上当然消灭，除非损害第三人利益时，其例外地不得消灭。由于债权债务因混同而理所当然地消灭，故法律规定混同的主要原因在于，明确混同例外不消灭债权债务关系的情形。[①]

规范内容

一、混同的性质

债权主要系通过所具有的请求力充当财产流通的媒介，但如债权与债务同归于一人时，因债权人向自己请求给付、债务人向自己履行债务，既不发生财产流通，债权的媒介功能也丧失，债权债务关系自然无继续存在的必要。[②]应该注意的是，债之消灭并非混同的逻辑必然，而是因为在所涉案型中，没有法律上继续存在的必要性。[③]关于混同的法律性质，除将其直接作为债之消灭原因外，理论上尚有混同为履行不能、清偿或目的实现等不同学说。[④]这些主张试图通过债之其他消灭原因解释混同，而忽略了其他消灭原因均以债权人、债务人二主体之对立存在为前提，无法合乎法理逻辑地实现其解释目的。

混同作为债之消灭原因，其构成无须当事人的意思表示，只须债权与债务同归一人的客观事实发生即可成立，因此混同在法律性质上为事件，而非法律行为。[⑤]因此，混同所消灭之债权的债权人之行为能力、意思能力状况均不影响混同的成立、债之消灭结果的发生。

二、混同的原因

发生混同之债权债务，原本分属于不同主体的债权人与债务人享有或承受，因债权债务关系主体之变更，致使债权人同时为债务人、债务人同时为债权人，因此混同的根本原因为特殊的债之主体变更。债之主体变更，有因

---

① 朱广新：《合同法总则研究》（下），中国人民大学出版社2018年版，第551页。

② 孙森焱：《民法债编总论》（下册），法律出版社2006年版，第931页。

③ Larenz, Lehrbuch des Schuldrechts, Allgemeiner Teil, 14. Aufl. 1987, S. 270.

④ 史尚宽：《债法总论》，中国政法大学出版社2000年版，第879页。

⑤ 韩世远：《合同法总论》（第四版），法律出版社2018年版，第735页；朱广新：《合同法总则研究》（下），中国人民大学出版社2018年版，第551页。

债权人主体人格所生变化之变动，如自然人债权人死亡、法人债权人合并而生的债权人包括债权在内的全部财产由债务人承受的情形，此谓概括承受；亦有因作为财产权的特定债权移转，最常见的为依法律行为之债权让与、依法律规定发生的（法定的）债权移转，以及债务承担等，此谓特定承受。①

三、混同的效力

混同的效力为债权债务终止，即自混同时起发生债权债务自始消灭的效力。债权债务关系消灭，意味着不仅债权债务消灭，而且作为从权利的利息、违约金债权、其他附随的担保权也归于消灭。

混同而致债权债务绝对消灭，即任何人均得主张关于该债权债务消灭的事由。第三人为混同债权所提供的担保负担，因混同而消灭，担保人得对债权人主张权利消灭的抗辩。在债权债务关系中同时存在主债务、从债务时，导致债权债务关系终止的混同，是指主债权和主债务之间的混同。当主债权与从债务发生混同时，则仅发生从债务消灭而不发生主债权消灭的法律效果。例如，主债权与该债权之保证债务发生混同，此时虽然保证债务归于消灭，主债权人针对保证人主张保证责任之权利消灭，但指向主债务人的主债权并不消灭。②

按份债权之一债权人与债务人发生混同时，因其他债权人在其债权份额内的债权利益不应受混同之影响，故该债权并不当然消灭，仅发生混同之债权份额消灭，其他按份债权人依然保有其原本享有之债权份额。在按份债务中，债权人与债务人之一发生混同的，原则上亦不因混同使整个按份债务消灭，而仅发生混同之债务份额消灭，其他按份债务人依然负有其原本负担之债务份额。

连带债权之一债权人与债务人发生混同时，其他连带债权人之权益原则上不受影响，因而其他连带债权人保有向混同后之主体请求所享有份额之债权，连带债权仅在发生混同之连带债权人享有份额范围内发生消灭的效力。连带债务中，一连带债务人与权利人发生混同，该债务人之债务自然归于消

---

① 史尚宽：《债法总论》，中国政法大学出版社2000年版，第879页。

② 李永军主编：《债法学》，北京大学出版社2016年版，第89页。

灭，但债权人对其他债务人之债权并不因混同而当然消灭，原则上仅在该连带债务人债务份额范围内的债权归于消灭。

四、混同的例外

因混同消灭债权债务关系如导致损害第三人利益时，则虽有混同，但债权债务并不归于消灭。债权作为财产权可为他人权利之标的，典型的如债权作为权利质权之标的，虽然发生混同，但如使该债权消灭则会导致质权因标的消灭而消灭，导致质权人损害，为此应例外允许该债权不消灭。但如果债务人接受债权人以对自己之债权设定质权时，不至于损害第三人利益，则不排除该债权因混同而消灭。债权虽非第三人权利的标的，但第三人对债权的存在有利益的，也可因此主张混同不生债权消灭的效力。①

为促进债权流通性的债权证券化，法律多设例外规定，债权债务关系不因混同而归于消灭。如票据转让过程中，票据再转让到票据债务人（发票人、承兑人）时并不导致票据债权的消灭。无记名债权、公司债权证券化后的流通，也不因混同而消灭。

举证责任

就债务因混同而消灭，因债权人和债务人同为一人，无争议之可能，也无举证责任分配的必要。在债权债务因混同损害第三人利益时，由该第三人对混同损害其利益承担举证责任。

① 史尚宽：《债法总论》，中国政法大学出版社2000年版，第881页。

第八章

违约责任

第五百七十七条【违约责任的定义】

当事人一方不履行合同义务或者履行合同义务不符合约定的，应当承担继续履行、采取补救措施或者赔偿损失等违约责任。

历史由来

本条承继自《合同法》第107条规定，相较于《合同法》第107条，其在“违约责任”章中的体系位置和法律条文的具体表达方式，无任何改动。

在《民法典》编纂过程中，从最初的《民法典合同编（草案）》（征求意见稿）到最后提交全国人民代表大会审议表决的《民法典（草案）》，本条自始至终没有任何变动。

在《民法典》编纂之前，有学者曾对《合同法》第七章的“违约责任”概念进行过批判性分析，认为“违约责任”完全是由我们自己创造的本土化概念，迥异于英美法系和大陆法系分别使用的“违约救济”和“债务不履行的后果”的法律用语，该概念引起了债的内部救济体系的混乱（将合同解除排除在外）和法律解释的争议（瑕疵担保责任是否属于违约），未来立法应该建立统一的“合同义务违反”概念，进而对违反合同义务的救济手段作出统一规定，以消除违约救济中的不协调规定。[①]但是，这种观点并没有在学界引起反响。《民法典》合同编完全继承了《合同法》第七章关于“违约责任”的规定。

规范目的或功能

本条位于“违约责任”一章的首位，在《合同法》施行期间，学说和判决大多数从规范功能方面认为其确立了严格责任的违约责任归责原则，或者

---

① 参见李永军：《论债法中本土化概念对统一的债法救济体系之影响》，载《中国法学》2014年第1期。

说，它确立了判定违约责任的归责原则为严格责任的法律依据。[①]也有学者分别从功能论与目的论着眼，将本条理解为，一方面旨在对违约责任概念作出定义性规定，[②]另一方面确立了判定违约责任的归责原则为严格责任的法律依据。[③]依请求权基础规范的法律适用理论，定义性规定是为了对法律概念、用语等作出定义、描述或说明的法律规定，它通常仅仅涉及构成要件或法律效果的某一个要素，一般不属于完全法条。[④]一般而言，说明性的不完全法条的任务在于进一步比较详细地描述其他法条中的构成要件要素（即该构成要件所使用的概念、类型）或其法律效果，或进一步对其他法条中的构成要件或法律效果予以具体化、类型化或加以补充。[⑤]法律关于归责原则的规定，旨在解决请求权基础规范在构成要件上对行为人之主观状况具有何种要求的问题，因此，即使是定义性规定，如果其规定提供了请求权基础规范的某一个要素，仍然不妨碍其作为请求权基础规范的辅助规范发挥作用。以此而言，从目的论和功能论两方面全面理解本条规定并非完全不可行。

然而，值得深入分析的是，如果将本条理解为关于违约责任归责原则（严格责任）的规定，该所谓“违约责任”在法律适用上是否存在一定限制呢?接下来从规范目的与功能两方面作出较为具体的分析。

一、规范目的

由其文义可明显看出，本条在构成要件上对何为违约及其法律后果作出

---

① 关于主要学术观点，参见魏振瀛主编：《民法》（第七版），北京大学出版社2017年版，第478页；崔建远主编：《合同法》（第六版），法律出版社2016年版，第237页；韩世远：《合同法总论》（第四版），法律出版社2018年版，第745—748页。关于法院判决，参见四川省高级人民法院（2019）川民申4246号民事裁定书；浙江省高级人民法院（2019）浙民终1497号民事判决书；江苏省南京市中级人民法院（2018）苏01民终2276号民事判决书；上海市金山区人民法院（2017）沪0116民初1797号民事判决书。

② 有学者认为，《合同法》第107条“是对违约责任概念在法律上的表述”。参见王利明：《合同法研究》（第二卷）（第三版），中国人民大学出版社2015年版，第395页。

③ 参见王利明：《合同法研究》（第二卷）（第三版），中国人民大学出版社2015年版，第434—435页。

④ 这不是绝对的，有些定义性规定也因具有法律效果而具有完全法条的属性。

⑤ 参见黄茂荣：《法学方法与现代民法》，中国政法大学出版社2001年版，第133页。

了明确规定。这种兼具明确的构成要件和法律效果，且以“应当承担”这种确定的用语将构成要件与法律效果紧密连接起来的规定，在形式上具备了完全法条的外观。然而，尽管如此，本条并非通常所言的完全法条，学说与判决很少将其当作一种具有请求权基础规范功能的完全法条予以理解。[①]如果将本条理解为可作为请求权基础规范的完全法条，那么，在“违约责任”一章的规范体系上可能导致一种可怕的后果，即本条以下关于继续履行、损失赔偿、支付违约金等请求权基础规范的规定将丧失意义。无论从哪一方面看，自本条以下的各条规定才是“违约责任”一章关于各种违约责任承担方式的具体规定。如果从规范技术和法律体系着眼理解本条，可以更为确定地看出，其不能作为具有独立规范依据作用的完全法条。

从法律效果方面看，本条规定的法律效果不是单一的，甚至是不确定的。它至少明确列举规定了三个不同的法律效果，即“继续履行、采取补救措施或者赔偿损失”。在此复数法律效果中，“采取补救措施”属于对多种违约后果的概括表达。一般认为，所谓“采取补救措施”，是指《民法典》第582条规定中的“修理、重作、更换、退货、减少价款或者报酬等违约责任”。[②]另外，本条所作规定“等违约责任”中的“等”字更是意味深长，由“违约责任”一章的规范体系看，它至少可以将《民法典》第585条规定的违约金、第586条至第588条规定的“定金”统摄起来。这些复数法律效果，提出一个不容忽视的重要问题：对于如此种类繁多的违约责任承担形式（法律后果），它们可能具备统一的构成要件吗？显而易见，《民法典》第579条以下规定对此作出了十分明确的否定回答。

《民法典》第579条至第588条对继续履行、修理、重作、更换、退货、减少价款或者报酬等、继续履行或采取补救措施后的损失赔偿、损失赔偿的

① 但是，在司法实践上，也不乏将本条作为继续履行、损失赔偿的请求权基础规范的法院判决。参见北京市第三中级人民法院（2018）京03民终7749号民事判决书；上海市闵行区人民法院（2017）沪0112民初35506号民事判决书；上海市黄浦区人民法院（2014）黄浦民二（商）初字第1280号民事判决书等。

② 参见韩世远：《合同法总论》（第四版），法律出版社2018年版，第766—767页；朱广新：《合同法总则研究》（下册），中国人民大学出版社2018年版，第675页。

范围、违约金、定金等各种违约责任方式，大多从构成要件与法律效果两方面作了具体规定。根据这些具体规定，对位于《民法典》合同编第八章“违约责任”之首的本条而言，作出如下解释无疑比较合理：它是从各种违约责任承担方式的分别规定中提取的一个“公因式”，换言之，它是对违约及各种违约责任承担方式提纲挈领的概括。

上述结论也可以经由考察本条的立法演化而得到更有力的佐证。本条是完全承袭《合同法》第107条的结果，《合同法》第107条则是对1986年《民法通则》第111条、1987年《技术合同法》第17条的总结，而《民法通则》和《技术合同法》的规定又可溯及至1985年《涉外经济合同法》第18条[①]。在《涉外经济合同法》之前颁行的《经济合同法》并没有对违反合同义务的法律后果作出一般性规定。追根溯源，《涉外经济合同法》第18条是吸收《联合国国际货物销售合同公约》[②]第45条、第61条规定的结果。以《联合国国际货物销售合同公约》第45条规定为例，该规定只是提纲挈领地规定了卖方违约时，买方可以采取的救济措施——继续履行、解除合同及减价、损害赔偿等，至于每一种救济措施的适用条件，只能依据关于该种救济措施的具体规定而定。[③]比较而言，《涉外经济合同法》第18条只规定了两种法律后果，即损失赔偿与其他补救措施，没有明确规定实际履行这种法律后果。但是，未明确规定实际履行并不意味着完全排斥实际履行，而是把它统括在“其他补救措施”这个概括性用语之中，“采取其他补救措施后，尚不能完全弥补另一方受到的损失的，另一方仍然有权要求赔偿损失”这一规定，即隐含着实际

---

① 该条规定：“当事人一方不履行合同或者履行合同义务不符合约定条件，即违反合同的，另一方有权要求赔偿损失或者采取其他合理的补救措施。采取其他补救措施后，尚不能完全弥补另一方受到的损失的，另一方仍然有权要求赔偿损失。”

② 我国于1981年9月30日签署了《联合国国际货物销售合同公约》，该公约于1988年1月1日生效。

③《联合国国际货物销售合同公约》第45条规定：（1）如果卖方不履行他在合同和本公约中的任何义务，买方可以：（a）行使第46条至第52条所规定的权利（实际履行、解除合同及减价）；（b）按照第74条至第77条的规定，要求损害赔偿。（2）买方可能享有的要求损害赔偿的任何权利，不因他行使采取其他补救办法的权利而丧失。（3）如果买方对违反合同采取某种补救办法，法院或仲裁庭不得给予卖方宽限期。

履行这种法律后果。[①]《涉外经济合同法》第18条对违反合同的救济权（损失赔偿与其他补救措施）及损失赔偿与其他补救措施的并用作出概括规定后，接下来对损失赔偿（第19条至第23条）及其免责事由（第24条、第25条）作出了比较具体的规定，但没有对“其他补救措施”作出具体规定。比较而言，《合同法》第107条在对违约责任作出概括规定之后，又对继续履行（实际履行）、其他补救措施（修理、重作、减价等）、损失赔偿等作出了相当具体的规定。因此，《合同法》第七章关于违约责任的专章规定，呈现了显著的“总—分”规范结构。《民法典》合同编第八章所作“违约责任”的规定完全继承了《合同法》第七章的规范结构。

“违约责任”一章之所以以本条架构“总—分”式的规范结构，主要出于以下三方面的考虑：一是宣示“违约即应当承担违约责任”的法律思想，由此将《民法典》总则编第176条所作“民事主体依照法律规定或者按照当事人约定，履行民事义务，承担民事责任”的规定予以具体化。二是对作为章名的“违约责任”概念首先作出定义性规定，方便人们对法律的理解。其实，先对作为章节名称的法律概念作出定义性规定，也是我国民事立法的特色之一，《民法典》在很多规定中沿袭了这种立法传统，如总则编关于营利法人、非营利法人、特别法人、民事法律行为等法律概念的定义性规定。三是旨在概括说明当事人一方违约（不履行合同义务或者履行合同义务不符合约定）时，非违约方可以享有哪些违约救济权利。

总之，本条的规范目的应理解为，对违约行为的法律后果——违约责任的承担方式——作出提纲挈领的规定，抑或对何谓违约责任作出定义性规定。

二、规范功能

从以请求权基础规范为中心的民法适用看，作为不完全法条的定义性规定，常常以辅助请求权基础规范的方式（辅助规定）发挥一定的规范作用。

---

① 《涉外经济合同法》第18条之所以没有明确指明实际履行，主要出于两方面考虑：一是国际市场十分广大，一方违约时另一方很容易找到新的合作伙伴，因此，强调实际履行对债权人的经济意义不是很大。二是涉外经济合同可能是在外国履行，实际履行会给司法机关带来对违约方进行监督执行的困难。基于以上考虑，《涉外经济合同法》对违反合同的责任主要强调赔偿损失。参见佟柔主编：《民法原理》（修订本），法律出版社1987年版，第421页。

接下来需要进一步分析的是，如果将本条的规范目的确定为概括地说明违约行为可能导致的违约责任承担方式，那么，这种定义性规定是否在归责原则方面提供了具有规范意义的构成要件之要素呢？从学说和判决对《合同法》第107条的理解适用看，该问题并没有得到应有的重视。

要解答上述问题，必须具体分析继续履行与损失赔偿这两种违约责任形式各自应当具备什么样的构成要件，以及是否能够从这两种责任承担方式的构成要件中抽象出归责性要素这个共同要件。如果不能抽象出归责性要素这一共同要件，那么，无论从违约责任概念本身，还是从本条所具有的一般性规定的性质看，将本条解释为判定违约责任归责原则的法律依据，就缺乏合理性。以下就继续履行、采取补救措施的归责性问题作具体分析。

归责原则是民事责任内在的构成性要素，是民事责任得以产生的最根本的正当性依据，直接影响到违约发生后合同当事人双方权利义务（责任）的具体分配。就《民法典》第八章“违约责任”名下的各种违约责任承担方式而言，本条规定中的“继续履行”，主要是指第579条规定的适用于金钱债务的实际履行请求权与第580条规定的适用于非金钱债务的实际履行请求权；本条规定中的“采取补救措施”，主要是指第582条规定的以“履行不符合约定”的违约为适用前提的修理、更换、减价等特别救济权。《民法典》第579条、第580条和第582条是对《合同法》第109—111条的承继。而《合同法》第109—111条则是继受《国际商事合同通则》的结果。《国际商事合同通则》以“要求履行的权利”（right to performance）为节名，并分别以“金钱债务的履行”（第7.2.1条）、“非金钱债务的履行”（第7.2.2条）和“对瑕疵履行的修理和替换”（第7.2.3条）为条名，对作为不履行（non-performance）之法律后果的实际履行权作出了分门别类的规定。《合同法》第109—111条的规定不仅在债务区分方法及规范结构上与《国际商事合同通则》第7.2.1条至第7.2.3条的规定如出一辙，而且也像《国际商事合同通则》那样采纳了权利本位而不是责任本位的法律条文表达方式。因此，参考《国际商事合同通则》不难看出，《民法典》第582条规定中的“修理、重作、更换、退货、减少价款或者报酬等违约责任”，实质上是关于瑕疵履行情形下的补救履行权和减价权的规定。这两种特殊的违约救济权，均以遵守、接受原合同为前提，这是将它们合并规定在一起的主要原因。

从更大范围的比较法观察来看，《联合国国际货物销售合同公约》《欧洲合同法原则》《欧洲示范民法典草案》无不把补充履行（修理、更换）作为实际履行的一种特别形态加以独立规定。然而，不知何故，《民法通则》第111条与《合同法》第107条却将“采取补救措施”与“要求履行”（“继续履行”）、“赔偿损失”并行规定为违约救济权或违约责任承担方式。从《民法通则》第134条关于民事责任承担方式的完全列举性规定看，法定的民事责任承担方式并没有“采取补救措施”，可适用于违约救济的责任承担方式主要有“修理、重作、更换”与“赔偿损失”“支付违约金”。所以，在解释《合同法》第111条规定的各种违约责任承担方式时，学者们一般将“采取补救措施”中的“修理、更换、重作”作为继续履行（有学者使用“强制履行”概念）的具体形态。[①]《民法典》总则编第179条关于民事责任承担方式的规定，也没有将“采取补救措施”独立规定为一种责任承担方式，它在《民法通则》所规定的“修理、重作、更换”“赔偿损失”“支付违约金”等主要违约责任承担方式之外，将“继续履行”增补为一种独立的责任承担方式。以此规定看，“修理、重作、更换”似乎是与“继续履行”完全相互独立的两种责任承担方式。不过，这只是对立法予以形式观察的结果，如果从“继续履行”与“修理、重作、更换”皆以遵守、接受合同约定的角度看，我们完全可以在这两种形态的责任承担方式之上抽象出“实际履行”这种违约救济措施，这也完全符合各国的普遍认识和做法。总之，本条规定中的“采取补救措施”不是一种独立的违约责任承担方式，可以将它与继续履行一起归入“实际履行”这种违约救济措施之中。

那么，作为违约责任之一的实际履行应满足什么样的构成条件呢？有学者认为，实际履行（强制履行）应具备三个构成要件：一是存在违约行为；二是违约方能够继续履行合同；三是守约方请求继续履行合同。[②]但是，很多人从违约责任的角度谈论实际履行时，并不单独分析该种责任承担方式的构成要件，只是概括地论述道：实际履行是“合同必须严守”的必然要求，其

---

① 参见韩世远：《合同法总论》（第四版），法律出版社2018年版，第767页。有学者认为，修理、重作、更换可以实现实际履行的功能，也可以说是实际履行的特殊形态，但修理、重作、更换与履行又有一定的区别。参见王利明：《合同法研究》（第二卷）（第三版），中国人民大学出版社2015年版，第568页。

② 参见韩世远：《合同法总论》（第四版），法律出版社2018年版，第761页；魏振瀛主编：《民法》（第七版），北京大学出版社2017年版，第482页。

基本内容是要求违约方继续依据合同规定作出履行。[①]从证明责任的角度看，关于构成要件的规定属于权利形成规范，由享有并主张权利的一方负担证明责任；关于权利不存在或责任免除的规定，属于权利妨碍规范，与权利形成规范构成对抗之势，由否认权利或主张责任免除的一方承担证明责任。以此分析实际履行责任的三构成要件之说可知，所谓“守约方请求继续履行合同”的要件，是内含于守约方的权利主张之中的、不言自明的前提条件；所谓“违约方能够继续履行合同”，从《民法典》第580条关于非金钱债务履行请求权的规定看，它属于应由违约方负证明责任的权利妨碍规定的内容，不属于权利或责任的构成要件。据此，无论从违约责任的角度，还是从履行请求权的角度，实际履行责任的产生只需要满足一个条件，即须有违约。其实，专门分析实际履行的构成要件的学者也强调指出，实际履行责任的内容是“继续履行本来的债务内容，作出本来应作出的给付”，它不同于一般的履行合同债务的行为之处为：一是履行时间不一致，二是比正常的合同履行增加了一层国家强制。[②]

从比较法上看，我国民法关于实际履行的规定继受于《国际商事合同通则》的相关规定，而《国际商事合同通则》又是遵循《联合国国际货物销售合同公约》的结果。[③]有学者在评注《联合国国际货物销售合同公约》第46条第1款关于实际履行的一般规则时指出，该规则在法律适用上仅须满足两项前提条件：一是卖方未履行其债务；二是买方未采取与要求实际履行相冲突的救济措施——解除合同或者减价。[④]从民族国家法律的角度看，德国民法把实际履行设想为债权人之合同权利和债务人之相应债务的固有要素（inherent element）。履行不仅是一项救济，而且是一项基本的合同权利。[⑤]日本学者对

① 参见王利明：《合同法研究》（第二卷）（第三版），中国人民大学出版社2015年版，第565页、第566页；朱广新：《合同法总则研究》（下册），中国人民大学出版社2018年版，第671页。

② 参见韩世远：《合同法总论》（第四版），法律出版社2018年版，第759页、第761页。

③ 参见《国际商事合同通则》第7.2.2条的官方评注。

④ See C.M.Bianca, M.J.Bonell (ed.), Commentary on the International Sales Law: The 1980 Vienna Sales Convention, Giuffrè, Milan, 1987, p.336.

⑤ See Stefan Leible, Matthias Lehmann (ed.), European Contract Law and German Law, Wolters Kluwer, p.464.

于《日本民法典》第三编（债权）第一章（总则）第二节（债权的效力）规定的“履行的强制”认为：当合同上之债务有履行可能时，债权人得请求债务人履行债务，通过诉讼程序强制其履行（《日本民法典》第414条第1项）。这是因为一般认为经由合同发生之债权，具有请求债务人履行之效力。此为债权本来就有的效力，纵使债务人无可归责事由，债权人仍可请求强制履行。①

据上述分析，从责任承担方式上看，实际履行在构成上根本不存在应由违约方之主观方面追寻责任之正当性的归责性问题。违约发生后，只要合同未被解除，或者受害人没有行使减价权，违约方就应依据原合同约定承担继续履行合同的义务或责任。合同约定的正当性即是实际履行责任的正当性依据。

迥异于实际履行，损失赔偿责任或者是完全替代合同约定的给付债务的一种后果，或者是在合同约定的给付债务之外附加于违约方的一种法律责任，因此，违约方应否在合同债务之外再承担损失赔偿义务，则需要在合同之外再追寻正当性依据。在传统民法上，违约损失赔偿只是损失（害）赔偿法的一个重要支脉。《法国民法典》《德国民法典》《瑞士债法典》皆按照统一理论对合同法、侵权行为法中的损失赔偿进行了统一规定，由此形成具有内在统一性的损失赔偿法。依王泽鉴教授所言：损害赔偿法旨在规定于何种要件，被害人就何种损害得向加害人请求赔偿。不论其请求权基础为何，损害赔偿责任的成立，均须有将损害归由加害人负责的理由，学说上称为归责原则。②著名比较法学家海茵·克茨在其著作《欧洲合同法》一书中论述损害赔偿时指出：如果债务人不履行其合同债务，或者不正确履行其合同债务，这本身并不导致赔偿债权人所受损害的责任。只有合同的不履行在某种程度上可归因于（attributed to）债务人，或者债务人为不履行应受责备，或者因为债务人同意承担不履行的风险，或者因为债务人不能通过证明不履行是不可避免

---

① 参见［日］中田裕康：《〈日本民法〉之合同不履行》，张家瑜译，载《清华法学》2011年第3期。

② 参见王泽鉴：《损害赔偿》，北京大学出版社2017年版，第41页。郑玉波在论述损害赔偿之债的成立要件时也指出：损害之发生，何以能使他人负赔偿责任？必有其原因，此原因谓之归责原因，亦称责任原因。可分主、客观两种。主观的归责原因，原则上是指赔偿义务人之故意、过失而言，然例外虽无过失，亦应负责者有之。参见郑玉波：《民法债编总论》（修订二版），陈荣隆修订，中国政法大学出版社2004年版，第223页。

的或者由不可抗力造成的而使自己可免责，债务人才对债权人承担支付赔偿金的责任。克茨因此将“不履行必须可归因于债务人”列为受害方请求损害赔偿所需要的四个最重要条件之一，[①]他对德国、法国、英美三种具有代表性的归责模式予以考察后总结说，对于违约损害赔偿责任的归责原则，国家层面的法律体系采取了不同的方法，没有一个接受完全建立在过错原则或担保责任（主要指严格责任）原则之上的统一解决方法，全部采纳了混合方法（a mixed approach）。[②]

对于违约损失责任的构成要件，我国学者的观点或看法，看似存在不同，实则大同小异。有著述认为，违约损失赔偿责任须具备违约行为、受害人受有损害、违约行为与损害之间有因果关系、违约人没有免责事由四项条件。[③]有著述认为，违约损失赔偿须满足损害、违约行为、违约行为与损害后果之间的因果关系三项适用条件。[④]从证明责任的角度看，“违约方没有免责事由”属于权利妨碍规范的内容，是否有免责事由应由违约方负担举证责任。关于构成要件的规定，属于权利形成规范的内容，应当由权利享有者、主张者负责证明的要件事实。因此，三要件说更为合理。但是，必须指出的是，我国学者在阐述各种违约责任的构成要件时，采取了“双重构成要件”的理论构造，即先在各个具体责任承担方式之上抽象出违约责任概念，并对违约责任的构成要件予以学说构造，然后再对实际履行、损失赔偿等责任承担方式的构成要件予以具体构造。在此“双重构成要件”理论下，学者们多习惯于抽象地谈论违约责任的归责原则，而不太注重具体分析损失赔偿责任的归责性问题及其归责原则。殊不知，违约责任只是一个法典编纂概念，不是违约后果的具体责任承担方式。从法律适用上讲，继续履行、损失赔偿、支付违约

---

① See Hein Kötz, European Contract Law, Second Edition, Oxford University Press, 2017, p.242, 244.

② See Hein Kötz, European Contract Law, Second Edition, Oxford University Press, 2017, p.254.

③ 参见崔建远主编：《合同法》（第六版），法律出版社2016年版，第260页；魏振瀛主编：《民法》（第七版），北京大学出版社2017年版，第483—484页。

④ 参见王利明：《合同法研究》（第二卷）（第三版），中国人民大学出版社2015年版，第611—634页。

金等责任承担方式，才是解决违约救济问题的主要措施。研究、分析违约救济问题，应当立足于各个违约责任承担方式，而不是由各个违约责任承担方式之上抽象出来的违约责任概念。对于损失赔偿的构成要件，持四要件说的学者还明确指出，对于损失赔偿的构成要件，是否需要过错这一要件，则视具体情况而定；[①]持三要件说的学者则认为，《合同法》采纳的是严格责任和过错责任双重归责原则。[②]

综上所述，从民事责任的角度看，继续履行作为一种违约责任承担方式，其责任构成本身不存在违约方是否具有可归责性的正当性追问。毕竟，违约事实的发生并没有瓦解合同本身，只是使合同上的权利义务发生一定扩张——损失赔偿义务或权利的产生。根据合同信守原则，只要合同依然存在，当事人就应当按照约定履行自己的义务。法律将实际履行规定为一种违约责任的根本意义，不在于增强实际履行的国家强制性，[③]而是在违约行为发生后，债权人可以要求债务人继续按照合同约定履行债务，而不能以损失赔偿替代履行合同约定的义务。然而，归责原则是违约损失赔偿责任成立的一个内在要素，是令违约方承担损失赔偿的正当性依据，因此，损失赔偿责任的构成要件除了必须具备违约行为、债权人遭受损失、损失与违约行为之间存在因果关系这三个必要条件，有时还要求违约方应当具有过错。

经由上述对比分析不难发现，实际履行责任与损失赔偿责任的构成要件，既存在共同之处，也存在明显的差异。须有违约行为是二者共同具备的构成要件。[④]要件差异表现为：除了存在违约行为，损失赔偿责任特别要求，违约

---

① 参见崔建远主编:《合同法》(第六版)，法律出版社2016年版，第238页。

② 参见王利明:《合同法研究》(第二卷)(第三版)，中国人民大学出版社2015年版，第436页以下。

③ 无论是民法规定或承认的义务还是民法规定的民事责任，只要没有依据《民事诉讼法》进入执行程序，义务或责任的国家强制力就只能体现为一种“当为”的指令，并不会伴随着随时会遭受公权力驱使的国家强制。

④ 我国学者通常在违约责任的构成要件理论中抽象地论述各种违约责任承担方式共同具备的构成要件。有学者认为，该共同要件为，违约行为与不具备免责事由。参见王利明:《合同法研究》(第二卷)(第三版)，中国人民大学出版社2015年版，第443—453页。有学者认为，该共同要件为，违约行为与过错。参见崔建远主编:《合同法》(第六版)，法律出版社2016年版，第238—244页。

须使债权人遭受损失、损失与违约行为之间有因果关系及违约方须存在过错（违反方式性义务时）；实际履行则无须其他要件。基于此，以违约责任之名将实际履行与损失赔偿统合在一起的事实基础只有存在违约行为这一共同要件。反言之，统合于违约责任概念之下的实际履行（继续履行与采取其他补救措施）、损失赔偿，只共同具备一个要件——须存在违约行为。实际履行本身不存在可归责性问题，在构成上根本无需考虑违约方是否存在过错，损失赔偿虽然存在应当考虑违约方之可归责性的内在问题，但由于不是所有的违约损失赔偿皆要求违约方须存在过错，所以，本条无法提供可共同适用于实际履行、损失赔偿的归责原则。

同样不应忽视的是，由于违约损失赔偿责任必须具备违约给债权人造成损失这个条件，本条因没有规定损失这个要件（事实上无法将损失作为违约责任的一个共同要件），所以其也不能作为损失赔偿请求权基础规范。

从问题导向的法律思维看，实际履行、损失赔偿才是合同当事人在一方违约后可能发生争议的真实问题，法律必须对如何规范这些具体问题作出规定，并从规范这些具体问题的规定中归纳总结出更具一般性的法律规则。然而，多年来，很多学者倾向于以演绎方法思考、构造法律关于违约责任的规定。他们总是先分析违约责任的归责原则及构成要件，并将此种法律思维演绎到对具体违约责任承担方式的思考中。在此种规则演绎思维方式下，很多学者完全忽视了实际履行是否应当考虑归责性问题以及如何具体分析损失赔偿的归责原则、构成要件等具有实际意义的法律问题。其实，只有损失赔偿责任才存在应否从主观方面考虑违约方之违约行为的归责性问题，实际履行责任根本不存在归责性问题。

规范内容

本条并非真正的完全法条，而是对违约及其法律后果的概括性提示规定，其功能主要是为了宣示违约会产生的违约责任类型。违约与违约责任是本条的两个核心概念。

一、违约责任的含义

违约责任既是本条所处一章的章名，也是本条的核心概念。本条可简化为：一方违约的，应当承担违约责任。由于违约只是一个相对于侵权责任的总括概念，是对“修理、重作、更换”“继续履行”“赔偿损失”“支付违约金”等责任承担方式的一种概称，而不属于《民法典》总则编第179条所规定的民事责任具体承担方式之一，因此不能将违约责任大而化之地当作一种法律后果进行理解，更不可以完全法条的结构来理解本条。

违约责任，是指违反合同义务的民事责任。违约责任概念肇始于1981年《经济合同法》，该法在第四章“违反经济合同的责任”下的个别法律条文中使用了“违约责任”这个概念。《民法通则》没有使用“违约责任”概念，其第六章“民事责任”第二节被命名为“违反合同的民事责任”。以“违约责任”为章名规定违反合同义务的法律后果，是《合同法》的创举，《民法典》合同编继承了《合同法》第七章的概念体系和规范结构。

对于违反合同义务的法律后果，《民法通则》与《合同法》作出了旨趣不同的规定。《民法通则》第111条以权利本位的思维方法规定，一方不履行合同义务或者履行合同义务不符合约定条件的，另一方有权要求履行或者采取补救措施，并有权要求赔偿损失。[①]而《合同法》第107条则以义务本位的思维方法规定，一方不履行合同义务或者履行合同义务不符合约定的，应当承担继续履行、采取补救措施或者赔偿损失等违约责任。虽然本条沿袭了《合同法》第107条的规定方式，但是从“违约责任”一章的具体规定看，违约责任概念可以从违约方与非违约方两个视角予以界定。

从违约方视角（义务本位思维方法）看，违约责任是不履行合同义务或者履行合同义务不符合约定时应当承担的继续履行、采取补救措施、赔偿损失等违约责任。本条及《民法典》第578条、第582条、第583条、第584条、第590条、第591条、第592条、第593条都是立足于违约方的视角，以责任为本位展开法律条文构造。从非违约方视角（权利本位思维方法）看，违约责任是当事人一方不履行合同义务或者履行合同义务不符合约定

---

① 《涉外经济合同法》第18条规定：“当事人一方不履行合同或者履行合同义务不符合约定条件，即违反合同的，另一方有权要求赔偿损失或者采取其他合理的补救措施。采取其他补救措施后，尚不能完全弥补另一方受到的损失的，另一方仍然有权要求赔偿损失。”《技术合同法》第17条第1款规定，当事人一方不履行技术合同或者履行合同义务不符合约定条件，即违反合同的，另一方有权要求履行或者采取补救措施，并有权要求赔偿损失。

时，另一方享有的要求继续履行、采取补救措施、赔偿损失的权利。《民法典》合同编“违约责任”一章，有很多条文采纳了从非违约方视角规定违约责任的立法方法，如《民法典》第579条、第580条、第581条、第588条、第589条。

在民法上，义务是与权利相对应的，在特定民事关系中，一方的权利是与另一方的义务相对应的。如果法律宣称一方负有向另一方作出给付的义务，那么通常就由此而给予了受益者对此项给付提出要求的权利。①但是，也存在像负担性义务或不真正义务（Obliegenheit）这样的义务：另一方没有与此相对应的权利要求义务人履行义务，但义务人不履行义务则会使自己遭受法律上的不利。鉴于权利与义务之间的牵连性、相对性，《民法典》第131条作出了“民事主体行使权利时，应当履行法律规定的和当事人约定的义务”的规定。

不同于传统民法，对于民事法律关系，我国民法对传统民法中的义务概念采纳了“义务—责任”的思维结构及构造方法。这种方法在合同法上适用非常广泛。传统民法对于合同义务持动态发展观念，并由此将合同义务（债务）划分为原义务与次义务，合同约定的给付义务为原义务，违反原义务（违约）则会使原义务转变为次义务（损失赔偿义务）。②我国民法虽然在学说上承认原义务与次义务的区分，但在立法上却采用了区分义务与责任的方法，即认为一方违反义务则应承担法律责任。这种情况在合同法上的表现最为典型，如《民法典》第598条规定，出卖人应当履行向买受人交付标的物或者交付提取标的物的单证，并移转标的物所有权的义务。如果出卖人没有履行该项义务或履行该项义务不符合约定，那么，根据本条的规定，其应当承担违约责任。这种“义务—责任”的思维方法其实以责任概念取代了次义务概念，并由此否定了义务转变理论。

以责任概念替代义务概念，或者以违约责任概念强调私法主体的民事

---

① 参见［德］迪特尔·施瓦布：《民法导论》，郑冲译，法律出版社2006年版，第135—136页。

② 参见［德］迪尔克·罗歇尔德斯：《德国债法总论》（第7版），沈小军、张金海译，沈小军校，中国人民大学出版社2014年版，第7页；王泽鉴：《债法原理》，北京大学出版社2009年版，第29—30页。

责任，旨在强调义务的当为性、诉求义务的可强制执行性。然而，私法奉行意思自治原则，无论是对于依约定产生的义务，还是对于依法产生的义务，当事人之间皆可以其意思表示予以处分，如免除、减轻等。因此，在法律形式上过多地使用责任概念或过分地强调责任观念，并不能比规范地使用义务或债务概念在法律实效上产生更好的效果。更为重要的是，民事纠纷奉行不告不理原则，在此原则下，民法能否发挥裁判规范作用，取决于一方当事人是否向法院提出诉讼请求。而一方当事人能否向法院提出诉讼请求，则取决于民法是否向其提供了明确的请求权基础规范。因此，民法的作用是以权利为轴心发动并运作起来的。趋利避害，是人类的本性之一。义务人或责任人通常不会主动、积极地向权利人承担法律责任，而权利人则会积极、主动地为权利而斗争。①因此，要使某个人负有的义务在私法上得到实现，最有效的手段就是赋予另一个人享有一项相应的请求权（此即权利）②。

同样不容忽视的是，当当事人一方违反合同义务而另一方可采取各种措施保护自己的权益时，采取赋予非违约方请求权而不是强调违约方的违约责任的规范方法，无论从理论上还是法律适用上都更为合理。由私法的本性所决定，违约方到底承担何种违约责任，须取决于非违约方的自由选择，而根本不依赖于违约方的意思。当非违约方提出权利主张时，违约方最有效的保护手段只能是依据约定或法定的抗辩予以对抗。非违约方一旦选定了一种违约救济措施，违约方则无所逃避，除非存在法定或约定的抗辩事由。

因此，对于违约责任这个概念，不能仅立足于其外观而作形式化思考，更不应依责任本位的法律思维机械地理解关于违约责任的各种规定。责任乃由义务转变而来，而义务是实现权利的手段。立足于权利本位的思维方法，理解适用违约责任的有关规定，比较符合民法的特性及民法发挥作用的基本方式。

---

① 参见［德］鲁道夫·冯·耶林：《为权利而斗争》，郑永流译，法律出版社2007年版。

② 参见［德］迪特尔·梅迪库斯：《德国民法总论》，邵建东译，法律出版社2000年版，第65页。

从违约救济体系看，违约责任仅概括了那些可以从“权利—义务”两个视角予以理解的违约救济措施，而那些法律效果的实现根本不依赖另一方行为的违约救济措施，根本无法纳入违约责任的体系之中。因此，像同样发挥违约救济功能的合同不履行的抗辩权（同时履行抗辩权、先履行抗辩权）、不安抗辩权及合同解除权等，则不得不散见于其他章节的规定中。从比较法上看，《国际商事合同通则》《欧洲合同法原则》《欧洲示范民法典草案》及法国债权法皆采纳了以不履行概念为基础，对各种违约救济权予以集中规定的立法模式。《民法典》沿袭《合同法》的做法，对违约救济措施作出了散乱规定。之所以造成此种立法状况，把“违约责任”当作一个编纂性法律概念是根本原因。

总之，本条关于违约责任的概括规定，应理解为：以间接方式确认了非违约方在一方违约后所享有的继续履行、赔偿损失、支付违约金、减价等违约救济权。

二、违约行为

违约责任是违反合同义务的法律后果，违约责任的发生必须以当事人一方违反合同义务为前提。违反合同义务，通常简称为违约，也就是说本条违约责任概念中的“违约”一词。《民法典》合同编在很多条文中使用了“违约”或“违约行为”的法律概念，而本条则将违约称作“不履行合同义务或者履行合同义务不符合约定”。这实际上也是一种比较概括的规定，从本条以下诸多关于违约责任的具体规定看，本条的违约行为可作以下几方面理解。

（一）实际违约与预期违约

本条规定的违约，以违约行为发生的时点为标准，可区分为实际违约与预期违约。预期违约，是指履行期限届满之前，当事人一方明确表示或者以自己的行为表明不履行合同义务。预期违约制度肇端于英国合同法，后被《联合国国际货物销售合同公约》所接受，并由此被很多国家或地区的合同法所继受。我国在20世纪80年代制定的三部合同法都没有规定预期违约，预期违约制度至《合同法》时才被我国民事立法正式接受。《合同法》第94条第2项及第108条对预期违约作了分散的概括规定。《民法典》合同编继承了《合同法》关于预期违约的规定。相比于通常所言违约——实际违约，预期违约属于一种特别的违约，其特殊性在于，违约行为发生在合同履行期限届满之前。在合同履行期限届满之前，债权人可能已享有请求债务人履行合同义务的权利，但是，只要履行期限尚未届满，债务人就对履行期限享有合法利益，就可以以履行期限尚未届满为由对债权人的请求权予以抗辩。但是，当债务人在履行期限届满之前严肃、确定地表示将不履行合同义务时，根据《民法典》第578条关于预期违约制度的一般规定，债务人拒绝履行债务的行为构成预期违约。因此，本条规定因涵盖了预期违约制度，所以其所言违约——不履行合同义务或者履行合同义务不符合约定——也包括预期违约行为在内。

实际违约是被预期违约倒逼出来的法律用语，是相对于预期违约而言的，如果没有预期违约概念与之相对应，则称为违约。因此，实际违约也就是通常所说的违约。

违约即违反合同义务。如何判断当事人一方是否违反了合同义务呢？这涉及违约的构成问题。对此，不能一概而论。

对于有履行期限要求的合同义务，当事人一方的行为是否构成违约，应以履行期限届满之时债务人是否履行了合同义务或是否按约定履行了合同义务为判断标准。在履行期限届满之时，不履行合同义务或履行合同义务不符合约定的，即构成违约。在此情况下，履行期限是判定债务人的行为是否构成违约的关键因素。履行期限是合同条款所涉重要事项之一，当事人通常会对履行期限作出明确的约定。当当事人对履行期限约定不明时，根据《民法典》第511条第4项的规定，债权人可以随时请求债务人履行，但应当给债务人必要的准备时间。该“必要的准备时间”即成为债务的履行期限，如果期限届满之时债务人没有履行合同义务或履行合同义务不符合约定，其行为就构成违约。

有些合同义务，特别是依据《民法典》第509条第2款规定，当事人应遵循诚信原则或根据合同的性质、目的和交易习惯所履行的通知、协助、保密等义务（附随义务），义务发生或持续存在于合同履行过程中，义务的履行没有特别的时间要求，或者义务与履行行为持续相伴，是否违反合同义务，无法以时间为标准进行判断，只要债务人没有履行该种义务或履行义务不符合通常标准，即构成违约。

在一些合同类型中，具有辅助主给付义务功能的从给付义务，如雇佣合同中的保护义务及保密义务、客运合同中的保护、救助义务等，通常持续存在于履行行为的全过程，债务人的义务违反同样无法以时间进行判断，只要债务人没有履行义务或履行义务不符合通常要求，其行为就构成违约。

合同是特定人之间的一种特别结合关系，为不使一方长久处于他方的役使之下，合同之存续具有显著的期限性。如果合同履行期限无法确定，债务人可以随时履行合同，债权人也可以随时要求履行。并且，根据《民法典》第563条的规定，以持续履行的债务为内容的不定期合同，当事人在合理期限之前通知对方后可以解除合同。合同债务的期限性主要体现在决定合同类型或性质的主给付义务上，如买卖合同当事人双方所负移转标的物所有权与支付价金的义务，通常会有明确的时间性要求。

（二）完全不履行、不完全履行与受领迟延

在规范债务不履行的法律后果上，主要有两种规范模式：以违约行为之区分为架构的立法模式（行为进路）与以违约救济权为架构的立法模式（救济进路）。前者的特色是，把违约行为区分为给付不能、给付迟延等类型，并以此为基础分别规定各类违约行为的法律效果；后者的特色是，不对违约行为作类型化区分，而是以不履行（违约）作为一个核心概念，对各种违约救济权作出具体规定。前一种立法模式由《德国民法典》所创造，2002年德国新债法虽然将义务违反规定作为违约的基础性概念，但以违约行为为架构的违约救济体系仍然未发生根本改变。后一种立法模式为《联合国国际货物销售合同公约》《国际商事合同通则》《欧洲合同法原则》等所采纳。我国《合同法》第七章关于违约责任的规定，同样采纳了以实际履行、损失赔偿、支付违约金等违约救济权为架构的规范模式。《民法典》合同编关于违约责任的专章规定完全沿袭了《合同法》第七章的规定。

本条以下诸条在规定违约责任的各种承担方式（违约救济权）时，在构成要件上采取了对违约行为予以概括表述的立法方法，即把违约表达为“不履行合同义务或者履行合同义务不符合约定”。本条作为关于违约责任的概括性规定，在规定违约行为上也采纳了与关于违约责任各种具体承担方式相似的表达方法。因此，从法条的外形可以明显看出，《民法典》对于违约行为没

有采取将其类型化为各种具体形态（履行障碍形态）的做法。由违约责任一章的全部规定看，本条的违约行为主要有三种形态：完全不履行、不完全履行与受领迟延。前两种违约行为是对债务人违反合同义务的各种行为方式的高度概括。受领迟延又称债权人受领迟延，它并不是通常意义上的违约行为。

完全不履行，是指债务人没有履行任何合同义务。对于有履行期限或者可确定履行期限的合同义务，完全不履行是指在履行期限届满之时没有履行任何合同义务；对于辅助主给付义务而没有履行期限限制或与主给付义务的履行行为持续相伴的合同义务，完全不履行是指没有履行合同义务。当事人一方完全不履行合同义务时，对方可请求其继续履行、赔偿损失、支付违约金等。不能履行、拒绝履行是其常见形态。

不完全履行，即履行不符合约定，是指债务人履行了合同义务，但其履行在期限、内容、方式等方面不符合约定或法定要求。瑕疵履行、迟延履行是其常见形态。

受领迟延，是指债务人按照合同约定履行债务或提出履行债务，债权人无正当理由拒绝受领。受领迟延会使债权人遭受不利后果，而不会使债务人承担任何违约责任。《合同法》没有单独规定受领迟延，《民法典》第589条对受领迟延作了两款规定，由此填补了我国民法的立法缺漏。

三、不可免责的违约与可免责的违约

根据债务人在违约后能否免除其违约责任，违约可区分为不可免责的违约与可免责的违约。本条只是关于违约责任的概括规定，作为违约责任前提条件的违约行为，包括不可免责的违约与可免责的违约。

可免责的违约，是指违约发生后，违约方可以依据当事人约定的免责事由或法律规定的免责事由，不承担违约责任的违约。除在《民法典》总则编第八章“民事责任”对民事责任的免责事由作出“因不可抗力不能履行民事义务的，不承担民事责任”的一般规定外，《民法典》还在合同编“违约责任”一章中对“不可抗力不能履行合同”作为一种免责事由作出了明确规定。对于作为违约责任承担方式之一的实际履行，《民法典》第580条也明确规定了可免除实际履行的法定事由。除此之外，当违约完全是由债权人自身行为造成时，此种违约也属于可免责的违约。可免责的违约也可以源于当事人特别约定的免责事由的发生。

除存在法定或约定的免责事由外，其他违约属于不可免责的违约，非违约方可以请求违约方实际履行、赔偿损失或支付违约金。

总之，本条违约责任中的违约，是指债务人客观上违反合同义务的一切行为。本条所使用的“不履行合同义务或者履行合同义务不符合约定”表达方式，旨在对违约作出穷尽性概括。

第五百七十八条【预期违约】

当事人一方明确表示或者以自己的行为表明不履行合同义务的，对方可以在履行期限届满前请求其承担违约责任。

历史由来

本条承袭了《合同法》第108条的规定。本条相比于《合同法》第108条的主要改动，是将“要求其承担违约责任”规定中的“要求”修改为“请求”。该改动发生于2019年12月经第十三届全国人大常委会第十五次会议审议的《民法典（草案）》，在此之前的《民法典合同编（草案）》（征求意见稿）、《民法典合同编（草案）》（一审稿）及《民法典合同编（草案）》（二审稿）在继承《合同法》第108条时没有对它作出任何修改。改动的主要原因在于，凸显本条请求权基础规范的地位。其实，《民法典（草案）》不是仅把本条规定中的“要求”修改为“请求”，而是把先前民事单行法中涉及请求权表达方式的“要求”一律修改为“请求”。

规范目的或功能

本条旨在确认预期违约制度，以解决合同当事人一方在履行期限届满之前毁约时如何保护对方当事人利益的问题。《民法典》第528条、第563条第1款第2项及本条皆涉及有关预期违约的规定。第528条规定了由不安抗辩权之行使转化而来的预期违约及其法律效果（解除合同），第563条第1款第2项规定了预期违约的法律效果之一——债权人享有解除权。比较而言，本条的规范目的主要是对预期违约作出一般性规定，以确认对预期违约制度的认可。但是，由于受到将“违约责任”与“合同解除”分割开来并作分散规定的违约救济规范模式的影响，从法律效果上看，本条关于预期违约的规定受到了违约责任概念的严格限制，即其仅对预期违约的法律效果中可以违约责任相称的法律效果——继续履行、损失赔偿等——作出了一般性规定。因此，从规范功能上看，本条作为预期违约的一般规定存在一定的局限性。但是，这不妨碍将本条理解为预期违约责任的请求权基础规定。当当事人一方在履行期限届满之前明确表示或以其行为表明不履行合同义务时，对方可以将本条作为预期违约责任的主要请求权基础规范，并结合其他规定请求预期违约方继续履行、赔偿损失等。

规范内容

违约是指违反合同义务的行为。该合同义务是指债务人应当履行的具体义务，它通常表现为债务的履行期限届至（有履行期限或可确定履行期限的债务），或者债务已经确定产生（依履行过程随时产生或持续存在于履行过程中的债务）。因此，违约以债务人的合同义务已确定地处于应当履行时刻为前提。在合同成立或生效时间与履行期限存在一定时间差的情形下，债务人所负债务通常可区分为如下类型：第一，在履行期限届至前，合同虽然已经发生法律约束力，但是，特定的、具体的合同权利、义务尚未产生，债权人既无权请求债务人履行合同，债务人也无义务履行合同。债务人只是应当按照合同信守原则，遵守合同约定而已。第二，在履行期限届至但尚未届满期间，债权人的权利（给付请求权及其他保护性权利）已确定产生，债权人可以请求债务人履行合同义务，但债务人可以履行期限尚未届满为由合理拒绝履行债务，债务人完全可以等到履行期限届满之时再履行债务。第三，如果履行期限表现为一个特定的时点，债务人未在约定的时点履行债务，即构成违约；如果履行期限表现为一段时间（期间），履行期限届满之时未履行债务，才能构成违约。

对于持续性合同，如果在实际履行债务之后、债务履行期间届满之前，债务人明确表示不再履行债务，该种义务违反构成实际违约，而不能构成预期违约。[①]

---

① 法院有时会把实际违约误认为预期违约。参见江苏省盐城市中级人民法院（2015）盐商终字第00501号民事判决书。

一般而言，在履行期限届至之前，特定的合同义务事实上并未确定的产生，它只是抽象地体现在合同信守原则之中。在有些情形下，在履行期限届满之前，合同义务经由债权人的权利请求而特定化，但是当存在期限利益的保护时，债务的特定化并不产生债务人必须应债权人的请求而履行合同义务的后果。在这种情形下，合同义务的特定化只是债权人之债权发挥作用的反射效果，并不是债务已真正处于必须履行的时刻。债务的履行取决于债务人的履行决定，而不是债权人请求权的行使。如果在履行期限届满之前，尤其是在履行期限届至之前，债务人明确表示拒绝履行债务，按照传统的违约理论，此种拒绝履行债务不能构成违约。然而，如果一概不承认此种拒绝履行为可构成违约，债权人只能等到履行期限届满之后，才能行使违约救济权，这对债权人显然也不太合理。在合同成立或生效时间与履行时间存在较长时间间隔的情形下，这会导致债权人长时间处于一种事实上已经死亡的合同的约束之下。为避免使债权人长时间陷入一种无意义的受约束状态，使合同在社会经济发展中发挥积极作用，英国法院创设了预期违约制度。该制度后为美国合同法及《联合国国际货物销售合同公约》《国际商事合同通则》所接受，并进而得到越来越多国家的认可。我国民法自《合同法》开始正式承认预期违约制度，《合同法》第108条和第94条第2项对预期违约制度作了简要规定。《民法典》完全继承了《合同法》的立法模式。

以义务违反的违约观念看，预期违约不是对已应当履行的特定合同义务的违反，而是违背了应当承受合同约束、不得背弃合同的义务。[①]合同乃当事人意思表示一致的结果，合同一旦成立，即使没有自成立时立即生效，仍然具有法律约束力。学说由此抽象出合同信守原则或合同神圣原则，并将它视为合同关系的发展基石，它为合同义务的具体化、特定化提供了坚实的基础。《合同法》从两个方面对合同信守原则进行了确认：一是《合同法》第8条规定，依法成立的合同，对当事人具有法律约束力；依法成立的合同，受法律保护。二是《合同法》第45条规定，当事人对合同的效力可以约定附条件，

---

① 有研究认为，预期违约所直接违反的义务，不是给付义务本身，而是不危害给付实现的不作为义务；这种不作为义务，并非直接依当事人的意思而产生，而是基于由法律所肯定的义务。参见韩世远：《合同法总论》（第四版），法律出版社2018年版，第563页。

附生效条件的合同，自条件成就时生效。附解除条件的合同，自条件成就时失效。《民法典》第119条、第136条、第158条和第465条继承了《合同法》的相关规定。根据这些规定，合同成立后，即使尚未生效，仍然具有法律约束力，当事人应当维护合同，承受合同的约束。[①]在合同生效后履行期限届至或届满之前，合同关系呈现出向合同义务具体化、特定化的发展势头，合同的效力随之逐渐外显。如果当事人一方在履行期限届至或届满之前，明确、肯定地表示不遵守合同约定，既是对合同约束力的严重藐视，又是对合同关系的背弃。当合同已被公然背弃时，合同当事人之间的信任合作关系已经丧失，合同约定的具体权利或义务随之丧失存在的基础，合同所产生的合理期待已经不可能得到实现。据此，承认预期违约既符合合同效力产生、发展的内在逻辑，又能务实、便宜地应对合同关系的提前破裂状况。

本条不属于完全法条，其只是对预期违约的法律效果作出了“承担违约责任”的概括规定，违约方实际上应承担哪种形式的违约责任，必须满足该种违约责任承担方式的构成要件。

一、预期违约的构成要件

预期违约在构成要件上的独特性，不仅表现在违约行为上，而且表现在违约行为的发生时点上。本条对这两方面都作了明确表达，只不过表达方式较为独特。本条在表达违约行为上的独特性表现在，以明示行为与默示行为的方式描述了违约行为，而没有以“明确、肯定地拒绝履行合同”这样的表达方式概述违约行为；在表达违约时点的独特性表现在，它没有将违约时点与违约行为紧密结合在一起构造预期违约行为，而是将违约时点涵盖在法律效果部分的构造中——“可以在履行期限届满之前请求”。如果按照构成要件与法律效果的常规表达方式来理解本条，其构成要件部分应表达为：当事人一方在履行期限届满之前明确表示或者以自己的行为表明不履行合同义务。《民法典》第563条第1款第2项即是如此表达预期违约行为的。

我国学者在理解预期违约行为上存在一定差异。有学者认为，作为预期

① 参见金可可：《〈民法总则〉与法律行为成立之一般形式拘束力》，载《中外法学》2017年第3期。

违约之行为形态的拒绝履行，需满足如下构成要件：一是存在有效的债务；二是须有不履行的意思表示，它包括两种情形，即明确表示不履行合同义务与以行为表明不履行合同义务；三是债务人没有正当理由。[①]有学者将预期违约区分为明示毁约与默示毁约，并在此架构下分析预期违约的构成要件。构成明示毁约的条件为：一是必须明确肯定地向对方表示拒绝履行；二是必须明确表示在履行期到来以后将不履行合同义务；三是毁约无正当理由。[②]但是，对于默示毁约，该学者虽然承认“以自己的行为表明不履行合同义务”的规定是指默示毁约，但却将它与不安抗辩权制度混为一谈，如认为，我国《合同法》是在不安抗辩权制度的基础上规定的默示毁约，因此，确定对方是否构成默示毁约，必须以一方行使不安抗辩权为前提。[③]

根据本条及《民法典》第563条第1款第2项的规定，并参考其他国家地区有关预期违约的规定和判决，可以将预期违约的构成要件界定如下。

（一）债务人必须是根本不履行合同

在预期违约情形下，债务人是以未来将不履行合同的方式毁弃合同，从而使债权人对合同将按约履行的正当期待遭到损害。从债务不履行或义务违反的角度看，只有债务人表示将不履行合同或不遵守合同约定时，提前终结合同关系，或者提前允许债权人行使违约救济权，比较合理。如果债务人只是表示将不履行合同约定的某项从给付义务，则允许债权人行使违约救济权，将使合同信守原则遭受很大破坏。从《联合国国际货物销售合同公约》[④]《国际

---

① 参见韩世远：《合同法总论》（第四版），法律出版社2018年版，第563—564页。

② 参见王利明：《合同法研究》（第二卷）（第三版），中国人民大学出版社2015年版，第509—512页。

③ 参见王利明：《合同法研究》（第二卷）（第三版），中国人民大学出版社2015年版，第52页、第522页。

④ 《联合国国际货物销售合同公约》第72条规定：（1）如果在履行合同日期之前，明显看出一方当事人将根本违反合同（fundamental breach of contract），另一方当事人可以宣告合同无效（declare the contract avoided）。（2）如果时间许可，打算宣告合同无效的一方当事人必须向另一方当事人发出合理的通知，使他可以对履行义务提供充分保证。（3）如果另一方当事人已声明他将不履行其义务（the other party has declared that he will not perform his obligations），则上一款的规定不适用。

商事合同通则》[①]《欧洲合同法原则》[②]的规定看，只有债务人不履行主要债务或根本不履行合同时，才能构成预期违约。关于违约的严重性，本条只是使用了“不履行合同义务”的宽泛表达，没有采用根本违约概念。但是，由《民法典》第563条第1款第2项在规定预期违约的构成要件时采用的“不履行主要债务”的规定看，对于预期违约，我国民法实际上也是按照根本违约的观念构造预期违约的构成要件的。理由在于，根据“主债务（主给付义务）”与“从债务（从给付义务）”的债务区分观念，主债务是指债之关系（尤其是契约）上固有、必备的，并用以决定债之关系（契约）类型的基本义务。[③]所谓“主要债务”即指主给付义务，因为通常情形下只有不履行主债务才会使债权人订约的目的根本无法实现。另外，根据《民法典》第528条“对方在合理期限内未恢复履行能力且未提供适当担保的，视为以自己的行为表明不履行主要债务，中止履行的一方可以解除合同并可以请求对方承担违约责任”的规定，也可以看出，作为合同法定解除事由之一的预期违约，必须达到严重违约的程度——无能力履行且不提供适当履约担保。据此，应将“不履行合同义务”限缩解释为“不履行主要债务”。[④]

本条将预期违约行为区分为两种类型：明示毁约与默示毁约。当事人一方“明确表示”将不履行主要债务的，构成明示毁约。所谓“明确表示”是指明确、肯定、严肃地向对方表示将不履行合同。当债权人已可以向债务人请求履行债务时，“明确表示”表现为债务人明确拒绝履行合同。当债权人因履行期限尚未届至而不能请求债务人履行债务时，“明确表示”表现为债务人主动、确定地向债权人表示将不再遵守合同约定或不再履行合同。但是，无论在哪一种情形下，“明确表示”都必须表现为，债务人是以积极的言辞表明不再遵守合同或者决意毁约。“明确表示”将不履行主要债务，可以采取各种语言表达方式，如无任何正当理由要求撤销或解除合同、通知债权人肯定不

---

① 《国际商事合同通则》第7.3.3条（预期不履行）规定，在履行日前之前，情况表明当事人一方将根本不履行（fundamental non-performance）的，对方当事人可以终止合同。

② 《欧洲合同法原则》第9:304条规定，在履行时间之前，情况表明当事人将根本不履行（fundamental non-performance）的，对方可以终止合同。

③ 参见王泽鉴:《债法原理》，北京大学出版社2009年版，第28页。

④ 参见广东省清远市中级人民法院（2013）清中法民一终字第934号民事判决书。

再履行合同等。

默示毁约，是指“以自己的行为表明”将不履行主要债务。明示与默示只是描述或概括了预期违约的两种不同行为方式，前者以口头或书面方式直接向债权人表明将不履行主要债务，后者只是债务人以行为向债权人表明其将不履行主要债务。由于只是交流手段有所不同，所以默示毁约在行为方式上必须像明示毁约那样足以清楚、肯定、严肃地表明债务人将不履行合同。因此，对于“以自己的行为表明”将不履行主要债务，必须从债权人的角度进行判断，即债务人以行为而不是语言表明不履行主要债务的事实，能否确定地将不履行合同的意思充分表达出来。以此而言，“以自己的行为表明”将不履行主要债务，在债权人看来必须是显而易见的、明确无疑的。例如，在履行期限届满之前将特定的标的物转卖给他人。如果债权人只是有理由相信债务人存在侵害期待债权的毁约风险，债务人的行为不能构成默示毁约。①

当债务人以确定无疑的行为表明其将不履行主要债务时，此种行为也可能构成不安抗辩权的发生条件。根据《民法典》第527条第1款，应当先履行债务的当事人有确切证据证明对方丧失履行债务能力时，其享有中止履行的不安抗辩权。如果能够以确切证据证明债务人已丧失履行债务能力，则完全可以构成“当事人一方以自己的行为表明不履行合同义务”。在此情况下，债权人可以根据《民法典》第563条第1款第2项的规定直接解除合同，并依据本条享有请求损失赔偿的权利，没有必要依据《民法典》第527条、第528条的规定，先中止履行，进而视债务人恢复履行能力、提供适当担保的情况再决定是否解除合同。显然，《民法典》在规定预期违约与不安抗辩权上存在不协调之处。对此，我们也可以理解为，不安抗辩权制度与预期违约制度存在一定重合之处，债权人可以根据具体情况决定是选择行使不安抗辩权还是根据预期违约制度保护自己的权益。

---

① 由审判实践看，法院有时会把债务人存在有可能不能履行的履约危险行为，当作默示毁约对待。例如，有法院认为：甲公司未按照原定付款计划（分14次分期付款）清偿债务，乙公司根据现有情势有理由相信毁约风险的客观存在，从而侵害其期待的债权，乙公司有权在付款期限未到时，要求甲公司实际履行全部付款义务。参见上海市第二中级人民法院民事判决书（2018）沪02民终5256号民事判决书。

（二）债务人必须在履行期限届满之前根本不履行合同

预期违约在构成上具有明确的时间性要求，即违约行为必须发生在履行期限届满之前。这是预期违约与实际违约的重大区别之一。

履行期限包括两种情形：一是具有明显时间间隔的期间，如2020年6月1日至10日、2020年6月6日下午2点至5点。如果把履行日期约定为某天或某日（如2020年6月3日），根据交易习惯或惯例，该天或该日的通常工作时间甚至是作息时间，就是履行时间，此种履行时间也表现为特定的期间。二是不存在明显时间间隔的时刻。该履行时刻既可以作出具体的指定，如2020年6月16日中午12点，又可以其他方式明确确定，如某事发生之时（付款时交付货物）履行债务。

无论当事人如何约定履行期限，预期违约在构成上必须满足“在履行期限届满之前”这一时间性要件。本条没有像《民法典》第563条第1款第2项规定那样，把“在履行期限届满之前”构造为预期违约行为的前提条件，而是把时间性要素规定在关于法律效果的表达之中。既然“可以在履行期限届满之前要求其（违约方）承担违约责任”，那么违约行为肯定发生“在履行期限届满之前”。因此，本条的表达方式并没有妨碍其规范意义。

（三）债权人必须能够知道预期违约的行为或事实

合同成立、生效之后，除即时清结的合同外，当事人通常会根据合同约定安排未来的工作或生活，为合同义务的履行或给付的受领作出一定准备，等到履行期限届至或届满之时，执行合同的具体约定，以满足各自的利益需求。在履行期限届至之前，由于履行请求权还不能行使，合同关系还体现为一种应当信守合同约定的静止状态。债权人有时可能会比较关注债务人的履行准备情况，有时可能对债务人如何准备履行毫不关心或根本无法予以关注。根据作为合同法之根基的个人自由主义思想，当债权人还不能向债务人主张合同权利时，合同当事人双方应彼此相互尊重，任何一方不得借由合同已成立或生效而轻易介入对方的私人领域。是否愿意遵守合同、是否已准备履行债务以及债务履行准备进展状况，属于债务人的私事，应完全由债务人决定。在此情形下，如果债务人的毁约行为不为债权人所知，在债权人看来，合同如同约定的那样正向履行期限推移，只有当履行期限届至而债权人可以向债务人请求履行债务时，债权人才有可能知道债务人的毁约行为。因此，相较于实际违约，预期违约在构成上还必须具备债权人必须能够知道债务人的毁约行为这个条件。当债权人对债务人的毁约行为一无所知时，预期违约从违约救济上看是没有实际意义的。

以下两种情况可以构成债权人知道债务人的毁约行为：第一，在履行期限届至之前，债务人向债权人明确、肯定地表示将不履行合同；在默示毁约情形下，债务人的毁约已为债权人所知道。第二，在履行期限届满之前，债权人请求债务人履行合同义务时，债务人明确、肯定地拒绝履行合同，或者，债务人的行为能够明显、确定地表明其将不能履行合同。

在分析预期违约的构成时，我国一些学者把“债务人没有正当事由”看作构成要件之一。[①]从法律适用上看，毁约有无正当理由主要从债务人角度进行判断。也就是说，当债权人以债务人的行为构成预期违约为据，主张解除合同、请求损失赔偿时，债务人可以其毁约存在正当理由作为抗辩，例如不安抗辩权之行使。构成要件是权利形成规范的必要条件，在法律适用上由权利享有者负担证明要件事实的举证责任。对于毁约有无正当理由这个问题，在法律适用上，从权利抗辩规范而不是权利形成规范进行理解和构造更为合理。因此，不应当将“毁约无正当理由”看作预期违约的构成条件之一。

二、预期违约的法律后果

迥异于实际违约，预期违约不会随预期违约行为的发生自然产生债务人应承担违约责任，或者债权人可自然享有合同解除权、损失赔偿请求权等违约救济权的法律后果。预期违约能否产生上述法律后果，取决于债权人的选择。预期违约行为发生后，债权人可以不接受债务人的违约，选择继续遵守合同约定，等履行期限届满时再决定如何保护自己的权益。预期违约行为发

---

① 参见韩世远：《合同法总论》（第四版），法律出版社2018年版，第564页。王利明教授把预期违约区分为明示毁约与默示毁约，并认为二者具有不同构成要件。明示毁约须具备“毁约无正当理由”这一要件。王利明：《合同法研究》（第二卷）（第三版），中国人民大学出版社2015年版，第511页、第520页。

生后，债权人也可以立即解除合同，并要求损失赔偿，或者要求债务人继续履行合同。鉴于预期违约发生法律后果的特殊性，本条在规定预期违约的法律效果时，没有像《民法典》第577条那样规定“应当承担继续履行、采取补救措施或者赔偿损失等违约责任”，而是以权利本位的法律思维规定，“对方可以……请求其承担违约责任”。“可以请求”之措辞意味着，债权人可以选择请求债务人承担违约责任，也可以不请求债务人承担违约责任。“可以不请求”也就是不接受债务人的预期违约行为，选择继续遵守合同约定的内容，等到履行期限届满后再作决定。①

（一）接受毁约

债务人的不履行构成预期违约时，债权人可以立即接受这一违约行为或事实。接受毁约不需要单独向违约方作出接受毁约的表示，立即或及时向债务人行使法律规定的违约救济权即可。债权人可以享有哪些违约救济权呢?根据《民法典》第528条、第563条第1款、第566条第2款及本条的规定，债权人可以通过两种方式行使违约救济权：第一，解除合同并请求违约方承担违约责任；第二，不行使合同解除权，而是请求违约方承担违约责任。债务人预期违约可使债权人取得合同解除权，由《民法典》第528条、第563条第1款所规定的，关于该权利的产生、行使等问题，可参阅第528条和第563条的评注。以下着重分析如何理解“请求违约方承担违约责任”这一概括规定。

债权是得请求特定人为一定行为或不为一定行为的权利。法律在表达债权请求权时通常会采取权利人可以请求义务人做什么或不做什么的措辞。这种表达方式不仅把权利、义务的主体明确表达了出来，而且经由权利客体（做什么或不做什么）也将权利的内容显现出来。这无疑是一种比较方便理解的规范方法。然而，在表达预期违约的法律效果上，《民法典》沿袭《合同法》的立法方法，采取了较为烦琐的概括表达方式。它没有直接规定债权人可以请求违约方应做出什么行为，而是规定可以请求其承担违约责任。违约责任不是一种具体的、可与特定权利构成对应关系的民事责任承担方式（如继续履行、赔偿损失），而是一种与侵权责任、缔约责任相比称的类型概念。因此，

① 参见天津市高级人民法院（2015）津高民四终字第76号民事判决书。

从本条以下规定的各种违约责任之承担方式看，所谓“可以请求违约方承担违约责任”，可具体表达为，可以请求违约方承担继续履行、损失赔偿等违约责任。以此而言，本条关于预期违约之法律后果的规定，仍然属于概括规定，关于继续履行、损失赔偿的适用范围、条件仍然需要根据本条以下有关继续履行、损失赔偿的规定予以确定。

1.解除合同情形下的违约责任承担

根据《民法典》第566条第2款所作“合同因违约解除的，解除权人可以请求违约方承担责任”的规定，债权人以债务人预期违约为由解除合同后，还享有请求违约方承担违约责任的权利。在各种违约救济权中，合同解除权与实际履行权是两种完全对立的权利。根据《民法典》第566条第1款的规定，合同解除后，尚未履行的合同义务，终止履行。既然合同已经终止，再请求债务人继续履行已完全不可能。因此，当债权人选择解除合同时，其还可能向违约方提出的承担违约责任的请求主要为损失赔偿。该损失赔偿包括约定的损失赔偿（违约金）与法定的损失赔偿。请求执行有关违约金的约定时，应受《民法典》第585条第2款关于违约金调整的规定。如果不存在违约金约定，损失赔偿的范围及其限制应依照《民法典》第584条、第591条、第592条确定。

2.不解除合同情形下的违约责任承担

当债务人的不履行构成预期违约时，债权人可以选择不解除合同，而是依据本条请求违约方承担违约责任。此所谓违约责任，主要是指继续履行、损失赔偿的违约责任；换言之，债权人可以请求违约方继续履行合同，并请求其赔偿因违约给自己造成的损失。

债权人所享有的继续履行请求权，即债务人（违约方）所负继续履行的违约责任，主要是指《民法典》第579条、第580条规定的不履行金钱债务和非金钱债务情形下的继续履行，不包括《民法典》第582条以“履行不符合约定”为适用前提的修理、重作、更换等违约责任。预期违约是对合同的整体毁弃，因而不存在不完全履行合同约定的问题。对于非金钱债务的继续履行请求权，其受到《民法典》第580条所作但书规定中的前两种情形的限制，也就是说，当债务在法律上或者事实上不能履行或债务的标的不适于强制履行或者履行费用过高时，债权人不享有请求继续履行的权利。

当债权人请求违约方继续履行合同，且该请求权符合《民法典》第580条的规定时，债权人是否可以使自己的权利提前得到实现，换言之，违约方是否应当提前履行债务？有学者认为，在先期拒绝履行场合，虽然可先期主张履行请求权，但原则上仅在债务到期时才可以兑现，否则发生令债务人提前履行债务的效果，有失公允。[①]从审判实践看，有很多法院以本条规定为据，判决预期不履行金钱债务的债务人应当提前履行债务。[②]从违约行为发生的时点分析，预期违约可分为履行期限届至之前的违约与履行期限届至但尚未届满时的违约。在后一种情形下，债权人实际上已经可以向债务人主张权利，但债务人在期限利益保护下可以直至履行期限届满之时再履行债务。在此情形下，当债务人预期违约时，如果仅仅允许债权人主张履行请求权而不能诉求强制债务人履行债务，作为预期违约救济权的继续履行请求权，实际上并没有增强或改善债权人的法律地位，因为即使不承认预期违约，债权人仍然有权向债务人主张权利。当债务人在履行期限届至之前的拒绝履行构成预期违约时，赋予债权人一种提前请求履行的权利，虽然有助于改善债权人的法律地位，但如果这种履行请求权无法付诸强制执行，这样的权利并不能给债权人带来实际价值，履行请求权对债权人而言只是徒具权利之名而已。这显然非常不符合本条关于“可以请求违约方承担违约责任”的规范意旨。违约责任的承担不能因为违约行为是实际违约还是预期违约而给予差别对待。预期违约制度的目的应在于，当债务人公然毁约时，对信守合同的债权人予以提前救济，并由此尽早终结事实上已死亡的合同关系。比较而言，在预期违约情形下，既然法律允许债权人解除合同，终止合同权利义务，那么，以遵守合同信守原则为基础的继续履行请求权更应得到法律的强力支持。因此，如果债务人的行为构成预期违约，使其承担提前履行债务的违约责任，在法律伦理上并不过分。提前履行债务会导致债务人丧失一定的期限利益，这看起来对债务人有失公允，但是，如果考虑到债务人法律地位的改变盖因其对合同约定的故意、公然背弃，扣减债务人的期限利益，也有合理之处。

---

① 参见韩世远：《合同法总论》(第四版)，法律出版社2018年版，第565页。

② 参见天津市第二中级人民法院（2018）津02民终5953号民事判决书；江苏省扬州市中级人民法院（2019）苏10民终228号民事判决书；江苏省镇江市中级人民法院（2018）苏11民终2929号民事判决书；最高人民法院（2016）最高法民终396号民事判决书；最高人民法院（2015）民二终字第308号民事判决书。

另外，从法经济学的角度分析，令债务人为自己的毁约行为承担提前履行债务的违约责任，有助于抑制毁约行为，维护合同信守原则。

令债务人承担提前履行债务的违约责任，通常会产生使债权得到提前实现的后果。当债权得到提前实现时，预期违约就不会像实际违约那样因违约而给债权人造成一定的损失。这表现在两方面：一是不存在迟延履行，也不存在因迟延履行发生的损失赔偿问题。因此，《民法典》第583条关于实际履行情形下损失赔偿的规定，不适用于预期违约。二是债务的提前履行，使债权得到提前实现，违约不仅没有使债权人遭受实际损失（所受损失），而且没有使其遭受可得利益的损失（所失利益）。因此，违约责任一章关于损失赔偿范围及其限制的一些规定也无法适用。总之，当债务人因预期违约承担提前履行合同的违约责任时，这种违约责任的承担即足以保护债权人的期待利益，债权得到提前实现的债权人不可能享有请求损失赔偿的权利。

但是，也不容忽视的是，债务的提前履行可能会给债权人带来一些麻烦，毕竟，这种不正常的债务履行，可能会打乱债权人的经营计划或生活安排。对此，可以参照《民法典》第530条第2款的规定，由债务人负担提前履行债务给债权人增添的意外费用。

债务人预期违约时，债权人以《民法典》第580条为据请求债务人继续履行非金钱债务，但债务人根据《民法典》第580条但书规定抗辩成功时，继续履行请求权就被排除，债务人则相应不负有提前履行债务的违约责任。在此情形下，债权人只能请求替代给付的损失赔偿。考虑到可能会发生此种情况，债权人可以在预期违约发生后及时选择行使合同解除权，并向债务人请求损失赔偿。

替代给付的损失赔偿包括给付利益的损失与可得利益的损失——所受损失与所失利益（可得利益）。这种损失赔偿在可得利益损失赔偿额上受可预见性规则（《民法典》第584条）与损失减轻规则（《民法典》第591条）的限制。由于毁约完全出于债务人的故意，作为损失赔偿之限制规则之一的与有过失规则便无适用余地。根据损失减轻规则，违约发生后，债权人应当采取适当措施防止损失的扩大，没有采取适当措施致使损失扩大的，无权就扩大的损失请求赔偿。

（二）不接受毁约

预期违约发生后，债权人并非必须接受债务人的毁约并尽快行使违约救济权，违约责任是否随预期违约行为立即降临到债务人的头上，完全取决于债权人的选择。这是预期违约制度显著不同于实际违约制度之处。至于债权人为何不接受对方的毁约，则无关紧要。《民法典》没有对预期违约制度的这一特殊性作出明确规定。

不接受毁约不要求作出任何特别的表示，无视对方的毁约行为即可，或者可以在债务人明确表示不履行合同后请求其继续遵守合同约定。[①]当债权人不接受毁约时，合同关系仍然维持着其应有的约束力，当事人双方仍处于合同约束之中。之后，债务人可能回心转意，在履行期限届至或届满时正常履行了债务；债务人也可能不改变毁约的决定，至履行期限届满之时仍然表示不履行合同。当债务人至履行期限届满之时仍拒绝履行债务时，其行为构成实际违约，债权人可以按照实际违约的一般规则进行救济。

不接受毁约有时会使债权人承受这样一种交易风险：在预期违约发生后至履行期限届满之前，发生不可抗力导致债务人永久不能履行债务，如标的物因飓风而被摧毁。在此情况下，当债务人的违约发展为实际违约后，债权人的违约救济权会因不可抗力是法定免责事由而完全丧失，债务人会因此不承担任何违约责任。具言之，不可抗力会造成债务人事实上不能履行合同，债权人的继续履行请求权会根据《民法典》第580条的但书规定而被排除。另外，债务人可以根据《民法典》第590条关于因不可抗力不能履行合同而部分或全部免除责任的规定，不承担损失赔偿或支付违约金的违约责任，债权人因违约遭受的损失因此相应地得不到任何救济。

因此，预期违约发生后，债权人应充分考虑发生不可抗力的可能性，以及债务人履约状况转变的可能性，对债权实现的可能性作出预测，从而作出是否及时接受毁约的决定，以免使自己承担意外的交易风险。

三、默示毁约与不安抗辩权或履行充分保证权

预期违约制度是为了化解债务人先期毁约给债权人带来的交易风险，使债权人在交易风险发生时提前获得救济。在现代合同法上，除预期违约制度外，也存在其他应对债务履行准备过程中因当事人一方的行为造成的

① 参见天津市高级人民法院（2015）津高民四终字第76号民事判决书。

交易风险的法律制度，如大陆法系中由《德国民法典》创造的不安抗辩权制度与英美法系中由美国创造的履行充分保证权制度。《合同法》对不安抗辩权与预期违约皆有明确规定，《民法典》继承并发展了《合同法》规定的不安抗辩权与预期违约制度。自《合同法》颁行以来的学说与判决看，学者与法官在理解不安抗辩权与预期违约之间的适用关系上明显有些模糊不清。

有学者认为，默示毁约在构成上与明示毁约存在明显差异。默示毁约应当以债务人无法在合理期限内恢复履行能力，或者未在合理的期限内提供保证为成立条件。我国《合同法》是在不安抗辩权制度的基础上规定默示毁约的，确定是否构成默示毁约，必须以一方行使不安抗辩权为前提。[①]有些法院判决也持同样的看法。[②]预期违约在构成要件和法律效果上应作统一构造，不能因为违约的行为形态是明示还是默示而作区别对待。不安抗辩权之行使虽然会导致债务人的行为进一步转变为默示毁约的可能，但这并不能改变不安抗辩权与预期违约是两种不同法律制度的立法状况，至于将不安抗辩权作为默示毁约的基础，甚至以不安抗辩权的行使效果（债务人在债权人中止履行后提供适当担保）作为构成默示毁约的必要条件，则完全混淆了不安抗辩权与预期违约之间的差异。

预期违约之所以被冠以“违约”之名，并像实际违约那样赋予债权人各种违约救济权，根本原因在于，债务人已确定地表明不再遵守合同约定，合同事实上已被毁弃。因此，预期违约以存在确定的毁约行为为前提。民法上的行为有明示与默示之分，明确表示将肯定不履行合同可以构成预期违约；以客观、确定的行为表明将肯定不能再履行合同，同样足以构成预期违约。如果情况只是表明，债务人可能或很可能不履行合同，债权只是陷入不能实

---

① 参见王利明：《合同法研究》（第二卷）（第三版），中国人民大学出版社2015年版，第519—520页。

② 例如，有法院判决认为：“现虽付款期限未至，但经查询上诉人涉及多起被执行案件，存在因无财产可供执行被执行终结的情况，且其已被列入失信被执行人名单，据此可以证明在履行期限到来之际，上诉人将有可能不履行合同，且上诉人亦不能提供必要的担保，一审根据《中华人民共和国合同法》第一百零八条的规定判决上诉人提前给付货款并无不当。”参见天津市第二中级人民法院（2018）津02民终5953号民事判决书。

现的危险之中，债务人的行为尚不能构成预期违约。为应对此种债权可能不能实现的履约危险，德国民法创设了不安抗辩权制度，美国法创设了履行充分保证权制度。《联合国国际货物销售合同公约》《国际商事合同通则》《欧洲合同法原则》等创设了预期违约与“如约履行的充分保证”制度。如《国际商事合同通则》在第7.3.3条对预期不履行作出规定后，以“如约履行的充分保证”为名（第7.3.4条）规定：“一方当事人如果有理由相信对方当事人将根本不履行，可以要求如约履行的充分保证，并可以同时中止其履行。对方当事人未在合理时间内未提供此种保证的，要求提供保证的一方当事人可以终止合同。”第7.3.4条的官方评注指出，若一方当事人有理由相信对方当事人不能或不愿如期履行合同，但由于仍然存在对方当事人愿意或能够履行的可能性，而其不能援引第7.3.3条，本条保护一方当事人的这种利益：如果没有本条规定的规则，一方当事人往往会处于两难境地。如果等到履行到期之日债务却未被履行，其会遭受损失。如果其终止合同，而情况表明对方当事人本来会履行合同，其行为将构成不履行合同，其将为此承担损失赔偿责任。不安抗辩权制度其实与“如约履行的充分保证”具有相似功能，“不安”（Unsicherheit）二字即表明该制度旨在消除债权人遭受的债务人可能将不履行合同的两难困境。《德国民法典》第321条将不安抗辩权的适用条件构造为：基于双务合同负有先为给付的一方，如订约后因他方给付能力显形欠缺，自己的对待给付请求权难以实现时。“给付能力显形欠缺”与“给付请求权难以实现”这样的文辞，只是表示债务人可能不能履行或债权可能难以实现。然而，我国《合同法》在构造不安抗辩权的适用条件时，却使用了“有确切证据证明对方丧失或可能丧失履行债务能力”的表达方式。如果有确切证据证明对方丧失债务履行能力，债务人事实上已根本不能履行。这种不能履行如果源于债务人自己的行为，那么完全可以构成默示的预期毁约。因此，《合同法》关于预期违约（默示毁约）与不安抗辩权的适用条件的规定，明显存在交叉之处。从法律适用上看，这种交叉规定给债权人提供了两种不同的救济途径：债权人既可以通过默示毁约制度实现救济，又可以通过行使不安抗辩权化解交易风险。无论是对债权人还是对债务人，这种交叉规定不会产生任何不利之处。但是，这并不意味着不安抗辩权与预期违约制度之间存在内在关联，更不意味着默示毁约在构成上需满足先行使不安抗辩权这一条件。

认为预期默示毁约应满足债务人未提供适当担保这一条件的意见，并不符合《合同法》关于预期违约与不安抗辩权的规定。为清晰界定不安抗辩权与默示预期毁约之间的边界，《民法典》第528条特别作出了“中止履行后，对方在合理期限内未恢复履行能力且未提供适当担保的，视为以自己的行为表明不履行主要债务，中止履行的一方可以解除合同并可以请求对方承担违约责任”的规定，该规定中的“视为以自己的行为表明不履行主要债务”，旨在明示不安抗辩权的行使会存在债务人可能不履行转为确定的默示毁约的可能性。据此特别规定，再将债务人没有提供担保当作默示毁约的构成要件，则明显不合理。

举证责任

本条可作为请求权基础规范发挥一定作用。从法律适用上讲，请求权基础规范属于典型的权利形成规范，权利享有者或者依据本条主张权利者，应当承担对本条的要件事实予以证明的举证责任。债权人必须提供证据证明债务人存在履行期限届至或届满之前根本违约的事实。当债务人对债权人的请求权提出抗辩时，其应当对其抗辩负担证明责任。譬如，债务人可以证明自己的行为是依据《民法典》第527条、第528条行使不安抗辩权的正当行为。又如，当债权人要求债务人承担继续履行合同的违约责任时，债务人可依据《民法典》第580条的但书进行抗辩，即债务已事实上不能履行，并对该不能履行提供证据予以证明。

第五百七十九条【金钱债务的继续履行】

当事人一方未支付价款、报酬、租金、利息，或者不履行其他金钱债务的，对方可以请求其支付。

历史由来

本条是关于金钱债务的继续履行的专门规定，是对《合同法》第109条进行一定增删、修改的结果。相较于《合同法》第109条，本条有三处变化：一是增加“租金、利息，或者不履行其他金钱债务”的规定。对“租金、利息债务”的增补，以列举方法扩展了《合同法》第109条规定的金钱债务的类型，即把金钱债务的类型从价款、报酬债务扩充到租金、利息债务；对“不履行其他金钱债务”的增补，则以概括规定的方法避免了列举规定的不周延性，从而使本条可适用于各种类型的金钱债务的继续履行。这种“列举+概括”的规范方法，一方面方便了人们对法律的理解，另一方面弥补了《合同法》第109条的缺漏。[①]二是删除了《合同法》第109条所作“支付价款或者报酬”规定中的“价款或者报酬”。删除之目的主要是消除法条在表达上的语义反复，使法律规定更加简洁明快。三是把《合同法》第109条规定中的“要求”修改为“请求”。此处修改一方面是为了显现本条规定的请求权基础规范的法律属性，另一方面是适应《民法典》将涉及请求权的所有表达方法由“要求”修改为“请求”的需要。

从《民法典》编纂过程看，前两处修改形成于《民法典合同法（草案）》（征求意见稿）第121条，在其后的草案文本中再未发生任何变化。第三处修改形成于《民法典（草案）》。本条规定在立法过程中没有引发争议。

三 规范目的或功能

本条是对金钱债务的继续履行的规定，以对当事人一方不履行金钱债务时对方可否请求其继续履行的问题作出明确回答。除互易合同及类似于互易的非典型合同外，双务有偿合同皆存在当事人一方负有金钱债务的情形。而且，有别于非金钱债务的违约救济，在当事人一方不履行金钱债务时，以损失赔偿替代对金钱债务的履行，与令债务人继续履行金钱债务相比，没有实际差异，因为无论是金钱债务还是损失赔偿，其履行皆表现为债务人向债权人支付一定数额的金钱。金钱债务不仅具有十分普遍的适用性，而且金钱债务的继续履行也符合通常的交易习惯：金钱债务总是可以履行的。因此，本

① 梁慧星教授在解释《合同法》第109条时认为，除条文提到的“价款或者报酬”，该条还应包括“租金”“借款本金及利息”等。参见梁慧星：《读条文 学民法》，人民法院出版社2014年版，第191页。

条规定具有很强的现实针对性。

从责任本位的法律思维看，本条还具有以下规范意义：当债权人请求继续履行金钱债务时，债务人不得以提供物品或劳务替代履行金钱债务，如果债务人不依债权人的请求履行金钱债务，债权人可以诉请法院强制其履行。

本条可以独立作为请求权基础规范。只要当事人一方不履行金钱债务，无论是完全不履行还是履行不完全，债权人皆可依本条规定为据，向违约方主张继续履行请求权。法院也可以依据本条裁定有关金钱债务继续履行的争议案件。①

规范内容

本条属于典型的可作为请求权基础规范的完全法条。不履行金钱债务是构成要件，"可以请求其支付"是法律效果。它既可以适用于实际违约，又可以适用于预期违约，但以适用于前者更为常见。

一、金钱债务

（一）金钱债务的特性

金钱债务是本条的核心概念，是指以支付或履行一定数额的金钱为标的的债务。金钱，俗称钱，作为一种交易媒介，是对货币的习惯性称谓。在使用纸币之前，货币主要由金属充当，这种金属货币被人们俗称为金钱，即使在纸币取代金属货币后，金钱之名称也被沿用下来。所以，民法的债法学在谈到货币之债时，通常认为，货币也称金钱，货币之债也称为金钱之债。②不过，严格地讲，金钱之债实际上与下述两种"货币之债"存在明显

---

① 从《合同法》的法律适用看，法院有时把《合同法》第107条关于违约责任的概括规定和第109条有关金钱债务继续履行的特别规定一并作为判决债务人应履行金钱债务的法律依据。参见上海市闵行区人民法院（2017）沪0112民初35506号民事判决书。

② 参见郑玉波：《民法债编总论》（修订二版），陈荣隆修订，中国政法大学出版社2004年版，第201—202页。

区别：[1]第一，特定货币之债，如把一定数额的货币封存并仅作为给付物的债务。此货币之债只是把货币当作一种特殊的特定物，而非把它当作支付手段、交换媒介的金钱，属于特定物之债，而不是金钱之债。第二，绝对特种货币之债，即因某类货币的搜集价值或材质价值，而以该类货币作为一般的物品而设定的债务。如买卖数年前发行的猪年生肖纪念套币十套。总之，金钱之债，既非给付特定物之债也不是种类之债，而是为给付一定数额的金钱的债务。“当事人所重视者，为金钱的数额，而非某特定的金钱，或某种类的金钱。”[2]

《民法典》第514条采取了将金钱与货币同等看待的规范方法，依据该条，以支付金钱为内容的债务——金钱之债，债权人可以请求债务人以实际履行地的法定货币履行。本条的金钱债务即属于《民法典》第514条规定的“以金钱为内容的债务”，因此，根据第514条的规定，除非当事人另有约定或者法律另有规定，金钱债务应以我国的法定货币——人民币——履行。尽管《民法典》对金钱债务作出了上述规定，但是，从规范意旨上讲，《民法典》第514条关于货币之债的规定与本条提到的金钱债务具有不同旨趣。债法关于货币之债的规定，通常立足于货币的支付手段功能，规定债务人可以何种货币履行债务，币种是关注之重点。而本条的金钱债务是立足于违约救济，将债务区分为金钱债务与非金钱债务的产物，即金钱债务是相对于非金钱债务而言的，此所谓金钱债务，所注重者乃金钱的交换媒介功能。但凡以支付一定数额的金钱为标的的债务，皆可称作金钱债务。以此而言，金钱债务可包括以支付一定数额的货币为标的的货币之债与以给付利息为标的的利息之债。本条在《合同法》第109条规定的基础上增加列举“利息”，即表明利息之债也可纳入金钱债务。

从发生上看，金钱债务类型非常广泛。就有偿行为而言，如买卖、非自然人之间的借款、租赁、融资租赁、承揽、建设工程、运输、技术、仓储、物业服务、保管、行纪、中介及供用电、水、气、热力等典型合同，皆发生

---

① 参见陈自强：《民法讲义Ⅱ：契约之内容与消灭》，法律出版社2004年版，第107—108页。

② 参见陈自强：《民法讲义Ⅱ：契约之内容与消灭》，法律出版社2004年版，第107页。

金钱债务；就无偿行为而言，如赠与、自然人之间的无利息借款、无偿的保管等，也会发生金钱债务。

根据《民法典》第514条的规定，对于金钱债务，除非法律另有规定或者当事人另有约定，债权人可以请求债务人以实际履行地的法定货币履行债务。在"一国两制"制度下，我国法律承认的法定货币有人民币、港币与澳币。后两者分别是香港特别行政区、澳门特别行政区的法定货币。在没有特别约定或规定的情况下，债务人可以以实际履行地的法定货币履行债务。

金钱具有交易媒介、储蓄与支付手段等功能，可替代性是其本质属性，也是其各种功能得以发挥的基础。因此，从履行障碍的角度看，金钱债务不发生客观履行不能的问题，债务人只可能暂时履行不能。在民法上，每个人都是为自己利益计算的勤勉的理性人，对于自己所负金钱债务，债务人总是可以通过劳动、生产、经营、智力创造、借贷等方式获取金钱而最终清偿的。因此，根据人们的一般观念，金钱债务无论如何是应当清偿的。本条即是对这种社会观念的承认，以法律规定明确金钱债务总是可以请求履行的。

以上只是对金钱债务的总体看法，主要为了说明金钱债务相对于非金钱债务的独特性。但是，就由特定合同产生的具体金钱债务而言，债权人能否总是可以请求债务人按照合同的约定履行金钱债务，则还需要考虑交易习惯或惯例，不能一概而论。下文会对此予以专门分析。

（二）金钱债务的主要类型

金钱债务可作多角度区分。首先，以金钱在债务形成中的作用，可以把金钱债务区分为三种：一是由金钱之财产属性产生的金钱债务，如因赠与、保管金钱①而产生的金钱债务；二是以金钱之支付手段、交换媒介属性产生的金钱债务，如买卖、租赁、承揽、运输等合同产生的金钱债务；三是以金钱之增值属性产生的金钱债务，如利息债务。其次，以金钱债务在合同关系

① 《民法典》第901条规定，保管人保管货币的，可以返还相同种类、数量的货币。该规定实际上是把货币当作财物或劳务的价值评定标准看待，可认为此条所言货币与金钱同义。

中的重要性，可以把金钱债务区分为两种：一是作为主债务的金钱债务，双务有偿合同中的金钱债务即属此类；二是作为从债务的金钱债务，如利息债务、货运合同中的保管费债务、委托合同中请求偿还预付费用的债务。最后，对于作为主债务的金钱债务，可以根据法律关于该债务之标的物的不同规定，将其作如下区分：一是价款债务，适用于买卖、建设工程合同；二是借款债务，适用于借款合同；三是租金债务，适用于租赁合同与融资租赁合同；四是报酬债务，适用于承揽、技术开发、技术咨询、技术服务、委托、行纪、中介等合同；五是票款债务，适用于客运合同；六是运费债务，适用于货运合同；七是使用费债务，适用于技术转让合同；八是保管费债务，适用于保管合同；九是仓储费债务，适用于仓储合同；十是物业费债务，适用于物业服务合同。由此可见，金钱债务可基于各种原因产生，并可被称作各种各样的名目。《合同法》第109条仅以“价款或者报酬”指称金钱债务的标的物，显然具有很大的局限性。为消除《合同法》的纰漏，本条采取了有限列举与概括规定相结合的立法方法。依《民法典》第580条关于非金钱债务的概括规定看，本条可以简洁地表达为：当事人一方不履行金钱债务或者履行金钱债务不符合约定的，对方可以请求履行。毕竟，从《民法典》合同编关于典型合同的规定看，在表达金钱债务的标的物上，《民法典》采用了许多不同的语词。

值得注意的是，本条将利息债务增补为金钱债务的一个种类。由于《民法典》没有对利息之债作出特别规定，因此，不妨将该规定理解为对利息之债的明确承认。

二、构成要件

本条在权利成立要件的构造上以“未支付”“不履行”的表达方式作出了概括规定。“未支付”只是“不履行”的一种具体表达方式，本条的适用条件主要蕴含在“不履行”这一抽象语词中。对此，应从如下方面加以理解。

（一）不履行包括完全不履行与不完全履行两种形态

就金钱债务的履行而言，债务人既可能完全没有履行任何合同债务，也可能履行部分债务之后不再履行。如果金钱债务产生于一时性合同，债务人一般应当一次性履行全部债务，但是，债务人应当如何做与债务人事实上会如何做，完全是两码事。因资金短缺或资金一时周转不开而不能很快筹措到资金，债务人有时只能暂时履行部分债务。当债务人只按期履行部分债务时，债权人对于剩余部分的金钱债务仍然可以请求履行。这种情况在现实生活中甚为常见。如果金钱债务产生于租赁合同等继续性合同中，承租人没有按照合同约定支付某一期租金的现象也时有发生。因此，不能将“不履行”狭隘地理解为未作任何履行。

对比《民法典》第577条以下诸条规定可以看出，本条在构造继续履行请求权的构成要件时采取了较为独特的表达方式。无论是第577条关于违约责任的概括，还是第580条以下诸多的规定，《民法典》在表达违约行为时皆采取了“不履行合同义务或者履行合同义务不符合约定”的表达方式。但本条却与众不同地将违约行为概括为“不履行”。由上述所作分析看，这一独特立法方式并不意味着立法者有意将金钱债务的继续履行请求权限制为债务人不履行合同义务的情形，它只是以更为概括的语言表达“不履行合同义务或者履行合同义务不符合约定”而已。这一结论也可以在立法史上得到佐证。

在《合同法》颁行之前，我国民法并没有关于金钱债务继续履行的明确规定。《经济合同法》《涉外经济合同法》《技术合同法》《民法通则》在规定违反合同的民事责任时，皆未对继续履行请求权或继续履行的民事责任作出特别规定。《合同法》第109条不是继承或总结我国以往立法、司法经验的结果，而主要是继受《国际商事合同通则》（1994年版）第7.2.1条（金钱债务的履行）的产物。该条规定，如果有义务付款的一方当事人未履行其付款义务，则另一方当事人可以要求付款。①《合同法》第109条、第110条以区分金钱债务与非金钱债务的规范方法对继续履行请求权作出的规定，继受了《国际商事合同通则》的规定。根据《国际商事合同通则》第7.1.1条对作为其违约救济制度之根基的不履行（non-performance）概念的明确规定，不履行是指一方当事人未履行其合同项下的任何一项义务，包括瑕疵履行和迟延履行。因此，《合同法》第109条规定中的“未支付”，如参照《国际商事合同通则》

① 参见对外贸易经济合作部条约法律司编译：《国际商事合同通则》（中英文对照），法律出版社1996年版，第147页。

予以解释，是指完全未支付与支付不完全。《民法典》在“未支付”语词之上进一步抽象出“不履行”概念，并将它作为继续履行请求权的构成要件。由于该“不履行”是对“未支付”更抽象的概括，所以仍然应当按照《合同法》的解释路径来理解其含义。

（二）不履行可适用于实际违约与预期违约两种情形

债务人在履行期限届满之时不履行金钱债务的，其行为构成对金钱债务的违反，应依据本条规定，向债权人承担继续履行金钱债务的违约责任，自然无须多言。唯对于债务人预期违反金钱债务时能否适用于本条，值得一提。根据第578条关于预期违约的概括规定，本条同样适用于债务人在履行期限届至或届满之前拒绝履行合同的情形。由对第578条的评注可知，第578条只是概括地规定，当事人一方预期违约时，对方可以在履行期限届满之前请求其承担违约责任。该所言违约责任，根据第577条的规定，是指继续履行、采取补救措施、赔偿损失等具体违约责任承担方式。也就是说，债权人可请求预期违约方承担的违约责任，不是指抽象的违约责任，而是继续履行、赔偿损失等具体违约责任承担方式。《民法典》总则编第179条在列举规定民事责任的承担方式时，并没有将违约责任作为一种责任承担方式加以规定。依据第179条的规定，违约责任的承担方式主要为：（1）修理、重作、更换；（2）继续履行；（3）赔偿损失；（4）支付违约金。因此，第578条只是概括地确认了预期违约责任制度，对于违约方实际应当承担的责任形式，并没有作出具体规定，只能根据本条以下关于继续履行、赔偿损失、支付违约金的具体规定来确定。因此，根据第578条的规定，本条同样适用于金钱债务的债务人预期违约的情形。预期违约以债务人决意毁约为适用前提，当本条适用于预期违约时，其所言“不履行”应理解为，债务人在履行期限届满之前拒绝履行全部债务或者拒绝履行绝大部分债务。

三、法律效果

虽然本条处于违约责任一章，但其在规定法律效果时，没有采取“债务人应当承担继续履行的违约责任”的表达方式，而是采取赋予债权人请求权的权利本位的思维方法。由于民事法律关系中权利与义务通常相互对应，赋予债权人继续履行请求权的规定，这意味着债务人应承担继续履行的义务或责任。《民法典》沿袭《合同法》的规定，没有将实际履行规定为非违约方必须首先选用的救济权，而是允许非违约方在一方违约时自由选择哪一种违约救济权来保护自己。因此，从违约责任承担上看，债务人应否承担继续履行的违约责任，须取决于债权人的选择（债权人享有违约救济方式的选择权），只有债权人请求债务人继续履行合同时，债务人由此才能确定地依法承担继续履行的违约责任。故而，本条关于法律效果的表达方式非常合理，切合继续履行这种责任承担方式的独特性。

在履行金钱债务上，债务人既可以以现金支付，也可以通过非现金方式支付。由于金钱与货币同义，根据《民法典》第514条的规定，除非法律另有规定或当事人另有约定，债权人可以请求债务人以债务履行地的法定货币履行金钱债务。

金钱债务履行期限届满后，如果债务人未履行债务，债权人依据本条可以请求其履行，如果债务人仍然不履行，债权人可以根据《民事诉讼法》有关督促程序、执行程序的规定，向有管辖权的基层法院申请支付令（第214条）。法院受理申请后，经审查债权人提供的事实、证据，对债权债务关系明确、合法的，应当在受理之日起15日内向债务人发出支付令；债务人应当自收到支付令之日起15日内清偿债务，或者向法院提出书面异议；债务人在规定期间内不提出异议又不履行支付令的，债权人可以向法院申请执行（第216条）。法院收到债务人提出的书面异议后，经审查，异议成立的，应当裁定终结督促程序，支付令自行失效；支付令失效的，转入诉讼程序，但申请支付令的一方当事人不同意提起诉讼的除外（第217条）。债务人（被执行人）未按判决、裁定和其他法律文书指定的期间履行金钱债务的，应当加倍支付迟延履行期间的债务利息（第253条）。

由《民事诉讼法》关于督促程序和执行程序的规定看，本条有关金钱债务继续履行之违约责任的规定，主要是为了在实体法上确认违约发生后，合同当事人双方是否仍然享有合同约定的金钱债权及负担合同约定的金钱债务。这种金钱债务虽然被冠以违约责任之名，但实质上仍为一种尚未赋予支付命令且不能由法院强制执行的义务。以此而言，作为违约责任承担方式之一的继续履行，在《民法典》上尚不能称作强制履行。

构成预期违约的不履行金钱债务，在权利享有与责任承担上，与实际违约情形下的继续履行并无差异。不同于实际违约的是，在预期违约情形下，由于其实质上获得了一种使债务人提前履行债务的优待，所以债权人在实现金钱债权之后不可能存在金钱债务迟延履行情形下的债务利息。

四、金钱债务继续履行请求权的限制

《民法典》合同编遵循《合同法》的规定，仅在第580条以但书规定的方式对非金钱债务继续履行请求权的范围作出了明确限制，而没有在本条规定中对金钱债务的继续履行请求权作出任何限制性规定，这是否意味着，金钱债务的继续履行请求权在适用上不存在任何限制呢？有学者曾就《合同法》第109条认为："应当将该条解释为，无论在何种情况下，只要一方未支付价款或报酬的，另一方有权要求其支付价款或报酬。这就表明，金钱债务在任何情况下都必须履行，债务人不得以其履行不能提出抗辩。"[①]另有观点认为："对于金钱债务，不生不能履行问题，是为各国通例，故理论上总能适用强制履行责任。"[②]这两种观点模糊处理了一个问题：金钱债务不发生客观不能履行，是否一定意味着金钱债务的继续履行请求权在任何情形下都不应受到一定限制？就第580条对非金钱债务继续履行请求权的三种限制而言，有些限制事由并非源于非金钱债务本身，而是源于其他方面的原因，如履行费用较高、债权人本享有继续履行请求权而在合理期限内未及时行使权利。由此可见，金钱债务本身不发生履行不能，并不必然意味着金钱债务的继续履行请求权在享有或行使上不应受到任何限制。

本条源于《国际商事合同通则》第7.2.1条（金钱债务的履行）的规定："应支付金钱的当事人一方未履行其付款义务的，对方可以请求其付款。"从文辞上看，该条没有对金钱债务的履行请求权作出任何限制。但是，《国际商事合同通则》第7.2.1条的官方评注在首先强调"合同项下应支付的款项总是

---

① 参见王利明：《合同法研究》（第二卷）（第三版），中国人民大学出版社2015年版，第580页。

② 参见韩世远：《合同法总论》（第四版），法律出版社2018年版，第768页；魏振瀛：《民法学》（第七版），北京大学出版社2017年版，第482页。

能够被要求履行的”这一被普遍接受的原则之后，明确指出：要求对交付的货物或提供的服务支付价款的权利在例外情况下可以被排除。这种例外尤其见于习惯（usages）要求卖方重新出卖买方既不接受又不为此付款的货物的情况。[①]深受《国际商事合同通则》影响的《欧洲合同法原则》同样以金钱债务与非金钱债务的区分为架构对金钱债务的履行请求权作出了专条规定。不同于《国际商事合同通则》的是,《欧洲合同法原则》第9:101条对金钱债务的履行请求权作出了明确限制。该条第2款规定："当债权人尚未履行自己的债务，且情况表明债务人将不愿受领债权人的履行的，债权人仍然可以继续进行自己的履行，并可以依据合同全部收回到期的任何金钱，但是以下情形除外:（1）债权人本可在没有付出重大努力或者花费的情况下作出合理的替代交易;（2）履行在具体情况下会不合理。"《欧洲合同法原则》第9:101条的官方评注关于第2款的解释为：可以在没有使自己牵涉重大麻烦或花费的情况下作出合理替代交易的债权人，无权违背债务人的期待继续进行履行，不能请求债务人为自己的履行支付价款。债权人应当终止合同并作出替代交易，据此有权根据第9:506条获得赔偿，或者无须作出替代交易而只是请求损害赔偿。除满足以下两个条件外，债务人不能援引第9:101条第2款第1项：第一，债权人可以以合理条款作出替代交易，因为存在其履行债务的市场或存在安排替代交易的其他方式。第二，替代交易实质上不使债权人付出努力或作出花费。在某种情况下，债权人甚至应当依据商业习惯作出替代交易。对于第二个限制，官方评注指出，其典型案例为：在履行开始前，债务人明确表示不再需要债权人的履行。这种情况可产生于建设工程合同、其他承揽合同以及期限特别长的合同。以上两种例外情形的共同特征是，债务人处于被迫接受其不再需要的履行的风险中。[②]《欧洲示范民法典草案》第3-3:301条关于金钱债务强制履行的规定，完全接受了《欧洲合同法原则》第9:101条第2款规定的两种限制。

---

① 参见张玉卿主编:《国际统一私法协会国际商事合同通则2010》(英汉对照)，中国商务出版社2012年版，第527页。

② See Ole Lando and Hugh Beale (ed.), Principles of European Contract Law, Part 1and 2, Kluwer Law International, 2000, pp.391–393.

据上可知，对金钱债务的履行请求权予以适当限制，是《国际商事合同通则》《欧洲合同法原则》《欧洲示范民法典草案》的一致做法。具体而言，金钱债务不发生不能履行问题旨在表明，相比于非金钱债务，金钱债务向债务人施加了更大的风险负担，金钱债务的债务人不能像非金钱债务的债务人那样以客观不能履行免责。而金钱债务的履行请求权应否作出适当限制，所解决的问题是，债权人之履行请求权的适宜性问题。在金钱债务总是可以履行这一基本原则下，债权人之履行请求权不存在先天性限制的问题，唯一值得考虑的是，根据合同当事人双方的具体情况或者考虑到交易习惯，应否对金钱债务的履行请求权作出适当限制。就《欧洲合同法原则》对金钱债务履行请求权的两个限制而言，当债务人不愿接受债权人的履行，而债权人可以不费太大努力或花费作出替代交易时，对债权人请求债务人履行金钱债务的请求权予以适当限制，既满足了债务人的意愿，又没有给债权人之交易目的的实现带来太大麻烦，对履行请求权作出一定限制，有其合理性。反言之，当债务人不愿意受领债权人的给付时，强制其为不愿受领的给付向债权人支付金钱，虽然可以满足债权人的交易目的，但很可能会因债权人的给付对债务人而言已丧失经济或其他利益，而造成明显的浪费。经此利益衡量不难发现，《欧洲合同法原则》对金钱债务履行请求权的第一个限制，是一种比较务实、合理的做法。第二个限制主要出于交易习惯或交易惯例方面的考虑，在有些合同中，虽然债权人难以作出替代交易以实现自己的交易目的，但依据交易习惯，债权人不能以强制债务人履行金钱债务而迫使债务人接受其已不愿受领的给付，建设工程合同中的价款支付请求权即是如此。如果发包方放弃建设计划并因而不愿履行先行支付一定价款的金钱债务时，依据交易习惯，承包方不能继续按照合同进行建设，并通过其履行行为迫使发包方付款。

虽然《民法典》像《合同法》那样，没有在本条对金钱债务的履行请求权作出适当限制，但在法律适用上可以参照《国际商事合同通则》，通过法律解释认为，当根据交易习惯或交易惯例，债权人不适宜请求债务人继续支付金钱时，债权人无权要求债务人履行金钱债务。在此情况下，债权人可以通过损失赔偿请求权保护自己的利益。

举证责任

本条是一项可以作为请求权基础规范的规定。根据证明责任理论，对于权利形成规范，主张权利者应当对其权利的构成要件事实负举证责任。因此，债权人应当对金钱债务的债务人存在违约行为提供证据予以证明。对于现实违约而言，只要证明债务人在履行期限届满未履行债务即可。预期违约的构成要件具有一定的独特性，应按照本法第578条关于预期违约的规定负担证明责任。

债务人不得以不能履行抗辩债权人的履行请求权。但是，债务人可以通过证明债权人的履行请求权依据交易习惯应受到限制来予以抗辩。

第五百八十条【非金钱债务的履行请求权及其限制】

当事人一方不履行非金钱债务或者履行非金钱债务不符合约定的，对方可以请求履行，但是有下列情形之一的除外：

（一）法律上或者事实上不能履行；

（二）债务的标的不适于强制履行或者履行费用过高；

（三）债权人在合理期限内未请求履行。

有前款规定的除外情形之一，致使不能实现合同目的的，人民法院或者仲裁机构可以根据当事人的请求终止合同权利义务关系，但是不影响违约责任的承担。

历史由来

本条是关于非金钱债务继续履行请求权及其限制的规定。第1款继承了《合同法》第110条的规定，只是把《合同法》第110条规定中的“要求”与“但”分别修改为“请求”与“但是”。此乃纯粹的文字修改，对本条的规范意旨无所影响。第2款属于新增规定，它是在《民法典（草案）》于2019年12月公开征求意见之后形成的，之前的草案文本，从《民法典合同编（草案）》（征求意见稿）至《民法典（草案）》都没有增设类似第2款的规定。

笔者推测，之所以在法典编纂的最后时刻增设第2款规定，是因为《民法典（草案）》删除了《民法典合同编（草案）》（二审稿）第353条第3款关于违约方可请求解除合同的规定，立法者希望通过增补本条第2款的规定，实现违约方也可以请求解除合同的目的。

三 规范目的或功能

本条两款规定具有完全不同的规范目的和功能。

第1款的规范目的表现在两方面：一是赋予非金钱债务的债权人向违约方主张继续履行合同的请求权，并由此使违约方承担继续履行非金钱债务的违约责任，以解决当事人一方不履行或不完全履行非金钱债务时，对方可否请求其继续履行的问题。二是以但书规定的方式对继续履行请求权作出明确限制，以此表明，非金钱债务的继续履行请求权是一项受到限制的权利，债务人并非在任何情况下都应当承担继续履行非金钱债务的违约责任。第1款也具有两方面的规范功能：第一，本款关于非金钱债务继续履行请求权的一般规定，可独立用作请求权基础规范，债权人据此可以请求债务人向其按照合同约定继续履行非金钱债务。第二，本款的但书规定可以被债务人当作权利妨碍规范，当债权人向其请求继续履行非金钱债务时，债务人可以据此予以抗辩，以使债权人的继续履行请求权终局性归于消灭。

第2款的规范目的也表现为两方面：一是以第1款的但书规定为基础，允许非金钱之债的当事人双方请求人民法院或仲裁机构确认非金钱之债的债权（继续履行请求权）与债务（继续履行责任）是否已终止，以应对当事人对继续履行请求权是否被排除或继续履行责任是否被免除所发生的争议。本条两款规定的文义、体系关联及本条与第579条的规范功能分配决定了不能把本款的规范目的理解为，在非金钱债务不能继续履行的情况下，赋予违约方一种终止合同权利义务的权利。二是“但是不影响违约责任的承担”旨在确立替代给付的损失赔偿责任，即当违约方依据第1款规定免除继续履行之违约责任时，如果其违约不能依据《民法典》第590条规定“部分或者全部免除责任”，则应向非金钱之债的债权人承担替代原非金钱债务的损失赔偿责任。

由第2款规定中“有前款规定的除外情形之一”的文义所限定，第2款的规范目的或功能必须以第1款的规定作为法律解释的前提或基础。

规范内容

本条两款规定应分别予以理解。

一、第1款

本款采取了“原则+例外”的复合语义结构。首先对非金钱债务的继续履行请求权作出了一般性或原则性规定，其次以但书规定的方式确定了非金钱债务继续履行请求权的适用范围。原则性规定在结构上兼具构成要件和法律效果，完全可以充当请求权基础规范。但书规定作为权利妨碍规定为债务人提供了对抗继续履行请求权的法定事由。

（一）非金钱债务

非金钱债务是本条的核心概念，它决定了本条的适用对象；在双务合同情形下，它表明本条仅涉及合同关系的一个侧面——非金钱之债，而无涉合同关系之整体，双务合同的另一个侧面——金钱之债——的继续履行问题则由第579条予以规范。非金钱债务与金钱债务在逻辑学上构成正相反关系，二者囊括了给付义务的基本类型。因此，非金钱债务可以简单理解为一切不以金钱为给付内容的债务。金钱债务是第579条的核心概念，第579条的评注已就其含义与特征作出详细阐释。

就《民法典》合同编规定的典型合同而言，非为金钱的给付包括：移转财产、提供服务与工作成果、提供服务等。其中，财产又可区分为物（买卖、租赁、融资租赁等合同）、财产（赠与合同）、债权（保理合同）、知识产权（技术转让合同）及电、水、气、热力（供用电、水、气、热力合同）等；工作成果既可表现为有体物，如承揽合同中的工作成果、建设工程合同中的建筑工程等，又可表现为无形的智力成果，如技术开发合同中的智力创造；服务的类型更是林林总总，不胜枚举。因此，与其选择以列举的方式或以正面描述的方式界定非金钱债务，毋宁选择以金钱债务为基础界定非金钱债务，毕竟金钱相对而言更容易界定。

由于必须具备可诉请性，所以非金钱债务主要限于合同约定的给付义务，包括主给付义务与从给付义务，以主给付义务为典型。不具有可诉请性的附随义务或保护义务，不属于本条的适用对象。违反不可诉请履行的附随义务或保护义务的，债权人可以通过损失赔偿权甚至是合同解除权予以救济。

在双务合同中，非金钱债务与金钱债务构成交换关系，一方之所以承担非金钱债务是因为对方向其承担了金钱债务，反之亦然。由于金钱被用作交易媒介或商品、服务价值的法定衡量工具，因此除互易合同外的其他交换合同无不具备金钱债务这一共同性构成要素。基于此，交换合同的类型与性质主要由非金钱债务所决定。当非金钱债务的标的或标的物不具有可替代性时，债务人是否如约履行非金钱债务，对债权人期待利益的实现具有决定性影响。因此，当债务人不履行非金钱债务时，赋予债权人对非金钱债务的继续履行请求权，对实现债的主旨、保护债权人的期待利益具有重要意义。

（二）构成要件

由本款规定可明显看出，只要债务人不履行非金钱债务或履行非金钱债务不符合约定，债权人即可享有履行请求权。因此，履行请求权在构成要件上只要满足债务人存在违约行为这一条件即可。

此所谓违约，不限于实际违约，即履行期限届满不履行给付义务或履行给付义务不符合约定，也包括预期违约。之所以将预期违约纳入其中，根本理由为：《民法典》第578条关于预期违约的规定，在法律效果上只是概括地规定债权人可以请求违约方承担违约责任，并没有对违约责任的具体承担方式作出明确规定。违约责任是一个相对于侵权责任、缔约责任的总括性概念，它是对继续履行、赔偿损失、支付违约金等具体责任承担方式的概括，本身不能作为一种具体的责任承担方式。《民法典》第179条在列举规定民事责任的承担方式时，并没有提到违约责任。根据《民法典》第179条的规定，违约责任的承担方式主要为：继续履行、赔偿损失、支付违约金及修理、重作、更换。因此，第578条关于预期违约的规定，主要是为了确立预期违约制度，即债务人即使是在履行期限届满之前违约，也应承担违约责任，至于预期违约方应承担何种方式的违约责任，需要根据违约责任一章对各种违约责任承担方式的具体规定予以确定，《民法典》第578条并不解决各个责任承担方式自身的基本问题。因此，在区分实际违约与预期违约的违约责任体系下，违约责任一章具体规定的各种违约责任承担方式，不仅适用于实际违约的情形，而且适用于预期违约的情形。本条从履行请求权着眼，对非金钱债务继续履行的违约责任作出了规定，它是关于非金钱债务继续履行责任的具体规定，根据第577条与第578条的规定，其既可适用于实际违约的情形，又可适用于预期违约的情形。[①]

就违约行为的具体形态而言，由于《民法典》主要采取了以救济（违约责任承担方式）为进路的违约救济规范模式，所以对违约行为只是作出了“不履行合同义务或者履行合同义务不符合约定”的概括规定，没有像德国民法那样将不履行区分为不能履行、迟延履行、拒绝履行等。本条的构成要件同样采用了“不履行或履行不符合约定”的构造方法。“不履行”是指在履行期限届满之时没有履行任何给付义务，至于是拒绝履行还是迟延履行，在所不问。“履行不符合约定”是指履行期限届满之时虽然履行了合同约定的给付义务，但该履行未满足合同的具体约定。由于本条所言债务主要限于给付义务，所以此处所言履行不符合约定，主要是指履行的内容不符合约定标准。另外，考虑到第582条针对“履行不符合约定”规定了一些特别的救济措施，本条所言“履行不符合约定”，在履行请求权之赋予上应主要适用于第582条之外的情况，如数量短缺、履行方式不符合约定等。

除违约行为外，继续履行责任的产生是否还需要其他构成要件？有著述认为，还应当具备如下两种构成要件：一是违约方能够继续履行合同；二是守约方请求继续履行合同。[②]该看法值得商榷。由本条第1款但书规定看，违约方能否继续履行属于权利的限制问题，不属于权利形成规范的构成要素。而守约方请求继续履行合同则属于权利行使的问题，既然债务人应否承担继续履行责任须取决于债权人在各种违约救济措施中选择行使继续履行请求权，那么，如果债权人选择解除合同并要求损失赔偿，或者直接向债务人要求替代履行的损

---

① 参见韩世远：《合同法总论》（第四版），法律出版社2018年版，第761页。不过，有著述在阐述作为继续履行责任构成要件的违约行为时，没有指出该违约也包括预期违约的情形。参见魏振瀛主编：《民法学》（第七版），北京大学出版社2017年版，第482页。也有学者认为，在预期违约的情形下，因为履行期限尚未届至，债权人尚不能要求债务人实际履行，而必须等到履行期限届满才能要求债务人作出实际履行。参见王利明：《合同法研究》（第二卷）（第三版），中国人民大学出版社2015年版，第587页。

② 参见韩世远：《合同法总论》（第四版），法律出版社2018年版，第761页；魏振瀛主编：《民法学》（第七版），北京大学出版社2017年版，第482页。

失赔偿，债务人则不承担继续履行的违约责任。继续履行责任的构成仅仅涉及责任的成立条件问题，与责任的实际承担或权利的选择行使无关。

继续履行责任的构成是否考虑违约方的主观状态？绝大多数著述忽略了这一问题。不过，由它们所持我国在违约责任归责原则上采纳严格责任的笼统认识看，作为违约责任承担方式之一的继续履行责任应采取不问债务人主观状态如何的严格责任原则。这种看法同样值得反思。虽然继续履行被规定为一种违约责任承担方式，但不同于损失赔偿责任，债务人应当履行的债务或者应当承担的责任，是合同约定的给付义务，而不是给付义务之外的新生债务。给付义务是合同的固有义务，是合同关系的基本内容，只要违约后合同未被解除，或者债务人未以抵销、提存等履行替代方法消灭其合同义务，合同关系即现实地继续存在着。只要合同继续存在，当事人就应当遵守合同信守原则，债务人就应当继续履行合同义务。虽然我国合同法以违约责任的规范方法，将违约行为发生后的合同关系构造为债权人之权利（请求权）与债务人之违约责任的法律关系，但是就债务人的法律地位而言，其在违约行为发生前所负债务与在违约行为发生后所负责任，在内容与履行方法上并无较大差异。[①]有所不同的是，债务人在违约行为发生后还应当向债权人承担损失赔偿责任。因此，继续履行责任实质上是继续执行合同约定的原给付义务的结果，法律只是立足于违约救济以违约责任之名对债务人的给付义务予以确认和强调。既然只是合同约定的给付义务的一种“变脸”，是遵守合同信守原则的一种必然体现，继续履行责任在构成要件上不存在从主观上追究债务人之责任正当性的归责性问题，合同的约定即是债务人责任的正当性依据。因此，继续履行责任只需要满足存在违约行为这一个构成要件即可。

（三）法律效果

依据《民法典》第577条关于违约责任的概括规定，本条的法律效果应当

---

① 民法关于继续履行责任的规定，依实体法之功能，旨在确认违约发生后债权人与债务人之间的权利与责任。债务人负有继续履行责任，并不意味着其事实上必须在公权力强制下执行该违约责任，其仍然可以选择不履行此种法律责任。只有在法院对债务人所负法律责任进行裁定，并且裁定进入执行程序后，继续履行才真正可以称作强制履行。

为继续履行责任，这也与《民法典》总则编第179条将继续履行规定为一种民事责任承担方式的规定相一致。但是，本条在表达法律效果上没有依责任本位的思维方法规定——“应当承担继续履行的违约责任”，而是以权利本位的思维方法规定——“对方可以请求履行”。民法是以权利为本位的法律，其在法律适用上采纳以请求权为基础的思维方法，即使法律以使当事人承担某种义务或责任的方式构造法律条文，但在理解适用这些义务性规定时还是需要采取以请求权为基础的思维方法。趋利避害是人的本性，义务人通常不会积极主动地履行义务，权利人则会积极主动地行使权利。因此，“要使某个人负有的义务在私法上得到实现，最有效的手段就是赋予另一个人享有一项相应的请求权”。[①]但是，对于本条赋予债权人履行请求权的意义不能仅仅依据权利与义务之间的通常思维进行理解，应当立足于违约救济来理解赋予债权人履行请求权的深意。违约发生后，如何救济守约方是合同法的核心问题。现代合同法为此赋予了守约方各种救济权，如合同不履行的抗辩权、不安抗辩权、合同解除权、实际履行请求权、损失赔偿请求权和减价权等。违约行为发生后，债权人可以根据违约的具体情况，并根据自己的需求，决定采取哪一种或哪些违约救济权。

继续履行请求权是我国民法赋予债权人的违约救济权之一。既然是一种权利，违约行为发生后，债权人可以依其需要自由决定是否采取这种救济权。只有债权人作出了选择请求债务人继续履行的决定，债务人才有可能承担继续履行责任。因此，就债务人而言，违约行为发生后，其存在承担不同违约责任方式或承受各种不利后果的可能性，至于其最终应承担哪一种违约责任方式或者会遭受哪些不利后果，完全依赖于债权人的自由决定。一旦债权人选择请求债务人继续履行债务，债务人不能以其他责任承担方式替代债权人的选择，除非其以履行请求权的法定限制事由予以抗辩，并获得成功。

本条在违约责任之下规定继续履行请求权的规范意义在于，违约发生后，债权人是否享有继续履行请求权，取决于法律的规定，但当事人另有约定的除外。从比较法来看，实际履行在大陆法系与英美法系地位迥异，前者把它视为违反给付义务的首要法律效果，甚至把它看作合同固有的要求，债务人

---

① 参见［德］迪特尔·梅迪库斯：《德国民法总论》，邵建东译，法律出版社2000年版，第65页。

不依约履行债务时，债权人须优先选择行使履行请求权；后者则认为，违约发生后合同约定的原给付权利与义务转化为损失赔偿的权利与义务，只有当损失赔偿不能充分救济非违约方时，实际履行才能发挥补充性作用。[①]迥异于两大法系，我国没有对实际履行、损失赔偿在享有及行使上作出谁先谁后的等级划分，而只是将实际履行、损失赔偿等统一规定于违约责任之下。在这种无等级之分的违约责任体系中，违约发生后，债权人不仅可能同时享有各种违约救济权，而且可以自由决定先选择哪一种救济权。由此决定，债权人依据本条所享有的履行请求权与根据合同约定产生的履行请求权相比存在重大区别。依据合同约定产生的履行请求权，是债权人固有的实现合同期待利益的基本方法，债权之实现必须依赖于此种请求权，放弃则意味着实体权利的消灭。而依据本条产生的履行请求权，只是债权人寻求实现违约救济的手段之一，可选择行使也可选择不行使，放弃并不会导致得不到任何违约救济的结果。一言以蔽之，本条的履行请求权属于违约救济权，换言之，应当从违约救济的角度理解本条的履行请求权。[②]

（四）继续履行请求权的限制事由

本款以但书规定的方式对继续履行请求权作出了三方面限制。从法律适用上讲，这些限制实质上赋予了债务人对抗债权人继续履行请求权的法律依据。债务人的抗辩一旦成功，债权人之继续履行请求权作为一种违约救济权则归于消灭，债务人相应地免除了继续履行责任的承担。因此，本条但书规定是立足于保护债务人的思想进行规定的。

1.法律上或者事实上不能履行

法律上不能履行，是指债务人依据法律的规定不能履行债务。这可能产生于不同的原因，如债务的标的物遭到查封，债务的标的物具有权利瑕疵，

---

① See Hein Kötz, European Contract Law, Second Edition, Oxford University, 2017, pp.198–202.

② 有学者在评价《合同法》违约责任一章规定的实际履行时指出：“《合同法》既然采取了救济进路，履行请求权应不再只是债权的效力，而是与损害赔偿、合同解除并列的违约救济方式。这种定位的最大意义在于，履行请求权不再是依据债权效力必须先要适用的方式。”参见谢鸿飞：《合同法学的新发展》，中国社会科学出版社2014年版，第467页。

交易标的物因新法而被禁止交易等。事实上不能履行，是指债务人因债务标的物自身的原因不能履行债务。例如，作为特定物的标的物已毁损、灭失，已因二重交易被移转于他人所有或占有使用等。无论是法律上不能履行还是事实上不能履行，不能履行是存在于合同订立之前还是合同生效之后，皆无关紧要。因为我国民法没有将债务之标的物自始不存在或债务在合同订立之前就可能不能履行，作为否定合同效力的法定要素。因此，如果不能履行在合同订立之前即存在，只能按照违约责任制度予以处理。

另须注意的是，法律上或者事实上不能履行不考虑不能履行是否可归责于债务人，亦不考虑不能履行是否可以根据不可抗力免责。

2. 债务的标的不适于强制履行或者履行费用过高

这包括两种不同类型：

第一，债务的标的不适于强制履行。这是从债权能否直接通过债务人得到实现进行考虑的。根据《民事诉讼法》，债权人可以按照《民事诉讼法》规定的执行程序通过强制执行措施使债权得到实现。因此，所谓强制履行，是指按照《民事诉讼法》的执行程序强制债务人完成履行。本条但书规定是以债务人不愿承担继续履行责任为预设的，如果债务人按照债权人的继续履行请求自愿履行了债务，本条但书规定则无适用的余地。按照《民事诉讼法》的执行程序，在债权人的继续履行请求权得到法院确认后，债务人仍不按裁判书规定的期限履行债务的，债权人可申请法院执行生效裁判书，强制债务人履行债务。[①] 由第581条所作可由第三人替代债务的规定看，本条所言“债务的标的不适于强制履行”，是指债务人的履行行为不具有可替代性、无法由第三人替代履行的情形。如债务人不得为一定行为的不作为债务，仅针对债务人自身的特定行为而发生，其他人无法替代。除此之外，具有特别的个性化特质的服务性债务，如著名演员的表演行为、专家提供咨询意见的行为、知名教授的授课行为等，通常包含着债务人的特殊艺术、学术能力及威信，他人无法替代履行。即使可以通过施加惩戒的方式迫使债务人履行这种债务，但是，债务人能否持续、尽力履行债务，往往难以加以监督。

---

① 《民事诉讼法》第236条第1款规定，发生法律效力的民事判决、裁定，当事人必须履行。一方拒绝履行的，对方当事人可以向人民法院申请执行，也可以由审判员移送执行员执行。

一些不具有个性化特质的服务性债务，或者是提供标准化服务的债务，虽然不可直接强制债务人本人亲自履行，但通常可以由第三人替代履行。此种债务不属于债务的标的不适于强制履行的债务。

第二，履行费用过高。履行费用过高是指履行债务的代价或费用与债权人由履行获得的利益严重不成比例。在此情形下，债务人事实上是可以履行债务的，只不过相比于债权人由履行获得的利益，债务人履行债务付出的代价过大。此种情形通常被称作实际不能履行。在双务有偿合同中，合同当事人之间的给付与对待给付是一种交换关系，它们在价值上大体相当。当债务人履行债务的费用显著高于债权人由债务人提供的对待给付的价值时，意味着债务人由债权人之给付所获得的利益与其履行付出（向债权人作出对待给付的代价）严重失衡，债务人由此会承受过重的履行负担。这种负担会使合同当事人之间的法律地位严重失衡。因此，当履行费用过高时，有必要给予债务人适当的保护。换个角度看，当履行费用过高时，允许债务人以损失赔偿替代对债务的履行，既不会使债务人承担过重的负担，又往往能够使债权人的利益得到保护。

履行费用是否过高，应遵循比例原则，衡量债务人继续履行债务所支付的费用与债权人由债务人之履行所获利益是否相称，如果二者明显不相称，则可认为履行费用过高。这很难一概而论，需要结合具体案情进行利益衡量。

须注意的是，如果只是给付标的物的价格显著上涨，使得债务人的给付负担加重，不构成“履行费用过高”。因为给付标的物的价格上涨，也意味着债权人由债务履行所获收益也会增大，也就是说，买卖标的物变得更有价值，买受人自然会获益颇多。①

3.债权人在合理期限内未请求履行

此种情形源于债权人一方的行为。违约行为发生后，债权人一般会及时作出采用何种救济权保护自己的利益的选择，债务人通常也会产生违约将使自己承担何种违约责任或遭受何种不利后果的疑虑。换言之，合同当事人双方都会意识到，合同关系会因违约行为而发生一定变化。由于各种违约救济权的行使皆取决于债权人的选择，债务人应承担何种形式的违约责任由债权人选择的违

① 参见［德］莱茵哈德·齐默曼：《德国新债法：历史与比较的视角》，韩光明译，法律出版社2012年版，第46页。

约救济权而定，所以，合同关系于违约行为发生后可能会发生的各种变化，会将违约方带入不确定之中。债权人的选择对债务人于违约行为发生后的行为取舍会产生重要影响。如果债权人不及时作出选择，而想根据市场行情变化适时调整行为，此种投机性选择将使债务人置于难以决定后续行动的不确定之中：债权人是选择解除合同还是请求继续履行债务？债权人何时能够作出一个明确的决定？这些疑问会对债务人的履行准备产生消极影响。因此，为保护债务人的交易安全，防止债权人利用违约实施投机行为，本条第1款第3项规定，债权人在合理期限内未请求履行的，其继续履行请求权将被排除。

合理期限是一个弹性概念，需要结合具体案情以决定其长短。一方面，需要考虑当事人交易的繁简状况，以此确定应当给予债权人多长时间考虑；另一方面，应考虑到防止债权人利用债务人的违约进行投机行为，以免使债务人陷入不确定之中。合理期限自违约行为发生时进行起算。

从立法史上讲，本条第1款第3项完全继承了《合同法》第110条第3项规定，而《合同法》第110条第3项则是借鉴《国际商事合同通则》第7.2.2条第5项的结果。《国际商事合同通则》第7.2.2条第5项规定："有权要求履行的一方当事人在已经知道或应当知道该不履行后的一段合理时间内未要求履行。"比较而言，《合同法》第110条第3项规定得较为简略。与《国际商事合同通则》第7.2.2条第5项具有功能类似性的《欧洲合同法原则》第9:102条第3款则从权利丧失的角度作了如下规定："如果受害方没有在已经知道或应当知道不履行之后的合理时间内要求履行，其丧失要求实际履行的权利。"因此，也可以将本款第3项理解为是关于继续履行请求权存在期限的规定，超过合理期限而未选择请求继续履行的，继续履行请求权则归于消灭。

二、第2款

本款是在《民法典》编纂的最后阶段增补的，立法者的立法目的是借此赋予违约方终止合同权利义务的权利，以解决所谓的"合同僵局"。由于人民法院或仲裁机构只是实现"请求终止合同权利义务关系"的途径或方法，应否终止合同权利义务关系的权利掌控在当事人手中（"不告不理"法律适用原则），所以，本款可简化为：有前款规定的除外情形之一，致使不能实现合同目的的，当事人可以请求终止合同权利义务关系，但是不影响违约责任的承担。由此似乎可以认为，本款是兼顾构成要件与法律效果的完全法条。但是，如果将本款置于本条两款规定的意义脉络中予以理解，上述结论则难以令人接受。

（一）适用条件

本款的适用条件由两部分内容构成。第一，在形式上，必须存在本条第1款规定的除外情形之一；第二，在实质上，必须达到致使不能实现合同目的的程度。由法条文义不难看出[①]，第一个构成部分是适用本款的前提条件，是理解第二个构成部分中的“不能实现合同目的”的规范意义及本款适用范围的关键所在。

由上文对第1款的阐释可知，第1款但书规定的三种情形旨在限制非违约方的履行请求权。只要具备但书规定的三种情形之一，非违约方的继续履行请求权就被排除。此排除，是指非违约方不享有或不再享有履行请求权。非违约方不享有履行请求权适用于第1款但书规定的前两种情形。非违约方不再享有履行请求权适用于第1款但书规定的第三种情形，即在违约发生后的合理期限内未请求违约方继续履行债务的，非违约方本来享有的履行请求权就归于消灭。据此可知，第1款但书规定的三种情形应区分为两种情况予以理解。前两种情形主要立足于违约方的不能履行——真正的给付不能、实际给付不能及人身性的给付不能，它通常发生于非违约方积极追求债务的实际履行，而违约方却不能履行债务的情况。后一种情形主要针对违约方可以继续履行债务（违约不构成不能履行），但非违约方怠于行使履行请求权的情况，它实际上是对履行请求权行使期限的变相规定。[②]一般发生于非违约方可享有履行

---

① 文义解释构成法律解释的起点，并构成解释的界限。如果文义包含多种意义可能，则须进一步探究某用语或某语句于文字脉络中的意义为何（体系解释）。“假使法律的字义及其意义脉络仍然有作不同解释的空间，则应优先采纳最能符合立法者的规定意向即规范目的之解释（历史的目的论的解释）。”参见［德］卡尔·拉伦茨：《法学方法论》，陈爱娥译，商务印书馆2003年版，第219–222页。

② 从立法史及比较法上看，《合同法》第110条主要继受于《国际商事合同通则》第7.2.2条关于“非金钱债务的履行”的规定。受《国际商事合同通则》影响的《欧洲合同法原则》第9:102条在规定“非金钱债务的履行”时，单设一款（第3款）规定：“受害人未在知道或应当知道不履行之后的合理时间内行使实际履行权的，丧失实际履行请求权。”《欧洲示范民法典草案》第3-3:302条第4款作出了与《欧洲合同法原则》第9:102条第3款几乎完全相同的规定。

请求权却不愿行使该权利，而是选择行使合同解除权或替代给付的损失赔偿寻求违约救济的情况。但是，依据本条1款的规定，无论哪一除外情形皆会发生如下法律效果：由于不享有或不再享有履行请求权，非违约方不能通过行使履行请求权获得违约救济；因为非违约方的权利是相对于违约方的债务而言的，所以当非违约方不享有或不再享有履行请求权时，违约方相应地免于承担继续履行债务的违约责任。这些法律效果既清晰呈现于本条第1款的法条文义之中，又清楚地显现在本条第1款与《民法典》第579条之间的差别规定上。这些法律效果构成本款所作“有前款规定的除外情形之一”规定的基本规范意义。

接下来分析本款适用条件的第2项内容——“致使不能实现合同目的”。除本款规定外，《民法典》合同编第511条、第563条、第610条、第633条和第729条也多次使用“合同目的”这个词语。除第511条外，其他条文主要在违约救济范畴使用“合同目的”，第563条、第633条和第729条则将“致使不能实现合同目的”规定为合同解除的实质条件。在现代汉语中，目的之含义甚为宽泛，它既可指想要达到的地点或境地，又可指想要得到的结果。[①]由于合同只是获得财物或其他利益的一种交易手段，所以“合同目的”也就是当事人通过合同之履行所能够获得的财物或利益。至于通过合同所能获得的财物或利益是为了满足当事人的哪些动机或其他目的，除非当事人有特别约定，应无关紧要，否则，合同之履行乃至当事人的交易则将陷入主观主义的泥潭。因此，至少从违约救济的角度看，所谓“合同目的”应理解为，由合同本能获得的期待利益。[②]对于该期待利益，应以理性人标准予以判断，不能根据合同当事人各自的主观追求（主观动机或目的）进行判断，除非合同有特别约定。如果将结果论转换为行为论，通常情形下，“不能实现合同目的”表现为债务人未履行主要债务。《民法典》第563条第1款在对合同解除的法定事由

---

① 中国社会科学院语言研究所词典编辑室编：《现代汉语词典》（修订本），商务印书馆1996年版，第904页。

② 对此，在比较法上可参见《联合国国际货物销售合同公约》第25条对作为合同解除之基本条件的根本违约的规定：“一方当事人违反合同的结果，如使另一方当事人蒙受损害，以致于实际上剥夺了他根据合同规定有权期待得到的东西，即为根本违反合同，除非违反合同一方并不预知而且一个同等资格、通情达理的人处于相同情况中也没有理由预知会发生这种结果。”

作一般性规定时，在两项规定（第1项、第4项）中使用了“致使不能实现合同目的”的表达方式，而在另两项规定中使用了“不能履行主要债务”（第2项、第3项）的措辞。二者的差异在于，“致使不能实现合同目的”主要立足于受害人、非违约方或债权人的视角，以“不能实现合同目的”表达债务人违反合同的严重程度；“不能履行主要债务”是对债务人之严重违约行为的直接表达。因此，这不是两种完全对立的表达方式，只是从不同视角对合同解除的法定事由作出规定而已。因此，如从违约方着眼，“致使不能实现合同目的”这一规定可以理解为，因债务人不履行主要债务，致使债权人不能实现合同目的。

不过，本款的关注焦点在于，能否对“致使不能实现合同目的”作出因债务人不履行主要债务致使债权人不能实现合同目的的理解？这仍然需要对本条第1款的规范效果予以具体分析。

本条是以“当事人一方不履行非金钱债务或者履行非金钱债务不符合约定”为前提条件的，或者说，是以负有非金钱债务的一方违约为构造前提的。在合同关系中，当事人一方所负债务总是对应于另一方所享有的权利。一方违反其所负非金钱债务时，必然意味着对方相应享有的非金钱债权无法实现。考虑到第579条及本条旨在追求合同的实际履行，或者是为了通过赋予非违约方履行请求权而使合同最终得到实际履行，故而，其所言不履行“金钱债务”或者“非金钱债务”应以不履行主给付义务或主要债务为常态，其所言“履行非金钱债务不符合约定的”，通常是指履行主要债务不符合约定的情形。以此而言，所谓“当事人一方不履行非金钱债务或者履行非金钱债务不符合约定的”，主要是指一方违反作为主债务的非金钱债务。这可区分为两种情形：一是完全不履行作为主债务的非金钱债务；二是对作为主债务的非金钱债务的履行构成不完全履行（瑕疵给付）。在第一种情形下，当非金钱之债的债务人依据本条第1款但书规定不承担继续履行之违约责任时，非金钱之债的债权人因所期待的非金钱利益不能实现，则会发生“合同目的”落空的情况。在第二种情形下，债务人的瑕疵给付在影响债权人合同目的之实现上可能有轻重之分，不是所有的瑕疵给付皆会影响非金钱之债的债权人的合同目的。当非金钱之债的债务人依据本条第1款但书规定不承担补救履行之违约责任时，非金钱之债的债权人所期待的非金钱利益有可能会因为补救履行责任的免除而发生“合同目的”落空的情况。

据上述分析，当存在本条第1款但书规定的情形之一时，则发生违约方不承担继续履行非金钱债务之违约责任的法律效果。违约方不承担实际履行责任，必然会造成非金钱之债的债权人订立合同的目的不能实现。尤应注意的是，本条第1款是以狭义的债务关系的视角——单纯的非金钱之债——进行规定的，它仅涉及非金钱债务的实际履行请求权与非金钱债务之实际履行责任（义务）及它们之间的对应关系，不涉及双务合同中给付与对待给付之间的牵连关系。在双务合同中，当非金钱之债的债务人的实际履行责任依据本条第1款被免除后，其依据《民法典》第579条规定所享有的金钱债权，丝毫不受影响。

以广义的债务关系的视角看，双务合同通常在当事人之间形成金钱之债与非金钱之债互换的复杂债权债务关系。金钱之债的债务人也是非金钱之债的债权人，金钱之债的债权人相应地就是非金钱之债的债务人。非金钱之债的债务人的缔约目的是，通过履行非金钱债务而由对方获得一定数额的金钱；非金钱之债的债权人的合同目的是，以支付一定数额的金钱为对价，由对方获得一定财物或其他非金钱利益。[①]在双务合同中，本条第1款但书规定只可能发生免除非金钱之债的债务人实际履行责任的法律效果，根本不可能致使非金钱债务的违约方依据第579条所享有的金钱债权不能实现。因此，根据本条第1款的法条文义与规范意旨以及本条与第579条之间的功能分配，所谓“有前款规定的除外情形之一，致使不能实现合同目的”，只能理解为，当非金钱之债的履行请求权被排除或非金钱之债的实际履行责任被免除时，非金钱之债债权人对债务人履行非金钱债务的期待利益无法得到实现。

更进一步讲，当非金钱之债的履行请求权被排除，而非金钱之债的实际履行责任相应地被免除之后，当事人双方的法律关系会发生两种变化。

第一，在单务合同情形下，债权人的履行请求权因第1款但书规定而被排除后，如果债务人的违约属于不可免责的违约，债权人的履行请求权就转变为替代给付的损失赔偿请求权，双方当事人的合同关系就转变为以支付损失

---

① 双务合同必须存在交换关系，即任何一方当事人将另一方的给付看作是自己给付的对等价值。参见［德］迪特尔·梅迪库斯：《德国债法总论》，杜景林、卢谌译，法律出版社2004年版，第349页。

赔偿金为标的的债务关系，此即合同同一性保持不变之下的债务转变。如果债务人的违约属于可免责的违约，根据《民法典》第590条的规定，债务人的损失赔偿责任也被免除，双方当事人的合同关系则因履行请求权（实际履行责任）被排除、损失赔偿责任被依法免除，则徒有合同之名而不再具有合同之实。在此情形下，合同关系事实上已归于消灭，即使合同未被解除。

第二，在双务合同情形下，债权人的履行请求权依第1款但书规定被排除后，双方当事人的权利义务关系也会发生变化。如果违约属于不可免责的违约，债权人可向债务人请求替代给付的损失赔偿，债务人的违约责任则相应地转变为承担损失赔偿责任。如果非金钱之债的债务人（金钱之债的债权人）尚未依据第579条的规定实现其金钱债权，双方当事人的合同关系就转变为，违约方应向非违约方承担损失赔偿责任、非违约方应按合同约定向违约方负担金钱债务（互易合同除外）。由于损失赔偿责任也属于一种金钱债务，所以互负金钱债务的双方当事人可以经由抵销而使合同关系部分或全部归于消灭。如果非金钱之债的债务人已依第579条的规定先行实现其金钱债权，合同关系就缩减为违约方应向非违约方支付替代给付的损失赔偿金的权利义务关系。

如果非金钱之债的违约方既可依据本条第1款免除实际履行责任，又可以依据《民法典》第590条的规定免于承担损失赔偿责任，那么，双方当事人的合同关系就转变为，非金钱债务的违约方不再向对方承担义务或者责任，而可以依据《民法典》第579条享有金钱债务的继续履行请求权。这种结果显然会打破双方当事人给付与对待给付的均衡状态。为避免发生这种法律状况，行使合同解除权而不是主张继续履行请求权，才是非违约方寻求违约救济的最佳选择。如果非金钱债务在履行时间上先于金钱债务，当非金钱之债的债务人不履行债务时，金钱之债的债务人也可依《民法典》第526条规定享有的先履行抗辩权进行违约救济。如果非金钱债务的履行时间晚于金钱债务，金钱债务清偿之后发生非金钱债务的继续履行责任及替代给付的损失赔偿责任皆依法被免除的，基于给付与对待给付互为原因或对价的牵连关系，金钱之债的债权人保有受领的金钱则丧失法律上的原因，对方可请求其返还。

鉴于双方当事人的合同关系会因适用本条第1款而发生复杂变化，当事人一方不履行非金钱债务，且该不履行构成《民法典》第563条第1款规定的法定解除事由时，理性的非违约方通常会选择通过行使合同解除权的方式寻求救济，而不会“明知不能而为之”地选择通过实际履行请求权而使合同关系陷入复杂状态。这是民法规范作为行为规范（引导或激励理性行为）的重要意义之一。以此而言，本条第1款但书规定的三种情形，在很大程度上具有警示非违约方应积极选择行使合同解除权予以救济，而不应徒劳无功地选择行使继续履行请求权的体系效应。因此，就违约救济规范体系而言，本条第1款具有引导或激励非违约方行使合同解除权或选择替代给付的损失赔偿请求权的规范外溢效应。

（二）法律后果

本款法律后果部分规定，“人民法院或者仲裁机构可以根据当事人的请求终止合同权利义务关系，但是不影响违约责任的承担”。在该规定中，“终止”是一个含义宽泛、容易产生歧义的概念。如果超脱本条两款规定的体系制约，对“终止”概念作随意解释，本款的理解和适用很容易陷入混乱状态。根据对本款适用条件的具体分析，本款的法律后果也应当在本条第1款规定的规范意旨范围内予以阐释，这是由本条两款规定之间的意义关联（“有前款规定的除外情形之一”）所根本决定的。

1.如何理解“请求终止合同权利义务关系”

按照大陆法系的传统债法，终止是一个相对于解除的概念，是指“当事人本于终止权，使继续的契约关系向将来消灭之一方的意思表示”。[①]然而，我国《合同法》第六章则把终止概念用来概括合同的权利义务因履行、解除、抵销、提存、免除、混同而归于消灭的情况。[②]在此立法模式下，终止不再像解除那样属于终结合同权利义务的单方行为，而是对合同权利义务消灭的事实概括。《民法典》合同编第七章“合同的权利义务终止”是对《合同法》第六章的整体性承袭。《民法典》合同编对终止概念的使用完全沿袭了《合同法》

① 参见郑玉波：《民法债编总论》（修订二版），陈荣隆修订，中国政法大学出版社2004年版，第341页；［德］迪特尔·梅迪库斯：《德国债法总论》，杜景林、卢谌译，法律出版社2004年版，第408—409页。

② 《合同法》之所以打破常规，宽泛地使用终止概念，实际上是其将合同关系的变动概括为设立、变更、终止三种形态的必然结果。在我国民法上，终止实质上是相对于设立、变更的法律概念。

的规定。而且，《民法典》第557条第2款通过新增“合同解除的，该合同的权利义务关系终止”的规定，更为清晰地揭示了解除概念与终止概念之间相比于传统债法的巨大差异。从《民法典》第133条、第464条规定中“设立、变更、终止民事法律关系”的表述来看，终止概念是相对于设立、变更概念而言的，是指民事法律关系变动的形态之一——消灭，《民法典》物权编第二章之名——物权的设立、变更、转让和消灭——更有助于清楚地理解终止概念的含义。

就合同的权利义务终止而言，《民法典》第七章像《合同法》第六章那样，不仅集中列举规定了合同的权利义务终止的法定事由——履行、抵销、提存、免除、混同、解除，而且具体规定了每一种法定事由发生法律效果的条件、程序等。从具体规定来看，合同的权利义务通过法定事实、一方的单独行为或双方的合作（协议）即可终止，当事人无需请求人民法院或仲裁机构介入。但是，根据《民法典》第565条第1款第3句所作“对方对解除合同有异议的，任何一方当事人均可以请求人民法院或者仲裁机构确认解除行为的效力”的规定，人民法院或仲裁机构也可以介入合同解除，只不过它们的作用仅限于“确认解除行为的效力”——确认解除权之行使是否正当（符合法定条件），合同是否发生解除效果，则完全取决于行使解除权之单方行为。

由上文可知，本款所作“有前款规定的除外情形之一，致使不能实现合同目的”的规定，根据法条文义、规范意旨及本条与第579条共同形成的体系关联，只能理解为，因非金钱债务的继续履行请求权被排除，合同不能得到实际履行，使得非金钱债务的债权人订立合同的目的（期待利益）落空；“不能实现合同目的”与负担非金钱债务的债务人无关，其合同目的之实现仅与第579条规定相关。本来，对享有多种违约救济权的非违约方而言，在非金钱债务的债务人不履行合同或履行合同不符合约定时，如该违约符合《民法典》第563条规定的合同解除条件，其完全可以通过自己的单方行为终止合同权利义务（行使解除权），《民法典》完全没有必要在法定解除制度之外再为其规定一种终止合同权利义务的特别权利。以此而言，按照合同解除的思路解释，本款所作“请求终止合同权利义务关系”是行不通的。

那么，能否认为本款旨在赋予负担非金钱债务的当事人一方（违约方）

请求人民法院或者仲裁机构终止合同权利义务关系的权利呢？[①]笔者对此持否定观点。因为此种理解完全背离了本条的适用条件，使法律后果完全超越了适用条件的限制。能否认为，本款旨在适用于非金钱债务的债权人不行使合同解除权时允许违约方经由人民法院或仲裁机构终止合同权利义务关系？笔者同样持否定观点。理由在于：第一，此种理解明显超越本条两款规定之间的意义关联，使法律解释完全流于主观主义的恣意妄为；第二，是否行使解除权是法律赋予债权人的一种权利，行使或不行使解除权对债权人而言都具有正当性，当债权人不选择行使解除权而允许违约方请求终止合同权利义务关系，则无疑否定了不行使解除权的正当性，明显背离法定解除权的宗旨和解除权作为违约救济方式的价值。

更具体地讲，如果认为违约方可以请求人民法院或仲裁机构终止合同权利义务关系，会对合同信守原则构成严重损害。以本条第1款第3项规定为例，根据该项规定，债权人在知道或应当知道违约之后的合理期限内未请求债务人继续履行的，其继续履行请求权丧失。该规定主要适用于非金钱之债的债务人的违约不构成本条第1款第1项、第2项规定的情形，也就是说，它适用于非金钱之债的违约不构成不能履行，违约方完全可以继续履行非金钱债务（迟延履行），但债权人却怠于行使其继续履行请求权的情形。比较而言，当债务人不能履行非金钱债务时，免除其继续履行责任，是符合事理、法理的适宜之举。当因债权人不及时行使履行请求权而免除违约方的继续履行责任时，债务之履行未遭遇不能履行的障碍，免除继续履行责任主要是为了保护违约方的利益。[②]在违约方已获得如此优待的情况下，如果再进一步赋予其终止合同权利义务关系的权利，必然打破当事人双方的利益平衡。更不可理喻

---

① 有学者认为，《民法典》第580条第2款是为了赋予违约方解除合同的权利。参见崔建远：《关于合同僵局的破解之道》，载《东方法学》2020年第4期。

② 从比较法来看，《国际商事合同通则》第7.2.3条的官方评注在阐述为何要求债权人应在合理的时间内请求履行时认为：履行合同义务经常需要债务人进行特定的准备和努力。如果履行期限已过但债权人未在合理时间内请求履行，债务人有权推定债权人不再坚持主张履行。如果允许债权人把债务人置于一种对是否请求履行的不确定状态之中，从有益于市场发展的角度看，债权人这种投机性的行为将会不公平地产生不利于债务人的风险。参见张玉卿主编：《国际统一私法协会国际商事合同通则2010》（英汉对照），商务印书馆2012年版，第534—535页。

的是，违约方依据本款所享有的终止合同权利义务关系的权利，相比于非违约方依据《民法典》第563条享有的解除权，在适用条件上竟然更为宽松！本条之立足点本在于严格维护合同信守原则，然而，新增的第2款却完全走向了悖逆合同信守原则之偏僻小路。

据上述分析，无论是从债权人还是从债务人的角度着眼，皆不可以授予当事人一种类似于合同解除权的观念理解本款“请求终止合同权利义务关系”的规定。本款规定应当限制在本条第1款的语义、意义射程之内，并按照本条两款之间自然的意义脉络进行解释。而且，由第579条与本条所作金钱债务与非金钱债务的区分规定所限制，本条仅涉及非金钱之债双方当事人之间的合同权利义务关系，在双务合同情形下，非金钱之债的合同关系，只是涉及合同关系的一个侧面，不牵涉合同关系之整体状态。换言之，非金钱债务只涉及狭义的合同权利义务，无涉广义的合同权利义务关系。由第579条与本条共同构造的合同权利义务关系所决定，本款所言“合同权利义务关系”，只能限于非金钱之债的继续履行请求权及与此相对应的履行义务（责任）之间的关系，既与金钱债务无关，又与合同关系之整体无关。根据本条第1款，非金钱之债的履行请求权可以基于三种法定事由被排除，根据权利与义务的对应关系，履行请求权被排除后，继续履行责任也被免除。双方当事人之间事实上不再享有继续履行债务的权利和负担继续履行债务的责任（义务）。这意味着，对于非金钱之债而言，当事人一方负担的原给付义务（合同义务）及对方与此相对享有的履行权（合同权利），事实上归于消灭（依法发生的违约责任免除）。至于非金钱之债的原权利义务消灭后，合同权利义务关系会相应发生一定转变，则属于其他问题。鉴于《民法典》第七章将合同权利义务的消灭全面囊括于终止概念之下，所以本款适用了“终止合同权利义务关系”的表达方式。

本条第1款但书规定本身即蕴含着继续履行请求权与继续履行责任的消灭之义。在此规范意义下，可对第2款作如下理解：当债权人根据本条第1款规定请求违约方继续履行合同时，违约方依据本条第1款但书规定予以抗辩或提出异议，或者双方当事人对是否存在本条第1款但书规定的三种情形发生争议的，有必要请求人民法院或仲裁机构对继续履行请求权及继续履行责任是否消灭进行确认。这类似于《民法典》第565条第1款第3句所作“对方对解除合同有异议的，任何一方当事人均可以请求人民法院或者仲裁机构确认解除行为的效力”的规定。总之，“人民法院或者仲裁机构可以根据当事人的请求终止合同权利义务关系”应解释为，当事人就本条第1款但书规定的适用发生争议时，可以请求人民法院或者仲裁机构确认非金钱之债已终止。如此而言，本款实际上是对本条第1款的说明性规定，并非授予违约方一种特别的终止合同权利义务关系的权利的请求权基础规范。

2.如何理解“但是不影响违约责任的承担”

本款像本条第1款规定那样，也作出一种但书规定——“但是不影响违约责任的承担”。根据本条第1款所作“当事人一方不履行非金钱债务或者履行非金钱债务不符合约定”的规定，所谓“不影响违约责任的承担”指向负担非金钱债务的违约方，而与非金钱之债的债权人无关。该规定旨在进一步明示，虽然非金钱之债违约方的继续履行责任可依本条第1款规定被免除，但因合同关系仍然存在，违约方不履行非金钱债务的违约事实不容否认，违约方还应当向受害人（非金钱之债的债权人）承担其他违约责任。反言之，当非金钱之债的债权人的继续履行请求权被依法排除后，其还可以请求非金钱之债违约方承担其他违约责任。这是违约发生后合同约定的给付权利义务可转变为损失赔偿权利义务的必然体现，是合同关系动态发展的自然而然的结果。

不过，应当对“违约责任的承担”作出限缩解释。根据本条第1款的但书规定，当非金钱之债的债务人的违约构成“法律上或者事实上不能履行”时，如果该不能履行是由于不可归责于债务人的客观事实（不可抗力）造成的，根据《民法典》第590条第1款所作“当事人一方因不可抗力不能履行合同的，根据不可抗力的影响，部分或者全部免除责任”的规定，债务人也不应承担损失赔偿责任及与损失赔偿责任具有同等救济功能的支付违约金的违约责任。因此，本款所为“不影响违约责任的承担”，主要适用于债务人根据本条第1款第2项、第3项规定不承担继续履行责任时应向债权人承担损失赔偿等违约责任的情形。尤其是债务人根据本条第1款第3项规定不承担继续履行之违约责任后，其给付义务应转变损失赔偿责任（义务）或支付违约金的责任（义务）。

当债务人的违约构成瑕疵履行，甚至是加害履行时，而该违约又不构成可免责的违约时，违约方同样应当依据本款规定向受害人承担损失赔偿等违约责任。

从违约救济之规范体系上看，本款但书规定的重大意义在于，它确立了替代给付的损失赔偿制度，充实了违约损失赔偿的类型。具言之，对于违约损失赔偿，《合同法》第112条规定了实际履行情形下的损失赔偿，《民法典》第583条在完全承继《合同法》第112条规定之时，对合同解除情形下的损失赔偿作出了增补规定（第566条第2款）。本款之增补则填补了《民法典》在规范替代给付的损失赔偿上的空缺。《民法典》由此按照类型化思维方法对违约损失赔偿作出了具体规定，这些规定与《民法典》第584条关于损失赔偿范围的规定一起构成了我国违约损失赔偿制度的基本规则。

举证责任

从证明责任分配的角度看，本条第1款既涉及权利形成规范又包含权利妨碍规范，第2款但书规定也涉及权利形成规范。就第1款而言，享有并主张继续履行请求权的债权人，应为其权利构成的要件事实负证明责任。该要件事实主要为债务人存在不履行非金钱债务或履行非金钱债务不符合约定的违约行为。对于预期违约，应证明债务人在履行期限届满之前明确表示或以自己的行为表明将不履行主要债务。债务人拒绝债权人的履行请求权的，须提供事实证明存在第1款但书规定的三种情形之一。就第2款而言，主张终止合同权利义务关系的当事人，须依据第1款但书规定，证明履行请求权或继续履行责任被排除或免除；依据本款但书规定请求替代给付损失赔偿的债权人，既须举证证明非金钱之债的债务人存在违约行为，又需要举证证明其履行请求权无法实现。

其他问题

以下讨论为破除所谓“合同僵局”而应否赋予违约方合同解除权的问题。

在《合同法》施行期间，当债务人严重违约而债权人不依《合同法》第94—96条规定解除合同时，很多法院依据《合同法》第110条关于非金钱债务继续履行的规定，以破除合同僵局为名，允许违约方解除合同。在《民法典》编纂过程中，立法机关在《民法典合同编（草案）》（一审稿）第353条第3款[①]对于违约方可以请求解除合同作出了明确规定。该规定虽然在学界引发巨大争议，但《民法典合同编（草案）》（二审稿）第353条第3款仍然维持了《民法典合同编（草案）》（一审稿）第353条第3款的规定，只是在适用条件上予以严格限制而已。[②]其后，反对允许违约方解除合同规定的声音越来越大，针对这种情况，《民法典（草案）》第563条删除了允许违约方解除合同的规定。但是，在《民法典（草案）》向社会公开征求意见之后，立法机关则在本条增补了第2款规定。其目的主要是想恢复已被删除的允许违约方解除合同的规定，避免落下立法过于反复、随意的口实。

所谓合同僵局，是指当事人一方违约后，享有解除权的对方未选择行使解除权，而是请求违约方继续履行合同，合同关系由此呈现出的僵持状态。合同解除权是法律赋予非违约方的一种违约救济权，是否选择行使解除权是非违约方的自由，不行使解除权是正当的选择。按照关于权利滥用的通常理解，能行使而不选择行使解除权无法构成权利滥用。另外，根据本条第1款第3项的规定，作为违约救济权之一的继续履行请求权在行使上也存在时间限制，债权人（非违约方）在知道或应当知道违约之后的合理期限内未请求违约方继续履行的，其对合同约定的给付义务的履行请求权则丧失。根据大陆法系债法的传统理论，债务有原给付义务与次给付义务之分，原给付义务又称第一次给付义务，如合同约定的给付义务；次给付义务又称第二次给付义务，其由原给付义务转变而来，如替代给付的损失赔偿义务。债务关系的本来（自始）目标在于履行原给付义务。在履行原给付义务发生障碍时才产生次给付义务。次给付义务或者与原给付义务并存（继续履行后的损失赔偿），

---

① 该款规定："合同不能履行致使不能实现合同目的，解除权人不解除合同对对方明显不公平的，对方可以向人民法院或者仲裁机构请求解除合同，但是不影响其承担违约责任。"

② 《民法典合同编（草案）》（二审稿）第353条第3款规定："合同不能履行致使不能实现合同目的，有解除权的当事人不行使解除权，构成滥用权利对对方显失公平的，人民法院或者仲裁机构可以根据对方的请求解除合同，但是不影响违约责任的承担。"

或者可以替代原给付义务（替代给付的损失赔偿）。[①]就本条规定而言，当债权人的履行请求权因本条第1款但书规定被排除或消灭之后，债务人相应地不再负有继续履行责任或义务，合同当事人双方的权利义务由原权利、原义务转变为次权利义务——损失赔偿的权利义务。合同关系由此呈现出动态发展状况，通常不会一成不变地僵持下去。

但是，在违约发生后，违约方能够继续履行合同，且债权人在合理期限内提出了继续履行的请求，对于租赁合同等继续性合同，则会产生如下特殊问题：当承租人决意不再遵守合同，拒付租金并搬出房屋，但出租人不愿解除合同而是依据《民法典》第579条请求承租人继续支付租金时，在租期较长且承租人不再使用房屋的情况下，虽然债权人可以通过强制执行实现每一期的租金债权，但是租金债务的此种实际履行不仅需要付出较大代价并且事实上是以租赁房屋的空置为代价的。以如此方式履行租赁合同既会造成巨大的财物浪费，又会使当事人双方和法院不胜其烦。从现实主义的法学观念来看，合同是当事人谋求各种利益的手段，当当事人不再需要此种利益或此种利益不能实现时，合同作为交换手段的价值也就丧失了，如果是当事人一方决意不再遵守合同，通常意味着当事人之间的合作、信任关系也已丧失。在此情况下，尽早清算或终结合同关系，一方面可以避免合同当事人之间的关系趋于紧张或恶化，另一方面可以减少财物的浪费。为此，现代合同法确立了合同法定解除和预期违约制度。在当事人一方因不再需求合同谋求的利益，决意不遵守合同，而对方执意信守合同，且寻求以强制执行手段使合同得到实际履行时，合同作为交换手段的价值已经丧失，当事人之间的关系事实上已完全恶化甚至呈完全对立状态。如果以强制执行手段一次性终结这种关系，以使债权得到实现，通常是可行的。但是，如果以强制执行手段把这种不正常的关系一直持续到履行期限届满之时，则不可取。

不过，上述分析并不意味着，只有通过授予违约方一种终结合同关系的权利（解除权）才能避免所谓的“合同僵局”。从《民法典》第七章的规定来

---

① 参见［德］迪尔克·罗歇尔德斯：《德国债法总论》（第7版），沈小军、张金海译，中国人民大学出版社2014年版，第7页；陈自强：《民法讲义Ⅱ：契约之内容与消灭》，法律出版社2004年版，第74—75页。

看，因违约终结合同关系的手段主要是由享有解除权的一方行使解除权。为维护作为合同法基石的合同信守原则，除因不可抗力致使不能实现合同目的时允许当事人双方均享有合同解除权外，解除权只能由非违约方享有。[①]既然终结合同关系的权利应严格限制为由非违约方享有，那么，破除所谓“合同僵局”的方法，则应当从促使非违约方行使解除权上去寻求。就承租人拒付租金而出租人坚持信守合同所形成的“合同僵局”而言，在承租人决意违约拒付租金时，如果不允许出租人请求承租人继续支付租金（对租金债权的行使作出一定限制），而是迫使他通过解除合同并请求损失赔偿金进行违约救济，即可避免产生所谓的“合同僵局”。此种可使合同关系免于陷入僵持状态的救济体系安排，既无损于合同法定解释制度的规范意旨，又能与我国不强调实际履行具有优先性的违约责任体系相契合。[②]

那么，在《民法典》关于违约救济的诸多规定中，能否找到不允许出租人请求承租人继续支付租金的法律依据？答案是肯定的。租金债务的继续履行属于《民法典》第579条的规范内容。《民法典》第579条规定：“当事人一方未支付价款、报酬、租金、利息，或者不履行其他金钱债务的，对方可以请求其支付。”对比第580条第1款关于非金钱债务履行请求权的但书规定，学者与法官通常得出如下结论：非违约方可以不受限制地请求违约方履行金钱债务，金钱之债的违约方应不受限制地承担继续支付金钱的违约责任。但是，这只是对第579条的一种文义解释，它仅构成理解第579条规定的起点。金钱之债的履行请求权是否存在一定限制，不能仅仅停留在法条文义，有必

---

① 从比较法来看，《国际商事合同通则》第7.3.1条规定，合同解除权由非不履行方享有，即使不履行是可以免责的（以不可抗力为据），不过，当不履行依不可抗力被免责时，不履行方既可被免除损害赔偿责任（第7.1.7条），又可被免除非金钱债务的实际履行责任（第7.2.2条）；《欧洲合同法原则》第9:301条同样明确规定，合同解除权由非履行方享有，即使不履行是可以免责的，但不同于《国际商事合同通则》的是，《欧洲合同法原则》第9:303条第4款规定，一方当事人依第8:108条规定因完全、永久不能履行的障碍被免责时，合同在障碍发生之时自动解除而无须通知。

② 对于违约救济体系，我国《合同法》主要继受了《联合国国际货物销售合同公约》《国际商事合同通则》《欧洲合同法原则》的规定，它不强调任何一种违约救济措施相对于其他违约救济措施的优先性，而是确立了一种无等级或优先秩序的违约救济体系，非违约方可依据法定条件自由决定选择哪一种救济权。

要作出进一步解释。从比较法来看，《合同法》第109条、第110条关于金钱债务、非金钱债务履行请求权的区分规定，是继受《国际商事合同通则》和《欧洲合同法原则》的结果。《国际商事合同通则》第7.2.1条[①]在规定金钱债务的履行时，没有对该种履行请求权作出任何限制。但是，《国际商事合同通则》第7.2.1条的官方评注却明确指出，对应交付的商品（goods）或应提供的服务（services）请求支付价款的权利，在例外情况下，可以被排除。这种尤其适用于习惯（usages）要求卖方转售买方既不接受又不为此付款的商品的情况。[②]而《欧洲合同法原则》第9：101条单设一款（第2款）对金钱债务的实际履行的适用作出了明确限制，尽管该限制性规定具有相当严格的适用条件，[③]但其也足以表明，金钱债务并非总是可以请求实际履行的。

更值得一提的是，《欧洲示范民法典草案》第3–3：301条除像《欧洲合同法原则》第9：101条那样对金钱债务的履行请求权作出限制性规定外，还特别在租赁合同中对强制支付未来租金的权利作出限制性规定（第4.2–6：101条）："承租人已经控制租赁物的，如果承租人想要返还租赁物（return the goods）且接受租赁物的返还对出租人是合理的，出租人不得强制支付未来租金。"该条之评注指出：如果承租人尚未控制租赁物，租金债务的实际履行及其限制应依据《欧洲示范民法典草案》第3–3：301条的规定。如果承租人已经获得了租赁物的控制，出租人视情况而定可以强制整个租赁期间内到期租金的支付，但这也应该存在一项例外规则。如果承租人希望返还租赁物，对于出租人而言，接受租赁物的返还是合理的，则就未来期间支付租金的义务应该被支付损害赔偿的义务所替代。所谓合理性取决于当事人的情况、租赁物的类型、剩余租赁期间的长短等。对于经营性出租人而言，在许多情况下

---

① 该条规定："如果有义务付款的一方当事人未履行其付款义务，则另一方当事人可以要求付款。"

② 参见张玉卿主编：《国际统一私法协会国际商事合同通则2010》（英汉对照），商务印书馆2012年版，第527页。

③ 《欧洲合同法原则》第9：101条第2款规定："当债权人尚未履行自己的债务，且情况表明债务人将不愿受领债权人的履行的，债权人仍然可以继续进行自己的履行，并可以依据合同全部收回到期的任何金钱，但是以下情形除外：（1）债权人本可在没有付出重大努力或者花费的情况下作出合理的替代交易；或者（2）履行在具体情况下会不合理。"

接受租赁物返还并无问题，租赁物在许多情况下都可以出租给新的客户。[①]

参考《欧洲示范民法典草案》第4.2–6：101条的规定，对于由承租人拒付租金引发的所谓“合同僵局”，《民法典》本可以把它作为一个特别问题，[②]通过适当限制租金支付请求权从而迫使出租人行使解除权的方式予以化解。但是，立法者不慎思有关允许违约方解除合同的法院判决的正当性和合理性，深陷于只有允许违约方解除合同才能化解“合同僵局”的思维定式。在《民法典》没有作出像《欧洲示范民法典草案》第4.2–6：101条那样规定的情况下，可以通过对《民法典》第579条规定的金钱债务之实际履行作出适当限制，化解由承租人拒绝继续履行租赁合同而出租人拒不解除合同引发的所谓“合同僵局”。

第五百八十一条【替代履行费用的承担】

当事人一方不履行债务或者履行债务不符合约定，根据债务的性质不得强制履行的，对方可以请求其负担由第三人替代履行的费用。

历史由来

本条属于新增条文，《民法典》之前的民事实体法没有作出过类似的规定。《民事诉讼法》规定的执行程序则对替代执行作出了如下规定（第252条）：“对判决、裁定和其他法律文书指定的行为，被执行人未按执行通知履行的，人民法院可以强制执行或者委托有关单位或者其他人完成，费用由被执行人承担。”

从《民法典》编纂过程来看，本条肇端于《民法典合同编（草案）》（征求意见稿）第123条，其规定：“债务人不履行债务或者履行债务不符合约定的，依债务的性质不得强制债务人履行的，债权人可以请求人民法院判决债

① 参见欧洲民法典研究组、欧盟现行私法研究组编著：《欧洲私法的原则、定义与示范规则：欧洲示范民法典草案》（第四卷），于庆生等译，法律出版社2014年版，第317—318页。

② 从《全国法院民商事审判工作会议纪要》第48条关于“违约方起诉解除”的规定来看，所谓“合同僵局”主要发生在房屋租赁合同履行过程中。参见《最高人民法院关于印发〈全国法院民商事审判工作会议纪要〉的通知》。

务人负担费用，由第三人替代履行。”《民法典合同编（草案）》（一审稿）第371条在继受《民法典合同编（草案）》（征求意见稿）第123条的基础上，将其修改为：“当事人一方不履行债务或者履行债务不符合约定，依债务的性质不得强制履行的，对方可以请求其负担费用，由第三人替代履行。”之所以将“债务人”与“债权人”分别修改为“当事人一方”与“对方”，是为了与违约责任一章把合同当事人表达为“当事人一方”与“对方”的做法保持一致。删除“人民法院判决”的理由为，本条旨在确立民事实体法上的权利义务，当事人（债权人）的权利不应由人民法院判决确定，而应直接由法律所赋予。《民法典合同编（草案）》（二审稿）第371条就《民法典合同编（草案）》（一审稿）第371条的规定，只是作出了将其中的“依”修改为“根据”的文字性修改。《民法典（草案）》第581条在《民法典合同编（草案）》（二审稿）的基础上再次作出修改，即把其中的“对方可以请求其负担费用，由第三人替代履行”的规定修改为“对方可以请求其负担由第三人替代履行的费用”。这种修改的合理之处为，对方因选择第三人替代履行而付出的费用，发生在其与第三人达成替代交易的约定之后，对方可以请求当事人一方负担多少费用，应依其与第三人达成的替代交易的花费而定。因此，对方实质上是请求当事人一方负担由第三人替代履行所支付的费用。

总之，本条作为新增的条文，是在《民法典》编纂过程中经过几次修改才趋于合理。《民法典（草案）》形成之后，本条未引起争议。

三 规范目的或功能

本条是不同于第580条第1款第2项“债务的标的不适于强制履行”的特别规定。根据第580条第1款第2项，当债务的标的不适于强制履行时，债权人的履行请求权被排除，债务人无须向债权人承担继续履行责任。但是，依据本条，当事人一方不履行债务或者履行债务不符合约定，根据债务的性质不得强制履行的，对方可以作出替代交易，由第三人替代债务人履行本来应由债务人履行的债务；对于因第三人替代履行而支出的费用，债权人可以请求违约方负担。因此，本条的规范目的是，对于不能直接强制债务人履行但可由第三人替代履行的债务，当债务人不履行债务或履行债务不符合约定时，赋予债权人作出替代交易并可请求债务人负担由替代交易所支付费用的权利，以解决合同能否经由第三人之行为而得到实际履行的问题。虽然债务经由第三人替代履行会使债权人遭受一定损失——为购买第三人的替代履行而付出代价（费用），并因而使此种请求债务人负担费用损失的权利与损失赔偿请求权几乎具有完全相同的内容（金钱补偿），但是，因为债权人所享有的此种费用损失补偿请求权完全是借助第三人的替代履行而使债务得到实际履行的一种衍生后果，所以本条之根本仍然是债务的实际履行，只不过实际履行是借助第三人的行为得以完成而已。其所赋予债权人的请求债务人负担由第三人替代履行的费用的权利，只是实现实际履行的一种手段，利用这种手段使债务得到实际履行才是本条的根本所在。因此，本条的规定可纳入继续履行（实际履行）的范畴，这也是将本条增补在第580条规定之后的主要原因。这是一个合乎体系的安排。本条赋予债权人请求债务人负担由第三人替代履行的费用的权利，只是形式上类似于由违约产生的损失赔偿请求权，其产生方式与基本功能则与损失赔偿请求权存在明显差异。

本条的规范功能可简单概括为，通过赋予债权人请求债务人负担由第三人替代履行债务的权利，使不能直接强制履行的可替代性给付经由第三人的履行而达到实际履行的效果。

规范内容

相比于《民法典》第579条、第580条关于金钱债务与非金钱债务的继续履行的规定，本条属于关于继续履行的特别规定。其特别之处表现在两方面：一是债务的实际履行不是直接请求债务人并由债务人负责完成的，而是通过订立替代交易合同由第三人替代债务人完成的；二是本条对第580条第1款第2项的规定构成限制。据此，在理解本条的规范内容时，应当首先明确其适用范围。

一、适用对象与范围

根据《民法典》第580条第1款的但书规定，债务的标的不适于强制履行时，债权人的继续履行请求权被排除，债务人相应地不再承担继续履行合同约定的给付义务的违约责任。本条虽以“债务的性质不得强制履行”为前提条件，但却允许债权人经由第三人替代履行达到实际履行的效果。对于继续履行请求权，本条缘何在法律效果上作出与第580条几乎截然相反的差别规定？答案显然应该在“债务的标的不适于强制履行”与“根据债务的性质不得强制履行”之间的细微差异上进行寻找。从债务得到清偿的角度看，这两条规定中的“强制履行”均是相对于任意履行而言，是指在债务人不履行债务时通过法定强制手段（《民事诉讼法》规定的执行措施）迫使其履行，从而使债权得到实现。没有强制手段的履行，属于由债务人自由决定是否履行的任意履行。在任意履行的范畴内，任何债务都是可以选择履行或选择不履行的。《民法典》只是确认合同当事人之间的权利义务（责任），当债务人不履行原给付义务（第一次义务）时，其所负义务则依法转变为次给付义务（第二次义务——违约责任）。无论对于原给付义务还是次给付义务，债务人是否履行了义务，均不是民法所解决的问题，该问题只有依据《民事诉讼法》才能得到解决。民法规定的实际履行或继续履行，只是赋予或确认当事人的实际履行请求权或实际履行的违约责任，并不能迫使债务人履行债务而使合同得到实际履行。因此，第580条、第581条规定中的强制履行，须从利用法定强制措施使债务得到实际履行的角度去理解。

以强制措施迫使债务人履行债务，需要依赖《民事诉讼法》有关执行程序的规定。依照执行程序的有关规定，被有效法律文书确认的债务，不管债务的标的是什么，权利人皆可申请法院根据执行程序迫使债务人履行债务。不过，根据执行的对象是金钱、物还是纯粹的债务人行为，迫使债务人履行债务的强制手段存在明显差异。促使债务人履行债务的强制执行方法因此有直接执行、间接执行与替代执行之分。直接执行是指通过查封、扣押、拍卖债务人的财产等手段，凭借执行行为直接使权利得到实现；间接执行是指执行机关不直接以强制力实现权利，而是以使债务人承受一定不利后果的方式，迫使债务人履行债务；替代执行是指执行机关选择由第三人替代履行债务而令债务人负担第三人替代履行的费用。间接执行和替代执行适用于行为的执行。根据《民事诉讼法》[①]《民事诉讼法解释》《执行工作规定》等，被执行人

---

① 该法第252条规定：“对判决、裁定和其他法律文书指定的行为，被执行人未按执行通知履行的，人民法院可以强制执行或者委托有关单位或者其他人完成，费用由被执行人承担。”

拒不履行生效法律文书中指定的行为的，法院可以强制其履行；对于可以替代履行的行为，法院可以委托有关单位或他人完成，因完成上述行为发生的费用由被执行人承担；对于只能由被执行人完成的行为，经教育，被执行人仍拒不履行的，法院应当按照妨害执行行为的有关规定处理。而且，《民事诉讼法》第255条还规定："被执行人不履行法律文书确定的义务的，人民法院可以对其采取或者通知有关单位协助采取限制出境，在征信系统记录、通过媒体公布不履行义务信息以及法律规定的其他措施。"根据这些规定，即使债务的标的属于不可替代的行为时，为促使债务人履行债务，我国民事执行法仍然允许以人的自由权为执行标的，并允许采取拘传、拘留、限制出境、罚款等间接执行措施或妨害执行的强制措施。[①]尽管如此，对于行为的执行，《民事诉讼法》还是根据能否采取直接强制的方法，将其区分为对可替代行为的执行与对不可替代行为的执行。"不可替代的行为与被执行人的身份有关，属于必须由被执行人本人实施的行为，如赔礼道歉、要求演员表演或名作家撰稿等，由第三人代为履行在法律上或事实上是不可能的。"[②]

有必要补充说明的是，《民事诉讼法》上的强制执行，其侧重点虽然是生效法律文书的实施、落实，但因执行行为与结果主要表现为实现权利内容或迫使债务人履行债务，因此，从债务人的角度讲，它实质上就是债务的强制履行。

基于上述分析，可以认为，《民法典》第580条第1款所言"债务的标的不适于强制履行"，是指债务的标的（特定行为）不可由他人替代履行，从而不能对债务人采取直接强制执行方法的债务履行状况；本条所言"根据债务的性质不能强制履行"，是指依据债务的标的（特定行为），不能采取直接强制执行方法迫使债务人履行债务，但债务可经由第三人的替代行为得到实际履行的情况。这两条规定中的强制履行，虽然含义相同，但在被强制履行的债务上却存在显著差异。《民法典》第580条第1款是指不可替代履行的给

---

① 参见江伟、肖建国主编：《民事诉讼法》（第八版），中国人民大学出版社2018年版，第442页。

② 参见江伟、肖建国主编：《民事诉讼法》（第八版），中国人民大学出版社2018年版，第521页。

付行为，本条是指可以替代履行的给付行为。因此，本条的适用对象与范围可表达为：根据债务的性质不得强制履行，但给付可以由第三人替代履行的债务。

二、构成要件

本条的适用范围看似十分宽泛——“当事人一方不履行债务或者履行债务不符合约定”，实质上其只适用于不能直接强制债务人履行但可由第三人替代履行的债务。可以强制债务人履行的债务，主要包括两类：一是支付金钱的债务；二是移转金钱之外的其他财产的债务。这两种债务总是可以通过利用查封、冻结、拍卖财产等强制执行方法得到履行。因此，应当将“不履行债务或者履行债务不符合约定”规定中的“债务”理解为，不是指以支付金钱、移转财物为标的的债务，而仅仅是指可以替代的行为为交易对象的债务。根据大陆法系关于债务的类型化思维方法，债务有给与债务与行为债务之分。给与债务是指以给予一定财物为内容的债务，该财物也包括金钱在内。行为债务可分为作为债务与不作为债务，前者是指以积极的行为为内容的债务；后者是指以消极的不作为为内容的债务。不作为债务可表现为禁止债务人为某种行为，也可表现为容忍对方为某种行为（如容忍债权人在债务人的宅地通行）。[①]有学者立足于请求权，从强制执行法的视角，把债权区分为金钱请求权、物之交付请求权、行为请求权、不行为请求权四类。行为请求权又可区分为可替代行为请求权、不可替代行为请求权及应为一定意思表示请求权。[②]不作为债务是不可替代履行的债务。因此，本条所言“债务”是指可由第三人替代履行的作为债务。

从违约形态上看，本条所言不履行或履行不符合约定，既可以指履行期限届满不履行债务的情形（实际违约），又可以指履行期限届至或届满之前明确表示或以自己的行为表明不履行债务的情形（预期违约）。之所以适用于预期违约，理由在于，第578条关于预期违约的一般规定，只是概括地规定债权

---

① 参见郑玉波：《民法债编总论》（修订二版），陈隆荣修订，中国政法大学出版社2004年版，第6—7页。

② 参见陈自强：《民法讲义Ⅱ：契约之内容与消灭》，法律出版社2004年版，第89—90页。

人可以请求违约方承担违约责任，并没有对违约方的违约责任承担方式作出具体规定。就特定的违约救济而言，债务人应当承担的违约责任，应该是继续履行、赔偿损失等具体责任方式，而不可能是抽象的违约责任。因此，第577条以下关于继续履行、赔偿损失、支付违约金的具体规定，可适用于实际违约与预期违约两种违约情形。

更具体地讲，不履行债务是指完全未履行债务，至于是拒绝履行、不能履行还是其他形态的不履行，无关紧要。所谓履行不符合约定，既可能是指给付在量度、规格等方面未满足合同要求，又可能是指给付在质量方面存在瑕疵。

总之，本条的构成要件可具体表达为：当事人一方不履行作为债务或者履行作为债务不符合约定，根据债务的性质不得强制履行，但给付可以由第三人替代履行的。这一构成要件事实上以债务不存在第580条第1款第1项规定的情形（法律上或者事实上不能履行）为预设。如果存在第580条第1款第1项规定的情形，债务人只要提出抗辩，债权人的履行请求权即被排除，本条因此无适用余地。

三、法律效果

本条将其法律效果简单地表达为“对方可以请求其负担由第三人替代履行的费用”。该规定很容易被误解为是关于损失赔偿计算方法的一种特别规定。具言之，它很容易被错误地理解为，当债务人违约时，债权人为防止损失扩大可以选择与第三人订立替代交易合同，其就履行该替代合同而遭受的损失，可以请求债务人予以赔偿。由于本条的规范目的是承认一种特别的可经由第三人替代履行的实际履行制度，所以，对方（债权人）可以与第三人约定由第三人替代履行债务，并可以请求债务人补偿因第三人替代履行支出的费用，才是关于本条法律效果的完整表达。《民事诉讼法》第252条在规定执行不可以直接强制方法执行的作为债务时，也采用了“委托有关单位或者其他人完成，费用由被执行人承担”的表达方式。因此，相比于可以请求债务人负担由第三人替代履行的费用，债权人可以与第三人约定由第三人替代履行债务，才是本条法律效果部分最为重要的内容。这也是本条区别于《民事诉讼法》第252条规定的关键所在。没有这种可以作出替代交易的权利，就不会享有请求债务人补偿因作出替代交易而付出的费用的权利。由于请求债务人补偿因第三人替代履行支付的费用的权利，必须以债权人享有经由第三人实现实际履行的权利为前提条件，所以，在解释上可认为，债权人享有的替代交易权利实际上已隐含于债权人请求债务人补偿因作出替代交易而付出的费用的权利之中。

因此，本条的法律效果为：其一，债权人可以与第三人约定由第三人替代履行债务。其二，对于因履行与第三人之间的替代交易而支付的费用，享有请求债务人予以完全补偿的权利。

费用补偿请求权虽然同样以支付一定数额的金钱为内容，且系债务人的违约而引起，但其与损失赔偿请求权仍然存在明显差别。损失赔偿是对违约发生的损失的赔偿，而本条的费用补偿请求权不是直接根据违约引发的损失进行确定的，而是依据债权人因履行替代交易而支付的金钱进行计算的。更值得指出的是，替代交易只是借助第三人的行为使债务发生实际履行的后果，这种实际履行后果，通常构成对债务的迟延履行。债权人通过替代履行获得约定的给付之时，一般会因债务的迟延履行而遭受一定损失，对于这种损失，债权人同样享有损失赔偿请求权。因此，债权人可以一并享有费用补偿请求权和损失赔偿请求权。这种损失赔偿请求权的法律依据是本条之下的第583条。

所谓费用，是指债权人与第三人达成替代交易的花费及履行替代交易而付出的对价——购买第三人的替代给付的价格。

违约发生后，债权人通常会自愿作出替代交易，且第591条向债权人强加了防止损失扩大的负担性义务。债权人在此种情形下因履行替代交易而支付的对价，通常用作确定损失赔偿额的计算参数。即按照差额计算法，替代交易的合同价高出原合同约定价格的部分，即是可请求违约方赔偿的损失。然而，依据本条，债权人可以就由第三人替代履行而付出的代价直接要求债务人予以补偿。这也反映出本条的费用补偿请求权不同于违约损失赔偿请求权。因此，不能将本条理解为关于损失赔偿计算方法的具体规定。

四、与减损规则的适用关系

依据本条，当债务人违反可替代履行的作为债务时，债权人可以作出替代交易，经由第三人的替代履行使债务得到实际履行。如果债权人不打算援引本条保护自己的利益，在违约救济权可自由选择的情况下，债权人还有两种救济渠道：一是解除合同（但须满足《民法典》第563条规定的合同解除条件），并要求损失赔偿；二是直接请求替代履行的损失赔偿。如果采取第二种救济途径，根据《民法典》第591条，债权人负有“采取适当措施防止损失的扩大”的义务。而防止损失扩大的常见措施，就是实施替代交易。如前所言，虽然同为替代交易，债权人可以依据本条直接请求债务人补偿其作出替代交易的费用，而《民法典》第591条的替代交易只是用作计算损失赔偿金的参数。比较而言，本条的规定对债权人比较有利，因为在适用《民法典》第591条的情况下，债权人会承担债务人举证证明债权人采取的替代交易措施不适当的风险。

从比较法上看，根据《国际商事合同通则》第7.2.2条第3项、《欧洲合同法原则》第9:102条第2款第4项的规定，当受害人（债权人）可以合理地从其他渠道获得履行时，其实际履行请求权则被排除。理由在于，许多货物和服务属于标准类型，即同样的货物或服务由许多供应商提供。如果提供此种常用货物或标准服务的合同没有得到履行，大多数客户不愿意浪费时间和精力设法从另一方得到履行。相反，他们愿意到市场上获得替代货物或服务，并请求不履行的损害赔偿。这些规定显然更强调损失赔偿请求权的作用。

五、抗辩事由

本条属于关于履行请求权的特别规定，构成《民法典》第580条第1款的特别情形。由于其特别之处只是表现在以经由第三人替代履行的方式实现实际履行，所以《民法典》第580条但书规定的情形对其仍有适用余地。也就是说，债务人可以依据《民法典》第580条第1款的但书规定，抗辩债权人的替代履行费用补偿请求权。债务人可以抗辩的合法理由为：第一，债务在法律上和事实上不能履行；第二，债务的履行费用过高，这尤其适用于由第三人替代修理的瑕疵履行情形；第三，债权人在合理期限内未要求履行，也就是说，债权人必须在违约发生后的合理期限内作出替代交易，并据此请求替代履行补偿请求权，超出合理期限的，无权主张替代履行费用补偿请求权。至于如何理解这三种抗辩事由，可参看第580条第1款的评注。

举证责任

从法律适用上看，本条属于权利形成规范，享有并主张费用补偿请求权的债权人既应当对其权利形成的构成要件事实负证明责任，又需要对存在第三人替代履行——替代交易合约——提供证据予以证明。权利构成要件事实主要是指债务人有违反可替代履行的作为债务的事实。反对债权人的替代履行费用请求权的债务人，需要对其法定抗辩事由提供事实予以证明。

第五百八十二条【补救履行与减价】

履行不符合约定的，应当按照当事人的约定承担违约责任。对违约责任没有约定或者约定不明确，依据本法第五百一十条的规定仍不能确定的，受损害方根据标的的性质以及损失的大小，可以合理选择请求对方承担修理、重作、更换、退货、减少价款或者报酬等违约责任。

历史由来

本条源自《合同法》第111条的规定。其对《合同法》第111条的修改主要表现于两方面：第一，将适用前提条件由“质量不符合约定的”修改为“履行不符合约定的”。这一修改肇端于《民法典合同编（草案）》（征求意见稿）第124条，此后的《民法典合同编（草案）》（一审稿）、《民法典合同编（草案）》（二审稿）及《民法典（草案）》皆接受了《民法典合同编（草案）》（征求意见稿）第124条的修改。第二，把“依照本法第六十一条”修改为“依据本法第五百一十条”，这是随引用的法律条文在《民法典》中的编排顺序变动而应当作出的调整，与本条的规范意义无关。由于其所引用的法律条文的条文序号在《民法典合同编（草案）》（征求意见稿）、《民法典合同编（草案）》（一审稿）及《民法典（草案）》中各有不同，所以本项修改在民法典编纂过程中一直在变动。“依据本法第五百一十条”是《民法典（草案）》最终确定下来的。

在《民法典》编纂之前及《民法典》编纂过程中，学界对本条的规范内容争议不大，有关争议主要是其与买卖合同一章有关物的瑕疵担保责任的规定的体系关系问题。

规范目的或功能

本条是为了规定瑕疵履行情形下的违约责任，以解决当事人一方履行债务不符合约定时，对方可以采取哪些违约救济措施保护自己利益的问题。以是否接受当事人一方所作不符合约定的履行为标准，本条向违约方施加了两种类型的违约责任：一是受害人接受瑕疵履行时，其应承担减少价款或者报酬的违约责任；二是受害人不接受瑕疵履行时，其应承担修理、重作、更换、退货等违约责任。违约方到底应承担哪一类型的违约责任，完全取决于受害方的"选择"，只有受害人作出"合理选择"后，违约方所应承担的违约责任方式才能确定下来。如此而言，本条旨在以"请求对方承担……违约责任"的表达方式确认瑕疵履行情形下受害人所享有的各种违约救济权。

本条属于兼具构成要件与法律效果的完全法条，可以独立用作请求权基础规范。从规范体系上看，本条主要涉及非金钱债务的瑕疵履行，在《民法典》第580条对履行非金钱债务不符合约定作出一般规定的情况下，本条属于关于瑕疵履行之特殊救济方法的特别规定。它不仅规定了瑕疵履行情形下的特别实际履行请求权——补救履行请求权，而且规定了瑕疵履行情形下的减价权。[①]因此，本条属于囊括两类不同违约救济措施的概括规定。

规范内容

从规范体系上讲，本条确立了以下法律规范：履行不符合约定的，受损害方根据标的的性质以及损失的大小，可以合理选择请求对方承担修理、重作、

① 减价权是不同于补救履行请求权的一种违约救济权。参见王利明：《合同法研究》(第二卷)(第三版)，中国人民大学出版社2015年版，第569页；韩世远：《合同法总论》(第四版)，法律出版社2018年版，第767页。

更换、退货、减少价款或者报酬等违约责任。除此之外，本条还涉及两项内容：一是概括地规定（第1句）“履行不符合约定的，应当按照当事人的约定承担违约责任”。合同编违约责任一章的首条（《民法典》第577条）实际上已作出履行合同义务不符合约定应当承担违约责任的概括规定，本条第1句规定只是再次对第577条的规定予以强调而已。二是通过引用第510条的规定宣示了违约责任一章的任意性规定属性。合同法规范主要是任意性规定，只有在当事人未作约定或对约定存在争议时才发挥补充或解释当事人约定的作用。违约责任同样可以由当事人自由约定（违约金酌减例外）。因此，根据本条规定，对违约责任没有约定或者约定不明确，依据《民法典》第510条的规定予以确定，仍不能确定的，适用本条的规定。这种规定宣示了本条的任意性规定的属性。

根据《民法典》第510条，合同生效后，当事人就质量、价款或者报酬、履行地点等内容没有约定或者约定不明确的，可以协议补充；不能达成补充协议的，按照合同相关条款或者交易习惯确定。该规定确立了使合同约定予以明确化的基本途径：尊重当事人的自治意思。它首先倡导由当事人对约定不明问题订立补充协议，当事人不能达成补充协议（通常是对不明问题争议较大）时，则根据合同相关条款或与约定不明条款相关的交易习惯，通过解释方法确定约定不明的合同所约定的内容。

以上两项内容都与具体的违约责任或违约救济权关联度不大，没有它们也不会影响本条的规范目的或内容。

一、构成要件

以法条文义看，本条适用于“履行不符合约定”的违约行为。所谓“履行不符合约定”，是指债务人依照合同约定向对方提供了给付，但其给付并不符合合同的约定。学说上通常把这种违约行为简称为瑕疵履行。以此而言，本条仅适用于实际违约，而不适用于预期违约的情形。

瑕疵履行，又称瑕疵给付，指债务人所为给付含有瑕疵。所谓瑕疵，或为数量不符，或为品质不合，或为方法不当，或为地点不妥，或为时间不宜等。[①]

---

① 参见郑玉波：《民法债编总论》（修订二版），陈荣隆修订，中国政法大学出版社2004年版，第270—271页。

以此而言，瑕疵履行含义甚广，但本条主要指品质不合、数量短缺等情形。但是，由本条法律效果可以推知，本条所言“履行不符合约定”不适用于金钱债务。金钱债务的履行不符合约定只发生数额不足问题，债权人可依据《民法典》第579条的规定请求违约方承担继续履行（支付余额）的违约责任，不存在请求违约方承担修理、重作、更换、退货、减少价款或者报酬等违约责任的情况。然而，本条也不是适用于所有的非金钱债务。根据给与债务与行为债务的债务区分方法[①]，非金钱债务之中的不作为债务，依其性质也不能适用于本条。

据上分析，本条主要适用于非金钱债务中的给与债务与作为债务。给与债务，即给与一定财物为内容的债务，如买卖合同中标的物所有权之移转，赠与合同中赠与财产的转移，租赁合同及融资租赁合同中租赁物的交付等。作为债务，是指给付一定劳务的债务，包括给付工作成果的债务，如承揽合同中的工作成果，[②]以及纯粹提供一定劳务的债务，如雇佣合同中的劳务提供。

二、法律效果

本条在法律效果方面，规定了两种类型的救济权。

（一）减价权

减价是指减少合同约定的价格，它是一种相当重要的违约救济措施，在实务上的应用甚为普遍。减价权是指当事人一方履行合同不符合约定时，接受了不符合约定履行的对方相应地减少自己应付的合同价款的权利。减价权是双务合同中负担金钱债务的一方在对方履行非金钱债务时所享有的一种违约救济权。由于金钱债务是一切双务有偿合同的主债务之一，所以减价权可普遍适用于所有双务有偿合同中非金钱之债的债务人履行合同不符合约定的情形。除在本条对减价权作出一般性规定外，《民法典》还在租赁合同、承揽合同、建设工程合同、技术合同等典型合同中对减价权作了具体规定。从比较法来看，《联合国国际货物销售合同公约》《国际商事合同通则》《欧洲合同

---

① 关于给与债务与行为债务的区分，参见《民法典》第581条评注。

② 如《民法典》第781条规定：“承揽人交付的工作成果不符合质量要求的，定作人可以合理选择请求承揽人承担修理、重作、减少报酬、赔偿损失等违约责任。”

法原则》《欧洲示范民法典草案》皆把减价权单独规定为一类一般性的违约救济权。这代表了现代债法的新的发展趋势。最新修订的《法国民法典》第1223条同样把减价权规定为"合同的不履行"的一种一般性的法律后果。

《合同法》第111条以可请求违约方承担"减少价款或者报酬"的"违约责任"规范方式，将减价权的适用条件限制在"质量不符合约定"的情形下，使减价权的适用范围受到很大限制。本条在继承《合同法》第111条规定时，则将减价权的适用条件概括表达为"履行不符合约定"，从而扩大了减价权的适用范围。

关于减价权的性质，传统债法上存在请求权说与形成权说两种不同见解。请求权说认为，减价权是一项纯粹的请求权，经对方同意，始生效力；形成权说认为，减价权是一种形成权，以单方意思表示为之，即可发生减价的效果。从比较法看，形成权说是当前被普遍接受的学说。[①]我国学者也普遍把减价权看作形成权。[②]但是，最高人民法院的法官在诠释《买卖合同解释》关于减价的规定时认为：从审判实务角度看，无论是请求权说还是形成权说，形成减价权的程序和最终结果其实并无根本差异；减价权为形成权还是请求权，属于理论分歧。[③]该观点无疑割裂了理论与实务的关联，把学说当作了无助于法律实务的"理论"游戏，实属不当。澄清减价权的法律性质，根本目的是清晰地确定行使减价权的法律后果，从而清楚地判定受害人的违约救济须具备何种条件及救济效果发生于何时。把减价权理解为一种形成权的益处在于，像合同的法定解除一样，只要把减价的意思通知对方，即发生减价效力；如果对方对减价提出异议，合同双方当事人诉请法院确认减价权之行使是否符

---

① 德国学者迪特尔·梅迪库斯认为，减价像合同解除一样也是基于形成权，关于其法律性质的争执"现在同样也已经过时"。参见［德］迪特尔·梅迪库斯：《德国债法分论》，杜景林、卢谌译，法律出版社2007年版，第47页。关于减价权是一种形成权的其他文献资料，参见［德］莱茵哈德·齐默曼：《德国新债法：历史与比较的视角》，韩光明译，法律出版社2012年版，第167页。

② 参见韩世远：《合同法总论》(第四版)，法律出版社2018年版，第852页；王泽鉴：《民法概要》，中国政法大学出版社2003年版，第338页；朱广新：《合同法总则研究》，中国人民大学出版社2018年版，第746页。

③ 最高人民法院民事审判第二庭编著：《最高人民法院关于买卖合同司法解释理解与适用》，人民法院出版社2012年版，第377—378页。

合法定条件即可。在《民法典》对减价权的行使期限及行使方法缺乏规定的情况下，减价权的行使可以参照《民法典》有关合同法定解除权之行使的一般规定。

减价权主要适用于不符合约定的合同履行。履行不符合约定无须构成根本违约，即使是非常轻微的违约，仍有适用减价权的可能。这是减价权与合同解除权的重大区别。减价权的行使方式为：第一，应把不符合约定的履行通知违约方。第二，须向违约方作出减价的意思表示。减价权是一种形成权，减价的意思表示达到对方或为对方所了解时，即发生减价效力。第三，违约方的不符合履行补救权优先于减价权。

一般而言，减价数额应与约定给付的价值减少成比例。基本计算公式为：减价数额=合同约定价格×（约定给付的实际价值–已接受瑕疵履行的实际价值）/约定给付的实际价值。例如，甲与乙约定，由甲为乙修建一栋房屋，建筑费为8万元。如果合同得到实际履行，建设完成的房屋价值为20万元。但是因为甲修建时未完全遵守合同约定，房屋存在瑕疵，估价为16万元。如果乙愿意接受甲的瑕疵履行，其可以通过减少应付的建筑费用的方式，替代4万元的损失。减价数额=8×（20–16）/20=1.6（万元）。

在有些合同中，减价数额可以根据合同价额减去已履行合同的价额直接进行计算。例如，甲以每吨10万元的价格向乙购买B货物20吨，而乙最终只能向甲提供15吨货物，如果甲接受乙的部分履行，可选择行使减价权进行救济。减价数额为：20×10–15×10=50（万元）。这样，甲在接受乙的部分履行时，向乙实际支付150万元即可。

《买卖合同解释》第23条将减价权规定为，当事人主张以符合约定的标的物和实际交付的标的物按交付时的市场价值计算差价的，人民法院应予支持。这实际上是按照损失赔偿的差额计算法进行减价数额，这样计算出来的减价额通常较大，对债务人不利。例如，甲与乙订立A物品的买卖合同，买卖价为10万元，而A物品的实际价值为8万元。结果，乙向甲交付的物品存在瑕疵，其实际价值被估算为6万元。按照《买卖合同解释》第23条的差价计算法，减价额为：10–6=4（万元）。而根据减价权的计算方法应为：10×（8–6）/8=2.5（万元）。一般而言，瑕疵物品并没有市场价格，其价值只能通过估算确定。所以，《买卖合同解释》第23条存在严重缺陷，不足以采用。

减价权以遵守合同约定为前提，这是本条将它与修理、重作、更换等补救履行权规定在一起的主要原因。但是，从保护期待利益这一违约救济目标着眼，减价与补救履行之间则存在重大差异。补救履行旨在实现合同既有的约定内容，即通过补救履行使合同得到实际履行。减价表现为接受不符合约定的履行，不追求实现合同既有的约定内容。减价的目的是维护当事人双方约定的给付与对待给付之间的价值关系，使接受瑕疵履行的债权人所负金钱债务，按照一定比例相应地减少。由于着眼于解决给付与对待给付之间的均衡性问题，减价并不涉及瑕疵履行本身给非违约方的期待利益或固有利益所造成的其他损害问题，如可得利益的丧失、瑕疵履行对非违约方人身或其他财产的损害等。因此，减价权可以与损失赔偿权并用。[①]行使减价权的一方可以根据瑕疵履行给自己的期待利益或固有利益造成的损害，同时向违约方提出损失赔偿的请求。

减价权可以在尚未支付合同价格时行使，也可以在合同价格已经支付之后行使。《买卖合同解释》第23条第2款所作“价款已经支付，买受人主张返还减价后多出部分价款的，人民法院应予支持”的规定，只是确认了价款已先行支付时的减价。违约方已受领全部价款的，非违约方行使减价权后，违约方所占有的应减少价额则失去法律上原因，应当向非违约方退还。

（二）修理、重作、更换、退货

可以请求违约方承担修理、重作、更换、退货等违约责任，是本条规定的另一类法律效果。它主要适用于非金钱债务中的给与债务与作为债务。这四种救济权的适用条件各有不同，债务人会由此承担轻重不一的违约责任。因此，本条规定各种救济权时特别强调“根据标的的性质以及损失的大小”与“合理选择”。这些规定意味着，选择行使哪一种权利需要依据债务标的的性质及所受损失的大小而定，不能仅仅基于使债权利益最大化进行考量。这需要考虑债务人修补瑕疵的负担或代价与债权人之期待利益之间的均衡性问题。例如，如果能够通过简单的修改就能消除瑕疵，则不能要求债务人予以更换。

① 参见山东省东营市中级人民法院（2019）鲁05民终619号民事判决书。

债权人应当在发现或理应发现履行不符合约定情形后的合理期限内通知债务人，说明履行不符合约定的具体情况，否则丧失声称履行不符合约定而要求救济的权利。《民法典》关于买卖合同部分对此有特别规定（第620条、第621条）：买受人收到标的物时应当在约定的检验期限内检验，并应在检验期限内将标的物的数量或者质量不符合约定的情形通知出卖人，怠于通知的，视为标的物的数量或者质量符合约定。没有约定检验期限的，买受人应当在发现或者应当发现标的物的数量或者质量不符合约定的合理期间内通知出卖人。买受人在合理期限内未通知或者自收到标的物之日起2年内未通知出卖人的，视为标的物的数量或者质量符合约定；但是，对标的物有质量保证期的，适用质量保证期，不适用该2年的规定。出卖人知道或者应当知道提供的标的物不符合约定的，买受人不受前两款规定的通知时间的限制。买卖是有偿合同的典型形态，根据《民法典》第646条的规定，法律对（买卖合同之外的）其他有偿合同没有规定的，参照适用买卖合同的有关规定。故而，《民法典》第620条、第621条关于验收标的物的规定，可以适用于其他有偿合同的履行。

修理，是指消除标的物的瑕疵使之符合合同约定。更换，是指以同种类同质量同数量的标的物予以替换，它适用于种类物的瑕疵履行。债权人要求更换瑕疵物并因此退还瑕疵物，对债务人而言是一个负担，远距离的退还与更换会使债务人负担更大的交易风险。如果瑕疵不严重，较为合理的做法是：债权人可以自己处置瑕疵物并主张与此相关的费用，并可请求由此造成的损失赔偿金；或者债权人可以保留瑕疵物，并要求减价。重作，是指在负有提供工作成果的作为债务中，债务人交付的工作成果不符合约定，由债务人重新制作工作成果。退货发生于以下三种情形中：一是行使更换权时把具有瑕疵的标的物退还给债务人；二是重作权的行使在有些情况下也发生退还不符合约定的工作成果的情况；三是行使合同解除权时，把已受领的给付原物返还给债务人。无论是哪一种情形，退货都不是一种独立的违约救济权。《民法典》第179条关于民事责任承担方式的集中规定，也没有把退货列举规定为一种责任承担方式。

三、修理权、更换权及重作权的抗辩事由

修理、更换及重作皆以消除给付瑕疵、使合同按照约定的标准得到实际

履行为前提，相比于债务人完全不履行合同义务情形下的违约救济权，这三种救济权被称作补救履行请求权，并被看作履行请求权的一种特别形式。[①]

为保护债务人的利益，这三种特别的实际履行请求权，应受到《民法典》第580条第1款但书规定的限制，[②]第580条所作“履行非金钱债务不符合约定”的规定本身也表明，其也适用于瑕疵履行的情形。因此，修理这种违约救济权受事实上不能修理、修理费用过高、受害人在合理期限内未提出修理要求等限制。如果瑕疵事实上能够修理，债权人在违约发生后的合理期限内决定是否选择行使修理权时，必须权衡修理利益（经由修理所获得的利益）与修理费用是否成比例，当修理利益与修理费用显著不成比例时，债务人可依据第580条第1款第2项予以抗辩，以排除债权人的修理权。不宜行使修理权时，债权人可选择损失赔偿权救济自己所受损失与所失利益。例如，甲购买乙的商品房，合同约定房屋层高3米，甲按约支付全部购房款，但在房屋交付验收时发现房屋实际层高为2.9米，超出正常误差范围。在此情况下，以修理达到合同约定的层高标准，必然会使债务人付出高昂代价。然而，对债权人而言，3米层高相对于2.9米层高，并不会为其带来特别显著的收益。因此，以损失赔偿给予债权人适当的救济比较合理。[③]

更换权、重作权同样受到事实上不能履行、履行费用过高及债权人在违约后的合理期限内没有提出权利请求等法定事由的限制。

四、瑕疵履行的违约责任与瑕疵担保责任

瑕疵担保责任，是指出卖人就买卖标的之权利或物之瑕疵应负法定无过失责任，包括权利瑕疵责任与物之瑕疵责任。[④]本条是关于瑕疵履行之违约责任的特别规定。在此规定下，应如何理解买卖合同中关于瑕疵担保责任的规定，在《合同法》施行期间，学界对此提出了不同解释意见。有学者认为，根据《合同法》第151条、第111条的规定，出卖人的物的瑕疵担保责任在我

---

① See Hein Kötz, European Contract Law, Second Edition, Oxford University, 2017, p.210.

② 参见韩世远：《合同法总论》（第四版），法律出版社2018年版，第773页。

③ 参见广东省中山市中级人民法院（2018）粤20民终2706号民事判决书。

④ 参见林诚二：《民法债编各论》（上），中国人民大学出版社2007年版，第85页。

国合同法上已经被统合进违约责任之中，我国民法在瑕疵履行上采纳了违约责任的“单轨制”，而不是违约责任与瑕疵担保责任并存的“双轨制”。[①]也有学者认为，《合同法》没有将瑕疵履行及其救济方式（瑕疵担保责任）契合无间地统合到违约责任制度之中，如果一定认为统合了，那也只是形式的归并，而非实质上的统合。[②]《民法典》关于违约责任的一般规定及关于违反买卖合同的违约责任的特别规定，沿袭了《合同法》的规范体系结构。根据《民法典》第617条所作“出卖人交付的标的物不符合质量要求的，买受人可以依据本法第五百八十二条至第五百八十四条的规定请求承担违约责任”的规定，[③]由瑕疵履行所产生的补救履行权、减价权、损失赔偿权等权利皆被纳入《民法典》合同编违约责任一章，并以违约责任之名予以统一构造，只有由瑕疵履行产生的合同解除权被排除在违约责任之外。而解除权之所以被排除在违约责任之外，是因为违约责任本身无法囊括解除权制度。以此而言，以瑕疵履行为适用前提的瑕疵担保责任，则被含义更广的违约责任概念和制度所涵盖。由于因瑕疵履行产生的补救履行权、减价权、损失赔偿权在构成上并不考虑债务人的过错问题，所以，将瑕疵担保责任纳入违约责任制度之中，也不存在实质性障碍。

但是，须注意的是，将瑕疵担保责任纳入违约责任制度进行理解，并不意味着在处理由瑕疵履行所产生的违约责任时，仅依据违约责任一章与合同解除制度就足以解决所有问题。由瑕疵履行所引发的违约救济仍然具有如下独特性：第一，债权人于危险移转前可享有中止履行权或拒绝受领权，以免事后陷入复杂法律关系中。如根据《民法典》的规定，因标的物不符合质量要求，致使不能实现合同目的的，买受人可以拒绝接受标的物（第610条）；买受人有确切证据证明第三人对标的物享有权利的，可以中止支付相应的价款，但是出卖人提供适当担保的除外（第614条）。第二，债务人在责任承担上享有特别的责任排除事由。概括地讲，债务人可以基于以下事

---

① 参见韩世远：《出卖人的物的瑕疵担保责任与我国合同法》，载《中国法学》2007年第3期。

② 参见崔建远：《物的瑕疵担保责任的定性与定位》，载《中国法学》2006年第6期。

③ 在我国20世纪80年代以来的民事立法中，违约责任的内涵始终没有局限于继续履行、损害赔偿和支付违约金，而是一直包含着修理、更换、重作、减价等内容。

由排除其责任：一是债权人明知或因重大过失不知物的瑕疵；[①]二是债权人未尽检查通知义务；[②]三是特约免除，即当事人之间可以特约免除或限制债务人的瑕疵担保责任，但如债务人故意或重大过失不告知物之瑕疵的，特约无效。[③]

因此，虽然瑕疵担保责任已整体上被纳入违约责任范畴，但鉴于瑕疵履行所引起的救济权利或违约责任存在一定的独特之处，传统的瑕疵担保责任的思维方法在解决瑕疵履行问题上仍具有重要意义。更值得一提的是，瑕疵担保责任制度以一种特别的法律制度强调了如下观念：合同当事人应遵循交易上的对价等值与诚实信用原则，履行非金钱的给与债务。[④]通过一些独特的法律规则将该观念彰显出来，对于维护公平交易具有重要意义。

举证责任

本条关于减价权与补救履行权的规定，都可以独立用作请求权基础规范。从法律适用上讲，主张减价权的债权人应当举证证明该权利的构成要件事实，即债务人存在瑕疵履行行为；要求债务人修理、重作或更换的债权人也需要证明债务人有瑕疵履行行为。债务人依据《民法典》第580条第1款但书规定进行抗辩时，须提出符合第580条第1款但书规定的事实证据。另外，对于补救履行权的行使，债务人依债权人明知或因重大过失不知物之瑕疵、债权人未尽检查通知义务及当事人之间有关于限制或免除债务人的瑕疵担保责任的特别约定为据进行抗辩时，必须为此承担证明责任。

---

① 《买卖合同解释》第33条规定："买受人在缔约时知道或者应当知道标的物质量存在瑕疵，主张出卖人承担瑕疵担保责任的，人民法院不予支持，但买受人在缔约时不知道该瑕疵会导致标的物的基本效用显著降低的除外。"《民法典》未作类似规定。

② 参见《民法典》第621条。

③ 参见《民法典》第618条。

④ 参见王泽鉴：《民法概要》，中国政法大学出版社2003年版，第334页。也有观点认为，瑕疵担保责任之理论依据在于双务、有偿合同相互代价之平衡，以保护交易安全。参见林诚二：《民法债编各论》（上），中国人民大学出版社2007年版，第87页。

第五百八十三条【实际履行后的损失赔偿】

当事人一方不履行合同义务或者履行合同义务不符合约定的，在履行义务或者采取补救措施后，对方还有其他损失的，应当赔偿损失。

历史由来

本条完全承继了《合同法》第112条的规定。在《民法典》编纂过程中，从《民法典合同编（草案）》（征求意见稿）、《民法典合同编（草案）》（一审稿）、《民法典合同编（草案）》（二审稿）到《民法典（草案）》，本条未发生过任何修订。

规范目的或功能

一、规范目的

从本条的文本表达“在履行义务或者采取补救措施后”着眼，它规定的是广义的瑕疵履行时债权人的救济手段之一。广义的瑕疵履行包括迟延履行和履行不符合约定的情况。根据本法第577条的规定，违约方的违约责任包括继续履行、采取补救措施或者损失赔偿。本条紧跟在“继续履行（实际履行）”的违约责任之后，确立了与继续履行和补救履行并存的损失赔偿责任，这是一种履行之外另作的损失赔偿。[①]根本目的在于强调违约方当事人承担实际履行责任之后，还应当对自己的违约给债权人造成的损失承担赔偿责任。

本条确立了实际履行情形下的损失赔偿类型，区别于合同解除后的损害赔偿和替代履行的损害赔偿。本条也体现了损害赔偿法的“损失填补原则”。

二、体系结构

（一）外部体系

本条是对本法第577条规定的违约责任的具体化，是对“与继续履行和补

① 参见朱广新：《合同法总则研究》，中国人民大学出版社2018年版，第702页。

救履行并存的损害赔偿责任”的特别规定。本条是完整条款，债务人继续履行或者采取补救措施后，债权人仍有损失的，本条是独立的请求权基础。

本条规定的是继续履行和补救履行之外的损害赔偿，故与其他规定中继续履行和补救履行的条款可并列适用。比如，本法第579条规定的是金钱之债的继续履行责任，债务人支付金钱后，债权人仍然可以根据本条要求债务人支付迟延利息。本法第582条是瑕疵履行时债权人要求补救履行的请求权基础，债务人进行修理、更换、重作后，债权人仍有损失的，可依据本条主张损害赔偿责任。

本条在体系上处于合同编通则部分，对本编第二分编所有的典型合同均得适用，比如本法第617条明确指示，买卖标的物质量不符合约定的，买受人可以根据本条要求出卖人承担违约责任。对本法未作规定的非典型合同也得适用。

履行不能的法律后果是履行最终不发生，换言之，发生履行不能时，债务人不承担继续履行和补救履行责任（见本法第580条），仅有损失赔偿责任，故不属于本条规定的情况。

（二）内部结构

本条仅包含一款，在违约方实施了继续履行和补救履行后，债权人仍有损失的，本条是债权人损失赔偿请求权的请求权基础。

规范内容

与继续履行和补救履行并存的损失赔偿责任成立，应当满足以下要件：

一、迟延履行或者履行不符合约定

（一）迟延履行

本条在文字上使用的是“不履行”，实际所指为“迟延履行”。迟延履行是最常见的履行障碍问题之一，以给付具有可能性为条件。债务人迟延履行应当满足以下要件：

1.债务人的履行义务有效存在且到期，因为违约责任以有效的给付义务为条件。首先要求合同有效成立，且没有妨碍债权成立的抗辩和债权消灭的抗辩。前者比如民事行为能力缺失、形式要件不满足、没有法定许可等；[①]后者包括已经履行、合同撤销、合同解除、抵销等。债权人虽然有撤销权或者解除权，但是在他行使撤销权和解除权之前，不对债权迟延产生影响；债务人陷入履行迟延后才行使撤销权或者解除权的，迟延履行的情况消灭。债权人和债务人之间有抵销权，在抵销权行使之前同样不妨碍给付迟延。债务人事后主张抵销的，抵销有溯及力，即履行迟延被消灭；债权人事后主张抵销的，不能阻碍履行迟延。先履行抗辩权、同时履行抗辩权、不安抗辩权均阻碍履行迟延的发生。

2.债权人的履行请求权必须到期。债务到期时间是指债权人可以要求债务人提供履行的时间点。履行时间可以由法律确定，也可以由当事人明确约定或者推定约定。法定或者约定的履行时间通常是日历日或者可以根据日历日具体确定的日期。没有约定履行时间的一般认为立即到期，但是需要经过债权人的“催告”，债务人在催告合理期间内仍不履行的，才陷入履行迟延。[②]催告是债权人向债务人作出的单方的需受领的请求，[③]其功能是警告债务人，[④]内容是要求债务人履行义务。[⑤]发生预期违约，即债务人明确地最终地表示不履行债务时，债权人不需要进行催告，债务人在表示拒绝履行的时间点即陷入迟延。

3.在履行迟延所有要件都满足之时迟延开始。没有规定或约定履行期，需要通过催告的，如果债务人在受领催告后没有立即着手实施履行，则迟延开始的时间是催告到达债务人时；如果债务人收到催告则开始履行，那么履行迟延被阻止。迟延履行任何一个要件消灭，迟延终止，比如债务人履行。

---

① 参见王洪亮：《债法总论》，北京大学出版社2016年版，第257页。

② 参见王洪亮：《债法总论》，北京大学出版社2016年版，第257页。

③ 催告是准法律行为，并不是意思表示或者单方法律行为。之所以将“催告”界定为准法律行为，原因在于催告无果时的法律后果是由法律直接规定。尽管如此，部分关于意思表示的规则对“催告”同样适用，比如催告人可以是限制行为能力人，因为催告对催告人没有法律上之不利；也可以通过代理人进行催告。

④ 参见王洪亮：《债法总论》，北京大学出版社2016年版，第313页。

⑤ 参见韩世远：《合同法总论》（第三版），法律出版社2011年版，第395页、第398页。

债务人有抵销权并行使抵销权，迟延终止；债务人依合同规定提供给付，但发生债权人受领迟延的，迟延终止。迟延履行期间，债务变成无效的，或者不再是可以履行的，比如在迟延期间诉讼时效经过，迟延也终止。迟延终止的效力区分为溯及既往和不溯及既往。不溯及既往的终止原因包括：债权人行使解除权、债务人在迟延期间发生履行不能；溯及既往的终止包括：债之关系被撤销、抵销从抵销产生时终止迟延。

（二）履行不符合约定

债务人提供的给付完全或者部分不符合约定的，也存在违约行为。“履行不符合约定”的意思是，债务人虽提供给付，但是给付与债务人按合同约定应负担之义务不一致。

1.合同义务

本条所指的违约既可以是主合同义务的履行不符合约定，也可以是合同的从属义务的履行不符合约定。

合同关系中的主给付义务是具体合同关系中本质的、体现合同特色的给付义务；[①]主给付义务决定了合同可以归属于哪类具体的典型合同中。比如在买卖合同中出卖方的主给付义务是转让符合约定的标的物之所有权，买受人的主给付义务是支付买卖价款；在租赁合同中出租人的主给付义务是将符合约定的租赁物交给承租人使用、收益，承租人的主给付义务是支付租金。

从属给付义务不能体现合同的类型，只是对主给付义务履行起辅助作用的义务。合同关系中是否存在从属给付义务，以及其范围取决于具体的合同关系。从属给付义务既可以由法律规定，也可以约定，还可以由诚实信用原则中解释出从属给付义务。法定从属给付义务，比如委托合同中委托人预付费用的义务（《民法典》第921条）等。

2.履行瑕疵

债务人提供的给付是否符合约定首先应当根据合同的内容确定。当事人对给付标准有约定的，按约定确定给付标准。约定的标准既可以高于通常标准，也可以低于通常标准。虽然本条文字表达是“履行不符合约定”，其表

---

① Brox, Hans/Walker, Wolf-Dietrich, Allgemeines Schuldrecht. Muenchen 2002, §2 Rn.6.

达的意思并非仅指当事人对履行标准有约定的情况，因为履行质量通常并非合同核心要素。[①]当事人没有约定但有法律规定的，给付要符合法律规定，比如要符合本编典型合同中对给付标准的具体规定，也要符合特别法中的规定。既无约定，也无法律规定时，根据具体合同类型的一般交易习惯确定履行质量。

典型的给付义务瑕疵是质量瑕疵，无论给付标的是物还是服务，都可以用质量来衡量。质量所涉及的具体内容，根据合同类型确定。比如，在物的买卖中，出卖人交付并转让所有权的物应当没有物之瑕疵和权利瑕疵。有约定的，标的物质量应当符合当事人保证的品质，没有约定的，标的物之品质应当可供使用人正常使用。标的物有权利瑕疵的，比如负担他人之权利，也属于质量瑕疵。

鉴于本法没有细致区别瑕疵履行和部分履行，给付数量不符合约定，即存在部分给付的，也受本条规范。部分给付的前提条件是给付具有可分性，主要是金钱之债和可替代物之债，在具体情况下服务也可能具有可分性。给付不可分的，不存在部分给付的情况，比如，给付是承揽给付，标的是一个承揽结果，是不可分的。不过需要注意的是，部分给付的具体情况将影响债权人救济手段，即是否允许债权人不接受给付，而选择替代全部履行的损害赔偿。只有在债权人对部分给付没有利益的情况下，他才可以主张替代全部履行的请求权，拒绝接受部分给付。比如买方购买一桌四椅的一套餐桌椅，卖方送了两把椅子，相同的椅子不再生产。在此情况中可以认为债权人对部分给付没有利益，他可以请求替代全部履行的损失赔偿。当然，在买卖合同中会涉及抵销问题。

履行不符合约定，除存在质量瑕疵和数量瑕疵外，还包括其他情况。比如，履行地点不符合约定，包装不符合约定等。鉴于瑕疵的多样性，实践中应综合各类情势并依诚实信用原则确定履行是否符合约定。[②]

判断履行有瑕疵的时间点根据合同类型的不同有所区别。买卖合同和承

---

① 参见王洪亮：《论合同的必要之点》，载《清华法学》2019年第6期。

② 参见金晶：《〈合同法〉第111条（质量不符合约定之违约责任）评注》，载《法学家》2018年第3期。

揽合同中确定是否存在瑕疵履行的时间点是交付时，[1]实践中司法裁判也采这一时间点。[2]具体就买卖合同而言，交付标的物或者转让权利时，应当符合买卖合同约定；承揽人交付成果时该承揽成果应当符合承揽合同约定。给付是行为的，比如在服务合同中，判断是否有瑕疵的时间点是行为实施时。

3.违反保护义务

本法没有单独的关于违反保护义务的规定，而本条确立的是与实际履行并存的损失赔偿，故债务人违反保护义务的，债权人也可以根据本条主张损失赔偿。[3]

（三）迟延履行和瑕疵履行的关系

债务人尽管在履行期限内提供给付，但给付有瑕疵，是否可以认为债务人因为没有全面履行而迟延履行？从传统的迟延履行定义上看，迟延履行是指债务人从外观展示看没有提供给付，只要债务人从外观上按期履行了，就不存在履行迟延。但是如果债务人因为瑕疵给付需要重新提供给付，重新提供给付超过给付期限的，则存在履行迟延。

二、继续履行或者采取补救措施

我国合同法承认合同的“继续履行（specific performance）”。[4]本法第577条、第580条但书之前的规定以及第581条，都承认了债务人违约时的继续履行原则。准此，债务人不履行或者履行不符合约定的，在不发生履行不能的情况下，承担继续履行或补救履行责任。换言之，如果债权人要求债务人继续履行，债务人有义务继续履行，除非存在本法第580条规定的除外情形。

债务人在债务履行期届满时不履行的，其补救措施是继续履行。债务人履行不符合约定的，具体的补救措施视情况而定。本法第582条第2句列举了几项补救措施：修理、重作、更换等。修理和更换是买卖合同标的物有瑕疵

---

① 参见金晶：《〈合同法〉第111条（质量不符合约定之违约责任）评注》，载《法学家》2018年第3期。

② 广东省广州市中级人民法院（2015）穗中法民二终字第283号民事判决书。

③ 参见朱广新：《合同法总则研究》（下册），中国人民大学出版社2018年版，第702页。

④ “specific performance”也被翻译为“强制履行”“实际履行”等术语。

时的补救措施。有争议的是，债权人在选择补救措施时是否有先后顺序。个别单行立法和地方性法规规定了“两次修理无果，始得更换”规则，这实际是确立了修理优先原则，[①]实践中部分观点认为，作为债权人的买受人可以自由选择要求出卖人修理还是更换；[②]部分观点认为，出卖人能通过修理消除标的物瑕疵的，买受人不能要求更换。[③]学界对此也有争议。[④]本书认为，通常情况下债权人可以选择修理还是更换，但是选择权受比例原则限制。一个补救措施的耗费远远超过另一个补救措施耗费的，基于诚实信用原则，债权人只能选择耗费低的补救措施。承揽合同中修理和重作之间的关系亦同。

三、损失赔偿责任的构成要件

与继续履行和补救履行并存的损失赔偿责任成立应当满足以下要件：

（一）有损失

在合同中没有约定损失赔偿额（比如违约金或者定金），特别法也没有规定损失赔偿额的情况下，[⑤]损失赔偿法应当遵守损害填补原则，亦即，有损失才有赔偿。因此，首先要求债权人要有损失。损失是指利益损害，利益既可以是金钱性利益，也可以是纯粹精神利益。损失的分类很多，最基本的分类是将损失区分为财产损失和非财产损失。也可以将损失区分为所受损失和所失利益。所受损失是因违约引起的债权人现有财产的减少，所失利益是受损失方应当增加而未增加的财产。还可以区分为直接损失和间接损失。直接损

---

① 参见贺栩栩：《论买卖合同法中继续履行规则的完善》，载《政治与法律》2016年第12期。

② 参见浙江省杭州市中级人民法院（2010）浙杭商外终字第3号民事判决书。

③ 参见上海市奉贤区人民法院（2012）奉民二（商）初第1447号民事判决书。

④ 比如，韩世远教授将“更换”定义为“……无修理可能，或修理所需费用过高，或所耗时间过长，债务人交付同种类同质量同数量的标的物的补救措施”（韩世远：《合同法总论》（第三版），法律出版社2011年版，第608页）；部分学者认为债权人原则上可以选择（参见缪宇：《论买卖合同中的修理、更换》，载《清华法学》2016年第4期；郝丽燕：《论特定物买卖瑕疵履行时的交付替代物》，载《政治与法律》2017年第9期）。

⑤ 特别法可以规定惩罚性损害赔偿，比如《消费者权益保护法》第55条规定了价款3倍惩罚性损害赔偿，《食品安全法》第148条规定了损失3倍或价款10倍惩罚性损害赔偿。

失是被侵害法益本身的损失，比如在标的物有瑕疵时的维修费用，包括其中的贬值价值。贬值价值是指虽然标的物的瑕疵在技术上已经被排除，但其市场价值仍然降低。间接损失是结果损失，比如可得利益损失、所失使用可能性等。

对于财产性损失，莫姆森将损失定义为，未发生损害事件时财产状态和它的实际状态之间的差额，此即差额理论（Differenztheorie）。尽管不少观点对差额理论定义的损失提出批评，但至今差额理论仍然是查明损失的正确方法。虽然违约时是否会产生非财产损失存在争议，但在我国实践中已经得到支持。①

在确定是否存在可以用金钱计算的损害时，首先可以看被损害的对象是否有“市场”，有市场才有财产价值，受损时方能用金钱赔偿。是否有物质上的使用价值并不重要，比如古董等艺术品，虽然只能观赏，但仍然有其市场价值。在没有“市场”的情况下，确定其是否属于可赔偿的损失时，可以看取得它是否需要付出金钱。比如，在所失使用利益中，业余时间的使用可能并没有市场，但仍可以用金钱衡量。对这种所失的使用利益，关键是从交易的视角看它是否属于经济权益。因为没有市场，其价值只能由法官根据诚实信用原则自由裁量。

损失范围的确定参见本法第584条评注。

（二）因果关系

违约损失赔偿责任的另一个要件是，违约行为与损失之间有因果关系。损失赔偿责任中要求具备两个因果关系：其一是违约行为与法益损害之间必须存在因果关系，此因果关系被称为责任成立的因果关系，该因果关系是违约责任请求权成立的要件之一；其二是指法益的侵害与产生的损失之间必须存在因果关系，被称为责任赔偿的因果关系，旨在确定损害赔偿的范围。②本条规定的是继续履行或补救履行后的损害赔偿，要求成立两重因果关系，即违约行为与债权人的积极给付利益损害之间有因果关系，积极给付利益损害

---

① 参见本法第584条评注。

② 参见韩世远：《合同法总论》（第三版），法律出版社2011年版，第623—624页。

与损失之间有因果关系。根据等值理论，在没有违约行为的情况下损害不会发生，则因果关系成立。

（三）归责原则

违约人承担损失赔偿责任的另一个条件是存在责任原因。责任原因在大多数情况下与违约人的主观过错（故意和过失）有关，但是两者并不等同，某些情况下归责原因是担保或者风险。[①]当归责原因与违约人主观相关联时，关于违约责任归责原则在我国理论中存在很大的争议。第一种观点从《合同法》法律条文出发，认为违约责任的归责原则是无过错责任，又称严格责任。依此观点，违约责任与违约人是否有过错无关。[②]我国司法裁判多受严格责任理论影响，认为违约责任不因违约方无过错而转移或者免除。[③]第二种观点提出，违约责任的归责原则以严格责任为原则，过错责任为例外。[④]第三种观点是，以过错责任为原则，严格责任为例外。[⑤]也有主张严格责任和过错责任并存的二元归责原则的观点。[⑥]

根据本法第577条，违约责任包括继续履行、采取补救措施和损害赔偿。首先要明确的是，其中继续履行和补救履行是合同约束力的要求，只要债权人请求继续履行或补救履行，且不存在债务人履行不能的，就应当继续履行或采取补救措施，不涉及归责原则问题。[⑦]归责原则仅在损害赔偿时涉及。关

---

① Muenchener Kommentar zum BGB, §280, Rn.20.

② 梁慧星：《从过错责任到严格责任》，载梁慧星主编：《民商法论丛》（第8卷），法律出版社1997年版，第1—7页；马骏驹、余延满：《民法原论》（第三版），法律出版社2007年版，第618页。

③ 河南省开封市中级人民法院（2016）豫02民初63号民事判决书；辽宁省高级人民法院（2018）辽民申3421号民事裁定书。两案虽然出现了“违约责任不以违约方无过错而免责”的表述，但是并不属于本条规定的继续履行或补救履行之后的损害赔偿，而涉及继续履行、履行不能和违约金问题，实际与过错并无关系。

④ 参见王利明：《合同法研究》（第二卷），中国人民大学出版社2003年版，第428页。

⑤ 参见李永军：《合同法》，法律出版社2004年版，第577页。

⑥ 参见崔建远：《严格责任？过错责任？——中国合同法归责原则的立法论》，载梁慧星主编：《民商法论丛》（第11卷），法律出版社1999年版，第197页。

⑦ 参见朱广新：《合同法总则研究》（下册），中国人民大学出版社2018年版，第648—649页。

于违约损害赔偿责任的归责原则，本书认为应当以过错归责为原则，严格责任为例外，这里的过错归责以过错推定为原则，一般过错为例外。原因如下：

第一，从本章关于违约责任的法律规范出发，并不能得出违约时的损失赔偿责任不以过错为要件。民法典的大多数责任条款并没有完整地明确规定所有的责任成立要件，比如本法侵权编第1165条没有明确规定违法性为侵权责任的要件。如果过错为违约责任的当然要件，则不必对此予以规定，[①]正如违法性之于本法第1165条。

第二，无过错归责引起违约责任的扩张，只要债务人不按合同约定履行，就要承担损害赔偿责任，这显然不具有合理性。我国《合同法》显然也认识到这一点，因此规定了不可抗力作为免责事由。然而很难通过立法对免责事由作出全面规定，比如意外事件是否应当作为免责事由。过错归责原则可以说是控制违约责任的安全阀，使违约时的损失赔偿责任不至于无限扩张。[②]

第三，过错归责原则的缺失很可能导致我国合同法领域违约责任体系构建不完整，比如债权人受领迟延的法律后果不止本法第589条规定的两项，还应当包括债务人责任减轻，即受领迟延期间标的物损毁灭失的，债务人仅在他对此有故意或者重大过失的情况下承担继续履行义务。债务人责任减免与主观过错程度相关联，无过错归责不能得出该结论。

第四，从比较法上看，违约损失赔偿以过错原则中的过错推定为主流。明确规定过错原则的是《德国民法典》第280条及第276条，但是使用的文字表达是“有责任（vertreten muessen）”，其基础主要是主观故意或者过失，但不限于此，还包括保证归责和风险归责等归责原因。但是债权人并不承担过错的证明责任，如果违约方主张不承担违约责任，要证明自己无过错。[③]这种证明责任分配是《德国民法典》立法时的基础理念。[④]《法国民法典》没有明确规定违约损害赔偿要求过错，也曾被认为是严格责任，但是司法裁判中发展出的观点是：债务人的过错推定存在，只有在他对此予以反驳的情况下

① 参见李永军：《合同法》，法律出版社2004年版，第577页。

② 参见韩世远：《合同法总论》（第三版），法律出版社2011年版，第594页。

③ Muenchener Kommentar zum BGB, §280 Rn.28, 30a–31; Hein Koetz, Europaeisches Vertragsrecht. Muenchen 2015, S. 358.

④ Muenchener Kommentar zum BGB, §280 Rn.31.

才允许免责，即债务人要证明他已经履行交易中必要的注意义务。因此，《法国民法典》第1147条规定的严格责任被认为是适用于债务人有允诺的情况。[①]与《法国民法典》相似的是《国际商事合同通则》第7.4.1条，该条条文虽然没有明确要求过错，但是其评论指出，受害方仅证明不履行就足够了，没有必要再证明不履行是由不履行方的过错引起的。[②]由此可见，第7.4.1条也是债权人的证明问题，并不能认为《国际商事合同通则》中违约损害赔偿遵循的是严格责任的归责原则。英美普通法中，违约责任的归责原则是“保证原则”，但不少情况中当事人只要尽到理性人的一般谨慎义务，就不构成违约。英美法系的法院在违约损害赔偿中并非不考虑违约方的主观因素，比如美国加州最高法院1971年审理的“麦克法登诉沃克案”，该案原告主张，证据并没有表明，被告的违约不是由于故意。[③]在美国合同法的违约责任中，并非不考虑违约方的主观因素。

综上所述，无论从我国《合同法》的传统，或是从本法条文之间体系关联性出发，还是从国际合同法的发展趋势看，违约损害赔偿的归责原则宜以过错推定为原则，在法律有明确规定的情况下采一般过错原则，在（瑕疵）担保责任或风险责任中采无过错责任。

（四）不存在排除违法性事由

违法性的排除导致违约责任不成立。换言之，违约责任成立所隐含的一个要件是，不履行、迟延履行或瑕疵履行是违法的，而违约的违法性推定成立：违约本身即违法。当存在排除违约违法性原因时，违约责任不成立。排除违法性原因包括民法上的正当防卫、紧急避险等。

四、损失赔偿责任减免

本法在第590条规定不可抗力作为免责事由，即损失由不可抗力引起的，

---

① Hein Koetz, Europaeisches Vertragsrecht. Muenchen 2015, S. 365.

② 参见对外贸易经济合作部条约法律司编译：《国际统一私法协会商事合同通则》，法律出版社1996年版，第194页。

③ 参见王军编著：《美国合同法》（修订版），对外经济贸易出版社2011年版，第264页。

损失赔偿责任免除（详见第590条评注）。

债权人没有采取措施防止损失扩大的，违约方可以根据本法第591条请求不对损失扩大部分承担损失赔偿责任。

债权人对损失产生或扩大与有过错的，根据本法第592条第2款，违约方损失赔偿责任相应减少。

债权人从违约人的违约行为中获得利益或者减少费用支出的，根据损益相抵规则应当将利益部分从损失中扣减。损益相抵实际关乎的是损失的计算。

举证责任

债权人主张损失赔偿的，需要对以下要件承担证明责任：合同关系有效成立，债权到期且可实施；债务人迟延履行或履行不符合约定，债权人有损失，损失与违约行为之间有因果关系；法律明确要求过错的，债权人要证明违约方有过错。

债务人主张自己不承担损失赔偿责任，或损失赔偿责任应当减少的，对以下事项承担证明责任：自己对违约行为无过错（担保责任或风险责任除外）；有免责事由，比如不可抗力；对方当事人与有过错，存在排除违法性事由；在迟延履行中如果债务人主张迟延终止，要承担证明责任。

第五百八十四条【损失赔偿的范围】

当事人一方不履行合同义务或者履行合同义务不符合约定，造成对方损失的，损失赔偿额应当相当于因违约所造成的损失，包括合同履行后可以获得的利益；但是，不得超过违约一方订立合同时预见到或者应当预见到的因违约可能造成的损失。

历史由来

本条承袭了《合同法》第113条第1款，仅作了无关紧要的文字性修改。在《民法典》编纂过程中，从《民法典合同编（草案）》（征求意见稿）到《民法典合同编（草案）》（二审稿），法律草案均接受了《合同法》第113条的两款规定。《民法典（草案）》第584条则删除了《合同法》第113条第2款的规定。

规范目的或功能

本条规定了违约时债务人承担的损失赔偿的范围，换言之，本条的规范内容是责任范围，而不是责任成立。“损失赔偿额应当相当于因违约所造成的损失，包括合同履行后可以获得的利益”体现了完全赔偿原则[①]和损失填补原则。本条明确规定可得利益损失应当予以赔偿。后半句确立了损失赔偿的可预见性规则，这是现代民法违约责任中限制责任理念的体现。本条删除《合同法》第113条第2款关于消费欺诈行为适用消费者权益保护法的规定，意在表明民法中的法定损害赔偿责任不强调惩罚性功能。

本条规定的是损失赔偿范围，并非债权人要求违约方承担违约责任时的请求权基础，故本条应当与其他损失赔偿的请求权基础条款联合适用。债权人基于本章哪个具体规范要求损失赔偿不影响本条适用。本条对本编第二分编各典型合同均得适用，对本法未作规定的非典型合同亦得适用。

本条包含两个半句。第1个半句规定损失赔偿范围，第2个半句规定损失赔偿范围以可预见性为限制。

规范内容

本条适用的条件是违约损失赔偿责任成立（详见本法第577条和第583条评注）。损失的分类标准繁多，本条将损失区分为实际损失（所受损失）和可得利益（所失利益）。违约人赔偿的是债权人的履行利益，或者称积极利益，[②]即获得损失赔偿后债权人的利益状态应当达到合同完全履行时的利益状态，特别是违约人也要赔偿债权人从交易中应当获得的利润。

---

① 参见谢鸿飞：《合同法学的新发展》，中国社会科学出版社2014年版，第479页。

② 参见韩世远：《合同法总论》（第三版），法律出版社2011年版，第621页。

一、实际损失

实际损失是债务人违约引起的债权人现有财产减少的数额。本法未对损失进行定义，对于财产性损失的确定，存在不同的方法。根据狭义差额说（或者称“假定差额说”），违约的实际损失是在不违约的情况下债权人财产状态（假定财产状态）和债权人实际财产状态之间的差额。差额说的优势在于，不仅可以查明是否存在损失，同时可以确定损失额度。在差额法中，关键的是查明受损失方假定财产状态，实践中可能有障碍，另外对非财产损失很难适用，故对其批评的声音从未间断。尽管如此，假定差额说在德国至今仍然被认为是查明损失的正确方法。[①]

二、可得利益损失

（一）可得利益的内涵

违约导致的损失可以表现在两个方向：第一是违约行为使现有财产减少，第二是违约行为阻碍将来财产增加。后者为可得利益损失，也被称为所失利益。[②]常见的可得利益损失是利润损失。《审理民商事合同指导意见》第9条指出，可得利益的具体范围，根据交易的性质、合同的目的等因素，可得利益损失主要分为生产利润损失、经营利润损失和转售利润损失等类型。生产设备和原材料等买卖合同违约中，因出卖人违约而造成买受人的可得利益损失通常属于生产利润损失。承包经营、租赁经营合同以及提供服务或劳务的合同中，因一方违约造成的可得利益损失通常属于经营利润损失。先后系列买卖合同中，因原合同出卖方违约而造成其后的转售合同出售方的可得利益损失通常属于转售利润损失。在可得利益损失中，需要对以下两项具体损失进行说明。

1.财产增值损失

在买卖合同中，如果买方购买标的物没有转卖获利的打算，违约行为发

---

① 参见Muenchener Kommentar zum BGB, §249 Rn.19.

② 参见王洪亮：《债法总论》，北京大学出版社2016年版，第409页。

生后[①]的财产增值是否也应当被可得利益涵盖，进而予以赔偿？

从“利益”的定义上看，要想获得利益，前期必须有所投入，这要求有财产价值的权利或法益的持有人主观上有将该财产性权利或法益投入使用或消费的意愿，且投入的目的是获得利益。按照该定义看，主观上取得利益的意愿至关重要，如果买方没有用购买的标的物获取利益的主观意图，则无从谈及“利益”。但是在可得利益中，“利益”是否要求权利或法益持有人的主观因素，不无疑问。莫姆森对可得利益的定义是“所有被妨碍的财产的增加”；[②]库博尔在《德国民法典》的建议草案中明确提出，损害事件发生后的价值的增加也应当作为可得利益予以赔偿。[③]本书认为，如果把买卖关系中的可得利益仅限制于转卖所获得的利益，对可得利益的理解则有些狭隘。如果卖方履行合同，买方则可以取得标的物的所有权，其财产价值有所增加。损失赔偿是为了使受损害方的财产状态恢复到合同依约履行的状态，这就是所谓的差额假设，也是可得利益应当得到赔偿的原因。在差额假定理念下，应当予以赔偿的不仅是财产的减少，还包括未发生的财产增加。因此，在买方无意转卖的情况下，违约行为发生后财产的增加也应当作为可得利益予以赔偿。

2.买方违约时，卖方是否产生可得利益损失

在买方违约的情况下，即买方既没有接受买卖物，也没有支付价款，这时卖方是否会产生可得利益损失。在此情况下，买方虽没有支付价款，但并没有直接引起卖方财产的减少，因为卖方此时仍然拥有该标的物，还可以继续出卖该标的物，只有当卖方再次出卖的价格低于原合同的价格时，他才产生损失。因此，本书认为，卖方有可能产生间接的、指向未来的损失，属于可得利益损失。

（二）确定可得利益损失的标准：从“确定性”转向“合理性”

《合同法》和本法都没有规定确定可得利益损失的标准。根据统计，法院

---

① 违约行为发生时已经产生的财产增值则属于积极财产损失的范围，不需要在可得利益中予以赔偿。

② Mommsen, Friedrich, Beitraege zum Obligationenrecht II: Zur Lehre vom Interesse. Braunschweig 1855, S. 11.

③ 转引自 Halfpap, Frank, Der entgangene Gewinn. Frankfurt a. M., 1999, S. 79.

在实际裁判时更倾向于援用“确定性规则”进行裁判。[①]大多数情况下，法院都是以原告主张的可得利益的损失不具备“确定性”而不支持原告的赔偿请求，通常会用“难以确定”“不确定”“无法确定”“难以确定”“缺乏确定性”等不同的表述。[②]事实上，所谓的“确定性”并非可得利益损失赔偿在实体法上的构成要件，而是程序法中的证明标准问题。

我国法院在裁判中所要求的“确定性”实际是要求承担举证责任一方承担严格的证明责任，比如在一则案例中，法院称“因该推广实现的可得利益损失举证较为困难，具有相当的不确定性，难以准确确定可得利益损失数额”。[③]在另一则案例中，原审法院认为，“甲公司如果继续代理乙公司产品，是否能卖出乙公司产品及其价格等受多种因素影响都是不确定的”。[④]这种严格的证明标准与比较法上对证明标准的“极大可能性”要求的发展趋势不一致。另外，从裁判理由看，“不确定”除了指向证明标准，还指可得利益的额度无法确定，这实际涉及可得利益的计算方法问题。[⑤]要求证明可得利益的“确定性”不利于受损害人，“可预见性”要件本来就是为了保护违约人，既然违约方在订立合同时已经能够预见可得利益及其额度，如果再要求受损失方（原告）证明可得利益具有“确定性”，一方面增加了作为原告的受损方的负担，另一方面又进一步加强了对违约方的保护，这种做法对受损害方过于不利，可以说是“矫枉过正”。

在比较法方面，关于可得利益的证明经历了从严格到缓和的过程。美国司法裁判对“确定性规则”的要求日趋缓和，首先提出了“合理确定性”证明标准，[⑥]证明责任方只要证明可得利益损失具有合理性即可，这其实是放弃了对确定性规则的要求。[⑦]此后，关于可得利益损失的可能性程度，法院裁

---

① 吴行政：《合同法上可得利益赔偿规则的反思与重构——从〈中华人民共和国合同法〉第113条适用的实证考察出发》，载《法商研究》2012年第2期。

② 刘承韪：《违约可得利益损失的确定规则》，载《法学研究》2013年第2期。

③ 参见江苏省苏州市中级人民法院（2006）苏中民三初字第0119号民事判决书。

④ 参见山东省高级人民法院（2008）鲁民四终字第52号民事判决书。

⑤ 关于可得利益的计算方法，见下文。

⑥ 刘承韪：《违约可得利益损失的确定规则》，载《法学研究》2013年第2期；闫仁河、高亚春：《美国的违约可得利益证明规则及启示》，载《理论探索》2010年第4期。

⑦ 参见吴行政：《合同法上可得利益赔偿规则的反思与重构》，载《法商研究》2012年第2期。

判中经常使用的词语是“probable”“reasonably”“on the cards”等。英国判例中的表达同样不一致，但其程度都低于“极大可能性”。比如在Hadley v. Baxendale案中称：“损失必须作为违约的‘可能的后果’（probable result）具有可预见性。”《德国民法典》中关于可得利益的证明标准从一开始就是“极大可能性”。在《德国民法典》中，严格证明受损失人获得利益既不可能，也不能这样要求。

在我国司法实践中，裁判对确定性的证据要求也逐渐降低，采“合理性”的标准。比如，在一则案例中，法院认为，“虽然没有提供确切损失数额的依据，但事实上因工程出现质量问题导致甲公司长时间不能按时生产，给其造成一定的误工损失当是在常理之中”。[①]至于如何确定“合理性”，诉讼中法官应当在具体案件中视具体情况依据具体证据材料和自由心证来确定。法官形成内心的确信是一个综合考虑的过程，不存在理性怀疑的信任程度足以成就“合理性”，但是并不要求完全排除怀疑，因为“合理性”这个概念本身就包含怀疑的成分，只要法官对“怀疑”的态度是“沉默”，就可以据此判断可得利益具有“合理性”。

（三）计算方法

1.具体计算抑或抽象计算

根据《审理民商事合同指导意见》第10条，可得利益损失赔偿额=可得利益损失总额－违约方不可预见的损失－非违约方不当扩大的损失－非违约方因违约获得的利益－非违约方过失造成的损失－必要的交易成本。在这个公式里，最关键的是确定“可得利益损失总额”，对此我国无论是理论还是实践中均未形成可操作的计算方法。司法实践中，可得利益得不到支持的另一个重要原因也是其计算上的缺陷。比如，在前述案例中，裁判理由中的“不确定”更多的是指可得利益损失的数额无法确定计算。在一则案例中，法院认为，“上诉人主张的15万元可得利益赔偿数额，其计算依据必须是基于今后被上诉人员工用餐份额不变，工作天数不变，经营成本不变等前提条件，而上述因素本身都具有不确定性，故上诉人主张的可得利益赔偿数额不具有

---

① 参见安徽省高级人民法院（2004）皖民二终字第72号民事判决书。

客观合理性”。[①]

在损失计算方面，传统私法中区分为具体计算和抽象计算。“具体计算”是以非违约方，即债权人的个人法律关系为计算基础的计算方法，债权人需要就各个具体计算基础进行陈述并证明。“抽象计算”是指受损害人的损失赔偿请求权与损失是否实际发生无关的计算方法，且不允许损害行为人证明实际并无损失发生或损失较小，或者证明难度很大。但是，抽象计算的目的并不是在实际没有产生财产性损失的情况下也对非违约方进行“损失赔偿”，因此采用抽象计算方法时，非违约方也要证明，不发生违约时可得利益极有可能发生。抽象计算方法仅适用于商人，对个人和国库则不得适用，因为抽象计算的基础是两个假定：假定债权人能够以市场价进行填补交易；假定非违约方从原合同中可以获得一般性盈利。这两种假定通常在商事领域才能成立。

一般情况下，原告不能或者不愿意证明更高的具体损失时，才会选择适用抽象计算方法，从而得出抽象的损失。比如，未按时收到货物的买方可以用比市场价格更低的价格从他处购买到相同商品时，用具体计算方法得出的具体损失就低于抽象计算的损失，此时买方通常会选择用抽象的方法计算可得利益损失。但是就一个整体损失而言，原则上不能部分选择具体计算，部分选择抽象计算。抽象计算的另一个条件是，买卖物是市场上的流通物，亦言之，要有可以确定的市场价格，这就要求在特定时间、特定地点市场上能够买到一定数量的买卖物，否则无法确定市场价格。

2. 买方转卖利益的损失计算

商事领域，如果买方购买标的物之目的在于转卖获利，卖方不履行交货义务时，现实中可能发生的情况是，买方为了降低损失、履行自己与第三人的合同义务会在市场上买入替代货物，换言之，买方通常会进行填补交易再转卖。部分观点甚至认为，如果填补交易能够使损失减少，则买方必须及时进行填补交易，特别是当买卖物是市场上的畅销物时，买方很容易能够在市场上买到该物，并且能够借此避免转卖过程中的可得利益的损失，此时买方不能向卖方主张赔偿可得利益的损失。也有观点认为，买方没有义务进行填补交易。

在可得利益损失赔偿问题中，填补交易的价格一定高于原买卖合同价格，

---

① 参见上海市第二中级人民法院（2004）沪二中民三（商）终字第168号民事判决书。

否则就不存在损失。买方购买货物时的实际价格通常是出厂价或批发价，它与转卖的市场价格之间存在一个商业利润，换言之，买方转卖的实际价格必然高于他买入的价格，包括了具体转卖的商业利润的可得利益损失实际是“具体损失”。如果买方要求赔偿具体的可得利益损失，他必须得证明具体的转卖及价格具有极大可能性，且卖方必须知道或者应当知道买方转卖的意图。

3.财产增值损失计算

买方只要证明财产的增加极有可能，通常买方再购买的市场价超过合同价格，即可认为存在可得利益损失，此时两个价格的差额即为可得利益损失。

4.买方违约时，卖方可得利益损失的计算

买方违约时，卖方是否产生可得利益损失，如何进行抽象计算，各方观点仍不能达成一致。学界通说提出，可得利益额度是合同价格与卖出市场价格之间的差额。[①]另有观点认为，抽象的可得利益额为一般购买价格或者制造费用与合同价格之间的差额。[②]依本书前述观点，只有当卖方再次出卖的价格低时，才产生可得利益损失，那么可得利益的额度计算基础理应为前者。如果卖方主张具体的可得利益损失计算，则要在诉讼中陈述并证明具体财产的具体变化情况。

5.其他问题

在计算可得利益损失时，确定市场价格非常重要，因为市场价格是波动的，与时间和地点有关，因此可得利益损失的额度取决于确定市场价格的时间和地点。通说认为，判断市场价格的时间点是违约方陷入履行迟延时，或者是非违约方应当进行假定的填补交易时，通常是宽限期间经过，或者因为其他原因履行请求权消灭时，对此非违约方有选择权。[③]对于确定市场价格的地点，则应当根据不同的计算基础区别对待，可以卖方给付地的价格为标准，也可以买方的转卖地价格为标准。

在其他的交易中，比如因为被告履行迟延导致营业时间推迟，企业的可

---

① Huber, Ulrich Leistungsstoerungen II. Mohr Siebeck: Tuebingen 1999, S.236.

② Muenchener Kommentar zum BGB, Muenchen 2012, §252 Rn.46.

③ Huber, Peter/Faust, Florian, Schuldrechtsmodernisierung: Einfuehrung in das neue Recht. Muenchen 2002, Rn.214.

得利益损失如果“按事物的一般发展规律”计算，即按照该企业一般经营情况计算，[①]原告不必对此提供更具体的证明。但是如果根据特殊情况，特别是已经采取的准备和预防措施进行具体计算，则原告就要对具体影响可得利益计算的因素进行证明，证明的标准是“极大可能性”，得以证明的因素是计算损失额的基础，一般只有根据特殊情况计算的可得利益更高时，受损害方才会选择这种计算方法。

能够得到赔偿的可得利益是“净利益”，合同履行后的必要支出应当从中扣除，比如应当缴纳的所得税等。另外，还要适用“损益相抵”和“与有过失”等原则，计算出最终的“净可得利益”。

三、精神损失赔偿

违约损失赔偿范围中另一个具有争议的问题是，是否应当赔偿精神损失。在比较法上，德国损失赔偿法对精神损害赔偿持谨慎态度，认为只有在侵权责任中存在精神损害赔偿。[②]在特别情况下承认违约会引起精神损失赔偿，但也是建立在通过违约进而侵害身体健康的情况下，比如药品买卖合同的卖方履行迟延，病人因此经受更多痛苦，由此可能产生精神损害赔偿，即痛苦金。[③]法国民法最初对违约时的精神损害赔偿态度也比较消极，晚近才通过司法裁判承认了违约行为中存在精神损害赔偿。[④]

违约时的精神损害赔偿，曾经被我国学界多数观点否定，晚近越来越多的观点认为，违约时也会存在精神损害赔偿。[⑤]司法裁判也逐渐承认违约时的精神损害赔偿，特别是涉及精神服务行业，比如婚纱摄影服务、婚庆服务、旅游服务、观看演出、骨灰保管服务等。[⑥]

---

① 即使抽象计算也有其具体性，不能抽象地按整个行业的平均一般运行规律进行计算；也有相反观点，认为应该按照该行业的一般运行规则进行抽象计算。

② 参见王洪亮：《债法总则》，北京大学出版社2016年版，第414页。

③ Muenchener Kommentar zum BGB, §286 Rn.120.

④ 参见韩世远：《合同法总论》（第三版），法律出版社2011年版，第617页。

⑤ 参见韩世远：《合同法总论》（第三版），法律出版社2011年版，第620—621页；朱广新：《合同法总则研究》（下册），中国人民大学出版社2018年版，第704页。

⑥ 参见朱广新：《合同法总则研究》（下册），中国人民大学出版社2018年版，第704页。

四、各违约行为的具体损失赔偿范围

本条的违约行为包括不履行义务和履行义务不符合约定，但其包含的内容比第584条更广泛，应当包括所有的履行障碍形式，即履行不能、迟延履行和狭义瑕疵履行。

（一）履行不能时损失赔偿

1.履行不能时损失赔偿的差异

履行不能成立时，债务人不需要承担继续履行责任，但是仍需承担损害赔偿责任。其损害赔偿的范围取决于债权人是否解除合同。

债务人履行不能，债权人根据本法第563条第1款第3项和第4项有解除权。债权人行使解除权，仍有损失的，根据本法第566条第1款主张损害赔偿请求权。合同被解除后，非违约方是否只能主张信赖利益（消极利益）损害赔偿，还是可以主张履行利益（积极利益）损害赔偿，存在争议。[①]本书认为，合同解除和损害赔偿可以并存，该损害赔偿是对未履行合同引起的损失的赔偿，因为合同解除并没有使合同关系溯及既往地根本消灭，而是产生清算法律关系。合同解除后虽然双方都不需要履行合同原始给付义务，但是合同关系并不是没有发生，因此合同解除不发生溯及效力，不存在合理事由强制债权人不能主张履行利益损害赔偿。因此，合同解除后违约方的损害赔偿应当是对履行利益的赔偿。

2.损失赔偿的范围

履行不能时债务人赔偿的是债权人的积极利益，包括给付的市场价值、取得替代给付多支付的花费、可得利益损失。

双务合同中，根据债权人是否解除合同，给付损失的计算方法不同。债

---

① 认为合同解除后的损害赔偿责任限于信赖利益的依据是，解除引起合同关系的清算，当事人之间法律状态应当恢复至合同根本没有订立时，履行利益损失赔偿则是将法律状态恢复至合同完全履行时，因此解除合同与履行利益损害赔偿是矛盾的。相反观点承认解除合同与积极利益损害赔偿可以并列，因为合同解除并未使合同关系溯及既往地根本消灭，而是使合同关系发生改变。消灭的是原始给付义务，双方当事人的法律状态不应当恢复至未订立合同时，而应当恢复至合同履行时。

权人解除合同的，债权人的损失通过差额法计算，即给付价值和给付价值之间的差额。债权人决定不解除合同，债务人因为履行不能其自然给付义务消灭，但是承担替代自然给付的损害赔偿义务，债权人仍然有对待给付义务。此时损失不得根据差额法进行计算，而要根据替代法计算。如果债权人是金钱给付义务，则在条件满足时可以与债务人的损害赔偿义务抵销。此时采差额法还是替代法计算损害赔偿并无实际不同。差额法和替代法计算损失的区别体现在狭义的交换合同的情况，此时债务人因为履行不能不需要提供自然给付，只承担替代自然履行的损害赔偿，而债权人还要提供对待给付。最终债权人取得的是金钱，债务人取得合同约定的交换标的。比如，甲和乙之间订立了以A车易B车的交换合同，在交付之前甲因为自己的过错将A车撞毁。甲因为履行不能不需要交付A车，乙有解除权，但是并非一定要解除合同。若乙决定不解除合同，他只能向甲主张替代A车全部市场价值的损害赔偿，同时基于交换合同将B车交付给甲。

（二）迟延履行的损失赔偿

迟延履行的损害赔偿包括迟延履行利息、迟延履行时间内的可得利益。

迟延利息针对金钱之债的迟延履行。因为金钱本身是一种可以带来利息收益的财产，故迟延利息是损害赔偿。参照本法第676条，当事人之间有约定的，依约定计算迟延利息；无约定的，按照国家有关规定支付逾期付款的迟延利息，即应按照中国人民银行规定的金融机构计收逾期贷款利息的标准支付法定逾期利息。另外，约定迟延利息计算标准的，还应参照《民间借贷规定》的规定，即双方约定的利率不得超过合同成立时一年期贷款市场报价利率的4倍。实践中，双方当事人在某些情况下会既约定在迟延支付价款时按日支付“违约金”，同时也约定支付逾期利息。两者实际所指相同，出卖人可以并行主张，但总额不能超过法定限额。如果当事人在合同中约定了“迟延违约金”，出卖人不能在迟延违约金之外主张法定迟延利息，除非当事人之间另有约定。①

---

① 参见姚明斌：《金钱债务迟延违约金的规范互动——以实践分析为基础的解释论》，载《华东政法大学学报》2015年第4期；关于约定违约金，可参见姚明斌：《〈合同法〉第114条（约定违约金）评注》，载《法学家》2017年第5期。

（三）瑕疵履行的损失赔偿

瑕疵履行时，损失赔偿范围依债权人选择的救济途径有所差异。瑕疵履行不足以解除合同的，债权人可以要求修理，瑕疵消除后仍然有损失的，这部分损失在损失赔偿范围内，包括可得利益损失，也包括标的物价值减少损失。这部分损失被称为“小损失赔偿”。瑕疵无法消除的，债权人可以主张替代全部履行的损失赔偿，即“大损失赔偿”，如果在此外有还其他损失的，违约人也要赔偿。还有一种可能是，债权人保留有瑕疵的标的物，主张减价。瑕疵履行导致合同被解除的，损失赔偿范围同样是履行利益赔偿。

履行瑕疵引起瑕疵结果损失（加害给付）的，比如购买的微波炉有质量瑕疵，爆炸后导致其他财产有损失，损失赔偿范围包括该部分损失。

五、可预见性规则

（一）可预见规则的必要性

通常认为，1854年的Hadley vs. Baxendale案是英国法院在可得利益损失赔偿中引入“可预见规则”的第一个判决。实际上在该案之前，美国法院在相关的裁判中就已经要求予以赔偿的可得利益损失应当具有“可预见性”。比如，在1839年的Blanchard vs. Ely案中，原告向被告主张可得利益损失赔偿，判决援用了波蒂尔的学说，[①]以损失不具有“可预见性”为由驳回了原告的诉讼请求。在损害赔偿中引入“可预见性规则”符合现代损失赔偿理念的发展趋势，从多个视角看都有其存在的必要。

违约损害赔偿法引入“可预见性规则”是对完全赔偿责任的限制。完全赔偿原则长久以来收到了不少批评的声音。发生损害时，损害人的完全赔偿责任在现代社会中不再具备合理性，因为完全赔偿原则所保护的损失范围过于宽泛，对损害人的惩罚过重，没有考虑到他们的实际赔偿能力。特别是18

---

① 波蒂尔认为，违约责任中的损害赔偿引入“可预见性规则”的法理基础是私人自治，不仅合同中约定的义务应当以私人自治为基础，不履行合同产生的法律后果也应当尊重当事人的意愿。当事人的意愿仅仅包括在缔结契约时债务人能够预见到的合同不依约履行时产生的法律后果，没有预见到的或者不能预见到的法律后果，则不能被当事人的意思所包含。

世纪人类社会进入工业时代后，如果将损害人和受损害人的利益进行比较，完全赔偿责任的这种缺点更加明显，先进的机器设备、技术、材料等的使用隐藏了巨大的损害的潜力，频繁的交易活动同样会将一个因果链条上的损失无限扩大，看似普通的违约或侵权行为，在现代社会中将引起一系列的连锁反应，完全赔偿原则可能会使损害行为人处于一种毫无保护的境地，有时可能危及他们的生存。

“可预见性规则”可以促进合同双方当事人在订立合同时相互交流与合同相关的信息的积极性。可得利益损失赔偿引入“可预见性规则”，促进了风险分配，特别是在无过错的违约责任中，可以借助可预见性将违约产生的损失在合同当事人之间予以分配，对于可预见的风险，由违约方承担，而对于不可预见的风险，则由非违约方承担。这样，为了让对方在违约时能承担可得利益的损害赔偿责任，双方当事人会尽可能把与可得利益相关的信息告知对方，特别是可能引起损害的信息。

（二）“可预见”的对象

在“可预见性”中，需要确定的第一个问题是“可预见性”的对象是什么？本条表述为：“……损失赔偿额应当相当于因违约所造成的损失……但是，不得超过违约一方订立合同时预见到或者应当预见到的因违约可能造成的损失。”从条文的规定可以看出，本条要求可预见的对象是“损失额度”。《联合国国际货物销售合同公约》不要求对违约本身有可预见性，但是无论是根据文本解释，还是根据历史解释，公约第74条都更加明确地要求可预见性的对象涉及损失的额度——与损失的类型无关。法国民法通常认为，《法国民法典》第1150条关于限制债务人责任的规定，仅涉及对构成损害之因素的预见或者可预见，而不涉及用以赔偿损失的货币的价值。[①]英国的判例对该问题的表达相对清楚：没有任何出处要求损失的额度可以预见，相反在一系列裁

---

① 《法国民法典》（下册），罗结珍译，法律出版社2005年版，第881页；也有不同观点认为，“可预见性”的内容同时涉及可得利益和额度，该损失才可以得到赔偿，两者中只要一个不在可预见的范围内，损失就得不到赔偿。

判强调，对损失类型的可预见已足。[①]

本书认为，违约造成的损失从本质上看是“经济损失”，必然有额度。按目前通说，“损失”的定义以差额理论为基础，在该理论下，损失也应当有额度，审核是否存在损失时，不可能不涉及损失数额，否则无法确定是否存在“差额”。“可预见性规则”促进了合同当事人之间风险的分配，甚至决定了合同价格的确定，那么必须涉及违约时产生的损失的额度。另外，可得利益是一种未来的利益，本身并不确定，合同当事人不可能预见到可得利益的准确额度，因此对其额度只能要求违约方在订立合同时预见到“大概”的额度即可。

（三）判断“可预见性”的视角

“可预见性”是事后预测，即法官要在损害发生后将视角调回到订立合同时，来判断损失的可得利益是否已经预见或者应当预见，此时面临的问题是，以谁的视角来判断“可预见性”——以违约人的视角，还是以契约双方当事人的视角；在此问题的基础上，另一个问题是，以具体的当事人视角（主观视角），抑或以抽象的当事人视角（客观视角）为判断标准？

1.违约方视角

判断“可预见性”时，首先要确定的是，以违约方还是以合同双方为判断视角。《联合国国际货物销售合同公约》第74条的表述为——违约方。《法国民法典》第1150条用了一个中性的表达“on”，其本意泛指某人，但是司法裁判和文献中的通说认为，判断的关键视角是损失赔偿义务人，即违约人。英美法中的相关表述则存在分歧，有时是“违约方”，有时则是“双方当事人”。美国法院大多数情况下认为可预见性的视角是“当事人”（the parties）或者“双方当事人（both parties）”。[②]但是理论界、《美国合同法第二次重述》以及《美国统一商法典》则一致认为判断可预见性的视角应当为“违约方”。本条将预见或者应当预见的视角明确规定为“违反合同一方”。这种将判断可

---

① 转引自Faust, Florian, Die Vorhersehbarkeit des Schadens gemaess Art. 74 Satz 2 UN-Kaufrecht (CISG). Tuebingen 1996, S. 123.

② 比如Schroeder v. Barth, Inc. 969 F. 2d 421, 425 (7th Cir. 1992); Cort Furniture Rental Corp. v. Cafritz, 10 F. 3d 13, 1993 WL 478958, **3 (D. C. Cir.).

预见性的视角确立为违约方的立法及判例更符合目的论，因为可预见性规则的意义之一在于，使违约方不必承担不受限制的、不可预期的责任，并无必要要求双方当事人都对可得利益有所预见。

2. 主观视角抑或客观视角

另一个问题是，应该以具体的违约人还是以抽象的违约人的视角确定“可预见性”，前者也被称为“主观视角”，后者则是“客观视角”。判断是否存在“可预见性”，不以最佳的观察人为视角，而是以理想的、典型的债务人为判断标准，这样的债务人不必具有所有的必要经验和认识，即以平均债务人的视角判断可得利益是否具有“可预见性”即可。

（四）“可预见性”与因果关系

因果关系和“可预见性”长久以来就容易被混淆，时至今日，两者的区别仍然充满了不确定，[①]甚至有观点提出，“可预见性”扮演着事实因果关系的角色。[②]实际上，因果关系和“可预见性”大有不同：首先，“可预见性”与因果关系涉及的时间不同，对前者而言，关键的时间是订立合同时；对后者而言，关键的时间点是违约时，因为对法益的侵害和损失的形成皆因违约行为。其次，无论是违约责任还是侵权责任，都要首先满足因果关系要件，而“可预见性”规则只是违约责任中的特别要件要求，侵权责任中的可得利益的损失赔偿不涉及“可预见性”。此外，因果关系是优先性评测标准，“可预见性”是附加评测标准，“可预见性”规则不能替代因果关系单独界定可得利益损失，换言之，在确定因果关系存在后，附加“可预见性”作为判断可得利益损失是否应该予以赔偿的标准，其作用体现在两个方面：一方面在过错责任的立法例中可以把一般过失违约引起的可得利益损失赔偿与欺诈和重大过失违约引起的可得利益的赔偿区别对待；另一方面是可以限制或缩减应当赔偿的可得利益损失的范围，减轻违约人的负担。

---

① 德国有的学者在因果关系理论中用类似“可以预见”的表达，比如梅迪库斯认为，“相当因果关系理论关键在于对因果进程的可预见性”（Staudinger–Medicus, Kommentar zum BGB, 12. Auflage, §249 Rn.33）。

② 叶金强：《可预见性之判断标准的具体化——〈合同法〉第113条第1款但书之解释路径》，载《法律科学》2013年第3期。

（五）对“可预见性”本身的证明

关于“可预见性”的证明问题，存在诸多争议。首先，哪一方当事人应当对“可预见性”承担证明责任，在理论中存在争议。[①]我国司法裁判中的观点同样有分歧：有的裁判要求受害方负举证责任或根据合同目的和内容推定违约人应当预见；有的裁判则根据被告的行业身份推定被告应当预见，要求被告即违约人证明可得利益的不合理性。本书认为，“可预见性规则”的功能是构成责任成立的要件，因此应当由债权人，即受损害方承担证明义务。

在证明标准方面同样存在争议。证明责任方只要证明违约方“可能”具有“可预见性”即可，对“可预见性”的证明不应当要求更严格，比如不应要求“极大可能”——“一个理性人在一般情况下预计，不严重脱离事物的发展时可能产生的损失”。[②]引入“可预见性”规则的目的本来就是对受损失方的违约损失赔偿请求权进行限制，违约人是否已经预见或者应当预见可得利益涉及违约人或者理想的典型债务人在缔约当时的认识，本身举证就很困难，如果再提高证明标准，会使受损失方处于更不利的地位。因此，不应该再通过提高举证难度进一步限制受损失方主张可得利益损失赔偿的可能性。

六、损失确定

损失计算的结果不得使债权人获得高出填补损失的利益，在计算违约损失赔偿时，要扣除非违约方不当扩大的损失、非违约方因违约获得的利益或减少的支出，非违约方对损失也有过错的，适用“与有过失”规则按比例扣减损失。

三 举证责任

主张损失赔偿的当事人应当证明损失以及损失额度。在可得利益损失中，

---

① 参见吴行政：《合同法上可得利益赔偿规则的反思与重构》，载《法商研究》2012年第2期。

② Caemmerer, Ernst von/Schlechtriem, Peter, Kommentar zum Einheitlichen UN-Kaufrecht. Muenchen 1995, Art. 74 CISG Rn.34.

要证明可得利益极有可能产生，主张具体计算的，要证明具体损失额度。主张精神损失赔偿，证明引起精神损失的事实。违约人主张减免损失的，要证明有减免原因，比如存在不可抗力、对方与有过错、对方没有履行减损义务、对方从违约中获得利益或减少支出等。

第五百八十五条【违约金】

当事人可以约定一方违约时应当根据违约情况向对方支付一定数额的违约金，也可以约定因违约产生的损失赔偿额的计算方法。

约定的违约金低于造成的损失的，人民法院或者仲裁机构可以根据当事人的请求予以增加；约定的违约金过分高于造成的损失的，人民法院或者仲裁机构可以根据当事人的请求予以适当减少。

当事人就迟延履行约定违约金的，违约方支付违约金后，还应当履行债务。

历史由来

本条继承了《合同法》第114条的规定，第2款在表达方式上相对于《合同法》第114条有所调整，但法律规范的实质内容没有变化。

规范目的或功能

一、规范目的

传统观点认为，违约金的主要功能是预防违约与违约赔偿。违约金是约定“惩罚”的一种，当事人之间通过约定违约金赋予债权人施压手段；债务人为了避免支付违约金，会致力于依约履行合同，因此违约金有预防违约的功能。约定违约金还会给债权人带来的另一项利益是，在债务人出现约定的违约情况时，债权人主张违约金请求权时不需要对损失以及损失额度进行证明，只需要证明有违约行为即可。即使在不允许主张精神损害赔偿的情况下，当事人也可以约定精神损害赔偿违约金。当事人之间约定损失赔偿计算方法的，这种约定是违约金还是一揽子损失赔偿（Pauschalierter Schadensersatz），要通过解释约定的内容来确定。约定一揽子损失赔偿只是为了简化损失的证明过程。

债务人为了使债权人相信自己会完全履行，在某些情况下会承诺过高的违约金，严格遵守约定违约金很可能导致不可承受的后果。故本条第2款通过对违约金的司法酌减来保护债务人。同时第2款也规定了违约金低于损失时的增加，进一步明确了本条意义上的违约金的赔偿功能。第3款明确的是迟延履行违约金和继续履行之间并存的关系。通过该规定，还可以确定各类违约的违约金责任与补救履行的关系。

二、体系结构

（一）外部体系

1.特别法中有违约金规范时，如果与本法规定不一致，特别法优先适用，比如《劳动合同法》第22条、第23条、第25条。

2.违约金与其他违约责任的关系见下文。

3.违约金与定金的关系参见本法第588条评注。

（二）内部结构

本条包括3款：第1款第1半句是债权人违约金请求权的请求权基础。第1款第2半句规定的是违约损失赔偿计算方法，它不是请求权基础，而是损失或违约金的计算基础，需要与损失赔偿的请求权基础或者第1半句违约金请求权基础联合适用。第2款第1半句是约定违约金过低时债权人请求增加违约金的请求权基础，第2款第2半句是约定违约金过高时债务人要求降低的抗辩权。第3款确定违约金请求权不排除迟延履行时债权人的继续履行请求权。

第2款和第3款对约定损失赔偿计算方法的情况也适用，此类约定属于违约金约定的，直接适用；属于损失赔偿约定的，参照适用。[①]

---

① 参见王利明：《合同法研究》（第二卷），中国人民大学出版社2015年版，第662—664页。

规范内容

一、概念界定

（一）违约金约定：赔偿性违约金抑或惩罚性违约金

约定违约金是双方当事人通过协议达成的私人制裁，其内容是，一方当事人不履行合同或者不依约定履行合同的，要向另一方当事人支付一定数额的金钱或其他给付。违约金约定是债权人和债务人之间附生效条件的给付允诺，其条件是一方当事人违约。在这里并不是法律行为附条件，而是违约金请求权的生成附条件。条件成就时，债务人有给付违约金的义务。违约金条款既可以包含在主合同中，这是合同实践中常见的做法，也可以在合同订立后补充约定，前者是违约金条款，后者是违约金合同。违约金约定具有从属性，是非独立的私人惩罚。[①]有效的违约金约定要求存在有效的、可实施的合同义务。

第1款第1半句明确规定的是约定支付一定金额金钱的情况，这是违约金的一般情况。当事人约定违约时金钱之债的利息提高的，也是违约金约定。当事人还可以约定其他给付作为违约惩罚，比如若不按时供货则多供货半吨，也属于本条意义上的违约金。除此之外，违约时的惩罚给付还可以是实施特定行为或不作为。

学理上部分观点将违约金区分为惩罚性违约金和赔偿性违约金。赔偿性违约金是对损害赔偿的预估；惩罚性违约金是依照当事人约定或者法律规定，对违约行为的一种制裁，又称违约罚。[②]本条规定的违约金到底是惩罚性违约金还是赔偿性违约金，理论中存在争议。[③]最高人民法院的立场是，合同法中的违约金以“补偿为主，惩罚为辅”。[④]虽然违约金不以实际存在损失为条件，

---

① Staudingr-Kommentar zum BGB, §339, Rn.290.

② 参见韩世远：《合同法总论》（第三版），法律出版社2011年版，第658页。

③ 学说综述参见谢鸿飞：《合同法的新发展》，中国社会科学出版社2014年版，第499—501页。

④ 参见最高人民法院研究室编著：《最高人民法院关于合同法司法解释（二）理解与适用》，人民法院出版社2015年版，第256页。

但从本条第2款第2半句的违约金酌减出发，可以认为本条规定的违约金最重要的功能是填补损失，不强调惩罚功能，故惩罚性违约金不受本条规范。有疑问的是，如何确定惩罚性违约金。学界多数观点认为，与法定违约责任并存的违约金是惩罚性违约金，具体情况取决于当事人约定，约定不明时推定为赔偿性违约金。[①]该观点具有合理性，是否为惩罚性违约金需要解释当事人之间的约定，即当事人是否有惩罚之意思，在不能得出当事人有惩罚意思时，应按以“补偿为主，惩罚为辅”的理念确定为赔偿性违约金。比如，卖方承诺的“假一赔十”，其功能除保证履行、赔偿损失外，可以认为远高于实际损失的部分体现的是对违约行为的惩罚。

（二）损失赔偿计算方法：违约金抑或一揽子损失赔偿

有疑问的是，约定的损失赔偿计算方法是违约金约定，[②]还是损失赔偿约定。[③]违约金既有迫使当事人全面履行的功能，又有免除损失证明的功能。与违约金不同的是一揽子损失赔偿约定，它只是为了使损失赔偿的证明简单化，没有作为强制债务人履行手段的功能。区别两者的关键之处是，当事人约定的目的是否仅是为了使损害赔偿请求权简单化，抑或除证明简单化外还有保证履行的功能。比如，当事人之间约定，“不履行将支付价款的20%作为损失赔偿”，该约定虽然用了“损失赔偿”这一术语，但是明显有保证债务人履行的功能，而且，“支付价款20%”的条件只是“不履行”，因此是违约金约定。一揽子损失赔偿适用的条件是有损失，债权人要证明有损失，但是不必证明损失额度。比如，当事人之间约定，“不履行时的损失按价款的20%计算”。在该约定中，支付价款20%的条件是“不履行且有损失”，因此约定的是一揽子损失赔偿。在此情况中，债务人可以通过证明债权人没有损失而抗辩。一

---

① 参见崔建远：《合同法》（第三版），北京大学出版社2016年版，第392页；韩世远：《合同法总论》（第三版），法律出版社2011年版，第658页。

② 持此观点的，参见罗昆：《违约金的性质反思与类型重构》，载《法商研究》2015年第5期；姚明斌：《〈合同法〉第114条（约定违约金）评注》，载《法学家》2017年第5期；朱庆育主编、辛正郁副主编：《合同法评注选》，北京大学出版社2019年版，第412页。

③ 王利明：《合同法研究》（第二卷）（第三版），中国人民大学出版社2015年版，第662—664页。

揽子损失赔偿额度与通常情况下的实际损失额度相当，是依据通常损失额所作预估。如果根据约定的损失赔偿计算方法得出的损失额明显高于或低于预估的损失时，倾向于认为是违约金约定。

（三）相似制度区分

1.失权约款

失权约款规定的内容是，债务人不履行或者履行不符合规定时他将失去某项权利，比如预付款不返还、失去期限利益等。如果约定失去的是全部合同权利，则是约定解除。违约金约定和失权约款的区别只是形式上的，实体法上可以同等对待。在某些情况下可以认为，失权约款就是违约金约款，比如预付款不返还、[①]履约保证金不返还等。[②]本条对失权约款参照适用。

2.独立的罚金承诺

罚金承诺，也被称为不真正违约金。罚金承诺是附条件的给付允诺，即一方当事人对另一方当事人承诺，在他实施特定行为或者不实施特定行为时，向另一方当事人作出特定给付。之所以称之为独立的罚金允诺，是因为它不依赖于主义务（或称原义务）。承诺人并没有作为或者不作为的义务而作出允诺，称其为惩罚并不准确。

3.解约定金与解约金

《担保法解释》第117条规定了解约定金，定金交付后，交付定金的一方可以按照合同的约定以丧失定金为代价而解除主合同，收受定金的一方可以双倍返还定金为代价而解除主合同。解约定金没有担保债的履行的功能，而是根据约定，一方当事人通过支付定金或双倍返还定金而“购买”解除权。[③]

与解约定金相似，但不完全相同的是解约金。解约金是当事人之间约定，只要支付一定数额的金钱就可以解除合同。解约金与违约金相同之处是两者原则上都与实际损失没有直接关联，主张解约金的当事人一般情况下不需要对损失进行证明。解约金与解约定金的相同之处是，都没有担保债的履

① 参见Staudingr-Kommentar zum BGB, §339, Rn.439.

② 参见最高人民法院（2013）民提字第133号民事判决书。

③ 参见Munchener Kommentar zum BGB, §353, Rn.1.

行功能，是当事人通过支付解约金而“购买”解除权。与解约定金不同之处是，解约金合同是非要物合同，当事人不需提前支付定金，只需要当事人约定即可。

4.立约定金

传统的立约定金是证明合同成立的标志，在日耳曼法时期经常被用于仆役买卖、牲畜买卖。鉴于立约定金的功能，在合同成立存疑时，推定其成立，主张不成立的当事人可以通过反证证明合同并未成立。违约金和立约定金都是对合同的强化，前者使合同的履行得以加强，后者使合同的成立得以加强。①

5.违约定金

现代交易使用的定金不再纯粹是合同成立的标志，更多的是为了保证已成立合同的履行。关于违约定金，具体参见本法第586条评注。

6.企业罚金

企业罚金是指在劳动者违反企业内部规章制度时，对劳动者实施的罚款。企业罚款虽然有惩罚功能，但它担保的不是劳动合同义务的履行，而是员工的集体行为，担保的是企业纪律实施。而违约金有私人罚和赔偿功能，与纪律无关。另外，企业罚金没有赔偿功能。

二、违约金约定

（一）合同债务有效存在且可实施

违约金具有从属性，它并不是独立的约定惩罚机制，在生成之前依赖于合同义务的存在，②没有主合同义务则违约行为无的放矢。合同虽然有效成立，但在债务到期前因为不可抗力或者情势变更等不可归责于债务人的原因无法履行时，违约金约定也就失去可依存的基础。合同效力待定的，违约金约定没有效力。原因是效力待定的合同，债权人既没有履行请求权，也没有基于不履行或履行不符合约定的其他请求权。合同被撤销或者在债

---

① 参见 Staudinger-Kommentar zum BGB, Vormerkung zu §339, Rn.5.

② 参见 Brox, Hans/Walker, Wolf-Dietrich, Allgemeines Schuldrecht. München 2002, §11 Rn.2; Munchener Kommentar zum BGB, §339, Rn.14.

务到期前解除，债务人没有履行义务，违约金约定同样失去存在的基础。违约金所担保的债权转让时，包括合同权利义务的概括转让，违约金约定也相应转让。

违约金原则上担保合同的主履行义务，在有明确约定的情况下也可以担保从属义务，比如保密义务、竞业禁止义务等。

（二）违约金约定有效

违约金约定本身也要有效，比如不得违反强制法规定，也不得违反公序良俗。尽管合同实践中多有名为“违约金”的条款，但是判断当事人之间关于“惩罚”的约定是否是违约金，不取决于是否在文字表述上使用“违约金”，而是要通过解释具体约定内容确定。

违约金约定内容必须确定或者可以确定。其中包括以下具体内容：（1）违约金生成的违约形式是确定或者可确定的。该条件容易满足，“违约时”支付违约金条件已满足，因为“违约”具有可确定性。（2）违约金的额度必须是确定的或者可以确定的。违约金额度通常由当事人约定，也可以约定由第三人确定违约金额度。合同当事人一般会约定具体罚金额度，也可以约定违约金在上下限范围内。

对违约金约定的形式没有特别规定，主合同形式影响违约金约定的效力。比如合同本身要求书面形式的，口头约定不成立合同，违约金约定当然无效。以格式条款或者格式合同约定的违约金，还要符合格式条款的相关规定。

三、违约金生成

违约金请求权是附条件请求权，其生成的条件是债务人违反违约金担保的义务。自条件成就开始，违约金请求权与主合同义务分离，具有独立性。

（一）合同债权到期且可实施

违约金生成以合同义务到期且可实施为条件，不可实施的债权不引发违约金生成。比如，债务人有抵销权时，虽然债务人陷入迟延履行，但是如果他在债务到期之前取得抵销权，之后又主张抵销权的，因为抵销权的行使有溯及效力，那么债务在抵销权产生的时刻消灭。抵销权的行使导致债务在到期前就已经消灭，违约被排除。债务人有同时履行抗辩权、先履行抗辩权、不安抗辩权的，债权没有可实施性，债务人违约被排除。主债权经过诉讼时效，且债务人在诉讼中主张时效抗辩权的，已经生成的违约金请求权被溯及消灭。

（二）债务人违约

违约的情况包括不履行、迟延履行和瑕疵履行，违约金生成的情况也不同，但共同之处是，特别轻微的违约不能生成违约金。违约金到底是指向哪种违约形式，由具体的约定内容决定。违约金条款抽象地表述为“违约”的，包括所有的违约类型。

1.履行不能时能否产生违约金

如果债务人不履行的原因是履行不能，违约金请求权是否可能生成？债务人可能违约的时间点是债务到期之时，从此时开始债务人才可能发生迟延履行或者瑕疵履行。合同订立后债务到期之前，因为不可归责于债务人的原因而履行不能的，不产生违约金请求权。[①]债权人的履行请求权到期后发生履行不能的，违约金请求权从主义务到期时生成，并且与主合同义务彼此分离，因此违约金请求权不受履行不能影响。

2.迟延履行违约金

债务人不及时履行，存在迟延履行。迟延履行违约金的生成原则上要求履行迟延的所有要件都满足。特别是没有约定具体履行期限的，需经过债权人催告后仍未履行的才发生履行迟延。当事人可以约定其他附加的违约金生成条件，比如约定“迟延履行超过10天债权人可以主张违约金”。此时，违约金生成除了要求履行迟延成立，还要求附加条件也成立。

债务是金钱之债的，通常当事人会约定迟延履行利息，这其实就是迟延履行违约金。除非约定的迟延利息低于法定利息，否则债权人不能在迟延违约金之外主张法定迟延利息，当事人之间另有约定的除外。约定的迟延利息或者迟延违约金低于法定利息的，可以根据本条第2款第1半句要求增加。实践中，双方当事人在某些情况下会既约定在迟延支付价款时按日支付“违约

① Munchener Kommentar zum BGB, §339, Rn.19.

金”，同时也约定支付逾期利息。两者实际所指相同，债权人可以并行主张，但总额不能超过法定限额，根据《民间借贷规定》第30条的规定，该总额限度为合同成立时一年期贷款市场报价利率的4倍。约定迟延利息计算标准的，也应适用《民间借贷规定》第29条的规定，约定利息不得超过合同成立时一年期贷款市场报价利率的4倍。

根据本条第3款，迟延履行违约金不排除继续履行请求权。

3.拒绝履行违约金

当事人约定拒绝履行违约金的，本法没有明确规定此时违约金请求权与继续履行请求权的关系。但从本条第3款的规定看，拒绝履行违约金请求权与继续履行不可以并存。当事人的违约金约定到底是迟延履行违约金还是拒绝履行违约金，要通过解释具体约定内容来确定。《德国民法典》第340条明确规定了在此情况中违约金请求权与继续履行请求权的关系，即债权人可以选择主张违约金还是主张继续履行，此两项权利之间是选择性竞合关系。

4.瑕疵履行违约金

当事人之间约定瑕疵履行违约金的，因为瑕疵履行与迟延履行同属于履行不符合约定的情形，债权人可以接受有瑕疵的给付，同时主张违约金。

（三）不要求有损失

虽然违约金被称为简单快捷的最小损害赔偿，其功能不仅在于赔偿，还在于督促保证债务人履行，因此它只与“违约”有关，与是否存在损失无关，甚至与是否“可能产生损失”也无关。当然，基于私人自治，当事人可以在违约金条款中约定违约金生成的其他附加条件，比如有损失等。有无损失或者损失大小，可以是影响违约金增减的因素。

（四）债权人与有过错、双方违约

债权人对债务人的违约行为有过错的，债务人取得减少损失赔偿的抗辩。违约金过分高于实际损失的，债权人与有过错是违约金司法酌减应当考虑的因素。违约金请求权是附条件的给付，可以类推适用本法第158条至第160条。债权人的行为可以被涵摄至本法第159条第2半句，则违约金生成条件视为不成就。债权人的行为不能被涵摄至第159条的，债务人可以用诚实信用原则抗辩。除此之外，债权人也有违约行为的，如果债务人有同时履行抗辩权、先履行抗辩权或者不安抗辩权，此时债务人违约金生成被阻碍；如果债权人和债务人各自违反违约金担保的义务的，各自承担违约金责任。[①]

四、违约金司法增减

（一）增加违约金

当事人在约定违约金时很难预见损失大小，不少情况下约定的违约金低于实际损失，债权人的利益仅靠约定违约金不能得到保障。本条在第2款第1半句中规定了违约金司法增加程序，即可以请求人民法院或仲裁机构增加违约金。即使没有第2款第1半句的规定，债权人也可以直接对债务人主张法定损失赔偿，填补损失。请求人民法院或者仲裁机构增加违约金反而使救济程序复杂化。故此，约定的违约金低于实际损失时，司法增加和法定损失损害赔偿是选择性竞合关系，由债权人选择。

（二）降低违约金

一方面，违约金不强调惩罚功能，因此违约金的额度应当符合比例原则。在此有疑问的是，约定的违约金过高，是违反诚实信用原则进而无效，还是直接适用违约金酌减规则。适用诚实信用原则，将导致全部违约金约定无效，这并不符合当事人的意思，因此应当直接适用酌减规则。诚实信用原则对违约金约定也适用，但是不能仅以额度畸高而认定，还要求存在其他因素。

另一方面，违约金是私人自治的表现，原则上要尊重约定的额度，不能认为只要约定违约金比实际损失高，就应当减少。违约金酌定减少的条件是约定的违约金数额“过分高”。实践中，违约金超过实际损失30%的，则可以认为违约金数额“过分高”。[②]至于减少多少，由法官自由裁量。违约金司法酌减并不要求减低至实际损失，毕竟违约金只是“最低损失”，司法酌减的目的仅是保护债务人，将过高的违约金调整至符合比例原则的范围。降低违约

---

① 双方违约和与有过错参见本法第592条评注。

② 参见《合同法解释（二）》第29条第2款；《商品房买卖合同解释》第16条。

金的规定旨在保护债务人，不能在违约金生成之前通过约定排除。但是违约金生成后债务人可以放弃该项权利。

确定违约金是否过高时，法官应当以本法第584条规定的实际损失为基础，兼顾合同的履行情况、当事人的过错程度以及预期利益等综合因素，根据公平原则和诚实信用原则予以衡量，并作出裁决。[①]

1.实际损失是违约金司法增减的基础。这里的实际损失是本法第584条规定的履行利益损失，包括可得利益损失。

2.合同的履行情况涉及债务人部分履行。债务人提供部分给付的，债权人可以拒绝接受，此时债务人对全部债务违约。债务人提供部分给付，债权人也可以接受，但不得认为债权人放弃违约金。部分履行是降低违约金的因素。比较法上有明确规定的，比如《法国民法典》第1231条规定，主债权履行一部分的，审判员得酌减违约金。

3.债务人过错程度

虽然过错是否是违约责任成立的要件，在我国民法中有争议。但是债务人在违约时是故意、重大过失还是一般过失，不应当在违约责任中不扮演任何角色。实践中，法院根据债务人的过错程度减少违约金具有合理性。

4.债权人过错

债权人对债务人的违约有“过错”的，要做不同区分。债权人只是客观地共同引起违约，则可以根据第2款降低违约金。如果债权人故意促使债务人违约，或者他自己也有严重违约行为，则可以根据诚实信用原则不允许债权人主张违约金，也可能存在权利滥用或抗辩权（参见上文“债权人与有过错”部分）。

（三）依当事人申请

本条第2款规定的违约金增减不能由债权人直接对债务人主张，需经由人民法院或仲裁机构予以增减。在司法程序中法官也不能依职权增减，必须经过当事人申请。债权人通常会在违约金之诉中同时请求增加违约金，债务人

---

① 参见《合同法解释（二）》第29条第1款；最高人民法院民事审判第二庭编著：《〈全国法院民商事审判工作会议纪要〉理解与适用》，人民法院出版社2019年版，第325—327页。

降低违约金的请求也通常在违约金之诉中以抗辩的方式主张。关于法院对违约金酌减规则是否有释明义务，最高人民法院的观点并非十分明确。2009年最高人民法院的观点是，法院可以就当事人是否需要主张违约金过高的问题进行释明。①在买卖合同中，最高人民法院的观点是，当事人一方以对方违约为由主张支付违约金，对方以合同不成立、合同未生效、合同无效或者不构成违约等为由进行免责抗辩而未主张调整过高的违约金的，法院应当就若不支持免责抗辩，当事人是否需要主张调整违约金进行释明。②从时间上看，《买卖合同解释》在2012年颁布，新规则优先；从功能上看，违约金在买卖合同中与在其他民商事案件中的功能并无本质差异。因此应当认为，合同案件满足违约方对违约金请求权进行免责抗辩，但未主张调整过高违约金的，法院对违约金降低规则有释明义务。③

违约方在一审中经法院释明后明确表示不要求调整违约金的，后以违约金过高提起上诉，二审法院一般不支持违约金降低。④当事人在一审中认可违约金，二审要求降低违约金的，法院通常也不支持，除非一审存在欺诈胁迫等情况。⑤当然，也可以单独提起违约金增减诉讼或者反诉。当事人在违约金请求权的给付之诉中主张增减违约金的，是隐藏的形成之诉。违约金增减的申请只有在它生成之后才可以提出，违约金生成之前不存在申请增减的可能性。

（四）惩罚性违约金是否适用酌减规则

部分观点认为，惩罚性违约金也应当适用酌减规则，比如类推适用《民法典》第586条，不得超过主合同标的的20%。⑥本书认为，惩罚性违约金着

① 参见《审理民商事合同指导意见》第8条。

② 参见《买卖合同解释》第27条。

③ 不同观点参见石冠彬：《民法典合同编违约金调减制度的立法完善——以裁判立场的考察为基础》，载《法学论坛》2019年第6期。

④ 参见北京市第二中级人民法院（2015）二中民终字第08833号民事判决书。

⑤ 参见北京市第三中级人民法院（2017）京03民终6820号民事判决书。

⑥ 参见韩世远：《违约金的理论问题——以合同法第114条为中心的解释论》，载《法学研究》2003年第4期。

重强调其惩罚功能，且以私人自治为基础，只要违约金约定不违反诚实信用原则，就不应当适用酌减规则。

五、违约金请求权的给付障碍

违约金生成后债权人取得违约金请求权，该请求权适用履行障碍法律规范。

违约金履行迟延的，当事人可以约定具体支付违约金的时间，比如自迟延履行15日内支付违约金，期间经过则债务人陷入履行迟延，承担迟延履行责任。当事人没有约定违约金到期时间的，违约金立即到期，经债权人催告后在合理期间仍不支付的，债务人履行迟延，违约金本身产生利息赔偿请求权。

六、违约金的诉讼时效

原则上违约金请求权适用3年的诉讼时效期间。如果违约金所依存的主债权属于《诉讼时效制度规定》第1条规定的不适用诉讼时效的债权，违约金请求权也不适用诉讼时效。[①]起算时间点从债权人知道或应当知道债务人违约时起算。

有争议的是，持续累积计算迟延违约金的诉讼时效期间如何计算。根据“多个独立债权说”，应当将每个计算时间段的违约金视为一个独立债权，单独计算时效期间。“整体债权说”认为，此类债权是无履行期限债权，诉讼时效从债权人主张违约金时起算。[②]

举证责任

诉讼中，债权人仅主张约定违约金请求权的，应当就违约金约定有效、违约金生成承担证明责任，不必证明损失；债权人主张违约金同时申请违约金司法增加的，应当证明具体损失额。债务人主张违约金不成立或数额不符

---

① 参见姚明斌：《〈合同法〉第114条（约定违约金）评注》，载《法学家》2017年第5期；朱庆育主编、辛正郁副主编：《合同法评注选》，北京大学出版社2019年版，第428页。

② 关于该问题的具体论证，参见韩世远：《合同法总论》（第三版），法律出版社2011年版，第673—676页。

的，应当证明违约金约定无效、违约金不生成以及违约金的具体数额；债务人主张违约金司法减少的，应当证明债权人损失额。最高人民法院提出，守约方更了解违约造成的事实和相关证据，具有较强的举证能力，因此违约方的举证责任不能绝对化，守约方也要提供相应的证据。[①]该证明责任分配不符合举证责任分配规则，因为承担证明责任一方不能证明的，应当承担不利后果，与对方是否有反证无关。

其他问题

一、违约金与法定损失赔偿的关系

同一个违约行为既产生违约金，又产生法定损失赔偿的，违约金和法定损失赔偿之间的关系应当首先考虑当事人之间的约定。[②]当事人明确约定违约金排除法定损失赔偿的，该约定有效，违约金规则依本条处理。当事人明确约定，违约金不排除法定损失赔偿的，违约金是惩罚性违约金，在不存在其他无效事由时，此约定有效。

当事人对违约金请求权与法定损失赔偿的关系没有约定的，两者的关系存在争议。[③]本书认为，要从违约金功能中确定两者的关系。违约金的功能之一是简化债权人的证明责任，即债权人不需要证明有损失，只要证明债务人有违约行为。在没有特别约定时，债权人当然可以放弃举证利益，选择主张并证明法定损失赔偿。

本条意义上的违约金是赔偿性违约金，旨在填补损失，故两者不能一般性地并存。问题是，违约金低于实际损失时，债权人是否可以选择救济途径。违约金也被认为是损害赔偿额总额之预定，[④]违约金约定过高时，法院或

---

① 参见最高人民法院民事审判第二庭编著：《〈全国法院民商事审判工作会议纪要〉理解与适用》，人民法院出版社2019年版，第328页。

② 参见姚明斌：《〈合同法〉第114条（约定违约金）评注》，载《法学家》2017年第5期。

③ 学说争议参见谢鸿飞：《合同法的新发展》，中国社会科学出版社2014年版，第503—505页。

④ 参见朱庆育主编、辛正郁副主编：《合同法评注选》，北京大学出版社2019年版，第424页。

仲裁机构应当根据当事人的申请降低违约金。违约金低于实际损失的，当事人可以请求法院或者仲裁机构予以增加。故此，合同法的违约金责任强调的是损失填补。当违约金足以填补损失时，不允许债权人主张法定损失赔偿。约定违约金低于实际损失，其未被填补部分除了可以根据本条第2款第1半句得到足额填补，还应当允许通过法定损害赔偿责任填补。在此情况下，法定损害赔偿请求权与违约金增加请求之间是选择竞合关系。原因是，第2款第1半句规定的违约金增加，债权人必须向法院或者仲裁机构提出申请，而法定损害赔偿则可以由债权人直接向债务人主张。因此，应当允许债权人自己选择救济途径。

二、违约金请求权与其他违约责任的关系

1.违约金与迟延履行责任。债务人迟延履行的，债权人有继续履行请求权。根据本条第3款，约定的是迟延履行违约金时，违约金请求权与继续履行可以并存。继续履行之后，在实际损失高于违约金的情况下，债权人可以申请增加违约金。

2.违约金与不履行责任。从本条第3款反向推得，约定拒绝履行违约金的，债权人主张违约金之后，不得再要求继续履行。违约金低于实际损失的，债权人可以申请增加违约金。

3.违约金与瑕疵履行责任。债务人瑕疵履行，根据第577条和第582条，债权人可以请求债务人补救履行。根据当事人的约定，违约金请求权不排除补正履行的，违约金与补正履行的关系要视具体补救措施而定。第582条规定的修理、更换、重作属于补救履行，其功能与迟延履行时的继续履行相同，在于保证债权人的自然履行利益。故修理、更换、重作与违约金不排斥，可以并存。退货实际是解除合同，根据第566条第2款，合同因为违约被解除的，解除权人可以请求违约方承担违约责任。因为违约使违约金请求权已经生成，因此退货不排除违约金请求权。

三、违约金与约定损失赔偿的关系

当事人既约定违约金又约定损失赔偿的，受本条调整（本条第1款既规定违约金又规定一揽子损失赔偿）。如果两者累积不足以认定为过分高于实际损

失，则可以同时主张；两者累积过分高于实际损失的，则应当参照适用第2款第2半句通过司法程序降低；两者累积不足填补实际损失，债权人可以根据第2款第1半句通过司法程序要求增加。

第五百八十六条【定金】

当事人可以约定一方向对方给付定金作为债权的担保。定金合同自实际交付定金时成立。

定金的数额由当事人约定；但是，不得超过主合同标的额的百分之二十，超过部分不产生定金的效力。实际交付的定金数额多于或者少于约定数额的，视为变更约定的定金数额。

历史由来

本条整合了《担保法》第89条、第90条、第91条规定的内容。在《民法典》编纂过程中，《民法典合同编（草案）》（征求意见稿）第128条规定："当事人可以约定一方向对方给付定金作为债权的担保。定金合同自实际交付定金时成立。定金的数额由当事人约定，但不得超过主合同标的额的百分之二十，超过部分不产生定金的效力。实际交付的定金数额多于或者少于约定数额的，视为变更定金合同；收受定金一方提出异议并拒绝接受定金的，定金合同不成立。"《民法典合同编（草案）》（一审稿）第376条对"征求意见稿"第128条作出了修改：把"实际交付的定金数额多于或者少于约定数额的，视为变更定金合同；收受定金一方提出异议并拒绝接受定金的，定金合同不成立"修改为"实际交付的定金数额多于或者少于约定数额，视为变更约定的定金数额"。《民法典合同编（草案）》（二审稿）第376条没有对《民法典合同编（草案）》（一审稿）第376条作出任何修改。《民法典（草案）》第586条则作出了把"交付定金时成立"调整为"交付定金时生效"的修改。最终表决通过的《民法典》又把"交付定金时生效"改回"交付定金时成立"。

规范目的或功能

一、规范功能

我国的定金制度最早可以追溯至六朝。[①]在欧洲，定金制度起源于希腊，但是与现行法中的定金不同，它是合同成立的证明，即证约定金。日耳曼法时期存在成约定金，这种定金经常被使用于仆役买卖、牲畜买卖。成约定金的功能在于，在合同成立存疑时，推定其成立，主张不成立的当事人可以通过反证证明合同并未成立。现代民法中，也有规定定金的立法例。比如，《德国民法典》第336—338条规定的是成约定金，主要功能是证明合同成立，仅在金额非常高的情况下体现出违约金功能。德国学界甚至认为，第336—338条几乎没有实践意义。[②]《瑞士债务法》第158条规定的定金强调的是责任功能。

在我国民法体系中，长久以来定金被视为债的担保方式，与其他物保或人保功能相同。比如，在1981年的《经济合同法》中，定金和保证分别规定在第14条、第15条。1986年《民法通则》第89条用3个条款规定定金。从学界对定金的定义看，也是将定金视为一种担保方式。比如，郭明瑞等教授明确提出定金是合同的一种担保。[③]

在《合同法》[④]和《民法典》中，定金并没有被规定在债的担保中，而是规定在违约责任中。从体系上看，定金不仅有担保或督促债之履行的功能，还应当有赔偿功能，即定金的双重功能。定金的第一个功能是给合同双方当事人施加压力，保证当事人按约定履行合同；定金的第二个功能是违约时填补最低损失。[⑤]本法第588条没有规定定金严重超过实际损失时酌定降低的情况，

---

① 参见高圣平：《担保法论》，法律出版社2009年版，第588页。

② Munchener Kommentar zum BGB, §336, Rn.5.

③ 参见郭明瑞、房绍坤、张平华：《担保法》（第二版），中国人民大学出版社2008年版，第245页。

④ 《买卖合同解释》也将定金规定在违约责任中。

⑤ 参见山东省高级人民法院（2011）鲁商终字第197号民事判决书。

可以认为立法者认可定金在一定程度上的惩罚功能。

在我国实践和理论中，定金的担保债务履行功能更明显。[①]与违约金和其他有担保功能的制度相比，定金的功能具有“双方性”，即根据定金罚则，接受定金的当事人违约的，应当双倍返还定金，双方受定金约束程度完全相同。当然，定金对交付定金方和接受定金方产生的压力强弱有所不同。[②]

二、体系结构

本条规定的是定金有效条件，不是独立的定金请求权基础。非违约方的定金请求权基础是第587条，本条是第587条适用的前提。

本条包括两款。第1款规定了定金合同成立的条件，第2款规定了定金额度。

规范内容

一、概念界定

《民法通则》《合同法》《民法典》对定金都作了规定。《担保法解释》将定金区别为：成约定金、解约定金、立约定金、违约定金。各类定金在我国合同实践中发挥着重要功能，由定金引起的纠纷数以万计。本条意义上的定金是各类定金中的一类，因此首先要对概念作出界定。

（一）定金类型区分

1.违约定金

学界早期观点认为，民法中的定金兼具证约定金和违约定金的功能。[③]晚近学界部分观点认为，本条意义上的定金制度实际是法定违约金。[④]部分观点

---

① 参见高圣平：《担保法论》，法律出版社2009年版，第606页。

② 参见崔建远：《“担保”辨——基于担保泛化弊端严重的思考》，载《政治与法律》2015年第12期。

③ 参见王家福主编：《中国民法学·民法债权》，法律出版社1991年版，第125页；佟柔主编：《中国民法》，法律出版社1990年版，第331—332页。

④ 参见王洪亮：《债法总论》，北京大学出版社2016年版，第444页。

提出，本条意义上的违约定金实际是以实际给付为额度的失权约款和违约金的组合。[①]根据本法第587条，给付定金一方违约的，无权要求返还定金；收受定金一方违约的，双倍返还定金。定金制度明显的功能是担保或督促债的履行。因为定金先行给付，它甚至比违约金产生的督促性和强迫性更直接。在性质上多将本条意义上的定金归为“违约定金”或“履约定金”，[②]强调的是对当事人依约履行债务的保证。

2.解约定金

解约定金是通过放弃预先支付的定金的方式取得合同解除权。解约定金的罚则表现为，交付定金方通过放弃定金取得解除权，收取定金方通过双倍返还定金取得解除权。解约定金相当于“购买”解除权的对价，当事人可以适用定金罚则解除合同。[③]

3.成约定金

成约定金则是合同成立或生效的要件，定金虽未交付，但合同已经部分或者全部履行的，合同效力瑕疵可以被修补。换言之，成约定金不是一个独立的、从属的合同，而是合同的要件。比如，在某研究院与福建某能源管理有限公司买卖合同纠纷上诉案中，当事人在合同中约定：“合同签订后五日内买受人支付出卖人合同额35%款项为定金，合同生效。”[④]该案一审法院认为，本案中存在附生效条件合同，定金交付是合同生效要件。

4.立约定金

立约定金相当于预约合同的违约定金，即督促当事人订立主合同。立约定金从属于预约合同，当事人不订立主合同则属于违约，交付定金一方违反预约，不得主张定金返还，收取定金方不订立主合同，双倍返还定金。立约定金的功能实际与本条意义上的违约定金相同，只是生成的条件是违反预约。商品房预售（购）合同中的定金多为立约定金，[⑤]但也有不少法院认为，商品

---

① 参见朱庆育主编：《合同法评注选》，北京大学出版社2019年版，第416页。

② 参见浙江省高级人民法院（2015）浙民终字第17号民事判决书。

③ 参见福建省厦门市中级人民法院（2018）闽02民终4227号民事判决书。

④ 福建省高级人民法院（2017）闽民终1192号民事判决书。

⑤ 参见高圣平：《担保法论》，法律出版社2009年版，第593页；湖南省高级人民法院（2019）湘民终722号民事判决书。

房预售合同中的定金是商品房买卖合同的成约定金。①

5.订金

在实践中需要与定金进行区别的还有“订金”。通常情况下，当事人虽有订立合同意愿，但仍处于犹豫阶段的，会向对方当事人交付“订金”。订金对双方当事人没有约束力，一般不适用罚则，只是一种订立合同的意向金。区别“定金”与“订金”，不能通过当事人在约定中所使用的文字，而是看它的功能。比如，在“周某某诉安某某买卖合同纠纷案”中，合同中写的是“订金”字样，法院认为，依合同中约定的“订金”性质，应为“定金”。②在“吴某某诉无锡某公司商品房预售定金返还纠纷案”中，收款收据注明的是“订金”字样，法院同样认为，根据认购书约定的付款内容应当认定吴某某支付的是“定金”。③

6.其他

其他与定金相区别的制度包括预付款、保证金、押金等。预付款是当事人的提前给付，是履行本身，预防款有证明合同成立的功能，但不是为了担保履行，也没有损失赔偿功能，当然不能适用定金罚则。本法没有规定押金和保证金，但实践中经常使用。押金经常被用在租赁合同中，但只对接受方有担保功能，租赁合同中接受押金的通常是出租人，用来担保租金或者租赁物不受损，不是双向担保。保证金也是实践中常用的担保形式，《政府采购法实施条例》《招标投标法实施条例》等法规对保证金进行规范。与民法中的定金不同，保证金的担保也不具有双向性，仅对取得保证金的当事人有担保功能。

（二）违约定金的优先地位

司法实践中，有违约定金优先的司法裁判规则。该规则的含义是，解约定金、立约定金、成约定金、证约定金的认定通常以当事人之间的明确约定

---

① 参见浙江省杭州市中级人民法院（2018）浙01民终613号民事判决书；天津市武清区人民法院（2016）津0114民初9929号民事判决书。

② 参见山东省禹城市人民法院（2019）鲁1482民初2089号民事判决书。

③ 参见江苏省无锡市中级人民法院（2012）锡民终字第0619号民事判决书。

为前提条件，如果当事人未对定金性质作出说明，将认定该定金为违约定金。[①]法院的主要依据是，违约定金是法律承认的定金类型。比如，在“某买卖合同纠纷上诉案中，当事人在2012年10月21日签订的合同中约定：“买方在签订合同时支付10万元订金。”在2012年11月7日的合同中约定：“买方在签订合同时支付10万元定金。”该案法院认为，双方仅约定款项的性质为定金，并无其他关于权利义务的特别约定，故本案所涉定金应认定为违约定金。[②]甚至在某些情况下法院在解释定金性质时，往往忽视具体约定内容。比如，在某房屋租赁合同纠纷案中，当事人之间约定：“如果原告在签订本合同至开业前改变租赁意向，则被告不退还原告支付的定金，如被告在本合同签订后至原告开业前终止本合同的履行，被告应当向原告双倍返还定金。”该案中当事人约定的定金是解约定金，法院对此却予以否定，裁判继续履行合同。[③]

二、定金约定有效

违约定金具有从属性，即定金是否有效依赖于主合同债务的有效存在。有效的定金还需要当事人之间存在有效的定金合同。

（一）主合同债务有效存在

定金合同的从属性要求，主合同债务有效存在，且不存在妨碍债权可实施性的抗辩以及消灭请求权的抗辩。阻碍主合同效力的，比如民事行为能力缺失、形式要件不满足、没有法定许可等；[④]阻碍主合同债权实施或消灭请求权的抗辩包括撤销合同、解除合同、抵销等。债权人虽然有撤销权或者解除权，但是在他行使撤销权和解除权之前，不对合同债务产生影响；债务人不履行合同后行使撤销权或者解除权的，产生溯及既往的效力。[⑤]合同解除的原

---

① 参见李贝：《定金功能多样性与定金制度的立法选择》，载《法商研究》2019年第4期。该结论为该文在分析多个司法裁判后得出的。

② 江苏省苏州市中级人民法院（2016）苏05民终6926号民事判决书。

③ 上海市第一中级人民法院（2008）沪一中民二（民）初字第49号民事判决书。

④ 参见Bork, Reinhard, Allgemeiner Teil des Bürgerlichen Gesetzbuchs. Mohr Siebeck, 2016, Rn.90；王洪亮：《债法总论》，北京大学出版社2016年版，第257页。

⑤ Muenchener Kommentar zum BGB, §286, Rn.29.

因是一方当事人重大违约，该违约又恰好为定金所担保，此时违约导致定金生成，生成后的定金与合同债务独立存在，在此情况中，合同解除不影响定金。债权人和债务人之间有抵销权，在主张抵销之前同样不阻碍违约的发生。债务人事后主张抵销的，抵销有溯及力，即排斥债务人的违约行为。[①]债务人的先履行抗辩权、同时履行抗辩权、不安抗辩权得阻碍债权的可实施性。

根据《担保法解释》第116条的规定，给付定金的一方未支付定金，但主合同已经履行或者已经履行主要部分的，不影响主合同的成立或者生效。该解释实际忽略了主合同与定金合同的关系，主合同是独立的，并不受定金合同是否有效成立的影响，反之，因为定金合同具有从属性，主合同不成立或不生效，则定金合同不生效。[②]

（二）定金合同有效

1.合意有效

违约定金需要当事人之间的约定。它既可以在主合同中以定金条款的方式出现，即定金条款，也可以单独约定定金，即定金合同。定金条款或者定金合同无效的，违约定金不发生效力。《民法典》放弃了定金合同的形式要求，[③]对定金没有特别形式要求。采定金条款的，主合同的形式要求将阻碍定金条款的效力；采定金合同的，定金合同是非要式合同。

《担保法解释》第118条规定："当事人交付留置金、担保金、保证金、订约金、押金或者订金等，但没有约定定金性质的，当事人主张定金权利的，人民法院不予支持。"据此，当事人交付金钱，不管使用哪种文字表述，只要没有约定定金性质，推定为不存在定金。反之，判断当事人之间约定交付的金钱或者其他替代物是否为定金，可以从两个方面判断：一是通过解释当事人的约定内容来确定，若当事人对交付的金钱或其他替代物的功能有约定，则不能简单地看合同中的文字表述。二是看合同中的文字表述，这种情况仅

① Muenchener Kommentar zum BGB, §286, Rn.29.

② 也有观点认为，该规定是《合同法》第36条的应有之义。参见李贝：《定金功能多样性与定金制度的立法选择》，载《法商研究》2019年第4期。

③ 《担保法》第90条规定，定金应当以书面形式约定。

适用于当事人没有约定交付的金钱或替代物的功能的情况。比如，在某买卖合同纠纷案中，当事人在合同中仅约定“支付定金32万元”，对其功能并无约定。尽管中州铝业公司辩称该32万元是预付款，而不是定金，但由于合同中写明的是“定金”，故法院认为存在定金约定。[①]

本法在第587条规定了违约定金的法定罚则，故当事人不必在合同中明确约定定金罚则，只要能从约定内容中得出，定金是为了担保已经成立的主合同之债的履行已足。一般情况下，定金担保的是主给付义务的履行。当事人可以约定，定金只担保从属给付义务的履行。

2.交付定金

定金合同是实践合同，以定金实际交付为有效成立要件，这也被称为定金合同的“要物性”。在违约定金中要物性有其积极功能：通过事实交付的“仪式”，当事人能对定金的法律后果有更直观的感受，从而防止当事人冲动缔约，确保当事人作出慎重的意思表示。[②]定金可能在定金合意达成前交付，也可能在定金合意达成时交付，或者在定金合意达成后交付。定金在定金合意达成前交付的，定金合同有效成立的时间是合意达成时。定金在定金合意达成后交付的，没有形式瑕疵的，定金合同在定金交付时成立并生效。基于定金合同要物性的特点，当事人仅仅达成定金约定的，定金合同并没有有效成立，不能产生约束力，当事人没有交付定金之义务。

定金由主合同债务一方当事人交付给另一方当事人，不能由当事人之外的第三人交付定金。通常在双务合同中，合同给付为金钱的一方交付定金。比如，在买卖合同中，通常是买受人向出卖人交付定金，承揽合同中由定作人向承揽人交付定金。在时间上，定金应当在主合同义务履行完毕之前交付给接收方。

（三）定金客体

定金的客体为金钱或其他替代物。对金钱之外的替代物是否可以为定金客体，理论界早期观点有争议。否定者认为定金应当限于金钱，原因主要是

① 参见河南省郑州市中级人民法院（2012）郑民四终字第733号民事判决书。

② 参见李贝：《定金功能多样性与定金制度的立法选择》，载《法商研究》2019年第4期。

其他替代物边界难以界定，容易使定金担保与动产质押混淆。[①]晚近多数观点认为，其他替代物可以是定金的客体。郭明瑞教授和王利明教授直接将定金定义为“一定金钱（货币）或替代物”。[②]《德国民法典》中的表达是“东西（etwas）”，包括金钱和有体物。[③]定金的功能与违约金类似，都是为了保证债务履行，在违约时赔偿损失，无论是金钱还是有其他有价值的物，都可以达到担保履行和赔偿的目的，因此定金的客体包括具有价值的、可替代金钱之物。[④]但不可替代物不能作为定金客体，因为接受定金方对不可替代物无法双倍返还。[⑤]

三、定金数额

定金数额由当事人在定金合同中具体约定。然而本条第2款对定金额度作出限制，这是由司法裁判发展而来的规则。《民法典》之前的几部规定定金的法律，均未对定金额度作出限制。这样导致的一个后果是，当事人之间任意约定过高的定金，甚至定金额度超过主合同标的额度。这不仅与定金功能偏离，还违反诚实信用原则，将定金的设立变成赌博条款，从中谋取不正当利益。

（一）定金限额

在我国立法史中，早期部分立法规定，定金数额由当事人约定，比如《加工承揽合同条例》第9条规定，根据国家有关规定，定作方可向承揽方交付定金。定金的数额由双方协商确定。之后越来越多立法认为，定金数额应当有其边界，比如《建设工程勘察设计合同条例》第7条第2款规定：“勘察任务的定金为勘察费的百分之三十，设计任务的定金为估算的设计费的百分之二十。”

---

① 参见刘保玉、吕文江主编：《债权担保制度研究》，中国民主法制出版社2000年版，第219页。

② 参见郭明瑞、房绍坤、张平华：《担保法》（第二版），中国人民大学出版社2008年版，第245页；王利明：《合同法研究》（第二卷），中国人民大学出版社2011年版，第624页。

③ Staudinger-Kommentar zum BGB, §336, Rn.5.

④ 参见高圣平：《担保法论》，法律出版社2009年版，第589页。

⑤ 参见孙森焱：《民法债编总论》，法律出版社2006年版，第591页。

晚近理论和实践的观点趋于一致，认为定金的额度应当符合比例原则，过高有违诚实信用原则。有疑问的是，确定定金是否符合比例原则的基础标准为何。部分学者提出，定金额度参考的基础应当是当事人所实施的交易的预期利润，原因是提供担保的目的在于保障预期利润的实现。[①]《建设工程勘察设计合同条例》将定金的计算基础规定为勘验费和估算设计费，实际都是合同标的额。《担保法》也将定金额度限制在主合同标的额的20%。本法继受《担保法》之规定，以合同标的额作为衡量定金标准的基础。定金是金钱以外的其他替代物的，以其市场价值衡量是否超过合同标的20%。20%界限本身就是为了限制当事人之间的约定，故不能通过约定予以排除。

（二）约定超过20%的后果

当事人之间约定的定金超过合同标的20%的，引起的法律后果可以有以下选择：定金约款无效或者超出部分无效。[②]立法者的选择是，不会导致定金约定无效，而是超出部分不产生定金效力。在发生违约时，超出合同标的额20%部分不适用定金罚则。接受违约一方只能保留标的额20%作为定金惩罚；交付定金方主张返还合同标的额40%。

另一个问题是，超过标的20%是属于抗辩还是抗辩权。虽然在诉讼中，当事人在绝大多数情况下会主张定金超过合同标的20%，但在理论上对此应当予以界定。约定定金超过合同标的20%的后果是，超出部分不产生定金的效力，而不是简单地阻碍当事人主张定金罚则。故将超出20%的定金降低是抗辩，法官应当依职权降低。[③]

（三）对超出法定部分的处理

实践中，已经支付的定金超过合同标的额20%，超出部分可以作为预付

---

① 参见肖龙、赵彬：《试论定金与预付款》，载《法学研究》1986年第4期。

② 基于违约定金合同的附属性，定金约定不应当对主合同效力产生影响。

③ 在浙江省宁波市鄞州区人民法院（2017）浙0212民初15430号民事判决书中，虽然约定的违约金并没有超过合同标的的20%，但法院在判决书中称："被告也未提出违约定金过高要求调低的意见。"

款或者货款，比如在一则案例中，原审法院认为超过20%部分为预付款。[①]在另一则案例中，原审法院认为超出部分为货款。[②]如果合同最终不履行的，比如被解除，那么超出的部分要返还。

（四）在合同标的20%框架内实际交付定金与约定不同的处理

可能发生的情况是，约定定金金额与当事人实际交付金额不同，比如约定定金为5万元（在合同标的20%范围内），但是当事人一次性交付了3万元，或者约定定金为3万元，但当事人一次性交付5万元。第586条第2款规定："……实际交付的定金数额多于或者少于约定数额的，视为变更约定的定金数额。"该规定应当严格适用，因为在20%范围内，定金额度也属于私人自治范畴，必须得到遵守。通常，交付定金少于约定定金额度的，对方当事人接受定金，且没有对此提出异议，可以认为定金额度变更。接受方提出拒绝收取定金的，或者虽收取但表示定金不足，定金合同因为缺失要物性没有有效成立。比如，在一则案例中[③]，案情如下："当事人之间约定定金10万元。当甲公司法定代表人得知乙公司要支付5万元定金后，随即提出了异议，乙公司法定代表人随即表示'我本想是打10万元，这几天因有点别的事情，过几天我再拨过去'。其后，乙公司仅支付了5万元定金，剩余5万元未再支付。"在该案中，接收定金方虽然接受5万元定金，但是提出异议，且没有依据显示接受方最终同意5万元定金。故该案二审法院否定了双方对定金金额作出了新的约定。在另一则案例中，约定定金为10万元。上诉人先支付定金5000元，接着又支付定金6万元，之后再未支付。该案终审法院认为，由于被上诉人并未提供证据证明其已就定金提出异议，故应视为双方变更了定金合同。[④]

当事人一次性交付多于约定数额的金钱或替代物的，只有在有依据显示，交付的全部为定金的情况下，才能认为当事人变更定金，否则超出约定定金

---

① 参见河南省郑州市中级人民法院（2012）郑民四终字第733号民事判决书。

② 参见浙江省湖州市中级人民法院（2011）浙湖商终字第285号民事判决书。

③ 参见河北省衡水市中级人民法院（2018）冀11民终2477号民事判决书。

④ 参见江苏省盐城市中级人民法院（2018）苏09民终3038号民事判决书。

额度的部分，应当理解为预付款或者预交的部分给付。

举证责任

主张定金罚则方应当承担定金成立的证明责任；主张定金超过合同标的20%的当事人，对此承担证明责任；主张实际定金高于或者低于约定定金的当事人，除了要证明实际交付定金额，还要证明对方当事人接收且没有提出异议。

第五百八十七条【定金罚则】

债务人履行债务的，定金应当抵作价款或者收回。给付定金的一方不履行债务或者履行债务不符合约定，致使不能实现合同目的的，无权请求返还定金；收受定金的一方不履行债务或者履行债务不符合约定，致使不能实现合同目的的，应当双倍返还定金。

历史由来

本条核心内容继承了《合同法》第115条的规定。在《民法典》立法过程中，《民法典合同编（草案）》（征求意见稿）第129条、《民法典合同编（草案）》（一审稿）第377条和《民法典合同编（草案）》（二审稿）第377条均对定金罚则的适用作出了规范。

《民法典（草案）》第587条在之前草案的基础上，在“不履行债务”之外，将“履行债务不符合约定，致使不能实现合同目的”规定为定金罚则的成立条件。

规范目的或功能

一、规范功能

本条规定的是违约定金的适用规则。定金功能具有双重性和双方性。

定金功能的双重性表现在保证功能和赔偿功能。[①]定金功能的双方性表现在，不仅对交付定金人有效力，对收取定金当事人的债务也有保证功能和赔偿功能。收取定金人违约的，除了要将收取的定金返还给交付定金人，还要给付相同额度补偿，即双倍返还定金。债务人按约定履行合同后，则定金的任务完成，有两种方式处理定金：或者将定金返还给交付定金当事人，或者与交付定金方应当给付的价款抵销。定金罚则的适用只与违约行为有关，原则上与是否有损失无关，因此定金是最低损失赔偿，这是定金与违约金的相同之处。定金与违约金的不同之处在于，定金需要提前交付，这为当事人，特别是交付定金当事人带来的压力比违约金的压力更明显。

二、体系结构

（一）外部体系

本条规定的定金请求权与第585条规定的违约金请求权之间关系由第588条明确规定。

在一方当事人违约的情况下，定金罚则与其他违约责任之间的关系要区别对待：违约行为引起损失的，若实际损失没有超过定金额度，则受损失方可以选择适用本条或者第577条联合第584条，两者彼此排除；若实际损失超过定金额度的，债权人可以选择适用本条联合第588条第2款，主张超过定金数额的损失赔偿，也可以选择根据本条和第577条联合第584条主张法定违约责任。

合同因为一方当事人违约而被解除的，根据本法第566条第2款，违约方仍然要承担违约责任，故本条仍然适用。

（二）内部结构

本条包含3句内容。第1句规定的是交付定金人完全履行合同时定金的处理。第2句和第3句规定的是定金罚则。根据第2句，交付定金人严重违约时，接受定金当事人有保留定金的权利，或者在交付定金当事人主张返还定金时，接收方可以根据第2句抗辩。第3句是接受定金方违约，交付定金方要求接收

① 参见姚明斌：《论定金与违约金的适用关系——以〈合同法〉第116条的实务疑点为中心》，载《法学》2015年第10期。

定金方双倍返还定金的请求权基础。

规范内容

一、定金罚则不生成及法律后果

债务人按合同约定履行债务的，债务消灭，定金的目的达到，或者称定金任务完成。在此情况下，根据本条规定，有两种途径处理定金，抵作交付定金方价款或者返还给交付定金当事人。本条第1句规定的是法定互抵。

（一）抵作交付定金方的给付

定金除了金钱，还可以是其他替代物，因此只要定金与交付定金方为履行债务应当提供的给付种类相同，就可以抵作给付。故本条第1句的表达并不准确，首先，定金不一定抵作价款，还可以抵作其他给付。另外，定金抵作价款或者其他给付并不是发生在债务履行后，而是发生在履行过程中。定金是金钱，交付定金方当事人的债务也是给付金钱，多数情况下是价款，在履行过程中定金就可以抵作价款；定金是其他替代物的，交付定金人的债务是给付相同种类的可替代物，在履行过程中定金就可以抵作交付定金当事人的给付。

定金抵作交付定金方的给付的条件是，定金与交付定金方的债务种类相同。确定种类是否相同的标准与债之法定抵销中的要求一致。

实践中，当事人通常会在合同中约定，定金与交付定金人的给付互抵。没有约定的，互抵应当自动发生，不需要当事人特别作出互抵的意思表示。

（二）返还定金

定金与交付定金人的给付义务不属于同种类给付的，债务人依约定履行债务，收受定金人有返还定金义务，此时本条是交付定金人主张定金返还的请求权基础。有争议的是，定金返还义务的法律属性。争议焦点主要是，定金返还发生障碍的，应当适用不当得利法，[①]还是应当参照合同法适用履行障

---

① 持该观点的，参见Staudinger Kommentar zum BGB, §337, Rn.8.

碍规则。[①]本书赞同适用合同的履行障碍规则，原因在于，定金是定金合同的生效要件，本身是合同关系成立的一部分。本条虽然以积极立法的方式规定，定金在债务履行后应当抵作给付或返还，但如果没有法律规定，也应当从合同的从属义务中推断出存在定金返还义务，因为定金不是附加给付，收取定金人不得保留。

当事人根据本法第562条协商一致解除合同的，或者主合同被撤销，主合同消灭或者无效，具有从属性的定金合同也消灭。[②]在这种情况中，接受定金人应当参照适用合同解除的清算关系返还定金，或者依不当得利规则返还定金。

定金有收益的，收取定金人应当将收益也返还给交付定金人。定金是金钱的，其收益为利息，返还要以收取人实际收取利息或者应当收取利息为前提。若收取人未对已经收取的定金收取利息，而且不收取利息并不违反适当经营规则的，则无需返还利息。

二、定金罚则生成及法律后果

本条第2句和第3句规定的是合同当事人违约时的定金罚则。

（一）定金罚则生成

根据当事人之间的约定，违约定金区分为不履行合同定金和履行不符合约定定金。当事人也可以约定，定金同时担保不履行和履行不符合约定。定金罚则在本质上是违约责任之一，因此定金罚则生成条件与违约责任生成条件相同。

1.履行不能

履行不能是最主要的履行障碍，仅对非金钱债务适用。履行不能虽然已经构成违约，但履行不能是否生成定金罚则，要取决于违约责任是否成立。履行不能的法律后果是，债权人不能主张继续履行，债务人不负继续履行责任。违约责任是否成立，还要取决于其他要件是否成立。在以过错为归责原

---

① 持该观点的，参见Muenchener Kommentar zum BGB, §337, Rn.6.

② 参见李贝：《定金功能多样性与定金制度的立法选择》，载《法商研究》2019年第4期。

则的违约责任中，因合同当事人无过错，违约责任不成立，定金罚则不生成。在客观归责的违约责任中，比如担保责任或其他无过错责任，履行不能成立违约责任，在没有免责事由的情况下，定金罚则成立。

2.拒绝履行

债务人不履行债务的情况包括在履行期届满前拒绝履行和债务到期后拒绝履行。前一种情况中存在预期违约，在此情况下，债务人必须明确无误地表达出他不愿意履行，债权人基于他的这种表达不再对给付有所期待。换言之，债务人拒绝给付的表达从第三人视角看是债务人的最终表达，债权人没有理由再期盼债务人改变拒绝履行的决定。[①]如果债务人对外表示的拒绝履行仅仅是暂时性的，则不能认为他有预期违约行为。拒绝给付必须“明确无歧义地”表达，非明确的、经解释仍然不能清楚确定的履行拒绝不是法律上重大的拒绝表示。[②]除了语言上明确地、严肃地拒绝履行，还包括债务人以自己的行为表明不履行债务的情况，对于这类情况，也要求通过解释能够确定债务人的行为所表达的拒绝给付的意思明确无疑。

在债务人预期违约的情况下，定金从债务人明确表示拒绝的时刻生成，不需要等到债务到期。这种情况与《联合国国际货物销售合同公约》第72条和《德国民法典》第323条第4款相同。根据它们的规定，在债务人预期违约的情况下，债权人在债务到期前就可以解除合同。同理，定金的生成也无需等到债务到期。债务到期后拒绝履行的，定金自此时生成。

3.迟延履行致合同目的不达

迟延履行是履行不符合约定的情况之一，有疑问的是，定金罚则是否对迟延履行适用。迟延履行当然属于违约，然而，履行不符合约定只有满足合同目的不达时才可以适用定金罚则。从立法的发展看，在《经济合同法》《民法通则》《担保法》和《合同法》中，定金罚则可以适用于合同不履行的情况，其中包括上文所指的可归责于债务人的履行不能和拒绝履行。本条增加了履行合同不符合约定致合同目的不达，故迟延履行适用定金罚则的附加前提条件是“致合同目的不达”。

---

① 参见BGH NJW 2011, 3714.

② Bassler, Moriz/Buechler, Philipp, Die Reform des Ruecktrittsrechts. In AcP 2014, 895.

债务人的迟延履行导致债权人主要的履行利益客观消灭的，合同目的不能实现，[①]也称合同目的不达。迟延履行导致债权人失去主要履行利益的情况主要是定期交易，[②]在此情况中，债权人的履行利益与给付的及时性密切关联，债务人不遵守给付时间，将导致债权人丧失履行利益或者失去等值利益，这样的交易被称为相对定期交易。履行时间对履行利益是否重要，可以由双方当事人在合同中约定，也可以由债权人在订立合同前或订立合同时告知债务人，或者由订立合同时的相关因素推定而知。双方当事人约定了具体的日历日为给付日期，并不足以成立迟延履行使合同目的不能实现。要求按期履行对债权人具有相当的重要性，以至于不及时履行导致债权人失去履行利益。履行利益丧失与标的物的价值无关，而是根据债权人的计划使用目的确定——债权人为了特定目的取得该给付，但是不按期给付导致债权人不能为了该目的或需求使用给付，[③]比如季节性产品的买受人在季节结束后不能找到下家，此时买受人失去履行利益。或者迟延履行导致给付和对待给付之间失去了等值性，此时债权人失去了等值利益，比如季节性产品过季后价格明显降低，债权人即使能将产品再卖给他人，也不可能取得期待的利润，这与他支付的对待给付不能形成等值性。

与相对定期交易区别的是绝对定期交易。在绝对定期交易中，逾期给付导致给付失去了履行适宜性。此情况中，依合同的目的和已存在的双方利益情况，遵守给付时间对债权人非常重要，迟延给付完全不能达到债权人原来的目的，此时，给付就不再具有履行的性质，而是法律上的履行不能，比如某人为了赶火车或飞机而预订计程车，这时履行时间就非常重要，逾期履行对债务人毫无意义。

综上，在相对定期交易和绝对定期交易中，迟延履行导致债权人无法实现合同目的，定金生成。

4. 迟延履行经催告仍不履行

根据本法第563条第1款第3项，当事人一方迟延履行主要债务，经催告

① 参见王洪亮：《债法总论》，北京大学出版社2016年版，第314—315页。
② 参见韩世远：《合同法总论》（第三版），法律出版社2011年版，第519页。
③ 参见Huber, Ulrich, Leitstungsstoerungen Bd. II., Tuebingen 1999, S. 498.

后在合理期间仍未履行的，债权人可以解除合同。根据本法第566条，合同因违约解除的，解除权人可以请求违约方承担违约责任。依此，迟延履行导致合同被解除的，可以适用定金罚则。

另一个问题是，迟延履行经催告仍不履行的，是否可能发生继续履行与违约定金并存的情况。迟延履行没有致合同目的不达，债权人催告后仍不履行的，产生合同的解除权。但债权人可以选择不解除合同，而是要求继续履行，那么债权人请求继续履行后不可以主张违约定金，因为不满足合同目的不达的要求。

5.瑕疵履行致合同目的不达

瑕疵履行是指履行不符合约定，具体参见本法第583条评注。根据本条第2句，定金罚则产生的前提条件，除了要求瑕疵履行，还要求致合同目的不达。故在此要明确如何理解瑕疵履行时的合同目的不达。

合同目的也被称为交易目的，这个目的是当事人主观意思中的重要事由。目的实现问题在传统民法中一直被当作履行障碍问题处理，它与履行行为密切联系，只要履行的法律后果没有发生，合同目的就没有实现。我国民法中所称的合同目的与传统民法中的合同目的所指含义并不一致。合同目的落空的含义应当从《合同法》第94条第4项规定的合同的法定解除事由中探寻。从立法过程的争议到诸多司法裁判看，合同目的不达实际是指违约行为严重影响订立合同时当事人所期待的利益。①合同目的并不是判断是否应当适用定金罚则的标准，违约严重性才是判断定金罚则是否适用的标准。结合定金罚则的历史，在本法生效之前的立法中，定金罚则一直对合同不履行适用，因此应当认为，履行不符合约定应当达到解除合同的严重程度，才可以生成定金。

6.部分履行的定金罚则

另一个问题是，债务人仅实施部分履行，是否适用定金罚则。《最高人民法院关于在审理经济合同纠纷案件中具体适用〈经济合同法〉的若干问题的

---

① 参见赵文杰:《〈合同法〉第94条（法定解除）评注》，载《法学家》2019年第4期。全国人大常委会法工委1995年、1996年和1997年的《合同法（拟试稿）》中的表述都是“严重影响订立合同所期待的经济利益”。

解答》第8条第3项对不完全履行合同是否适用定金罚则的问题作出以下解答：《农副产品购销合同条例》第17条第6款和第18条第6款规定，供方不完全履行预购合同的，应加倍偿还不履行部分的预付定金；需方不完全履行预购合同的，无权收回未履行部分的预付定金。其他允许给付定金的各类经济合同不完全履行的，也可以照此办理。虽然该解答已经失效，但其背后的法理应当适用于部分不履行的情况。在结果上，债务人部分履行时定金罚则的额度应当按比例减少。

（二）法律后果

1.定金罚则

合同当事人有重大违约引起的法律后果是定金罚则效力生成：交付定金方违约的，不得主张返还定金；接收定金方违约的，双倍返还定金。定金罚则体现的是定金的损失赔偿功能和有限的私人惩罚功能，与主张定金罚则当事人是否有损失无关。定金罚则被认为是定金表现其担保功能的独特方式，与违约金相比，它的独特性表现在双方性，[①]即双方当事人无论是否交付定金，只要违反定金担保的履行内容，受“惩罚”程度相同。

2.对双方违约和对方引起违约不适用

违约定金的一个特点是，它作为当事人履行合同的担保，只有在当事人守约的情况下，他才能向对方当事人主张定金罚则。一方当事人的违约行为是由对方当事人引起的，或者由双方当事人共同引起，同样不得适用定金罚则。[②]该观点在实践中得到司法裁判的支持，法院一般认为，定金罚则适用的情况是单方违约，双方违约时无论各自过错程度如何，均不适用定金罚则。[③]

3.双倍返还定金的利息

双倍返还定金的，接受定金人对收取的定金实际收取利息或者应当收取

---

① 也有观点将这种情况称为定金的“双重性担保”，参见郭明瑞、房绍坤、张平华：《担保法》（第二版），中国人民大学出版社2008年版，第249页。

② 参见李贝：《定金功能多样性与定金制度的立法选择》，载《法商研究》2019年第4期。

③ 参见河北省滦县人民法院（2013）滦民初字第5370号民事判决书；广东省中山市第一人民法院（2013）中一法民一初字第2168号民事判决书。

利息的，利息应当作为收益返还给交付定金人。[①]

三、与其他违约责任的关系

（一）与违约金的关系

违约定金与第585条意义上违约金的关系，尽管理论上存在争议，但根据本法第588条的规定，非违约方可以在违约金和违约定金之间作出选择（选择适用的条件详见第588条评注）。

（二）与法定损失赔偿的关系

违约定金的定金罚则与非违约方实际是否有损失无关。定金与违约金相同，它是一种“最少损失赔偿”。损害赔偿法的基本原则是损失填补，在定金无法填补损失时，债权人既可以根据本法第588条第2款要求赔偿实际损失，也可以根据第577条联合第584条主张法定损失赔偿责任。在《民法典》颁布之前，《买卖合同解释》第28条对此予以明确规范：“买卖合同约定的定金不足以弥补一方违约造成的损失，对方请求赔偿超过定金部分的损失的，人民法院可以并处，但定金和损失赔偿的数额总和不应高于因违约造成的损失。”在此情况中，定金罚则和法定损失赔偿共同承担填补损失功能，理论上并不存在适用的先后顺序。但从最高人民法院的措辞上看，法院支持先适用定金罚则，法定损失赔偿仅是辅助适用。[②]原因在于，定金罚则无需证明损失及损失额度。即使根据本法，实际损失超过定金的，债权人选择适用第588条第2款，还是选择适用第577条联合第584条，属于私人自治范畴。如果选择适用第588条第2款，至少对定金范围内的损失，债权人不承担证明失败的风险。

在定金额度足以填补实际损失的情况下，定金罚则和法定损失赔偿之间也并不存在相互排除的关系，当事人也可以在两者之间进行选择。两个救济途径的差异主要是证明责任。非违约方主张定金罚则的，需要证明定金约定有效成立，另一方当事人没有履行，或者履行不符合约定至合同目的不达，

① 参见孟云：《双倍返还定金时要返还定金利息》，载《人民司法·应用》2010年第15期。

② 其他法院在裁判中也有持此观点者，参见浙江省宁海县人民法院（2010）甬宁商初字第406号民事判决书。

他不需要证明自己有损失以及损失额度。当事人主张法定损失赔偿的，则需要证明有损失以及损失额度。实践中理性的当事人会主张定金罚则。

（三）与其他违约责任的关系

根据第577条，违约责任还包括继续履行和采取补救措施。违约责任中的继续履行和采取补救措施原则上排除定金罚则的适用，因为迟延履行当事人继续履行的，意味着既没有发生不履行，也没有发生履行不符合约定致合同目的不达。瑕疵履行中债务人可以采取补救措施的，情况相同。

举证责任

合同当事人主张定金罚则的，应当证明对方当事人没有履行合同，或者证明对方当事人履行不符合约定且引起合同目的不能实现；还要证明定金合同有效，且违约行为受定金担保。

交付定金方主张返还定金的，首先应当证明交付定金以及定金额度，还要证明合同已经履行，且不存在导致合同目的不达的履行瑕疵；或者证明履行不能不可归责于双方当事人；抑或证明解除合同是基于双方协商一致或基于情势变更。因为双方违约也是阻碍定金罚则生成的事由，因此交付定金方证明双方都有违约行为时，也可以主张定金返还。

第五百八十八条【违约金与定金的选择适用】

当事人既约定违约金，又约定定金的，一方违约时，对方可以选择适用违约金或者定金条款。

定金不足以弥补一方违约造成的损失的，对方可以请求赔偿超过定金数额的损失。

历史由来

本条第1款完全继承了《合同法》第116条的规定，第2款的内容源于《买卖合同解释》第28条。在《民法典》编纂过程中，《民法典合同编（草案)》(征求意见稿)第130条即对《合同法》第116条和《买卖合同解释》第28条进行了整合规定:"当事人既约定违约金,又约定定金的,一方违约时,对方可以选择适用违约金或者定金条款。合同约定的定金不足以弥补一方违约造成的损失,对方可以请求赔偿超过定金部分的损失。"《民法典合同编(草案)》(一审稿)第378条没有对"征求意见稿"第130条作出修改。《民法典合同编(草案)》(二审稿)第378条作出把第2款规定中的"合同约定的定金"简化为"约定的定金"的修改。《民法典(草案)》第588条第2款作出了将"赔偿超过定金部分的损失"调整为"赔偿超过定金数额的损失"的修改。最终表决通过的《民法典》再次作出修改,把"约定的定金"简化为"定金"。

三 规范目的或功能

一、规范功能

第585条意义上的约定违约金和第586条联合第587条的定金都是由当事人合意产生的,实践中很可能发生的情况是,当事人既约定违约金又约定违约定金。依本条之规定,发生违约情况时,当事人可以选择适用定金还是违约金。选择适用违约金的,第585条第2款在违约金过高或者低于实际损失时,当事人可以申请司法减少或者增加违约金。选择适用定金的,如果定金额度不足以填补实际损失,根据本条第2款,当事人可以要求赔偿实际损失。无论是第585条第2款还是本条第2款,都体现了损害赔偿法的填补损失功能。本条第1款的功能也在于此,即强调定金和违约金的填补损失功能。

定金和违约金都具有双重功能:保证债务履行和赔偿损失。它们至少不强调"惩罚",应当认为,立法者规定定金和违约金选择适用的目的之一在于,避免对同一违约行为双重适用定金和违约金使非违约方获得过分高于实际损失的赔偿。[①]另外,本条第1款的措辞为,对方"可以选择"适用违约金

① 参见全国人民代表大会常务委员会法制工作委员会编:《中华人民共和国合同法释义》(第3版),法律出版社2013年版,第210页。

或者定金条款，“选择适用”强调的并不是“择一”适用，而是为了保障受损失方当事人可以选择对自己更有利的救济手段，[①]更有效地保障自己的权益。故本条的立法目的并非在于确定违约金和定金彼此排除。

二、体系结构

（一）外部体系

从体系上看，第585条规定违约金，第586条联合第587条规定违约定金，紧接着在本条对同时约定违约金和定金时的适用问题作出规定，显然直接调整的是赔偿性违约金（第585条）和违约定金（第586条联合第587条）之间的关系。惩罚性违约金和其他定金不在本条直接调整范围内。

本条第2款是第587条的补充，明确规定实际损失高于定金罚金时，第587条的定金罚则和法定损失赔偿之间可以并列适用。

（二）内部结构

本条包含两款。第1款规定的是违约金和定金适用关系，第2条规定的是定金不足以填补实际损失时的处理规则。

规范内容

一、第1款：违约金与定金选择适用

当事人有权在违约金与定金之间做出选择的前提条件之一是，两者并存。这需要满足以下前提条件：

（一）违约金约定和定金约定均有效存在

违约金和定金生成的条件之一是，违约金约定和定金合同有效成立。各自成立条件参见第585条和第586条评注内容。

---

① 参见全国人民代表大会常务委员会法制工作委员会编：《中华人民共和国合同法释义》（第3版），法律出版社2013年版，第210页。

违约金和定金都是为了保证合同债务的履行，通常情况下保证的对象是主债务，但当事人可以约定担保从属义务的履行。本条意义上的违约金和定金并存的条件之一是，约定两者保证的对象具有重合性，如果一个保证的是主债务，另一个保证的是从属债务，即使同时生成，也不属于本条规定的情形。

违约金和定金生成的条件都是一方当事人违约。违约行为区分为可归责于一方的履行不能、拒绝履行、迟延履行、部分履行和瑕疵履行，当事人可能在违约金约定或者定金约定中具体约定违约金或者定金担保的具体违约类型，只有违约金生成和定金生成的违约行为具有重合性的，才可能存在本条意义上的并存。比如，当事人在违约金条款中约定的是迟延履行违约金，在定金条款中约定的是不履行的定金，即使两者都生成，也不存在本条规定的选择适用问题。①

（二）违约金和定金的选择适用

根据本条第1款的文字表达，一方有违约行为，对方就可以行使选择权。需要注意，这里的违约行为是指一方当事人某个具体的违约行为既生成违约金，又生成定金规则。如果某个违约行为仅生成违约金或者仅生成定金，不存在选择适用问题。如果合同当事人发生多项违约行为，部分违约行为生成违约金，另外的违约行为生成定金，也不存在本条意义上的选择适用问题。这种情况当然的结果是，引起违约金的行为适用违约金规则，引起定金生成的行为适用定金规则。②

1.违约程度的不同

可以同时生成定金和违约金的违约行为包括可归责于债务人的履行不能、拒绝履行、迟延履行和瑕疵履行。根据本法第585条和第587条，违约金和定金对违约程度的要求不同。根据第585条，债务人违约即生成违约金，生成违约金的违约类型和违约程度都由当事人约定，法律没有对此作出限制。根据

---

① 参见姚明斌：《论定金与违约金的适用关系——以〈合同法〉第116条的实务疑点为中心》，载《法学》2015年第10期。

② 不同的解释，参见全国人大法工委研究室编写组：《中华人民共和国合同法释义》，人民法院出版社1999年版，第185页。

第587条，定金生成的条件是不履行或履行不符合约定导致合同目的不能实现的。因此，债务人不履行时可以出现违约金和定金重合的情况，迟延履行或瑕疵履行只有到达“致合同目的不达”的程度，才会发生违约金和定金重合的情况。

2.双方违约

定金规则产生的前提之一是，对方当事人守约。对方当事人也违约的，无论双方当事人各自过错程度如何，均不适用定金规则。[①]债权人和债务人各自违反违约金担保的义务的，各自承担违约金责任。故发生双方违约时，不存在违约金和定金的竞合问题。

（三）选择适用

根据第1款，违约方的对方可以选择适用违约金还是定金规则。要确定的问题是，对方当事人是必须做出选择，还是选择只是其权利，是否行使则由当事人自己决定。

1.择一适用的原因

对于定金和违约金的关系，理论中有一定的争议。多数观点基于《民法典》第588条的规定，认为违约金和定金罚则是择一适用的关系，[②]也有个别观点提出违约金与定金可以并存适用。[③]

从上述立法目的看，本条的主要目的是防止取得过高“赔偿”的违反诚实信用的行为，并不在于“限制”当事人的权利。换言之，立法者通过本条第1款的规定意欲实现的并不是确定违约金规则和定金规则之间的排他适用，而是确定不得通过同时适用违约金和定金主张过高赔偿。该立法目的具有合理性，因为违约金和违约定金的功能相当，不存在本质不同。甚至部分观点提出，违约定金相当于预付的违约金。[④]一方当事人违约时，定金和违约金对

---

① 参见本法第587条评注。

② 参见姚明斌：《论定金与违约金的适用关系——以〈合同法〉第116条的实务疑点为中心》，载《法学》2015年第10期；李贝：《定金功能多样性与定金制度的立法选择》，载《法商研究》2019年第4期。

③ 参见王红艳：《论违约金与违约定金的并存适用》，载《学术界》2008年第3期。

④ 参见史尚宽：《债法总论》，中国政法大学出版社2000年版，第493页。

另一方都承担赔偿功能。而当事人取得过高的赔偿既违反诚实信用原则，也违反本法违约责任确立的损失填补原则。

在法律适用的实践中，本条确实引起法院在作出裁判时择一适用定金和违约金的结果。[①]司法裁判中违约金和定金没有必要并列适用。无论是违约金还是定金，适用时主张方当事人不需要证明有损失，更不需要证明损失额度。从本条立法目的看，为了避免获得过高的赔偿，如果同时适用违约金与定金，主张方当事人应当证明违约金和定金罚金总额没有过高于实际损失。在此背景下，违约金与定金规则就没有同时适用的必要性。只要当事人证明了实际损失，无论适用定金还是违约金都可以得到充分赔偿，超额赔偿则被禁止。

综上，违约金与定金的择一适用并非法律强制规定，而是法律适用时的当然结果。本条第2款是为了法律适用简捷。

2.选择主体及变更权

在确定了定金和违约金择一适用的结果之后，还要明确的问题是，谁应当做出选择，选择之后是否可以变更。

学界部分观点提出，应当由非违约方做出选择，法院不能代替他进行选择。[②]本条并没有表达主张定金规则或者违约金的非违约方必须自己做出选择的立法意思。实践中，当事人通常会同时主张违约金和定金，对此，上海市高级人民法院的观点是，法院应当释明。当事人仍然不做出选择，或者即使做出选择但表示不放弃另一项主张的，法官经过审理，按照有利于守约方权利实现的诉请进行处理。[③]上海高院的观点与立法宗旨相符，择一适用的目的并不在于限制当事人赔偿请求权的实现。实践中，具体是适用违约金对非违约方有利，还是适用定金规则更有利，违约方通常难以判断，强制要求当事人做出选择，很可能违背立法目的，无法保障非违约方当事人的利益。

---

① 参见姚明斌：《论定金与违约金的适用关系——以〈合同法〉第116条的实务疑点为中心》，载《法学》2015年第10期。该文作者考察了50个有关定金和违约金关系的终审判决，得出该观点。

② 参见姚明斌：《论定金与违约金的适用关系——以〈合同法〉第116条的实务疑点为中心》，载《法学》2015年第10期。

③ 参见上海市高级人民法院《关于民商事审判中涉及当事人主张违约定金与损害赔偿请求若干问题的解答》第3条第2项。

另一个问题是，违约方做出选择的，选择后是否允许变更。部分观点认为，守约方一旦选择适用某个规则，则另一个规则消灭。[①]违约金请求权和定金罚金请求权之间是选择性竞合关系。[②]选择性竞合并非法定规则，而是在德国司法裁判和理论中被予以广泛承认的规则。与选择债务不同点之一是，权利人的选择权直至债务人实际完全给付才消灭。[③]因此，在违约方最终有效完成他所承担违约责任之前，即使非违约方做出了选择，也不受选择的约束，原则上可以变更选择。因为定金的特点之一是定金先行交付，非违约方首先选择适用定金规则，违约方是支付定金方的，在非违约方告知违约方没收定金时，违约方就完成了他所承担的违约责任，非违约方不能变更选择。需要注意，非违约方是收取定金一方的，他收取定金的行为并非是做出选择的行为，[④]因为定金是要物合同，收取定金是定金合同生效条件。非违约方选择适用定金还是违约金的行为应当发生在违约金和定金生成之后。违约方是接收定金方，在他向非违约方双倍支付定金前，非违约方可以将定金罚金请求权变更为违约金请求权。

二、第2款：实际损失高于定金数额时的损害赔偿

非违约方当事人选择适用违约金罚则的，适用本法第585条之规定。实际损失高于违约金的，债权人可以通过司法程序申请增加违约金；约定的违约金过分高于造成的损失的，债务人可以通过司法程序请求予以适当减少。立法者通过积极立法，一方面保证债权人所受损失可以完全得到赔偿，另一方面可以避免发生债权人获得过高赔偿的有违诚实信用原则的情况发生。

选择适用定金的，根据本法第587条，非违约方为支付定金一方的，他可以请求违约方双倍返还定金，非违约方为接收定金的，他可以保留定金。在

---

① 参见姚明斌：《论定金与违约金的适用关系——以〈合同法〉第116条的实务疑点为中心》，载《法学》2015年第10期。

② 参见姚明斌：《论定金与违约金的适用关系——以〈合同法〉第116条的实务疑点为中心》，载《法学》2015年第10期。

③ 参见郝丽燕：《论特定物买卖瑕疵履行时的交付替代物》，载《政治与法律》2017年第9期；不同观点参见黄茂荣：《法学方法与现代民法》，法律出版社2007年版，第208页。

④ 参见四川省高级人民法院（2010）川民终字第479号民事判决书。

此情况中，有三种可能性：定金额度与实际损失持平；定金远超过实际损失；定金不足以填补实际损失。发生后两种情况时，本条没有作出第585条第2款的司法增减的规定。

对实际损失低于违约定金的情况，本条第2款规定了超额损失的损害赔偿请求权。立法者将司法实践中的规则予以立法化：定金作为最低损害赔偿数额的预定，具有填补损害的功能。在约定的定金不足以赔偿守约方损失时，守约方可以要求适用定金并要求赔偿超出定金的实际损失，但要求的总额不能超过实际损失额。[①]

相对于第577条联合第583条，本条第2款是特别规定。即如果当事人选择适用定金，有超额损失时，其请求权基础是本条第2款。但这与直接适用第583条没有本质区别，因为债权人都要证明损失及其额度。

三、定金酌定降低

有疑问的是，如果定金明显高于实际损失，债务人是否可以参照第585条第2款要求降低定金罚金。对此，存在观点分歧。学界部分观点支持违约定金应当酌减，[②]部分司法裁判也对此予以支持。[③]但相反观点认为，违约定金的20%已经是其限额，不应当再继续减少。[④]定金是否应当参照适用本法第585条第2款酌减，应当从违约责任体系分析。违约定金与违约金的功能差异不大，都是为了保证合同履行，在一方违约时则是为了填补非违约方的损失。在本法第585条中，立法者规定了违约金司法增加和减少的情况，但是在本条只规定定金增加，却没有规定定金减少。立法者对违约金和定金额度做了不同处理。对违约金的额度，立法者将额度限制留给司法机关；对定金额度，立法

---

① 参见山东省高级人民法院（2011）鲁商终字第197号民事判决书；河南省高级人民法院（2002）豫法民二终字第145号民事判决书。

② 参见史尚宽：《债法总论》，中国政法大学出版社2000年版，第516页；张忠野：《论私法自治下定金罚则的有限适用》，载《政治与法律》2012年第9期；姚明斌：《论定金与违约金的适用关系——以〈合同法〉第116条的实务疑点为中心》，载《法学》2015年第10期。

③ 参见河南省三门峡市湖滨区人民法院（2009）湖民二初字第234号民事判决书。

④ 参见新疆维吾尔自治区乌鲁木齐市中级人民法院（2010）乌中民四终字第231号民事判决书。

者直接在第586条第2款作出限制，不会出现过分高的情况。很显然，立法者对同属于违约责任体系，且功能相近的两种约定惩罚作出了不同规定，并不存在法律漏洞。故而，在定金超过实际损失的情况下，不得参照本法第585条第2款酌定降低。

四、违约金与定金并行适用的约定

当事人在合同中明确约定违约金和违约定金并行适用的，只要约定数额不过分高，应当允许。[①]从立法历史看，1995年《合同法（试拟稿）》第75条规定，当事人不得在合同中既约定违约金又约定定金。当事人既约定违约金又支付定金的，一方违约后，另一方只能选择一种承担责任的方式。之后又在《合同法》第116条中被修改为："当事人既约定违约金，又约定定金的，一方违约时，对方可以选择适用违约金或者定金条款。"立法者对违约金和定金之间关系的态度从一开始的"不得"同时约定，"只能选择其一"，转变为"可以选择其一"。由本条上文分析可知，立法者的意思并不是违约金和定金应当彼此排除。定金和违约金二者只能选择其一的根本原因是，避免非违约方获得过高的损害赔偿。本条规范的内容是任意性规范，[②]如果当事人在合同中明确约定，违约金与定金并列适用，这就意味着当事人的意图在于用定金和违约金共同担保，私人自治应当得到尊重。

综上所述，法律不禁止当事人明确约定违约金和违约定金同时适用。在当事人没有约定时，违约方可以主张并证明定金和违约金过分高于实际损害，要求减少。

三 举证责任

无论非违约方主张适用定金还是违约金，在约定的罚金范围内，他只需

---

① 参见王利明：《合同法研究》（第二卷），中国人民大学出版社2011年版，第752—753页；姚明斌：《论定金与违约金的适用关系——以〈合同法〉第116条的实务疑点为中心》，载《法学》2015年第10期。

② 参见王利明：《合同法研究》（第二卷），中国人民大学出版社2011年版，第752—753页。

要证明定金合同或违约金约定有效，对方当事人有违约行为，且违约行为受定金和违约金担保，不需要证明有损失。如果主张实际损失超过定金的，则要证明损失和额度。违约方主张定金额度过分超过实际损失，要求酌定减少的，应当证明实际损失及额度。当事人明确约定违约金和定金同时适用的，非违约方主张同时适用时也不必证明损失及额度。

其他问题

在当事人没有特别约定时，违约金和定金没有同时适用的必要性。然而，其他定金是否可以或可能与违约金并存适用呢？

一、惩罚性违约金与定金

惩罚性违约金不受本法第585条调整，其功能在于惩罚违约行为，因此不存在不允许约定违约金过高的情况。本条的立法目的在于避免债权人获得过度赔偿，与惩罚性违约的功能不同，因此应当允许惩罚性违约金和定金并列适用。[①]

二、失权约款与定金

在失权约款中当事人一般约定，发生违约时违约方将失去某项权利。在某些具体约定中，失权约款在本质上就是违约金约定，比如预付款不返还、履约保证金不返还等。[②]在此情况下，失权约款和定金之间的关系应当参照适用本条。司法裁判也支持该观点，比如在一则案例中，法院裁判没收定金和没收预付款只能二择其一。[③]

三、解约定金与违约金

解约定金实际是当事人通过支付定金罚金换取合同解除权，其直接目

① 参见韩世远：《合同法总论》（第三版），法律出版社2011年版，第670页；姚明斌：《论定金与违约金的适用关系——以〈合同法〉第116条的实务疑点为中心》，载《法学》2015年第10期。

② 参见最高人民法院（2013）民提字第133号民事判决书。

③ 参见北京市第二中级人民法院（2007）二中民终字第15465号民事判决书。

的是取得解除权并解除合同。合同被解除后，定金任务完成。当事人通过解约定金罚则而解除合同的，意味着不存在法定解除原因，否则不需要适用解约定金。部分观点认为，既然没有法定解除原因，也就不存在重大违约行为，违约金没有适用空间。故解约定金与违约金不存在同时适用的可能性。[①]学界也有观点提出，发生重大违约时，违约方也可以主动适用解约定金解除合同，这样非违约方既可以取得解约定金罚金，又可以主张违约金。[②]另需注意，合同法定解除要求违约具有重大性，违约行为不足以引起合同法定解除的，根据当事人约定可能生成违约金，此时当事人也可以适用解约定金解除合同，在此情况中也存在解约定金和违约金并列适用的可能性。

第五百八十九条【债权人受领迟延】

债务人按照约定履行债务，债权人无正当理由拒绝受领的，债务人可以请求债权人赔偿增加的费用。

在债权人受领迟延期间，债务人无须支付利息。

历史由来

本条为新增规定。在《民法典》编纂过程中，《民法典合同编（草案）》（征求意见稿）第131条规定：“债务人按照合同约定履行债务，债权人无正当理由拒绝受领的，债务人有权请求债权人赔偿增加的费用和所受到的损失。在债权人受领迟延期间内，债务人无须支付利息。”《民法典合同编（草案）》（一审稿）第379条对“征求意见稿”第131条仅作出两处修改：一是把“有权请求”调整为“可以请求”；二是删除“和所受到的损失”的规定。《民法典合同编（草案）》（二审稿）第379条又作出了两处修改：一是把第1款规定中的“按照合同约定”修改为“按照约定”；二是把第2款规定中的“期间内”修改为“期间”。《民法典（草案）》第589条没有再作任何修改。

---

① 参见韩世远：《合同法总论》（第三版），法律出版社2011年版，第672页。
② 参见崔建远：《合同法》（第二版），北京大学出版社2013年版，第379页。

规范目的或功能

一、规范功能

受领迟延也被称为债权人迟延，是指对于履行效果的实现需要债权人受领或者协助的债务，债务人已经为履行或者提出履行，而债权人未受领或协助的事实。[①]鉴于债务给付的内容之不同，有的债务在履行时不需要债权人协助配合，此类债务不会发生债权人受领迟延；但多数债务在履行时需要债权人配合协助，否则无法发生履行结果，比如买卖合同中出卖人履行债务时需要买受人接收标的物；依样品加工的承揽合同，承揽人履行债务时需要定作人提供样品。债权人的这种配合义务被称为受领义务。

关于债权人受领的法律属性，理论上存在“权利说”[②]“法定义务说”[③]“不真正义务说”[④]之争。本法将债权人受领迟延规定在违约责任章，置于债务人违约责任之后，在本条之后规定的是债务人的免责事由和债权人的减损义务，从本条规定的内容和体系上看，债权人的“受领迟延”构成债务人承担违约责任时的减责事由。在法律属性上，债权人受领迟延并不是一个与债务人履行迟延完全对立的法律概念。一般情况下债权人有权利接受给付，但这不是他的义务，因此受领迟延不是债权人违约。[⑤]在没有特别规定时，债权人受领迟延的法律属性是“不真正义务”。债务人没有要求债权人受领给付的请求权，违反受领义务主要是为债权人带来损害赔偿责任之外的其他法律上之不利，主要的法律后果是对债务人责任减少，比如第2款规定的不必支付利息，或者根据本法第570条债务人取得提存权；再比如，本

---

① 参见朱广新：《合同法总则研究》（下册），中国人民大学出版社2018年版，第760页。

② 参见王家福主编：《中国民法学·民法债权》，法律出版社1991年版，第232页。该观点认为，受领是债权人的权利，不存在违反义务之说。

③ 佟柔主编：《民法原理》，法律出版社1990年版，第201页；崔建远：《合同责任研究》吉林大学出版社1992年版，第106页；王利明：《违约责任论》（修订版），中国政法大学出版社2000年版，第191页。该观点认为，受领是债务人的义务，违反受领义务的，承担违约责任。

④ 参见韩世远：《合同法总论》（第三版），法律出版社2011年版，第436—437页。

⑤ 参见朱广新：《合同法总则研究》（下册），中国人民大学出版社2018年版，第764页。

法第605条的措辞为“买受人违反约定”，但法律后果是买受人承担标的物灭失和损毁的风险。据此，受领对买受人而言是不真正义务。本法第1款规定，债权人要对债务人增加费用赔偿，旨在使债务人不承担额外负担。

二、体系结构

关于债权人受领迟延的规定在本法中仅有本条一个条文。第1款是债务人在受领迟延期间对债权人的费用增加请求权的请求权基础。第2款规定在受领迟延期间债务人利息免除，是债务人对债权人利息请求权的抗辩。本条只对债权人受领迟延的法律后果作出部分规定，其他法律后果或者规定在本法其他章节中，或者需要通过理论和司法实践予以补充。

本条对所有的债务人给付时需要债权人配合的债务都适用，不仅包括债权人拒绝受领的情况，也包括任何债权人应当配合而不配合的情况；既包括合同之债也包括法定之债。本条对部分物权请求权也可适用，比如返还原物请求权。如果不需要债权人的配合，债务人就可以给付并产生履行后果的，排除本条适用。

规范内容

一、债务人按约定提供给付

本条适用的前提条件是债权人陷入受领迟延。第1款对债权人受领迟延的表达是“债务人按照约定履行债务，债权人无正当理由拒绝受领的”。准此，首先要求债务人按约定履行。详细而言，债务人提供给付应当满足以下要件。

（一）债权人配合的必要性

如前文所述，债权人受领迟延适用于债务人履行需要债权人配合的债务，比如在买卖合同中，买受人负担支付价款义务，该义务的履行需要出卖人告知转账的账户或者接收现金、支票等。债务人履行不需要债权人配合的，不会出现受领迟延。比如，债务人负担不作为义务，只要债务人不为特定行为即可，再如债务人的义务是作出特定意思表示的义务，在此情况中，也不需要债权人配合。绝对定期交易中，债权人不配合将导致履行不能，此时适用履行不能规则，不发生受领迟延。①

（二）债务人的给付具有可能性

债权人受领迟延的另一个前提是，在履行的时间点债务人可能提供给付。债务人履行不能，从履行不能的时间点开始适用履行不能的规则，因为债务人在此情况下没有履行义务，因此不存在受领迟延。本条的履行不能是指债务人无法为给付，包括法律上不能、事实不能和经济上不能。在区别债权人受领迟延和债务人履行不能时要查明的问题是，债务人是否确实因为债权人不配合、不受领而暂时没有完成履行，还是因为其他源于债权人的因素无法履行，且不能事后再履行。前者是受领迟延，后者是履行不能。比如，债权人因为生病不能上私教健身课，此时存在受领迟延，因为可以补课；②但是如果债权人因为生病不能参加旅行团的旅行，则可能是履行不能。③一般而言，绝对定期交易的债权人不配合的，存在履行不能，因为债务人不可以事后再履行。确定存在履行不能的，不适用本条。

债务人履行能力暂时受阻的，包括事实受阻和法律上受阻，不发生债权人受领迟延。比如，承揽人因为车祸手臂骨折，他的履行能力暂时受阻；再比如，债务人的履行依赖于公共部门的同意，他暂时未取得同意，此时存在法律上履行受阻。

（三）债务人依约提供给付

1.一般要求

债务人按合同约定向债权人提供给付，即在约定时间或恰当时间将给付提供到正确的履行地点。债务到期之前债务人履行的，根据本法第530条，债务人提前履行不损害债权人利益的，债权人不可以拒绝受领，因此在债务到

---

① 参见王洪亮：《债法总论》，北京大学出版社2016年版，第328页。

② 参见Muenchener Kommentar zum BGB, §293 Rn.8.

③ 参见王洪亮：《债法总论》，北京大学出版社2016年版，第328页。

期前也可能发生受领迟延。履行需要相关公共管理部门同意的，比如外汇管理部门同意，在同意之前债务人的给付不会引起受领迟延，因为没有管理部门的同意不允许债务人履行。[①]

债务人的给付既可以由他本人提供，也可以由代理人提供，第三人对履行有利益的，提供履行人也可以是第三人（本法第524条）。债务人提供给付的相对人是债权人，或者有受领权的代理人；在利他合同中，债务人应当向约定的第三人提供给付；债权人方面是连带债权人的，债务人可以自己选择向具体债权人提供给付。

2.实际给付

通常情况下要求债务人实际提供给付，实际给付在法律属性上属于事实行为还是法律行为，存在争议。多数观点支持实际给付是事实行为。[②]实际给付要求债务人提供给付的情况达到的标准是，只要债权人受领即完成履行，不需要他为其他行为。根据债务本质，对债务人实际提供给付的要求也不同。在赴偿之债中，债务人要把给付送至履行地点；在寄送之债中，债务人把标的物交给快递不满足提供给付，债务人寄出标的物到达债权人处才满足提供给付的要求；往取之债中，债务人通过言语提供给付已足。[③]债务人负担的给付义务是行为的，他必须出现在给付地点，才满足实际给付的要求。

债务人提供的给付必须符合约定，提供给付替代物或者代物清偿不足以达到依约提供给付的要求。债务人提供的给付不得有瑕疵，不得提供他物，债权人拒绝接受瑕疵给付，或者拒绝受领他物的，并不使他陷入受领迟延，即使债权人对此并不知情。比如，本法第610条规定，因标的物不符合质量要求，致使不能实现合同目的的，买受人可以拒绝接受标的物或解除合同。在此情况下拒绝受领不导致受领迟延。债务人部分履行的，根据本法第531条，部分履行不损害债权人利益的，债权人不可以拒绝接受部分履行。因此，对债务人提供的部分履行也可能产生受领迟延。实践中法院认为，在此情况下，

---

① 参见Muenchener Kommentar zum BGB, §293 Rn.6.

② 参见Muenchener Kommentar zum BGB, §293, Rn.13; Palandt, Buergerliches Gesetzbuch. Muenchen 2015, §293, Rn.2.

③ 参见韩世远：《合同法总论》（第三版），法律出版社2011年版，第439页；王洪亮：《债法总论》，北京大学出版社2016年版，第329页。

根据诚实信用原则债权人拒绝接受构成受领迟延。[1]给付的量如果缺失得极少，则不属于此情况。种类物之债，债务人提供的给付必须符合中等标准，不满足标准的，则种类之债没有被具体化，债权人不会因为拒绝接受而陷入受领迟延。

3. 言语提供给付

债务人只需要提供言语给付的情况包括以下几种：债权人严肃地、明确地对债务人表示他将拒绝受领；[2]履行需要债权人同时配合；债务的性质决定债务人只能提供言语给付。

债权人既可以直接表示拒绝受领给付，也可以通过非直接的意思表示拒绝，但此时要求债权人拒绝受领的意思明确无疑。比如，债权人表示，合同没有成立、被撤销、被解除，可以认为债权人满足明确拒绝接受履行。[3]对言语给付而言，要求债务人有给付能力和给付意愿，前者排除履行不能的情况，后者要求债务人的言语给付是严肃认真的。债务人虽然没有标的，但是随时可以在市场上取得，则可以认为债务人具备给付能力和给付意愿。对债务人的给付能力和给付意愿有争议的，由债权人承担证明责任。

债务人的履行需要债权人行为配合的，债务人也只需要作出言语给付。比如，在往取之债中债权人要取走标的物，在选择之债中选择权属于债权人的，债权人要做出选择等。在此类情况中，债务人也只需要提供言语给付。

某些债务基于其本质，也只需要债务人提供言语给付，比如债务给付标的是服务，债务人提供给付的方式是言语。

在法律属性上，言语给付是需受领的准法律行为，应当书面或者口头向债权人作出。

4. 无需提供给付的情况

债权人的配合行为是通过日历日确定的，比如在往取之债中双方约定债权人于2月28日取货，债权人没有取货的，不需要债务人言语提供给付，债权人即陷入受领迟延。

---

① 参见最高人民法院（2006）民二终字第163号民事判决书。

② 不同观点，参见王洪亮：《债法总论》，北京大学出版社2016年版，第329页。

③ 参见Muechener Kommentar zum BGB, §295, Rn.6.

二、债权人拒绝受领或拒绝为对待给付

（一）拒绝受领

债权人受领迟延的另一个条件是，债务人不受领给付，且无正当理由。所谓不受领，是指债权人应当配合债务人给付，但他对此不作为。不受领给付不仅是不接受债务人提供的标的物，还包括不接受债务人提供的服务给付等。不受领行为除了不接受，也包括债权人为给付设置不合法、不合理的条件等。拒绝受领可以明确表示，也可以通过行为默示表示。如前文所述，受领迟延首先要求债务人提供的给付符合约定。如果给付有瑕疵，即使债权人不知道有瑕疵，也不存在受领迟延。[①]

债权人受领迟延与过错无关。比如，债权人因为患病或受伤无法受领给付，仍然构成受领迟延，不可抗力同样不排除受领迟延。[②]受领迟延之所以和过错无关，原因并不在于本法的违约责任是否采严格责任，[③]主要原因是，受领是债权人的不真正义务，受领迟延并不是债权人违约，只是没有行使他的不真正义务。[④]受领迟延不会导致损害赔偿或解除合同，只会使债权人失去法律上的利益。在例外的情况下，应当根据诚实信用原则限制债权人受领迟延的法律后果。[⑤]

合同当事人可以约定，受领是债权人的真正义务，在此情况下，债权人不受领要承担违约责任。法律也可以明确规定，受领是真正义务，比如《德国民法典》第433条第2款和第640条第1款分别规定了买受人和定作人有接受义务，受领义务就是真正义务。[⑥]本法第780条规定："承揽人完成工作的，应当向定作人交付工作成果……定作人应当验收该工作成果。"部分观点认为，这是对定作人受领工作成果、验收义务的规定。[⑦]本书认为，第780条规

① 参见Muenchener Kommentar zum BGB, §294 Rn.6.

② 参见王洪亮：《债法总论》，北京大学出版社2016年版，第330页。

③ 本书认为，本法违约责任的归责原则是过错推定，参见本法第583条评注。

④ Muenchener Kommentar zum BGB, §293 Rn.18.

⑤ 参见王洪亮：《债法总论》，北京大学出版社2016年版，第331页。

⑥ 不同观点，参见朱广新：《合同法总则研究》（下册），中国人民大学出版社2018年版，第764页。

⑦ 参见江苏省徐州市中级人民法院（2014）徐商终字第0551号民事判决书原审法院观点。

定的只是验收义务，受领义务只能针对验收合格的工作成果。

（二）拒绝为对待给付

在给付和对待给付应当同时履行的情况下，虽然债权人有受领给付的意愿，但拒绝同时提供对待给付，债权人同样陷入受领迟延。在同时履行的债务中，债务人提供符合约定的给付，债权人同时也提供符合约定的对待给付是他的必要配合义务，债权人拒绝提供对待给付的，与拒绝受领效果相同。

三、受领迟延终止

受领迟延终止时间对本条第1款债务人增加的费用计算，以及第2款免除的利息都有重要意义。受领迟延终止的原因主要是债权人接受给付、债务人事后发生履行不能、债务人通过提存或抵销等使债务消灭、债务人解除合同等。债权人拒绝给付的，在他放弃拒绝给付的时刻，受领迟延终止。债权人不实施配合义务的，在他履行配合义务时受领迟延终止。

四、法律后果

本条只规定了受领迟延的部分法律后果：债务人对债权人有赔偿增加费用的请求权，免除债务人在履行迟延期间的利息。其他法律后果应当通过理论或裁判予以补充。

（一）债务人的增加费用赔偿请求权

因为受领迟延并非违反合同义务，不产生损失赔偿义务。为了使债务人不必负担额外的费用，本条第1款规定债务人可以要求债权人赔偿迟延受领期间额外费用。赔偿范围限于实际增加的必要费用，包括债务人提供无果之给付的费用（比如运输费）、催告费用、提存费用、多支付的仓储费、对不宜保存的标的物的处理费等。[①]

---

① 参见韩世远：《合同法总论》（第三版），法律出版社2011年版，第444页。

（二）对债务人不产生迟延利息

债务人负担金钱之债，主要针对借款合同中的借款人，在受领迟延期间不支付利息，包括法定利息和约定的有效利息。因为债权人不能通过不受领阻止债务人履行而直接获得利益。[①]需要注意，在受领迟延中不涉及金钱之债的迟延利息，因为不存在债务人履行迟延问题。然而，情况不同的是，债务人在迟延受领期间利用金钱赚取利息的，这部分利息属于收益，应当返还给债权人。

（三）债务人给付义务不免除

债权人陷入受领迟延，并不免除债务人的给付义务，也不产生合同解除权。受领迟延是债务人提存的事由，在给付标的适宜提存的情况下，适用本法第570条第1款第1项，债务人可以将给付提存，进而消灭债之关系。但提存的另一个条件是标的物适宜提存，不适于提存的标的物，比如体积过大的标的物、不易保管的标的物、易腐烂的标的物或者保存费用过高的标的物等不应当提存。此时债务人应当将标的物拍卖或者标卖，提存价款。标的物是不动产的，在比较法上，债务人可以通过抛弃不动产的占有，但要通知债权人，除非无法通知，否则债务人可能承担标的物损失的赔偿责任。[②]学界部分观点提出，不应当允许债务人抛弃不动产占有，因为我国允许不动产提存。[③]

（四）风险转移

债权人受领迟延的，风险转移具体表现在以下几个方面：

标的物损毁、灭失风险转移给债权人。《商品房买卖合同解释》第11条规定，买受人接到出卖人的书面交房通知，无正当理由拒绝接收的，房屋毁损、灭失的风险自书面交房通知确定的交付使用之日起由买受人承担。根据本法

---

① 参见Looschelders, Schuldrecht AT, Rn.765。

② 比如《德国民法典》第301条。

③ 参见王洪亮：《债法总论》，北京大学出版社2016年版，第333页。

第608条，买受人违反约定没有收取标的物的，标的物损毁、灭失的风险自违反约定时起由买受人承担，出卖人不必履行，但买受人仍然支付价款。这里的风险转移并不是说债务人完全不承担责任，而是说，迟延履行期间，标的物损毁、灭失的，或者发生部分或者全部履行不能的，债务人仅在他有故意和重大过失的情况下承担继续履行责任或者损害赔偿责任。原因在于，受领迟延并不导致债务人的履行义务消灭，继续持有给付标的的债务人的给付风险时间就被延长，这本身就增加了债务人的负担，为了平衡债务人之利益，应当减轻债务人的注意义务。债务人对标的物损毁、灭失只有一般过错或无过错的，他不再负担履行义务，也不负担损失赔偿责任，但仍享有对债权人的对待给付请求权。①

受领迟延并非违约，因此受领迟延本身不是合同解除事由，债务人对债权人仍然有对待给付请求权。然而，可能发生的情况是，债权人受领迟延导致履行不能，比如定期交易，此时适用履行不能规则。因为履行不能是由债权人引起的，即债务人的履行不能归责于债权人。在此情况中，虽然基于履行不能债务人不必履行原始给付义务，但是从合同的风险分配规则出发，债权人仍有提供对待给付的义务，②债务人只对故意或重大过失承担责任。

种类之债中，债务人已经将供履行的标的物从种类物中挑选出来，换言之，债务人已经完成了种类之债的具体化，否则他无法提供符合约定的给付。债权人陷入受领迟延后，给付风险转让给债权人，标的物非因债务人故意或重大过失而损毁、灭失的，债务人给付义务消灭，但仍有要求债权人支付对待给付的请求权。

金钱之债的特殊情况。金钱不是种类之债，但也存在风险转移问题。比如，债务人依约定携带金钱去履行地偿还金钱之债，债权人没有受领，债务人在返回路上遭遇抢劫。无论债权人基于何种原因没有受领，在此情况下债务人不需要再为给付。

---

① 参见王洪亮：《债法总论》，北京大学出版社2016年版，第332—333页。

② 参见庄加园：《债权人原因引起的给付不能》，载《法律科学》（西北政法大学学报）2018年第5期。

（五）债务人交出收益的限制

债务人在受领迟延期间，仅向债权人交还他实际收取的标的物之收益。[①] 比如，债务人负担金钱之债，迟延受领期间只是将金钱放置于家里，没有存在银行收取利息，则债务人不需要向债权人交还收益。

举证责任

债务人要证明债权人迟延条件成立，即证明他已经提供符合合同约定的给付，债权人没有受领，或者证明有同时履行义务的债权人不为对待给付。针对具体法律后果，债务人要承担具体的证明责任：要求债权人赔偿受领迟延期间增加的费用支出的，要证明实际支出的必要费用；主张与风险转移相关的对待给付的，要证明标的物实际损毁灭失，且债务人对此没有故意或重大过失。

债权人要证明抗辩成立，比如受领迟延终止，债务人没有给付能力和给付意愿；同时履行之债的债务人主张债权人拒绝为对待给付的，债权人应当证明他已经准备同时提供对待给付。

第五百九十条【不可抗力的免责事由】

当事人一方因不可抗力不能履行合同的，根据不可抗力的影响，部分或者全部免除责任，但是法律另有规定的除外。因不可抗力不能履行合同的，应当及时通知对方，以减轻可能给对方造成的损失，并应当在合理期限内提供证明。

当事人迟延履行后发生不可抗力的，不免除其违约责任。

历史由来

本条是整合《合同法》第117条、第118条规定的结果，内容略有文字性修改。在《民法典》编纂过程中，《民法典合同编（草案）》（征求意见稿）第

① 参见朱广新：《合同法总则研究》，中国人民大学出版社2018年版，第765页。

132条分3款规定："当事人一方因不可抗力不能履行合同的，根据不可抗力的影响，部分或者全部免除责任，但法律另有规定的除外。因不可抗力不能履行合同的，应当及时通知对方，以减轻可能给对方造成的损失，并应当在合理期限内提供证明。当事人迟延履行后发生不可抗力的，不免除其违约责任。当事人一方因不可抗力导致继续履行合同对其明显不公平的，有权请求人民法院或者仲裁机构变更或者解除合同。"《民法典合同编（草案）》（一审稿）第380条接受了《民法典合同编（草案）》（征求意见稿）第132条的规定。《民法典合同编（草案）》（二审稿）第380条则删除了《民法典合同编（草案）》（一审稿）第380条第3款的规定。《民法典（草案）》第590条没有再作出修改。

规范目的或功能

一、规范功能

在违约责任成立的构成要件中，不可抗力通常被认为是免责事由。我国立法和司法裁判同样认为，不可抗力是免责事由。在理论中，不可抗力到底是排除因果关系还是排除主观过错，存在争议。根据客观说，不可抗力免责的原因是，它导致违约行为与损失之间的因果关系不成立。主观说认为，不可抗力免责的依据是行为人的过错要件缺失。①从比较法上看，《法国民法典》②《德国民法典》③和《瑞士债务法》④中违约责任成立的要件之一是违约行为的可归责性。因为不可抗力导致债务人违约的，违约责任因为可归责性要件缺失而不成立。在上述立法例中，不可抗力没有被单独规范为免责事由，这在很大程度上与违约责任是（推定）过错原则息息相关，债务人可以通过证明存在不可抗力排除自己的过错，违约责任不成立。但在客观责任中，不可抗力

---

① 参见韩世远：《合同法总论》（第三版），法律出版社2011年版，第371页。

② 《法国民法典》第1147条规定："凡债务人不能证明其不履行债务系由于不应归责于他个人的外来原因时，即使债务人个人并无恶意，也对不履行或迟延履行支付损害赔偿。"

③ 《德国民法典》第286条第4款规定："因不可归责于债务人之事由未为给付者，债务人不陷入迟延。"

④ 《瑞士债务法》第97条规定："债务未被履行或者履行不当者，债务人应赔偿因此产生的损失，但债务人能证明对此无任何归错者，不在此限。"

通常被当作独立的免责事由处理。我国立法在违约责任要件中没有规定归责原则，理论和实践不少观点认为，违约责任成立要件不包括可归责性，甚至多数观点认为违约责任的归责原则是无过错原则，即违约责任是客观责任。在此背景下，不可抗力不能在成立要件审查中排除违约责任，其后果是，不可抗力造成的绝大部分损失落在债务人身上，债权人只是失去履行利益，这有违公平原则。[①]因此从《民法通则》到《民法典》，都单独规定不可抗力作为减免违约责任的事由。

违约责任的可归责性除了过错，还包括担保归责和风险归责。保证责任和风险责任是客观责任，同样基于公平公正，有必要独立规范不可抗力作为免责事由。

二、体系结构

（一）外部体系

根据本法第577条，违约责任包括继续履行、补救履行和损失赔偿。不可抗力可能导致暂时履行不能，也可能导致最终履行不能。在发生暂时履行不能时，恢复履行可能性后债务人仍然要继续履行。不可抗力导致最终履行不能的，不可抗力与履行不能规则的关系见本条评注“法律后果”和“其他问题”部分内容。不可抗力仅引起债务人暂时不能实施补救措施，不可抗力产生的阻碍消灭后，债务人仍然需要采取补救措施。违约责任是损失赔偿的，本条是债权人损失赔偿请求权的补充要件。在检讨债权人的违约损失赔偿请求权是否成立时，要考虑是否存在本条所规定的不可抗力，如果存在不可抗力，则损失赔偿责任得以减免。

本法第180条也规定了不可抗力，且法律后果与本条不同。根据第180条，不可抗力导致不能履行义务的，不承担民事责任，即不可抗力是免责事由；而根据本条，不可抗力是减免责任事由。从体系上看，第180条属于《民法典》总则编条款，原则上适用于本法调整的所有民事责任，本条仅适用于违约责任。

---

① 参见崔建远主编：《合同法》（第五版），法律出版社2010年版，第299页。

（二）内部结构

本条第1款第1句规定不可抗力作为减免违约责任的原因；第2句规定债务人的通知义务作为一项保护义务。本条第2款规定免责的不可抗力发生的时间。

三 规范内容

一、不可抗力作为减免责任事由

（一）不可抗力特征

本法第180条第2款将不可抗力定义为“不能预见、不能避免且不能克服的客观情况”。从实践和理论的发展看，（相对）主观说认为，即使在客观责任领域，当事人尽最大理性谨慎仍不能避免损失的，责任被排除。[①]（绝对）客观说认为，责任排除应当建立的基础是事件本质的不可避免性、事件发生的冲击力和它的完全不可预见性。[②]折中说提出不可抗力包括以下因素：外来性、非正常性、不可预见性、无法避免性。前两个因素是客观因素，后两个因素则是主观因素。[③]我国民法对不可抗力从主客观角度作出定义，即折中主义视角。[④]

1.客观因素

不可抗力的客观因素包括三个方面：第一，不可抗力是确定存在的客观情况，未知的不确定现象不可能是不可抗力，比如UFO不能确定是否客观存在，因此不能是不可抗力。[⑤]第二，该客观情况存在于当事人行为之外，[⑥]当事

① 转引自Meder, Stephan, Hoehere Gewalt als Entlastungsgrund. In JZ 1994, 486.

② 参见Deutsch, Ewin, Haftungsrecht Band I. Heymanns, 1996, S. 317.

③ 参见NJW 1986, 2312.

④ 参见崔建远主编：《合同法》（第四版），法律出版社2007年版，第290页。

⑤ 参见叶林：《论不可抗力制度》，载《北方法学》2007年第5期。

⑥ 参见佟柔主编：《中国民法》，法律出版社1990年版，第575页。

人仅对行为内的风险承担责任。该要件也被称为客观性。[①]同时注意，具体情况下行为之外的事件与行为内的风险关联，比如罢工、企业爆炸事故，虽然属于经营风险，但在特定前提条件下仍然可能是不可抗力，[②]比如罢工原因并非来自企业内部，而是来自政府政策。第三，不可抗力的第三个客观因素是事件的非正常性。即事件本身包含例外的性质。对该要件要做谨慎解释，不能从极少发生的角度认为存在非正常性。

2.主观因素

不可预见是主观因素，判断的标准是当事人是否可以预见并阻碍事件的发生；不可预见的时间点是合同订立时。不可避免性被认为是不可抗力的核心要素，对此要严格判断。从定义上看，不可避免性是指事件的发生不依赖于人的意思，且不能通过人的行为阻碍其发生。不可避免的时间点是事件发生后，如果当事人可以通过可承受的经济投入阻碍事件发生的，则事件可以避免。

以上两个因素虽然是不可抗力的特征，但具体事件是否可以认定为不可抗力必须在具体情况中判断，无法准确地抽象定义。

（二）区别不可抗力与情势变更的必要性分析

《合同法解释（二）》第26条[③]将不可抗力与情势变更进行区分，导致理论上花费颇多笔墨区别不可抗力和情势变更。[④]法院则尝试从适用条件、目的、性质、适用范围等方面对两者予以区分。《合同法解释（二）》第26条将不可抗力和情势变更的关系引向歧途，也在法律适用上导致法律漏洞，因为不可抗力是合同无法履行、无法按约定时间履行或者履行困难的原因，在发生履行困难时应当允许适用情势变更制度。[⑤]

---

① 参见韩世远：《合同法总论》（第三版），法律出版社2011年版，第373页。

② 参见Meder, Stephan, Hoehere Gewalt als Entlastungsgrund. In JZ 1994, 485–492，脚注35。

③ 《合同法解释（二）》第26条规定："合同成立以后客观情况发生了当事人在订立合同时无法预见的、非不可抗力造成的不属于商业风险的重大变化，继续履行合同对于一方当事人明显不公平或者不能实现合同目的，当事人请求人民法院变更或者解除合同的，人民法院应当根据公平原则，并结合案件的实际情况确定是否变更或者解除。"

④ 参见韩世远：《合同法总论》（第三版），法律出版社2011年版，第383—385页。

⑤ 参见崔建远：《合同法》，法律出版社2012年版，第114页以下。

一方面不可抗力和情势变更的本质属性不同，不可抗力是客观事实，情势变更是法律制度。不可抗力可以导致情势变更制度的适用，但不可抗力不是适用情势变更制度的唯一原因。[①]不可抗力的结果也不仅是情势变更的适用，也可能导致履行不能规则的适用，且在适用上履行不能规则优先于情势变更。

另一方面不可抗力和情势变更旨在解决不同的问题。无论在比较法上，还是在我国合同法中，不可抗力解决的是违约方是否承担违约（损害赔偿）责任的问题，是免责原因；而情势变更解决的是合同是否应当遵守的问题，是合同变更或者解除的事由。尽管本法第563条沿袭《合同法》第94条第1项，规定因不可抗力致使合同目的不能实现的，当事人可以解除合同。但本条的核心并非不可抗力，而是合同目的不能实现。因为法定解除权产生的原因是给付障碍，不可抗力不是给付障碍类型，而是给付障碍的原因，[②]或者称给付障碍事件。[③]其逻辑关系应当是：不可抗力导致合同履行不能或者迟延履行使合同目的无法实现，债权人基于此取得法定解除权。相同问题还出现在《旅游法》第67条："因不可抗力……影响旅游行程的，按照下列情形处理：（一）合同不能继续履行的，旅行社和旅游者均可以解除合同。合同不能完全履行的，旅行社经向旅游者作出说明，可以在合理范围内变更合同；旅游者不同意变更的，可以解除合同……"相较于《民法典》,《旅游法》的表达更完整，即产生合同解除权的是履行不能，而不可抗力是合同履行不能的原因。在此意义上，不可抗力可能是情势变更的原因，[④]即不可抗力导致按原合同履行显失公平，此时当事人要求解除合同的，适用情势变更；一方要求对方当事人承担损害赔偿责任的，对方当事人可以主张不可抗力要求减免责任。

综上，鉴于不可抗力和情势变更解决不同的问题，并无必要区分两者。比如，2003年《最高人民法院关于在防治传染性非典型肺炎期间依法做好

---

① 参见王洪亮：《债法总论》，北京大学出版社2016年版，第345页。

② 参见赵文杰：《〈合同法〉第94条（法定解除）评注》，载《法学家》2019年第4期。

③ 参见［德］英格博格·施文策尔：《国际货物销售合同中的不可抗力和艰难情势》，杨娟译，载《清华法学》2010年第3期。

④ 参见王轶：《新冠肺炎疫情、不可抗力与情势变更》，载《法学》2020年第3期。

人民法院相关审判、执行工作的通知》第3条指出：由于“非典”疫情原因，按原合同履行对一方当事人的权益有重大影响的合同纠纷案件，可以根据具体情况，适用公平原则处理。因政府及有关部门为防治“非典”疫情而采取行政措施直接导致合同不能履行，或者由于“非典”疫情的影响致使合同当事人根本不能履行而引起的纠纷，按照《合同法》第117条和第118条的规定妥善处理。最高人民法院在第1句中处理的是合同是否应当变更还是解除，第2款处理的是是否可以减免违约责任。在根本上这是两个不同的问题。再以2020年年初“新型冠状病毒肺炎”疫情时期为例，全国人大常委会法工委表示，对于不能履行合同的当事人而言，新型冠状病毒肺炎疫情属于不可抗力，根据不可抗力的影响，部分或全部免除责任。该意见回答的是不能履行合同的当事人是否承担违约责任。在合同当事人要求变更合同或者解除合同的情况下，才需要检视新冠病毒肺炎疫情是否导致情势变更。浙江省高级人民法院民事审判第二庭关于印发《关于审理涉新冠疫情相关商事纠纷的若干问题解答》的通知指出，新冠疫情虽属不可抗力，但并非对所有的商事合同的履行都构成阻碍。疫情对合同履行有重大影响的，继续履行合同对一方当事人明显不公平的，应当适用《合同法解释（二）》第26条予以处理。该通知正确地指出，在判断合同应当继续履行还是解除时，适用的是情势变更规则。

（三）偶然事件可否作为免责事由

根据《担保法解释》第122条，不可抗力和意外事件致使主合同无法履行的，不适用定金罚则。定金罚则属于违约责任体系中的一类违约责任。类似的规定也出现在《旅游纠纷规定》中，依第22条第2项，旅游经营者或者旅游辅助服务者为旅游者代管的行李物品损毁、灭失，旅游者请求赔偿损失的，人民法院应予支持，但损失是由不可抗力、意外事件造成的除外。故有必要明确，在一般违约行为中，偶然事件是否是免责事由。

在我国立法史上，《经济合同法》第27条第4项将不可抗力和“一方当事人虽无过失但无法防止的外因”并列规定为解除合同或者变更合同的原因。但该法免责事由并不包括“外因”。在德国民法理论中，偶然事件（niederer Zufall）是与不可抗力（hoehere Gewalt）对立的术语。《法国民法典》没有对不可抗力和意外事件进行区分，这两个概念具有同等法律价值，引起的法律后果相同。[①]《法国民法典》第1147条将不可抗力和意外事件同等对待，规定为免责事由。从特征上看，意外事件的特点是不可预见、不能避免。与不可抗力的主要区别是，意外事件存在于当事人行为之内，或者说，不独立于人的行为。[②]然而，从意外事件不独立于人的行为这一特点上并不能得出意外事件可归责于当事人的结论。不可预见性和不可避免性恰恰说明意外事件不可归责于当事人。[③]虽然本法没有明确规定意外事件可以免责，但如果债务履行受外界影响，不可归责于任何一方当事人，意外事件作为免责事由是合理的。[④]只在例外情况下意外事件不是免除债务人责任的事由，比如债务人陷入履行迟延。

（四）重要的具体不可抗力事件

1. 自然灾害

自然灾害是最重要的不可抗力，比如洪水、台风、地震、火山喷发、泥石流、旱灾、蝗灾等。随着科技的发展，不少自然灾害可以提前预测。不可抗力的特点之一是不可预见，可以预见的自然灾害是否属于不可抗力呢？该问题要从两方面回答，第一是预见主体，第二是预见时间。合同订立前预测部门发出自然灾害通报的，可以认为当事人有可预见性；预测部门在合同订立后作出通报，不能推定当事人可以预见，通常判断可预见性的时间点是合同订立时。在一则案例中，[⑤]天津高级人民法院认为，虽然国家海洋预报台发出预报，但在目前的科学技术条件下，从发出预报至上诉人中机公司的货物受损时，被上诉人港埠公司已经无能力保障应当由自己保管的全部货物的安全。因此中机公司的货损，仍然属于不能避免的不可

---

① 参见Kaden, Erich-Hans, Zufall und Hoehere Gewalt im deutschen, schweizeischen und franzoesischen Recht. In RabelZ 1967, 621-622.

② 参见王洪亮：《债法总论》，北京大学出版社2016年版，第233页。

③ 参见Kaden, Erich-Hans, Zufall und Hoehere Gewalt im deutschen, schweizeischen und franzoesischen Recht. In RabelZ 1967, 610-612.

④ 参见王洪亮：《债法总论》，北京大学出版社2016年版，第235页。

⑤ 参见《中华人民共和国最高人民法院公报》2000年第5期（总第67期）。

抗力造成。

并非任何自然灾害都是不可抗力，只有满足不可抗力的全部要件时，债务人才可以援用不可抗力减免责任。

2.社会突发事件

社会突发事件也可能是不可抗力，包括战争、武装冲突、恐怖袭击、军事行动、封锁禁运、罢工、骚乱、传染性疾病[①]等。有争议的是，如果罢工发生在当事人内部，是否可以涵摄为不可抗力，因为在此情况下罢工属于当事人行为之内。学界观点认为，应当视罢工原因而定。罢工由当事人内部原因引起的，不存在不可抗力；[②]罢工由当事人之外的原因引起的，比如政府的政策引起罢工，则是不可抗力。[③]

3.国家行为

国家行为比如立法、司法、政策、[④]行政行为等，只要符合外来性、非正常性、不可预见性、无法避免性等特征，就是不可抗力。比如，拆迁是否为不可抗力，主要看当事人对此事件是否是不可预见的。[⑤]对于行政拘留，应当认为是可以预见、可以避免、可以克服的，因此不属于不可抗力。[⑥]《海商法》第51条明确规定，政府或主管部门的行为、检疫限制或者司法扣押是免责事由。该规定属于特别法中的规定，不能一般性地适用于合同法。在合同关系中，要根据具体情况确定是否是不可抗力。

---

① 比如，根据2003年最高人民法院《关于在防治传染性非典型肺炎期间依法做好人民法院相关审判、执行工作的通知》第3条第3项，“非典”是不可抗力；2020年，全国人大常委会法工委表示，新冠病毒属于不可抗力，根据不可抗力的影响，部分或全部免除责任。

② 参见Munchener Kommentar zum BGB, §651j Rn.8.

③ 参见尹田：《法国现代合同法》，法律出版社1995年版，第316页；韩世远：《合同法总论》（第三版），法律出版社2011年版，第375页。

④ 各个城市颁布的住房限购政策，在违约责任减免方面可以构成不可抗力，比如福建省厦门市中级人民法院（2012）厦民终字第3202号民事判决书中，法院虽然没有直接表达限购政策是不可抗力，但认为是可归责之事由，因此免除违约责任。

⑤ 在贵州省黔东南苗族侗族自治州中级人民法院（2017）黔26民终1864号民事判决书所涉及的纠纷中，拆迁户杨某在《商品房买卖合同》签订之前，凯府发〔2012〕44号文件中就已经明确征收范围，能否按时完成拆迁在小区开发时及签订《商品房买卖合同》之前就应当预见。因此法院认为，拆迁问题在该案中不属于“不能预见、不能避免并不能克服”的不可抗力。

⑥ 参见海南省海口市中级人民法院（2005）海南民三终字第30号民事判决书。

（五）不可抗力与履行障碍之间的必然性

本法第180条第2款将不可抗力定义为不能预见、不能避免且不能克服的客观情况。其中不能避免和不能克服除了指不可抗力本身的特征，还指向不可抗力与履行障碍的关系。只有不能履行或者迟延履行无法通过其他途径避免时，才成立免责事由。比如，虽然洪水将公路冲毁，但是债务人如果可以通过其他运输方式履行债务的，不可以援用不可抗力免责。因此不可抗力作为免责事由应当要求，债务人尽最大努力仍不能阻碍履行障碍发生。

（六）法律后果

根据本条第1款第1句，不可抗力成立的，违约当事人可以请求免除部分或全部责任。根据本法第577条，法定具体的违约责任是继续履行、采取补救措施和损害赔偿。不可抗力导致的履行障碍可能是履行不能，也可能是迟延履行。不可抗力具体免除的是哪项违约责任，要视不可抗力导致的履行障碍而定。

1.履行不能

发生履行不能的，从本法第580条和本条中的“违约责任”“免除责任”的表达出发，对于债务人的履行义务，似乎有两种处理途径，其一是通过履行不能规则处理，此时债权人继续履行请求权消灭（本法第580条），从债务人的视角看，他不必承担继续履行责任。其二是根据本条处理，即债务人主张不可抗力免除继续履行责任。但本书认为，第二种处理方式不妥，具体参见本条评注第五部分“其他问题”。债权人因为债务人履行不能有损失的，债务人可以援用本条要求免除损害赔偿责任。

2.履行迟延

不可抗力导致不能按约定时间履行的，如果是定期交易，则存在履行不能，按照履行不能规则处理。在非定期交易中，债务人不按约定时间履行，存在一般的履行迟延，债务人可以延期履行，但并不是免除履行责任。债权人因履行迟延有损失的，债务人可以根据本条要求免除部分或全部损害赔偿责任。

3.免责范围

损失完全由不可抗力引起的，违约方责任全部免除；损失由不可抗力和可归责于违约方的原因共同引起的，比如货物包装不当，途中遭遇暴雨，不可抗力只是损失的原因之一，应遵循“原因与责任成比例”原则，[①]部分免除责任。[②]

违约金和定金是约定违约责任，不可抗力免除的违约责任应当包括违约金责任和定金责任。[③]

（七）法定除外情况

法律规定不可抗力不能成为违约时的免责事由的，则违约人不能援用不可抗力要求部分或者全部免除责任。比如，《邮政法》第48条第1项规定，不可抗力造成的保价的给据邮件的损失不得免责。

当事人约定不可抗力不得免责的，该约定有效。

二、通知义务和提供证明义务

（一）通知义务

因不可抗力不能履行或者不能按时履行合同的当事人负有告知义务。当通知是需受领的单方意思表示时，无形式要求；通知相对人是对方当事人及其代理人；连带债权的，须向全体债权人发出通知，通知应当不耽搁地发出，当事人也可以在合同中约定发出通知的期限。[④]合同关系中的当事人基于交易的善良应当维护对方利益，因此通知对方当事人因不可抗力无法履行合同属于合同的保护义务范围。通知的主要目的是减少对方的损失。通知义务方当事人未通知的，或者迟延通知的，违反保护义务，对方当事人因此产生损失的，通知义务方要承担损失赔偿责任，比如对方当事人为准备接受给付多支付的费用等。

---

① 参见韩世远：《合同法总论》（第三版），法律出版社2011年版，第377页。

② 参见最高人民法院（2016）最高法民申2953号民事判决书。

③ 学界也有观点认为不可抗力不影响违约金和定金责任，参见王洪亮：《债法总论》，北京大学出版社2016年版，第232页。

④ 比如，在广东省肇庆市中级人民法院（2015）肇中法民四终字第43号民事判决书中，法院认为，当事人约定，如遇不可抗力，出卖人在发生之日起30日内告知买受人。

（二）合理期间提供证明

本条第1款第2句要求，不能履行或者不能按期履行的当事人要在合理期限内向对方当事人提供证据。这里的证据所指发生的具体不可抗力的证明。学界观点认为，提供证明是附随义务。[①]附随义务属于保护义务范畴，只有在为了保护对方当事人利益有必要时才成立附随义务。债务人对因不可抗力不能履行合同的事实提供证明，旨在使债权人确定如何保护自己的权益。[②]债务人提供证明的期间是否合理，应当考虑具体情况。债务人违反该附随义务的，要承担损害赔偿责任。

三、在先的迟延履行排除不可抗力作为免责事由

本条第2款规定的是迟延履行时债务人的责任加重。债务人迟延履行在先，之后发生不可抗力，不可抗力原则上不再是免责事由。该规定建立的基础是，只有按约定期限提供给付才能将债务人排除于风险范围外，随着迟延履行的发生，债务人责任加重。不可抗力可能引起两个后果：或者使履行继续迟延，或者使履行不能。无论哪种情况，都不得基于不可抗力减免责任。且在发生履行不能时，关键的只是履行不能这一结果，与履行不能和迟延履行之间是否有因果关系无关，但要求履行不能和损失之间有因果关系。

迟延履行排除不可抗力免责并非在任何情况下都适用。其例外情况是，即使债务人按约定时间履行，损失也不能避免，此时风险没有因为迟延履行而提高，故不可抗力仍然是免责事由。比如，在运输合同中，承运人出发迟延，货物在运输途中遭遇泥石流，但即使承运人按约定时间出发，货物到达债权人处后也将在泥石流中灭失。在此情况下，尽管不可抗力发生在迟延履行后，承运人仍然可以因不可抗力免责。[③]该例外情况适用的条件是，标的物在债权人处的假定灭失能令法院信服。

---

① 参见韩世远：《合同法总论》（第三版），法律出版社2011年版，第376页。

② 参见朱广新：《合同法总则研究》（下册），中国人民大学出版社2018年版，第771页。

③ 类似范例参见王洪亮：《债法总论》，北京大学出版社2016年版，第265页。

举证责任

债务人主张存在不可抗力的，应当陈述并证明存在不可抗力。债权人主张因债务人不及时通知引起额外费用或者引起损失的，对债务人迟延通知及损失额度承担证明责任。债权人主张不可抗力发生于迟延履行后的，要证明债务人存在迟延履行，且在时间上不可抗力发生在迟延履行之后；他不需要证明迟延履行和履行障碍之间有因果关系。债务人可以证明，即使他不迟延履行，损失也会发生。

其他问题

本条的文字表达为“一方因不可抗力不能履行合同的，根据不可抗力的影响，部分或者全部免除责任”。根据本法第577条，违约责任包括继续履行、采取补救措施和赔偿损失。从这两个条文的文字表达看，不可抗力的免责内容似乎应当包括“继续履行”，甚至从本条的表达看，免责的内容主要指向“继续履行”，司法实践中也有人支持此观点。[①]然而，这种解释引发的疑问是，履行不能的原因并非不可抗力的，继续履行责任不得免除吗？根据本法第580条，发生债务人履行不能的，债权人没有继续履行请求权，这表示履行不能天然的法律后果就是债务人的继续履行责任消灭，不需要附加不可抗力等其他因素。

从大陆法的起源看，罗马法时期即有“履行不能不为债（impossibilium nulla est obligatio）”[②]这一法谚，它表达的含义是，履行不能时债务人的原始给付义务消灭，换言之，债权人的原始给付请求权得不到支持。在德国债法现代化法生效之前，根据旧《德国民法典》第306条，履行不能导致合同自始无效。新《德国民法典》将其废止，其第275条对履行不能的法律后果作出修

---

① 参见丁宇翔：《疫情不可抗力的司法认定及其与情势变更的衔接》，载《人民司法》2020年第19期。

② D. 50.17.185.

正，即传统的履行不能的结果是债权人原始给付请求权被排除，而履行费用与债权人给付利益严重不成比例的法律后果应当是，债务人有拒绝提供原始给付的抗辩权。在最终结果上，都是债务人不需要提供原始给付。根据本法第580条，履行不能的法律后果是债权人不可以要求继续履行。根据《法国民法典》第1184条，债权人选择要求法院裁判继续履行的条件是履行可能。以上法律规范都意味着，在发生履行不能的情况下，给付风险由债权人承担，他要求债务人提供原始给付的请求权不能得到支持。从债务人的视角看，他不需要承担继续履行的责任，这与是否存在不可抗力无关。换言之，只要发生了履行不能，债务人就不必承担继续履行的责任。反过来看，不可抗力并没有导致履行不能，而仅是导致无法按约定时间履行，那么继续履行责任并不能免除。此时应当适用情势变更规则，变更履行时间。

综上所述，不可抗力作为免责事由，其免除的责任应当是损害赔偿责任。将不可抗力免责的责任范围扩大至继续履行责任，将导致履行障碍法律后果及救济手段体系受到干扰，与《民法典》体系性和科学性的要求不一致。

第五百九十一条【防止损失扩大的义务】

当事人一方违约后，对方应当采取适当措施防止损失的扩大；没有采取适当措施致使损失扩大的，不得就扩大的损失请求赔偿。

当事人因防止损失扩大而支出的合理费用，由违约方负担。

历史由来

本条继承了《合同法》第119条的规定，仅作出把“要求”调整为“请求”的修改。

规范目的或功能

一、规范功能

本条规定的损失赔偿的减损规则，也被称为债权人的防止损失扩大义务。

减损规则是损失赔偿法中“全有或全无”原则的例外情况之一。减损规则的理论基础在大陆法系和英美法系中有较大差异。英美法系中，减损规则的理论基础包括近因和惩罚论、信赖利益优先论和经济效益论。[①]其中经济效益论比较令人信服，依该理论，减损规则不仅是为了维护债务人之利益，也是对社会整体利益的维护，避免社会财富减少，[②]鼓励受害方将损失降至最低。也有反对观点认为，减损规则客观上激励违约。[③]

在大陆法系，损失赔偿法规定减损规则的基础理念是诚实信用原则。[④]诚实信用原则要求权利人在行使权利的方式上具有保护性，即要保护对方当事人的利益。从该视角看，发生违约行为时，相对人有义务将损失降至最低。对方当事人可以采取措施避免损失扩大而未采取措施导致损失扩大的，如果扩大的损失仍然由违约方承担责任，有违诚实信用原则。

二、体系结构

（一）外部体系

在外部体系上，减损规则不是独立的请求权基础，而是债务人承担损失赔偿责任时的抗辩。即债权人主张违约损失赔偿的，债务人可以根据本条第1款提出抗辩，[⑤]要求对因债权人没有及时采取合理措施而扩大的损失不承担损失赔偿责任。本条与“与有过错”的关系见下文。

（二）内部结构

本条内含两款。第1款前半句规定了债权人的减损“义务”，后半句规定了债权人违反减损义务时债务人的抗辩。第2款是债权人合理费用请求权的请

---

① 参见韩世远：《减损规则论》，载《法学研究》1997年第1期。

② 参见王利明、方流芳、郭明瑞：《民法新论》（上），中国政法大学出版社1988年版，第502页。

③ 转引自韩世远：《合同法总论》（第三版），法律出版社2011年版，第643页。

④ 参见Matthaeus, Claudia, Schadengsminderungspflichten im deutschen Haftpflichtrecht. Nomos Verlag, 2008, 94–95；相同作者Matthaeus, Claudia, Schadengsminderungspflichten im Haftpflichtrecht Oestereichs. Nomos Verlag, 2008, 119–120.

⑤ 参见朱广新：《合同法总则研究》，中国人民大学出版社2018年版，第720页。

求权基础。

规范内容

一、减损义务作为不真正义务

一方当事人违约时，对方当事人采取措施减少损失，也被称为“减损义务”。要明确的是，本条所指“义务”之法律属性。

法律要求法律主体为特定行为的，该条款或者设立法律义务，或者设立不真正义务。法律义务的特点是，它的履行可以通过诉讼实现，即具有可诉性，违法义务的后果包括损失赔偿。不真正义务的概念源自私人保险法，它也包含行为要求。不真正义务产生的条件是，义务人与相对人在法律上有重要的关系，但不真正义务不能通过诉讼实现，违反不真正义务也不产生损失赔偿责任。不真正义务的义务人不实施法律要求的行为，将失去对他有利的法律地位，或者其他法律上之利益，比如请求权缩减或消灭。不真正义务的行为要求首先是为了义务人之利益，其次才是对方的利益。

依本条之规定，对方当事人没有采取适当措施致使损失扩大的，法律后果是，对扩大的损失的赔偿请求权消灭。违约方没有要求对方当事人采取措施避免损失的请求权，本条规定的减损义务是对方当事人的不真正义务。[①]

还需注意，减损义务要以存在降低损失或者避免损失的可能性和可预见性为前提条件，如果不存在降低或避免损失可能性的，相对人没有减损义务；相对人不能预见损失产生的，本条也没有适用空间。

二、避免损失扩大的措施

根据本条第1款的规定，对方当事人应当防止损失扩大。具体而言，应当包括使损失降低和避免损失发生。对方当事人是否有义务采取措施降低损失或者避免损失，应当在具体情况中评价。

在损失还没有发生的情况下，当事人应当采取措施避免损失发生。比

---

① 参见王洪亮：《债法总论》，北京大学出版社2016年版，第420页。

如，对方当事人知道或者应当知道存在违约损害风险，但违约方对此不知情，对方当事人应当提醒或者警告违约方，没有提醒或警告的，即违反了不真正义务。[①]在损失已经发生的情况下，对方当事人应当采取措施尽量降低损失。避免损失的含义是，对方当事人应当尽力将损失控制在最小范围内，或者在排除违约后果时避免不必要的费用支出。避免损失扩大的“措施”是一个开放的不确定概念，要在具体情况中通过价值衡量确定。有学者尝试从具体的裁判出发，将减损措施类型化，提出减损措施可以分类为：停止工作、替代交易、替代安排、变更合同、继续履行、中止履行、维修标的物等。[②]也有学者认为，终止合同和解除合同也是减少损失的措施。[③]德国民法学界认为，债权人警告债务人也属于减损措施，[④]亦即，在债权人预见到产生损失，而债务人没有预见时，债权人有义务警告债务人。甚至相对人采取必要的法律救济，在具体情况中也是减损措施，[⑤]比如债权人应当解除合同而不解除合同，债务人对债权人因此扩大的损失不承担赔偿责任。

实践中，法院通常需要在个案中具体判断，当事人是否应当采取减损措施。比如，在“珠海市对外劳动服务公司诉中国银行珠海分行损害赔偿纠纷案”中，最高人民法院认为，中国银行珠海分行经办人员未仔细鉴别取款印鉴字样的不同，又未按照银行办理储蓄业务的有关规定，对两种印鉴进行折角比对，致珠海市劳动服务公司贸易中心的存款被冒领，中国银行珠海分行对此应按《民法通则》有关规定承担过错责任。珠海市劳动服务公司贸易中心不按银行要求认真负责地核对余额对账单，致使冒领事件未能及时发现，贻误了查处时机，扩大了损失。[⑥]再比如，违约方因为履

---

① 参见王洪亮：《债法总论》，北京大学出版社2016年版，第421页。

② 参见韩世远：《合同法总论》（第三版），法律出版社2011年版，第646—647页；刘瑛：《CISG减损规则及其在中国的适用》，载《时代法学》2013年第6期。

③ 参见虞汪日：《论〈联合国国际货物销售合同公约〉违约损害赔偿减轻损失规则》，载《湖北社会科学》2012年第10期。

④ 参见Muenchener Kommentar zum BGB, §254 Rn.75.

⑤ 参见Staudinger Kommentar zum BGB, §254, Rn.93.

⑥ 参见《最高人民法院关于珠海市对外劳动服务公司诉中国银行珠海分行损害赔偿纠纷案的复函》[（1991）民他字第19号]。

行瑕疵致对方当事人遭受身体损害，此时受损当事人应当采取必要的医疗救治措施。至于损失是否可以因为措施的介入真正降低或者避免发生，并不要求绝对确定性，只要求具有极大可能性。在债务人迟延履行或履行有瑕疵时，对方当事人可以通过替代安排减少损失，包括安排替代的人和安排替代的物等。比如，在另一则案例中，被告给付的收割机有质量问题，原告尚某某除了主张解除合同，还主张2015年经济损失59000元和2016年、2017年的经济损失。法院没有支持2016年和2017年的经济损失，在裁判理由中，法院援用减损规则，认为尚某某应当安排替代机器，减少损失的扩大。①

在债权人采取措施时，债务人也可能存在配合支持义务，比如释明义务、说明义务等。

三、措施的适当性

本条的措辞是，对方当事人要采取“适当”措施。关于“适当”的含义，部分观点提出，应当是指措施具有合理性，且判断的视角是当事人的主观方面，只要对方当事人在采取措施时尽心尽力，即使客观上并没有减轻损失，甚至增加了损失，也应当获得全面赔偿。②实践中，部分法院坚持客观标准，只要守约方依照一般的交易习惯，已经尽到了合理的勤勉和通常的注意，采取了作为普通的正常交易主体本应做且能做到的行为，即应当认定守约方履行了减损义务。③部分法院坚持主客观相统一原则，既要考虑守约方主观上是否按照诚实信用的原则尽自己的努力积极采取一切措施避免损失的扩大，也要在客观上考虑守约方所采取的行为是否达到了避免损失扩大的效果。④

本书认为，适当性是指措施对受损失方当事人而言具有可承受性或合理性，即根据一般生活经验，一个正常的理性当事人应当采取的措施。实践中，

---

① 参见内蒙古自治区赤峰市中级人民法院（2019）内04民终1228号民事判决书。

② 参见韩世远：《合同法总论》（第三版），法律出版社2011年版，第646页。

③ 参见江苏省宿迁市中级人民法院（2014）宿中商终字第0028号民事判决书。

④ 参见江苏省仪征市人民法院（2014）仪新民初字第0424号民事判决书。

要在具体情况中通过利益衡量确定什么措施是可承受的措施。基于减损义务的基础是诚实信用原则，故在判断过程中要衡量对方当事人的利益和违约方利益，特别是对方当事人的基本权利。利益衡量首先是客观视角，即从理性人视角判断措施是否能减低或者避免损失，不考虑对方当事人的具体特殊因素。只有从客观视角确定措施具有适当性之后，才可以进一步从对方当事人具体法律关系中审查，措施是否具有主观可承受性，不应要求受害人采取会给其带来不适当负担、危险或不利的措施。[①]英国通过裁判确定了判断措施合理性的规则，也是从客观和主观两方面确定：原告只有义务做一般常理下应做的事情，没有义务去做任何特殊的事情，来减轻被告可能造成的损失；原告没有必要拿自己的钱去冒险、投机来减轻损失；原告没有必要采取危及自身信誉、损害无辜第三人利益或公共关系的行动；甚至原告因为贫穷或财政上的困难，不能采取合理的行动，有时候也被认为是一个合理的理由。[②]瑞士学者提出分步式审查：[③]第一步是确定受损法益，并评价其意义。受损害的是身体、精神、工作、生存基础等，其意义较高；所受损失的是所有权、占有等财产损失的，其意义较低。受损法益之意义越高，受损方当事人的主观利益被赋予的法律价值越高。第二步是权衡不采取减损措施将引起的潜在损失、采取措施需要支出的费用和在第一步中确定的受损方利益之间的轻重。如果通过权衡，认为不值得采取减损措施，则对方当事人不采取措施不能导致损失赔偿请求权缩减。如果通过权衡，认为值得采取措施，则进入第三步。在第三步中审查的是，采取的措施无论从经济视角还是在具体因素中，都是合理的。

措施的适当性还以措施极有可能避免损失或者降低损失为前提条件。换言之，只有在措施很有可能降低或者避免损失的情况下，才可以认为措施是适当的。在这里要区别两个问题：第一，对方当事人有减损义务的前提是，降低或避免损失是可能的；第二，措施满足适当性的前提是，该措施极有可

① 参见《人民司法·案例》2015年第6期。

② 参见何宝玉：《英国合同法》，中国政法大学出版社1999年版，第689—690页。

③ 参见Matthaeus, Claudia, Schadengsminderungspflichten im Haftpflichtrecht der Schweiz. Nomos Verlag, 2008, 153.

能降低或避免损失。对措施的适当性要求，是诚实信用原则的表达。因此，措施是否适当，应采主客观判断标准。结合减损义务的含义，债权人应当采取实际能降低或避免损失的措施，该措施对债权人是可以承受的，且引起耗费与避免损失的比例应当符合比例原则。

四、法律后果

（一）债权人的损失赔偿请求权缩减

债权人没有采取措施，或者采取措施不恰当，导致损失扩大，或者导致可避免的损失发生，其法律后果如何？本条第1款第2句的文本表述是，债权人“不得就扩大的损失请求赔偿”。在此要确定的是，如何确定扩大的损失。理论上有两个途径，一是通过各自对损失的过错程度确定，二是通过因果关系确定。比如，在“徐某与杨某等租赁合同纠纷案”中，杨某自2009年1月10日起即欠付租金，其行为已经构成违约。但在长达两年有余的期间内，徐某明知杨某未生产经营且分文未缴，仅数次发函催缴租金，直至2012年提起诉讼，始终未采取解除合同、收回房屋、另行出租等措施。该案法院认为，对于超出合理期限后未采取减损措施造成的租金损失，徐某无权主张。[①]在该案中，超出合理期限的资金损失，无论是从过错方面看，还是从因果关系方面看，都归责于原告。在“王某某诉江苏某机械设备制造有限公司租赁合同纠纷案”中，原告主张被告赔偿因被告一直不对房屋进行维修并且未向原告交接房屋，导致原告不能及时将该房屋对外出租造成的4个月的房租损失6000元。法院认为，虽然被告违约造成原告房屋损坏给原告及时将房屋对外出租造成了影响，但原告未能在被告不予修理后的合理期限内先行对房屋损坏进行修复，故原告就因其自身原因扩大的租金损失无权要求赔偿。结合本案的实际情况，法院酌情支持原告租金损失3000元。在该案中，6000元的租金损失由原告和被告共同造成，无论是从因果关系上还是从过错上，原被告各自承担50%是合理的。[②]

---

① 参见江苏省扬州市中级人民法院（2013）扬民终字第0437号民事判决书。

② 参见江苏省仪征市人民法院（2014）仪新民初字第0424号民事判决书。

（二）合理费用负担

对方当事人为了减少或者降低损失支出合理费用的，该费用由违约方承担。依此，违约方负担的费用范围应当通过两个要素确定：费用目的和是否具有合理性。债权人支付费用的目的是避免或减少损失。支出费用的合理性要从客观视角辅以主观因素判断，即在支付费用的时间点从一个理智的第三人视角看，该费用必须是必要的，并且费用与避免的损失之间符合比例性。但并不要求费用支出事实上避免或者减少了损失，换言之，只要对方当事人支出费用的目的是减少损失，且是必要的、符合比例的，即使事实上支出费用的目的落空，也应当由违约方负担。①

五、法律属性：抗辩

减损规则是债务人的抗辩。②在满足减损规则的适用前提时，法院不需要当事人主张，应当依职权减轻或免除赔偿数额。③

举证责任

债务人主张适用减损规则的，应当证明以下事实：债权人有采取合理措施减少损失或者避免损失的可能性，但债权人没有采取措施，④或者证明债权

---

① 参见虞汪日：《论〈联合国国际货物销售合同公约〉违约损害赔偿减轻损失规则》，载《湖北社会科学》2012年第10期。

② 参见朱广新：《合同法总则研究》（下册），中国人民大学出版社2018年版，第720页。

③ 参见江苏省仪征市人民法院（2014）仪新民初字第0424号民事判决书。

④ 参见江苏省无锡市中级人民法院（2019）苏02民终4230号民事判决书。然而在“中商联合石油经贸有限公司诉盛某委托理财合同纠纷案”中，法院认为，原告中商公司未举证证明在其账户交易资金亏损临界合同约定的限额时及时行使了监管和资金调拨权，或与盛某进行沟通，并对盛某操盘进行有效限制，以避免损失进一步扩大。中商公司的不作为导致盛某可以继续操作其账户进行期货交易，使得其账户资金损失逐月持续增加。依照《合同法》第119条第1款规定，当事人一方违约后，对方应当采取适当措施防止损失的扩大；没有采取适当措施致使损失扩大的，不得就扩大的损失要求赔偿。因此，中商公司亦应对其账户内资金的损失承担相应责任。该证明责任的分配有待商榷。参见北京市高级人民法院编：《审判前沿：新类型案件审判实务》（总第33集），法律出版社2011年版。

人采取的措施不合理。

债权人主张债务人承担费用支出的，要证明以下事实：有费用支出，该费用支出是为了减少或者降低损失，费用支出是必要的、合理的。

其他问题

与“与有过错”的关系

在我国民法立法体系中，减损规则被规定在违约责任中（《民法通则》第114条、《合同法》第119条），与有过错规则被规定在《侵权责任法》中（《民法通则》第131条、《侵权责任法》第26条）。[①]减损规则和与有过错在大陆法系中被普遍承认。在比较法上，我国民法的这种立法体例并不多见。《德国民法典》在债法总则部分第254条第1款和第2款分别规定了与有过错规则和减损义务规则，学界观点认为减损规则是与有过错规则的特别情况，第2款关于减损规则的规定仅在于重申减损义务。[②]无论是与有过错还是减损规则，对违约责任和侵权责任均得适用。瑞士民法承认减损规则，但是没有在立法中予以规定，实践中通常是基于《瑞士债务法》第2条或者第44条适用减损规则。在适用第44条时，减损规则多数在因果关系中讨论，即损失的发生归责于债权人本人。[③]《奥地利普通民法典》没有单独规定减损规则，司法裁判从第1304条得出债权人的减损义务，[④]而该条款规定的是与有过错。故可以认为，在奥地利司法裁判中减损规则是特殊的与有过错。奥地利学者Hiltscher则主张，债权人可以避免损失时不能对债务人主张损失的原因是，债务人的违约行为和损失

---

① 也有观点认为，《合同法》第120条规定的是与有过错，参见朱广新：《合同法总则研究》(下册)，中国人民大学出版社2018年版，第723页。

② 参见Looschelders, Schuldrecht AT, 2019, §50 Rn.10；王洪亮：《债法总论》，北京大学出版社2016年版，第420页。

③ Matthaeus, Claudia, Schadengsminderungspflichten im Haftpflichtrecht der Schweiz. Nomos Verlag, 2008, 150.

④ 参见Matthaeus, Claudia, Schadengsminderungspflichten im Haftpflichtrecht Oestereichs. Nomos Verlag, 2008, 119–120.

之间的因果关系被切断。[①]在英美法系中，减损规则由合同法发展而来，与有过错由侵权责任法发展而来。至今，两个规则在合同法和侵权法中都适用。[②]

我国民法关于减损规则和与有过错规则的立法选择，与损失赔偿法的归责原则息息相关。长期以来，违约损失赔偿的归责原则被认为是无过错责任，故与有过错规则很难在合同法中寻找立足之地。在实践和理论[③]中，减损规则和与有过错对违约责任和侵权责任均可适用。也有观点将《合同法》第120条规定的第三人违约解释为与有过错原则，[④]本法通过第592条对此予以纠正，即在第592条第1款继承《合同法》第120条的双方违约，第2款则规定了与有过错。与有过错作为损失赔偿的减损规则，是指受损方当事人对损失的产生也有过错，即过错指向的是受损害人自己的损失。"不损害自己"并不是一项法律上之义务，因此与有过错的受损害人并没有违反法律义务，违反的是谨慎要求。[⑤]而本法第592条第1款规定的是双方当事人都违反各自义务的情况，核心要素是违反法律义务。从本质上看，对方当事人没有采取适当措施减少或者避免损失的，是他对最终损失与有过错。本条和第592条第1款、第2款规定的具体内容出现了体系上的偏差，但不影响各自的适用。

第五百九十二条【与有过错】

当事人都违反合同的，应当各自承担相应的责任。

当事人一方违约造成对方损失，对方对损失的发生有过错的，可以减少相应的损失赔偿额。

历史由来

本条第1款继承了《合同法》第120条的规定，仅作出将"当事人双方"简化为"当事人"的修改。本条第2款为新增规定，其内容源于《买卖合同

---

① 参见Hiltscher, Rechtfragen beim Schadensersatz nach Verkehrsunfällen. In ZVR 1967, 169, 172.

② 参见韩世远：《合同法总论》（第三版），法律出版社2011年版，第644页。

③ 参见韩世远：《合同法总论》（第三版），法律出版社2011年版，第646页。

④ 参见朱广新：《合同法总则研究》（下册），中国人民大学出版社2018年版，第723页。

⑤ 参见Muenchener Kommentar zum BGB, §254 Rn.3, 29.

解释》第30条规定："买卖合同当事人一方违约造成对方损失，对方对损失的发生也有过错，违约方主张扣减相应的损失赔偿额的，人民法院应予支持。"第2款的规定可追溯至1981年《经济合同法》第32条第1款（1993年修订后的第29条第1款）："由于当事人一方的过错，造成经济合同不能履行或者不能完全履行，由有过错的一方承担违约责任；如属双方的过错，根据实际情况，由双方分别承担各自应负的违约责任。"1986年《民法通则》在第131条中规定："受害人对损害的发生也有过错的，可以减轻侵害人的民事责任。"

三 规范目的或功能

一、规范功能

（一）第1款

本条第1款规定的是双方违约。在理论上，关于是否存在"双方违约"存在激烈的分歧。否定说认为，双方违约存在理论上的错误，债权人在对方当事人不履行义务时，有履行抗辩权，拒绝履行义务属正当行使抗辩权，不构成违约。[①]也有观点认为，没有必要从当事人的视角区分单方违约或双方违约，[②]即使双务合同中当事人各自违反了没有牵连性的义务，各自向对方承担违约责任即可。基于此，该观点将《合同法》第120条（与本条第1款完全一致）解释为与有过错。[③]肯定说认为，双务合同的当事人有可能有无牵连性的义务，一方当事人违反义务时，不能适用履行抗辩权，此时双方违约有适用余地。或者双方的履行都不符合约定等情况。[④]

立法者在本条第2款规定了与有过错，说明第1款规定的内容不是与有过

---

① 参见梁慧星：《民法学说判例与立法研究》，中国政法大学出版社1993年版，第82页。

② 持此观点的，参见全国人大法工委研究室编写组：《中华人民共和国合同法释义》，人民法院出版社1999年版，第212—213页。

③ 参见朱广新：《合同法总则研究》（下册），中国人民大学出版社2018年版，第723页。

④ 参见王利明：《合同法研究》（第二卷），中国人民大学出版社2011年版，第470页；崔建远：《合同法》，北京大学出版社2012年版，第347页。

错，只是双方各自违反自己的义务的情况。其功能在于明确合同双方当事人违反非牵连性义务时，应当分别处理。理论上这种规范虽然不必要，但至少可以促使合同的权利义务体系明晰。

（二）第2款

本条第2款规定的是与有过错，也有将本款规定的内容称为“与有过失”“过失相抵”的。[①]“过失”这一术语显然并不准确，一方面，“过错”单纯指当事人的主观方面，而引起损失的是有过错的行为；另一方面，本条规定的内容是，受损失方当事人与加害方当事人（比如违约人）共同引起损失时，受损失方共同承担损失以他有过错为条件。过错归责原则中既包括过失，也包括故意。本条第2款在措辞上表达为“也有过错”，避免了歧义。但是，由于《民法通则》将与有过错规定在侵权责任中，而《合同法》没有明确规定与有过错，因此学界至今对与有过错的研究大多限于侵权领域，[②]对违约领域的与有过错多是通过解释减损规则或双方违约来论证。实践中，法院承认与有过错在违约责任中也得以适用。[③]

与有过错的理论基础存在争议，部分观点认为是基于诚实信用原则。[④]受损失人忽视了自己的利益，却允许他向受害人主张全部损害赔偿，违反诚实信用原则。部分学者对此予以否定，原因是，如果仅以诚实信用原则为依据，债权人损失赔偿请求权的缩减则单纯以公平为基础。[⑤]故该观点认为，与有过错原则的理论基础除了诚实信用、公平公正，还包括自己责任，即任何人都要为自己的行为负责任。[⑥]本条确立的两个基本思想是平等对待原则和按比例

---

① 参见陈聪富：《过失相抵之法理基础及其适用范围》，载《中德私法研究》（第4卷），北京大学出版社2008年版，第3—35页；程啸：《过失相抵与无过错责任》，载《法律科学》2014年第1期；尹志强：《论与有过失的属性和适用范围》，载《政法论坛》2015年第5期。

② 比如，前注中的几篇学术性论文均是以侵权责任为依托探讨与有过错原则。

③ 参见北京市第三中级人民法院（2015）三中民终字第11561号民事判决书。

④ 参见陈聪富：《过失相抵之法理基础及其适用范围》，载《中德私法研究》（第4卷），北京大学出版社2008年版，第4页；韩世远：《合同法总论》（第三版），法律出版社2011年版，第634页。

⑤ 参见王洪亮：《债法总论》，北京大学出版社2016年版，第418页。

⑥ 参见Looschelders, Dirk, Schuldrecht Allgemeiner Teil.Vahlen 2019, §50, Rn.4.

分担原则。[1]平等对待的含义是，损害人和受损害人都实施引起损失的行为的，要同等对待。按比例分担损失原则表现在法律后果上，即损害人和受损人按其行为对损失的“贡献”分担损失。按共同法时期的基本原则，受损害方有过错的，导致全部损害赔偿责任。与有过错原则修正了“全有或全无原则”对违约人的不利。

二、体系结构

双方违约是各自违反各自的义务，而彼此的义务没有牵连性，不能通过抗辩权处理，只能各自主张自己的救济。诉讼中，可能出现两种情况：一种情况是一方提起诉讼，另一方反诉；另一种情况是双方各自提起诉讼。

特别法对与有过错有规定的，优先适用。比如，本法第682条第2款规定，保证合同被确认无效后，债务人、保证人、债权人有过错的，应当根据其过错各自承担相应的民事责任。又如，本法第171条第4款规定，相对人知道或应当知道行为人无权代理，相对人与行为人按各自过错承担责任。再如，本法第157条规定，民事法律行为无效、被撤销或确定不发生效力后，有过错一方应赔偿对方所受损失；各方都有过错的，应当各自承担相应的法律责任。虽然第171条和第157条在体系上属于总则编，但仅对无权代理适用，是与有过错的特别法。特别法也可以规定与有过错原则不适用。

债权人要求债务人承担损失赔偿责任的，债务人可以根据本条第2款抗辩，主张缩减损失赔偿额。本条第2款对继续履行和补救履行请求权不适用。在没有特别规定或约定时，本条第2款对所有的约定损害赔偿和法定损失赔偿责任均适用。

与有过错规则的适用与损失赔偿请求权是否是过错归责还是无过错归责无关，无论损害赔偿是过错归责还是无过错归责，本条第2款均得适用。

本条第2款规定的与有过错与本法第591条规定的减损归责的关系见本法第591条评注。

在内部结构上，尽管部分观点认为本条第1款规定的内容应当解释为与有

---

① 参见张谷：《作为自己责任的与有过失》，载《中德私法研究》（第4卷），北京大学出版社2008年版，第41页。

过错，[①]但这种解释是在《合同法》未明确规定与有过错的情况下作出的。在本条的立法模式下，这两款并无直接关联。

规范内容

一、第1款：双方违约

本条第1款不适用的情况包括：一方当事人有先履行义务，但没有先履行，此时对方当事人虽然未履行到期债务，但有先履行抗辩权；双方均未履行到期债务，存在双方当事人应当同时履行的情况，而其中一方当事人没有履行能力或者没有履行意思，此时对方当事人有同时履行抗辩权。

在履行抗辩权之外，双方当事人都违反自己的义务的，要各自承担违约责任。比如，债务人陷入履行迟延，但在债权人催告的合理期限内履行，此时债权人仍然有受领义务。债权人不受领的，陷入受领迟延，根据本法第589条债权人要承担增加的费用。而债务人要承担履行迟延引起的损失。再比如，买卖合同中出卖人提供的给付有瑕疵，他要承担补救履行和（或）损失赔偿责任；买受人支付价款迟延，要承担迟延利息赔偿责任。双方当事人的债务符合抵销的，可以主张抵销。

在不真正的双务合同中也会存在双方违约的情况。比如，无偿委托合同虽然是单务合同，即只有受委托方有主合同义务，委托人不负担等价的对应义务，但不意味着委托人不承担任何义务。委托人对受委托人有保护义务，违反保护义务导致受委托人产生损失的，委托人要承担损害赔偿责任。在此情况下，双方当事人各自承担自己的违约责任。

二、第2款：与有过错

本条第2款的文字表达是对方对“损失的发生”有过错，该表述并不准确，因为过错是指债务人的主观方面，引起损失的不是主观故意或过失，而是受损失人有过错的行为。[②]虽然学者在解释与有过错时，认为过错是指主观

① 参见朱广新：《合同法总则研究》，中国人民大学出版社2018年版，第723页。

② 参见王洪亮：《债法总论》，北京大学出版社2016年版，第418页。

方面，但探讨成立要件时，仍强调受损人的行为。[①]甚至个别立法也指出这一点，比如我国台湾地区有相关规定，债务人就其故意或过失之行为，应负责任。实践中，法院裁判时也会发生这种情况，即在术语上使用“过错”，实际指向的是受损失方当事人的行为。[②]受损人的行为不是损害他人利益的行为，而是指忽视自己利益的行为。本款不仅对违反合同义务产生的损失赔偿适用，也对缔约过失责任引起的损失责任适用。

（一）成立要件

受损失人与有过错的成立要满足以下要件：

第一，债务人的违约行为导致债权人有损失；债权人实施了某行为，或者是债权人不作为，是损失产生的共同原因，即债权人的行为与损失之间有因果关系和可归责性。至于债务人和债权人各自行为的先后顺序，并不重要。

第二，除了债权人有过错的行为，还要求他违反不真正义务。[③]违约人承担违约责任以行为的违法性为条件，在没有正当防卫等排除违法性原因时，违约本身就具有违法性。问题是，要求受损害人承担损失赔偿时，是否应当基于同等对待原则也要求他实施了违法行为。虽然有肯定的观点，但是原则上法律并不禁止自己侵害行为，不管是在违约行为中还是在侵权行为中，受损失人的行为都不能被评价为违法的。

受损失人与有过错实际是“对自己的过错”。可以把“与有过错”定义为，债权人没有尽到一个理性人应当避免自己损失的谨慎。但是，让受损失人承担一切他自己可以预见并可以避免的损失，显然也不合理。因此，“与有过错”成立的前提条件是，避免损失属于债权人责任领域。在什么情况下避免损失属于债权人的责任范围，可以借助“不真正义务”确定。[④]债权人应尽到谨慎义务或照顾义务，保护自己的法益或者利益，此即债权人的不真

① 参见史尚宽：《债法总论》，中国政法大学出版社2000年版，第306—307页。

② 参见广东省珠海市香洲区人民法院（2007）香民二初字第635号民事判决书。

③ 参见王洪亮：《债法总论》，北京大学出版社2016年版，第418页。

④ 参见Looschelders, Dirk, Schuldrecht Allgemeiner Teil.Vahlen 2019, §50, Rn.6.

正义务。[1]因为受损害人没有维护或者疏忽维护自己的权益，引起损失或使损失扩大的，受损害人不得将自己行为的结果转嫁于他人。在此，要审查的是，一个谨慎的理性的交易参与人是否应当预见损失的产生并可以避免损失发生。

第三，有疑问的是，本条的适用是否与损害人和受损害人主观过错相关联。即使违约责任的归责原则是无过错责任，比如保证责任，本条也适用。从本条条文表达看，应当要求受损失方存在主观过错。受损失当事人主观有过错，即受损失方基于故意或过失不尽谨慎义务。故意只能是主观，而过失则区别为主观过失和客观过失。故意是指受损失人知道损害客观要件的实现，或者对损失发生有意愿。知道并不要求受损失人确定知悉相关重要事实，只要他认为损失可能发生即可。在本条中，民法领域的过失的判断标准是客观过失标准。[2]判断过失的标准不是以受损失人个人能力为具体依据，而是以相关交易领域平均理性人的能力为标准。但是并不存在统一的具体的客观评价标准，部分观点提出应当区别交易领域和年龄段，因为在交易中人们对他人行为期待虽然没有统一标准，但对同一个领域中的他人或同一年龄组的人可以形成相对一致的标准。

受损害人主观没有过错的，从文本表达看，本条不应当适用。尽管“与有过错”的真实意思是受损害人实施了有责任的行为，但在法律强调“过错”的情况下，应当要求受损害人存在主观过错。在法律规定受损害人主观有过错时要分担责任的，违约方可以依本条减轻责任。在极为例外的情况下，受损害人主观无过错的，也可能适用本条分担责任。比如，在德国联邦法院的一个裁判中，法律行为因为意思表示的错误被撤销，受损害人共同引起了该错误，虽然他主观无过错，但联邦法院适用了《德国民法典》第254条，裁判受损害人分担损失。[3]

第四，受损失人与有过错的另一个条件是责任能力。该要件对限制行为能力人有意义。在侵权责任中，未成年人承担限制责任。违约责任中，限制

---

① 参见北京市密云县人民法院（2015）密民（商）初字第07229号民事判决书。

② 参见Looschelders, Dirk, Schuldrecht Allgemeiner Teil.Vahlen 2019, §50, Rn.（客观过失标准是民法与刑法重要的区别之一）

③ 参见BGH NJW 1969, 1380.

行为能力人实施法律行为需要法定代理人同意或者追认，因此有责任能力。受损失人的代理人或者辅助人的与有过错，同样适用本条第2款。

（二）法律后果

1.损失赔偿责任减少

根据本款规定，受损失人对损失产生与有过错的，违约方损失赔偿额度减少，至于减少多少，要在具体情况中确定。通常情况是，双方当事人分担损失，在极其例外的情况下，受损失人的过错可能排除损失赔偿责任。

一个违约行为可能引起具体多个损失项（Schadenspositionen），而受损失人并非对所有的损失项都有过错，那么他只分担受其过错影响的损失项，其他损失项违约方要全部赔偿。比如，违约人迟延履行，同时给付的标的物有瑕疵，受损失方当事人只对迟延履行有过错，在此情况中只有迟延履行的损失赔偿减少，瑕疵履行的损失赔偿不受与有过错影响。

如前文所述，本条文字不准确。受损失方当事人分担损失的实际原因是他实施了有责的行为，该行为与违约当事人行为共同引起损失。因此在评价减少的损失赔偿额时，既要考虑受损失人的行为在引起损失过程中所占的比例，也要考虑他的过错程度。行为是主要因素，受损失人的行为越可能引起损失，他分担的损失比例越大。至于是哪一方当事人的行为先引起损失，则无关紧要。关键的是，受损失人的行为对损失的产生有因果关系。双方当事人的过错是在利益平衡过程中同时要考虑的因素。

2.适用范围

从法律条文看，与有过错适用的是损失赔偿责任，对履行请求权（包括继续履行和补救履行）不适用。除了违约引起的损失赔偿请求权，还包括缔约过失损害赔偿，无因管理引起的损害赔偿。本条对不当得利返还请求权不适用，但是可以通过诚实信用原则得出相同结果。[①]

（三）法律属性

在违约责任中，债权人向违约债务人主张损失赔偿的，法院不需要依债

---

① 参见Staudinger Kommentar zum BGB, §254, Rn.23.

务人主张，本条第2款基于任何一方当事人事实陈述成就时，应当依职权主动援用与有过错原则降低债务人的损失赔偿额度。[①]就其法律属性而言，存在分歧。部分观点认为，与有过错是请求权部分或全部消灭，并非抗辩。[②]也有观点认为，与有过错规则是抗辩。[③]与有过错规则有以下两个特点：第一，法官要依职权主动适用；第二，在法律后果上与有过错导致相应的损失赔偿请求权消灭。这两个特点决定了与有过错规则是抗辩。[④]

三 举证责任

在双方违约中，各方当事人的证明责任依本法具体违约责任中的证明责任确定。

违约方主张对方与有过错，要求减少损失赔偿额的，应当证明对方实施了引起损失的行为，或者对方不作为引起损失。受损人主观过错有争议的，应由违约人承担证明责任。[⑤]受损失人没有主观过错的，不分担损失。

四 其他问题

有疑问的是，在双方都违约时，合同是否可以被解除。合同当事人有重大违约时，非违约方当事人有解除权。这一点几乎是大陆法系之共识，尽管实践中个别法院认为违约方也有解除权，[⑥]但实际这是对解除权的错误理解。

---

① 参见史尚宽：《债法总论》，中国政法大学出版社2000年版，第297页。

② 参见史尚宽：《债法总论》，中国政法大学出版社2000年版，第308页。

③ 参见Munchener Kommentar zum BGB, §254 Rn.143.

④ 关于抗辩的特点，参见［德］彼得·格莱施勒：《抗辩和抗辩权的效力形式及援引问题》，郝丽燕译，载《民商法论丛》（第50卷），法律出版社2012年版，第1—32页。

⑤ 参见史尚宽：《债法总论》，中国政法大学出版社2000年版，第304页。

⑥ 2005年我国司法裁判在“新宇公司诉冯某某商铺买卖纠纷案”中肯定了合同可以基于违约方的要求而解除。在该案中，法院认为，在履行费用过高的情况下，继续履行不可能，为了平衡双方当事人的利益，应当允许违约方解除合同。最高人民法院在《全国法院民商事审判工作会议纪要》第48条明确提出，违约方在特定条件下起诉解除合同的，人民法院应当予以支持。旨在解决长期性合同中一方履行能力不足时引起的“合同僵局”。

合同的解除是对契约严守原则的突破。债务人有重大违约行为时，通常发生双方利益冲突：一方当事人的利益是遵守契约，另一方当事人的利益则是消灭合同关系。合同的当事人都想选择对自己有利的解决问题的途径。因此解除权的另一个重要功能是，通过解除合同，债权人的对待给付义务得以免除，他可以重新自由地与他人订立合同。无论是“空手与他人另行订立合同”的利益，还是消灭对待给付的利益，都应当属于守约方，[①]否则法律就偏离了公平正义。因此，无论是在比较民法理论中，还是在我国民法理论中，传统观点都认为合同的法定解除权属于守约方。[②]尽管《德国民法典》第323条仅规定“债权人”有解除权，但它隐含的一个前提是债权人是守约的。[③]该条第5款明确规定，如果债权人对引起解除权的因素有责任，不得解除合同。故本书认为，双方违约或债权人对违约行为与有过错时，合同法定解除被排除，当事人只能彼此主张违约责任。

第五百九十三条【第三人造成的违约】

当事人一方因第三人的原因造成违约的，应当依法向对方承担违约责任。当事人一方和第三人之间的纠纷，依照法律规定或者按照约定处理。

历史由来

本条继承了《合同法》第121条的规定，略作两处修改：一是在“应当向对方承担违约责任”的规定中增添“依法”；二是将“解决”修改为“处理”。

---

① 参见Kötz, Hein, Europäsisches Vertragsrecht. Tübingen: Mohr Siebeck 2006, S. 318；赵文杰：《〈合同法〉第94条（法定解除）评注》，载《法学家》2019年第4期。

② 参见崔建远：完善合同解除制度的立法建议，载《武汉大学学报》（哲学社会科学版）2018年第2期；韩世远：《合同法总论》（第三版），法律出版社2011年版，第515—518页；朱广新：《合同法总则研究》（下册），中国人民大学出版社2018年版，第621页。

③ 参见Muenchener Kommentar zum BGB, §323, Rn.257.

规范目的或功能

一、规范功能

基于合同成立的法律关系是债之关系，债的重要特性之一是它的相对性，一般只约束合同的当事人，合同的约束力体现在两方面，即履行与违约责任。在履行上，本法以明确立法的形式规定，在特定条件下可以由第三人履行或向第三人履行，比如本法第522条的利他合同、第524条规定的由第三人履行的合同。第524条规定的由第三人履行的前提之一是第三人对履行有合法利益，因此也是为了第三人之利益。

然而在责任方面，本法在多个条款中规定应当约束合同当事人。即使在允许向第三人履行的情况下，责任也不约束第三人，比如在本法第522条的利他合同中，债务人不向第三人履行或者履行不符合约定的，违约责任依然发生在债权人和债务人之间；再比如依第523条之规定，当事人约定由第三人履行债务的，第三人不履行或者履行不符合约定，承担违约责任的是债务人。

本条旨在通过责任的相对性强化合同的相对性，[①]即使违约原因由第三人引起，责任也由合同当事人承担。本条主要是为了防止在审判实践中，个别法院动辄依职权把一些合同以外的当事人拉进案件，最后纠纷双方没有承担责任，判决由第三人承担责任，[②]实践中这种情况并不少见。[③]很多情况下法院援用《合同法》第121条的目的也是强调合同的相对性。比如，在一则案例中，合同一方当事人向另一方的合作方主张违约责任，法院援用《合同法》第121条（《民法典》第593条）以合同的相对性为由驳回诉

① 参见王利明：《合同法研究》，中国人民大学出版社2011年版，第119页；韩世远：《合同法学》，高等教育出版社2010年版，第310页；王立兵：《关系论视阈下第三人违约问题研究——以〈合同法〉第121条为中心》，载《学术交流》2010年第2期。

② 参见梁慧星：《梁慧星教授谈合同法》，四川省高级人民法院印，川新出内（98）字第174号，第150—151页。

③ 参见重庆市第四人民法院（2005）渝四中法民二终字第5号民事判决书。

讼请求。[①]

本条的另一个功能是，排除债务人将第三人原因造成的违约一般性作为违约责任的免责事由。[②]在实践中，违约由第三人原因引起的，债务人会因此主张免除违约责任。法院多援用《民法典》第593条否认违约人的免责抗辩。比如，在一则案例中，供货方的送货车辆在电力公司施工工地被当地居民围堵，北京市第二中级人民法院否定了电力公司的第三人原因抗辩，法院认为电力公司没有尽到协助运输车辆安全离开现场等合同附随义务。[③]在另一则案例所涉及的纠纷中，因审批手续导致债务人迟延履行，广州市中级人民法院援引《合同法》第121条否定了债务人的第三人原因抗辩。[④]还有一则案例，因规划局未出具规划验收合格证导致逾期交房，原审法院援引《合同法》第121条认为被告的该项辩解缺乏法律依据。[⑤]

需要明确的是，本条排除的只是简单地将“第三人原因”作为免责事由，第三人的原因在性质上属于不可抗力或意外事件的，不应当由本条规范，而应当由不可抗力等相关条款规范。

二、体系结构

（一）外部体系

1.与不可抗力、情势变更的关系

不可抗力是违约责任减免的原因，不可抗力成立的，违约方可以主张存在不可抗力，要求免除或者减轻民事责任。引起不可抗力的原因包括第三人原因，比如罢工或颁布新法律或新政策等政府行为。第三人的原因可以涵摄为不可抗力的，本法第590条仍适用，违约方可以主张存在不可抗力，要求部分或者全部免责。[⑥]在买卖合同中，价金风险则由本法第606条至第609

---

① 参见山东省青岛市中级人民法院（2010）青民二商终字第141号民事判决书。

② 参见周江洪：《〈合同法〉第121条的理解与适用》，载《清华法学》2012年第5期。

③ 参见北京市第二中级人民法院（2009）二中民终字第08921号民事判决书。

④ 参见广东省广州市中级人民法院（2005）穗中法民二终字第983号民事判决书。

⑤ 参见广东省广州市中级人民法院（2007）穗中法民五终字第3350号民事判决书。

⑥ 参见李永军、李伟平：《因第三人原因造成的违约与责任承担——兼论〈合同法〉第121条的理论解构》，载《山东大学学报》（哲学社会科学版）2017年第5期。

条调整。

第三人原因属于不可抗力，且导致合同目的不能实现的，适用本法第563条第3项。第三人原因属于情势变更的，适用本法第533条。

2. 与本法第523条的关系

本条和第523条规范目的不同，第523条处于合同的履行章节，旨在规范履行当事人，本条属于违约责任章节，目的在于规范违约责任当事人。第523条也包含违约责任主体，该条适用的前提条件是，合同当事人约定由第三人履行，为了避免重复，应当认为第523条是特别规定。即当事人约定由第三人履行的，第三人不履行或履行不符合约定，第523条优先适用。

3. 与侵权责任的关系

本条规范的是违约责任。第三人行为构成对债权人侵权的，本条不能阻碍合同当事人直接对第三人主张侵权责任。这同样也是债的相对性的体现，侵权行为发生在债权人和第三人之间，债权人只能对第三人主张侵权责任，不能对另一方当事人主张侵权责任。如果第三人对违约方侵权导致违约，在此情况中适用本条。

4. 与其他特别法中的相关规定的关系

如果法律明确规定，在第三人原因引起违约中债权人可以突破合同相对性直接对第三人主张违约责任的，此类特别规定优先。比如，根据《消费者权益保护法》第40条第2款，因商品缺陷造成消费者人身、财产损害的，消费者也可向作为第三人的生产者请求赔偿。再如，《劳动合同法》第91条规定，用人单位招用与其他用人单位尚未解除或者终止劳动合同的劳动者，给其他用人单位造成损失的，应当承担连带赔偿责任。

（二）内部结构

本条包含2句。第1句明确第三人原因导致违约时的责任主体，本句中的“依法”说明，它不是对方当事人请求违约方承担违约责任的请求权基础，请求权基础是本章前面的相关条款。第2句指示违约方当事人和第三人之间纠纷的处理途径。

规范内容

一、第三人的范围

《经济合同法》和《民法通则》中没有“第三人”这一表述，分别是“上级领导机关或业务主管机关”和“上级机关”。这与立法时市场经济的实际情况有关。合同法中“第三人”显然不限于上级机关或者主管机关。本条所指的第三人具体范围，争议较大。

（一）第三人范围的争议

部分学者认为，应当对第三人作出限定，并非合同当事人以外的任何其他人都是本条意义上的第三人。第三人通常是一方当事人的雇员、内部职工、当事人一方的原材料供应商、配件供应人、合作伙伴等，也包括上级机关。[①]另有学者认为，本条第三人只包括两类：履行辅助人和上级机关，[②]如果对第三人不作限制，将导致债务人要为任何与自己不相干的人的原因引起的违约承担责任，这无疑会加重债务人的负担。也有观点提出，本条所指第三人是履行辅助人、上级机关以及与债务人有一定法律关系的第三人，如合伙关系、共有关系、代理关系、共同担保等，同时不包括第三人积极侵权的情形。理由是，债务人为没有任何关联的法律主体引起的违约承担责任，没有法律依据，有悖法律的公正和效率。[③]还有学者认为，本条规定的内容应当废除，原因是将给付障碍的风险一律分配给债务人过于极端。第三人的原因可以包括对债务人的人身伤害，对标的物的犯罪行为，甚至包括引起社会动荡、瘟疫、恐怖袭击等。本条机械地看待当事人合意的结果，完全不符合合同构成之尽可能尊重当事人对未来风险的分配的思想。[④]

---

① 参见梁慧星：《梁慧星教授谈合同法》，四川省高级人民法院印，川新出内（98）字第174号，第150页。

② 参见韩世远：《他人过错与合同责任》，载《法商研究》1999年第1期。

③ 参见张影：《第三人原因违约及其责任承担》，载《北方论丛》2002年第6期。

④ 参见解亘：《我国合同拘束力理论的重构》，载《法学研究》2011年第2期。

（二）比较法借鉴上的偏颇

比较法上的相关规定不能为本条提供借鉴。学界在探讨本条规定的“第三人”问题时，经常将《德国民法典》第278条、《瑞士债务法》第101条作为比较对象。《德国民法典》第278条规定的是“为第三人过错承担责任”，其中第三人限制为履行辅助人。根据《德国民法典》第278条的规定，合同当事人应当为其履行辅助人引起的违约承担责任（虽然文本表达为“过错”，实际指有过错的行为），不需要考虑合同当事人在选任履行辅助人时是否尽到谨慎义务，也不考虑是否对履行辅助人的行为进行监督。该条目的在于，排除合同当事人以选人时尽到谨慎义务且进行监督为由而要求免除责任。设置履行辅助人是社会分工带来的便利，严格归责于当事人的原因是，合同当事人在享受这种利益的同时，也要承担伴随而生的风险，因此合同当事人对履行辅助人承担的是担保责任。[①]《瑞士债务法》第101条与《德国民法典》第278条类同。[②]德国、瑞士等民法理论和司法实践的水准不需要特别立法，将与合同无关的第三人排除在违约责任之外，因为这是合同相对性的必然结果。

（三）履行辅助人不是本条意义上的第三人

本条意义上的第三人不包括履行辅助人。从立法目的出发，即强调合同的相对性，本条的第三人不包括其行为本来就可归属于合同当事人的履行辅助人，比如代理人，这些人的行为是合同当事人自己的行为。[③]对于此类代理人，应当适用代理的相关规定，比如在一则案例中，原告要求合同当事人的员工承担违约责任。原审法院认为，员工系甲公司员工，导致赔偿的行为均系职务行为，民事责任应由甲公司承担。[④]在该案中，员工行为直接归属于合同当事人，违约责任人是合同当事人，不涉及本条规定的内容。其他履行

---

① 参见Muenchener Kommentar zum BGB, §278, Rn.3.

② 参见韩世远：《他人过错与合同责任》，载《法商研究》1999年第1期。

③ 参见王立兵：《关系论视阈下第三人违约问题研究——以〈合同法〉第121条为中心》，载《学术交流》2010年第2期。

④ 参见浙江省金华市中级人民法院（2011）浙金商终字第1236号民事判决书。

辅助人也不是本法意义上的第三人。履行辅助人包括法定履行辅助人（比如法定代理人）和意定履行辅助人，他们是根据债务人意思介入债务履行的人，其履行行为直接归属于债务人。

（四）结　论

理解本条意义上的第三人首先要以立法目的为出发点，然后结合本条与其他条款的关系予以确定。本条的主要立法目的在于强调合同的相对性，避免在违约责任中将第三人拉进来。理论上虽无必要，但是鉴于当前的平均司法水准，这样规定并无不利。上述认为本条加重了债务人负担的观点主要错误在于，没有厘清本条和其他相关规定以及和其他法律责任之间的关系。本条目的在于限制违约责任主体，并不在于限制其他，没有依据显示，即使在第三人行为属于不可抗力等情况时，第三人仍要承担违约责任。第三人原因属于不可抗力的，比如他人企业罢工、政府行为、恐怖袭击等第三人原因导致违约的，不可抗力仍然可以作为免责事由。本条并没有表达出排除不可抗力免责规范适用的意思。[①]受本条规范的责任是违约责任，对侵权责任没有影响，第三人对债权人实施侵权的，第三人要承担侵权责任。这一点在司法实践中得到了普遍承认，比如根据《旅游纠纷规定》第7条，旅游经营者、旅游辅助服务者未尽到安全保障义务，造成旅游者人身损害、财产损失，旅游者请求旅游经营者、旅游辅助服务者承担责任的，人民法院应予支持。在此类情况中，旅游辅助服务者承担的是侵权责任。[②]如果第三人行为可以评价为情势变更的，合同当事人也可以要求解除合同或者变更合同。

基于上述原因，本书认为，本条第三人不存在范围过大的问题，也不存在加重债务人负担的情况。

二、“原因”

本条的表达是第三人“原因”造成违约，在该条形成的立法史过程中，

① 不同观点，参见周江洪：《〈合同法〉第121条的理解与适用》，载《清华法学》2012年第5期。

② 参见周江洪：《〈合同法〉第121条的理解与适用》，载《清华法学》2012年第5期。

曾经被表达为第三人“过错”，为了避免与合同法的严格责任相冲突，后改为“原因”。[①]无论采过错归责原则还是无过错归责原则，用“过错”都不恰当（详见本法第592条“与有过错”评注）。引起违约的，实际是第三人有责任的行为。根据合同相对性原理，在没有不可抗力等免责事由的情况下，债务人就应当为自己未依约履行行为负责，不论是自己的原因，还是第三人的原因，甚至说不清来源的原因。[②]因此，诉讼中债权人只需要证明债务人违约，不需要证明第三人实施了阻碍债务人履行合同的“行为”，债务人证明他的违约是第三人引起的，法院应当援用本条。

从司法实践看，第三人导致债务人违约的“原因”可以归纳为以下几类：第三人违约、第三人侵权、第三人导致的意外事件等。

三、债权人和债务人之间责任成立依据

本条的核心条件是合同当事人违约，即债务人拒绝履行、履行迟延或者瑕疵履行。与《合同法》第121条略有不同的是，本条增加了“依法”一词，在于明确指出本条不是债权人主张违约请求权的请求权基础。债权人向违约人主张违约责任的，其依据为本章请求权基础规范。因此债务人违约责任的成立应当满足相关请求权基础规定的请求权成立要件。

如前文，如果第三人的原因属于不可抗力，债务人可以援用本法第590条，要求减轻或者免除责任。同时，债务人应当及时将不能履行或者迟延履行的情况通知债权人，以减轻给对方造成的损失。第三人的原因不构成不可抗力的，债务人基于对债权人的保护义务，也应当及时通知债权人无法履行或者迟延履行。

四、第三人和债务人的关系

根据本条第2句，债务人和第三人之间的纠纷，依法律规定或者约定处理。该规定在一定程度上也是债权关系相对性的体现。第三人和债务人之间

---

① 参见韩世远：《他人过错与合同责任》，载《法商研究》1999年第1期。

② 参见王立兵：《关系论视阈下第三人违约问题研究——以〈合同法〉第121条为中心》，载《学术交流》2010年第2期。

最常见的是合同关系，比如在“某旅游合同纠纷案”中，甲公司与乙旅行社订立旅游合同，因为航班取消导致乙旅行社不能按约定履行旅游合同。乙旅行社以不按约定履行合同是由于航空公司航班取消引起来抗辩，再审法院援用《合同法》第121条裁判乙旅行社应当承担违约责任。在该案中，乙旅行社与航空公司之间是客运合同关系。①

债务人和第三人之间也可能是侵权关系，比如第三人将债务人准备交付的特定标的物损毁，债务人和第三人之间纠纷根据侵权法解决。需要注意，如果第三人侵害的是债权人的权益，则债权人和第三人之间是侵权关系，不属于本条规定的情况。比如，在“武某诉某园艺场、单某财产侵权纠纷再审检察建议案”中，单某与某园艺场签订了冷库承包合同，武某与单某签订了蒜苔冷库代藏合同。某园艺场以单某不交承包费及电费为由，将冷库从单某处收回，双方只将冷库财产进行了移交，但对武某储存的蒜苔未移交。之后某园艺场将冷库内储存的武某的蒜苔全部出售。在该案中，某园艺场直接侵害了武某的所有权，本条（《合同法》第121条）不适用。②

债务人和第三人之间的关系还可能是其他关系，比如债务人是其他组织的，因为政府主管机关的原因导致债务人违约，常见的比如行政审批原因，此时债务人和第三人之间的纠纷根据调整他们之间关系的法律法规处理。第三人的行为也可能构成犯罪或违反治安管理，此时第三人行为受刑法或行政法调整。

在合同法立法过程中，《合同法（草案）》（三审稿）第122条规定，第三人明知当事人之间的债权债务关系，采用不正当手段，故意妨碍债务人履行义务，侵害债权人权利的，应当向债权人承担损害赔偿责任。该规定之后被删除。这一改动引起的问题是，法律上是否存在第三人积极侵害债权这一制度。部分学者通过解释《侵权责任法》第2条的“等”字试图说明我国承认第三人积极侵害债权制度。③本书认为，既然本法通过本条确立债权的相对性，

---

① 参见江苏省无锡市中级人民法院（2010）锡商终字第0332号民事判决书。

② 参见甘肃省民乐县人民法院（2003）民再审字第03号民事判决书。

③ 参见杨立新、李怡雯：《债权侵权责任认定中的知悉规则与过错要件——（2017）最高法民终181号民事判决书释评》，载《法律适用》2018年第19期；周华：《侵权法中债权损害的确立及发展》，载《重庆理工大学学报》（社会科学）2017年第8期。

在没有其他明确规定的情况下，通过解释的途径突破债的相对性，承认第三人积极侵害债权这样一个有争议的问题不具有正当性。

举证责任

本条不是违约责任的依据。在债务人和债权人之间的违约责任中，适用本章责任依据条款或者请求权基础条款的证明责任分配规则。在第三人和债务人的关系中，同样适用其责任依据或者请求权基础的证明责任分配规则。

第五百九十四条【国际贸易合同诉讼时效和仲裁时效】

因国际货物买卖合同和技术进出口合同争议提起诉讼或者申请仲裁的时效期间为四年。

历史由来

本条继承了《合同法》第129条规定的部分内容。

规范目的或功能

一、规范功能

本条规定的是国际货物买卖合同和技术进出口合同争议的特别诉讼时效期间。诉讼时效的功能在于维护交易稳定、促进债权人及时行使自己的权利、有利于诉讼经济原则、使被告免于举证困难。[①]依本法第188条，一般诉讼时效期间为3年。本条规定的特别诉讼时效期间为4年，比一般诉讼时效期间长。原因是，国际货物买卖合同和技术进出口合同发生的争议一般比

---

① 参见郝丽燕：《比较法视野下我国消灭时效制度构建的几个问题》，载《河北法学》2015年第9期。

较复杂，标的额度比较大，为了保障当事人的利益，本法将诉讼时效期间规定为4年。[①]

二、体系结构

法律对仲裁时效有规定的，此类规定相对于本法是特别法，应当优先适用。本条是本法总则编第188条的特别规定，因国际货物买卖合同和技术进出口合同争议提起诉讼或者申请仲裁的，诉讼期间长度适用本条规定。本章对特别诉讼时间的起算、中断、中止、绝对诉讼时效期间等没有作出规定，因此对此仍应当适用本法第188条至第199条的规定。

规范内容

一、适用范围

根据本法第188条的标的，适用诉讼时效的是“民事权利”，实际所指的是“请求权”。[②]本条规定的是基于国际货物买卖合同和技术进出口合同产生的请求权。

国际货物买卖合同和技术进出口合同通过主观因素和客观因素确定。

（一）合同当事人所在地分别在境内外

主观因素是合同当事人。根据《联合国国际货物销售合同公约》第1条的规定，国际货物买卖合同的当事人所在地应当在不同国家，不以当事人的国籍为标准。在我国，以主体所在地分别位于中华人民共和国“境内”和“境外”[③]判断合同是否具有国际性。合同当事人具体是谁，需根据本法确定，特别是涉及代理制度的。确定当事人所在地的时间点是合同订立时。所在地即住所，是当事人对外长期独立地实施法律行为的地点，是当事人行为的中心

---

① 参见全国人民代表大会常务委员会法制工作委员会编：《中华人民共和国合同法释义》（第3版），法律出版社2013年版，第221页。

② 参见陈甦主编：《民法总则评注》，法律出版社2017年版，第1348页。

③ 参见《技术进出口管理条例》第2条。

地，法人的住所一般是主要办事机构所在地。自然人的住所是户籍所在地或者经常居住地；户籍所在地和经常居住地不一致的，经常居住地为其住所。当事人有多个分支机构的，以与合同以及合同履行关系最密切的地点为当事人所在地。由人民法院或者仲裁机构在具体情况中判断，哪个地点与合同及其履行关系最密切。

（二）合同类型

客观因素是合同类型。本条对货物买卖合同和技术进出口合同中的争议适用。

货物买卖合同是指动产买卖合同，不动产不是货物。非物质性的财产不是货物，但是可以参照适用技术合同的规定。除了买卖合同，因国际间标的是动产的其他有偿合同引起的争议的诉讼时效也应参照适用本条。

《技术进出口管理条例》第2条规定，技术进出口，是指从中华人民共和国境外向中华人民共和国境内，或者从中华人民共和国境内向中华人民共和国境外，通过贸易、投资或者经济技术合作的方式转移技术的行为。前款规定的行为包括专利权转让、专利申请权转让、专利实施许可、技术秘密转让、技术服务和其他方式的技术转移。

国际间的服务合同、劳动合同所涉及的交易复杂性与国际货物买卖合同和技术进出口合同的交易复杂性不具有可比性，因此由国际服务合同和国际劳动合同引起的争议的诉讼时效或仲裁时效不应当参照适用本条。

二、关于诉讼时效的其他规定

本章关于国际货物买卖合同或技术进出口合同争议的诉讼时效期间长度的规定，没有对诉讼时效的其他情况进行特别规定。关于诉讼时效的其他方面，比如诉讼时效的起算、中止、中断等适用本法总则编第188条至第199条的相关规定。

三、法律属性

诉讼时效是债务人的抗辩权，需要债务人主张，法院才能适用；法官不能依职权适用，也不能向债务人提示时效已经经过。怎样理解“主张”呢？

仅仅在诉讼中陈述与时效有关的事实，比如请求权何时产生，不足以满足“主张”，但也不要求被告（特别是没有诉讼代理人的被告）提起“诉讼时效届满”一词，因为大部分被告不是法律人，通常不会使用专业术语。被告须让法庭认识到，他希望法庭考虑的事实与时效届满息息相关，如被告在诉讼中主张时间过于久远，原告失去权利，则可以得出其中包含了主张诉讼时效届满，因为此时被告主张原告“失权”的基础是时间的流逝，可以认为被告在主张时效届满。

举证责任

诉讼时效是债务人的抗辩权，因此债务人要证明当事人之间存在国际货物买卖合同和技术进出口合同。其他证明责任适用本法总则编关于诉讼时效的证明责任分配规则。

图书在版编目 (CIP) 数据

民法典评注 . 合同编 . 通则 / 朱广新，谢鸿飞主编 . —北京：中国法制出版社，2020

ISBN 978-7-5216-1277-6

Ⅰ . ①民…　Ⅱ . ①朱…　②谢…　Ⅲ . ①合同法—研究—中国　Ⅳ . ① D923.04

中国版本图书馆 CIP 数据核字(2020)第 173780 号

策划编辑：马　颖　王　彧

责任编辑：黄丹丹　汪洁琼　耿旭冉　刘海龙　成知博　　　封面设计：李　宁

民法典评注. 合同编. 通则

MINFADIAN PINGZHU. HETONG BIAN. TONGZE

主编 / 朱广新　谢鸿飞

经销 / 新华书店

印刷 / 三河市紫恒印装有限公司

开本 / 710 毫米 ×1000 毫米　16 开　　　（全二册）总印张 / 67.25　字数 / 1138 千

版次 / 2020 年 10 月第 1 版　　　2020 年 10 月第 1 次印刷

中国法制出版社出版

书号 ISBN 978-7-5216-1277-6　　　（全二册）总定价：239.00 元

北京西单横二条 2 号　邮政编码 100031　　　传真：010-66031119

网址：http://www.zgfzs.com　　　**编辑部电话：010-66010678**

市场营销部电话：010-66033393　　　**邮购部电话：010-66033288**

（如有印装质量问题，请与本社印务部联系调换。电话：010-66032926）